PÉROU, BOLIVIE, ÉQUATEUR

Rédactrice en chef
Micaela Root

Rédactrices en chef adjointes
Megan I. Creydt
Marla B. Kaplan

Auteurs-enquêteurs
Alvaro Bedoya
Michelle Bowman
Helen Gilbert
Page McLean
Daryk Auran Pengelly
Geraldine Rosaura Slean
Frances Tilney
Katherine R. Ünterman
Elizabeth D. Wilcox

ÉDITION FRANÇAISE
Directeur de collection
Gilles Taillardas

Editeurs
Marc Lacouture, Marc Santenac, Jean-Damien Lepère

DAKOTA EDITIONS

VOS TUYAUX SONT PRÉCIEUX Faites-nous part de vos découvertes, de vos coups de cœur, de vos suggestions ou de vos remarques. Nous lisons tout ce qui nous est adressé, les cartes postales, les courriers de 10 pages sur Internet comme les bouteilles à la mer. Toutes les suggestions sont transmises à nos enquêteurs.

En France :
Dakota Editions – Let's Go, 45, rue Saint-Sébastien, 75011 Paris.
E-mail : **contact@wdakota.com**
Web : **http://www.dakotaeditions.com**

Aux Etats-Unis :
Let's Go : Peru, Bolivia & Ecuador, 67 Mount Auburn Street, Cambridge, MA 02138, Etats-Unis.
E-mail : **feedback@letsgo.com Subject : "Let's Go : Peru, Bolivia & Ecuador"**
Web : **http://www.letsgo.com**

ÉDITION EN FRANÇAIS
publiée par Dakota Editions,
45, rue Saint-Sébastien, 75011 Paris
Tél. : 01 55 28 37 00
Fax : 01 55 28 37 07

ISBN 2-910932-99-0
Dépôt légal 2e trimestre 2001
Imprimé en France par Brodard et Taupin

Les chapitres "A la découverte de trois pays", "Comprendre le Pérou, la Bolivie et l'Equateur", "L'essentiel" ainsi que le lexique en fin d'ouvrage, ont été rédigés, adaptés ou complétés par Dakota Editions.

PUBLIÉ AUX ÉTATS-UNIS
par St. Martin's Press, Inc.

Let's Go Peru, Bolivia & Ecuador est écrit par Let's Go Publications, 67 Mount Auburn Street, Cambridge, MA 02138, Etats-Unis.

À PROPOS DES GUIDES LET'S GO

"Franchement, nous n'avions jamais vu une telle foison d'informations, d'adresses, de renseignements utiles réunis en un seul guide."
– L'argus des voyages

"Les guides Let's Go comptent parmi les mieux documentés et les plus précis au monde." **– Ouest France**

"L'édition française d'un grand classique américain. Pour voyager branché et sans se ruiner." **– Géo**

"Dans l'univers impitoyable des guides de voyage, les Let's Go occupent une place privilégiée. Leur adaptation en français est une réussite !" **– Page des libraires**

"(...) une densité d'informations pratiques, de conseils et d'adresses qui a fait la réputation des guides Let's Go." **– Le Monde**

LET'S GO PÉROU, BOLIVIE, ÉQUATEUR

EST LE GUIDE INDISPENSABLE POUR DÉCOUVRIR LE PÉROU, LA BOLIVIE ET L'ÉQUATEUR SANS SE RUINER

AUCUN GUIDE NE DONNE AUTANT D'ADRESSES À PRIX RÉDUITS. Nous avons sélectionné plus de 4500 adresses économiques au Pérou, en Bolivie et en Equateur. Pour chaque région, pour chaque ville, ce guide recense avec précision les meilleures solutions pour vous déplacer, vous loger, vous nourrir et sortir au meilleur rapport qualité-prix. Vous trouverez des centaines de conseils pour économiser votre argent et ne manquer aucune des réductions accordées aux jeunes, aux étudiants, aux enfants, aux familles ou aux personnes âgées.

LES ENQUÊTEURS DE LET'S GO VOUS ONT PRÉCÉDÉ. Les auteurs-enquêteurs de Let's Go sont systématiquement passés partout, se déplaçant avec des budgets réduits, dans les mêmes conditions que vous : pas de note de frais, pas de chambre d'hôtel gratuite, pas de traitement de faveur. Leur sélection se fonde sur une véritable enquête de terrain, en toute indépendance.

LET'S GO EST SYSTÉMATIQUEMENT ET ENTIÈREMENT MIS À JOUR. D'une édition à l'autre, nous ne nous contentons pas d'ajuster les prix, nous retournons sur place. Si un hôtel familial est devenu un piège à touriste hors de prix, nous le supprimons aussitôt de notre guide pour le remplacer par une meilleure adresse.

LET'S GO EST LE SEUL GUIDE À RASSEMBLER AUTANT D'INFORMATIONS PRATIQUES. Région par région, les sites incontournables et les endroits méconnus sont passés en revue. Pour chaque adresse, les prix, les coordonnées exactes, les horaires d'ouverture précis. Des centaines d'hôtels, de restaurants, de sites... Des cartes détaillées, des rubriques transports complètes. Un chapitre introductif pour bien préparer votre voyage au Pérou, en Bolivie ou en Equateur, trouver le meilleur billet d'avion, de train ou de bus, et tout ce qu'il faut savoir sur l'histoire et la culture de ces trois pays.

LA COLLECTION LET'S GO

EN FRANÇAIS

Let's Go Californie
Let's Go Egypte
Let's Go Espagne
Let's Go Espagne, côte méditerranéenne
Let's Go Etats-Unis, côte Est
Let's Go Etats-Unis, côte Ouest
Let's Go Grande-Bretagne
Let's Go Grèce
Let's Go Irlande
Let's Go Italie
Let's Go Italie du Nord
Let's Go Turquie
Let's Go Mexique
Let's Go Rome
Let's Go Pérou, Bolivie, Equateur

Let's Go Métropole Londres
Let's Go Métropole New York

EN ANGLAIS

Let's Go Alaska & the Pacific Northwest
Let's Go Australia
Let's Go Austria & Switzerland
Let's Go Boston
Let's Go Britain & Ireland
Let's Go California
Let's Go Central America
Let's Go China
Let's Go Eastern Europe
Let's Go Europe
Let's Go France
Let's Go Germany
Let's Go Greece
Let's Go India & Nepal
Let's Go Ireland
Let's Go Israel
Let's Go Italy
Let's Go London
Let's Go Mexico
Let's Go Middle East
Let's Go New York City
Let's Go New Zealand
Let's Go Paris
Let's Go Peru, Bolivia & Ecuador
Let's Go Rome
Let's Go San Francisco
Let's Go South Africa
Let's Go Southeast Asia
Let's Go Spain & Portugal
Let's Go Turkey
Let's Go USA
Let's Go Washington D.C.
Let's Go Western Europe

ÉGALEMENT CHEZ DAKOTA ÉDITIONS

Le guide du Job-trotter Monde, 50 000 pistes de jobs et stages à l'étranger
Le guide du Job-trotter Etats-Unis
Le guide du Job-trotter Canada
Le guide du Job-trotter Grande-Bretagne
Le guide du Job-trotter Espagne
Le guide du Voyage Utile
Le guide du Jeune Voyageur (18-25 ans)

AUTEURS-COLLABORATEURS

AUTEURS / ENQUÊTEURS

Alvaro Bedoya : Bolivie (Dép. de Cochabamba et de Santa Cruz, Savanes et jungles du nord), **Michelle Bowman** : Pérou (Cordillera Blanca, Andes centrales, Bassin amazonien, Cuzco), **Helen Gilbert** : Bolivie (Altiplano et vallées du sud), **Page McClean** : Equateur (Quito, Sierra centrale, Oriente), **Daryk Pengelly** : Equateur (Côte Pacifique, Iles Galápagos), **Geraldine Slean** : Pérou (Nord-ouest, régions montagneuses du sud) et Equateur (Oriente), **Frances Tilney** : Pérou (Cuzco et la Vallée sacrée, Andes centrales, Bassin amazonien), **Kate Ünterman** : Pérou (Lima, Aréquipa, côte nord, côte sud), **Elizabeth Wilcox** : Bolivie (La Paz, lac Titicaca, Yungas).

RESPONSABLE DES CARTES

Daisy Stanton

ÉDITION FRANÇAISE

Editeurs : Marc Lacouture, Jean-Damien Lepère, Marc Santenac.
Directeur de collection : Gilles Taillardas.

RÉDACTEUR EN CHEF DE LA VERSION FRANÇAISE

Axel Vicq.

TRADUCTION

Hélène Bourgeois, Céline Marchand, Delphine Nègre, Sarah Ribatto.

ADAPTATION

Sophie Bentot, Philippe Boissaye, Céline Muller, Adélaïde Rigaud.

COLLABORATION

Stéphane Desroys du Roure, Catherine Ferrarini, Barberine Grimaldi, Walter Pépéka.

MISE EN PAGE

Emmanuelle Patient.

REMERCIEMENTS

María-Antonieta Díaz, Jan Fossgard, Patricia Garrido, Licenciado José Hidalgo, Sandra et Marc Mannevy, Cinthya Vicq.

NOTE À NOS LECTEURS L'information présentée dans cet ouvrage a été rassemblée par les enquêteurs de Let's Go au cours de la fin du printemps et de l'été. Chacun d'eux a sélectionné, en toute honnêteté, ce qu'il pensait être les meilleures adresses.

Les guides Let's Go sont les seuls à fournir au lecteur-voyageur tous les prix des prestations décrites. Malgré toute l'attention portée à la récolte de ces informations, leur fiabilité reste relative : dans le domaine du tourisme, les prix des services comme ceux des produits sont soumis à des variations brusques et imprévisibles. Nous faisons donc appel à toute votre indulgence au cas où vous constateriez des écarts importants entre les prix mentionnés dans le guide et ceux pratiqués sur place. Nous continuerons néanmoins à prendre le risque d'apporter au voyageur des indications qui, pensons-nous, lui sont précieuses au moment de préparer son voyage et d'en prévoir les dépenses. Par ailleurs, préoccupés d'assurer la qualité et l'exactitude des informations fournies dans nos guides, nous lirons avec attention vos éventuelles remarques concernant la description des prestations offertes dans les adresses sélectionnées par Let's Go. Ecrivez à Lets'Go/Dakota Editions, 45, rue Saint-Sébastien, 75011 Paris.

SOMMAIRE

SOMMAIRE DES CARTES

SOMMAIRE DES ENCADRÉS

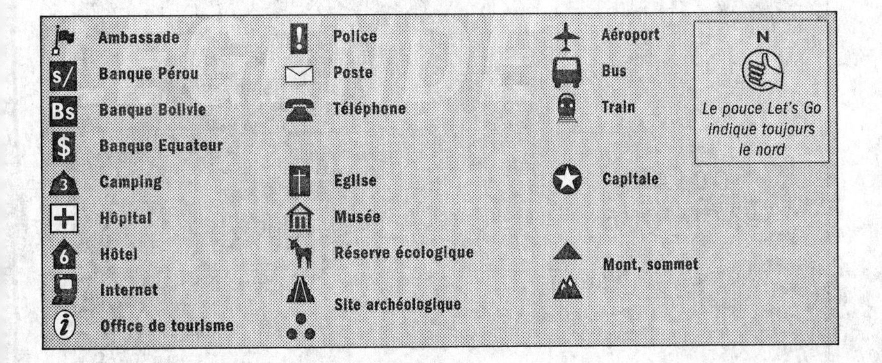

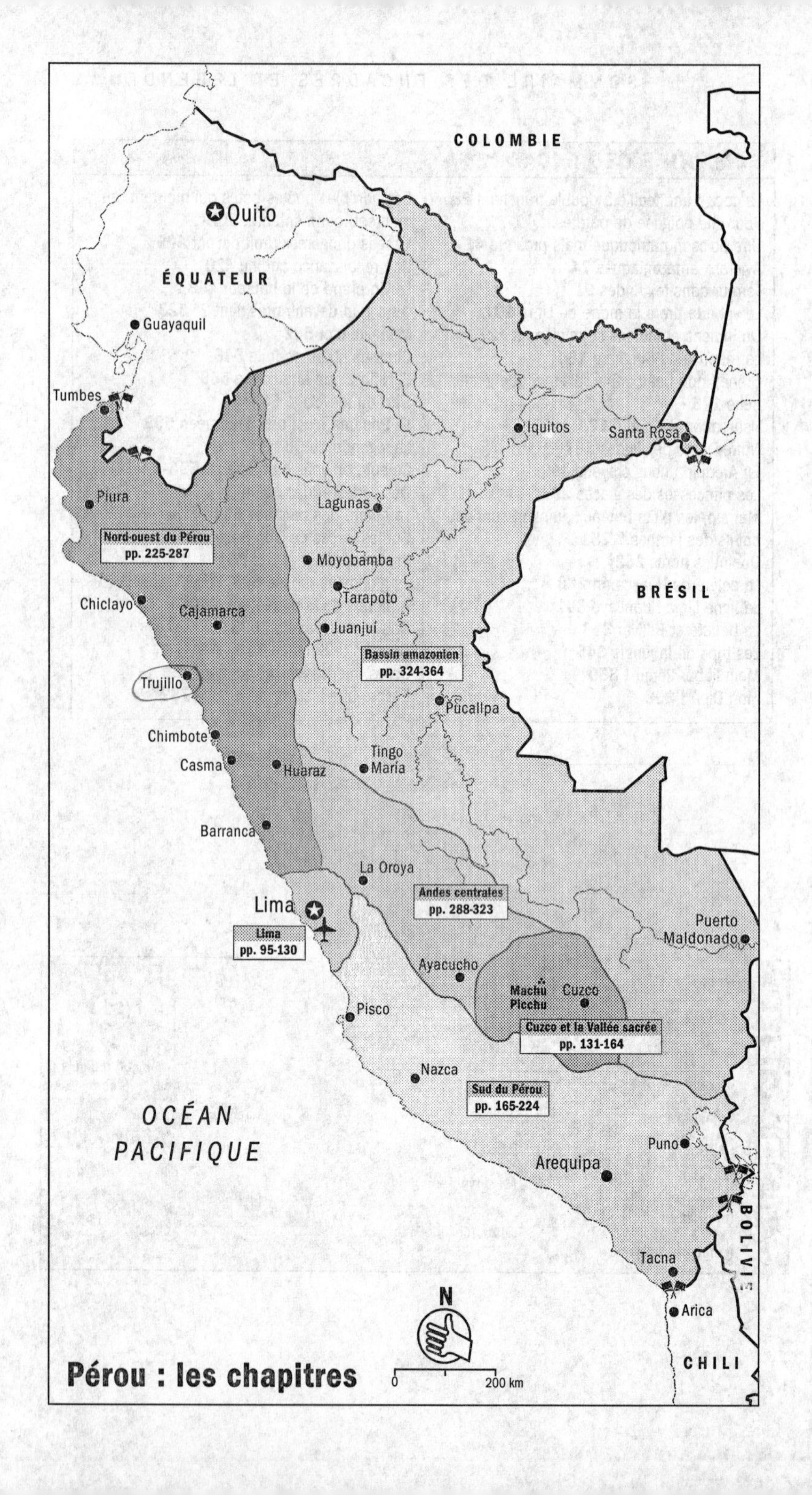

Pérou : les chapitres

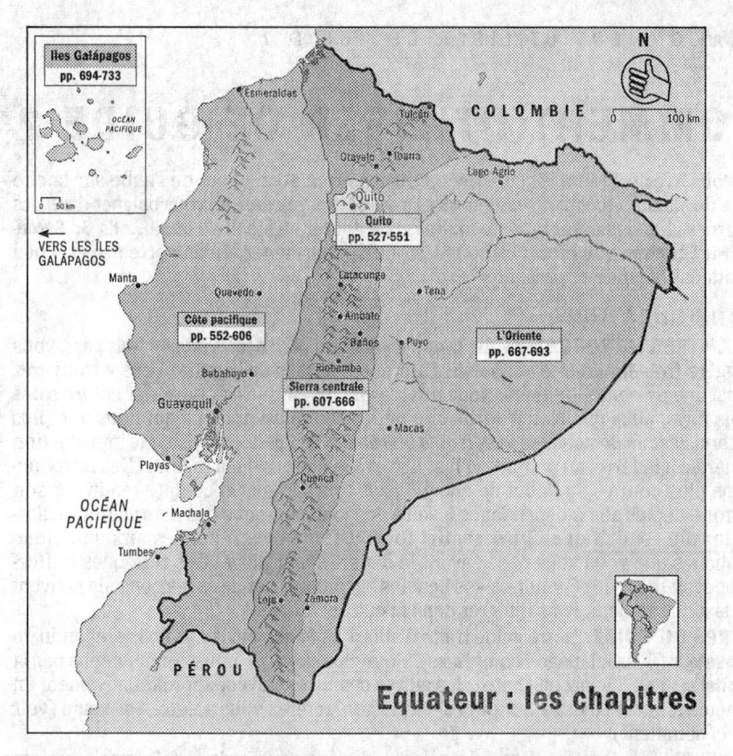
Equateur : les chapitres
Iles Galápagos
pp. 694-733
OCÉAN PACIFIQUE
0 50 km
VERS LES ÎLES GALÁPAGOS
N
0 100 km
COLOMBIE
Esmeraldas
Tulcán
Otavalo
Ibarra
Lago Agrio
Quito
Quito
pp. 527-551
Manta
Quevedo
Latacunga
Tena
Côte pacifique
pp. 552-606
Ambato
Baños
Puyo
L'Oriente
pp. 667-693
Riobamba
Babahoyo
Sierra centrale
pp. 607-666
Guayaquil
Macas
Playas
Cuenca
OCÉAN PACIFIQUE
Machala
Tumbes
Loja
Zamora
PÉROU

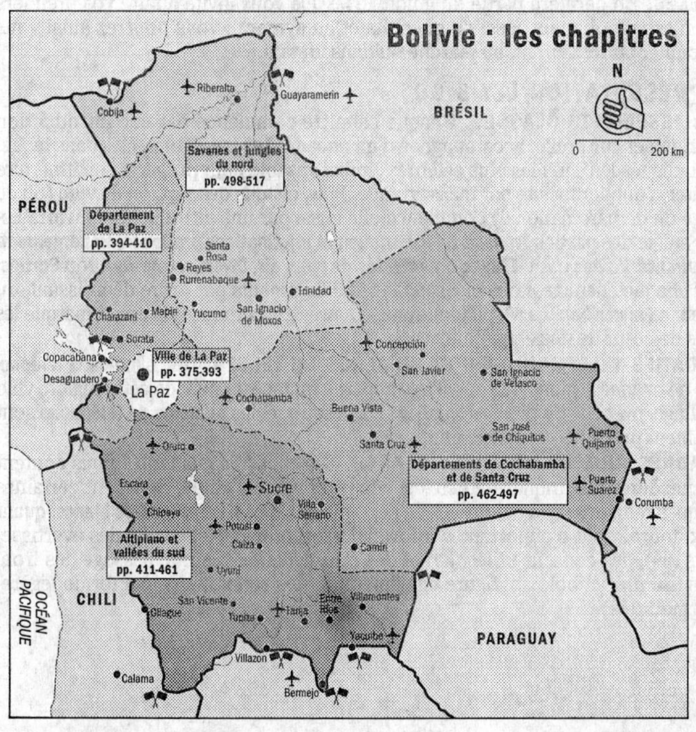
Bolivie : les chapitres
N
0 200 km
Riberalta
Guayaramerin
Cobija
BRÉSIL
Savanes et jungles du nord
pp. 498-517
PÉROU
Département de La Paz
pp. 394-410
Santa Rosa
Reyes
Rurrenabaque
Trinidad
Charazani
Mapiri
Yucumo
San Ignacio de Moxos
Sorata
Concepción
Copacabana
Ville de La Paz
pp. 375-393
San Javier
San Ignacio de Velasco
Desaguadero
La Paz
Cochabamba
Buena Vista
San José de Chiquitos
Puerto Quijarro
Santa Cruz
Oruro
Départements de Cochabamba et de Santa Cruz
pp. 462-497
Puerto Suarez
Escara
Sucre
Corumba
Chipaya
Villa Serrano
Potosí
Caiza
Camiri
Altiplano et vallées du sud
pp. 411-461
Uyuni
OCÉAN PACIFIQUE
CHILI
San Vicente
Villamontes
Ollague
Tupiza
Tarija
Entre Ríos
Yacuiba
PARAGUAY
Villazón
Calama
Bermejo

COMMENT UTILISER CE GUIDE ?

Si vous avez toujours rêvé de découvrir les premières lueurs de l'aube sur la cité inca de Machu Picchu, de contempler l'avenue des volcans, de vous baigner dans des sources chaudes à 3 heures du matin ou de goûter au steak de lama, **Let's Go Pérou-Bolivie-Equateur** vous fournira tous les outils pour mener à bien votre projet. Voici comment le guide se présente.

CONFIGURATION

CHAPITRES INTRODUCTIFS. Le premier chapitre, **A la découverte de trois pays**, vous suggère trois itinéraires adaptés à différentes durées de séjours. Vous y trouverez aussi une présentation thématique des trésors historiques, culturels et naturels des trois pays, ainsi que Nos favoris, une petite compilation de ce qui nous a le plus enthousiasmé. **Comprendre le Pérou, la Bolivie et l'Equateur** propose une introduction générale à la terre, au peuple, à l'histoire et à la culture de la région. (Des introductions plus courtes au début de chaque pays fournissent un compte-rendu sur son histoire depuis son indépendance jusqu'à nos jours ainsi que des informations culturelles plus spécifiques.) **L'essentiel** fournit toutes les réponses aux questions pratiques que vous vous posez avant le départ et sur place. Des rubriques s'efforcent également de répondre à vos besoins spécifiques, et de sages conseils peuvent vous aider à mieux vous intégrer dans la culture locale.

CORPS DU GUIDE. Notre guide traite d'abord du **Pérou**, puis de la **Bolivie**, et enfin de l'**Equateur** (îles Galápagos comprises). Pour chaque pays, nous commençons par la **capitale** (Lima, La Paz ou Quito) ; les autres chapitres suivent approximativement un schéma d'ouest en est. Pour plus de précision, référez-vous à notre **Sommaire** (voir précédemment).

ANNEXES. En dernière partie du guide, le **lexique** vous invite à faire vos premiers pas en espagnol, mais aussi en quechua et en aymara : vous pourrez ainsi vous débrouiller au restaurant, au marché ou dans un taxi.

LA PRÉSENTATION LET'S GO

ÉTABLISSEMENTS CLASSÉS. Chaque chapitre commence par une introduction historique et culturelle, accompagnée d'un encadré **Les incontournables** dans lequel sont indiqués les lieux les plus célèbres : indispensable pour préparer son itinéraire et éviter d'oublier un site par inadvertance. Puis, chaque description de ville (ou de village ou de parc national) commence elle aussi par une introduction, invariablement suivie des parties **Transports**, **Orientation et informations pratiques**, **Hébergement**, **Restaurants**, **Visites** et/ou **Plages** ou **Activités de plein air**, **Divertissements** et/ou **Sorties**. Dans chaque chapitre, nous classons les établissements par ordre décroissant, du **meilleur au moins bon**. Le ❤, pictogramme qui précède certaines adresses, marque les coups de cœur de nos enquêteurs.

INDICATIFS TÉLÉPHONIQUES ET NUMÉROS DE TÉLÉPHONE. L'**indicatif téléphonique** de chaque région, ville ou village apparaît en face du nom de cette région, ville ou village, précédé du pictogramme ☎. Dans le texte, les **numéros de téléphone** sont également précédés du pictogramme ☎.

ENCADRÉS GRIS ET ENCADRÉS BLANCS. Les **encadrés gris** tantôt vous content des anecdotes historiques ou des légendes étonnantes, tantôt explorent certaines pratiques religieuses ou culturelles de l'époque des Incas. Les **encadrés blancs**, quant à eux, fournissent d'importantes informations pratiques, telles que des avertissements (■), des conseils utiles (■) et des renseignements sur le passage des frontières (■, un symbole qui figure également sur les **cartes**, sous une forme légèrement modifiée).

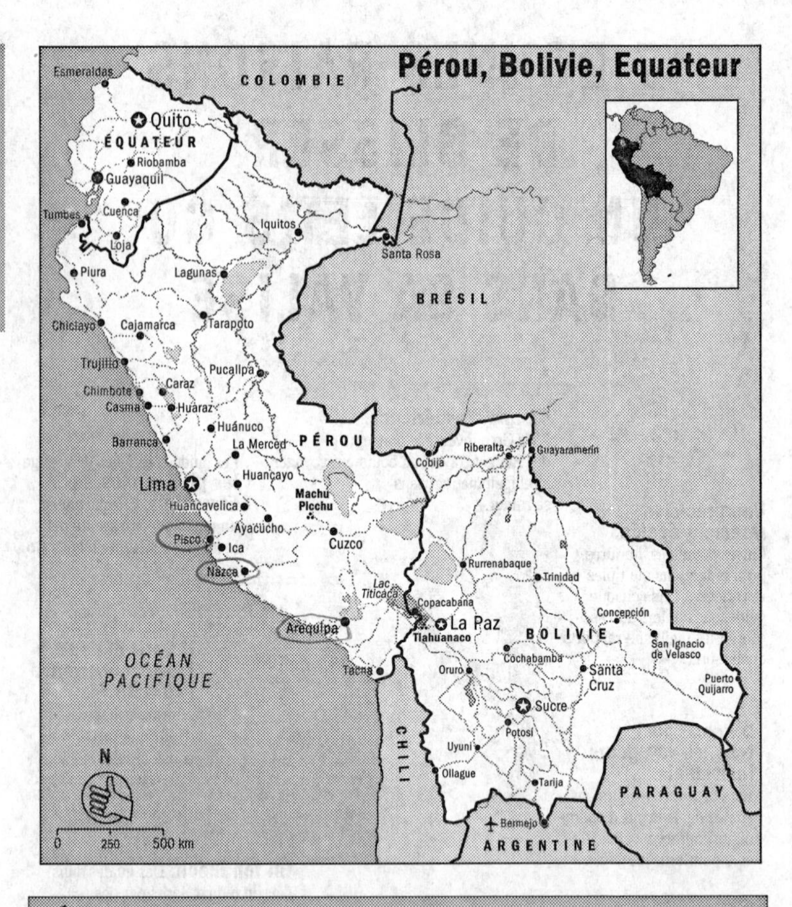

PÉROU : FAITS ET CHIFFRES

Capitale Lima
Président Depuis la démission d'Alberto Fujimori, Valentin Paniagua est président par intérim en attendant l'élection d'Alejandro Toldeo ou d'Alan García.
Population 26,5 millions
Superficie 1 285 220 km^2
Indépendance 28 juillet 1821
Point culminant Huascarán à 6768 m
Variétés de pommes de terre 3500

BOLIVIE : FAITS ET CHIFFRES

Capitales La Paz (capitale administrative et politique), Sucre (capitale constitutionnelle)
Président Hugo Banzer
Population 8 millions
Superficie 1 098 580 km^2
Indépendance 6 août 1825
Point culminant Sajama à 6542 m
Km de chemins de terre par rapport aux km de routes goudronnées 17 fois plus

ÉQUATEUR : FAITS ET CHIFFRES

Capitale Quito
Président Gustavo Noboa
Population 12,5 millions
Superficie 283 560 km^2
Indépendance 24 mai 1822
Point culminant Chimborazo à 6267 m
Proportion d'étrangers par rapport aux habitants des îles Galápagos 3 contre 1

À LA DÉCOUVERTE DE TROIS PAYS

Le Pérou, la Bolivie et l'Equateur offrent plus de contrastes à l'intérieur de leurs frontières respectives que les uns par rapport aux autres. Les grandes zones géographiques qui les traversent (cordillère des Andes, plaines amazoniennes, côte Pacifique pour le Pérou et l'Equateur) présentent chacune une certaine homogénéité culturelle mais sont très différentes les unes des autres. Voilà pourquoi visiter les trois pays au cours d'un même voyage est parfaitement justifié. Ces pays se rejoignent aussi parce qu'ils rassemblent, à eux trois, presque tous les ingrédients qui composent l'imaginaire associé à l'Amérique du Sud. Vestiges précolombiens, hauts plateaux, forêt vierge, condors et lamas, carnavals, sans oublier les Indiens, mais aussi la cocaïne, les coups d'Etat, etc. Même leur actualité récente présente des ressemblances. L'année passée, en effet, a été marquée par de graves conflits sociaux, liés au passage au dollar en Equateur, à l'éradication des plantations de coca en Bolivie et au scandale Fujimori au Pérou. Mais ces ressemblances et ces différences ne sont peut-être que des vues de l'esprit. A vous, une fois sur place, de vous construire votre propre vision des choses.

TROIS PAYS EN CINQ THÈMES

Le Pérou, la Bolivie et l'Equateur réservent à chacun, quels que soient ses goûts et ses aspirations, des instants magiques. Vous ne trouverez pas forcément votre bonheur tout au long de l'année dans tous les villages ni dans tous les ports, mais vous le trouverez certainement à un moment donné, à un endroit précis. Les rubriques suivantes, tout en brossant un rapide tableau des choses à découvrir en priorité dans les trois pays, laissent entrevoir quelques unes des raisons qui font que l'on ressent le désir d'y retourner, encore et encore. Pour avoir un aperçu des intérêts des différentes régions, reportez-vous aux encadrés **Les incontournables de la région** au début de chaque chapitre.

CIVILISATIONS DISPARUES

Aux premières lueurs de l'aube, les contreforts des Andes baignent dans un halo sacré. Au détour d'un sentier, une poignée de randonneurs fourbus retiennent leur souffle, tandis que le soleil chasse les ombres de la vallée. C'est alors qu'apparaît **Machu Picchu** (p. 158). Pour beaucoup, cette cité incomparable, symbole du mythe inca, est la raison qui les a menés jusqu'ici. Peu de sites peuvent rivaliser avec le cadre du Machu Picchu, mais les forteresses de **Ollantaytambo** (p. 153), de **Pisac** (p. 150) et de **Sacsayhuamán** (p. 146), non loin de là, valent le détour. Plus au nord, la grande cité de **Huánuco Viejo** (p. 291) est considérée comme le deuxième site inca du Pérou. Concurrencée par les nombreuses ruines alentour appartenant à des cultures encore plus anciennes, elle est peu visitée. Les ruines de **Chavín de Huántar** (p. 255) abritèrent huit générations du peuple Chavín au sein de la cordillère Blanche. Là où les montagnes se mêlent à la forêt tropicale, les Chachapoyas construisirent l'impressionnante forteresse en calcaire de **Kuélap** (p. 285). La fascinante momie exhumée des tombes de **Sipán** est considérée comme le

"Toutankhamon du Pérou". Plus au nord sur la côte, près de Trujillo, **Chan Chán** (p. 244), jadis capitale de l'empire chimú, est la cité en torchis la plus grande et la mieux conservée au monde. Les **lignes de Nazca**, au sud, sont l'un des plus grands mystères du continent, car elles n'ont de sens que vues du ciel. Le Pérou ne détient pas le monopole des sites archéologiques. Non loin de La Paz, le site de **Tiahuanaco** (p. 393) fut la capitale de l'un des peuples qui domina le plus longtemps la région. Plus à l'est, le complexe de **El Fuerte** (p. 489) est taillé à même le roc d'une façon extraordinaire. Le trou sans fond du site suscite toujours autant d'interrogations. Certes moins impressionnantes du point de vue du façonnement de la roche que El Fuerte, unique en son genre, les terrasses incas, toujours utilisées, et les ruines des sites rituels en pierre de **Isla del Sol** (p. 399) reposent dans un paysage lacustre des plus sereins. Même si les sites de l'Equateur ne sont pas comparables à ceux situés plus au sud, le Chemin de l'Inca, allant de **Ingapirca** (p. 652) jusqu'aux ruines Pumapungo de Cuenca, est tout à fait digne d'intérêt.

SUR LES CHEMINS DES ANDES

Le Pérou, la Bolivie et l'Equateur offrent de grands rendez-vous aux randonneurs. Les Andes, sommets tropicaux les plus élevés de la planète, sont le plus formidable des terrains de jeux pour les amateurs de trekking. Si vous comptez faire de la randonnée au Pérou, nous vous conseillons le **Chemin de l'Inca** (p. 154). La randonnée commence près de Ollantaytambo et passe par plusieurs anciens *tambos* (haltes) intéressants, avant de rejoindre le site le plus touristique de l'Amérique du Sud, Machu Picchu. Le Chemin de l'Inca n'est cependant pas la seule possibilité que vous ayez. Plus au nord du Pérou, le **Parque Nacional Huascarán** (p. 263) dans la cordillère Blanche est dominé par des sommets allant jusqu'à 6768 m d'altitude. En Equateur, l'"**Avenue des volcans**" (p. 618) offre des ascensions aventureuses, comme celle du **Cotopaxi** (p. 625), ou du **Chimborazo** (p. 643), et des sommets plus faciles pour les simples amateurs. Bien sûr, l'Equateur possède aussi son **Chemin de l'Inca** (p. 652), qui part du site sacré d'Ingapirca pour finir à proximité de Cuenca. En Bolivie, le **Sajama** (p. 441), point culminant du pays, convient parfaitement aux grands sportifs. Si vous n'appartenez pas à cette catégorie, la plus belle randonnée à faire se situe dans les Yungas, une contrée de légende, magnifique et luxuriante, entre les montagnes et la jungle. Les jolies petites villes de **Sorata** (p. 403) et de **Coroico** (p. 407) sont de parfaits points de départ pour aller s'y promener.

DES VILLES TOUT TERRAIN

En raison des nombreux caprices de la géographie locale, bon nombre de villes de la région ont poussé dans les endroits les plus insolites. **La Paz** (p. 375), dont certaines rues inclinées sont équipées d'une rampe pour se tenir, a été construite à 3600 m d'altitude. La ville minière de **Potosí** (p. 424), jadis plus florissante que Paris, est perchée si haut qu'elle n'a pas de pompiers, tant les feux sont rares à cause du manque d'oxygène. **Quito** (p. 527), dont le quartier colonial est superbement préservé, lèche les flancs d'un volcan colérique. **Lima** (p. 95) repose sur le désert côtier du Pérou, sec comme le Sahara. La très cosmopolite **Iquitos** (p. 326) est cernée par la jungle. **Cuzco** (p. 132), ancienne capitale inca aujourd'hui envahie de *gringos*, se trouve au milieu de la sierra péruvienne, de même que **Cajamarca** (p. 275) au nord, plus tranquille, et que la savante **Ayacucho** (p. 313), que l'on pensait abandonnée aux terroristes du "Sentier lumineux". Les villes dignes d'intérêt ne se situent cependant pas nécessairement dans un lieu inhabituel. **Sucre** (p. 412), la "ville blanche" qui est aussi la capitale constitutionnelle de la Bolivie, est considérée comme l'une des trois "villes jardins" de ce pays. Elle partage cette distinction avec la bouillonnante **Cochabamba** (p. 463) et la magnifique **Tarija**

(p. 453), située au milieu des vignes. **Cuenca** (p. 645), ville-carrefour de l'Equateur et **Arequipa** (p. 197), "ville blanche" du Pérou, font l'unanimité auprès des visiteurs. Enfin, parmi les autres lieux plébiscités, notons le marché indien d'**Otavalo** (p. 608) et **Trujillo** (p. 244) qui, selon certains, ressemble à Lima mais avec uniquement les bons côtés.

LA NATURE AU FIL DE L'EAU

Si vous aimez avoir les pieds dans l'eau, choisissez le **surf** ou le **rafting**. Vous trouverez à **Puerto Chicama** (p. 251) la vague la plus longue du monde, et à **Punta Hermosa** (p. 166) la vague la plus haute d'Amérique du Sud (jusqu'à 8 m) entre avril et mai. **Montañita** (p. 577) est le lieu de rencontre des surfeurs. Pour le rafting, les meilleures rivières de l'Equateur se trouvent autour de **Tena** (p. 678). Au Pérou, près de Cuzco, le **Río Apurímac** (p. 149) jouit de rapides de classe V. Pour ceux qui souhaitent simplement se baigner, les plages retirées de **Suá** (p. 559) et de **Same** (p. 559) en Equateur comptent parmi les plus belles du continent. Et il y a toujours le **lac Titicaca** dont les eaux bleues et froides invitent à la contemplation plus qu'à la baignade. Depuis **Copacabana** (p. 395), vous pouvez le sillonner à la rame ou en kayak.

Pour faire quelques rencontres animalières, rien ne vaut les **îles Galápagos** (p. 694), mais une telle excursion a un prix. L'**île de la Plata** (p. 577), appartenant à l'Equateur, et les îles **Ballestas** (p. 174), au large des côtes péruviennes, présentent de bonnes solutions de rechange : elles ont d'ailleurs hérité du surnom de "Galápagos du pauvre". Les **savanes** de Bolivie sont idéales pour une première rencontre avec les caïmans et les autres espèces du même genre. **Rurrenabaque** (p. 499) constitue un bon point de départ pour partir à leur découverte. Si vous aimez les oiseaux, vous ne devriez pas non plus être déçu. Parmi les meilleurs sites d'observation, on trouve le **Lago de Junín** (p. 297), lac qui sera toujours dans l'ombre du Titicaca, même s'il est le deuxième plus grand lac du Pérou. Les rives argileuses qui entourent **Puerto Maldonado** (p. 359), ainsi que la **Biosphère de Manú** (p. 357), sont également de bons sites pour observer les oiseaux.

EXPÉDITIONS AMAZONIENNES

Les agences de voyages organisant des excursions dans la forêt amazonienne sont implantées dans presque toutes les villes à l'intérieur ou proches de l'Oriente équatorien, mais pour atteindre les régions les plus reculées, il vous faudra gagner **Coca** (p. 684) ou **Lago Agrio** (p. 688), qui offrent un accès aux zones de forêt les moins développées, les plus impressionnantes et les plus protégées, dont l'éminente **réserve de Cuyabeno** (p. 690) ainsi que l'immense et lointain **Parque Nacional Yasuní** (p. 686). Au sud et à l'ouest de Coca, l'agréable petite ville de **Tena** (p. 678) et le village touristique de **Misahuallí** (p. 682) organisent des expéditions dans la forêt moins préservée mais néanmoins impressionnante qui s'étend à l'est. Le principal point de départ pour les excursions dans le sud de l'Oriente est incontestablement **Macas** (p. 670), qui permet d'accéder aux lointains villages shuars, à la proche Cueva de los Tayos et aux étendues désolées de la *zona baja* du **Parque Nacional Sangay** (p. 636). Plusieurs excursions organisées partent également du Pérou. Bien qu'elle ne soit pas véritablement située dans la forêt amazonienne, Cuzco vous réserve maintes possibilités pour aller explorer la très révérée **réserve de biosphère de Manú** (p. 357). Au sein même de la forêt, **Iquitos** (p. 326) constitue un point de départ idéal pour les excursions à destination de la réserve Pacaya-Samiria. La **réserve Tambopata-Candamo** (p. 362) est une autre région à explorer, accessible depuis Puerto Maldonado. Le bassin amazonien représente 70 % de la Bolivie, ce qui facilite les incursions dans la forêt tropicale. **Rurrenabaque** (p. 499) est le meilleur endroit pour entamer une excursion organisée, mais vous trouverez des agences dans d'autres villes, notamment Santa Cruz et Trinidad. Au départ de Rurrenabaque, les destinations les plus prisées sont la **réserve biologique du Beni** (p. 504) et le **parc national Alto Madidi** (p. 504).

À PROPOS DU PÉROU, DE LA BOLIVIE ET DE L'ÉQUATEUR

LIVRES

SUR LE PÉROU

Hauteurs du Machu Picchu, de Pablo Neruda. Poème poignant, par le célèbre poète chilien, sur l'extraordinaire beauté de ce site mythique.

Le Lama bleu, de Jacques Lanzmann. Après avoir été adopté en France, le fils d'une indienne quechua et d'un juif noir retourne au Pérou sur les traces de son père.

La Vision des vaincus, de Nathan Wachtel. La conquête espagnole vue par les Incas.

Les Incas, d'Alfred Métraux. Passionnante analyse de la civilisation des Incas.

Les Sept boules de cristal, suivi du **Temple du soleil**, d'Hergé (bande dessinée). Un grand classique qui a fait naître chez beaucoup d'entre nous l'envie d'aller en Amérique du Sud.

SUR LA BOLIVIE

La Bolivie, de Christian Rudel (grand reporter français et spécialiste de l'Amérique latine). Vue d'ensemble très pertinente sur l'histoire et la société boliviennes.

Si vous me donnez la parole, de Domitila Chungara. Récit bouleversant, par une femme de mineur, sur les conditions de vie dans les mines boliviennes.

Voyage dans l'Amérique méridionale, d'Alcide Dessalines d'Orbigny. Les observations d'un voyageur français en Bolivie au XIXe siècle.

Journal de Bolivie, 7 nov. 1966 / 7 oct. 1967, d'Ernesto "Che" Guevara. Où le "Che" raconte au jour le jour les péripéties de sa guérilla en Bolivie.

Les Survivants du Che, de Dariel Alarcón Ramirez. Récit de l'un des compagnons du "Che", qui retrace l'aventure de ces derniers après la mort du guérillero.

SUR L'ÉQUATEUR

L'Equateur, de Christian Rudel. Comme sur la Bolivie, l'auteur nous livre une intelligente analyse de l'histoire et de la société équatoriennes.

Le Vieux qui lisait des romans d'amour, de Luis Sepúlveda. Conte philosophique dans un décor de bout du monde, en pleine Amazonie équatorienne. Hommage à la jungle et aux Indiens.

Voyage sur l'Amazone, de Charles Marie De la Condamine. Récit d'une expédition menée par des scientifiques français au XVIIIe siècle. A lire en se replaçant dans le contexte de l'époque.

Voyage d'un naturaliste autour du monde, de Charles Darwin. Le récit d'expédition du grand scientifique avant qu'il n'élabore sa théorie de l'évolution. A feuilleter si vous projetez un voyage aux Galápagos.

SUR L'AMÉRIQUE LATINE

Les Veines ouvertes de l'Amérique latine, d'Eduardo Galeano. Exploration des mécanismes par lesquels le continent a été pillé, depuis la conquête espagnole jusqu'à nos jours, par les puissances étrangères, notamment les Etats-Unis.

FILMS

La controverse de Valladolid, de Jean-Claude Carrière. Les Indiens ont-ils une âme ? Telle est la question que l'on est venu à se poser lors de la colonisation espagnole de l'Amérique du Sud.

Aguirre, la colère de Dieu, de Werner Herzog. Histoire tragique, inspirée de faits historiques, d'une expédition aux confins de l'Amazonie et aux limites de la folie, au temps des conquistadors. A voir aussi : *Fitzcarraldo*, du même réalisateur.

Le Vieux qui lisait des romans d'amour, de Rolf De Heer. Inspiré du roman éponyme de Luis Sepúlveda (voir précédemment).

Kuzco, l'empereur mégalo, de Mark Dindal (Walt Disney). Histoire désopilante d'un empereur despotique malencontreusement transformé en lama (le thème des incas n'apparaît qu'en toile de fond).

SUGGESTIONS D'ITINÉRAIRES

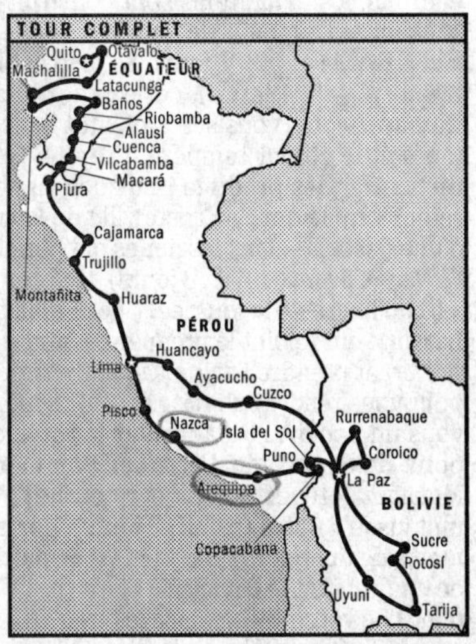

TOUR COMPLET (ÉQUATEUR, PÉROU ET BOLIVIE EN 3 MOIS). Atterrissez à **Quito** (p. 527, 3 jours) pour vous familiariser avec la vie en Amérique du Sud, puis partez à la découverte de **Mindo** (p. 549, 3 jours), véritable paradis pour les amoureux de la nature. De là, mettez le cap vers le nord jusqu'au marché d'**Otavalo** (p. 608, 1 jour) qui a lieu le samedi : ici, *tout* est à vendre. Revenez vers le sud pour faire le **circuit de Latacunga** (p. 618, 3 jours). Louez un cheval à Chugchilán pour parcourir la Laguna Quilotoa. Plus à l'ouest, partez en direction du **Parque Nacional Machalilla** (p. 575, 3 jours), dont la faune rappelle celle des Galápagos. Non loin de là, ne manquez pas la parade nu-pieds de **Montañita** (p. 577, 3 jours) : procurez-vous une planche de surf ou commandez un bon cocktail puis détendez-vous. De retour dans l'arrière-pays, goûtez au luxe d'un bon bain chaud à **Baños** (p. 631, 2 jours), la capitale thermale d'Equateur. Reprenez la Panaméricaine pour vous rendre à **Riobamba** (p. 638, 1 jour). De là, vous pouvez prendre un train qui vous mène à **Alausí** (p. 644, 1 jour), via le spectaculaire parcours de Nariz del Diablo. Plus au sud, **Cuenca** (p. 645, 3 jours) est sans doute la plus belle ville d'Equateur et les ruines avoisinantes sont les plus intéressantes du pays. Votre prochain arrêt, **Vilcabamba** (p. 662, 5 jours), accueille aussi bien des groupes d'Equatoriens, des vacanciers de Cuenca, des voyageurs errants que… des chevaux, qui peuvent vous être utiles pour visiter le Parque Nacional Podocarpus. Poursuivez votre périple vers le sud jusqu'à **Macará** (p. 605, 1 jour), preuve qu'une ville frontière n'est pas nécessairement laide. Le lendemain, vous êtes au Pérou. Depuis Piura, prenez un bus jusqu'à la ville historique de **Cajamarca** (p. 275, 3 jours), semblable à Cuzco mais moins fréquentée. Rendez-vous ensuite à **Trujillo** (p. 244, 3 jours), la deuxième ville du Pérou, qui, puisque c'est l'heure des comparaisons, ressemble à Lima mais en mieux. Profitez-en pour visiter Chan Chán, la cité en torchis la plus grande et la mieux préservée au monde. Vous pourriez alors vous rendre directement vers la capitale le long de la côte, mais un détour par la cordillère Blanche s'impose. Equipez-vous pour camper et partez vers les collines qui bordent **Huaraz** (p. 255, 4 jours). Après quelques jours passés sous de clairs cieux montagneux, vous serez sans doute frappé par le contraste en arrivant à **Lima** (p. 95, 1 jour). Et vous ne serez probablement pas le seul à fuir cette ville dès le lendemain matin, à l'arrêt de bus en direction de **Pisco** (p. 171, 1 jour). De là, prenez le bateau pour les îles Ballestas. Un bref voyage sur la Panaméricaine et vous voilà à **Nazca** (p. 182, 1 jour). Pour avoir une vue d'ensemble sur les lignes mystérieuses, rien ne vaut un survol en avion au petit matin. Les voyageurs à petits budgets devront se contenter de la tour d'observation. Passé la côte aride, **Arequipa** (p. 197, 3 jours) ressemble à une oasis. Visitez ses pâles églises et le fascinant monastère de Santa Catalina, mais octroyez-vous un peu de temps pour observer les condors s'élancer au-dessus de l'impénétrable **canyon del Colca** (p. 209, 2 jours). Prenez ensuite le train jusqu'à Puno. En traversant la frontière pour vous rendre à **Copacabana** (p. 395, 2 jours), vous apercevez enfin pour la première fois le lac Titicaca. De là, une rapide traversée en bateau vous mène aux ruines incas et à la tranquillité rustique de **Isla del Sol** (p. 399, 2 jours). **La Paz** (p. 375, 4 jours) n'est qu'à 3 heures de Copacabana. Du bus, la ville apparaît en contrebas dans la vallée et par endroits, les habitations sont construites à la verticale. Bonne chance à ceux qui souhaitent l'explorer de fond en comble. Lorsque vous avez capitulé, partez vers le sud à **Uyuni** (p. 442, 1 jour). La jeep est le meilleur moyen de découvrir le **Salar de Uyuni** (p. 445, 4 jours), cet extraordinaire désert de sel. Vous avez déjà froid ? Rassurez-vous, vous serez bientôt dans le Chaco ! Même si les sourires des habitants et le climat tempéré de **Tarija** (p. 453, 3 jours) ne réussissent pas à vous réchauffer, les produits issus des vignes alentours y parviendront sûrement. De retour vers le nord, la triste ville de **Potosí** (p. 424, 2 jours) vous offre la possibilité d'une descente dans les mines qui permet de replacer la ville dans son contexte. A l'inverse, **Sucre** (p. 412, 3 jours), la seconde capitale du pays, brille par sa blancheur à toute heure de la journée. Une simple balade le long des rues est un vrai bonheur. La route qui rejoint la première capitale n'a rien d'amusant, c'est pourquoi certains préfèrent prendre l'avion. Un autre trajet en bus encore plus terrifiant vous attend pour vous rendre à **Coroico** (p. 407, 3 jours) : mais la ville en vaut la peine. Reposez-vous un peu avant d'affronter la route qui mène à **Rurrenabaque** (p. 499, 4 jours), point de départ idéal et assez bon marché pour visiter le bassin de l'Amazone. Ménagez votre estomac... et retournez à La Paz en avion ! Prenez ensuite un bus de nuit jusqu'à **Cuzco** (p. 131, 3 jours), porte de la Vallée sacrée. Et maintenant (roulements de tambours), il est temps de partir à la découverte de **Machu Picchu** (p. 158), en empruntant le **Chemin de l'Inca** (p. 147, 4 jours). De retour à Cuzco, vous aurez le temps de vous reposer dans le bus qui vous conduira à **Ayacucho** (p. 313, 3 jours), ville aux mille églises. Traversez les montagnes en direction du nord pour apprécier l'artisanat de **Huancayo** (p. 300, 2 jours). De là, encore un jour de voyage pour retourner à Lima et prendre votre avion de retour.

AVENTURE À LA CARTE (PÉROU ET BOLIVIE EN 2 MOIS). Plongez directement dans le grand bain en atterrissant à **Lima** (p. 95, 2 jours), malheureusement terrain de jeu privilégié des pickpockets. Profitez-en pour vous reposer du décalage horaire : les deux mois qui vous attendent vont vous couper le souffle. Prenez un bus de nuit pour **Huaraz** (p. 255, 3 jours) où vous pouvez descendre les pentes du glacier de Pastoruri en *snowboard* et grimper jusqu'aux Lagunas Llanganuco le lendemain. Prochain arrêt : **Puerto Chicama** (p. 251, 2 jours), célèbre pour "sa" vague, la plus longue du monde. Apportez votre propre équipement : planche de surf et combinaison. A moins d'un jour de voyage au nord se trouve **Huancabamba** (p. 238). Une aventure bien différente vous y attend. Vous pouvez par exemple passer une nuit avec un *maestro* (chaman) et goûter à quelques substances planantes. En route vers le sud à nouveau jusqu'à **Cajamarca** (p. 275, 2 jours), agréable ville coloniale, où vous pourrez vous détendre aux sources chaudes favorites de l'Inca

Atahualpa. Prenez ensuite un bus pour **Chachapoyas** (p. 282, 2 jours), point de départ de nombreuses excursions vers d'impressionnantes ruines préincas. Embarquez dans le bus en direction de **Tarapoto** (p. 339, 2 jours) qui vous mène au cœur de la jungle, puis changez de bus pour vous rendre à Yurimaguas. De là, vous pouvez prendre un petit avion, au tarif bon marché, jusqu'à **Iquitos** (p. 326, 3 jours). Vous apprécierez les bâtiments aux toits en tuile de style colonial, la vue renversante sur l'Amazone et le village flottant de Belén. Installez ensuite votre hamac sur le pont d'un **cargo** (voir **Se déplacer**, p. 72) et profitez de la croisière la moins chère du monde, pendant 4 à 9 jours, sur le Río Ucayali. Quittez le bateau à **Pucallpa** (p. 341, 2 jours) et arrêtez-vous à la Laguna Yarinacocha non loin de là. **Puerto Bermúdez** (p. 349, 4 jours), point de départ idéal pour visiter la jungle environnante, est à une journée de voyage de Pucallpa. Vous retrouverez sans doute d'autres *gringos* dans le bus pour **Lima** (p. 95, 1 jour). Dès le lendemain matin, prenez un autre bus pour **Lunahuaná** (p. 168, 1 jour) et faites du raft sur le Río Cañete. Allez ensuite voir les incontournables lignes de **Nazca** (p. 182, 1 jour), puis continuez jusqu'à **Arequipa** (p. 197, 2 jours). Vous pouvez y laisser vos bagages le temps d'une randonnée d'une semaine allant de **Cabanaconde** (p. 213) à la **Valle de los volcanes** (p. 212). Dirigez-vous ensuite vers **Cuzco** (p. 132, 3 jours) pour explorer la Vallée sacrée. Partez en randonnée sur le Chemin de l'Inca (p. 147, 4 jours), un peu trop fréquenté mais toujours époustouflant. Revenez à Cuzco par le train et accordez-vous quelques heures de sommeil avant de repartir, dès le lendemain, pour **Copacabana** (p. 395, 2 jours) et traverser la frontière (p. 215) à Yunguyo. Vous pouvez louer un kayak pour explorer le littoral pendant une journée, vous balader jusqu'à l'extrémité de la péninsule le lendemain, et vous rendre à **Isla del Sol** (p. 399, 2 jours) à la rame. Selon la légende, les collines de cette île ont vu naître la civilisation inca. De retour sur la terre ferme, partez pour **La Paz** (p. 375, 3 jours). Quelques jours plus tard, enfourchez un VTT et faites la descente de la "route la plus dangereuse" du monde qui conduit à **Coroico** (p. 407, 3 jours), appréciable pour sa faible altitude et paradis des randonneurs. Le trajet en bus pour rejoindre **Rurrenabaque** (p. 499, 4 jours) est extrêmement pénible. Ralliez-vous à un groupe pour partir à la découverte des savanes. Si votre groupe est d'accord, il se peut que votre guide capture momentanément un bébé crocodile et vous le fasse porter. En route pour **Trinidad** (p. 513, 30 min.), où vous irez jusqu'à la **dernière frontière** de ce bout du monde (p. 517, 2 jours), puis découvrez les **missions jésuites** (p. 492, 3 jours), petits villages aux nombreuses églises qui restent peu visités malgré leur charme indéniable. Sur la route de **Cochabamba** (p. 463, 1 jour), faites une escale d'une nuit à **Santa Cruz** (p. 477). De Cochabamba, visitez le **Parque Nacional Torotoro** (p. 475, 3 jours), où vous pouvez marcher sur les traces de dinosaures. Un bref voyage vous ramène alors à La Paz.

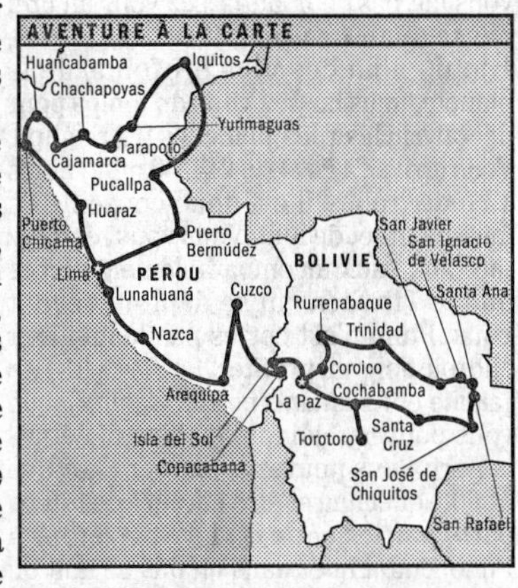

ANDES EXPRESS (ÉQUATEUR ET PÉROU EN 16 JOURS). Atterrissez à **Lima** (p. 95, 1 h). Essayez d'arriver le matin pour pouvoir prendre un bus le même jour à destination de **Nazca** (p. 182, 2 jours). Visitez le cimetière de Chauchilla, relaxez-vous puis, le lendemain, survolez en avion les célèbres lignes géantes. Ensuite, petite visite d'un couvent : à 9 h de bus, l'impressionnant monastère de Santa Catalina est une véritable ville au sein d'une autre ville : **Arequipa** (p. 197, 2 jours). Si le trajet ne

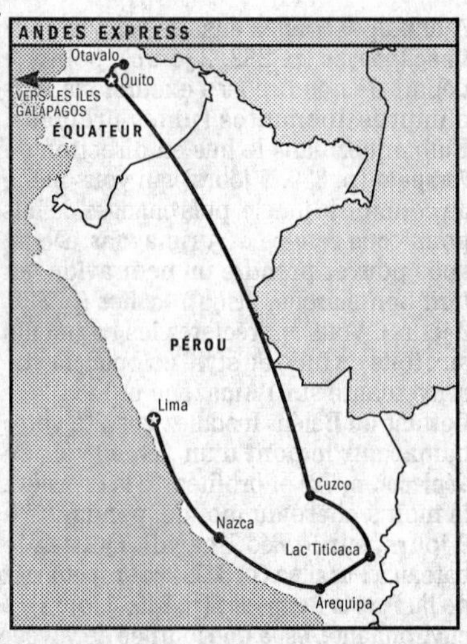

vous fait pas peur, autorisez-vous un bref passage au **Canyon del Colca** (p. 209, 1 jour), l'un des plus profonds de la planète, mais laissez-vous du temps pour découvrir les rues blanches d'Arequipa. Vous arrivez à **Puno** (p. 214, 30 min.) après 12 h de train... il est donc conseillé de faire ce trajet de nuit. Vous vous réveillez face aux eaux incomparablement bleues du lac Titicaca qui se déploie devant vous. Puno n'est certes pas le meilleur endroit pour en profiter. Préférez les îles **Taquile** et **Amantaní** (p. 222, 2 jours), que vous pouvez rejoindre en bateau depuis le port. Vous pouvez séjourner chez une famille quechua et être entouré de toutes parts par les eaux du lac. De retour à Puno, embarquez dans un bus de nuit ou un train à destination de **Cuzco** (p. 132), jadis capitale de l'Empire inca et aujourd'hui principal centre touristique du Pérou. Accordez-vous une journée pour découvrir la ville (ou pour vous détendre dans les nombreux cafés), une journée pour explorer la **Vallée sacrée** (p. 150) et gardez le meilleur pour la fin : une journée à **Machu Picchu** (p. 158). Depuis Cuzco, prenez l'avion pour **Quito** (p. 527, 2 jours), où vous serez saisi par le contraste entre le dédale de la vieille ville et le quartier moderne très cosmopolite. S'il vous reste un peu d'énergie, ne manquez pas la longue ascension d'une journée au volcan Pichincha. Le jour suivant, surtout si c'est un samedi, rendez-vous à **Otavalo** (p. 608, 1 jour) sur le plus grand marché andin. Revenez à Quito pour vous envoler vers les **îles Galápagos** (p. 694, 3 jours). Cette escapade vous reviendra cher, mais les voyages rapides sont rarement bon marché et celui-ci en vaut vraiment la peine.

LES FAVORIS DE LET'S GO

LES RECORDS D'ALTITUDE : le **Titicaca** (p. 214 et p. 395), le plus haut lac navigable du globe. Le **Parque Nacional Sajama** (p. 441), la forêt la plus haut-perchée de la planète. Le **Cotopaxi** (p. 625), le volcan en activité le plus haut du monde. Le **train Lima-Huancayo** (p. 301), la voie ferrée la plus élevée du monde. La production de **cocaïne** (p. 28), aujourd'hui en baisse, mais qui a atteint des sommets.

LA MEILLEURE EXPLOITATION D'UNE CARACTÉRISTIQUE GÉOGRAPHIQUE : Mitad del Mundo (p. 545), parc à thème équatorial.

LES MEILLEURES INTERPRÉTATIONS RELIGIEUSES : selon des peintures exposées à Quito (p. 540) et à Cuzco (p. 140), le Christ se serait nourri de **cuy** (cochon d'inde) lors de la Cène.

LA MEILLEURE ÉPITAPHE : "Aujourd'hui c'est mon tour, demain ce sera le vôtre" au cimetière de la ville de Sucre (p. 421).

LES MEILLEURS SYMBOLES PHALLIQUES : Chucuito (p. 220). **Valle de los Machos** (p. 450).

LES NOMS LES MOINS APPROPRIÉS : le **pisco** (p. 180), alcool qui est en réalité fabriqué à Ica. Les **panamas** (p. 569), chapeaux qui sont en réalité fabriqués en Equateur. Les ruines de **Vilcabamba**, qui étaient en réalité celles de Machu Picchu (p. 158). Les historiens ont heureusement corrigé cette dernière erreur.

LES VILLES AUX COULEURS LES PLUS EN HARMONIE : Arequipa (p. 197) et **Sucre** (p. 412), "villes blanches" respectivement du Pérou et de la Bolivie.

LES MEILLEURES IMITATIONS DES GALÁPAGOS : Isla de la Plata (p. 577) et **Islas Ballestas** (p. 174), les "Galápagos du pauvre", appartenant respectivement à l'Equateur et au Pérou.

LE MYSTÈRE LE PLUS MYSTÉRIEUX : les dessins formés par les incroyables lignes de **Nazca** (p. 185) sont-ils des signes adressés aux dieux, aux extraterrestres ?... A vous de voir !

LES GRAFFITIS LES PLUS CÉLÈBRES : dans la buanderie de l'hôpital où a été faite la toilette mortuaire de **Che Guevara**, après qu'il a été abattu par l'armée bolivienne.

LA MEILLEURE PREUVE DE MONOPOLE : Computación e Informática Bill Gates (p. 172), cybercafé de Pisco.

LES MEILLEURS ENDROITS POUR SE FAIRE DORLOTER : Baños (p. 631), où l'eau chaude ne tarit jamais.

LES PLUS BELLES ŒUVRES DIGNES D'EIFFEL : Les **fontaines** de Moquega (avec des grenouilles qui crachent de l'eau, p. 191) et de Tacna (p. 193). La **maison de fer** à Iquitos (p. 332). On dirait que Gustave est passé par là.

LE MEILLEUR "SECOND RÔLE" : Huánuco Viejo (p. 289), qualifiées par les offices de tourisme locaux de "deuxièmes plus belles ruines incas" au Pérou.

LES NOMS DE CIVILISATIONS LES PLUS AUDACIEUX : les **Chimús** (prononcez "chimou"), qui ont construit une magnifique cité en torchis (p. 249), ont succédé aux **Moches** (p. 249) dans la région de Trujillo.

LES PLUS BEAUX PAYS : Pérou (p. 87), **Bolivie** (p. 365), **Equateur** (p. 518). Evidemment.

COMPRENDRE LE PÉROU, LA BOLIVIE ET L'ÉQUATEUR

Le Pérou, la Bolivie et l'Equateur sont des Etats souverains nés au XIXe siècle de la désintégration du grand empire espagnol qui s'était constitué environ 300 ans plus tôt. En tant que tel, chacun d'eux possède une histoire distincte dont vous trouverez un résumé dans sa propre introduction (respectivement pp. 87, 365 et 518).

Ces trois pays forment pourtant au sein de l'Amérique latine une aire géographique et culturelle à part entière. De la forêt vierge aux hauts-plateaux désertiques, du souvenir des Incas à la passion du football, ils partagent les mêmes contrastes, renferment les ingrédients d'une même alchimie exotique où naissent nos rêves d'aventures lointaines. L'ambition de ce chapitre est de vous fournir sinon la clé du mystère, du moins une vue d'ensemble de cette vaste région et de sa culture. Le Pérou, la Bolivie et l'Equateur seront présentés tout d'abord comme s'ils apparaissaient vus du ciel, sans que l'on puisse en distinguer les frontières, à la manière d'une image par satellite. Peu à peu, notre caméra perdra de l'altitude. Pareille à l'œil d'un condor, elle survolera la faune et la flore, puis scrutera les habitants avant de vous faire remonter le temps, des origines du peuplement jusqu'à l'indépendance des trois pays, en passant par le règne des Incas. Enfin, un coup d'œil sur la culture d'aujourd'hui vous renseignera sur les coutumes et les tendances religieuses, artistiques ou encore culinaires de cette partie de l'Amérique du Sud. Alors, déployez vos ailes : le voyage a déjà commencé.

PAYSAGES

La **cordillère des Andes** marque fortement le paysage. Elle s'étend sur toute la partie occidentale de l'Amérique du Sud, naissant au Vénézuéla pour mourir dans les eaux froides du cap Horn, à l'extrême sud du Chili. Cette chaîne de montagnes extraordinaire, la plus longue du globe, est issue de la violente collision de deux plaques tectoniques, il y a plusieurs millions d'années. D'un âge relativement jeune, les pics déchiquetés qui la composent n'ont guère encore subi l'érosion de l'eau et du vent, mais la géologie de la région est loin d'être paisible. En fait, tout le littoral Pacifique se trouve au bord d'une plaque continentale soulevée par la plaque océanique en subduction. L'interpénétration de ces deux plaques engendre une activité volcanique et des **tremblements de terre** relativement fréquents. Dans les Andes péruviennes, boliviennes et équatoriennes, les volcans, parfois actifs, parfois endormis, percent les terres arables d'altitude où l'on cultive pomme de terre, orge, blé, maïs, quinoa et autres céréales. Les montagnes du sud de l'Equateur, ainsi que celles de la Vallée sacrée au Pérou, offrent un paysage typique de champs en patchwork dominés par des sommets coiffés de neige, le tout parsemé de lacs étincelants pour faire bonne mesure. Plus au sud, le Pérou et la Bolivie possèdent des hauts plateaux (l'**altiplano**, également appelé **puna** en Bolivie) dont l'altitude interdit aux arbres de pousser. Cet altiplano est toutefois densément peuplé (70 % de la population bolivienne) et abrite le **lac Titicaca**, le plus haut lac navigable du monde. Si la Bolivie ne possède pas de paysage côtier comme le Pérou et l'Equateur, elle a ses propres particularités : la présence d'immenses plaines humides (les **llanos**) et du **Salar d'Uyuni** (un gigantesque désert de sel près de la frontière chilienne).

Pays andins par excellence, le Pérou, la Bolivie et l'Equateur ne sont néanmoins pas constitués uniquement de montagnes. Dans des **régions moins élevées** s'épanouissent caféiers et bananiers. La côte équatorienne est parcourue de zones marécageuses. Sur le littoral péruvien, les derniers contreforts andins se dessèchent avant de se transformer en un **désert** aride digne du Sahara. En certains endroits (comme à Nazca, sur la côte sud), le climat est parmi les plus secs au monde.

La plus grande partie du territoire qu'occupent les trois pays se situe en fait du côté oriental des Andes, et se compose d'une forêt tropicale chaude et humide à faible population. Appelée **Oriente** en Bolivie et en Equateur, **bassin amazonien** au Pérou, cette région est le cœur d'une extrême biodiversité. Au Pérou et en Bolivie, son climat en fait le lieu idéal pour la culture de la coca, une plante sacrée depuis l'époque des Incas, de nos jours également utilisée dans la fabrication de la cocaïne.

Les **îles Galápagos** (rattachées à l'Equateur) sont un véritable sanctuaire écologique. Né de l'éruption de volcans sous-marins il y a cinq millions d'années, cet archipel n'était à l'origine qu'un amas de lave infertile. Il fourmille aujourd'hui de nombreuses espèces de plantes et d'animaux qui ont migré depuis le continent, pourtant situé à un millier de kilomètres de là (pour en savoir plus, voir le chapitre **Les îles Galapagos**, p. 694).

FAUNE ET FLORE

Le Pérou, la Bolivie et l'Equateur abritent une très grande variété d'animaux et de plantes. C'est la **forêt tropicale** qui obtient la palme de la biodiversité. Près d'un million d'espèces animales et végétales, sur les deux millions que l'on recense sur Terre, y vivent exclusivement. Chaque étage de la végétation, des fougères jusqu'à la canopée, est un écosystème à lui tout seul. Dans le monde entier, on commence à prendre conscience de la nécessité de préserver l'équilibre écologique de cette forêt où l'homme a déjà causé de sérieux ravages. L'éventail des animaux peuplant le bassin amazonien va des plus familiers, tels que le chevreuil, l'écureuil et la chauve-souris, au puissant jaguar ou encore à l'étrange tapir, sans oublier les créatures à nos yeux aussi comiques qu'exotiques que sont le guatusa, le capybara ou le paresseux.

Sur le versant oriental des Andes, à mesure que l'on monte en altitude, la forêt gagne en fraîcheur sans perdre en luxuriance. On évolue par moments dans un paysage de légende. A la saison des pluies, de petits nuages filandreux s'accrochent aux pentes vertigineuses couvertes d'une végétation exubérante, surplombant parfois de plus de 2000 mètres une rivière. La seule espèce d'ours que l'on peut trouver en Amérique du Sud, l'ours à lunettes, vit en altitude, tout comme les lamas et les alpagas. Les vigognes, cousins de ces deux derniers, ne se trouvent qu'au dessus de 3500 m.

L'Equateur abrite plus de 1600 espèces d'oiseaux, le Pérou plus de 1700 et la Bolivie plus de 1300. Dans chacun de ces trois pays prolifèrent également plusieurs centaines d'espèces de mammifères et de poissons. A l'intérieur des six différentes zones de végétation que comprennent les îles Galápagos (où se développent mangroves, cactus, fougères, orchidées, caféiers, ananas, etc.), certaines populations d'animaux ont évolué de manière isolée et n'existent aujourd'hui que dans l'archipel. Environ 30 espèces endémiques d'oiseaux, plusieurs iguanes, lions de mer et pingouins, ainsi que la tortue géante en voie de disparition qui a donné son nom à ces îles, n'existent qu'aux Galápagos.

LA COCA : UNE FEUILLE À DOUBLE TRANCHANT

"Cultivez cette plante. Son suc sera votre force vive, votre aliment spirituel, tandis que pour vos maîtres les Blancs il se transformera en un vice débilitant."

(Légende de la coca, paroles prophétiques de Kjana-Chuyma après sa rencontre avec le Dieu soleil.)

Dans presque tous les esprits, le mot "coca", lorsqu'il ne se réfère pas à la célèbre boisson gazeuse, est associé à une seule chose : la production de cocaïne. Cette vision simpliste n'a pas cours au Pérou et en Bolivie, où la coca, sous son enveloppe naturelle, c'est-à-dire la feuille, est non seulement légale mais utilisée à de nombreuses fins. Les touristes, pour commencer, apprécient l'**infusion** de coca (*mate de coca*), indiquée pour atténuer les effets de l'altitude et réguler la respiration. Mais, le plus souvent, la feuille de coca est tout simplement **mâchée**. Dans les Andes, on l'utilise pour se soigner de tous les maux, du mal de dents aux troubles digestifs, même si, dans la réalité, c'est pour lutter contre le mal des montagnes ou tromper la faim que ses effets sont les plus avérés.

Remède miracle encore aujourd'hui, la coca s'utilisait déjà dans les temps anciens, bien avant les Incas, à des **fins spirituelles**. Les dieux en avaient fait cadeau aux hommes. "Lancez une poignée de feuilles en l'air et vous percerez les secrets de l'avenir", leur avaient-ils dit. Des anthropologues ont prouvé que l'on utilisait des feuilles de coca dès 1300 avant J.-C. Les vestiges de la culture Moche (ou Mochica) montrent qu'on la mâchait en 200 avant J.-C. Les Incas ont perpétué l'usage de la plante, en en faisant un signe de noblesse et une offrande à **Inti**, le Dieu soleil. Les conquistadors espagnols n'ont pas tardé à réprimer cette pratique, la jugeant hérétique. Cela ne les a pas empêchés, peu après, de tirer profit de la vente de cette précieuse plante aux Indiens, qui en avaient besoin pour endurer l'altitude et bientôt l'enfer des mines de Potosí.

Par la suite, la coca a conservé une position importante dans l'économie péruvienne, mais c'est en 1855 qu'un nouveau tournant est pris. Des savants européens parviennent, en effet, à isoler le composant principal de la feuille de coca. La molécule, bientôt appelée "cocaïne", entre dans l'histoire de la chirurgie pour les propriétés anesthésiques qu'on lui découvre. Elle donnera naissance, en outre, à d'innombrables médicaments contre la douleur. En 1880, on s'aperçoit qu'elle crée une **accoutumance** et, au début du XXe siècle, Richard Willstatter, de l'université de Munich, crée à partir de la cocaïne une molécule synthétique aux puissants **pouvoirs stimulants**. C'est le début d'une autre histoire. La production à grande échelle de cette nouvelle drogue ne commence pas avant le milieu des années 1970, lorsque la consommation de cocaïne, notamment aux Etats-Unis, se répand comme une traînée de poudre. Dès lors, dans les pays où la plante se trouve à l'état naturel, il devient tentant pour les paysans touchés par la sécheresse ou les mineurs licenciés de se convertir en planteurs de coca. Contrairement à d'autres cultures telles que le maïs ou la pomme de terre, la coca ne nécessite presque aucune attention. Il n'y a pratiquement qu'à la laisser pousser et à récolter la feuille, plusieurs fois par an. De nos jours, le Pérou et la Bolivie sont respectivement les deuxième et troisième producteurs mondiaux de cet **oro blanco** (or blanc), la première marche du podium étant occupée par la Colombie.

Les pays consommateurs de cocaïne, Etats-Unis en tête, dépensent aujourd'hui des milliards de dollars chaque année pour lutter contre le trafic de drogue, en forçant les pays producteurs à éradiquer les plantations de coca. Malheureusement, en s'engageant dans cette féroce bataille, les pays riches ont trop souvent tendance à oublier que la cocaculture est devenue, pour nombre d'Indiens, le seul moyen de subsistance. Se donnant bonne conscience, Madeleine Albright, ex-secrétaire d'Etat des Etats-Unis, a promis de consacrer 110 millions de dollars au financement de cultures de remplacement en Bolivie, où une bonne partie des plantations ont déjà été détruites. Elle oublie de mentionner qu'en Colombie, dix fois plus de fonds sont accordés à l'armée pour se débarrasser des narcotrafiquants.

PEUPLES

Les premières peuplades de la région, venues du nord, se sont installées sur le littoral il y a un peu plus de 12 000 ans, c'est-à-dire, à l'échelle préhistorique, fort récemment. La naissance de grandes civilisations n'a pas empêché la persistance de flux migratoires, dont le plus important avant l'arrivée des Espagnols a lieu au XVe siècle, lorsque les **Incas**, basés à Cuzco, font la conquête de presque toute la région. Les Incas répandent largement leur langue (le quechua) et leur culture, unissant des ethnies et des sociétés différentes au sein d'un empire qui s'étend, en gros, de l'équateur jusqu'au tropique du Capricorne. Ils n'auront à faire face à aucune invasion avant l'arrivée de Francisco Pizarro en 1526.

Si les sociétés précolombiennes et leur culture ont été définitivement bouleversées par l'irruption des **Espagnols**, les **Indiens** (puisque tel sera leur nom désormais), en dépit des souffrances qu'ils ont endurées, sont loin d'avoir été rayés de la carte comme cela a pu bien souvent se produire en Amérique du Nord. Des unions entre Blancs et Indiens sont nés les **mestizos** (métis), qui constituent une bonne partie de la population du continent. Pourtant, aujourd'hui encore, nombre d'Indiens n'ont pas mêlé leur sang à celui des colons. C'est notamment le cas dans les trois pays qui nous intéressent, où les *indígenas* sont très fortement représentés, quand ils ne sont pas majoritaires. De même que certains Indiens ne se sont pas mélangés, une **population blanche**, principalement issue de l'immigration hispanique, est demeurée génétiquement européenne. D'autres groupes encore sont venus colorer le tableau : une **population noire** est arrivée sur le continent en tant qu'esclaves aux XVIIe et XVIIIe siècles. Ses descendants ont développé une culture qui leur est propre. La petite communauté noire péruvienne est concentrée sur la côte entre Lima et Ica. En Equateur, la population noire vit dans la province côtière d'Esmeraldas, au nord, et dans la vallée de Chota au nord-ouest. Les Noirs boliviens, peu nombreux, habitent la région des Yungas, sur le versant oriental des Andes. De petites **communautés chinoise et japonaise**, enfin, se sont formées plus récemment.

La population péruvienne (26 millions d'habitants) et la population équatorienne (12 millions) se concentrent dans les régions côtières et dans les Andes (le versant amazonien étant le moins peuplé), tandis qu'en Bolivie, pays qui a perdu tout accès à la mer depuis 1879, 70 % de la population (8 millions d'habitants) habitent en altitude. Une large proportion de la population de chacun des trois pays est concentrée autour des grandes métropoles que sont Lima (plus de 7 millions d'habitants), Quito et Guayaquil (plus de 2 millions), et La Paz (plus de 1,3 million). Les questions de classe sociale et de couleur de peau sont étroitement liées. Pour schématiser, la bourgeoisie tend vers le blanc tandis que la classe ouvrière tend vers l'indien. Il est particulièrement difficile d'échapper à son ascendance. Que l'on soit indien (*indígena*) ou métis (*mestizo*), ascension économique ne signifie pas ascension sociale. En d'autres termes, se faire une belle situation ne suffit pas à se défaire du mépris des classes dominantes, qui ne voient en ces nouveaux riches que des parvenus trahis par leur nom de famille. La composition ethnique de la population péruvienne est de 45 % d'*indígenas*, 37 % de *mestizos*, 15 % de Blancs, 3 % de Noirs, Japonais, Chinois et autres. On compte en Equateur 55 % de *mestizos*, 25 % d'*indígenas*, 10 % de Blancs et 10 % de Noirs, tandis qu'en Bolivie, plus de la moitié de la population est indienne (55 %), suivie des *mestizos* (35 %) puis des Blancs (10 %).

LA QUESTION INDIENNE

Le mot "Indien" est trompeur et simpliste. Les populations indigènes habitant le littoral, les hauts plateaux ou le bassin amazonien n'ont en commun que leur condition sociale. Leurs coutumes et leur mode de vie diffèrent notablement, ainsi que leur langue. La plupart des Indiens habitant la cordillère des Andes parlent le **quechua** ou l'**aymara** (avec des variantes locales). Ces deux langues sont officiellement reconnues dans les régions où elles sont parlées par la majorité de la population, et partagent parfois le statut de langue officielle avec l'espagnol, mais la langue du colonisateur reste dans les trois pays celle de l'administration et du secteur tertiaire en général. La plus grande variété d'ethnies et de langues se rencontre sur les pourtours et dans les forêts amazoniennes, où ni les Incas ni les Espagnols n'ont imposé leur culture. Les idiomes amérindiens demeurant ceux des défavorisés, certains ne préfèrent parler leur langue maternelle qu'à la maison et privilégient l'espagnol en public.

AU PÉROU

La majeure partie de la population indienne du Pérou est issue des hauts plateaux andins, au centre et au sud du pays. Elle se chiffre approximativement à 9 millions, soit 38 % de la population totale. Comme dans la plupart des sociétés latino-américaines, les Indiens péruviens se situent en bas de l'échelle sociale. Ils tirent généralement leurs faibles revenus de l'agriculture, du travail minier ou d'un emploi peu qualifié dans l'industrie. Leur taux d'analphabétisme est élevé. L'enseignement est prodigué en espagnol, qui est rarement leur langue maternelle, et l'année scolaire n'est pas compatible avec le cycle de travail agricole.

Entre 1919 et 1930, le gouvernement modernise l'économie et tente d'y intégrer les peuples indigènes. En 1926, 59 communautés sont officiellement reconnues. Ce chiffre augmente régulièrement au cours des décennies qui suivent. En 1958, la première union indigène est créée afin de mobiliser les Indiens contre la vente des territoires leur appartenant. Dans les années 1960, les Indiens effectuent des marches de protestation contre le gouvernement et s'expriment parfois à travers des actes de vandalisme. Depuis 1969, ils jouissent d'une certaine autonomie dans l'organisation interne et l'administration de leurs communautés. En 1979, la constitution péruvienne est réformée. On y inclut un alinéa sur la protection de toutes les ethnies du pays et sur le droit des peuples à adhérer à leur propre “identité culturelle”. Dans les années 1980, des organisations paysannes, composées d'Indiens et de non-Indiens, achèvent de se former afin de lutter pour une répartition plus avantageuse des terres. Parmi elles, la **Confédération paysanne du Pérou** et la **Confédération agraire nationale** offrent de petits crédits aux fermiers indiens.

Malgré les quelques victoires politiques qui ont marqué ces dernières décennies, les populations indiennes du Pérou restent l'objet d'une sévère discrimination, parfois même de véritables persécutions de la part de la classe sociale dominante.

EN BOLIVIE

Le pourcentage des populations indiennes en Bolivie est le plus élevé d'Amérique latine. Celles-ci sont-elles bien intégrées dans la société pour autant ? Dans un sens, oui : les *indígenas* cultivent les campagnes et tiennent de nombreux petits commerces dans les villes. Mais, en fait, leur détresse économique est profonde. Une maigre agriculture de subsistance les force à abandonner les champs pour le pavé urbain, où ils ne survivent guère mieux. Dans les administrations et dans les entreprises du secteur tertiaire, leur proportion ne correspond en rien à leur représentation dans la société. Car les 4,1 millions d'Indiens de Bolivie ont rarement l'occasion d'acquérir l'éducation nécessaire à leur ascension sociale. Ceux qui habitent la Cordillère parlent en majorité le quechua ou l'aymara, tandis que les autres témoignent de leur diversité à travers une multitude de langues, dont les plus courantes sont le panoen, le tacanan, le moxo et le guarani. Les différentes ethnies n'ayant pas attendu la délimitation des frontières d'aujourd'hui pour exister, les Indiens boliviens ne se distinguent des Indiens péruviens que par leurs revendications politiques nationales. Les premières organisations indiennes boliviennes voient le jour dans les années 1940-1950. Mais, avant la réforme agraire de 1952, elles n'ont guère de chances d'être efficaces : 92 % des terres appartiennent encore à de grands propriétaires. La redistribution effective des terres sera, en outre, très lente, pour des résultats mitigés.

Le **CSUTCB** (Union confédérative unitaire des ouvriers et des paysans boliviens), le **MITKA** (Mouvement indigène Tupac Katari) et le **MRTK** (Mouvement révolutionnaire Tupac Katari) commencent à mener des opérations indépendantistes dans les années 1970-80, sans grande réussite. C'est à la fin des années 1980, avec l'élection au poste de maire de La Paz et El Alto de l'Indien aymara Carlos Palenque (parti CONDEPA), qu'un tournant est pris dans la représentation des peuples indiens de Bolivie. En 1992, le président Paz Zamora leur accorde plus d'un million d'hectares de terres. Malheureusement, l'exploitation d'une grande partie du territoire national par des compagnies étrangères à la recherche de pétrole ou de gisements miniers entrave grandement les débats sur le droit des Indiens à disposer de leurs terres.

Autre question brûlante et même explosive, la destruction massive des plantations de coca, financée et contrainte par la **lutte antidrogue** nord-américaine, a d'énormes conséquences sur les conditions de vie de nombreux paysans indiens. En 1999, 20 % d'entre eux étaient considérés comme dépendant plus ou moins directement des profits générés par ce marché, la coca figurant en tête des revenus de l'exportation. En compensation de l'éradication des champs de coca, une aide étrangère, importante mais insuffisante, est destinée à stimuler les cultures de substitution telles que le maïs, le café ou les fruits tropicaux. A cette "guerre de la coca", qui a conduit à une déferlante de conflits sociaux en 2000, s'est ajoutée une "**guerre de l'eau**". En effet, la privatisation de la compagnie de distribution d'eau a entraîné une hausse importante du prix de celle-ci. Mais, après un soulèvement en masse, les paysans ont fini par obtenir la renationalisation de l'entreprise.

EN ÉQUATEUR

Une certaine fierté ethnique caractérise nombre d'Indiens d'Equateur, qui s'identifient volontiers à leur groupe plutôt qu'à la nation équatorienne. Jusqu'au milieu du XXe siècle, le gouvernement a concentré son attention sur la population blanche et métisse. Les Indiens, eux, traités à l'époque coloniale comme une main-d'œuvre corvéable à merci, ont continué d'être pareillement exploités bien après l'indépendance. On ne commence à reconnaître aux indigènes un semblant d'existence politique qu'avec l'accession au pouvoir des libéraux, en 1895. Dans les années 1900, ceux-ci manifestent en effet leur volonté d'incorporer les Indiens à la communauté nationale. Cependant, sous prétexte de rendre possible l'accession de chacun à la propriété privée, les libéraux voudraient procéder au démantèlement des terres communautaires. Cette tentative est interprétée par certains comme une manœuvre politicienne pour s'emparer des terres indiennes. Les communautés indiennes s'opposent à ces mesures et, en 1937, alors même que le pays est désormais dirigé par un gouvernement de type autoritaire, deux lois seront édictées pour renforcer le droit des Indiens à posséder et à exploiter collectivement des terres.

Les Shuars sont l'une des communautés indiennes les plus célèbres du pays, constituée de peuples jivaros anciennement connus sous le nom de réducteurs de têtes. La **Fédération shuar** se crée en 1964 en réponse aux pressions imposées par ce qu'il faut bien appeler des envahisseurs (colons venus des Andes et bientôt compagnies pétrolières). Les Shuars s'organisent par groupes d'environ 30 familles, appelés *centros*, chargés d'exploiter collectivement la terre afin d'éviter la dispersion ou la perte des propriétés indiennes. Ils constituent également un fonds destiné aux soins médicaux ainsi que des cours d'école par radio, indépendamment du gouvernement et de l'Eglise. En se prenant ainsi en main, les Shuars atteignent une certaine prospérité financière tout en conservant autant que possible leur identité culturelle.

Les tentatives de l'Etat pour intégrer les cultures indiennes à l'ensemble de la nation se sont heurtées à de fortes résistances. Derrière cette main tendue, certains ont vu une tentative de perversion des cultures *indígenas*. Une communauté d'Indiens boycottera ainsi le festival de Yamor à Otavalo en 1983 et 1984. Originellement créée pour célébrer la récolte du maïs, la fête avait été mise en avant par le consortium touristique à grands coups de défilés et de feux d'artifice.

Les Indiens équatoriens formeront de nombreuses organisations pour donner corps à leurs revendications. Ces organisations décident en 1989 de joindre leurs forces dans le cadre de la **Confédération des nationalités indigènes d'Equateur** ou **CONAIE** (Web : http://conaie.nativeweb.org/brochure.html). L'année suivante, la CONAIE organise le plus grand soulèvement indien de l'histoire de l'Equateur en paralysant le pays pendant une semaine. Son cri de ralliement, "500 ans de résistance et de survivance", fait allusion à la commémoration, prévue en 1992, de l'arrivée de Christophe Colomb. La demande des Indiens se résume ainsi : qu'une plus grande autonomie soit accordée aux *indígenas* par le biais d'un amendement de la Constitution faisant officiellement de l'Equateur un Etat plurinational. Ces événements entraînent la chute de l'homme fort du moment, Bucarám, et inaugurent une période complexe durant laquelle la CONAIE est tantôt associée au gouvernement, tantôt marginalisée.

L'entrée en vigueur, en 1998, d'une nouvelle Constitution supposée s'inspirer des principes de 1990 n'empêche pas la situation de se détériorer. Un *levantamiento* (soulèvement) de 11 jours est orchestré par la CONAIE au mois de mars de l'année suivante puis, en janvier 2000, le président Mahuad (élu deux ans auparavant) est contraint au départ lorsque 5000 Indiens marchent sur Quito. Mahuad avait en effet entrepris de dollariser la monnaie équatorienne, une réforme appelée, d'après les Indiens, à creuser plus encore le fossé existant entre riches et pauvres. Les rebelles bénéficient à ce moment de l'appui de l'armée, dont le chef, le général Carlos Mendoza, fera partie de la nouvelle équipe dirigeante au même titre que le président de la CONAIE, Antonio Vargas. La direction tripartite issue de l'insurrection (Carlos Solórzano, président de la Cour suprême, tenant le rôle du troisième homme) sera néanmoins assez rapidement contrainte de s'effacer. L'arrivée aux commandes de l'Etat de Gustavo Noboa, avec la bénédiction des Etats-Unis, marque un net retour à la politique antérieure. Un nouveau soulèvement *indígena* se solde par un échec et Noboa, toujours en place, consolidera effectivement la dollarisation de l'économie. Reste que, pour une fois, les Indiens auront réussi à ébranler l'ordre établi.

HISTOIRE

LES PREMIERS HABITANTS

L'omniprésence des vestiges incas dans la région tend à masquer l'existence de civilisations bien antérieures. Des indices archéologiques prouvent que les premières populations à occuper le terrain se sont établies sur le littoral correspondant à l'Equateur et au Pérou il y a environ 12 000 ans. Ces hommes préhistoriques étaient pour la plupart des chasseurs-cueilleurs, et leurs descendants ont appris peu à peu à développer des techniques agricoles. La clémence des vents et des courants océaniques rendait la côte Pacifique particulièrement propice à l'agriculture. Pendant 8000 ans, ce peuplement a continué de se développer petit à petit. Il reste peu de chose de ces premières formes de civilisation. Les plus anciennes découvertes archéologiques concernent la culture **valdivia**, qui s'est développée en Equateur, sur la péninsule de Santa Elena, entre 3500 et 1500 avant J.-C. Sur le site de **Loma Alta**, on a retrouvé de superbes poteries ainsi que des figurines aux formes féminines datant de 3500 avant J.-C. Autre ville très ancienne, **Real Alto** a atteint son apogée vers 1500 avant J.-C. Ce site comporte quantité d'autres figurines et laisse apparaître les vestiges d'une centaine d'habitations. Les villages se composaient alors de huttes de paille et de bois disposées en demi-cercle autour de la place centrale, que l'on recouvrait de coquillages à des fins rituelles. La variété des matériaux utilisés pour la construction de ces sites témoigne de l'existence de routes commerciales entre la côte, les montagnes et la jungle.

Par la suite, d'autres cultures ont vu le jour, également au bord de la mer : **Esmeralda**, **Manta**, **Huancavilca**, **Puná**, **Paracas**, **Moche**, **Nazca**, **Chimú**... Ces peuplades, elles aussi, entretenaient des échanges avec celles des Andes, et n'ont pas tardé à développer des techniques de navigation maritime, ce qui leur a permis de commercer par cabotage avec les régions côtières voisines. Certaines d'entre elles nous ont laissé un héritage remarquable. Les Nazcas sont restés célèbres pour les gigantesques dessins qu'ils ont tracés sur le sol aride du Pérou méridional (voir p. 185), ainsi que pour la qualité de leurs objets en céramique. Au nord du Pérou, les Moche ont édifié d'imposantes pyramides en l'honneur de leurs dieux. Ils ont aussi conçu un vaste système d'irrigation permettant à une vallée desséchée d'abriter une population de plus de 50 000 habitants. Dans la même région, les Chimús ont construit la grande cité de Chan Chan, où vivaient environ 50 000 personnes, et dont les vestiges se trouvent près de Trujillo. Quant à l'empire de **Tiahuanaco**, dont le centre névralgique se trouvait sur l'altiplano bolivien, il s'est étendu au Pérou, au Chili et en Argentine, avant de disparaître mystérieusement au XIIe siècle de notre ère. Plus au nord, la civilisation **La Tolita**, dont l'apogée se situe autour de 700 avant J.-C., a produit les ouvrages d'orfèvrerie parmi les plus remarquables d'Equateur, comme le fameux masque du Dieu soleil, emblème figurant encore fréquemment dans la culture équatorienne. Ces sociétés ont leur importance dans l'histoire de la région, car c'est en se développant qu'elles ont constitué le terreau sur lequel ont fleuri les civilisations ultérieures.

Plusieurs ethnies, auparavant installées sur la côte, s'étaient déjà déplacées vers les Andes au Ier siècle après J.-C. Connues sous les noms de **Pasto**, **Cara**, **Quitu**, **Cañari**, **Palta**, **Chavín**, **Huari** et **Paititi**, ces communautés sédentaires vivaient de l'agriculture, utilisant l'irrigation pour faire pousser céréales et féculents tels que le maïs, la *quinoa*, les haricots, la courge et de nombreuses variétés de pomme de terre, ainsi que des fruits comme l'ananas ou l'avocat. Peu à peu, des sociétés plus modernes prenaient forme. Les tribus ou les clans étaient dirigés par des chefs qui répartissaient les terres et, le cas échéant, levaient des armées. Eux-mêmes obéissaient à un monarque qui régnait sur un ensemble de villages. Certains de ces peuples ont contribué durablement au développement de la région. Les **Cañari**, qui vivaient dans la région de Cuenca, dans le sud de l'Equateur, ont élaboré un réseau d'irrigation très étendu favorisant l'émergence de grandes villes défendues par de nombreux guerriers. Dans la région d'Ancash, au nord du Pérou, la culture Chavín a su diffuser sa pensée, ses rites et son art religieux à travers un empire relativement vaste. Sa renommée lui vient de son iconographie religieuse stylisée figurant divers animaux, notamment le jaguar. Ces civilisations anciennes ont survécu en conservant leur indépendance pendant un millier d'années. Elles étaient toutefois vouées à disparaître face à la montée en puissance d'une formidable force militaire dans les Andes du sud.

L'EMPIRE INCA

La civilisation inca a eu un impact plus profond sur la région que n'importe quelle autre société précolombienne. Après des débuts insignifiants, les petites tribus concentrées autour de Cuzco, dans le sud du Pérou, sont devenues un empire qui, au XVe siècle, avait repoussé très loin ses frontières. En un siècle, les **Incas** sont parvenus à régner sur presque un tiers de l'Amérique du Sud et plus de 10 millions de personnes. Dans leur expansion territoriale, ils progresseront vers le nord à travers le Pérou et l'Equateur à la fin du XVe siècle. Leur conquête est principalement orchestrée par le grand guerrier **Pachacuti Inca Yupanqui** (1438-1471). Plusieurs civilisations, dont les Cañari du sud de l'Equateur, résistent bravement à l'invasion. Il faudra une quarantaine d'années pour que les populations de la côte Pacifique et celles des Andes déposent définitivement les armes. **Huayna Cápac**, petit-fils de Pachacuti Inca Yupanqui et fils de la princesse des Cañari, devient souverain de l'Empire tout entier, appelé Tawantinsuyo ("les quatre coins" en quechua), qui s'étend du nord du Chili actuel jusqu'au sud de la Colombie d'aujourd'hui.

Certains aspects de la vie des populations soumises, tels que les croyances religieuses, demeureront inchangés, mais tout le reste sera fondu dans le moule de l'envahisseur. De nouveaux aliments (la yuca, sorte de tubercule, la patate douce et la cacahuète), des techniques agricoles novatrices (les Incas répandront le système *mitmaq* combinant irrigation et terrassement) et un nouveau système de possession des terres seront ainsi introduits par les émissaires de Cuzco. Contrairement à l'ancien mode de propriété privée, la terre devient tout simplement propriété de l'empereur inca (dénommé "l'Inca") et est divisée en unités destinées à l'exploitation collective au sein de l'**ayllu**, une communauté de familles. Chaque *ayllu* se compose d'un groupe de familles qui, bien qu'autorisé à utiliser une partie de sa production pour sa propre consommation, est tenu de verser un tribut à un Inca **kuraka**, ou chef de clan.

Huayna Cápac naît et grandit dans une région correspondant à l'Equateur d'aujourd'hui. Profondément épris de sa terre natale, il nomme Quito seconde capitale de l'Empire inca. Craignant pour la stabilité de son royaume en expansion permanente, il le parcourt sans relâche, réprimant un soulèvement par-ci, concluant un mariage politique par-là, quand il ne déporte pas purement et simplement les populations rebelles vers d'autres horizons de l'Empire afin de les remplacer par d'autres, plus dociles. Ces importants déplacements de population favorisent la diffusion à grande échelle du quechua, la langue inca, toujours parlée de nos jours par de nombreuses communautés indiennes au Pérou, en Bolivie et en Equateur.

La mort soudaine de Huayna Cápac, en 1526, débouche sur une lutte pour le pouvoir qui va se transformer en une véritable guerre civile. Plutôt que de laisser le trône à un seul héritier, Huayna Cápac sépare le royaume entre ses deux fils : Cuzco et l'Empire du sud reviennent à **Huáscar**, enfant issu de l'union avec sa sœur, donc héritier le plus légitime, tandis que l'Equateur et l'Empire du nord sont donnés à **Atahualpa**, né d'une femme de moindre lignée mais se trouvant être la favorite de Huayna Cápac. En 1532, Atahualpa met son demi-frère en déroute près de Riobamba, au centre de l'Equateur. Au terme de cette guerre fratricide, l'Empire inca demeure affaibli et divisé, bien mal préparé à l'arrivée des conquérants espagnols dans les mois qui vont suivre.

LA CONQUÊTE ESPAGNOLE

Tandis que l'Empire inca se développait encore en Amérique du Sud, l'Espagne a déjà pris pied sur le continent plus au nord. Après avoir spolié et assujetti les peuples du Mexique et de l'Amérique centrale (notamment les Aztèques), les conquistadors mettent le cap au sud. L'un d'entre eux, **Francisco Pizarro**, est devenu un riche *encomendero* (propriétaire terrien mandaté par la couronne) à Panamá à la suite de sa conquête du Nicaragua en 1522. A partir de 1524, il commande plusieurs expéditions sur la côte ouest de l'Amérique du Sud. Après plusieurs voyages infructueux, il demande à Charles Ier d'Espagne un supplément de subsides et de main-d'œuvre pour mener à bien ses cupides projets. Sa requête agréée, les troupes espagnoles renforcées accostent au nord du Pérou à la fin de l'an 1531. Dans le courant de l'année suivante, l'expédition atteint Tumbes, que Pizarro confie à **Sebastián de Benalcázar** (futur conquérant de l'Equateur) pour établir la base espagnole de San Miguel. Les Incas sont informés de la présence de ces étrangers sur leurs terres mais sous-estiment, semble-t-il, le grave danger qu'ils représentent.

Attiré comme un aimant par des histoires de trésors incas, Pizarro s'enfonce dans les terres jusqu'à Cajamarca, la résidence d'été de l'Inca, dans les montagnes du nord du Pérou. Il arrive en novembre 1532 (l'été dans l'hémisphère sud) et demande immédiatement une audience au souverain nouvellement victorieux, **Atahualpa**. Celui-ci est alors en train de se reposer dans les sources thermales aujourd'hui appelées Baños del Inca (voir p. 278). Accompagné d'une troupe de plusieurs milliers de soldats, Atahualpa rencontre les Espagnols sur la place de Cajamarca. Là, il est confronté à un prêtre à l'allure étrange, qui lui ordonne de renoncer à ses dieux et de jurer allégeance à la Couronne d'Espagne. Bien évidemment, il refuse tout net et jette au sol le livre de prière de l'impudent étranger. Les Espagnols, se sentant offensés à leur tour, ouvrent alors le feu sur les Incas et en tuent plusieurs milliers au cours de la bataille. Atahualpa est fait prisonnier. Craignant que les Espagnols ne réhabilitent son frère à son détriment, il ordonne l'exécution de Huáscar, de plusieurs centaines de chefs militaires ainsi que de plusieurs membres de la famille royale. Cet acte aura pour effet d'affaiblir l'Empire inca et de faciliter la conquête espagnole dans les mois et les années qui suivront. Selon la légende, Pizarro offrit à Atahualpa de le libérer s'il pouvait lever une **rançon royale**, dont le montant fut fixé ainsi : de quoi remplir d'or le volume de la cellule de l'Inca, et de quoi remplir d'argent deux fois ce volume. Cela représentait près de 15 tonnes de métal précieux. Atahualpa aurait obtempéré mais, au lieu de le relâcher, les Espagnols le condamnèrent à mort après un semblant de procès.

Force et cohésion de la nation inca se consument avec la disparition d'Atahualpa. Cependant, des guerriers incas continuent à défendre leur Empire. A Quito, le général **Rumiñahui**, avec l'aide des Cañari du sud de l'Equateur, part à l'assaut des Espagnols. Mais il sera défait par Sebastián de Benalcázar, l'un des lieutenants de Pizarro, près du volcan Chimborazo, et les Incas seront repoussés vers le nord. En 1534, lorsque Rumiñahui réalise que les envahisseurs approchent de Quito, seconde capitale inca, il préfère la livrer aux flammes plutôt qu'aux conquistadors. Ces derniers refonderont la ville le **6 décembre 1534**, une date restée dans l'histoire et commémorée aujourd'hui par défilés, danses et corridas.

Les Espagnols ont désormais un nouvel objectif : parvenir à Cuzco, le cœur de l'Empire inca. Pour renforcer leur armée, ils ont recours à une vieille tactique qui a fait ses preuves au Mexique : encourager les populations soumises aux Incas à se libérer de leur joug. C'est un succès. Même Manco Capac II, autre demi-frère du souverain exécuté, tombe dans le piège et accepte de collaborer, croyant aux promesses de Pizarro de lui offrir le trône. Il finit tout de même par se rendre compte qu'il n'est que le jouet des Espagnols, et se révolte contre son allié en 1536. Bien que supérieures en nombre, les forces incas se révèlent incapables de défendre Cuzco. Désespérés, les Incas réduisent en cendres leur capitale sacrée pour ne pas la laisser aux mains de l'ennemi. Devant cet échec, Manco Capac et ses troupes se retirent à Vilcabamba, petite ville perdue au milieu des montagnes, pour y établir le nouveau quartier général de l'Empire inca, qui restera autonome et continuera à défier la Couronne d'Espagne jusqu'en 1572.

LA PÉRIODE COLONIALE

La région est rebaptisée **Nouvelle Castille** par les Espagnols. Conséquence logique de sa conquête, Pizarro en devient le gouverneur. Mais ses talents de stratège ne suffisent pas à faire de lui un dirigeant efficace, et il doit faire face à des troubles civils. La population indigène est d'ores et déjà massivement asservie par les **encomenderos**, conquistadors à qui la Couronne attribue des territoires en échange de la christianisation de leurs habitants. Ces *encomenderos* étendent encore leurs terres pour se retrouver à la tête d'immenses plantations grâce aux arrangements qu'ils passent avec les *kurakas* (chefs locaux). Ces derniers se soumettent aux Espagnols en échange de la préservation de leur statut et de la stabilité censée être assurée par le nouvel ordre chrétien espagnol. Les *encomenderos* utilisent ainsi la hiérarchie existante pour percevoir le tribut que les *ayllus* (groupes de familles) payaient déjà à l'Inca. La période des *encomiendas* se caractérisera en fait par de graves troubles sociaux, les grands propriétaires terriens luttant à la fois contre les révoltes indigènes et entre eux pour accroître leur pouvoir.

Le Pérou, la Bolivie et l'Equateur ne sont alors que la vice-royauté du Pérou, administrée par l'*audiencia* (haute cour) et le *cabildo* (cour municipale) de Lima. Puis, la population augmentant, l'audience de Lima ne peut bientôt plus exercer un contrôle suffisant sur l'ensemble de la région et établit l'**audience de Quito**. Ce rééquilibrage permettra à l'Espagne de dominer efficacement tout le territoire et d'y maintenir l'ordre pendant plusieurs siècles. En 1720, afin de resserrer encore cet étau, l'Equateur sera incorporé à la vice-royauté de Nouvelle-Grenade, et l'autorité centrale transférée de Lima à Bogotá, en Colombie. Le vice-roi et les audiences édictent les Nouvelles Lois de 1542, qui abolissent officiellement l'esclavage et les *encomiendas*, mais ces deux formes d'exploitation de la main-d'œuvre indigène demeureront monnaie courante pendant toute la période coloniale. De nouveaux systèmes sont mis en place. Le *repartimiento de Indios* fait officiellement de tous les Indiens des vassaux ou, bien plutôt, la propriété de la Couronne espagnole. Ce document précise à combien d'entre eux chaque colon a droit en posant le pied au Nouveau Monde. Le système de la *mita* oblige les hommes âgés de 18 à 50 ans à travailler au moins deux mois par an au service exclusif de la Couronne. Supervisés par les *corregidores*, nouveaux agents chargés d'administrer la *mita*, les *mitayos* (travailleurs) œuvrent dans d'immenses exploitations agricoles (les *haciendas*) ou dans des ateliers textiles (les *obrajes*). Les *mitayos* équatoriens, bien que travaillant dans des conditions déplorables, sont moins malchanceux que ceux du Pérou (notamment du territoire appelé Haut-Pérou, qui deviendra la Bolivie). Le Pérou recèle en effet de considérables richesses minières, ce qui signifie pour les Indiens des conditions de travail encore plus dangereuses. Mais le plus grand péril pour eux est invisible : la **rougeole** et la **variole** apportées par les colons vont littéralement rayer de la carte les Indiens du littoral et décimer ceux des hauts plateaux, notamment pendant l'épidémie qui sévira dans les années 1690. En un siècle de règne espagnol, la population indigène de la région diminuera de 80 %, passant de plus de 20 millions à seulement 4 millions de personnes.

COMPRENDRE…

RELIGION

Au cours de la conquête espagnole, les Indiens sont convertis au **catholicisme**. Afin que soit diffusée la pensée chrétienne, les premiers colons, assoiffés de richesses, ne se voient accorder terres et main-d'œuvre qu'à la condition de convertir les Indiens avant de les réduire en esclavage. Ceux-ci, l'âme purifiée, peuvent alors offrir leur corps à la souffrance du labeur. La main-d'œuvre indigène commençant à s'épuiser, les missionnaires partent établir des missions dans les terres inexplorées. Ils convertissent les Indiens de manière pacifique, mais ouvrent la voie à des conquérants moins scrupuleux à la recherche de bras. Aujourd'hui, le Pérou, la Bolivie et l'Equateur, comme le reste de l'Amérique latine, abritent des populations de confession majoritairement catholique romaine. Un petit pourcentage de **protestants** est néanmoins apparu au XXe siècle, divers courants religieux bien implantés en Amérique du Nord ayant créé dans la partie sud du continent leurs propres missions. Celles-ci restent, aujourd'hui encore, assez exclusives, n'offrant aide ou assistance médicale qu'aux adeptes de leur culte. Récemment, les missionnaires les plus nombreux à venir s'installer dans la région ont été les **mormons** et les **adventistes du septième jour**.

Dans bien des cas, les communautés indigènes n'ont pas abandonné leurs traditions mais ont superposé le catholicisme à leurs propres croyances. De ce syncrétisme est né un **catholicisme hybride** où s'entremêlent divinités indiennes et saints chrétiens. Derrière les jours saints de la chrétienté se sont cachées des fêtes précolombiennes. Le festival de l'Inti Raymi, par exemple, qui avait lieu au solstice d'été, s'est décalé au 24 juin, jour de la fête de la Saint-Jean. Dans d'autres cas, la réalisation d'un voeu (comme la guérison d'une maladie) nécessite une offrande à un saint au lieu d'un dieu autrefois. Certaines traditions demeurent toutefois totalement étrangères au catholicisme. Ainsi, nombre d'Indiens des Andes vénèrent les montagnes où, selon eux, se cachent les esprits tout-puissants (ou *apus*) qui gouvernent la pluie et la fertilité. Les **yatiris** ou **curanderos** (chamans), interviennent souvent, quant à eux, pour soigner les souffrants.

COUTUMES ET BONNES MANIÈRES

Les coutumes ayant cours en Amérique du Sud comportent certains traits étonnants aux yeux d'un étranger. Beaucoup de visiteurs sont par exemple frappés de constater que le fameux **machisme** latin, loin d'être une légende ou un simple souvenir, est ici une réalité qui imprègne toute la vie sociale. Attention, toutefois : ce type de comportement ne signifie pas l'écrasement de l'autre sexe, comme on peut le voir dans certaines régions du monde. Le machisme fait plutôt de la femme une sorte d'objet décoratif que l'on chérit, que l'on montre, mais que l'on possède. Autant l'homme traitera la femme avec une galanterie qui ferait passer bien des Européens pour des rustres, autant il est dans le couple celui qui incarne l'autorité. Les hommes apprécient donc docilité et sobriété chez l'autre sexe. Vous percevrez plus cet état d'esprit dans les campagnes que dans les villes, où une certaine émancipation féminine a pu se développer. Loin des grandes agglomérations, vous verrez peu de femmes dans les bars. Les étrangères ayant pris un verre de trop et parlant fort risquent de choquer l'assistance. Sans entrer dans le détail des relations entre hommes et femmes en Amérique du Sud, le rôle de "chef de famille" y reste ostensiblement dévolu à l'homme. En bref, disons que le maître de maison dispose d'un champ de liberté très étendu par rapport à sa conjointe, principalement chargée de la gestion du ménage. L'homme est beaucoup plus porté vers l'extérieur, la vie sociale est plus ou moins son domaine réservé. Les amis de la famille sont d'abord les amis du mari. C'est lui, en général, qui sera votre interlocuteur lorsque vous serez invité dans un foyer.

Comme vous vous en rendrez compte dès que vous irez à un rendez-vous, on attache beaucoup moins de prix à la **ponctualité** en Amérique latine que sous d'autres cieux. En règle générale, n'attendez pas de plates excuses de la part d'une personne arrivant avec trois quarts d'heure de retard. Qui plus est, il serait déplacé de vous en formaliser. Méfiez-vous de l'expression *"en un rato"*, employée à tout crin pour évoquer un futur plus ou moins immédiat. Littéralement, elle signifie "dans un moment", mais cela peut aussi bien vouloir dire "dans trois minutes" que dans trois heures, et vous n'avez aucun moyen de le savoir.

Si les Latino-Américains ont tendance à être moins ponctuels que les Européens ou les Nord-Américains, ils sont en revanche beaucoup plus formalistes quant à la **politesse**. Ainsi, lorsque vous rencontrez une personne pour la première fois, il est de bon ton de dire *"Mucho gusto"* pour montrer que vous êtes "enchanté" de le connaître. De même, en quittant la table après un repas, n'omettez pas l'indispensable *"Gracias, provecho, permiso"* qui, en trois mots seulement, permet de dire : "Merci, bon appétit, si vous voulez bien m'excuser" (à réciter dans le bon ordre). Avant de dire bonjour, regardez bien votre montre. S'il n'est pas encore midi, ce sera : *"Buenos días"*. L'après-midi, optez pour : *"Buenas tardes"* et, dès la nuit tombée, dites : *"Buenas noches"*. Enfin, si vous désirez prendre quelqu'un en **photo**, ne vous attendez pas à ce que la personne se mette à poser aimablement pour votre album-souvenir. Dans le meilleur des cas, elle fera semblant de ne pas vous avoir vu. Souvent, elle refusera tout simplement d'être photographiée.

CUISINE

Des plats passe-partout aux curiosités exotiques, il y en a pour tous les goûts au Pérou, en Bolivie et en Equateur. La variété de fruits, tous plus délicieux les uns que les autres, est incommensurable. Céréales, tubercules et légumes, qui poussent en grand nombre, enrichissent les spécialités de la région. Quant aux viandes, vous aurez de quoi varier les menus. Apprenez par exemple que la viande de lama est celle qui offre le rapport protéines-graisse le plus sain. Votre expérience culinaire dépendra bien sûr grandement de la région dans laquelle vous vous trouverez et du type de restaurants que vous souhaitez fréquenter.

En mangeant de temps en temps dans un grand restaurant, vous pourrez, pour un prix qui reste modéré, apprécier pleinement les spécialités culinaires. Le plus souvent, vous mangerez dans de tout petits établissements, parfois appelés **comedores.** Le moyen le plus économique de vous alimenter tout en partageant le quotidien des habitants (mais évitez les bouis-bouis vraiment trop bon marché) est de commander le **menú del día** (menu du jour), proposé dans presque tous les *comedores*. Parfois appelé *almuerzo* (déjeuner) à midi ou *cena* (dîner) le soir, il comporte habituellement deux plats que l'on peut agrémenter de suppléments. Préparé à l'avance, le *menú del día* est d'ordinaire tout à fait abordable (entre 1 et 3 $). L'entrée est composée d'une salade ou d'une soupe. Selon l'endroit, vous dégusterez un succulent *chupe de pescado* (soupe au poisson et aux légumes), un copieux *caldo de res* (ragoût de bœuf), un *caldo de patas* (ragoût de pied de vache ou de cochon) ou peut-être un *llunca* (potage au blé). Le plat de résistance (*segundo* ou *plato fuerte*) est en général de la viande (*carne*) baignant dans une sauce appétissante. Les *platos fuertes* traditionnels peuvent être le *lomo saltado* (plat de viande à la poêle), le *seco de pollo* (un épais ragoût de volaille), le *chicharrón* (viande frite à en être croustillante, habituellement de porc), le *pescado sudado* (poisson vapeur aux aromates, consommé principalement sur la côte), le *charqui* (viande séchée) ou encore le *picante de cuy* (cochon d'Inde aux épices). En accompagnement, on vous servira bien souvent du riz et des pommes de terre (frites ou à l'eau), parfois des légumes ou du *menestre* (lentilles ou haricots). De temps en temps, votre assiette sera ornée d'un magnifique *choclo* (épi de maïs), de yuca (tubercule), d'un *tamal* (pâte de maïs enveloppée dans la feuille) ou d'une *humita* (sorte de *tamal* salé ou sucré). Les restaurants plus chic offrent également un *menú del día*, pour un prix en conséquence, agrémenté de café, dessert et serveurs en uniforme. Si vous n'êtes pas convaincu par le *menú del día*, consultez la carte. Cela revient plus cher dans la plupart des cas tout en s'avérant moins copieux, mais il est bon de pouvoir faire son choix de temps en temps.

Pour diversifier votre régime alimentaire, vous trouverez en abondance trois sortes de restaurants abordables autres que les *comedores*. Les **chifas** (restaurants chinois), présents jusque dans les plus petites localités, sont plutôt propres et aiment à servir de plantureuses *chaufas* (à base de riz frit) et de non moins savoureuses *tallarines* (à base de nouilles orientales). Dans les **parrilladas**, vous dégusterez de la viande, rien que de la viande, et toutes les viandes : steak, côte de porc, foie et autres morceaux moins habituels mais tout aussi réputés tels que tripes, intestins, cœur, pis de vache… Quant aux **cevicherías**, leur spécialité n'est autre que le *ceviche*, un plat de fruits de mer ou de poisson macérés dans du jus de citron, avec oignons et coriandre (particulièrement épicé au Pérou, dont c'est le plat national). Pour ceux que la cuisine exotique indispose, les villes les plus touristiques sont bien pourvues en fast-foods, cuisine passe-partout (pizzas et compagnie) et même, occasionnellement, en restaurants végétariens.

Pour ce qui est du petit déjeuner, la plupart des *comedores* proposent aussi le *desayuno*. Pain, jus de fruits, café, œufs seront au menu. Dans certaines régions, vous savourerez un énergétique *chirriado*, plat accompagné de banane plantain. Si votre estomac tourne à plein régime dès les premières heures de la matinée, vous n'aurez pas de mal à trouver un *desayuno americano* dans les régions touristiques. Une petite faim ou une simple envie de déguster un fruit frais ? Faites un détour par le **mercado** (marché) : papayes, fruits de la passion, avocats, mandarines, ananas, tamarin, *naranjilla*, *tomate de árbol* et bien d'autres délices exotiques vous y tendent les bras toute l'année. Quelque chose de plus consistant ? Passez par une

panadería (boulangerie) et grignotez, pour un tout petit prix, un *pan dulce* (petit pain sucré), un *pan de sal* (petit pain salé) ou une *empanada de queso* (sorte de friand au fromage).

SPÉCIALITÉS TRADITIONNELLES

PÉROU. La plupart des plats traditionnels équatoriens et boliviens se rencontrent également au Pérou et vice versa, mais certaines spécialités relevant véritablement d'un pays plutôt que d'un autre méritent d'être mentionnées. La richesse culinaire du Pérou réside d'abord dans un assortiment de délicieux **desserts** : *picarones* (pains frits baignant dans du sirop de sucre roux), *mazamorra* (gâteau de couleur pourpre), *helado de lúcuma* (glace parfumée à un fruit bien particulier). A Lima, goûtez le *suspiro limeño* (soupir de Lima, sorte de *dulce de leche* très concentré). Mais résistez, si vous le pouvez, à la tentation de passer directement au dessert. Au lieu de cela, essayez donc les **papas a la huancaína** (pommes de terre recouvertes d'une sauce toute crémeuse). Originaire de Huancayo, cette spécialité aussi simple qu'exquise a conquis ses lettres de noblesse dans tout le pays. Autre mets simple et léger particulièrement affectionné par les Péruviens : la **palta rellena**, qui consiste en un avocat fourré au poulet et aux légumes. Si vous en avez le cœur, goûtez les **anticuchos de corazón** (brochettes de cœur de bœuf). Non moins délectable, l'**encocado de mariscos** (fruits de mer dans du lait de coco) est souvent présenté dans une noix de coco. Au Pérou, on apprécie également un bon *cuy* (voir **Equateur**, plus loin). Si l'argent vous manque pour goûter à tous ces délices, rabattez-vous sur le **bistec a lo pobre** (le "steak du pauvre"), accompagné d'œufs et de bananes. Ne quittez tout de même pas le pays sans avoir goûté une spécialité faite d'un mélange très copieux de riz et de purée de haricots : le **tacu-tacu**.

BOLIVIE. Les Boliviens sont de notables carnivores. Rares sont les restaurants qui ne servent pas un *menú* de base comportant une pièce de viande (poulet, porc et bœuf principalement). Les végétariens souffriront. Au petit déjeuner, vous pourrez manger un **buñuelo** (sorte de beignet) ou tartiner une **marraqueta** (petit pain meilleur que bien des baguettes parisiennes), tout en buvant un **api** (épaisse boisson au maïs). Si vous avez besoin d'un petit en-cas tandis que vous arpentez les rues, nombreux sont les stands proposant des **salteñas** (pains en croûte oblongs garnis d'œufs, de pommes de terre et d'oignons, avec du bœuf ou du poulet). Certaines spécialités régionales sont un véritable défi aux mangeurs de viande les plus aventureux, comme la **tête de mouton**, servie bouillie (*cabeza*) ou rôtie au four (*rostro asado*). D'autres mets de viande arrivent croustillants dans l'assiette tellement ils sont frits, comme le **chicharrón** (poulet ou porc frit), très consommé sur l'altiplano. Il y a tout de même quelques restaurants végétariens dans les grandes agglomérations et, dans le bassin amazonien, les traditions culinaires laissent plus de place à la cuisine végétarienne. Dans la région de Santa Cruz, le **zonzo** (tubercule appelé yuca accompagné de fromage et cuit au four ou au barbecue) est très apprécié. Pour finir, chocolats, gâteaux savoureux et glaces ornent la carte des desserts dans tout le pays.

ÉQUATEUR. Tronquito (pénis de taureau) et **yaguarlocro** (potage recouvert d'une couche d'hémoglobine) figurent parmi les mets les plus exotiques d'Equateur. Le **cuy** (cochon d'Inde) tend à provoquer la répulsion chez les étrangers mais il est très apprécié des Equatoriens. Ce plat délicieux vous fera remonter à l'époque des Incas, qui l'auraient ainsi dénommé en référence aux couinements que produit l'animal juste avant d'être rôti : "cuy, cuy, cuy…" (Ils avaient un certain humour noir, ces Incas.) Le **llapingacho**, que préféreront les végétariens, date lui aussi des temps incas. Il s'agit de pommes de terre accompagnées de crêpes au fromage. Leur nom viendrait cette fois du bruit émis par les patates pendant la cuisson : "llapingacho, llapingacho, llapingacho…" (Quelle imagination !) Les peuples andins n'ignorent rien de la pomme de terre, qui était cultivée dans la région avant de remporter en Europe et ailleurs le succès qu'on lui connaît (voir encadré **Pour une poignée de patates**). Sur la côte, de nombreuses spécialités sont à base de banane plantain. Les **patacones**, par exemple (tranches de plantain grillées) accompagnent divinement un *ceviche*.

POUR UNE POIGNÉE DE PATATES... Sans l'héroïsme d'un enfant des Andes, nous n'aurions jamais connu le steak-frites. C'est en tout cas ce que raconte la légende... On sait que la **pomme de terre** a pour lointaine origine les hauts plateaux d'Amérique du Sud. Les Amérindiens la cultivaient depuis des siècles quand les conquistadors espagnols en apprirent l'existence et la rapportèrent en Europe. Mais la découverte de ce noble tubercule par les Amérindiens eux-mêmes est, en soi, l'objet d'un mythe aux accents religieux.

En des temps reculés, un peuple du nom de **Sapayas**(1), jouissant de la paix et de la prospérité, habitait une terre qui porte aujourd'hui le nom de Bolivie. Viracocha, le grand Créateur du monde, leur avait offert un sol fertile et un grand lac rempli de poissons.

Mais un jour, tandis que les Sapayas menaient une vie tranquille, ils furent attaqués par le peuple des Karis, puis réduits en **esclavage**. Le salut ne leur vint que bien des années plus tard lorsque naquit **Choké**. Dès son plus jeune âge, l'enfant sapaya refusa d'obéir aux ordres des Karis et de subir leurs humiliations. Voyant cette noble attitude, les dieux décidèrent de tendre la main aux Sapayas. Un jour, Pachacamac, le dieu des dieux, descendit des cieux sous la forme d'un majestueux **condor blanc** et parla à Choké : "Tu trouveras au sommet de la montagne une grande quantité de **graines inconnues de l'homme**. Dis à ton peuple de les semer à la place des céréales et des légumes qu'il a l'habitude de cultiver. Alors vous serez sauvés..." Puis il disparut entre les nuages.

Les Sapayas semèrent les graines comme l'avait ordonné Pachacamac mais, le jour de la récolte, les Karis ne laissèrent rien à leurs esclaves. Voyant le désespoir des Sapayas, le condor blanc apparut de nouveau à Choké et lui dit : "Profite de la pleine lune pour retourner aux champs avec les tiens et creuse la terre entre les sillons." Ainsi découvrirent-ils que les racines de ces plantes produisaient d'étranges **tubercules** qui contenaient une pulpe d'une blancheur éclatante.

Tandis que leurs oppresseurs s'empoisonnaient avec le fruit de la plante, les Sapayas firent cuire les pommes de terre et s'en régalèrent. Ils comprirent alors qu'elles étaient un don des dieux et que le moment était venu de se soulever contre les envahisseurs. Les Karis qui survécurent à l'intoxication alimentaire furent chassés du territoire des Sapayas, qui purent de nouveau vivre en toute quiétude et se mirent à cultiver abondamment la divine pomme de terre. Morale de l'histoire : avant d'avaler vos frites ou votre purée, remerciez en pensée le petit Choké qui a donné à la pomme de terre le goût de la liberté.

(1) S'écrit *Sapallas* en espagnol.

(Cette légende est tirée du recueil *Leyendas de mi Tierra*, Ediciones Puerta del Sol, La Paz, 1979.)

BOISSONS

Si la course aux toilettes les plus proches n'est pas votre sport favori, évitez d'une manière générale de boire l'eau du robinet. Même l'eau présentée comme **purificada** (purifiée) passe par un filtre qui ne suffit pas toujours à éloigner les démons de la diarrhée. L'eau ayant été bouillie ou traitée avec une **pastille** appropriée peut être consommée. Autrement, il suffit d'acheter de l'**eau en bouteille**. Assurez-vous simplement que le bouchon est bien cacheté.

Un éventail de solutions plus effervescentes (les *colas*) vous tend évidemment les bras, à commencer par le Coca-Cola, le Sprite et le Fanta. Vous trouverez aussi du **Florivanti** en Equateur (à la fraise, à la pomme ou à l'ananas) et de l'**Inka Kola** (voir encadré **Une boisson patriotique mais presque**). Les **jus**, préparés avec une myriade de fruits exotiques qui poussent dans la région, sont habituellement coupés avec un peu d'eau, qui ne sera pas toujours purifiée. Le **café**, quant à lui, n'est pas toujours aussi bon qu'on pourrait le croire, alors qu'il est ici chez lui. On vous servira même parfois un Nescafé instantané (le comble !). Le **lait** est plus facile à trouver entier qu'écrémé. Le **yaourt** se consomme couramment sous forme de boisson fraîche et fruitée. Avant d'en avaler un litre, vérifiez qu'il a été pasteurisé.

UNE BOISSON PATRIOTIQUE MAIS PRESQUE

Quelle est donc cette lueur jaune fluorescent qui enveloppe le pays ? Et quel est ce doux arôme de chewing-gum qui flotte à la terrasse des cafés ? Vous le découvrirez bien vite en arrivant au Pérou. Présent jusque dans les régions les plus éloignées, Inka Kola est plus qu'une boisson, c'est un emblème national. Lancé en 1935, Inka Kola a régné sur le marché péruvien de la boisson gazeuse pendant 61 ans, sans changer le moindre ingrédient au secret de sa formule fruitée aux reflets dorés. D'une saveur formidablement artificielle, ce soda peut ne pas plaire à tous, mais il distille en chaque Péruvien qui l'avale par litres (et ils sont nombreux) une sorte de fierté nationale. Le Pérou est, en effet, l'un des seuls pays au monde où la suprématie de Coca-Cola sur les boissons non alcoolisées soit remise en question (la plupart des agents d'Inka Kola affirment qu'ils dominent le marché, et ceux de Coca-Cola disent la même chose).

La guerre des colas a pris un autre tournant au milieu des années 1990, lorsque Coca-Cola a racheté à J. R. Lindley, le propriétaire d'origine, 50 % du capital, et à la société de mise en bouteille 20 % de plus. Afin d'apaiser la colère des Péruviens, les nouveaux possesseurs de la boisson dorée ont promis de ne pas en changer une goutte et se sont engagés à répandre la boisson phare péruvienne à travers le monde. Il semble que Coca-Cola ait tenu parole. Aujourd'hui, Inka Kola est toujours la boisson nationale du Pérou, et a pointé le bout de son nez dans plusieurs autres pays latino-américains, ainsi qu'en Europe, au Japon et aux Etats-Unis. Ce n'est plus tout à fait la même fierté, mais c'est de la fierté quand même.

Si vous êtes à la recherche de quelque chose de plus alcoolisé, essayez les bières locales. Au Pérou, la **Cristal** et la **Cusqueña** tiennent le devant de la scène. En Bolivie, la **Paceña** a la meilleure réputation de tout le continent. En Equateur, la **Pilsener** et la **Club** ont un grand succès. Vu leur prix, il serait dommage de ne pas goûter ces quelques bières. Si vous avez un chagrin à noyer, les alcools forts, en vente à presque chaque coin de rue, sont terriblement bon marché (moins de 2 $ pour un litre de rhum tout à fait acceptable). Bien sûr, dans un joli restaurant ou un bar présentable, leur prix sera sans commune mesure. De nombreuses boissons sont faites à partir d'**aguardiente**, un alcool de sucre de canne particulièrement puissant. La **canelaza**, composée d'eau bouillante, d'aguardiente, de cannelle et de jus de citron, vous tiendra chaud au corps pendant les fraîches soirées montagnardes. Le **pisco** est une eau-de-vie de raisin blanc péruvienne dont la force de frappe est proche de celle de la tequila. Mais vous le trouverez le plus souvent sous forme de *pisco sour* (pisco, sucre et jus de citron). Dans les vallées qui entourent Tarija, en Bolivie, le **singani** règne en maître. Ferment de raisin blanc, cette liqueur chauffe la poitrine. Enfin, il y a bien sûr la **chicha**, un alcool issu de la fermentation du maïs. Vous la trouverez dans les maisons qui arborent un petit drapeau rouge ou blanc au-dessus de leur porte. Il existe aussi un éventail de **chichas non alcoolisées**. Au Pérou, la **chicha morada**, pourpre et sucrée, est particulièrement appréciée.

ART

L'art péruvien, bolivien et équatorien traduit en permanence le mélange d'influences indigènes et européennes. Incas et autres peuples précolombiens ont laissé un important héritage à travers l'**artisanat** (*artesanía*) et la musique. A l'arrivée des Espagnols, la pensée artistique du Vieux Monde s'est mêlée à celle des indigènes. L'art religieux européen a, en Amérique, développé un style qui lui est propre sous l'influence des indigènes. Les artisans indiens ont combiné techniques anciennes et modernes pour fabriquer des objets destinés au marché intérieur mais aussi à l'exportation. Nombre de peintres talentueux, sensibles aux courants artistiques d'autres continents, produisent des œuvres d'art moderne sous un angle latino-américain. Le milieu artistique péruvien, équatorien ou bolivien reste très actif et ne manque pas de s'exprimer dans les musées, marchés et festivals qui perpétuent les traditions artistiques de ces pays.

ARTISANAT

Des objets de toute sorte naissent de la créativité des artisans péruviens, boliviens et équatoriens, mais la région est avant tout connue pour ses **textiles fabriqués à la main**, presque tous produits par des communautés indigènes. Les fibres le plus couramment utilisées sont la laine de mouton (appelée *lana* ou *lana de oveja*), celle de lama (*llama*) et celle d'alpaga (*alpaca*). Ces laines sont souvent mélangées et il est rare de trouver de l'alpaga pur, ce qui n'a pas nécessairement d'incidence sur la qualité des textiles. La laine de vigogne (*vicuña*) est parfois utilisée, mais sa rareté rend son prix élevé. En outre, la vigogne, réfractaire à l'élevage, est en voie d'extinction. Evitez donc d'en accélérer le processus. En dehors des vêtements, les artisans fabriquent un grand nombre de tapis représentant des scènes de la vie quotidienne, des paysages de montagne ou des motifs plus abstraits. Un certain type de tissu, appelé **aguayo**, est particulièrement résistant et constitué de mailles très serrées. D'origine péruvienne et bolivienne, ces vêtements quechuas et aymaras des Andes véhiculent à travers leurs motifs un véritable langage artistique propre à chaque communauté indigène. L'aguayo est présenté sous sa forme ancienne, tissé à la main, extrêmement solide et quasi imperméable, mais aussi sous une forme moderne, fabriqué à la machine, avec des coloris beaucoup plus vifs. Ces tissus sont utilisés pour les sacs, gilets, vestes, casquettes et autres ceintures-kangourou que vous trouverez sur les marchés.

Au Pérou, c'est dans les Andes que l'on peut acheter les textiles les plus fins, notamment dans la région d'**Ayacucho** (réputée pour le tissage), à **Huancayo** et dans ses environs (**Río Mantaro**). Sur le **lac Titicaca**, l'endroit le plus connu pour la qualité de son artisanat est **l'île de Taquile**.

En Bolivie, les tissus les plus réputés sont fabriqués par les Indiens **Tarabuco** et **Jalq'a**. Vous pourrez les acheter aux alentours de Sucre (pour en savoir plus sur les Jalq'a, voir p. 422). Le **Mercado de las Brujas** de La Paz est, lui aussi, bien fourni en tissus et en tapisseries.

En Equateur, le centre de production textile le plus actif est **Otavalo**, une communauté indigène à 96 km au nord de Quito. Les *Otavaleños* sont dans le textile depuis des siècles. Lorsque, à la fin du XVe siècle, les Incas ont conquis la région, ils ont obligé les habitants à leur payer un tribut sous forme de tissus. Quelques décennies plus tard, les Espagnols ont introduit de nouvelles techniques, telles que métiers à tisser et cardeuses, et de nouveaux matériaux (soie, laine de mouton). Ils ont forcé les Indiens à travailler dans d'horribles conditions dans les *obrajes* (ateliers textiles) jusqu'au XIXe siècle. Dans les années 1900, les *Otavaleños* ont fait leurs débuts dans l'industrie du textile en imitant le tweed britannique (qu'ils appellent *casimir*). Depuis lors, la région n'a cessé de produire des textiles de qualité. Ces derniers sont généralement fabriqués à l'intérieur même des maisons, avec un métier à tisser, mais certaines familles utilisent encore des instruments de conception précolombienne. La plupart des produits fabriqués à Otavalo, depuis les ceintures jusqu'aux tapis en passant par les sacs et les pulls, sont destinés à l'exportation.

En ce qui concerne le **cuir**, la rue centrale de **Cotocachi**, en Equateur, est l'endroit rêvé où acheter portefeuilles, porte-monnaie, ceintures et même fouets (pour jouer les Indiana Jones). L'ouvrage des habitants de Cotocachi est d'excellente qualité. Les populations andines sculptent des **objets en bois** de toute sorte (boîtes de conception compliquée, meubles, sculptures). De nombreux artisans travaillent et vendent leurs produits devant leur porte, comme en témoigne le bruit des scies et des ciseaux à bois et les traces de sciure. Au Pérou, dans la région de Río Mantaro, les **gourdes sculptées** connues sous le nom de *matés burilados* constituent de fort jolis souvenirs à rapporter.

L'**orfèvrerie** précolombienne était également de bonne facture. A certains endroits, on fabrique toujours des bijoux artisanaux traditionnels. Les broches pour les châles (appelées *tupus*) sont fabriquées et portées par les Indiens, souvent comme des objets de famille transmis de génération en génération. Vous trouverez également dans la région des objets en **terre cuite**. Les Quichuas Sacha Runa (Indiens de la forêt), qui vivent dans l'Oriente équatorien, fabriquent des pots tournés à la main comportant des peintures sur la vie quotidienne et la mythologie quichuas. Des céramiques de qualité sont également fabriquées dans la région de Latacunga. La petite ville de **Pujilí** est connue pour ses figurines peintes en terre cuite. Au Pérou, sur la côte, vous rencontrerez aussi des objets en terre cuite dont l'apparence et le mode de fabrication sont les mêmes depuis des centaines d'années. Pour acheter de belles céramiques, rendez-vous à **Ayacucho** ou à **Cajamarca**, ou bien arpentez les boutiques de Quito ou de Lima.

Enfin, il existe à Riobamba, en Equateur, une production artisanale de **tagua**, autrement appelée ivoire végétal. Cette graine, qui pousse dans les régions équatoriales humides, a la propriété de ressembler parfaitement à l'ivoire. Auparavant utilisée dans la fabrication de boutons pour l'exportation, la tagua est aujourd'hui sculptée pour former de petits objets décoratifs qui se révèlent de parfaits substituts à la corne de l'éléphant.

MUSIQUE

SONORITÉS ANCESTRALES

Avant l'arrivée des Espagnols, les peuples du continent excellaient déjà dans la pratique des instruments à vent. La fameuse **flûte de Pan** andine, ou *rondador*, au son si caractéristique, aurait été inventée il y a plus de 2000 ans. Sa cousine des Andes du sud, appelée **zampoña**, comporte deux rangées de tubes qui lui donnent une résonance grave et pénétrante. On utilisait également deux types de flûte, l'une de grande taille (la **quena**), l'autre plus petite et très aiguë appelée **pinkillo**. Flûtes et flûtes de Pan étaient fabriquées à partir du bambou. Percussions, clochettes et autres **maracas** enrichissaient l'éventail des sonorités.

Les colons venus d'Espagne ont apporté des **instruments à cordes** de toute taille et de toute forme et produisant une vaste palette de sons. *Guitarra*, *violín*, *bandolín* (mandoline), *arpa* (harpe) figurent parmi les principales nouveautés venues d'Europe. C'est d'ailleurs en s'inspirant de la guitare que les Indiens inventeront le fameux *charango*, une sorte de petit luth dont la caisse de résonance est constituée d'une carapace de tatou. En Bolivie, les **missionnaires jésuites** ont contribué, pour leur part, à l'enrichissement musical du continent en apprenant aux Indiens à jouer des instruments de musique classique, tels que le violon, et en leur montrant comment les fabriquer. Dans la région de Chiquitanía, fortement marquée par la présence des jésuites, on peut encore percevoir cet héritage dans les ateliers de fabrication d'instruments ou à l'occasion de concerts. Enfin, l'arrivée d'esclaves noirs aura eu, en introduisant des **rythmes africains** en Amérique du Sud, une nette influence sur les musiques du continent.

Le résultat de cette confluence a produit une musique folklorique tout à fait caractéristique que l'on entend encore aujourd'hui au Pérou, en Bolivie et en Equateur. Les morceaux, tantôt instrumentaux, tantôt chantés en quechua, en aymara ou en espagnol, restent toutefois difficiles à apprécier pour des oreilles étrangères. Si la célèbre chanson "**El Cóndor pasa**" a eu un succès dans le monde entier, c'est parce qu'elle est passée par le filtre de Simon and Garfunkel, qui l'ont adaptée à leur public. Pour élargir son audience, la musique folklorique avait besoin de se métamorphoser.

LE RENOUVEAU DE LA MUSIQUE FOLKLORIQUE

Les années 1970 marquent le début d'une nouvelle ère, avec notamment deux groupes boliviens, **Los K'jarkas** et **Savia Andina**, qui entreprennent de moderniser la musique folklorique tout en lui conservant ses racines. Savia Andina élargit la gamme des instruments utilisés à la guitare électrique, à la basse et à la batterie. Les deux groupes se distinguent du folklore traditionnel par une musique plus stylisée, plus orchestrale, ainsi que par des voix et des instruments moins aigus. Leur succès sera retentissant, non seulement en Amérique du Sud mais aussi ailleurs, car rapidement les airs de flûte de Pan traversent l'Atlantique et se répandent jusqu'en Extrême-Orient, où les K'jarkas sont acclamés. Parmi les chansons de ces deux groupes qui sont devenues des classiques, on peut évoquer *El Minero*, de Savia Andina, et *Llorando se fue*, de Los K'jarkas. Cette dernière chanson a d'ailleurs été subtilisée aux musiciens boliviens par le groupe brésilien Kaoma, qui en a tiré la célèbre *Lambada*. Justice a été rendue depuis lors, et la paternité de cet air est revenue aux K'jarkas. Parallèlement, d'autres groupes, comme **Los Jairas**, participent activement à l'exportation des sonorités andines. Les héritiers de ce renouveau seront nombreux. On peut citer **Altiplano**, ou le groupe **Bolivian Jazz** qui mêle jazz et musique traditionnelle. Les K'jarkas ont même ouvert une école pour s'assurer une descendance. La musique folklorique d'Amérique du Sud a désormais trouvé sa place sur la scène internationale.

RYTHMES LATINOS DES ANNÉES 2000

Au Pérou, en Bolivie et en Equateur, comme ailleurs en Amérique du Sud, la musique est partout. Dans les boîtes de nuit, bien sûr, à la radio et dans les bars, mais aussi dans les bus, dans les magasins, sur les marchés, dans les rues… Quelles musiques entendrez-vous dans ces lieux publics où le silence n'existe pas ? Les groupes anglo-saxons, évidemment, sont au rendez-vous. Mais, dans une région du monde caractérisée par une forte unité de langue, les groupes latino-américains se taillent une large part des décibels. Du Mexique (Maná, Ricardo Arjona…) à l'Argentine (King Africa, Los Fabulosos Cadillacs…), en passant par les Caraïbes (Juan-Luis Guerra, Gloria Estefán…), la Colombie (Shakira, Carlos Vives…), le Brésil (Eotchan…), la Bolivie (Azul Azul…) et le Chili (El Símbolo…), les chansons qui passeront par vos oreilles vous feront voyager sur tout le continent. En outre, n'oubliez pas qu'ici, la musique est vraiment un plaisir de tous les jours. On exagérerait à peine en disant que les bébés savent danser avant d'apprendre à marcher. La danse fait partie des programmes scolaires depuis l'école primaire jusqu'au baccalauréat. La musique s'écoute naturellement, comme l'air se respire.

ARCHITECTURE

Les œuvres architecturales les plus imposantes de la région sont celles qu'ont laissées les Incas. **Machu Picchu**, près de Cuzco, au Pérou, règne en maître sur les vestiges des civilisations précolombiennes, au point qu'il est presque devenu l'emblème touristique de l'Amérique du Sud. Inconnu du reste du monde jusqu'en 1911, ce site était vraisemblablement un centre cérémoniel. En Equateur, les ruines d'**Ingapirca**, au nord de Cuenca, valent un détour. Situé sur une ancienne route inca, ce complexe semble avoir fait office d'auberge, de forteresse, de temple, ou peut-être des trois à la fois. En Bolivie, les ruines de **Tiahuanaco** marquent probablement le centre de la civilisation du même nom (1580 avant J.-C. – 1172 après J.-C.), qui s'étendait à travers la Bolivie, le Pérou, le Chili et l'Argentine et comptait une population équivalente à celle de la Bolivie actuelle. Plusieurs secteurs de cette ancienne capitale font encore l'objet de fouilles.

Une grande partie de l'héritage architectural des anciennes civilisations a malheureusement disparu, souvent parce que les Espagnols ont détruit les constructions incas ou parce qu'ils les ont remplacées par les leurs. Symbole de l'écrasement d'une civilisation par une autre, de nombreuses villes d'importance ont été édifiées sur les décombres de cités incas. Dans bien des cas, les Espagnols ont même réutilisé les blocs de pierre existants. Si beaucoup d'églises coloniales sont situées sur des hauteurs, c'est parce qu'elles occupent l'emplacement d'anciens temples incas et que ceux-ci étaient traditionnellement bâtis en haut d'une colline.

L'architecture coloniale est un mélange du Nouveau Monde et de l'Ancien. Le style de l'architecture et de l'art religieux qui en ont résulté est appelé **école de Quito**. Aux XVIIe et XVIIIe siècles, les Espagnols affectionnaient le style baroque. Dans les villes coloniales les plus anciennes, églises et couvents comportent des façades aux sculptures complexes, un ornement intérieur constitué de dorures étincelantes, et des feuilles de vignes sculptées autour de leurs colonnes de style classique. Le baroque européen était déjà placé sous le signe de l'exubérance, cependant les Indiens, qui exécutaient les travaux, ne pouvaient qu'y apporter leur propre touche. La facture des statues, certains motifs géométriques ou animaliers en témoignent, ainsi que l'usage de matériaux tels que la céramique.

Les bâtiments municipaux et les résidences privées sont généralement plus modestes que les édifices religieux. De larges portes de bois s'ouvrent sur des constructions plutôt cubiques à deux étages, avec plafonds hauts, patios et vérandas. Sculptures simples et ferrures torsadées décorent des intérieurs aux murs blancs. Les plafonds sont supportés par de vieilles poutres en bois, tandis que les toits de tuile rouge donnent aux bâtisses un faux air méditerranéen. Mais l'architecture coloniale ne compose qu'une partie du paysage urbain. Le reste a été construit au XXe siècle, une époque où le coût de la construction a souvent pris le pas sur l'esthétique. Dans les grandes villes, des quartiers entiers ne sont ainsi qu'une succession de blocs de béton.

SPORTS ET LOISIRS

Comme dans le reste de l'Amérique latine, le **fútbol** est ici le roi des sports... Allez donc vivre l'ambiance exaltée d'un match de foot. Vous la sentirez autant à l'extérieur du stade qu'à l'intérieur. Pendant les matchs internationaux, les rues désertes baignent dans un silence postapocalyptique, ponctué d'explosions de joie lorsque l'équipe adverse encaisse un but. Imaginez, par exemple, l'ambiance qui a régné en Equateur lorsque l'équipe nationale a battu le Brésil en mars 2001 lors des éliminatoires de la Coupe du monde. En cas de défaite, en revanche, c'est un deuil national. Si vous n'êtes pas très porté sur le football grandeur nature, il vous reste le très populaire **futbolín**, ou baby-foot. C'est moins fatigant physiquement, mais tout aussi épuisant nerveusement : les parties peuvent rapidement devenir aussi enfiévrées qu'une finale de Coupe du monde !

Le **basket** est de plus en plus pratiqué en Amérique latine. Cet engouement est dû au succès que connaît actuellement ce sport dans le reste du monde, ainsi qu'à la quasi-déification des stars et des équipes phares nord-américaines. Egalement à signaler, la popularité croissante du **volley-ball**, plus d'ailleurs en tant que divertissement qu'au niveau professionnel.

Les voyageurs au tempérament aventureux trouveront, quant à eux, mille manières de faire monter leur taux d'adrénaline. La géographie de la région étant pour le moins accidentée, il ne faut pas chercher bien loin pour se procurer des sensations fortes. La cordillère des Andes, qui traverse le continent du nord au sud, offre non seulement des paysages grandioses, mais constitue aussi l'une des régions les plus fabuleuses de la planète pour le **trekking** et l'**alpinisme**. Avec des dizaines de sommets culminant au-dessus de 5000 m, le Pérou, la Bolivie et l'Equateur sont des destinations particulièrement prisées par les alpinistes du monde entier (qui deviennent alors des andinistes). Le **ski** et le **snowboard** sont très pratiqués dans les environs de Huaraz, au Pérou. En Bolivie, la station de Chacaltaya comporte la piste de ski la plus élevée au monde, perchée à plus de 5000 m. Pour des activités moins extrêmes, les successions de cols et de vallées qu'offre le relief volcanique de la région en font un terrain de choix pour les **randonnées**, courtes ou itinérantes, dans des paysages d'une beauté sauvage.

Si vous préférez l'élément liquide, les occasions ne manquent pas de pratiquer le **rafting** et le **kayak**. Des rivières impétueuses dégringolent des montagnes vers le Pacifique ou le bassin amazonien, créant de parfaites conditions pour les sports en eau vive. Restez tout de même prudent : la pratique du rafting n'ayant été importée qu'assez récemment en Amérique latine, il est préférable de s'assurer que l'équipement fourni est approprié et de demander aux offices de tourisme quelles sont les agences les plus fiables. Certaines d'entre elles ont pour seul objectif d'attirer le maximum de touristes, sans se soucier de la qualité de leur matériel, de la compétence de leurs guides, ni du niveau de difficulté des rapides. Vérifiez au moins que l'on vous prêtera un gilet de sauvetage et un casque. Voyez aussi quelles rivières sont sûres en fonction de la saison, sèche ou humide. Cela peut influer grandement sur leur dangerosité.

Le long de la côte Pacifique, vous trouverez de bons *spots* de **surf**. La côte centrale de l'Equateur, principalement Montañita, ainsi qu'une bonne partie du littoral péruvien, abrite de petites communautés de surfeurs. Des boutiques de surf ont éclos, où vous pouvez louer mais aussi réparez votre matériel. Si vous apportez votre propre équipement, vérifiez auprès de votre compagnie aérienne que vous pouvez transporter votre planche en tant que bagage ordinaire et qu'il n'est pas nécessaire de la faire passer par le fret. En raison du courant de Humboldt, la température de l'eau sur la côte centrale et sud du Pérou risque de vous paraître plutôt fraîche pour de telles latitudes. Vous êtes frileux mais souhaitez quand même vous mettre au surf ? Rien n'est impossible au Pérou. A Huacachina, essayez le surf des sables. Vous pourrez louer une planche spécialement adaptée, et même prendre vos premières leçons de surf dans les gigantesques dunes des environs.

L'ESSENTIEL

AVANT DE PARTIR

QUAND Y ALLER ?

Partir en janvier ou partir en août, ce n'est pas tout à fait le même voyage. Avant de choisir la période de votre séjour, il est utile de savoir ce qui caractérise les saisons en ces contrées tropicales. A l'inverse des régions tempérées, l'été ne succède pas à l'hiver, mais l'humidité succède à la sécheresse. La saison sèche est la préférée des voyageurs, car non seulement les pluies sont beaucoup plus rares mais la chaleur est plus supportable. La saison des pluies a toutefois ses avantages. La végétation est plus luxuriante, la lumière plus belle et le contraste des paysages plus marqué. En outre, hormis dans certaines régions très arrosées du bassin amazonien, les précipitations sont loin d'être constantes. Pour les trois pays qui nous intéressent, la saison sèche dure de mai à novembre, tandis que la saison des pluies s'installe de décembre à avril.

Il y a cependant d'autres paramètres à prendre en compte. Le climat ne dépend pas seulement de la saison, mais aussi de trois zones géographiques qui marquent le paysage. Dans les **plaines amazoniennes** (ainsi que sur la côte équatorienne), le climat tropical humide donne lieu à une certaine touffeur tout au long de l'année. Le **littoral péruvien** est beaucoup plus sec (il n'y pleut presque jamais) mais se recouvre d'un épais brouillard entre mai et novembre, la *garúa*, dû au courant froid de Humboldt. La **Cordillère des Andes**, quant à elle, bénéficie d'une saison sèche plus courte (juin à septembre). En montagne, le climat est fonction de l'altitude. Les contreforts verdoyants surplombant la jungle n'ont pas grand chose à voir avec les pics enneigés qui percent les nuages plusieurs milliers de mètres au-dessus. Entre les deux, les hauts plateaux vous garantiront des températures clémentes pendant la journée mais glaciales pendant la nuit. Quant aux îles **Galápagos**, elles jouissent de températures douces dues à la rencontre des eaux chaudes du courant El Niño et des eaux froides du courant de Humboldt, mais elles ne sont pas exemptes de pluies, elles non plus. Le premier semestre correspond à la saison humide. L'air devient sec et se refroidit nettement au cours des derniers mois de l'année pour atteindre des températures inférieures à 21°C. Voir le **tableau des températures**, p. 47.

Lorsque vous préparez votre voyage, outre les saisons, tenez compte également des **festivals** et des **jours fériés**. Les plus importants sont Noël, la *Semana Santa* (semaine de Pâques) et le jour de l'indépendance (28 et 29 juillet au Pérou, 6 août en Bolivie et 24 mai en Equateur). Voir le tableau détaillant les fêtes p. 83.

TEMPÉRATURES ET PRÉCIPITATIONS (MOYENNES JOUR/NUIT)

	Janvier		Avril		Juillet		Octobre	
Galápagos	26° C	20 mm	22° C	18 mm	24° C	0 mm	23° C	0 mm
Guayaquil	26,2° C	224 mm	26,7° C	288 mm	24° C	2 mm	24,4° C	3 mm
Quito	13,2° C	113 mm	13,2° C	176 mm	13,2° C	20 mm	13° C	127 mm
Lima	22,2° C	1 mm	20,5° C	0 mm	16,3° C	4 mm	17° C	2 mm
Cuzco	13,1° C	149 mm	12,5° C	38 mm	10° C	4 mm	13,6° C	47 mm
Iquitos	26,3° C	11 mm	25,9° C	12 mm	14,1° C	6 mm	19,8° C	9 mm
La Paz	9,9° C	130 mm	9,4° C	47 mm	6,9° C	9 mm	10,2° C	40 mm
Sucre	16,2° C	102 mm	15,4° C	11 mm	13,8° C	1 mm	10,2° C	19 mm
Cochabamba	18,9° C	200 mm	17,9° C	29 mm	14,1° C	11 mm	19,8° C	49 mm

FUSEAUX HORAIRES

Au Pérou : Le décalage horaire avec la France, la Belgique et la Suisse est de moins 7 heures en hiver et moins 6 heures en été.

En Bolivie : Le décalage horaire avec le France, la Belgique et la Suisse est de moins 6 heures en hiver et moins 5 heures en été.

En Equateur : Le décalage horaire avec le France, la Belgique et la Suisse est de moins 7 heures en hiver et moins 6 heures en été. L'Equateur a la même heure que le Canada côté Pacifique, et une heure de moins par rapport au Canada côté Atlantique.

SE RENSEIGNER

ADRESSES UTILES

FRANCE

Il n'y a pas d'offices de tourisme péruvien, bolivien ou équatorien en France. Les voyageurs en quête d'informations peuvent en revanche solliciter les ambassades et consulats à Paris, dont les adresses figurent ci-après.

- **Maison de l'Amérique latine**, 217, boulevard Saint-Germain, 75007 Paris, ☎01 49 54 75 00. Lieu de conférences et d'expositions sur l'ensemble du continent latino-américain (programme renouvelé chaque mois).
- **Le Monde des Amériques**, 3, rue Cassette, 75006 Paris, ☎01 53 63 13 40. En marge de l'agence de voyages, vous y découvrirez un lieu convivial d'expositions, un forum où sont régulièrement organisées des réunions d'information sur les voyages (gratuites) et des conférences (payantes) sur des thèmes variés et renouvelés (le tango argentin par exemple, ou encore le monde maya).

BELGIQUE, SUISSE ET CANADA

Il n'y a pas d'offices de tourisme péruvien, bolivien ou équatorien en Belgique, en Suisse ou au Canada. Les voyageurs en quête d'informations peuvent en revanche solliciter les ambassades et consulats, dont les adresses figurent ci-après.

AMBASSADES ET CONSULATS

AMBASSADES ET CONSULATS DU PÉROU

EN FRANCE

- **Ambassade du Pérou en France**, 50, avenue Kléber, 75116 Paris. ☎01 53 70 42 00, fax 01 47 55 98 30, e-mail amb@amb-perou.fr, Web : www.amb-perou.fr. **Consulat** : 102, avenue des Champs-Elysées, 75008 Paris. ☎01 42 89 30 13, e-mail conperparis@pelnet.com. Ouvert Lu-Ve 9h-13h et 14h30-17h30.

EN BELGIQUE

- **Ambassade du Pérou en Belgique**, 179, avenue de Tervueren, 1150 Bruxelles. ☎(02) 733 33 19, fax (02) 733 48 19, e-mail embassy.of.peru@unicall.be. Ouvert Lu-Ve 9h30-13h et 15h-17h. **Consulat :** 29, Rue-des-Pierres, 1000 Bruxelles. ☎(02) 641 87 60, fax (02) 641 87 68, e-mail consulate.peru@conperbruselas.be. Ouvert Lu-Ve 9h-13h mais il faut auparavant prendre rendez-vous par téléphone.

EN SUISSE

- **Ambassade du Pérou en Suisse**, Thunsstr. 36, 3005 Berne. ☎(41) (31) 351 85 55, fax (41) (31) 351 85 70, e-mail consulado.peru@bluewin.ch. Ouvert Lu-Ve 9h-13h et 15h-17h. **Consulat :** 17, rue Pierre Duniton, 1207 Genève. ☎(41) (22) 707 49 17.

AU CANADA

- **Ambassade du Pérou au Canada**, 130, Albert Street, Ottawa, Ontario K1P 5G4, Canada. ☎(613) 238 17 77. **Consulat :** 250 Grande Allée O, Québec, Québec. ☎(418) 521 57 77.

AMBASSADES ET CONSULATS DE BOLIVIE

EN FRANCE

Ambassade de Bolivie en France, 12, avenue du Président Kennedy, 75116 Paris. ☎01 42 24 93 44, fax 01 45 25 86 23, e-mail embolivia.paris@wanadoo.fr. **Consulat :** Fonctions consulaires assurées par l'ambassade. ☎01 42 88 34 32, fax 01 42 88 33 54, e-mail consubol@club-internet.fr. Ouvert Lu-Ve 10h-14h.

EN BELGIQUE

Ambassade de Bolivie en Belgique, 176, avenue Louise, 6e étage, 1050 Bruxelles. ☎(02) 627 00 10, fax (02) 647 47 82, e-mail embajada.bolivia@embolbrus.be. Ouvert Lu-Ve 9h-13h.

EN SUISSE

Consulat de Bolivie en Suisse, 10, place de la gare, 1003 Lausanne. ☎(41) 21 311 16 13.

AU CANADA

Ambassade de Bolivie au Canada, 130, Albert Street, Ottawa, Ontario K1P 5G6, Canada. ☎(613) 236 57 30. **Consulat :** 11231 Jasper Ave. NW, Edmonton, Alberta. ☎(780) 488 15 25.

AMBASSADES ET CONSULATS DE L'ÉQUATEUR

EN FRANCE

Ambassade de l'Equateur en France, 34, avenue de Messine, 75008 Paris. ☎01 45 61 10 21, fax 01 42 56 06 64, e-mail embecuad@infonie.fr. **Consulat** : 34, avenue de Messine, 75008 Paris. ☎01 45 61 10 04, fax 01 42 56 06 64.

EN BELGIQUE

Ambassade de l'Equateur en Belgique, 363, avenue Louise, 1050 Bruxelles. ☎(02) 644 30 50, fax (02) 644 28 13.

EN SUISSE

Ambassade de l'Equateur en Suisse, 48, Ensinger Strasse, 3006 Berne. B. P. : 3000 Bern 16. ☎(41) (31) 351 17 55, fax (41) (31) 351 27 71 ou (31) 351 62 54. **Consulat :** Même adresse que l'ambassade.

AU CANADA

Ambassade de l'Equateur au Canada, 454, Laurier Ave. E, Ottawa, Ontario K1N 6R3, Canada. ☎(613) 234 49 31. **Consulat :** 1010 Sainte Catherine O, Montréal, Québec. ☎(514) 874 40 71.

LIBRAIRIES

LIBRAIRIES DE VOYAGE

Ariane, 20, rue du Capitaine-Dreyfus, 35000 **Rennes**, ☎02 99 79 68 47. Ouvert Lu. après-midi et Ma-Sa 9h-12h et 14h-19h. Web : www.librairie-du-voyage.com, e-mail libvoyage35@yahoo.com.

Astrolabe, 46, rue de Provence, 75009 **Paris**, ☎01 42 85 42 95. Ouvert Lu-Sa 9h30-19h.

L'Atlantide, 56, rue Saint-Dizier, 54000 **Nancy,** ☎03 83 37 52 36. Ouvert Lu. après-midi et Ma-Sa 10h-19h.

Les Cinq Continents, 20, rue Jacques-Cœur, 34000 **Montpellier,** ☎04 67 66 46 70. Ouvert Lu. après-midi et Ma-Sa 10h-19h15.

Géothèque, 10, place du Pilori, 44000 **Nantes**, ☎02 40 47 40 68. Ouvert Lu. 14h-19h et Ma-Sa 10h-19h. Il existe aussi une Géothèque à **Tours** et un Géorama à **Strasbourg**.

Hémisphères, 15, rue des Croisiers, 14000 **Caen**, ☎02 31 86 67 26, fax 02 31 38 72 70. Ouvert Lu. 14h-19h et Ma-Sa 9h-19h.

Itinéraires, 60, rue Saint-Honoré, 75001 **Paris**, ☎01 42 36 12 63 ou 01 42 33 92 00 (également fax). Ouvert Lu-Sa 10h-19h. Minitel : 3615 ITINERAIRES. Web : www.itineraires.com.

La Librairie internationale de Paris, 78, boulevard Saint-Michel, 75006 **Paris**, ☎01 43 26 42 70, fax 01 40 51 74 09. Ouvert Lu-Sa 10h-19h. Méthodes de langue et livres de voyages.

Magellan, 3, rue d'Italie, 06000 **Nice**, ☎04 93 82 31 81. Ouvert Lu. 14h-19h, Ma-Sa 9h30-13h et 14h-19h.

Ombres Blanches II, 48, rue Gambetta, 31000 **Toulouse**, ☎05 34 45 53 38, fax 05 61 23 03 08. Ouvert Lu-Sa 10h-19h. Web : www.ombres-blanches.fr.

Planète Havas voyages, 26, avenue de l'Opéra, 75001 **Paris**, ☎01 53 29 40 22. Ouvert Lu-Sa 10h-19h30.

La Proue, 15, rue Childebert, 69002 **Lyon**, ☎04 78 42 09 43. Ouvert Lu. 14h-19h30, Ma-Sa 9h-12h et 14h-19h30. Annexe du même nom 9, quai Jules-Courmont, ☎04 78 42 27 18. Ouvert Ma-Sa 9h30-12h et 14h-18h30.

Raconte-moi la Terre, 38, rue Thomassin, 69002 **Lyon**, ☎04 78 92 60 20, fax 04 78 92 60 21. Ouvert Lu-Sa 10h-19h30. Web : www.raconte-moi.com.

Ulysse, 26, rue Saint-Louis-en-l'Ile, 75004 **Paris**, ☎01 43 25 17 35. Ouvert Ma-Sa 14h-20h. E-mail ulysse@ulysse.fr. Web : www.ulysse.fr.

Voyageurs du Monde, 55, rue Sainte-Anne, 75002 **Paris**, ☎01 42 86 16 00. Ouvert Lu-Sa 10h-19h. Web : www.vdm.com.

LIBRAIRIES SPÉCIALISÉES

Librairie hispano-américaine, 26, rue Monsieur-le-Prince, 75006 Paris, ☎01 43 26 03 79. Ouvert Lu. après-midi et du Ma-Sa 10h-18h30. Librairie spécialisée dans l'histoire et dans la littérature de langue espagnole : une bonne manière de se plonger dans la littérature sud-américaine avant de partir...

Librairie espagnole, 72, rue de Seine, 75006 Paris, ☎01 43 54 56 26. Librairie d'histoire et de littérature de langue espagnole. Ouvert Ma-Sa 10h-13h et 14h-19h.

Librairie/galerie Urubamba, 4, rue de la Bûcherie, 75005 Paris, ☎01 43 54 08 24. E-mail urubamba@club-internet.fr. Ouvert Ma-Sa 14h-19h30. Une adresse pour en savoir plus sur la culture des Indiens des Amériques. La galerie propose à l'exposition et à la vente des objets traditionnels, anciens et contemporains. La librairie, quant à elle, est spécialisée dans les ouvrages d'ethnologie et d'archéologie (en anglais et en français). Elle dispose par ailleurs d'un catalogue de présentation et de vente par correspondance d'ouvrages et de cassettes et CD disponibles à la librairie (30 F le catalogue, remboursé à la première commande).

BELGIQUE

Anticyclone des Açores, 34, rue Fossé-aux-Loups, 1000 Bruxelles, ☎(02) 217 52 46, fax (02) 223 77 50. Ouvert Lu-Sa 10h30-18h30. Web : www.anticyclonedesacores.com.

La Route de Jade, 116, rue de Stassart, 1050 Bruxelles, ☎(02) 512 96 54, fax (02) 513 99 56. Ouvert Lu-Sa 10h-18h. E-mail laroutedejade@skynet.be, Web : www.laroutedejade.com.

Peuples et Continents, 11, rue Ravenstein, 1000 Bruxelles, ☎(02) 511 27 75. Ouvert Lu. 12h-18h30 et Ma-Sa 10h-18h30.

Tropismes, 11, rue Galerie-des-Princes, 1000 Bruxelles, ☎(02) 512 88 52, fax (02) 514 48 24, e-mail tropismes@skynet.be. Ouvert Di-Lu 13h-18h30, Ma-Je 10h-18h30, Ve. 10h-20h et Sa. 10h30-18h30. Librairie généraliste avec un rayon spécialisé dans les voyages, ouverte même le dimanche.

SUISSE

Artou, "la librairie des voyageurs", 8, rue de Rive, 1204 Genève, ☎(022) 818 02 40, fax (022) 818 02 41. Et aussi 18, rue de la Madeleine, 1003 Lausanne, ☎/fax (021) 323 65 56.

CANADA

Librairies Ulysse, 4176 Saint-Denis, Montréal, QC, ☎(514) 843-9447, 560 Président Kennedy, Montréal, QC, ☎(514) 843-7222, 4 René-Lévesque Est, Québec, QC, ☎(418) 529-5349.

INTERNET

Grâce à Internet, vous pouvez entrer en contact avec des correspondants partout dans le monde, réserver votre billet d'avion, votre hôtel ou votre voiture de location et vous procurer une multitude d'informations. Une fois que l'on est familiarisé avec le réseau, le seul véritable problème est de repérer les renseignements vraiment utiles.

MOTEURS DE RECHERCHE

Ils sont de plus en plus nombreux sur Internet. Voila (www.voila.fr) est le moteur de recherche de France Telecom. Essayez aussi Google (www.google.fr), Lycos (www.lycos.fr), Ecila (www.ecila.com), Lokace (www.lokace.com) ou la version française de Yahoo (www.yahoo.fr).

SITES FRANCOPHONES SUR LES VOYAGES

Les sites proposant un contenu de qualité en français sur les voyages sont encore peu nombreux. Voici une sélection :

Ministère des Affaires étrangères (www.expatries.org). De nombreuses informations utiles : adresse des consulats de France à l'étranger, centres de vaccination, postes d'expansion économique, alliances françaises... Allez aussi sur www.dfae.diplomatie.fr pour connaître les conseils de sécurité délivrés par le ministère, pays par pays.

Webtour (www.webtour.fr). Communauté de voyageurs, 1400 liens vers des sites "ressource", une sélection des meilleurs sites Web par pays et la classique trousse à outils du voyageur (météo, convertisseur de monnaie...).

Oanda (www.oanda.com). Le site de référence si vous souhaitez connaître un taux de change. Plus de 164 monnaies référencées.

Travlang (www.travlang.com). Un lexique de voyage qui couvre 74 langues, dont le basque et l'esperanto. Vous choisissez votre thème (le voyage par exemple) puis cliquez sur la phrase de votre choix. L'ordinateur la prononce alors avec un accent... assez convaincant.

Office de tourisme (www.tourismoffice.org). Très pratique, ce site permet de se connecter sur le site de l'office de tourisme qui vous intéresse.

ABM (www.abm.fr). Cette association de (grands) voyageurs met en ligne des informations pratiques sur de très nombreuses destinations. En prime, un forum et des petites annonces.

SITES ANGLO-SAXONS SUR LES VOYAGES

Virtual Tourist (www.vtourist.com). Le moteur de recherche du touriste virtuel. Un forum voyage et des centaines de liens pour acheter des billets d'avion ou vous renseigner sur le pays de vos rêves.

My travelguide (www.mytravelguide.com) est un site au contenu très riche. Comme son nom l'indique, il est alimenté en partie par les internautes qui partagent plans malins et adresses testées.

Followtherabbit (www.followtherabbit.com). Le lapin en question est un conseiller de voyage électronique. Entrez vos souhaits (je veux bronzer, me cultiver...) et la durée du séjour : il vous indique des idées de destination.

Hostelling International (www.iyhf.org) permet d'obtenir toutes les informations souhaitables sur 5000 auberges de jeunesse dans 77 pays. (Voir aussi le site en français www.fuaj.org.)

SITES SUR L'AMÉRIQUE LATINE

Partir (www.partir.com) donne toutes sortes d'informations utiles pour partir au Pérou, en Bolivie ou en Equateur et présente de nombreuses photos.

Amérique latine (www.ameriquelatine.com) est, comme son nom l'indique, un site spécialisé sur l'Amérique latine.

Sur **Réseau Amérique latine** (www.reseau-amerique-latine.fr) vous trouverez des revues relatives à l'Amérique latine.

SITES SUR LE PÉROU

Le site de l'**Ambassade du Pérou en France** (www.amb-perou.fr) est très bien fait et contient de nombreuses informations pratiques. Il fournit d'ailleurs une sélection de sites Internet sur le Pérou.

Aldonde (www.aldonde.com) est un site en espagnol qui regroupe une grande partie des sites sur le Pérou.

Lugaro (www.lugaro.citeweb.com) est un site sur lequel vous trouverez de nombreuses photos et des conseils judicieux pour préparer votre voyage.

Amérique latine (www.amerique-latine.com) est le site belge de l'UFBE (Union Francophone des Belges à l'Etranger) qui traite essentiellement du Pérou.

SITES SUR LA BOLIVIE

Boliviaweb (www.boliviaweb.com) est un excellent site portail sur la Bolivie où vous trouverez un index de recherche répondant à toutes vos questions. Ce site est en anglais.

Yapues (www.yapues.com) est un site en espagnol sur lequel vous trouverez de nombreuses informations relatives à la Bolivie, et de quoi vous immerger dans la culture bolivienne avec humour.

Bolivianet (www.bolivianet.com) est un site généraliste sur la Bolivie (en espagnol) où figurent des informations touristiques et culturelles ainsi que des actualités.

SITE SUR L'ÉQUATEUR

Ecuanet (www.pub4.ecuanet.ec/mintur) est le site officiel du ministère du tourisme équatorien.

Terraquest (www.terraquest.com/galapagos) est un très joli site sur les îles Galápagos.

PLUS D'INFORMATIONS POUR...

GAYS ET LESBIENNES

L'homosexualité n'est pas socialement reconnue au Pérou, en Bolivie et en Équateur, en raison notamment de l'influence catholique. Le terme désobligeant de *maricón* s'utilise plus fréquemment que celui d'*homosexual*, et les homosexuels sont parfois ridiculisés. Pour plus d'informations, contactez le **Movimiento Homosexual de Lima**, Mariscal Miller 828 (☎ (01) 433 63 75, fax 433 55 19) à Jesús María, Lima. Vous trouverez ci-dessous une liste d'organismes qui peuvent vous fournir des conseils pour préparer votre voyage.

Centre gay et lesbien, 3, rue Keller, 75011 Paris, ☎ 01 43 57 21 47. Lu-Sa 14h-20h et Di. 14h-19h.

Eurogays Travel, 23, rue du Bourg-Tibourg, 75004 Paris (☎01 48 87 37 77, fax 01 48 87 39 99, Web : http://members.aol.com/eurogays/euroways.htm). Cette agence est spécialisée dans les voyages gays et lesbiens.

Les Mots à la Bouche (librairie), 6, rue Sainte-Croix-de-la-Bretonnerie, 75004 Paris, ☎01 42 78 88 30, fax 01 42 78 36 41, Web : www.motalabouche.com. Vous y trouverez entre autres les guides *Gaymen's Press* (en anglais).

HANDICAPÉS

Il peut être difficile pour les personnes handicapées de voyager au Pérou, en Bolivie ou en Équateur. Les hôtels haut de gamme seront généralement aptes à répondre à vos besoins, mais les transports publics et la plupart des autres établissements sont sous-équipés. Les personnes concernées devront préalablement informer les compagnies aériennes et les hôtels de leur handicap : certains pourront fournir des services spéciaux. Appelez les restaurants, hôtels, parcs et autres établissements à l'avance pour savoir s'ils sont équipés de rampes, de portes et d'ascenseurs suffisamment larges en gardant à l'esprit que les endroits accessibles aux handicapés restent rares. Les organismes suivants pourront vous fournir des informations ou des publications utiles :

EN FRANCE

XIII Voyages, 5, rue Guillaume-Colletet, 94150 Rungis, (☎01 46 86 44 45, fax 01 46 86 79 75, e-mail XIIIvoyages@wanadoo.fr), organise aussi bien des séjours en France et à l'étranger pour des personnes handicapées que des séjours plus classiques pour les particuliers non handicapés.

Association des paralysés de France (APF), 17, boulevard Blanqui, 75013 Paris, ☎01 40 78 69 00, fax 01 45 89 40 57, Web : www.apf-asso.com, e-mail apfevasion@aol.com. Elle dispose d'un service voyage qui organise des séjours à l'étranger pour les personnes handicapées. Il faut être membre de l'association pour y participer.

Comité national français de liaison pour la réadaptation des handicapés, 236 bis, rue de Tolbiac, 75013 Paris, ☎01 53 80 66 66, minitel : 3614 Handitel, Web : www.handitel.org, e-mail cnrh@worldnet.net. Il renseigne sur les possibilités de séjours à l'étranger et sur les échanges internationaux de jeunes.

EN BELGIQUE

Het Gielsbos, Vosselaarseweg 1, 2275 Gierle, ☎(014) 601 211, fax (014) 61 71 71, e-mail HetGielsbos@innet.be. Cette association de la province d'Antwerp organise toutes sortes d'événements culturels et sportifs pour des personnes handicapées ainsi que des séjours à l'étranger.

EN SUISSE

Mobility International Schweiz, Froburgstrasse 4, P.O. Box 4601, Olten, ☎(062) 206 88 35, fax (062) 206 88 39, Web : www.mis-infothek.ch, e-mail mis-ch@bluiwin.ch. Ouvert 8h30-12h et 13h30-17h30, dispose d'une documentation sur les possibilités de transport et d'hébergement à l'étranger. Cette association peut aussi vous donner les coordonnées d'agences de voyages offrant des prestations aux personnes handicapées.

VÉGÉTARIENS

Dans les grandes villes, les végétariens ne devraient pas avoir trop de mal à trouver leur bonheur. Dans les plus petites villes, en revanche, où les restaurants proposent souvent un menu fixe, les végétariens n'auront guère d'autre choix que le riz. Quoi qu'il en soit, de nombreux restaurants peuvent préparer un repas végétarien sur demande, généralement à base d'œufs. Quand vous commandez, demandez un plat *sin carne* (sans viande). Une autre solution consiste à s'approvisionner en fruits et légumes au marché local. Les personnes qui mangent kasher trouveront rarement une viande qui leur convienne et devront opter pour un repas végétarien.

FORMALITÉS

AMBASSADES ET CONSULATS

Vous trouverez les coordonnées des ambassades et consulats dans **Se renseigner**, p. 48.

VISAS

Pour le Pérou : Un visa n'est pas nécessaire pour les ressortissants français, belges, suisses et canadiens voyageant au Pérou pour une durée inférieure ou égale à 90 jours. Vous devrez présenter un passeport d'une validité minimale de six mois après la date de votre retour ainsi que votre billet de retour. Pour un voyage supérieur à 90 jours, un visa est nécessaire : adressez-vous à l'ambassade du Pérou de votre pays.

Pour la Bolivie : Un visa n'est pas nécessaire pour les ressortissants français, belges, suisses et canadiens voyageant en Bolivie pour une durée inférieure ou égale à 30 jours. Cette durée peut en principe être étendue gratuitement à 90 jours sur simple demande aux services d'immigration. Vous devrez présenter un passeport d'une validité minimale de six mois après la date de votre retour. Un billet de retour ou un billet qui montre que vous poursuivrez votre voyage via un autre pays, pourra vous être demandé à l'entrée du pays. Pour un voyage supérieur à 90 jours, un visa est nécessaire : adressez-vous à l'ambassade de Bolivie de votre pays.

Pour l'Equateur : Un visa n'est pas nécessaire pour les ressortissants français, belges, suisses et canadiens voyageant en Equateur pour une durée inférieure ou égale à 90 jours. Vous devrez présenter un passeport d'une validité minimale de six mois après la date de votre retour ainsi que votre billet de retour. Pour un voyage supérieur à 90 jours, un visa est nécessaire : adressez-vous à l'ambassade de l'Equateur de votre pays.

PASSEPORTS

En voyage, il est conseillé d'avoir sur soi au moins **deux** pièces d'identité dont une avec photo. De nombreux établissements (les banques en particulier) peuvent demander plusieurs pièces d'identité pour encaisser vos chèques de voyage, et en cas de perte ou de vol, vos démarches seront facilitées. Quelques photos d'identité pourront aussi vous simplifier la vie.

Avant de partir, pensez à faire une **photocopie** de votre passeport (les quatre premières pages). Mieux, scannez vos papiers, et envoyez-vous un courrier sur votre boite e-mail que vous pourrez ouvrir n'importe où dans un cybercafé et imprimer en cas de besoin. **Si vous perdez** votre passeport, adressez-vous au poste de police le plus proche, qui vous délivrera une attestation de perte ou de vol. Puis rendez-vous à votre consulat muni de cette attestation, de la photocopie de votre passeport et d'une éventuelle deuxième pièce d'identité. A défaut d'obtenir un nouveau passeport, il vous sera délivré un laissez-passer qui vous permettra de rentrer à bon port. Cependant les visas éventuels (qui y sont tamponnés) seront perdus pour de bon.

En **Equateur**, il faut pouvoir présenter son visa à tout moment aux autorités (en particulier sur certains trajets en bus). Soyez donc vigilant et pensez à toujours prendre vos papiers d'identité avec vous.

DOUANE

Pour entrer au Pérou, en Bolivie ou en Équateur, le passage de la douane se fait généralement très facilement. Les autorités ont davantage tendance à arrêter les ressortissants équatoriens, péruviens ou boliviens encombrés de marchandises que les touristes chargés de sacs à dos. Quoi qu'il en soit, il leur arrive de fouiller les sacs. Il est interdit d'entrer ou sortir avec des armes à feu, des munitions, des stupéfiants, de la viande fraîche, ou des plantes et animaux vivants. À la douane, les voyageurs sont parfois obligés de payer une taxe sur tous les articles électroniques qu'ils emportent, sauf sur les ordinateurs portables.

Au retour, il vous faudra déclarer tous les articles achetés pendant votre séjour et payer une **taxe** correspondant à la valeur dépassant celle qui vous a été autorisée par les services douaniers de votre pays. Les articles achetés dans les boutiques **duty-free** à l'étranger ne sont pas exempts de droits à l'arrivée : vous devez également les déclarer ("duty-free" signifie que vous n'avez pas à payer de taxe dans le pays d'achat). Les feuilles de coca, légales dans toutes les Andes, ne sont guère appréciées dans nos contrées...

PERMIS DE CONDUIRE

Au Pérou : un permis de conduire français, belge, suisse ou canadien est suffisant pour pouvoir conduire au Pérou.

En Bolivie : Il vous faudra posséder un permis de conduire international pour pouvoir conduire en Bolivie. Voir les informations ci-dessous.

En Equateur : un permis de conduire français, belge, suisse ou canadien est suffisant pour pouvoir conduire en Equateur.

Pour obtenir un permis de conduire international en **France**, adressez-vous à la préfecture de votre domicile. En plus de votre permis national, présentez-vous avec deux photos, un justificatif de domicile et une carte d'identité ou un passeport. Le coût est de 17 F. Le délai d'obtention varie d'une préfecture à l'autre. A Paris, il est délivré immédiatement. Attention, le permis international n'est valable qu'accompagné du permis national et sa validité est de trois ans.

En **Belgique**, vous pourrez faire établir un permis de conduire international au Royal Automobile Club de Belgique (RACB), en **Suisse**, auprès du Service des Automobiles de chaque canton.

ARGENT

Si vous optez pour les petits hôtels et préparez vos propres repas, comptez à peu près 10 à 15 $ par personne et par jour au Pérou. Il vous en coûtera en moyenne 6 $ la nuit pour une chambre simple, bien que la plupart des hôtels demandent moins, et 2 à 3 $ pour un repas sommaire pris au restaurant. L'Équateur (hormis les Galápagos) et la Bolivie sont sensiblement moins chers : comptez de 8 à 12 $ par personne et par jour. En Équateur et en Bolivie, l'hébergement commence aux alentours de 4 $ la nuit (quelques fois moins) pour une chambre simple, et un repas standard revient à peu près à 2 $.

CHANGER DE L'ARGENT

Changer de l'argent n'est pas toujours facile. Il est conseillé d'emporter avec vous des **dollars américains** (sous forme de chèques de voyage principalement mais aussi en liquide) que vous changerez sur place en monnaie locale.

En France, vous pouvez vous procurer des dollars auprès de votre agence bancaire ainsi que dans les bureaux de change. Que vous optiez pour les chèques de voyages ou les billets, préférez les petites coupures (20 ou 50 dollars) : cela vous permettra plus de souplesse lorsque vous changerez votre argent.

Sur place, de nombreuses banques sont équipées de distributeurs automatiques de billets. Vous n'aurez pas de difficultés à retirer de l'argent avec une carte Visa ou Eurocard MasterCard. Les **bureaux de change** (*casas de cambio*) offrent parfois des taux plus avantageux que les banques et ont des horaires d'ouverture plus pratiques. Evitez si possible de changer dans les hôtels, les restaurants ou les aéroports, qui pratiquent des taux peu intéressants.

LA DOLLARISATION EN ÉQUATEUR Le gouvernement équatorien a abandonné son ancienne monnaie, le *sucre*. La monnaie d'échange est désormais le dollar américain. Les prix ont été mis à jour durant l'été 2000, mais ils ont fortement augmenté depuis, notamment dans les transports. Ils ne figurent donc qu'à titre comparatif. Les monnaies péruvienne et bolivienne, quant à elles, sont respectivement le *sol* et le *boliviano*. Un site Internet vous permet de suivre l'évolution de leur taux de change au jour le jour : www.oanda.com.

Dans les pays d'Amérique latine, le dollar est de loin la devise étrangère la plus courante. Les autres monnaies sont difficiles ou impossibles à changer. Attention, les dollars déchirés ou tachés ne sont pas toujours acceptés. À l'arrivée, mieux vaut disposer d'une somme en dollars que vous changerez progressivement. En revanche, évitez autant que possible de prendre l'habitude de payer en dollars (sauf en Équateur). D'abord, il y a toujours le risque de se faire arnaquer si l'on ne paie pas en *soles* ou en *bolivianos*. Ensuite, vous ne serez pas mieux traité en sortant vos dollars, et pourriez vous les faire voler. Les Boliviens désignent souvent les *bolivianos* par le terme de "pesos", tout comme le font les touristes qui ont de la "bouteille".

En règle générale, il est moins cher de changer son argent une fois arrivé au Pérou, en Équateur ou en Bolivie, mais il n'est pas inutile d'emporter suffisamment de devises étrangères pour tenir quelques jours, au cas où les banques seraient fermées pour une raison quelconque.

VRAI OU FAUX SOL ? Si la monnaie péruvienne, le *nuevo sol*, s'est stabilisée ces dernières années, la contrefaçon, elle, a fortement augmenté. Méfiez-vous des pièces de "*cinco soles*" mal frappées qui circulent sur le marché. Les faux billets, en particulier, sont faciles à reconnaître. Les vrais billets, imprimés assez récemment, sont décorés de gouttes irisées sur le recto, et tous les billets doivent posséder une bande de plastique interne marquée d'un numéro de série. De même, en exposant le billet à la lumière, vous devriez voir un visage en filigrane (par exemple celui de Raúl Porras Barrenechea sur les billets de 20 *soles*). Attention : une fois que vous êtes en possession d'un faux billet, vous aurez du mal à vous en débarrasser, car les Péruviens ne sont pas dupes.

Faites attention aux commissions et vérifiez le cours standard dans les journaux. Ce sont les banques qui proposent généralement les meilleurs taux de change. Il est préférable de ne s'adresser qu'aux banques ou aux *casas de cambio*, qui ne prennent que 5 % de marge maximum entre les prix d'achat et de vente. En outre, le retrait d'argent par distributeur automatique (voir p. 57) vous fait bénéficier du meilleur taux possible. Si vous utilisez des chèques de voyage ou des billets, préférez les petites coupures (50 $ maximum), surtout quand vous serez obligé de changer de l'argent à un taux désavantageux. Toutefois, il est conseillé d'avoir aussi de grosses coupures, la commission étant généralement fixe.

CHÈQUES DE VOYAGE

Les chèques de voyage **en dollars américains** offrent la solution la plus sûre pour voyager en Amérique latine. Les plus connus (American Express, Thomas Cook, Visa) pourront être échangés dans toutes les banques contre des devises locales. Dans les villes, ils pourront également servir à payer chez les commerçants.

En cas de perte ou de vol, les chèques de voyage sont remplacés dans les plus brefs délais. Téléphonez (numéros gratuits 24h/24) à l'organisme qui a émis les chèques (le numéro figure sur l'avis de vente remis avec les chèques). L'opérateur vous indiquera la banque ou l'agence de voyages la plus proche où vous serez en mesure de retirer de nouveaux chèques. Vous serez remboursé plus vite en présentant **le bordereau** remis avec les chèques. Conservez-le à l'écart des chèques eux-mêmes.

En France, trois sociétés proposent des chèques de voyage : **American Express** (service relations clientèle : ☎01 47 77 70 00), **Thomas Cook** (service relations clientèle : ☎01 41 81 86 70) et **Visa** (service relations clientèle : ☎01 47 55 86 86). Vous pouvez acheter ces chèques de voyage auprès de votre banque ou au guichet d'un bureau de change. L'avantage de ces derniers est que la délivrance est immédiate. Si vous optez pour les bureaux de change Thomas Cook, vous ne paierez pas de commission, mais uniquement l'assurance perte et vol (1,5 %, avec un minimum de 27 F). American Express ne dispose que d'un bureau de change, à Paris (11, rue Scribe, 75009).

Les Canadiens ont le choix entre les chèques de voyage **American Express** (☎800 221 7282), **MasterCard Thomas Cook** (☎800 223 9920), **Visa** (☎800 227 6811) et **Citicorp** (☎800 645 6556).

CARTES BANCAIRES

Les cartes bancaires sont généralement acceptées partout, sauf dans les commerces de moindre importance et les zones très rurales. Les principales cartes - **Visa** en tête de liste, suivie de loin par **Mastercard** - peuvent être utilisées pour retirer de l'argent en *soles*, en dollars et en *bolivianos* auprès des banques ou dans les distributeurs du Pérou, de l'Équateur et de la Bolivie. Les sociétés de carte bancaire bénéficient d'un taux de change de gros, généralement 5 % plus intéressant que le taux de détail utilisé par les banques et autres bureaux de change. Vous trouverez des guichets automatiques dans la plupart des villes. Certains distributeurs demandent un code à six chiffres : n'en tenez pas compte et tapez votre code habituel. Les commerçants fonctionnent généralement avec le vieux système du "fer à repasser" et se contentent de votre signature. N'oubliez pas votre reçu.

Le **taux de change** sur les opérations effectuées avec votre carte bancaire est généralement avantageux, environ 5 % en dessous du taux de change des guichets et des chèques de voyage. Cependant, à chaque fois que vous retirez de l'argent dans un distributeur ou que vous payez un achat avec votre carte, votre banque vous facture des frais dont le montant est fixe (25 F en moyenne). Pensez à effectuer quelques retraits conséquents plutôt que de retirer souvent de petits montants, ou à régler seulement des achats importants. Attention, vous ne pouvez retirer dans les distributeurs qu'un montant hebdomadaire limité (généralement 2000 F).

Les cartes bancaires offrent également des services gratuits d'assurance médicale et d'assistance rapatriement (voir **Assurances**, p. 58).

En cas de perte ou de vol, votre carte ne sera pas remplacée immédiatement, mais vous pourrez éventuellement bénéficier d'une assistance financière après avoir fait opposition. Pensez à contacter votre banque avant votre départ afin d'obtenir le numéro de téléphone du centre d'opposition spécifique à votre banque, ou téléphonez en France : pour **Visa**, au 08 36 69 08 80 ou pour **Eurocard MasterCard** au 03 88 14 70 70 si votre banque est le Crédit Mutuel, et au 01 45 67 84 84 s'il s'agit d'une autre banque. Téléphonez en PCV ou demandez à être rappelé. Vous pouvez également, le cas échéant, vous adresser directement à n'importe quelle banque ou regarder sur un distributeur automatique pour connaître le numéro de téléphone du centre d'opposition local.

Le service d'assistance des **cartes Visa** (☎01 42 99 08 08) vous met en relation avec votre banque qui décide ensuite de vous accorder ou non une avance de fonds. Le service d'assistance d'**Eurocard MasterCard** (☎01 45 16 65 65) peut vous avancer jusqu'à 5000 F.

SE FAIRE ENVOYER DE L'ARGENT

Si vous êtes à court d'argent, le mandat postal est un peu lent. Deux compagnies ont développé des systèmes de transfert d'argent beaucoup plus rapides. **Thomas Cook** propose le service **Money Gram**. Un de vos proches en France se rend dans un guichet Thomas Cook (18 guichets en région parisienne, 7 en province) et effectue un versement. L'argent transféré depuis la France est mis à votre disposition une demi-heure plus tard dans une agence Thomas Cook en Bolivie, en Equateur ou au Pérou en chèques de voyage ou en espèces (il y a des agences dans les principales villes de ces pays). Pour un transfert d'un montant entre 600 F et 1200 F, les frais s'élèvent à 125 F. Pour tout renseignement, téléphonez au 0 800 771 054 ou au 01 47 58 21 00.

Vous pouvez également avoir recours aux services de **Western Union** (Web : www.westernunion.com). Vous connaîtrez le guichet le plus proche de chez vous en téléphonant au 01 43 54 46 12 ou à La Poste au 0 825 00 98 98. Un de vos proches en France effectue un versement en espèces dans l'un des points du réseau (plus de 500 points en France). Vous retirez l'argent une heure plus tard dans une agence Western Union locale. La commission dépend du montant transféré. A titre d'exemple, elle est de 222 F pour une somme entre 2400 F et 3000 F. Si vous résidez au Canada, composez le 1-(800) 235-0000.

En dernier recours seulement, un consulat peut se charger d'organiser un envoi d'argent, si un proche se porte garant pour vous. Le coût de l'opération sera déduit du montant reçu.

ASSURANCES

Il est fortement conseillé de souscrire un **contrat d'assurance** avant de voyager en Amérique du Sud. Ce contrat doit normalement comprendre une **assistance rapatriement** (rapatriement dans votre pays si vous êtes blessé ou malade) et une **assurance maladie** (couverture des frais d'hospitalisation sur place et prise en charge des frais médicaux non remboursés par la Sécurité sociale au retour).

Si vous êtes en possession d'une carte **Visa** ou **Eurocard MasterCard**, vous bénéficiez d'une assurance médicale et d'une assistance rapatriement. Ces assurances sont valables pour tous les déplacements à l'étranger ne dépassant pas 90 jours. Le plafond des remboursements est de 70 000 F pour Eurocard MasterCard (franchise de 1000 F) et de 30 000 F à 70 000 F pour Visa selon la banque à laquelle vous êtes affilié (franchise de 300 F), ce qui est relativement modeste compte tenu de ce que peut coûter une hospitalisation. Renseignez-vous auprès des compagnies concernées pour connaître précisément l'étendue de la couverture et les modalités à respecter pour se faire rembourser.

Eurocard MasterCard, ☎ 01 45 16 65 65, fax 01 45 16 63 92.

Visa, ☎ 01 42 99 08 08.

Par ailleurs, si vous réglez au moins une partie de votre transport (avion, train, location de voiture…) avec votre carte, vous êtes couvert par une assurance décès-invalidité. La déclaration d'accident doit être faite dans les 20 jours.

Eurocard MasterCard : CAMCA, service sinistres Eurocard MasterCard, 65, rue la Boétie, 75008 Paris, ☎ 01 44 95 18 50.

Visa : Gras Savoye, 2, rue de Gourville, ZI d'Ormes, 45911 Orléans Cedex 9, ☎ 02 38 70 38 72.

Certaines cartes destinées aux jeunes sont accompagnées d'un contrat d'assistance. Pour la **Carte Campus** de la Mutuelle des Etudiants, composez le 01 40 92 54 92, pour la **Carte Club** de la SMEREP le 01 41 85 86 59.

Si vous désirez une couverture plus complète de vos frais médicaux à l'étranger, vous pouvez souscrire un contrat auprès d'une **compagnie d'assurance**. Un bon contrat doit garantir la prise en charge quasi intégrale de vos soins médicaux et une prise en charge directe des frais d'hospitalisation. Certains contrats comprennent d'autres garanties comme l'assurance annulation voyage, l'assurance vol, ou encore l'assurance responsabilité civile.

Afin de comparer les prestations des compagnies d'assurance, faites-vous bien préciser les plafonds de remboursement, les garanties couvertes et le montant des franchises (c'est-à-dire la part du dommage restant à votre charge). Pour un contrat d'assurance voyage incluant le remboursement des frais médicaux (plafond des remboursements de 40 000 F à 1 000 000 F, selon la compagnie), la prise en charge directe des frais d'hospitalisation, une assurance bagages et une assurance responsabilité civile, il faut compter entre 165 F et 400 F pour un mois (de 290 F à 700 F pour deux mois). Nous vous donnons ci-après les coordonnées de quelques assureurs. A vous de faire votre choix.

AVA, 24, rue Pierre-Semard, 75009 Paris, ☎01 48 78 11 88

AVI International, 28-30, rue de Mogador, 75009 Paris, ☎01 44 63 51 00, fax 01 42 80 41 57.

Elvia, 153, rue du Faubourg-Saint-Honoré, 75008 Paris, ☎01 42 99 02 99, fax 01 42 99 02 52.

Europ Assistance, 1, promenade de la Bonette, 92230 Gennevilliers, ☎01 41 85 85 85, fax 01 41 85 85 69/71.

Mondial Assistance, 2, rue Fragonard, 75017 Paris, ☎01 40 25 52 04, fax 01 40 25 52 09.

POUR LES ÉTUDIANTS

SMEREP, 54, boulevard Saint-Michel, 75006 Paris, ☎01 56 54 36 34.

MNE, 137, boulevard Saint-Michel, 75258 Paris Cedex 05, ☎01 40 92 54 92.

ISIS (OTU), 38, cours Blaise-Pascal, 91000 Evry, ☎01 69 36 21 59.

SANTÉ

Pour de menus ennuis de santé, commencez par vous adresser à un **pharmacien** local. A chaque fois que cela est possible, Let's Go répertorie les pharmacies de garde. Vous pouvez aussi demander à un policier ou à un chauffeur de taxi de vous indiquer où elle se trouve.

AVANT LE DÉPART

Une **trousse de premiers soins** sera bien suffisante pour les petits problèmes que vous rencontrerez. Une trousse standard contient les éléments suivants : des pansements et du bandage, de l'aspirine, un antiseptique, un thermomètre (dans un étui rigide), une pince à épiler, du coton, un décongestionnant, des pilules contre la diarrhée, de la crème solaire, un produit contre les insectes, une crème anti-brûlures. Vous trouverez tous ces produits dans la plupart des villes.

Notez dans votre portefeuille les noms des **personnes à prévenir** en cas d'accident. Si vous êtes allergique à certains produits ou traitements, notez-le aussi (cela aidera les médecins). Si vous prenez régulièrement certains médicaments, apportez-les en quantité suffisante pour la durée de votre séjour et prenez avec vous **l'ordonnance** et un résumé de votre dossier médical (carnet de santé ou autre), surtout si vous transportez de l'insuline, des seringues, ou des narcotiques. Il est toujours utile de se faire examiner avant un voyage (les dents par exemple), surtout si vous prévoyez de rester à l'étranger plus d'un mois, ou de vous rendre dans des régions reculées. Si vous portez des **lunettes ou des lentilles de contact**, prévoyez une paire de lunettes de secours.

VACCINATIONS CONSEILLÉES. La vaccination contre la fièvre jaune n'est pas obligatoire mais fortement conseillée au Pérou, en Bolivie et en Equateur. Sachez toutefois que des cas de fièvre jaune ont été récemment signalés en Bolivie. Avant toute chose, commencez par rendre visite à un centre médical de conseil aux voyageurs (ou centre de vaccination agréé), qui vous renseignera précisément sur les précautions à prendre avant de partir et sur place. Un voyage est aussi une bonne occasion de vérifier que les **vaccinations** nécessaires en France (tétanos et polio notamment) sont à jour (voir adresses utiles plus loin).

HÉPATITE A. Il existe un vaccin pour l'adulte et un vaccin pour l'enfant (une injection suivie d'un rappel 6 à 12 mois plus tard). Vous êtes alors protégé pour 10 ans.

HÉPATITE B. Vous devez vous faire vacciner si vous devez être en contact avec du sang, avoir des rapports sexuels en cours de voyage, rester plus de six mois dans la région ou être exposé à la maladie via un traitement médical. La vaccination comprend deux injections espacées d'un mois et un rappel six mois après la première injection. Sachez qu'il existe désormais un vaccin combiné qui protège contre les deux hépatites A et B.

RAGE. Au cas où vous seriez exposé professionnellement ou non à des animaux. La vaccination préventive consiste en deux injections espacées d'un mois, suivies d'un rappel au bout d'un an. Elle vous protège pendant trois ans.

TYPHOÏDE. En particulier si vous envisagez d'explorer les zones rurales. La vaccination doit se faire trois semaines avant le départ et protège pour une durée de 3 ans.

FIÈVRE JAUNE. Si vous devez voyager en Amazonie. La vaccination doit se faire au moins 10 jours avant le départ et elle est efficace pendant dix ans.

PRÉVENTION CONTRE LE PALUDISME (OU MALARIA). La Bolovie, l'Equateur et le Pérou sont des pays où il existe un risque de paludisme. Il est par conséquent recommandé aux voyageurs à destination notamment de la côte, de la forêt tropicale ou des zones rurales de bien se renseigner avant de partir dans un centre spécialisé et de suivre éventuellement un traitement **antipaludéen** préventif hebdomadaire. Quant aux mesures à prendre sur place, voir ci-après.

ADRESSES UTILES

En France, plusieurs centres de renseignements téléphoniques sont à votre disposition. N'hésitez pas à les contacter si vous voulez connaître les mesures préventives conseillées pour les régions où vous prévoyez de vous rendre (variables en fonction des épidémies et des saisons). Et au retour, n'oubliez pas d'informer votre médecin traitant de votre voyage si vous ressentez des troubles anormaux.

Il existe près de 80 centres de vaccination en France. Vous pouvez vous en procurer la liste complète en visitant le site Internet de la **Maison des Français à l'étranger** (www.expatries.org) ou auprès de la **Direction générale de la santé**, 1, place de Fontenoy, 75350 Paris 07SP, ☎ 01 40 56 60 00. Ouvert Lu-Ve 9h30-12h et 14h-17h30.

Air France et l'Institut Pasteur possèdent tous deux un centre de vaccination :

AP Voyages, AP Vacances, hôpital de la Pitié-Salpêtrière, 47, boulevard de l'hôpital, 75013 Paris. Les vaccinations se font sur **rendez-vous**, au ☎ 01 42 16 01 03.

Santé Voyages, Hôpital Bichat-Claude Bernard, 170, boulevard Ney, 75018 Paris (Métro : Porte-de-Saint-Ouen), ☎ 01 40 25 88 86. Ouvert Lu-Ve 9h-13h et 14h-17h, Sa. 9h-12h. Tous les vaccins sont disponibles sur place. Sans rendez-vous.

Centre de vaccination Air France, Aérogare des Invalides, 2, rue Robert Esnault-Pelterie, 75007 Paris (Métro : Invalides), ☎ 01 43 17 22 00. Ouvert Lu-Ve 9h-18h30 et Sa. 9h-17h.

L'ESSENTIEL

Il n'est pas nécessaire de prendre rendez-vous. Les Lu., Me. et Ve., il est recommandé d'arriver avant 15h30.

Hôpital de l'Institut Pasteur, Centre de vaccinations internationales, 209, rue de Vaugirard, 75015 Paris, ☎01 40 61 38 00. Ouvert Lu-Ve 9h-16h30, Sa. 9h-11h30. Tous les vaccins sont disponibles sur place et les certificats internationaux sont délivrés immédiatement. Sans rendez-vous. Les mineurs doivent être munis d'une autorisation parentale.

SUR PLACE

PROBLÈMES LIÉS AUX CONDITIONS CLIMATIQUES

SOUS LE SOLEIL... Sous les tropiques, le soleil peut être redoutable. Prenez soin de bien vous protéger. Portez des lunettes de soleil et ayez de quoi vous couvrir la tête, enduisez-vous de crème solaire, buvez régulièrement et évitez de trop vous exposer entre 11h et 14h. Souvenez-vous que dans les régions désertiques, le corps perd entre 4 et 8 litres d'eau par jour.

COUPS DE SOLEIL. Appliquez de l'écran solaire en bonne quantité plusieurs fois par jour. Les écrans totaux sont la seule protection vraiment efficace pour les peaux très blanches. Si vous souffrez de brûlures, buvez plus d'eau que d'habitude, cela aidera votre corps à se refroidir et votre peau à se reformer.

INSOLATIONS. Elles sont dues à une exposition prolongée au soleil et se traduisent par des maux de tête et des nausées. En cas d'insolation, il convient d'installer la personne à l'ombre, de lui appliquer des compresses humides et de la faire boire.

COUPS DE CHALEUR. Le coup de chaleur, beaucoup plus grave que l'insolation, est heureusement plus rare. La transpiration cesse, la température du corps s'élève et d'intenses maux de tête apparaissent. Dans les cas extrêmes, le cerveau se met à flancher, entraînant la mort. Avant d'en arriver là, faites **boire** à la personne atteinte des jus de fruits ou de l'eau salée, en la recouvrant de serviettes humides et en lui faisant de l'ombre.

HYPOTHERMIE ET ENGELURES. Une chute rapide de la température corporelle est le signe le plus manifeste d'une surexposition au froid. Les victimes peuvent aussi frissonner, se sentir épuisées, manquer de coordination, mal articuler, être en proie à des hallucinations ou souffrir d'amnésie. **Ne laissez pas des victimes d'hypothermie s'endormir**, car leur température corporelle continuerait à chuter et pourrait entraîner leur mort. Pour éviter l'hypothermie, restez au sec, portez plusieurs couches de vêtements et protégez-vous du vent. Quand la température est au-dessous de zéro, faites attention aux engelures. Si votre peau devient blanche, cireuse et froide, ne la frottez pas. Buvez des boissons chaudes, séchez-vous et réchauffez doucement la partie affectée avec un tissu sec ou un contact corporel permanent jusqu'à ce que vous puissiez trouver un médecin.

ALTITUDE. Les extrêmes variations d'altitude au Pérou, en Bolivie et en Équateur peuvent provoquer le **mal des montagnes** (*soroche*). Tout voyage en haute altitude exige deux jours d'acclimatation pour s'adapter aux faibles niveaux d'oxygène de l'air. Sinon, des symptômes tels que les maux de tête, les nausées, la somnolence et l'essoufflement pourront se faire sentir, même au repos. Le mal des montagnes se traite surtout par du repos, une respiration plus profonde et un retour à une altitude plus basse. Si les symptômes persistent ou s'aggravent, ou si la victime commence à virer au bleu, **redescendez immédiatement** et faites-la hospitaliser si nécessaire. Les personnes envisageant de gravir les hauts sommets de la région devront rester une semaine dans la Sierra pour s'adapter à l'altitude avant d'entreprendre l'ascension.

MALADIES LIÉES AUX INSECTES ET VILAINES BÊTES

Les insectes sont responsables de la transmission de nombreuses maladies. Outre les moustiques, il y a les puces, les tiques, les poux, les punaises… Ces charmantes petites bêtes prolifèrent dans les régions humides ou forestières, et vous ne manquerez pas d'en rencontrer si vous randonnez ou si vous campez.

Les **moustiques** sont particulièrement actifs à l'aube et au crépuscule. Le soir, portez des vêtements qui ne laissent pas votre peau à l'air (manches longues, pantalons que vous pouvez éventuellement rentrer dans vos chaussettes). Evitez les sandales. Si vous campez, achetez une moustiquaire. Il est conseillé également d'imprégner vos vêtements d'un insecticide spécial, de même que votre moustiquaire. Sur les parties découvertes du corps, appliquez des répulsifs (produits à base de citronnelle ou de DEET). Pour dormir tranquille, vous pouvez vaporiser de l'insecticide dans votre chambre, ou bien utiliser un diffuseur électrique en tablette, ou encore des serpentins (*mosquito coil*), que vous pourrez acheter sur place.

LE PALUDISME. Le paludisme est une maladie transmise par un moustique bien particulier, l'anophèle femelle. Une seule piqûre peut suffire à transmettre cette maladie, qui, non traitée, est souvent mortelle. Les symptômes (fortes fièvres, coups de chaud et de froid alternés) peuvent se déclencher jusqu'à un an après le retour. Il n'existe pas de médicament efficace à 100 % contre le paludisme. Renseignez-vous auprès d'un centre médical de conseil aux voyageurs pour que l'on vous prescrive le traitement le plus adapté (conditions de séjour, situation personnelle…). La meilleure prévention est d'éviter toute piqûre de moustique (voir précédemment). Sachez toutefois qu'au-delà d'une certaine altitude, notamment si vous voyagez dans l'Altiplano, les traitements antipaludéens sont inutiles puisque les moustiques ne survivent pas. La meilleure solution est de vous renseigner sur place : les pharmaciens locaux vous indiqueront si un traitement est nécessaire ou non.

DENGUE. “Infection virale urbaine” transmise par les moustiques *Aedes*, qui piquent dans la journée plutôt que la nuit. La dengue se caractérise par des symptômes de grippe et se traduit par une forte fièvre de 3 à 4 jours. Les symptômes des 2 à 4 premiers jours incluent des frissons, une forte fièvre, des maux de tête, des ganglions enflés, des douleurs musculaires et, dans certains cas, une éruption rouge sur le visage. Si de tels symptômes apparaissent, consultez un médecin, buvez beaucoup et prenez des médicaments contre la fièvre, comme l'acetaminophène (paracétamol). **Ne prenez jamais d'aspirine pour traiter la dengue.**

FIÈVRE JAUNE. Maladie virale transmise par les moustiques, qui doit son nom à l'un des symptômes les plus courants : la jaunisse provoquée par les dégâts du foie. Si la plupart des cas sont sans gravité, les plus sérieux se caractérisent par de la fièvre, des maux de tête, des douleurs musculaires, des nausées et des douleurs abdominales, suivis par une jaunisse, des vomissements de sang et des selles mêlées de sang. Il n'y a pas de traitement spécifique à part le vaccin.

AUTRES MALADIES TRANSMISES PAR LES INSECTES. La **leishmaniose** est une parasitose transmise par des mouches de sable. Les symptômes les plus courants sont la fièvre, la sensation de faiblesse et le gonflement de la rate. Il existe un traitement, mais pas de vaccin. La **maladie de Chagas (trypanosomiase)** est une autre infection parasitaire transmise par un insecte vecteur qui se niche dans les murs de terre. Ses symptômes incluent la fièvre, les troubles vasculaires et, plus tard, un élargissement de l'intestin. Il n'y a ni vaccin ni traitement véritablement efficace.

MALADIES LIÉES À L'ALIMENTATION

DIARRHÉES. Un grand classique des longs voyages. Communément appelée *turista*, elle est en général peu grave, même si elle est parfois douloureuse. Elle peut durer un ou deux jours, avec des symptômes tels que crampes, nausées, voire vomissements, légers frissons et pics de fièvre. Pour l'éviter, la règle d'or est simple : faites bouillir les aliments, faites-les cuire, et épluchez-les. Si vous êtes affecté, buvez davantage de liquide (eau minérale, thé, bouillon de légumes salé…), privilégiez la consommation de riz et prenez un antidiarrhéique. Si les diarrhées sont fortes, qu'un peu de sang s'y mêle, qu'elles s'accompagnent de frissons ou de fièvres et durent plus d'un jour ou deux, consultez un médecin.

L'HÉPATITE A représente un risque assez important en Amérique du Sud, particulièrement en zone rurale. Il s'agit d'une infection virale du foie, rarement grave mais qui peut entraîner des troubles digestifs et une fatigue importante pendant plusieurs mois. L'hépatite A se transmet essentiellement par **voie digestive** : par l'intermédiaire d'eau ou d'aliments contaminés (évitez les coquillages et les légumes crus ou mal cuits), en portant ses mains sales à la bouche, par contact étroit avec un individu infecté. Elle se traduit par une fatigue générale, des maux de tête, de la fièvre et des frissons, mais aussi par une perte d'appétit, des nausées, des vomissements, voire des urines foncées et un jaunissement de la peau.

LA FIÈVRE TYPHOÏDE existe dans les régions rurales. La vaccination est conseillée en cas de séjour prolongé dans des zones où les conditions d'hygiène laissent à désirer. La fièvre typhoïde se transmet par voie digestive (ingestion de boissons ou d'aliments contaminés) et se traduit par de fortes fièvres, des maux de tête, des troubles digestifs (constipations et diarrhées) et des douleurs abdominales.

CHOLÉRA. Maladie intestinale provoquée par une bactérie logée dans les aliments contaminés. La maladie s'est récemment manifestée sous forme épidémique en Amérique du Sud. Parmi ses principaux symptômes figurent la diarrhée, la déshydratation, les vomissements et les crampes musculaires. Consultez immédiatement un médecin, car non traitée, elle peut être mortelle. Il existe des antibiotiques, mais le traitement le plus important est la réhydratation.

AUTRES MALADIES INFECTIEUSES

L'HÉPATITE B est une maladie grave. Elle se transmet par voie sanguine (aiguilles souillées notamment) ou par voie sexuelle (lors de rapports non protégés). Elle se traduit par une inflammation du foie, grave et douloureuse, aux conséquences durables.

LA RAGE est une maladie virale transmise par des animaux sauvages (singes, chauve-souris…) mais aussi domestiques (chiens, chats…). La maladie est véhiculée par la salive (à l'occasion d'une morsure ou du léchage d'une plaie ou d'une égratignure). Evitez au maximum tout contact avec les animaux, aussi attendrissants soient-ils. Pour ne prendre aucun risque, mieux vaut être vacciné. Sur place, si vous vous faites mordre, nettoyez bien votre plaie et prenez conseil sans tarder auprès d'une personne compétente pour savoir si vous avez besoin d'une piqûre antirabique. La maladie, une fois déclarée, est toujours mortelle.

SIDA ET MST. Les voyageurs se doivent d'être vigilants face aux maladies sexuellement transmissibles (et pas uniquement le sida). Chaque minute, 11 personnes dans le monde sont contaminées par le virus HIV, la plupart dans les pays en voie de développement. Soyez responsable et protégez-vous. Pour les questions concernant le sida, appelez en France Sida Info Service au 0 800 840 800 (numéro vert). On trouve des préservatifs en Amérique du Sud, mais vous pouvez emporter votre marque favorite (NF).

PRÉCAUTIONS ALIMENTAIRES DE BASE

Le principal danger pour les voyageurs provient des boissons préparées avec de **l'eau non potable**. Ne consommez que de l'eau minérale ou des boissons hermétiquement fermées. De façon générale, pour toutes les boissons en bouteilles, veillez à ce que la bouteille soit **décapsulée** devant vous et évitez d'y ajouter des **glaçons**. Résistez également aux alléchants sorbets à base de sirops vendus dans la rue. Le cas échéant, si vous ne pouvez acheter de l'eau minérale, il faudra utiliser de l'eau filtrée ou bouillie. Pour **purifier** votre eau, vous pouvez soit la faire bouillir pendant environ 15 mn, soit emporter avec vous des pastilles d'**Hydrochlonazone** ou de **Micropur** (vous mettez une pastille dans une bouteille ou une gourde et laissez reposer pendant 1 à 2 heures selon le type de pastille).

Autres principes à observer : lavez-vous les mains avant chaque repas, évitez les produits **non cuits** ou **non pasteurisés** tels que les viandes insuffisamment cuites, mais aussi les fruits de mer crus, les sauces à base d'œuf cru ou le lait non bouilli. N'abusez pas des **crudités**, et faites attention aux **fruits**. De façon générale, méfiez-vous des aliments vendus sur les étals : les jus de fruits, les tranches de noix de coco et autres fruits déjà épluchés ont été les bourreaux insoupçonnés de plus d'un intestin.

CONSULTER UN MÉDECIN

La qualité des soins médicaux au Pérou, en Bolivie et en Équateur est extrêmement variable. Dans la plupart des grands centres urbains, les meilleurs hôpitaux disposent de médecins compétents, dont certains parlent anglais, et de ressources bien supérieures à celles des établissements des petites villes. Même dans les grandes villes, toutefois, la qualité des soins n'égalera probablement pas celle à laquelle vous avez été habitué dans votre pays. Dans les petites villes, les soins sont souvent de moins bonne qualité et les médecins parlant anglais plutôt rares. Dans les grandes comme les petites villes, vous aurez généralement accès aux meilleurs soins en vous adressant aux **clínicas** (cliniques) privées. Les hôpitaux publics sont souvent moins chers mais aussi moins fiables. Bon nombre d'hôpitaux et cliniques n'accepteront pas l'assurance de votre pays et vous demanderont de payer en liquide, ou, dans les grands centres urbains, par carte bancaire.

FAIRE SES BAGAGES

Voyager léger, telle est la règle. Plus vous êtes chargé, plus vous avez de risques de perdre des bagages en route ou de vous en faire voler... Sur la plupart des compagnies aériennes, le **poids maximum autorisé** est encore de **20 kg**, même si certaines compagnies ont tendance à augmenter cette limite (30 kg).

FAIRE SON SAC

Faites des essais avant de partir en effectuant le tour du pâté de maisons avec votre sac. S'il est trop lourd, soyez sans merci. Une technique de base consiste à ne mettre dans votre sac que le strict nécessaire, puis à en retirer la moitié ! A part quelques effets incontournables (un coupe-vent, un maillot de bain, un pull, un couteau suisse...), limitez-vous. La plupart des objets que vous risquez d'oublier pourront se trouver assez facilement sur place. Les vêtements coûtent en général beaucoup moins cher qu'en France et l'on trouve des laveries presque partout. Enfin, n'oubliez pas qu'au retour quelques ponchos, tissus et autres objets artisanaux viendront s'ajouter à ce que vous avez apporté.

S'HABILLER

VÊTEMENTS. Quel que soit le lieu, emmenez toujours une veste ou un pull **chaud**, un **imperméable** (le Gore-Tex est un tissu à la fois waterproof et aéré), de bonnes chaussures ou des **chaussures de marche** et des **chaussettes épaisses**. Les tongs ou les sandales en plastiques sont indispensables pour les douches des petites hôtels crasseux. Ajoutez si vous le souhaitez une autre tenue de rechange en plus de l'uniforme traditionnel jean et tee-shirt, ainsi qu'une paire de chaussures un peu plus élégante si vous avez la place. Le Pérou, la Bolivie et l'Equateur sont des pays plutôt conservateurs. Les visiteurs se doivent de respecter les coutumes locales et d'adapter leur tenue vestimentaire. Les femmes doivent éviter les vêtements trop "révélateurs", du type débardeurs et les shorts, toutefois davantage tolérés dans les grandes villes. Pour les hommes, mieux vaut s'en tenir aux pantalons et chemises simples et résistants : les vêtements voyants aux couleurs vives ne feraient qu'attirer l'attention inutilement. Pour éviter d'être surpris par une **fraîcheur inattendue**, emportez toujours une veste ou un pull en laine. Sur les hauts plateaux, les nuits peuvent être glaciales. Le *must* du voyageur : la laine polaire, particulièrement légère (elle se glisse facilement dans un sac) et confortable. On n'a encore rien trouvé de mieux pour garder la chaleur.

CHAUSSURES. Il est conseillé d'acheter de bonnes chaussures de sport ou des chaussures de randonnée montantes en cuir. Les tennis, chaussures bateau et autres Birkenstock ne seront pas à la hauteur. Les chaussures de randonnée en nylon renforcé cuir sont bien adaptées à la marche et indispensables pour la randonnée, car elles sont légères, solides, et sèchent rapidement. Une paire de tongues peut être appréciable dans les douches des hôtels pour éviter d'attraper des champignons. Ne partez jamais avec des chaussures neuves : portez-les de façon à les "faire" avant le départ. Vous pouvez mettre du talc dans vos chaussures et sur vos pieds pour éviter les frottements. Le velours de coton est parfait contre les ampoules. Si la température le permet, deux paires de chaussettes superposées permettent également d'éviter les ampoules.

POUR NE RIEN OUBLIER

INVENTAIRE (à adapter en ne perdant pas de vue que vous pourrez toujours vous approvisionner sur place) en plus des **vêtements, de la trousse de premiers soins, des pellicules photos et des convertisseurs et adaptateurs** (voir ci-après) : sacs en plastique (pour les vêtements mouillés, le savon ou le shampoing, la nourriture et tout ce qui se renverse), serviette, réveil, chapeau et lunettes de soleil, fil et aiguilles, épingles à nourrice, savon de Marseille (qui peut servir pour vous et pour votre linge), bonde (en cas de lavabo à boucher), canif, bloc-notes et stylo, lampe-torche, ficelle (pour attacher tout et n'importe quoi ou servir de corde à linge), pinces à linge, cadenas ou antivol (pour attacher un sac…), boussole, gourde, allumettes résistant à l'eau. Enfin quelques produits indispensables que vous ne pourrez pas forcément dénicher partout : déodorants, rasoirs, papier-toilette et boules Quiès.

LES PELLICULES PHOTOS sont assez chères sur place. Prévoyez d'en acheter avant de partir. Quand vous prenez l'avion, pensez à les ranger dans votre bagage à main, les bagages en soute étant soumis à des rayons X plus intenses qui risqueraient de les abîmer. Une possibilité pour ceux qui ne veulent pas s'encombrer : les appareils jetables qui font des photos de qualité correcte.

CONVERTISSEURS ET ADAPTATEURS. Au Pérou, en Bolivie et en Equateur, l'électricité est à 110V. Le système est le même qu'en Amérique du Nord, mais incompatible avec les systèmes européen et australien. Renseignez-vous d'abord, car certains endroits sont parfois équipés de prises à 220V. Vous pouvez acheter un adaptateur (pour adapter vos appareils à la prise) ou un convertisseur (pour changer le voltage) dans une quincaillerie. Ne commettez pas l'erreur de n'utiliser que l'adaptateur (sauf si les instructions d'utilisation précisent le contraire).

ALLER AU PÉROU, EN BOLIVIE OU EN ÉQUATEUR

EN AVION

A titre indicatif, voici une fourchette des **tarifs pratiqués** sur les vols transatlantiques (tous les prix qui suivent sont aller-retour). **Pour le Pérou** : pour un Paris-Lima, il faut généralement compter entre 4515 F (4355 F + 160 F de taxes) en basse saison et

5615 F (5245 f + 370 f de taxes) en haute saison. De façon générale, vous aurez du mal à trouver un billet à moins de 4500 F : on peut considérer que 5000 F tout compris, aux dates de votre choix et à des horaires acceptables, constitue une bonne affaire. **Pour la Bolivie** : pour un Paris-La Paz, il faut généralement compter entre 5400 F (5240 F + 160 F de taxes) en basse saison et 6800 F (6430 F + 370 F de taxes) en haute saison. De façon générale, vous aurez du mal à trouver un billet à moins de 5000 F : on peut considérer que 6000 F tout compris, aux dates de votre choix et à des horaires acceptables, constitue une bonne affaire. **Pour l'Equateur** : pour un Paris-Quito ou un Paris-Guayaquil, il faut généralement compter entre 4615 F (4455 F + 160 F de taxes) en basse saison et 5670 F (5510 F + 160 F de taxes) en haute saison. De façon générale, vous aurez du mal à trouver un billet à moins de 4000 F : on peut considérer que 4800 F tout compris, aux dates de votre choix et à des horaires acceptables, constitue une bonne affaire.

Pour pouvoir comparer deux tarifs, demandez bien si le prix qu'on vous annonce inclut les taxes d'aéroport (entre 200 F et 400 F).

Du Canada, comptez pour un aller-retour Montréal-Quito environ 580 Can$.

La **durée d'un vol direct** Paris-Lima est d'environ 15h, ajoutez au moins 4h s'il y a une escale. Mais sachez que les vols sans escale sont rares… En revanche, **il n'existe pas de vols direct Paris-La Paz et Paris-Quito**. La durée moyenne d'un vol Paris-La Paz est de 19h, celle d'un vol Paris-Quito est de 15h30.

LA QUÊTE DU BILLET LE MOINS CHER

N'hésitez pas à mener une enquête approfondie et à faire jouer la concurrence. Une première visite dans une agence de voyages vous permettra de défricher le terrain et d'avoir une idée des prix du moment, téléphonez ensuite aux voyagistes et aux compagnies aériennes pour trouver le meilleur tarif aux dates que vous souhaitez. Dans tous les cas, faites-vous bien préciser toutes les caractéristiques du billet : vol charter ou vol régulier, nom de la compagnie, vol direct ou vol avec correspondance, montant total des taxes aériennes, possibilité de modification des dates, période de validité, conditions d'annulation, possibilité d'arriver dans une ville et de repartir d'une autre (*open jaw*), possibilité de faire une escale dans une ville qui se trouve sur votre parcours (*stop over*). N'oubliez pas de demander également les aéroports et les horaires de départ et d'arrivée. Pour quelques centaines de francs, mieux vaut un vol direct sur une compagnie régulière à des horaires pratiques, qu'un trajet long et compliqué, avec un "tarif promotionnel" contraignant qui vous oblige à passer par les Etats-Unis.

En **haute saison** vous aurez plus de difficultés à trouver un billet bon marché. Les tarifs haute saison s'appliquent essentiellement pendant l'été et en plein hiver (autour de Noël), ainsi que lors des congés scolaires. A ces dates, il est moins facile de trouver une place. Si vous souhaitez partir à une date précise à un bon prix, il est préférable de réserver votre billet plusieurs semaines, voire plusieurs mois à l'avance.

TARIFS JEUNES ET ÉTUDIANTS

Les compagnies aériennes proposent des réductions aux jeunes de moins de 26 ans et aux étudiants de moins de 27 ans (parfois plus, selon la compagnie). La tendance n'est pas forcément d'offrir le prix le plus bas, mais de proposer des conditions d'utilisation beaucoup plus souples : possibilité de changer les dates, voire d'annuler, d'opter pour un *open jaw* (arriver dans une ville et repartir d'une autre), etc.

MOTEURS DE RECHERCHE SUR INTERNET

L'achat de billets d'avion en ligne est semble-t-il promis à un bel avenir. Peu à peu, les voyagistes disposent de moteurs de recherche performants. Vous entrez vos dates, votre destination et le nombre de passagers, et l'ordinateur vous affiche les billets disponibles au bout de quelques minutes… Rien ne garantit que vous trouviez le tarif le moins cher, mais vous disposerez en quelques clics d'une vision des prix du marché. Voici quelques voyagistes qui se sont taillé une bonne réputation dans ce domaine.

Anyway (www.anyway.fr, 3615 Anyway). Vols charter et promotions des voyagistes.

Dégrif'Tour (www.degriftour.fr, 3615 DT) propose des billets à tarifs réduits (20 à 50 % moins chers que les offres du moment), mais les dates d'aller et de retour sont fixes. Essayez aussi **www.touslesvols.com** qui élargit la recherche à l'ensemble des voyagistes.

ebookers (www.ebookers.fr). Entrez votre destination et vos dates, et le moteur de recherche affichera les billets disponibles.

Nouvelles Frontières (www.nouvelles-frontieres.fr). Promotions (avec une entrée par budget), recherche de vols secs, enchères...

Travelprice (www.travelprice.com). La première agence de voyages française 100 % Internet. Moteur de recherche de vols secs, enchères...

ORGANISMES DE VOYAGES

Nous vous donnons la liste des principales compagnies aériennes et des voyagistes auprès desquels vous pourrez mener votre enquête.

EN FRANCE

COMPAGNIES AÉRIENNES

Pérou : la compagnie aérienne nationale du Pérou ne possède de bureaux ni en France, ni en Belgique, ni en Suisse, ni au Canada.

Bolivie : la compagnie aérienne bolivienne Lloyd Aero Boliviano peut être contactée par l'intermédiaire de Nouveau Monde, 8, rue Mabillon, 75006 Paris. ☎ 01 43 29 43 95.

Equateur : la compagnie aérienne nationale d'Equateur ne possède de bureaux ni en France, ni en Belgique, ni en Suisse, ni au Canada.

Air France, Agence principale : 119, avenue des Champs-Elysées, 75008 Paris. Vous pouvez consulter la liste des agences sur Minitel : 3615 ou 3616 Air France. Renseignements et réservations : ☎ 0 802 802 802 (0,79 F la minute) ou Minitel. Infos vols : ☎ 08 36 68 10 48 (serveur vocal 2,23 F la minute). Web : www.airfrance.fr.

British Airways, 13-15, boulevard de la Madeleine, 75001 Paris, ☎ 0 825 825 400 (0,99 F la minute). Minitel : 3615 BA. Web : www.britishairways.com.

KLM-Northwest Airlines. Aéroport Roissy-Charles-De-Gaulle, Terminal 1, Portes 20-22, BP 20205, 95712 Roissy Cedex, ☎ 0 810 556 556. Minitel : 3615 KLM ou Northwest. Web : www.klm.fr.

Lufthansa, 160, boulevard Haussmann, 75008 Paris, ☎ 01 55 60 43 43. Renseignements et réservations : ☎ 0 820 020 030. Minitel : 3615 LH. Web : www.lufthansa.fr.

Sabena, 45, avenue de l'Opéra, 75002 Paris, ☎ 01 53 45 48 20 ou 0 820 830 830. Minitel 3615 Sabena. Web : www.sabena.com.

Swissair, 45, avenue de l'Opéra, 75002 Paris, ☎ 01 53 45 48 20 ou 0 802 300 400. Minitel 3615 ou 3616 Swissair. Web : www.swissair.com.

VOYAGISTES

Anyway, 76 bis, rue Vieille-du-Temple, 75003 Paris, ☎ 0 803 008 008. Minitel 3615 anyway. Web : www.anyway.fr.

ebookers, 28, rue Pierre-Lescot, 75001 Paris, n° indigo 0 820 000 011. Web : www.ebookers.fr. Entrez votre destination et vos dates, et le moteur de recherche affichera les billets disponibles.

Forum Voyages, Plusieurs agences à Paris (dont 11, rue Auber, 75009 Paris) et en province. Renseignements et réservations : ☎ 0 803 833 803. Minitel : 3615 FV.

Fram, 128, rue de Rivoli, 75001 Paris, ☎01 40 26 20 00. Minitel : 3616 Fram. Web : www.fram.fr.

Havas Voyages, 26, avenue de l'Opéra, 75001 Paris, ☎01 53 29 40 40. 500 agences en France. Renseignements et réservations : ☎01 41 06 41 06. Minitel : 3615 Havas Voyages. Web : www.havasvoyages.fr.

Images du monde, 14, rue Lahire, 75013 Paris. ☎01 44 24 87 86, fax 01 45 86 27 73, e-mail Images-du-Monde@wanadoo.fr.

Jet Tours, 38, avenue de l'Opéra, 75002 Paris, ☎01 47 42 06 92. Agences à Paris et en province. Minitel : 3615 Jet Tours. Web : www.jettours.com.

La Compagnie des voyages, 28, rue Pierre-Lescot, 75001 Paris, ☎01 45 08 44 88, fax 01 45 08 03 69. Renseignements et réservations : ☎0 820 00 00 11. Web : www.ebookers.fr.

Le Monde des Amériques, 3, rue Cassette, 75006 Paris. ☎01 53 63 13 40, fax 01 42 84 23 28, Web : www.mondedesameriques.com, e-mail info@mondedesameriques.com.

Look Voyages, Renseignements et réservations : ☎0 803 313 613. De nombreux points de vente dans toute la France. Minitel : 3615 Look Voyages. Web : www.look-voyages.fr.

Nouveau Monde, 8, rue Mabillon, 75006 Paris, ☎01 53 73 78 80, fax 01 53 73 78 81. Minitel : 3615 Nouveau Monde. Web : www.tiss.com. Bordeaux ☎05 56 92 98 98. Marseille ☎04 91 54 31 30. Nantes ☎02 40 89 63 64.

Nouvelles Frontières, nombreuses agences, dont 87, boulevard de Grenelle, 75015 Paris et 13, avenue de l'Opéra, 75001 Paris. Renseignements et réservations : ☎0 803 333 333 (1,79 F la minute). Minitel : 3615 ou 3616 NF (1,29 F la minute). Web : www.nouvelles-frontieres.fr. Bordeaux : ☎05 56 79 65 85. Marseille : ☎04 91 54 34 77. Lyon : ☎04 78 52 88 88.

Travelprice, www.travelprice.com. Une agence de voyages française 100 % Internet. Moteur de recherche de vols secs, enchères...

Voyageurs du Monde, Cité des voyages, 55, rue Sainte-Anne, 75002 Paris, ☎01 42 86 17 30, fax 01 42 86 17 89. Une dizaine d'agences en province. Minitel : 3615 VDM. Web : www.vdm.com. Vols secs et circuits à la carte.

POUR LES JEUNES ET LES ÉTUDIANTS

MGEL Voyages, 4, rue de Londres, 67000 Strasbourg, ☎03 88 60 80 60, fax 03 88 61 86 25 et 44, rue Léopold, 54000 Nancy, ☎03 83 32 77 29, fax 03 83 35 74 60. Web : www.mgel.fr/voyages.

OTU Voyages, spécialiste des voyages étudiants : vols secs, billets "spécial étudiant" (remboursables, modifiables, valables un an), séjours à petits prix en Europe, carte internationale d'étudiant ISIC... Téléphone central infos/vente : ☎01 40 29 12 12. 119, rue Saint-Martin, 75004 Paris. 39, avenue Georges-Bernanos, 75005 Paris, ☎01 44 41 38 50. 2, rue Malus, 75005 Paris, ☎01 43 36 80 27. Une agence se trouve également dans les locaux de l'université Paris-Dauphine, ☎01 47 55 03 01. Lyon : ☎04 72 71 98 07. Toulouse : ☎05 61 12 18 18. 36 agences OTU Voyages en France. Web : www.otu.fr.

Promo Student Travel, Virgin Megastore, 52-60, avenue des Champs-Elysées, 75008 Paris, ☎01 48 10 65 00. Web : www.promovacances.com.

USIT Connect, renseignements et réservations : ☎01 42 44 14 00 ou 08 825 825 25. 6, rue de Vaugirard, 75006 Paris, ☎01 42 34 56 90. Bordeaux : ☎05 56 33 89 90. Lyon : ☎04 72 77 81 91. Nice : ☎04 93 87 34 96. Toulouse : ☎05 61 11 52 42. Web : www.usit-connect.fr.

Voyage 4A, 7 bis, place Saint-Epvre, 54000 Nancy, ☎03 83 37 99 66. Courts séjours branchés dans les grandes villes d'Europe, circuits. Web : www.voyages4A.com.

Wasteels-Jeunes sans Frontières, 900 points de vente en France, notamment 113, boulevard Saint-Michel, 75005 Paris. Renseignements et réservations : ☎0 803 88 70 03, promotions et adresses des agences : ☎ 08 36 68 22 06 (2,23 F la minute). Minitel 3615 Wasteels. Web : www.voyages-wasteels.fr.

EN BELGIQUE

COMPAGNIES AÉRIENNES

Air Belgium, Brucargo Building 726, 1930 Zaventem, ☎ (02) 753 05 10, fax (02) 753 05 11.

Virgin Express, Building 116, aéroport Melsbroek, 1820 Melsbroek, ☎ (02) 752 05 11. Web : www.virgin-express.com.

Sabena, Brucargo Building 704, 1930 Zaventem, ☎ (02) 723 69 40. Web : www.sabena.com.

VOYAGISTES GÉNÉRALISTES

Neckermann, Nombreuses agences, dont 17, place de Broukère, 1000 Bruxelles, ☎ (02) 250 01 50, fax (02) 217 90 95. Web : www.neckermann.be.

Nouvelles Frontières, Agence principale 2, boulevard Lemonnier, 1000 Bruxelles. Renseignements et réservations : ☎ (02) 547 44 44. Web : www.nouvelles-frontieres.com.

Sunjets, 12, boulevard d'Anvers, 1000 Bruxelles, ☎ (02) 250 55 55, fax (02) 250 55 99. Web : www.sunjets.be.

Transair/Jet Tours, 6 chaussée de Boondael, 1050 Bruxelles, ☎ (02) 644 55 76, fax (02) 644 38 42.

POUR LES JEUNES ET LES ÉTUDIANTS

Connections, une quinzaine d'agences dans toute la Belgique, dont deux à Bruxelles, 19, rue du Midi, 1000 Bruxelles et 78, rue Adolphe Buyl, 1050 Bruxelles. Renseignements et réservations : ☎ (02) 550 01 00. Web : www.connections.be.

Wasteels, 25 agences en Belgique, dont 7 à Bruxelles (notamment 1, rue Malibran, 1050 Bruxelles, ☎ (02) 640 80 17).

EN SUISSE

COMPAGNIES AÉRIENNES

Crossair, 15, route de l'Aéroport, 1215 Genève, ☎ (022) 798 88 31. Web : www.crossair.ch.

Rheintalflug, Flughafenstrasse, 9423 Altenrhein, ☎ (071) 858 51 20.

Swissair, 15, rue de Lausanne, 1201 Genève et 1, rue de la Tour de l'île, 1204 Genève. Réservations au ☎ 0 848 800 700. Web : www.swissair.ch.

VOYAGISTES GÉNÉRALISTES

American Express, 7, rue du Mont-Blanc, 1201 Genève, ☎ (022) 731 76 00, fax (022) 732 72 11. Web : www.americanexpress.ch.

Hotel Plan, 11, promenade de l'Europe, 1203 Genève, ☎ 022 949 06 90. Web : www.hotel-plan.ch.

Imholz, Plusieurs agences dont cinq à Genève : notamment 45, rue Chantepoulet, 1211 Genève, ☎ (022) 716 15 70, Centre commercial Balexert, 1200 Genève, ☎ (022) 979 33 40, et 48, rue du Rhône, 1204 Genève, ☎ (022) 318 40 80. Web : www.imholtz.ch.

Jugi Tours, Belpstrasse 49, 3000 Bern 14, ☎ (031) 380 68 68. Web : www.jugitours.ch ou byebye.ch.

Nouvelles Frontières, 10, rue Chantepoulet, 1201 Genève, ☎ (022) 906 80 80, fax (022) 906 80 90. 19, boulevard de Grancy, 1006 Lausanne, ☎ (021) 616 88 91, fax (021) 616 88 01. Web : www.nouvelles-frontieres.ch.

POUR LES JEUNES ET LES ÉTUDIANTS

SSR, plusieurs bureaux dans toute la Suisse dont 3, rue Vignier, 1205 Genève, ☎ (022) 329 97 33/34. Web : www.ssr.ch.

AU CANADA

COMPAGNIES AÉRIENNES

Air Canada, 979, boulevard de Maisonneuve Ouest ou 777, rue de la Gauchetière Ouest, Montréal, Québec H3A 1M4. Renseignements et réservations : ☎1 800 463 5251. Web : www.aircanada.ca.

Air Transat, 300 Léo Parizeau, Suite 400, CP 2100, place du Parc, Montréal, Québec H2W 2P6, ☎(514) 987 1616, fax (514) 987 1601. Web : www.airtransat.com.

POUR LES JEUNES ET LES ÉTUDIANTS

Voyages Campus/Travel CUTS (Canadian Universities Travel Services Limited) est spécialisé dans les voyages pour étudiants, avec 10 agences au Québec. **Montréal**, 1613, rue Saint-Denis, Montréal, Québec H2X 3K3, ☎(514) 843 8511. **Sainte-Foy,** pavillon Maurice-Pollack, local 1258, Université de Laval, Sainte-Foy, Québec, G1K 7P4, ☎(418) 654 02 24. Web : www.voyagescampus.com ou www.travelcuts.com.

Toronto, 187 College Street, Toronto, Ontario M5T 1P7, ☎(416) 979 2406, e-mail mail@travelcuts. Cet organisme délivre des cartes ISIC, FIYTO (carte GO 25 pour les moins de 26 ans non étudiants), HI (Hostelling International), des *pass* pour le train, un magazine gratuit (*L'Etudiant voyageur*), et informe sur le "Pass Vacances-Travail". De plus, billets d'avion à prix réduits et prix étudiants avec une carte ISIC en cours de validité.

Vacances Tourbec, 3419, rue Saint-Denis, Montréal, Québec H2X 3L2, ☎(514) 288-4455, fax (514) 288-1611, e-mail tourmia@videotron.ca. Plus de 25 autres adresses.

PÉROU, BOLIVIE, ÉQUATEUR, MODE D'EMPLOI

SE DÉPLACER

EN AVION

Au Pérou, en Bolivie et en Équateur, les vols inter-capitales ne sont pas toujours bon marché, en revanche, les vols intérieurs sont généralement moins chers. Les vols à destination des Galápagos, au départ de l'Equateur continental, peuvent être très coûteux (350-450 $). En règle générale, achetez vos billets quelques jours avant le départ (au moins une semaine à l'avance pour les vols longue distance), et confirmez votre réservation un peu avant le vol. Les avions sont souvent surbookés, et même si vous possédez un *billete* (billet), vous serez refoulé si vous n'avez pas de *cupo*, c'est-à-dire de réservation. Demandez à l'agent qui vous les vend si vous avez bien les deux. À défaut de *cupo*, vous pourrez voyager en stand-by à condition d'arriver trois heures avant le départ et de toucher du bois. Les vols ont tendance à partir très tôt le matin, et mieux vaut arriver quelques heures à l'avance pour être sûr d'avoir une place. Les compagnies aériennes proposent des "tarifs promotionnels" de novembre à mars. Pour toute information sur un vol, une compagnie ou un aéroport particulier, consultez la partie **Informations pratiques** des villes dotée d'un aéroport.

LIGNES AÉRIENNES PÉRUVIENNES

AeroContinente (☎(305) 436-9400, Web : www.aerocontinente.com.pe) est la principale ligne aérienne nationale péruvienne. Parmi les autres compagnies nationales figurent **AeroCondor** (Lima ☎(1) 442 5215, Web : www.ascinsa.com.pe/AEROCONDOR/index.html), **TANS** (Web : www.tans.com.pe) et **LanPeru** (Lima ☎(12) 151 800, ☎(800) 735-5590, Web : www.lanperu.com).

LIGNES AÉRIENNES BOLIVIENNES

AeroSur (La Paz ☎(02) 375 152, Web : www.angelfire.com/on/aerosur/) et **Lloyd Aereo Boliviano** (Bolivie ☎(0800 3001, ☎(800) 327-7407, Web : www.labairlines.com) desservent les villes boliviennes ainsi que certaines autres destinations sud-américaines.

LIGNES AÉRIENNES ÉQUATORIENNES

Les trois principales lignes équatoriennes à desservir le pays, et quelques autres destinations internationales, sont : **TAME** (☎(800) 990-0600, Web : www.tameairlines.com), **Ecuatoriana** (☎(800) 328-2367, Web : www.ecuatoriana.com.ar) et **SAETA** (☎(800) 827-2382, Web : www.saeta.com/ec).

EN TRAIN

Le train n'est pas le moyen de transport le plus pratique, le plus économique ni le plus rapide qui soit, mais il peut parfois remplacer efficacement le bus. Non seulement les trains traversent certains des plus beaux paysages du monde, mais en Équateur, il est aussi possible de voyager sur le toit. Le réseau ferroviaire équatorien longe tout le pays, mais les coulées de boue, El Niño et d'autres catastrophes naturelles en ont délabré une grande partie. Quoi qu'il en soit, plusieurs tronçons ont été réparés et entretenus. Les lignes les plus fréquentées sont situées entre Guayaquil et Alausí au sud, de la côte à la Sierra, et offrent aux passagers l'opportunité de voir le paysage changer avec l'altitude. Au Pérou, les trains relient Arequipa à Cuzco, via Puno et Juliaca, et Cuzco à Machu Picchu. Les trains circulent tous les jours, mais la météo peut parfois les bloquer un jour ou deux. En Bolivie, les trains font la liaison entre Oruro et les frontières chilienne et argentine, et entre Santa Cruz et les frontières paraguayenne et argentine. Pour tout renseignement sur les prix et les horaires, consultez la partie **Informations pratiques** de ces villes.

EN BUS

Dans des pays où les personnes qui possèdent un véhicule personnel restent une minorité, le bus est devenu le roi des moyens de transport. Voilà qui est très pratique pour le voyageur, qui peut aller à peu près où il veut quand il veut. Que ce soit pour vous rendre dans le quartier voisin ou dans une ville à l'autre bout du pays, dans un lieu-dit à l'écart d'un village reculé ou bien même pour changer de pays, vous trouverez toujours un bus qui va dans votre direction. Le bus est aussi le moyen de transport le plus économique et le plus fiable qui soit au Pérou, en Bolivie et en Équateur.

Tout n'est pas rose pour autant. Certes, les bus qui sillonnent les grandes routes, telles que l'excellente Panaméricaine de la côte péruvienne, sont quasi sûrs de vous offrir un voyage relativement calme. Ailleurs, en revanche, soyez prêt à tout. On a déjà vu des bus archi-bondés prendre des virages en épingle à cheveux à toute vitesse et dans un épais brouillard, juste au bord d'un précipice. Et quand vous rassemblez suffisamment de courage pour rouvrir les yeux, c'est pour voir un autre bus déboucher dans le sens contraire et vous éviter de justesse sur une étroite route non revêtue donnant sur le vide. Les routes goudronnées à l'intérieur des terres sont rares, et la qualité des pistes laisse souvent à désirer.

Les bus partent de la **gare routière** (*terminal terrestre*) de chaque ville ou d'une rue particulière fréquentée par de nombreuses compagnies. Les horaires sont généralement approximatifs, mais les bus circulent suffisamment souvent entre leurs différentes destinations pour que vous puissiez arriver quand bon vous semble et grimper dans le prochain qui part là où vous souhaitez aller. La destination est généralement indiquée sur le bus même, et annoncée par un employé qui répète inlassablement le nom de la ville. La qualité des véhicules est très variable, allant des vieux cars scolaires défoncés aux méga-bus Mercedes-Benz flambant neufs. En règle générale, plus le trajet est long, meilleur sera le bus : mieux vaut donc réserver un bus longue distance même si vous avez l'intention de vous arrêter avant la destination finale. Certaines compagnies de bus, comme Cruz del Sur au Pérou, proposent différentes classes, allant de la plus sommaire à la plus luxueuse (avec sièges inclinables et repas), en passant par une classe intermédiaire avec vidéos, toilettes et climatisation. Vous remarquerez que les bus affichent rarement complets. Les chauffeurs s'arrangent pour entasser autant de passagers "bagages" qu'ils peuvent dans la coursive. Quand toutefois la place vient à manquer, les chauffeurs laissent les passagers monter sur le toit, une expérience étonnante (et certainement dangereuse), surtout dans les montagnes. Essayez autant que possible de garder vos bagages avec vous, à moins qu'ils ne soient rangés sur le toit ou sous le bus. Dans les bus où les passagers ont des places numérotées, veillez à demander une place qui ne soit pas *al fondo* (au fond) : les nids-de-poule se font moins sentir à l'avant.

Dans les villes, il faudra vous familiariser avec différentes catégories de bus (*colectivo, micro, mini, combi*...) allant des bus à peine plus grands qu'une voiture aux vastes cars scolaires que l'on voit dans les films nord-américains. Vous remarquerez bien vite que l'on ne paye pas toujours en montant mais parfois en descendant du bus. Certains d'entre eus n'ont pas d'arrêts déterminés. Quand vous voulez descendre, dites simplement : "*bajo aquí*" ou bien "*esquina, por favor*".

EN BATEAU

De gros cargos sillonnent les rivières qui relient certaines villes de la forêt tropicale. Ils ont généralement deux ponts : un pont inférieur pour les marchandises et un pont supérieur pour les passagers. Ce dernier possède quelques toilettes et douches, plusieurs cabines minuscules et sans hublot (ni draps et couvertures) et souvent une cafétéria vendant des biscuits, des boissons gazeuses, du papier toilette et autres articles de première nécessité. La **cuisine** se trouve au niveau inférieur, et le cuisinier prend souvent l'eau de la rivière pour préparer le riz, le poisson ou la soupe. Mieux vaut apporter ses propres vivres et ustensiles ainsi qu'une quantité suffisante d'eau pour éviter de tomber malade. Chaque passager se sert aussi de son propre **hamac** (et corde d'attache), à suspendre aussi loin que possible des toilettes, du moteur et des lumières. Les hamacs s'achètent dans tous les marchés de la forêt amazonienne, qu'ils soient en corde ou en tissu. Les hamacs en tissu, bien qu'un peu plus chers, protègent mieux des éventuels coups de coude ou de pied. Munissez-vous également de papier toilette, d'une chaîne pour attacher votre sac à un poteau pendant que vous dormez, d'une corde à linge pour suspendre vos serviettes de toilette et d'un sac de couchage ou d'une couverture (en raison du vent incessant, les nuits sont fraîches sur le pont).

Les bateaux qui acceptent les passagers indiquent sur des **ardoises** leur destination et les horaires de départ. Si la plupart atteignent leur destination, rares sont ceux qui partent à l'heure. Ils restent souvent à quai pendant des semaines pour se charger de marchandises. Le bateau qui semble proche de couler sous sa charge sera probablement le prochain à partir. Inutile d'acheter un billet à l'avance : ces bateaux ne prennent pas de réservations. Vous pouvez toutefois convenir d'un prix avec le capitaine. Quelqu'un passera encaisser le paiement du voyage (qui dépend de la longueur du trajet et inclut généralement trois repas par jour) une fois le bateau embarqué. Pour payer moins, emportez vos propres provisions. Mais si vous voulez une cabine privée (minuscule), attendez-vous à voir le prix augmenter. Là encore, vous pouvez négocier avec le capitaine avant le départ. Pour chercher un bateau, tâchez de descendre au port à l'avance et sans votre sac à dos si vous ne voulez pas être harcelé par les rabatteurs. Et si votre bateau ne partait pas le jour prévu, suspendez votre hamac et passez la nuit au port. Les premiers montés à bord subiront l'attente la plus longue, mais pourront en revanche choisir leur place de hamac. Ce type de voyage est très courant sur les cours d'eau qui passent par **Iquitos**.

EN TAXI ET EN VOITURE

Les taxis peuvent se révéler pratiques, en particulier si vous êtes pressé ou si vous explorez des régions non desservies par les bus. Ils s'utilisent souvent entre deux villes ou pour gagner la périphérie d'une agglomération. Il est généralement moins cher de réserver un taxi qui vous déposera et vous prendra à un endroit isolé que de louer vous-même une voiture. Au moment de prendre un taxi, convenez toujours du prix avant de monter : rares sont les taxis à avoir un compteur, et les chauffeurs n'hésitent pas à tromper les touristes non méfiants. Méfiez-vous des conseils donnés par les chauffeurs de taxi, notamment quand ils vous disent que l'hôtel que vous avez choisi est plein.

La **location de voitures** relève parfois du cauchemar. Il vous en coûtera entre 30 et 80 $ par jour (les meilleurs prix sont proposés par Budget), les routes et les conducteurs sont parfois très dangereux et une voiture est un objet de plus à ne pas se faire voler. Si vous avez l'intention de conduire, munissez-vous d'un permis de conduire international. Il vous sera indispensable dans toutes les situations (accident ou panne, par exemple) où les policiers ne parlent ni français, ni anglais (les informations figurent en espagnol sur ce permis). Valable un an, ce permis doit être délivré par votre propre pays avant votre départ. On vous demandera généralement une ou deux photos, l'original de votre permis de conduire, une pièce d'identité.

EN STOP

Let's Go vous invite à bien évaluer les risques avant de faire de l'auto-stop. Il existe certaines régions reculées du Pérou, de la Bolivie et de l'Équateur où les bus ne passent pas. Dans ces endroits, les camions prennent souvent des passagers pour se faire un peu d'argent. Ils peuvent coûter autant que les taxis, parfois un peu plus : convenez d'un prix avant de monter. Si vous faites de l'auto-stop, usez de votre bon sens et de votre intuition. Si quelque chose vous semble louche ou dangereux, mieux vaut renoncer. D'une manière générale, Let's Go ne recommande pas l'auto-stop.

À PIED (S'ORIENTER DANS LES VILLES)

La plupart des villes sud-américaines sont bâties selon un **plan en quadrillage**, qui rappelle les villes nord-américaines. Au centre, il y a la *plaza central*, ou *plaza de armas*, qui fonctionne comme le cœur de la ville. Les rues s'organisent généralement à partir de ce centre, en parallèles et en perpendiculaires.

Comme aux Etats-Unis, les Sud-Américains se repèrent en blocs, qu'ils appellent **cuadras** : chaque *cuadra* correspond à un bloc d'immeubles ou de maisons compris entre deux rues parallèles. Vous rencontrerez ce terme dans toutes nos indications d'orientation. C'est celui qu'emploieront les habitants lorsque vous demanderez votre chemin.

Vous remarquerez, en outre, que nous avons présenté toutes les **adresses comme en espagnol**, c'est à dire avec le nom avant le numéro de la rue (exemple : "San Martín 630" pour le n°630 de la rue San Martín). Dans le cas, relativement fréquent, où une rue est appelée par une date (par exemple "6 de Agosto"), la lecture de ces adresses peut sembler un peu déroutante au début (exemple : "6 de Agosto 20" se comprendra par "au n°20 de la rue 6 de Agosto"), mais vous serez rapidement dans le bain.

SE LOGER

HÔTELS

Les hôtels, pensions, *hostales* et autres *alojamientos* du Pérou, de la Bolivie et de l'Équateur offrent pour la plupart un hébergement bon marché. Les chambres sont souvent petites et simples, avec salle de bains privée ou commune, et jouxtent une salle commune. Certains établissements proposent des **chambres matrimoniales** pour deux, avec un grand lit plutôt que deux petits. Elles coûtent généralement moins cher que les chambres doubles standard. Les auberges de jeunesse ne sont parfois que de simples dortoirs. Certaines mettent une cuisine et des ustensiles à la disposition des clients, ainsi que des locations de vélos ou mobylettes, des consignes et un service de laverie. Les hôtels et les auberges de jeunesse peuvent proposer un service de blanchisserie payant, disposer d'un local où les clients font leur lessive eux-mêmes (parfois avec une bassine et une corde à linge) ou ne rien avoir du tout. Partout, il vous faudra jeter le papier toilette dans la poubelle réservée à cet usage, et *non* dans les toilettes. Pensez également à vous munir d'un petit rouleau de papier toilette : beaucoup d'établissements n'en fournissent pas. En dehors de ces quelques principes, les règles sont variables. Il peut y avoir une heure de fermeture avant laquelle vous devrez rentrer à l'hôtel ou à l'auberge de jeunesse. Si vous vous faites enfermer dehors, essayez de réveiller le propriétaire ou le réceptionniste, mais ne vous attendez pas à un accueil chaleureux. Une chambre moyenne coûte 3 à 8 $ environ. Hiérarchiquement, les établissements vont de l'hôtel, l'option la plus chère, aux auberges de jeunesse, suivies par les *residenciales* et les *alojamientos*.

CAMPING ET EXPÉDITIONS

Il est tout à fait possible de camper au Pérou, en Bolivie et en Équateur, mais cette option est généralement choisie par les randonneurs qui préfèrent camper gratuitement ou pour pas cher le long des pistes ou dans les parcs nationaux, plutôt que dans les terrains agréés. Certains parcs et réserves abritent des terrains de camping, et les montagnes les plus fréquentées sont dotées de *refugios* (refuges) à diverses altitudes. Certains propriétaires autorisent le camping sur leurs terres, mais veillez à bien leur demander. Soyez vigilant quand vous faites du camping sauvage, notamment dans les régions isolées.

L'association non lucrative **South American Explorers Club (SAE)** jouit d'une grande notoriété et fournit toutes sortes de renseignements sur les voyages et expéditions au Pérou, en Bolivie ou en Équateur. Cette équipe (qui possède des clubs à Lima et à Cuzco au Pérou, à Quito en Équateur et à Ithaca dans l'État de New York) est une source d'informations indispensable pour tout ce qui concerne les activités de plein air dans les Andes, et ses membres compétents vous renseigneront sur les vols à prix réduit ainsi que l'organisation et les conditions de votre voyage. Il n'y a pas de club en Bolivie, mais la SAE dispense des informations sur le pays. Contactez-les au 126 Indian Creek Rd, Ithaca, NY 14850 (☎ (607) 277-0488, fax 277-6122, e-mail explorer@samexplo.org, Web : www.samexplo.org).

L'ESSENTIEL

AVIS AUX AMAZONIAQUES Amateurs de jungles et d'expéditions amazoniennes, les forêts tropicales du Pérou, de la Bolivie et de l'Équateur vous attendent. Pour y pénétrer, à moins d'avoir la trempe d'un Indiana Jones, mieux vaut vous joindre à une excursion guidée. La plupart d'entre elles comprennent des treks en forêt, des traversées de rivière en pirogue, des visites de communautés d'Indiens isolées, et des nuits passées dans des *cabañas* en pleine jungle. Certaines régions forestières ont moins à offrir que d'autres, principalement parce que la construction de routes par les compagnies pétrolières a favorisé la colonisation, la déforestation et la destruction des habitats indigènes. D'autres secteurs restent plus ou moins intacts, précisément parce qu'ils sont plus isolés, plus difficiles à atteindre et donc plus chers à visiter.
Après avoir décidé quelle région vous souhaitez explorer, il vous faudra choisir un guide pour vous y accompagner. Reste à en trouver un compétent, qui ait de bonnes connaissances sur la faune et la flore sauvages, respecte la nature et les gens qui l'habitent. Le *South American Explorers Club* (voir **Camping**, p. 74) pourra vous aider à choisir : cette organisme met à votre disposition des rapports de voyage, avec moult recommandations et avertissements sur les diverses agences. Celles dont nous donnons les coordonnées, dans les chapitres de ce guide qui traitent de l'Amazonie, sont généralement dignes de confiance, mais nous ne pouvons rien garantir. En général, il est préférable de poser beaucoup de questions et de s'en remettre à son intuition. Après tout, le choix est vaste. Si vous avez l'intention de visiter une zone nationale protégée, assurez-vous que l'agence est agréée par l'administration nationale des parcs. Cela peut être un gage de fiabilité.

TÉLÉCOMMUNICATIONS

TÉLÉPHONE

PÉROU

Appeler le Pérou de l'étranger

Pour appeler le Pérou, composez le code d'accès à l'international du pays où vous vous trouvez, puis le **51** (code du Pérou), puis le code de la ville sans le **0** (que vous trouverez dans ce guide au début de chaque chapitre de ville), puis le numéro de téléphone.

Appeler à l'étranger depuis le Pérou

Pour appeler à l'étranger depuis le Pérou, composez le 00, puis le code du pays (France 33, Belgique 32, Suisse 4, Canada 1), puis le numéro de votre correspondant.

Les choses sont assez faciles au Pérou, où tout est administré par l'entreprise espagnole **Telefónica del Perú**. Pour appeler avec une carte, essayez de repérer les récents téléphones publics bleus, qui acceptent généralement les pièces et les cartes. Ces téléphones sont plus fiables que les bureaux de téléphone, qui n'ont parfois que de vieux combinés à qui le concept de numéro vert est totalement inconnu. Les **cartes magnétiques**, disponibles à plusieurs prix, commencent à s/5.

BOLIVIE

Appelez la Bolivie depuis l'étranger

Pour appeler la Bolivie, composez le code d'accès à l'international du pays où vous vous trouvez, puis le **591** (code de la Bolivie), puis le code de la ville sans le **0** (que vous trouverez dans ce guide au début de chaque chapitre de ville), puis le numéro de téléphone.

Appeler à l'étranger depuis la Bolivie

Pour appeler à l'étranger depuis la Bolivie, composez le 00, puis le code du pays (France 33, Belgique 32, Suisse 4, Canada 1), puis le numéro de votre correspondant.

En Bolivie, **ENTEL** est la compagnie téléphonique nationale. Pour utiliser les téléphones publics ENTEL, implantés dans la plupart des grandes villes, il vous faudra acheter une carte téléphonique auprès du bureau principal ou dans les kiosques. Il existe des cartes à 10 Bs et à 50 Bs, pour respectivement 10 et 50 mn d'appel local. Les téléphones Cotel (généralement orange), essentiellement utilisés pour les appels locaux, fonctionnent à pièces et coûtent 8 Bs la minute. Les téléphones ENTEL placés dans les rues marchent avec des cartes téléphoniques ou bancaires. Les téléphones ENTEL permettent les appels longue distance, mais ils auront rapidement raison de vos *bolivianos*. Sachez que les numéros de téléphone cellulaire de La Paz (qui commencent souvent par 01) ne peuvent pas être appelés depuis les téléphones Cotel ou les kiosques. Seul ENTEL offre une connexion. Les télécartes fonctionnent rarement, car bon nombre des téléphones publics ne sont pas conçus pour les numéros verts, mais les bureaux de téléphone constituent le meilleur endroit pour essayer.

ÉQUATEUR

Appeler l'Equateur depuis l'étranger

Pour appeler l'Equateur, composez le code d'accès à l'international du pays où vous vous trouvez, puis le **593** (code de l'Equateur), puis le code de la ville sans le **0** (que vous trouverez dans ce guide au début de chaque chapitre de ville), puis le numéro de téléphone.

Appeler à l'étranger depuis l'Equateur

Pour appeler à l'étranger depuis l'Equateur, composez le 00, puis le code du pays (France 33, Belgique 32, Suisse 4, Canada 1), puis le numéro de votre correspondant.

La compagnie téléphonique équatorienne (**PacificTel** sur la côte et **ANDINATEL** à l'intérieur des terres) est tristement réputée pour sa lenteur et son inefficacité. Les téléphones publics n'existent pas, même à Quito, et beaucoup de bureaux de téléphone ne sont pas équipés pour gérer les cartes téléphoniques, les appels en P.C.V. voire les appels internationaux. Les rares bureaux à accepter les appels internationaux le font parfois à des prix exorbitants, tandis que d'autres exigent une taxe pour les appels avec carte et les P.C.V., ou l'utilisation de jetons (*fichas*), et très peu permettent d'appeler avec une carte ou en P.C.V. gratuitement.

APPELER À L'ÉTRANGER DEPUIS LE PÉROU, LA BOLIVIE OU L'ÉQUATEUR

Il peut être intéressant de se procurer une **carte d'appel** (*calling card*), utilisable à partir de n'importe quel poste de téléphone. La carte **France Telecom** fonctionne selon ce principe. Vous tapez un code confidentiel avant chaque appel et le coût de la communication est inscrit sur votre facture téléphonique en France. Pour en savoir plus : ☎ 0 800 202 202.

Au **Canada**, contactez le service Canada Direct de Bell Canada (☎ (800) 565-4708).

Plusieurs compagnies américaines proposent des *calling cards*, les principales étant AT&T, MCI et Sprint. A vous de comparer les tarifs.

Vous pouvez également effectuer des **appels internationaux directs** depuis certains téléphones publics, mais si vous n'avez pas de carte téléphonique, vous risquez de devoir introduire vos pièces de monnaie aussi vite que vous parlez. Lorsqu'on en trouve, les cartes de téléphone prépayées peuvent être utilisées pour les appels internationaux directs, mais elles ne sont pas très rentables. Effectuer un appel en P.C.V. (*llamada con cobro revertido*) en passant par un opérateur international est encore plus coûteux, mais parfois nécessaire en cas d'urgence. Pour appeler en P.C.V., vous pouvez utiliser l'un des opérateurs proposés dans la liste ci-dessus même si vous ne possédez pas l'une de leurs cartes téléphoniques. Appeler depuis sa chambre d'hôtel est très pratique, mais comprend systématiquement une surtaxe exorbitante.

TÉLÉPHONER À L'INTÉRIEUR DU PÉROU, DE LA BOLIVIE OU DE L'ÉQUATEUR

La façon la plus simple de téléphoner à l'intérieur du pays est d'utiliser un téléphone à pièces. Mieux vaut utiliser les téléphones limités aux appels locaux qui sont moins chers que ceux qui permettent de joindre l'étranger. Il est presque aussi cher de téléphoner entre différentes villes de Bolivie qu'à l'étranger. Les **cartes magnétiques** (en vente dans les tabacs et les kiosques à journaux), qui disposent d'une durée de communication plus ou moins longue selon le prix payé, sont toutefois plus économiques à long terme. Le téléphone numérisé vous dira combien de temps, en unités, il vous reste. Les tarifs téléphoniques sont généralement plus élevés le matin et plus bas le soir, et les tarifs les plus réduits s'appliquent le dimanche et tard le soir.

COURRIER ÉLECTRONIQUE

Les services de fax et de courrier électronique sont très répandus au Pérou, en Bolivie et en Équateur. Ils se développent de plus en plus dans les grandes villes, mais ils sont également accessibles dans certaines zones rurales. Les endroits comme le SAE (*South American Explorers Club*), les ambassades et les nombreux cybercafés offrent tous un bon moyen de se connecter. S'il est parfois possible de se connecter à son propre serveur, dans la plupart des cas il est beaucoup plus avantageux (et moins cher) de se servir d'une boîte aux lettres sur un site Internet. Plusieurs sites sont spécialisés dans la gestion d'e-mail gratuits. Citons par exemple Lemel de France Télécom (www.mail.voila.fr), Caramail (www.caramail.com), Yahoo (www.mail.yahoo.fr) ou encore Hotmail (www.hotmail.com).

De très nombreux sites Internet recensent les adresses de cybercafés dans le monde où vous pouvez boire un cocktail tout en lançant des missives dans le cyberespace. Netcafeguide (www.netcafeguide.com) rassemble 1300 établissements dans près de 80 pays. Cybercaptive (www.cybercaptive.com) est un moteur de recherche qui permet de trouver l'adresse du cybercafé le plus proche de chez vous. Le site est actualisé tous les jours. Essayez aussi le Cybercafe guide (www.cyberiacafe.net).

SÉCURITÉ

TERRORISME

Le **Sentier Lumineux** et le **Mouvement révolutionnaire Tupac Amarú**, les deux principales organisations terroristes actives au Pérou, sont moins à craindre aujourd'hui qu'il y a quelques années, et les destinations touristiques traditionnelles n'ont pas subi d'attaque depuis un certain nombre d'années. Toutefois, le ministère des Affaires étrangères américain signale que ces organisations sont toujours capables de commettre des actes terroristes. Le Sentier Lumineux continue d'opérer dans les provinces rurales de Junin, Huanuco, San Martín et Ayacucho au Pérou. Nous encourageons les voyageurs aventuriers à se renseigner auprès de leur ambassade à Lima.

SE DÉPLACER

Il peut être dangereux de se déplacer au Pérou, en Bolivie et en Équateur. Les routes sont souvent en très mauvais état, notamment depuis les ravages d'El Niño, et les nids-de-poule, virages, cul-de-sac et travaux sont rarement indiqués. Dans la mesure du possible, voyagez de jour et choisissez les compagnies de bus les plus vigilantes (celles qui changent souvent de chauffeurs, par exemple) pour une sécurité optimale. Le petit plus que vous paierez pour une ligne de bus offrant des prestations supérieure à la moyenne est un investissement que vous ne regretterez pas. Les automobilistes ne doivent pas conduire seuls dans les zones rurales, même pendant la journée. Les voyages en convoi sont la meilleure solution. Si toutefois vous décidez de louer une **voiture**, familiarisez-vous au préalable avec les panneaux de signalisation locaux et mettez votre ceinture. Si vous avez l'intention de passer du temps sur la route, il peut être utile d'emporter des pièces de rechange, de vous munir d'un téléphone cellulaire (si le service existe) et d'investir dans un programme d'assistance routière (voir p. 59). Garez votre véhicule dans un garage ou dans un lieu fréquenté, et servez-vous d'une canne antivol de volant dans les grandes villes. **Dormir dans sa voiture** est l'une des choses les plus dangereuses (et souvent illégale) qui soit. Si votre véhicule tombe en panne, attendez que la police vienne vous aider. Let's Go déconseille l'**auto-stop** en toute circonstance, surtout pour les femmes (voir **Se déplacer**, p. 73, pour plus d'informations).

VOLEURS ET PICKPOCKETS

Les visiteurs des pays andins rentrent souvent avec d'abracadabrantes histoires de vols : sacs à main soigneusement coupés et vidés de leur contenu, chapeaux adroitement subtilisés, appareils photo disparaissant mystérieusement... Quito et Guayaquil en Équateur, et Lima et Cuzco au Pérou ont la pire réputation. Les villes boliviennes semblent plus tranquilles, même si le vol reste une menace, en particulier à La Paz et Santa Cruz. Si la plupart des victimes de vol ne sont pas physiquement agressées, elles n'en sont pas moins profondément touchées. Quand vous faites vos valises, pesez bien le pour et le contre avant d'emmener un objet qui pourrait vous être subtilisé. Placez vos objets de valeur (passeport, billet d'avion, chèques de voyage, carte bancaire...) dans une ceinture-portefeuille (ou une poche kangourou dissimulée sous vos vêtements). Ne mettez pas votre portefeuille dans la poche arrière du pantalon. Ne comptez jamais votre argent en public. Lorsque vous marchez dans des rues peu fréquentées, ayez l'air sûr de vous. Donnez l'impression de savoir où vous allez (même si vous n'en avez aucune idée). Avant de quitter votre chambre d'hôtel, jetez un coup d'œil sur votre plan et essayez de mémoriser votre trajet. Si vous voulez consulter votre Let's Go sans avoir l'air d'un touriste, recouvrez-le de papier kraft. Dans les transports publics et les lieux très fréquentés, les **pickpockets** font preuve d'une dextérité impressionnante. Si l'on vous serre d'un peu trop près, éloignez-vous et empoignez fermement vos affaires. Vous récupérerez plus facilement vos papiers, perdus ou subtilisés, si vous en avez fait des photocopies. Conservez un jeu dans votre chambre d'hôtel et un autre séparé de vos documents.

Les trains, les métros, les bus, les aéroports et les gares sont des endroits de prédilection pour les voleurs. Ne quittez pas vos affaires des yeux et bien sûr, ne les confiez à personne. Soyez vigilant quand vous téléphonez d'une cabine publique. Laissés sans surveillance, vos bagages risquent fort de disparaître.

Placez un cadenas sur votre sac si vous prévoyez de le laisser en consigne ou à la réception d'un hôtel. Ne laissez jamais vos objets de valeur dans une chambre d'hôtel ou dans un dortoir. Un passage à la douche imprudent peut vous coûter votre passeport ou votre porte-monnaie. Les **combines des détrousseurs** de touristes sont nombreuses et évoluent constamment. Ne tombez pas dans le panneau de certains classiques : histoires larmoyantes prétextes à vous réclamer de l'argent, nourriture (ou crachat) jetée sur votre épaule pour détourner votre attention le temps de vous arracher votre sac, bousculade créée par un "innocent" lecteur de journal qui permet à un pickpocket de vous faire les poches. Face à un agresseur, la meilleure stratégie est de ne pas répondre et de vous éloigner rapidement d'un pas assuré en tenant fermement vos affaires. Si les choses tournent mal, crier ou menacer avec de grands gestes peut décourager l'agresseur. **Les quartiers mal famés** sont indiqués dans Let's Go s'il y a lieu. La nuit, redoublez de prudence. Préférez les artères bien éclairées aux petites ruelles sombres. Ne tentez pas de traverser les parcs ou les endroits déserts. Si vous ne vous sentez pas rassuré, partez le plus vite possible. N'hésitez pas à demander au personnel de votre hôtel ou à l'office de tourisme quels sont les secteurs à éviter.

FEMMES SEULES EN VOYAGE

Les femmes qui voyagent seules s'exposent inévitablement à toutes sortes de risques supplémentaires. On peut toutefois avoir l'esprit aventurier sans prendre de risques inconsidérés. Préférez par exemple les hôtels proposant des chambres simples et fermant de l'intérieur, ou les institutions religieuses n'hébergeant que des femmes. Les douches communes sont plus ou moins sûres selon les hôtels. Vérifiez avant de prendre une chambre. Evitez les sorties nocturnes et choisissez des hôtels situés en centre-ville. Lorsque vous voyagez, prévoyez toujours suffisamment d'argent pour passer un coup de fil, prendre le bus ou le taxi. Le **stop** n'est pas recommandé pour les femmes seules, ou pour deux femmes voyageant ensemble. Ayez toujours l'air de savoir où vous allez (même si ce n'est pas le cas) et demandez de préférence votre chemin aux femmes âgées ou aux couples si vous êtes perdue ou inquiète.

Généralement, moins vous ressemblez à une touriste, mieux c'est. Habillez-vous de façon conservatrice, surtout dans les régions rurales. Les shorts et les tee-shirts, même s'ils n'ont rien d'inopportun à nos yeux occidentaux, vous désigneront automatiquement comme touriste. De nombreux Sud-Américains pensent que les femmes étrangères ont des mœurs sexuelles extrêmement volages, et ils considèreront votre simple tenue vestimentaire comme une invitation. Porter ostensiblement une **alliance** peut aider à éviter les malentendus indésirables. De l'expérience de certaines voyageuses, avoir sur soi des photos de ses "enfants" et de son "mari" permet de renforcer le statut de femme mariée. La simple mention d'un mari qui vous attend à l'hôtel peut suffire à casser votre éventuelle image de proie vulnérable et sans attaches.

Dans les villes, vous risquez de vous faire harceler quelle que soit votre tenue vestimentaire. Le *machismo* est très répandu chez les Péruviens, les Boliviens et les Equatoriens, qui expriment souvent leur virilité en sifflant ou en criant des insanités. La meilleure réponse à ce type de harcèlement est justement de ne pas répondre. Faites semblant d'être sourde, ne bougez pas et regardez droit devant vous. Pour les plus insistants, voici comment dire "laissez-moi tranquille !" : "*¡Déjeme !*" (DEH-hé-mé) ou "*¡No moleste !*" (no mol-EST-é). Cette phrase, prononcée publiquement, d'un ton ferme ainsi que d'une voix suffisamment forte, est souvent dissuasive. En cas de besoin, tournez-vous vers une femme âgée pour trouver de l'aide. Ses réprimandes sévères auront tôt fait d'embarrasser même le plus déterminé des rustres. N'hésitez pas à faire appel à un policier.

Let's Go vous propose une liste de tous les numéros d'urgence à contacter dans la section **Informations pratiques** de chaque ville. Mémorisez ces numéros pour chaque endroit que vous visitez. Gardez sur vous un **sifflet** attaché à votre porte-clefs, et n'hésitez pas à vous en servir en cas d'urgence. Les cours d'autodéfense peuvent non seulement vous préparer en cas d'agression, mais aussi vous aider à prendre davantage conscience de ce qui vous entoure et à avoir plus confiance en vous. Les femmes rencontrent également certains problèmes de santé bien spécifiques.

USAGES

POURBOIRES

Généralement, les pourboires ne sont pas de mise, sauf dans certains restaurants sophistiqués qui incluent le service (5 à 10 %) dans l'addition. S'il est rare de donner un pourboire pour un service rendu, vous pouvez à l'occasion récompenser une femme de ménage, un guide ou un porteur. Dans la plupart des cas, ces gens ne s'attendent pas à des sommes faramineuses.

MARCHANDAGE

Dans certains endroits, on peut parfaitement **marchander**, et avec un peu de pratique, cela peut s'avérer très intéressant. Discuter le prix des chambres vaut surtout le coup en basse saison, et il n'est guère difficile de marchander dans les marchés ou auprès des marchands ambulants. On peut aussi tenter sa chance auprès des chauffeurs de taxi, à condition de ne pas commencer trop bas (le taxi risquerait de partir sans vous).

Coutume répandue en Amérique du Sud, le marchandage ne saurait se pratiquer n'importe où : c'est surtout dans les marchés (*mercados*) que vous pourrez vous y essayer. Avant de vous lancer tête baissée dans des négociations serrées, faites le tour des différents commerces pour avoir une idée des prix pratiqués. Quelques notions d'espagnol seront également les bienvenues. Une vieille tactique inusable : si votre interlocuteur semble décidé à ne pas négocier, faites mine de vous éloigner. Une règle d'honneur : ne faites une proposition de prix que si vous êtes prêt à l'honorer.

Sachez aussi faire preuve de bon sens : à quoi bon s'obstiner à économiser trois sous sur un produit artisanal bon marché qui n'assure à son revendeur qu'une marge étroite ? Le but premier du marchandage est de ne pas payer un prix excessif, voire de payer le juste prix, et non pas d'"étouffer" coûte que coûte l'économie locale.

TAXES

Sachez par ailleurs que les restaurants, hôtels et boutiques haut de gamme appliquent souvent une **taxe de vente (IVA)**, équivalent de la TVA en France, qu'il faut s'attendre à voir apparaître sur la note. N'oubliez pas non plus de prévoir les taxes d'aéroport : elles s'élèvent à 25 $ en Équateur, à 25 $ au Pérou (10 $ dans les aéroports autres que celui de Lima) et à 20 $ en Bolivie.

DROGUE ET ALCOOL

Un larmoyant "je ne savais pas que c'était illégal" ne suffira pas. N'oubliez pas que vous êtes soumis aux lois péruviennes, boliviennes ou équatoriennes, et non pas à celles de votre pays. C'est à vous de prendre connaissance de ces lois avant de partir. Les personnes prises en possession de drogue peuvent être mises en **détention provisoire prolongée** dans des conditions d'internement difficiles ou écoper d'une **longue peine de prison** en cas de culpabilité. Si vous prenez des **médicaments prescrits** au cours de votre voyage, il est indispensable d'avoir l'ordonnance et un mot du médecin à portée de main, notamment aux frontières. Sachez également que certains médicaments et remèdes traditionnels à base de plantes, quoique largement répandus au Pérou, en Bolivie et en Équateur, ne sont pas forcément légaux dans votre pays. La tisane de coca, par exemple, bien que facile à se procurer au Pérou, est strictement interdite dans beaucoup de pays.

En Amérique latine, la boisson n'est pas une affaire d'amateurs, et les clients des bars s'adonnent souvent à un *machismo* primaire. Si l'on vous traite d'*amigo* et que l'on vous offre une bière, mieux vaut décliner tout de suite plutôt que de s'engager dans un concours interminable. **Évitez d'être ivre en public** : cela pourrait compromettre votre sécurité et vous attirer le mépris de la population locale.

TRAVAILLER ET ÉTUDIER

TRAVAILLER

Les gouvernements péruvien, bolivien et équatorien cherchent, à juste titre, à protéger l'emploi de leurs citoyens et il est par conséquent difficile d'obtenir un permis de travail. Si vous êtes vraiment dans le besoin, il vous sera possible de travailler quelque temps dans les **bars** ou les **restaurants** des villes les plus touristiques. La technique du porte-à-porte est la plus efficace. Un minimum d'espagnol, agrémenté de notions d'anglais, facilitent les choses. Une expérience de serveur peut s'avérer précieuse pour progresser en espagnol mais la rémunération ne sera guère réjouissante. Autre possibilité, donner des **cours de français**. Les alliances françaises peuvent parfois recruter des professeurs, sur la base de contrats locaux.

C'est dans le domaine du **bénévolat** que les opportunités sont les plus nombreuses. Plusieurs **organismes de chantiers** en France proposent des activités en Amérique du Sud. Sur place, vous êtes logé et nourri, mais le transport n'est pas pris en charge et il vous faudra payer des frais d'inscription variables selon les organismes.

Compagnons Bâtisseurs, 2, rue Claude-Bertholet, 81100 Castres, ☎05 63 72 59 64.

Concordia, 1, rue de Metz, 75010 Paris, ☎01 45 23 00 23.

Solidarités Jeunesses, 38, rue du Faubourg-Saint-Denis, 75010 Paris, ☎01 48 00 09 05.

Etudes et chantiers (UNAREC), 33, rue Campagne-Première, 75014 Paris, ☎01 43 21 37 17.

Jeunesse et Reconstruction, 10, rue de Trévise, 75009 Paris, ☎01 47 70 15 88.

Rempart, 1, rue des Guillemites, 75004 Paris, ☎01 42 71 96 55.

Service civil international, 2, rue Camille-Flammarion, 75018 Paris, ☎01 42 54 62 43.

ÉTUDIER

Si vous souhaiter apprendre ou vous perfectionner en espagnol, vous trouverez plusieurs écoles de langues au Pérou, en Bolivie et en Équateur. Les programmes varient, mais incluent généralement quatre à sept heures de cours quotidiens et un séjour dans une famille d'accueil. A Quito, ces écoles pullulent, et celles de Lima, Cuzco et La Paz se développent également. Il peut donc être difficile d'en choisir une. Le coût, la durée, l'intensité et la disponibilité des programmes extrascolaires sont quelques-uns des critères à considérer. Vous pouvez organiser votre séjour linguistique avant de partir ou sur place. Outre les écoles de langue, les universités et autres organismes locaux proposent différents programmes pédagogiques. Vous trouverez dans les bibliothèques et librairies de votre pays des ouvrages sur les études à l'étranger. Un visa étudiant est nécessaire pour tout séjour supérieur à 90 jours. Vous trouverez ci-après quelques adresses d'établissements spécialisés dans l'enseignement de l'espagnol aux étrangers.

Au Pérou : **A Arequipa** : Rocio Oporto, Paucarpata 327/La Perlita 103, Cercado. ☎/fax (51) (05) 428 69 29.

En Bolivie : **A Cochabamba** : Alianza Francesa, Calle Santinavez 0-0187. ☎(591) (04) 221 009, fax (591) (04) 252 997. **A La Paz** : Alianza Francesa, Calle Fernando Guachalla, 3990. ☎(591) (02) 325 022, fax (591) (02) 391 950. **A Sucre** : Alianza Francesa, Calle Anecito Arce, n° 35. ☎(591) (06) 453 599, fax (591) (06) 440 991.

En Equateur : **A Quito** : Instituto Superior de Español, Ulloa 152 y Carrión, P.O. Box 17-03-0490. ☎(593) (02) 223 342, fax (593) (02) 221 628. Academia de español Quito, Calle Marchena n° 130 y Ave. de Agosto, P.O. Box 17-15-0039-C. ☎(593) (02) 553 647 ou 554 811, fax (593) (02) 506 474 ou 504 330. **A Guayaquil** : Universidad católica de Santiago de Guayaquil. ☎ (593) (04) 200 801, 200 802 ou 200 803.

L'ESSENTIEL

ADRESSES UTILES

AMBASSADES ET CONSULATS

En cas d'incident grave, allez d'abord vous renseigner au consulat de votre pays. C'est au consulat que se trouvent les services d'accueil des ressortissants nationaux (et non à l'ambassade). Le consulat peut vous fournir une liste de médecins et d'avocats dans le pays, vous fournir des papiers adéquats en cas de perte ou de vol de vos pièces d'identité, prévenir votre famille en cas d'accident ou vous renseigner en matière juridique. Mais ne lui demandez pas de payer vos notes d'hôtel ou vos frais médicaux, de faire une enquête policière, de vous procurer un permis de travail ou une caution de mise en liberté provisoire, ni d'intervenir en votre faveur en cas d'arrestation ou de procès. Les représentations diplomatiques sont fermées les jours fériés mexicains.

PÉROU

Indicatif international : 51

Ne composez le 0 de l'indicatif régional (par exemple 01 pour Lima) que si vous êtes à l'intérieur du pays.

Ambassade de France : Avenida Arequipa 3415, CC 607, San Isidro, Lima. ☎ (51) (01) 215 84 00/02, fax (51) (01) 215 84 20, Web : www.ambafrance-pe.org.

Consulats de France : Les fonctions consulaires sont assurées par l'ambassade.

Ambassade de Belgique : Avenida Angamos Oeste 380 Miraflores Lima 18. ☎ (51) (01) 241 75 66, fax (51 (01) 241 63 79.

Consulats de Belgique : Il y a deux consulats belges au Pérou. **Consulat d'Arequipa** : Ave. Lima 107, Vallecito, Arequipa. ☎/fax (51) (054) 216 669. **Consulat de Cuzco** : Avenida El Sol 954 (c/o Hotel Savoy), Casilla postal 543, Cuzco. ☎(51) (084) 221 098, fax (51) (084) 221 100.

Ambassade de Suisse : Avenida Salaverry 3240, San Isidro, Lima 27. ☎(51) (01) 264 03 05, fax (51) (01) 264 13 19, e-mail vertretung@lim.rep.admin.ch.

Consulat de Suisse : Les fonctions consulaires sont assurées par l'ambassade.

Ambassade du Canada : Libertad 130, Miraflores, Lima 18. Boîte postale : Casilla 18-1126 Correo, Miraflores, Lima 18. ☎ (51) (01) 444 40 15, fax (51) (01) 444 43 47.

Consulat du Canada : Les fonctions consulaires sont assurées par l'ambassade.

Délégation générale du Québec : Ave. La Paz 374 of. A, Miraflores, Lima 18. ☎(51) (01) 241 87 99, fax (51) (01) 444 14 91, e-mail mdelfin@amauta.rcp.net.pe.

BOLIVIE — Indicatif international : 591

Ne composez le 0 précédant l'indicatif régional (par exemple 02 pour La Paz) que si vous êtes à l'intérieur du pays.

Ambassade de France : Ave. Hernando Siles 5390, Obrajes Casilla 717, La Paz. ☎ (591) (02) 786 114, fax (591) (02) 786 746, e-mail ambfrabo@ceibo.entelnet.bo, Web : www.ambafrance-bo.org.bo.

Consulats de France : Les fonctions consulaires sont assurées par l'ambassade.

Ambassade de Belgique : Calle 9, n°6, Achumani, Casilla 2433 correo, La Paz. ☎ (591) (02) 770 081, fax (591) (02) 791 219, e-mail lapaz@diplobel.org.

Consulats de Belgique : Les fonctions consulaires sont assurées par l'ambassade.

Ambassade de Suisse : Ave. 16 de Julio, Edificio Petrolero, 6e étage, La Paz. ☎ (591) (02) 315 617. Ouvert Lu-Ve 9h-12h.

Ambassade du Canada : a/s Ambassade du Canada au Pérou, Libertad 130, Miraflores Casilla 18-1126 Correo, Miraflores, Lima 18. ☎ (51) (01) 444 40 15, fax (51) (01) 444 43 47.

Consulat du Canada : Calle Victor San Jinez n° 2678, Edificio Barcelona, 2e étage, Plaza España (Sopocachi), La Paz. ☎ (591) (02) 415 021, fax (591) (02) 414 453.

Délégation générale du Québec : C'est l'antenne du Québec au Mexique qui s'occupe des touristes québécois en voyage en Bolivie : Avenida Taine 411, Colonia Bosque de Chapultepec 11580 Mexico DF, Mexique.

ÉQUATEUR — Indicatif international : 593

Ne composez le 0 précédant l'indicatif régional (par exemple 02 pour Quito) que si vous êtes à l'intérieur du pays.

Ambassade de France : Calle General Leonidas Plaza 107 y Ave. Patria, Casilla 21005, Quito. ☎ (593) (02) 560 789, 562 270 ou 526 347, fax (593) (02) 546 118 ou 566 424, Web : www.ambafrance-equateur.org.

Consulats de France : Edificio Kingman, 2e étage, Diego de Almagro 1550 y Ave. La Pradera, Quito. ☎ (593) (02) 569 883 ou 543 110 ou 543 101, fax (593) (02) 506 468, e-mail franciac@uio.satnet.net, Web : www.consulfrance-equateur.org.

Ambassade de Belgique : Calle Juan León Mera, N23-103 y Wilson, Quito. Boîte postale : Apartado postal 17-21-532, Quito. ☎ (593) (02) 224 224, fax (593) (02) 507 367, e-mail quito@diplobel.org.

Consulats de Belgique : Calle Lizardo Garcia 301 y Velez, Guayaquil. Boîte postale : Apartado postal 09-01-0660, Guayaquil. ☎ (593) (04) 364 276, fax (593) (04) 454 234.

Ambassade de Suisse : Ave. Amazonas 3617 y Juan Pablo Sánz, Immeuble Xerox, 2e étage, Casilla 17-11-4815, Quito. ☎ (593) (02) 434 113, 434 949 ou 434 948, fax (593) (02) 449 314.

Consulat général de Suisse : Ave. 9 de Octubre 2105, Guayaquil. ☎ (593) (04) 453 607.

Ambassade du Canada : Ave. 6 de Diciembre 2816 y Calle Paul Rivet, Immeuble Josueth Gonzales, 4e étage, Casilla 17-11-6512, Quito. ☎ (593) (02) 506 162, 564 795 ou 232 114, fax (593) (02) 503 108.

Consulat du Canada : Ave. 6 de Diciembre 2816, Quito. ☎ (593) (02) 503 108, 506 162 ou 506 163.

Délégation générale du Québec : C'est l'antenne du Québec au Mexique qui s'occupe des touristes québécois en voyage en Equateur : Avenida Taine 411, Colonia Bosque de Chapultepec 11580 Mexico DF, Mexique.

OFFICES DE TOURISME

Si vous prévoyez de rester plus de quelques jours dans une ville, pensez à contacter l'office de tourisme (**oficina de turismo**). Le personnel vous fournira des renseignements sur le logement, les excursions ou les établissements qui viennent d'ouvrir. Certains feront même les réservations pour vous. **N'hésitez pas** à poser toutes sortes de questions, vous n'êtes ni le premier ni le dernier voyageur qu'ils rencontrent. Vous trouverez les adresses des offices de tourisme locaux au sein de la section **Informations pratiques** de chaque ville ou de chaque région.

FÊTES ET JOURS FÉRIÉS

Consultez les offices de tourisme de chaque ville pour connaître les dates des expositions, des festivals de théâtre et de musique et des événements sportifs. Si vous ne voulez pas vous retrouver sans toit, sans argent et sans couvert, nous vous conseillons de vous renseigner également sur les dates précises des fêtes et des jours fériés, car en ces occasions, les hôtels se remplissent rapidement et les banques, les restaurants, les magasins et les musées sont parfois tous fermés. Les fêtes régionales dont nous dressons la liste ci-après ne sont qu'un petit échantillon des nombreuses *fiestas* qui ont lieu au Pérou, en Bolivie et en Equateur presque chaque semaine.

C'est la **Semana Santa** (la Semaine sainte), juste avant Pâques, qui occasionne le plus de fêtes dans ces nations andines. Ayacucho et Cuzco, dans les montagnes péruviennes, sont considérées comme les meilleurs endroits où assister à ces festivités. En Bolivie, lors du Vendredi saint, Copacabana accueille des centaines de personnes venues à pied de La Paz. En Equateur, Quito est un célèbre lieu de pèlerinage. Toutefois, vous pourrez assister à de grandes fêtes dans la plupart des villes, surtout dans les montagnes. Comme on peut aisément l'imaginer, **Navidad** (Noël), le 25 décembre, est une autre fête religieuse de grande importance, où les processions de l'enfant Jésus prennent largement le pas sur les ventes frénétiques d'arbres de Noël et sur les soldes à tout-va. Le **Carnaval**, la semaine avant le Carême, s'inspire du Mardi gras mais possède son style propre : à Ambato, en Equateur, les rues se remplissent de fleurs et de fruits. A Cajamarca, au Pérou, et dans d'autres villes de montagne, les habitants courent dans tous les sens en jetant de l'eau, de la peinture, de l'huile et autres liquides (surtout sur les touristes ébahis). La ville d'Oruro, en Bolivie, entre véritablement en éruption au cours de cette fête andine traditionnelle et à Santa Cruz, en Bolivie, les noceurs participent à une fête tropicale et à des festivités semblables à celles de Rio de Janeiro. Le **Día de los Difuntos** (jour des Morts, le 2 novembre) associe la tradition catholique du jour des Morts à des rites funéraires indigènes. Des offrandes de nourriture, accompagnées de petites figurines en massepain représentant des humains et des animaux, sont déposées sur la tombe des êtres chers. Aux alentours de la deuxième semaine de juin, de nombreuses villes de montagne célèbrent également le **Corpus Christi** (corps du Christ), et notamment Cuenca, au sud de l'Equateur. Bien que sa signification religieuse soit pour le moins obscure, cette fête, qui dure une semaine, propose suffisamment de pâtisseries, de bonbons aux fruits et de *castillos* (grands bouquets de feux d'artifice qui explosent tous les soirs avec une dangereuse vigueur) pour supplanter toute explication traditionnelle.

Toutes les *fiestas* ayant lieu au Pérou, en Bolivie et en Equateur n'ont pas forcément une origine catholique : dans les montagnes et dans la jungle en particulier, les habitants continuent à célébrer des fêtes dédiées à des divinités non chrétiennes. La plus célèbre d'entre elles est sans aucun doute celle de l'**Inti Raymi** ("fête du Soleil" en quechua), qui a lieu à Cuzco le 24 juin. Rendant hommage à Inti, le dieu inca du soleil, la fête du solstice donne lieu à des parades bigarrées, à des danses traditionnelles, à des concerts, à diverses expositions et à un discours solennel en quechua prononcé sur le site archéologique de Sacsayhuamán. Cette célébration, qui attire des hordes de touristes dans la ville andine, est paraît-il la deuxième plus grande fête d'Amérique latine après le carnaval de Rio de Janeiro. **Pjujllay**, l'une des plus grandes fêtes boliviennes, a lieu dans la ville marchande de Tarabuco et commémore la victoire de la cité sur les Espagnols en 1816.

La plupart des villes célèbrent une **fête de l'indépendance** à la date à laquelle elles furent libérées du joug espagnol. Celles de Quito (le 10 août), de Guayaquil (le 9 octobre) et de Cuenca (le 3 novembre) sont des fêtes nationales en Equateur et donnent lieu à des concerts, des événements sportifs, des défilés et autres spectacles. Les Péruviens sortent tous à l'occasion de leurs **Fiestas Patrias**, les 28 et 29 juillet : même dans les plus petits villages, les écoliers préparent le défilé des semaines à l'avance. Les Boliviens célèbrent leur indépendance le 6 août, et la **fête de La Paz** a lieu le 16 juillet.

Bon nombre de fêtes moins connues sont plus imprégnées de couleur locale. La ville de Chincha Alta, sur la côte sud du Pérou, est réputée pour sa fête colorée du **Verano Negro**, qui a lieu fin février et fait étalage de toutes les richesses culturelle de la région. En Equateur, la fête d'Esmeralda (3-5 Août) donne lieu notamment à de la musique africaine et à des danses aux rythmes des *marimbas*. Les **fêtes régionales**, comme celles dédiées aux saints patrons, étaient à l'origine des fêtes indigènes avant d'être assimilées à la tradition catholique. Elles s'accompagnent généralement de danses sur des musiques locales et, parfois, de reconstitutions historiques. Dans la capitale péruvienne, les habitants rendent hommage à **Santa Rosa de Lima**, la sainte patronne de la ville, tous les 30 août depuis 1671. En Bolivie, la **Santísima Trinidad**, la Sainte Trinité, est célébrée par des processions et par une course de taureaux. En Equateur, à l'occasion de la fête de **La Virgen de las Mercedes**, qui a lieu le 24 septembre à Latacunga, les hommes se déguisent en femmes et se peignent le visage en noir pour rendre hommage à la statue de la ville à peau sombre représentant la Vierge Marie, appelée *La Mama Negra* (voir p. 623).

Lorsque vous arrivez dans une nouvelle ville ou bourgade, renseignez-vous auprès des offices de tourisme car il y a presque toujours une fête dans les environs. Si vous devez voyager au moment d'une fête importante, réservez votre hôtel bien à l'avance.

Date	Fête
1er-6 janvier	El Año Nuevo : Nouvel An, avec des festivités toute la semaine
6 janvier 2001 / 7 janvier 2002	Festividades de los Reyes Magos : fête des Rois mages (Epiphanie)
18 janvier	Aniversario de la Fundación de Lima : anniversaire de la fondation de Lima (Pérou)
24 janvier (deux semaines)	Feria de Alasitas : fête d'Alasitas (La Paz, Bolivie)
début février	Fiesta de la Virgen de la Candelaria : fête de la Vierge de la Chandeleur (lac Titicaca, Pérou et Bolivie)
12 février	Aniversario del Descubrimiento del Río Amazonas : découverte de l'Amazone
dernière semaine de février	Verano Negro : été noir (Chincha, Pérou)
27 février	Recordación de la Batalla de Tarqui, Día del Civismo y la Unidad Nacional : commémoration de la bataille de Tarqui, fête du civisme et de l'unité nationale (Equateur)
début mars	Pjujllay : commémore la bataille de Lumbati (Tarabuco, Bolivie)
début mars	Carnaval : carnaval (dans toute l'Amérique du Sud, mais en particulier à Oruro, en Bolivie)
9-15 avril 2001 / 25-31 mars 2002	Semana Santa : Semaine sainte
autour du 20 avril	Feria Agrícola, Ganadera, Artesanal, e Industrial : foire agricole, aux bestiaux, artisanale et industrielle (Riobamba, Equateur)

12 avril 2001 / 28 mars 2002	Jueves Santo : Jeudi saint
13 avril 2001 / 29 mars 2002	Viernes Santo : Vendredi saint
15 avril 2001 / 31 mars 2002	El Día de Pasqua : Pâques
1er mai	Día del Trabajador : fête du travail
début mai	Fiesta de la Cruz : fête de la Croix
début mai	Fiesta del Durazno : fête de la pêche (Gualaceo, Bolivie)
vers les 11-14 mai	Feria Agricola e Industrial de la Amazonía : foire agricole et industrielle de l'Amazonie
24 mai	Fiesta Cívica Nacional : bataille de Pichincha (fête de l'indépendance, Equateur)
fin mai-début juin	Festividad de Nuestro Señor Jesús de Gran Poder : fête de Jésus-Christ (La Paz, Bolivie)
24 juin	Fiesta de San Juan/Inti Raymi : fête de saint Jean-Baptiste/ fête du Soleil (Cuzco, Pérou) Fiesta del Maíz y del Turismo : fête du maïs et du tourisme (Sangoloqui, Equateur) Gallo Compadre, Vacas Locas, Castillo, y Chamiza : fête du rodéo (Calpi, Equateur)
29 juin	Festividad de San Pedro y San Pablo : fête de saint Pierre et de saint Paul
16 juillet	Celebración de la Virgen del Carmen : fête de la Vierge du carmel
23-25 juillet	Aniversario de la Fundación de la Ciudad de Guayaquil : anniversaire de la fondation de Guayaquil (Equateur)
24 juillet	Fiesta del Chagra : festival du Chagra (Machachi, Equateur)
24 juillet	Nacimiento de Simón Bolívar : naissance de Simón Bolívar
28-29 juillet	Fiestas Patrias : fête nationale (fête de l'indépendance, Pérou)
3-5 août	Independencia de la Ciudad de Esmeraldas : fête de l'indépendance d'Esmeraldas (Equateur)
début août	Fiesta de la Virgen de las Nieves : fête de la Vierge des neiges (Sicalpa, Bolivie)
début août	Festividades de San Lorenzo : fête de San Lorenzo (Pillaro, Bolivie) Fiesta de San Jacinto : fête de San Jacinto (Yaguachi, Bolivie)
6 août	Fête de l'indépendance en Bolivie
10 août	Aniversario de la Independencia de Quito : Indépendance de Quito (Equateur)
environ 12-20 août	Aniversario de la Fundación de Arequipa : anniversaire de la fondation d'Arequipa (Pérou)
fin août	Fiesta de San Luis Obispo : fête de San Luis Obispo
30 août	Fiesta de Santa Rosa de Lima : fête de Santa Rosa, sainte patronne de Lima (Pérou)
début septembre	Fiesta de Yamor : fête de Yamor (Otavalo, Equateur)

	Festividades de la Virgen del Cisne : fête de la Vierge du cygne (Loja, Equateur)
fin septembre	Feria Mundial del Banano : foire mondiale de la banane (Machala, Equateur)
	Festividades de la Virgen de las Mercedes : fête de la Vierge de la miséricorde (Latacunga, Equateur)
8 octobre	Fiesta de Angamos : bataille d'Angamos (Pérou)
9 octobre	Aniversario de la Independencia de Guayaquil : indépendance de Guayaquil (Equateur)
12 octobre	Aniversario del Descubrimiento de las Americas : découverte des Amériques
1er novembre	Día de los Santos : Toussaint
2 novembre	Día de los Difuntos : jour des Morts
3 novembre	Aniversario de la Independencia de Cuenca : indépendance de Cuenca (Equateur)
6 décembre	Aniversario de la Fundación Española San Francisco de Quito : anniversaire de la fondation de San Francisco de Quito (Equateur)
8 décembre	Concepción Immaculada : Immaculée Conception (Pérou)
25 décembre	La Navidad : Noël
28 décembre	Los Santos Inocentes : les Saints Innocents (équivalent de notre 1er avril)
31 décembre	Incineración del Año Viejo : Saint-Sylvestre

PÉROU

HISTOIRE DEPUIS L'INDÉPENDANCE

Si, au début du XIXe siècle, les conditions sont à peu près réunies au Pérou pour que survienne l'indépendance, c'est de l'extérieur que viendra la libération. Après avoir chassé les Espagnols de l'Argentine et du Chili, le général argentin José de **San Martín** parvient à Lima en 1821. Il proclame l'indépendance du Pérou sans plus attendre, bien qu'une partie du pays (le Haut-Pérou, qui deviendra la Bolivie) soit encore aux mains des royalistes. A la suite d'un entretien avec Simón **Bolívar** dont on ignore la teneur, San Martín abandonne le terrain et part pour l'Europe. Bolívar poursuit donc la libération du Pérou avec Antonio José de **Sucre** et vainc la résistance espagnole au terme des batailles de Junín (août 1824) et d'Ayacucho (décembre 1824).

DES PREMIERS PAS HÉSITANTS (1824-1886)

CAUDILLISMO. Après l'indépendance, le pouvoir passe des mains des *peninsulares* (les propriétaires terriens espagnols) à celles des *criollos* (les personnes d'ascendance européenne nées au Pérou), qui tentent d'accroître leurs privilèges sociaux et économiques. Simón Bolívar se maintient au pouvoir pendant deux ans, mais les personnalités péruviennes craignent ses ambitions dictatoriales ; contraint d'abandonner son projet de confédération sud-américaine, il doit retourner en Colombie. Il s'ensuit une série d'administrations militaires qui durent plus ou moins longtemps, dirigées par les *caudillos*, hommes forts de l'armée, qui s'emparent souvent du pouvoir par la force ou la manipulation des masses. Les batailles passionnées qui opposent les *caudillos* rivaux font des années 1826 à 1845 une période de grande instabilité et de stagnation économique au Pérou.

A la fin des années 1830, après une accalmie de cinq ans sous le régime du général Agustín **Gamarra** (1829-1834), la lutte pour le pouvoir donne naissance à une série de guerres civiles qui, sans durer très longtemps, plongent le pays dans le chaos. En 1836, la Bolivie, dirigée par Andrés de Santa Cruz après que celui-ci a quitté la présidence du Pérou en 1827, envahit son voisin affaibli et le force à adhérer à la **Confédération Pérou-Bolivie**, qui reste en vigueur jusqu'à ce que le Chili et l'Argentine, craignant l'émergence d'une puissance rivale, y mettent un terme par la force en 1839.

RÉUSSITES ET ÉCHECS DU GUANO. En 1845, une période de paix et de stabilité relatives s'installe, grâce à ce que l'on appelle le "boum du guano". On découvre en effet dans les îles Chincha une immense réserve d'un puissant engrais, le guano (qui signifie "fientes d'oiseau" en langue quechua). Au cours des décennies qui suivent, le Pérou tire de l'exportation de cette substance, extraite par les Indiens puis les immigrants asiatiques, des profits qui s'élèvent à près de 500 millions de dollars. Le général Ramón **Castilla** profite de la vague déclenchée par le succès économique du guano pour accéder au pouvoir, et use de son soutien populaire pour mettre un terme au conflit qui oppose des factions rivales et ruine le Pérou depuis l'indépendance. Il institue également un certain nombre de réformes sociales et économiques, parmi lesquelles l'abolition des dernières formes d'esclavage, la suppression du tribut versé par les indigènes, et le paiement du déficit public et de la dette extérieure du pays.

Malheureusement, Castilla et ses successeurs commettent d'énormes erreurs en terme de politique économique, et ne parviennent à tirer un profit durable ni du boum du guano, ni de la disparition de la dette extérieure. Le pays devient de plus en plus dépendant de la France et de la Grande-Bretagne, qui s'approprient une grande partie des bénéfices de l'exploitation du guano, et financent un programme extrêmement ambitieux de construction d'infrastructures ferroviaires et routières. Par ailleurs, Castilla et ses successeurs se révèlent incapables d'inciter les hommes d'affaires du pays à réinvestir les profits qu'ils ont tirés des ventes de guano. Elu en 1865 puis de nouveau en 1875, le héros militaire Mariano Ignacio **Prado** tente de redresser la barre, mais ses réformes arrivent trop tard. Des retours insuffisants sur les investissements dans les infrastructures de transport, une guerre victorieuse mais coûteuse contre l'Espagne, qui voulait récupérer son ancienne colonie, et la grande dépression mondiale de 1873, empêchent le Pérou d'honorer les dettes extérieures accumulées. Le coup de grâce frappe l'économie au moment de la **guerre du Pacifique** (1879-1883) contre le Chili, qui se déroule dans une région frontalière riche en nitrates (un autre engrais très convoité). Le Pérou, allié à la Bolivie, subit une défaite humiliante et doit signer le **traité d'Ancón**, qui l'oblige à céder toute sa zone australe ; seule la ville de Tacna lui sera rendue en 1929. Le pays, ruiné, connaît alors une période de troubles économiques et civils.

POLITIQUE DES PARTIS ET RÈGNE DES MILITAIRES (1886-1990)

REPRISE ET DÉVELOPPEMENT ÉCONOMIQUE. De 1875 à 1919, le Pérou est dirigé par une élite qui réside à Lima. A la fin des années 1880, les créanciers britanniques lancent une bouée de sauvetage à l'économie péruvienne en perdition, sous la forme d'un **contrat de grâce**. Les créanciers britanniques proposent d'échanger la dette du Pérou contre un contrôle absolu sur le réseau de chemin de fer péruvien pendant soixante-six ans et un paiement annuel sous forme de fonds et de biens pendant trente ans. Le général Andrés Avelina **Cáceres** (1886-1890 puis 1894-1895) saisit l'occasion de cet assainissement économique. Il en fait le cœur d'un programme dont le but est d'impulser une croissance économique basée sur l'exportation, programme couronné d'un succès relatif.

Lors de ce que l'on a appelé la **révolution de 1895**, José Nicolás **Piérola** s'empare du pouvoir au détriment de Cáceres, dont l'attitude est de plus en plus dictatoriale. Piérola fait rapidement alliance avec le **Partido Civilista (PC)**, un parti soutenu par les commerçants et les hommes d'affaires, enrichis grâce au commerce du guano et ayant accédé au pouvoir dans le cadre de ce que l'on appelle la "république aristocratique". Cette république se maintient jusqu'à la Première Guerre mondiale, époque à laquelle un fort ralentissement économique force le PC à abandonner le pouvoir.

PEUPLE ET POPULISME. La période qui suit la Première Guerre mondiale est intellectuellement très productive. Des écrivains comme Manuel González Prada et Clorinda Matto de Turner, et des intellectuels tels que José Carlos Mariátegui et Víctor Raúl Haya de la Torre, avancent une pensée nouvelle de gauche. Ils aident ainsi à forger dans l'esprit des citoyens une véritable conscience et une préoccupation réelle pour l'extrême pauvreté des zones rurales du Pérou. Ce mouvement en faveur de changements radicaux et d'une plus grande égalité sociale prend le nom de **mouvement indigéniste**.

Le développement économique qui caractérise le début du XXe siècle attire les populations rurales pauvres de la sierra vers les zones urbaines situées le long des côtes. Cette migration massive facilite l'émergence d'une classe ouvrière ainsi que la mise en place d'un mouvement de réformes sociales. Saisissant l'énergie du moment, Haya de la Torre fonde la **Alianza Popular Revolucionaria Americana (APRA)** en 1924, à Paris.

Lors des élections présidentielles de 1919, les premières depuis la chute du Partido Civilista, Augusto **Leguía** accède au pouvoir, porté par une vague de soutien populaire issue de la classe moyenne et de la classe ouvrière. Leguía commence son *oncenio* (un mandat d'une durée de onze ans), en ébauchant une **constitution** (1920) aux accents nouveaux et progressistes, qui prévoit de centraliser le pouvoir

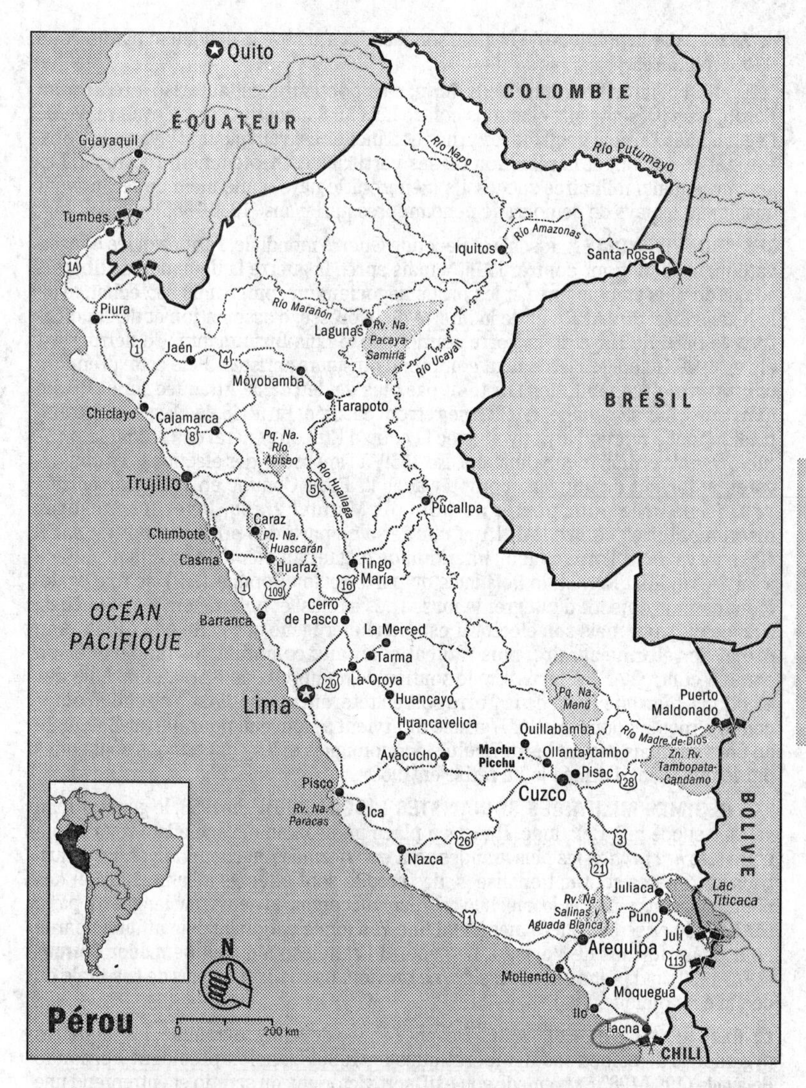

politique. Les nouveaux programmes sociaux de Leguía incluent des réformes dans les domaines de l'éducation, du système bancaire et du logement urbain, ce qui contribuera à améliorer la condition des classes moyennes, mais pas celle de la partie la plus pauvre de la population.

Leguía cherche à attirer les capitaux étrangers, principalement ceux des Etats-Unis, en donnant pratiquement carte blanche aux investisseurs, ce qui accroît la dette extérieure. S'ensuit une longue période pendant laquelle la croissance économique repose sur les exportations. Là encore, les bénéfices de cette croissance profitent aux plus riches. Au cours de son mandat, Leguía décide de dissoudre le congrès, instaurant ainsi une dictature, et reste le seul candidat en lice des élections de 1924 et de 1929. Face au déclin économique et au mécontentement engendrés par la **crise**

de 1929 et par la politique de Leguía, son mandat s'achève brutalement par un coup d'Etat militaire.

En 1931, Víctor Raúl **Haya de la Torre**, très populaire, est autorisé à rentrer au Pérou, et se présente aux élections contre Luis M. Sánchez Cerro qui avait renversé Leguía. Mais l'armée contrôle les urnes et Sánchez est vainqueur ; Haya de la Torre est jeté en prison, et la rébellion de ses partisans est violemment réprimée. Les gouvernements militaires successifs mèneront le pays d'une main de fer, privant quasiment le pays de démocratie pendant presque 30 ans (1930-1956).

LES "CONVIVENCIAS". Jusqu'à la Seconde Guerre mondiale, l'armée et les conservateurs s'allient pour contrer l'**APRA**, mais après la guerre la demande de libertés se fait de plus en plus forte et les partis négocient un compromis : en échange de la légalisation de l'APRA et de la liberté de la presse, d'association et de candidature, le parti de Haya de la Torre soutient José Luis Bustamante. Ce dernier est élu en 1945 et son gouvernement comprend plusieurs apristes. Mais cette première *convivencia* (cohabitation) ne tient pas plus de deux ans. Attaquée sur sa droite mais aussi sur sa gauche, l'APRA se retrouve isolée. En 1948, la classe dirigeante traditionnelle reprend le pouvoir avec le coup d'Etat du général **Odría**, dont la *revolución restauradora* dure huit ans. En 1956, à l'approche des élections, les conservateurs doivent de nouveau compter avec l'APRA. Comme en 1945, une *convivencia* se crée pour porter au pouvoir Manuel **Prado**, lever les mesures discriminatoires contre l'APRA et confier à ce parti des postes importants. En 1962, Haya de la Torre a bien l'intention de gagner lui-même la présidence. Face à lui, le candidat Fernando **Belaúnde**, du parti Acción Popular (AP), se fixe également comme objectif d'intégrer la masse des exclus, et notamment les indigènes, à la vie du pays, mais son électorat est plus hétérogène que celui de l'APRA : son projet de réforme agraire, plus radical, plaît aux communistes tandis que son combat contre l'APRA lui assure le soutien de nombreux conservateurs. Lors des élections, bien que Haya de la Torre soit en tête, aucun candidat n'atteint le pourcentage requis pour être élu. L'armée intervient à nouveau pour porter Belaúnde au pouvoir, mais devant les difficultés économiques et les concessions consenties par le président, l'armée le lui retire en 1968.

LES RÉGIMES MILITAIRES SOCIALISTES (1968-1980). En 1968, le général Juan **Velasco** succède à Belaúnde. Il met en place un programme socialiste révolutionnaire : les *haciendas* les plus grandes sont transformées en coopératives, les industries pétrolières sont nationalisées, des crédits sont affectés à l'alimentation des populations urbaines, et le quechua est reconnu comme la deuxième langue du pays. En 1973, la crise pétrolière met à mal une économie nationale déjà affaiblie par le coût des réformes de Velasco. Le général Francisco **Morales Bermúdez Cerrutti** (1975-1980), qui prend sa succession, ne parvient pas à sortir le pays de la spirale du déclin économique.

LE RETOUR À LA DÉMOCRATIE. Devant l'échec de leur programme, les militaires organisent des élections démocratiques en 1980. L'ancien président Fernando **Belaúnde** (1980-1985), revenu de son exil, sort victorieux du scrutin et entreprend une politique libérale, mais ne réussit pas à enrayer l'inflation (à partir de 1985, celle-ci atteint 163 % par an). Le Pérou doit accepter le plan d'austérité du Fonds Monétaire International.

Les élections de 1985 sont remportées par Alan **García** (1985-1990), qui a succédé à Haya de la Torre à la tête de l'APRA. Pour la première fois de son histoire, l'APRA dirige le pays seule, soutenue par son électorat historique et par les modérés. Son programme vise à lutter contre les inégalités sociales d'une part, et d'autre part à se débarrasser de l'ingérence étrangère dans l'économie nationale. García interrompt tout simplement le remboursement de la dette extérieure, et refuse les directives du FMI. Grâce aux sommes ainsi gagnées, l'inflation est jugulée et le déséquilibre de la balance commerciale réduit, mais de façon temporaire seulement. En 1987, alors que l'économie est encore en difficulté, García nationalise le système bancaire.

L'inflation se transforme en hyperinflation (jusqu'à 10 000 %), ce qui ampute le pouvoir d'achat des Péruviens de 40 %. Misère et faillites se multiplient. García s'est exilé à Paris ; les Péruviens réclament son retour pour lui demander des comptes au sujet des millions de dollars qu'il aurait détournés.

TERREUR DANS LES ANDES L'attentat à la bombe contre un bureau de vote le 17 mai 1980 à Chuschi marque le début d'une triste série d'actes terroristes perpétrés par le **Sendero Luminoso (Sentier lumineux)**. Fondé et dirigé par **Abimael Guzmán**, un professeur de philosophie d'Ayacucho, le Sentier lumineux entame alors une campagne très violente contre le capitalisme bourgeois, cherchant à répandre une idéologie communiste maoïste particulièrement radicale.

En tout, 30 000 personnes trouveront la mort dans cet horrible conflit. Dans les campagnes, notamment près d'Ayacucho et de Huancayo, les paysans se trouvent pris en tenaille entre le Sentier lumineux, qui élimine purement et simplement quiconque est soupçonné de ne pas adhérer à son idéologie, et l'armée, qui réprime tout aussi violemment hommes et femmes suspectés d'approuver la guérilla. En prenant parti pour un camp, les habitants des petits villages se font impitoyablement massacrer par l'autre. Cette stratégie de la terreur aura pour effet de provoquer un exode rural massif qui viendra gonfler les bidonvilles de Lima. En juillet 1992, une voiture piégée explose à Miraflores, une riche banlieue de Lima, et tue 23 personnes. D'autres attaques du Sentier lumineux prennent pour cible les installations électriques et plongent la ville dans l'obscurité. Le gouvernement dirigé par Fujimori met tout en œuvre pour se débarrasser de cette guérilla qui mine le pays et, de surcroît, effraie les touristes. Guzmán, chef charismatique, est capturé en 1992. En juillet 1999, c'est au tour de son successeur, Oscar Alberto Ramírez Durand, alias **Feliciano**, de tomber dans les filets de Fujimori, après une chasse à l'homme très médiatisée à Jauja, un petit village proche de Huancayo. Depuis ces événements, l'influence du Sentier lumineux et de factions assimilées s'est nettement atténuée.

Au début des années 1990, alors que s'achève le climat de terreur, a été érigée une énorme croix sur le rebord d'une falaise de Barranco. La **Cruz de Morro**, qui sépare Barranco de Chorrilos, est constituée de débris provenant des attentats du Sentier lumineux, afin que ne soient pas oubliés les bains de sang qui ont plongé le pays dans l'horreur. Tout lumineux qu'il soit, le Sentier s'inscrit dans les pages les plus sombres de l'histoire du Pérou. Cette période est évoquée sur fond d'enquête policière par Mario Vargas Llosa, le plus célèbre écrivain péruvien, dans son ouvrage *Lituma dans les Andes*.

FUJIMORI ET LES RÉFORMES (DE 1990 À 2001)

En 1990, l'APRA est éliminée dès le premier tour du scrutin. Le conservateur Mario **Vargas Llosa** (voir p. 94), écrivain de renommée internationale et dirigeant du mouvement Libertad, et Alberto **Fujimori**, président d'université d'origine japonaise, se retrouvent en ballottage. La déception des électeurs vis-à-vis des partis peut sans doute expliquer la victoire du candidat Fujimori, jusqu'alors relativement inconnu. La préoccupation première du nouveau président, surnommé "El Chino", est d'endiguer l'inflation, et il y répond par un programme d'austérité économique appelé la méthode **"Fujishock"**. Le résultat est particulièrement efficace : l'inflation passe à 10 % entre 1990 et 1992. Cependant, la croissance est inégale. Le prix des denrées alimentaires de base reste trop éloigné du faible pouvoir d'achat des plus pauvres. Malgré cela, le président bénéficie d'un large soutien longtemps encore après son élection.

EL AUTOGOLPE : LE "COUP D'ÉTAT" DE FUJIMORI. Le parti Cambio '90 rassemble autour d'intérêts communs des tendances divergentes. Il ne parvient pas à maintenir l'unité et à s'assurer une majorité au Congrès après l'élection de Fujimori. Ce dernier passe alors une alliance contre nature avec l'APRA jusqu'en 1991, mais sans majorité politique stable au Congrès, il décide de chercher le soutien de l'armée. Fujimori orchestre ainsi son propre coup d'Etat, appelé *autogolpe*, le 5 avril 1992 : il dissout le Congrès, suspend la constitution et entreprend de diriger le pays à coups de décrets personnels. Décrié par certains pour ses actes dictatoriaux, Fujimori conserve le soutien de la plus grande partie de la population.

Mais, privé de l'aide étrangère, il doit restaurer un régime démocratique en novembre de la même année. Il organise des élections visant à élire un "Congrès démocratique constituant", où son parti obtient la majorité. Une **nouvelle constitution** est rapidement élaborée : elle lui donne une autorité accrue, centralise le pouvoir, et permet à Fujimori de diriger le pays pour une durée de deux mandats consécutifs. Elle instaure également la peine de mort pour les terroristes. Fujimori continue à maintenir sa popularité malgré sa manipulation des structures gouvernementales, et la nouvelle constitution est approuvée par référendum le 31 octobre 1993. Avec la levée des sanctions étrangères et un exercice du pouvoir notablement assoupli, Fujimori peut continuer à promouvoir sa politique économique, tout aussi populaire auprès des industriels du pays que des grandes puissances étrangères.

LE SECOND MANDAT DE FUJIMORI. En 1995, la popularité de Fujimori ne se dément pas. Les élections lui ouvrent toutes grandes les portes d'un second mandat (1995-2000). Sa lutte féroce contre les guérillas terroristes, menées par le **Sentier lumineux** ou le **Mouvement révolutionnaire Tupac Amaru** (MRTA), a pour résultat l'arrestation du chef du MRTA puis celle d'Abimael Guzmán, le chef du Sentier lumineux (voir encadré **Terreur dans les Andes**). Entre décembre 1996 et avril 1997, un commando de l'armée libère 72 personnes retenues en otage par des membres du MRTA à l'ambassade du Japon. En octobre 1998, Fujimori négocie avec le président équatorien Jamil Mahuad la signature d'un traité de paix mettant un terme au conflit frontalier déjà ancien entre le Pérou et l'Equateur. Sur le plan économique, si l'inflation est toujours maîtrisée, la croissance s'est ralentie et le chômage reste élevé. La politique d'austérité de Fujimori contribue à accroître les inégalités, alors que près de 70 % de la population vit au niveau ou en dessous du seuil de pauvreté.

Entre 1997 et 1998, le Pérou est dévasté par une série d'inondations provoquées par le phénomène climatique appelé **El Niño**. On déplorera des milliers de morts.

ACTE III : COUP DE THÉÂTRE. L'année 2000 sera tumultueuse pour le pays. Après avoir forcé la constitution en s'octroyant le droit d'effectuer un troisième mandat consécutif, Fujimori se lance dans une course électorale au coude à coude contre Alejandro **Toledo**, du parti "Possible Perú". Aucun des candidats n'obtient la majorité. Dénonçant une fraude électorale, Toledo choisit de boycotter le second tour. Bien qu'il se place hors course, Toledo rassemble 25,67 % du scrutin, et 29,93 % des votes sont blancs. Ces derniers n'étant pas pris en compte, Fujimori est déclaré vainqueur, avec 74,33 % des voix. Des **protestations** éclatent en masse, dont une le jour du début du troisième mandat de Fujimori, au cours de laquelle 6 personnes trouvent la mort.

"El Chino" réussit donc tant bien que mal à se maintenir au pouvoir et, cette fois, plus rien ne semble pouvoir l'empêcher d'effectuer son troisième mandat. Mais le soir du 14 septembre 2000, coup de théâtre : en 58 petites minutes, le système Fujimori va s'effondrer comme un château de cartes. Sur une **cassette vidéo** envoyée aux télévisions par le FIM, l'un des principaux partis d'opposition, on peut voir Vladimiro **Montesinos**, chef des services de renseignement péruviens et bras droit de Fujimori, remettre une enveloppe de 15 000 dollars à un parlementaire de l'opposition pour qu'il se rallie à la majorité. C'est le scandale. Fujimori, qui avait fait de la lutte contre la corruption son cheval de bataille, se retrouve pris, à son tour, la main dans le sac. Quelques jours plus tard, dans un discours radiotélévisé, il annonce la convocation d'élections présidentielles pour avril 2001 (écourtant ainsi son mandat de 4 ans), disant : "Celui qui vous parle ne se présentera pas à ces élections". La fin du régime Fujimori est donc annoncée. Mais les choses se précipitent : début novembre 2000, on apprend l'existence de comptes bancaires en Suisse au nom de Montesinos (toujours lui) d'un montant d'environ 50 millions de dollars, dont l'origine et la destination, à n'en point douter, sont liées à la corruption. Le 13 novembre, profitant d'un voyage présidentiel au sultanat de Brunei, le président prend la fuite pour le Japon, le pays de ses origines, dont il a conservé la nationalité (voilà qui est bien pratique). Une semaine plus tard, il annonce officiellement sa démission, refusée par le Congrès de Lima, qui préfère le destituer pour "incapacité morale". Hier plébiscité par les masses, ayant éliminé la menace terroriste et développé l'économie, Alberto Fujimori est aujourd'hui discrédité. On ne peut s'empêcher de penser que l'image que l'on se faisait du président, celle d'un "autocrate éclairé" s'octroyant toujours plus de pouvoirs par une modification de la constitution afin de mener à bien ses réformes dans l'intérêt du peuple, n'était qu'une façade. Le Pérou est à l'heure actuelle en proie aux plus profondes incertitudes. Que cachent les zones d'ombre qui planent sur le scandale Fujimori ? Quelle formation politique et quel type de régime vont s'imposer durablement dans le pays ? La démocratie l'emportera-t-elle enfin ? Une chose est sûre : loin des hautes sphères du pouvoir, les petites gens, à chaque bouleversement politique, sentent un peu plus que le destin du Pérou leur échappe.

ARTS

Une grande partie des magnifiques œuvres d'art des peuples du Pérou a malheureusement disparu lors de la conquête espagnole (notamment d'inestimables objets en or et en argent, acquis par les Espagnols comme rançon d'Atahualpa), ou a été volée par des pillards ou des *huaqueros* (profanateurs de tombes). Le long de la côte, des poteries et des tissus préincas joliment décorés montrent ce qu'était la vie des anciennes civilisations chimù, moche, paraca et nazca, tandis que dans la région de Huáraz, le peuple chavín a laissé des statuettes minutieusement sculptées.

Au XVIIe siècle, la colonisation espagnole diffuse dans le Nouveau Monde la pensée artistique européenne, en particulier les peintures religieuses hollandaises, italiennes et espagnoles utilisées pour illustrer les enseignements du christianisme. Dans les Andes, on enseigne aux Indiens nouvellement convertis les techniques de la peinture européenne, mais très vite ils y ajoutent leur propre style. La tradition ainsi créée, connue sous le nom d'**Ecole de Cuzco**, reflète le mélange d'influence entre l'Europe et le Pérou. Un célèbre tableau représentant *la Cène*, peint par **Marcos Zapato**, par exemple, reprend la scène religieuse en y incluant quelques détails typiquement andins : les personnages du tableau mangent en effet du cochon d'Inde. Des groupes d'Indiens et de peintres *mestizos* continuent à mêler la tradition européenne et le style péruvien et produisent ainsi des œuvres d'art uniques.

Un exemple intéressant de la fascination péruvienne pour les thèmes historiques et culturels est l'Ecole de peinture amazonienne **Usko-Ayar**, située à Pucallpa. Les œuvres produites par les artistes de Usko-Ayar ("prince spirituel" en quechua) représentent une célébration et une documentation sans pareille sur la faune, la flore et les civilisations amazoniennes. Fondée en 1988 par un peintre et *shaman* visionnaire, Pablo Amaringo, l'école est fréquentée par des artistes âgés de 8 à 24 ans.

LITTÉRATURE

Les civilisations anciennes du Pérou ne connaissaient pas l'écriture. Les contes et les récits historiques ont donc été transmis de génération en génération de façon orale, ou sous forme de pictogrammes. Après la conquête espagnole, une littérature riche s'est développée à partir du folklore et de l'histoire de la région. **Garcilaso de la Vega**, fils d'une noble inca et d'un conquistador espagnol, retrace dans ses écrits les derniers jours des Incas. Le folklore inca, la mythologie et l'histoire continuent de jouer un rôle majeur dans les traditions littéraires du Pérou d'aujourd'hui. Ces éléments fondateurs et le mélange ethnique du pays ont ainsi donné lieu à une littérature tout aussi variée qui, depuis longtemps, intéresse les intellectuels et les universitaires.

MARIO VARGAS LLOSA. C'est certainement l'écrivain péruvien le plus connu et le plus reconnu du XXe siècle. L'un de ses principaux romans, *La Ville et les chiens* (1963), évoque sa vie d'adolescent au collège militaire Leoncio Prado de Lima, où il subissait l'ambiance martiale de l'internat. La plupart de ses œuvres, écrites dans un style plutôt expérimental, sont controversées, comme par exemple *Conversation à la cathédrale* (1969) et *La Maison verte* (1966). Avec Gabriel García Márquez, Carlos Fuentes et Julio Cortázar, Vargas Llosa est l'un des pionniers de l'émancipation de la littérature sud-américaine. En 1990, à la tête du mouvement Libertad, Vargas Llosa se présente comme candidat à la présidence face à Fujimori, mais sans succès (voir p. 91). Dans ses mémoires publiées en 1993, *Le Poisson dans l'eau*, il se souvient de cette campagne comme ayant été la recherche du "métier le plus dangereux du monde". L'un de ses derniers ouvrages, *Lituma dans les Andes* (1993), est considéré comme l'un de ses meilleurs romans.

CÉSAR VALLEJO. César Vallejo (1892-1938) est le poète le plus célèbre du Pérou. Son œuvre moderniste, très brève, se compose de poésie mais aussi de romans et de récits. Né à Santiago de Chuco au Pérou, Vallejo a publié son premier recueil de poèmes, *Les Hérauts noirs*, en 1918. Un séjour en prison en 1920 donne à ses écrits postérieurs une autre nature. Avec *Trilce* (1922), une œuvre largement reconnue, il sort de la poésie traditionnelle et s'oriente vers le modernisme. Il passera une grande partie de son existence dans l'exil, quittant le Pérou pour l'Europe à la suite de sa participation à une tentative de soulèvement, se faisant expulser de France après un passage par la Russie, puis fuyant la guerre civile en Espagne. Son dernier recueil, *Poèmes humains*, sera publié à titre posthume en 1939.

LIMA

LES INCONTOURNABLES DE LIMA

NE MANQUEZ PAS les catacombes qui recèlent les ossements de plus de 25 000 squelettes, au **Convento de San Francisco** (p. 115), un couvent datant du XVIIe siècle.
RETRACEZ l'histoire de toutes les civilisations qui ont marqué le Pérou en visitant les grandes salles d'exposition archéologiques du Museo de la Nación (p. 116).
ADMIREZ le centre historique de la ville en vous rendant sur la très belle Plaza de Armas (Lima Centro), où vous pourrez voir de très beaux bâtiments de style colonial érigés sur les fondations de constructions incas.
ARPENTEZ les falaises qui surplombent le Pacifique, à Miraflores (p. 120), où se promène la jet-set de Lima. Vous y trouverez un grand nombre de bons restaurants et de jolies boutiques.
DANSEZ jusqu'à l'aube (p. 124). L'intensité des nuits de Lima dépasse celle de toutes les autres villes péruviennes réunies.

Située sur les rives du Río Rímac, Lima a connu des débuts paisibles et prospères sous le règne inca. Or, argent et chefs-d'œuvre architecturaux abondent alors dans la cité, bien qu'elle ne soit pas le centre de l'Empire. Lorsque les Espagnols font la conquête de la région, ils s'emparent de ses richesses et détruisent la plupart des constructions incas. En 1534, Francisco Pizarro décide d'y établir la nouvelle capitale coloniale. La région n'est pourtant pas très sûre et, en 1746, la ville est presque entièrement balayée par un tremblement de terre. Lors de sa reconstruction, les architectes reproduisent bien entendu le style des villes européennes. C'est donc à cette époque que sont édifiés de nombreux immeubles coloniaux à l'architecture élaborée, et que sont construites les immenses places du centre de la ville. Au cours du XIXe siècle, la nouvelle Lima prospère et devient le premier port du pays. Mais, depuis le milieu du XXe siècle, des crises politiques et économiques, une pauvreté croissante et une urbanisation incontrôlée sont venues miner la ville. Les problèmes liés à la surpopulation ont fait des ravages : pollution, chômage, équipements collectifs saturés… Pour couronner le tout, Lima a dû faire face, au début des années 1990, à d'importantes vagues d'immigrants venus des provinces péruviennes, notamment en raison des actes terroristes du tristement célèbre Sentier lumineux dans les campagnes. L'inflation galopante et l'épidémie de choléra ont encore aggravé la situation, sans compter plusieurs attentats à la bombe et une spectaculaire prise d'otages à l'intérieur de l'ambassade du Japon. Tous ces événements et leurs conséquences (parmi lesquelles une pauvreté flagrante, une forte délinquance et des vendeurs de rue parfois agressifs) ont valu à la ville une réputation déplorable. Lima est en effet considérée comme un mal nécessaire : c'est la porte d'entrée du Pérou, mais un lieu où l'on ne s'arrête guère.

La cité tente depuis peu de se forger une nouvelle image. Avec plus de 10 millions d'habitants, c'est-à-dire un tiers de la population totale du Pérou, Lima est la seule véritable métropole du pays, et se trouve ainsi dans une position ambivalente. A l'intérieur, elle est considérée comme la "grande ville", si différente du reste du territoire que, pour un peu, on la percevrait comme une ville étrangère. Mais pour le reste du monde, Lima représente le Pérou, bien que sa pollution et sa surpopulation la caractérisent davantage que son architecture coloniale. Tout est une question de point de vue. Lima n'est pas belle sous tous les angles, elle a ses mauvais jours, et pourtant c'est une ville étonnamment vivante. En son centre se dressent des églises du XVIIe siècle aux façades dorées et d'anciennes demeures coloniales. Non loin de là, de vastes places datant de la vice-royauté du Pérou accueillent aujourd'hui les nombreux rassemblements politiques de la ville. Au sud, les quartiers chics bordés par la mer (Miraflores, Barranco et San Isidro) abritent les meilleurs restaurants et les lieux les plus sélects du pays. Pour entrer dans le nouveau millénaire et tourner le dos à la mauvaise fortune, Lima est en train de restaurer son centre historique. Le terrorisme n'est presque plus qu'un mauvais souvenir, la surveillance policière a rendu les rues plus sûres, et l'épidémie de choléra a été maîtrisée. Dans le même temps, les manifestations pacifiques de grande ampleur dénonçant la fraude aux élections présidentielles 2000 montrent à quel point les *Limeños* sont attachés aux idées de paix et de démocratie.

109
111

TRANSPORTS

ARRIVÉES ET DÉPARTS

Avion : **Aeropuerto Internacional Jorge Chávez** (☎575 14 34, informations sur les vols intérieurs ☎574 55 29, informations sur les vols internationaux ☎575 17 12. Web : www.corpac.gob.pe/jchavez), situé à 11 km au nord de Lima Centro, sur l'Ave. Elmer Faucett, dans la banlieue de Callao, un quartier assez mal famé. Des **bureaux de change** se trouvent dans le terminal international, où vous pourrez changer des dollars à un taux avantageux. Vous trouverez des **distributeurs de billets** au terminal national, à gauche en sortant du terminal international. Un nouveau service de navettes permet aux voyageurs de se rendre en toute sécurité sur leur lieu d'hébergement (6 $). Renseignez-vous auprès

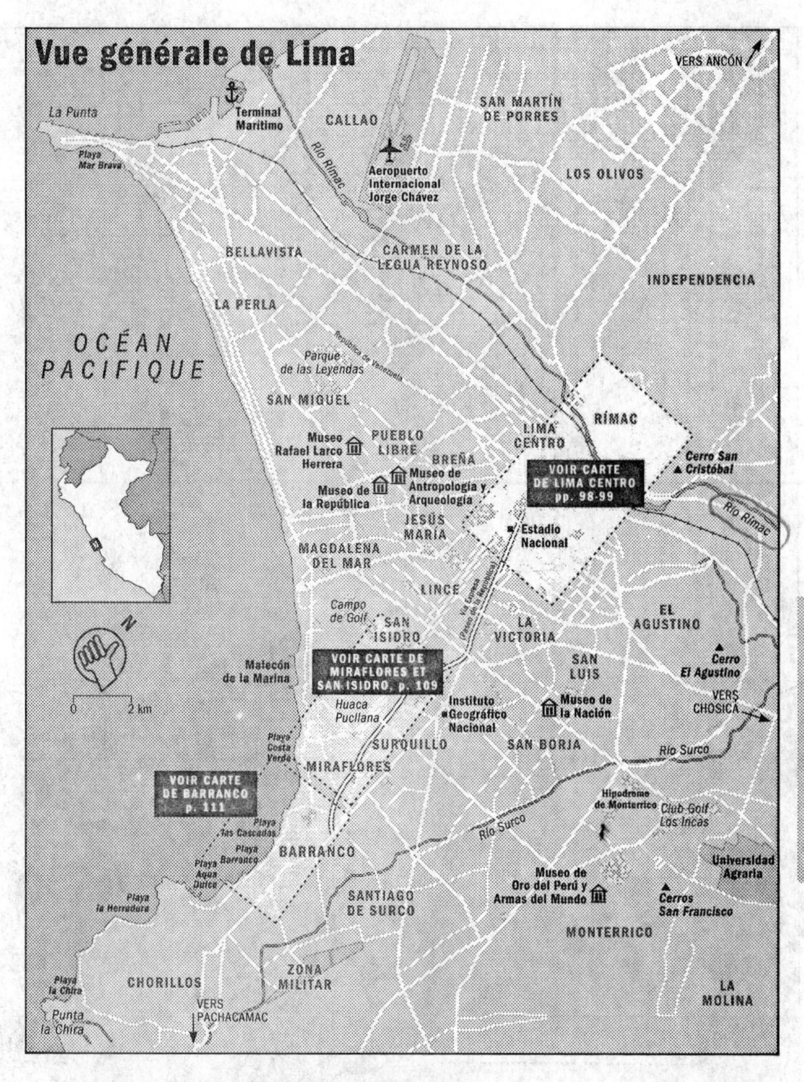

des femmes en uniformes bleus près des portes des terminaux. Toutefois, le "Official Taxi Distributor", situé à l'extérieur du terminal international, est théoriquement le moyen le plus sûr de se rendre à Lima (15 $ pour Lima Centro, 25 $ pour Miraflores). Pour pouvez également tenter votre chance avec l'un des taxis non officiels qui attendent à l'extérieur du terminal national. N'hésitez pas à marchander. Le prix moyen d'une course pour Lima Centro est de s/10-20, pour Miraflores ou Barranco s/20-30. Enfin, certains des *colectivos* (s/1) circulant sur Benavides, Brazil et Javier Prado, vous emmèneront jusqu'aux portes extérieures de l'aéroport.

Vols internationaux :

Copa (2 de Mayo 741, Miraflores, ☎444 78 15), **Iberia** (Camino Real 390, 8e étage, San Isidro, ☎421 46 16), **LanChile** (José Pardo 805, Miraflores, ☎446 42 72, Web : www.lanchile.com) et **Varig** (Camino Real 456-803), San Isidro, (☎442 43 61) proposent des vols à destination d'autres

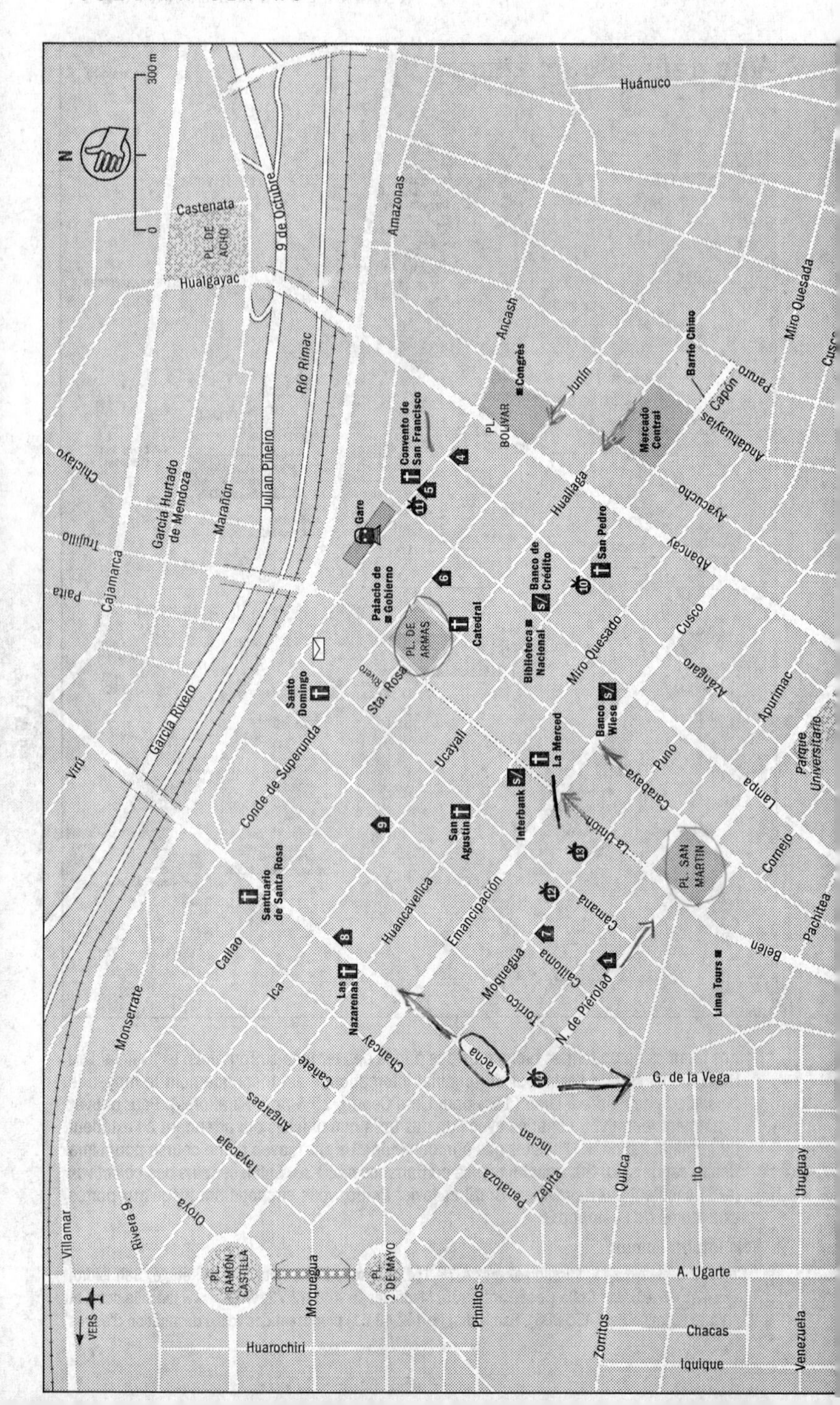
N
0
300 m
Castenata
PL. DE ACHO
Hualgayac
9 de Octubre
Huánuco
Amazonas
Ancash
Río Rimac
Julian Piñeiro
Chiclayo
García Hurtado de Mendoza
Marañon
Trujillo
Paita
Cajamarca
Convento de San Francisco
Congrès
PL. BOLIVAR
Junín
Mercado Central
Barrio Chino
Capón
Paruro
Andahuaylas
Miro Quesada
Huallaga
Ayacucho
Gare
Palacio de Gobierno
PL. DE ARMAS
Catedral
Banco de Crédito
San Pedro
Biblioteca Nacional
Abancay
Cusco
Azángaro
Miro Quesado
Apurimac
Santo Domingo
Sta. Rosa
Rivero
García Rivero
Virú
Conde de Superunda
Ucayali
La Merced
Banco Wiese
Interbank
Puno
Parque Universitario
San Agustín
Carabaya
La Unión
Lampa
PL. SAN MARTIN
Cornejo
Santuario de Santa Rosa
Huancavelica
Emancipación
Camaná
Pachitea
Callao
Las Nazarenas
Ica
Moquegua
Cailloma
Belén
Lima Tours
Monserrate
Chancay
Torrico
N. de Piérola
Tacna
Cañete
G. de la Vega
Angaraes
Inclan
Tayacaja
Quilca
Ilo
Uruguay
Penaloza
Zepita
Oroya
Rivera 9.
Villamar
PL. RAMÓN CASTILLA
PL. 2 DE MAYO
A. Ugarte
Moquegua
Pinillos
VERS
Huarochiri
Zorritos
Chacas
Iquique
Venezuela

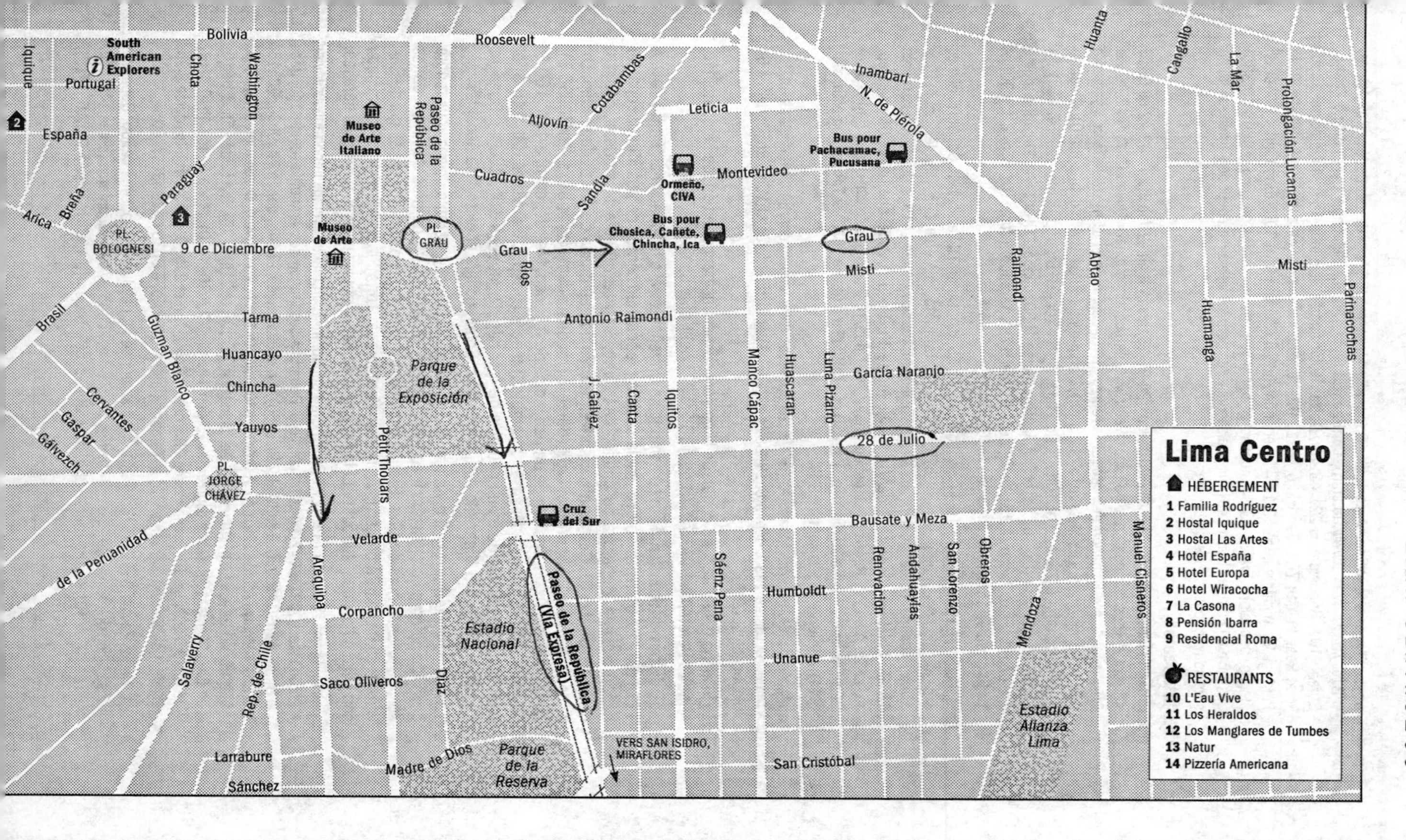
Lima Centro
HÉBERGEMENT
1 Familia Rodríguez
2 Hostal Iquique
3 Hostal Las Artes
4 Hotel España
5 Hotel Europa
6 Hotel Wiracocha
7 La Casona
8 Pensión Ibarra
9 Residencial Roma
RESTAURANTS
10 L'Eau Vive
11 Los Heraldos
12 Los Manglares de Tumbes
13 Natur
14 Pizzería Americana
Iquique
South American Explorers
Portugal
Bolivia
Chota
Washington
España
Roosevelt
Museo de Arte Italiano
Paseo de la República
Aljovín
Cotabambas
Leticia
Inambari
N. de Piérola
Huanta
Cangallo
La Mar
Prolongación Lucanas
Bus pour Pachacamac, Pucusana
Cuadros
Montevideo
Ormeño, CIVA
Sandia
Paraguay
Breña
Arica
PL. BOLOGNESI
9 de Diciembre
Museo de Arte
PL. GRAU
Grau
Rios
Bus pour Chosica, Cañete, Chincha, Ica
Grau
Misti
Raimondi
Abtao
Misti
Huamanga
Parinacochas
Brasil
Guzman Blanco
Tarma
Antonio Raimondi
Huancayo
Chincha
Yauyos
Cervantes
Gaspar
Gálvezch
Parque de la Exposición
J. Galvez
Canta
Iquitos
Manco Cápac
Huascaran
Luna Pizarro
García Naranjo
28 de Julio
PL. JORGE CHÁVEZ
Petit Thouars
Cruz del Sur
Bausate y Meza
Velarde
de la Peruanidad
Arequipa
Paseo de la República (Vía Expresa)
Sáenz Pena
Humboldt
Renovacion
Andahuaylas
San Lorenzo
Obreros
Manuel Cisneros
Mendoza
Corpancho
Estadio Nacional
Unanue
Salaverry
Rep. de Chile
Saco Oliveros
Díaz
Estadio Alianza Lima
Larrabure
Madre de Dios
Parque de la Reserva
VERS SAN ISIDRO, MIRAFLORES
San Cristóbal
Sánchez

pays d'Amérique latine. **American** (Canaval y Moreyra 380, rez-de-chaussée, San Isidro, ☎211 70 00, Web : www.aa.com), **Continental** (Victor Andrés Belaúnde 147, Edificio Real 5, Bureau 101, San Isidro, ☎221 43 40), **Delta** (Victor Andrés Belaúnde 147, Vía Principal 155C, Torre Real, bureau 701, San Isidro, ☎211 92 11, Web : www.delta-air.com), **KLM/Alitalia** (José Pardo 805, Miraflores, ☎242 12 41), et enfin **United** (Camino Real 390, Torre Central, 7e et 8e étages, San Isidro, ☎421 33 34, numéro gratuit si vous n'appelez pas de Lima ☎0800 40 380) desservent l'Europe et les Etats-Unis, mais leurs tarifs pour les vols à l'intérieur de l'Amérique latine sont souvent plus élevés qu'ailleurs.

Vols intérieurs :

AeroContinente, Torrico 981 (☎232 46 18 ou 424 97 13, réservation à Lima ☎242 42 42 ou 0800 42 421 si vous n'appelez pas de Lima. Web : www.aerocontinento.net). Ouvert Lu-Ve 9h-19h, Sa. 9h-17h. Vols à destination de : **Arequipa** (durée 1h15, dép. à 6h et 15h) via **Juliaca**, **Ayacucho** (durée 45 min, dép. Lu., Me., Ve. et Sa. à 6h), **Cajamarca** (durée 1h45, dép. à 6h30), **Chiclayo** (durée 1h, dép. à 7h, 12h et 16h30) via **Piura, Cuzco** (durée 1h, dép. à 6h, 6h30 et 10h) via **Puerto Maldonado** (Lu., Je., Sa. et Di.), **Iquitos** (durée 1h30, dép. à 11h et 16h), **Pucallpa** (durée 1h, dép. à 11h), **Tacna** (durée 1h30, dép. à 9h et 17h), **Tarapoto** (durée 1h, dép. à 15h30) et **Trujillo** (durée 1h, dép. à 7h45 et 17h40). Billets 44 $-89 $.

Tans, Belén 1015 (☎426 91 18, réservations ☎241 85 10). Ouvert Lu-Ve 9h-19h, Sa. 9h-17h. Vols à destination de : **Iquitos** (durée 2h30, 1-2 dép/j), **Tarapoto** (durée 1h, dép. Ma., Je., Sa. et Di. à 10h), **Pucallpa** (durée 1h, dép. Lu., Me. et Ve. à 10h), **Tumbes** (durée 2h15, 1 dép/j), **Piura** (durée 2h15), **Chiclayo** (durée 1h, 1 dép/j), **Trujillo** (durée 1h, 1 dép/j), **Ayacucho** (durée 55 min, dép. Je. et Sa. à 6h15), **Puerto Maldonado** (durée 2h, 1 dép/j), **Cuzco** (durée 1h, dép. à 5h45, 6h et 20h), **Arequipa** (durée 20 mn, dép. à 11h30 et 17h), **Juliaca** (durée 2h30) et **Tacna** (durée 1h, dép. à 17h). Tous les billets sont à 58 $.

LanPerú, José Pardo 805, Miraflores (☎215 18 00, Web : www.lanperu.com). Vols à destination de : **Arequipa** (durée 1h30, dép. à 6h, 9h30 et 17h, 59 $) et **Cuzco** (durée 1h15 ou 2h30, dép. à 6h via Arequipa, 59 $).

Train : Les trajets en train au départ de Lima sont suspendus pour une période indéterminée. Appelez Perurail (☎440 73 73 ou 440 22 22) pour plus d'informations.

Lignes de bus internationales : La compagnie Ormeño Expreso Internacional, Carlos Zavala 177 (☎427 56 79), 1er étage, est la seule à proposer un service de bus international au départ de Lima. Départs à destination de : **Quito, Equateur** (durée 1 j. et demi, dép. Lu. et Ve. à 10h, 60 $), **Guayaquil, Equateur** (durée un peu moins de 1 j. et demi, dép. Lu. et Ve. à 10h, 50 $), **Santiago, Chili** (durée 2 j. et demi, dép. Ma. et Sa. à 13h30, 90 $), **Buenos Aires, Argentine** (durée un peu moins de 4 j., dép. Ma., Je. et Di. à 13h, 160 $, une nuit d'hôtel incluse), **Bogotá, Colombie** (durée 3 j., dép. Lu. et Ve. à 10h, 140 $) et **Caracas, Venezuela** (durée un peu plus de 4 j., dép. Lu. et Ve. à 10h, 170 $). Bagages limités à 20 kg, 1-3 $ par kilo supplémentaire. *Soles*, dollars et carte Visa acceptés.

Lignes de bus intérieures : Il n'y a pas de lieu de départ unique, et vous devrez vous rendre dans les différentes agences. Il en existe plusieurs situées sur ou près de la rue Carlos Zavala, juste au nord de l'Ave. Grau, à Lima Centro. Mais la plupart des agences qui desservent le centre du Pérou se trouvent aux alentours de Luna Pizarro. Il vaut mieux acheter son billet à l'avance, surtout pour les voyages de nuit. Appelez pour confirmer les horaires.

Ormeño, Carlos Zavala 177 (☎427 56 79), Lima Centro. Il y a un terminal moins important sur Javier Prado Este 1059 (☎472 17 10), San Isidro. Départs à destination de : **Arequipa** (durée 14h, dép. à 8h30, 13h30, 15h30, 18h30 et 21h, s/50), **Ayacucho** (durée 12-14h, dép. à 7h, 9h30, 20h15, s/35), **Chiclayo** (durée 12h, dép. à 6h30, 9h30, 12h30, 16h et 20h, s/40), **Cuzco** (durée 36h, dép. à 18h30 et 21h, s/70), **Huaraz** (durée 8h, dép. à 7h, 12h et 21h, s/25), **Ica** (durée 5h, 1 dép/h de 6h à 23h, s/12), **Nazca** (durée 8h, 13 dép/j de 6h à 22h30, s/20), **Pisco** (durée 4h, 9 dép/j de 6h30 à 20h, s/10), **Tacna** (durée 20h, dép. à 9h30, 15h et 21h30, s/50), **Trujillo** (durée 8-9h, 7 dép/j de 6h30 à 22h30, s/30) et **Tumbes** (durée 21h, dép. à 9h30 et 12h30, s/60).

CIVA, Carlos Zavala 217 (☎426 49 26), à la hauteur de la rue Montevideo, Lima Centro. Départs à destination de : **Arequipa** (durée 14h, dép. à 15h30 et 20h45, s/40), **Cajamarca** (durée 14h, dép. à 18h30, s/50), **Cuzco** (durée 35h, dép. 20h, s/60), **Nazca** (durée 7h, dép. à 21h15, s/15),

Piura (durée 14h, dép. à 15h, 16h, 17h30 et 19h, s/40-50), **Tacna** (durée 18h, dép. à 11h, 14h15 et 19h15, s/50), **Trujillo** (durée 8h, dép. à 13h et 22h30, s/30) et **Tumbes** (durée 20h, dép. à 13h, s/50).

Cruz del Sur (☎424 10 05 ou 362 41 10), à l'intersection de la rue 28 de Julio et du Paseo de la República (vente des billets et départs), et Carlos Zavala 211, à la hauteur de la rue Montevideo (vente de billets uniquement), Lima Centro pour les deux adresses. Départs à destination de : **Arequipa** (durée 14h, classe *ideal* 7 dép/j de 9h45 à 20h15, s/40, classe *imperial* dép. à 16h, s/70, classe *crucero* dép. à 18h30 et 20h15, s/85-100), **Ayacucho** (durée 12h, classe *imperial* dép. à 10h et 21h, s/50), **Cajamarca** (durée 12-13h, classe *imperial* dép. à 16h30, s/50, classe *crucero* dép. à 19h, s/75-95), **Chiclayo** (durée 11h, classe *ideal* dép. à 20h, s/35, classe *imperial* dép. à 20h, s/60, classe *crucero* dép. à 20h, s/70-90), **Cuzco** (durée 30h, 1 dep/h de 11h à 20h, s/80), **Huaraz** (durée 8h, classe *imperial* dép. à 9h15 et 21h15, s/35), **Tacna** (durée 18-20h, classe *ideal* dép. à 10h30 et 19h30, s/50, classe *imperial* dép. à 13h45, s/80, classe *crucero* dép. à 18h, s/95-115), **Trujillo** (durée 8h, classe *ideal* dép. à 21h15, s/30, classe *imperial* dép. à 21h45, s/50, classe *crucero* dép. à 11h45 et 23h, s/60-85) et **Tumbes** (durée 20h, dép. à 14h, s/80).

León de Huánuco, 28 de Julio 1520 (☎424 38 93). Départs à destination de : **Huánuco** (durée 8h, dép. à 9h, 20h, 20h45 et 21h, s/30-35), **Tingo María** (durée 10h, dép. à 8h30, 18h30 et 19h, s/40), **Pucallpa** (durée 22h, dép. à 16h30, s/55), **La Merced** (durée 8h30, dép. à 21h15, s/25) et **Satipo** (durée 10h, dép. à 19h15, s/35).

Empresa Paz, Montevideo 1064 (☎428 50 95). Départs à destination de : **La Oroya** (durée 4h, dép. à 6h45, 13h30 et 14h30, s/20) et **La Merced** (durée 8h, dép. à 6h35, 20h et 21h, s/35) via **Tarma** (durée 6h, s/30).

Empresa Merced, Luna Pizarro 255 (☎423 36 67). Départs à destination de : **La Merced** (durée 8h, dép. à 8h, 11h, 21h et 21h30, s/18) via **La Oroya** (durée 4h, s/15) et **Tarma** (durée 6h, s/15), **Oxapampa** (durée 12h, dép. à 17h, s/27) et **Satipo** (durée 12h, dép. à 18h40, s/25).

Transinter S.A., Luna Pizarro 240 (☎330 42 86). Départs à destination de : **Huánuco** (durée 8h, dép. à 21h, s/25-30), **Tingo María** (durée 12h, dép. à 19h, s/35) et **Pucallpa** (durée 20h, dép. à 16h, s/45).

Expreso Huamango, Luna Pizarro 396 (☎332 82 57). Départs à destination de : **Yurimaguas** (durée 42h, dép. à 6h30, s/80) via **Trujillo** (durée 10h, s/40) et **Tarapoto** (durée 36h, s/70).

SE DÉPLACER

Transports en commun : Les bus et les *colectivos* (s/1-1,20) sont les moyens de transport les moins chers pour circuler en ville entre 6h et 1h, même si ce ne sont pas les plus rapides. Les *colectivos* (également appelés les combis) sont faciles à utiliser. Ils portent tous des pancartes sur leur pare-brise indiquant leur direction (ne tenez pas compte des vieilles indications encore visibles sur le côté des véhicules). Il n'y a pas d'arrêt précis. Il suffit de dire "bajo aquí" ou bien "esquina por favor" lorsque vous voulez descendre. L'itinéraire le mieux desservi par les *colectivos* est celui qui emprunte les avenues **Arequipa, Tacna** et **Wilson**. Il part de l'Ave. Larco dans le quartier de Miraflores, passe par l'Ave. Arequipa dans le quartier de San Isidro, et va jusqu'au centre-ville. Pour aller vers San Isidro ou Miraflores à partir du centre, prenez un *colectivo* marqué "Todo Arequipa" sur l'Ave. Garcilaso de la Vega. L'itinéraire reliant les avenues **Brasil, La Marina** et **Faucett** part du Parque Kennedy à Miraflores et dessert le marché de La Marina, puis l'aéroport. Les bus portant les indications **Barranco/Chorrillos** desservent le quartier des boîtes de nuit de Barranco en passant par l'Ave. Larco ou l'Ave. Arequipa. Plusieurs *colectivos* font la navette d'est en ouest en empruntant l'Ave. Javier Prado, de La Molina jusqu'à San Isidro et Magdalena del Mar.

Taxi : Omniprésents et souvent bon marché. Pas de compteurs, il faut donc marchander. En moyenne, la course entre Lima Centro et Miraflores coûte s/5-7, et à l'intérieur des quartiers comme Miraflores, San Isidro ou Barranco, le prix moyen est de s/3-4. Les taxis officiels sont jaunes, mais les taxis indépendants (on les reconnaît facilement car ce sont des Coccinelles) et les Ticos blancs (reconnaissables, eux, à leurs panneaux fluorescents) sont meilleur marché. Sachez que le moyen le plus sûr de se déplacer est d'appeler un taxi, surtout pour les courses en dehors de la ville ou à destination de l'aéroport. Les compagnies **Taxi Miraflores** (☎446 39 53), **Taxi Real** (☎470 62 63) et **Taxi Seguro** (☎438 72 10) fonctionnent 24h/24.

Location de voiture : **Avis** (☎434 11 11), **Budget** (☎441 04 93), **Dollar** (☎452 67 41), **Hertz** (☎442 44 75) et **National** (☎433 37 50). Chacune de ces compagnies a un comptoir à l'aéroport. Comptez 40-50 $ par jour pour une petite voiture. Mais les tarifs changent souvent. La compagnie **Dollar** propose souvent des tarifs spéciaux, aussi bas que 22 $ par jour. Age minimum 25 ans, mais les jeunes conducteurs peuvent souvent louer un véhicule moyennant un supplément.

ORIENTATION

Lima est une ville immense. Mieux vaut vous acheter un plan si vous voulez économiser vos forces. Le *Guía Lima 2000* ou le *Guía Inca de Lima* (s/40 dans n'importe quelle librairie) sont tous deux détaillés, plastifiés et faciles à transporter. S'il est aisé de se promener à pied dans n'importe quelle partie de la ville, nous vous conseillons en revanche de prendre un taxi ou un *colectivo* pour vous rendre d'un quartier à l'autre en raison de l'étendue de la ville. Les principaux quartiers touristiques sont **Lima Centro** et, au sud, **San Isidro**, **Miraflores** et **Barranco**. Dans le dédale de Lima Centro, la **Plaza de Armas**, la grande place de Lima, est un point de repère central. Elle est délimitée par les rues **La Unión**, **Junín**, **Carabaya**, et **Huallaga**. Les rues orientées est/ouest changent de nom à la hauteur de l'intersection avec La Unión. Les rues de Lima Centro portent souvent des plaques situées sur le côté des bâtiments qui forment l'angle des rues. Le nom historique des rues est inscrit en caractères typographiques anciens, tandis que leur nom actuel (celui que vous devez utiliser pour demander votre chemin) est inscrit en petites lettres juste en dessous. En direction du sud-ouest, en partant de la Plaza de Armas, la voie piétonne de La Unión, très animée, vous mènera à la deuxième plus grande place du centre, la **Plaza San Martín**. Cette place est située à l'intersection de l'une des rues les plus importantes de Lima, l'**Ave. Nicolás de Piérola**. Une autre grande rue, située à quelques dizaines de mètres à l'ouest de la Plaza San Martín, est l'**Ave. Garcilaso de la Vega**, orientée nord/sud. Les rues orientées est/ouest changent de nom à l'intersection avec l'Ave. G. de la Vega. En direction du sud, les avenues Piérola et G. de la Vega coupent le plus grand boulevard orienté est/ouest, l'**Ave. Grau**. La plupart des grandes lignes de *colectivos* et de bus partent de l'Ave. Grau, ou d'un point situé un peu plus au nord, entre l'Ave. Iquitos (dont le nom devient Carlos Zavala) et l'Ave. Nicolás de Piérola.

De Lima Centro, vous avez le choix entre deux itinéraires directs pour aller dans les quartiers sud de la ville. D'abord, au sud de l'Ave. Grau, l'Ave. G. de la Vega change de nom et devient l'**Ave. Arequipa**. C'est alors un énorme boulevard qui s'étire vers le sud-est sur une distance de presque 10 km, qui traverse San Isidro, et croise l'autre boulevard important de cette banlieue, l'**Ave. Javier Prado** (c'est le seul moment où l'Ave. Arequipa passe sous un pont), avant de terminer à Miraflores. Lorsque les rues de San Isidro ou de Miraflores ont un nom qui porte le suffixe "Este" ou "Oeste", cela signifie que la portion de rue en question se trouve soit à l'est soit à l'ouest de l'Ave. Arequipa. Le second itinéraire, qui est aussi le plus court pour se rendre dans le sud de la ville en partant de Lima Centro, consiste à prendre le **Paseo de la República**, qui est parallèle et situé à l'est de l'Ave. G. de la Vega. Au bout d'un moment, le Paseo devient une autoroute appelée la **Vía Expresa**. Celle-ci continue jusqu'à Barranco, mais l'Ave. Arequipa se termine à la hauteur de l'Óvalo, à Miraflores, au carrefour entre l'**Ave. Larco** (c'est le nom que prend l'Ave. Arequipa à cet endroit), l'**Ave. José Pardo** et l'**Ave. Diagonal**. L'Ave. Diagonal (également appelée Oscar R. Benavides, à ne pas confondre avec Benavides à quelques *cuadras*, au sud de l'Óvalo) permet d'avoir un accès facile et direct à la plage située au pied des falaises de Miraflores. Pour vous rendre à Barranco, prenez l'Ave. Larco vers le sud jusqu'à ce que vous arriviez au centre commercial situé au bord de la mer, le

LarcoMar, puis continuez vers l'est jusqu'à Armendariz. Après une sorte de détour, l'Ave. Armendariz vous mènera à l'Ave. San Martín, qui débouche sur le Parque Municipal de Barranco.

INFORMATIONS PRATIQUES

SERVICES TOURISTIQUES ET ARGENT

A savoir : la plupart des adresses qui figurent dans ce chapitre sont suivies du nom du quartier (ex. Ave. Larco 210, Miraflores).

Informations touristiques : L'**office de tourisme** officiel de Lima se trouve Pasaje Rosa 168 (☎427 60 80 poste 222), non loin de la Plaza de Armas, Lima Centro. Vous y trouverez des informations basiques (pas toujours actualisées) sur les sites touristiques et les agences de tourisme. Ouvert Lu-Ve 9h-18h, Sa-Di 11h-15h. Au **PROMPERÚ**, Calle 1 Oeste 50 (☎224 31 25), dans le bâtiment du Ministerio de Industria, 13e étage, Corpac, San Isidro, vous trouverez des informations touristiques plus précises et bien utiles. N'oubliez pas votre pièce d'identité pour pouvoir entrer. Ouvert Lu-Ve 9h-18h. La **Biblioteca Nacional** est située dans la 4e *cuadra* de l'Ave. Abancay, Lima Centro. Vous pourrez y approfondir vos connaissances sur l'histoire de Lima (uniquement si vous comprenez l'espagnol). Pour obtenir une carte de bibliothèque valable un an (s/8, carte obligatoire, même pour une visite d'une journée), il vous faut un passeport en cours de validité. Ouvert Lu-Sa 8h-20h, Di 8h30-13h30. Il y a aussi le **South American Explorers (SAE)**, República de Portugal 146 (☎/fax 425 01 42, e-mail : montague@amauta.vcp.net.pe), non loin de l'Ave. Ugarte près de la 13e *cuadra*, juste au-dessus de la Plaza Bolognesi. Vous y trouverez toutes sortes d'informations sur la culture péruvienne et sud-américaine en général. Le personnel parle anglais. Possibilité de laisser des messages sur des panneaux prévus à cet effet, échange de livres, consigne. Carte de membre 40 $ l'année. Ouvert Lu-Ve 9h30-17h, jusqu'à 20h le premier et troisième mercredi de chaque mois.

Agences de voyages : **Lima Tours**, Belén 1040 (☎424 75 60), est une bonne agence de voyages. Vous y trouverez une large sélection de visites possibles dans la ville et ses environs. Ouvert Lu-Ve 9h-17h, Sa. 9h-12h. Un grand nombre d'agences se trouvent sur l'Ave. Larco près de l'Óvalo, à Miraflores. Méfiez-vous de celles qui proposent des tarifs trop bas. **Intej**, San Martín 240, Barranco (☎247 32 30, fax 477 41 05, e-mail intej@amauta.rcp.net.pe, Web : www.intej.org), 5 *cuadras* au-dessus du parc. C'est le siège de l'ISIC (International Student Identity Card). Ouvert Lu-Ve 9h30-12h30 et 14h-18h, Sa. 9h30-13h.

Ambassades et consulats : **Ambassade de France** : Ave. Arequipa 3415, CC 607, San Isidro (☎215 84 00/02, fax 215 84 20, Web : www.ambafrance-pe.org). Les fonctions consulaires sont assurées par l'ambassade. **Ambassade de Belgique** : Ave. Angamos Oeste 380, Miraflores (☎241 75 66, fax 241 63 79). **Ambassade de Suisse** : Ave. Salaverry 3240, San Isidro (☎264 03 05, fax 264 13 19, e-mail vertretung@lim.rep.admin.ch). Les fonctions consulaires sont assurées par l'ambassade. **Ambassade du Canada** : Libertad 130, Miraflores. Boîte postale : Casilla 18-1126 Correo, Miraflores, Lima 18 (☎444 40 15, fax 444 43 47). Les fonctions consulaires sont assurées par l'ambassade. **Délégation générale du Québec** : Ave. La Paz 374 oficina A, Miraflores (☎241 87 99, fax 444 14 91, e-mail mdelfin@amauta.rcp.net.pe). **Ambassade de Bolivie**, Los Castaños 235, San Isidro (☎422 82 31, fax 222 46 94). Ouvert Lu-Ve 9h-13h. **Ambassade du Brésil**, José Pardo 850, Miraflores (☎421 56 60, fax 445 24 21). Ouvert Lu-Ve 9h30-13h et 15h-17h. **Ambassade du Chili**, Javier Prado Oeste 790, San Isidro (☎221 28 17 ou 221 20 80, fax 221 28 16, e-mail eglimape@mail.cosapidata.com.pe). Ouvert Lu-Ve 9h-13h. **Ambassade de Colombie**, Jorge Basadre 1580, San Isidro, à la 4e *cuadra* de la rue Eucaliptos (☎441 09 54, fax 441 98 06). Ouvert Lu-Ve 8h-14h. **Ambassade d'Equateur**, Las Palmeras 356, non loin de la 6e *cuadra* de l'Ave. Javier Prado Oeste, San Isidro (☎442 41 84, fax 442 41 82). Ouvert Lu-Ve 9h-14h.

Services d'immigration : Dirección de Imigración, España 700, 2e étage (☎330 41 14 ou 330 40 74), à 2 *cuadras* à l'ouest de l'Ave. Ugarte, au niveau de la rue Huaraz.

Prolongation de visa de trente jours (20 $), renouvelable jusqu'à trois fois par an. La procédure dure 20 mn environ. Remplacement de carte de touriste s/11. Ouvert Lu-Ve 8h30-13h.

Change : Vous trouverez des *casas de cambio* ainsi que des personnes qui changeront votre argent en "freelance" partout en ville, mais l'endroit le plus sûr pour ce genre d'opération est dans le centre du quartier de Miraflores, où les "changeurs" sont contrôlés (ils sont repérables à leur tenue bleue). Vous aurez moins de risque de vous faire dépouiller. Vous en verrez plusieurs dans la rue Tarata, la voie piétonne située à une *cuadra* au sud de la rue Schell.

Banques : **Banco de Crédito**, Lampa 499, Lima Centro, et Larco 1099, à la hauteur de l'Ave. Benavides, Miraflores. Vous pourrez retirer du liquide avec une carte Visa. Distributeur automatique Visa/PLUS. **Banco Wiese**, Cusco 245 à la hauteur de la rue Carabaya, Lima Centro. Egalement Alfonso Ugarte 1292, Breña, et Larco 642, Miraflores. Vous pourrez y retirer du liquide avec une MasterCard, tout comme à la **Banco Latino**, Paseo de la República 3505, San Isidro. Toutes ces banques sont ouvertes Lu-Ve 9h15-18h, Sa. 9h30-12h30.

Chèques de voyages : **Interbank**, La Unión 600, Huancavelica, Lima Centro. Egalement Larco 690, Benavides, Miraflores. Change possible avec AmEx, Visa, Thomas Cook et chèques de voyages Citybank. Pas de commission si vous achetez des *soles*, 5 % pour des dollars. Vous pourrez aussi acheter des chèques de voyages AmEx et Citycorp avec une commission de 1 %. Ouvert Lu-Ve 9h-18h. La **Banco de Crédito** (voir précédemment) vend des chèques de voyages AmEx (commission de 0,5 %), et change l'argent à partir des cartes AmEx et Visa.

Distributeurs automatiques : Les distributeurs Unicard acceptent les principales cartes internationales : Visa, Cirrus, MC et Maestro. Vous pouvez trouver ces machines magiques en activité 24h/24 aux endroits suivants : **Banco de Comercio**, à l'intersection des rues Lampa et Ucayali, Lima Centro, **Bancosur**, Ave. Larco, à la hauteur de l'Ave. 28 de Julio, Miraflores, **Banco Wiese Sudameris**, sur l'Ave. Larco, à la hauteur de la rue Tarata, Miraflores et **Banco de Lima**, Grau 422, Barranco.

American Express : Belén 1040 (☎ 424 75 60), Lima Centro, dans le bureau de Lima Tours (voir précédemment **Agences de voyages**). Vous pourrez y acheter des chèques de voyages AmEx, mais ne vous pourrez pas les échanger contre du liquide. Ouvert Lu-Ve 9h-13h.

Western Union : Appelez (☎ 422 00 14) pour trouver l'adresse la plus proche de l'endroit où vous trouvez (il y en a une centaine). Voici quelques adresses : Correo Central, Calle de Superunda, *cuadra* 1 (☎ 427 93 70), près de la Plaza de Armas, Lima Centro, Larco 826 (☎/fax 241 12 20), à la hauteur de l'Ave. 28 de Julio, Miraflores.

SERVICES DIVERS

Librairies étrangères : La librairie **Epoca**, Comandante Espinar 864, Miraflores (☎ 446 24 92 ou 445 02 82), possède un rayon de livres en français, constitué de méthodes de français mais aussi de romans. Ouvert Lu-Sa 9h-23h, Di. 9h-14h. Toujours à Miraflores, la **Mosca Azul**, Malecón de la Reserva 713 (☎ 241 06 75), du côté est du centre commercial LarcoMar, vend des livres étrangers d'occasion, plutôt du genre romans à l'eau de rose, en poche (s/4-8). Ouvert Lu-Sa 10h-21h, Di. 15h-22h. A quelques *cuadras* de là, **La Casa Verde**, Larco 1144 (☎ 446 21 49), à la hauteur de la rue Fanning, propose une sélection de livres en anglais, plutôt chers (13-30 $). Ouvert Lu-Sa 10h30-22h30. La **Revistería Mallco**, Larco 175, située dans un immeuble tout à fait banal de l'Óvalo à Miraflores, vend des journaux nord-américains et européens datant de deux à sept jours (s/6), ainsi que des magazines internationaux. Ouvert tlj 7h-21h. A Lima Centro, le **South American Explorers** (voir précédemment **Informations touristiques**) propose une sélection variée de livres en anglais à échanger, ainsi qu'une bibliothèque assez conséquente où vous pourrez emprunter des ouvrages pour une durée de deux semaines. Services accessibles aux adhérents uniquement. L'**Instituto Geográfico Nacional**, Aramburú 1190 (☎ 475 30 85), près de la 9e *cuadra* de l'Ave. República de Panamá, à Surquillo, propose une excellente sélection de cartes et de plans, ainsi qu'une bibliothèque avec des ouvrages consultables sur place uniquement. Une pièce d'identité est exigée à l'entrée. Ouvert Lu-Ve 8h30-17h30.

Centres culturels : Si vous avez le mal du pays ou simplement besoin de vous sentir dans un environnement francophone, vous trouverez à Lima trois antennes de l'**Alliance Française**. La première est située Ave. Arequipa 4595, Miraflores (☎241 70 14). La deuxième se trouve Ave. Garcilaso de la Vega 1550, Lima (☎423 01 39). La troisième se tient Ave. San Felipe 303, Jesús-María (☎463 41 00). Des journaux et des magazines en français sont consultables sur place. Vous pourrez également y assister à des projections de films et prendre connaissance des manifestations culturelles liées à la France. Vous accéderez à la bibliothèque sur place mais ne pourrez emprunter de livres qu'en vous acquittant d'une adhésion annuelle de s/50. Vous pouvez aussi être intéressé par une visite à l'**Instituto Cultural Peruano-Norteamericano** (ICPNA), Cusco 446 (☎428 35 30), Lima Centro, ou Angamos Oeste 160 (☎241 19 40), à la hauteur de l'Ave. Arequipa, Miraflores.

Organisations pour gays et lesbiennes : **Movimiento Homosexual de Lima**, Mariscal Miller 828 (☎433 63 75, fax 433 55 19), à Jesús-María. Vous y trouverez un grand nombre d'informations sur les communautés homosexuelles de Lima. *Taller libre* (discussions de groupe) pour les femmes le lundi et pour les hommes le mardi (19h30-21h). Ouvert Lu-Ve 9h-13h30 et 15h-18h30.

Supermarchés : **Santa Isabel**, Benavides 481 (☎444 00 87), à 1 *cuadra* à l'est de l'Ave. Larco, Miraflores, et José Pardo 715 (☎446 59 31), Miraflores, ouvert 24h/24. **E. Wong**, Santa Cruz 771 (☎422 33 00), à la hauteur de l'Óvalo Gutiérrez, Miraflores, et dans le centre commercial San Isidro (☎421 09 99) dans la 22e *cuadra* de l'Ave. Arequipa, juste au nord de l'Ave. Javier Prado. Ouvert tlj 9h-21h environ. L'**Hipermercado Metro**, situé à l'intersection de la rue Venezuela et l'Ave. Ugarte, à Breña, est l'un des rares hypermarchés situés près de Lima Centro. Ouvert Lu-Sa 9h-22h, Di 9h-21h.

Laveries : Il y en a plusieurs à Miraflores, mais peu à Lima Centro. La plupart des auberges de jeunesse proposent un service de laverie. Comptez s/12-14 pour une lessive de 4 kilos. **Laverap**, Schell 601 (☎241 07 59), à la hauteur de la rue Solar, Miraflores. Vous pourrez y faire une grosse lessive pour s/16. Service dans la journée s/20. Nettoyage à sec s/12 les 4 chemises. Ouvert Lu-Sa 8h-22h, Di. 10h-18h. **Lavandería Suprema**, Ica 699 à la hauteur de la rue Cañete (☎423 97 24), Lima Centro. s/14 pour 4 kilos. Ouvert Lu-Sa 10h-18h.

Pharmacies : La **Boticas Fasa**, bien fournie, dispose de quelques points de vente ouverts 24h/24 sur La Unión 616 (☎222 26 62), Lima Centro, et sur l'Ave. Larco 129 (☎444 05 11), Parque Central, Miraflores.

URGENCES ET COMMUNICATIONS

Urgences : **Police** ☎105. **Pompiers** ☎116.

Police : A Miraflores, ☎445 65 83, 445 42 16, ou 445 35 37. A San Isidro, ☎421 25 00. A Barranco, ☎477 00 88. A Breña, ☎431 14 25. **Policía de Turismo**, Javier Prado Este 2464 (☎225 86 98), près du Museo de la Nación, à San Borja.

Bureau de protection du tourisme : **INDECOPI**, Calle de la Prosa 138 (☎224 78 88, appel gratuit en dehors de Lima 0800 42 579). Le rôle de ce bureau est de protéger les droits des touristes consommateurs. Utile dans le cas de perte ou de vol de papiers ou de biens de valeur. Les opérateurs parlent anglais. Hotline de Lima 24h/24, numéro gratuit Lu-Ve 8h30-16h30.

Soins médicaux : Vous trouverez des médecins qui parlent anglais dans les cliniques indiquées ici. **Clínica Internacional**, Washington 1471 (☎433 43 06), entre les rues 9 de Diciembre et España, Lima Centro. Consultation s/20. Analyses médicales s/80-100. Ouvert Lu-Ve 8h-20h, Sa. 8h-12h et 13h-18h. La **Clínica Anglo-Americana** (☎221 36 56), dans la rue Salazar, San Isidro, dispose d'une large variété de médicaments et de vaccins (sauf contre la typhoïde). Consultation s/150-180. Ouvert Lu-Ve 9h-12h et 15h-17h, Sa. 9h-12h.

Téléphone : Vous pouvez appeler un opérateur de votre pays à partir de la plupart des cabines Telefónica del Perú, que l'on trouve un peu partout. L'appel coûte parfois s/0,3. Pour les appels internationaux, faites le ☎108 pour obtenir un opérateur. Les appels locaux coûtent s/0,5, mais de plus en plus de téléphones ne fonctionnent qu'au moyen de cartes téléphoniques. Les cartes Telefónica del Perú ainsi que les cartes Telepoint sont en vente (s/5-40) dans la plupart des épiceries, marchés et pharmacies. Pour les renseignements, faites le ☎103. Aide pour les appels nationaux : ☎109. A l'agence **Telefónica del Perú**, La Unión 620 (☎433 16 16), vous pourrez passer des appels en PCV. Ouvert tlj 8h-23h.

Accès Internet : Vous en trouverez un peu partout dans la ville, et surtout à Lima Centro, dans la rue La Unión, 8e *cuadra*, une *cuadra* au nord de la Plaza San Martín, et aussi à Miraflores dans la rue Tarata, la rue piétonne située près de l'Ave. Larco, s/3-4 l'heure à Lima Centro, s/4-6 l'heure à Miraflores. La plupart des lieux d'accès sont ouverts tlj 8h-22h ; certains, dans la rue Tarata, sont ouverts 24h/24. Si vous voyez des prix très bas affichés dans les vitrines, c'est qu'ils correspondent souvent aux tarifs des heures creuses. Les voyageurs aux poches trouées pourront bénéficier d'une heure gratuite dans l'immeuble du Congrès (☎426 07 69), à l'intersection des rues Junín et Lampa, deux *cuadras* à l'est de la Plaza de Armas, Lima Centro. Appelez à l'avance pour réserver un créneau horaire et présentez votre passeport à l'entrée.

Bureaux de poste : Le **Correo Central** se trouve dans la rue Conde de Superunda (☎427 93 70), à une demie *cuadra* de la Plaza de Armas. Ouvert tlj 8h30-21h30. Le bureau de **Poste Restante** se trouve juste à côté, Camaná 189. Faites adresser vos lettres de cette façon : Hélène DUPONT, Poste Restante, Lima 1, PEROU. Ouvert Lu-Sa 8h-20h30. Le bureau de poste principal de **Miraflores** se trouve dans l'Ave. Petit Thouars 5201 (☎445 06 97). Ouvert tlj 8h-22h. Le bureau principal de **Barranco** se trouve Grau 610, bureau 101 (☎477 58 37), à l'intérieur du complexe Galería Gemina. Ouvert Lu-Ve 8h30-18h, Sa. 8h30-13h. La plupart des petits bureaux Serpost sont ouverts Lu-Sa 9h-17h. Il est plus rapide et plus sûr d'envoyer des colis par **DHL**, Los Castaños 225 (☎954 43 45), San Isidro (ouvert Lu-Ve 8h-21h, Sa. 9h-17h), par **EMS** (☎511 51 10), à l'intérieur de Correo Central (ouvert Lu-Sa 8h-20h) ou par **FedEx**, Pasaje Olayo 260 (☎242 22 80), Miraflores (ouvert Lu-Ve 8h30-18h).

HÉBERGEMENT

LIMA CENTRO

Trouver un hébergement dans Lima Centro a l'avantage d'être pratique, même si le quartier peut parfois être risqué le soir, et bruyant pendant la journée. Cependant, c'est le seul endroit qui reflète encore l'histoire de la capitale et son actualité tumultueuse. Les *casas antiguas*, c'est-à-dire des demeures du XVIIe siècle pleines de recoins, que l'on a reconverties en hôtels, sont de loin la solution la plus abordable et la plus séduisante de Lima Centro. Si vous faites abstraction des lits en fer concaves, des parquets un peu défoncés et des peintures écaillées, vous pourrez vous prendre pour un conquistador prenant un repos bien mérité dans une chambre agrémentée d'un balcon privé, de très hauts plafonds et de portes voûtées.

❤ **Hotel España**, Azángaro 105 (☎428 55 46). Cette maison coloniale aux multiples statues est toujours pleine de globe-trotters. Les plantes poussent, les oiseaux volent, les escaliers sont escarpés, et les voyageurs discutent de leurs prochaines aventures, assis au café de la terrasse située sur le toit. Salles de bains communes avec eau chaude. Service de laverie. Panneau pour les messages. Consignes à clef. Le personnel parle anglais. Dortoir 2,75 $, chambre simple 5,55 $, double 8 $, triple 11 $, quadruple 12,50 $.

Familia Rodríguez, Nicolás de Piérola 730 (☎423 64 65, fax 424 16 06), e-mail jjrart@mail.cosapidata.com.pe, au 1er étage. Cet appartement confortable, dont les petits dortoirs peuvent accueillir de 2 à 6 personnes, est presque aussi sympathique que la famille qui s'en occupe. Petit déjeuner inclus. 6 $ par personne.

La Casona, Moquegua 289 (☎/fax 426 65 52). De tous les hôtels bon marché de Lima, cette *casa antigua* est celle qui évoque le mieux l'ambiance coloniale, avec ses hauts plafonds, ses lanternes qui décorent le vestibule, ses meubles en bois et son escalier en marbre. Toutes les chambres sont équipées de salle de bains avec l'eau chaude. Restaurant. Chambre simple s/25, double s/30, triple s/40. Réduction pour les séjours prolongés.

Residencial Roma, Ica 326 (☎427 75 76, fax 427 75 72, e-mail resroma@peru.itete.com.pe). Entrez dans la cour spacieuse de cet hôtel et oubliez le chaos de Lima. Les chambres sont très jolies et très spacieuses. Choisissez-en une avec lucarne sur le ciel. Salon TV. Chambre simple 10 $, double 15 $, avec salle de bains 20 $, chambre triple 22 $, avec salle de bains 28 $. Les prix sont 20 % plus bas entre janvier et mai, et entre novembre et la mi-décembre.

Hotel Europa, Ancash 376 (☎427 33 51). Cette *casa antigua* ne perdrait rien à équiper de fenêtres ses chambres sommairement décorées, mais l'endroit reste convivial malgré tout. Salon TV. Consigne. Chambre simple s/16, double s/23 et triple s/30.

Hotel Wiracocha, Junín 284 (☎427 11 78), à une demie *cuadra* de la Plaza de Armas. Dans ce grand établissement situé au centre du quartier, les chambres conservent une ambiance intime. Les fresques murales du vestibule représentent les sites les plus remarquables du Pérou. Chambre simple s/18, chambre conjugale s/24, avec salle de bains s/30, chambre double s/31, avec salle de bains s/35, chambre triple avec salle de bains s/48.

Pensión Ibarra, Tacna 359 (☎/fax 427 86 03), au 14e et au 15e étage. Vous aurez une vue impressionnante sur la ville depuis les chambres spacieuses et confortables. La propriétaire est aux petits soins pour ses hôtes. Petit déjeuner 2 $. Service de laverie. Accès gratuit à la cuisine. Si vous comptez dormir, il est préférable de prendre une chambre qui ne donne pas sur la rue. Dortoir et chambre simple 7 $, chambre double 10 $, triple 15 $. Réduction pour les séjours prolongés.

LE VOL À LA TIRE À LA MODE DE LIMA

Capitale du Pérou, petit bijou bordé par l'océan, seuil de l'ancien Empire inca, Lima est aussi l'endroit rêvé pour se faire détrousser. S'il est vrai que les autorités ont fait des efforts sans précédent pour rétablir l'ordre ces dernières années, la délinquance n'en reste pas moins fortement élevée. En tant que touriste, la première chose à faire est de prendre conscience des risques que vous encourez. Ensuite, même si cela ne fera pas revenir votre portefeuille, sachez comment appeler celui qui s'est enfui avec. Car, dans une ville où le vol à la tire est un sport pratiqué avec assiduité, vous devez savoir de quoi vous parlez. Le gredin qui vous a dépossédé est bien sûr un *ladrón* (voleur). Plus précisément, c'est sans doute un *carterista*, c'est-à-dire un spécialiste du vol de portefeuilles (un *portefeuilliste* ?). Etait-il accompagné ? Peut-être appartient-il à une *pandilla* (un gang). Soyez particulièrement prudent dans les rues très fréquentées, où vous croiserez peut-être un *lancero*, celui qui opère en se noyant dans la foule. Attention, certains d'entre eux sont capables de *pillo* (comportement un peu agressif). Peut-être en verrez-vous un vous sauter dessus alors que vous êtes tranquillement assis dans votre *colectivo* : ces *pungas* (les pickpockets qui œuvrent dans les transports en commun) aiment prendre les gens par surprise. Attention aux *tomberos* ("briseurs de cadenas"), qui agissent parfois de pair avec les *gemileros* (voleurs d'ampoules) dans les petits hôtels. Bref, sans tomber dans la paranoïa, prenez garde aux *rateros* (voleurs) en tout genre, quelle que soit leur spécialité.

ENVIRONS DE LIMA CENTRO : BREÑA

Même si Breña n'est pas un quartier central, ses hôtels ne sont qu'à une petite vingtaine de minutes à pied des lieux touristiques de Lima Centro. Ce quartier est un peu moins trépidant que la Plaza de Armas, et les prix des hôtels sont plutôt avantageux. Les chambres sont en général plus grandes, plus propres et mieux décorées que celles que vous trouverez à Lima Centro.

Hostal de Las Artes, Chota 1460 (☎433 00 31, e-mail artes@terra.com.pe), non loin du Museo de Arte et du centre culturel South American Explorers. Décoration avec des mosaïques en verre coloré. Les chambres sont spacieuses et les plafonds incroyablement hauts. Le personnel parle anglais. Possibilité d'échanger des livres. Chambre simple s/20, double avec salle de bains s/30.

Hostal Iquique, Iquique 758 (☎/fax 433 47 24, e-mail hiquique@net.telematic.com.pe), juste à côté du centre culturel South American Explorers. Les salles de bains communes de cet établissement nouvellement restauré sont très propres. Elles sont décorées de plantes et de carrelage bleu éclatant. Accès gratuit à la cuisine. Echange de livres. Salon TV. Chambre avec un grand lit s/25, avec salle de bains s/36, chambre avec deux lits s/32, avec salle de bains s/48.

Machupicchu Guest House, Juan Pablo Fernandini 1015 (☎424 34 79, fax 447 73 25), parallèle à l'Ave. Brasil, 10e *cuadra*. Malgré son aspect exigu, cette pension propose des chambres assez spacieuses (chambres doubles, triples et dortoirs, toujours avec une salle de bains). Le salon TV est confortable. Accès à la cuisine. Service de laverie. Petit déjeuner inclus. Chambre s/12 par personne.

SAN ISIDRO, MIRAFLORES ET BARRANCO

Les hôtels sont plus chers et plus modernes au fur et à mesure que vous descendez au sud de Lima Centro. San Isidro, Miraflores et Barranco sont également des quartiers plus sûrs, plus calmes et plus propres. Ils sont aussi mieux pourvus en bons restaurants et en lieux de divertissement nocturne. Mais vous devrez prendre le bus ou le taxi pour vous rendre à Lima Centro.

❤ **Friend's House**, Manco Capac 368 (☎446 62 48), à deux *cuadras* à l'ouest de l'Ave. Larco, Miraflores. Vous rencontrerez sans doute des personnages sympathiques au cours de votre voyage, mais rarement quelqu'un d'aussi sincèrement accueillant que Nancy Palacios. Dans sa pension on se sent comme à la maison et on a l'impression de faire partie d'une grande famille. Vous pourrez vous détendre en faisant une partie de babyfoot, en regardant la télévision, ou bien en vous installant dans la cuisine (accès libre pour tous les clients). La situation centrale de l'établissement est idéale pour les sorties. Chambres doubles, triples et dortoirs. Petit déjeuner inclus. Chambre 5 $ par personne. Réduction pour les séjours prolongés.

❤ **Pensión José Luis**, Francisco de Paula Ugarriza 727 (☎444 10 15, fax 446 71 77, e-mail hsjluis@terra.com.pe), près de l'Ave. 28 de Julio entre l'Ave. República de Panamá et le Paseo de la República, Miraflores. Cela ressemble à une auberge de jeunesse, mais ce n'en est pas une (même si les tarifs sont équivalents). L'établissement est installé dans une vieille demeure. Poissons rouges, patios ensoleillés, cuisine, salles de lecture, TV câblée, et machines à laver. Toutes les chambres sont équipées d'une salle de bains et du téléphone. Petit déjeuner inclus. Pensez à réserver. 12 $ par personne.

Casa del Mochilero, Cesareo Chacaltana 130-A (☎444 90 89, e-mail casamochilero@hotmail.com), 1er étage, près de la 10e *cuadra* de l'Ave. José Pardo, Miraflores. Le jeune couple israélo-péruvien qui tient cette pension sait comment s'y prendre pour détendre les globe-trotters. Leur recette ? Les accueillir dans une jolie maison, et mettre beaucoup de fauteuils autour d'une télévision et d'un magnétoscope. Consignes fermant à clé. Accès libre à la cuisine. Dortoirs pour 5 personnes, un peu étroits mais confortables, 4 $ par personne.

Mochilero's Backpackers, Pedro de Osma 135 (☎477 45 06, e-mail backpacker@amauta.rcp.net.pe), à une *cuadra* du Parque Municipal, Barranco. Bonne affaire pour les étudiants, cet ancien hôtel particulier possède 40 lits. La plupart des dortoirs sont si grands que vous finirez par en oublier vos voisins. Accès Internet. Cuisine

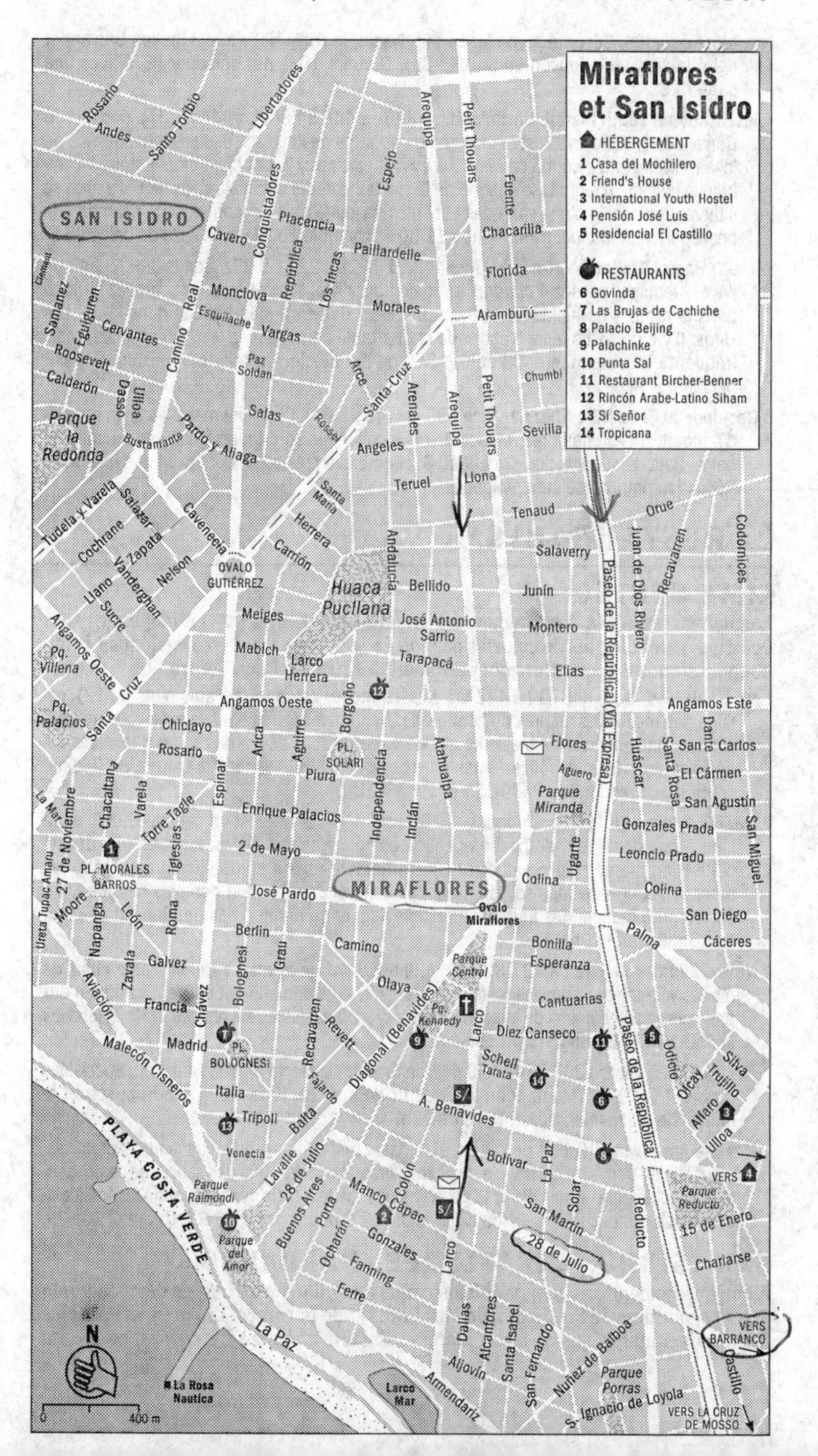
Miraflores et San Isidro
HÉBERGEMENT
1 Casa del Mochilero
2 Friend's House
3 International Youth Hostel
4 Pensión José Luis
5 Residencial El Castillo
RESTAURANTS
6 Govinda
7 Las Brujas de Cachiche
8 Palacio Beijing
9 Palachinke
10 Punta Sal
11 Restaurant Bircher-Benner
12 Rincón Arabe-Latino Siham
13 Sí Señor
14 Tropicana
SAN ISIDRO
MIRAFLORES
Parque la Redonda
OVALO GUTIÉRREZ
Huaca Pucllana
Ovalo Miraflores
Parque Central
Pq. Kennedy
Parque Miranda
PL. SOLARI
PL. MORALES BARROS
PL. BOLOGNESI
Parque Raimondi
Parque del Amor
Parque Reducto
Parque Porras
PLAYA COSTA VERDE
La Rosa Nautica
Larco Mar
Paseo de la República (Vía Expresa)
Paseo de la República
VERS BARRANCO
VERS LA CRUZ DE MOSSO
VERS
N
0
400 m

toute équipée. Sécurité garantie. Le pub voisin, le **Dirty Nelly's**, est un lieu bruyant et agité le week-end (ouvert Lu-Sa 21h-3h). Dortoirs 10 $ par personne, 6 $ avec une carte ISIC.

International Youth Hostel, Casimiro Ulloa 328 (☎446 54 88, fax 444 81 87), non loin de Benavides, Miraflores. C'est la plus grande auberge de jeunesse des environs. Service de laverie. Très grande cour à l'arrière. Accès à la cuisine s/2. Les chambres-dortoirs à l'ambiance insipide n'ont pas le charme de la vieille demeure coloniale dans laquelle elles se situent. Pas besoin d'une carte des auberges de jeunesse pour y obtenir une chambre, un passeport international suffit. Dortoir 11,80 $, chambre double avec salle de bains 36 $.

Youth Hostel Malka, Los Lirios 165 (☎442 01 62, fax 222 55 89), San Isidro. A partir de l'Ave. Arequipa, passez 4 *cuadras* en remontant l'Ave. Javier Prado Este, prenez à droite dans la rue Las Camelias (juste avant Bembo's Burgers), puis à droite dans la rue Los Lirios. Il y a de petits murs d'escalade et une table de ping-pong. Un peu excentré, mais fréquenté tout de même. Cafétéria. Service de laverie. Dortoirs non mixtes. 6 $ par personne.

Residencial El Castillo, Diez Canseco 580 (☎446 95 01). C'est une maison calme, remplie d'antiquités. Les chambres, modestes mais correctes, sont toutes équipées de salle de bains. Petit déjeuner inclus. Dortoir 10 $, chambre simple 12 $, double 24 $, triple 30 $. Réduction pour les séjours prolongés.

RESTAURANTS

LIMA CENTRO

Les menus proposés dans le centre à l'heure du déjeuner (s/5 en moyenne) sont ceux qui offrent le plus de calories par *sol*. Le soir, vous trouverez également beaucoup de stands de nourriture qui parfument les rues de Lima Centro.

❤ **L'eau Vive**, Ucayali 370 (☎427 56 12). Le menu, composé de trois plats (s/12), est l'une des meilleures affaires du centre-ville. Nulle part ailleurs dans le pays vous ne trouverez cuisine française de meilleure qualité. Ce lieu est dirigé par des sœurs carmélites qui reversent tous leurs bénéfices à des œuvres de charité. Déjeuner à la carte s/8-12, dîner s/25-30. Ouvert Lu-Sa 12h30-15h et 19h30-21h.

Los Manglares de Tumbes, Moquegua 266 (☎427 14 94). C'est un mélange subtil entre l'ambiance des docks de pêche et celle des néons de Las Vegas. Il est un peu déconcertant de manger du *ceviche* (s/13-25) sous le regard culpabilisant des créatures marines géantes peintes sur les murs, mais cet endroit est l'un des plus sûrs de Lima Centro pour manger des fruits de mer sans risquer de tomber malade. Concerts à partir de 15h. Ouvert tlj 9h-24h.

Natur, Moquegua 132 (☎427 82 81), à une *cuadra* de la rue La Unión. Large choix de menus végétariens. Tous les plats sont préparés sur commande et peuvent s'adapter aux préférences alimentaires de chacun. Soupes s/3,50. Légumes sautés s/6-7. Riz et lentilles s/6. Ouvert Lu-Sa 8h-21h, Di. 10h-17h.

Los Heraldos, Ancash 306 (☎427 40 44), en face du Convento de San Francisco. Spécialités au bœuf s/10-15. Menu complet à partir de s/4,50. Karaoke le vendredi soir et le dimanche après-midi. Ouvert Di-Ve 8h-22h.

Pizzería Americana, Nicolás de Piérola 514. Assez peu d'étrangers fréquentent cet établissement où l'on trouve un choix varié de pizzas "internationales". Que des saucisses composent la pizza allemande et des olives la pizza grecque, certes, mais depuis quand l'Australie est-elle le pays du bacon et le Pérou celui du thon ? Grande pizza s/22-27. Ouvert tlj 10h-2h.

SAN ISIDRO, MIRAFLORES, BARRANCO

A quelques exceptions près (voir la liste plus loin), il y a quatre types de restaurants dans les quartiers de San Isidro, de Miraflores et de Barranco. Les premiers sont les fast-foods, omniprésents et bon marché. Ensuite viennent les *chifas*, ces petits

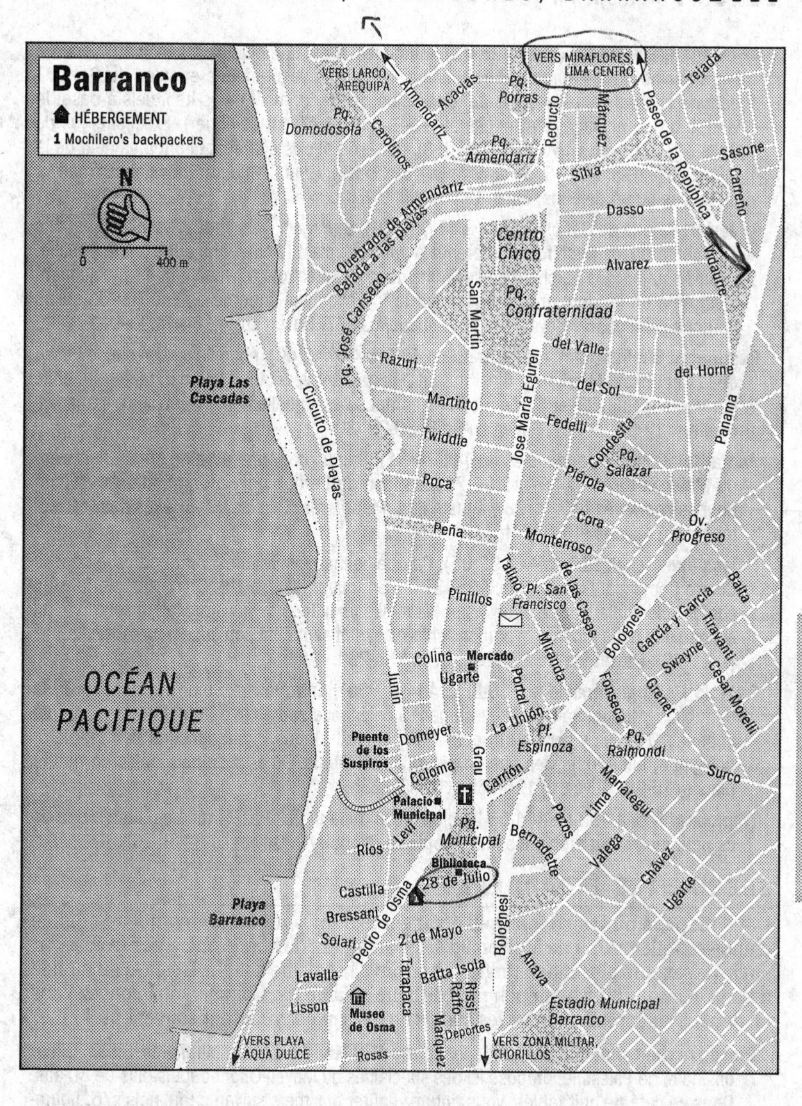

restaurants asiatiques économiques mais sans rien d'exceptionnel. Vous trouverez aussi de grands cafés chic sans âme, de style très "international", dont la clientèle est plus sélecte que la cuisine que l'on y sert. Enfin, les très bons restaurants *criollos* et les *cevicherías* vous feront découvrir l'authentique cuisine péruvienne. A Miraflores, la rue San Ramón (plus communément appelée "Pizza Street"), qui débouche de l'Ave. Diagonal à l'ouest du Parque Kennedy, attire beaucoup de monde. La concurrence est rude entre les restaurants italiens qui se valent tous, ou presque, de cette portion de la rue (grande pizza s/25 environ). Si vous flânez suffisamment longtemps dans le secteur, vous trouverez toujours quelqu'un pour vous offrir une bière ou une *sangria* gratuite, et si vous avez de la chance, on vous tendra même un peu de pain à l'ail. Que ne ferait-on pas pour appâter le client !

❤ **Govinda**, Schell 630 (☎ 444 28 71), Miraflores. C'est la meilleure adresse au Pérou de cette chaîne de restaurants Hare Krishna. La cuisine végétarienne et saine du Govinda est une alternative rafraîchissante, parfois un peu fade, aux menus habituels à base de viande ou de poisson. Plat principal s/6-9. Menu s/7 (au déjeuner). Excellents jus de fruits s/3-4. Ouvert Lu-Ve 11h-19h30, Di. 11h-16h. Il existe un restaurant plus petit de la même chaîne sur l'Ave. G. de la Vega (☎ 433 25 89), Lima Centro, où vous pourrez manger un en-cas ou un déjeuner léger. Ouvert tlj 11h-20h.

❤ **Javier**, Bajada de Baños 403-B (☎ 477 53 39), Barranco. Descendez l'escalier à gauche du Puente de los Suspiros puis prenez à gauche : c'est l'immeuble jaune sur la gauche. Le Javier garantit la fraîcheur de ses fruits de mer. Après tout, l'océan d'où ils proviennent n'est qu'à un jet de pierre. Terrasse sur le toit avec vue superbe au coucher du soleil. Portions généreuses. *Ceviche* s/12. *Anticuchos* s/7. Ouvert Lu-Je 16h-1h, Ve-Di 12h-2h.

Restaurant Bircher-Benner, Diez Canseco 487 (☎ 444 42 50), entre l'Ave. Larco et le Paseo de la República, Miraflores. C'est un autre restaurant végétarien très fréquenté, qui brille par une certaine élégance. Le menu se compose essentiellement de pizzas (pizza individuelle s/12,50-19,50). Ouvert Lu-Sa 8h30-22h30.

Punta Sal, Conquistadores 948 (☎ 441 74 31), San Isidro. Autre adresse sur la 3e *cuadra* du Malecón Cisneros (☎ 445 96 75), en face du Parque del Amor, Miraflores. Réputé pour ses *ceviches* frais (s/28), à juste titre. Plat de résistance s/30-35. Les deux restaurants sont ouverts tlj 11h-17h.

Polachinke, Schell 120 (☎ 447 92 05), Parque kennedy, Miraflores. Autre adresse dans le Centro Comercial El Polo, Surco (☎ 437 77 64, ouvert tlj 13h-1h). On se croirait dans un confortable chalet suisse et on y sert les meilleurs crêpes de la ville. Malgré son nom qui évoque une taille réduite, la portion "chico" est suffisamment copieuse pour tout un repas (s/11-16). Ouvert Ma-Sa 12h-23h, Di-Lu 15h-23h.

Palacio Beijing, Benavides 768-B (☎ 444 35 69), entre la rue Solar et le Paseo de la República, Miraflores. Cet établissement à l'élégance sobre est à la hauteur de son nom impérial. On vous y servira un repas très copieux. Menus végétariens. Le patron, plutôt polyglotte, aime jouer des airs de piano à ses clients. Dîner avec pas moins de quatre plats s/15-20. Ouvert tlj 12h-16h et 18h30-23h.

Tropicana, Schell 492 (☎ 444 56 26), à l'angle de la rue La Paz, Miraflores. Rien à dire de ce petit restaurant ambiance hutte tropicale. Menu s/6. Ouvert Lu-Sa 8h-23h.

SPÉCIALITÉS ÉTRANGÈRES

Dans un pays où les spécialités étrangères sont plutôt synonymes de cuisine chinoise, italienne, ou de McDonald's, les amateurs de bonne chère pourront avoir envie de saveurs plus inhabituelles. On trouve la cuisine de tous les pays du monde à Lima, mais c'est juste un peu plus difficile qu'ailleurs. Comme vous pouvez vous en douter, les raretés comme les sushis ou les samosas coûtent souvent plus cher.

Rincón Arabe-Latino Siham's, Independencia 633 (☎ 447 52 29), Miraflores. Siham Gilha, originaire de Palestine, propose ici des spécialités du Moyen-Orient depuis plus de 30 ans. Dans ce café de huit tables, vous pourrez goûter aux mets suivants : falafels s/6, hoummous s/6,50, shawarma s/7,80, feuilles de vigne farcies s/12. Ouvert tlj 12h-22h.

Namaskar, Benavides 2711 (☎ 271 14 56), Miraflores. Le propriétaire est né et a grandi à Delhi. Vous pourrez y manger de véritables plats indiens, végétariens ou non. Samosas s/6-8, plat de résistance s/20-38. Ouvert tlj 12h-24h.

Sí Señor, Bolognesi 706 (☎/fax 445 37 89), Miraflores. Petit restaurant sympathique où vous pourrez manger des plats mexicains à des prix modérés (tacos s/18-22, quesadillas et burritos s/20). Les drapeaux colorés reflètent la sympathie de la maison pour la *José Cuervos* (tequila s/5-8), mais ne vous laissez pas aller : les margaritas sont rationnées à 10 par heure et par personne (s/12,50). *Happy hour* 17h-21h. Ouvert tlj 17h-24h.

Makoto Sushi Bar, en bas du centre commercial LarcoMar (☎ 444 50 30), Miraflores. Autre adresse à Las Casas 145, non loin de la 31e *cuadra* de l'Ave. Petit Thouars, San Isidro

(☎442 91 83, ouvert Lu-Sa 12h30-16h et 19h-23h30). Parmi les bars à sushis très chers de Lima, celui-ci fait partie des plus raisonnables. L'intérieur évoque les jardins japonais. Plateau de sashimis pour s/39. Rouleaux s/12-15. Ouvert Lu-Je 12h30-24h, Ve-Sa 12h30-1h, Di. 12h30-23h.

Europa, Ugarte 242 (☎247 57 52), près de l'Ave. San Martín, Barranco. Malgré le grand nombre de restaurants italiens à Lima, rares sont ceux qui peuvent prétendre avoir un vrai chef italien. Compte tenu de l'ambiance et de la qualité de la cuisine, on pourrait s'attendre à des prix plus élevés. Pâtes s/13-18. Ouvert Lu. 18h-2h, Ma-Sa 12h-16h, Di. 12h-16h.

CAFÉS

Dans les cafés hors de prix de Miraflores, mieux vaut ne toucher qu'avec les yeux. Tant pis pour l'estomac ! Une part de quiche insipide vous coûtera le prix d'un repas entier à Lima Centro, mais l'expresso est abordable. Sur Óvalo Gutiérrez, là où convergent les avenues Comandante Espinar, Conquistadores et Santa Cruz, vous tomberez sur plusieurs cafés très chic où se retrouvent tous les *yuppies* de la ville. Les vrais cafés où l'on vous sert du café se trouvent plutôt autour du Parque Central ; l'un des meilleurs cafés chic des environs est le **Café Haiti**, idéal pour observer le va-et-vient des passants, près du cinéma El Pacífico. (☎445 05 39, cappuccino s/8.) Le **Pasaje Nicolás de Rivero**, Lima Centro (également appelé Pasaje de los Escribanos) est un passage interdit à la circulation, situé près du côté ouest de la Plaza de Armas. Vous y retrouverez un peu de l'ambiance des cafés de Miraflores. Mais le meilleur endroit pour boire un bon café se trouve sur l'**Ave. Larco**, Miraflores, près de la cathédrale sur le Parque Central, où vous le paierez pour ce qu'il est, et non pour le lieu où vous le dégustez. (Cappuccino s/4. Ouvert Lu-Ma 6h-20h, Me-Di 6h-23h.) Après tout, on ne peut pas passer sa vie à boire du Nescafé.

❤ **Café Café**, 3 adresses. La première est située Mártir Olaya 250, non loin du Parque Kennedy, Miraflores (☎445 11 65, ouvert Lu-Me 8h30-1h, Je. 8h30-2h, Ve-Sa 8h30-3h). La deuxième se trouve Pasaje Nicolás de Rivero 106-112, tout près de la Plaza de Armas, Lima Centro (☎428 26 65, ouvert tlj 8h-23h30). La troisième adresse est dans le centre commercial LarcoMar (☎445 94 99, ouvert Di-Je 8h30-1h, Ve-Sa 8h30-3h). Ambiance un peu "jeune cadre dynamique", mais le café et les pâtisseries valent tous les compromis. Chaque adresse a son ambiance : celle de Mártir Olaya est très fréquentés par la jeunesse riche et branchée des 20-30 ans, celle de LarcoMar a l'avantage d'offrir une très belle vue sur l'océan, et celle de la Plaza de Armas est fréquentée à midi par les hommes d'affaires de Lima.

❤ **Gelateria Laritza D.** Plusieurs adresses. Comandante Espinar 845, près de Óvalo Gutiérrez, Miraflores. Pasaje Nicolás de Rivero 148, tout près de la Plaza de Armas, Lima Centro. Egalement une antenne dans le centre commercial LarcoMar. C'est un lieu très fréquenté où vous pourrez manger parmi les meilleures glaces de Lima (s/4 les deux boules). Essayez la *lúcuma*, une glace faite à partir d'un fruit local au goût de miel, ou bien la divine glace au caramel, la *manjar*. Ouvert Di-Je 8h-24h, Ve-Sa 8h-1h.

Quattro D., Angamos Oeste 408 (☎447 15 23), Miraflores. Vous pourrez y déguster de bonnes glaces, de copieux desserts, et boire un bon expresso. Petite glace s/3,50. Tiramisu s/10. Ouvert Lu-Ve 7h30-12h15, Sa-Di 8h30-12h15.

RESTAURANTS BON MARCHÉ

La plupart des restaurants bon marché de Lima sont des fast-foods. Une exception notoire est le ❤ **Vrinda**, dirigé par les Hare Krishna, situé Javier Prado Este 185, de l'autre côté du pont qui se trouve sur la 30e *cuadra* de l'Ave. Arequipa, San Isidro. On y propose quotidiennement un menu végétarien (s/5) et l'on y organise des excursions quotidiennes auprès de "communautés écologiques" pour suivre des sessions de yoga (☎421 00 16, ouvert Lu-Sa 9h-21h). Dans un tout autre genre, la chaîne de fast-foods **Bembo's Burger**, se trouve dans la rue La Unión, Lima Centro, et sur l'Ave. Larco, en face du Parque Central, Miraflores, où vous pourrez vous nourrir assez grassement (s/5-15). Le **Norky's** (La Unión 750, ☎428 57 63, Lima

Centro, autres adresses Abancay 210, ☎521 05 26, Lima Centro, ou encore Ave. José Pardo à la hauteur de la rue Bellavista, Miraflores) sert du poulet rôti dans un décor de néons aveuglants. Une fois le choc du décor passé, vous apprécierez sans doute le *pollo a la brasa*. (Repas de poulet combo s/4-9,50. Ouvert tlj 11h-23h.) Selon certains carnivores confirmés, **El Peruanito**, Angamos 391, près de la Vía Expresa, prépare les meilleurs sandwichs (s/3-6) de la ville. (Ouvert tlj 7h-24h.) Pour une pizza à la mode péruvienne, essayez le **Dinno's Pizza**, qui change un peu de Domino's Pizza ou de Pizza Hut. (☎242 06 06, Web : www.pizza.com.pe. Grande pizza s/19-40. Livraison gratuite.)

LA FOLIE DES GRANDEURS

Cela vaut assurément la peine d'essayer l'un des restaurants *criollos* (entendez : typiques) les plus chers, afin de goûter et d'apprécier la haute cuisine péruvienne que l'on prépare avec la plus grande attention.

❤ **Manos Morenas**, Pedro de Osma 409 (☎467 04 21), Barranco. Cuisine *criolla* raffinée servie dans une demeure du XIXe siècle près de l'océan. Si vous avez envie de goûter le *cau-cau* (ragoût de poisson) mais que votre bourse ne le permet pas, allez donc à l'autre adresse, dans le centre commercial LarcoMar. Les plats n'y sont pas aussi fins, mais c'est dix fois moins cher. Musique *criolla* ou spectacles de danse accompagneront votre dîner Me-Sa à partir de 22h30 (droit d'entrée s/35). Plats de résistance s/20-40. Ouvert Di-Me 12h30-16h30 et 19h-24h, Je-Sa 12h30-16h30 et 19h-1h.

El Señorio de Sulco, Malecón Cisneros 1470 (☎445 66 40), près de José Pardo. Les Incas seraient rapidement devenus obèses s'ils s'étaient nourris ici. Seuls les ustensiles traditionnels (comme les plats en terre cuite) sont utilisés dans ce restaurant pour préparer les spécialités régionales composées à partir de volaille, de viande de bœuf ou de poisson (s/30-45). Ouvert tlj 12h-24h.

Las Brujas de Cachiche, Bolognesi 460 (☎444 53 10), Plaza Bolognesi, Miraflores. Les clients se laissent ensorceler par les *tamales verdes* (pâte de maïs garnie, s/8) et les plats traditionnels des Andes. Cependant, ne vous faites pas d'illusion, l'addition, elle, vous fera revenir à la cruelle réalité. Plat de résistance s/20-40. *Peña* (cuisine et musique typiques) Ve. et Sa. soir. Ouvert Lu-Sa 12h30-1h, Di. 12h30-16h.

Wa Lok, Paruro 864-878 (☎427 26 56), à droite au bout de la rue Capón, Lima Centro. Souvent considéré comme la meilleure des nombreuses *chifas* de Lima. Plats de résistance s/32 en moyenne. *Dim Sum* (cuisine vapeur) servi toute la journée (la plupart des plats coûtent s/7,50). Ouvert Lu-Sa 9h-23h, Di. 9h-22h.

VISITES

La plupart des sites historiques de Lima (les places, les *casas antiguas*, les musées et les églises) sont concentrés dans le quartier de Lima Centro. Ce dernier est à peu près délimité par l'Ave. 28 de Julio au sud, l'Ave. Alfonso Ugarte à l'ouest, le Río Rímac au nord, et l'Ave. Abancay à l'est. Il a été construit par-dessus l'ancienne cité inca, même s'il ne reste aujourd'hui presque rien de l'architecture pré-hispanique. Une petite partie du centre historique de Lima s'étend au nord de la rivière, jusqu'au quartier de Rímac, franchissant un pont qui date du XVIIe siècle, le Puente de Piedra. Tandis que le centre donne une idée du Lima d'autrefois, les opulents quartiers de Miraflores, San Isidro et Barranco reflètent, eux, ce que la ville aurait pu devenir.

LIMA CENTRO

LES ÉGLISES

Dieu, l'or, la gloire : trois bonnes raisons pour les Espagnols, dans leur quête pour "sauver" l'âme des Incas, d'ériger de nombreux monuments. Les églises de Lima sont des chefs-d'œuvre architecturaux, presque tous ornementés de bois sculpté, d'autels recouverts d'or ou d'argent et de très belles peintures.

❤ **CONVENTO DE SAN FRANCISCO.** C'est l'un des plus beaux exemples d'architecture datant de l'époque de la vice-royauté du Pérou. Cette église du XVIIe siècle recèle des trésors coloniaux sans pareil. Vous pourrez y admirer les stalles du chœur, dont les sièges en bois sculpté figurent le portrait de saints. S'y trouve également une bibliothèque franciscaine, disposant d'un fonds de 25 000 livres rares, parmi ceux-ci le premier dictionnaire publié par la Real Academia Española. Le cloître principal est décoré de carreaux en faïence de Séville, illustrant la vie de saint François d'Assise. Pourtant, ce n'est pas ce qui attire les visiteurs. Les gens accourent ici pour les fameuses **catacombes**. Dans ses étroits passages souterrains reposent les ossements et les crânes de plus de 25 000 corps. Jusqu'à l'ouverture du cimetière en 1808, les *Limeños* (habitants de Lima) entassaient les corps des victimes des épidémies et des catastrophes naturelles dans cette crypte souterraine. Aujourd'hui, les ossements usés ont été ordonnés de façon plus esthétique. On suppose que le passage souterrain menait à la cathédrale de Lima, située à quelques dizaines de mètres de là. *(Ancash 471, à la hauteur de la rue Lampa, à 5 mn à pied de la Plaza de Armas. ☎ 427 13 81. Visites guidées gratuites en anglais Lu-Ve, toutes les heures 10h-12h et 15h-17h, Sa-Di toutes les 15-20 mn. Ouvert tlj 9h30-17h45, s/5, étudiants s/2,50.)*

LA CATHÉDRALE DE LIMA. Symbole de gloire, la cathédrale principale de Lima, toute d'or et d'argent, fut d'abord érigée en 1555, puis totalement détruite par le tremblement de terre de 1746. On la reconstruisit par la suite entièrement sur son site d'origine et selon les mêmes plans. Le cardinal réside actuellement dans le Palacio Arzobispal adjacent, et la messe qu'il célèbre le dimanche à 11h est retransmise dans tout le pays. Le cercueil en verre de la sacristie contient des reliques humaines qui, après des années de débats et de tests d'ADN, s'avèrent être celles de Francisco Pizarro, qui mourut à Lima en 1541. Le Museo de Arte Religioso attenant contient d'autres meubles en bois sculpté, parmi lesquels des stalles réalisées par le maître artisan Pedro Noguero, ainsi qu'une importante collection de peintures des XVIIe et XVIIIe siècles, dorées à l'or fin. *(Du côté est de la Plaza de Armas. La cathédrale est ouverte Lu-Sa 7h-10h et 16h30-20h, Di. 7h-12h. Entrée libre. Musée ouvert Lu-Sa 10h-16h30. ☎ 427 59 80, poste 6, s/5, étudiants s/3.)*

IGLESIA DE LA MERCED. Cette église, qui abrite la vénérée croix en argent du faiseur de miracles Padre Pedro Urraca, arbore une façade en pierre finement ouvragée. Elle fut construite en l'an 1534, avant la fondation de la ville actuelle, et c'est là que fut célébrée la première messe de Lima. Le monument fut ensuite détruit à deux reprises, par les tremblements de terre d'abord, puis par un incendie. L'église que vous pouvez visiter aujourd'hui, reconstruite au XVIIIe siècle, a été refaite selon les plans d'origine. *(La Unión, cuadra 6. ☎ 427 81 99. Ouvert Lu-Sa 7h-12h30 et 16h-20h30, Di. 7h-13h et 16h-21h. Entrée libre.)*

IGLESIA Y CONVENTO DE SANTO DOMINGO. Cette église du XVIe siècle abrite les reliques de *Limeños* sanctifiés : San Martín de Porres, le premier saint catholique noir, Santa Rosa, la vierge éternelle (voir plus loin) et San Juan Masias, un saint un peu moins connu à Lima. A l'intérieur du monastère, des mosaïques en faïence de Séville, remarquablement conservées, représentent la vie de Santo Domingo de Guzmán, fondateur de l'ordre dominicain. Les cloîtres sombres et le jardin central, joliment fleuri, font de cet endroit un lieu de retraite paisible, à l'abri de la cohue de la rue. L'église abrite également une chapelle privée dédiée à la mémoire de San Martín de Porres. *(Camaná 170, en face du Correo Central. ☎ 427 67 91. Visites guidées en anglais et en espagnol. Pourboire attendu. Ouvert Lu-Sa 9h-13h et 15h-18h, Di. 9h-13h. s/3, étudiants s/2.)*

SANTUARIO DE SANTA ROSA. Construit à l'endroit où Isabel Flores de Oliva (plus connue sous le nom de Santa Rosa de Lima) naquit en 1586, ce sanctuaire fut érigé à la gloire de l'unique sainte du Pérou. Les visiteurs peuvent voir la petite hutte d'adobe qui servait de lieu de prière et de méditation à la sainte et à son frère, et qu'ils construisirent de leurs propres mains. Remarquez également le lit en tronc d'arbre sur lequel elle s'accordait deux heures de sommeil quotidien, avec une pierre en guise d'oreiller, ainsi que le puits dans lequel elle jeta la clé de sa ceinture de chasteté. Il y a également une petite église sur le site. *(A l'angle de l'Ave. Tacna et de la rue Callao. ☎ 425 12 79. Ouvert tlj 5h30-12h et 15h-20h. Entrée libre.)*

LAS NAZARENAS. Le quartier de Las Nazarenas abrite les murs les plus anciens (certains disent les plus miraculeux) de Lima. Au cours de la période coloniale, un grand nombre d'esclaves noirs affranchis vivaient dans cette partie de la ville, alors appelée Pachacamilla. Lorsque l'église qui se trouvait à l'origine sur ce site s'écroula, lors du tremblement de terre de 1655, un mur, recouvert d'une grande fresque représentant le Christ en croix et peinte par un esclave affranchi, demeura intact. Depuis, on voue un culte à cette fresque, appelée El Señor de los Milagros (le Seigneur des miracles). A la mi-octobre, les fidèles vêtus d'une tunique pourpre organisent une procession à travers les rues de la ville, en portant une représentation de la fresque. Le mur est actuellement en cours de consolidation. *(A l'intersection entre la rue Huancavelica et l'Ave. Tacna. ☎ 423 57 18. Ouvert Lu-Sa 6h30-12h et 16h30-21h, Di. 6h30-13h et 16h-21h. Entrée libre.)*

AUTRES ÉGLISES. La **Iglesia de San Pedro**, une église jésuite du XVIIe siècle située Azángaro 451 au niveau de la rue Ucayali, abrite des autels dorés et des balcons de style mauresque, ainsi que la cloche la plus ancienne de Lima, surnommée "La Abuelita". *(☎ 428 30 17. Ouvert tlj 8h30-13h et 14h-16h. Entrée libre.)* Lieu d'accueil des moines aux pieds nus, la **Iglesia de San Agustín**, dans la rue Ica à la hauteur de la rue Camaná, renferme un grand nombre d'effigies en bois sculpté. La plus connue, *La Muerte* de Balthazar Gavilán, est actuellement conservée à l'abri du public. *(☎ 427 75 48. Ouvert Lu-Ve 7h30-10h et 16h30-19h. Entrée libre.)* Le **Convento de Los Descalzos** présente les cellules spartiates des moines franciscains qui vivaient et travaillaient là autrefois. Vous pourrez également y visiter un **Musée d'art**, où se trouvent quelques œuvres des écoles de Cuzco, de Quito et de Lima, ainsi qu'un autel surchargé d'or. *(Alameda de los Descalzos, dans le quartier de Rímac. ☎ 481 34 33. Ouvert Me-Lu 9h30-13h et 14h-18h.)* Construit à l'origine en 1544, la **Iglesia de San Sebastián**, située dans la 5e *cuadra* d'Ica, fut la première paroisse de Lima. C'est aussi le lieu où certaines grandes figures religieuses et militaires (Santa Rosa, ou encore Francisco Bolognesi) furent baptisées.

MUSÉES, ETC.

Vous trouverez à Lima les musées parmi les plus beaux du pays. La plupart consacrent principalement leurs collections à l'archéologie, et en particulier à l'histoire et à l'artisanat des diverses civilisations précolombiennes qui vivaient au Pérou. Si vous finissez par faire une indigestion de terre cuite, rassurez-vous. Il existe bien d'autres musées sur des thèmes tout à fait différents.

❤ **MUSEO DE LA NACIÓN.** Les trois niveaux de ce musée proposent un panorama de l'héritage archéologique du Pérou et retracent l'histoire des diverses civilisations ayant vécu dans le pays au cours des siècles. La superbe collection d'objets précolombiens remonte jusqu'à 10 000 ans av. J.-C., et le fait que les reliques incas ne soient exposées qu'au dernier étage donne une idée de la diversité des civilisations antérieures. Les guides (qui officient gracieusement) vous aideront à compléter les informations indiquées sur les panneaux. Pour vous faire une idée de ce que vous verrez plus tard en grandeur nature, arrêtez-vous devant les maquettes des lignes de Nazca (voir p. 185), et du site de Machu Picchu (voir p. 158). *(Javier Prado Este 2465, San Borja. Depuis l'Ave. Arequipa, prenez un colectivo indiquant "Todo Javier Prado", direction Jockey Plaza. Si vous êtes plus anglophone qu'hispanophone, visite guidée gratuite en anglais toutes les heures. ☎ 476 98 92. Ouvert Ma-Di 9h-17h. s/6.)*

MUSEO DE ARTE. Entièrement consacré à l'art premier péruvien, cette collection retrace 3000 ans d'histoire. Le musée, installé dans un immense palais du XIXe siècle, est assez hétéroclite. Les objets présentés vont des poteries et des tissus confectionnés à l'époque de la civilisation chavín jusqu'à l'argenterie coloniale. Le style et le thème des peintures changent radicalement au fil du temps. Thèmes religieux des XVIIe et XVIIIe siècles (on peut voir de très beaux exemples de l'école de Cuzco), portraits de notables du XIXe siècle, scènes de la vie quotidienne de villages andins dans un style contemporain abstrait. En bas, la Sala de Arte Contemporáneo abrite des œuvres d'art abstrait datant des 50 dernières années, la plupart ayant une connotation politique. Le musée propose également des projections de films et des sessions de cours sur des sujets aussi divers que le chant, la sculpture ou l'initiation à l'informatique (!). *(A l'intersection des avenues G. de la Vega et de Grau, dans le palais que vous ne pouvez pas manquer. Les colectivos au départ de Miraflores, et sur lesquels est indiqué "Arequipa-Tacna-Wilson", passent juste devant le musée. ☎423 51 49. Ouvert Ma-Di 10h-13h20 et 14h-17h. s/8, étudiants s/6. Entrée libre Me.)*

DEMEURES COLONIALES. Même si la plupart des anciennes demeures de Lima Centro sont tombées en décrépitude ou ont été reconverties en hôtels bon marché, certaines d'entre elles ont pu préserver leur splendeur d'origine. Construit en 1735, le **Palacio Torre Tagle**, largement considéré comme l'un des plus beaux exemples d'architecture coloniale du Pérou, conserve toute sa splendeur. Ce n'est pas pour rien que le ministère des Affaires étrangères y a établi son quartier général. *(Ucayali 358. ☎427 38 60. Ouvert Lu-Sa 9h-17h. Entrée libre.)* La **Casa de Aliaga**, La Unión 224, fut construite en 1535. C'est la plus ancienne demeure coloniale encore intacte de Lima. La **Casa de las Trece Monedas**, Ancash 536, la **Casa Oquendo**, Conde de Superunda 298, et la **Casa de Riva Agüero**, Camaná 459, sont quelques exemples des *casas antiguas* les plus remarquables. Elles sont aujourd'hui ouvertes au public.

MUSEO DE ORO DEL PERÚ Y ARMAS DEL MUNDO. Comme son nom l'indique, ce musée expose de l'or du Pérou et des armes du monde entier. Le sous-sol abrite un superbe fatras d'objets précolombiens en or (boucles d'oreilles, bijoux, capes plaquées de métal, couteaux de cérémonie) ainsi que des poteries, des masques et même des momies. Cependant, on n'apprend presque rien sur l'usage de ces objets avant leur exposition dans ce musée, et la succession un peu répétitive des salle a tendance à saturer le visiteur plutôt qu'à l'instruire. Une visite préalable au Museo de la Nación s'impose pour comprendre la signification de ces objets. A l'étage, cependant, la plus grande collection d'armes à feu du monde ne manquera pas d'intriguer même les plus inoffensifs d'entre nous. *(Alonso de Molina 1100, au niveau de la 18e cuadra de Primavera, dans le quartier de Monterrico. Taxi s/8-10. ☎345 12 92. Guides uniquement en espagnol s/35 par groupe. Catalogue s/45. Appareils photos interdits. Ouvert tlj 11h30-19h. s/20, enfants s/7.)*

MUSEO ARQUEOLÓGICO RAFAEL LARCO HERRERA. Ouvert en 1927, ce musée abrite la plus grande collection privée péruvienne d'art précolombien. Pas moins de 50 000 pièces se trouvent dans ce bâtiment colonial du XVIIIe siècle. La plupart des objets exposés sont en terre cuite (un grand nombre proviennent des Moche et des Chimú), mais il y a aussi des bijoux en or et en argent, avec des pancartes explicatives en français et en anglais. Dissimulée à l'étage inférieur, hors de vue des groupes scolaires, se trouve la Sala Erótica, une collection de poteries érotiques qui donne la mesure du savoir-vivre et de l'inventivité des anciens habitants de la région. *(Bolívar 1515, Pueblo Libre. ☎461 13 12. Ouvert tlj 9h-18h. s/20, étudiants s/10.)*

MUSEO NACIONAL DE ANTROPOLOGÍA, ARQUEOLOGÍA E HISTORIA. Même s'il a dû céder quelques-unes de ses pièces les plus intéressantes au profit du Museo de la Nación, ce musée offre une vaste collection de céramiques et d'autres trouvailles archéologiques. "Encore une exposition de poteries ! Est-ce bien indispensable ?"

Vous direz-vous. Certes, mais la présentation des objets donne ici un nouvel éclairage. En effet, au bas de chaque pièce exposée, figure une légende interprétant les scènes qui y sont dépeintes, ce qui apporte des éléments intéressants sur la vie de l'artiste. L'intrigante salle de *paleopatología* présente des crânes trépanés et déformés, ainsi qu'une momie dont certains détails indiquent que la tuberculose était présente en Amérique avant 1492. La salle historique adjacente expose des meubles et des peintures coloniales réalisées par des artistes ayant donné leurs noms à de nombreuses rues. *(Sur la Plaza Bolívar, Pueblo Libre. ☎463 50 70. s/10-15, pourboires bienvenus. Ouvert Ma-Di 9h-18h. s/10.)*

RUINES ANTERIEURES AUX INCAS. Huaca Huallamarca, dans la rue Rosario, à la hauteur de Nicolás de Riviera, San Isidro, et **Huaca Pucllana**, près de la 4e *cuadra* de l'Ave. Angamos, Miraflores, étaient les centres administratifs et cérémoniels de la Cultura Lima (200-700 ap. J.-C.). Ces ruines, d'importance mineure et beaucoup moins spectaculaires que d'autres sites perchés en pleine montagne, offrent tout de même certains avantages : pas besoin d'aller bien loin pour les voir, et l'entrée est gratuite. *(Huaca Pucllana ☎445 86 95. Entrée par Borgoño. Ouvert Me-Lu 9h-17h. Entrée libre.)* Les ruines de **Puruchuco** ("casque à plumet" en langue quechua) consistent en une demeure en adobe (briques en terre mêlée de paille) qui servait autrefois de domicile à un noble pré-inca. Les visiteurs peuvent visiter le labyrinthe où le chef et ses serviteurs vivaient, peut-être un peu trop bien restauré dans les années 1960 (le sol et la plupart des murs ont été recouverts d'une couche de béton, et certaines des chambres à coucher ont aujourd'hui l'électricité). Le complexe contient également un musée, petit mais intéressant. *(Prenez un* colectivo *sur lequel est indiqué "Chosica" à partir de la Plaza Grau. Demandez au chauffeur de vous déposer à l'arrêt "Las ruinas de Puruchuco" (durée 45 min, s/1,50), et cherchez la pancarte sur laquelle est indiquée la* "zona arqueológica" *sur la droite. Ouvert Ma-Di 9h-17h. s/6.)*

GALERIES DES BANQUES. Les petites galeries semblent aujourd'hui être une vitrine de choix pour les banques de Lima. Il peut valoir la peine de téléphoner pour savoir ce qui est exposé. *(Ucayali 299, à la hauteur de la rue Lampa, Lima Centro. ☎427 62 50, poste 2660. Ouvert Ma-Ve 10h-16h30, Sa-Di 10h-13h. Entrée libre.)* Le **Museo Numismático del Banco Wiese** est un rêve pour tout bon numismate (collectionneur de monnaies) qui se respecte. *(Cusco 245. ☎428 60 00. Ouvert Lu-Ve 9h30-17h. Entrée libre.)*

AUTRES MUSÉES. Il existe des musées d'art plus modestes et plus spécifiques un peu partout dans la ville. Le **Museo de Arte Italiano** présente des expositions d'art européen du XXe siècle, à l'intérieur d'un imposant bâtiment de style néo-classique. *(Paseo de la República 250, en face du Sheraton. ☎423 99 32. Ouvert Lu-Ve 10h-17h. s/3, s/2 pour les étudiants.)* Le **Museo de Artes y Tradiciones Populares** abrite des objets d'art folklorique tels que des tissages et des poupées fabriqués par des artisans péruviens de ce siècle. *(Camaná 459, 1er étage, Lima Centro. ☎427 92 75. Ouvert Ma-Di 10h-13h et 14h-19h30. s/2, étudiants s/1.)* Le **Museo de Arte Colonial Pedro de Osma**, Barranco, renferme des peintures, des sculptures, des meubles et de l'artisanat du Pérou colonial. *(Pedro de Osma 421, Barranco. ☎467 09 15. Ouvert Ma-Di 10h-13h30 et 14h30-18h. s/10, étudiants s/5.)* Le **Museo Amano** s'est spécialisé dans les pièces provenant de la civilisation chancay. *(Retiro 160, près la 11e cuadra de l'Ave. Angamos Oeste, Miraflores. ☎441 29 09. Visites guidées en espagnol Lu-Ve à 15h, 16h et 17h, sur rendez-vous seulement. Entrée libre.)* Le **Museo Nacional de la Cultura Peruana** propose un mélange de trouvailles archéologiques précolombiennes et d'art contemporain. *(Alfonso Ugarte 650, Lima Centro. ☎423 58 92. Ouvert Ma-Ve 10h-16h30, Sa. 10h-14h. s/2, étudiants s/1.)* Le **Museo de la Inquisición** abrite une collection plutôt macabre d'instruments de torture datant de l'Inquisition, parfois mis en scène sur des corps de mannequins. *(Junín 548, sur la Plaza Bolívar, Lima Centro. ☎426 03 65. Visites guidées en français, en espagnol, en anglais, en allemand ou en portugais toutes les 15-20 mn. Ouvert tlj 9h-17h30. Entrée libre.)*

LES PLACES

LA PLAZA DE ARMAS. A l'endroit même où s'élevaient autrefois un temple inca et le dernier palais du prince inca, la place principale de Lima est aujourd'hui le symbole de la gloire espagnole. Elle est le centre administratif et politique de la ville depuis sa fondation, et elle a été le témoin des événements politiques majeurs de l'histoire du pays. C'est ici que les victimes de l'Inquisition étaient pendues au XVIe siècle, que les Péruviens ont déclaré leur indépendance en 1821, et que, l'été dernier encore, six personnes ont trouvé la mort au cours de manifestations mettant en cause la troisième élection de Fujimori à la présidence de la République. Flanquée de bâtiments de style colonial aux balcons en cèdre finement sculpté, la place se concentre autour d'une **fontaine** de bronze couronnée d'un ange tenant une trompette, œuvre réalisée par l'artiste légendaire Pedro de Noguera en 1651. Cette fontaine est en fait l'objet le plus ancien existant sur la place. Tous les bâtiments qui se trouvent autour sont des répliques datant de ce siècle, les originaux ayant été détruits par les divers tremblements de terre qui ont secoué le pays à travers l'histoire. Il subsiste néanmoins des traces persistantes de la puissance coloniale : une statue colossale de Francisco Pizarro à cheval domine un coin de la place, tandis qu'un monument de granit, érigé à la gloire du dernier chef de cette vallée avant l'arrivée des Espagnols, l'Inca Tauri Chusko, se cache dans le Pasaje Santa Rosa, une allée située sur le côté de la place.

Les deux bâtiments les plus impressionnants de la place sont la **cathédrale de Lima**, située à l'est (voir la rubrique sur les églises plus haut) et le **Palacio de Gobierno** au nord. Le Palacio de Gobierno, une réplique de la résidence de Pizarro située au même endroit, est aujourd'hui la demeure du président du Pérou. Moment propice aux photos souvenirs, la relève de la garde, juste devant la demeure présidentielle, a lieu du lundi au vendredi à 11h45. Le **Palacio Municipal** (la mairie), situé sur le côté ouest de la place, abrite la petite galerie d'art Pancho Fierro qui met en valeur le travail des artistes péruviens de l'époque coloniale. *(Visites guidées gratuites du palais depuis l'entrée du bâtiment située dans la rue La Unión. Ouvert Lu-Ve 11h-18h. Entrée libre.)* Depuis la privatisation du système postal, le Correo Central de Lima, de l'autre côté de la place, dans la rue Conde de Superunda, s'est transformé en musée pour les collectionneurs de timbres. *(Museo Postal y Filatélico del Perú, ouvert Lu-Ve 8h30-13h et 14h-18h30, Sa. 8h30-12h30. Entrée libre.)*

LES AUTRES PLACES. La Plaza de Armas se situe à l'extrémité nord de la rue piétonne grouillante de monde qu'est La Unión. A son extrémité sud se trouve la seconde place la plus importante de Lima, la **Plaza San Martín**. Celle-ci fut inaugurée le 28 juillet 1921 lors de la célébration du centième anniversaire de Lima. Son architecture révèle une influence baroque française, même si certains de ses majestueux bâtiments servent aujourd'hui de salles de cinéma porno. La place est agréable pour flâner, venir s'asseoir un moment ou se joindre à une manifestation : les touristes qui veulent avoir un aperçu des débats politiques de la ville auront sûrement la chance d'y voir défiler tel ou tel mouvement de protestation. La **Plaza Bolívar**, bien arborée, située au croisement de l'Ave. Abancay et de la rue Junín, forme une sorte de cour devant le bâtiment qui abrite le Parlement. La **Plaza Grau**, à l'extrémité du Paseo de la República, n'est rien de plus qu'un parc situé entre l'hôtel Sheraton et le Palacio de Justicia, avec ses arbustes, ses fleurs et ses statues d'animaux grandeur nature. Vous trouverez trois autres petites places arborant des statues équestres similaires le long de l'Ave. Alfonso Ugarte (du sud vers le nord) : la **Plaza Bolognesi**, à l'intersection entre les avenues 9 de Diciembre et Brasil, la **Plaza 2 de Mayo**, à l'endroit où se rejoignent les avenues Ugarte et Piérola et enfin la **Plaza Castilla**, un peu plus loin.

LIMA

EN DEHORS DE LIMA CENTRO

BARRIO CHINO

Le petit Chinatown de Lima (Barrio Chino) se trouve dans la partie est du centre-ville, essentiellement le long de la Calle Capón. Bien que le terme *chino* ait fini par désigner toute personne ayant une origine asiatique (le président Fujimori, dont les parents sont nés au Japon, a été baptisé "El Chino"), la population chinoise est assez importante au Pérou depuis la seconde moitié du XIXe siècle, époque où les propriétaires terriens ont fait venir des travailleurs chinois. Même si, à beaucoup d'égards, cette minorité s'est intégrée au mode de vie péruvien, la communauté florissante d'aujourd'hui, tient à préserver son identité ethnique. La Calle Capón a été récemment rénovée. Une porte traditionnelle ainsi que des rues carrelées, illustrant les différents animaux symboliques du calendrier chinois, permettent d'identifier le quartier. Le Barrio Chino n'offre pas de lieux spécifiques à visiter, mais les nombreuses *chifas* et les boutiques d'objets fabriqués à l'étranger qui bordent la rue, ainsi que les pancartes en chinois, en font un lieu intéressant et différent du reste de Lima. Le **nouvel an chinois** (mi-février), est l'occasion d'une parade très vivante et de feux d'artifice très plaisants à regarder. *(La Calle Capón se trouve à l'extrémité est de la rue Ucayali. Le Barrio Chino commence à deux* cuadras *de la rue Abancay.)*

SAN ISIDRO

En dépit de l'existence de quelques hôtels bon marché à San Isidro, il est peu probable que les globe-trotters de passage restent très longtemps dans cette banlieue huppée. Hôtels luxueux, gratte-ciel érigés à la gloire des grandes multinationales, et appartements confortables des *yuppies* qui travaillent ici, font de ce quartier un lieu d'affaires mais pas de plaisir. Vous trouverez quelques boîtes de nuit et quelques cafés hors de prix, mais ils sont éparpillés et pas aussi agréables que ceux de Miraflores ou de Barranco. La principale attraction de San Isidro est son centre commercial, le **Centro Camino Real**, à l'intersection de Camino Real et du Paseo de la República. Les amateurs de centres commerciaux internationaux ne manqueront pas de remarquer la musique "branchée" ou les boutiques internationales ultra mode.

MIRAFLORES

Miraflores se situe entre San Isidro et le bord de mer. Il se caractérise par ses tours modernes, ses casinos flambant neufs et de jolis parcs bien entretenus surplombant l'océan. Le nom de Miraflores rime avec richesse, même si la plupart des quartiers résidentiels sont plutôt habités par des familles que par les jeunes cadres dynamiques de San Isidro. Il n'est pas rare de voir des groupes d'adolescents errer bruyamment dans les rues. On les prendrait aisément pour des surfeurs californiens, avec leurs cheveux blonds et leur peau bronzée. La majeure partie de Miraflores a été construite ou reconstruite au cours des 20 dernières années. En conséquence, les boulevards modernes du quartier, bordés de boutiques et de cafés chic, ressemblent à leurs homologues d'Europe ou des Etats-Unis.

Flanqué d'un énorme complexe de cinéma et de toutes les enseignes de fast-foods qui existent sur Terre, le rond point appelé Óvalo Miraflores, à la fin de l'Ave. Arequipa, marque la limite nord des activités du quartier. Juste au sud de l'Óvalo, le **Parque Central** et le **Parque Kennedy**, animés par des vendeurs de rues qui proposent au passant toutes sortes d'articles de fabrication artisanale, sont des lieux où vous pourrez observer le va-et-vient de la foule, boire un café ou sortir. Si vous voulez tenter votre chance au casino, il vous faudra aller plus au sud, le long de l'Ave. Larco, où vous pourrez aussi dépenser votre argent dans les boutiques de vêtements et de chaussures dernier cri. **LarcoMar** (Web : www.larcomar.com.pe), à l'extrémité sud de l'Ave. Larco, est un centre commercial en plein air qui s'élève sur trois niveaux. Construit à flanc de falaise au-dessus de l'océan, le centre est presque invisible de la rue qui se trouve juste au-dessus. Ce complexe moderne n'offre pas seulement un éventail de boutiques, restaurants, bars et salles de cinéma, mais permet aussi de profiter d'une très belle vue sur la mer, juste en dessous. A l'extrémité nord-ouest de Miraflores, les axes Comandante Espinar, Santa Cruz et Consquistadores convergent sur l'Óvalo Gutiérrez, à la frontière entre les quartiers de Miraflores et de San Isidro. Les grandes chaînes de restaurants qui bordent ce vaste rond-point sont un hommage de plus à l'impérialisme nord-américain.

La plage qui se trouve à l'extrémité sud de Miraflores, la **Playa Costa Verde**, est presque toujours noire de monde. Les rochers abondent et l'endroit n'est pas un modèle de propreté, mais les amateurs de bronzette, de baignade ou de surf n'ont pas l'air de s'en formaliser. Il est plus facile de descendre au pied des falaises, et d'accéder ainsi à l'océan, par l'Ave. Diagonal qui longe par l'ouest le Parque Central et le Parque Kennedy. Les surfeurs préfèrent en général aller un plus au nord, à la **Playa Waikiki**, ou plus au sud, à la **Playa Herradura**, où les rouleaux sont beaucoup plus impressionnants (jusqu'à 10 m de haut). Si vous préférez contempler l'océan sans vous y baigner, les parcs qui se trouvent le long du Malecón Cisneros (front de mer) vous donneront tout le loisir d'admirer des paysages dignes des plus belles cartes postales. Les amoureux peuvent aller admirer l'énorme statue de couple enlacé dans le **Parque del Amor**, avec, en prime, les vrais couples qui imitent la statue et les mosaïques sur lesquelles on peut lire des messages d'amour. Un peu plus au nord en suivant le Malecón, les fleurs du **Parque María** forment des motifs rappelant les lignes de Nazca.

BARRANCO ///

Il y a un siècle, Barranco était une enclave, accessible seulement en train à partir de Lima Centro, et habitée essentiellement par une population d'artistes et d'écrivains. Au fil des années, avec l'expansion de la banlieue, le no man's land qui s'étend un peu plus au nord est devenu l'étincelant quartier de Miraflores, et Barranco se trouve, aujourd'hui, très bien relié au reste de Lima. La promenade par la plage, pour rejoindre Barranco en partant de Miraflores, prend environ un quart d'heure, mais le soir, la zone aux pieds des falaises (à l'exception du luxueux restaurant La Rosa Nautica sur le port) est déserte et peu sûre. Barranco est passée d'une ambiance bohémienne à une atmosphère de bacchanale. Avec la plus forte concentration de clubs et de bars de la ville, ce quartier est celui des sorties nocturnes. Les anciennes demeures et les promenades du bord de mer qui convergent sur le Parque Municipal sont agréables à arpenter pendant la journée, mais c'est le soir que le quartier s'anime vraiment. Les gens sortent pour aller boire, danser, voir et être vus. Quelques vestiges du Barranco artistique subsistent, grâce aux artisans qui vendent leurs produits, à l'extrémité du Parque Municipal, et aux ateliers d'artistes ouverts au public, dans les *cuadras* situées entre le parc et l'océan. En face de l'église située à côté du parc, le sentier de Barranco permet de se rendre au bord de la mer, en partant de l'arrière de la plus petite place, à gauche. Il vous conduira au bas d'un escalier de pierre, en vous faisant franchir un pont, le **Puente de los Suspiros**, ainsi nommé en hommage aux amoureux qui soupirent de béatitude en contemplant les lueurs océanes du crépuscule. *(Taxi à partir de Miraflores s/2. Les* colectivos *marqués "Chorrillos" ou "Barranco" peuvent aussi vous y emmener, mais une fois arrivé à* Barranco, *vous devrez descendre à la station service au coin des avenues Grau et Piérola, à 5* cuadras *au nord du Parque Municipal (10 mn à pied environ). Le retour vers le centre est plus facile. Les* colectivos *qui indiquent "Todo Arequipa", sur l'Ave. Grau le long du parc municipal, vont tous à Lima Centro en passant par Miraflores et San Isidro.)*

AUTRES BANLIEUES

Une succession de parcs situés le long du Malecón Cisneros, Miraflores, s'étend vers l'ouest en direction des banlieues de **Magdalena del Mar**, **Pueblo Libre** et **San Miguel**, où vivent les classes moyennes de la ville. Le zoo de Lima (le **Parque de Las**

LIMA

Leyendas) se trouve à San Miguel sur La Marina. *(Prenez un colectivo indiquant "La Marina" sur les avenues Benavides ou Javier Prado. Ouvert tlj 9h-17h. s/4, étudiants s/2.)* Plus à l'ouest, l'Ave. Javier Prado relie le quartier de San Isidro aux banlieues de **San Borja** et **Monterrico**.

 SHOPPING

Les marchés de Lima proposent de l'artisanat (*artesanía*) de toutes les régions du Pérou, mais les marchés des villes d'origine offrent souvent un choix plus complet et des prix plus intéressants. La plupart des touristes qui achètent des objets d'artisanat à Lima sont ceux qui souhaitent se procurer quelques souvenirs de dernière minute. Si tel est votre cas, les meilleurs marchés d'artisanat de Lima se trouvent le long des *cuadras* correspondant aux numéros 700 à 900 de La Marina, à San Miguel. La qualité des pulls en alpaga, des tapisseries de laine et des bijoux en or, en argent et en turquoise, est toutefois variable. Aucun prix n'est fixe, il faut donc marchander. (La plupart des échoppes sont ouvertes Lu-Sa 9h30-20h et Di. 10h30-18h. De Lima Centro, prenez un *colectivo* marqué "La Marina" à partir de l'Ave. Javier Prado.) D'autres artisans vendent leurs objets sur des marchés plus chers (mais aussi plus simples d'accès) à Lima Centro, près de la Plaza de Armas, à la hauteur de Carabaya 319 (ouvert Lu-Sa 10h-21h et Di. 10h-18h). Vous en trouverez également à Miraflores, à la hauteur des *cuadras* correspondant aux numéros allant de 5200 à 5400 de l'Ave. Petit Thouars, au nord de Gonzales Prada (ouvert Lu-Sa 9h-20h, Di. 10h30-19h).

Les **centres commerciaux** les plus chic de la ville sont Jockey Plaza (également appelé Centro Commercial El Polo), à Monterrico et LarcoMar, Miraflores (voir plus haut Miraflores). Vous y retrouverez des produits importés d'Europe et des Etats-Unis. (Pour vous rendre à Jockey Plaza, prenez un *colectivo* marqué "Jockey Plaza" en bas de l'Ave. Javier Prado Este. LarcoMar se trouve au bout de l'Ave. Larco, dans le prolongement de l'Ave. Arequipa au sud. Prenez un *colectivo* marqué "Todo Arequipa" en direction de Miraflores.) Sinon, toutes ces marchandises d'importation qui vous manquent tant sont concentrées en un seul lieu, dans la chaîne de grands magasins sud-américains **Saga Falabella**, qui possède une adresse dans la deuxième *cuadra* de la rue La Unión, Lima Centro, et une autre au Centro Camino Real, San Isidro. Il existe également un certain nombre de magasins de vêtements à la mode aux alentours du Parque Kennedy et le long de l'Ave. Larco, Miraflores.

Si vous êtes à la recherche de produits plus authentiques pour des prix moins dissuasifs, prenez la rue **La Unión**, entre la Plaza San Martín et la Plaza de Armas. Dans cette voie piétonne où sont concentrés toutes sortes de commerces, vous trouverez pêle-mêle des artistes de rue, des salons de tatouage, des dealers et des vendeurs de rue qui tenteront de vous faire acheter n'importe quoi. Pour vous procurer des objets électroniques, des montres, des tennis ou autres chaussures de marque, des tee-shirts, des sweat-shirts, etc., allez au marché aux puces de **Polvos Azules**. C'est le coin des bonnes affaires. Surveillez votre portefeuille et ne prenez rien de valeur avec vous, au risque de retrouver vos effets personnels à vendre sur un stand ou un autre. (Près de la Vía Expresa, à la hauteur de l'Ave. 28 de Julio, un peu au sud de Lima Centro. Ouvert tlj 9h-21h.)

DIVERTISSEMENTS

Lima est un paradis du divertissement. Le journal *La República* vous donnera tous les détails nécessaires dans son supplément de fin de semaine, le *Viernes Sábado Domingo*, où vous trouverez tout sur les concerts, les événements sportifs, les pièces de théâtre, les films et autres distractions.

SPORTS

Le *fútbol* est plus qu'un sport pour les Péruviens. Il s'agit d'une religion ayant le pouvoir de vider les rues, d'arrêter la circulation et même de détourner les policiers de leur devoir. L'**Estadio Nacional**, au niveau des *cuadras* 7 à 9 du Paseo de la República, et l'**Estadio Alianza Lima**, situé à proximité, accueillent les matchs les plus importants. Ceux qui opposent les deux équipes rivales de Lima, la tenante du titre **Universitario** (ou simplement la U), et sa rivale, la **Alianza**, sont plutôt agités. Sachez que les couleurs bleu ou crème y sont lourdes de signification. Si vous ne pouvez pas assister au match, vous pouvez écouter la retransmission à la radio, dans un *colectivo*, dans un parc ou dans tout autre lieu. (Les places pour les matchs nationaux coûtent s/25-45. Celles pour les matchs internationaux sont à partir de s/5.) Le **volle-ball**, dont certains matchs ont également lieu à l'Estadio Nacional, est le deuxième sport du pays, loin après le football.

Si les matchs entre êtres humains vous ennuient, il vous reste les animaux : corridas, combats de coqs et courses de chevaux sont des manifestations très populaires. La **Plaza de Acho**, Hualgayoc 332, de l'autre côté du pont qui part de Lima Centro, dans la banlieue nord de Rímac, est habituellement le théâtre de corridas. Celles-ci se déroulent au cours des **Fiestas Patrias**, qui se tiennent la dernière semaine de juillet, ainsi qu'entre octobre et décembre. (☎481 14 67. Vous trouverez les dates et les horaires exacts dans les journaux. Billets à partir de s/20.) Les coqs combattent jusqu'à la mort à **La Chacra**, à l'extrémité de Tomás Marsano, à Surco et au **Coliseo El Rosedal**, près de la Plaza de Armas. (Billets s/10 pour les championnats nationaux.) Les chevaux et les jockeys courent à l'**Hipódromo de Monterrico**, sur l'Ave. Javier Prado Este, à la hauteur de la Panamericana Sur. (☎436 56 77. Courses Sa., Di., Ma., Je. Billets s/2-10. Montant minimum des paris s/1.)

Si vous n'aimez pas le sport spectacle, créez le spectacle vous-même. La plupart des *gringos* viennent au Pérou dans le but d'aller le plus haut possible, mais personne ne peut aller plus haut que là où vous emmènera la compagnie des sports extrêmes **PerúFly**, Jorge Chávez 658, Miraflores. Faites du **saut à l'élastique** en vous élançant d'un ballon perché à 100 m au-dessus de l'océan, ou du parapente avec un moniteur au-dessus des plages de Miraflores. Pour le parapente, vous devrez prendre des cours pendant 5 jours (280 $). Ceux-ci incluent des cours pratiques qui ont lieu au-dessus de dunes de sable et des ruines de Pachacamac. (☎444 50 04. Saut à l'élastique tous les Sa. ou Di., 49 $ par personne, 4 personnes au minimum. Parapente en tandem tlj, 20 $ par personne les 20 mn. Bureaux ouverts tlj 8h-20h.)

CINÉMA

A Lima, aucun problème pour se payer un grand film hollywoodien (s/6-15). Voilà qui justifie pleinement un voyage à plus de 10 000 km de chez vous ! Un avantage tout de même : les films passent généralement en anglais et sont sous-titrés en espagnol. Au moins, vous pourrez travailler les deux langues en même temps. Bizarrement, il est plus difficile de trouver des cinémas qui projettent des films hispanophones. La plupart des films sont ici à l'affiche trois ou quatre mois après leur sortie aux Etats-Unis. Vous en trouverez la liste et les horaires dans la section "Luces" du quotidien *El Comercio*. Voici les adresses de certaines des plus grandes salles de cinéma (avec les plus grands écrans, les sièges les plus propres et la meilleure qualité de son) : **El Pacífico**, José Pardo 121, Parque Kennedy, Miraflores (☎445 69 90, s/15, Lu. et Me. s/10). **Cinema Jockey Plaza**, Javier Prado Este 4200, dans le centre commercial du même nom à Surco (☎434 00 34, s/12 avant 18h, sinon s/15). **Orrantia**, Arequipa 2701, à la hauteur de l'Ave. Javier Prado, San Isidro (☎221 60 08, s/10). **Excelsior**, La Unión 780, Lima Centro (☎426 35 47, s/6). **Adán y Eva**, La Unión 819, Lima Centro (☎428 84 60, s/7). **UVK Multicines LarcoMar**, dans le centre commercial LarcoMar,

Miraflores (☎446 73 36, s/15, Lu. et Me. s/10). Il y a aussi le ❤ **CineBar**, Sala 12 du UVK Multicines LarcoMar, peut-être la seule salle de cinéma de ce type dans le monde. Les spectateurs s'assoient dans des fauteuils en peluche autour d'une table de café. Ils ont droit à une bière ou à une boisson gazeuse gratuite, et peuvent appeler le serveur pendant la séance à l'aide d'un bouton, s'ils souhaitent avoir un autre verre ou manger quelque chose (s/21, Lu. et Me. s/16). Vous pouvez également voir des films classiques ou des films d'art et d'essai dans les *cine clubes* comme **Julieta**, Porta 139 (☎444 01 35), dans la portion sud du Parque Kennedy, Miraflores, la **Filmoteca de Lima** (☎331 01 26), au Museo de Arte (voir **Musées**, p. 117), Lima Centro, le **Cine Club Arcal**, Coronel Zegarra 162, Jesús María, et le **Cine Club Miraflores**, Larco 770 (☎446 39 59), dans le Centro Cultural Ricardo Palma.

THÉÂTRE

Les pièces de théâtre de la semaine sont répertoriées dans la section "Luces" du quotidien *El Comercio*. Si vous comprenez bien l'espagnol (allons, ce n'est pas si difficile), plusieurs salles s'offrent à vous. **Auditorio Museo de la Nación**, Javier Prado 2475, à San Borja. **Centro Cultural PUCP**, Camino Real 1075 (☎222 68 09), San Isidro. **Teatro Auditorio Miraflores**, Larco 1150, Miraflores. **Teatro Canout**, Petit Thouars 4550, Miraflores. **Centro Cultural Casa Abierta**, Petit Thouars 5390, Miraflores. Le **Teatro Mocha Graña**, Saenz Peña 107 (☎247 62 92), Barranco, propose des pièces plus expérimentales.

VIE NOCTURNE

Lima s'anime à la nuit tombée et reste éveillée jusqu'à 5h ou 6h du matin. Parcs et jardins se remplissent alors d'une foule constituée de familles, d'adolescents en vadrouille, d'amoureux enlacés et de vendeurs de sandwichs insistants. Vous pourrez entendre toutes sortes de styles de musique dans les night-clubs de Lima. Vous aurez le choix entre danser la salsa toute la nuit, ou bien, si vous avez l'âme plus sédentaire, descendre bière sur bière. Même s'il existe des lieux de sortie un peu partout dans la ville, il vaut mieux vous en tenir à ceux qui se trouvent à Miraflores ou à Barranco. Les *Limeños* parlent de *lugares de mala muerte*, expression imagée pour désigner les lieux de piètre fréquentation, à propos de certaines boîtes de Lima Centro où la prostitution, la drogue et la violence font souvent ménage à trois. Si vous décidez de sortir dans le centre, prenez un taxi, renseignez-vous sur l'adresse précise où vous allez, et soyez sur vos gardes.

LIMA CENTRO

Las Brisas del Titicaca, Wakulsky 168 (☎332 18 81), au niveau de la première *cuadra* de l'Ave. Brasil. C'est une *peña* bon marché qui accueille des spectacles *criollos*, andins ou plus simplement folkloriques. Spectacle Ve. et Sa. 13h30, entrée s/20. Ouvert Lu-Je 12h-21h, Ve-Sa 12h-4h.

Cerebro, Emancipación 119 (☎427 71 28), à la hauteur de la rue La Unión. C'est le plus grand et le plus connu des night-clubs de Lima Centro. Musique rock et latino sur l'obscure piste de danse du sous-sol. *Jarra* s/15. Si vous montrez votre passeport étranger, vous aurez droit à une entrée gratuite et à une boisson. Profitez-en, car pour certaines visites, votre qualité d'étranger vous vaudra un supplément plutôt qu'une ristourne ! Ouvert tlj 18h-6h.

MIRAFLORES

Une clientèle locale, branchée mais sans originalité, se presse dans les bars et les night-clubs de Miraflores pour se défouler aux rythmes de la musique latino, du rock et de la techno. Vous verrez un certain nombre d'individus suspects traîner à la sortie du centre commercial de LarcoMar, mais la véritable vie nocturne de Miraflores se concentre autour du Parque Kennedy. La plupart des lieux de sortie pour les gays et les lesbiennes se trouvent également dans ce secteur (voir **Gays et lesbiennes**, p. 126).

❤ **Valkyria**, Benavides 571 (☎927 16 11), à une *cuadra* à l'est de l'Ave. Larco, dans un complexe qui ressemble vaguement à un chalet suisse. Fréquenté par une clientèle variée (on y trouve des adolescents aussi bien que des touristes), sans doute en raison des deux boissons offertes pour le prix d'une. Un peu trop de monde, mais les gens arrivent à trouver de la place pour danser. *Jarra* s/17. Cocktails s/11-18. L'offre spéciale "deux pour le prix d'une" concerne tous les types de boissons Di. et Ma., cocktails Me., *jarras* Je., bière Ve. Ouvert tlj 20h-8h.

Bizarro, Lima 417, au-dessus du Parque d'Onofrio sur le Parque Kennedy. Nouvelle piste flambant neuve et peinture fluo. Le Bizarro propose deux pistes de danse avec deux DJs différents et deux ambiances différentes : une salle ambiance *transe/house* décorée avec des étoiles rougeoyantes, et une salle ambiance électronique qui ressemble à une allée recouverte de graffitis. Entrée Ma-Je s/6, Ve-Sa s/15. Une bière offerte. Ouvert tlj 23h-5h.

Tequila Rock, Diez Canseco 146 (☎444 36 61), près du Parque Kennedy. Beaucoup de jeunes femmes, qui sont là pour se faire remarquer par les *gringos* et les vieux hommes affaires. Dansez avec votre image reflétée dans la glace qui surplombe la piste de danse. La musique n'a rien d'original, et les lumières sont un peu ringardes, mais vous pouvez vous asseoir tranquillement dans un coin confortable avec la personne de votre choix. Bière s/1 après 2h. Entrée Di., Me. et Je. s/10, Ve-Sa s/20. Une boisson gratuite Ve. Ouvert tlj 21h-7h.

Bauhaus, Bellavista 362 (☎448 96 23), près du Parque Kennedy. Musique industrielle et des années 1980 dans une salle sombre, à l'intention d'une clientèle à l'âme encore plus sombre. Les nuits rave du jeudi attirent beaucoup de monde. Entrée Me-Je s/6, une boisson gratuite. Ve-Sa s/10. Ouvert Me-Sa 22h-5h.

BARRANCO

La meilleure façon de choisir son lieu de sortie dans le quartier est de se mettre au milieu du Parque Municipal et de suivre la musique que vous aimez. Il y en a pour tous les goûts : jazz, techno, folk, soupirs romantiques et baratin d'alcooliques. Le **Pasaje Sánchez Carrión**, non loin du parc, est une rue piétonne où l'on ne trouve que des bars et des night-clubs. Ils passent tous les mêmes tubes de *dance*, l'entrée est souvent gratuite, et la bière bon marché (*jarra* à partir de s/10). Ils manquent souvent de caractère, mais dans un grand nombre de cafés et de bars à proximité, on trouve un peu plus de substance. Traversez le **Puente de los Suspiros** et c'est le rythme du surf qui remplace celui de la musique. Les bars de ce bord de mer sont plus romantiques (et plus chers) qu'ailleurs. Les fêtards tardifs qui ont un petit creux pourront toujours trouver un sandwich (s/5) dans la 1ère et la 2e *cuadra* de l'Ave. **Piérola**, à quelques *cuadras* en remontant l'Ave. Grau, au feu rouge.

❤ **El Dragón**, Nicolás de Piérola 168 (☎477 54 20). Clientèle branchée dans la vingtaine et plus, qui s'inspire davantage des clubs de jazz underground que des vidéos de Ricky Martin. Promenez-vous dans les différentes salles et appréciez les couleurs funky. Installez-vous confortablement dans un canapé avec un verre d'Absolut et de tonic à la main (s/11), vérifiez que vous êtes le seul touriste de l'assemblée, et détendez-vous. La musique passe tous les genres en revue, de James Brown à Moby. Concerts occasionnels. Ouvert Ma-Sa 22h-3h.

❤ **Kafe Kitsch**, Bolognesi 743 (☎247 33 25). Son nom dit bien ce qu'il veut dire. Une sirène accueille la clientèle, les tubes de ABBA tiennent une place prépondérante dans la programmation, et des drag-queens grimpent régulièrement sur le bar pour faire leur show. Tout le monde est bienvenu. Arrivez de préférence avant minuit le week-end, ou vous risquez de ne pas pouvoir rentrer. Ouvert Me-Sa 21h-5h.

La Noche, Bolognesi 307 (☎477 41 54), à l'angle de la rue Sánchez Carrión. Que vous ayez envie de danser, d'écouter des concerts ou de boire, ce bar immense, qui s'étend sur trois niveaux, saura satisfaire votre désir. *Jarra* s/18. Concerts Lu-Je à partir de 23h. Lectures de poésie et spectacles fréquents. Renseignez-vous sur les dates. Ouvert Lu-Je 19h-3h, Ve-Sa 20h-4h.

Juanito's, Grau 234, avec une porte d'entrée non signalée à côté de Domino's Pizza. Fondé en 1937, cet établissement est le plus vieux bar de Barranco, ainsi que le lieu d'arrosage favori d'un certain nombre d'artistes péruviens. Mais la vraie raison de venir ici est El Famoso Cucharita, qui sait faire des merveilles avec les bouteilles de bière, les cuillères à café et les cigarettes (à certaines périodes, spectacle tlj 22h-24h). *Jarras* s/14. Ouvert Di-Me 11h-2h, Je-Sa 11h-4h30.

Las Terrazas de Barranco, Grau 290 (☎477 55 33), dans le parc. Offre une ambiance plus civilisée et arborée, avec dîner aux chandelles, mais attention : la nuit venue, ce lieu paisible se transforme en un night-club géant de quatre étages. Laissez-vous aller au rythme de la pop latino. *Jarra* s/15. Restaurant ouvert tlj 9h-19h. Night-club ouvert tlj 19h-4h.

La Posada del Ángel, avec trois adresses rigoureusement identiques : Pedro de Osmas 164 et 222 (☎247 03 41), et San Martín 157 (☎247 55 44). Décorés avec des antiquités, ces petits bars attirent une clientèle tranquille. Concerts de musique cubaine. Il y a souvent la queue le week-end pour obtenir une table. Le verre de sangria s/25. Ouvert Lu-Sa 19h30-3h.

De Parranda, Grau 622 (☎247 20 36). Vibrant orchestre de salsa de 18 instruments. Impossible de résister au rythme endiablé de la musique. Certains clients se mettent sur leur trente-et-un, alors faites briller vos chaussures. Entrée s/20. Ouvert Je-Sa 21h-4h30.

GAYS ET LESBIENNES

Même si l'homosexualité n'est pas acceptée par tout le monde au Pérou, Lima abrite la communauté gay la plus visible du pays. Vous trouverez plusieurs adresses utiles et des lieux de sortie très agréables (voir **Informations pratiques, Services divers**, p. 104). Pour connaître les derniers lieux à la mode de cette ville en mutation permanente, consultez le site Web : www.gaylimape.tripod.com. Lorsque vous cherchez des adresses de lieux gays, sachez que l'expression-code est "*al ambiente*". Si la plupart des établissements gays ne se remarquent pas de l'extérieur, à l'intérieur la fête bat son plein. Ces établissements sont en général ouverts à tous. Le plus grand, le plus *flashy*, et de loin le plus fréquenté, est le **Gitano**, Berlin 231, à côté du Parque Kennedy, Miraflores, avec son salon très élégant, sa piste de danse animée et ses DJs extraordinaires. (☎446 34 35. Ouvert Me-Di 22h30-6h. Entrée Me-Je s/10 après 24h, Ve. s/20 avec une boisson, Sa. s/25.) L'**Imperio**, Camaná *cuadra* 9, près de la Plaza Francia, est l'un des uniques bars gays de Lima Centro. Pas aussi chic que le Gitano, il attire tout de même une clientèle importante le week-end et propose parfois des spectacles. Le quartier n'étant pas très sûr, prenez plutôt un taxi. (Ouvert Me-Sa 23h-5h. Entrée s/5.) Pas exclusivement gay, le **Splash**, Los Pinos 181, Miraflores, attire une foule mixte et "large d'esprit", dans un établissement plus chic. (☎444 24 00. Ouvert Me-Di 23h-6h. Entrée Sa. s/15, s/20 après 24h. Une boisson comprise.) De la même façon, le **Voglia**, Ricardo Palma 336, également à Miraflores, accueille une clientèle mixte qui vient danser au rythme de la salsa et de la techno. (☎864 31 34. Ouvert Ma-Di 22h-6h. Entrée s/5, Ve-Sa s/10.) L'un des bars les plus populaires de Lima est le **Kafe Kitsch**, un café à tendance gay (voir précédemment le paragraphe sur Barranco) où les drag-queens se sentent comme chez elles. Les homosexuels (hommes) se retrouvent souvent dans les **Baños Turcos**, les saunas privés de la ville (cela ne signifie pas pour autant que tous les saunas de Lima soient destinés aux homosexuels). Les principaux saunas gays de la ville sont les **Baños Pardo**, José Pardo 182, Miraflores (☎445 50 46, s/37), le **Oupen Sauna**, 28 de Julio 171, Miraflores (☎242 30 94, Lu-Je s/25, Ve-Di s/30) et les **Baños Tivoli**, Petit Thouars 4041, San Isidro (☎222 17 05, s/20).

EXCURSIONS DEPUIS LIMA

Il existe trois possibilités pour échapper aux klaxons, à la pollution et à l'agitation urbaine de Lima : au nord, vers les ruines de la vallée de Chancay, les plages d'Ancón et la réserve naturelle Lomas de Lachay, à l'est, à l'intérieur des terres, vers Chosica et les ruines de Marcahasi, au sud, vers les ruines de Pachacamac et les plages à surf qui se trouvent le long de la côte.

ANCÓN

Pour vous rendre à Ancón, prenez un colectivo *(durée 45-90 mn, s/1,50) de la Plaza 2 de Mayo jusqu'au terminus, puis descendez pour rejoindre la plage.*

Ville côtière paisible le plus souvent, Ancón voit sa population se gonfler de visiteurs au moment de l'été (Nov-Jan). Cependant, comparée à Lima, Ancón reste calme la majeure partie de l'année, même s'il vous faudra sans doute vous serrer un peu sur le sable les jours où il fait soleil. Les **plages** sont relativement propres, mais surveillez les panneaux d'indice de pollution, et évitez de vous baigner les jours où est indiqué *muy malo* (eau très polluée). Le front de mer d'Ancón est divisé en deux parties par l'immense *Fuerza Aérea del Perú, Escuela de Supervivencia en el Mar* (Force aérienne du Pérou, Ecole de survie en mer). Lorsque vous faites face à la mer et que vous tournez le dos à la *Fuerza Aérea*, avancez jusqu'à une grande étendue de sable. A gauche, les environs sont plus commerciaux. Il y a des **ruines pré-incas** dans la vallée de Chillón près d'Ancón, mais elles n'ont pas été aménagées pour les touristes curieux d'histoire. Il vaut mieux demander à un guide d'Ancón de vous faire visiter les trois pyramides du **Templo El Paraíso**.

OÙ INDIENS ET INDIENS SE REJOIGNENT

La communauté florissante de Hare Krishna a laissé une trace indélébile dans le paysage de Lima, à travers les restaurants végétariens et les innombrables herboristeries qui ont fleuri dans la capitale. A la différence de la petite communauté bouddhiste péruvienne, la plupart des Hare Krishna sont *indígenas* et catholiques d'origine, et ils se sont convertis à cette forme d'hindouisme à l'âge adulte. L'histoire commence à seize mille kilomètres de là, sur une terre où le mot "indien" n'a rien de péjoratif. Né à Bombay en 1896, sa Grâce Divine A.C. Bhaktivedanta Swami Prabhupada émigre aux Etats-Unis en 1966 avec l'intention de diffuser l'esprit de Krishna de par le monde. Pendant les années 1970, ses disciples répandent leur foi partout en Amérique latine. Même si le mouvement débute lentement (le premier centre Hare Krishna ouvre en 1977), il s'accentue au fil des années. Les Péruviens, frappés par le terrorisme du Sentier lumineux, sont sensibles à sa philosophie non-violente fondée sur l'hygiène de vie. Aujourd'hui, la population Hare Krishna du Pérou se chiffre en milliers d'adeptes qui suivent tous quelques principes de base : habitudes alimentaires végétariennes, pas d'alcool, pas de tabac ni de drogue, et un détachement total par rapport à tout ce qui est de l'ordre du matériel. Même s'ils rendent grâce au dieu hindou Krishna, les adeptes insistent sur le fait qu'ils ne sont pas Hindous, mais simples adhérents à "l'esprit de Krishna".

Pour un érudit au moins, la popularité de la philosophie de Hare Krishna au Pérou est parfaitement compréhensible. V. Ganapati Sthapati, architecte de centaines de temples hindous en Inde dans le respect des exigences religieuses, a découvert quelque chose d'étrange lors de sa visite du Machu Picchu : la structure inca est parfaitement conforme à tous les principes architecturaux définis par les Vastu Shastras d'Inde, tout comme la maçonnerie du complexe de Sacsayhuamán à Cuzco. Après avoir remarqué les mêmes similarités à Chichén Itzá (Mexique), à Tikal (Guatemala) et sur d'autres sites archéologiques d'Amérique latine, Sthapati a avancé la thèse selon laquelle Mayan, le créateur de l'architecture indienne, serait originaire du peuple maya d'Amérique centrale, et que les principes de l'architecture hindoue auraient en fait leur source dans le continent américain d'il y a plusieurs siècles. Prabhupada et ses disciples n'auraient peut-être pas introduit l'esprit de Krishna au Pérou, mais l'auraient plutôt ramené chez lui.

LA VALLÉE DE CHANCAY

Pour vous rendre à Huaral, prenez un bus de la Plaza de Acho à Lima (durée 1h30-2h30, 15 dép/j, s/3). De Huaral, les cars partent du parking mal entretenu qui se trouve entre la rivière et la grande route.

La vallée de Chancay abrite de superbes ruines peu visitées. Commencez votre exploration à **Huaral**, la ville qui garde l'entrée de la vallée, où vous pourrez trouver un guide qui vous emmènera voir les ruines. Renseignez-vous dans n'importe quelle boutique de la ville. De Huaral, vous pouvez vous lancer dans une marche d'une journée pour aller voir les **ruines de Huampon** (50 $ par personne, 150 $ pour 4 personnes, à négocier) ou dans une excursion plus longue pour aller visiter les **ruines de Anay** près de Huayopampa, les **ruines Rupac** près de La Flonda, ou les **ruines de Chiprac** près de Huasloy. Les guides vous donneront des informations sur le rafting, l'escalade et les balades en vélo. Il y a beaucoup à voir à Huaral même. Si vous devez passer la nuit en ville, allez à l'**Hostal del Sol**, R. Morales-Bermúdez 345. A partir de la Plaza de Armas, suivez les pancartes indiquant Morales-Bermúdez. L'auberge se trouve sur la gauche. Vous devrez peut-être manœuvrer pour faire entrer tous vos bagages dans votre chambre, mais la propreté et l'eau chaude, disponible toute la journée, vous récompenseront de vos efforts. (☎246 1235. Chambre simple s/20, avec salle de bains s/25.)

CHOSICA

Les colectivos *indiquant "Chosica" (durée 1h30, s/3,50) partent de la Plaza Grau, Lima Centro. Le temple est à 32 km de la Carretera Central. Ouvert tlj 9h-20h.*

Chosica est sous le soleil 365 jours par an, ce qui en fait aux yeux des Limeños un lieu de choix pour un week-end hors de la capitale. Le **Templo Védico**, principal lieu de culte des Hare Krishna du Pérou, y a été construit en 1991. Ses dômes peints et ses superbes jardins ressemblent à des sites sacrés d'Inde. Les visiteurs sont les bienvenus (les moines vous feront aimablement faire le tour du propriétaire sans aucune contrepartie). Tous les dimanches à midi, le temple accueille un festival ouvert à tous (entrée libre). Musique et cuisine végétarienne sont au programme.

MARCAHUASI ET SAN PEDRO DE CASTA

Pour vous rendre à Marcahuasi, comptez une journée. Prenez un colectivo *à destination de Chosica et demandez à descendre au Parque Echenique (durée 1h30, s/4), le dépôt de bus central de la ville. De là, prenez un autre* colectivo *jusqu'au petit village montagnard San Pedro de Casta (durée 3-4h, dép. à 9h et 16h, s/5). Le plateau de Marcahuasi est accessible à pied, après une ascension de 3 km, ce qui peut prendre 4h ou plus pour ceux qui ne sont pas habitués à l'altitude (on passe de 3200 à 4000 m). Ceux qui souhaitent camper au sommet doivent être préparés. Apportez une tente, un sac de couchage, de la nourriture, de quoi vous protéger de la pluie, et une boussole à la saison des pluies, car un brouillard épais peut se lever en début d'après-midi.*

Marcahuasi est un étrange ensemble de formations rocheuses, situé à 90 km à l'est de Lima et à une altitude de 4000 m. C'est un endroit idéal pour une randonnée accompagnée d'un petit bivouac. Ces massifs de granit aux formes fantomatiques rappellent tantôt le sphinx, tantôt la tortue ou encore, pour ceux qui la connaissent, Thouéris, la déesse égyptienne de la fertilité (avec une tête d'hippopotame et un ventre de femme enceinte). Marcahuasi accueille, tous les week-ends, des dizaines de pèlerins qui ne cessent d'évoquer la puissante présence spirituelle et les "forces magnétiques" qu'ils sentent jusqu'au bout de leurs doigts (les sceptiques pourront appeler cela le vertige). En tout cas, le silence de mort qui règne sur le plateau invite à la méditation, pourvu que vous y parveniez avant la cohue du week-end. Procurez-vous une carte (s/5) après vous être inscrit à l'**office de tourisme** de San Pedro de Casta, situé sur la place centrale, juste à côté d'une clinique et d'un magasin dans lequel vous trouverez l'unique téléphone de la ville. L'office de tourisme loue également des chevaux et des mules pour l'ascension (s/15). Avant de grimper, vous pouvez faire étape dans la petite communauté de **Casta**, dans la maison mauve de Manuel Olivares, juste derrière la mairie. Sr. Olivares a deux chambres avec deux lits superposés, des couvertures de laine, et les seules vraies toilettes de la localité (chambre s/10 par personne). L'office de tourisme propose aussi des chambres à l'étage sans lit ni eau courante (chambre s/5 par personne). A côté, une épicerie propose quelques boîtes de conserve. Sa tenancière pourra vous cuisiner du riz, du poulet ou des œufs si vous le souhaitez. Sur la place, passez à l'école pour demander la clé du petit musée de Casta, composé d'une seule salle, où vous verrez une collection de **restes humains momifiés**, découverts dans un ancien lieu de sépulture à Marcahuasi. Ils sont toujours dans la position fœtale où on les a trouvés, avec le même regard livide que le jour où ils sont morts.

PACHACAMAC

Prenez l'un des fréquents colectivos *blanc et marron marqués "Lurín" (durée 1h, s/2), sur l'Ave. Grau, Lima Centro, en direction de l'est. Les* colectivos *qui passent par Pachacamac (durée 1h, 1 dép/h de 5h à 22h, s/2,70) partent également de l'angle des rues Montevideo et Andahuaylas. Demandez au chauffeur de vous déposer à "las ruinas." Si vous vous contentez de dire "Pachacamac", vous risquez de vous retrouver dans une petite ville à environ 1 km de l'entrée des ruines.*

On se demandait bien où Hergé était allé chercher ce nom (souvenez-vous, dans *Tintin et le temple du soleil*). Toutefois, ce n'est pas en pensant à Tintin que les habitants de Lima, eux, passent à proximité de Pachacamac, mais pour se rendre à la plage. Quant aux touristes, ce sont avant tout les ruines qui les intéressent. En chemin, vous apercevrez, dans les faubourgs sud de Lima, les cahutes bâties à la va-vite qui courent sur les collines. Elles constituent Villa El Salvador, le plus connu des *pueblos jóvenes* (les bidonvilles construits pour accueillir le trop-plein de population de Lima). Pachacamac, que l'on peut traduire grossièrement par le "créateur de la terre et du temps", était un dieu huari ayant le pouvoir de détruire le monde par les tremblements de terre, et de lire dans le passé aussi bien que dans l'avenir, d'où ses deux visages. La civilisation dite de Lima a commencé à bâtir la cité sacrée dédiée à cette divinité, entre 200 et 600 ap. J.-C. Les Huaris l'ont complétée par la suite, après 650 ap. J.-C., avec des pyramides accessibles par d'immenses rampes de pierre. Lorsque les Incas anéantissent la colonie huari en 1470, ils craignent de profaner le site et se gardent bien de le détruire. Au lieu de cela, ils font leur propre ajout théologique en érigeant le Temple du soleil, et affilient Pachacamac à leur propre dieu créateur. Lorsque l'empereur inca Atahualpa tente de convaincre les conquistadors espagnols de le libérer en évoquant l'or du royaume, il brandit deux noms en particulier, le Temple du soleil à Cuzco, et Pachacamac. Assoiffé de métal précieux, Hernando Pizarro (le frère de Francisco) mène une expédition jusqu'à Pachacamac en 1533. Les hommes font irruption dans le temple sacré et le mettent à sac pour y trouver les richesses promises. Ils ne trouveront qu'une idole en bois du dieu Pachacamac. Attirés par des rumeurs selon lesquelles les grands prêtres auraient caché leur or, les Espagnols retourneront à Pachacamac une bonne dizaine de fois par la suite et en reviendront toujours bredouilles. La plus grande partie du site est dans un état de délabrement avancé, mais les structures les plus imposantes tiennent encore debout. C'est le cas des pyramides des Huaris, du temple et du palais construits par les Incas. Les ruines se trouvent sur un sentier en boucle que l'on parcourt en une heure environ. N'oubliez pas de prendre de l'eau et un chapeau, ou de la crème solaire, si vous ne voulez pas finir rôti(e). Le petit **musée** situé à l'entrée, ainsi que les pancartes (en espagnol et en anglais), en face de chaque partie à visiter, vous donneront quelques informations. Les seules ruines à l'intérieur desquelles vous pourrez pénétrer sont celles du **Temple du soleil**. De là-haut, la vue sur le site, sur la Valle El Salvador et sur l'océan qui scintille dans le lointain, est magnifique. (Les ruines et le musée sont ouverts tlj 9h-16h. s/6, étudiants s/3.)

CUZCO ET LA VALLÉE SACRÉE

CUZCO

LES INCONTOURNABLES DE CUZCO ET DE LA VALLÉE SACRÉE

ALLEZ FAIRE UNE PRIÈRE dans l'une des plus belles cathédrales coloniales du Pérou (p. 140).

ADMIREZ les salles d'exposition très complètes du **Museo Inka** (p. 142).

ECLATEZ-VOUS en compagnie d'autres voyageurs dans l'un des nombreux **clubs** de Cuzco (p. 145).

ALLEZ CONTEMPLER les toits rouges de la ville depuis les hauteurs de **Sacsayhuamán** (p. 146).

ACHETEZ un souvenir au **marché de Pisac** puis partez à l'ascension de ses ruines superbement préservées (p. 150).

PARTEZ EN RANDONNÉE sur le **Chemin de l'Inca** pour un fascinant pèlerinage jusqu'à Machu Picchu, la cité sacrée des Incas, et faites ainsi l'un des plus beaux circuits d'Amérique du Sud (p. 154).

ALLEZ À MACHU PICCHU, à pied ou en tortillard, (p. 158). Il n'y a pas de temps à perdre !

Quand l'Inca Manco Capac fonda Cuzco aux alentours de 1100 après J.-C., les Incas ne représentaient qu'un peuple andin parmi de nombreux autres luttant pour le pouvoir. Les choses changent en 1438 lorsque celui qui va bientôt devenir l'Inca Pachacutec inflige une cinglante défaite au peuple Chanka, ouvrant la voie à une expansion massive de l'empire où Cuzco acquiert une positon centrale. Temples et palais y sont édifiés, et la cité, dont le nom signifie "nombril" en langue quechua, devient un centre administratif et religieux. Dans le même temps, Pachacutec étend son influence bien au-delà de sa capitale et de grands complexes militaires et religieux sont bâtis dans toute la région. Aujourd'hui, Cuzco est souvent considérée comme étant la capitale archéologique de l'Amérique du Sud et, comme à l'époque inca, l'activité de toute la région est étroitement liée à celle de la ville. A la différence près qu'elle repose dorénavant sur une industrie touristique florissante. Le nom de Cuzco s'applique aussi bien à l'agglomération qu'au département qui l'entoure et s'il fait bon vivre dans la ville elle-même, n'oubliez pas de visiter ses environs. Ainsi, l'exploration de la paisible Vallée sacrée permet au visiteur d'observer un style de vie encore préservé (pour l'essentiel) du tourbillon touristique.

Le terme de **Vallée sacrée** ("Valle Sagrado" en espagnol, voir p. 150) fait référence à la région située autour du Río Urubamba, qui s'écoule au nord-est de Cuzco. Avec ses collines couvertes de plantations de maïs, la vallée de l'Urubamba était autrefois le grenier de l'impériale Cuzco, en particulier après que les ingénieurs incas eurent résolu le problème spécifique à la région des glissements de terrain et de l'érosion du sol en aménageant des terrains agricoles en forme de terrasses. Ces marches géantes de plusieurs mètres de largeur et de hauteur ont été sculptées dans la terre et sont retenues par des pierres. On en trouve aujourd'hui encore plusieurs milliers. Une autre prouesse inca a consisté à détourner le Río Urubamba. Le lit de la rivière a en effet été déplacé pour que l'eau soit canalisée à la hauteur de Pisac. Ceci permettait une irrigation efficace des cultures, créant ainsi le plus long canal précolombien des Amériques. Au-delà de cet héritage agricole, les Incas ont laissé une vallée riche en sites sacrés : les forteresses de Pisac et d'Ollantaytambo, ainsi que l'extraordinaire citadelle de Machu Picchu. Allié à la splendeur de la vallée qu'il surplombe, le site de Machu Picchu constitue à lui seul une excellente raison de sortir de Cuzco.

CUZCO ☎084

Il y a des Péruviens qui vivent à Cuzco. Il y a des *Cusqueños* qui travaillent ailleurs que dans un hôtel ou une agence de voyages. C'est pourtant difficile à croire quand on se promène sur la Plaza de Armas où, aujourd'hui, rares sont ceux qui ne vivent pas du tourisme. Bienvenue au centre tactique de la deuxième invasion étrangère de la Vallée sacrée. La première eu lieu lorsque Francisco Pizarro et ses hommes ont débarqué en 1533. Cuzco était alors la capitale du Tawantinsuyo, vaste Empire inca qui s'étendait du sud de la Colombie au Chili et à l'Argentine. En 1572, alors que les conquistadors écrasent la dernière résistance inca, la ville n'est déjà plus qu'une cité coloniale parmi d'autres. On n'en entendra plus guère parler jusqu'à ce qu'en 1911, l'Américain Hiram Bingham "découvre", perdue dans les montagnes, la citadelle de Machu Picchu, et qu'il sorte la région de l'oubli.

Avec ses étroites rues pavées, ses petites places et ses marchés, la ville de Cuzco ne manque pas de charme. Au gré de votre visite, détendez-vous sur une terrasse de café, contemplez une somptueuse église coloniale, puis arpentez le quartier des artisans à San Blas. Par endroits, vous découvrirez un mur datant de l'époque inca. Attardez-vous sur le parfait encastrement des pierres qui le composent : du travail au millimètre près ! Pour bien finir la journée, les boîtes de nuit de Cuzco sont les plus chaudes de tout le sud du pays. Sous un certain angle, la ville est un attrape-touriste qui draine des foules immenses de voyageurs. Oui, mais, cette fois, il y a quelque chose derrière. Telle une sentinelle, Cuzco veille sur la Vallée sacrée, qui abrite les ruines incas les plus spectaculaires du continent. Tout comme les *Cusqueños*, vous aimerez cette ville. Elle est un voyage au cœur même de la civilisation inca, au cœur des Andes d'hier et d'aujourd'hui.

142

Centre de Cuzco
N
0
200 m
VERS SACSAYHUAMAN, QENKO, PUCA PUCARA, TAMBOMACHAY
Choquechaca
Tres Cruces
Tandapata
SAN BLAS
Carmen Alto
San Blas
Cuesta San Blas
Arco
Ese
Ladrillos
San Cristóbal
Kiskapata
Purgatorio
Huaynapata
Resbalosa
Coricalle
Tecsecocha
Saphi
Ataud
Culebras
Palacio
Museo de Arqueologia
Suecia
Procuradores
Tucumaan
Jatun-Rumiyoc
Museo de Arte Religioso
Police touristique
Santa Teresa
Plateros
La Catedral
Triunfo
Santa Catalina
San Agustin
Santa Teresa
Espaderos
PLAZA DE ARMAS
Arequipa
Convento y Museo de Santa Catalina
Siete Cuartones
Meloq
San Juan de Dios
PLAZA REGOCIJO
Espinar
La Compañia
Loreto
Maruri
Romeritos
Heladeros
Mantas
Bus pour Abancay et Andahuaylas
Office municipal
Sol
Arones
Teatro Granada
Tordo
Nueva Alta
Márquez
San Bernardo
Almagro
VERS LE SUD-EST DE CUZCO (voir carte ci-dessous)
PLAZA SAN FRANCISCO
San Andrés
Nueva Baja
San Francisco
Masón de la Estrella
Quata
Ayacucho
Unión
Chaparro
Santa Clara
Santa Clara
Túpac Amaru
MERCADO CENTRAL
Cascaparo
Hospital
Estación San Pedro
Pavitos
HÉBERGEMENT
1 Casa Hospedaje Sumaq T'ikaq
2 Hospedaje Royal Frankenstein
3 Hostal California
4 Hostal Familiar Pakcha Real
5 Hostal Felix
6 Hostal Procurador del Cusco
7 Hostal Q'orichaska
8 Hostal Resbalosa
9 Hostal San Cristóbal
10 Hostal Suecia II
11 Hostal Suecia
12 Kuntur Wasi
13 Mirador del Inka
14 Niños Hotel
Sol

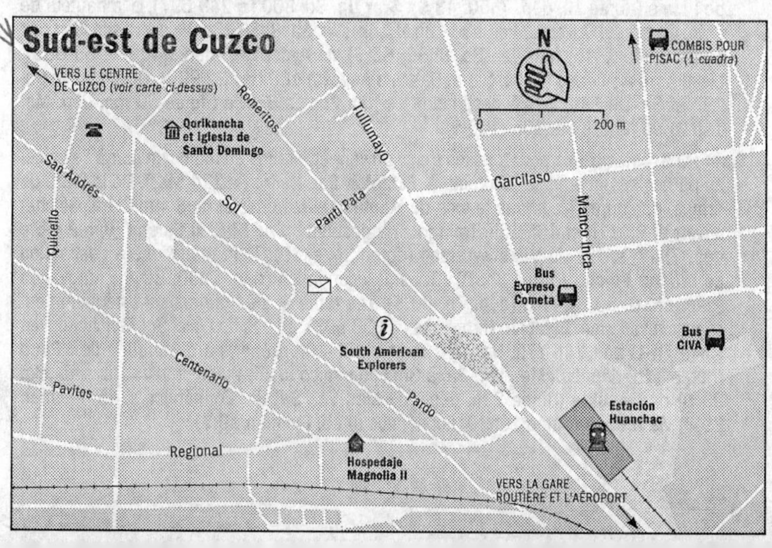
Sud-est de Cuzco
VERS LE CENTRE DE CUZCO (voir carte ci-dessus)
Romeritos
Tullumayo
N
0
200 m
COMBIS POUR PISAC (1 cuadra)
Qorikancha et Iglesia de Santo Domingo
San Andrés
Sol
Garcilaso
Pantí Pata
Manco Inca
Quicello
Bus Expreso Cometa
South American Explorers
Bus CIVA
Centenario
Pavitos
Pardo
Estación Huanchac
Regional
Hospedaje Magnolia II
VERS LA GARE ROUTIÈRE ET L'AÉROPORT

Ces dernières années, Cuzco a subi une vague d'agressions par "évanouissement", en particulier autour de San Cristóbal, de San Blas et d'autres lieux habituellement paisibles. Les voleurs sont organisés en gangs et savent, en moins de temps qu'il n'en faut pour l'écrire, trouver le point exact de la nuque qui, au moyen d'une simple pression, vous fera perdre conscience. Les victimes se réveillent quelques secondes plus tard, dépouillées de tous leurs objets de valeur, mais sans dommage. Une autre technique jouant sur l'effet de surprise consiste à verser de l'eau sur la tête des touristes du haut d'un balcon. Un groupe de voleurs arrive alors par derrière pour s'emparer du portefeuille des victimes occupées à maudire les farceurs haut perchés. Par ailleurs, il est recommandé, la nuit tombée, de prendre un taxi, et de demander au chauffeur de vous déposer juste devant la porte d'entrée de votre hôtel. Ce n'est malheureusement pas la panacée : il est arrivé que certains chauffeurs de taxi soient de mèche avec des malfaiteurs. La meilleure prévention est de rester vigilant à tout moment et de vous déplacer avec le moins de liquide possible.

TRANSPORTS

Avion : **Aeropuerto Alejandro Velasco Astete** (☎222 611), au sud-est de la ville. Pour vous y rendre, prenez l'un des nombreux *colectivos* affichant "Aeropuerto" qui circulent sur l'Ave. Sol (s/0,50). Taxi s/10. Taxe d'aéroport pour les départs vers l'étranger s/25, taxe d'aéroport pour les vols intérieurs s/10.

Compagnies aériennes : **AeroContinente**, Carnes 245 (☎243 031), sur la Plaza de Armas. Ouvert Lu-Ve 8h-19h30, Sa 8h-18h et Di. 9h-12h. Vols à destination de : **Lima** (durée 1h, dép. 7h30, 8h30, 9h30, 12h30, 59 $), **Arequipa** (durée 30 mn, Lu., Ma., Ve., Di., dép. 8h30, 59 $) et **Puerto Maldonado** (durée 30 mn, Ma., Je., Sa., Di., dép. 7h30, 59 $). **Tans**, Almagro 133 (☎227 101 ou 242 727). Ouvert Lu-Sa 9h-13h et 16h-20h, Di. 9h-12h. Vols à destination de : **Lima** (durée 1h, dép. 7h40, 9h et 10h30, 68 $) et **Puerto Maldonado** (durée 30 mn, dép. 9h, 58 $). **LanPerú**, Portal Mantos 114 (☎225 552 ou 255 554, fax 255 555). Ouvert Lu-Ve 8h30-19h, Sa. 8h30-18h et Di. 9h30-12h30. Vols à destination de : **Lima** (durée 55 mn, dép. 7h40, 8h55, 11h10, 12h25, 79 $) et **Arequipa** (durée 35 mn, dép. 11h10, 59 $). **Taca Perú**, Sol 226 (☎249 921, réservations ☎0800 482 22). Ouvert Lu-Sa 8h-13h30 et 15h-19h. Vols à destination de : **Lima** (durée 1h, dép. 7h50, 43 $). **Star Up**, Sol 800 (☎249 697), à la hauteur de l'Ave. Garcilaso. Ouvert Lu-Ve 8h30-13h et 16h-19h, Sa. 8h30-13h. Vols à destination de : **Lima** (durée 1h15, Ma., Je., Sa. 8h30, 55 $) via **Ayacucho** (durée 40 mn, 55 $US). **Lloyd Aero Boliviano (LAB)**, Santa Catalina Angosta 160 (☎222 990). Ouvert Lu-Ve 9h-19h et Sa. 9h-13h. Vols à destination de : **La Paz** en Bolivie (durée 50 mn, dép. Ma. 11h15, Je. 9h30, Sa. 10h, 100 $).

Train : Les **réservations** pour tous les trains doivent être faites au moins un jour à l'avance, en particulier entre juin et septembre. **Estación San Pedro** (☎224 552). De la Plaza de Armas, parcourez 7 *cuadras* le long de Mantas, de Márquez et de Santa Clara. Guichet ouvert tlj 8h-11h et 15h-16h. Train local à destination de **Machu Picchu** (durée 4-5h, dép. 7h45, s/15) via **Ollantaytambo** (durée 3h, s/15). Train touristique à destination de **Machu Picchu** (durée 3h30) : Turismo económico (dép. 7h30, 30 $), Autovagón (dép. 6h30, 50 $), Inca (dép. 7h, 80 $). Les tarifs et les horaires sont fréquemment soumis à variation. **Estación Huanchas** (☎233 593), en bas de l'Ave. Sol. Guichet ouvert Lu-Ve 7h-12h et 14h-17h, Sa. 7h-12h et Di. 8h-10h. Départs à destination de : **Puno** (durée 11h, dép. Lu., Me., Ve., Sa. à 8h, Económico s/25, Pullman 19 $, Turismo Inka 23 $) et **Arequipa** (durée 23h, dép. Lu., Me., Ve., Sa. 8h, Económico s/45, Pullman 29 $) via **Juliaca** (durée 10h30, Económico s/25, Pullman 19 $).

Bus : **Gare routière**, à plusieurs kilomètres au sud-est du centre, au bout de l'Ave. Sol. Taxi s/7. E.T. Power (☎247 515) à destination de **Puno** (durée 7h, dép. 7h, 8h, 12h, 19h, 20h, 20h30, s/15). San Jéronimo (☎261 142) à destination de **Quillabamba** (durée 8h, dép. à 19h, s/15) et de **Andahuayias** (durée 12h, dép. 18h et 19h, s/25) via **Abancay** (durée 6h, s/15). Turismo Ampay (☎227 541) à destination de **Tacna** (durée 16h, dép. 18h via Arequipa et dép. 20h via Puno, s/5) et de **Quillabamba** (durée 8h, dép. 18h et 20h, s/15). Ormeño (☎228 712) à destination de **Lima** (durée 25h, dép. 17h et 18h, s/60) et de **Nazca** (durée 24h, dép. 17h et 18h, s/55). Romeliza (☎252 994) à destination de **Lima** (durée 26h, dép. 17h et 18h, s/60). Chaski Tours (☎229 784) à destination de **Arequipa** (durée 12h, dép. 6h, 14h et 17h30, s/20). Global (☎234 300) à destination de **Abancay** (durée 6h, dép. 17h et 18h, s/13). Turismo Abancay (☎224 447) à destination de **Abancay** (durée 6h, dép. 6h, 13h et 20h, s/15). Transportes Turismo Colca (☎227 535) à destination de **Colca** (dép. 6h45 et 17h, s/20). Expreso Wari à destination de **Ayacucho** (durée 24h, dép. 19h, s/50). Turismo San Luis à destination de **La Paz** en **Bolivie** (durée 15h, dép. 20h, s/100) et de **Arequipa** (durée 12h, dép. 17h30 et 18h, s/25). Libertad (☎247 174) à destination de **Copacabana** (durée 10h, dép. 8h, 19h30 et 20h, s/25).

Taxi : Il y a un certain nombre de taxis autour de la Plaza de Armas. Gare routière s/7. Aéroport s/10. A l'intérieur du centre ville s/2, le soir s/3. Un peu plus cher si vous commandez un taxi par téléphone (☎222 222).

Colectivo : Vous en trouverez le long des avenues Sol, Pardo et Tullumayo. s/0,50. Vous trouverez des *colectivos* à destination de **Pisac**, de **Chinchero** et de **Urumba** sur l'Ave. Tullumayo 7h-18h (s/2-3).

ORIENTATION ET INFORMATIONS PRATIQUES

A Cuzco, les touristes tournent autour de la **Plaza de Armas**. De la droite de la place (quand vous regardez vers le bas de la pente), la principale avenue de Cuzco, **Sol**, file au sud-est et mène à la poste, à la gare routière, à la gare ferroviaire Huanchac (départs pour Puno et Arequipa) et à l'aéroport. Des trains à destination de Machu Picchu partent de la gare San Pedro, près du marché central, au sud de la Plaza de Armas. Dans la partie ouest de la ville, vous trouverez la gare Santa Ana avec également des trains à destination de Machu Picchu. Les axes **Procuradores** et **Plateros** partent de la Plaza de Armas au nord-ouest. Vous y trouverez un certain nombre d'hôtels, de restaurants et d'agences de voyages. Les rues situées derrière la cathédrale partent de la place et montent au nord-est jusqu'à **San Blas**, un quartier où se trouvent un certain nombre de restaurants et de boutiques d'artisanat.

SERVICES TOURISTIQUES, SERVICES DIVERS ET ARGENT

Informations touristiques : **Office municipal**, Mantas 188 (☎263 176), à la hauteur de Heladeros, en face de la Iglesia de La Merced. Des cartes de Cuzco et du Chemin de l'Inca sont disponibles. On y vend également des billets forfaitaires pour touristes (voir p. 140). Ouvert Lu-Ve 8h-18h30 et Sa. 8h-14h. **South American Explorers (SAE)**, Sol 930 (☎/fax 223 102, e-mail saec@wayna.rcp.net.pe), à la hauteur de l'Ave. Garcilaso, à 6 *cuadras* en descendant l'Ave. Sol à partir de la Plaza de Armas. La SAE propose à ses membres des conseils et des rapports de voyages, des petites annonces, un service de consigne et de coffres, une bibliothèque, un échange de livres, des e-mail gratuits, et les dernières mises à jour des horaires des trains. Ouvert Lu-Sa 9h-17h et Di. 10h-13h. Carte de membre 40 $ pour une inscription individuelle, 70 $ pour les couples (pour plus d'information sur la SAE, voir **L'Essentiel**, p. 74).

Agences de voyages : voir **Excursions avec guide depuis Cuzco**, p. 147.

Bureaux de change : Vous trouverez plusieurs banques en descendant l'Ave. Sol depuis la Plaza de Armas. Il y a aussi plusieurs *casas de cambio* dans les rues situées autour de la Plaza de Armas.

Distributeurs automatiques : **Banco Continental**, Sol 352, à la hauteur de la rue Puluchapata. **Banco de Crédito**, Sol 189, à la hauteur de la rue Almagro. **Bancosur**,

Sol 459, au niveau de la rue Arrayanniyoq. Ces banques proposent des distributeurs VISA. Pour les cartes MasterCard, allez au distributeur de la **Banco Latino**, Sol 395, à la hauteur de la rue Puluchapata.

Ecoles de langues : **Amauta Cultural Spanish School**, Suecia 480 (☎241 422, e-mail info@amautaspanish.com). C'est la plus grande école d'espagnol des environs. Elle propose toute une variété de programmes linguistiques à Cuzco et à Urubamba. Cours collectifs 190 $ la semaine, cours particuliers 7,50 $ l'heure, forfait hebdomadaire 240 $, logement en famille inclus, 20h de cours et activités annexes telles que cours de salsa, visite guidée de la ville et leçons de cuisine. Bureau ouvert Lu-Ve 8h-18 et Sa. 9h-12h. **Excel Language Center**, Cruz Verde 336A (☎235 298). C'est une autre école qui propose des services équivalents. Cours particuliers 7 $ l'heure. Bureau ouvert Lu-Ve 9h-12h et 15h-20h. **Cusco Spanish School**, Garcilaso 265 (☎226 928, e-mail cuscopan@webcusco.com/cuscopan, Web : www.webcusco.com/cuscopan).

Supermarchés : Avant de vous lancer sur le Chemin de l'Inca, allez faire quelques provisions à **El Chinito**, au croisement de l'Ave. Sol et de la rue Almagro. Ou à **El Chinito Grande**, Matar 271, à la hauteur de la rue Ayacucho, qui, comme son nom l'indique, est plus grand. Les deux magasins sont ouverts tlj 8h-14h et 15h-20h. Il y a aussi plusieurs petits marchés sur la rue Plateros.

Laveries : Le long des rues Procuradores et Suecia. s/3 le kilo au maximum.

URGENCES ET COMMUNICATIONS

Police : **Police touristique**, Saphy 510 (☎232 221), au niveau de Siete Cuartones. On parle anglais. Ouvert 24h/24. Pour porter plainte pour escroquerie ou si vous cherchez de l'aide suite à un vol, allez au **Bureau de protection des touristes**, Carrizos 250 (☎252 974, 24h/24. Urgences ☎(01) 224 78 88), sur la Plaza de Armas. On parle anglais. Ouvert tlj 8h-20h.

Hôpital : **Hospital Regional** (urgences ☎223 691), Cultura. **Clínica Pardo**, Cultura 710 (☎240 387). Le **Dr. Oscar Tejada** (☎233 836) peut être joint en cas d'urgence 24h/24.

Dentiste : **Dr. Virginia Valcarel Velarde**, Panes 123 (☎231 558, urgences ☎246 220), Plaza de Armas.

Accès Internet : **Internet Station**, Tecsecocha 400. s/3 l'heure. Ouvert tlj 8h30-24h. **Ukukus** (s/2 l'heure) et **Mama Africa** (s/2,50 l'heure). C'est là que vous trouverez les accès les moins chers et les plus tranquilles à condition que la musique ne vous dérange pas lorsque vous êtes en train de pianoter sur votre clavier (voir **Discothèques**, p. 145).

Bureau de poste : **Serpost** (☎224 212), à l'intersection de l'Ave. Sol et de l'Ave. Garcilaso, à 5 longues *cuadras* en partant de la Plaza de Armas. Ouvert Lu-Sa 8h-20h et Di. 8h-14h.

HÉBERGEMENT

Il y a plus d'une centaine de lieux d'hébergement dans Cuzco. Cependant, vous risquez d'avoir du mal à trouver de la place aux mois de juillet et août, ainsi qu'au moment de la fête de l'Inti Raymi à la fin du mois de juin. En haute saison, il est recommandé de réserver (et même de confirmer la réservation).

AUTOUR DE LA PLAZA DE ARMAS

L'endroit a l'air idéal, mais il y a peu d'adresses bon marché, et elles sont éloignées les unes des autres. Méfiez-vous du *disco-pub* ouvert toute la nuit au premier étage, car vous risquez de ne pas fermer l'œil de la nuit.

❤ **Hostal Suecia II**, Tecsecocha 465 (☎239 757). Prenez à gauche au bout de la rue Procuradores, puis à droite à l'angle. Plus calme que l'original (voir plus loin), avec des chambres accueillantes, de l'eau chaude et une cour intérieure lumineuse. Chambre simple s/20, avec salle de bains s/30, chambre double s/30, avec salle de bains s/50, chambre triple s/45, avec salle de bains s/70.

Hostal Suecia : Suecia 332 (☎233 282). Chambres modestes aménagées autour d'une cour verdoyante et salles de bains collectives avec eau chaude. Dortoir s/14, chambre simple s/20, double s/30, triple s/51.

Hostal Felix, Tecsecocha 171 (☎241 949). Pierres apparentes donnant un peu l'impression que l'établissement est situé dans une cave, mais les cheminées réchauffent les chambres. Salles de bains convenables. Eau chaude la plupart du temps. Chambre simple s/15, avec salle de bains s/20, chambre double s/20, avec salle de bains s/24, chambre triple s/30, avec salle de bains s/33.

Maison de la Tennesse (HI) : (☎235 617), dans une petite rue au niveau de la cinquième *cuadra* de l'Ave. Sol. Etablissement familial et bien tenu, affilié au réseau international des auberges de jeunesse. Les chambres sont un peu étroites étant donné leur prix. Eau chaude 24h/24. Accès cuisine. Chambre 8 $ par personne, avec salle de bains 10 $.

AU SUD-EST DE CUZCO

Hospedaje Magnolia II, Regional 898 (☎224 898), à la hauteur de l'Ave. Centenario. A partir de la Plaza de Armas, descendez l'Ave. Sol, prenez à droite sur l'Ave. Garcilaso, poursuivez sur San Miguel, puis prenez à gauche sur l'Ave. Centenario jusqu'à l'Ave. Regional. L'établissement est situé dans un immeuble circulaire bleu psychédélique près de la gare routière. Propre, avec de grandes fenêtres. Eau chaude 24h/24. Chambre simple s/20, avec salle de bains s/25, chambre double s/35, avec salle de bains s/35.

AUTOUR DE LA PLAZA REGOCIJO

Vous trouverez plusieurs chambres bon marché dans des maisons coloniales situées dans les rues qui entourent cette place verdoyante. Celle-ci se trouve à quelques dizaines de mètres au sud-ouest de la Plaza de Armas. Il y a un certain nombre de commerces dans les rues Nueva Alta, Siete Cuartones et Tambo de Montero.

❤ **Niños Hotel**, Meloq 442 (☎231 424, e-mail ninos@correo.dnet.com.pe, Web : www.targetfound.nl/ninos), à la hauteur de la rue Siete Cuartones. Toutes les recettes de l'hôtel contribuent à l'éducation d'une douzaine d'ex-enfants des rues, qui vivent aujourd'hui avec le propriétaire hollandais. Chacune des chambres, spacieuse et de style Arts-Déco, porte le nom de l'un d'eux. Eau chaude 24h/24. Café et restaurant chic. Chambre simple 10 $, avec salle de bains 15 $, chambre double 20 $, avec salle de bains 25 $, chambre triple avec salle de bains 35 $.

Hostal California, Nueva Alta 444 (☎/fax 242 997), au niveau de la rue Meloq. Un joli endroit, malgré les matelas défoncés. Eau chaude à toute période de l'année. Accès à la cuisine. Dortoir s/15 par personne, chambre double avec salle de bains s/20-25.

Hostal Q'orichaska, Nueva Alta 458 (☎228 974). Les chambres, modestes et sans éclat, sont aménagées autour du salon et des pots de fleurs de la cour intérieure. Les meubles ont pris de l'âge. Eau chaude 24h/24. Accès cuisine. Petit déjeuner inclus. 5 $ par personne, avec salle de bains 7 $.

Hospedaje Royal Frankenstein, San Juan de Dios 260 (☎236 999), non loin de la Plaza Regocijo. Les salons animés et la cuisine conviviale donnent un peu de piment aux chambres propres mais un peu austères de cet établissement. Celles-ci portent toutes un nom sur le thème de Frankenstein, comme "Mary Shelley" ou "Frank 'n stoned". Laverie. Chambre simple 10 $, double 20 $, avec salle de bains 30 $, chambre triple 30 $. Les prix baissent en général de moitié en basse saison.

AUTOUR DE SAN CRISTÓBAL

Pour vous rendre dans les établissements suivants, vous devrez grimper un peu au nord-ouest de la Plaza de Armas, mais la vue sur la vallée, avec les neiges éternelles de l'Ausangate visibles par beau temps, ne vous fera pas regretter votre effort. Mieux encore, les prix restent ici très raisonnables. Côté inconvénients, on a recensé quelques vols par "évanouissement" dans les environs. Prenez un taxi et soyez vigilant une fois la nuit tombée.

♥ **Hostal Resbalosa**, Resbalosa 494 (☎240 461). Chambres confortables avec couvertures épaisses, parquet et grandes fenêtres. Terrasse sur le toit, véranda et bacs à linge. Salles de bains reluisantes de propreté avec occasionnellement de l'eau chaude. Petit déjeuner possible. Chambre simple s/10, chambre double s/25, avec salle de bains s/30, chambre triple s/30, avec salle de bains s/36.

Hostal San Cristóbal, Kiskapata 242 (☎223 942). Prenez à droite à mi-chemin de la rue Resbalosa. Un peu délabré mais agréable, cet établissement est tenu par de charmantes vieilles dames. Petits dortoirs sympathiques. Certaines chambres, tout comme la terrasse du haut, offrent une très jolie vue. Eau chaude la plupart du temps. Accès à la cuisine. Chambres de 1 à 6 lits s/10 par personne.

Hostal Procurador del Cusco, Coricalle 425 (☎243 559). Chambres spacieuses. Eau chaude 24h/24. La terrasse située en haut offre une très jolie vue sur les environs. Chambre simple s/15, chambre double s/30, chambre triple s/40, avec salle de bains s/60, chambre quadruple s/60.

DANS LE QUARTIER DE SAN BLAS

Avec ses maisons blanchies à la chaux, ce joli coin, situé sur la colline derrière la cathédrale (à 5 mn de marche de la Plaza de Armas), est l'un des plus calmes de Cuzco. Ces dernières années, San Blas a accueilli plusieurs nouveaux petits hôtels tenus par des familles, où bon marché rime avec hospitalité. Malheureusement, les rues de San Blas deviennent sombres et désertes après la tombée de la nuit et il est alors préférable de s'y déplacer en taxi.

Hostal Familiar Packcha Real, Tandapata 300 (☎237 484). C'est l'auberge familiale la moins chère de Tandapata. Vous y trouverez des chambres propres, des salons, une cuisine et même un gentil chien. Chambre s/15 par personne, avec salle de bains s/20.

Kuntur Wasi, Tandapata 352-A (☎227 570). Cette *casa*, proprette, est tenue par une famille accueillante. Lits spacieux et douches chauffées à l'électricité. 5 $ par personne, avec salle de bains 10 $.

Casa Hospedaje Sumaq T'ikaq, Tandapata 114 (☎229 127). La propriétaire est une femme très sociable et toujours aux petits soins pour ses visiteurs. Patio calme. Accès cuisine. Petit déjeuner inclus. Grandes chambres avec salle de bains, 10 $ par personne.

Hostal Choquechaka, Choquechaka 436-B (☎237 265). C'est l'une des adresses les moins chères de l'avenue. Les salles de bains sont un peu miteuses mais ont de l'eau chaude 24h/24. Accès cuisine. Chambre de 1 à 4 lits, s/12 par personne.

Mirador del Inka, Tandapata 160 (☎261 384). Un endroit agréable. Les patios et les murs de pierre donnent un certain charme à cette auberge familiale. 5 $ par personne, avec salle de bains 15 $.

Hospedaje Sambleña, Carmen Alto 114. Le *mirador* qui se trouve au 2e étage offre une jolie vue aux visiteurs. Toutes les chambres sont équipées de salles de bains avec eau chaude et de parquet en bois dur. Chambre simple s/30, chambre double s/60, chambre triple s/60.

RESTAURANTS

Cuzco est connue pour son *cuy* (cochon d'Inde), sa *trucha* (truite), son *lechón* (cochon de lait rôti) et son *rocoto relleno* (poivron épicé farci à la viande et aux légumes, puis passé dans une pâte et frit). Bien sûr, beaucoup de touristes n'ont pas une grande curiosité culinaire et dépensent leurs *soles* dans les restaurants mexicains, italiens, japonais ou végétariens dans les rues situées autour de la Plaza de Armas. Si vous en avez marre de manger toujours la même chose, parcourez quelques *cuadras* sur la rue Loreto, et vous trouverez quelques endroits plus typiques qui proposent des menus à s/2-4.

♥ **Macondo**, Cuesta San Blas 571 (☎229 415). Qu'est-ce qu'on est bien ! L'enseigne indique "Come into my world" (*"entrez dans mon monde"*), et après avoir goûté la cuisine péruvienne de cet endroit étonnant (*alpaca mignon à la parisienne* – comment ? vous ne connaissiez pas ? – s/21,50 ; "salade amazonienne" s/15), vous aurez peut-être du mal à vous lever de table. Petit déjeuner s/7-15. Déjeuner s/6-12. Dîner s/12-22. Réservation recommandée pour le dîner. Ouvert tlj 11h-22h, après quoi le Macondo se transforme en bar branché.

❤ **Govinda**, Espaderos 128 (☎252 723). D'inspiration Hare Krishna, végétarien dans sa cuisine et très tranquille d'apparence, ce restaurant propose notamment un délicieux pain complet (s/0,50), des salades de fruits (s/5-7), et des yaourts (s/5-7) qui combleront l'appétit des affamés, sans vider leur porte-monnaie. Ouvert tlj 8h-22h.

❤ **Green's**, Tandapata 700 (☎651 332), derrière l'église de la Plaza San Blas. Au menu, steaks et currys pour les palais les plus délicats. La cheminée, les fauteuils, le backgammon et les magazines garantissent au visiteur une longue, longue soirée. Plat s/14-24. Ouvert tlj 12h-24h. Service 12h-15h et 18h-23h.

La Quinta Eulalia, Choquechaka 384 (☎241 380). Spécialisé dans la préparation du *cuy* (s/20), du *lechón* (s/14) et du *rocoto relleno* (s/8), cet établissement a ouvert ses portes en 1941. Allez apprécier par vous-même et prenez place à l'une des tables installées sous la tente extérieure. Ouvert tlj 11h-18h.

Chez Maggy, Plateros 339 (☎232 478). C'est l'une des nombreuses pizzerias de Cuzco mais l'on y croise des serveurs un peu fous, des musiciens itinérants, et des voyageurs de toutes origines. Si vous souhaitez vous mêler à cette foule hétéroclite, asseyez-vous à l'une des longues tables de cet établissement un peu exigu. Petite pizza s/10-12. Ouvert tlj 11h-16h et 18h-24h.

Pacha Papa Cafe Restaurant, Plazoleta San Blas 120 (☎241 318), en face de la Iglesia San Blas. Cet établissement propose des plats traditionnels dans une ambiance assez chic. *Alpaca* s/12-18, quart de *cuy* s/15. Plat s/12-30. Ouvert tlj 10h-21h.

Kin Taro, Heladeros 149 (☎226 181), non loin de la Plaza Regocijo. Superbe choix de plats japonais (plats cuits). Teriyaki s/10-15. Ouvert Lu-Sa 12h-22h.

Al Grano, Santa Catalina Ancha 398 (☎228 032). Spécialisé dans la cuisine asiatique, Al Grano propose une variété de plats végétariens au curry, identifiés par le nom de leur pays d'origine. s/13.50. Ouvert Lu-Sa 10h-21h.

Don Lucho, Pardo 789 (☎237 343). De la Plaza de Armas, descendez l'Ave. Sol sur 7 *cuadras*, prenez la rue Garcida et tournez à droite au numéro 50. Il n'y a pas d'enseigne. Etablissement modeste fréquenté par les gens du cru. Déjeuner à s/3,50, avec une boisson gazeuse comprise, s'il vous plaît ! Le soir, poulet frit et *salchipapas* au menu. Les portions sont copieuses. Ouvert tlj 12h-22h.

Kusikuy, Plateros 348 (☎262 870). Si vous voulez goûter la cuisine péruvienne, rendez-vous dans cet établissement fréquenté par une clientèle locale et commandez un *cuy al horno* (s/38). Environ une heure plus tard, la petite bête caoutchouteuse sort de la cuisine, avec un chapeau de tomates sur la tête, et pose pour l'incontournable séance photo des touristes présents. Aucun autre plat n'est aussi élaboré (ni aussi cher) que celui-là. Truite s/17-19. Sandwichs s/4-6. Ouvert Lu-Sa 8h-22h30 et Di. 19h-22h30.

Restaurant Delicatessen, Afligaros 124 (☎249 785), 2 *cuadras* en descendant l'Ave. Sol, puis à une demi-*cuadra* sur la gauche. La cuisine, l'ambiance, et peut-être plus important encore, les prix, sont plus péruviens que tous les bars à touristes qui se trouvent sur la place. Déjeuner s/3,50. Plats à la carte s/6-12. Ouvert Lu-Sa 8h-22h.

CAFÉS

L'invasion étrangère à Cuzco a rendu la vente de café, la consommation de café, bref, tout ce qui tourne autour du café, obligatoire et prioritaire. Remerciez le Seigneur et dites adieu au Nescafé. La journée, les cafés de la ville servent le petit déjeuner et des sandwichs. Le soir, ils se transforment en tours de Babel enfumées où l'on peut entendre des discussions animées dans toutes les langues.

❤ **La Tertulia**, Procuradores 44 (☎241 422), 1er étage. C'est là que vous trouverez le meilleur petit déjeuner de toute la ville, avec un grand choix de menus "à volonté" (s/7-15). Salades, pizzas et plats péruviens également proposés. Ouvert tlj 6h30-23h.

❤ **Café Ayllu**, Carnes 208 (☎232 357), sur la Plaza de Armas, à côté de la cathédrale. La clientèle, péruvienne et étrangère, vient ici commander un café bien fort (s/2-5) ou un petit déjeuner copieux (s/6-10). Ouvert Lu-Sa 6h30-23h et Di. 6h30-13h30.

Café Varayoc, Espaderos 142 (☎232 404). Café bar à l'ambiance un peu "flippée". Sandwichs s/4-10. Fondue de fromage s/30. Crêpes s/16. Ouvert tlj 8h-23h.

El Buen Pastor, Cuesta San Blas 579 (☎240 586). Pâtisseries, croissants et *empanadas* s/1-2 excellents. Les bénéfices sont reversés à un orphelinat des environs. Ouvert tlj 7h-20h.

VISITES

La plupart des lieux touristiques de Cuzco requièrent un **forfait touriste** (*boleto turístico*, 10 $), qui inclut l'entrée à la cathédrale, à la Iglesia de San Blas, au Museo de Arte Religioso del Arzobispado, au Museo de Arte y Monasterio de Santa Catalina, au site et au musée de Qorikancha, au Museo Municipal de Arte Contemporáneo, au Museo Histórico Regional (Casa Garcilaso) et aux ruines de Sacsayhuamán, de Qenco, de Puca Pucara, de Tambomachay, de Pisac, de Ollantaytambo, de Chinchero, de Tipón et de Pikillacta, situées non loin de là. Le billet n'inclut pas l'entrée à la partie de Qorikancha qui appartient au Convento de Santo Domingo, au Convento de la Merced, ou au Museo Inka à la Casa del Almirante. Il n'est pas possible d'acheter de billet individuel pour la plupart des lieux dont l'entrée est comprise dans le forfait touriste, mais vous pouvez toujours acheter un **billet partiel** (*boleto parcial*) donnant un accès restreint aux musées et aux églises, ou aux ruines (6 $). Les forfaits sont disponibles au **bureau OFEC** (☎226 919), à l'intersection entre Garcilaso et Heladeros, sur la Plaza Regocijo, ou bien à l'**office de tourisme** (voir **Informations pratiques**, p. 135), et parfois sur les sites mêmes, en particulier dans les églises. Les étudiants qui possèdent une carte ISIC peuvent bénéficier de tarifs réduits dans la plupart des musées et des agences de voyages. Un grand nombre des musées de la ville exposent des tableaux de l'**école de Cuzco**. Cette importante école d'art coloniale a duré 200 ans et regroupe des peintres *mestizos* et *indígenas*. Cet héritage culturel mixte a donné lieu à des tableaux où se mêlent thèmes chrétiens et symbolisme andin : l'arrière-plan représente la faune et la flore locales, tandis que les figures bibliques portent des costumes incas. Même si ce n'est plus la coutume, il arrive parfois que l'on voie des femmes et des enfants se promener dans les rues de Cuzco vêtus de jolis costumes de cérémonie avec un **lama** pomponné pour l'occasion. Préparez vos appareils photo. Cependant, étant donné que la plupart de ces personnes ne sont vêtues ainsi que pour les touristes, et qu'elles louent leurs costumes, les photographes sont priés de donner un pourboire d'un *sol* ou deux.

LA CATHÉDRALE

Sur la Plaza de Armas. Il s'agit de celle avec des grandes marches. Ouvert Lu-Sa 10h-11h30 et 14h-17h30, Di. 14h-17h30. Entrée limitée aux détenteurs d'un forfait touriste, sauf à l'heure de la messe.

La construction de la cathédrale de Cuzco, sur les fondations du palais inca de Wiracocha, débute en 1550 et s'achève un siècle plus tard. L'église subira de sérieux dégâts lors du tremblement de terre de 1986. A l'intérieur, certaines zones sont toujours bloquées par les échafaudages. Cette cathédrale reste malgré tout fascinante en raison de l'incorporation subtile d'éléments symboliques incas, liée au fait qu'un grand nombre d'artisans indiens ont participé à son édification. Elle abrite également plusieurs tableaux appartenant à l'école de Cuzco.

CAPILLA DE LA SAGRADA FAMILIA. Les visiteurs de la cathédrale entrent par la Capilla de la Sagrada Familia (Chapelle de la Sainte Famille). En pénétrant dans la nef, vous pourrez voir le grand autel de style renaissance, qui est recouvert d'argent. A côté se trouve une illustration de la Cène dont on a beaucoup parlé. On l'attribue à Marcos Zapata, peintre de l'école de Cuzco. Artiste *mestizo* du XVIIIe siècle, Zapata s'est inspiré des festins incas et a ainsi peint dans la Cène un rôti de cochon d'Inde. Derrière l'autel, se trouve le chœur de la cathédrale, tout en bois finement sculpté, et considéré comme étant l'un des plus beaux d'Amérique latine. Le chœur était utilisé comme un instrument d'évangélisation des indiens. Curieusement, chaque siège possède un accoudoir soutenu par une sculpture représentant une femme portant un enfant. Il s'agit de la Pachamama, la déesse inca de la terre, autre reflet du talent artistique des indiens.

CAPILLA DEL TRIUNFO. Lorsque l'on pénètre à l'intérieur de la Capilla del triunfo (Chapelle du Triomphe), juste à côté, on peut voir l'autel du Señor de los temblores (Seigneur des tremblements de terre). Selon la légende, une procession qui portait cette image du Christ sur la Plaza de Armas permit de mettre un terme rapide au tremblement de terre de 1650. Noirci par des siècles de fumée dégagée par les cierges, El Señor fait une apparition sur la place le lundi de la Semaine sainte. Son autel est un superbe ouvrage en pierre recouverte d'or. Un certain nombre d'autres autels comportent des sculptures peintes représentant la faune de la jungle péruvienne. Dans la crypte située sous la chapelle, vous pourrez voir les cendres de Garcilaso de la Vega, le chroniqueur *mestizo* des Incas. Cette chapelle est la première église chrétienne construite à Cuzco. Elle a été le site de Suntur Wasi, un arsenal inca dans lequel les troupes espagnoles ont trouvé refuge durant le siège de la ville par l'Inca Manco en 1536. Au cours de cette attaque, les Incas mirent le feu à une grande partie de Cuzco. Miraculeusement, cependant, El Triunfo ne brûla pas. A l'intérieur, les Espagnols virent des apparitions de la vierge Marie et de saint Jacques en train de combattre les flammes (il s'agissait probablement d'esclaves en train de lancer des seaux d'eau). Après le "miracle", les Espagnols sortirent de l'arsenal et mirent les Incas en déroute. Pour célébrer leur victoire, ils utilisèrent des pierres du site de Sacsayhuamán (voir p. 146) pour bâtir El triunfo. Plus tard, la chapelle fut reliée à la cathédrale.

QORIKANCHA ET LA IGLESIA DE SANTO DOMINGO

Sur l'étendue herbeuse qui s'étend sur deux cuadras en descendant l'Ave. Sol à partir de la Plaza de Armas, à la hauteur de la rue Arrayan. Le musée archéologique est ouvert Lu-Sa 10h-18h. Entrée avec un forfait touriste uniquement. Santo Domingo et le Temple du soleil sont ouverts Lu-Sa 8h-18h et Di. 14h-16h. s/3. l'accès n'est pas inclus dans le forfait touriste.

HISTOIRE. Lorsque Atahualpa est fait prisonnier à Cajamarca en 1533, les Incas promettent à son ravisseur, Francisco Pizarro, des tonnes d'or et d'argent provenant de Cuzco en guise de rançon. Impatient, Pizarro envoie trois de ses hommes dans la capitale inca. Ceux-ci trouvent rapidement la Qorikancha (la "cour de Dieu"), un énorme temple recouvert d'or qui s'étendait à l'époque depuis le site encore visible aujourd'hui jusqu'à l'intersection entre les avenues Sol et Tullumayo. Ils s'emparent alors de quelque 1500 kilos d'or pur qui recouvrait les murs. Au cours des expéditions suivantes, Pizarro et son armée feront fondre des tonnes de précieux objets pour en récupérer l'or et l'argent.

Quelques années plus tard, les Dominicains construisent une église sur le site. Lorsqu'une grande partie de l'édifice s'écroule lors du tremblement de terre de 1950, des archéologues peu compatissants se réjouissent alors de la réémergence des fondations incas. Les trouvailles qu'ils y feront donnent une idée de la merveille qu'avait dû être Qorikancha. Le temple pouvait accueillir quelque quatre mille prêtres et fidèles venus faire leurs offrandes quotidiennes aux dieux et aux ancêtres défunts. Un grand disque doré réfléchissait les rayons de soleil matinal sur un temple recouvert d'or. Un temple de la Lune, recouvert d'argent cette fois, avait lui aussi son disque d'argent. D'autres temples avaient été édifiés à la gloire du tonnerre, des éclairs, des arcs en ciel et de diverses étoiles. Dans au moins une des salles, on déposait les idoles des tribus vaincues afin de pouvoir les profaner si jamais les peuples dominés se rebellaient. Le Qorikancha servait également d'observatoire astronomique où les *amautas* (des prêtres appartenant à une caste d'élite) déterminaient les solstices et les équinoxes, et prévoyaient les éclipses, autant de phénomènes qui avaient des répercussions sur les pratiques religieuses et les cycles agricoles. En effet, le Qorikancha était le centre d'une sorte de cercle du zodiac qui englobait 327 sites sacrés.

LE SITE. Entrez par le musée souterrain situé sur l'Ave. Sol afin d'admirer une petite collection de poteries, d'outils, de bijoux et quelques vieilles photos intéressantes de Cuzco. Les maquettes donnent une idée de l'aspect général de Qorikancha. Passez devant les toilettes pour sortir et gagner l'étage supérieur, où gisent dans une cour des blocs de pierre datant de l'époque inca. Les restes de la fontaine pré-inca datent de 800 après J.-C. Plus intéressant encore (mais malheureusement non compris dans le forfait touriste), vous pourrez voir la partie du complexe qui appartient à l'église de Santo Domingo. Cette section est communément appelée le **Temple du soleil**, bien que les vestiges des lieux saints qui sont là soient probablement ceux du temple dédié à la lune et aux étoiles. De l'autre côté de la cour et en face de ces lieux saints se trouvent les temples des éclairs et de l'arc en ciel. Un grand réceptacle en pierre situé au centre de la cour, autrefois recouvert de 55 kilos d'or, aurait, dit-on, servi à contenir la *chicha* pour désaltérer le Dieu soleil. La sacristie de l'église abrite d'autres trésors, parmi lesquels des vêtements d'apparat religieux. Les murs de Qorikancha, dont les pierres sont extraordinairement ajustées, sont la parfaite illustration du savoir-faire inca en matière de maçonnerie.

SAN BLAS

Appelé Tococache à l'époque inca, San Blas est l'un des quartiers les plus anciens et les plus pittoresques de la ville. Y vit une communauté artistique florissante produisant des œuvres traditionnelles ou contemporaines. Rues et sentiers tortueux grimpent derrière la cathédrale, et conduisent à des boutiques d'artisanat, offrant une très jolie vue sur la ville en contrebas.

ARTESANÍA. Un certain nombre de boutiques d'artisanat réputées entourent la Plaza de San Blas. **Antonio Olave** réalise de jolies poteries et de belles peintures à l'huile reprenant des thèmes andins et religieux. *(Plaza San Blas 651. ☎231 835. Ouvert tlj 8h-18h.)* **Pancho Mendivil** crée de superbes objets en bois peint, des poteries et des miroirs, ainsi que des poupées en terre cuite au cou allongé. *(Plaza San Blas 619. ☎233 247. Ouvert tlj 8h30-21h.)* Sur la place elle-même, chaque samedi, il y a un petit **marché d'artisanat**. Mais il est sans doute plus séduisant d'explorer par soi-même les boutiques de San Blas et d'y découvrir ses trésors cachés.

IGLESIA DE SAN BLAS. Petite et charmante église datant de 1562, la Iglesia de San Blas n'a rien de particulier, si ce n'est qu'elle abrite l'une des plus belles **chaires en bois sculpté** d'Amérique. Cette chaire symétrique a été réalisée dans un seul tronc de cèdre et met en scène la vierge Marie, les Apôtres et un grand nombre d'anges et de chérubins, tous soutenus par les efforts sans répit de huit hérétiques situés sous la chaire, sur le côté. La légende dit que la chaire a été sculptée par un lépreux du nom de Tomás Tuirutupa, et que le crâne posé aux pieds de saint Paul est le sien. *(Sur la Plaza San Blas. Ouvert Lu-Sa 10h-11h30 et 14h-17h30 et pendant la messe. Entrée avec le forfait touriste uniquement.)*

AUTRES ÉGLISES ET MUSÉES

❤ **MUSEO INKA (PALACIO DEL ALMIRANTE).** Parfaitement organisé, le Museo Inka transporte les visiteurs des peuplades pré-incas jusqu'aux années de rébellion qui suivirent l'arrivée des conquistadors. Un must pour les amoureux de la civilisation andine. La collection qui est exposée dans le superbe **Palacio del Almirante** est détenue par l'Université nationale de San Antonio Abad. Au rez-de-chaussée du musée, vous verrez quelques poteries remarquablement conservées et des outils datant de cultures pré-incas : Nazca, Chimu, Moche, Pukara, Tiahuanaco et Huari. Parmi les pièces intéressantes, notez les grands **monolithes Pukara** et une **couverture funéraire** datant de 900 avant J.-C. Au premier étage, des dioramas colorés décrivent les pratiques agricoles des incas. Figurent également des bijoux, des vêtements, des armes, et des vases de cérémonie appartenant à la culture inca. Allez faire un tour à l'intérieur d'une crypte reconstituée qui renferme de véritables **momies**. Une carte montre l'immensité de l'Empire inca (Tawantinsuyo) par un jeu de superposition avec la carte de l'Europe. Dans une autre salle, vous verrez des meubles provenant d'un salon appartenant à la famille royale inca après la conquête, parmi lesquels des tables en bois et des bustes incrustés de turquoises et de nacre. D'anciennes copies des *Comentarios Reales* de Garcilaso de la Vega servent d'introduction à l'exposition sur Inkanismo, un mouvement luttant pour la préservation culturelle. *(Cuesta del Almirante 103, en montant et à droite de la cathédrale. ☎ 237 380. Ouvert Lu-Sa 8h-17h. s/5, non compris dans le forfait touristique.)*

MUSEO DE ARTE RELIGIOSO DEL ARZOBISPADO. Avant que cette demeure n'appartienne à l'archevêque (qui vit dans l'aile située à côté du musée), elle était la propriété du Marquis de Buenavista, et elle fut elle-même construite par-dessus les fondations du palais de l'Inca Roca. L'un des immenses murs du palais est toujours visible sur Hathrumiyoq, la "rue de la grosse pierre". Ce nom fait référence à la grande **pierre à 12 faces** qui tient harmonieusement dans le centre du mur. Avec ses portes en bois sculptées, la cour recouverte de carreaux de faïence de Séville bleue et blanche vaut à elle seule le coup d'œil. Les peintures qui se trouvent à l'intérieur du bâtiment sont signées de l'école de Cuzco, et même si la collection présentée ici est plus petite qu'ailleurs, elle est en meilleur état. L'une des salles les plus intéressantes est celle qui abrite des tableaux réalisés par **Marcos Zapata**, l'artiste *mestizo* du XVIIIe siècle qui incorporait souvent des éléments indigènes dans ses œuvres religieuses (voir **La cathédrale**, p. 140). La *Circumsición* de Zapata dépeint la circoncision de l'enfant Jésus. *(A l'intersection des rues Hathrumiyoq et Herrajes. ☎ 225 211. Ouvert Lu-Sa 8h-11h30 et 15h-17h30. Entrée avec le forfait touriste uniquement.)*

IGLESIA DE LA COMPAÑÍA ET MUSEO DE HISTORIA NATURAL. Autre église importante de la Plaza de Armas, La Compañía fut construite par-dessus Amarucancha, le palais de l'Inca Huayna Capac. L'une des murailles du palais est toujours visible le long de Loreto. Pendant la construction de cette église, au XVIIe siècle, une controverse éclata au sein du clergé de Cuzco lorsque la taille de La Compañía menaça d'égaler celle de la cathédrale. Finalement, le pape Paul III s'opposa à sa construction, mais la majeure partie de l'édifice avait déjà été réalisée. *(Ouvert pour la messe Lu-Sa 7h-12h et 18h30, Di. 7h30, 11h30, 18h et 19h. Entrée libre.)* Le **Museo de Historia Natural**, adjacent, expose plusieurs centaines d'animaux empaillés provenant de la région. *(Ouvert tlj 9h-12h, s/1.)*

CONVENTO DE SANTA CATALINA. Le couvent de Santa Catalina abrite actuellement des bonnes sœurs, mais ses fondations étaient autrefois celles d'une résidence réservée aux femmes d'un autre genre. C'était en effet le **Acllahuasi** ("la chambre des femmes choisies"). Ces femmes étaient les concubines de l'Inca ou les vierges prêtresses du dieu du soleil Inti, et étaient chargées de préparer la *chicha* du chef ainsi que des vêtements tissés. La confection de vêtements en laine d'alpaga et de vigogne était un travail interminable puisqu'ils étaient brûlés après avoir été portés une fois. Les vierges du soleil gardaient également le Temple du soleil (voir **Qorikancha**, p. 141). Elles préparaient des offrandes destinées à Inti et s'habillaient avec des plumes d'oiseaux en son honneur. Aujourd'hui, en plus des sœurs recluses, le couvent abrite le tableau d'une autre "femme choisie", **Santa Rosa de Lima**, une sainte en train de s'autoflageller (voir **Lima : Eglises**, p. 114). La collection exposée comporte des peintures coloniales de l'école de Cuzco représentant des scènes religieuses. *(A l'intersection des rues Santa Catalina et Arequipa. Musée ouvert Lu-Je 9h-18h, Ve. 9h-15h et Sa. 9h-18h. Entrée avec le forfait touriste uniquement.)*

IGLESIA DE LA MERCED. L'église de la Merced abrite le **Museo de Arte Religioso**. La collection est certes limitée, mais elle comporte certaines pièces intéressantes comme les deux vierges de Bitti, un peintre de Cuzco, et un Christ en croix réalisé par Zurbarán, un peintre espagnol de la Renaissance. Plus impressionnant encore, vous pourrez voir la **Custodia de La Merced**, un ostensoir du XVIIIe siècle comportant 22 kilos d'or et incrusté de 1518 diamants, de 615 perles et de pierres précieuses. *(Musée d'art ouvert Lu-Sa 8h-12h et 14h-17h. s/3.)*

AUTRES MUSÉES. Le **Museo Histórico Regional** se trouve dans la Casa Garcilaso de la Vega, l'ancienne demeure du fameux chroniqueur des Incas. A l'intérieur, vous trouverez une collection de poteries pré-incas et une momie avec des nattes d'une longueur de 1,50 m. *(Sur la Plaza Regocijo, au croisement des rues Garcilaso et Heladeros. ☎223 245. Ouvert Lu-Sa 8h-17h30. Entrée avec le forfait touriste uniquement.)* De l'autre côté de la Plaza Regocijo se trouve le **Museo Municipal de Arte Contemporáneo**, où sont exposés des objets d'artisanat régionaux et quelques tableaux modernes. *(Rue San Juan de Dios. ☎240 006. Ouvert Lu-Sa 9h-18h30. Entrée libre.)*

DIVERTISSEMENTS

FÊTES

Plusieurs fêtes sont dignes d'intérêt à Cuzco. Pendant la **Semana Santa** (8-15 Avr), El Señor de los Temblores traverse la Plaza de Armas en procession (voir **La cathédrale**, p. 140). Le **Corpus Christi**, début juin, est également l'occasion de jolies processions et de copieux festins. Enfin, la fête la plus importante est celle de l'**Inti Raymi**, qui a lieu le 24 juin, pour le solstice d'hiver. C'est une cérémonie connue dans le monde entier consacrée au dieu du soleil. Cuzco s'anime alors d'une joyeuse foule de plusieurs milliers de personnes qui envahissent les places pour assister aux danses, aux parades, et aux lancers de milliers de pétales de fleurs. Dans le même temps, en haut à Sacsayhuamán, a lieu une reconstitution historique où la débauche est à son comble.

SHOPPING

Cuzco est le principal lieu d'échange d'objets artisanaux en provenance de tout le Pérou : gourdes sculptées de Huancayo, retables et tapisseries d'Ayacucho, tissages fabriqués le long de la côte, pulls en provenance de l'autre côté des Andes, porte-clés en terre cuite aux motifs érotiques en provenance de... bon, plus personne ne sait exactement. Le **marché central** de Cuzco est consacré aux produits quotidiens, et c'est aussi le paradis des pickpockets. Si vous voulez acheter de l'artisanat de meilleure qualité, allez plutôt faire un tour dans l'un des nombreux marchés couverts qui se trouvent dans les rues **Espinar** (près de l'office de tourisme sur la Plaza Regocijo), **Palacios**, et **Plateros**. Il faut marchander. Les magasins de **San Blas**, le quartier situé en hauteur derrière la cathédrale, sont un peu plus chers, mais vous y trouverez des objets réalisés par les artistes du quartier : peintures à l'huile, poteries, jolis masques peints et objets religieux.

CINÉMA

Un certain nombre de restaurants et de boîtes de nuit situés autour de la Plaza de Armas projettent des films dans l'après-midi et en début de soirée. Il n'y a pas que des succès des années 1980. Cuzco se débrouille parfois pour passer quelques films très récents. Les établissements **Ukukus** et **Mama Africa** (voir p. 145), ainsi que le **Andes Café** sur la Plaza de Armas sont les endroits qui attirent le plus de monde pour les projections.

MUSIQUE ET THÉÂTRE

La ville de Cuzco est particulièrement habile à rassembler les ingrédients de diverses cultures régionales du Pérou et à les emballer pour le consommateur *gringo*. Le soir, les restaurants et les bars de la Plaza de Armas accueillent des musiciens venus jouer des airs de musique traditionnelle. Pour voir un véritable spectacle de folklore local, allez au **Centro Q'osqo**, Sol 604 (☎227 901. Spectacles quotidiens à 18h ou 19h. s/10.) Le **Teatro Municipal**, Mesón de la estrella 149, organise également des concerts occasionnels. (☎221 847. Spectacles à 19h ou 19h30. s/10.) Mais c'est encore dans la rue, au moment des fêtes, que vous pourrez assister aux meilleurs concerts ou voir une bonne pièce de théâtre, en particulier au moment de la fête de l'Inti Raymi, fin juin (voir **Fêtes**, précédemment).

SORTIES

Vous pourrez toujours étancher votre soif de bière à Cuzco, à condition que vous soyez un amateur de Cusqueña. Bien que les nombreux pubs de la ville dirigés par des étrangers aient contribué à l'importation de marques étrangères comme Guinness ou Foster's, c'est le moment ou jamais de goûter des breuvages locaux. Les rabatteurs de boîtes de nuit qui traînent sur la place offrent des coupons donnant droit à une **boisson gratuite**. Cependant, sachez que l'alcool rend souvent l'acclimatation à l'altitude encore plus difficile.

Los Perros, Tecsecocha 436. Tammy, d'origine australienne, et Guillermo, Péruvien, dirigent cet établissement à l'ambiance jeune et artistique. Cuisine agréable, canapés douillets et rap déjanté des Cypress Hill en fond sonore. Le dimanche soir, Tammy chante avec son orchestre de jazz. Ouvert tlj, Sep-Mai 13h-1h, Juin-Août 11h-3h.

The Cross Keys, Confiturías 233, sur la Plaza de Armas. Le soir, ce pub se remplit de voyageurs et d'expatriés. On peut même y grignoter quelque chose. Bon *pisco sour* s/8. *Happy hour* 18h-19h et 21h-21h30. Ouvert tlj 11h-1h.

Paddy Flaherty's, Triunfo 124 (☎246 903), juste à côté de la cathédrale. Petit et chaleureux. Les fidèles viennent ici voir des matchs de rugby, entre autres sports. Pinte de Guinness s/12. Bière pression s/5-7. *Happy hour* 19h-20h et 22h-22h30. Ouvert tlj 12h-1h.

Norton Rat's tavern, Loreto 115 (☎246 204), à gauche de La Compañía, en surplomb de la Plaza de Armas. Tenue par des Américains, cette taverne parvient toutefois à compter quelques Péruviens parmi ses clients. Les jolis balcons vous donneront le loisir d'admirer les lumières de la ville plongée dans la nuit. Thé glacé Long Island s/6. Bière locale s/4-7. *Happy hour* en général 19h-21h. Ouvert tlj 12h-1h.

Rosie O'Grady's, Santa Catalina Anch 360 (☎247 935), à 2 *cuadras* de la cathédrale. Ce bar irlandais a troqué les intérieurs en bois sombre pour une déco luxueuse. Retransmissions en direct de matchs de football ou de rugby. Guinness s/12. *Cusqueña* s/4. Concerts Je-Ve. *Happy hour* 13h-14h et 23h-23h30. Ouvert tlj 11h-1h.

Bar Fly, sur la Plaza de Armas, à la hauteur de la rue Procuradores. C'est un nouveau café-bar, plutôt hospitalier, avec balcon, où vous serez accueilli par le crépitement du feu et le balancement des rocking-chairs. *Pisco sour* s/7. Ouvert tlj 11h-1h.

DISCOTHÈQUES

La plupart du temps, les soirs de semaine (surtout entre juin et août), les rues situées autour de la Plaza de Armas battent au rythme des 15 discothèques de Cuzco. Certaines font payer l'entrée le vendredi et le samedi soir, mais les touristes sont souvent exonérés. Sinon, faites le tour de la place pour trouver un établissement qui vous laissera entrer gratuitement. Pas la peine de vous mettre sur votre trente et un pour entrer dans ces night-clubs à touristes : la mode y est plus à la veste en gore-tex et aux chaussures de trekking qu'à la chemise bien repassée. Et ne songez pas à aller vous coucher avant l'aube.

Mama Africa, Espaderos 135 (☎241 979), 1er étage. Cette discothèque fait partie d'un complexe aménagé sur plusieurs niveaux. Une musique mixte entre le reggae et le rock passe pour le plaisir de quelques voyageurs mal rasés et de jeunes et jolies *Cusqueñas*. Accès e-mail (s/2,50 l'heure) et bons repas dans une salle à part. Projection de films l'après-midi. Bière s/6. Concerts 22h30. *Happy hour* 20h-21h30. Ouvert à toute heure.

Ukurus, Plateros 316 (☎242 951). Beaucoup de sièges et d'espace. Musique rock, pop, salsa et techno. Projection de films l'après-midi. Accès e-mail s/2 par heure. *Cusqueña* s/5. Concerts 23h-24h. *Happy hour* 20h-21h30. Ouvert tard dans la nuit.

Uptown, Suecia 302 (☎227 241), 1er étage. Fréquenté par une importante clientèle péruvienne. Musique latino. Décoration style toit en chaume. Tables discrètes où sont assis des couples d'amoureux. *Happy hour* 21h-22h et 23h-23h30. Ouvert presque toute la nuit.

Xcess, Carnes 298, dans le même bâtiment que le **Uptown**. La clientèle (essentiellement jeune et étrangère) est tellement nombreuse qu'on a du mal à danser. Cristal s/5. Deux *Cuba libres* s/10. *Happy hour* 21h-22h et 23h-23h30. Ouvert tard dans la nuit.

Kamikase, Plaza Regocijo 274 (☎233 865), 1er étage. Avec plus de seize années d'existence, c'est la plus vieille discothèque de la ville. Reggae, disco et tubes des années 1980. Balcon donnant sur la place. *Cusqueña* s/5. Concerts 23h-24h. *Happy hour* 20h30-21h30. Ferme au départ du dernier client.

Eko, Plateros 334, 1er étage. C'est la discothèque la plus récente de Cuzco. De la *transe*, encore de la *transe*, et toujours de la *transe*. Immense piste de danse, avec un bar fluorescent au bout de la piste. Bière s/5. *Happy hour* 19h30-21h.

EXCURSIONS DEPUIS CUZCO

La plupart des sites de la Vallée sacrée peuvent faire l'objet d'excursions d'une journée à partir de Cuzco. Cependant, la région est si riche, et il y a tellement de choses à voir qu'elle mérite que l'on y consacre une partie entière du guide (voir p. 150). Ce qui ne veut pas dire que les sites qui suivent ne valent pas la peine d'être vus. Ils sont simplement plus proches de Cuzco. Situés le long de la route goudronnée qui mène à Pisac, ils justifient pleinement une journée d'excursion. Des pancartes indiquent clairement le chemin à prendre pour les visiter. Certaines personnes aiment voir les ruines dans l'ordre inverse en prenant un taxi (s/20) jusqu'à Tambomachay, le plus éloigné des quatre sites, puis en descendant le chemin à pied. Vous pouvez également prendre un *colectivo* à destination de Tullumayu et demander au chauffeur de vous laisser à Tambomachay (s/2,50). Les agences situées à Cuzco proposent de faire le circuit à cheval. Vous pouvez aussi louer des chevaux au Corcel Ranch situé juste à la sortie de Sacsayhuamán et rejoindre les autres sites. (☎245 878. s/25 le circuit de 5 heures.)

SACSAYHUAMÁN

Sacsayhuamán est accessible après une ascension assez raide depuis le centre-ville (durée 30 mn), à partir des rues Choquechaka, San Blas ou Resbalosa (qui se trouve dans le prolongement de la rue Suecia) depuis la Plaza de Armas. Ouvert tlj 7h-17h30. Entrée avec le forfait touriste uniquement.

On pense que Sacsayhuamán (prononcez "sexy woman") est censé avoir la forme d'une tête de puma de Cuzco. Le nom lui-même vient des mots "Sacsa Uma", une expression quechua qui signifie "tête tachetée". Sacsayhuamán fut le théâtre d'une bataille décisive en 1536 dans le cadre de la rébellion menée par l'Inca **Manco Capac II** contre les Espagnols. Les Incas occupèrent la forteresse dès le début de la lutte, afin d'y installer leurs quartiers généraux à partir desquels ils pouvaient attaquer la ville de Cuzco située en contrebas. Dans un premier temps, leur stratégie sembla être un succès (lors d'une tentative visant à s'emparer de la région, **Juan Pizarro**, le demi-frère de Francisco Pizarro, perdit la vie après avoir reçu un coup de lance-pierres), mais la bataille sanglante qui s'ensuivit coûta la vie à plusieurs milliers de personnes et s'acheva sur la victoire espagnole et la retraite de Manco à Ollantaytambo (voir p. 153). Un grand nombre d'historiens estiment que cette bataille constitue un tournant majeur dans l'histoire de la conquête espagnole et que la défaite de Manco à Sacsayhuamán sonna le glas de son empire.

La conséquence de cette sinistre histoire est que l'on oublie que Sacsayhuamán était, à l'origine, bien plus qu'une simple forteresse. Le complexe comportait plusieurs bâtiments et des tours qui ont visiblement servi à autre chose qu'à la défense de la région. Cependant, après la victoire espagnole, la plupart de ces constructions furent démolies. Par la suite, le site a servi de carrière municipale, jusqu'à ce qu'en 1935, les fouilles mettent un terme au pillage. Malheureusement, à ce moment-là, l'essentiel des petites structures d'origine avait déjà disparu. Il n'empêche que les parties encore visibles aujourd'hui figurent parmi les ruines incas les plus impressionnantes qui soient. Les pierres qui composent les trois niveaux des

remparts en forme de zigzag étaient trop imposantes pour pouvoir être emportées (on estime que la plus grosse pierre mesure 8,50 m de haut et qu'elle pèse 360 tonnes). Les blocs parfaitement encastrés de ces remparts font aujourd'hui l'étonnement des visiteurs. Trois tours, **Muyucmarca**, **Sayacmarca**, et **Paucarmarca**, se dressaient autrefois sur la colline située en retrait. Les deux premières ont gardé leurs fondations intactes. Il reste peu de structures encore visibles sur la colline d'en face, mais juste au-dessus, la clairière formant une dépression arrondie pourrait avoir servi de réservoir ou de bassin sacré. Deux petits tunnels situés au bord de la clairière semblent défier les visiteurs de se glisser à l'intérieur.

QENCO

Près du km 7 sur la route de Pisac. Ouvert tlj 7h-17h30. Entrée avec le forfait touriste uniquement.

Qenco ("zigzag") est un grand plateau calcaire que les Incas transformèrent pour des raisons religieuses, certainement pour en faire un lieu saint. Le site tire son nom des **canaux en zigzag** creusés à l'intérieur de la surface de la roche. Les prêtres incas pourraient y avoir versé de la *chicha* ou du sang animal afin de lire l'avenir en fonction de la direction que prenait le liquide. Parmi les formes sculptées dignes d'intérêt, notez le petit lama en relief ainsi qu'un condor sans tête encore plus petit, tous deux situés sur le versant le plus proche de la route. Plus près, vers l'intérieur du plateau, se trouve une pierre mystérieuse recouverte de deux cylindres plats et d'une petite réplique de maison. Au bord du rocher, un grand **amphithéâtre** entoure une roche tout en hauteur, de forme vaguement phallique. Les grottes situées audessous du plateau renfermaient certainement des **restes momifiés** appartenant à des nobles incas.

PUCA PUCARÁ ET TAMBOMACHAY

A environ 5 km après Qenco sur la route de Pisac, sur les deux versants opposés de la route. Ouvert tlj 7h-17h30. Entrée avec le forfait touriste uniquement.

"Puca Pucara" signifie "forteresse rouge", mais ce bâtiment servait plus certainement de *tambo* (maison de repos), ou encore d'abri de chasse à l'Inca Pachacutec. "Tambomachay" signifie "abri dans une caverne", mais il s'agit en fait d'un ancien site de **bains rituels**. Il apparaît clairement que l'on dirigeait l'eau souterraine de la colline à travers toute une série de fontaines, qui continuent à fonctionner aujourd'hui. Des arbres et des jardins pourraient avoir été aménagés à l'époque des incas.

EXCURSIONS AVEC GUIDE DEPUIS CUZCO

Situées à l'épicentre du réseau touristique péruvien, les agences de voyages de Cuzco proposent des quantités d'excursions, en partant des moins chères et des moins difficiles (visites de la ville et de la Vallée sacrée) pour aller jusqu'aux plus ardues (le Chemin de l'Inca) et aux plus onéreuses (Biosphère de Manú). Les randonnées les plus longues vous emmèneront sur les ruines pré-incas les plus reculées à Vilcanota ou jusqu'aux neiges de l'Ausangate (7 jours pour chacune de ces randonnées), et sur le Chemin de l'Inca, au départ du glacier de Salcantay (7 jours également). Les explorateurs intrépides pourront parcourir les mêmes itinéraires sans passer par une agence. Procurez-vous une carte, renseignez-vous sur les directions à prendre et cherchez un compagnon de route au South American Explorer's Club ou à l'office de tourisme (voir **Informations pratiques**, p. 135).

LE CHEMIN DE L'INCA

Le Chemin de l'Inca, une randonnée d'environ quatre jours et trois nuits (voir p. 154) part de Ollantaytambo pour vous mener jusqu'aux portes de Machu Picchu. Certaines agences proposent, au choix, des versions allongées ou raccourcies du même itinéraire. La plupart d'entre elles proposent des prix et des forfaits similaires. Il est important de poser des questions précises et de faire confirmer par écrit ce que l'on vous propose. Les principaux problèmes que vous êtes susceptible de rencontrer sont : la taille des groupes (il est préférable de partir à moins de 20 personnes), les provisions (certaines agences ne fournissent que l'eau et le pain), le port du sac (la plupart des compagnies à bon marché vous laissent porter votre sac), l'équipement (vous devrez sans doute emporter un sac de couchage, assurez-vous qu'il est suffisamment chaud), l'expérience professionnelle du guide. Demandez s'il y a un seul guide pour le Chemin de l'Inca et pour Machu Picchu ou si ce sont deux personnes différentes. Certaines agences économisent de l'argent en envoyant un guide moins expérimenté sur le Chemin de l'Inca, puis en louant les services d'un autre pour Machu Picchu, car seuls les guides assermentés ont le droit de se rendre sur le site. Enfin, assurez-vous que les porteurs et les cuisiniers auront un endroit pour dormir (dans une tente, pas dans une grotte). Traitez-les avec respect et donnez-leur un bon pourboire, ils le méritent bien.

SAS Travel, Panes 143 (☎/fax 237 292), sur la Plaza de Armas. C'est l'une des meilleures adresses pour les voyageurs ayant un budget limité. SAS s'engage à respecter la nature et à traiter respectueusement son personnel. Les groupes sont de 15 à 18 personnes en moyenne. Départs quotidiens. Tous les guides pour Machu Picchu sont assermentés. 88 $, étudiants 80 $. D'autres excursions sont également proposées (Vallée sacrée, visite de la ville, rafting, promenades à cheval, VTT). Ouvert tlj 6h-22h.

United Mice, Plateros 351 (☎221 139). Autre adresse intéressante pour les petits budgets. Efraín, Hamilton et Salustio sont des guides assermentés pour la visite de Machu Picchu. Groupes de 10 à 22 personnes en moyenne. Départs Lu., Me. et Ve. 85 $, étudiants 76 $. Réduction de 5 $ avec la carte du South American Explorer's Club (SAE). Possibilité de rafting, promenade à cheval et visite guidée de la ville. Ouvert tlj 9h-20h30.

Q'ente Adventure Trips, Plateros 365 (☎238 245), 1er étage. Groupes de 8 à 18 personnes en haute saison et de 8 à 12 personnes en basse saison. Tous les guides sont assermentés pour Machu Picchu. Roberto est particulièrement demandé. Départs quotidiens. 80 $, étudiants 71 $. Randonnées de 2 jours et 1 nuit 65 $, étudiants 60 $. Possibilités de randonnées à Ausangate et Salcantay. Réduction de 5% avec la carte SAE. Ouvert tlj 9h-14h et 15h-20h.

Inca Explorers, Suecia 339 (☎239 669). Vous aimez bien faire porter votre sac par quelqu'un d'autre ? Ici, on vous propose de parcourir le Chemin de l'Inca en "classe B". Ce qui signifie des guides plus expérimentés, des porteurs qui portent tout, sauf vous et votre panier-repas du jour, et des groupes qui dépassent rarement 10 personnes. Santiago est un guide chevronné. 220 $, étudiants 212 $. Réduction de 8% avec la carte SAE. Ouvert tlj 7h-21h.

LA BIOSPHÈRE DE MANÚ

D'une superficie plus de deux fois supérieure à celle de la Corse, la réserve de la biosphère de Manú est un extraordinaire lieu d'observation de la faune et de la flore de la région. Les neuf agences qui vous emmènent jusqu'à Manú (voir p. 357) proposent presque toutes des forfaits similaires, avec des excursions d'une durée de quatre à neuf jours. Les excursions s'effectuant en bus reviennent moins cher et permettent de visiter jusqu'aux parties les plus élevées de la forêt de Manú. L'avion jusqu'à Boca Manú, une ville située près de l'entrée de la réserve, ne fait qu'économiser un peu de temps. Les agences dont la liste suit ont des dates de départ fixes entre mai et décembre. De janvier à avril, la réserve est souvent fermée en raison des crues.

Pantiacolla Tours, Plateros 360 (☎238 323, Web : www.pantiacolla.com). Plus abordable et comparativement de bonne qualité. Cette agence, dirigée par un biologiste qui a travaillé pendant plusieurs années à Manú, propose des expéditions avec logement sous tente, et d'autres offrant plus de confort. Expéditions avec logement sous tente : 9 jours/8 nuits 725 $, 7 jours/6 nuits 795 $, 5 jours/4 nuits 725 $. Réduction de 10% avec la carte SAE (South American Explorer's Club), et réduction pour les groupes de 4 personnes ou plus.

Manú Nature Tours, Prado 1046 (☎252 721, Web : www.manuperu.com). L'une des plus anciennes agences proposant des excursions à Manú. Vous passerez plus de temps dans la réserve en elle-même qu'avec les autres agences. Possibilité de faire du rafting et du VTT. 8 jours/7 nuits 2095 $ en haute saison, 1633 $ en basse saison. 5 jours/4 nuits 1625-2000 $.

Manú Expeditions, Prado 895 (☎226 671). L'autre agence installée de longue date dans la région. Travaille en partenariat avec le groupe Selva Sur Conservation, une organisation à but non lucratif. Le propriétaire, Barry Walker, possède également le Cross Keys Pub. 9 jours/8 nuits 1695 $. 6 jours/5 nuits 1119 $.

Manú Ecological Adventures, Plateros 365 (☎261 640, Web : www.cbc.org.pe/manu). Les tarifs étant plus compétitifs, bateaux et tentes ont tendance à être bondés, ce qui n'empêche pas les clients d'être plutôt satisfaits. 8 jours/7 nuits 646 $. 6 jours/5 nuits 724 $. Réduction de 10% avec la carte SAE et pour les étudiants.

AUTRES AVENTURES

Parmi la variété d'expéditions qui vous sont proposées à partir de Cuzco (VTT, promenade à cheval, kayak...), le **rafting** sur le **Río Urubamba** (classé II-III Mai-Sep, III-IV Oct-Avr) est le plus prisé. Les expéditions sur le **Río Apurimac** sont plus risquées et plus longues (3 jours en moyenne, Mai-Sep uniquement, rivière classée IV-V). Le rafting offre des sensations, mais présente aussi de grands risques. Méfiez-vous des agences qui proposent des prix très avantageux, car n'oubliez pas que la sécurité a un prix. Ne partez qu'avec des agences dignes de confiance, et assurez-vous que les éléments de base sont inclus dans le prix : gilet de sauvetage et entraînement aux premiers secours sont des conditions minimales.

Instinct, Procuradores 50 (☎233 451, e-mail instinct@chavin.rcp.net.pe, Web : http://ekeko.rcpip.net/instinct/), sur la Plaza de Armas. Descendez le Río Urubamba en suivant des rapides classés II et III (1 journée 20 $) ou l'Apurimac, avec des rapides classés de I à IV (4 jours, 199 $). Tous les guides de rafting sont capables d'administrer des premiers soins. 3 jours de kayak 120 $. Egalement excursions en VTT, promenades à cheval et escalade. Ouvert tlj 9h-13h et 16h-21h.

Perol Chico (☎624 475, fax 252 696, e-mail perolchico@hotmail.com). Le propriétaire, un Hollandais, propose des excursions à cheval à la découverte des communautés quechuas. Vous passerez également par des élevages de truites. Vous pouvez participer à des expéditions plus longues (5 à 6 jours) à travers la Vallée de l'Urubamba jusqu'à Las Salinas et Moray. Itinéraires de 1 à 12 jours au choix. Tous les circuits partent d'Urubamba. 1 journée 55 $, 2 jours 195-200 $, 12 jours 2500 $. Réduction de 10% avec la carte SAE.

Mayuc, Confituria 211 (☎232 666, Web : www.mayuc.com). Cette agence est spécialisée dans les raids aventure depuis 1978. Allez faire une journée de rafting sur des rapides classés II et III de l'Urubamba (25 $), ou partez pour 3 jours sur l'Apurimac, plus impétueux (130-250 $). Excursion d'une journée en rappel 30 $. Agence ouverte Lu-Sa 9h-21h, Di. 9h-12h et 19h-21h.

Loreto Tours, Medio 111 (☎236 331). Sortie d'une journée en rafting sur l'Urubamba 35 $. 3 jours sur l'Apurimac 150 $. Visites à vélo de Moray et de Las Salinas 20 $ (vélos de qualité). Ouvert Lu-Sa 9h-13h et 17h-22h, Di. 17h-22h.

Eric Adventures, Plateros 324 (☎228 475). Cela fait longtemps que cette agence propose des circuits en rafting. Expéditions en rafting quotidiennes sur l'Urubamba 25-35 $, étudiants 20 $. 2 jours de leçons de kayak 80 $. Chemin de l'Inca 75 $, étudiants 65 $. Ouvert tlj 8h30-13h et 16h-22h.

ENVIRONS DE CUZCO : PAUCARTAMBO

Pour vous rendre à Paucartambo, prenez un minibus (durée 4h, départ quand le bus est plein, en général vers 8h ou 9h, s/15) à partir de la rue Huáscar, à l'intersection de l'Ave. Garcilaso, là où les minibus pour Pisac prennent leur départ. Pour vous rendre à Tres Cruces pour le lever du soleil, prenez un taxi depuis la Plaza Paucartambo vers 1h30 ou 2h du matin.

Petite ville recluse, Paucartambo accueille peu de visiteurs pendant la majeure partie de l'année. Seul le chahut de quelques gros camions vient troubler la quiétude de cette jolie bourgade aux rues pavées. Cependant, à la mi-juillet, la **Celebración de la Virgen del Carmen** attire des hordes de joyeux fêtards venus célébrer la Vierge. Pendant plusieurs jours, on y danse, porte des masques et des costumes extravagants, joue des scènes folkloriques, et boit des litres et des litres de bière et de *chicha*. L'absence de lieux d'hébergement n'est pas vraiment dissuasive. De toute façon, qui a envie d'aller se coucher ? La fête bat son plein jusqu'à ce que les places du village renvoient une forte odeur d'urine et que les visiteurs soient allés voir le lieu dit **Tres Cruces**, situé non loin de là, pour y admirer le légendaire lever de soleil sur les forêts de nuages que le site surplombe. Tres Cruces, un plateau rocheux situé à 44 km de Paucartambo, était autrefois un lieu sacré pour les Incas, avant tout pour la beauté des levers de soleil à une certaine période de l'année. A l'aube, des arcs-en-ciel se lèvent de la brume qui glisse sur la cime verdoyante des arbres de la forêt de Manú. Si vous avez raté la fête, sachez que vous pourrez assister à de superbes levers de soleil tout au long des mois de juin et juillet. Et si vous allez à Paucartambo à une époque moins touristique, vous parviendrez peut-être à vous faire héberger quelque part, comme à **La Quinta Rosa**, une modeste auberge située tout près de la place (1 lit s/12).

LA VALLÉE SACRÉE

PISAC ☎084

Autrefois, le **marché** de Pisac ne se tenait qu'une fois par semaine, le dimanche. Puis l'événement a pris de l'ampleur, et aujourd'hui, il a également lieu le mardi et le jeudi. Si le dimanche reste de loin le meilleur jour pour faire de bonnes affaires, chacun des trois marchés abrite tout de même une centaine de stands. Vous y trouverez des bijoux, des poteries, des couvertures tissées et de vieilles pièces de monnaie. A l'une des extrémités du marché, vous pourrez voir des habitants des villages environnants, vêtus de costumes traditionnels, se livrer au système d'échange le plus vieux du monde, le *trueque*, et obtenir des marchandises contre des sacs de pommes de terre ou de fruits. Les notables du village viennent se mêler à cette fanfare pittoresque au moment de la sortie de la messe du matin (11h), un office entièrement dit en quechua. Mais les charmes du village vont bien au-delà de ses célèbres marchés. Les collines alentour abritent en effet les **ruines** de Pisac, de vieilles bâtisses bien conservées qui surplombent d'étonnants paysages de montagne, et qui sont le lieu de promenade le plus apprécié de la région.

Ces ruines constituent la plus grande **forteresse inca** encore en état, sans doute parce qu'à la différence des sites de Sacsayhuamán et d'Ollantaytambo, aucune bataille célèbre n'a eu lieu ici. Bien qu'à son époque de gloire, ce village fortifié inaccessible ait été un point stratégique capital (il surplombe en effet toute la vallée), Pisac semble avoir été abandonné avant la conquête espagnole. Depuis la Plaza de Armas, deux sentiers vous mèneront jusqu'aux ruines. Celui qui part du côté droit de la place (lorsque vous venez de l'arrêt de bus à côté de la rivière) conduit à une route pavée empruntée par les groupes de touristes. La plupart des marcheurs prennent le chemin, plus raide, qui part du côté gauche de la place et mène au sommet de la colline. Le sentier est assez bien indiqué et serpente entre un certain nombre de complexes, dont le plus impressionnant est le secteur du **Intihuatana** (Temple du soleil), un plateau en forme de triangle. Le temple proprement dit se trouve au centre de ce triangle, où l'on pense qu'il servait d'observatoire astronomique. Juste à côté, vous verrez plusieurs canaux d'irrigation ainsi qu'un bain rituel, qui alimentent le secteur résidentiel, appelé **P'isaca**, situé en contrebas. Certains disent que Pisac fut conçu pour ressembler à un immense condor, avec ses cultures en terrasses pour rangées de plumes. Comme le condor symbolisait le voyage entre le monde des mortels et le monde spirituel, c'est tout logiquement que ces collines abritent le plus grand **cimetière inca** connu. La plupart des sépultures ont cependant été pillées, laissant apparaître de petits trous dans le flanc de la colline (durée de la visite 1h30,

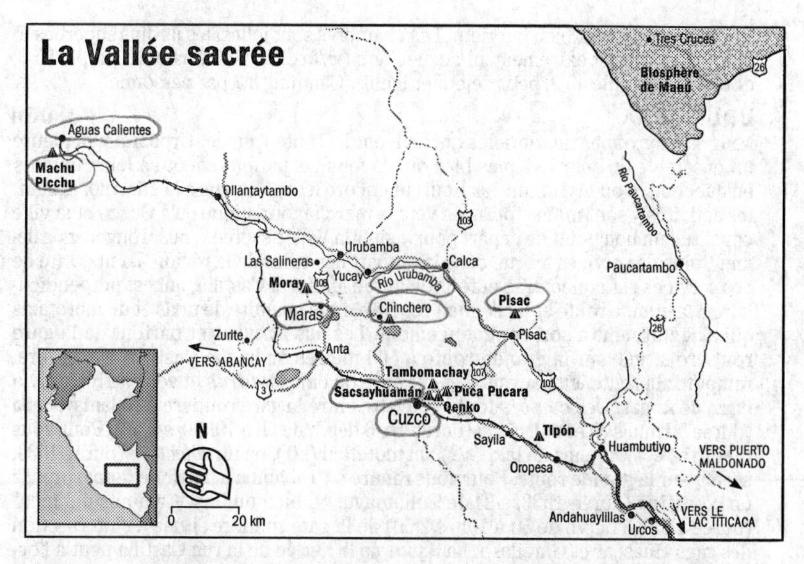

6 $, gratuit avec le forfait touriste). En partant de la rivière, le taxi jusqu'au site vous coûtera s/2. Une troisième solution, le cheval, est possible pour vous rendre jusqu'aux ruines. Renseignez-vous à l'Hotel Pisaq : les prix varient en fonction de la saison et de la fréquentation touristique.

Les *colectivos* en provenance de Cuzco déposent des passagers à l'entrée de la ville, près du poste de police, juste après avoir traversé l'Urubamba. Après trois minutes de marche, vous arriverez à la **Plaza de Armas** et au **marché**. Des **minibus** repartent régulièrement pour **Cuzco** (durée 1h, 4 dép/h, 7h-20h, s/2). Les autres vont à destination de **Yucay** (durée 30 mn , s/1), d'**Urubamba** (durée 30 mn, s/1), et d'**Ollantaytambo** (durée 1h, s/2). La plupart des gens ne passent qu'une demi-journée à Pisac. Cependant, les jolies chambres de l'**Hotel Pisaq** valent bien la peine qu'on y passe une nuit. (Sauna, petit déjeuner inclus, chambre double 10 $, avec salle de bains 13 $.) La **Kinsa Cocha Hospedaje**, Arequipa 307, dans une rue parallèle à la Plaza de Armas, propose des dortoirs propres et de l'eau chaude sur demande. (☎203 101. Lit s/10 par personne.)

YUCAY ☎084

Yucay était autrefois la propriété royale de l'Inca Sayri Tupac (dont le nom inspira le célèbre rappeur nord-américain 2pac), et se trouvait à l'emplacement actuel de la Plaza de Armas et de la Plaza Manco II. A une extrémité de la Plaza Manco II, vous verrez les vestiges des **murailles du palais** du chef inca et juste en face, sur la Plaza de Armas, ceux du palais de sa princesse. Par ailleurs, la jolie hacienda qui abrite l'Hotel Posada del Inca possède une curieuse chapelle et accueille le petit **Museo Posada del Inca** dans lequel sont exposées une collection d'objets d'artisanat, des armes et des poteries incas provenant de la Vallée sacrée. (Premier étage. Ouvert la majeure partie du temps.) Pour vous rendre à Yucay en partant de **Cuzco**, prenez un *colectivo* (durée 1h30, s/2) dans la rue Tullumayu, ou bien un bus "Caminos del Inca" (durée 1h30, 3 dép/h de 5h à 19h, s/2,50) depuis la gare routière située à l'intersection des rues Huáscar et Garcilaso. De Yucay, vous pourrez vous rendre à **Urubamba** en taxi (s/2), en mototaxi (s/1) ou en *colectivo* (s/0,5), tous ces véhicules empruntant fréquemment la grande route. L'auberge la moins chère pour se loger est ❤ l'**Hostal Y'llary**, Plaza Manco II 107. Située dans la même hacienda, vieille de trois siècles, que l'Hotel Posada del Inca cité précédemment, l'Y'llary ressemble davantage à un hôtel, à un prix bien inférieur. Les chambres sont jolies, les jardins superbes et le propriétaire est extrêmement accueillant. (☎/fax 226 607. Chambre simple 25 $, double 30 $, triple 40 $, petit déjeuner inclus. Camping 3 $ par personne.)

URUBAMBA ☎084

Malgré les groupes de touristes qui arrivent ici toute l'année, Urubamba demeure un ensemble de quartiers paisibles où les femmes parlent encore à leurs enfants en quechua et où les hommes labourent encore leurs champs à la charrue. En fait, les activités y sont moins tournées vers le marché touristique qu'à Cuzco et la ville constitue un bon point de départ pour visiter la Vallée sacrée. Vous trouverez également plus de services ici que dans la plupart des villes de la région. La majorité de ces services est concentrée autour de la rue Mariscal Castilla, qui est perpendiculaire à la grande route et facilement repérable à la quantité de taxis et de mototaxis qui s'agglutinent à son commencement. Les **bus** arrivent et partent de la gare routière située sur la grande route à 500 mètres de la rue Castilla. De la gare, remontez la route en mauvais état sur environ cinq *cuadras* et vous arriverez à la **Plaza de Armas**. Des *combis* font la navette entre la gare routière et **Ollantaytambo** (durée 30 mn, s/1) et **Chinchero** (durée 1h, 3 dép/h de 5h à 19h30, s/2,50). Pour vous rendre à **Yucay**, prenez un taxi (s/2), un mototaxi (s/1), ou un *colectivo* (durée 1h30, s/0,50) sur la grande route. Pour vous rendre à Urubamba à partir de **Cuzco**, prenez un *colectivo* (durée 1h30, s/2) de Tullumayu, ou bien un bus "Caminos del Inca" (durée 1h30, 3 dép/h de 5h à 19h, s/2,50) de la gare routière située à l'intersection des rues Huáscar et Garcilaso. La **Banco de la Nación** de la rue Castilla peut à l'occasion vous changer des dollars. Parmi les autres services, vous trouverez la **police** (☎201 092), à l'intersection des rues Palacio et Bolognesi, une **clinique** (☎201 334), le long de la grande route, au bout de la rue Castilla, et un **bureau de poste**, sur la Plaza de Armas. Le mardi, un marché assez important se tient sur la partie gauche de cette même place. L'**Hostal Urubamba**, Bolognesi 605, une auberge plutôt modeste située au niveau de la rue Palacio entre la rue Castilla et la place, propose des matelas peu épais et des salles de bains collectives sans eau chaude. Les salles de bains privées ont l'eau chaude le matin. (☎201 400. Dortoir s/5 par personne, chambre simple s/10, avec salle de bains s/20, chambre double s/16, avec salle de bains s/30, chambre triple s/24.)

CHINCHERO ☎084

Géographiquement parlant, le plateau de 3762 mètres d'altitude sur lequel se trouve Chinchero (berceau mythique de l'arc-en-ciel) place cette ville en dehors de la zone de la Vallée sacrée. Mais de là, vous aurez une vue incomparable sur les plaines et les montagnes alentour. Chinchero aurait pu être une ville importante du temps des Incas, et le grand mur, situé sur la place principale, constitue le vestige le plus frappant de cette période. Le principal attrait que conserve la localité est le **marché du dimanche**, qui concurrence celui de Pisac. Pour vous rendre à Chinchero en partant de **Cuzco**, prenez un *colectivo* (durée 1h30, s/2,50) sur Tullumayu. Des *combis* font la navette entre Chinchero et **Urubamba** (durée 1h, 3 dép/h de 5h à 19h30, s/2,50).

MORAY ET LAS SALINERAS ☎084

Les terrasses incas de Moray et les puits salants de Las Salineras (parfois appelée Salinas) sont sans doute un peu difficiles d'accès, mais elles valent le détour. Moray consiste en deux étendues de **terrasses agricoles** concentriques, taillées dans les dépressions naturelles de la terre. Les petits changements d'altitude entre chaque terrasse créent une variété de conditions climatiques qui permet d'obtenir un assortiment extrêmement varié de cultures en un seul endroit. Les archéologues pensent que Moray était un lieu d'expérimentation agricole bien avant l'époque des Incas. Avant eux, les peuples des Andes auraient utilisé les terrasses pour produire une variété de maïs qui poussait en haute altitude (visite s/5). Les habitants de Las Salineras ont également su tirer avantage des phénomènes naturels pour récolter quelque chose d'utile : le sel. Ces **salines incas**, encore utilisées de nos jours, ont été forgées dans la montagne. Avec le temps, elles se remplissent d'une eau salée provenant des voies souterraines. Puis, à la saison sèche, l'eau s'évapore, laissant ainsi une couche fine et étincelante de sel blanc (visite s/5).

Malheureusement, les **transports publics** ne desservent ni Moray ni Las Salinas. Pour vous rendre à Moray, vous pouvez prendre un *colectivo* en direction de Chinchero en partant d'Urubamba (départ de la gare routière toutes les 20 minutes entre 5h et 19h30, s/2,50) et demander au chauffeur de vous arrêter au "*desvío a Maras*". De cet embranchement, il faut marcher une heure avant d'arriver au petit village de Maras, puis deux heures à nouveau sur un sentier qui vous mènera à Moray. Demandez à un habitant du village de vous montrer le début du sentier, car il n'est pas évident à trouver. Vous pouvez aussi commander un taxi ou un moto-taxi à partir de Maras (s/20 l'aller-retour). Las Salineras se trouve à deux kilomètres environ de Maras, sur la route de Pichingoto. De Moray, vous devez passer par Maras pour arriver aux salines. De là, un sentier descend jusqu'à la route pavée qui se trouve entre Ollantaytambo et Urubamba et qui suit la rivière. Traversez celle-ci puis prenez à droite sur la grande route : vous trouverez sans problème un *colectivo* qui vous fera parcourir les deux kilomètres restant jusqu'à Urubamba. Sinon, certaines agences de Cuzco proposent des excursions à vélo jusqu'aux deux sites (25 $, voir **Excursions avec guide depuis Cuzco**, p. 147). Ces circuits passent non loin de Moray et des Salineras, dans deux directions différentes, ainsi que par la **Laguna Huaypo**, un endroit pittoresque à voir.

OLLANTAYTAMBO ☎084

La forteresse d'Ollantaytambo, aujourd'hui délabrée, fut autrefois le théâtre de violentes batailles, et inspira un grand nombre de contes tragiques. Ses remparts imposants et le très beau point de vue qu'elle offre font aujourd'hui le bonheur des envahisseurs *gringos*. Mais le village d'Ollantaytambo, un des plus beaux exemples vivants de ce qu'étaient sans doute les villages incas, est également en soi un site à explorer. Les rues sont dessinées selon un plan parfaitement géométrique et sont entretenues grâce à l'eau détournée du Río Patacancha, ensuite drainée dans des canaux en pierre. Les habitations sont aménagées en pâtés de maisons clôturés, appelés des *canchas*, et les habitants du village, très attachés à leur identité quechua, portent le poncho typique de la région. On imagine facilement l'angoisse des soldats espagnols à leur arrivée à Ollantaytambo. Du haut des immenses terrasses aménagées autour de la forteresse, l'armée inca lançait flèches et pierres sur les conquistadors et leurs chevaux, incapables de se défendre. Au cours d'une bataille, l'Inca Manco Capac II inonda la cour qui se trouvait au pied de la forteresse en détournant le cours du Río Patacancha grâce à un système de canaux prévus à cet effet. Pizarro et ses hommes furent contraints de battre en retraite. Mais finalement, Ollantaytambo fut abandonnée. La cour où les hommes de Pizarro furent vaincus par la force des eaux (connue sous le nom de **Plaza Manyaraqui**), rend hommage au savoir-faire des Incas : il s'agit d'un canal qui mène au **Baño de la Ñusta** (le bain de la princesse), dans lequel les habitants du village viennent parfois tremper leurs pieds. De là, un escalier de 200 marches permet de monter sur les terrasses situées devant la forteresse. En haut de l'escalier, à gauche, se trouve un complexe inachevé connu sous le nom de **Temple du soleil**, constitué d'un certain nombre de pierres remarquables par leur surface sculptée. (Ouvert tlj 7h-17h30. Entrée avec le forfait touriste uniquement.) Le **Museo CATCCO**, au niveau de la rue principale, a été ouvert par des Britanniques ayant dirigé les fouilles archéologiques de la région. La collection exposée est limitée mais comporte quelques pièces intéressantes, relatives aux coutumes locales. (Ouvert Ma-Di 10h-13h et 14h-16h. s/5.)

Les **bus** arrivent à Ollantaytambo sur la **Plaza de Armas**. Les **ruines** se trouvent au bout de la **rue principale**, qui descend de la place et traverse le **Río Patacancha**. La route qui se trouve à gauche avant de traverser la rivière mène à la **gare** (dix minutes à pied). Vous trouverez des trains à destination de **Machu Picchu** (durée 1h30, 4 dép/j de 8h à 11h et de 16h30 à 22h, s/15) et de **Cuzco** (durée 2h30, dép. à 20h, s/15). Les horaires et les prix varient constamment : renseignez-vous à la gare ou dans les hôtels. Les **bus** à destination de **Cuzco** (durée 2h, départ après l'arrivée du train, il suffit de suivre les Péruviens qui courent) partent de la Plaza de Armas. Il n'y a **pas de banque** à Ollantaytambo, même si les commerçants du village acceptent parfois de vous changer quelques dollars. Les services disponibles sont la **police** (☎204 086), sur la place, un **Centro de Salud** (☎204 090), près de la rivière dans la rue principale, un bureau de **poste** et un **local téléphonique**, dans la rue principale, au niveau de la Plaza de Armas, dans la direction opposée aux ruines (ouvert tlj 7h-21h).

Ollantaytambo est bien pourvu en hébergement. L'**Hospedaje Miranda**, dans la rue principale, en direction des ruines, peut paraître un peu minable au premier coup d'œil, mais à l'intérieur, les chambres sont accueillantes. Une terrasse bien ensoleillée vous permettra de jouir d'une jolie vue sur les ruines (☎204 091, chambre simple s/12, avec salle de bains et eau chaude s/15, chambre double avec eau chaude s/30). Les chambres chaleureuses de l'**Hostal Restaurant La Ñusta**, dans la rue principale, sont agrémentées d'une terrasse ensoleillée qui donne sur la rivière (chambre 8 $ par personne, petit déjeuner inclus). A côté de la gare, **El Albergue** arbore de jolis jardins et un sauna (☎/fax 202 014, chambre 15 $ par personne, sauna 5 $). L'**Hostal Munay Tika**, à quelques mètres en direction de la gare en partant de la rue principale, est un établissement flambant neuf et lui aussi ensoleillé. Le propriétaire, Ascencio Flores, possède une boutique où vous pourrez acheter des masques sculptés à la main (☎/fax 204 111, chambre s/50 par personne). Le **Café Alcazar**, en bas d'une rue pavée qui part de la place, propose de très bons menus, souvent végétariens, dans une ambiance agréable (ouvert tlj 8h-20h).

LE CHEMIN DE L'INCA

Entrée au km 88, 50 $, étudiants 25 $. Entrée au km 104, 12 $, étudiants 6 $. Les tarifs risquent d'augmenter dans le courant de l'année.

Itinéraire de randonnée le plus connu du Pérou, le Chemin de l'Inca serpente dans les montagnes et plonge dans des forêts tropicales, comme un grand nombre de chemins de la Vallée sacrée. Mais seul le Chemin de l'Inca vous mènera jusqu'aux portes de pierre qui gardent l'entrée de Machu Picchu, que tous considèrent comme le clou de la randonnée, beaucoup comme le plus beau moment de leur séjour au Pérou, et certains comme le site le plus extraordinaire de toute l'Amérique latine. Peu de paysages égalent le charme mythique de ces temples et de ces terrasses au petit jour, lorsque la brume peu à peu se dissipe et laisse apparaître une cité tout entière jetée au milieu des montagnes. Votre longue marche sera cependant jalonnée de deux ou trois autres lieux spectaculaires avant d'arriver à Machu Picchu. Le sentier traverse une grande variété de paysages (la jungle humide et ses lianes, des étendues de montagnes peuplées de lamas, des torrents et des sources d'eau potable), ainsi qu'un certain nombre de ruines qui laissent présager de ce qui vous attend plus loin. Toute personne en assez bonne santé doit pouvoir aller jusqu'au bout du circuit, mais les importants changements d'altitude le rendent parfois pénible. Il vaut mieux se mettre en condition et s'entraîner un peu autour de Cuzco. Aussi réputé qu'accessible, le Chemin de l'Inca est fort encombré à certaines périodes. Entre juin et août, attendez-vous à avoir de la compagnie.

FAIRE LE CHEMIN DE L'INCA EN SOLITAIRE. Etant donné que le nombre de groupes de touristes sur le Chemin de l'Inca est en recrudescence, une question se pose aux visiteurs : faut-il faire comme tout le monde ou y aller en solitaire ? Tandis que la majorité des voyageurs choisissent de se faire accompagner par un guide en partant de Cuzco (voir p. 147), une fraction d'entre eux préfèrent tenter l'aventure seuls. Les randonneurs solitaires peuvent parcourir la route à leur rythme, se faire leur propre cuisine, s'assurer que les lieux de campement sont propres quand ils en partent, et peut-être même économiser de l'argent. Cependant, l'anticonformisme se paye d'une manière ou d'une autre. Les randonneurs solitaires doivent porter leurs affaires (même s'il est possible de trouver des porteurs dans la petite ville voisine de Ollantaytambo, voir p. 153, ou au village de Huayllabamba, situé sur la route). Ils

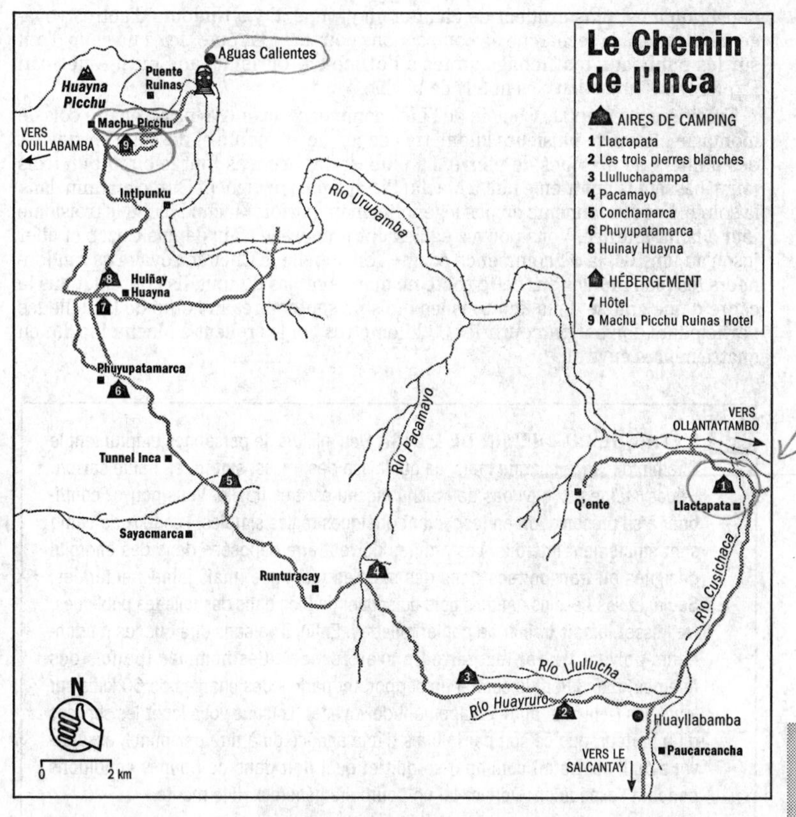

dorment sur les plus mauvais lieux de campement, car les agences de voyages réservent les meilleures places longtemps à l'avance. (Cela ne pose un vrai problème qu'entre juin et août, et encore, le mot "mauvais" est relatif. Les campements des randonneurs solitaires sont un peu caillouteux, mais au moins, ils ne sont pas bondés.) Ceux qui ont peu de temps et d'expérience préféreront sans doute l'organisation d'un groupe et les connaissances d'un guide. Enfin, l'argent économisé en solitaire est souvent dépensé en transport, en provisions, en droits d'entrée et en location d'équipement, éléments inclus dans le forfait proposé par les agences.

Si vous n'êtes pas découragé par ces dernières considérations, préparez votre départ avec soin : tente, sac de couchage, imperméable, vêtements chauds (laine ou laine polaire de préférence), bonnes chaussures de marche, couteau, lampe torche, allumettes, gourde, pastilles pour purifier l'eau, produits de première nécessité, papier toilettes, sacs poubelle, crème solaire, anti-moustique, réchaud avec recharge, ustensiles de cuisine et vêtements de rechange (car les vêtements mouillés ne sèchent pas) sont à acquérir avant de quitter Cuzco. Vous pourrez acheter des ponchos en plastique légers (s/3-5) à Ollantaytambo. Il est difficile de trouver à manger en route, et si vous y parvenez, cela risque de vous coûter cher. Les randonneurs doivent donc emporter des provisions pour quatre ou cinq jours. Nous vous recommandons d'emporter une carte ainsi qu'un descriptif de l'itinéraire. Vous pourrez acheter ou louer la plupart des objets précédemment conseillés dans les boutiques situées sur la Plaza de Armas, à Cuzco. Le prix moyen de la location à la journée de chacun de ces articles est de 2-3 $. Les vols parfois constatés laissent penser qu'il est plus prudent de camper en groupe. Il y a toujours d'autres voyageurs à Cuzco à la recherche de compagnons pour faire la route. Jetez un coup d'œil sur les panneaux d'affichage situés à l'office de tourisme, au South American Explorer's Club et dans les hôtels de la ville.

Traditionnellement, le Chemin de l'Inca commence au km 88, passe quatre cols de montagne, traverse plusieurs kilomètres de jungle, et monte et descend en suivant des milliers de marches de pierre. La plupart des agences font le circuit en trois jours, passent la quatrième nuit à Machu Picchu, puis rejoignent Cuzco en train dans la soirée. Les randonneurs au pas léger atteignent parfois Machu Picchu le troisième jour à la mi-journée. Vous pouvez également prendre le train depuis Cuzco et aller jusqu'au km 104, là où commence ce que l'on appelle le Chemin royal. Les randonneurs les plus rapides sur cette route ne marchent pas du tout, ils courent, dans le cadre d'une course qui a lieu tous les mois de septembre, au cours de laquelle les participants doivent parcourir les 33 kilomètres qui les relient à Machu Picchu en quatre heures environ.

L'ÉTHIQUE DU CHEMIN DE L'INCA Des milliers de personnes empruntent le Chemin de l'Inca chaque mois, ce qui laisse des traces, surtout en haute saison. L'écosystème aux environs de Machu Picchu est très fragile. Vous pouvez contribuer à sa préservation en respectant quelques règles simples. Les feux de camp sont strictement interdits. Les ordures doivent être déposées dans des endroits désignés ou transportées dans des sacs en plastique, mais jamais enterrées. Soulagez vos besoins naturels hors du sentier ou bien dans des toilettes publiques. Ne laissez jamais traîner de papier toilettes. Enfin, il va sans dire que les randonneurs doivent **traiter les porteurs avec respect**. Ces hommes (parfois des femmes) parcourent le sentier en supportant parfois des charges de 60 kilos sur leurs dos (tentes et autre équipement de voyage). Lorsque vous louez les services d'un porteur, que ce soit par le biais d'une agence ou à titre personnel, assurez-vous qu'il est nourri comme il se doit et qu'il dort dans de bonnes conditions pendant l'expédition. Donnez-lui un pourboire généreux. Il le mérite.

JOUR I. Le Chemin de l'Inca en solitaire commence avec le train local au départ de Cuzco (voir **Cuzco : Transports**, p. 134) qui vous mènera jusqu'au km 88. La plupart des agences choisissent d'emmener leurs clients en bus jusqu'au km 82. Les randonneurs doivent traverser le Río Urubamba et passer par les ruines de **Llactapata** (la "ville sur la colline"), situées sur la droite. L'ascension jusqu'à ce point est le premier passage abrupt de l'itinéraire. Le chemin, clairement balisé, traverse ensuite le Río Cusichaca (le "pont de la rivière heureuse") et suit la berge de la rivière avant d'entamer une montée de 2,5 kilomètres jusqu'au village de **Huayllabamba** (la "plaine herbeuse"), où la plupart des groupes passent la nuit. Il existe un certain nombre de campements convenables avant et après le village, équipés de l'eau courante et de toilettes la plupart du temps. A Huayllabamba, vous pourrez louer les services d'un porteur pour transporter vos affaires jusqu'au premier col que vous passerez le deuxième jour. Les porteurs demandent en moyenne s/25-35 par sac et par jour.

JOUR II. Le défi du jour est de monter jusqu'à Abra de Huarmihuañusca, plus connu sous le nom de Col de la femme morte. C'est le point culminant du Chemin de l'Inca. A 4200 mètres, l'air se fait plus rare, comparé aux 3000 mètres d'altitude de l'endroit où la plupart des randonneurs ont passé la nuit précédente. De Huayllabamba, comptez 2 heures 30 pour atteindre le terrain de campement de Llulluchapampa. Sur le chemin, un escalier de pierre traverse un petit morceau de jungle formant une voûte de verdure qui permet de se protéger un petit moment du soleil.

A Llulluchapampa, on peut voir le tracé de l'ascension impressionnante qu'il reste à parcourir, et qui suit le flanc gauche de la montagne. Le passage en forme de U que l'on aperçoit au sommet est le col. Pendant les trois heures suivantes, les randonneurs sont exposés aux éléments : d'abord le soleil, brûlant, puis, au fur et à mesure que l'on approche du col, un vent glacial. C'est un vrai soulagement et un vrai bonheur d'arriver à Huarmihuañusca, même si la grêle et la neige mettent parfois un terme à ce sentiment. Après le sommet, il vous reste une descente de deux heures, pendant laquelle vous suivrez des marches de pierre, jusqu'à la Vallée de Pacamayo, où certains groupes passent la nuit. D'autres groupes choisissent de continuer et de passer dans la foulée le second col important plutôt que de rester dans la vallée. Cela rend la deuxième journée plutôt épuisante, mais permet de se débarrasser rapidement des cols les plus difficiles.

JOUR III, PREMIER ACTE. Sur la route qui mène au second col se trouvent les ruines de Runkuracay, découvertes en 1915 par Hiram Bingham, alors qu'il cherchait la trace du chemin de pierre menant à Vilcabamba, mais qui le conduisit en réalité à Machu Picchu. Runkuracay est très intéressant car il s'agit de l'unique ensemble de forme circulaire du Chemin de l'Inca. 40 minutes plus tard, un peu plus haut, vous arriverez au second col, l'Abra de Runkuracay (4000 mètres). Juste au-dessus du col, vous trouverez un terrain officiellement destiné au camping. A partir de là, 80 % du Chemin de l'Inca est identique à ce qu'il était à l'origine. Le sentier descend et traverse un tunnel naturel, puis continue tout droit jusqu'à Sayacmarca (la "ville inaccessible", 1 heure de marche), perchée au sommet de falaises abruptes. L'absence de cultures en terrasses dans les environs suggère qu'en réalité personne n'a vécu ici. La présence de quatre bains rituels (dont trois se trouvent au centre du complexe) laisse penser que Sayacmarca était peut-être un lieu sacré, propice à la méditation des pèlerins. Ne manquez pas d'aller jusqu'au bout des ruines, où vous trouverez un balcon de forme triangulaire, du haut duquel vous pourrez admirer la très belle vue sur la vallée d'Aobamba. Ce superbe panorama donne quelques indications sur l'autre rôle joué par Sayacmarca : un point de contrôle pour les convois et les personnes qui passaient sur la grande route. Rebroussez chemin et rejoignez le sentier qui passe ensuite par Conchamarca, qui servait sans doute de lieu de repos pour les voyageurs fatigués. Si c'est votre cas, vous pouvez camper ici.

En redescendant de Conchamarca, vous traverserez la jungle, très dense, en empruntant un chemin sinueux au bord duquel vous pourrez voir des orchidées, des fleurs sauvages, des broméliacées et des lianes. Cette portion est l'une des mieux préservées du Chemin de l'Inca. Une heure plus tard, le sentier traverse un **tunnel** de 20 mètres de long, puis remonte peu à peu jusqu'au troisième col, l'**Abra de Phuyupatamarca** (3270 mètres, 2 heures de marche), d'où vous pourrez bénéficier d'une vue exceptionnelle sur Aguas Calientes en contrebas et sur la montagne du Machu Picchu vue de derrière. Vous pourrez également admirer plusieurs sommets recouverts de neiges éternelles, parmi lesquels le **Palcay** (5600 mètres), le **Salkantay** (6180 mètres), et le **Verónica** (5750 mètres).

JOUR III, DEUXIÈME ACTE. En descendant, vous parviendrez aux ruines de Phuyupatamarca (la "ville dans les nuages"), où vous passerez près de six bains rituels. Les terrasses alentour, trop hautes pour être cultivées, servaient certainement à retenir l'eau de pluie. Le haut des ruines est dominé par une grande dalle de pierre dans laquelle on peut voir de curieuses entailles. Certains pensent qu'on y mettait autrefois des offrandes sacrificielles, mais les gens de la région aiment à dire que c'est en fait l'endroit que Hiram Bingham avait choisi pour planter sa tente en l'installant sur pilotis, pour se protéger des serpents. Plus probablement, il s'agit d'entailles qui auraient dû servir à la construction d'un bâtiment qui ne fut jamais réalisé. Quelques randonneurs choisissent de camper ici, mais le plateau rocheux est froid et exposé au vent.

De Phuyupatamarca, suivez le sentier qui monte, vous passerez devant les deux autres ruines, puis le chemin vous conduira directement à Machu Picchu. La plupart des randonneurs préfèrent suivre un escalier de 2250 marches. Après une ou deux heures de marche, le sentier se fait moins raide et se sépare en deux à la hauteur d'un poteau électrique. Le chemin qui part sur la gauche suit le flanc de la montagne jusqu'aux terrasses d'**Intipata**. Quant à celui de droite, il descend jusqu'aux ruines de Huiñay Huayna, qui se trouvent près d'un campement très fréquenté et d'un **petit hôtel** équipé de douches chaudes (s/5) où vous pourrez vous alimenter. Cependant, et surtout en haute saison, l'endroit en vient parfois à ressembler (du point de vue de l'apparence et de l'odeur) à un bidonville de Lima. Sinon, il existe quelques adresses convoitées au pied d'Intipata, accessibles depuis le sentier principal (comme décrit précédemment), ainsi qu'à partir d'un chemin assez court qui monte de Huiñay Huayna. **Huiñay Huayna** ("jeune pour toujours") est le dernier complexe important à avoir été découvert (par Paul Fejos en 1941) et son nom vient des orchidées toujours en fleur qui poussent non loin de là. Vous y trouverez pas moins de dix bains rituels, tous alimentés en eau. Huiñay Huayna a sans doute été un centre de production agricole, comme le laissent supposer les dizaines de terrasses escarpées sur le versant de la montagne.

JOUR IV. Le Chemin de l'Inca touche presque à son terme. Des groupes se réveillent péniblement à 3h30 afin de se rendre jusqu'au col qui domine Machu Picchu et d'arriver à temps pour assister au légendaire lever de soleil. Pour atteindre ce col, les randonneurs doivent marcher une heure de plus sur les sentiers pavés des Incas, qui se terminent par un escalier de 50 marches construites presque à la verticale, sans doute pour protéger ce côté vulnérable de la cité sacrée. Il ne reste plus que quelques minutes avant d'accéder au quatrième et dernier col, **Intipunku** ("porte du soleil"), d'où l'on peut voir les premiers rayons de soleil illuminer Machu Picchu situé en contrebas (le ciel commence à s'éclairer à 6h et le soleil se lève une heure plus tard sur Machu Picchu). Les rayons du soleil passent à travers une grande "porte" de pierre au matin du solstice d'été et par une autre au solstice d'hiver. Le grand moment est enfin arrivé. A bout de force, vous commencerez la dernière descente vers la cité sacrée des Incas, Machu Picchu.

MACHU PICCHU

Ouvert tlj 5h-16h30. 10 $, étudiants 5 $, enfants 2 $. 5 $ si vous souhaitez effectuer une deuxième visite.

Perchées sur un vertigineux promontoire et entourées d'immenses montagnes verdoyantes, les ruines incas de Machu Picchu constituent l'un des sites les plus fascinants de toute l'Amérique latine. La structure des bâtiments, presque intacte, n'a eu à résister qu'à l'érosion naturelle. Les conquistadors espagnols n'ont, en effet, jamais eu connaissance de l'existence de Machu Picchu. On tente d'imaginer à quoi ressemblait la cité lorsqu'elle était entourée de constructions en torchis. Heureusement pour les visiteurs, l'étendue de Machu Picchu parvient presque à absorber la foule de touristes, facilement repérables à leurs coups de soleil, qui affluent ici en permanence. En moyenne, ce sont 1000 personnes qui foulent le site chaque jour, ce chiffre étant plus important en juillet et en août.

UNE DÉCOUVERTE TRÈS TARDIVE. On a coutume de dire que c'est l'Américain Hiram Bingham qui a "découvert" Machu Picchu, même si les habitants de la région connaissaient déjà les ruines. Avant le XXe siècle, des variations des mots "Machu Picchu" apparaissent sur tous les contrats de propriété et sur les cartes des explorateurs. Hiram Bingham est cependant la première personne à disposer des ressources nécessaires pour faire connaître l'existence de la cité au reste du monde. Ironie du sort, il se trompe complètement lorsqu'il la prend pour Vilcabamba, la capitale perdue des Incas qu'il recherche alors (voir encadré **La méprise de Bingham**).

Cependant, ce que Bingham découvre en 1911 (le sait-il seulement ?) s'avérera bien plus merveilleux et énigmatique que la ville perdue de Vilcabamba. Malgré les nombreuses fouilles effectuées au cours des années, on ne sait toujours pas clairement qui a construit Machu Picchu, ni qui vivait là et pourquoi. On ne sait pas

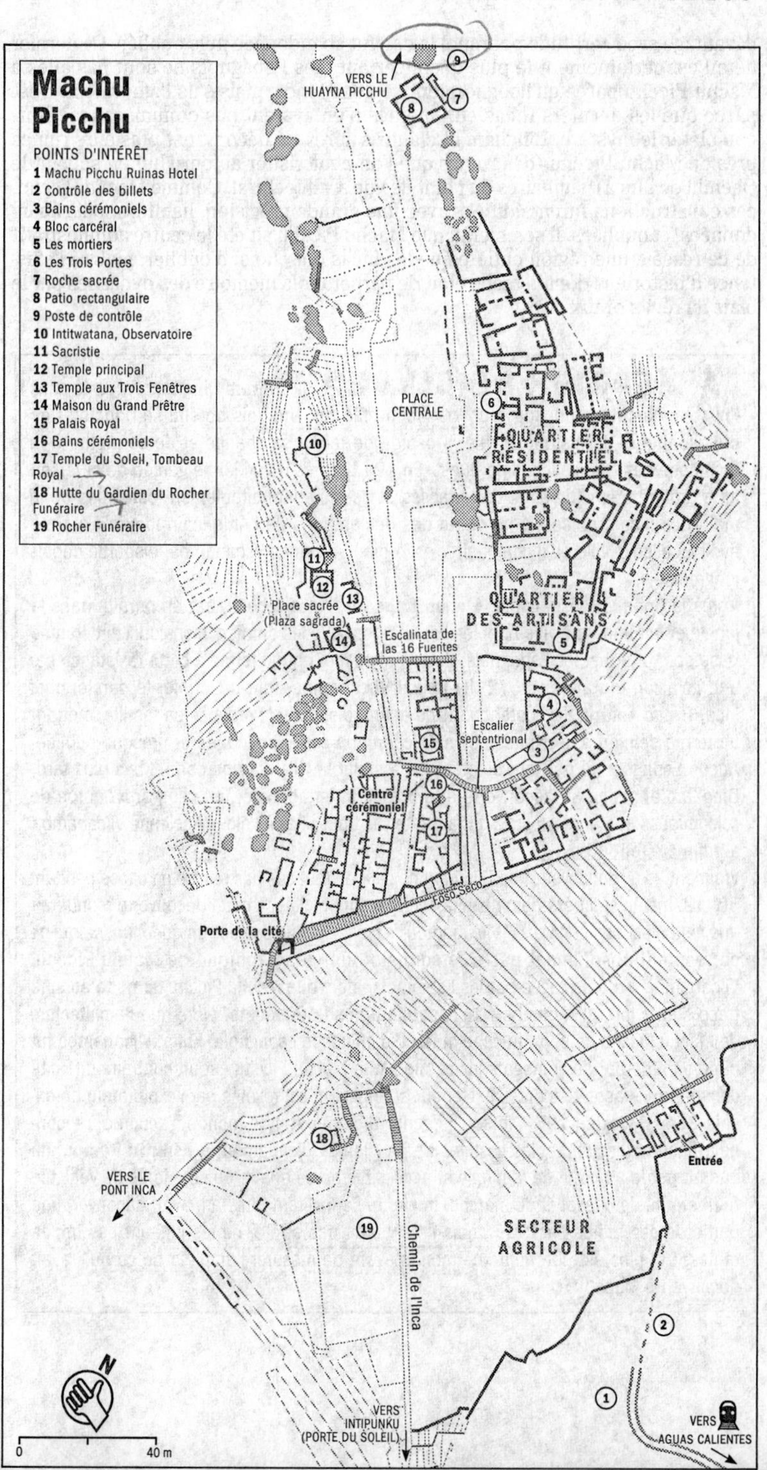
Machu Picchu
POINTS D'INTÉRÊT
1 Machu Picchu Ruinas Hotel
2 Contrôle des billets
3 Bains cérémoniels
4 Bloc carcéral
5 Les mortiers
6 Les Trois Portes
7 Roche sacrée
8 Patio rectangulaire
9 Poste de contrôle
10 Intitwatana, Observatoire
11 Sacristie
12 Temple principal
13 Temple aux Trois Fenêtres
14 Maison du Grand Prêtre
15 Palais Royal
16 Bains cérémoniels
17 Temple du Soleil, Tombeau Royal
18 Hutte du Gardien du Rocher Funéraire
19 Rocher Funéraire
VERS LE HUAYNA PICCHU
PLACE CENTRALE
QUARTIER RÉSIDENTIEL
QUARTIER DES ARTISANS
Place sacrée (Plaza sagrada)
Escalinata de las 16 Fuentes
Escalier septentrional
Centre cérémoniel
Foso Seco
Porte de la cité
Entrée
VERS LE PONT INCA
SECTEUR AGRICOLE
Chemin de l'Inca
VERS INTIPUNKU (PORTE DU SOLEIL)
VERS AGUAS CALIENTES
0
40 m

davantage avec certitude pourquoi la cité fut abandonnée puis oubliée. Ce dernier détail est certainement le plus déconcertant. Les Espagnols ne sont pas allés à Machu Picchu parce qu'ils ignoraient son existence, mais s'ils l'ignoraient, c'est parce que les derniers Incas eux-mêmes n'en avaient pas connaissance. Pour compléter le mystère, Bingham et d'autres après lui découvrent plusieurs ruines près de Machu Picchu (des ruines que l'on peut visiter aujourd'hui en suivant le Chemin de l'Inca), similaires du point de vue architectural. Comme Machu Picchu, ces constructions furent édifiées avec une grande précision, habitées, puis abandonnées, et oubliées. Il semblerait que Machu Picchu ait été le centre administratif de ce réseau, une région entière que les Incas ont choisi d'oublier, malgré l'existence d'historiens dont la tâche était de perpétuer la mémoire des dynasties par le biais de récits oraux.

LA MÉPRISE DE BINGHAM **Hiram Bingham** est resté dans l'histoire comme le "découvreur" de Machu Picchu. Une fois obtenu son doctorat en philosophie et en histoire à Yale, il décide de tenter sa chance et de se mettre à la recherche des "ruines incas perdues". En 1911, après qu'un jeune garçon de la région lui a montré des kilomètres de terrasses et de murs indubitablement construits de la main des Incas, personne ne doute des déclarations de l'Américain lorsqu'il affirme avoir localisé la ville qu'il cherchait, c'est-à-dire l'Ancienne Vilcabamba, disparue depuis longtemps.

Après la Conquête espagnole, **Manco Capac II**, l'Inca rebelle, bat en retraite dans la jungle et fait bâtir une ville appelée Vilcabamba, que les derniers Incas utilisent comme base pour attaquer les Espagnols. Ces derniers mettent un terme à cette résistance par une invasion brutale en 1572. Ils pillent Vilcabamba, font prisonnier le dernier chef inca, **Tupac Amaru**, l'exécutent à Cuzco et font disperser le reste de sa famille, mettant un terme définitif à la dynastie inca. Vilcabamba est abandonnée et presque oubliée. Aucun Espagnol ne parvient bientôt plus à situer la ville sur une carte. Mais plus tard, Bingham annonce sa découverte à la presse internationale, fait venir son équipe de scientifiques et d'archéologues, et rapporte ses trouvailles à Yale. L'Ancienne Vilcabamba a enfin été retrouvée.

Vraiment ? La "découverte" de Bingham ne sera en tout cas pas remise en cause pendant 50 ans, même si un examen, ne serait-ce que superficiel, de cette découverte montrerait que cela n'est pas cohérent. "Vilcabamba" signifie "plaine sacrée" en quechua, ce qui ne correspond absolument pas à la configuration géographique de Machu Picchu. Vilcabamba a été assiégée par les Espagnols, alors que Machu Picchu ne porte aucune trace d'invasion. Vilcabamba fut construite après la Conquête, alors que l'architecture de Machu Picchu ne porte aucune marque d'influence espagnole. Enfin, Vilcabamba fut bâtie en hâte par des renégats incas, alors que Machu Picchu est au contraire une cité construite de façon très précise. L'erreur de Bingham est révélée par l'explorateur américain **Gene Savoy** en 1964, lorsqu'il découvre ce que tout le monde s'accorde à reconnaître comme les véritables vestiges de l'Ancienne Vilcabamba, à **Espíritu Pampa**, un endroit perdu au cœur de la jungle et accessible après quatre ou cinq jours de véhicule tout terrain, de cheval et de marche. Ironie du sort, Hiram Bingham avait découvert une partie de ces ruines en 1909, mais ne s'y était pas arrêté, ne les jugeant pas importantes. Qui plus est, il a quitté ce monde avant de mesurer l'ampleur de ce qu'il avait découvert à Machu Picchu.

CE QUE L'ON EN SAIT. Le style et la fonction des bâtiments de Machu Picchu le font remonter au règne de l'**Inca Pachacutec**, qui fut à l'origine de la réussite de Cuzco et de l'expansion de l'Empire jusqu'en Equateur et au Chili. La cité fut probablement construite peu de temps après la victoire des Incas sur le peuple Chanca en 1438, un événement qui marqua le début de la grande expansion inca. Et pourtant, si l'on accepte l'idée que Machu Picchu fut abandonnée avant la conquête, cela lui laisse moins d'un siècle pour avoir été construite, habitée et abandonnée. Au vu des temples et des terrasses qui se succèdent dans cette vaste cité, personne n'arrive à croire à cette chronologie des événements, et pourtant personne n'est en mesure d'apporter une alternative cohérente.

L'erreur de Bingham selon laquelle la ville avait été construite pour servir de poste de défense a fait se répandre l'idée que Machu Picchu était une citadelle. Les nombreux donjons et le pont-levis pourraient accréditer cette thèse. Mais les archéologues ont fini par opter pour l'idée selon laquelle Machu Picchu était plus un centre religieux qu'une forteresse. Les ossements humains retrouvés au cours des fouilles menées par l'équipe de Bingham appartenaient à une majorité de femmes. On en a supposé la présence importante de vierges prêtresses. Mais il demeure un doute sur le sexe de ces personnes. En effet, seuls des crânes aux traits fins ayant été retrouvés, ces derniers auraient très bien pu appartenir à des hommes jeunes ou à des adolescents. Machu Picchu était peut-être une ville sainte située au bout d'un long chemin de pèlerinage. La présence évidente d'habitations suggère que seules mille personnes environ vivaient sur place en même temps. Mais les terrasses alentour (à Machu Picchu et non loin de là, à Huiñay et Intipata), auraient pu servir à nourrir des milliers d'autres personnes. Machu Picchu était peut-être un lieu d'expérimentations agricoles (étroitement liées à des rites sacrés), ou peut-être la cité servait-elle d'avant-poste dans la jungle permettant de garantir un approvisionnement sûr et constant en feuilles de coca. Etant donnée l'étendue de leurs utilisations dans les sacrifices, la divination et la médecine, l'Empire inca en avait un réel besoin.

Le mystère qui plane autour de l'abandon de cette région vient nourrir d'autres spéculations. Certains croient que la population du site fut frappée par une épidémie. D'autres songent à un siège hypothétique lancé par la tribu des Antis qui vivait alors dans la jungle. Il est possible également que Machu Picchu ait servi de résidence secondaire à l'Inca Pachacutec, et que la cité ait été habitée par les membres de son propre clan. Si cela est vrai, l'abandon du site pourrait tout simplement s'expliquer par la mort de Pachacutec. Une autre théorie avance que la région tout entière se serait rebellée contre l'empire, et qu'afin d'éviter un soulèvement important, les Incas seraient venus faire évacuer la cité. L'archéologue péruvien Marino Sánchez propose une autre interprétation, selon laquelle lors d'un terrible orage, le temple recouvert d'or de Machu Picchu aurait été frappé par la foudre. Interprétant cela comme un mauvais présage, les habitants auraient fui précipitamment. Les guides qui font visiter la cité présentent ces différentes interprétations sur un ton plus ou moins affirmatif, mais il ne s'agit que de spéculations. Heureusement, le grand mystère de ces murs ne fait qu'accroître la dimension mystique de Machu Picchu.

INFORMATIONS PRATIQUES. La **gare** la plus proche se trouve à **Aguas Calientes** (p. 163). Des bus font la **navette** entre Aguas Calientes et le Machu Picchu Hotel (toutes les 20 minutes, sans interruption entre 12h30 et 17h30, 5 $). Il y a une **consigne**, obligatoire pour les voyageurs qui viennent d'arriver, à côté du guichet d'entrée (s/2 par sac, gratuit pour les randonneurs munis d'un billet pour le parc). Vous pouvez louer les services d'un **guide** pour la visite du site, pour environ 12 $ par personne. Vous trouverez des **téléphones à pièces**, une **infirmerie** ainsi qu'une antenne de **police** près de l'entrée du site. Le restaurant en terrasse, situé près du guichet d'entrée, propose essentiellement de la cuisine étrangère hors de prix (s/10-25) ainsi qu'un buffet quotidien pour le petit déjeuner (15 $ par personne). L'unique hôtel de la cité sacrée est le **Machu Picchu Ruinas Hotel**, un hôtel somptueux situé à l'extérieur de l'entrée principale. Le **camping** est autorisé en bas de la montagne de Machu Picchu, sur les rives de l'Urubamba.

L'EXPLORATION DES RUINES. Située entre deux montagnes, la cité sacrée s'étend sur la montagne Machu Picchu, et fait face à la montagne Huayna Picchu. Même si vous arrivez par le Chemin de l'Inca, vous devrez sortir de Machu Picchu et y entrer de nouveau, en ayant fait valider votre billet dans l'intervalle. L'entrée principale mène à ce que l'on appelle le secteur agricole de la cité, constitué de grandes terrasses d'où l'on tirait des récoltes suffisamment abondantes pour pouvoir nourrir toute la population. Les lamas en train de brouter ont été amenés là pour les touristes, car ils préfèrent en fait vivre en plus haute altitude. En haut des terrasses, vous pourrez voir une dalle de granit gravée, appelée rocher funéraire, qui servait peut-être à faire la toilette des morts avant leur enterrement, car cette partie haute de la cité semble avoir servi de cimetière. C'est par là qu'arrivent les randonneurs du Chemin de l'Inca. Ceux que cela intéresse peuvent suivre le chemin en sens inverse et aller voir l'**Intipunku**, et les immenses terrasses de **Huiñay Huayna** (entrée 2 $, voir p. 158). En partant du cimetière, vous pouvez également aller voir le **pont Inca**, un pont-levis de défense qui a été restauré au moyen de rondins.

En revenant au bas de la colline, et en partant de l'entrée principale, vous traverserez de grandes terrasses plates avant d'arriver à une série de seize bains cérémoniels, où l'eau tombe en cascade le long de la montagne. A gauche, juste avant les bains, vous verrez le **Temple du soleil**, connu pour son mur en forme de U, dont la maçonnerie presque parfaite dissimule un défaut à peine visible. Au moment du solstice d'hiver, les rayons de soleil passent par l'une des fenêtres et tombent exactement au centre d'une pierre placée au milieu du temple. Cette roche a la même forme de diamant que la Croix du sud et un grand nombre de visiteurs placent leur main au-dessus de la croix, afin de puiser de l'énergie de sa supposée source de puissance. Une grotte située sous le temple, dont les murs ont été gravés, a peut-être abrité des ossements humains. On dit que les grands bâtiments situés en face des bains, de l'autre côté du Temple du soleil, étaient autrefois la résidence de la noblesse inca. En montant l'escalier qui longe les bains, vous atteindrez la carrière.

En vous enfonçant dans la cité, toujours sur la même terrasse, vous arriverez au **Temple aux trois fenêtres**, un temple à trois murs construits de manière parfaitement symétrique et taillés dans d'immenses blocs de pierre. Donnant sur la même place, le **Temple principal**, lui aussi avec trois murs, s'est affaissé sur une chambre souterraine. L'un des murs contient un bloc de pierre taillée qui comporte plus de 32 faces. Au-dessus, au sommet d'un petit promontoire, se trouve l'**Intihuatana**, une autre roche taillée qui a pu servir à mesurer les mouvements du soleil.

De l'autre côté de cette clairière, à l'autre bout de la cité, et en direction de Hayna Picchu, une autre place avec des bâtiments à trois murs a été construite sur une roche qui se dresse bien droit. Cette roche, appelée la **Roche sacrée**, a la même forme que le contour de la montagne qui se trouve derrière elle. La plupart des visiteurs continuent de suivre ce sentier pour se rendre au **Huayna Picchu**, une marche de deux heures aller-retour. L'aspect le plus intéressant du Huayna Picchu est l'aménagement de ses terrasses qui semblent avoir été conçues davantage pour la beauté du décor que pour l'agriculture. En chemin vers le Huayna Picchu, vous tomberez sur un sentier qui part en direction du **Temple de la lune**. En revenant vers la cité, vous verrez plusieurs dizaines de complexes de pierre, dont la plupart servaient de lieu d'habitation. A l'intérieur de l'un de ces bâtiments, deux plateaux circulaires ont été creusés à même la pierre. Bingham les appela des **mortiers** car il pensait qu'ils servaient à moudre les grains de maïs, mais d'autres pensent qu'ils étaient remplis d'eau et servaient de miroir pour observer le ciel dans la nuit. Juste à côté, un escalier mène au **Temple du condor**, construit sur plusieurs niveaux, dont la pierre a été taillée minutieusement. Bingham pensait à tort que les salles intérieures du temple servaient de geôles, ce qui explique le nom erroné de "bloc carcéral". Le nom plus récent du temple vient de la pierre triangulaire, dont certains pensent qu'elle représente la tête du condor, avec une face taillée qui évoque une aile déployée.

AGUAS CALIENTES ☎084

Aguas Calientes est un passage obligé de la Vallée sacrée, puisque c'est le village le plus proche de Macchu Pichu (environ 8 km), où se trouve le train en provenance ou en direction de Cuzco. L'endroit est malheureusement hors de prix et sans grand intérêt, si ce n'est pour y faire une escale nécessaire ou pour aller aux sources chaudes qui se trouvent non loin de là. Les touristes de passage dorment à Aguas Calientes, mangent à Aguas Calientes, achètent leurs souvenirs à Aguas Calientes, et à la fin de la journée, plongent dans les *aguas calientes* d'Aguas Calientes. Les *baños termales*, en haut de la rue Pachacutec, consistent en deux bassins d'eau chaude et un bassin d'eau froide. Les eaux minérales soulageront les muscles des randonneurs fraîchement arrivés du Chemin de l'Inca. Des hordes de *gringos* débarquent tous les après-midi. Un bar situé près du bassin propose des *pisco sours* (pisco, sucre et jus de citron) le soir et loue des serviettes et des maillots de bain (ouvert tlj 5h-20h30, s/5).

Les deux seules véritables rues du village sont la rue **Imperio de Los Incas**, qui longe la vieille voie de chemin de fer et se compose de petites échoppes, et la rue **Pachacutec**, qui mène en haut de la colline, où se trouvent les sources chaudes. La **Plaza de Armas** est située en haut de la voie de chemin de fer et l'église est visible d'en bas. Le **train local** suit cette voie, tandis que tous les **trains pour touristes** partent de la Estación Nueva, située plus haut, qui traverse le marché situé à gauche de la voie de chemin de fer. Vous pouvez acheter votre billet en fin de matinée à la Estación Nueva. Cependant, la plupart des touristes réservent leur place dans une agence de voyages à Cuzco. Les tarifs et les horaires changent constamment. Un train local dessert la ville de **Cuzco** (durée 4-5h, dép. à 18h, s/15) via **Ollantaytambo** (durée 2h30). Trois types de trains pour touristes desservent la ville de **Cuzco** (durée 3h30) : le *Backpackers* (dép. à 17h, 25 $), l'*Autovagón* (dép. à 15h, 40 $), et le *Cocha Inka* (dép. à 15h30, 50 $). Des bus font la **navette** jusqu'à Machu Picchu (durée 30 mn, au moins 1 dép/h de 6h30 à 17h, 4,50 $, 9 $ l'aller-retour) et partent du bas du marché. Pour vous rendre à Machu Picchu à pied, il faut prendre le sentier, et non pas la route en lacets (2 heures de marche). Il n'y a **pas de banque** à Aguas Calientes : certains commerces des rues Pachacutec et Imperio de Los Incas achètent des dollars à un taux acceptable. Parmi les services disponibles, vous trouverez un bureau de **police** (☎211 178), dans la rue Imperio de Los Incas, un **local téléphonique** dans la même rue, un **accès Internet** au Café Internet Yanantin Masintin, à la hauteur de la voie ferrée (☎211 036, s/10 l'heure) et un bureau de **poste**, à Qosqo Service dans la rue Pachacutec.

Entre juin et août, la plupart des chambres d'hôtel d'Aguas Calientes sont réservées. Si vous voulez passer la nuit sur place, appelez longtemps à l'avance. Le **Gringo Bill's**, Colla Raymi 104, sur la Plaza de Armas, propose des chambres confortables, bien qu'un peu petites, dont les murs peints représentent des paysages andins. Le bar est souvent animé. Quant au restaurant, cher, il accueille les randonneurs affamés qui arrivent du Chemin de l'Inca. Faites votre réservation depuis Cuzco, au n°265-3 de la rue Garcilaso (☎241 545), près de la Plaza Regocijo (☎/fax 211 046, e-mail gringobills@yahoo.com, chambre simple 14 $, avec salle de bains 24 $, chambre double 27 $, avec salle de bains 40 $, chambre triple 49,50 $, avec salle de bains 57,50 $). L'**Hostal Don Guiller**, Pachacutec 136, propose des chambres simples et lumineuses, ainsi qu'un restaurant et des salles de bains collectives propres, dans un établissement fraîchement repeint. (☎211 128, lit s/20 par personne). L'**Hospedaje El Mirador**,

Pachacutec 135, est tenu par un vieil homme très aimable. Chambres paisibles et éclatantes de propreté (☎211 194, chambre double avec salle de bains s/30, chambre triple s/30). Enfin, l'**Hostal La Cabaña**, Pachacutec 20-30, est un établissement joliment meublé (☎/fax 211 048, petit déjeuner inclus, chambre simple 15 $, double 20 $, triple 30 $).

SUD DU PÉROU

LES INCONTOURNABLES DU SUD DU PÉROU

OBSERVEZ les fous et les otaries par centaines autour des **îles Ballestas** (p. 174).
TESTEZ les différents alcools dans les nombreuses *bodegas* des environs de **Lunahuaná** (p. 168) et d'**Ica** (p. 176).
SURFEZ sur les dunes de sable de **Huacachina** (p. 180).
SURVOLEZ les mystérieuses **lignes de Nazca** (p. 185).
FLÂNEZ dans les rues calmes du **monastère de Santa Catalina** à Arequipa (p. 204).
ADMIREZ le vol majestueux d'un condor au-dessus de l'un des canyons les plus profonds du monde : le **canyon du Colca** (p. 209).
APPRENEZ à tisser avec les femmes quechuas sur les **îles Taquile** et **Amantaní** (p. 222).

En règle générale, lorsque les visiteurs quittent Lima (en toussant pour les uns, en jurant pour les autres), ils choisissent de se diriger vers le sud, région qui abrite sans doute les sites les plus célèbres du pays. La Panaméricaine, une route goudronnée qui traverse le Pérou du nord au sud, longe la côte méridionale et passe par des paysages très variés. Le **littoral sud** (p. 166) consiste en un véritable désert ponctué de villes oasis. A partir de Camaná, la route s'enfonce dans les terres et remonte jusqu'à **Arequipa** (p. 197), une très belle ville coloniale, située à 2000 m au-dessus du niveau de la mer, et dont le cadre naturel n'a rien à voir avec les paysages désertiques de la côte. Les bâtiments en roches blanches d'Arequipa dégagent un charme très particulier. La ville n'attire toutefois pas uniquement les citadins : elle est le point de départ idéal pour effectuer d'inoubliables randonnées dans l'une des régions les plus sauvages du pays, notamment dans le canyon du Colca. La Panaméricaine abandonne les touristes à Arequipa et les trains prendront le relais pour vous mener à votre prochaine étape : le **lac Titicaca** (p. 214). La voie ferrée en provenance d'Arequipa gravit plus de 1000 m de dénivelée avant de parvenir jusqu'au lac navigable le plus haut du monde, au cœur de l'Altiplano. Bien plus qu'une étendue d'eau, le lac constitue une véritable frontière naturelle entre le Pérou et la Bolivie. C'est aussi là que vivent bon nombre de Quechuas et d'Aymaras, deux peuples des hautes montagnes qui ont conservé certaines traditions.

LA CÔTE SUD

PUNTA HERMOSA ☎01

En été, les surfeurs et les *Limeños* (les habitants de Lima) en quête de soleil se rendent à Punta Hermosa, à 45 km de Lima. Si les vagues de la station de Puerto Chicama sont réputées les plus longues du monde, celles de Punta Hermosa sont célèbres pour être les plus hautes (à **Pico Alto**). Certaines atteignent presque 8 m (les plus grosses se forment entre avril et mai). La ville attire les riches *Limeños*, dont les villas de vacances bordent la côte. Quelques restaurants, discothèques et hôtels ouvrent en été (décembre-mars), mais le reste de l'année, Punta Hermosa est une véritable ville fantôme.

TRANSPORTS. Punta Hermosa se trouve à 2 km de la Panaméricaine. Assurez-vous donc que le bus ou le *colectivo* que vous prenez dessert bien la station balnéaire et qu'on ne vous laissera pas sur le bord de la route. Le mode de transport le plus direct est les *colectivos* à rayures marron "Lurín" (durée 1h15, dép. de 6h à 20h, s/3) qui descendent la rue Grau du quartier Lima Centro et s'arrêtent en haut d'une colline située à 200 m de la plage. Pour vous rendre sur l'une des **plages** des environs ou retourner à **Lima**, reprenez un *colectivo* au même endroit. Vous devrez prendre un taxi pour rejoindre les **discothèques de San Bartolo** (s/10 aller simple).

HÉBERGEMENT ET RESTAURANTS. Etant donné qu'à Punta Hermosa la plupart des visiteurs sont de passage pour la journée ou possèdent leur propre maison, l'offre d'hébergement est limitée et les hôtels souvent chers. L'**Hotel Sol y Mar Coconut**, Bolognesi 551, se trouve en bordure de mer. Il est de loin le moins cher mais, malgré son exposition, reste sombre. (☎870 43 12, Lu-Ve chambre s/10 par personne, Sa-Di s/15 par personne.) Le confort, et par conséquent les prix, augmentent nettement à **La Isla Hotel**, Malecón Central 943, sur la plage principale, mais vous pourrez profiter de douches chaudes, d'un petit déjeuner gratuit, d'un **service de location de planches de surf** (5 $ la journée) et d'un accès Internet. Si vous n'êtes pas très doué en espagnol, sachez que les propriétaires parlent anglais (☎230 71 46, e-mail islasurf@terra.com.pe. Chambre 10-15 $ par personne.) Les inconditionnels du surf se retrouvent à l'**Hostal Pico Alto International Surf Camp**, à un quart d'heure de marche au nord de la ville, juste en face du site de Pico Alto qui abrite les rouleaux les plus hauts du monde. Oscar Morante, le propriétaire, est un ancien champion de surf. Il peut venir vous chercher à Lima si vous le prévenez. (☎230 72 97, fax 230 78 69, e-mail surfcamp-peru@terra.com.pe.) Vous pouvez également y louer des **planches de surf** (10 $ la journée) et des **combinaisons** (5 $

la journée). Chambre double, triple, quadruple 28 $ par personne. Le prix comprend les douches chaudes et la pension complète. La plupart des **restaurants** de Punta Hermosa sont hors de prix (comptez environ s/20 au minimum pour un repas) et ne sont pas très pratiques car ils ferment vers 18h. Les menus de fruits de mer du **Pikalos**, Bolognesi 524 l'option la plus économique (s/6 le menu, ouvert 9h-18h).

PLAGES ET VIE NOCTURNE. Punta Hermosa n'est pas la seule plage des alentours. Il en existe de plus sauvages, avec de grands rouleaux, à quelques kilomètres au nord et au sud. Au km 42 de la Panaméricaine, les eaux tranquilles d'**El Silencio** sont appréciées des nageurs, des amoureux de bains de soleil et des vendeurs de sandwichs. Un peu plus au sud, sur les plages de **Señoritas** et de **Caballeros**, les vagues peuvent atteindre 2 m de haut. A l'extrême sud de Punta Hermosa, les vagues de **La Isla** montent parfois jusqu'à 4 m. Les surfeurs apprécieront davantage la plage plus sauvage et spectaculaire de **Punta Rocas**, avec ses vagues de 5 m de haut (à 2 km au sud de la ville). La Copa del Pacífico, un championnat international de surf, s'y déroule en général au début du mois de mars. Il a toutefois dû être annulé en 2000 par manque de mécènes. A **San Bartolo**, à 4 km au sud de Punta Hermosa (au km 49), les vagues sont moins impressionnantes mais la vie nocturne plus animée. **El Huayco Discoteca**, 150 m après l'entrée de San Bartolo, repérable grâce à l'énorme panneau publicitaire de couleur rouge pour la bière Cristal, passe de la *dance* sur une piste en plein air autour de laquelle se trouvent trois bars. (Ouvert Déc-Mars, Ve-Sa 23h-6h, entrée s/5.) **La Rumba**, au km 48 de la Panaméricaine, est un endroit similaire avec plus de rythmes latinos. (☎247 32 80, ouvert Déc-Mars, Sa. 23h-6h, entrée s/10, une bière comprise.) Vous trouverez également des discothèques à Señoritas et à El Silencio.

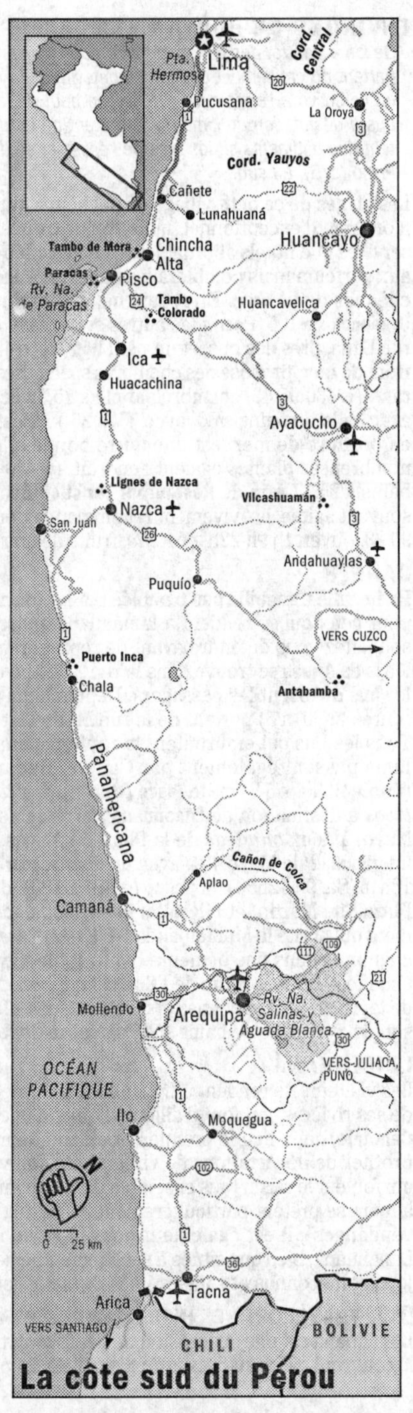

ENVIRONS DE PUNTA HERMOSA : PUCUSANA

De Lima Centro, des bus en direction de Pucusana (durée 1h30, dép. de 5h à 22h, s/3) partent du croisement des rues Montevideo et Andahuaylas. De Punta Hermosa, prenez un colectivo à l'arrêt qui se trouve en haut de la rue Libertad (durée 15 mn, s/1). Les bus à destination de Lima (s/3) partent de la rue Lima à Pucusana. Les colectivos partent des bâtiments situés près de l'église et se dirigent vers Lima (s/3), au nord, et vers Pisco (s/5), au sud.

Les plages de ce petit village de pêcheurs, situé à 15 km au sud de Punta Hermosa, n'ont rien d'exceptionnel, mais vous y trouverez plus de résidents permanents, de services et d'hôtels abordables. La baie isolée de **Naplo**, à 1 km de là, n'a rien à offrir aux surfeurs mais comblera les nageurs. A **Pucusana**, aucune banque n'accepte les chèques de voyage. En revanche, de nombreux magasins changent les dollars. **Urgences** : ☎105. Parmi les autres services, vous trouverez : la **police** (☎430 90 05), rue Lima, près des bus, et un petit **hôpital** (☎430 90 53). L'**Hostal Salón Blanco**, sur le front de mer, propose des chambres spacieuses et lumineuses ainsi qu'un bon restaurant. (☎430 95 42, chambre simple s/15, avec salle de bains s/20, chambre double avec salle de bains s/30, avec TV s/35.) L'**Hostal Restaurant Las Delicias**, également en bordure de mer, est une autre bonne adresse où dormir et se restaurer. De nombreuses plantes égaient l'endroit. (☎430 91 01, chambre double avec salle de bains s/25.) Enfin, le **Restaurant Turístico Bahía**, près de la crique, face à une mer souvent agitée, est vivement recommandé pour ses excellents fruits de mer. (☎430 90 23, ouvert tlj 9h-22h, *ceviche*, fruits de mer macérés dans du jus de citron, s/12.)

CAÑETE ☎034

Petite ville tranquille peu troublée par les touristes, Cañete n'est guère qu'une escale pour ceux qui se rendent à Lunahuaná, puisqu'il n'y a pas de bus directs. Si vous souhaitez vous détendre avant de reprendre un bus, Cañete est l'endroit idéal. La **Plaza de Armas** se trouve dans la rue 2 de Mayo, à quelques *cuadras* de l'endroit où les **bus** déposent les passagers. Depuis Lima Centro, des bus directs pour Cañete (durée 2h30, s/5) partent de la rue Montevideo, entre les rues Iquitos et Abancay. Tous les bus qui empruntent la route panaméricaine pour quitter ou se rendre à Lima passent également par Cañete. Départs fréquents à destination de **Lima** (durée 2h30, s/5-7) et de **Pisco** (durée 1h, s/3-5). La **Plaza San Martín**, où les *colectivos* à destination de **Lunahuaná** s'arrêtent, se trouve également dans la rue 2 de Mayo, à deux *cuadras* de la Plaza de Armas. Parmi les services, vous trouverez : **Interbank**, 2 de Mayo 451, avec un **distributeur** pour cartes Visa (ouvert Lu-Ve 8h30-18h15, Sa. 9h-12h30), la **police** (☎581 20 83), dans la rue 2 de Mayo, à hauteur de la Plaza San Martín, et l'**Hospital Rezola**, Bolognesi 222 (☎581 20 10), à côté du bâtiment qui abrite la Municipalidad. L'**Hostal Casablanca**, 2 de Mayo 689, offre de belles chambres dans une demeure confortable. (☎581 20 40, chambre double avec eau chaude s/40.) Les murs de l'**Hostal La Casona**, sur la Plaza de Armas, sont décorés de tapisseries péruviennes et de photos des sites touristiques. (☎581 31 30, chambre simple avec salle de bains s/20, chambre double avec salle de bains s/30.)

LUNAHUANÁ ☎034

Les visiteurs se rendent à Lunahuaná pour deux raisons : son vin et les eaux vives de ses rivières, qui font d'ailleurs l'objet d'une fête, la **Fiesta de la Uva, del Vino y del Canotaje**, qui a lieu le premier week-end de mars et lors de laquelle vous pourrez profiter de dégustations de vin gratuites ou vous joindre aux habitants de la ville qui foulent le raisin tous ensemble dans une immense cuve. Si les mois de décembre à mars se prêtent particulièrement au rafting et aux plaisirs du vin (en raison des vendanges), il est également possible d'en profiter le reste de l'année. En fait, Lunahuaná, bien que située à seulement une heure de la Panaméricaine, est l'un des joyaux méconnus et sous-estimés de la côte sud.

TRANSPORTS ET INFORMATIONS PRATIQUES. Plus qu'une véritable ville, Lunahuaná est une succession de petits *anexos* (ou quartiers) éparpillés le long de la route qui passe au-dessus du **Río Cañete**. Le plus grand *anexo* s'appelle Lunahuaná et sa place, la **Plaza de Armas** (qui accueille la plupart des *fiestas*), se trouve à deux *cuadras* de la route principale. De nombreux **combis** circulent le long de la route principale et desservent les différents *anexos* (s/1). Pour vous rendre à Lunahuaná depuis Cañete (escale obligatoire), prenez un *colectivo* au rond-point, près de la Plaza San Martín, jusqu'au petit village d'**Imperial** (durée 10 mn, s/70). De là, vous devez prendre un autre *colectivo* à destination de Lunahuaná (durée 1h, s/2,50). L'**office de tourisme**, situé sur la Plaza de Armas, offre gracieusement des cartes de la région (ouvert Me-Ve 9h-13h et 14h-17h, Sa-Di 10h-13h et 14h-18h). **City Tours Lunahuaná** (☎868 05 99), agence installée dans l'Hostal Los Andes, à deux *cuadras* de la Plaza de Armas, propose plusieurs formules pour visiter la ville, les vignes et les petits sites de ruines des environs (durée 3h, tlj à 10h et 15h, s/15 par personne).

HÉBERGEMENT ET RESTAURANTS. A Lunahuaná, il est souvent préférable de payer une chambre d'hôtel un peu plus cher. S'il existe en effet quelques hôtels bon marché, mais plutôt crasseux, les prix reflètent bien la qualité des chambres. Le **Restaurant Hostal Campestre Mi Rosedal**, sur la route principale dans l'*anexo* d'Uchupampa, au km 41,7, est sans doute la meilleure adresse où se loger et la moins chère pour se restaurer. Toutes les chambres sont propres et accueillantes et toutes les salles de bains disposent de l'eau chaude. (☎284 11 77, chambre avec lit double s/35, chambre à deux lits s/50.) Le restaurant du rez-de-chaussée propose des spécialités à base de crevettes. (*Chupe de camarones* s/4. Ouvert tlj 8h-21h30.) **Las Viñas**, au km 1,5, se trouve dans l'*anexo* voisin, Condoray. Les chambres sont installées dans des *cabañas*, ce qui contribue à l'ambiance tropicale. Elles sont soigneusement décorées et possèdent toutes un balcon. L'hôtel autorise le camping sur le grand terrain qui l'entoure et organise des randonnées à cheval et des excursions en raft. (☎(01) 437 31 87, emplacement de camping s/10, avec location d'une tente s/15. Chambre avec lit double s/60, chambre à deux lits s/90, Lu-Je s/10 de réduction.) Le camping est également autorisé à **El Guanabo**, dans l'*anexo* Juta. Le site donne sur la rivière. (Emplacement de camping s/10, avec location d'une tente s/20.) Le **Sol & Río Restaurant**, qui donne sur la rivière, se trouve sur la route principale de Lunahuaná. Cet établissement sert une excellente cuisine, même si le service est parfois lent. (*Ceviche* s/15. ☎284 10 78. Ouvert tlj 8h-19h.)

SORTIES ET ACTIVITÉS. La meilleure saison pour pratiquer le **rafting en eau vive** s'étale de janvier à mars, lorsque les rapides atteignent la classe IV sur l'échelle de difficulté des cours d'eau. Le reste de l'année, ils ne dépassent pas la classe II ou III, ce qui est suffisant pour les débutants mais certainement moins intéressant pour les plus expérimentés. Vous pouvez également faire du **kayak**, à condition de convaincre les agences que vous n'êtes pas un novice, étant donné qu'il n'y a aucune initiation à ce sport. La plupart des hôtels et des restaurants (voir précédemment), ainsi que les agences situées autour de la Plaza de Armas, organisent des sorties de rafting en eau vive sur le Río Cañete. L'hôtel Las Viñas est réputé pour son respect des consignes de sécurité. Comptez 10-15 $ les 30-40 mn de descente en eau vive (parcours de 6 km), mais sachez que les prix varient selon les saisons.

Plusieurs petites **bodegas** de la vallée de Lunahuaná produisent du *pisco*, alcool blanc traditionnel à base de raisin, et de la *cachina*, un vin fermenté naturellement. La période la plus propice pour visiter les *bodegas* se situe entre février et avril, au moment de la *vendimia* (vendanges). Les visiteurs peuvent alors enlever leurs chaussures, retrousser leur pantalon et aider à la fabrication du vin. Arrivez le plus tôt possible car le raisin est foulé le matin. L'office de tourisme fournit la liste de toutes les *bodegas* de la région, les meilleures adresses étant **La Reyna de Lunahuaná** (☎449 99 17), dans l'*anexo* de Catapalla, à 7 km, de l'autre côté de la rivière et, plus près, la **Viña Los Reyes**, dans l'*anexo* de Condoray. (☎284 12 06. Visites en espagnol ou en anglais toute l'année s/10, *pisco* s/15, vin s/8-10. Ouvert tlj 7h-19h. Entrée libre.)

CHINCHA ALTA ☎034

Bien que Chincha Alta soit l'une des villes les plus grandes et les plus intéressantes d'un point de vue culturel de la côte sud, la plupart des touristes ne s'y arrêtent pas et préfèrent aller directement à Pisco ou à Nazca. Aux XVIIe et XVIIIe siècles, les plantations locales vivaient du travail des esclaves qui arrivaient d'Afrique. Après l'abolition de l'esclavage, beaucoup d'entre eux choisirent de rester dans la région de Chincha. La ville compte aujourd'hui une importante population noire dont la culture est très présente dans la musique, l'artisanat ou les danses. Chincha est connue au Pérou pour ses nombreuses *fiestas*, très animées, dont le faste a toutefois diminué par manque d'argent. Parmi les fêtes les plus célèbres, citons le **Verano Negro** ("été noir", du 18 février au 4 mars), qui célèbre l'art et la culture par divers combats et danses et un grand nombre de défilés, ainsi que la **Fiesta de Chincha** (fin octobre).

La rue **Mariscal Benavides**, très animée, est l'artère principale de Chincha Alta. Elle part de la Plaza de Armas, une place plantée de palmiers, et rejoint la **Plazuela Bolognesi**, une petite place qui est le point de départ de nombreux bus. A mi-chemin des deux places se trouve la rue **Mariscal Castilla**, perpendiculaire à la rue Benavides. La gare routière de la compagnie Ormeño (☎261 301), située sur la *plazuela*, propose un service de bus à destination de **Marcona** (durée 5h30, dép. 9h, 12h et 21h, s/15) via **Pisco** (s/2), **Ica** (s/3), **Palpa** (s/10) et **Nazca** (s/12), d'**Arequipa** (durée 12h, dép. 11h30, 16h30, 18h30 et 21h30, s/35) via **Camaná** (s/30), d'**Ilo** (dép. 13h30, s/45) via **Moquegua** (s/45), de **Tacna** (durée 19-20h, dép. 12h30 et 18h, s/50) et de **Lima** (durée 3h, 1 dép/h de 6h à 21h, s/6). Des bus d'autres compagnies et des *colectivos* partent du même endroit. Parmi les services disponibles, vous trouverez : **le bureau d'informations touristiques**, dans le bâtiment de la Municipalidad sur la Plaza de Armas (ouvert Lu-Ve 8h-15h), la **Banco Wiese Sudameris**, Benavides 194, sur la Plaza de Armas, doté d'un **distributeur automatique** ouvert 24h/24 (ouvert Lu-Ve 9h-13h et 16h30-18h45, Sa. 9h30-12h30), la **police** (☎261 261), sur la Plaza de Armas, l'**Hospital San José** (☎269 006), à quelques *cuadras* du centre-ville, rue Alva Maurtua, un **accès Internet** au Future Net, Benavides 114, juste avant la Plaza de Armas (s/4 l'heure, ouvert tlj 9h-23h), et un **bureau de poste** (☎261 141), sur la Plaza de Armas (ouvert Lu-Sa 8h-20h).

Chincha ne manquant pas d'hôtels, vous n'aurez pas grand mal à trouver une chambre à un prix raisonnable, même pendant les fêtes. L'**Hotel Sotelo**, Benavides 260, propose des chambres, de couleur bleu ciel, modestes mais propres. (☎261 681, chambre double s/25, avec salle de bains s/45, avec salle de bains et télévision s/50.) L'**Hostal Oriente**, Mariscal Castilla 211-223, manque un peu de charme, mais toutes les chambres ont l'eau chaude et des lits confortables. (☎263 008, chambre simple s/35, chambre double s/45, s/10 de réduction en basse saison.) A Chincha, imprégnez-vous de la culture et mangez comme les Chinchanos. Leur plat préféré est sans doute le *tacu tacu* (un mélange de riz, de haricots, d'oignons, de viande et de piments). Le **Restaurant Cevichería Costa Marina**, Plaza de Armas 148, est conseillé si vous souhaitez manger du poisson et goûter à la cuisine traditionnelle de Chincha. (*Tortuga a lo macho*, tortue dans une sauce aux crustacés, s/17, *tacu tacu* s/16. ☎262 700, ouvert tlj 7h-24h.)

SUD DU PÉROU

ENVIRONS DE CHINCHA ALTA : CASA-HACIENDA SAN JOSÉ

Pour vous rendre à Casa-Hacienda, prenez un combi *qui indique "El Carmen" (durée 35 mn, 1 dép/15 mn, s/1,30) au départ de la rue Caqueta, sur le marché, côté Plaza de Armas. Vous pouvez également prendre un taxi depuis Chincha (durée 25 mn, s/13-15). Sur le chemin de retour, les* combis *s'arrêtent en face de l'entrée principale de l'Hacienda.*

Une visite de la Casa-Hacienda San José permet d'imaginer ce que pouvait être la vie à l'époque des plantations de coton et de canne à sucre. Cette bâtisse, qui date de 1688, est située à 30 mn au sud-est de Chincha, dans le quartier d'El Carmen. A l'origine, cette plantation ne vivait que de la production de sucre et de miel, puis, au cours du XVIIIe siècle, du coton. A son apogée, plus de 1000 esclaves africains y travaillaient. En 1789, ceux-ci organisèrent une révolte au cours de laquelle ils assassinèrent leur maître. Aujourd'hui, on y cultive encore du coton, des asperges et des agrumes, mais l'hacienda est aussi, et surtout, devenue un hôtel réputé. Dans les jardins se trouvent une piscine, des étables, des courts de tennis, des tables de ping-pong et un *sapo* (jeu traditionnel). Il est possible de visiter la propriété avec un guide, qui vous conduira entre autres dans les catacombes des familles Salazar et Carillo avec, pour seul éclairage, des bougies. (Ouvert tlj 9h-17h, durée 40 mn, visites en espagnol uniquement, s/10.) L'hôtel n'est pas exactement bon marché, mais le forfait tout compris de trois jours est une bonne affaire. (80 $ par personne Lu-Je, 100 $ Ve-Di.) Informations et réservations : contactez le bureau de Lima (☎(01) 444 52 42, fax (01) 444 55 24, e-mail hsanjose@terra.com.pe).

PISCO ☎034

Pour les Péruviens, Pisco évoque davantage l'eau-de-vie de raisin blanc produite dans la région et appelée *pisco* que la petite ville côtière. Le *pisco* semble en effet bien plus excitant que la ville, et même que ses plages, sans grand intérêt. Pourtant, chaque jour, les Péruviens et les touristes étrangers sont nombreux à faire le détour par Pisco. Le célèbre *pisco sour* (apéritif national composé de *pisco*, de jus de citron et de sirop de sucre blanc, le tout mixé) y serait-il meilleur ou moins cher qu'ailleurs ? Si la ville est aussi fréquentée, c'est pour les splendides sites qui l'entourent : la réserve naturelle des îles Ballestas, les plages de la réserve Paracas ou encore les ruines de Tambo Colorado.

TRANSPORTS

Bus : Pisco se trouve à 3 km à l'ouest de la Panaméricaine. En conséquence, un nombre relativement limité de bus desservent directement la ville. Si vous ne prenez pas un bus direct, vous pouvez cependant monter dans n'importe quel bus qui longe la côte en direction d'une ville située après Pisco et demander au chauffeur de vous déposer à l'embranchement ("*Bajo en el cruce para Pisco*"). De là, de nombreux **colectivos** assurent la liaison avec le centre-ville de Pisco (durée 10 mn, s/0,5). La compagnie **Ormeño** (☎532 762), à l'angle des rues San Francisco et Ayacucho, dessert les villes suivantes : **Arequipa** (durée 12h, dép. 11h, 15h30 et 18h30, s/30), **Ayacucho** (durée 8h, dép. 9h, 11h, 22h, 23h et 24h, s/30), **Ica** (durée 1h, dép. 9h et 12h30, s/2), **Lima** (durée 4h, 8 dép/j de 9h à 18h30, Di. également 20h10, s/10, classe Royale 14h et 16h45, s/30), **Nazca** (durée 3h, dép. 9h et 12h30, s/10, classe Royale 16h30, s/35) et **Tacna** (durée 18h, dép. 11h et 17h, s/40). La compagnie **Transportes Saky**, Pedemonte 190 (☎534 309), propose un service très régulier de bus pour **Ica** (durée 1h, 1 dép/20 mn de 6h à 20h, s/2,50). Les **colectivos** à destination de **Paracas** (durée 30 mn, s/1) partent du marché, à l'angle des rues Fermín Tanguis et B. de Humay, dès qu'ils sont pleins. A deux *cuadras* de la Plaza Belén, des *colectivos* à destination de **Chincha** (durée 1h, s/2) partent régulièrement.

Location de vélos : **Zarcillo Connections** (voir **Agences de voyages**, plus loin) loue des vélos comme activité subsidiaire. Vélo s/10-15 la journée.

ORIENTATION ET INFORMATIONS PRATIQUES

La plupart des services sont concentrés autour de la **Plaza de Armas**. Au nord se trouve la rue **San Francisco**, où vous trouverez nombre d'agences de voyages. Au sud-ouest de la place, la rue de Comercio, une voie piétonne animée (appelée "**El Bulevar**" par les habitants, c'est-à-dire le boulevard) mène à une plus petite place, la **Plaza Belén**.

Agences de voyages : Où que vous soyez, notamment rue San Francisco entre la gare routière Ormeño et la Plaza de Armas, vous trouverez des agences qui font de la publicité pour des excursions aux îles Ballestas, à la réserve Paracas et parfois même à Tambo Colorado. La plupart des agences proposent le même type de prestations à des prix équivalents (Islas Ballestas s/25, Ballestas-Paracas s/35), mais seules trois d'entre elles sont homologuées : **Zarcillo Connections**, San Francisco 111 (☎536 543, e-mail zarcillo@post.cosapidata.com.pe, ouvert tlj 6h30-22h), **Ballestas Travel Service**, San Francisco 249 (☎/fax

533 095, e-mail jpacheco@net.telematic.com.pe, ouvert tlj 7h-22h) et **Paracas Tours,** San Francisco 257 (☎/fax 533 630, ouvert tlj 8h-20h).

Banques : **Banco de Crédito**, Pérez Figuerola 162 (☎532 340), sur la Plaza de Armas, change les chèques de voyage AmEx ou Visa. Le **distributeur automatique** accepte les cartes Visa. Ouvert Lu-Ve 9h15-13h15 et 16h30-18h30, Sa. 9h15-12h30.

Laverie : La **Lavandería Iris**, Pedemonte 170 (☎532 285), propose un service du jour pour le lendemain (chemise s/2, pantalon s/3). Ouvert Lu-Sa 8h-12h et 15h-20h, Di. 8h-12h.

Urgences : ☎105.

Police : (☎532 884), sur la Plaza de Armas.

Hôpital : **Hospital Antonio Skrabonja A.** (☎532 784), au niveau de la 3e *cuadra* de la rue San Francisco en partant de Bolognesi.

Téléphone : Vous trouverez quelques cabines de la société **Telefónica del Perú** autour de la Plaza de Armas. Pour un peu plus d'intimité, allez au **Telefax Services S.R.L.**, Progreso 123 (☎534 055 ou 533 994), sur la Plaza de Armas. Ouvert tlj 8h-23h.

Internet : Le **Computación e Informática Bill Gates**, San Francisco 290 (☎533 616) demande la somme astronomique de s/10 l'heure. Ouvert tlj 7h-23h. Malheureusement pour eux, ils ne sont plus en situation de monopole. **Interworld**, Comercio 147, 1er étage (☎536 155), sur la voie piétonne, demande s/8 l'heure.

Bureau de poste : **Serpost**, San Juan de Dios 108 (☎432 272), sur la Plaza de Armas. Ouvert Lu-Sa 8h-21h.

HÉBERGEMENT

Le nombre important de voyageurs à petit budget qui transitent par Pisco garantit l'existence d'hôtels confortables et bon marché en ville. Le camping est gratuit sur les plages de la réserve de Paracas (apportez votre propre matériel). Ne bivouaquez pas sur la plage de Pisco, car de nombreux vols y ont été signalés, surtout le soir.

❤ **Hostal San Isidro**, San Clemente 103 (☎533 217), après le cimetière. Les chambres, pour la plupart équipées de la télévision, sont propres et accueillantes. Les clients peuvent utiliser la laverie et la cuisine s'ils le souhaitent, se détendre dans la cour ou jouer au foot ou au billard. Les propriétaires, très sympathiques, offrent le café du matin, boisson indispensable quand on sait que les excursions vers les Islas Ballestas partent souvent avant 8h. Chambre s/12 par personne, avec salle de bains s/15.

❤ **Hostal Posada Hispana**, Bolognesi 236 (☎/fax 536 363, e-mail andesad@ciber.com.pe). Il pourrait aussi s'appeler "Pasado Hispano" : cet hôtel, un peu désuet, évoque en effet le souvenir d'un passé colonial, ce qu'accentue l'accent espagnol des propriétaires, originaires de Barcelone. Les deux étages de dortoirs et de chambres sont très propres et l'accès à Internet (s/5 l'heure), à la laverie (gratuite), à la cuisine et au jardin s'ajoute au charme de cet établissement décidément bien agréable. Chambre simple et dortoir 10 $, chambre double 15 $, triple 19 $, quadruple 24 $.

Hotel San Jorge Suite, Comercio 187 (☎/fax 534 200), sur la voie piétonne, et **Hostal San Jorge Residencial**, Juan Osores 267-269 (☎532 885), trois *cuadras* au nord de la Plaza de Armas. On comprend vite qu'il s'agit d'établissements plutôt luxueux. Toutes les chambres sont équipées de la télévision et d'une salle de bains pourvue de savonnettes et de serviettes de toilette. Le San Jorge Residencial est cependant un peu moins chic. Chambre simple s/30, chambre double s/50, chambre triple s/65, chambre quadruple s/70. Pour le San Jorge Suite, ajoutez s/10-30.

Hostal Pisco Playa, Jose Balta 639 (☎532 492), à trois *cuadras* de l'océan. Proche de la plage de Pisco, même s'il n'y a pas de raison de vouloir en être proche, cet hôtel est plus propre, plus calme et moins cher que beaucoup d'autres du centre-ville. Chambre avec salle de bains s/12 par personne, avec petit déjeuner s/15.

Hostal Colonial Jr., Comercio 194 (☎532 035), sur la voie piétonne près de la Plaza Belén. L'hôtel est bien situé, bien qu'un peu bruyant. L'un des établissements les moins chers de

la ville. Des affiches d'idoles d'hier et d'aujourd'hui donnent une touche de gaieté aux chambres. Chambre s/10 par personne.

RESTAURANTS

Si le tourisme a entraîné l'apparition de nombre d'hôtels abordables et confortables, on ne peut pas en dire autant des restaurants. Rassurez-vous, vous trouverez tout de même de quoi vous rassasier : les nombreux petits cafés-restaurants, tous identiques, qui bordent la rue piétonne proposent des menus corrects à des prix raisonnables.

Restaurant Turistico Ch'Reyes, Comercio 167 (☎534 678), dans la rue piétonne. Plus petit et plus simple que ses voisins. Bonne cuisine et bons prix. *Menú de casa* s/5-6, menu végétarien s/10. Ouvert tlj 6h-22h.

Restaurant Pizzeria Catamaran, Comercio 162-166 (☎680 327), en face de Ch'Reyes, dans la rue piétonne. Leur menu à s/7 comprend un choix de plats de poissons, de pâtes ou végétariens. Mieux vaut opter pour le menu, car les plats à la carte sont chers (s/13-20) et les pizzas n'ont de pizza que le nom. Ouvert tlj 8h-23h.

Don Manuel, Comercio 187 (☎532 035), toujours dans la rue piétonne, en face de l'Hostal Colonial. Parmi les spécialités, citons les *ceviches* (des fruits de mer ou du poisson macérés dans du jus de citron, s/9-17), les *conchas de abanico* (coquilles Saint-Jacques, s/12-15), le *churrasco* (steak, s/13-19) et des plats à base de poulet (s/11-13). Un peu plus raffiné que ses voisins. Ouvert tlj 6h-23h.

EXCURSIONS DEPUIS PISCO

ISLAS BALLESTAS ET EL CANDELABRO

Pour visiter les Islas Ballestas, même les voyageurs les plus indépendants devront suivre un circuit organisé. Les bateaux privés ne sont en effet pas autorisés à naviguer autour des îles. Les bateaux agréés partent du port d'El Chaco avec une douzaine de visiteurs à bord plus un guide. Les visites, qui durent en moyenne 2 ou 3 heures, coûtent 8 $ (10 $ avec la visite de la réserve Paracas) et partent tôt (7-8h), le matin étant le meilleur moment pour observer la faune. Inscrivez-vous la veille dans une agence pour être sûr d'avoir une place et n'hésitez pas à mettre plusieurs pulls pour ne pas souffrir des fortes variations de température. Pour plus d'information sur les agences spécialisées, voir **Agences de voyages**, *p. 171.*

On les appelle, à tort, les Galápagos du pauvre ou même les petites Galápagos. Pourtant, les îles Ballestas abritent une variété impressionnante d'oiseaux et d'animaux marins, et seules les personnes de mauvaise foi seront déçues. Situées au large de la péninsule de Paracas, ces îles sont le refuge de milliers d'otaries. Et ce sont plus de 60 espèces d'oiseaux, parmi lesquelles des fous, trois types de cormorans, des sternes incas, des pélicans, des vautours aura, des manchots et un certain nombre d'espèces migratoires, qui y nichent. Vous ne pouvez pas les manquer. Même s'ils pouvaient se cacher, les traces de fiente (*guano*) qui recouvrent les îles auraient tôt fait de trahir l'emplacement de leurs nids. Tous les deux ou trois ans, des habitants de la région viennent récolter ces excréments qu'ils commercialisent comme fertilisant. Ce sont les seuls autorisés à accoster sur les îles. Vous ne pourrez donc profiter de tous ces animaux qu'à distance, depuis votre bateau.

Avant d'atteindre les îles, la plupart des excursions prévoient une halte devant *El Candelabro*, forme mystérieuse gravée sur la colline au nord-est de la baie de Paracas. Ce géoglyphe à trois fourches, ressemblant à un candélabre, mesure 177 m de hauteur, 54 m de largeur et 60 cm de profondeur. Personne n'en connaît les auteurs ni la signification, aussi les théories vont-elles bon train. Certains pensent qu'il daterait de la culture de Paracas (environ 700 av. J.-C.) et représenterait une variété hallucinogène de cactus utilisée lors de cérémonies religieuses. D'autres soutiennent qu'il aurait un lien avec les lignes de Nazca (voir p. 185) qui auraient été dessinées en 500 av. J.-C. Une autre théorie avance enfin que loin d'être aussi ancien, il serait l'œuvre de pirates lors d'un pillage au XVIIe siècle : il indiquerait la cachette d'un trésor ou un point de repère. Cette hypothèse semble d'autant plus plausible qu'aucune allusion à cette gravure n'a jamais été mentionnée dans les écrits des grands explorateurs et que la première référence à ce géoglyphe remonte à 1863.

185

RESERVA NACIONAL DE PARACAS

Bien que de nombreux visiteurs préfèrent se rendre à la réserve dans le cadre d'une visite guidée, souvent combinée avec celle des Islas Ballestas pour faire une journée complète d'excursion, il est également possible de visiter la région seul. Des colectivos partent régulièrement du marché de Pisco, rue B. de Humay, et vous déposent au port d'El Chaco, juste devant l'entrée de la réserve (durée 30 mn, s/1). La course en taxi entre Pisco et El Chaco coûte environ s/8. Vous pouvez effectuer les 5 km qui séparent El Chaco du musée à pied (si vous longez la mer, vous aurez peut-être la chance de voir des flamants dans la baie) ou en taxi (s/7, aller-retour s/10). Il n'existe pas de transports publics dans l'enceinte de la réserve, vous devrez donc compter sur les taxis pour rejoindre les sites les plus éloignés et les plages.

La Reserva Nacional de Paracas a été créée en 1975 afin de protéger les richesses écologiques et archéologiques de la péninsule de Paracas et des Islas Ballestas. La réserve s'étend sur plus de 25 km de côte et abrite la plus grande concentration d'oiseaux marins du monde. Si le littoral est l'endroit rêvé pour camper, le ressac et les courants sous-marins rendent la baignade impossible. Si vous décidez de participer à un circuit organisé, vous passerez une grande partie de l'après-midi dans un car, avec quelques arrêts photos. Ceux qui manquent de temps feraient mieux de s'en tenir à l'excursion matinale en bateau des Islas Ballestas. Les circuits prévoient la visite du musée Tello (voir plus loin), l'observation des flamants roses qui se rassemblent dans la baie entre avril et décembre, ainsi qu'un passage à **La Catedral**, structure naturelle faite de roches travaillées par l'érosion et qui attire les oiseaux et parfois des loutres de mer. Prenez le temps d'explorer quelques-unes des plus belles plages du Pérou. Pour finir, passez une heure ou deux à **Lagunillas**, un petit port où vous pourrez déguster du poisson frais dans de petits restaurants.

La péninsule de Paracas a une longue histoire. Les premiers habitants arrivèrent dans la région il y a environ 9000 ans et prospérèrent jusqu'en 200 de notre ère. Le **musée Julio C. Tello**, situé dans la réserve (entrée s/2, étudiants munis d'une carte s/1, ouvert tlj 9h-17h), renferme quelques vestiges de cette civilisation. Ce musée a été baptisé du nom du "père de l'archéologie péruvienne". En effet, Tello (1880-1947) dirigea sur la péninsule les fouilles des sites de **Cerro Colorado** et de **Cabezas Largas** de 1924 à 1930 et fut ainsi à l'origine de nombreuses découvertes concernant la culture de Paracas. Le site de Cabezas Largas, qui signifie "Grandes Têtes", doit son nom à la coutume inhabituelle, pratiquée par les Paracas, qui consistait à déformer les crânes (voir l'encadré **Crâne, mon beau crâne, dis-moi que je suis belle**). Des crânes trépanés et étirés sont exposés au musée. Cependant, les objets les plus impressionnants provenant de cette civilisation sont conservés au Museo de la Nación et au Museo Arqueológico de Lima (voir **Lima : Musées**, p. 116).

Sur la péninsule, le **camping** est autorisé et gratuit (il faut toutefois payer s/5 pour entrer dans la réserve). Même si les plages y sont plus sûres qu'ailleurs, ne campez jamais seul. La police locale de Pisco recommande de planter sa tente en groupe de quatre ou plus. Emportez avec vous tout le matériel nécessaire et ne laissez rien derrière vous. Les transports publics ne desservant pas la péninsule, vous pouvez louer un taxi et vous arranger pour qu'il vienne vous rechercher le jour suivant, ou bien demander à un car d'une agence de voyages de vous déposer à la plage et de vous reprendre le lendemain. Sinon, il existe quelques hôtels au port d'El Chaco, à l'extérieur de la réserve. Au bout de la rue bordée de restaurants de poissons, tournez à gauche. Vous arriverez à l'**Hostal El Amigo**, où des chambres impeccables et une agréable terrasse sur le toit vous attendent (chambre double s/35, avec salle de bains s/50, chambre triple avec salle de bains et vue s/60). De l'autre côté de la petite place, l'**Hospedaje El Chorito** propose des chambres propres et confortables, mais plus chères. Demandez une réduction si votre chambre n'a pas d'eau chaude ou de vue (☎665 024, chambre double s/70).

CRÂNE, MON BEAU CRÂNE, DIS-MOI QUE JE SUIS BELLE... Les recherches archéologiques menées à la Reserva Nacional de Paracas ont révélé que la civilisation de Paracas avait des pratiques pour le moins curieuses au regard de notre conception actuelle de la beauté et de la santé. Les crânes déterrés suggèrent que des morceaux de bois étaient plaqués autour du front des nouveau-nés des classes les plus favorisées et resserrés par des bandelettes de tissu, de façon que les os de leur tête s'allongent en grandissant. Un crâne allongé était sans doute un signe d'appartenance ethnique, de beauté et de prestige. Outre cette élongation du crâne, les Paracas pratiquaient la trépanation. L'opération consistait à retirer un morceau de crâne afin de soulager la pression qui pesait sur le cerveau après un traumatisme crânien important. Cependant, le grand nombre de crânes retrouvés ayant subi une trépanation laisse penser que cette pratique n'était pas seulement utilisée pour soigner les victimes d'accidents, mais également pour traiter d'autres problèmes. Le trou pratiqué dans la boîte crânienne permettait peut-être aux mauvais esprits de s'échapper du cerveau. Bizarrement, un grand nombre de patients survivaient à l'opération, comme le démontrent les traces de cicatrisation autour des trous.

TAMBO COLORADO

Des colectivos à destination de "Humay" partent dès qu'ils sont pleins de l'angle des rues B. de Humay et 4 de Julio à Pisco, une cuadra au nord du marché (durée 1h30, s/2,50). Les agences de voyages de Pisco proposent des excursions en haute saison, à partir de 3 personnes (8 $).

A environ 45 km de Pisco, Tambo Colorado abrite certaines des ruines incas les mieux préservées de la côte péruvienne. Le site a été restauré dans les années 1960. S'il n'est pas autant visité que les îles Ballestas ou la réserve de Paracas, il est facilement accessible depuis Pisco, que vous décidiez de vous y rendre seul ou en circuit organisé. Le nom de ce complexe, construit en plein désert il y a 700 ou 800 ans, est très significatif. "Tambo" indique qu'il s'agissait d'un lieu de repos ou d'un relais pour l'Inca. Il y trouvait gîte et subsistance et les armées pouvaient s'y ravitailler en vivres. Il n'était pas rare qu'il passât entre cinq et sept jours à profiter du soleil sur les berges du Río Pisco avant de reprendre le long périple qui séparait Cuzco des villes de la côte. La cité comprenait également un marché sur lequel les artisans des différentes régions venaient vendre leurs marchandises. "Colorado" fait référence à la couleur des édifices : des traces de peinture rouge, jaune et blanche sont encore visibles sur les murs de ces bâtiments qui portent la marque de l'architecture côtière. En effet, en montagne, les pierres des maisons étaient agencées comme les pièces d'un puzzle. Sur la côte, puisqu'il ne pleuvait jamais, les architectes devaient utiliser du *barro*, boue qui servait à maintenir les bâtiments sur pied.

Juste après l'entrée se trouve la **cour principale**, où l'Inca traitait les affaires importantes avec les principaux chefs. Sur la gauche, se tiennent les quartiers de l'Inca, notamment le **dormitorio del Inca** (la chambre) et sa **cusi** (salle de bains en quechua) dans laquelle l'eau arrivait directement par le mur opposé, ce qui constituait une sorte de douche. Derrière, les petits dortoirs étaient destinés aux compagnons les plus intimes de l'Inca. En haut de l'escalier qui débouche sur la seconde cour, à gauche, se trouvent d'autres appartements semblables, réservés cette fois aux concubines. L'Inca ne voyageait jamais sans être accompagné d'une quinzaine d'entre elles. Les grands espaces à droite de la cour contenaient les **greniers** à blé et le **marché**. (Ouvert tlj 7h-17h. Le gardien, Ferry Losa, peut vous faire visiter le site, à condition que vous parliez espagnol, pourboire souhaité. Entrée s/3.)

ICA ☎034

Ica (245 000 habitants), capitale du département du même nom, est située sur la route panaméricaine et constitue ainsi un carrefour stratégique en termes de transports. La ville est poussiéreuse, il y fait chaud et les rues sont bondées. De plus, les dégâts provoqués par le passage de El Niño en 1998 n'ont rien arrangé et certains édifices attendent encore d'être reconstruits. La région alentour offre néanmoins des activités dignes d'intérêt : vous pourrez pratiquer le surf sur sable à la Laguna Huacachina ou déguster du vin ou du *pisco* dans les *bodegas*. La région, véritable oasis en plein désert, est en effet connue pour son industrie vinicole et n'abrite pas moins de 85 petites *bodegas* artisanales et 3 *bodegas* industrielles... de quoi maintenir les bars des environs en activité ! Les caves familiales produisent encore leur vin en foulant le raisin au pied, tandis que les plus industrialisées ont remplacé les méthodes traditionnelles par des machines à l'allure impressionnante. Les vendanges ont lieu début mars et sont célébrées partout dans la ville au moment de la Fiesta Internacional de la Vendimia.

Ica est une ville plus dangereuse que ses voisines. Surveillez bien vos bagages, surtout près des gares routières. Il n'est pas rare que les touristes se fassent voler les lunettes ou le chapeau qu'ils portent.

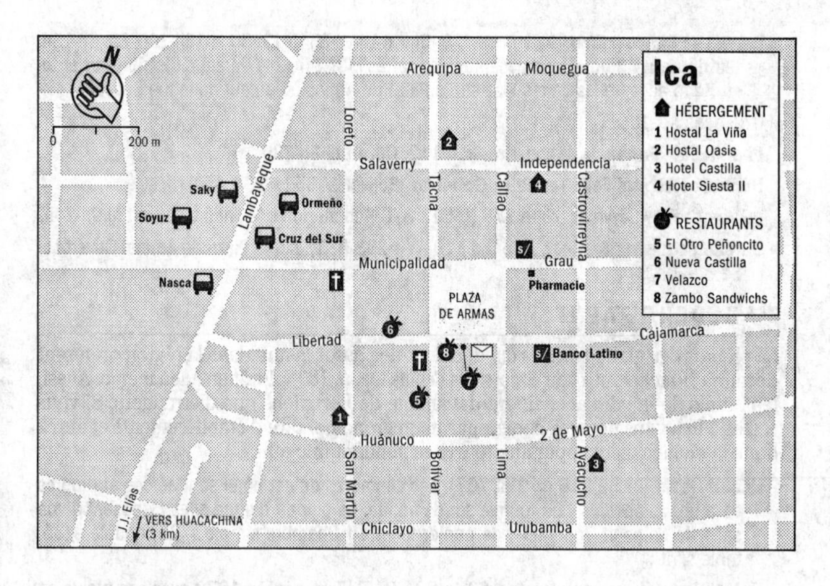

TRANSPORTS

Avion : AeroCondor dirige un petit **aéroport** privé (☎522 424) qui propose de survoler les lignes de Nazca moyennant un prix exorbitant. Renseignez-vous auprès de **Inca Baths Tours**, Lima 171 (☎234 127), sur la Plaza de Armas.

Bus : **Transportes Soyuz**, Matías Manzanilla 130 (☎224 138), propose des bus à destination de **Lima** (durée 4h, 1 dép/15 mn, 24h/24, s/13). La compagnie **Cruz del Sur** (☎223 333), au croisement des rues Lambayeque et Municipalidad, dessert **Arequipa** (durée 11h, dép. 15h, 17h30, 21h et 22h, s/30, bus Imperial dép. 20h30, s/65), **Tacna** (durée 16h, dép. 15h30, s/40, bus Imperial dép. 18h, s/70) et **Moquegua** (bus Imperial dép. 19h, s/70). Les bus de la compagnie **Ormeño** (☎215 600), à l'angle des rues Lambayeque et Salaverry, desservent **Nazca** (durée 3h, dép. 10h45, 15h et 22h30, s/15) et **Lima** (durée 4h, 1 dép/h de 6h30 à 19h45 et dép. 0h30, s/10). La compagnie **Transportes Saky**, rue Lambayeque, en face de la gare routière Ormeño, propose un service à destination de **Pisco** (durée 1h, 1 dép/20 mn de 6h à 21h30, s/2,50). Des **colectivos** partent pour **Pisco** et **Nazca**, dès qu'ils sont pleins, de l'intersection des rues Lambayeque et Municipalidad.

ORIENTATION ET INFORMATIONS PRATIQUES

Ica est une assez grande ville mais, à l'instar de la plupart des villes péruviennes, les activités s'y concentrent autour de la Plaza de Armas. Les principales gares routières se trouvent rue **Lambayeque**, près du croisement de la rue **Municipalidad**, qui mène au nord de la Plaza de Armas. Les rues traversant la ville du nord au sud changent de nom après la rue Municipalidad, tandis que celles qui la traversent d'est en ouest changent de nom après la rue **Callao**, qui longe la Plaza de Armas à l'est.

Informations touristiques : L'**office de tourisme**, Jerónimo de Cabrera 426 (☎235 409), se trouve à 15 mn à pied de la Plaza de Armas. Descendez la rue Ayacucho sur neuf *cuadras* puis tournez à gauche dans la rue Cutervo. La rue Cabrera est située derrière la station service. Vous y trouverez des cartes et des informations générales sur le département. Ouvert Lu-Ve 7h30-18h30. **Inca Bath Tours**, Lima 171 (☎234 127), sur la Plaza de Armas, propose également des cartes et des visites guidées de la ville (durée 3h30, dép. 9h30 et 15h, 9 $).

Banques : **Banco Latino**, Cajamarca 178. Ouvert Lu-Ve 8h45-13h30 et 16h-19h, Sa. 9h-13h. **Distributeur automatique** acceptant les cartes MC, 24h/24. Un autre **distributeur automatique** accepte les cartes Visa sur la Plaza de Armas à hauteur de la rue Bolívar.

Urgences : ☎105.

Pharmacie : **Farmacia Ayacucho**, Grau 112. Ouvert tlj 8h-23h.

Hôpital : **Hospital Felix Torrealva Gutierrez,** Bolívar 1065 (☎234 450).

Internet : **ELW Services**, Lima 276 (☎213 370), connexion s/4 l'heure. Ouvert tlj 9h-24h.

Bureau de poste : **Serpost**, Libertad 119-A (☎233 881), sur la Plaza de Armas. Ouvert Lu-Sa 8h-20h.

HÉBERGEMENT

La plupart des globe-trotters qui décident de passer la nuit dans la région préfèrent dormir à Huacachina (voir **Excursions depuis Ica**, p. 180) plutôt qu'à Ica même. Aussi, les hôtels de la ville accueillent davantage de Péruviens que d'étrangers. Si vous restez à Ica, vous pourrez choisir parmi un grand nombre d'établissements et aurez donc la chance d'échapper aux touristes pendant une nuit.

Hostal Oasis, Tacna 216 (☎234 767). Les chambres de cet hôtel sont aérées et propres et la télévision vous sera fournie sur demande. La plupart d'entre elles disposent d'une salle de bains et, ô miracle, de papier toilette ! Chambre simple s/25, double s/35, triple s/40.

Hotel Siesta II, Independencia 160 (☎231 045). Très années 1970 avec ses plaids en guise de couverture et ses meubles en plastique. Vu la poussière des rues, on ne se plaindra pas de l'aspect aseptisé de l'intérieur. Petit déjeuner inclus. Cafétéria et agence de voyages sur place. Service de laverie disponible. Chambre avec salle de bains s/20 par personne.

Hotel La Viña, San Martín 256 (☎218 188). Malgré son aspect un peu décrépit, cet hôtel de 5 étages propose des chambres équipées d'une salle de bains avec eau chaude, et où il fait frais. Préférez celles situées aux étages les plus hauts qui sont les plus calmes, mais sachez que toutes ont vue sur un mur de briques. Chambre simple s/25, double s/30, triple s/34, s/5 de réduction en basse saison.

Hotel Castilla, Ayacucho 317 (☎233 712). La solide porte d'entrée s'ouvre sur un passage bordé de plantes. A part cela, les chambres sont assez rudimentaires et n'ont que l'eau froide. Chambre simple s/10, avec salle de bains s/15, chambre double s/20, avec salle de bains s/25.

RESTAURANTS

❤ **Zambos Sandwiches**, Libertad 173 (☎228 074), sur la Plaza de Armas. Cet établissement décoré d'affiches des Doors et de Madonna sert d'excellents sandwichs au poulet et des hamburgers. Menu avec frites s/7. Ouvert Di-Je 8h-24h, Ve. 8h-2h, Sa. 8h-4h.

Velazco, Libertad 137 (☎218 182), sur la place, à côté de la poste. Une boulangerie et une cafétéria dans laquelle il fait frais. Choix assez large de plats locaux ou étrangers à des prix raisonnables. *Palta rellena* (avocat farci) s/5. Omelette s/6. Ouvert tlj 8h-23h.

Nueva Castilla Restaurant Café Bar, Libertad 252 (☎213 140). Un établissement plus chic, décoré d'œuvres d'art abstrait. Cuisine exclusivement *criolla* (traditionnelle). Vous pourrez dîner à l'intérieur ou dans le patio pour s/10-17. Ouvert tlj 12h-16h et 19h-24h. Se transforme en discothèque-pub Ve-Sa 22h-2h.

El Otro Peñoncito, Bolívar 255 (☎233 921). Grand choix de plats (y compris végétariens) et d'alcools, le tout servi à la chandelle, avec parfois des concerts. Plats principaux s/12-24, pour les spécialités de la maison, comptez s/5 de supplément. Ouvert tlj 7h-24h.

VISITES

♥ **MUSEO CABRERA.** Erudit brillant ou lunatique fêlé ? A vous de juger. Le Dr Javier Cabrera, diplômé de médecine de la prestigieuse université de San Marcos à Lima, collectionne les pétroglyphes (pierres gravées) depuis 1966. Selon lui, les deux salles bien remplies qui composent ce musée sont de véritables "bibliothèques de livres en pierre". Il prétend que sa collection de plus de 10 000 pierres et roches (dont la taille va de la balle de tennis au rocher de plus d'une tonne) apporte la preuve irréfutable que les civilisations préincas étaient capables d'effectuer des transplantations cérébrales, d'apprivoiser les dinosaures et connaissaient la théorie de la relativité. Si certains habitants de la région ont avoué plus tard lui avoir vendu des pétroglyphes qu'ils avaient eux-mêmes gravés, le Dr Cabrera ne doute pas pour autant de l'authenticité de sa collection (il ne l'a pourtant jamais fait analyser au carbone 14 pour en déterminer l'âge exact). Néanmoins, la célèbre archéologue des lignes de Nazca Maria Reiche assure que ces pétroglyphes ont été "gravés par quelques-uns des meilleurs artisans de notre époque" mais il faut dire aussi que les explications scientifiques de l'éloquent Dr Cabrera sont fascinantes. Si vous voulez en savoir plus, il vend son livre écrit en 1976, *The Message of the Engraved Stones of Ica* (*Le Message des pierres gravées d'Ica*), pour s/50. *(Bolívar 170, sur la Plaza de Armas. ☎ 231 933. Ouvert tlj 9h-13h et 16h-20h. Entrée s/10, inclut une visite guidée d'une heure (généralement en espagnol). S'il n'y a personne, allez sonner à la maison du Dr Cabrera, qui se trouve la porte à côté, Bolívar 178.)*

EL CATADOR. La *bodega* El Catador n'est certes pas la mieux entretenue ni la plus romantique des trois grandes *bodegas* de la vallée d'Ica, mais elle est de loin la plus accessible pour goûter du vin et du *pisco* tout en observant le processus de fabrication. Les visites, gratuites, incluent un tour par le petit **musée du vin**, des explications sur le fonctionnement des outils de distillerie traditionnels en bois et une dégustation des produits, à savoir du *pisco* et un vin rouge demi-sec (*seco*). Si, par chance, votre séjour coïncide avec la saison des vendanges, entre janvier et mars, n'hésitez pas à ôter vos chaussures et à participer au foulage du raisin (ne vous inquiétez pas, toute la crasse des pieds disparaît lors de la fermentation). Aujourd'hui, cette *bodega* s'occupe davantage des touristes que de sa production vinicole. Elle abrite un restaurant et, le week-end, une discothèque. *(Dans le quartier de Subtanjalla, à 5 km au nord du centre-ville, à 15 mn en voiture. Taxi s/5, colectivo s/1. Visites en espagnol, et parfois en anglais, tlj de 10h à 21h. Entrée libre. Restaurant ouvert tlj 10h-18h.)*

MUSEO REGIONAL MARIA REICHE DE ICA. Ce musée présente une intéressante petite collection d'objets artisanaux des différentes cultures de la région et comprend une salle de "bio-anthropologie" qui renferme des momies et des crânes trépanés et déformés. Des explications en anglais sont fournies pour la plupart des articles exposés. Derrière le musée se trouve une maquette au 1/500e des lignes de Nazca. *(Rue Ayabaca, au niveau de la 8e* cuadra. *La course en taxi depuis la Plaza de Armas revient à s/2. ☎ 234 383. Ouvert Lu-Sa 8h-19h, Di. 9h-18h. Entrée s/5, utilisation d'un appareil photo ou d'un caméscope s/4.)*

AUTRES VISITES. Erigé en l'honneur du saint patron d'Ica, le **sanctuaire de Luren**, de style néoclassique, contraste avec les cathédrales de style colonial de la ville. Construit en 1556, il précède la fondation de la ville d'Ica de 7 ans. A cette époque, seule la Villa Valderve existait. *(Rue Ayacucho, 10e* cuadra, *à hauteur de la rue Piura.)* Le village de **Cachiche**, entouré d'un vieil arbre *huarango* et de palmiers dattiers, est situé à 4 km d'Ica. Il est connu pour ses *brujas* légendaires, de belles ensorceleuses ayant le pouvoir de soigner les maladies et de provoquer de graves blessures. A part les quelques guérisseurs qui y exercent encore, le village n'a pas grand intérêt *(taxi s/5)*.

171

USURPATION D'IDENTITÉ Si le *pisco sour*, l'apéritif national, se boit aujourd'hui comme du petit lait, l'histoire prouve qu'il n'en a pas toujours été ainsi. Le *pisco*, considéré comme un produit d'origine péruvienne, n'existait pas à l'époque précolombienne, puisque ce sont les Espagnols qui introduisirent le raisin blanc au Pérou. Au début des années 1500, en effet, ils parcoururent la côte péruvienne en quête d'un lieu propice à la production de vins semblables aux cuvées espagnoles qui leur manquaient tant. Ils choisirent la vallée sèche et fertile d'Ica pour y implanter le cépage. Le *pisco*, une eau-de-vie à 45°, plus fort que le rhum ou la vodka, fut inventé un peu plus tard. A l'origine, il servait à désinfecter les blessures des conquistadors, jusqu'au jour où ils n'eurent plus rien d'autre à boire... Rapidement, les colonisateurs espagnols voulurent faire goûter leurs nouvelles concoctions à leurs amis et à leurs familles en Espagne. Les premiers tonneaux destinés au vieux continent furent marqués du nom du port d'expédition : Pisco. Lorsque la liqueur arriva en Espagne, le nom de "pisco" resta, bien qu'elle fût née et produite dans la vallée d'Ica. Pendant longtemps, les *Iqueños* en éprouvèrent une certaine rancœur mais ils sont aujourd'hui confrontés à un problème plus important : les cultivateurs chiliens ont largement dépassé les Péruviens dans la production et l'exportation du *pisco* et un certain nombre d'entre eux en font la promotion à l'étranger en se l'appropriant comme étant leur invention.

EXCURSIONS DEPUIS ICA

HUACACHINA

Les taxis mettent 10 mn pour parcourir les 8 km qui séparent Huacachina d'Ica (s/3). Des colectivos *partent dès qu'ils sont pleins de l'angle des rues Municipalidad et Lambayeque (durée 15 mn, s/1).*

Du surf, du surf, d'accord... mais où sont les vagues ? A Huacachina, le sport favori est le **surf sur sable**, une expérience très amusante qui vous laissera couvert de sable, essoufflé et épuisé. Vous pouvez prendre une leçon (s/3 l'heure) avant de monter sur la planche (qu'il est possible de louer sur les pistes mêmes et à l'Hostal Rocha pour s/2 l'heure ou s/10-15 la journée). Fixez bien vos pieds aux attaches, prévoyez beaucoup de cire (prévue avec la location de la planche) et lancez-vous pendant 30 ou 40 mn à l'assaut des immenses dunes abruptes. Les amateurs de sensations fortes qui recherchent la vitesse avant tout risquent d'être un peu déçus. Même si la vue depuis le haut des dunes est panoramique, n'apportez pas d'appareil photo, car plusieurs **vols à main armée** y ont déjà eu lieu. Les agences de location vous proposent de mettre en lieu sûr vos effets personnels, par exemple montre et portefeuille. Ceux qui souhaitent se détendre peuvent se rendre à la **Laguna Huacachina**, un petit lac censé posséder des vertus curatives. Malgré la couleur de l'eau, peu engageante, les habitants de la région viennent s'y baigner. Il est possible d'y louer des pédalos (s/6 les 30 mn) ou des barques (s/5 les 40 mn). Après tous ces efforts, vous pourrez aller vous rincer sous les douches tièdes situées après le restaurant Moran (s/1 par personne) ou piquer une tête dans la piscine du charmant **Hotel Mossone** (☎213 630) moyennant s/15. Parfois, un sandwich et une boisson sont offerts.

❤ L'**Hostal Rocha**, grande maison ancienne située derrière l'hôtel Mossone, est le paradis des globe-trotters. Les chambres sont grandes, les terrasses encore plus grandes et elles donnent presque sur le lac. Vous pouvez utiliser la cuisine et emprunter des vélos gratuitement. Location de planches de surf sur sable. (☎222 256. Chambre s/10 par personne, avec salle de bains plus eau chaude s/12, avec balcon s/15.) Près du lac, le **Gran Hotel Salvatierra** (pas aussi grand que son nom l'indique) propose des chambres modestes et des salles de bains avec eau froide. (☎232 352, chambre s/10 par personne.) Le **camping** au bord du lac est gratuit, mais pensez à mettre vos affaires à l'abri pour la nuit dans l'une des agences de location.

OCUCAJE

Des berlines bleues font office de colectivo *jusqu'à Ocucaje (durée 30 mn, s/2,50). Le départ s'effectue près de la Plaza Barranca, à 1* cuadra *à l'est, dès que les berlines sont pleines. Depuis la Plaza de Armas, remontez la rue Cajamarca sur deux* cuadras *puis prenez à gauche sur La Mar, et marchez encore sur 3* cuadras.

Ocucaje signifie "entre les collines" en aymara, mais on pourrait plutôt dire qu'elle se trouve "au milieu de nulle part". Située à 30 mn en voiture d'Ica (trajet effectué sur une piste qui traverse les dunes de sable), cette petite ville en plein désert est surtout connue pour sa **bodega**, la plus traditionnelle des trois distilleries industrielles d'Ica. Le domaine produit du *pisco* et de la *cachina*, un vin vieilli de seulement la moitié du temps habituel (de 25 à 28 jours en principe), mais aussi une grande variété de vins blancs et rouges, secs ou sucrés, et ce depuis 1898. Les plus vieux vins de la cave datent de 1940. La *bodega* propose une visite du domaine avec dégustation (durée 1h, Lu-Ve à 11h et 15h, Sa. 12h, s/10 par personne). Au village, vous trouverez près de la distillerie le bel **Hotel Ocucaje** (☎408 001, fax 408 003, e-mail rubitours@ocucaje.com, Web : www.ocucaje.com). Cet hôtel dispose d'une belle et grande piscine, d'un manège pour les chevaux, d'un court de tennis, d'une table de ping-pong, d'un terrain de football et de tables de billard. Si vous pouvez vous permettre une petite folie, les forfaits tout compris (hébergement, visite de la *bodega* et dégustation) en valent la peine (deux nuits en pension complète, 100-130 $ par personne). L'établissement propose également des excursions en **arenero** (moto à quatre roues). Même si vous ne résidez pas à l'hôtel mais êtes amateur de sensations fortes, vous pouvez parcourir les dunes, dont certaines s'élèvent à 25 m de haut, sur ces bolides des sables, avec en plus, deux descentes de surf. (25 $. Tlj 1 dép/1h30 de 8h à 17h. Réservation recommandée.)

PALPA ☎034

La légende raconte que les anciens habitants de Palpa réussirent à capturer le soleil et n'acceptèrent de le relâcher qu'à deux conditions : qu'il brille toujours sur Palpa et que les oranges de la ville soient les meilleures du pays. Il semblerait que le soleil ait tenu ses deux promesses. Palpa est aujourd'hui connue comme "*la tierra del sol y de las naranjas*" (la terre du soleil et des oranges). Pourtant, peu de voyageurs s'y arrêtent. Les élus de Palpa espèrent cependant les attirer grâce aux nouvelles infrastructures touristiques qu'ils sont en train de développer. La ville publie une carte répertoriant 28 sites d'intérêt touristique dans la région, parmi lesquels des géoglyphes (lignes gravées dans le sol) et des pétroglyphes (lignes gravées dans la roche) qui, selon certains archéologues, seraient presque aussi importants que leurs équivalents de Nazca. Si vous êtes sceptique, consultez le site Web de Palpa (www.concytec.gob.pe/palpa-ica/index.htm), qui présente des photos et des descriptions de ces curiosités.

Parmi les sites qui valent le détour, citons les **Petroglifos de Chichictara**, des silhouettes anthropomorphes gravées dans les roches volcaniques disséminées sur un versant de montagne à 11 km à l'est de Palpa. Ces pétroglyphes seraient l'œuvre des Charins, culture pré-Paracas, et posséderaient plusieurs significations astrologiques et religieuses. Partez accompagné d'un guide bien documenté qui vous expliquera le sens des formes et des symboles. Renseignez-vous à la Municipalidad, sur la Plaza de Armas, ou appelez à l'avance pour organiser votre visite. (☎404 256. "El Profesor" Pedro Giurfa Fuentes est vivement recommandé.) Les **Líneas de Palpa** sont tout aussi impressionnantes. Selon les études de Maria Reiche, archéologue attitrée des lignes de Nazca, elles auraient été réalisées entre 100 av. J.-C. et 600 de notre ère. Le survol des lignes a été interdit depuis un accident d'avion en 1987. Vous pouvez cependant apercevoir la **Reloj Solar**, une très grande spirale à double ligne sans doute utilisée comme cadran solaire, depuis un *mirador* (point d'observation) situé à 3 km de la ville (il est préférable de prendre un taxi plutôt que de tenter cette ascension difficile à pied, s/4). Un peu à l'extérieur de Palpa, vous pourrez également visiter la cité perdue de **Huayuri**, ruines datant de la période Nazca mais avec certaines influences de la culture de Paracas. A l'entrée se dresse **El Arbol Milenario**, un arbre *huarango* âgé de plus de 1000 ans, symbole de la médecine ancienne. Tous ces sites peuvent être visités lors d'un circuit organisé d'une journée qui comprend le transport et le guide (environ 40 $) et qui part de Palpa ou de Nazca.

Des **colectivos** à destination de Palpa (durée 45 mn, s/2,50) partent dès qu'ils sont pleins de la gare routière Ormeño à Nazca. En provenance du nord, tous les véhicules qui se rendent à Nazca passent par Palpa. Les restaurants et les hôtels de la ville sont peu nombreux. L'**Hostal San Francisco**, Lima 181, à une *cuadra* au nord de la Plaza de Armas, propose des chambres sommaires avec salle de bains et eau froide. (☎404 043, chambre simple s/10, chambre double s/15, avec salle de bains s/20.) Une *cuadra* plus loin, vous trouverez l'**Hostal Villa Sol**, Lima 200, avec salles de bains communes uniquement. (☎404 149, chambre simple s/8.) **El Monterrey** constitue sans doute la meilleure adresse où manger. Ce restaurant accueillant est situé sur la route panaméricaine, près de la station Mobil. (☎404 126, ouvert tlj 6h-21h.)

NAZCA ☎034

Il est impossible de parler de Nazca sans mentionner les fameuses lignes. Elles constituent sans aucun doute la principale attraction touristique de la région. La ville même est plutôt terne et ne peut rivaliser avec les nombreux sites qui l'entourent, mais elle dispose d'un grand nombre d'hôtels et de services destinés à faciliter le séjour des voyageurs. Depuis le terrible séisme de 1996, d'une intensité de 6,4 sur l'échelle de Richter, qui a dévasté une grande partie de la ville, il semble que les habitants aient préféré reconstruire les infrastructures touristiques plutôt que leurs propres maisons. Ne croyez pas cependant que les lignes représentent l'unique intérêt de Nazca. La ville est un excellent point de départ pour découvrir l'une des régions les plus riches du pays en matière d'archéologie. C'est d'ailleurs pour cela que Maria Reiche (1903-1998), la célèbre mathématicienne et archéologue allemande, y avait élu domicile, à l'instar d'autres savants.

TRANSPORTS

Avion : Le petit **aéroport** de Nazca est surtout utilisé par les avions qui survolent les lignes de Nazca. **AeroCondor**, Lima 187 (☎521 440), propose cependant des vols très chers entre Lima et Nazca.

Bus : Ne tardez pas à prendre votre billet, notamment pour les bus de nuit à destination d'Arequipa qui sont souvent pleins. Les bus qui partent de la gare **Ormeño** (☎522 058) desservent **Lima** (durée 7h, dép. 7h15, 9h, 10h45, 18h45 et 23h, s/18), **Arequipa** (durée 9h, dép. 15h30, 18h, 20h, 22h, 1h et 3h, s/35, couchette 22h, s/60), **Ica** (durée 3h, 6 dép/j de 7h15 à 18h45, s/5), **Pisco** (durée 3h30, dép. 16h15 et 18h45, s/10) et Tacna. De l'autre côté du rond-point, la compagnie **Civa** (☎523 019) propose des bus à destination de **Lima** (durée 7h, dép. 22h45, s/20) et **Arequipa** (durée 8h, dép. 23h et 3h, s/35, *servicio ejecutivo* à minuit, s/45). **Transportes Wari** (☎523 746), à 5 mn en taxi sur la route de l'aéroport, envoie des bus à **Cuzco** (durée 18-22h, dép. 16h, 18h et 23h, s/50) en empruntant une route nouvellement rénovée et bien plus sûre. Des **colectivos** partent de la gare Ormeño pour **Ica** (durée 2h30, s/5) via **Palpa** (durée 45 mn, s/2,50), **Chala** (durée 2h30, s/10) et d'autres villes.

ORIENTATION ET INFORMATIONS PRATIQUES

La petite ville est bâtie selon un plan très simple : la plupart des hôtels et des restaurants se trouvent rue Lima ou rue Bolognesi, une rue qui débute à l'angle des rues Lima et Bolívar et débouche sur la Plaza de Armas.

Informations touristiques : Malheureusement, il n'existe pas d'office de tourisme officiel à Nazca et vous devrez donc vous fier aux agences de voyages. L'agence **Nasca Trails Travel Agency**, Bolognesi 550 (☎/fax 522 858), à la hauteur de la Plaza de Armas, vous donnera des informations sur les sites et les transports sans chercher à vous vendre un circuit à tout prix.

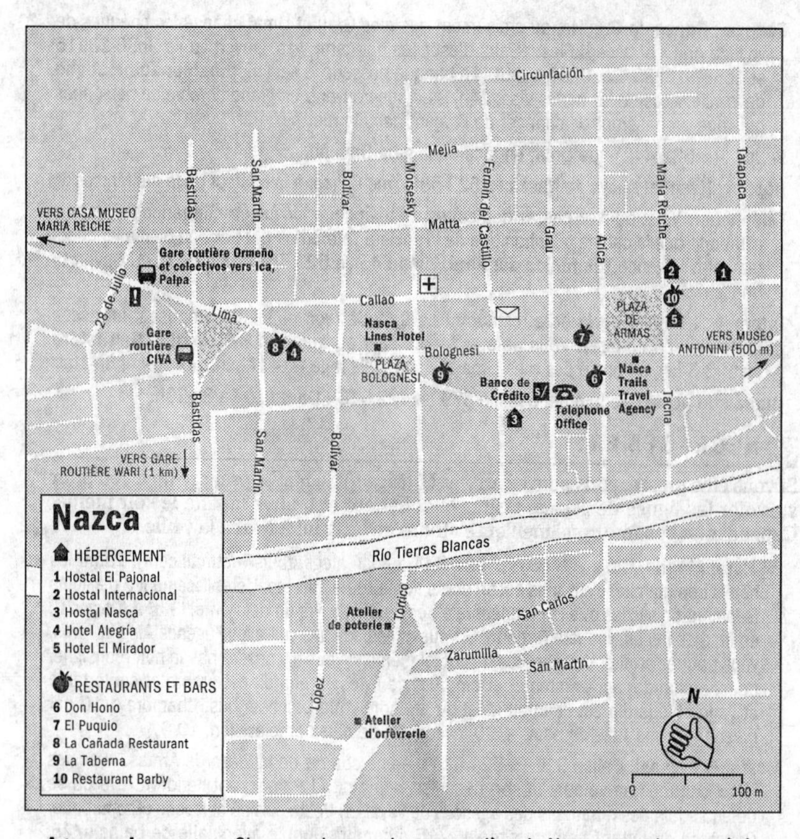

Agences de voyages : Si vous arrivez par la gare routière de Nazca, attendez-vous à être accueilli par une douzaine de représentants envoyés par les hôtels et les agences. En principe, vous pouvez leur faire confiance mais il y a toujours des exceptions : certains mentent sur l'agence pour laquelle ils travaillent, sur les prix, sur la possibilité d'obtenir des guides anglophones ou sur les circuits qui existent. Il est même arrivé que des agences réputées appliquent des tarifs différents pour le même circuit, se basant sur les moyens que les visiteurs semblaient posséder. L'idéal est de vous rendre directement dans les agences pour parler au responsable et demander conseil à d'autres voyageurs ayant déjà effectué le circuit. Seules quatre des agences de Nazca sont officiellement reconnues. Voici les coordonnées de trois d'entre elles. **Alegría Tours**, Lima 168 (☎/fax 523 775, e-mail alegriatours@hotmail.com, Web : www.nazcaperu.com), dirigée par le propriétaire de l'Hotel Alegría, juste à côté, propose un choix très complet d'excursions dans la région. Essayez de vous adresser directement au propriétaire, Efraín Alegría, un homme sympathique qui parle plusieurs langues dont le français, l'hébreu, l'anglais et l'allemand. L'agence passe également une vidéo sur les lignes de Nazca tous les matins et tous les soirs. La **Nanasca Tours**, Lima 160 (☎/fax 522 917, e-mail nanascatours@yahoo.com), est une agence toute récente dont les propriétaires s'occupent également du restaurant La Cañada. La maison offre gracieusement un *pisco sour* à ceux qui choisissent de participer à l'un de ses circuits. **Nasca Trails Travel Agency**, Bolognesi 550 (☎/fax 522 858, e-mail nasca@correo.dnet.com.pe), sur la Plaza de Armas, est une véritable mine d'informations. Son propriétaire, Juan Tohalino Vera, qui a longtemps vécu en Angleterre, est un homme honnête et sympathique.

Change : **Banco de Crédito**, au croisement des rues Grau et Lima, change les chèques de voyage AmEx et accepte les retraits d'espèces par carte Visa. Ouvert Lu-Ve 9h30-13h15 et 16h30-18h30, Sa. 9h30-12h30. La banque possède le seul **distributeur automatique** de la ville. Accepte les cartes Visa, 24h/24. Vous trouverez un grand nombre de personnes qui vous proposeront de changer de l'argent dans la rue.

Police : (☎522 442), rue Lima, en face de la gare Ormeño.

Hôpital : **Hospital Apoyo de Nasca** (☎522 586), rue Callao, à la hauteur de la rue Morsesky.

Téléphone : Vous pouvez passer des coups de téléphone locaux et internationaux depuis n'importe quelle cabine téléphonique de la société **Telefónica del Perú** ou bien aller directement à l'agence **Telefónica del Perú**, Lima 545 (☎523 758, fax 523 757). Ouvert tlj 8h-22h30.

Internet : L'hôtel **Alegría** et le restaurant **La Cañada** (voir plus loin) proposent un accès Internet (s/5 l'heure). Vous paierez moins cher au magasin **Informática San Isidro** (☎522 349), à l'angle des rues Lima et Arica, 1er étage (s/4 l'heure). Ouvert tlj 8h-1h.

Bureau de poste : Fermín del Castillo 379 (☎422 016). Ouvert Lu-Sa 8h-20h.

HÉBERGEMENT

Si vous êtes pressé, vous pouvez arriver à Nazca tôt le matin, prendre un avion pour survoler les lignes de Nazca, visiter le cimetière et quitter la ville le soir même. Cependant, vous ferez une meilleure affaire en arrivant à Nazca la veille.

❤ **Hotel Alegría**, Lima 168 (☎/fax 522 444, e-mail alegriatours@hotmail.com). Parmi les hôtels bon marché, c'est sans aucun doute la meilleure adresse. L'établissement a d'ailleurs tellement de succès que le propriétaire a décidé d'en ouvrir un deuxième, l'**Hotel Alegría II**, en face de la gare routière Ormeño. Si vous effectuez un circuit avec l'agence Alegría Tours, vous pourrez profiter des services de l'hôtel même si vous n'y passez pas la nuit (consigne, douche chaude, accès Internet et emprunt de livres). L'endroit est propre et confortable et l'agréable jardin est l'endroit idéal où attendre votre prochain bus. Chambre s/10 par personne, avec salle de bains s/20, avec salle de bains et télévision, 10 $.

Hostal El Pajonal, Callao 911 (☎521 011), à une *cuadra* de la Plaza de Armas. Avec ses vieux canapés en velours et son décor en bambou, El Pajonal est l'endroit rêvé où se détendre loin des rabatteurs des agences de voyages. Petite cuisine et laverie automatique. Consigne gratuite. Chambre simple s/15, chambre double avec salle de bains s/25, chambre triple avec salle de bains s/35.

Hostal Internacional, Maria Reiche 112 (☎522 744). Les chambres de l'hôtel sont moins agréables que celles des bungalows mais elles sont aussi moins chères. Elles sont toutes bien tenues et équipées d'une salle de bains. Les bungalows ont la télévision en plus. Service de laverie. Restaurant. Bungalow simple s/45, double s/60, chambre simple s/25, double s/35.

Hostal Nasca, Lima 424 (☎/fax 522 085). Chambres rudimentaires aux murs en ciment et salles de bains communes sommaires. Les propriétaires sont accueillants et l'atmosphère calme, peut-être parce qu'il n'y a pas de salle commune où l'on puisse se retrouver. Chambre s/10 par personne, petit déjeuner s/4,50.

Hotel El Mirador, Tacna 436 (☎/fax 523 741). Vous ne pouvez pas le manque, c'est l'immeuble le plus moderne de la Plaza de Armas. Ambiance insipide genre hôtel de luxe, terrasse sur le toit avec vue. Toutes les chambres sont équipées de la télévision, de ventilateurs, du téléphone, d'une salle de bains avec eau chaude, et des lits les plus confortables de la ville. Petit déjeuner inclus. Chambre simple s/40, double s/60.

RESTAURANTS

Ici, le touriste est roi. Aussi, l'éventail des restaurants est large mais les prix relativement élevés. Il en existe cependant un certain nombre proposant des menus corrects pour s/5.

géoglyphes : ensemble de motifs tracés au sol, sur de longues distances, qui ne sont visibles que d'une très grande hauteur (ex. Nazca)

La Cañada Restaurant, Lima 160 (☎ 522 917), à côté de l'hôtel Alegría, accueille ses clients dans une ambiance romantique sous un toit de chaume. Des *peñas* (soirées de musique traditionnelle) se déroulent du jeudi au dimanche à 22h. Les plats ne sont pas donnés (s/15-25) mais servis avec un *pisco sour* offert par la maison (pensez à le réclamer). Ouvert tlj 6h-23h.

La Taberna (☎ 521 411), rue Lima, entre les rues Morsesky et Fermín de Castillo, propose un grand choix de plats de pâtes, de viande et de poisson (*menú turistico* s/8,2). Vous serez servi dans une salle à manger dont les murs sont couverts de graffitis dans toutes les langues. N'hésitez pas à prendre un marqueur et à y ajouter votre signature ou votre esquisse des lignes de Nazca. Ouvert tlj 8h-15h et 18h-23h.

El Puquio, Bolognesi 481 (☎ 522 137). Les pizzas de cette pizzeria très fréquentée sont très créatives. Essayez par exemple la *"hawayana"* (jambon, ananas et pêche, médium s/17,5). Ouvert tlj 12h30-23h30.

Don Hono, Arica 251 (☎ 523 066), à proximité de la Plaza de Armas. Petit restaurant spécialisé dans la préparation des fruits et des poissons frais. Goûtez ses jus de fruits maison (à base d'eau minérale, s/2,5) servis dans de grandes carafes. Salade de fruits avec du yaourt, du miel et des céréales s/3. Poisson du jour s/10 environ. Ouvert tlj 8h30-22h.

Restaurant Barby (☎ 522 363), au croisement des rues Tacna et Callao, à l'extrémité nord-est de la Plaza de Armas. Cet établissement sans chichis est fréquenté par une clientèle locale, et ce pour une bonne raison : on y sert d'excellents menus copieux (soupe, plat et boisson chaude) pour s/2,5 seulement. Pas de plats végétariens. Ouvert Lu-Sa 6h-14h et 16h-20h, Di. 6h-16h.

VISITES

LES LIGNES DE NAZCA

Des avions survolent les lignes tout au long de la journée. Chaque avion peut contenir entre 3 et 5 passagers. Vous pouvez organiser votre vol directement de l'aéroport ou constituer un groupe en ville, cela vous coûtera le même prix. Choisissez de décoller de préférence le matin, car l'air, plus frais, garantit un vol plus tranquille. Durée du vol 35-45 mn. 30 $ par personne. Taxe d'aéroport s/5. Si vous n'avez pas les moyens de prendre l'avion ou si vous souhaitez découvrir une perspective différente, vous pouvez observer deux dessins depuis le mirador situé sur la Panaméricaine et construit par Maria Reiche en personne en 1976. Prenez n'importe quel bus ou colectivo en direction du nord, durée 15 mn, s/2, taxi s/10.

Les mystérieuses lignes de Nazca, gravées en plein désert il y a plus de 1000 ans, sont devenues la seconde attraction touristique du Pérou. Ces dessins ont été obtenus en grattant la couche supérieure du sol (de couleur foncée), laissant ainsi apparaître la couche inférieure plus claire (riche en gypse). En 1994, ils ont été inscrits au patrimoine de l'humanité par l'UNESCO. Il s'agit en fait de **géoglyphes** attribués aux cultures de Paracas et de Nazca. Certains représentent des oiseaux, des mains, des singes, des requins, des araignées, des fleurs et des trapèzes allongés. Depuis leur réalisation, la surface de la terre à cet endroit est restée pratiquement inchangée. Cela est dû aux caractéristiques de la région. En effet, il s'agit de l'une des régions les plus sèches du monde (on recense seulement quelques minutes de précipitations chaque année) et elle bénéficie d'une atmosphère thermique unique. Certains affirment même qu'une empreinte de pas dans ce désert pourrait se conserver plus de 1000 ans. Ces immenses lignes s'étendent sur plusieurs centaines de mètres de longueur et ne peuvent donc être observées que du ciel. C'est pourquoi elles ne furent remarquées que dans les années 1930 par Paul Kosok, un archéologue américain qui survolait la région. A cette époque, l'une des figures représentant un lézard avait déjà été coupée en deux par la Panaméricaine.

Depuis lors, les spéculations vont bon train. **Maria Reiche** (voir encadré **Notre-Dame des lignes**) est une autorité reconnue dans l'étude de ces formes. Cette mathématicienne allemande a passé plus de 50 ans sur place à mener des recherches approfondies. Selon elle, il s'agirait d'un **calendrier astronomique** donnant le temps des saisons pour semer, irriguer et récolter les cultures. Les Nazcas auraient utilisé de longues cordes qui, selon un système mathématique complexe, auraient permis de créer ces immenses lignes droites et de les reproduire à une échelle géante. Certains motifs semblent représenter les constellations et Maria Reiche explique que plusieurs lignes sont orientées vers le point où le soleil et la lune se lèvent et se couchent. Cependant, ces explications ne font pas l'unanimité des experts. Certains estiment en effet que le nombre de lignes allant dans cette direction est trop insuffisant (il ne serait que de 20 %) pour constituer une hypothèse plausible. Le documentariste britannique Tony Morrison avance une autre théorie : il s'agirait de l'ancêtre du système zodiacal complexe inca, ou **ceque**. Les Incas imaginèrent en effet une grande roue conceptuelle centrée sur le Qorikancha de Cuzco (voir p. 141), entourée de lignes toutes dirigées vers l'horizon. Chaque ligne passait par un site sacré, appelé **huaca**. De la même façon, les lignes de Nazca pourraient représenter des temples d'une grande importance. L'anthropologue Johan Reinhard, plus connu pour son travail sur Arequipa (voir p. 197), considère quant à lui que les lignes étaient dédiées à un **culte de la montagne, de l'eau et de la fertilité** et que les lignes droites menaient à des sites cérémoniels où l'on invoquait la fertilité. Chacune des formes animales fait référence à l'eau. Reinhard explique que ces œuvres étaient destinées à être remarquées des dieux qui résidaient au sommet de la montagne. Viktoria Nikitzki, qui a travaillé avec Maria Reiche pendant plusieurs années, donne presque chaque soir des **conférences** sur les différentes études et théories relatives à ces étranges figures, en s'appuyant sur une maquette du site, dès lors qu'au moins quatre auditeurs sont présents (San Martín 221, durée 1h, 19h, s/10).

Il est surprenant de penser qu'un peuple ancien, sans aucune technologie aéronautique, a pu passer tant de temps et consommer tant d'énergie à construire quelque chose qu'il ne pourrait jamais voir. C'est d'ailleurs ce qui a conduit certains observateurs à d'autres hypothèses. En 1969, Erich von Daniken affirme, dans son livre intitulé *Des chariots pour les dieux*, que les lignes servaient en fait à délimiter des pistes d'atterrissage pour des vaisseaux extraterrestres. Depuis, le site de Nazca est considéré par certains comme un centre d'énergie venant de l'au-delà et attire les mystiques qui essaient parfois de camper directement sur les lignes afin d'absorber un peu de leur pouvoir (ce qui est bien évidemment interdit et irresponsable : rouler ou marcher sur les lignes contribue à entraîner leur disparition de façon irréversible). Parmi les opposants aux théories extraterrestres, certains sont choqués par l'hypothèse selon laquelle les indigènes n'auraient pas eu l'intelligence suffisante pour créer eux-mêmes ces formes. D'autres pensent que les lignes n'étaient pas destinées au regard des mortels, mais à celui des dieux, lesquels, selon la mythologie précolombienne, observaient souvent la vie terrestre depuis le royaume des cieux.

AUTRES VISITES

LE CIMETIÈRE DE CHAUCHILLA. Ici, vous pouvez observer des momies dont les os et le crâne sont si blanchis par le soleil qu'ils ressemblent à des faux. Le climat sec de Nazca a permis de conserver les corps (avec, pour certains d'entre eux, les cheveux, la peau et des tissus de coton) depuis plus de 1000 ans. L'emplacement des ossements dans les tombes ne correspond pas à celui d'origine. Lorsque les *huaqueros* (les pilleurs de tombes) dérobèrent les bijoux et les poteries de ces sépultures, ils laissèrent les corps éparpillés dans le désert. Ce n'est que récemment que les archéologues les ont replacés dans leurs tombes présumées, recroquevillés en position fœtale et tournés vers l'est, en direction du lever du soleil. *(Aller-retour en taxi s/30. Visites au départ de Nazca 10 $US. Entrée s/3.)*

AQUEDUCS DE CANTALLOC. Construits entre 400 et 600 de notre ère, ces ingénieux canaux souterrains puisaient l'eau des rivières qui prenaient leur source dans la montagne pour irriguer les champs de la vallée aride de Nazca. Aujourd'hui, ils sont toujours utilisés par les cultivateurs de la région. Les fenêtre creusées tous les quelques kilomètres permettent aux habitants de pénétrer à l'intérieur des aqueducs afin de procéder au nettoyage annuel. Certains guides autorisent les touristes à descendre dans les canaux pendant la saison sèche (avril-décembre), mais le manque d'oxygène peut y être dangereux. Des plus de 30 aqueducs dans la vallée de Nazca, chacun étant indiqué par un bel alignement de pierres, celui de Cantalloc est le plus visité. Non loin de là, les **Ruinas de Paradones** sont les vestiges, assez bien conservés, de l'enceinte d'un ancien centre administratif. *(Aller-retour en taxi s/15, visite guidée au départ de Nazca 10 $, entrée s/3.)*

NOTRE-DAME DES LIGNES Lorsque la mathématicienne **Maria Reiche** arrive au Pérou dans les années 1940 pour être la tutrice du fils d'un diplomate, elle ne sait pas encore qu'elle y passera sa vie. Elle consacrera pourtant celle-ci à résoudre le mystère des **lignes de Nazca** (des centaines d'immenses dessins représentant des animaux, des symboles et des figures abstraites, gravés dans le désert, voir p. 185) qu'un collègue lui avait fait découvrir.

Maria Reiche passe des années dans le désert, seule, se nourrissant de quelques fruits et dormant à la belle étoile, à mesurer et nettoyer les lignes. Selon elle, il s'agirait d'un **calendrier astronomique**. Les lignes, qui suivraient un sentier céleste ou reproduiraient les formes des constellations, auraient servi aux fermiers à connaître à quel moment planter et cueillir leurs récoltes. Si Maria Reiche s'est évertuée durant toute son existence à assembler les pièces de ce puzzle antique pour en découvrir la signification, elle a dû de surcroît se battre pour les préserver. Cette mathématicienne convertie en archéologue devint en effet la gardienne la plus acharnée de Nazca, contrecarrant plusieurs projets d'irrigation du désert à des fins agricoles, de construction d'une autoroute à travers la plaine ou de "reconstruction" des lignes. Toutes les recettes provenant de la vente des travaux de Maria Reiche ont contribué à approfondir les études menées ou à financer une équipe de gardiens pour surveiller le site et écarter les éventuels vandales. Le site sera classé au patrimoine mondial par l'UNESCO en 1994.

En juin 1998, à l'âge de 95 ans, Maria Reiche succombe à la maladie. Depuis sa mort, on s'inquiète de la présence de certains touristes irresponsables ou de celle de pilleurs de trésors. Heureusement, l'incroyable tempérament de cette femme et la mission qu'elle s'était assignée n'ont pas laissé les habitants de la région indifférents. Elle est considérée comme une héroïne nationale et certains ont même suggéré que le site soit rebaptisé "les lignes de Reiche".

CAHUACHI. Cahuachi est une véritable mine d'informations pour les archéologues. En effet, ce site de 24 km^2 était autrefois le plus grand centre de cérémonie religieuse et de pèlerinage connu de la culture nazca. Il fut érigé entre 500 av. J.-C. et 200 de notre ère puis abandonné autour de l'an 359, sans doute à la suite d'un important tremblement de terre. Les temples ou les pyramides ouverts au public varient d'un mois à l'autre, en fonction de l'avancement des fouilles. De plus, les chercheurs réenterrent souvent leurs découvertes afin de les protéger des vents forts de la région. Les circuits proposés comprennent la visite de **Pueblo Viejo**, un petit village datant de l'époque de Paracas, antérieure à la civilisation nazca (800 av. J.-C.-100 ap. J.-C.), et d'**Estaquería**, un mystérieux ensemble de troncs d'arbres *huarango* placés sur des sortes de plates-formes en adobe. Parmi de nombreuses théories, les plus plausibles affirment qu'il s'agissait d'un site rituel de momification où les corps étaient séchés ou encore d'un site utilisé comme cadran solaire. *(La visite de ces différents lieux n'est possible qu'en participant à un circuit organisé au départ de Nazca, 10 $.)*

MUSEO DIDÁCTICO ANTONINI. Si vous n'avez pas le temps d'explorer les nombreuses merveilles archéologiques et anthropologiques que renferme la région, vous pourrez cependant en avoir une idée assez précise en visitant ce musée. Ouvert en 1999, il abrite une très belle collection de poteries, de tissus et autres objets découverts par des archéologues italiens, ainsi qu'un véritable aqueduc nazca situé à l'arrière du bâtiment. *(Ave. de la Cultura 600. Depuis la Plaza de Armas, suivez la rue Bolognesi pendant 10 mn. ☎523 444. Ouvert tlj 9h-19h, s/10.)*

CURIOSITÉS DIVERSES. Les circuits organisés à partir de Nazca proposent en général un arrêt dans un **atelier de poterie** et un **atelier d'orfèvrerie**. Les avis sont partagés : certains visiteurs considèrent ces visites très intéressantes, d'autres trop commerciales. La **Casa Museo Maria Reiche**, située sur la Panaméricaine à 26 km au nord de la ville, est l'ancienne demeure de l'héroïne locale. Son corps repose derrière la maison. L'édifice renferme une petite collection de graphiques et d'objets. La **Reserva Nacional Pampas Galeras**, à environ trois heures de la ville, est l'un des meilleurs endroits du Pérou où observer des vigognes. Les admirateurs de ce camélidé ne manqueront pas le festival de la Vicuña, qui se déroule à la fin du mois de juin. *(Pour vous y rendre, prenez un bus tôt le matin à destination de Puquio ou de Cuzco ou bien participez à une visite guidée depuis Nazca, 35 $.)*

CHALA ET PUERTO INCA ☎054

Situé à trois heures de route au sud de Nazca, le village de Chala est composé d'une unique route qui le traverse (la Panaméricaine) et d'une grande plage propre. Au nord de la petite ville, vous pouvez visiter le site de Puerto Inca. Ces ruines incas qui dominent l'océan sont peu connues des touristes mais font le bonheur des amateurs d'archéologie. Comme son nom l'indique, Puerto Inca est un ancien port, construit entre 1300 et 1500 de notre ère. Il servait également de lieu de cérémonie et de lieu de résidence favori de l'Inca. Une route (toujours visible par endroits) rattachait ce port à Cuzco, 240 km plus loin. Des postes étaient installés tout au long de cette route. Des coureurs, porteurs de messages ou transporteurs de marchandises (de poisson frais en particulier), se relayaient de poste en poste. L'acheminement entre la côte et l'intérieur des terres était ainsi plus rapide. Les petites grottes circulaires situées autour du complexe, appelées *chullpas*, étaient utilisées pour stocker le poisson et les produits de la terre. Le trajet entre Chala et Puerto Inca, 10 km, peut s'avérer onéreux.

Des **colectivos** à destination de Chala (durée 2h30, s/10) partent de l'*óvalo* (rond-point) de Nazca, en face de la gare routière Civa, dès qu'ils sont pleins. Les bus qui arrivent du sud par la route panaméricaine passent également par le village. Pour quitter Chala, prenez un **bus** ou un *colectivo* devant la station d'essence (*grifo*) à l'extrémité nord de la ville. Une course en **taxi** et en **combi** pour vous rendre jusqu'aux ruines vous coûtera s/10-15 l'aller simple. Taxis et *combis* partent du marché en face de l'Hotel de Turistas. Si vous arrivez du nord, il est plus facile de demander au chauffeur de vous déposer à l'embranchement qui mène aux ruines puis de marcher 2 km (à l'opposé de la Panaméricaine). Aujourd'hui, le petit village qui se trouvait à côté des ruines n'existe plus et a été remplacé par le complexe hôtelier **Hotel Puerto Inca**. Il propose des chambres confortables et de nombreuses activités, notamment des sports nautiques, à des prix raisonnables. (☎/fax 272 663, chambre 24 $ par personne, repas compris.) A Chala, vous trouverez de nombreux hôtels bon marché, parmi lesquels le modeste **Hostal Grau** (☎501 009) et l'**Hostal Evertyh** (☎501 095). Ils disposent tous deux d'une vue sur l'océan et de chambres avec douches d'eau froide (chambre s/10-15 par personne). L'hôtel Grau propose en outre une cafétéria et une cuisine. Un certain nombre de bons restaurants situés face à l'Hotel de Turistas vous permettent de déguster du poisson frais, notamment le **Restaurant Chimoni,** où l'on sert probablement les assiettes les plus copieuses de Chala. (☎501 017, plats s/9-14. Ouvert tlj 7h-16h et 19h-21h30.)

CAMANÁ ☎054

Trois heures de route supplémentaires sur la Panaméricaine vous mèneront à Camaná, une ville beaucoup plus importante. Les belles plages environnantes de **La Punta** attirent les jeunes *Arequipeños* durant l'été (de décembre à mars). Mais ici c'est plutôt le riz qui fait la fierté des habitants. En effet, le sol de Camaná produit plus de riz à l'hectare que partout ailleurs dans le monde. Ce record est fêté lors du **Festival de Arroz** qui a lieu mi février. Le **Festival de Camarón** (festival de la crevette), beaucoup plus agité, se déroule, quant à lui, le second dimanche de novembre. En outre, les *Camanaños* n'oublient jamais de rappeler que leur ville, fondée le 9 novembre 1539, fut la première colonie espagnole au sud de Lima.

Les rues principales de Camaná sont **Lima** et **Mariscal Castilla**, lesquelles (une fois n'est pas coutume) n'entourent pas la paisible **Plaza de Armas**. La compagnie **Transportes Flores**, Lima 319, propose un service de **bus** en provenance et à destination d'**Arequipa** (durée 3h, 1 dép/h de 4h30 à 18h30, s/7). L'agence **Ormeño**, Lima 346 (☎571 376), sert d'arrêt pour les bus à destination de **Lima** (durée 12h, s/35), **Nazca** (durée 6h, s/20) et **Arequipa** (durée 3h, s/6). Des **informations touristiques** sont disponibles au service des "Relaciones Públicas de la Municipalidad", sur la Plaza de Armas. (☎571 044, ouvert Lu-Ve 7h30-14h.) Cependant, le véritable spécialiste de la région est Augusto Mogrovejo Argote, qui travaille au **Bazar Librería D'Amory's**, Piérola 256, à proximité de la Plaza de Armas. (☎571 135, ouvert tlj 8h30-13h30 et 16h-21h30.) La **Banco de Crédito**, sur la Plaza de Armas, change les dollars et les chèques de voyage et possède un **distributeur automatique** acceptant les cartes Visa, 24h/24. (Ouvert Lu-Ve 9h15-13h et 16h30-18h30, Sa. 9h30-12h30.) **Urgences** : ☎105. **Police** : Castilla 600 (☎572 988). **Bureau de poste** : Castilla 223 (☎571 157. Ouvert Lu-Sa 8h-13h et 16h-19h.)

En été, il existe plusieurs endroits agréables où il fait bon séjourner et manger un morceau dans la station balnéaire de La Punta. Le reste de l'année, cette zone est désertée et il est alors préférable de rester à Camaná. L'**Hostal Plaza**, 28 de Julio 317, sur la Plaza de Armas, propose des chambres confortables équipées d'une salle de bains avec eau chaude et de la télévision. Restaurant sur le toit. (☎571 051. Petit déjeuner inclus. Lu-Ve chambre s/20 par personne. Le week-end, les prix sont plus élevés.) L'**Hotel Lima**, Lima 306, est moins cher. Les chambres sont modestes mais propres et les douches ont de l'eau chaude. (☎572 901, chambre simple s/12, avec salle de bains s/15, chambre double s/20, avec salle de bains s/25.) L'une des meilleures adresses où manger à Camaná est sans doute le **Pollos Willy**, Lima 137. Vous y dégusterez de très bons plats à base de poulet et des *anticuchos* (brochettes). (☎571 028. Assiette variée avec frites et salade s/6. Ouvert tlj 16h-24h.)

ENVIRONS DE CAMANÁ : LA PUNTA

Les colectivos à destination de La Punta (durée 15 mn, s/0,5) partent du marché de Camaná, à une cuadra à l'ouest de la rue Lima, et font également un arrêt sur la Plaza de Armas. Ceux qui reviennent à Camaná indiquent "El Chorro" sur leur pare-brise. La course en taxi de Camaná à La Punta (6 km) coûte s/3. A La Punta, il existe également un bureau de la compagnie Transportes Flores, devant lequel les bus à destination d'Arequipa font une halte (durée 3h, 1 dép/h de 4h30 à 19h30, s/7).

Pourquoi vouloir à tout prix rester à Camaná en été alors que La Punta est l'endroit rêvé où s'adonner aux plaisirs balnéaires, de jour comme de nuit ? C'est toutefois un lieu pour les nageurs plutôt que pour les surfeurs, et sachez que la plage est moins bondée en remontant un peu au nord. Señor Hans est le roi de la plage. Son établissement, l'**Hostal-Restaurant Hans**, sur la plage principale, propose des chambres simples avec salles de bains communes. Parasols, douches, vestiaires et consignes gratuits, même pour ceux qui ne résident pas à l'hôtel. Location de *boogie boards* (s/10 l'heure) et de planches de surf (s/15 l'heure). (☎572 288. Chambre s/15 par personne.) Si vous êtes à la recherche de chambres d'une catégorie supérieure, il est préférable de chercher près de la Plaza Grau, un peu plus au nord. Le **Santa María del Mar Hostal** est situé dans un environnement authentique et agréable. (☎572 553. Chambre double s/30, avec salle de bains s/40.) Il est recommandé de réserver en été, quel que soit l'hôtel, surtout si vous souhaitez passer un week-end sur place. Toujours sur la Plaza Grau, **El Cangrejo** sert de bons plats de poissons dans un cadre assez typique. (☎572 359. Plats s/10-15. Ouvert tlj 10h-21h.) La ville ne s'anime que les soirs de week-end. Mais sachez que lorsque la fête commence, elle ne finit pas avant l'aube. Vous trouverez plusieurs bars autour de la Plaza Grau, près des trois **discothèques** les plus fréquentées de La Punta (dans lesquelles ont souvent lieu des concerts) : **El Cangrejo**, **Blues Beach** et **Cálido** (toutes ouvertes Ve-Sa 22h-5h).

MOLLENDO

Pendant les mois d'été (janvier-mars), les *Arequipeños* se rendent en masse à Mollendo pour profiter de ses plages attrayantes et de ses courants calmes. Le reste de l'année, cette petite ville de 15 000 habitants est tranquille et devient alors un véritable petit paradis pour les voyageurs qui rêvent de se détendre sur une plage déserte ou d'explorer la réserve ornithologique de Mejía.

TRANSPORTS ET INFORMATIONS PRATIQUES. Le centre-ville compte deux places, la **Plaza Grau** et la **Plaza Bolognesi**. La Plaza Grau se trouve en bordure de plage, à l'extrémité sud de la ville. La Plaza Bolognesi se trouve deux *cuadras* plus haut. Elles sont toutes deux délimitées par les rues parallèles **Arequipa** et **Comercio** qui traversent la ville du nord au sud. Les **bus** et les **colectivos** partent de la rue Mariscal Castilla, au nord de la Plaza Bolognesi. Les compagnies Santa Ursula, Castilla 824 (☎533 040), et Carpio, Castilla 818 (☎532 743), proposent des bus à destination de la gare routière d'**Arequipa** (durée 2h, 1 dép/h de 6h à 19h, s/5). Pour vous rendre à la plage en taxi, comptez environ s/1. La **Banco de Crédito**, Arequipa 330, est dotée d'un **distributeur automatique**, rue Comercio, qui accepte les cartes Visa. (☎534 260. Ouvert Lu-Ve 9h15-13h15 et 16h30-18h30.) Autres services disponibles : **police** (☎534 242), rue Comercio, le long de la Plaza Grau, **Farmacia Milagros**, Arequipa 374 (☎534 601, ouvert tlj 8h-22h), **Serpost**, Arequipa 530 (☎532 264, ouvert Lu-Sa 8h-13h et 16h-20h), **Internet S. A.**, Comercio 235, sur la Plaza Bolognesi (s/3 l'heure, ouvert tlj 9h-23h), et une agence de **téléphone**, Arequipa 412 (☎535 045, ouvert tlj 6h30-22h30).

HÉBERGEMENT ET RESTAURANTS. L'**Hostal Villa**, Castilla 366, quatre *cuadras* au nord de la Plaza Bolognesi, est sans doute l'établissement le plus agréable de la ville. Il dispose même d'une piscine. Les chambres, très accueillantes, sont équipées d'une salle de bains, du téléphone, du câble et de grandes fenêtres. Bien sûr, tout ce luxe a un prix. (☎535 051, chambre simple s/69, double s/85.) L'**Hostal La Cabaña**, Comercio 240, au premier étage, sur la Plaza Bolognesi, est d'un style moins raffiné mais offre presque les mêmes prestations : il n'y a pas de piscine mais la plupart des chambres sont dotées d'une salle de bains, d'un téléphone et de la télévision. Depuis la terrasse sur le toit, la vue est plus jolie et les prix sont plus abordables. (☎/fax 534 671, chambre simple s/10, avec salle de bains s/40, chambre double s/20, avec salle de bains s/40.) Question gastronomie, c'est le poisson frais qui l'emporte. Vous trouverez plusieurs restaurants de crustacés autour de la Plaza Bolognesi. Le meilleur est le **Marco Antonio**, avec deux adresses : la version chic, Castilla 366, en face de l'Hostal Villa (☎534 712, ouvert Lu-Ve 11h-14h30 et 19h-22h, Sa-Di 11h-22h), et la version populaire, Comercio 258 (☎534 258, ouvert Lu-Sa 8h-1h, Di. 8h-19h). La *corvina* (loup de mer) est un délice (s/17) et le poisson du jour (s/11) n'est pas mal non plus.

SORTIES. La **plage** de Mollendo, qui s'étend des deux côtés de la ville, bien qu'assez belle et pratique, n'a cependant rien de comparable avec les plages plus tranquilles et aussi plus propres situées plus au sud, comme **Mejía** (voir plus loin) ou **La Punta**, à 20 mn de Mejía. Le **soir**, particulièrement les week-ends d'été, les deux places de la ville s'animent, notamment lorsque les jeunes officiers de la marine, stationnés non loin de là, descendent en ville. La population commence à boire avant le coucher du soleil et ne s'arrête que lorsqu'il se lève.

ENVIRONS DE MOLLENDO : MEJÍA

Les combis qui assurent la liaison entre Mollendo et Mejía (indiqués "El Valle") partent de la station-service PetroLube, à côté de l'arrêt de bus, rue Castilla (durée 25 mn, s/0,9). La réserve est située 5 km après la petite ville de Mejía. Descendez 1 km après la pancarte indiquant la réserve, devant le centre d'informations (la maison marron sur la gauche).

Il y a encore quelques années, les plages de Mejía figuraient parmi les plus calmes de la côte sud du Pérou. Aujourd'hui, l'eau y est toujours aussi calme mais la côte est envahie par le **Club Mejía**, un grand complexe hôtelier qui accueille les riches *Arequipeños* entre janvier et mars. Le club est réservé aux membres. N'ayez toutefois pas de regret, vous ferez des économies en allant dormir à l'**Hostal El Chunchito**, Tambo 406, établissement agréable et étonnamment calme malgré son emplacement sur la Panaméricaine. (☎555 061, chambre double avec salle de bains commune s/25.) Le restaurant du club, **El Sombrero**, dont l'architecture en forme de chapeau ne passe pas inaperçue, est ouvert aux personnes qui ne sont pas membres. (*Ceviche mixto* s/17, *daiquiris* s/6. ☎213 654, ouvert Lu-Sa 11h-16h et Di. 12h-16h.) A la nuit tombée, El Sombrero rassemble également les noctambules, puisqu'il comprend une discothèque et propose une soirée karaoké le vendredi. (Ouvert Je-Sa jusqu'à 1h, Janv-Fév uniquement.)

Mais la beauté de la plage de Mejía n'est rien en comparaison de la splendeur naturelle du **sanctuaire ornithologique de Mejía** (Santuario Nacional Lagunas de Mejía), à 3 km au sud. Cette réserve, qui s'étend sur 8 km, protège des lagunes marécageuses sauvages encore épargnées, près desquelles viennent s'abreuver plus de 100 espèces d'oiseaux tropicaux, parmi lesquels le *parihuana* (flamant rose des Andes, une espèce protégée). La meilleure époque pour visiter le sanctuaire se situe entre octobre et novembre, lorsque les groupes d'oiseaux migrateurs arrivent par milliers de la côte ouest d'Amérique du Nord, à l'issue d'un périple de plus de 4000 km. Le **centre d'information** propose les services de guides qui vous emmèneront sur leur moto près des sept lagunes ainsi qu'à différents points d'observation. Si vous préférez vous promener sans être accompagné, il vous faudra prendre un taxi ou trouver un autre moyen de circuler dans l'enceinte de la réserve, bien trop grande pour être parcourue à pied. Appelez pour réserver un guide. (☎555 003. Ouvert tlj du lever au coucher du soleil, s/5, guide inclus, pourboire souhaité.)

MOQUEGUA ☎054

Moquegua (10 000 habitants), capitale du département du même nom, est située aux portes du désert le plus aride du monde, l'Atacama. Cette petite ville endormie est à l'image de son nom (qui signifie "endroit tranquille" en quechua). Ses rues pavées, son centre historique aux nombreuses constructions coloniales et son ensoleillement, qui change de la brume de la côte, en font une étape agréable. Les amateurs d'archéologie seront enchantés par l'intéressant musée de la ville et les ruines toutes proches. A l'angle de la place, la **Iglesia de Santo Domingo** renferme les reliques d'une martyre italienne du XIIIe siècle, Santa Fortunata. (Ouvert tlj 6h30-12h et 15h-19h30.) Chaque année, le 14 octobre, la ville célèbre sa martyre.

TRANSPORTS ET INFORMATIONS PRATIQUES. Au centre de la **Plaza de Armas** se dresse une fontaine, dessinée par Gustave Eiffel, mettant en scène des grenouilles qui crachent de l'eau. Cette place constitue le centre de la ville. Elle est délimitée par les rues **Ayacucho**, **Moquegua**, **Ancash** et **Tacna**. A deux *cuadras* à l'ouest de la place, la rue **Piura** descend jusqu'au rond-point et devient alors la rue **La Paz**. La gare routière Ormeño (☎761 149) se trouve sur ce rond-point. Les gares routières des compagnies Cruz del Sur (☎762 005), Flores et autres sont à 5 mn à pied, en bas de la rue La Paz. **Bus** à destination de **Lima** (durée 18h, 6 dép/j de 15h15 à 18h45, s/50-80), **Tacna** (durée 2h, 16 dép/j de 5h30 à 20h30, s/5-7), **Arequipa**

(durée 3h30, 10 dép/j de 6h45 à 23h30, s/10-18) et **Ilo** (durée 1h30, 10 dép/j de 5h30 à 0h30, s/4-5). L'**Oficina de Información Turística**, Ayacucho 1060, distribue d'utiles brochures, en espagnol, ainsi que des plans. (☎762 236, ouvert Lu-Ve 7h30-16h30.) La **Banco de Crédito**, Moquegua 861 (☎761 325), dispose du seul **distributeur automatique** de la ville, ouvert 24h/24, et accepte les cartes Visa. (Ouvert Lu-Ve 9h15-13h30 et 16h30-18h15, Sa. 9h15-12h30.) Parmi les autres services, vous trouverez : la **police**, Ayacucho 808 (☎761 271), un **bureau de poste**, Ayacucho 560, sur la place (☎762 551, ouvert Lu-Sa 8h-12h30 et 14h30-18h30), et un **accès Internet** au Systems Service E.T.R.L., Moquegua 332 (☎763 758, s/3 l'heure, ouvert tlj 8h-23h.)

HÉBERGEMENT ET RESTAURANTS. A Moquegua, il existe des hôtels de toute catégorie. En haut de l'échelle, on trouve l'**Hotel Los Limoneros**, Lima 441, aménagé autour d'une cour avec un jardin fleuri et très coloré. (☎761 649, chambre simple s/24, avec salle de bains s/42, chambre double s/36, avec salle de bains s/55.) En bas de l'échelle, citons l'**Hostal Carrera**, Lima 320, qui propose des chambres spartiates avec salle de bains commune et eau froide. (Chambre s/10 par personne.) Entre les deux, l'**Hostal Piura**, Piura 255, dispose de chambres agréables et confortables avec de bons matelas, des tapis orientaux, de grands miroirs, une salle de bains et le câble. (☎763 974, chambre simple s/25, double s/35.) Les restaurants de Moquegua servent pour la plupart les spécialités locales : *palta* (avocat), vin et *pisco*. Curieusement, la ville compte également un grand nombre de restaurants italiens. Le **Choclo's**, Moquegua 686 (☎762 111), est spécialisé dans les plats *criollos* (plats s/8-10) et dans la très appréciée "Pizza Hot" (préparée devant vous, s/18). (Ouvert Lu-Sa 8h-22h.) La **Casa Vieja Pizzeria Bar**, Moquegua 326, propose une excellente cuisine italienne à des prix raisonnables, servie dans une vieille maison pittoresque. (Lasagnes s/6. ☎761 647. Ouvert Lu-Je 18h-23h et Ve-Sa 18h-1h.)

VISITES. Le désert aride de la région a permis de conserver en parfait état des vestiges, et parfois des corps, des cultures anciennes. C'est pourquoi Moquegua et ses environs présentent un intérêt archéologique majeur. Le **Museo Contisuyo**, Tacna 294, dont l'entrée se trouve rue Moquegua, sur la place, est l'endroit idéal pour se familiariser avec l'histoire de la région. L'exposition interactive (avec des explications en anglais ou en espagnol très complètes) retrace le développement culturel de la région depuis la période archaïque, soit il y a 12 000 ans. (☎761 149. Ouvert Me-Lu 10h-13h et 15h-17h30, Ma. 10h-12h et 16h30-20h. s/1,50.) La visite du musée vous donnera peut-être envie d'aller explorer les sites archéologiques des alentours. Les **grottes paléolithiques de Toquepala** sont extrêmement intéressantes. Vous pouvez organiser une excursion lors de votre visite du musée. (Visite guidée en espagnol s/50 par personne, transport à votre charge.) **Cerro Baúl** ("la colline-coffre"), appelée ainsi en raison de son aspect qui rappelle celui d'une grosse boîte, est à 12 km de la ville. La civilisation huari, antérieure à celles des Incas, y bâtit, dans les années 600-750 de notre ère, une ville qui brûla dans d'étranges circonstances vers 950. Les vestiges en sont encore visibles sur le sommet plat de la colline. Il est préférable d'effectuer l'ascension le matin, car la température devient vite très élevée. (Départs fréquents de *colectivos* à l'angle des rues Balta et Ancash, à deux *cuadras* de la Plaza de Armas, après le Cerro Baúl, durée 30 mn, s/1,5.)

ILO ☎054

Les pétroliers et les bateaux de pêche que l'on aperçoit en arrivant à Ilo témoignent du rôle important que joue cette ville industrielle pour l'ensemble de la région. Pour le Pérou d'une part, car Ilo tend en effet à devenir le premier port du sud du pays et, d'autre part, pour son voisin bolivien. En effet, en vertu d'un accord signé avec le Pérou en janvier 1992, la Bolivie, privée d'ouverture sur la mer, dispose d'un libre accès à ce petit port, qui est également zone franche. Deux des plus grandes mines d'Amérique du Sud se trouvent à proximité. Elles sont contrôlées par la Southern Peru Copper Corporation (SPCC), dont le logo est visible sur un grand nombre de pétroliers ancrés dans la baie. Pour le voyageur, Ilo permet d'échapper au circuit classique et au flot des touristes et de déguster du poisson bien frais tout en observant la fumée des cheminées des usines à poisson.

Les **bus** arrivent au carrefour des rues Ilo et Matará. La **Plaza de Armas** se trouve à deux *cuadras* en contrebas de l'arrêt de bus, et la **mer** est deux *cuadras* plus loin. La rue **Moquegua**, dans laquelle se trouvent de nombreux hôtels et restaurants, longe la Plaza de Armas. **Bus** à destination de **Tacna** (durée 2h, 18 dép/j de 6h à 20h, s/8), **Arequipa** (durée 5h, 12 dép/j de 8h à 20h, s/10) et **Moquegua** (durée 1h30, 16 dép/j de 5h30 à 24h, s/5). L'**office de tourisme**, Venecia 222, fournit des brochures et des renseignements sur la région. (☎781 347. Ouvert Lu-Ve 7h30-16h.) La **Banco de Crédito** (☎781 024), à l'angle des rues Zepita et 28 de Julio, à quelques mètres de la place en descendant vers la mer, dispose d'un **distributeur automatique** acceptant les cartes Visa et ouvert 24h/24. Parmi les autres services, vous trouverez : un **bureau de poste**, Marina Lino 311, à 10 mn à pied du centre-ville (ouvert Lu-Sa 8h-13h et 16h-19h), et un poste de **police**, Pichincha 327 (☎781 021), à la hauteur de Moquegua.

La meilleure adresse où passer la nuit est sans doute l'**Hotel San Martín**, Matará 325. Cet hôtel deux étoiles de trois étages dispose d'une vue sur la mer, de salles communes spacieuses, de chambres confortables équipées d'une salle de bains ainsi que, en été, d'une piscine. (☎781 082, chambre simple s/30, double s/40.) L'**Hotel Paraíso**, Zepita 749, a plus de charme mais est moins bien équipé. Les chambres sont cependant bien tenues mais souvent occupées. (☎781 432. Chambre simple s/20, avec salle de bains s/35, chambre double s/25, avec salle de bains s/45.) Ilo est l'endroit idéal où savourer du poisson et des fruits de mer tout juste pêchés. Essayez la *parahuela* (une soupe de poisson piquante). **La Estancia**, Moquegua 445, n'a pas de menu fixe : demandez au serveur quel est le poisson du jour et il vous en servira une assiette pleine à un prix raisonnable. (Pêche du jour s/6-10, ouvert Lu-Sa 18h-24h.) **Los Corales**, Abtao 401, est souvent considéré comme le meilleur restaurant de la ville. Ses prix plus élevés se justifient peut-être par la vue spectaculaire sur la mer. (Plats s/18 environ. ☎782 505. Ouvert tlj 11h-15h et 18h-23h.)

Le **Museo Eduardo Jiménez Gómez**, Moquegua 447, sur la Plaza de Armas, expose des objets datant de la civilisation préinca des Chiribayas, qui occupaient la région il y a 1000 ans. (Ouvert Ma-Di 9h-20h, s/6.) Le **Museo de Sitio El Algarrobal**, à 6 km à l'est d'Ilo, dans la banlieue d'El Algarrobal, sur la route principale (taxi s/6), abrite une collection plus importante de tissages et de bijoux de la culture chiribaya. (☎781 989. Ouvert Ma-Di 9h-13h et 14h-17h. s/10.) Les **plages** qui s'étendent au sud et au nord d'Ilo sont beaucoup plus propres que celles de la ville. La plus fréquentée, surtout en été (décembre-mars), est **Pozo de Lizos**, facilement accessible, à 8 km au sud de la ville (taxi s/8). Au nord, les plages **Waikiki** et **Platanales** sont plus isolées (en taxi, durée 30 mn, s/20). Le camping sur les plages est autorisé et gratuit. Juste avant Pozo de Lizos, la **réserve naturelle de Punta de Coles** constitue le refuge de 6000 otaries, d'une grande variété d'oiseaux marins et de nombreux grands reptiles. L'accès au parc est un peu compliqué : les responsables (☎781 191) sont ravis de laisser entrer gratuitement les visiteurs dans la réserve mais doivent être prévenus plusieurs jours à l'avance pour s'organiser.

TACNA ☎054

Tacna (170 000 habitants) est la ville la plus méridionale du Pérou. Elle obtint le surnom de "ville héroïque" par le rôle important qu'elle joua dans la lutte pour l'indépendance du Pérou. Capitale du département du même nom, Tacna est située à la frontière du Chili. A la suite de la guerre du Pacifique (1879-1883) qui opposa le Pérou, le Chili et la Bolivie, le département, remis aux mains des Chiliens (par le traité d'Ancón), fut finalement restitué au Pérou par le traité de Lima, signé en 1929. A Tacna, les rues sont propres et bien entretenues, les hôpitaux réputés et le niveau de vie assez élevé. Compte tenu de sa proximité avec la frontière chilienne, rares sont les étrangers qui y séjournent plus d'une journée. En général, ils poursuivent rapidement leur chemin pour pénétrer au Chili ou s'enfoncer à l'intérieur des terres péruviennes. Si vous disposez d'un peu de temps avant de vous rendre au Chili, ou si vous avez tout simplement envie d'explorer la région, sachez que vous pourrez y faire les boutiques, vous baigner dans les nombreuses sources chaudes naturelles ou observer d'impressionnants pétroglyphes.

FRONTIÈRE CHILIENNE La seule façon de traverser la frontière pour se rendre à Arica est de monter dans l'une de ces grandes berlines américaines des années 1970 (des *colectivos*) qui partent, une fois pleines, de la gare routière (durée 1h, dép. de 5h à 20h, s/10). Si le chauffeur essaie de vous faire payer plus cher, soyez ferme et indiquez-lui les pancartes accrochées au-dessus du guichet. Munissez-vous de votre passeport, d'une carte de touriste (disponible gratuitement à la frontière), du ticket attestant que vous vous êtes acquitté de la taxe de sortie (s/1) et d'un peu de patience. Ne vous inquiétez pas si le chauffeur garde vos papiers pendant le trajet : c'est lui qui est chargé de présenter les passeports de tous ses passagers à la douane. Essayez d'éviter de traverser à la mi-journée, heure à laquelle les files des deux bureaux d'immigration sont le plus longues. Sachez que les douaniers chiliens sont méticuleux et qu'ils risquent de fouiller vos bagages. **Arica** est une ville côtière animée, très bien desservie par les différents moyens de transport chiliens. Si vous souhaitez repartir tout de suite, demandez au chauffeur de vous déposer à la gare routière. De là, vous trouverez des bus à destination de **Santiago** (durée 30h, dép. de 10h30 à 23h, 25-30 $) via **Iquique** (durée 4h, 7 $), de **La Serena** (durée 24h, 20 $), de **Valparaiso/Viña del Mar** (durée 28h, 25 $), de **La Paz**, en **Bolivie** (durée 8h, dép. 3h, 20 $), et de **Buenos Aires**, en **Argentine** (durée 23h, dép. Me. 23h, 84 $). Vous trouverez un **distributeur automatique** acceptant les cartes Visa et MC dans le centre commercial près de la gare routière. Arica dispose d'un grand choix d'hôtels, de restaurants de poissons et de plages très fréquentées. Sachez qu'au Chili, tout est plus cher. Il est préférable de vous débarrasser de vos *soles* avant d'entrer dans le pays. Même le vin chilien est moins cher à Tacna qu'à Arica !

TRANSPORTS

Avion : **Aeropuerto Carlos Ciriani Santa Rosa**, 5 km au sud de la ville. Taxi s/10. **AeroContinente**, Apurimac 265 (☎ 713 042). Vols à destination de **Lima** (durée 1h30, dép. 13h, 17h30 et 19h, 89 $).

Train : **Estación Ferroviaria** (☎ 724 981), à l'angle des rues Albarracin et 2 de Mayo. Après la cathédrale de la Plaza de Armas, prenez la rue Blondell, tournez à droite juste avant les voies ferrées puis continuez sur deux *cuadras*. Les trains sont le moyen le plus lent et le moins utilisé pour se rendre à **Arica**, au **Chili** (durée 1h30, dép. Lu., Me. et Ve. 6h, 1 $).

Bus : **Gare routière**, à 20 mn à pied au nord de la Plaza de Armas, rue Hipolito Unanue. Taxi s/2. La compagnie Ormeño (☎ 723 292) propose des bus à destination de **Lima** (durée 20h, dép. 13h, 16h et 19h, s/40, *servicio especial* dép. 14h, s/70), **Arequipa** (durée 6h, dép. 7h, 14h, 21h30 et 22h, s/12) et **Moquegua** (durée 2h, dép. 7h, 14h et 16h, s/5). La **Cruz del Sur** (☎ 746 149) dispose également d'un guichet en ville, Ayacucho 96, mais tous les bus partent de la gare routière. Bus à destination de **Lima** (durée 20h, dép. 12h30, 18h30 et 20h, s/40, bus Imperial durée 17h, dép. 15h et 17h30, s/70-110) et d'**Arequipa** (durée 6h, dép. 6h45, 10h, 13h30, 16h45, 21h et 21h45, s/15) via **Moquegua** (durée 2h, s/6). La compagnie **Flores** (☎ 726 691) assure le service le plus régulier à destination d'**Ilo** (durée 2h, 17 dép/j de 5h30 à 20h, s/8) et d'**Arequipa** (durée 6h, 16 dép/j de 5h30 à 22h15, s/15) via **Moquegua** (durée 2h, s/8).

Colectivos internationaux : *Colectivos* à destination d'**Arica**, au **Chili** (durée 1h, dép. dès que le véhicule est plein de 5h à 20h, s/10), au départ de la gare routière.

ORIENTATION ET INFORMATIONS PRATIQUES

La plupart des services touristiques de Tacna sont concentrés dans la rue **San Martín**, l'artère principale de la ville. La rue San Martín traverse la **Plaza de Armas** et se divise en deux à la hauteur de la cathédrale pour donner d'un côté la rue **Callao** et de l'autre la rue **Blondell**. La rue **Bolognesi**, parallèle à la rue San Martín et à deux *cuadras* au sud, est également une artère importante. La rue **Hipolito Unanue**, qui croise la rue San Martín à la hauteur de la Plaza de Armas, part vers le nord en direction de la **gare routière** et de la Panaméricaine.

Office de tourisme : (☎/fax 713 501), Blondell 50, 3e étage, dans la mairie, derrière la cathédrale. Ouvert Lu-Ve 7h-16h.

Consulats : **Chili** (☎ 723 063), rue Presbitero Andia, près de la rue Albarracin, 100 m après la gare. Ouvert Lu-Ve 8h-13h. **Bolivie**, Bolognesi 1721 (☎ 711 960), environ 1 km à l'est de la Plaza de Armas. Ouvert Lu-Ve 9h-12h.

Change : La **Banco de Crédito**, San Martín 574 (☎ 722 541), change les chèques de voyage AmEx et Visa, accepte les retraits d'espèces par carte Visa et dispose d'un **distributeur automatique** acceptant les cartes Visa. Ouvert Lu-Ve 9h15-13h15 et 16h30-18h30, Sa. 9h30-12h30. Un autre **distributeur** acceptant les cartes Visa et MC se trouve à la Banco Santander, rue Apurimac, entre les rues San Martín et Bolívar. Le bureau de change le plus avantageux est le **Cambios Tacna**, San Martín 612 (☎ 743 607). Ouvert Lu-Sa 8h30-20h.

Marchés : Tacna offre un grand nombre de possibilités de faire ses courses. Le marché public le plus pratique est le **Mercado Central**, rue Bolognesi, à proximité de la rue Paillardelli. Ouvert tlj 6h-20h. Le plus célèbre et le plus animé est sans aucun doute le marché **Polvos Rosados**, rue Pinto, juste après la rue Industrial. Comptez s/2 pour vous y rendre en taxi. Vous y trouverez de tout, des chaussures de sport au chocolat, des alcools aux produits électroniques, à des prix inférieurs de 35 à 60 % à ceux de Lima. Ouvert tlj 8h-20h.

Police : Callao 121 (☎ 714 141), rue San Martín, à la hauteur de la Plaza de Armas.

Pharmacie : **Inka Farma**, San Martín 547 (☎ 746 821).

Hôpital : **Hospital Hipolito Unanue** (☎ 723 361), rue Blondell, près de la cathédrale.

Téléphone : **Téléphone public**, San Martín 442 (☎ 728 157, fax 742 161). Ouvert tlj 7h-23h. Il existe également des cabines à pièces Teléfonica del Perú sur la place.

Internet : Les *Tacneños* ayant les moyens de débourser s/3 l'heure pour se connecter, les cybercafés sont souvent pleins, surtout le soir. **InfoRed Internet**, San Martín 735 (☎ 727 573), offre une connexion rapide. Ouvert tlj 8h-24h.

Bureau de poste : **Serpost**, Bolognesi 361 (☎ 724 641). Ouvert Lu-Sa 8h-20h.

HÉBERGEMENT

Le parc hôtelier de Tacna est assez décevant et les prix y sont plus élevés que dans le reste du pays. Mais vous trouverez cependant plusieurs établissement disposant de salles de bains avec eau chaude. La plupart des hôtels de catégorie moyenne se concentrent autour de la Plaza de Armas et le long de la rue San Martín. Les plus spartiates sont situés dans la partie sud de la ville, après la rue Bolognesi. Vous risquez d'avoir du mal à trouver une chambre libre à la mi-décembre, époque à laquelle les Chiliens affluent pour faire leurs emplettes de Noël.

El Sol Hospedaje, 28 de Julio 236 (☎ 727 711). Cet hôtel, dont on pourrait penser qu'il a été érigé à la gloire du soleil, est aménagé autour d'une cour recouverte d'un toit de plastique jaune transparent. Les chambres, équipées d'une salle de bains, ont aussi un balcon ou de grandes fenêtres. Celles sans salle de bains sont plus petites et plus sombres, mais toutes sont propres et disposent du câble. Chambre simple s/20, avec salle de bains s/25, chambre double s/30, avec salle de bains s/35.

Lido Hostal, San Martín 876-A (☎ 721 184). Les chambres sont modestes mais bien entretenues, il y a de l'eau chaude dans les salles de bains et les prix sont raisonnables. Attention, cet établissement se remplit souvent en fin de journée. Chambre simple s/20, double s/30.

Hospedaje Lima, San Martín 442 (☎ 744 229). Tous les clichés d'un établissement raffiné : un tapis rouge recouvre l'escalier et les lits ont un petit dossier en skaï. Mais ne vous y fiez pas : les chambres n'ont rien de luxueux. Restaurant à côté. Chambre simple avec salle de bains s/28, chambre double avec salle de bains s/38. Télévision couleur, supplément s/5.

Hostal Lider, Zela 724 (☎ 715 441), au bout de la rue piétonne, à la hauteur de la rue San Martín, entre les rues Vizquerra et Varela. Chambres propres, sans rien d'exceptionnel, dans un établissement trop calme. On s'y sent en sécurité mais un peu seul. Chambre simple avec salle de bains s/25, chambre double avec salle de bains s/40.

RESTAURANTS

La plupart des restaurants de Tacna bordent la rue San Martín, au niveau de la Plaza de Armas. La spécialité régionale, le *picante a la tacneña*, est un mélange épicé de pommes de terre, de bœuf et d'*ají* frit dans l'huile. Sa proximité avec le Chili fait de Tacna une ville cosmopolite et on y trouve un grand nombre de restaurants italiens, notamment rue Libertad, la voie piétonne située juste avant la *cuadra* 600 de San Martín. La banlieue de Pocollay est réputée pour son excellente cuisine régionale (taxi s/3).

El Viejo Almacén, San Martín 577 (☎ 714 471). Les murs bleus incurvés et les sièges en peluche sont peut-être ultramodernes, mais la cuisine servie ici est tout ce qu'il y a de plus traditionnel. Plats typiques et plats de poissons s/10-28. Menus copieux s/10-15. Ouvert tlj 7h30-1h.

Café Genova, San Martín 649 (☎ 744 809). Regroupe une clientèle sophistiquée qui vient s'attabler en terrasse pour se mêler quelques heures au reste de la population qui fourmille le long de la rue principale. Dépensez vos derniers *soles* en dégustant une salade composée (s/9-18) ou un délicieux plat de pâtes (s/15-18). Ouvert tlj 8h-24h.

San Sebastiano's, San Martín 295, en face de la cathédrale. L'odeur des *anticuchos* (brochettes, s/3) en train de griller a de quoi allécher les passants. Ambiance locale et intime. Le menu est composé uniquement de plats traditionnels à base de viande. C'est ici que vous pourrez savourer pour la première ou la dernière fois le délicieux *lomo saltado*. Prix inférieurs à s/10. Ouvert tlj 7h-23h.

VISITES

PLAZA DE ARMAS. Sur la place, vous pourrez admirer la fontaine **Pileta Ornamental** dessinée par Gustave Eiffel au XIXe siècle et achevée en 1955. Elle est similaire aux fontaines créées par le célèbre architecte à Buenos Aires, Lisbonne, Paris et Moquegua (voir p. 191). En face de la place se dresse, simple et élégante, la **cathédrale** de style néo-Renaissance achevée en 1854. A l'intérieur, remarquez l'immense lustre suspendu au-dessus de l'autel ainsi que les vitraux entourant la nef. *(Ouvert le matin et le soir.)* De l'autre côté de la place, une **arche commémorative** de 18 m de haut a été érigée en l'honneur de deux héros de la guerre du Pacifique : Miguel Grau et Francisco Bolognesi.

AUTRES VISITES. Le **Museo Ferroviario**, situé à côté de la gare le long de la voie ferrée, comporte deux salles d'exposition. Les coupures de presse et certaines parties d'anciens trains ne présentent pas toujours un intérêt majeur. En revanche, il est plus intéressant de monter à bord des vieilles locomotives de l'autre côté des voies et d'en visiter l'intérieur. *(Frappez à la porte verte située dans la rue 2 de Mayo, à droite de l'horloge. ☎215 350. Ouvert Lu-Sa 7h-17h. s/1.)* La **Casa de Cultura**, au-dessus de la bibliothèque municipale, expose quelques objets archéologiques préincas. Vous y trouverez aussi des tableaux et des cartes traitant de la guerre du Pacifique, mais aucune explication historique n'est fournie. *(Apurimac 202, à la hauteur de la rue Bolívar. Ouvert 9h-13h et 15h-18h. Entrée libre.)* Francisco Antonio de Zela y Arizaga, le patriote péruvien dont la voix est restée gravée dans la mémoire de tous les habitants du pays (c'est lui qui a lancé le premier appel à l'indépendance en 1811), vécut et mourut dans la **Casa de Zela**, l'une des plus anciennes demeures coloniales qui subsistent à Tacna. A côté vient d'être créé un petit musée archéologique. *(Zela 542. Ouvert tlj 10h-13h et 15h-18h. Entrée libre.)*

SORTIES

Si la vie nocturne de Tacna est plutôt calme, il existe néanmoins quelques bons endroits où boire un verre ou danser. Citons **La Taberna de 900**, San Martín 577, dont les anciennes portes de saloon et la caisse enregistreuse d'époque contrastent avec les murs barbouillés de motifs modernes. On peut y manger. (☎726 657. Ouvert tlj 23h-1h.) Le **Monako's**, San Martín 781, est la discothèque la plus fréquentée de la ville, mais elle ne s'anime vraiment que vers 2h du matin. La piste de danse centrale comporte 11 côtés. Une affiche de John Lennon est collée au mur. (Entrée s/5. Consommation minimum s/5. Ouvert Je-Sa 19h-6h.)

EXCURSIONS DEPUIS TACNA

CALIENTES ET MICULLA

Pour vous rendre à Calientes ou à Miculla, vous devez prendre un colectivo *(durée 45 mn, 1 dép/15 mn de 6h à 19h, s/1,50) depuis le centre-ville de Tacna, à l'angle des rues Leguea et Kennedy, à environ 1 km au nord de la Plaza de Armas. Aller-retour en taxi s/25-30. Thermes ouverts tlj 6h-18h, s/8 la demi-heure.*

La petite ville de Calientes, à 22 km à l'est de Tacna, jouit d'un climat plus chaud et plus ensoleillé qu'Arequipa. Elle possède huit **thermes**, très bien entretenus, avec une eau à 38°C. Depuis Miculla, vous pouvez vous rendre sur un site comportant un nombre considérable de **pétroglyples**. Partez en direction de l'est puis marchez 3 km. On dénombre environ 400 pierres gravées de 2000 dessins, représentant des animaux ou des personnes, et qui dateraient d'au moins 1500 ans. Pour vous y rendre, vous devrez traverser un pont suspendu de 70 m de long et de 1 m de large. Un bon conseil : ne regardez pas en bas.

LA RÉGION D'AREQUIPA

AREQUIPA ☎054

Arequipa fait la fierté de ses habitants : la ville possède un passé culturel très riche et l'une des meilleures gastronomies du pays. Son climat doux, ses nombreuses possibilités d'emploi et ses universités réputées poussent de nombreux Péruviens à venir s'y installer. La population a d'ailleurs récemment explosé, passant de 300 000 à plus d'un million au cours des trente dernières années, ce qui en fait aujourd'hui la deuxième ville du pays. Bien que cette affluence ait donné lieu au développement de banlieues, le centre-ville a conservé tout son charme. On peut y visiter plusieurs belles églises ainsi que l'immense monastère de Santa Catalina, construit au

XVIe siècle. La beauté du centre historique réside dans ses tons clairs : les édifices de l'époque coloniale sont construits principalement en *sillar*, une pierre volcanique blanche. C'est ce qui lui vaut le surnom de "*Ciudad Blanca*", qui signifie "ville blanche". Malheureusement située sur une zone sismique, la ville a plusieurs fois été partiellement détruite par des tremblements de terre, aussi les édifices plus récents se caractérisent-ils par des murs épais aux contreforts importants et par une taille peu élevée. Bien avant l'arrivée des colons, les Incas furent eux aussi émerveillés par la beauté de la région, que la présence des volcans rendait sacrée. Ils s'y installèrent donc il y a quelque 600 ans. Quel que soit l'endroit de la ville où vous vous trouvez, vous pouvez apercevoir trois de ces cratères : **El Misti** (5828 m), toujours en activité, le **Pichu Pichu** (5664 m) et le **Chachani** (6075 m), désormais éteint. C'est là, dans les sommets recouverts de neige éternelle, que le vaste fleuve Amazone, situé à des milliers de kilomètres, prend sa source. Du haut de ses 2325 m, Arequipa ne connaît pas la brume côtière de Lima et jouit une grande partie de l'année d'un climat printanier. Pour de nombreux voyageurs, la ville constitue une étape idéale où se reposer et s'acclimater au changement d'altitude avant de rejoindre Cuzco (3600 m) et la Cordillère. C'est aussi un bon point de départ pour découvrir les canyons du Colca et du Cotahuasi, parmi les plus profonds du monde. Les plus audacieux tenteront l'aventure en trekking ou en rafting, tandis que les autres pourront observer les gorges et la faune qui les habite depuis différents points de vue (*miradores*).

Si la majeure partie de la ville est sûre pendant la journée, Arequipa a récemment connu une vague d'**agressions par "évanouissement"** le soir. Pour comprendre de quoi il s'agit, reportez-vous à l'encadré sur ce sujet, p. 134. Il est recommandé aux hommes comme aux femmes, même en groupe, de prendre un taxi après la nuit tombée et de ne pas payer le chauffeur tant que la porte de l'hôtel n'est pas ouverte.

TRANSPORTS

Avion : L'**Aeropuerto Internacional Rodríguez Ballón** (☎443 464) se trouve à 7 km au nord-ouest du centre-ville. On peut s'y rendre en taxi (s/5-8). La compagnie **AeroContinente**, Portal 113 (☎204 020, fax 219 914), propose des vols à destination de **Lima** (6 dép/j de 7h45 à 20h15), **Cuzco** (dép. 7h45), **Juliaca** (dép. 10h45, 14h45 et 16h45) et **Tacna** (dép. 18h30). **Tans**, Portal 119 (☎/fax 203 517) dessert **Lima** (1 dép/j) et **Juliaca** (1 dép/j). **LanPeru**, Portal 109 (☎201 100, fax 218 555) assure les liaisons avec **Lima** (3 dép/j) et **Cuzco** (1 dép/j). Toutes les agences des compagnies aériennes se trouvent sur la Plaza de Armas. L'aller simple d'un vol intérieur coûte en moyenne 44 $, mais les billets pris à la dernière minute peuvent coûter jusqu'à 59 $ ou, en période de vacances, jusqu'à 79 $. Malgré son nom, aucun vol international ne décolle de l'aéroport d'Arequipa.

Train : La **gare** (☎215 350), à 1 km du centre-ville en descendant, est accessible en taxi (s/2 à partir du centre). Si les bus sont plus rapides et moins chers, le train est un moyen de transport plus sûr et plus confortable. Trains à destination de **Cuzco** (durée 21h, dép. Me. et Di. 21h, s/40)via **Juliaca** (durée 9h, s/18,50) et **Puno** (durée 11h, s/22). Le plus confortable est de prendre la voiture Pullman (avec siège inclinable) jusqu'à Juliaca (s/30), puis de prendre un billet en classe économique jusqu'à Cuzco (s/21,50). Le guichet est ouvert Lu-Ma et Je-Ve 7h-12h et 12h45-15h45, Me. et Di. 8h-12h, 14h-17h et 19h-22h, Sa. 8h-12h. Les agences de voyages ne doivent pas vous faire payer plus de s/5 de commission par billet.

Bus : Les gares routières, situées à 3 km au sud du centre-ville, sont accessibles en taxi (s/3). La gare **Terminal** abrite la majorité des compagnies de bus. Les bus qui parcourent de longues distances et les bus de luxe partent de la gare **Terrapuerto**, à proximité. La compagnie Ormeño (☎424 187) dessert **Lima** (durée 13-15h, dép. 7h, 15h et 21h, s/35, classe Royale, durée 12h, dép. 16h et 22h, s/90) via **Nazca** (durée 7h, s/30) et **Tacna** (durée 6h, dép. 8h, 14h, 16h30 et 21h30, s/15). Les bus de la compagnie San Cristóbal (☎232 567) se rendent à **Cuzco** (durée 12h, dép. 16h, s/25) et à **Puno** (durée 8-10h, dép. 7h et 16h30, s/25) via **Juliaca**. La compagnie Cruz del Sur (☎216 625) dessert **Lima** (durée 17h, 9 dép/j de 8h30 à 20h30, s/35, classe Imperiale, durée 13h, dép. 16h30 et 19h30, s/70). Pour tous les trajets au départ d'Arequipa, vous devrez payer une **taxe de sortie** (s/1) aux guichets situés à l'intérieur des gares.

EN AREQUIPA NOUS CROYONS Certains *Arequipeños* diront que la couverture de ce guide comporte une erreur et que le titre devrait être "*Pérou, Bolivie, Equateur et Arequipa*". En effet, nombre d'habitants se considèrent plus *arequipeños* que péruviens, sentiment qui remonte à l'époque coloniale. Alors qu'une population de *mestizos* faisait son apparition dans d'autres villes péruviennes au moment de l'occupation espagnole, Arequipa comptait très peu d'*indígenas* parmi ses habitants. La population d'Arequipa de cette époque se sentait culturellement éloignée des régions septentrionales et montagneuses du Pérou. C'est pourquoi, lorsque José de San Martín libéra la ville en juillet 1821, une semaine avant la déclaration d'indépendance du reste du pays, les *arequipeños* n'hésitèrent pas à agir. Durant ces sept jours, ils se hâtèrent d'élire leur propre gouvernement, d'émettre leurs propres passeports et de battre leur propre monnaie. Le souvenir de cette semaine de gloire reste encore très marqué dans leur esprit. A la mairie, on peut toujours voir la liste des noms de tous les citoyens de la República de Arequipa qui demandèrent un passeport.
Aujourd'hui encore, les *Arequipeños* refusent de se fondre au reste du Pérou. Ils sont connus pour s'opposer systématiquement à la gestion et aux abus du gouvernement de Lima. L'histoire montre que chaque fois qu'un candidat soutenu par les habitants de la région s'est présenté aux élections présidentielles, il a toujours essuyé une défaite au niveau national. Désormais, ils en plaisantent en affirmant que pour qu'une république fonctionne, elle a besoin de deux choses (hormis l'indépendance) : un aéroport international et un saint local. Il semblerait dans ce cas qu'Arequipa ait encore un long chemin à parcourir : son Aeropuerto Internacional Rodríguez Ballón continue de suspendre ses vols pour le Chili et la dévote Ana de Los Angeles Monteagudo doit encore accomplir deux miracles avant d'être canonisée (voir **Le monastère de Santa Catalina**, p. 204).

ORIENTATION ET INFORMATIONS PRATIQUES

Arequipa paraît bien plus petite qu'elle n'est, car la plupart des services destinés aux touristes sont concentrés dans le petit centre historique (*centro antiguo*), où vous verrez les maisons coloniales en *sillar*. Le centre s'étend au nord de la **Plaza de Armas**, de laquelle partent les deux artères principales de la ville, parallèles l'une à l'autre. L'avenue **Santa Catalina** délimite le côté nord de la place lorsque vous êtes face à la **cathédrale** puis passe devant le **monastère Santa Catalina**. La place est bordée à droite par la rue **San Francisco**. C'est ici que se trouvent la plupart des agences de voyages. A quelques mètres au nord de la Plaza de Armas, juste derrière l'église, la rue piétonne **Catedral** concentre l'essentiel des boutiques de souvenirs de qualité. Le plan quadrillé permet de se repérer facilement. Deux **gares routières,** situées à proximité l'une de l'autre, se trouvent à 3 km au sud du centre-ville.

SERVICES TOURISTIQUES ET ARGENT

Office de tourisme : (☎211 021) sur la Plaza de Armas, en face de la cathédrale. Le personnel fournit gratuitement des plans et informations pour vous rendre sur les différents sites. Ouvert Lu-Ve 8h30-15h45.

Consulats : **Bolivie**, Mercaderes 212, bureau 405 (☎213 391, ouvert Lu-Ve 8h30-15h30). **Chili**, Mercaderes 202, bureau 402 (☎226 787, ouvert Lu-Ve 9h-14h).

Banques : La **Banco de Crédito**, Morán 101 (☎212 112), à une *cuadra* de la Plaza de Armas, dispose d'un **distributeur automatique** acceptant les cartes Visa. Ouvert Lu-Ve 9h15-13h15 et 16h30-18h30, Sa. 9h30-12h30. La **Banco Continental**, San Francisco 108 (☎215 060), à une *cuadra* en remontant la rue depuis la place, offre des services similaires. Ouvert Lu-Ve 9h15-13h et 16h30-18h30, Sa. 9h30-12h30.

Distributeurs automatiques : Vous trouverez plusieurs distributeurs à la Banco Sur, à l'angle des rues Moral et Jerusalén, et d'autres encore à côté de la Plaza de Armas, à l'angle des rues San Francisco et Mercaderes.

Change : Les personnes qui vous proposent de changer de l'argent dans la rue offrent les meilleurs taux. Il existe plusieurs bureaux de change au début de la rue San Francisco, à la hauteur de la Plaza de Armas. La plupart sont ouverts tlj 9h-19h.

Marchés : Le **mercado principal**, très animé, est un marché couvert situé à l'angle des rues Piérola et San Camilo. Depuis la Plaza de Armas, descendez deux *cuadras* puis tournez à gauche et passez l'avenue San Juan de Dios. Là, vous pourrez acheter des fruits exotiques (empilés sur trois mètres de haut !), des chiots ou du poisson frais, mais faites très attention aux voleurs à la tire. Ouvert tlj 6h-19h. Il existe en ville deux marchés d'artisanat où vous trouverez des tissus et des articles en cuir. Le plus grand est le **Centro Artesanal Fundo El Fierro**, dont l'entrée se trouve rue Grau, entre l'avenue Santa Catalina et la rue qui mène au Parque San Francisco. Ouvert Lu-Sa 9h-20h. Le marché **Casona Coronel Flores del Campo**, Portal de Flores 136, sur la Plaza de Armas, offre également tout un choix de produits frais. Ouvert tlj 10h-21h. Si vous êtes à la recherche d'articles en alpaga de bonne qualité, faites un tour dans les magasins (chers) du Pasaje Catedral, la rue piétonne située à quelques mètres en haut de la Plaza de Armas.

Supermarché : **El Super**, Municipal 130 (☎284 313), sur le côté sud de la Plaza de Armas, est le seul véritable supermarché d'Arequipa. Ouvert Lu-Sa 9h-14h et 16h15-20h30, Di. 9h30-13h30.

Laverie : **Magic Laundry**, Jerusalén 404-B et La Merced 125, n°136. Lavage et séchage s/5 le kilo. Service dans la journée. Ouvert Lu-Sa 9h-19h.

URGENCES ET COMMUNICATIONS

Urgences : ☎105.

Police : ☎254 020.

Pompiers : ☎213 333.

Police touristique : Jerusalén 315 (☎239 888). Ouvert 24h/24.

Pharmacie : **Botica del Pueblo**, San Juan de Dios 200 et Santo Domingo (☎213 691).

Services médicaux : L'hôpital principal est l'**Hospital General** (☎233 812), rue Carrión, à 1 km au sud de la Plaza de Armas. La **Clínica Arequipa** (☎253 424, urgences ☎253 416), au bout de la rue Puente Grau, au croisement de la rue Bolognesi, fait payer s/60 la consultation. **Es Salud**, Santa Catalina 118-C (☎222 162), est un centre de santé national, avec une ligne téléphonique qui fonctionne 24h/24 (on vous répondra uniquement en espagnol). Bureau ouvert tlj 7h-21h.

Téléphone : Vous pouvez passer des appels nationaux ou internationaux à partir de l'agence **Telefónica del Perú**, Alvarez Thomas 209 (☎281 112). Ouvert Lu-Sa 7h-21h et Di. 7h-20h. Il existe également de nombreuses agences de téléphone privées, par exemple **Cell Star**, Santa Catalina 118. Ouvert tlj 8h30-13h et 14h-19h. La plupart des téléphones publics se trouvent à l'intérieur de petites boutiques, et il y en a également quelques-uns à l'angle des rues Catedral et San Francisco.

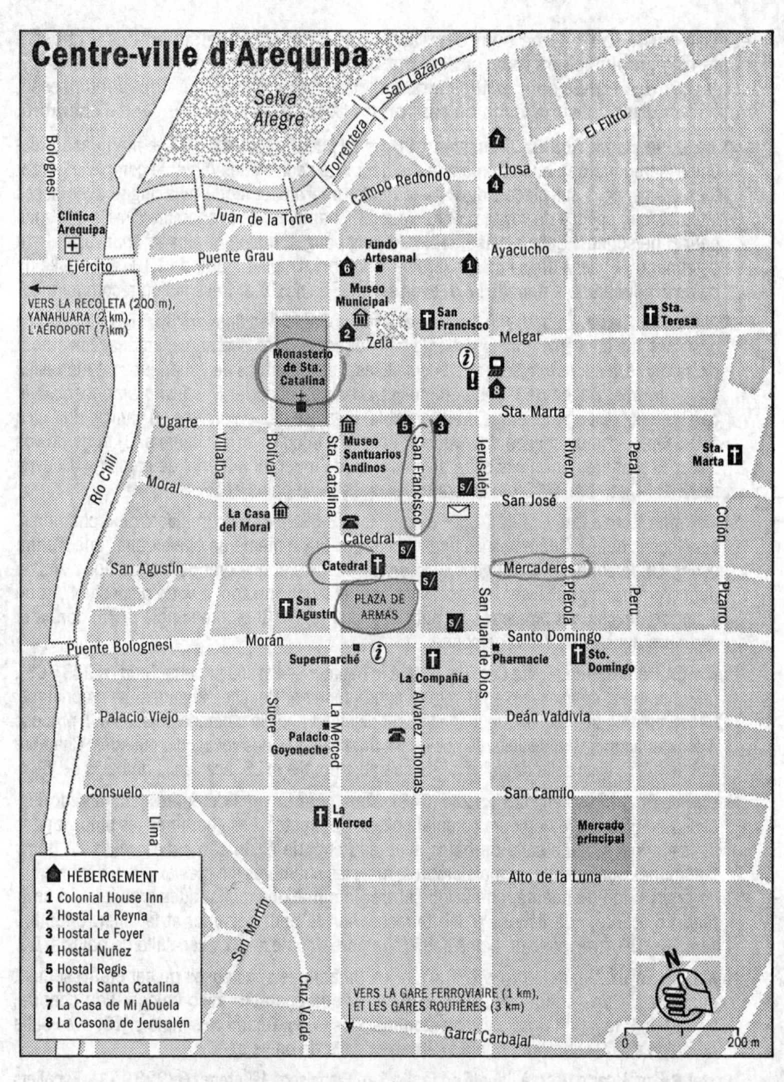

Internet : Les cafés Internet poussent comme des champignons. **La Red**, Jerusalén 306 (☎287 700), est très populaire car la connexion s'y fait rapidement... ou peut-être est-ce à cause des tenues en plastique moulant que portent les employés ? (s/3 l'heure, boisson gazeuse, cigarettes ou bonbons gratuits après 1h de connexion.) **Chips Internet**, San Francisco 202-A (☎203 651), pratique le même tarif horaire mais fait payer s/1 le quart d'heure. Ouvert tlj 9h-24h.

Bureau de poste : **Serpost**, Moral 118 (☎215 245). Ouvert Lu-Sa 8h-20h et Di. 9h-13h.

HÉBERGEMENT

Arequipa offre un grand choix d'excellents hôtels, auberges ou *casas de alojamiento*, souvent aménagés dans des *casas antiguas* bien entretenues, avec une terrasse sur le toit ou une cour centrale. Vous trouverez également des établissements un peu plus chers mais qui offrent beaucoup plus de confort et de sécurité. La plupart des hôtels sont affiliés à des agences de voyages : si vous êtes pressé, vous pouvez prévoir une visite du canyon du Colca sans bouger de votre chambre.

❤ **La Casa de Mi Abuela**, Jerusalén 606 (☎241 206, fax 242 761, e-mail casadmiabuela@lared.net.pe), en remontant la rue depuis le centre-ville. Véritable complexe offrant tous les services sur place : deux restaurants, une bibliothèque multilingue avec accès Internet, une agence de voyages et quelque 50 chambres, de la chambre simple à la suite pour 6 personnes. Belle piscine, table de ping-pong, fontaine et alpaga apprivoisé. Petit déjeuner (s/5) servi dans l'un des jardins. Chambre simple à partir de 13 $, avec salle de bains 26 $, chambre double 17 $, avec salle de bains 33 $. Réservation recommandée.

❤ **Hostal La Reyna**, Zela 209, à l'angle de l'avenue Santa Catalina (☎286 578). Charmante *casa antigua* convertie en une auberge très fréquentée. Les chambres, aménagées autour d'une terrasse sur le toit, sont très ensoleillées. Les chambres de l'intérieur sont modestes mais propres. Salles de bains communes avec eau chaude. *Desayuno americano* à la cafétéria (s/3). Le propriétaire, très serviable, organise des excursions au canyon du Colca (20 $), propose un service de laverie et l'accès à la cuisine (cuisinière s/2) et garde vos bagages gratuitement. Possibilité d'acheter ou de louer du matériel de camping. Couvre-feu à 1h. Chambre s/13 par personne, avec salle de bains s/15.

❤ **Colonial House Inn**, Grau 114, 1er étage. (☎223 533). Bed & Breakfast de 6 chambres, spacieuses et très différentes les unes des autres (il y a même un piano dans l'une d'entre elles). Le personnel parle anglais. Un service de laverie, une grande bibliothèque où l'on peut d'emprunter des livres, un accès Internet et la cuisine sont à votre disposition, et on y sert de délicieuses omelettes au petit déjeuner (s/5). Chambre simple s/25, dortoir et chambre double s/17 par personne.

Hostal Santa Catalina, Santa Catalina 500, à la hauteur de l'avenue Puente Grau (☎243 705). Les chambres, spacieuses, entourent la cour intérieure. Douches chaudes. Le propriétaire, très sympathique, sert chaque matin le petit déjeuner dans la cafétéria adjacente. Il propose d'acheter lui-même vos billets de bus ou les médicaments des voyageurs malades. Chambre simple s/15, avec salle de bains s/25, chambre double s/25, avec salle de bains s/35.

Hostal Nuñez, Jerusalén 528 (☎218 648). Vous pourrez vous détendre dans les rocking-chairs de cette belle demeure coloniale pleine de plantes. Les chambres les plus grandes sont équipées d'une salle de bains avec eau chaude et du câble. Les salles de bains communes sont spartiates mais propres, mais les chambres simples exiguës. Vous y trouverez un salon de beauté, une laverie et des informations touristiques gratuites. La cafétéria adjacente, qui dispose d'une terrasse, sert le petit déjeuner et le dîner. Chambre simple s/20, avec salle de bains s/35, chambre double s/35, avec salle de bains s/60.

Hostal Le Foyer, Ugarte 114 (☎286 473). Les chambres spacieuses de cet établissement donnent sur une cour ensoleillée. Demandez une chambre avec balcon. Eau chaude, laverie (s/5 le kg) et possibilité d'emprunter des livres. Chambre simple s/18, avec salle de bains s/27, chambre double s/28, avec salle de bains s/40.

Hostal Regis, Ugarte 202, à l'angle de la rue San Francisco, 1er étage. (☎226 111). Escaliers en marbre, lustres et frises élaborées constituent le décor de cette demeure coloniale. Malheureusement, les chambres sont petites et austères. Possibilité d'emprunter des livres et de louer des vidéos. Grand salon télé. Cartes et informations sur les sites à visiter dans la région. Chambre 5 $ par personne.

La Casona de Jerusalén, Jerusalén 306 (☎214 221), 1er étage. Les chambres de cet hôtel, disposées autour d'une cour, sont un peu vides mais agréables, aérées et toutes équipées de lavabos et de confortables matelas. Service de laverie, petit déjeuner (s/4-6) et agence de voyages sur place. Chambre simple s/18, avec salle de bains s/40, chambre double s/36, avec salle de bains s/60. Réductions pendant la basse saison.

RESTAURANTS

Vous trouverez un très grand nombre d'excellents restaurants dans le centre-ville. Parmi les spécialités régionales, vous pourrez goûter le *rocoto relleño* (poivron rouge farci à la viande et aux légumes), la *palta relleña* (même plat en version végétarienne), l'*adobo de chancho* (ragoût de porc épicé) et le *soltero de queso* (morceaux de fromage frais mélangés à des pommes de terre et autres légumes). Pour les plus audacieux : le *bistek de alpaca* (filet d'alpaga) ou le *cuy chactao* (cochon d'Inde cuit sur la pierre). Pour déguster des desserts typiques de la région, essayez **Antojitos de Arequipa**, Morán 125-129. Cet établissement fabrique ses propres *quesos helados* (glaces au fromage), *alfajores* (biscuits fourrés à la noix de coco, aux noisettes ou avec une sauce sucrée appelée *manjar*) et *cocadas* (une sorte de pâte d'amandes). (☎282 599. Ouvert tlj 8h-21h30.)

❤ **Sol de Mayo**, Jerusalén 207 (☎254 148), dans le quartier proche de Yanahuara. Goûtez les excellentes spécialités régionales (rocoto relleño, s/12,50) de ce restaurant dont la réputation n'est plus à faire, puisqu'il existe depuis environ 1897. Plats typiquement péruviens (s/15-32) servis dans une ravissante cour extérieure. Sur la route qui mène au mirador de Yanahuara (voir **En dehors du-centre ville**, p. 207). Ouvert Lu-Sa 12h-22h et Di. 12h-18h.

❤ **Govinda**, Jerusalén 400-B (☎285 540). Cet établissement fait partie de la chaîne de restaurants végétariens dirigée par la communauté Hare Krishna. Grand choix de menus (à s/7 et plus). Vous trouverez peut-être les plats servis ici plus sains et plus légers que les spécialités traditionnelles à base de viande. Ouvert tlj 7h30-21h30.

❤ **El Turko**, San Francisco 216-A. Le *döner kebab* de poulet (s/3,50) est imbattable, que vous ayez envie de grignoter un petit quelque chose ou de faire un repas léger. Accompagnez-le de la *salsa picante* du chef Ibrahim. Plats s/6-8. Ouvert Lu-Je 8h-22h30, Ve-Sa 8h-23h30 et Di. 13h30-20h.

Are Quepay, Jerusalén 502 (☎672 922). Cet établissement un peu vieillot propose de nombreuses spécialités régionales comme le *rocoto relleño* (s/10), le *cuy chactao* (s/18, nous recommandons aux âmes sensibles de le demander sans la tête et les pattes), et l'*adobo* (s/12). *Peñas* (soirées de musique traditionnelle) en soirée. Plats végétariens s/10 environ. Ouvert tlj 11h-1h.

Lakshmivan Restaurant, Jerusalén 402 (☎228 768). Le menu est moins complet qu'au Govinda mais ce petit restaurant, également tenu par les Hare Krishna, est tout de même très bon. Sous le soleil matinal, vous apprécierez sans aucun doute les copieux petits déjeuners servis dans l'agréable cour. Le buffet (5 plats) comprend de la soupe, de la salade, du pain et un jus de fruits (déjeuner s/4, dîner s/6). Ouvert tlj 7h-22h.

Pizzeria Los Leños, Jerusalén 407 (☎289 179), à la hauteur de Cercado. Pizzas généreuses cuites au feu de bois et servies dans une salle décorée de graffitis, avec des tables de pique-nique pliantes. Idéal pour satisfaire l'estomac affamé tant des voyageurs que des habitants. Grande pizza s/20-50. Pâtes s/10-13. Ouvert tlj 17h30-2h.

Déjà Vu's Terraza, San Francisco 319-B (☎221 904). Venez vous allonger dans un hamac sur la terrasse tout en dégustant un délicieux *desayuno* ("petit déjeuner surprise", s/6) puis revenez à 19h assister à la projection gratuite d'un film en anglais accompagné d'un menu à s/8. Vous pouvez même y retourner une 2e fois pour danser (voir **Sorties**, p. 207). Ouvert tlj 8h-3h.

Snack Veinticuatro Horas, Portal de Flores 122 (☎218 777), à l'est de la Plaza de Armas. Petit et accueillant. Parmi les spécialités, citons le *pollo al espiedo*, sans doute le meilleur poulet rôti du Pérou (s/5), le *conejo al ajo* (lapin à l'ail, s/10) le *bistek de alpaca* (s/10) ainsi que les sandwichs (s/4) et les omelettes (s/5). Ouvert 24h/24.

VISITES 201

CENTRE-VILLE

MONASTERIO DE SANTA CATALINA. Couvent dominicain toujours actif, cet imposant ensemble de 20 000 m^2, constitué de ruelles aux pavés ronds, de chapelles, d'œuvres d'art et de logements, est une véritable cité miniature dans la ville. Une population de 500 personnes parmi lesquelles des nonnes, des jeunes filles et des étudiantes vivait ici autrefois. Aujourd'hui, seules 20 nonnes continuent d'occuper une petite section isolée du monastère, qui possède un certain confort : télé câblée, cuisines modernes et machines à laver. Santa Catalina fut construite en 1579 mais plusieurs séismes consécutifs entraînèrent de nombreuses reconstructions. La plupart des recluses prononçaient leurs vœux à l'adolescence et il leur était dès lors interdit de quitter le monastère jusqu'à la fin de leur vie. Les règles du couvent étaient très strictes. Si, par exemple, une religieuse respirait une fleur ou voyait son propre reflet dans l'eau par accident, elle devait se flageller en guise de pénitence. Pourtant, malgré cet ascétisme extrême, ce couvent était réservé aux familles les plus riches d'Espagne, les seules à pouvoir apporter la dot suffisante pour permettre à leur fille de se "marier avec Dieu". La taille de la chambre d'une religieuse était proportionnée à l'argent que ses parents avaient versé. Pendant les trois premiers siècles d'existence du couvent, les nonnes vivaient dans un isolement relatif les unes par rapport aux autres. Chacune disposait de sa propre servante qui lui préparait à manger et faisait son ménage, tâches qui auraient perturbé une vie purement contemplative (les cellules plus petites et les cuisines situées derrière les pièces plus grandes étaient destinées aux servantes). La routine de Santa Catalina fut interrompue en 1871 lorsque le pape envoya **Madre Josefa** y restaurer l'ordre. En tant que mère supérieure, elle renvoya les servantes et instaura un style de vie communautaire (avec une cuisine commune, un réfectoire et des dortoirs). Mais la révolution la plus importante de l'histoire du couvent eut lieu en 1960, lorsqu'un tremblement de terre d'une amplitude de 8 sur l'échelle de Richter endommagea la majeure partie du complexe, rendant impossible toute réparation. Une compagnie racheta 60 % de Santa Catalina en 1968 et le monastère fut ouvert au public à partir de 1970.

Tout près de l'entrée se trouve le **cloître des novices**, restauré au début du XIXe siècle. Les novices devaient y passer quatre années avant de prononcer leurs vœux définitifs. A l'époque, les recluses de Santa Catalina étaient les femmes les mieux éduquées d'Arequipa. On demandait aux novices d'apprendre à lire et à écrire. Beaucoup de parents plaçaient leurs filles au couvent, parfois dès l'âge de 12 ans, en espérant qu'elles sauveraient l'âme de toute la famille. D'autres jeunes filles y entraient volontairement plutôt que de devoir accepter un mariage arrangé. L'étroite **Calle Toledo**, la rue la plus ancienne et la plus longue du monastère, débouche sur la **Lavandería**, qui consiste en une vingtaine de grands bassins de pierre aménagés en pente. De là, les religieuses pouvaient apercevoir les bâtiments de la ville, mais de grands murs empêchaient à l'inverse les personnes de l'extérieur de les observer pendant qu'elles lavaient le linge. En empruntant la **Calle Burgos**, parallèle à la Calle Toledo mais un peu plus en hauteur, vous passerez par un beau jardin fleuri avant d'arriver à la cafétéria, idéale pour grignoter un morceau. La grande cuisine commune fut construite du temps de Madre Josefa, à l'emplacement de la première chapelle du couvent (détruite lors d'un tremblement de terre). Si vous continuez sur votre droite, vous tomberez sur la **Calle Granada**, qui vous mène jusqu'à la **Plaza Socobode**, laquelle s'orne d'une fontaine remplie de poissons. La place servait en fait de marché où les nonnes échangeaient des produits avant l'initiation à la vie commune. C'est là également qu'elles avaient l'habitude de prendre leur bain. La Calle Granada se termine au *coro alto* (chœur supérieur) et par une belle vue du volcan Chachani. Le long de cette rue se trouvent les anciens quartiers d'**Ana de Los Angeles Monteagudo**, béatifiée par le pape Jean-Paul II en 1985 pour avoir entraîné, par ses prières, la guérison d'une femme frappée d'un cancer. Le petit autel de sa chambre est couvert de demandes et de faveurs. Encore deux miracles et Ana de Los Angeles Monteagudo pourrait bien devenir la seconde sainte péruvienne. Un peu plus loin, le grand cloître mène à la chapelle principale, cachée par des rideaux, à l'intérieur du grand bâtiment en forme de dôme et construit en *sillar*, visible de la plupart des points du monastère. Encore utilisée aujourd'hui, cette chapelle est ouverte au public pour la messe quotidienne de 7h30. Les visites guidées s'achèvent en général dans la **galerie d'art**, autrefois le dortoir des nonnes, qui abrite aujourd'hui un grand nombre de toiles issues des différents styles artistiques péruviens, dont l'école de Cuzco. *(Santa Catalina 301. ☎ 229 798. Ouvert tlj 9h-17h, heure limite d'admission 16h. Possibilité de visiter le monastère avec un guide (visite intéressante en plusieurs langues, 1h15, pourboire attendu) ou seul grâce aux nombreux panneaux explicatifs, s/12.)*

LES PRINCESSES DES GLACES Lors d'une expédition sur le volcan Ampato en septembre 1995, l'anthropologue Johan Reinhard, accompagné du guide Miguel Zárate, remarque d'étranges plumes rouge vif qui dépassent d'une pente, au sommet. En y allant voir de plus près, ils découvrent un site funéraire qui dépasse leurs rêves les plus fous. Les plumes sont celles d'une coiffe placée sur la tête d'une statue inca qui provient de la sépulture d'une **momie sacrifiée**, conservée par les très basses températures que l'on trouve au sommet du volcan éteint. Des tests ont révélé que le corps était celui d'une jeune fille de 13 ou 14 ans, tuée par un coup de pierre très violent sur la tête il y a plus de 500 ans.
Surnommée plus tard **Juanita**, la demoiselle d'Ampato n'est pas une découverte unique. La chaleur dégagée par l'éruption du volcan Sabancaya en 1990 a fait fondre la calotte neigeuse des sommets de la région d'Arequipa, dévoilant ainsi, au cours des cinq années qui suivirent, la sépulture de 13 autres momies enterrées sur les sommets d'Ampato, de Pichu Pichu, de Sara Sara et d'El Misti (où six ont été trouvées). En réalité, ces corps n'ont jamais été momifiés ni embaumés et leurs viscères n'ont pas été retirés. C'est le froid du glacier où ils ont été trouvés qui a permis cette remarquable conservation. Ces sacrifices faisaient partie du rituel inca de Capac Cocha : la jeune fille prépubère la plus belle et la plus pure de l'Empire était choisie pour être offerte aux divinités de la montagne afin d'apaiser leur courroux, en général après un tremblement de terre ou pendant une sécheresse. Le fait d'être élue pour le Capac Cocha était considéré comme le plus grand des honneurs, puisque l'enfant allait vivre avec les dieux pour l'éternité. Mais un tel privilège demandait également un effort extrême. Accompagnée par des prêtres, la fillette devait d'abord accomplir un pèlerinage de plus de 300 km à partir de Cuzco, puis gravir un sommet de 6000 m chaussée uniquement de sandales. A son arrivée au sommet, elle était souvent à demi morte de fatigue et gelée, mais le rituel devait continuer. Les prêtres lui donnaient un puissant mélange d'alcool et de drogues hallucinogènes, procédaient aux rites sacrés puis la tuaient par strangulation ou en lui assénant un coup violent sur la tête. Le don destiné aux dieux était finalement placé dans une sépulture remplie d'objets de valeur ayant une signification symbolique, comme certains coquillages d'Equateur, des statuettes en or et en argent, ainsi que des sacs de nourriture et des feuilles de coca devant lui servir pour son voyage dans l'au-delà. Aujourd'hui, Juanita et cinq autres victimes de sacrifices incas sont exposées au public dans des vitrines réfrigérées au **Museo Santuarios Andinos** d'Arequipa (voir p. 206).

pierre volcanique blanche

PLAZA DE ARMAS. Bordée d'arbres et très bien entretenue, la Plaza de Armas d'Arequipa est sans doute l'une des plus belles places du Pérou. Le **Tuturutu** en bronze, appelé ainsi en raison du son émis par sa corne ("tuut tuut"), orne la fontaine centrale. Au nord de la place, vous pourrez admirer la **cathédrale**, construite en sillar, dont la structure d'origine fut érigée au XVIIe siècle. Elle fut gravement endommagée par un incendie en 1844 et par le tremblement de terre de Santa Ursula en 1868, puis reconstruite à la fin du XIXe siècle. Malheureusement, l'élément le plus intéressant de son ancienne façade (une tour sur laquelle avait été sculptée une représentation étonnante de la Cène) ne put jamais être recréé. A l'intérieur, l'autel en marbre a été réalisé dans un style néo-Renaissance italienne avec certaines influences baroques françaises. L'imposant **orgue**, offert par la Belgique, serait le second d'Amérique latine par la taille. Deux ou trois personnes peuvent en jouer en même temps. *(Ouvert Lu-Sa 7h30-11h45 et 16h30-20h, Di. 7h-20h.)*

MUSEO SANTUARIOS ANDINOS. Ce musée archéologique, qui dépend de l'Universidad Católica de Santa María, expose notamment les momies trouvées au sommet des volcans de la région. **Juanita**, la mieux conservée et la plus célèbre, était une fillette de 14 ans sacrifiée lors d'une cérémonie rituelle inca, le Capac Cocha. Découverte dans le cratère du volcan Ampato par l'anthropologue Johan Reinhard et son guide Miguel Zárate en septembre 1995, Juanita vient juste de rentrer d'une tournée au Japon en juillet 2000 (voir l'encadré **Les princesses des glaces**). Le musée projette un documentaire d'une vingtaine de minutes réalisé par le mensuel *National Geographic* sur la découverte de Juanita. Puis la visite guidée de 25 mn vous permet d'observer des objets incas en métal ou en terre cuite et les tissus qui se trouvaient dans les sépultures, ainsi que des momies placées dans des vitrines réfrigérées. *(Santa Catalina 210. ☎200 345. Ouvert Lu-Sa 9h-17h45. Visites guidées obligatoires en anglais ou espagnol, pourboire attendu. Entrée s/15.)*

LA COMPAÑÍA. Cette église jésuite, située à proximité de la Plaza de Armas, est un très bon exemple d'architecture de style baroque *mestizo*. Construite à l'origine en 1573, sa façade fut détruite lors d'un tremblement de terre, puis reconstruite en 1698 dans le style contemporain espagnol très en vogue à l'époque. Les influences locales se remarquent cependant dans les sculptures complexes qui ornent l'entrée en *sillar*, et davantage encore dans la **chapelle San Ignacio**, à gauche de l'autel. La coupole de cette chapelle représente la jungle. Vous pouvez y deviner des oiseaux, des fruits et des fleurs exotiques, dans un style proche de celui de l'école de Cuzco du XVIIe siècle. Si l'église ne fut jamais entièrement restaurée après le séisme de 1868, elle n'en reste pas moins impressionnante. A côté de l'église, des **cloîtres**, construits en 1738, ont été relativement bien conservés. Ils abritent aujourd'hui des boutiques qui vendent des produits artisanaux et de l'alpaga à des prix excessifs. Pour vous y rendre, passez sous les grandes portes en bois situées un peu au-dessus de La Compañía. *(Ouvert tlj 9h-11h30 et 15h-17h30. Accès à la chapelle s/1.)*

LA CASA DEL MORAL. Nommée ainsi en raison du mûrier (mûre se dit *mora* en espagnol) âgé de 200 ans qui se dresse au milieu de la cour centrale, cette *casa antigua* fut construite en 1730 pour un vice-roi espagnol. Son architecture et sa décoration sont un parfait exemple de la fusion de l'architecture coloniale et de l'art *mestizo*. Ce n'est toutefois pas aussi simple que cela. Lorsque les riches Britanniques Arthur et Barbara Williams achetèrent la maison en 1948, ils y ajoutèrent des cheminées en *sillar*, des minibars et des meubles européens et asiatiques. Les guides sauront vous dire ce qui est d'origine et ce qui ne l'est pas. Les éléments les plus intéressants sont les tableaux de l'école de Cuzco. Dans la chambre à coucher, repérez le tableau représentant la vierge Marie. *(Moral 318. Ouvert Lu-Ve 9h-17h et Sa. 9h-13h, s/5, étudiants s/3. Visite, en espagnol ou en anglais, comprise.)*

LA RECOLETA. Ce monastère fondé en 1651 par les franciscains abrite aujourd'hui un **musée** qui présente une exposition sur l'Amazone ainsi que des poteries, des tissus et des objets en céramique précolombiens. Ne manquez surtout pas l'immense **bibliothèque**, qui contient près de 20 000 ouvrages dont plusieurs incunables (livres imprimés antérieurs à 1500). *(Recoleta 117, dans un immeuble rouge visible depuis le centre-ville, à 10 mn à pied. Vous devez traverser le Río Chili. ☎270 966. Ouvert Lu-Sa 9h-12h et 15h-17h. s/5, étudiants s/3.)*

EN DEHORS DU CENTRE-VILLE

YANAHUARA. Ce quartier proche du centre-ville abrite un étonnant *mirador* (belvédère) duquel on peut jouir d'une très belle vue sur la ville et les volcans El Misti et Pichu Pichu. Repérez les slogans républicains et révolutionnaires inscrits sur les arches en *sillar*. Située à côté du petit parc, derrière le *mirador*, l'**église Lejo Parroquial de Yanahuara** se distingue par son entrée principale très travaillée. Sous le point d'observation, vous verrez une série d'allées étroites et de vergers appartenant à de vieilles familles et qui font le charme de ce quartier. *(A 15 mn à pied du centre-ville. Pour parvenir au* mirador*, prenez l'avenue Puente Grau en direction du Río Chili. Passez le pont puis prenez la rue Ejército jusqu'à la rue Jerusalén, 2* cuadras *après la statue des taureaux. Tournez à droite et montez jusqu'au* mirador*.)*

YURA. Les visiteurs viennent ici profiter des quatre **thermes** aux températures (jusqu'à 34°C) et aux odeurs variées, qui sont censées posséder des vertus curatives. *(A 30 km au nord-est d'Arequipa. Les bus pour Yura partent du pont qui mène à Yanahuara par la rue Puente Grau (durée 1h, 1 dép/20 mn, s/2). Vous pouvez également prendre un taxi (durée 25 mn, s/20). Ouvert tlj 7h-18h.)*

SABADÍA. Sabadía est une petite ville paisible située à 7 km au sud-est d'Arequipa. Le principal attrait en est son **moulin à eau** (*molino*) construit en 1621, qui sert toujours à moudre le grain. Les jardins alentour, où un alpaga solitaire broute imperturbablement, sont très agréables. Non loin de là, dans le village de Huasacache, la **Mansión del Fundador** est un exemple très réussi d'architecture coloniale du XVIIe siècle. (Les bus pour Sabadía partent à l'angle des rues Independencia et Paucarpata *(le prolongement de la rue Mescaderes à l'est). Aller-retour en taxi s/10. Le moulin se trouve à droite de la route principale, sur la même route que l'hôtel Holiday Inn. Ouvert tlj 9h-17h. s/5.)*

SORTIES

Les voyageurs viennent généralement à Arequipa dans un but bien précis : visiter la ville, explorer le canyon du Colca ou gravir le sommet des volcans de la région. Cependant, s'il vous reste quelques heures à tuer en ville, vous trouverez toujours de quoi vous occuper. Le **Club Internacional de Arequipa** dispose d'excellents équipements sportifs et de loisirs, parmi lesquels deux piscines, des terrains de basket et de football, des courts de squash et de tennis et même un bowling. Pour vous y rendre, traversez l'avenue Puente Grau puis tournez à droite. L'entrée principale est à 10 mn à pied le long de la rivière. (☎253 384. Forfait pour la journée s/10, pour le week-end s/15, pour la semaine s/50. Ouvert tlj 6h-20h.) Les cinéphiles pourront assister à la projection gratuite d'un film en anglais à 19h au **Déjà Vu's Terraza** (voir **Restaurants**, p. 203) ou essayer une salle de cinéma locale. Le **Cine Fenix**, Morán 104, et le **Cine Portal**, Portal de Flores 112 (☎203 485), passent l'un comme l'autre des films internationaux récents (s/8) en version originale sous-titrée en espagnol.

Les *Arequipeños* sont très fiers de leurs **combats de taureaux** (*peleas de toros*) : à l'inverse des corridas qui confrontent un homme à un animal, ces manifestations opposent deux taureaux de poids équivalent (les catégories vont de 300 à 1500 kg) et ne se terminent pas par un spectacle sanglant. D'abord, une femelle prête pour la saillie est amenée devant les mâles, puis ceux-ci commencent à se battre. Le perdant est tout simplement le premier qui s'enfuit. (Les combats ont lieu soit au stade Cerro Juli, près de la rue Sabadía, soit au Zarracola Bolaunde "El Azufral", près de l'aéroport. Taxi pour l'un ou l'autre stade s/8. Avr-Déc Di. 14h, s/10.)

VIE NOCTURNE

Arequipa est peut-être la deuxième ville du Pérou mais sa vie nocturne est loin d'être à la hauteur de celle de Lima ou même de Cuzco, où les nuits sont on ne peut plus agitées. Ne vous découragez pas pour autant. Cette ville sait quand même faire la fête à sa façon, surtout le week-end et en période de vacances. On y trouve un certain nombre de discothèques, de *peñas* et de clubs de rock pour *gringos*, notamment à l'angle des rues San Francisco et Zela. Si vous projetez de passer une nuit blanche, il peut être utile de vous procurer des **cartes de boissons gratuites** que vous trouverez un peu partout dans les hôtels et les restaurants pour étrangers. Certains établissements, en particulier autour de la Plaza de Armas, accueillent parfois des groupes de musique traditionnelle les soirs de week-end. L'**Are Quepay** (voir **Restaurants**, p. 203) et **Las Quenas** (voir plus loin) organisent des *peñas* chaque soir.

❤ **Jenízaro**, Melgar 119, près du croisement de la rue Rivero. Ici, étrangers et habitants n'hésitent pas à se mêler sur la piste de danse. Musique essentiellement internationale, à tendance latino. Le bar sert toute sorte de boissons. *Happy hour* 22h-23h (s/1-2 de réduction sur toutes les boissons). Pour éviter de payer l'entrée (s/8-10) les vendredi et samedi soir, procurez-vous une invitation gratuite disponible partout en ville. Ouvert Je-Sa 22h-4h.

❤ **Ad Libitum**, San Francisco 300, derrière le Café Biblioteca. Ce petit établissement un peu miteux propose quelque chose d'unique : le Cuba libre pour seulement s/1,50 (le pichet à s/12 tend à être plus fort). Bonne ambiance avec de la musique *trance*, alternative ou des années 1960 en harmonie parfaite avec les affiches de stars du rock et les tableaux accrochés aux murs. Ouvert tlj 19h-5h.

Forum, San Francisco 317 (☎202 697). La véritable chute d'eau à l'entrée ne fait qu'ajouter à l'aspect kitsch de ce décor tropical. Le week-end, le tout Arequipa envahit les 6 bars aménagés sur 2 niveaux et la piste de danse géante de cette discothèque. Vendredi et samedi, groupes de musique latine. Entrée s/10-15 certains week-ends. Ouvert Lu-Je 18h-3h et Ve-Sa 22h-4h.

Kibosh, Zela 205 (☎626 218). Se vante d'être le plus grand bar de la ville. Ce n'est peut-être pas tout à fait vrai, mais il y a suffisamment d'espace entre les 3 bars pour s'en donner à cœur joie. Assez sobre. Entrée gratuite pour les touristes. Ouvert Je-Sa 21h-4h.

Las Quenas, Santa Catalina 302 (☎281 115). Ambiance intime grâce à la musique folklorique authentique (trop forte). Bière locale s/4, *comida típica* et cocktails très chers. Les concerts commencent à 22h. Entrée s/5. Ouvert Lu-Sa 10h-1h.

Déjà Vu, San Francisco 319-B (☎221 904). Le soir, le menu fait place à une longue liste de cocktails maison ("ceinture de chasteté" s/10) et les clips vidéo remplacent les films. Très fréquenté en semaine lorsque les autres bars sont fermés. Ouvert tlj 22h-3h.

Dady O, Portal de Flores 112 (☎215 530), sur la Plaza de Armas. Décor pseudo-américain à prendre au 3e degré pour passer un bon moment. Retour aux années 1970, avec une piste de danse carrelée, une boule lumineuse, des néons et des bières à s/2 seulement. Entrée s/10, gratuit pour les femmes le jeudi avant minuit. Ouvert Je-Sa 21h-4h.

The Hooka, Zela 202. Petit établissement aux multiples facettes. Certains soirs, il accueille des danseurs venus se déchaîner sur les rythmes techno, d'autres soirs, il privilégie les groupes de musique folklorique. Concerts certains samedis. Entrée gratuite. Ouvert Je-Sa 20h-5h.

EXCURSIONS DEPUIS AREQUIPA

La région d'Arequipa est l'une des plus sauvages du Pérou. Les paysages passent d'un extrême à l'autre. Vous pourrez surplomber les nuages en partant à l'ascension des volcans El Misti ou Chachani, plonger dans les profondeurs de la terre en explorant les canyons du Colca et du Cotahuasi, les deux plus profonds du monde, descendre des rapides d'eau vive ou encore vous aventurer dans le désert à la décou-

verte des pétroglyphes de Toro Muerto. Les agences de voyages de la ville organisent de nombreuses excursions sur ces sites, mais il est également possible de vous y rendre par vous-même. Si c'est ce que vous choisissez, essayez de vous trouver des compagnons pour former un groupe assez important, car il est arrivé que de petites équipes se fassent agresser au cours d'une expédition à El Misti ou à Colca.

LE CANYON DU COLCA

Même s'il n'est plus considéré comme le canyon le plus profond du monde (c'est le canyon du Cotahuasi qui a désormais cet honneur), Colca reste le plus visité. Avec une profondeur de 3400 m par endroits, il est deux fois plus encaissé que le Grand Canyon des Etats-Unis. Cette grande fissure caverneuse a été formée par une faille sismique de 100 km de long située entre les volcans Coropuna (6425 m) et Ampato (6325 m). Curieusement, le canyon n'avait jamais été emprunté par les Occidentaux jusqu'à ce qu'un groupe de Polonais l'ait exploré en 1986. On trouve plusieurs villages andins traditionnels tout le long du canyon, des cultures en étages construites par les Incas, ainsi que des points de vue (*miradores*) d'où l'on peut jouir de panoramas exceptionnels, notamment à **Cruz del Cóndor** ("la Croix du condor"). Comme son nom l'indique, ce *mirador* permet d'apercevoir les condors les plus intrépides et les moins sauvages de la planète. Vous garderez probablement un souvenir inoubliable des ces majestueux rapaces planant au-dessus du canyon au petit matin. Vous aurez plus de chances de les apercevoir entre 8h30 et 10h, pendant les mois les plus secs (d'avril à décembre). Le reste de l'année, ce spectacle n'est pas garanti. Depuis les *miradores*, vous pouvez emprunter les sentiers qui s'enfoncent dans le canyon, mais sachez que certains d'entre eux peuvent être fermés pour cause de travaux.

CIRCUITS ORGANISÉS. La plupart des excursions organisées au canyon du Colca durent deux jours et une nuit. Si vous êtes pressé, un certain nombre d'agences proposent des circuits d'une journée. Dans ce cas, l'arrivée à Cruz del Cóndor est prévue dans l'après-midi, ce qui n'est pas la meilleure heure pour observer les condors, et cela ne vous coûtera pas moins cher que l'excursion de deux jours (vous paierez peut-être même plus cher). La majorité des circuits de deux jours (20-35 $ en fonction de la qualité de l'hébergement) quittent Arequipa avant 9h, font une escale à la **Reserva Nacional de Salinas y Aguada Blanca** pour admirer des vigognes ainsi que les étranges formations rocheuses du Bosque de Piedras, puis poursuivent jusqu'à Chivay (p. 213). Les groupes passent la nuit à Chivay, après avoir visité les sources chaudes de La Calera dans l'après-midi et passé la soirée dans un restaurant avec concert de musique traditionnelle. Le lendemain, le départ se fait tôt pour se rendre au canyon du Colca et observer les condors depuis Cruz del Cóndor. Une heure plus tard, le bus reprend le chemin du retour, avec plusieurs arrêts dans des villages tels que **Yanque** (et son église coloniale) et **Maca** (où les touristes peuvent se faire prendre en photo avec un condor sur l'épaule), et arrive à Arequipa vers 18h. Choisissez un circuit qui propose au moins tous les sites mentionnés plus haut. Le prix d'une excursion de deux jours doit normalement inclure les transports, un guide anglophone, l'entrée de la vallée du Colca (2 $), la chambre d'hôtel et le petit déjeuner. Prévoyez au moins s/50 pour couvrir les repas de midi et du soir et l'entrée aux sources chaudes. N'oubliez pas de prendre des vêtements chauds et, bien sûr, un appareil photo.

EN SOLITAIRE. Il est très facile de visiter seul le canyon du Colca en utilisant les transports publics. C'est d'ailleurs souvent ce que font les voyageurs qui souhaitent camper ou randonner dans le canyon. Depuis Arequipa, des bus desservent **Chivay** (durée 4h, dép. 2h et 12h, s/11) et **Cabanaconde** (durée 6h, s/15, pour plus d'information, voir **Chivay**, p. 213). Vous trouverez à Chivay un certain nombre d'hôtels et de services divers. Cabanaconde est moins bien équipée. Le **camping** est autorisé et gratuit partout dans le canyon sauf à Cruz del Cóndor. Ce point d'observation, situé à 14 km de Cabanaconde, est facilement accessible à pied par la route qui retourne à Chivay (1h30). Les bus qui relient Chivay à Arequipa passent également par le site. Si vous êtes équipé pour camper, vous pouvez vous lancer dans l'une des **randonnées** les plus appréciées : elle dure de 3 à 4 heures et va de Cruz del Cóndor jusqu'à une petite **oasis** au fond du canyon, où vous pourrez vous baigner et bivouaquer. Comptez de 6 à 7 heures pour le retour. A ceux qui disposent de plus de temps, il est également possible de marcher depuis Cruz del Cóndor jusqu'au Río Colca (durée 3h), puis de rejoindre vers l'ouest le village de **Tapay** qui abrite quelques ruines incas et de petits *hospedajes* (ajoutez 3h) et enfin de descendre jusqu'à l'oasis (3h de plus).

EL MISTI ET CHACHANI

Les bus pour Chiguata partent de la rue Espinar, à l'angle de la rue Sepúlveda, dans le quartier de Miraflores (durée 45 mn, 1 dép/30 mn de 5h30 à 19h, s/1, taxi jusqu'à l'arrêt de bus s/2,5). Le service Carros de Adrenales est plus pratique puisqu'il dessert la ville de Cachamarca, à une altitude plus élevée, ce qui évite une demi-heure d'ascension. Les véhicules partent du même endroit tlj à 6h30 (s/1). Vous pouvez faire les 30 km jusqu'à Chiguata en taxi (durée 30 mn, s/40).

Le volcan El Misti (5825 m) domine majestueusement la ville d'Arequipa. Son ascension, qui dure de 2 à 3 jours, est l'une des plus pratiquées. Le sommet offre un panorama spectaculaire sur le lac Salinas et le Pichu Pichu, ainsi que sur les colonnes de soufre qui s'échappent du cratère en contrebas. L'ascension est difficile mais peut être entreprise par toute personne en bonne condition physique. Avant de vous lancer, vous devez impérativement vous acclimater à l'altitude pendant au moins 3 ou 4 jours. Il existe 4 voies possibles pour parvenir au sommet d'El Misti, mais 3 sont accessibles uniquement aux véhicules tout terrain privés et sont normalement empruntées par les agences de voyages. Le sentier qui part du réservoir **Aguada Blanca** est le moins difficile et peut être parcouru en 2 jours. Il commence à 4100 m et suit le versant nord-ouest du volcan. Les chemins de **Selva Alegre** et de **Grau** débutent respectivement à 3320 m et 3000 m et passent par le versant sud du volcan. Le sentier qui part de la ville de Chiguata (2980 m) est le seul accessible par les transports publics. Malheureusement, c'est également le plus long. S'il est possible d'effectuer l'ascension en 2 jours, beaucoup préfèrent la faire en 3 jours. Si vous choisissez de grimper par vos propres moyens en partant de Chiguata sans être accompagné d'un guide, procurez-vous une carte topographique à l'agence Campamento Base (voir p. 212), car l'itinéraire n'est pas toujours très visible. Le **Volcán Chachani** (6067 m) présente plus de difficultés. L'expédition peut se faire en 2 jours mais sachez qu'il est inaccessible en transports publics. Vous devrez louer un véhicule pour vous y rendre et il est déconseillé de partir sans guide. Pour plus d'information sur les randonnées avec guide, voir p. 212.

AUTRES EXCURSIONS

RAFTING EN EAU VIVE. Le Río Colca serpente sur plus de 400 km à travers le département d'Arequipa. Au cours de cet itinéraire, il change de nom, de direction et de niveau de difficulté. Les rapides de la région sont classés de II à V. Ils traversent tous des paysages magnifiques. Généralement, les débutants font une descente sur un segment de 7 km du **Río Chili**, juste au nord du centre-ville. Les rapides ne dépassent pas la classe II-III et sont navigables uniquement pendant la saison sèche (entre avril et décembre). La descente peut durer 4h. Le **Río Majes**, au nord de Camaná, est praticable toute l'année mais nécessite une initiation (classe II-III, excursion d'une journée, avec 3h passées sur l'eau). Seules les personnes expérimentées tenteront la descente du **Río Colca**, qui traverse les canyons. Les rapides sont de force III-IV (c'est entre Canco et Majes qu'ils sont les plus forts) et sont navigables entre avril et décembre uniquement. Les agences organisent des périples de 3 à 12 jours sur le Río Colca. Il est également possible de faire du **kayak** sur toutes ces rivières. En règle générale, il s'agit de kayaks doubles (un siège étant réservé au guide). Pour monter seul à bord d'un kayak, vous devrez suivre une formation de 3 jours (120-150 $). Comme toujours, plus le groupe est important, moins le prix est élevé. Pour la descente de 4h sur le Río Chili, comptez au moins 25 $ par personne.

PÉTROGLYPHES DE TORO MUERTO. Avant que le canyon du Colca ne fût "découvert" par les Occidentaux, les pétroglyphes de Toro Muerto représentaient la principale attraction touristique d'Arequipa. Ce site en plein désert compte plus de 5000 rochers volcaniques noirs (des vestiges d'éruptions remontant à plus de 50 millions d'années pour certains) gravés de dessins. On estime qu'ils dateraient de plus de 1000 ans et seraient l'œuvre des cultures huari et chuquibamba. Les motifs représentent des personnes en train de danser, le soleil ou encore des animaux comme des chiens ou des serpents.

Le plus simple (et le plus cher) pour se rendre sur le site est de participer à une excursion d'une journée organisée par une agence (25-60 $ par personne). Il est cependant assez facile d'y aller par ses propres moyens. La compagnie **Transportes del Carpio** (☎430 941) propose des **bus** au départ de la gare routière d'Arequipa à destination de **Corire**, la ville la plus proche des pétroglyphes (durée 3h, 1 dép/h de 4h45 à 17h30, s/7,50, même horaire pour le retour). Descendez 1,5 km avant la ville, à l'embranchement où une pancarte indique la direction de Toro Muerto. Si vous avez manqué la pancarte, vous pouvez faire le trajet à pied depuis Corire (30 mn) ou prendre un taxi (durée 10 mn). Depuis l'embranchement, le site se trouve à 1h-1h30 de marche (s/5). Vous pouvez faire l'aller-retour dans la journée, mais il est sans doute plus simple de passer la nuit à Corire. L'**Hostal Willy's**, sur la Plaza de Armas, propose des chambres à s/10 par personne.

VALLE DE LOS VOLCANES. Longue de 65 km, la vallée abrite plus de 80 petits cratères volcaniques, dont aucun ne dépasse 300 m de hauteur ce qui crée ainsi un véritable paysage lunaire. Ces cônes seraient tout ce qu'il reste des volcans qui formaient autrefois la "*Valle del Fuego*" ("la vallée du Feu"), presque entièrement recouverte de lave crachée par le Volcán Coropuna il y a 2000 ans. Vous pouvez visiter la vallée dans le cadre d'un circuit organisé de plusieurs jours depuis Arequipa ou par vos propres moyens à partir de la ville d'**Andagua** (qui s'écrit également Andahua). Pour y parvenir, vous pouvez choisir la méthode "sportive", qui consiste à relier Cabanaconde (voir p. 213) à Andagua à pied (comptez de 5 à 7 jours), ou la méthode confortable, c'est-à-dire faire le voyage dans un **bus** de la compagnie **Transportes Reyna** (☎426 549) au départ de la gare routière d'Arequipa (durée 10h, dép. 16h, s/28, retour 16h). D'Andagua, la Valle de los Volcanes se trouve à 2h de marche.

LE CANYON DU COTAHUASI. Si le canyon du Colca reçoit tous les honneurs, il est pourtant indéniable que son voisin, le canyon du Cotahuasi, remporte le titre de **canyon le plus profond du monde**, puisqu'il descend jusqu'à environ 3450 m. En raison de sa situation éloignée, il reste toutefois peu connu et peu touristique. Si vous décidez d'entreprendre l'exploration du canyon sans guide, la ville de Cotahuasi est un bon point de départ. De là, il existe en effet un certain nombre de randonnées qui mènent à plusieurs *miradores*. Vous pouvez également vous rendre aux **Cataratas de Sipia**, des cascades de 150 m de haut, en 3h de marche. Les **Transportes Cromotex** (☎421 555) proposent des bus au départ de la gare routière d'Arequipa en direction de Cotahuasi (durée 12h, dép. 17h30, s/30, retour à 16h30).

GUIDES ET CIRCUITS ORGANISÉS

Certaines des excursions les plus intéressantes de la région d'Arequipa nécessitent un équipement spécial ou bien la présence d'un guide expérimenté. Avant de signer avec une agence, n'hésitez pas à poser de nombreuses questions au responsable et demandez que toutes les conditions du voyage soient mentionnées par écrit. Si un guide vous aborde dans la rue et prétend travailler pour une agence précise, demandez-lui-en une preuve. La plupart des agences proposent les services de guides parlant couramment anglais.

♥ **Campamento Base**, Jerusalén 401-B (☎202 768, e-mail jsoto@aasa.com.pe). C'est la meilleure adresse de la ville pour les équipements de randonnée de montagne (à louer et à vendre). L'agence organise des ascensions de volcans et des excursions dans les canyons du Colca et du Cotahuasi. Ceux qui tiennent absolument à partir seuls pourront s'y procurer des cartes topographiques des volcans (6 $ la page) sur lesquelles figurent tous les sentiers. Le guide Vlado Soto est recommandé. Ouvert Lu-Ve 9h30-13h et 16h-19h, Sa. 9h30-13h. Le numéro de téléphone de Vlado Soto est affiché sur la porte en cas d'urgence, quelle que soit l'heure.

Pablo Tour, Jerusalén 400-A (☎203 737, e-mail pablotour98@mixmail.com). Agence spécialisée dans les grandes randonnées au canyon du Colca. Vous avez le choix entre escalader ses parois et descendre ses rapides en raft pendant la saison sèche (randonnées de 2 jours en camping, avec équipement et guide, 55 $ par personne, expédition d'une journée en raft, 35 $ par personne). Des visites du site de Toro Muerto et de la Valle de los Volcanes sont également proposées. Le personnel multilingue peut vous fournir des informations très utiles. Ouvert tlj 8h-20h.

Cusipata, Jerusalén 408-A (☎203 966, e-mail gvellutino@Lared.net.pe). Les trois frères Vellutino sont les rois du rafting à Arequipa. Ils sont sans aucun doute les mieux placés pour vous guider lors d'excursions en raft et en kayak sur les principales rivières de la région. Les périples peuvent aller de 3h (25-40 $ par personne) à 12 jours (600 $ par personne). Pour faire du kayak en solo, vous devrez d'abord suivre leur formation de 3 jours (120 $). Ouvert Lu-Ve 9h-13h et 15h-19h30.

Eco Tours, Jerusalén 402-A (☎200 516, e-mail ecotur@peru.itete.com.pe). Cette agence multilingue propose des excursions classiques à Colca (20 $), la location de matériel (vélo 15 $ la journée), un circuit de 2 jours à Toro Muerto et à la Valle de los Volcanes (80 $) et une descente en eau vive de 3 jours en kayak (120 $). Ouvert tlj 8h30-22h.

Santa Catalina Tours, Santa Catalina 219 (☎284 292). Cette agence domine le marché en proposant des excursions classiques au canyon du Colca (25 $ la journée, 23-26 $ les deux jours) dans des bus confortables,accompagnées de guides parlant anglais. Visites guidées de la ville (durée 3h, s/48, incluant l'entrée des musées) et de la campagne environnante (s/30). Ouvert tlj 8h30-19h.

Wasi Tour, Santa Catalina 207 (☎200 294, e-mail wasitour@lettera.net, Web : webs.demasiado.com/wasi/index.htm). Cette agence offre les prix les plus bas pour une excursion classique à Colca de 2 jours et 1 nuit. Guides compétents et groupes limités à 10 personnes (19 $ par personne). Les excursions peuvent être prolongées d'une journée pour visiter l'intérieur du canyon (40 $). Ouvert Lu-Sa 8h-20h et Di. 8h-17h.

CHIVAY ☎054

Chivay (3633 m d'altitude) se trouve au cœur d'une oasis verdoyante qui se révélera très reposante après le trajet en bus sur les routes cahoteuses depuis Arequipa. Cette petite ville sert d'escale pour la nuit aux groupes qui se rendent au canyon du Colca. Les personnes voyageant seules et ne disposant pas d'équipement de camping y trouveront plus de possibilités d'hébergement que dans le village de Cabanaconde, à 35 km de là, sur la route de Colca. Mais Chivay ne manque pas de charme. Vous pourrez admirer de jolis paysages, faire quelques balades et vous rendre aux **sources chaudes de Calera**, à 3 km de la ville. Chauffées par la présence des volcans, ces sources sulfureuses peuvent atteindre une température très élevée (jusqu'à 45°C à midi) et sont étonnamment propres (ouvert tlj 4h30-19h30, s/4).

Chivay se concentre autour de la **Plaza de Armas**. C'est là que les bus arrivent et que se trouvent la plupart des hôtels et des restaurants bon marché. Vous pouvez obtenir des informations sur la ville et le canyon du Colca à l'**office de tourisme** situé sur la place. (Ouvert tlj 12h-21h.) Les bus de la compagnie **Transportes Cristo Rey** (☎254 326) desservent Chivay au départ de la gare routière d'Arequipa (durée 4h, dép. 2h et 12h, s/11). Ils s'arrêtent sur la place de Chivay puis continuent leur route en direction de **Cabanaconde** via **Cruz del Cóndor** (durée 2h, dép. 6h et 16h, s/3). Les bus qui retournent sur **Arequipa** partent également de la Plaza de Armas de Chivay (durée 4h, dép. 11h et 23h, s/11). Pour vous rendre aux **sources chaudes**, prenez un *colectivo* (durée 5 mn, s/1) ou un taxi (s/3) en face de l'église. L'**Hostal Anita**, Plaza de Armas 607, propose des chambres rudimentaires, disposées autour d'une cour intérieure fleurie et équipées de salles de bains avec eau chaude. Bien que la région ne manque pas de pierres, le propriétaire de l'hôtel a curieusement préféré peindre de fausses pierres sur les murs. (☎521 114, chambre s/15 par personne.) Les chambres de la **Colca Inn**, Salaverry 307, ont récemment été rénovées. La moquette leur donne l'allure d'un refuge de ski. Beaucoup de groupes y passent la nuit. (☎521 088, chambre simple 12 $, double 18 $.) Le **Casablanca**, Plaza de Armas 705, est un agréable restaurant, idéal pour savourer la spécialité locale, le *rocoto relleño* (poivron rouge farci à la viande et aux légumes), ou des plats végétariens. (Menu s/13. ☎521 019. Ouvert tlj 8h-21h.)

ENVIRONS DE CHIVAY : CABANACONDE

Pour savoir comment se rendre à Cabanaconde, voir Chivay, p. 213. Les bus partent de la Plaza de Armas de Cabanaconde pour Arequipa (durée 6h, dép. 9h et 21h, s/15) via Chivay (durée 2h, s/3).

Située à 2h de route de Chivay, Cabanaconde (3287 m) est une toute petite ville qui constitue un excellent point de départ pour les expéditions dans les canyons. A la différence de Chivay, la ville se trouve à quelques kilomètres de Cruz del Cóndor (14 km, 1h30 à pied). De Cabanaconde partent de nombreuses belles balades, qui plus est reposantes, notamment une promenade de 10 mn qui vous mènera jusqu'à un *mirador* offrant la vue la plus spectaculaire sur le canyon du Colca (c'est du moins ce que les habitants du village prétendent). Pour parvenir à une **oasis** idéale pour la baignade, au fond de la gorge, comptez une bonne journée de randonnée (voir **Le canyon du Colca**, p. 209). Les plus courageux effectueront à pied le trajet jusqu'à **Andagua** (5-7 jours) et la spectaculaire **Valle de los Volcanes** (voir p. 212). Cabanaconde s'anime entre le 14 et le 18 juillet. En cette période de fête, des danses et des *fiestas* ont lieu dans les rues et des **combats de taureaux** se déroulent dans l'arène construite juste à l'extérieur de la ville. A l'**Hostal Valle del Fuego**, à l'angle des rues Palacios et Grau, vous trouverez une chambre où passer la nuit, de quoi vous restaurer (s/5) et des informations utiles sur les randonnées dans le canyon. Les sympathiques propriétaires louent également du matériel et peuvent vous aider à trouver un guide ou des partenaires. (☎280 367. Chambre s/10 par personne.) **La Posada del Conde** propose des chambres plus confortables avec salle de bains privée. (☎/fax 440 197. 6,50 $ par personne, petit déjeuner inclus.)

LE LAC TITICACA

PUNO ☎054

Puno est généralement présentée comme le centre folklorique du pays. En effet, cette petite commune nichée sur les rives du lac Titicaca a conservé de nombreuses traditions et est peuplée d'Indiens Aymaras (originaires du sud) et d'Indiens Quechuas (originaires du nord). Chaque année, des centaines de danses traditionnelles se déroulent dans la région lors des fêtes. Mais en dehors de ces périodes de fête, peu de touristes ont la chance d'assister à ces manifestations. Puno est une ville haute en couleur. Ses habitants portent des vêtements typiques aux teintes très vives, les marchés sont très animés et la musique très présente. Cependant, beaucoup de visiteurs considèrent Puno comme une ville froide où le manque d'oxygène se fait sentir (elle est située sur le plus haut plateau andin de toute l'Amérique du Sud, à 3827 m) et où l'on s'arrête éventuellement pour passer la nuit avant d'aller visiter les îles du lac Titicaca ou de traverser la frontière pour se rendre en Bolivie.

TRANSPORTS

Avion : L'**aéroport** est situé sur la commune de Juliaca, à 45 km. Les bus qui indiquent "Aeropuerto" longent la rue Tacna (durée 45 mn, s/5-7). La compagnie **AeroContinente**, Tacna 301 (☎354 870), à la hauteur de la rue Melgar, propose des vols à destination de **Lima** (durée 2h, dép. Lu-Ve 14h30 et 17h30, 89 $) via **Arequipa** (durée 1h, 59 $). Ouvert Lu-Ve 8h-12h et 14h-18h. La compagnie **Tans**, San Román 153, à Juliaca (☎321 272), assure la liaison avec **Lima** (dép. Lu-Ve 16h30, 58 $).

Train : **Estación La Torre** (☎351 041). Ouvert Lu. et Ve. 7h-11h et 16h-20h, Ma-Je 7h-11h et 14h-18h, Sa. 7h-10h et Di. 16h-19h. Les billets sont vendus un jour à l'avance. Trains pour **Cuzco** (durée 10-11h, dép. Lu., Me., Ve. et Sa. à 8h, classe économique s/25, *Turismo Ejecutivo* 19 $, *Turismo Inka* 23 $). Si vous souhaitez raccourcir la durée du voyage vers Cuzco et en profiter pour faire quelques économies, prenez un *colectivo* jusqu'à **Juliaca** (durée 30 mn, départ rue Tacna, s/2) puis un train (durée 8h, dép. Lu-Sa 8h55, s/21,5). Les trains à destination d'**Arequipa** sont directs depuis Puno (durée 10-11h, dép. Lu. et Ve. 19h45, classe économique s/22, *Turismo Ejecutivo* s/30). Vous pouvez également prendre un *colectivo* jusqu'à Juliaca puis prendre le train (durée 8h-9h, Lu-Sa 1 dép/j, s/18,5).

Bus : Les bus partent des rues situées autour de la rue Melgar et desservent **Lima** (durée 24-30h, dép. 6h30 et 17h, s/45-60), **Cuzco** (durée 6h, dép. Lu-Ve 7h et 18h, s/30-35), **Arequipa** (durée 11-12h, dép. Lu-Ve 18h30, s/25-30, ou en omnibus s/15) et **La Paz** (durée 4h, dép. Lu, Me et Ve 7h30, s/20). Renseignez-vous auprès des agences de voyages, car un certain nombre d'entre elles font la navette avec Lima et Tacna. Les prix

FRONTIÈRE BOLIVIENNE Par Yunguyo : C'est le poste-frontière le plus emprunté entre le Pérou et la Bolivie par ceux qui se rendent à Copacabana. Pour rejoindre Yunguyo depuis Puno, adressez-vous à l'une des agences de voyages situées rue Tacna ou prenez un omnibus à la hauteur de la 14e *cuadra* de l'avenue El Sol (départs toute la journée, s/5). Les bus déposent les passagers à quelques kilomètres de la frontière, où un certain nombre de *colectivos* et de taxis attendent pour faire la navette jusqu'à la frontière même (s/2). Les bureaux d'immigration des deux côtés exigent que les passeports soient tamponnés. Ils sont ouverts 24h/24 (même si l'agent est parfois assoupi dans un petit bureau à l'arrière). Les douaniers de Kasani (côté bolivien) ne sont pas habilités à donner des autorisations de plus de 30 jours. Pour des séjours plus longs, vous devez vous adresser aux douaniers de La Paz. Changez votre argent au petit guichet situé juste à l'extérieur du bureau d'immigration de Kasani, car les banques de Copacabana n'achètent pas les *soles*, et les taux des bureaux de change ne sont pas fiables. Prenez un *colectivo* pour parcourir la route cahoteuse qui sépare Yunguyo de **Copacabana** (durée 45 mn, 2,5 Bs). Si vous êtes coincé à Yunguyo et devez y passer la nuit, vous trouverez des chambres avec du parquet et des lits bien fermes, ornées de belles armoires, au **Residencial Isabel**, rue Grau, à l'angle de la Plaza Castilla. Malheureusement, les salles de bains communes sont sombres, froides et humides. (☎866 019, chambre simple s/10, double s/20, triple s/30.) Vous pouvez aussi dormir à l'**Hotel San Andres**, rue Grau, sur la Plaza Mayor. Les chambres sont petites mais bien chauffées et offrent une très belle vue sur le lac, magnifique au coucher du soleil... Les salles de bains communes n'ont pas de douches. (Chambre simple s/10, double s/20, triple s/30.)

Par Desaguadero : Pour ceux qui souhaitent se rendre directement à La Paz, il est préférable de passer la frontière à Desaguadero. Depuis Puno, les omnibus en direction de Desaguadero partent tout au long de la matinée et en début d'après-midi de la 14e *cuadra* de l'avenue El Sol (durée 2h30, s/5). Vous serez sans doute abordé par un groupe de personnes venues pour changer votre argent, armées de tables, de calculatrices, de *soles* et de *bolivianos*, toutes proposant à peu près le même taux de change. L'arrivée à Desaguadero, petite ville frontalière dans laquelle les voyageurs ne s'attardent pas, se fait sur un grand parking en terre. Ecoutez attentivement les cris et les annonces : vous entendrez sûrement le nom de votre prochaine destination. Les agences situées sur la route panaméricaine, de l'autre côté du parking, proposent des bus à destination de **Moquegua** (durée 6h, s/15), **Ilo** (durée 7h30, s/15-18), **Tacna** (durée 9h, s/15-18), **Arequipa** (durée 10h, s/25), **Juliaca** (durée 3h, s/5) et **Puno** (durée 2h, s/4). Les heures de départ varient en fonction des compagnies, mais il y a des bus à toute heure de la journée, essentiellement entre 7h et 18h. Des *colectivos* et des omnibus desservent également ces destinations tout au long de la journée, au départ du parking. Le bureau des douanes, Panamericana 302, se trouve près du parking, juste avant le port (ouvert 24h/24). Si vous êtes contraint de passer la nuit à Desaguadero, l'**Hostal Corona**, Panamericana 248, propose une salle commune avec des sièges confortables et la télévision câblée, ce qui compense les chambres plutôt rudimentaires. (Douche chaude s/2, chambre simple s/10, avec salle de bains s/16, chambre double s/20, avec salle de bains s/24.) L'**Hostal**, 28 de Junio 322, à une rue de la Panaméricaine, est un établissement simple mais, moyennant quelques *soles* supplémentaires, vous aurez accès à quelques équipements qui rendront votre séjour plus confortable. (☎851 040, douche chaude de 10 mn s/3, chambre simple s/15, avec salle de bains et TV s/30, chambre double s/25.)

sont plus ou moins les mêmes mais les heures de départ sont plus précises, et certaines agences passent prendre les voyageurs à leur hôtel. Elles peuvent également assurer la liaison avec **Copacabana** (durée 2h, s/10), avec un arrêt à Yunguyo pour le contrôle des passeports à la frontière.

Bateau : Des *lanchas* motorisées partent de **Puerto Lacustreon**, à la sortie de la ville (s/5 en taxi ou à 15 mn de marche depuis le centre). Départs de *lanchas* à destination de **Los Uros** toute la journée. Pour **Taquile** et **Amantaní**, départs tôt le matin (voir p. 222). Vous pouvez organiser des excursions accompagnées d'un guide via les agences de voyages ou même par l'intermédiaire de certains hôtels. Si vous souhaitez vous rendre sur les îles sans guide, il vous faudra demander aux propriétaires de bateaux de vous faire traverser.

ORIENTATION ET INFORMATIONS PRATIQUES

La **gare** se trouve à proximité du centre-ville, rue La Torre, laquelle débouche sur la rue Tacna, l'une des artères principales de la ville. La majorité des **bus** s'arrêtent le long de la rue Melgar, perpendiculaire à la rue Tacna. Le centre-ville est représenté par la **Plaza de Armas**, située à trois *cuadras* de la rue Tacna. Elle est délimitée par les rues Puno et Deustua. La rue Lima, une rue piétonne animée, relie la place au **Parque Pino**, aux paysages créatifs, trois *cuadras* plus loin. A quelque huit *cuadras* du centre-ville, le **lac Titicaca** est visible depuis plusieurs rues du centre.

Informations touristiques : Office de tourisme, Lima 549 (☎363 337), sur la Plaza de Armas. Le personnel, jeune et serviable, peut vous fournir un plan et vous indiquer quelques sites à visiter... à condition de parler espagnol. Ouvert Lu-Sa 8h-19h. Vous pouvez également vous adresser à l'une des nombreuses agences de voyages situées le long des rues Lima et Tacna, où l'on se fera un plaisir de répondre à vos questions et de vous proposer un circuit.

Consulats : **Bolivie**, Arequipa 120, 2e étage. Les citoyens d'Amérique du Nord, de la plupart des pays d'Europe et de bien d'autres pays n'ont pas besoin d'un visa pour pénétrer en Bolivie. Ceux à qui un visa est néanmoins nécessaire peuvent se le procurer ici (les prix varient en fonction de la nationalité). Il leur sera délivré sur place et immédiatement. Ouvert Lu-Ve 9h-15h.

Change : **Banco Continental**, Lima 398 (☎351 080), ouvert Lu-Ve 9h15-12h45 et 16h-18h30. **Banco de Trabajo**, Lima 550, ouvert Lu-Ve 9h-13h30 et 15h45-19h,

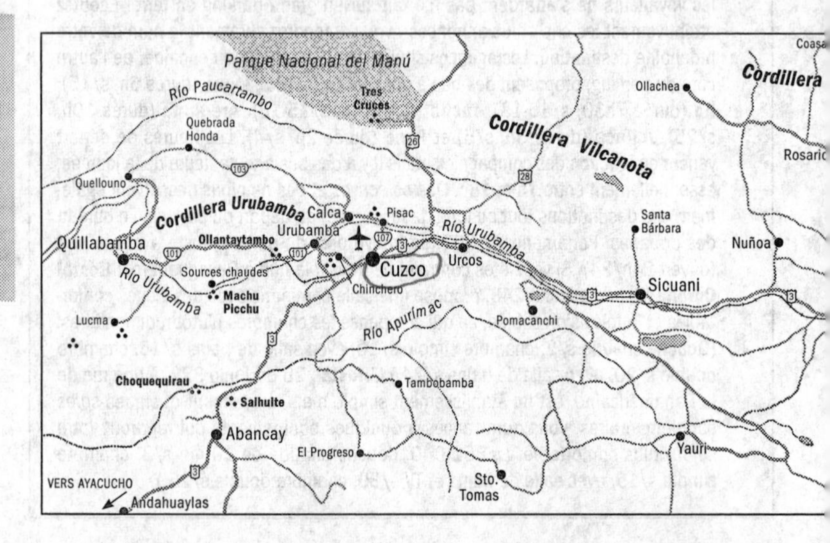

Sa. 9h30-13h. Vous trouverez en outre un certain nombre de bureaux de change ouverts le matin et l'après-midi et qui demandent une commission assez faible pour changer les chèques de voyage.

Distributeurs automatiques : Situés pour la plupart le long de la rue piétonne Lima, mais vous en trouverez un peu partout en ville. Les distributeurs de la **Banco Continental** acceptent les cartes Visa et ceux de la **Telebanco** prennent les MasterCard.

Laverie : **Don Marcelo Lavandería**, Lima 427 (☎352 444), s/5 le kg. Déposez vos affaires le matin, elles seront propres l'après-midi même. Ouvert 24h/24.

Police : **Police touristique** (☎357 100), sur la Plaza de Armas.

Hôpital : (☎353 780 ou 369 286). Il occupe la 10e *cuadra* de l'avenue El Sol. **ProMujer**, Libertad 345, 2e étage. A quelques mètres à l'est de la rue Lima. Il s'agit d'un centre spécialisé pour les femmes mais qui dispense également des soins aux enfants et organise des discussions sur le rôle des femmes dans la communauté péruvienne. Ouvert Lu-Sa 9h-12h et 15h-17h30.

Téléphone : **Telefónica del Perú**, Lima 439 (☎369 180). Ouvert tlj 7h30-22h.

Internet : Il existe un certain nombre d'adresses le long de la rue Lima, ainsi qu'un peu partout dans la ville. Vous les repérerez grâce à leurs enseignes aux couleurs vives sur les devantures. **SurfNet**, Lima 378, dispose d'un grand nombre d'ordinateurs rapides et le personnel est sympathique (s/1 les 15 mn, s/1,5 les 30 mn, s/2,5 l'heure, ouvert tlj 8h-23h). **Internet Cyber Club Puno**, Lima 428 (☎365 064), est équipé du plus grand nombre d'ordinateurs de la ville (s/1,5 les 15 mn, s/2 les 30 mn, s/3 l'heure, ouvert tlj 8h30-23h).

Bureau de poste : **Serpost**, Moquegua 269 (☎/fax 351 141). Ouvert Lu-Ve 8h-20h.

HÉBERGEMENT

Même en haute saison, Puno a largement de quoi héberger les visiteurs. Ici, les hôtels sont bon marché et, en basse saison, vous pouvez même bénéficier de réductions intéressantes. Les prix tendent à grimper (environ s/10) en juillet et en août.

Hostal Los Uros, Theodoro Valcárcel 135 (☎352 141), à une *cuadra* de la rue La Torre. Les chambres avec parquet sont douillettes et agréables, les couettes colorées et les serviettes en éponge. Chaque chambre possède une salle de bains avec eau chaude. Chambre simple s/19, chambre s/30, triple s/45.

Hostal Don Victor, Melgar 166 (☎366 087), près de la voie ferrée. Cet hôtel lumineux et bien tenu répondra à tous vos désirs, jusqu'à vous fournir des serviettes propres et des savonnettes. Toutes les chambres sont confortables, équipées d'une salle de bains et jouissent d'une belle vue sur la ville et le lac. Propriétaires sympathiques. Chambre simple s/30, double s/50, triple s/65, supplément de s/5 pour la télévision.

Hostal Bahía, Tacna 409 (☎352 655), à la hauteur de la rue Titicaca, à trois *cuadras* de la Plaza de Armas. Chambres un peu anciennes mais fonctionnelles avec de grandes fenêtres. Elles sont presque toutes équipées d'une salle de bains avec eau chaude de 6h30 à 22h30. Chambre simple s/20, avec salle de bains s/25, chambre double s/40, triple s/60.

Hostal Internacional, Libertad 161 (☎352 109, e-mail internacional@netaccessperu.net), à deux *cuadras* et demie de la rue Lima. Grandes fenêtres. Les salons du bas sont parfaits pour rencontrer d'autres voyageurs et offrent une vue impressionnante sur Puno et le lac Titicaca. Vous pourrez aussi suivre les informations sur le câble. Toutes les chambres sont équipées d'une salle de bains. Chambre simple s/45, double s/75, triple s/90.

Hostal El Virrey, Tacna 510 (☎354 495), à l'angle de la rue Puno, à trois *cuadras* de la Plaza de Armas. Moquette, lits bien fermes et couvre-lits fleuris donnent à ces chambres un certain confort. Certaines ont vue sur le lac. Toutes sont équipées du câble et d'une salle de bains (même si quelques salles de bains sont en fait de l'autre côté du couloir, et pas à côté de la chambre). Eau chaude 24h/24. Chambre simple s/25-35, double s/70, lit supplémentaire s/15.

RESTAURANTS

La rue piétonne, toujours très fréquentée, qui relie la Plaza de Armas au Parque Pino regroupe un grand nombre de restaurants corrects, même s'ils sont destinés essentiellement à une clientèle touristique. La situation de la ville au bord du lac Titicaca apporte certains avantages culinaires, notamment l'approvisionnement en poisson frais, par exemple en *trucha* (truite) et en *pejerrey* (poisson d'eau douce du continent sud-américain).

❤ **Ukuku's Pizzeria Restaurant**, Lima 332 (☎355 690). La structure en verrière assure à cet établissement accueillant une chaleur permanente. Menu complet avec poisson, pâtes et pizza, ainsi qu'une variété de plats qui dépasse tous les autres restaurants de la ville. Le directeur est attentif et à l'écoute de ses clients, même si le service est un peu lent. Menu s/4,50-10, plats s/8-16. Ouvert Lu-Sa 9h-22h.

Café Restaurant Vegetarian Delisse, Moquegua 200. Comme son nom l'indique, ce restaurant propose des repas végétariens riches en protéines et qui combleront n'importe quel estomac vide, avec en bonus des jus de fruits frais. Des enfants assurent le service en courant partout, ce qui ajoute à l'ambiance détendue de l'établissement. Repas s/3-8, boissons s/1-3. Ouvert Lu-Je et Di. 6h-18h, Sa. 6h-22h.

Restaurant El Portón Colonial, Lima 345 (☎351 214). Les murs tapissés de roseaux et les chaises recouvertes de peau de mouton donnent un aspect rustique à ce restaurant délicieux bien que très touristique. Certains soirs, un groupe de musique local vient ajouter une petite touche d'authenticité. En constatant le large éventail de plats de poissons et la rapidité du service, on se demande s'il n'y a pas une armée d'employés dans la cuisine. Plats s/11-15. Excellent *ceviche* s/6-8. Ouvert tlj 8h-23h.

Apu Salkantay Restaurant et Bar, Lima 419 (☎363 955). Le personnel, très sympathique, sert une grande variété de plats étrangers copieux. Vous aurez peut-être envie de profiter du bar ou de tester un des nombreux cafés proposés. L'atmosphère est chaleureuse et la clientèle dense et animée. Plats s/0,6-16, boissons s/0,2-12. Ouvert 15h-1h.

Govinda, Deustua 310, à l'angle de la rue Arequipa. Dans ce restaurant Hare Krishna, la cuisine est correcte et, bien sûr, végétarienne. Les clients ont tous l'air de se connaître, et ils sont ouverts et sympathiques. Menu s/5 en moyenne. Ouvert Lu-Sa 7h-21h.

VISITES ET SORTIES

Mis à part le lac Titicaca, la ville de Puno ne présente pas un grand intérêt pour le voyageur. Une brève visite suffit à faire le tour de la petite collection exposée au **Museo Municipal Dreyer**, Conde de Lemus 289, après la rue Deustua en partant de la cathédrale. Ce musée, composé de deux salles, abrite des objets appartenant à la période préinca, notamment des poteries, des bijoux et quelques étonnantes momies. (Ouvert Lu-Sa 7h30-15h30. s/0,5.) L'**Arco Deustua** vaut le détour, mais il est un peu éloigné du centre-ville. Ce bel arc a été construit en 1847 en l'honneur des héros morts pour la liberté lors des batailles de Junín et d'Ayacucho. Son intérêt réside surtout dans le cadre qui l'entoure : le panorama est magnifique et c'est l'endroit idéal où se reposer, méditer ou écrire des cartes postales. La **Plaza de Armas** est une attraction à elle seule. Une foule étonnante s'y presse et des fanfares viennent régulièrement s'y produire. Si vous parvenez à trouver une place sur l'un des bancs, prenez le temps d'observer le va-et-vient des passants.

Même pendant les week-ends de haute saison, la **vie nocturne** à Puno est relativement calme. Les rues du centre-ville se vident à partir de 22h, alors que les gens du pays retournent sur Juliaca. Cependant, quelques endroits restent ouverts le soir pour occuper les voyageurs. Ils sont notamment situés rue Lima et c'est dans cette rue que se rendront ceux qui refusent de se coucher tôt. On y croise souvent de jeunes gens de la région en quête d'un peu d'animation. **Ekeko's Pub**, Lima 355, commence à passer de la musique tôt et organise tous les soirs une *happy hour* (19h-21h), dont ne profitent que des touristes venus regarder des matchs de football sur des écrans géants. Les Péruviens font leur apparition plus tard dans la soirée, pour redonner vie à la petite piste de danse. (Bière s/5, cocktails s/5-13.)

FÊTES

La **Fiesta de la Virgen de la Candelaria** (du 2 au 22 février) se caractérise par son grand concours de danses traditionnelles. Certains danseurs portent des costumes éblouissants, quelques-uns avec des paillettes. Au cours de la **semaine de Puno** (du 1er au 7 novembre), des parades quotidiennes sont menées par les étudiants des lycées et des universités de la ville. A cette occasion, de nombreuses manifestations se déroulent sur la Plaza de Armas, notamment des jeux et des combats, et la musique est omniprésente. L'**Adoración del Sol** (les 22 et 23 juin) est une fête religieuse au cours de laquelle les *brujas* (sorcières) de toute l'Amérique latine se rassemblent pour exécuter des danses traditionnelles à la gloire du soleil. Ces danses qui durent toute la nuit sont destinées à absorber l'énergie de l'astre alors qu'il commence à décliner à l'approche des mois froids de l'hiver.

EXCURSIONS DEPUIS PUNO

SILLUSTANI

Pour se rendre à Sillustani, nombreux sont ceux qui choisissent de passer par une agence de voyages. Les circuits partent en principe vers 14h30 et coûtent environ s/15, entrée comprise. Si vous préférez y aller par vos propres moyens, prenez un colectivo *en direction de Juliaca et demandez au chauffeur de vous déposer à "desvío a Sillustani" (s/1,5). A partir de l'embranchement, des* colectivos *parcourent les 14 derniers kilomètres jusqu'à Sillustani (s/1,5). Attention, cependant : les* colectivos *qui vont de Puno à l'embranchement (durée 20 mn) sont assez fréquents, mais pour parcourir la 2e partie du trajet, (durée 30 mn), il n'est pas rare de devoir attendre une heure le prochain* colectivo*, et, en sens inverse, retourner à l'embranchement peut s'avérer tout aussi difficile. Cependant, une fois à l'embranchement, les* colectivos *en direction de Puno passent régulièrement. Des habitants de la région possédant un bateau en* totora *(une variété de roseau) proposeront certainement de vous emmener jusqu'à la presqu'île moyennant s/8. Ouvert tlj 8h-18h. s/5.*

Le site de Sillustani, à 34 km au nord de Puno, est situé sur une péninsule entourée par la Laguna Umayu, un lac salé au cœur d'un paysage dénudé. Il s'agit d'un site funéraire sacré pour le peuple colla qui domina la région de Titicaca. Les Collas construisaient des tours mortuaires en pierre, appelées **chullpas**, pouvant atteindre 12 m de haut. Dans chaque tour était enterrée une famille entière, issue de la noblesse, avec ses richesses. Depuis, nombre des tombes ont été ouvertes, soit par des catastrophes naturelles, soit par des pilleurs de tombes. Le site et le cadre naturel environnant sont spectaculaires. Le parc abrite plusieurs types de *chullpas*, des plus anciennes et rustiques aux plus ambitieuses, construites par les Incas. Vous rencontrerez sûrement des *cuy* (cochons d'Inde) au détour d'une pierre, mais n'essayez pas d'en faire votre repas du soir, la chasse étant interdite sur cette terre sacrée. L'une des îles du lac sert de réserve aux **vigognes**.

CHUCUITO

Pour rejoindre Chucuito, prenez un colectivo *qui indique "Acora" à la hauteur de la 14e* cuadra *de l'avenue El Sol (durée 20 mn, s/0,8). Lorsque vous remontez la route, Santo Domingo est la première église. Prenez à droite pour parvenir jusqu'aux murs qui forment le temple. De nombreux enfants jouant autour du site seront contents de vous servir de guide. Certaines agences proposent cette excursion pour moins de s/5.*

Chucuito, situé à 18 km au sud de Puno au bord du lac Titicaca, est un tout petit village aymara. Il compte deux belles églises coloniales, un élevage de poissons à proximité… et, surtout, le temple précolombien **Inca Uyo** consacré à la fertilité, avec **80 grands pénis en pierre** allant de 30 cm à 1 m de hauteur. Leur forme est sans équivoque. La moitié d'entre eux sont dressés vers le ciel (en hommage au dieu du soleil, Inti), tandis que les autres sont enfoncés dans le sol (pour fertiliser la déesse de la terre, Pachamama). Au centre se trouve le pénis principal, de 1,5 m environ. En l'observant de plus près, vous constaterez que le socle représente en fait une silhouette sculptée allongée par terre (on aperçoit une tête, des bras et des jambes) qui n'est autre que le propriétaire viril du pénis. On raconte que la femme et les concubines de l'Inca s'asseyaient sur le sommet de ce phallus géant pendant trois heures afin d'augmenter leurs chances d'enfanter un fils.

Il y a six ans, ce temple était encore incomplet car les phallus étaient exposés dans un musée de la ville. Plusieurs archéologues ont persuadé le maire de les replacer dans le temple, un espace de forme rectangulaire encerclé de pierres portant la trace des Incas. Depuis, beaucoup d'entre eux ont été volés mais les autres sont toujours visibles. Les pierres qui composent les murs du temple sont peut-être plus surprenantes que l'attraction principale. En effet, en passant la main dessus, on peut encore sentir les traces de certaines gravures représentant des motifs chers aux Incas, par exemple des pattes de puma, des serpents ou des soleils.

Malheureusement, un certain nombre d'observateurs attentifs estiment que ces pénis ne sont pas authentiques. Si les grandes pierres érigées se retrouvent dans d'autres ruines incas, aucune ne représente le symbole phallique de façon aussi nette que celles de Chucuito. De plus, lorsque les Espagnols colonisèrent la région au XVIIe siècle, ils n'auraient sans doute pas conservé un tel temple intact. Même des structures inconnues des Espagnols, comme le site de Machu Picchu, ne semblent pas aussi achevées que le temple d'Uyo. Et si ce que disent les autochtones est vrai, à savoir que la culture uyo a des origines préincas, le Machu Picchu serait plus récent, et donc mieux conservé. Malgré le doute, les *Puneños* restent très sérieux lorsqu'ils affirment que ces pénis sont authentiques. Les brochures de l'office de tourisme expliquent que le temple est dédié au culte de la fertilité, les guides des agences le mentionnent et le **Museo Dreyer** de Puno abrite l'un des pénis du site. Quant aux murs du temple, ils sont indiscutablement incas ou influencés par la culture inca, car les angles des pierres massives s'imbriquent les uns dans les autres d'une manière caractéristique des édifices sacrés.

LOS UROS

En règle générale, une visite organisée aux îles coûte environ s/15. La plupart partent avant 9h et durent rarement plus d'une heure. Plusieurs circuits proposent également des arrêts aux îles Amantaní et Taquile, avec une brève halte à Los Uros. Vous pouvez aussi faire le voyage de Los Uros sans guide. Les lanchas (bateaux à moteur) quittent régulièrement le port de Puno entre 8h et 17h. Le trajet de 35 mn vous coûtera environ s/5-15, en fonction du nombre de passagers. Sur certaines des îles les plus grandes, les habitants proposent de vous faire passer d'une île de Los Uros à l'autre à bord de leurs barques en roseau (s/3). Les visites guidées permettent d'en savoir plus sur la façon dont vivent les habitants de la région. Ceux qui choisissent de voyager seuls sont souvent condamnés à errer sur les îles et à visiter leurs petits musées qui abritent principalement des oiseaux empaillés. Les visites en barque sont aussi plus difficiles à mettre sur pied sans l'aide d'un guide ou si vous n'êtes pas en groupe.

Il y a plusieurs siècles, les Uros vivaient sur les berges du lac Titicaca. Confrontés à l'incursion progressive des Aymaras, puis plus tard des Incas, ils ne trouvèrent qu'une solution pour préserver leur culture. Ils décidèrent de s'isoler sur des îles construites en *totora*, roseaux qui poussent en abondance dans le lac. Aujourd'hui,

45 îles flottent les unes à côté des autres, à une demi-heure de bateau de Puno. Les habitants fabriquent tout à partir du *totora* : leurs maisons, leurs bateaux et même les souvenirs pour les touristes. Ils doivent constamment ajouter de nouvelles couches de roseaux sur la surface des îles pour remplacer les couches inférieures qui pourrissent. Pendant la saison des pluies, ils superposent des roseaux au moins une fois, voire deux fois par semaine. Pendant la saison sèche, deux fois par mois suffisent. On ressent une étrange sensation lorsque l'on marche sur l'île, car le sol s'enfonce à chaque pas. Les habitants de la région vivent essentiellement de la pêche, tout comme leurs ancêtres. Mais pour beaucoup d'entre eux, le tourisme est également une source de revenus importante. En haute saison (entre juin et août), environ la moitié des îles sont visitées chaque jour par une horde de touristes. Les alliances avec les Indiens Aymaras entraînèrent il y a bien longtemps la disparition des véritables coutumes du peuple uro, notamment de sa langue. Un grand nombre de personnes ne vivent pas sur les îles mais font la navette tous les jours pour venir vendre leurs souvenirs. En arrivant à Los Uros, les visiteurs sont aussitôt entourés d'enfants qui viennent quémander quelques bonbons ou vendre leurs dessins. Quant aux adultes, ils cèdent à bas prix des objets qu'ils n'ont pas pu fabriquer sur l'île. En effet, comment peut-on faire de la poterie alors qu'il n'y a pas de terre ?

ENVIRONS DE PUNO : LES ÎLES TAQUILE ET AMANTANÍ

Les bateaux à moteur à destination de Taquile et d'Amantaní partent le matin du port de Puno (durée 4h, dép. 8h, s/10). Ceux qui rentrent sur Puno quittent chacune des îles depuis leur port principal vers 13h ou 14h. Quelques bateaux font la navette entre les deux îles, en général à 8h, et la traversée dure environ 1h. Presque toutes les agences de Puno proposent des forfaits incluant le transport, l'hébergement, certains repas et la visite des deux îles (visite parfois combinée avec celle de Los Uros) pour s/35. Ces visites organisées constituent la façon la plus simple de voir les îles. Les voyageurs indépendants auront peut-être quelque difficulté à trouver une embarcation au départ de Puno. La traversée est longue et, pour des raisons de rentabilité, les groupes sont privilégiés. Les guides des agences ont toujours plus de facilité à trouver à s'héberger et à se restaurer dans la mesure où ils sont en relation permanente avec les familles qui vivent sur les îles.

ISLA TAQUILE. Cette petite île de 3000 habitants est suffisamment éloignée de la rive pour avoir conservé une certaine authenticité, malgré l'irruption occasionnelle de visiteurs curieux. Toutefois, même si les habitants de Taquile parlent le quechua, la plupart de leurs traditions ont disparu avec le temps. Les femmes portent des jupes aux couleurs vives et des foulards noirs sur la tête, une habitude qui date des conquistadors. Les hommes, quant à eux, se coiffent de bonnets de laine à bords flottants dont la couleur dépend de leur situation de famille. Les bonnets rouge et blanc, aux bords repliés sur les côtés, sont réservés aux célibataires et aux enfants. Les bonnets rouges aux bords repliés vers l'arrière sont portés par les hommes mariés. Selon leur humeur, certains hommes mariés peuvent également porter des bonnets rouge et blanc, aux bords pliés sur les côtés.

Ce peuple insulaire vit de l'agriculture, essentiellement des récoltes de quinoa et de pommes de terre. Les seuls animaux de l'île sont les moutons et les vaches, ainsi que quelques poulets. Les *Taquileños* vivent également de la vente de magnifiques **textiles**. En effet, sur toute l'île, les femmes filent la laine à l'ancienne, tandis que les hommes tricotent. Ces textiles jouent un rôle important dans la vie des habitants de Taquile, puisqu'ils représentent, d'une part, une source de revenus non négligeable et qu'ils sont, d'autre part, utilisés tous les jours : les ceintures tissées servent à faciliter le transport de lourdes charges (ce qui arrive souvent, puisqu'il n'y a pas d'animaux comme les ânes ou les lamas pour les aider) et les petits sacs sont utilisés comme cartables pour emporter les feuilles de coca, essentielles pour vivre à une telle altitude. En haute saison, entre juin et août, les insulaires installent des stands sur la Plaza de Armas (accessible par un escalier en pierre de plusieurs centaines de marches) pour vendre leurs écharpes, chapeaux, ceintures et gants. Etant donné les coutumes silencieuses de ce peuple, vous trouverez sans doute ce marché bien calme. Tous les articles sont vendus selon le principe suivant : les familles vendent leurs biens sur la place chacune à son tour et tous les gains sont partagés.

A l'arrivée des bateaux sur l'île, les femmes viennent à la rencontre des touristes pour se proposer de les héberger. La plupart des habitants parlent un peu espagnol. L'**hébergement** est plutôt rustique dans la mesure où il n'y a pas d'électricité ni d'eau courante. Si vous passez la nuit sur l'île, apportez une lampe de poche, des vêtements chauds et si possible un sac de couchage. Les familles demandent en général s/10 pour une nuit, et un peu plus pour les repas. Il est de coutume d'offrir des fruits aux familles. Sachez que les *Taquileños* sont généralement végétariens et se nourrissent essentiellement d'œufs et de pommes de terre. Un grand nombre de restaurants de l'île proposent cependant des plats de poisson.

L'île est traversée de chemins rocailleux. Alors que le volume de terre cultivable est limité, on trouve tout un réseau de sentiers reliés les uns aux autres, et vous pouvez ainsi passer l'après-midi à vous promener. Vous trouverez de nombreux points de vue magnifiques, ce qui vous donnera l'occasion de faire des pauses régulières et de respirer l'air frais (qui se fait rare).

ISLA AMANTANÍ. Amantaní, une petite île de 4000 habitants, est aussi authentique que Taquile, voire plus, même si elle commence à faire de la concurrence touristique à sa voisine. C'est la troisième île du lac Titicaca par la taille. Ses habitants parlent le quechua et ont su conserver leurs coutumes, qui viennent davantage des Aymaras que de la culture taquile. Des danses, auxquelles sont conviés les visiteurs, ont régulièrement lieu le soir sur l'île. Les femmes et les enfants se rassemblent pour écouter les jeunes hommes jouer de la musique dans la "salle des fêtes". Sous le regard observateur des plus âgés, les jeunes filles invitent les étrangers à danser jusque tard dans la nuit. Amantaní est une île rocailleuse et aride. L'essentiel de l'agriculture repose sur la production de céréales, en particulier le quinoa, qui constitue la base de l'alimentation des habitants. On rencontre plus d'animaux que sur Taquile, par exemple des vaches, des moutons mais aussi des cochons, des ânes et des alpagas. Les habitants ont utilisé les nombreuses pierres qui jonchent le sol pour construire des murs qui entourent les huit petites communautés de l'île.

Amantaní est un lieu idéal pour les randonnées. L'île est dominée par deux collines au sommet desquelles se trouvent des temples. La plus haute de ces collines est dédiée à **Pachatata** (Terre Père) et l'autre à **Pachamama** (Terre Mère). Il est interdit de pénétrer dans les temples, sauf lors de la fête annuelle, le 20 janvier. A cette occasion, la population de l'île se sépare en deux, chaque moitié se rendant à son temple. Une course a lieu, dont l'arrivée est un point déterminé entre les deux temples. Un représentant de chaque colline court. Si la Terre Mère gagne, la récolte sera fructueuse, sinon, l'année à venir connaîtra la famine. Il semblerait d'ailleurs que Pachamama soit toujours victorieuse. Le chemin menant aux deux collines suit un sentier créé par les Incas, le long duquel on peut encore voir une arche en pierre intacte. La vue du sommet de l'une ou l'autre colline est spectaculaire. Méfiez-vous du vent, il peut vous couper le peu de souffle qu'il vous reste. Comme à Taquile, les moyens d'hébergement sont rudimentaires, et c'est avec les familles, au moment de l'arrivée des bateaux le matin, qu'il faut se mettre d'accord. L'hébergement en pension complète coûte en principe s/10. Pensez à leur offrir également de la nourriture. A la différence de l'île voisine, Amantaní compte peu de restaurants. Vous devrez donc manger ce que votre famille d'accueil vous proposera, c'est-à-dire des plats végétariens, à moins que vous ne demandiez autre chose.

NORD-OUEST DU PÉROU

LES INCONTOURNABLES DU NORD-OUEST DU PÉROU

SURFEZ sur les plus belles plages du pays, **Huanchaco** (p. 250), près de Trujillo, et **Máncora** (p. 232), entre Piura et Tumbes.
FAITES une **cure de jouvence** à **Huancabamba** (p. 238), la capitale mystique du Pérou aux pouvoirs curatifs.
RANDONNEZ autour des **Lagos Llanganuco**, au sommet de la Cordillère blanche (p. 262).
CONTEMPLEZ le symbolisme des inscriptions vieilles de 3000 ans, gravées sur les ruines de **Chavín de Huántar** (p. 265).
APPRÉCIEZ la beauté de **Cajamarca** (p. 275), une jolie ville coloniale, pas encore défigurée par le tourisme.

Ses merveilleux sites naturels et ses réalisations architecturales font de la **côte nord du Pérou** (p. 227) une région à découvrir. On y trouve les plages les plus rocailleuses et les plus sauvages du pays, ainsi que des villes aux places fleuries et aux églises d'un blanc étincelant. Pourtant, les longues étendues désertiques qui s'étirent depuis Lima jusqu'à la frontière équatorienne sont peu fréquentées par les touristes, même si l'essentiel de l'activité économique du Pérou a lieu ici. Les gens de la région vivent de la pêche et de l'élevage de poissons. A l'intérieur des terres, la **Cordillera Blanca** (p. 255) est la chaîne montagneuse la plus impressionnante du Pérou, et la deuxième en altitude d'Amérique latine. Dix-neuf sommets dépassent les 6000 m de haut. L'essentiel de la cordillère se trouve dans l'enceinte du Parque Nacional Huascarán, une immense réserve naturelle de 340 000 ha qui s'étend autour du Nevado Huascarán, le mont le plus élevé du pays. Dans le parc, vous pourrez admirer de très beaux lacs d'altitude ainsi que de vastes cols montagneux creusés par les glaciers, et vivre d'inoubliables aventures. Entre la Cordillère blanche et la Cordillère noire, plus petite, se trouve El Callejón de Huaylas, une vallée datant de l'époque glaciaire qui abrite de nombreuses villes. Il y a des dizaines de randonnées à faire, ainsi qu'un nombre incroyable de montagnes à explorer dans cette région, la meilleure saison pour cela étant la saison sèche, entre mai et septembre. Après avoir franchi le Río Marañon, vous sentirez un net changement de climat et de végétation. Cette frontière géographique marque la fin de la cordillère, le début de la jungle. Là où le désert laisse place aux reliefs, commencent les **régions montagneuses du nord** (p. 274). Ces éléments distincts se mêlent pour créer un territoire qui recèle des merveilles naturelles et archéologiques.

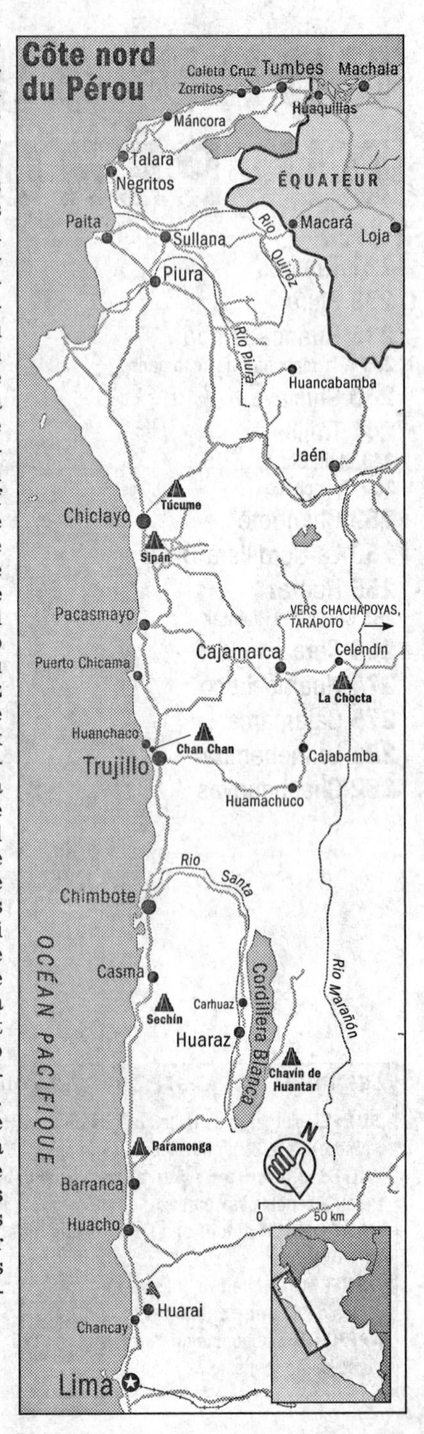

LA CÔTE NORD

TUMBES ☎074

A Tumbes, le soleil brille, brille et brille encore. Il faisait soleil lorsque Pizarro pilla la ville alors inca, même si les fiers *Tumbesinos* ne manqueront pas de vous rappeler que les conquistadors espagnols ne parvinrent pas à conquérir la ville (c'est la raison pour laquelle la place principale de la ville est appelée la Plaza Principal plutôt que la Plaza de Armas). Il faisait soleil lorsque les chercheurs de pétrole découvrirent les premières sources d'or noir d'Amérique du Sud en 1862. Il faisait encore soleil quand les Equatoriens dominaient la ville, pendant la première moitié du siècle dernier. Et il faisait toujours soleil lorsque les Péruviens en reprirent possession au cours de la guerre frontalière qui eut lieu en 1941. Tumbes est le paradis des amoureux de l'astre solaire et les plages des alentours, dont la plupart sont encore préservées des hordes de baigneurs suintant la crème à bronzer, comptent parmi les plus belles d'Amérique du Sud. Alors que la majorité des voyageurs considèrent Tumbes comme une simple halte avant de passer la frontière pour l'Equateur, la ville constitue également un point de départ idéal pour l'exploration des mangroves, des bassins chauds de boue minérale et des forêts tropicales de la région. Le centre de la ville est quadrillé de charmants *paseos* piétons joliment décorés de faïences aux couleurs vives, de bâtiments aux tons pastel, de fontaines et de monuments recouverts de mosaïques.

FRONTIÈRE ÉQUATORIENNE Tumbes-Huaquillas est le passage le plus emprunté pour se rendre en Equateur. C'est la raison pour laquelle il y a souvent des files d'attente et des tracas administratifs désagréables. Il est beaucoup plus facile, même si cela est moins pratique, de passer la frontière entre Sullana et Macará (p. 605). Si vous voulez quand même passer la frontière ici, prenez l'un des *colectivos* marqués "**Aguas Verdes**" (durée 30 mn, dép. entre 6h et 21h, s/2) dans la rue Tumbes, près de l'intersection avec la rue Piura. Faites tamponner votre passeport au bureau d'immigration péruvien, puis prenez un mototaxi jusqu'au pont (3 km, s/1), puis traversez-le à pied et allez jusqu'à **Huaquillas,** en **Equateur**. Là, vous devrez passer par le bureau d'immigration équatorien (voir p. 604).

TRANSPORTS

Avion : L'**aéroport** (☎525 102) est à 8 km au nord de Tumbes. Prenez un *colectivo* (s/1) depuis le marché, à l'angle des rues Ugarte et Mariscal Castilla, vers l'embranchement qui mène à la Panamericana Norte. Taxi s/10. Les agences de voyages proposent un service de navettes s/10. C'est le cas de **Tans**, Tumbes 293 (☎526 065, ouvert Lu-Sa 8h-20h et Di. 8h-12h). Vols à destination de **Lima** (durée 2h, dép. Lu., Me., Je. et Sa. à 10h45, 69 $) via **Chiclayo** (durée 45 mn, 20 $).

Bus : Les gares routières se trouvent autour de l'intersection entre les rues Tumbes et Piura. La compagnie Ormeño, Tumbes 314 (☎522 288), propose un service de bus à destination de **Lima** (durée 18h, dép. à 11h30 et 18h, s/40, *servicio especial* durée 16h, dép. à 13h, s/70) et **Quito** (durée 12h, dép. Ma. et Sa. à 5h, 30 $) via **Guayaquil** (durée 6h, 20 $). Cruz del Sur, Tumbes 319 (☎524 001), vous emmène à **Lima** (durée 18h, dép. à 13h30 et à 19h, s/40, *imperial service* durée 16h, dép. à 17h, s/75, dîner et petit déjeuner compris). Le service normal pour **Lima** de l'une ou l'autre des compagnies s'arrête également dans toutes les grandes villes situées sur la Panaméricaine, parmi lesquelles **Piura** (durée 4h30, s/15), **Chiclayo** (durée 7h, s/20), **Trujillo** (durée 10h, s/25) et **Chimbote** (durée 14h, s/35). El Dorado, Piura 459 (☎523 480), propose un service de bus à destination de **Piura** (durée 4h30, 8 dép/j de 7h30 à 0h45, s/15) via **Sullana** (durée 4h, s/15) et **Trujillo** (durée 11h, dép. à 7h30, 18h et 21h, s/25) via **Chiclayo** (durée 8h, s/20). Des *combis* à destination des plages situées au sud de Tumbes (marqués "los Organos") partent également de l'intersection des rues Tumbes et Piura. Départs à destination de : **Zorritos** (durée 25 mn, s/1,5), **Máncora** (durée 1h30, s/5) et **Cabo Blanco** (durée 2h, s/6). Il existe aussi des *colectivos* à destination de **Piura** (durée 3h30, s/20) via **Sullana** (durée 3h, s/20) qui partent toutes les heures depuis la gare routière de Tumbes, Tumbes 306, à l'angle de la rue Piura.

Taxi : Mototaxi, s/1-2 la course en ville.

ORIENTATION ET INFORMATIONS PRATIQUES

L'activité sociale de la ville se concentre autour de la **Plaza Principal**, située dans la partie sud de la ville, tandis que la circulation automobile s'écoule dans la rue **Tumbes**, l'artère principale. Deux rues piétonnes animées, **Bolívar** (également appelée **Paseo Las Libertadores**) et **San Martín** (ou **Paseo La Concordia**), partent de la cathédrale située sur la place. Juste au sud de la place, le **Malecón Benavides** est une promenade ombragée le long du **Río Tumbes**. Les artisans et les marchands de fruits vendent leurs produits sur le **marché**, dans la rue **Mariscal Castilla**, près du croisement avec la rue **Ugarte**. Le soir, restez sur la place et les rues piétonnes, bien éclairées. Le *malecón* et les rues avoisinantes sont connus pour la fréquence des vols, parfois à main armée.

Informations touristiques : L'**office de tourisme** (☎523 699) occupe la salle 204 du **Centro Cívico**, sur la Plaza Principal, et dispose de cartes et de plans. Ouvert Lu-Ve 7h30-19h. Le **Pro-Naturaleza**, Tarapacá 4-16 (☎523 412), une organisation subventionnée par l'Etat, dont le rôle est de s'occuper du développement et de la protection des espaces naturels, vous fournira des renseignements sur l'écotourisme dans la région, et organise occasionnellement des excursions dans les réserves naturelles des environs. Ouvert Lu-Ve 8h-13h30 et 16h-19h.

Agences de voyages : **Tumbes Tours**, Tumbes 341 (☎526 086, fax 524 837). Visite de la ville 6 $. Visite des mangroves ou des bains de boue de Hervideros 20 $. Excursion d'une journée dans la Zona Reservada de Tumbes 45 $. Pour toutes ces activités, votre guide sera le très sympathique Emilio Mendoza Feijoo, qui ne parle que l'espagnol. Ouvert Lu-Sa 8h-19h30. **Preference Tours**, Grau 427 (☎525 518), près de la Plaza Principal, propose les mêmes circuits en espagnol ou en anglais, et vend des billets d'avion pour des vols intérieurs. Ouvert Lu-Sa 7h-21h et Di. 7h-16h.

Consulats : **Equateur**, Bolívar 129 (☎525 949), sur la Plaza Principal. Vous pourrez vous y faire établir un visa touristique (même si la plupart des occidentaux n'en ont pas besoin). Ouvert Lu-Ve 9h-13h et 16h-18h.

Change : On trouve davantage de **bureaux de change** que de banques près de la Plaza Principal. **Banco de Crédito**, derrière la cathédrale dans la rue Paseo Los Libertadores, dispose d'un **distributeur automatique pour cartes Visa**. Ouvert Lu-Ve 9h-13h15 et 16h30-18h30, Sa. 9h30-12h30.

Urgences : ☎524 036 ou 105.

Hôpital : **Hospital de Apoyo**, 24 de Julio 565 (☎522 222), à la hauteur de l'extrémité nord de la rue Tumbes.

Téléphone : **Bureau de téléphone/fax**, dans la rue Paseo Los Libertadores (☎526 389), à la hauteur de Bolívar 250. Ouvert tlj 8h-22h.

Internet : **Modern Systems**, Bolognesi 109 (☎522 081), dans le bâtiment bleu, à l'autre bout de la Plaza Principal, derrière la fresque murale. s/5 l'heure. Ouvert tlj 8h-21h.

Poste : **Serpost**, San Martín 208 (☎523 866). Ouvert Lu-Sa 8h-20h15 et Di. 8h-15h15.

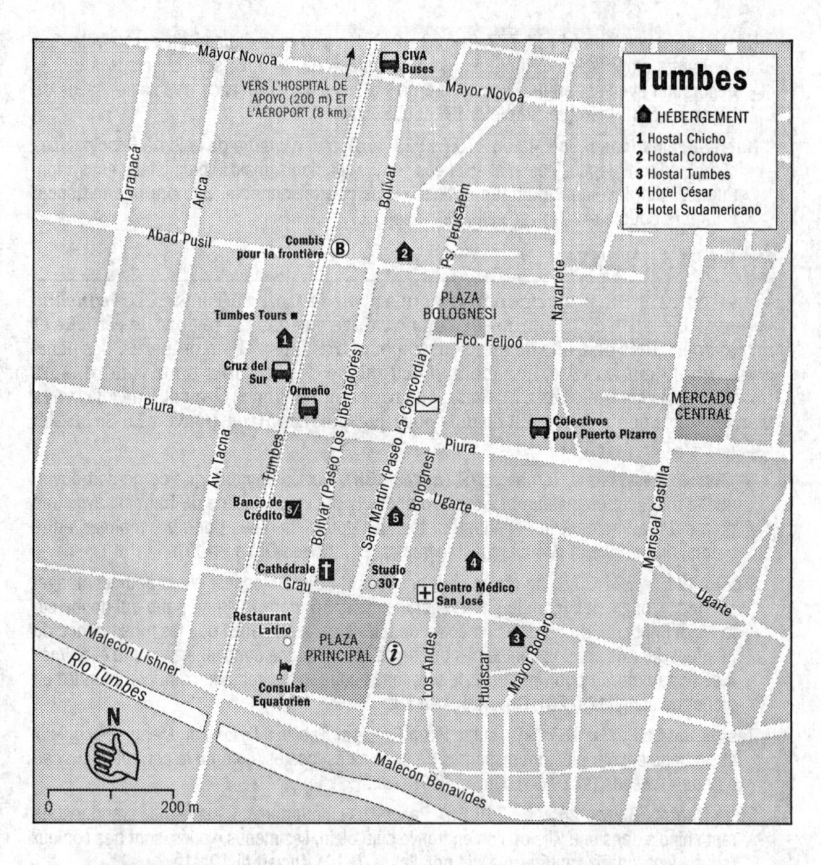

HÉBERGEMENT

Les hôtels bon marché les plus sûrs de la ville se trouvent à quelques *cuadras* de la Plaza Principal. L'eau chaude coûte cher à Tumbes et l'on coupe même l'eau froide à partir de midi dans les hôtels bon marché. Bien que tous les propriétaires d'hôtel affichent leurs tarifs à la réception, la plupart vous accorderont une réduction allant jusqu'à s/5 si vous marchandez un peu.

Hotel César, Huáscar 311 (☎522 883). Cet hôtel trois étoiles est meublé avec goût. Les sols sont en parquet, il y a des ventilateurs au plafond, de l'eau chaude dans les salles de bains et même la télévision câblée. Par contre, la vue sur les murs de béton laisse un peu à désirer. Chambre simple s/40, double s/50.

Hostal Tumbes, Grau 614 (☎522 203). Hôtel familial bon marché avec des chambres modestes mais propres, équipées de ventilateurs. Eau le matin et le soir uniquement. Chambre simple s/17, double s/25.

Hostal Chicho, Tumbes 327 (☎522 282), à proximité de la gare routière. Très bien équipé : eau chaude, frigidaire, radio/cassette, télévision, moustiquaire et alèses. Chambre simple s/35, avec un grand lit s/43, avec deux lits s/50.

Hostal Cordova, Abad Pusil 777 (☎523 981). Un peu plus éloigné du centre-ville. Les chambres aménagées le long des grands couloirs du Cordova sont spacieuses et leur décoration avec sol en lino fleurent bon les années 1970. Service de laverie, salles de bains privées. Chambre simple s/19, double s/28.

Hotel Sudamericano, San Martín 130 (☎523 415), à une *cuadra* de la Plaza Principal. Les chambres sont dépouillées, mal éclairées, les lits spartiates, mais le propriétaire est sympathique, l'emplacement pratique et le prix plus que raisonnable. Eau par intermittence. Chambre double s/12, avec salle de bains s/17.

RESTAURANTS

Vous n'aurez aucun problème à trouver une *comida típica* à Tumbes. Les *conchas negras* (une sorte de palourde que l'on ne trouve que dans la région), le *ceviche* et autres spécialités de fruits de mer sont toujours très frais et bien préparés. Les **panaderías** abondent en ville, beaucoup ayant même des chariots pour vendre leurs produits dans les rues. Chez **Mabrasa**, au croisement des rues Grau et Huáscar, vous trouverez des petits pains tout chauds pour quelques *centavos*. (Ouvert Lu-Sa 8h-20h et Di. 9h-12h et 18h-21h.)

Classic Restaurant, Tumbes 179 (☎523 188). Quel dommage que ce ne soit ouvert que le midi, car ce restaurant élégant propose la meilleure cuisine de Tumbes, avec une pointe de raffinement qui enchantera tous les gourmets. Vous pourrez y manger, entre autres, du *ceviche* et des *conchas negras* (s/11). Ouvert Di-Ve 8h-17h.

Studio 307 (☎524 052), au croisement des rues Grau et Bolognesi. Vous pourrez manger des pizzas originales (grande pizza végétarienne s/34) dans le grand patio qui donne sur la Plaza Principal. Un bar avec un écran de télévision géant, ainsi que les tubes *dance* du moment diffusés par une chaîne hi-fi puissante, donnent une atmosphère vivante et animée à ce restaurant. Et pour être dans le ton, faites comme les gens du coin, commandez un pichet de sangria (s/20). Ouvert tlj 18h-1h.

Restaurant Latino (☎523 198), sur la Plaza Principal. Tables à l'extérieur. Menu très copieux et portions encore plus nourrissantes de spécialités locales, comme le *ceviche* ou le *cau cau de mariscos* (s/10-15). Ouvert tlj 7h-23h.

Chifa Danton, Bolívar 245 (☎521 566), Paseo Los Libertadores. C'est le plus grand restaurant chinois dans une ville où l'on en trouve déjà plein. Les menus, variés, sont très copieux (soupe *wonton*, riz sauté et plat de nouilles, s/6-10). Ouvert tlj 12h-1h.

VISITES ET DIVERTISSEMENTS

Les environs de Tumbes couvrent quatre zones écologiques totalement différentes les unes des autres. D'abord il y a les plages, qui s'étirent sur 100 km. La deuxième zone écologique, constituée par les **Manglares** (mangroves), commence au nord de Tumbes, à Puerto Pizarro. Les troisième et quatrième zones englobent de vastes forêts sèches et tropicales. Pour avoir une vue d'ensemble de cette nature contrastée, grimpez en haut du **Mirador Turístico Palo Santo**, situé à 2 km de la ville. Haut de 178 m, ce point de vue offre un panorama à 360° permettant d'admirer plus de 600 km^2 de paysages. (Taxi s/2. ☎524 837. Ouvert tlj 9h-17h30.)

Les habitants de Tumbes qualifient souvent leur ville de *muy tranquila*, ce qui signifie non seulement "sûre et propre" (au moins en ce qui concerne la place et les rues piétonnes éclairées), mais aussi "morte le soir". Il existe bien quelques discothèques et des petits bars karaoké près de la Plaza Principal, mais ils ne sont animés que les soirs de week-end et ferment à 1h. Les *Tumbesinos* préfèrent se divertir en se promenant le soir sur la place et dans les rues piétonnes. Les fresques murales de Tumbes sont doublement étonnantes dans la mesure où elles brillent la nuit, particulièrement celle qui représente **Chilimasa**, le chef tumpi légendaire qui se battit contre les Espagnols pendant 15 ans. Cette fresque est située sur la Plaza Principal, en face de la cathédrale. Egalement sur la place, l'**Iglesia Matríz** brille du feu de ses néons, d'une manière qui paraît presque blasphématoire. On dit que le **Matacojudo**, un arbre qui se dresse en face du Centro Cívico, lâche des fruits qui ressemblent à des gourdes sur la tête des idiots (*cojudos*) qui se tiennent sous ses branches. Les aficionados des échecs se rassemblent sur la rue Paseo Los Libertadores. Chaque dimanche soir, la **Banda Militar Retreta**, joue de la musique à partir de 20h30.

EXCURSIONS DEPUIS TUMBES

RÉSERVES NATURELLES

Toutes les agences de voyages de Tumbes organisent des excursions, mais l'agence Tumbes Tours (voir ***Informations pratiques****, p. 228) propose une très belle visite d'une journée dans les deux réserves. Menée par un guide très intéressant qui parle espagnol, cette visite comprend le transport et un déjeuner froid (45 $ par personne, moins pour les groupes). Si vous souhaitez visiter les réserves par vos propres moyens, vous devrez louer un 4x4 (50-70 $ la journée), étant donné que les routes ne sont pas goudronnées et que la conduite y est difficile. L'office de tourisme de Tumbes recommande aussi fortement de louer les services d'un guide (s/20-30 la journée, guide de langue espagnole uniquement) et pourra vous aider à en trouver un. Les visiteurs qui ne passent pas par une agence de voyages doivent également se procurer une autorisation du Ministère de l'Agriculture (INRENA), situé à la hauteur de Tarapacá 401 à Tumbes (☎526 489). Les autorisations sont actuellement gratuites, mais elles seront bientôt payantes, s/5-10.*

Les réserves naturelles situées près de Tumbes offrent une chance d'avoir un aperçu rapide et relativement peu coûteux de la diversité biologique de l'Amérique latine. A deux heures au sud-est de la ville, vous pourrez voir les orchidées, les papillons, les oiseaux et les animaux (dont les jaguars, les tigres et les tatous) de la forêt tropicale dans ce que l'on appelle la **Zona Reservada de Tumbes**, une zone dont la faune et la flore sont semblables à celles du bassin amazonien. Les amateurs de vie sauvage viennent ici pour voir des espèces uniques, comme le *mono coto* (le singe gaffeur), plus grand que celui que l'on trouve autour de l'Amazonie, et le *crocodillo americano*, un crocodile d'eau douce que l'on trouve couramment dans le Río Tumbes. La Zona Reservada est plus facile d'accès entre mai et décembre. Sur l'autre berge du Río Tumbes, l'écosystème change radicalement et passe d'une végétation luxuriante à une forêt sèche de type désertique qui forme le **Parque Nacional Cerros de Amotape**. La flore d'épineux est moins dense ici, mais la diversité de la faune est toujours impressionnante : pumas, fourmiliers, singes à têtes rouges, renards, iguanes et condors abondent dans cet environnement aride.

PUERTO PIZARRO

Les bus à destination de Puerto Pizarro (durée 20 mn, s/1,50) partent de Ponce. Taxi s/10.

Puerto Pizarro, un petit village de pêcheurs situé à 13 km de Tumbes, s'anime pendant le week-end et les vacances. Les maisons ont été bâties de part et d'autre de la route sablonneuse qui mène à la mer et c'est justement la mer qui attire les gens à Puerto Pizarro. Vous pouvez prendre un petit bateau et vous balader sur les îles alentours (s/15 pour chaque île). La **Isla Hueso de Ballena**, la **Isla de los Pájaros**, et la **Isla del Amor**, sont les plus fréquentées en raison de la variété des espèces naturelles qu'elles abritent. L'élevage de crocodiles de la **Isla Criadero de Cocodrilos** peut également être visité pour la modique somme de s/5. L'**Hotel Puerto Pizarro** (☎543 045) est le seul lieu qui propose quelques divertissements balnéaires (piscine, kayak et balades vers les îles). Les chambres, propres mais sans rien d'exceptionnel, sont équipées de salles de bains, de ventilateurs et de la télévision (20 $ par personne).

LES PLAGES

Pour se rendre à n'importe quelle plage depuis Tumbes, rien de plus simple. Prenez un combi à l'intersection des Ave. Tumbes et Piura, ou bien prenez n'importe quel bus à destination de Piura, et demandez au chauffeur de vous déposer en chemin. Tous les bus n'allant pas jusqu'à Cabo Blanco, vous devrez peut-être descendre à l'embranchement vers El Alto, puis prendre un taxi pick-up jusqu'à la mer (durée 15 mn, s/2).

Deux grands courants marins se rencontrent ici, Humboldt, un courant froid venu du sud, et El Niño, un courant tiède venu du nord, générant ainsi une mer chaude et de fortes vagues tout au long de l'année. Au large, on trouve certains des plus gros bancs de poissons du Pérou. A la différence des plages stériles de la côte sud, ces 100 km de plages tropicales abondent en cocotiers et caroubiers dont les feuilles se balancent au gré du vent, et accueillent des colonies de pélicans, d'aigrettes, et autres oiseaux migrateurs. Bien que la majorité de ces sites spectaculaires manque cruellement d'hébergement ou ne propose que des hôtels aux prix élevés, il serait dommage de visiter la côte nord sans voir un magnifique coucher de soleil doré sur l'océan.

ZORRITOS. Situé à 27 km au sud de Tumbes, Zorritos est un village de pêcheurs avec une plage propre et l'eau la plus chaude de la côte tout au long de l'année. Même si les vagues, d'une taille déjà correcte, ne sont rien en comparaison de celles que l'on trouve un peu plus au sud, l'absence de contre-courants fait de Zorritos un endroit idéal pour nager. De plus, n'attirant pas des foules de surfeurs, cette plage est plus sûre que d'autres, comme Máncora par exemple. A part la mer et le sable, on trouve des sources chaudes dans la ville proche de Bocapán, près de la Panaméricaine. Les agences de voyages de Tumbes (voir p. 228) demandent 20 $ pour le trajet jusqu'aux sources, mais vous pouvez aussi y aller à pied en empruntant un sentier balisé à partir de Zorritos (durée 1h-1h30 l'aller, si vous n'arrivez pas à trouver le début du sentier, demandez à l'Hotel Casa Grillo). A 10 km au nord de Zorritos, sur le chemin de Tumbes, Caleta La Cruz est l'endroit où Pizarro a débarqué pour la première fois sur la côte péruvienne en 1532. En taxi, de Zorritos, vous pouvez également aller vous relaxer dans les sources chaudes baptisées **Aguas termo-minero-medicinales**.

Bien qu'il y ait quelques hôtels et restaurants de fruits de mer dans le village lui-même, cela vaut vraiment la peine de faire 2 km vers le sud pour aller jusqu'à ❤ l'**auberge de jeunesse Casa Grillo (HI)**, Los Pinos 563, au kilomètre 1236 de la route panaméricaine. Le propriétaire d'origine espagnole, José León Millau, a dessiné les plans de ce ranch écologique de manière à respecter et à préserver la nature : on dort dans des huttes aux toits de bambou, construites à la main, toute l'auberge est alimentée par des panneaux solaires (avec un générateur pour les jours de mauvais temps), et les douches en plein air servent également à arroser les jolis jardins remplis de bougainvilliers. La journée, les clients peuvent louer des chevaux (s/20 l'heure), faire du vélo ou se reposer sur la plage privée, et le soir, la boisson coule à flots jusqu'à ce que le dernier client aille se coucher (*happy hour* 18h-20h). L'auberge organise également des excursions d'un ou deux jours vers les sites alentours, et met à votre disposition un terrain de camping sûr près de la plage, ainsi que l'accès à la cuisine (s/2) et à la laverie. (☎/fax 544 222, chambre 6 $ par personne, avec salle de bains 8 $, camping 2 $ par personne, avec location de tente 4 $, personnes non membres 1-2 $ supplémentaires.) Les équipements fournis par la Casa Grillo sont exceptionnels, mais le plus remarquable reste le **restaurant** végétarien, ouvert même à ceux qui ne dorment pas à l'auberge. Outre les fruits de mer frais (s/9-12), les salades de fruits (s/7-10) et les cocktails de fruits (s/3-5), les cuisiniers utilisent un four à feu de bois pour préparer des spécialités andalouses comme la paella (végétarienne s/1, avec des fruits de mer s/15), du gaspacho, et le *must* de la carte, la *langosta con pollo* (homard au poulet, s/20).

MÁNCORA. Des paysages tous plus étonnants les uns que les autres, des vagues géantes et une ambiance très cool ont donné aux plages de Máncora une réputation légendaire auprès des voyageurs. Attirés par des rouleaux qui peuvent atteindre 3 m de hauteur entre novembre et mars, les surfeurs viennent en masse pour profiter de ce passe-temps très apprécié des touristes. La seconde activité très prisée de ce petit village est le farniente, un sport très particulier qui consiste à s'allonger dans un hamac et à n'en bouger sous aucun prétexte. Même si la Panaméricaine (que l'on appelle ici **Piura**) passe au milieu de la ville, la jolie plage est totalement isolée de la route et **Las Pocitas**, une formation rocheuse naturelle, est un des sites les plus paisibles. Le soir, la tranquillité reste de mise. La majorité des gens renoncent à aller dans les quelques discothèques de la ville et préfèrent siroter une petite bière en faisant exactement ce pour quoi ils sont venus : se reposer dans un hamac.

Il y a un grand nombre d'hôtels et de restaurants dans le village, mais il y a peu d'autres services. Si vous avez une affaire pressante à régler, mieux vaut aller à Tumbes. A Máncora, la **Banco de la Nación**, Piura 527, change quand même les dollars. (Ouvert Lu-Ve 8h-14h30.) Si vous êtes venu sans équipement, vous pouvez louer un surf ou une planche de *bodyboard* chez **Soledad**, Piura 316 (s/10 la journée, ouvert tlj 8h-21h). L'auberge de jeunesse la plus fréquentée est le **Sol y Mar**, sur le front de mer, à quelques mètres de la rue Piura (☎868 106). Les chambres, ordinaires, sont brutes de béton (celles des étages supérieurs sont plus sûres et plus propres), mais toutes sont équipées d'une salle de bains avec une eau que le propriétaire qualifie de chaude. De plus, l'emplacement est exceptionnel, et la plupart des clients passent leur temps à se relaxer dans l'énorme véranda qui fait face à l'océan. (Chambre s/10 par personne, avec vue sur l'océan s/15.) Dans la rue principale, le **Casablanca**, Piura 232 (☎858 337), propose des chambres plus grandes et mieux entretenues, elles aussi dotées d'une salle de bains avec eau froide. (Chambre s/10 par personne, chambre double avec vue sur l'océan, la télévision et un ventilateur, s/40.) Les restaurants de fruits de mer n'ont pas tous le même succès : le **Restaurant Máncora**, Piura 664, est littéralement pris d'assaut en raison de sa carte très variée. (*Ceviches* s/8-15, *langostinos al ajo* s/15. ☎858 236, ouvert tlj 7h-24h.) Le café-boutique **La Bajadita**, Piura 424, sert essentiellement des sandwichs (ordinaire s/5,50, végétarien s/4,50) et des spécialités de fruits de mer et de poisson (*sashimi* s/8) sur fond de rythmes reggae. (☎687 784, ouvert Ma-Di 8h30-21h30.)

CABO BLANCO. Situé à 109 km au sud de Tumbes, Cabo Blanco est un haut lieu de la pêche au gros. La plupart des voyageurs connaissent sans doute aussi son nom grâce aux étiquettes du rhum le plus connu et le moins cher du Pérou. Néanmoins, c'est autre chose qui fait que dans une alliance inattendue, aussi bien les surfeurs que les férus de littérature vénèrent ce village : Ernest Hemingway y a fait de fréquents séjours dans les années 1950 et aurait écrit *Le Vieil Homme et la mer* à l'hôtel Cabo Blanco. L'adaptation cinématographique de 1955 a également été tournée ici, et pas à Cuba où se passe le roman. Aujourd'hui, avec toutes les plates-formes pétrolières qui flottent au large, on a du mal à imaginer que Cabo Blanco ait été la source d'inspiration de grands livres, mais si les écrivains ne sont plus au rendez-vous, ses énormes rouleaux réussissent encore à attirer les surfeurs. Cependant, le village et la plage tranquille et protégée de **Restin** s'animent vraiment au moment des compétitions de pêche en haute mer qui ont lieu de temps à autre entre octobre et mai. Pour connaître les dates et les conditions d'inscription exactes, contactez le **club de pêche** (☎(01) 445 4588). Le **camping** sur la plage est gratuit et ne nécessite pas d'autorisation. Sinon, le choix d'hôtels se limite au **El Merlín**. Demandez une chambre avec vue. (☎856 188, chambre 20 $ par personne.)

PIURA ☎074

L'emplacement de Piura sur la carte est trompeur, car même si la ville se trouve à 200 km de l'Equateur, elle sert essentiellement de ville frontière. Fondée en 1532 par Francisco Pizarro, Piura est la plus ancienne cité coloniale du pays. Construite à l'origine dans la vallée de Tangarará, cette ville changea d'emplacement à trois reprises à cause de la peste et d'attaques de pirates avant de s'installer définitivement, en 1588, sur son site actuel. Capitale de son département, c'est un lieu pratique pour changer de l'argent ou pour prendre un bus longue distance. Mais à moins que vous ne rêviez d'une nuit tranquille sans *gringos* autour de vous, vous feriez mieux de passer votre chemin. Même si les rues bordées d'arbres et les places ombragées invitent à la flânerie, le climat de Piura peut être oppressant : il y fait aussi chaud que sur la côte sans la fraîcheur bienfaisante qu'apporte la brise océane.

TRANSPORTS

Avion : **Aéroport** (☎344 506), à 2 km au sud de la ville. Taxi s/4. **AeroContinente**, Grau 110 (☎310 080). Vols à destination de **Lima** (durée 1h15, dép. à 9h15, 14h15 et 19h, 44-79 $) via **Chiclayo** (durée 20 mn). Ouvert Lu-Sa 8h30-13h30 et 16h-20h, Di. 9h-12h. **Tans**, Libertad 415 (☎306 886). Vols à destination de **Lima** (durée 2h, dép. à 18h30, 44-49 $) via **Trujillo** (durée 45 mn, 20 $). Ouvert Lu-Ve 8h30-19h30, Sa. 8h30-18h30 et Di. 9h30-12h30.

Bus : Ceux qui arrivent d'Equateur par le bus de nuit doivent savoir qu'il n'y a pas de bus pour Lima avant le lendemain soir. La majorité des gens choisissent de passer la nuit à Chiclayo, à 3 heures de route vers le sud, où il y a plus de choses à voir et où l'on trouve d'autres possibilités de transport. A Piura, la plupart des bus pour Lima partent de l'extrémité sud de la ville, dans la rue Bolognesi, à la hauteur de la rue Sullana. La compagnie Oltur S.A., Bolognesi 801 (☎326 666), propose un service de bus de luxe directs (avec vidéo, salle de bains, dîner et petit déjeuner) pour **Lima** (durée 13-14h, dép. à 18h et 18h30, s/60-80). La compagnie Las Dunas (☎307 352), sur le trottoir d'en face, propose le même service (durée 12-13h, dép. Lu-Sa à 18h et Di. à 17h30, s/45). La majorité des autres compagnies de bus partent de la rue Sánchez Cerro, à l'ouest de la rue Sullana. La Vulkano/Linea, Sánchez Cerro 1215 (☎327 821), propose un service de bus pour **Trujillo** (durée 6-7h, dép. à 22h30, s/20) et **Cajamarca** (durée 6h, 1 dép/h de 5h30 à 19h30, s/20) via **Chiclayo** (durée 2h30, s/10). El Dorado, Sánchez Cerro 1119 (☎325 875), envoie des bus pour **Tumbes** (durée 4h30, 7 dép/j de 8h30 à 24h, s/15) via **Máncora** (durée 2h30, s/12). La manière la plus simple de traverser la frontière est de voyager avec la Cooperativo de Transportes Loja (☎322 251), avec un service direct pour **Loja** en **Equateur** (durée 9h, dép. à 13h et 22h, s/25). Les bus pour **Huancabamba** partent de la rue Castilla, en face du Puente Peatonal Piura. La Turismo Express (☎345 382) et l'Etipthsa (☎473 000), toutes deux situées dans la rue Huancavelica, proposent un service de bus quotidien (durée 8h, dép. à 8h et 19h, s/15). Si vous vous rendez dans des villes du nord situées le long de la route panaméricaine, il est plus facile (même si cela revient plus cher) de prendre l'un des nombreux *combis* qui desservent la ville de **Sullana** (de là, vous pouvez vous rendre à la frontière entre le Pérou et l'Equateur en passant par Macará/La Tina). Ils partent de l'intersection des rues Sánchez Cerro et Sullana (durée 30 mn, 1 dép/30 mn de 4h30 à 20h, s/1,5). Les *colectivos* à destination de **Tumbes** (durée 4h, s/20) et de **Máncora** (durée 2h30, s/20) partent de l'extérieur du terminal de la compagnie El Dorado dans la rue Sánchez Cerro.

FRONTIÈRE ÉQUATORIENNE La façon la plus simple de traverser la frontière entre le Pérou et l'Equateur est de prendre l'un des bus directs entre Piura et **Loja,** en **Equateur**, proposés par la Cooperativo de Transportes Loja. La frontière est ouverte 24h/24. Pour entrer ou sortir officiellement d'Equateur ou du Pérou, vous devez traverser à pied un pont entre les deux pays et passer par les bureaux d'immigration de chacun d'eux afin de recevoir le tampon d'entrée et de sortie de territoire. A cette occasion, vous devrez aussi remettre, ou vous faire établir, votre carte touristique T3. A Piura, au croisement des rues Sánchez Cerro et Sullana, prenez un bus jusqu'à la ville voisine de Sullana (durée 30 mn, 1 dép/30 mn de 4h30 à 20h, s/1,5). De José de Loma, la rue principale de Sullana, prenez un mototaxi (s/1) jusqu'à la Calle 4, où les *colectivos* partent pour la frontière ("la frontera") à **La Tina** (durée 2h, dép. entre 4h et 19h, s/10). Une fois que vous avez traversé le pont, prenez un *pick-up colectivo* pour aller jusqu'à Macará, située à 3 km (voir p. 605, durée 5 mn, s/1 ou 0,3 $), d'où de nombreux bus partent quotidiennement pour Loja.

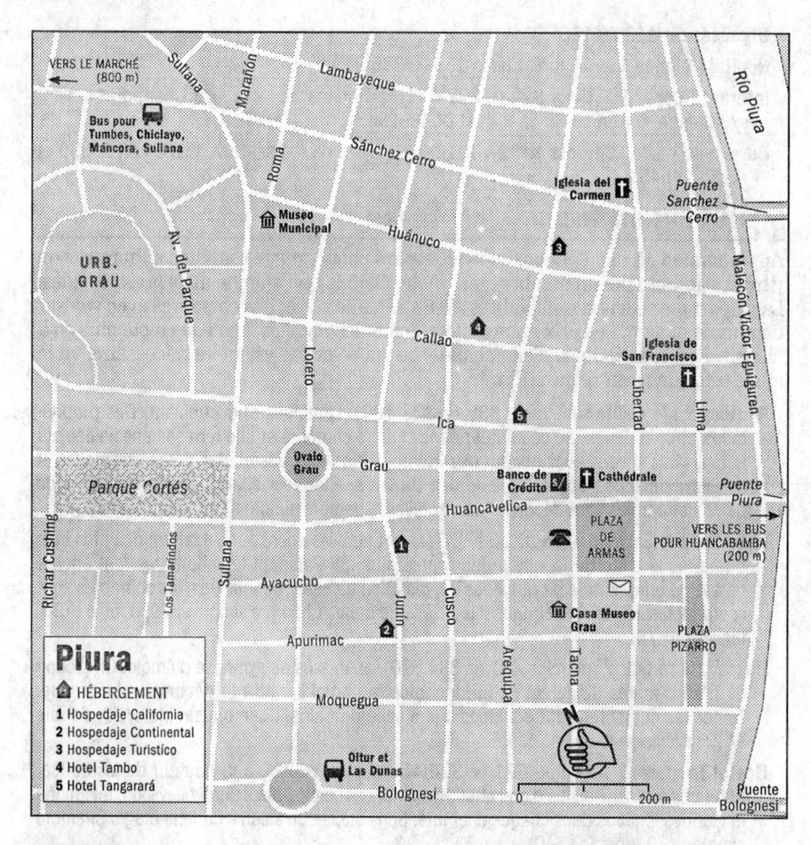

ORIENTATION ET INFORMATIONS PRATIQUES

Bien qu'elle ne soit pas, à proprement parler, au centre de la ville, la **Plaza de Armas** est bien le centre de l'activité sociale de Piura. Juste au nord de la place se trouve la cathédrale, d'où part la rue **Grau**, toujours très animée, qui rejoint à l'ouest le Monument Grau. Les deux grandes rues orientées nord/sud sont la rue **Loreto**, qui traverse la place Ovalo Grau, et la rue **Sullana**. La plupart des bus partent de la rue **Sánchez Cerro**, à l'ouest de la rue Sullana. Le **marché** se tient encore plus à l'ouest dans la rue Sánchez Cerro. Il y a deux ponts dans la ville, le **Puente Sánchez Cerro,** à l'est de la rue du même nom, et le **Puente Peatonal Piura** (également appelé Puente Viejo), à l'est de la Plaza de Armas.

Informations touristiques : Allez consulter l'une des nombreuses agences privées, qui peuvent également organiser des visites coûteuses de Piura et des villes voisines. **Piura Tours**, Ayacucho 585 (☎328 873, e-mail piuratours@mail.udep.edu.pe). Ouvert Lu-Ve 8h30-13h et 16h-19h30, Sa. 8h30-13h. **Tallán Tours**, Tacna 258 (☎334 647, e-mail tallantours@perumix.com). Ouvert Lu-Ve 8h30-13h30 et 16h-19h, Sa. 8h30-13h30.

Change : La **Banco de Crédito** (☎323 712), à l'intersection des rues Grau et Tacna, a un **distributeur automatique** pour cartes **Visa**. Ouvert Lu-Ve 9h15-13h15 et 16h30-18h30, Sa. 9h30-12h30. Il y a deux **distributeurs automatiques** Unicard, qui acceptent les principales cartes internationales, dans la *cuadra* de Libertad qui se trouve juste au nord de la Plaza de Armas.

Urgences : ☎ 113 ou 105.

Hôpital : **Clínica San Miguel**, Cocos 153 (☎ 335 913).

Internet : **Cyber Solutions S.A.** (☎ 327 471), à l'intersection des rues Libertad et Callao. s/3 l'heure. Ouvert Lu-Sa 8h-22h et Di. 9h-16h.

Bureau de poste : **Serpost** (☎ 327 031), sur la Plaza de Armas. Ouvert Lu-Sa 8h-20h30 et Di. 8h-14h45.

HÉBERGEMENT

Apparemment, à une époque, on avait espéré beaucoup de touristes à Piura car on y trouve aujourd'hui un nombre incroyable d'hôtels bon marché mais presque vides. La plupart proposent des chambres avec vue sur la rue et des chambres avec vue sur un mur de ciment. Les prix étant généralement les mêmes, il ne vous reste plus qu'à choisir. Peu sont équipés d'eau chaude, ce qui n'est pas vraiment nécessaire, vu le climat étouffant qui règne à Piura.

❤ **Hospedaje California**, Junín 835 (☎ 328 789). Lumineux et accueillant. Des propriétaires sympathiques, un ventilateur dans chaque chambre et une terrasse ensoleillée sur le toit. Mais si vous avez horreur des froufrous, des tons pastel, des fleurs artificielles et de l'harmonisation obsessionnelle des couleurs, allez voir ailleurs. Même les salles de bains communes sont décorées de dentelles. Chambre simple s/13, double s/22.

Hotel Tambo, Callao 546 (☎ 322 312). Dans cet établissement aéré, il fait un peu plus frais que dans le reste de la ville et les ventilateurs qui équipent les chambres font encore baisser la température de quelques degrés. Bien qu'assez dépouillées, les chambres sont confortables et disposent toutes d'une salle de bains. Chambre simple s/20, double s/30, télévision s/4.

Hospedaje Turístico, Arequipa 481 (☎ 334 520), au-dessus du gymnase d'Arnold. Un groupe de grands-mères dirige cet hôtel au caractère particulier et à la décoration incongrue. Toutes les chambres sont équipées d'une salle de bains. Chambre simple s/20, double s/30, télévision s/5.

Hostal Tangarará, Arequipa 691 (☎ 326 450, fax 328 322), à la hauteur de la rue Ica. Hôtel très central. Ballons d'eau chaude en état de marche, mais aussi télévision, téléphone et grandes fenêtres dans chaque chambre. Sans oublier un salon à chaque étage. Chambre simple s/30, double s/40.

RESTAURANTS

Comme Piura n'est pas exactement située sur la côte, on y mange moins de fruits de mer qu'ailleurs dans la région. Les petites *chifas* et les restaurants qui servent de la *comida típica* se ressemblent presque tous.

Picantería la Santitos/Carburmer, Libertad 1014 (☎ 332 380). Cuisine italienne raffinée à déguster dans un cadre élégant. Cour intérieure. Pizza primavera pour une personne s/15. Raviolis avec sauce aux champignons s/11. "Cordon bleu" *de lomo* s/27. Ouvert tlj 18h-1h.

Ganímedes, Lima 440 (☎ 329 176). Ce restaurant végétarien est installé dans une sorte de hutte tropicale qui tranche vraiment avec les autres bâtiments du centre de Piura. Fruits de mer à la sauce de soja s/7-10. Plus de 20 jus de fruits différents s/1-4. Ouvert Lu-Sa 7h15-22h et Di. 11h-20h.

Tradiciones Piuranas, Ayacucho 565 (☎ 322 683). Passez une porte en fer forgé et un patio carrelé pour entrer dans ce restaurant séduisant, décoré dans le style des maisons traditionnelles de Piura, où l'on vous servira une authentique cuisine péruvienne. Avocat farci s/8, *pisco sour* s/4. Ouvert tlj 12h-15h et 19h-23h.

VISITES ET SORTIES

ÉGLISES ET PLACES

Piura est l'endroit idéal pour faire de longues promenades et admirer les places et les maisons de l'époque coloniale. La ville est très fière de la **Plaza de Armas**, une place très pittoresque sur laquelle se trouve une statue de la liberté surnommée **La Pola**. Non loin de là, la **cathédrale**, quelque peu abîmée, fut érigée en 1588 et abrite un autel doré. Au bout de la rue Tacna, la **Iglesia del Carmen,** plus jolie, sert de **musée d'art religieux**. *(Ouvert Lu. et Me-Sa 10h-13h et 16h-19h, Di. 10h-13h. Entrée libre.)* L'indépendance de Piura a été déclarée dans la petite et modeste **Iglesia de San Francisco**, à l'intersection des rues Lima et Callao, le 4 janvier 1821.

MUSÉES

Le **Casa-Museo Gran Almirante Grau**, Tacna 662, expose des photos, des documents et des effets personnels de l'amiral Miguel Grau, né ici (1834-1879). Ce héros de la marine péruvienne pendant la guerre de 1879 contre le Chili est la fierté des habitants de Piura. *(Visites gratuites, pourboire bienvenu. Ouvert Lu-Ve 8h-13h et 15h30-18h, Sa-Di 8h-12h. Entrée libre.)* Le **Museo Municipal**, récemment rénové, situé à l'intersection des rues Sullana et Huánuco, expose un peu de tout : collections anthropologiques, archéologiques et géologiques, art moderne, photos anciennes de Piura. Il y a même une petite boutique de souvenirs. *(Ouvert tlj 7h-19h, entrée libre.)*

CATACAOS

Ce village, situé à 12 km de Piura, abrite un formidable **marché d'artisanat** connu pour le travail de la *filigrana*. Il s'agit d'un tissage savant et élaboré de fils fins d'or et d'argent avec lequel on fait des bijoux et des tapisseries. L'or est en principe de grande qualité (au moins 18 carats) et les prix étonnamment bas. Vous trouverez également sur le marché de jolis objets en bois sculpté, des vêtements en coton ainsi que des chapeaux en paille tressée, comme des panamas. *(Les colectivos à destination de Catacaos partent de la Plaza Pizarro. Durée 15 mn, s/1. Marché ouvert tlj 9h-17h.)*

VIE NOCTURNE

Piura a beau ne pas être la ville la plus animée à la nuit tombée, on y trouve quand même un certain nombre de **discothèques** et de **peñas**. Les jeunes de Piura vont là où la fête bat son plein, c'est-à-dire dans la rue Ayacucho, entre les rues Cusco et Arequipa, dans des endroits comme le **Flamingo's**, Ayacucho 534 (ouvert Je-Sa 19h-5h), et le **Bohemio's**, Ayacucho 585 (ouvert Je-Di 20h-2h). Ceux qui ont déjà un peu de bouteille préfèrent les établissements qui font à la fois restaurant, peña et discothèque. La plupart sont installés dans la rue Guardia Civil, qui continue la rue Sánchez Cerro, à l'est du pont. Les plus importants d'entre eux sont **Tony's**, à l'angle des rues Guardia Civil et Cayetano Heredia (☎ 328 001), et **La Granja**, Guardia Civil, 1 km après le pont (☎ 325 351).

EXCURSIONS DEPUIS PIURA

PAITA ET COLÁN

Les bus à destination de Paita partent régulièrement en face du marché, dans la rue Sánchez Cerro, 6 cuadras à l'ouest après la rue Sullana. La compagnie Transportes Dora, Sánchez Cerro 1387 (☎ 326 670), propose le service le plus régulier (durée 1h, 1 dép/20 mn de 6h à 20h, s/2,5). Depuis Paita, il faut 20 mn en colectivo pour arriver à Colán (s/2). Piura Tours (voir p. 235) offre le transport gratuit jusqu'à Colán à tous ceux qui passent la nuit au Playa Colán Lodge.

La petite ville de **Paita**, à 57 km au nord-est de Piura, est le port de la ville enclavée. Située dans une baie naturelle, Paita est également un important centre de pêche où se croisent dans un ballet quelque peu déconcertant petits bateaux de pêche et gros cargos. Contrairement à ce que pourrait faire croire sa sérénité actuelle, la ville eut sa part de tragédies. Ainsi, les corsaires britanniques, parmi lesquels l'aventurier sir Francis Drake, la pillèrent de façon régulière au cours du XVIe siècle. Après la mort du libertador Simón Bolívar en 1830, sa maîtresse, Manuela Sáenz, choisit Paita comme terre d'exil et y passa le reste de ses jours. L'activité qui règne sur les quais de Paita peut être intéressante à observer, mais le vrai spectacle est celui des plages immaculées qui s'étendent au nord et au sud de la ville. La plus remarquable est celle de **Colán**, à 16 km vers le nord, une petite station balnéaire tranquille. Les maisons en bois sont construites sur pilotis, au bord de l'eau, là où l'écume vient lécher le sable blanc. La ville est aussi connue pour son **Iglesia San Lucas**, une construction à moitié écroulée, mais qui est la plus vieille église du Pérou, construite par les moines dominicains en 1536 (à 10 mn de la ville. A/r en taxi s/8).

HUANCABAMBA ☎074

A quelques dizaines de kilomètres de la mer, les premiers sommets des Andes narguent de toute leur hauteur les terres désespérément plates de la côte. C'est en traversant ces montagnes par une petite route étroite qui serpente à travers les nuages que l'on peut atteindre la haute vallée qui sert de berceau à Huancabamba, le plus grand centre de médecine traditionnelle du Pérou. Bien que la beauté des paysages environnants justifie amplement le voyage, la plupart des gens y viennent en quête d'un remède spirituel et médicinal. Huancabamba est en effet renommée pour ses chamans (des guérisseurs également appelés *brujos*, *curanderos*, et *maestros*) et les qualités supposées bénéfiques des Lagunas de Las Huaringas, situées non loin de là.

TRANSPORTS ET INFORMATIONS PRATIQUES. Le centre de Huancabamba se situe autour de la **Plaza de Armas**, délimitée par les rues **Grau**, **General Medina**, **San Martín** et la **Iglesia San Pedro**. La **gare routière** de la ville se trouve au bout de la rue **Centenario**, à 3 *cuadras* en remontant à partir de la Plaza de Armas. De là, les deux compagnies principales, Etipthsa (☎473 000) et Turismo Express, proposent des bus à destination de **Piura** (durée 8h, dép. à 7h45 et 18h, s/15). Etipthsa dessert également **Chiclayo** (durée 12h, dép. Di., Ma. et Je. à 17h45, s/25). Au départ de la gare routière, des **combis** rejoignent **Salalá** (durée 2h, dép. de 3h à 5h et de 16h à 17h, s/10) et d'autres villes voisines. L'**office de tourisme**, très utile, est situé à l'intérieur de la gare routière. Il met à la disposition des voyageurs une **consigne gratuite** et vous y trouverez une liste de chamans reconnus officiellement (ouvert tlj 8h-12h et 15h-19h). Parmi les autres services, la **Banco de la Nación** est à l'angle des rues Grau et Lima. Malheureusement, elle n'a pas de distributeur automatique et ne change pas les chèques de voyage (☎473 004, ouvert Lu-Ve 8h30-14h30). La **police** se trouve sur la place (☎473 010) et l'**Hospital Rural de Huancabamba** à l'entrée de la ville. Pour téléphoner, allez à **Telefónica del Peru**, San Martín 124 (☎473 144, ouvert tlj 7h-22h).

HÉBERGEMENT ET RESTAURANTS. Les hôtels de Huancabamba laissent un peu à désirer. L'**Hospedaje Danubio**, Grau 208, sur la Plaza de Armas, propose des chambres avec la télévision et certaines avec une jolie vue sur les montagnes en prime. Les salles de bains communes sont très propres. Le soir, l'eau coule par intermittence mais elle est chaude. Le prix des chambres varie selon l'étage. (☎473 200, chambre simple s/8-12, avec un balcon s/15, chambre double s/12-20, avec un balcon s/20.) L'**Hostal Dorado**, Medina 116, sur la place, est considéré comme "l'hôtel de luxe" de Huancabamba à cause de l'eau chaude qui coule 24h/24 dans ses salles de bains communes. Ses chambres sont pourtant petites, avec des traces d'humidité sur les murs aux couleurs délavées (☎473 016, chambre s/10 par personne). L'**Hospedaje San Pedro**, Centenario 206, à proximité de la gare routière, propose des chambres spacieuses qui sont bien plus propres que les salles de bains communes, où l'eau coule quand elle veut. (☎473 178, chambre simple s/10, double s/20, avec salle de bains s/25.) Les restaurants de la ville sont petits et simples. Le **Poker de Aces**, tout près de l'Hospedaje San Pedro, propose de la cuisine *criollo* et des *rompopes* (s/1), une boisson locale faite à base de *caña* (un alcool de sucre de canne puissant), d'œuf, de sucre, de miel, de citron et de vanille, que l'on boit traditionnellement à midi (ouvert tlj 8h-23h).

VISITES ET FÊTES. A l'intérieur de la gare routière, le petit **Museo Municipal Mario Polla Meconi** abrite des poteries datant des civilisations préincas, témoignage de la culture Huancapampa, Chimú, Vicus ou Moche, ainsi que deux **momies** trouvées à Succhil. (Ouvert tlj 8h-12h et 15h-19h. Si le musée est fermé, demandez à l'office de tourisme que l'on vous ouvre la porte. Entrée libre.) La **Plaza de Armas** permet d'avoir une jolie vue sur les collines alentours. Si vous voulez avoir une vue encore plus jolie, demandez à l'église ou à l'office de tourisme de vous laisser entrer dans le **mirador** situé en haut du clocher. Il y a également des sites intéressants à visiter en dehors de la ville. Dans les ruines du **Templo de los Jaguares**, on peut voir quatre gros rochers que la culture Huancapampa tient pour sacrés. Ces pierres se trouvent à l'intérieur et à côté d'un temple cérémoniel construit aux alentours de 1200 et dédié au culte du jaguar. Lorsque l'Inca Tupac Yupanqui conquit la région vers 1480, cet édifice fut reconverti en temple du soleil. Pour vous y rendre, prenez un *combi* à la gare routière jusqu'à Mitupampa (durée 2h, dép. de 6h à 17h, s/3), puis marchez 30 mn avant d'arriver aux ruines. Au sud de Huancabamba, le village traditionnel de **Sondor** est connu pour son travail du cuir et ses *alfañiques* (bonbons aux cacahuètes), préparés dans des jarres d'adobe spéciales appelées *mocaguas*. A 15 mn à pied se trouvent les chutes de **Citán** et de **Los Peroles**, d'une hauteur de 45 m, particulièrement belles entre juin et août. De la gare routière, prenez un *combi* jusqu'à Sondor (durée 45 mn, s/2). Les **Baños del Inca** sont une formation rocheuse naturelle en forme de fauteuil, suffisamment grande pour accueillir trois personnes. Une rivière souterraine froide jaillit au-dessus. Pour profiter de cette douche rafraîchissante, montez dans une *camioneta* qui part de la gare routière en direction de Chulucanitas Bajo (durée 3h-3h30, s/6). Les formations rocheuses de **El Valle de los Infiernillos** ne sont accessibles qu'en taxi (durée 3h30, a/r s/70). Même si l'accès à ces sites est généralement gratuit, l'office de tourisme de Huancabamba peut vous vendre un **Boleto Turístico** (s/3) qui vous garantit l'entrée libre dans tous ces lieux, au cas où quelqu'un chercherait à vous créer des problèmes. Si vous le prévenez, l'office de tourisme peut également vous aider à trouver un **guide** qui parle espagnol ou anglais pour vous accompagner. Le service est gratuit, mais vous devez payer le transport et les repas du guide pour la journée. Le meilleur moment pour visiter Huancabamba est entre juin et novembre, en particulier au moment des *fiestas*. La plus importante d'entre elles est la **Festividad de la Virgen del Carmen**, une célébration qui dure quatre jours à partir du 16 juillet et où l'on peut voir des danseurs vêtus de costumes multicolores mettre en scène la lutte entre le bien et le mal.

EXCURSIONS DEPUIS HUANCABAMBA : À LA RENCONTRE DES CHAMANS. Que vous souffriez d'arthrose ou d'un chagrin d'amour, que vous ayez des difficultés financières ou un peu de fièvre, les *maestros* des **Huaringas** vous promettent de régler le problème. Les Huaringas forment un ensemble de 250 lacs de taille variable. Le plus grand est **El Shimbe**, à 3818 m au-dessus du niveau de la mer. Celui ayant prétendument le plus grand pouvoir curatif est la **Laguna Negra**, à 3957 m d'altitude. La cérémonie commence aux lacs, à trois ou quatre heures à cheval de la ville, où le *maestro* fait baigner ses patients dans des eaux purificatrices. La partie principale du rituel a lieu le soir et est appelée la *mesada* ou la *mesa*. D'abord, les patients prennent un *remedio*, préparé avec un cactus hallucinogène appelé le San Pedro, ou *huachumba*. Quand les premiers effets se font sentir, on y ajoute de l'*aguardiente* (un alcool de canne à sucre) et un jus de tabac (absorbé par le nez). Enfin, différents esprits et saints sont invoqués au moyen de parfums, d'encens et de divers objets spéciaux comme des épées ou des amulettes, selon la nature du problème. Cette partie de la cérémonie dure jusqu'à 5h du matin. Si les visiteurs curieux sont bien accueillis par la population locale, le mépris et le scepticisme ne sont en revanche pas acceptés, car ces cérémonies sont on ne peut plus sérieuses.

Si vous souhaitez voir un *maestro*, demandez à l'office de tourisme de vous orienter dans votre choix. Tous ne travaillent pas tout le temps, et certains sont spécialisés dans certains types de traitement. Certains chamans demandent à peine s/50, mais méfiez-vous des charlatans. Les plus respectés et les plus demandés font payer entre s/150 et s/3000 (moins pour les groupes importants). A Huancabamba, vous trouverez peut-être des gens qui vous proposeront de vous servir de guide et de vous emmener voir celui de votre choix, mais si vous voulez éviter de payer une commission de 50 %, vous feriez mieux de le trouver par vous-même. Gardez en tête une liste de *maestros* "de rechange" au cas où celui que vous avez choisi ne travaille pas ce soir-là. Des *combis* partent de la gare routière pour **Salalá**, le village éloigné où les *maestros* vivent (durée 2h, dép. de 3h à 5h et de 16h à 17h, s/10). Dites au chauffeur qui vous voulez voir et il vous déposera au bon endroit. Il vaut mieux arriver le matin pour discuter avec quelques *maestros*, car ils ne sont pas joignables par téléphone. Une fois que vous vous êtes mis d'accord avec l'un d'eux, vous pouvez passer la journée à vous détendre dans sa maison ou bien vous rendre au lac à cheval (durée 2h30-4h, s/20 le trajet). Si vous êtes pressé, vous pouvez prendre un *combi* l'après-midi et arriver à Salatá avant la tombée de la nuit.

CHICLAYO ☎074

La plupart des gens visitent Chiclayo pour sa proximité avec plusieurs sites archéologiques importants. Les ruines préincas, situées à quelques kilomètres de la ville, comptent parmi les plus anciennes d'Amérique latine. On peut y voir des vestiges de la culture Moche et de la culture locale Lambayeque. Le fameux **Señor de Sipán**, découvert non loin de là en 1987 et reconnu comme étant le roi péruvien Tut, est considéré comme l'une des découvertes archéologiques les plus significatives du siècle passé. Outre les très belles plages des alentours, Chiclayo est à la hauteur de son surnom "La Ciudad de la Amistad" ("la ville de l'amitié") : ses larges rues et ses places bien entretenues sont propices à des rencontres. Les habitants, curieux et dénués de préjugés, vous accueilleront à bras ouverts.

TRANSPORTS

Avion : **Aéroport José A. Quiñones** (☎233 192), à 2 km au sud de la ville. Taxi s/3. **AeroContinente**, Elias Aguirre 712 (☎209 916). Ouvert Lu-Sa 9h-19h45 et Di. 9h-12h30. Vols à destination de **Lima** (durée 1h, dép. à 10h, 15h et 20h, 44-69 $) et de **Piura** (durée 20 mn, dép. à 8h15, 13h15 et 18h45, 15 $). **Tans**, Balta Sur 611 (☎205 867). Vols à destination de **Lima** (durée 1h, dép. Lu., Me., Je. et Sa. à 12h, Ve. et Di. à 19h, 44 $) et de **Tumbes** (durée 45 mn, dép. Lu., Me., Je. et Sa. à 9h30, Ve. et Di. à 16h30, 20 $). Ouvert Lu-Sa 9h-20h et Di. 9h-12h.

Bus : Chiclayo compte une bonne dizaine de "terminaux terrestres", abritant chacun entre une et dix compagnies, éparpillés sur 2 km au sud de la ville (essentiellement dans la rue **Bolognesi**). L'une des rares compagnies qui ne se trouvent pas dans la rue Bolognesi est Ormeño, Rail Haya de la Torre 242 (☎234 206), sur le prolongement sud de la rue Saenz Peña. Elle dessert **Lima** (durée 11h, dép. à 19h30 et 21h30, s/30) et offre aussi un *servicio especial* (durée 10h, dép. à 20h, s/40). Installé dans le même immeuble, la Lit Peru (☎234 343) propose un service de bus à destination de **Chimbote** (durée 5h, 1 dép/h de 8h à 19h, s/15) via **Trujillo** (durée 3h, s/10). La Compagnie Cruz del Sur, Bolognesi 888, à l'est de l'avenue Balta Sur (☎225 508), affrète des bus de luxe qui vont directement à **Lima** (durée 10h, dép. Lu-Sa à 20h, Di. à 20h et 21h30, s/55). La Trans Linea/Vulkano, Bolognesi 638, à l'angle de la rue Colón (☎233 497), dessert les villes suivantes : **Piura** (durée 3h, 13 dép/j de 6h à 20h, s/10), **Cajamarca** (durée 5-6h, dép. à 22h et 22h30, s/18-22), **Jaén** (durée 5h30, dép. à 23h, s/15) et **Lima** (durée 11h, dép. à 20h et 20h30, s/35-45). La TransServis Kuélap, dans le terminal Tepsa, Bolognesi 536 (☎271 318), à l'ouest du croisement avec la rue Colón, offre le meilleur service à destination de **Chachapoya** (durée 9h, dép. à 18h, s/25). Pensez à réserver votre place. Installé aussi dans le terminal Tepsa, Etipthsa (☎229 217) dessert la ville de **Huancabamba** (durée 11h, dép. Lu., Me., Ve. à 16h45, s/25).

ORIENTATION ET INFORMATIONS PRATIQUES

Bien que Chiclayo soit assez étendue pour qu'un grand nombre de personnes s'y déplacent en taxi (course en ville s/1-2), son centre-ville est surtout concentré autour de la **Plaza de Armas**. Cette dernière est traversée par l'avenue **Balta**, l'axe nord/sud le plus important. Elle est coupée par l'avenue **Elias Aguirre**, à l'extrémité sud de la place, alors qu'à 2 *cuadras* au nord se trouve le **Mercado Central**. Le **Mercado Modelo** est situé encore plus au nord, près de l'intersection entre l'avenue Balta et la rue **Arica**.

Informations touristiques : **Centro Informático de Turisme**, Saenz Peña 838 (☎208 501). Ouvert Lu-Ve 8h-13h et 14h30-18h.

Agences de voyages : **Quality Service Tours**, Balta 847 (☎221 963, fax 271 339, e-mail quality@kipu.rednorte.com.pe), vend des billets d'avion pour des vols intérieurs et internationaux et dispose d'un service **Western Union**. Pour un prix élevé, elle organise aussi des visites guidées de la ville (30 $) ainsi que des excursions à Sipán, à Túcume et au musée Brüning (30-70 $). (Ouvert Lu-Ve 9h-13h et 16h-19h, Sa. 9h-13h.) Cependant, les sites situés autour de Chiclayo sont facilement accessibles par les transports publics et il est facile de louer les services d'un guide à moindres frais. Les visites organisées ne sont donc pas nécessaires.

Change : **Interbank**, Elias Aguirre 680 (☎238 361), sur la place. Ouvert Lu-Ve 9h-13h et 16h-18h15, Sa. 9h-12h30. Il y a un **distributeur automatique Unicard** qui accepte les principales cartes internationales dans l'avenue Elias Aguirre, à la hauteur de la Plaza de Armas.

Marchés : **Mercado Central**, Balta 961, à une *cuadra* et demie au nord de la Plaza de Armas. Ouvert Lu-Sa 7h-19h et Di. 7h-14h. Plus au nord, le **Mercado Modelo**, dans l'avenue Balta entre les rues Arica et Pardo, est plus important et plus vivant. Derrière, le mercado de *brujos* (le marché des sorciers) propose un choix incroyable de remèdes traditionnels péruviens, parmi lesquels des hallucinogènes comme le *ayahuasca* (s/20 la bouteille) et le cactus San Pedro (s/2). Ouvert tlj 6h-19h.

Urgences : ☎233 152 ou ☎114. **Pompiers** : ☎116.

Police touristique : Saenz Peña 830 (☎236 700, poste 311).

Services médicaux : **Clínica Lambayeque**, Vicente de la Vega 415, est une clinique privée (☎237 961). **Hospital Las Mercedes**, Gonzales 635 (☎237 021).

Bureau de poste : **Serpost**, Elias Aguirre 140 (☎237 031). Ouvert Lu-Ve 8h-21h, Sa. 8h-20h et Di. 8h-14h.

Internet : La plupart des *cabinas de Internet* sont regroupés autour de la Plaza Aguirre. **Efe Net**, Elias Aguirre 181 (☎234 951). s/3 l'heure. Ouvert tlj 8h-24h.

Téléphone : **Telefónica del Peru**, Elias Aguirre 631 (☎232 225). Ouvert tlj 8h-23h.

HÉBERGEMENT

Les hôtels modestes et très bon marché de Chiclayo (s/10 par personne) se trouvent dans l'avenue Balta, près du Mercado Modelo.

Royal Hotel, San José 787 (☎233 421), dans un vieil immeuble avec un escalier en colimaçon. L'emplacement est idéal. Les chambres disposent de grandes fenêtres qui s'ouvrent sur la place, ainsi que de petites salles de bains avec eau chaude. Chambre simple s/23, double s/32.

Hotel Oasis, Lora y Cordero 858 (☎272 700). C'est un établissement plus récent aménagé dans un grand immeuble où un ascenseur ne serait pas de trop. Les chambres aux couleurs vives sont équipées d'une salle de bains propre avec eau chaude. Chambre simple s/20, double s/40, TV câblée s/10 en supplément.

Hostal Adriatico, Balta 1009 (☎221 873). Etablissement plus vieillot, mais avec un certain caractère. Il y a un lustre en cristal dans le vestibule d'entrée et les chambres doubles sont spacieuses et agrémentées de balcons de style colonial qui donnent sur l'avenue Balta. Chambre s/10 par personne.

RESTAURANTS

Chiclayo bat toutes les autres villes péruviennes en ce qui concerne le nombre de *pollerías* par habitant. Ceux qui préfèrent les sucreries se régaleront en goûtant les *alfajores* vendus à tous les coins de rue. La spécialité locale est le **King Kong**, deux gâteaux retenus ensemble par une *piña* (un ananas), des *maní* (cacahuètes) et du *manjar blanco* (pâte à tartiner sucrée).

❤ **Pueblo Viejo**, Izaga 900 (☎229 863). C'est l'un des restaurants les plus chic de la ville. On y sert une excellente *comida criolla* à des prix très raisonnables. Le personnel recommande le *tollito a la panca* (un poisson de la région, s/15), très apprécié. Ouvert tlj 12h-17h.

Parrillada Hebrón, Balta Sur 605 (☎222 709). Végétariens, faites attention : ce paradis des carnivores n'est pas pour vous. *Menú ejecutivo* (viande rôtie servie avec un jus de fruit frais et un dessert) s/6. Côtelettes avec frites et salade s/12. Dites au directeur que vous êtes touriste, il vous donnera un souvenir. Ouvert tlj 7h30-24h.

Govinda, Balta 1029 (☎227 331). C'est l'un des restaurants de la chaîne végétarienne Govinda, dirigée par les Hare Krishna. Il se distingue par ses "Especialidades Hindus", comme le *Alu Panir Sak* (un plat à base d'épinards et de fromage, s/6). Ouvert Lu-Sa 8h-21h30 et Di. 8h-16h.

VISITES

Les visites à faire autour de Chiclayo sont toutes accessibles par les transports publics, à moins que vous ne souhaitiez tout voir en une seule journée : pour cela, louez plutôt un taxi (s/80 la journée).

SIPÁN. La mise au jour à la fin des années 1980 du site de Sipán constitue l'une des plus grandes découvertes archéologiques en Amérique du Sud depuis celle de Machu Pichu en 1911. Tout a commencé au début de 1987, quand des anthropologues ont remarqué que des objets d'une extrême valeur étaient vendus sur le marché noir. Ils remontèrent la piste des *huaqueros*, les pilleurs de tombes, jusqu'au village de Sipán, 28 km à l'est de Chiclayo. Ils y découvrirent un ensemble de sites funéraires de l'époque des Moche. Beaucoup craignaient que toutes les sépultures aient été profanées par les *huaqueros*, mais une équipe dirigée par l'archéologue péruvien Walter Alva découvrit un tombeau intact, qui s'avéra être bien plus riche que tous les autres. C'était celui d'un prêtre guerrier, baptisé le **Señor de Sipán**, qui gouverna probablement cette région aux alentours de 250 de notre ère. Des répliques de sa tombe, ainsi que de neuf autres tombes du site de Sipán, donnent un aperçu fascinant de vestiges intacts. Dans son caveau de cinq mètres carrés, le Señor était entouré des corps de ceux qui avaient été sacrifiés pour l'accompagner dans son voyage vers l'au-delà. Vous trouverez également un petit musée (moins intéressant que le musée Brüning) et différents *miradores*, au sommet de ce qui fut jadis des pyramides cérémonielles. *(Les colectivos partent toutes les 45 mn du Terminal Terrestre de Micros à l'angle des rues Oriente et Piérola (durée 45 mn, s/1,5). Vous pouvez aussi prendre un taxi (a/r s/40). Les services d'un guide (en espagnol uniquement) coûtent s/7 pour des groupes de 10 personnes au maximum. Pourboire bienvenu. Site ouvert tlj 8h-18h, s/5.)*

LAMBAYEQUE. L'attraction principale de Lambayeque, à 12 km au nord-est de Chiclayo, est le remarquable ❤ **musée Brüning**, où sont exposés les objets trouvés dans le tombeau du Señor de Sipán. Parmi ceux-là, on peut voir plus de 1150 céramiques, un nombre infini de bijoux, des *tumis* (des couteaux de cérémonie), des idoles, des sceptres et des cuirasses d'or, d'argent et de bronze, ainsi que des bijoux précieux. Tous sont remarquablement présentés, avec des notices explicatives en anglais. Après un long séjour dans le Museo de la Nación de Lima, les véritables ossements décomposés du Señor en personne retournèrent au musée Brüning en 1999. Le musée expose également le tombeau du Viejo Señor, un dignitaire plus âgé. Ce tombeau fut retrouvé intact en-dessous de celui du Señor de Sipán, ainsi que des objets de culture moche et chimú provenant d'autres sites des environs. Si vous avez encore un peu de temps, allez voir les deux monuments titanesques que sont la **Iglesia San Pedro**, construite aux alentours de 1700 et la **Casa de la Logia**, construite au XVIe siècle. *(Les combis à destination de Lambayeque (durée 12 mn, dép. de 6h à 22h) partent de l'angle formé par les rues Vicente de la Vega et Angamos. Descendez au marché sur la rue Castilla, la rue principale de Lambayeque. Pour vous rendre au musée Brüning, prenez à gauche dans la rue Atahualpa et marchez 1 cuadra : le musée est à l'angle de la rue Huamachuco. Taxi s/8. ☎ 282 110. Guides en espagnol ou en anglais s/10. Ouvert Lu-Ve 8h30-18h et Sa-Di 9h-18h. s/5.)*

TÚCUME. Souvent appelé El Valle de los Pirámides (la vallée des Pyramides), cet ensemble de 26 pyramides cérémonielles d'adobe était peut-être plus grand que Chan Chan lorsqu'il fut construit aux alentours de l'an 1000. Avec ses 700 m de long, ses 280 m de largeur et ses 30 m de haut, la pyramide la plus grande, **Huaca Larga**, est l'unique structure d'adobe de cette taille en Amérique du Sud. Vous pouvez monter jusqu'aux *miradores* qui sont pour certains à 140 m de hauteur, et avoir ainsi un panorama sur l'ensemble. Non restaurées, les pyramides ont déjà été abîmées par l'érosion et les pluies diluviennes. Elles sont le fruit du travail de la culture de Lambayeque, dont l'histoire est retracée dans le **Museo del Sitio** qui se trouve juste à côté. *(Les combis pour Túcume (durée 30 mn, s/2) partent de la rue Angamos, non loin de la rue Pardo. Les pyramides et le musée se trouvent 2 km plus loin. Le trajet en combi coûte* *s/0,5. Visite guidée en espagnol seulement (durée 45 mn, s/10 par groupe). Mettez des chaussures de marche et de l'anti-moustique, car l'endroit est infesté. Salas se trouve à 20 mn plus au nord, sur l'ancienne Panaméricaine. Site ouvert tlj 8h-16h30. s/5.)*

ENVIRONS DE CHICLAYO : PIMENTEL

Les combis pour Pimentel (durée 30 mn, dép. de 6h à 22h30, s/1) partent de l'angle des rues Vicente de la Vega et Angamos. De Pimentel, prenez la direction de Santa Rosa (durée 10 mn, colectivo *s/0,8, taxi s/4) puis de Eten (durée 15 mn, s/1), où vous devrez à nouveau changer de véhicule pour aller jusqu'à Puerto Eden, à 2 km de là (*combi *s/0,5, taxi s/1).* Combi *direct de Puerto Eden jusqu'à Chiclayo, s/1,2.*

Dans une ville aussi chaude que Chiclayo, rien ne vaut une journée rafraîchissante à la plage. Heureusement, le village de pêcheurs de **Pimentel** n'est qu'à 14 km de là. Au cours de l'été (de janvier à mars), Pimentel est moins une station balnéaire à part entière qu'un lieu où les habitants des villes avoisinantes viennent passer la journée et se détendre en écoutant les tubes de l'été qui sortent des haut-parleurs accrochés aux réverbères. Autrement, Pimentel est dominé par une jetée de 730 m de long sur laquelle les pêcheurs s'affairent chaque matin, lorsqu'ils rapportent la pêche de la nuit (entrée s/1). Un certain nombre de pêcheurs louent des petits bateaux à moteur et vous emmèneront faire une balade sur les îles alentour, **Lobo de Afuera** et **Lobo de Tierra** (comptez s/30 pour 3 ou 4h, allez demander sur la jetée le matin). Vous pouvez également louer des chevaux pour faire des balades sur la plage. (☎453 054. s/15 l'heure.) La mer est trop calme pour faire du surf, mais au mois de mars, le village organise des tournois de sports de plage, des concours de pêche, des courses de *caballitos de totora* (de petits bateaux traditionnels fabriqués avec des roseaux). Heureusement, l'unique hôtel bon marché remplit son rôle. L'**Hostel Garuda**, Quiñones 109, à une *cuadra* de la jetée, propose des chambres propres pour une personne, aménagées dans une grande maison jaune. Les clients sont libres d'utiliser la cuisine, peuvent emprunter les *bodyboards* ou jouer avec le chien. (☎452 964, chambre simple s/25, double s/45-60.) Le meilleur restaurant de la ville (des fruits de mer avec une touche asiatique), se cache derrière la façade aux airs de pagode du ❤ **Yomiuri**, sur la plage à 10 m après le Casino de Pimentel. Plats s/10 en moyenne. (☎979 965. Discothèque Ve-Sa. Ouvert Di-Je 11h-16h et 21h-2h, Ve-Sa 11h-16h et 21h-4h.) Au sud de Pimentel se trouvent quelques plages plus petites et plus sauvages. La **Playa Las Rocas**, à 2 km de là, est une étendue désertique de sable avec des vagues qui permettent de surfer. **Santa Rosa**, à 6 km de Pimentel, est un village de pêcheurs traditionnel dominé par un marché public étonnant. Vous pourrez voir des bateaux en bois aux couleurs vives, posés sur le sable, tandis que les *caballitos de totora*, encore utilisés par les pêcheurs locaux, vont et viennent sur l'eau. A environ 18 km de Pimentel, **Puerto Eden** est peut-être un peu éloigné (les *combis* doivent traverser une rivière avant d'y arriver), mais l'endroit est loin d'être désolé : en été, les vacanciers recouvrent littéralement les 6,5 km de rivage et un DJ passe des tubes de *dance* à fond depuis une scène montée pour l'occasion sur la plage.

TRUJILLO ☎044

Trujillo, la troisième ville du Pérou, n'a pas les vices de la plupart des grandes villes. Ses places noires de monde sont plus sûres, on se repère plus facilement dans ses rues et la ville est d'une taille moins impressionnante. Les *casas antiguas* (vieilles maisons coloniales) sont plus lumineuses que celles de Lima, grâce, ironie de l'histoire, à un violent tremblement de terre survenu en 1970 qui a entraîné la rénovation des bâtiments. De plus, à la différence de Lima, il n'y a pas de pollution, ce qui constitue un atout appréciable pour les plages environnantes. Fondée en 1534 par le conquistador Diego de Almagro, élevée l'année suivante au rang de cité par Francisco Pizarro, qui lui donna le nom de sa ville natale en Espagne, Trujillo était peuplée bien avant l'arrivée des Espagnols. Les civilisations moche, chimú et inca y ont toutes vécu à un moment ou à un autre et l'on peut admirer les vestiges de leur splendeur passée sur les sites archéologiques des Huacas del Sol y de la Luna,

mais aussi à El Brujo et dans l'immense cité en torchis, Chan Chan. Toutefois, à bien des égards, Trujillo ne vaut pas Lima. Les clubs et les cafés ne sont que de pâles imitations comparés à ceux que l'on trouve dans la capitale, et les femmes affirment qu'elles se font beaucoup plus harceler verbalement ici qu'à Lima. Trujillo cultive ses propres traditions, notamment dans le cadre de célébrations tout à fait uniques comme le Festival de la Marinera (qui a lieu les deux dernières semaines de janvier), durant lequel se déroulent des concours de la danse régionale du même nom.

TRANSPORTS

Avion : **Aeropuerto Carlos Martínez de Pinillos**, à 20 mn de la ville. Taxi s/10 (s/5 à partir de Huanchaco). **AeroContinente**, Orbegoso 582 (☎200 775). Ouvert Lu-Sa 9h-13h et 16h-20h. Vols à destination de **Lima** (durée 1h, dép. à 9h15 et 19h, 44-69 $) et **Tarapoto** (durée 1h15, dép. Ma., Ve. et Di. à 13h45, 35-59 $). **Tans**, Orbegoso 324 (☎207 181). Ouvert Lu-Ve 9h-13h et 14h30-19h30, Sa. 9h-13h et 16h-18h et Di. 10h-12h. Vols à destination de **Lima** (durée 1h, dép. à 19h40, 44-49 $) et **Piura** (durée 45 mn, dép. à 17h20, 20-25 $).

Bus : Les principales compagnies qui desservent Lima et Tumbes ont leurs terminaux autour de la rue Ejército, juste au nord du centre-ville. Ormeño (☎259 782), dans la 2e *cuadra* de la rue Ejército, dessert les villes de **Lima** (durée 8h, dép. à 9h, 11h30, 21h30 et 22h, s/30, *especial* dép. à 10h30, 13h30, 22h30 et 23h, s/45-55), **Tumbes** (durée 11h, dép. à 19h, s/30, *especial* dép. à 22h15, s/45) et **Quito,** en **Equateur** (durée 23h, dép. Lu. et Ve. à 19h, 70 $), via **Guayaquil** (durée 18h, 60 $). La CIVA, Ejército 285 (☎251

402), propose un service de bus avec toilettes, vidéo et climatisation à destination de **Lima** (durée 8h, dép. à 22h30, s/30) et **Tumbes** (durée 9h, dép. à 22h, s/25). Tout près, la compagnie Cruz del Sur, Amazonas 437 (☎261 801), dessert **Lima** (durée 8h, dép. à 21h45 et 22h30, s/30, *bus cama* dép. à 12h30 et 23h, s/60). La Linea/Vulkano, Carrión 140 (☎235 847), non loin de la rue Mansiche, dessert **Chiclayo** (durée 3h, 1 dép/h de 6h à 19h, s/10), **Cajamarca** (durée 6h, dép. à 10h30 et 22h30, s/18-25) et **Piura** (durée 6-7h, dép. à 23h, s/20). Les bus de la Vulkano à destination de **Huaraz** (durée 8h, dép. à 21h, s/30) et **Lima** (durée 8h, dép. à 22h, 22h30 et 22h45, s/25-50) partent du terminal situé à la hauteur de Nicaragua 220 (☎243 847), au sud-est de la ville.

Taxi : Course dans la ville, s/2-3. Pour Huanchaco s/8. Les prix doublent à partir de 23h.

ORIENTATION ET INFORMATIONS PRATIQUES

La majorité des places, des hôtels, des restaurants et des maisons coloniales les plus fréquentés se trouvent dans la **vieille ville** et sont entourés par la rue circulaire **España**, qui suit grosso modo le tracé des remparts qui protégeaient la ville à l'époque coloniale. Les vestiges de ces remparts sont situés entre les *cuadras* 11 et 17 de la rue España. Au centre de la vieille ville, on trouve la **Plaza de Armas**. La rue la plus commerçante, où les gens viennent dîner, est la rue **Pizarro**, après la place en suivant les numéros de rue dans le sens croissant. A l'extrémité de cette rue, **La Plazuela El Recreo** est un lieu de promenade pour beaucoup d'habitants de la ville. La rue principale en dehors du centre-ville est la rue **Mansiche**, qui mène à l'**Ovalo Coca-Cola**, centre de l'activité des *colectivos*.

Informations touristiques : **Oficina de Turismo**, Independencia 628 (☎258 216). Vous y trouverez des plans précis et des informations sur les transports en commun qui desservent les sites de la région. Ouvert Lu-Sa 9h-13h et 16h-20h.

Agences de voyages : ❤ **Guía Tours**, Independencia 580 (☎245 170). Ouvert Lu-Ve 9h30-13h et 16h-20h, Sa. 9h30-13h. **Trujillo Tours**, Diego de Almagro 301 (☎233 091, e-mail ttours@terra.com.pe). Ouvert Lu-Ve 9h-13h et 16h-20h, Sa. 9h-13h. Ces deux agences emploient des guides parlant anglais et organisent des visites des ruines environnantes. Guía Tours pratique toutefois un tarif plus intéressant (Chan Chan s/40, Huacas del Sol y de la Luna s/30). Leur inimitable guide, Pedro Puerta, explique l'origine des ruines à sa manière depuis plus de 40 ans.

Change : **Banco de Lima**, Orbegoso 503 (☎261 030), non loin de la place. Le **distributeur automatique** rouge Unicard, ouvert 24h/24, accepte les principales cartes de crédit internationales. Ouvert Lu-Ve 9h15-13h et 15h30-18h, Sa. 9h30-12h30.

Laverie : **Lavandería La Moderna**, Orbegoso 270. Lessive du jour pour le lendemain s/6 le kilo. Lessive effectuée dans la journée s/7,5 le kilo. Ouvert Lu-Sa 9h-13h et 16h-20h.

Urgences : ☎105.

Police touristique : Independencia 630 (☎291 705), dans la maison coloniale du XVIe siècle appelée Casa de la Portada de Leones.

Pharmacie : **Botica Arcangel**, Almagro 603 (☎291 805), au niveau de la rue Bolívar. Ouvert 24h/24.

Hôpital : **Hospital Regional Docente** (☎231 581).

Téléphone : **Telefónica del Peru**, Pizarro 561 (☎231 287). Ouvert Lu-Sa 8h-22h et Di. 8h-12h.

Internet : **El Navegante**, San Martín 626 (☎207 066). s/2,5-3,5 l'heure. Ouvert 24h/24.

Bureau de poste : **Serpost**, Bolognesi 410 (☎245 941), à l'angle de la rue Independencia. Ouvert Lu-Sa 8h-20h et Di. 9h-13h. **DHL/Western Union**, Almagro 579 (☎203 689). Ouvert Lu-Ve 9h-13h et 16h-20h, Sa. 9h-13h.

HÉBERGEMENT

En raison de la situation géographique de Trujillo, la plus grande ville située au nord de Lima, vous trouverez un nombre important d'hôtels. Les établissements situés près de la place sont plus commodes qu'ailleurs, mais parfois aussi un peu plus bruyants et un peu plus chers. Les hôtels les plus économiques se trouvent dans la station balnéaire voisine, **Huanchaco** (voir p. 250). Même les voyageurs plus sensibles au charme des sites qu'à celui de la plage auront peut-être envie d'y passer la nuit, car Huanchaco n'est située qu'à une vingtaine de minutes de Trujillo en *colectivo*.

Hostal Americano, Pizarro 764 (☎241 361). Avec ses œuvres d'art, ses reliefs muraux et ses meubles anciens qui évoquent sa grandeur passée, l'Americano était sans doute jadis l'un des hôtels les plus chic de Trujillo. Chambre simple s/16, avec salle de bains s/20, avec salle de bains et eau chaude s/30, chambre double s/26, avec salle de bains s/30, avec salle de bains et eau chaude s/40.

Hotel Trujillo, Grau 581 (☎243 921). Cette maison un peu décrépite parvient à tourner son ancienneté à son avantage grâce à son charme très années 1950. La façade rose vif cache des chambres bleues et des lits recouverts de dessus-de-lit en cachemire orange. Les salles de bains n'ont de l'eau chaude qu'à certaines heures. Chambre simple s/18, avec salle de bains s/22, chambre double s/30, avec salle de bains s/35, supplément de s/5 pour la télévision.

Hostal Central, Ayacucho 728 (☎205 745). Les chambres ressemblent un peu à des cellules de prison mais cela suffit pour dormir. Demandez un ventilateur s'il fait trop chaud ou vous finirez par être aussi léthargique que Juanito, la tortue de l'hôtel. Chambre simple s/14, avec salle de bains s/20, chambre avec un lit double s/18, avec salle de bains s/24, chambre avec deux lits s/24, avec salle de bains s/30.

Hostal Lima, Ayacucho 718 (☎232 499). Cet hôtel rudimentaire mais bon marché propose des chambres sans prétention avec de petites fenêtres et des lits bien fermes. La porte de sécurité permet de dormir l'esprit tranquille. Chambre simple s/11, avec un lit double s/14, avec deux lits s/18.

RESTAURANTS

Trujillo offre une grande variété de bons restaurants, même si certains des meilleurs établissements (notamment de fruits de mer) se trouvent dans la ville voisine de Huancacho, à 20 mn en bus. Si vous voulez goûter les spécialités locales comme le *cabrito de leche* (chevreau cuit dans du lait), l'*arroz con pato* (canard avec du riz), ou le *shambar* (une soupe de céréales avec des haricots et du porc, traditionnellement servie le lundi), allez dans les petits restaurants qui bordent la Plazuela El Recreo, au bout de la rue Pizarro.

Demarco, Pizarro 725 (☎234 251). Avec ses lustres au plafond et sa musique d'ascenseur en arrière-fond, ce restaurant est l'un des plus chic de Trujillo. Menu s/5,5-8. Pâtes s/10-15. Ouvert tlj 8h-24h.

Restaurant Romano, Pizarro 747 (☎252 251). Ce bistro douillet à l'ambiance européenne sert le meilleur café de Trujillo (grand cappuccino s/2-4). Plats de viande et de poisson s/10-20. Salades s/3-5. Sandwichs végétariens s/3-4. Ouvert tlj 7h30-1h.

Restaurant Plaza, Orbegoso 491 (☎262 589), à l'angle de la place. C'est l'un des établissements préférés des gens du coin. Poulet avec salade et frites s/7. Ouvert Lu-Sa 8h-15h30 et 17h-23h30, Di. 14h-23h30.

Canana, San Martín 791 (☎257 788), propose une savoureuse *comida criolla* avec de nombreuses variétés de *lomo* (bœuf grillé, s/15-20). Musique et danse traditionnelles les vendredi et samedi soir à partir de 23h. Ouvert Lu-Sa 19h-4h30.

Restaurant Vegetariano Naturaleza, Gamarra 455 (☎292 055). L'étroitesse du lieu est compensée par des portions très copieuses. Omelette aux légumes s/4. Menu s/5. Ils vendent également des produits de médecine naturelle comme du pollen d'abeille et de l'*uña de gato* (griffe de chat). Ouvert tlj 7h-22h.

VISITES

DANS LE CENTRE-VILLE

ÉGLISES. Les églises et les cathédrales de Trujillo invitent le visiteur à contempler la beauté de leurs étonnantes façades. La **Basílica Menor** de la **Catedral de Trujillo**, à l'angle de la Plaza de Armas, fut construite au milieu du XVIIe siècle et constitue l'édifice religieux le plus important de la ville. Le **Museo Catedrálico** adjacent abrite une collection d'art et de costumes religieux. Ses cryptes souterraines renferment les ossements des *martirios degollados* (martyrs égorgés). *(Musée ouvert Lu-Sa 8h-14h et 16h-20h. s/5, étudiants s/3. Visite guidée en français, espagnol ou anglais comprise.)* L'intérieur doré du **Monasterio El Carmen**, à l'intersection des rues Colón et Bolívar, est époustouflant. Juste à côté, la **Pinacoteca Carmelita** expose des tableaux religieux datant de l'époque coloniale. *(Ouvert Lu-Sa 9h-13h. s/3.)*

CASAS ANTIGUAS. Un certain nombre de jolies maisons coloniales sont éparpillées dans le vieux Trujillo. Certaines d'entre elles, comme la **Casa Bracamonte** (la plus ancienne et la plus baroque de toutes), Independencia 441, sont fermées au public et l'on ne peut en admirer que les magnifiques façades. La plus impressionnante des *casas antiguas* est sans doute le **Palacio Iturregui**, Pizarro 688, qui a été transformé en club privé mais dont on peut voir une bonne partie depuis la cour d'entrée. Les maisons les plus faciles à visiter sont celles désormais occupées par des banques et ouvertes au public pendant les heures de bureau. L'indépendance de Trujillo fut proclamée en 1820 dans la **Casa de la Emancipación**, Pizarro 610, qui abrite aujourd'hui une exposition de photos ainsi qu'un splendide jardin à l'arrière du bâtiment. La **Casa Calonge**, Pizarro 446, expose des reliques républicaines, comme le bureau sur lequel écrivait Bolívar. La restauration de la **Casa Garci Holguín**, Independencia 527, près de la cathédrale, doit être achevée dans le courant de l'année 2001.

LES MUSÉES. Il y a deux musées archéologiques intéressants en ville. Le **Museo Arqueológico de la Universidad Nacional de Trujillo** abrite la collection la plus variée d'objets précolombiens. On peut y voir une exposition détaillée sur la restauration de la Huaca de la Luna ainsi que d'autres expositions modernes et instructives en espagnol. *(Junín 682, au niveau de la rue Ayacucho. ☎249 322. Ouvert Lu. 9h30-14h, Ma-Ve 9h15-13h et 15h30-19h, Sa-Di 9h30-16h. s/5, étudiants s/1.)* Le **Museo Cassinelli** possède une incroyable collection de plus de 10 000 pièces en céramique qui couvre 2500 ans d'histoire, du paléolithique à l'arrivée des Espagnols. Quel dommage cependant que cette très belle collection se trouve dans un lieu aussi triste (au sous-sol d'une station-service) et qu'une partie non négligeable des objets exposés aient été trouvée par des *huaqueros* (pilleurs de tombe). *(Nicolás de Piérola 601, derrière la station Mobil. ☎231 801. Ouvert Lu-Sa 9h30-13h et 15h30-18h30, Di. 10h-12h30 et 16h-18h. s/5.)*

EN DEHORS DU CENTRE-VILLE

Les sites archéologiques des environs de Trujillo retracent la splendeur et la chute de deux des plus importantes cultures préhispaniques de la côte nord. Alors que les cultures **huaca prieta** et **cupisnique** vivaient dans la région de Trujillo il y a 3000 ans, la première civilisation à laisser une trace importante dans l'histoire est celle des **Moche** (ou Mochica), un peuple guerrier qui étendit son empire de Piura, au nord, jusqu'à Chimbote, au sud, entre 100 av. J.-C. et 600 de notre ère. Les Moche construisirent les premiers grands temples de la région, mais ils se distinguèrent surtout par leur travail très élaboré du métal, du tissage, de la céramique et de la poterie. Après le déclin de l'empire Moche entre 600 et 700 ap. J.-C., la culture **chimú** naissante se développa peu à peu dans les vallées de Moche et de Chicama, si bien que vers 1400, elle avait étendu son territoire le long de la côte, de Tumbes à Lima. Ayant pris la forme d'une confédération de dynasties familiales, avec comme capitale centrale **Chan Chan** (voir plus loin), l'empire chimú fut conquis et pillé par les Incas aux alentours de 1460, 80 ans avant l'arrivée des Espagnols. Bien que certaines agences de voyages de Trujillo proposent des **visites guidées** en anglais des principales ruines Moche et chimú de la région, il n'y a qu'à Chan Chan que la présence d'un guide s'impose. Vous pouvez louer les services d'un guide sur les sites mêmes, ce qui vous reviendra beaucoup moins cher que de passer par une agence.

CHAN CHAN. Connue pour être la **plus grande cité antique en torchis du monde**, Chan Chan était autrefois la glorieuse capitale de l'empire chimú, qui s'étendait sur 1000 km le long de la côte, entre Tumbes et Lima. Cette métropole de terre consiste en un ensemble de quinze citadelles, dont neuf ont sans doute été les palais personnels des chefs de l'époque. Après leur mort, les chefs étaient ensevelis selon des rites élaborés dans leur résidence respective, avec certains de leurs sujets. Hormis la fonction funéraire des palais, les fouilles ont révélé la présence dans ces bâtiments de sections qui avaient toutes une utilité précise, comme le stockage, le travail du métal ou l'administration. Aujourd'hui, les visiteurs peuvent explorer les passages sinueux, les gravures symboliques et les grandes salles du **palais Tschudi**, un édifice en forme de L.

Même si Tschudi constitue l'attraction principale du site, les autres structures, d'une taille bien inférieure, valent la peine d'être visitées et sont accessibles en taxi. La **Huaca Esmeralda** est souvent très appréciée pour son imagerie détaillée sur le thème des poissons, tandis que la **Huaca Arco Iris**, également appelée **El Dragón**, doit son nom aux nombreuses représentations d'arcs-en-ciel et de dragons que l'on peut voir sur ce bâtiment de deux niveaux. Le billet d'entrée à Chan Chan comprend l'accès à ces trois sites ainsi qu'au petit **Museo del Sitio de Chan Chan**. Ce musée met en valeur les innovations techniques et le degré de spécialisation atteint par les Chimú, et utilise des céramiques pour démontrer leurs influences extérieures. *(Les ruines d'Esmeralda se trouvent à 10 mn de Trujillo en taxi (s/10) ou en bus (s/1, prenez n'importe quel bus en direction de Huanchaco à l'angle des rues España et Independencia ou à l'Ovalo Coca-Cola). Pour visiter le musée, prenez un autre bus (s/0,5-1) en direction de Huanchaco, puis marchez 1 km jusqu'au palais Tschudi. Le complexe Arco Iris n'est pas un lieu sûr. Il est donc recommandé aux touristes d'organiser leur visite avec un guide privé ou du musée. Guide s/10-15. Les sites et le musée sont ouverts tlj 9h-16h. s/10, s/5 avec la carte ISIC.)*

LES RUINES MOCHE. A seulement 5 km au sud de Trujillo, au pied du Cerro Blanco, vous pourrez admirer les superbes vestiges de torchis de la capitale cérémonielle de l'Etat Moche (100 av. J.-C.-600 ap. J.-C.), qui, à son apogée, s'étendait de Piura jusqu'à la rivière Huarmey. Le site se caractérise par deux structures massives, la **Huaca del Sol** (temple du soleil) et la **Huaca de la Luna** (temple de la lune), séparées par un secteur résidentiel jadis réservé à l'élite de la ville. Après la chute de l'empire Moche en raison d'El Niño, ce quartier central fut utilisé par les civilisations suivantes comme cimetière pour les notables. Au cours de la période coloniale, la Huaca del Sol fut partiellement détruite au moment où les Espagnols tentèrent de piller le monticule en détournant la rivière Moche. A l'ouest, la Huaca de la Luna, haute de 32 m, est en meilleur état. Les techniques de construction permirent de conserver les frises polychromes. On remarquera l'importance particulière du dieu El decapitador, le dieu zoomorphe, qui apparaît à plusieurs reprises sur les poteries et les fresques d'autres sites. *(Les temples se trouvent à 30 mn en bus en partant de l'angle des rues Suárez et Los Incas à Trujillo, ou à 20 mn en taxi (s/10). Visites guidées gratuites sur présentation du billet d'entrée. Livre guide s/10. Ouvert tlj 9h-16h. s/5.)*

EL BRUJO. Ce site éloigné, à 60 km de Trujillo dans la vallée de Chicama, consiste en un ensemble de trois temples de forme pyramidale : la Huaca Prieta, la Huaca del Brujo et la Huaca Cao Viejo, vieille de 5000 ans. Les reliefs polychromes que l'on trouve à l'intérieur montrent des scènes de la vie quotidienne à l'époque Moche, avec des prisonniers, des guerriers, des danseurs et des sacrifices humains. Vous pourrez également voir des sites funéraires ainsi que des ruines moins importantes datant de l'époque Moche et prémoche. *(El Brujo est difficile d'accès sans moyen de transport individuel et sans guide. La visite guidée coûte cher. Les bus pour les deux villages les plus proches, Cartavio et Chocope, partent à l'intersection des rues Gonzalez Prado et Los Incas (durée 1h30, s/3). De là, il est relativement facile de trouver un taxi pour se rendre sur le site et de demander au chauffeur qu'il repasse vous prendre.)*

SORTIES ET ATTRACTIONS

La vie nocturne de Trujillo est inexistante pendant la semaine mais la ville s'anime un peu pendant le week-end. Il y a un certain nombre de discothèques partout dans la ville, mais elles ne sont rien comparées à celles de Lima. La **Crack Discoteca**, América Sur 2119, au niveau du complexe de la Luna Rota, arbore des couleurs criardes et accueille une clientèle extrêmement jeune. (☎242 182. Entrée Sa. s/6. Ouvert tlj 21h30-3h30.) A l'étage, vous trouverez un **casino** et le tranquille **Luna Rota Pub**, où la clientèle, plus âgée, vient écouter de la salsa. (Entrée du pub Je. s/5, Sa. s/7. Ouvert Je-Sa 22h-5h.) Avec son mélange éclectique d'art baroque et son balcon donnant sur la Plaza de Armas, le très chic **Las Tinajas**, Pizarro 383-389, est plus branché, mais également beaucoup plus cher. Le week-end, la boîte de nuit de cet établissement ressemble plus à celles que l'on peut trouver à Lima, avec des lumières vives et de grands miroirs. (Pub ouvert Lu-Sa 21h-2h. Discothèque ouverte Ve-Sa 22h-4h. Entrée Ve. s/5, Sa. s/10.) Le **Millennium Drive Inn** (☎241 003), dans la rue San Isidro, propose un nouveau concept : les gens viennent dans leurs voitures regarder des clips sur écran géant en buvant un pichet de bière (s/18). Pour les piétons qui ont seulement envie de danser, le Millennium dispose également d'une discothèque aménagée à l'arrière dans un bâtiment qui ressemble un peu à une grange, avec des lasers et une machine à bulles le vendredi. (Entrée s/5. Ouvert Je-Di 20h-5h.) Trujillo possède également deux **cinémas** qui passent souvent des films en anglais. L'un se trouve Pizarro 748 (film à 16h15, 19h15 et 22h, s/6), l'autre Orbegoso 245 (film à 16h15, 19h15 et 22h15, s/7).

ENVIRONS DE TRUJILLO : HUANCHACO

petit port de pêcheurs

Pour vous rendre à Huanchaco, prenez un colectivo devant la station Shell, au niveau de l'Ovalo Coca-Cola (durée 15-20 mn, s/1). Pour revenir à Trujillo, prenez un colectivo dans la rue Rivera. Un taxi coûte en moyenne s/8, mais les prix peuvent grimper jusqu'à s/12-15 après 23h, lorsqu'il n'y a plus de colectivos.

Les touristes qui passent par Trujillo ne s'aventurent dans le nord que pour venir passer quelques jours de détente dans cette station balnéaire tranquille. Ancien lieu de fête, Huanchaco ne s'anime aujourd'hui qu'au moment de la haute saison, de février à mars, ou lorsque les habitants de Trujillo viennent se détendre le week-end. Huanchaco possède une longue et jolie plage, de beaux rouleaux (attention aux chauffards de la mer), un joli marché d'artisanat, d'excellents fruits de mer et un grand nombre d'infrastructures touristiques. Huanchaco est également l'un des rares endroits où l'on peut trouver des *caballitos de totora* (littéralement petits chevaux en roseau) encore en activité. Si vous voulez tester ce moyen original de surfer sur les vagues, il vous suffit d'aller voir les pêcheurs près du port (s/5 les 40 mn, s/10 avec un cours d'initiation).

Ce ne sont pas les bons hôtels qui manquent à Huanchaco. ❤ **La Casa Sulza**, Los Pinos 451, à deux *cuadras* de la mer près de l'entrée de la ville, propose nombre de services : eau chaude 24h/24, échange de livres, laverie, accès Internet, *boogie boards* gratuits, location de combinaisons et de planches de surf à des prix raisonnables ainsi qu'une terrasse sur le toit. (☎461 285. Dortoir 4 $, chambre avec salle de bains 5 $ par personne.) Le **Naylamp**, dans la rue Victor Larco, au bout de la plage à droite lorsque l'on regarde la mer, propose des chambres lumineuses et propres. Les équipements comprennent une cuisine collective, une laverie et des hamacs pour se reposer. (☎461 022, e-mail naylamp@computextos.com. Dortoir s/10, chambre simple s/20, double s/30.) Naylamp dispose également d'un **terrain de camping** propre et sûr, avec vue sur la plage (emplacement s/5, s/8 avec la location de la tente). L'**Hospedaje Huanchaco's Garden**, Circunvalación, Lote 3, un peu à l'écart de la plage (cherchez la pancarte sur la promenade principale), propose des suites de deux pièces avec un grand lit, tranquilles et équipées d'une salle de bains privée et du câble, mais aussi des chambres simples plus petites et plus rudimentaires. (☎461 194. Chambre simple s/20, suite s/40, avec kitchenette s/50.)

Les fruits de mer frais non plus ne manquent pas à Huanchaco. La rue qui longe le bord de mer abrite un certain nombre de *picanterías* bon marché. Mais si vous trouvez un *ceviche* pour seulement s/5 (plat de fruits de mer macérés dans du jus de citron avec oignons et coriandre), ne vous réjouissez pas trop vite : la portion servie est proportionnelle au prix. Pour bien manger et profiter d'une jolie vue sur la mer, allez au **Lucho del Mar**, Victor Larco 600. L'excellent *ceviche mixto*, composé d'au moins cinq variétés de poissons, est peut-être un peu cher (s/20), mais il y en a largement pour deux. (☎461 460. Ouvert tlj 10h-19h.) Le **Mama Mía**, Victor Larco 538, propose toute une variété de hamburgers (s/8) et de plats italiens. (Raviolis à la ricotta, à la mozarella et aux épinards s/16. Ouvert Ma-Di 7h30-23h.)

MAMAN, LES P'TITS BATEAUX QUI VONT SUR L'EAU ONT-ILS DES JAMBES ? Lorsque l'on voit les pêcheurs de Huanchaco naviguer sur leurs **caballitos de totora**, on se demande comment ils arrivent à flotter. Ces bateaux en roseau s'alourdissent au fur et à mesure qu'ils absorbent l'eau et commencent à couler, transformant la pêche matinale en une véritable course contre la montre. Les Péruviens construisent de telles embarcations depuis plus de 3000 ans, mais ils ne les utilisent en général que pendant quelques heures et ne s'aventurent qu'à quelques kilomètres de la côte. Cependant, dans les années 1940, un Norvégien du nom de **Thor Heyerdahl** fit le pari que ces bateaux étaient capables de rester sur l'eau pendant beaucoup plus longtemps, c'est-à-dire le temps nécessaire pour traverser l'océan Pacifique. Jeune botaniste faisant ses recherches en Polynésie, Heyerdahl découvrit que de nombreuses espèces de la flore polynésienne étaient originaires d'Amérique latine. Il devint obsédé par l'origine du peuplement de ces îles. Il soutint que les premiers Polynésiens étaient en fait originaires non pas d'Asie mais de la côte Ouest de l'Amérique du Sud et qu'ils étaient les descendants des peuples préincasiques du Pérou. Les scientifiques ne prirent pas cette théorie au sérieux, arguant du fait que les anciens Péruviens n'avaient pas la technologie leur permettant de naviguer à travers le Pacifique. Heyerdahl se mit donc en tête de leur prouver le contraire. En 1947, il partit de Callao, port situé non loin de Lima, sur un radeau, le Kon-Tiki, fabriqué à partir du même type de roseau équatorien que celui utilisé pour la construction des *caballitos de totora*. Au bout de 101 jours, Heyerdahl et les cinq membres de son équipage atteignirent les îles polynésiennes de Tuamotu après avoir parcouru plus de 8000 km en mer, confirmant ainsi que les anciens Péruviens étaient bien capables de traverser le Pacifique sur leurs frêles esquifs en roseau.

ENVIRONS DE TRUJILLO : PUERTO CHICAMA

Assurez-vous que le bus que vous prenez va bien à Puerto Chicama et non pas à Chicama, ville située à 20 mn de Trujillo. El Milagro propose un service de bus à destination de Puerto Chicama, qui part de Santa Cruz 290, à Trujillo (durée 1h30, 2 dép/h, s/3). Vous pouvez également faire signe au chauffeur d'un bus rouge (souvent marqué "Paiján") au moment où il passe par l'Ovalo Coca-Cola. Le moyen le plus rapide est sans doute de prendre un colectivo *à partir de l'Ovalo Coca-Cola jusqu'à Paiján (durée 1h, s/2), puis un autre jusqu'à Puerto Chicama (durée 30 mn, s/1). Lorsqu'ils sont pleins, les* colectivos *repartent de Puerto Chicama, à l'intersection des rues Tarapaca et Ugarte, entre 5h et 20h. Si vous transportez une planche de surf, il vaut mieux faire tout le trajet en taxi (durée 1h, s/70 à partir de Huanchaco ou de Trujillo).*

Le **surf** est la raison d'être de Puerto Chicama. La plage (également appelée **Malabrigo**) offre l'une des intérieures gauches les plus longues du monde : certains jours, il n'est pas rare de pouvoir surfer sur près de 2 km. Apportez votre propre matériel (planche et combinaison) car il n'y a pas d'équipements à louer ici (il y en a à Huanchaco) et l'eau peut être très fraîche entre avril et décembre. Il est recommandé à ceux qui ne surfent pas de rester à Huanchaco car la ville de Puerto Chicama est très petite et la plage est envahie de matériel de pêche. Les hôtels de Puerto Chicama sont très rudimentaires : si vous êtes ici, c'est que vous préférez passer votre temps dans l'eau que dans votre lit. L'**Hostal El Hombre**, Arica 803, au bout de la plage, à gauche lorsque vous êtes face à la mer, est l'établissement préféré des surfeurs, même si l'endroit commence à vieillir. Les chambres sommaires sont tout juste assez grandes pour vous et votre planche. (☎977 6923. Chambre s/15 par personne.) Le tout nouveau **Hostal El Naipe**, au croisement des rues Grau et Tacna, à une *cuadra* de la plage, est d'un standing un peu supérieur. Même les salles de bains communes avec eau froide sont extrêmement propres. (☎643 568. Chambre simple s/15, double s/25.)

CHIMBOTE ☎044

Plus grande ville entre Lima et Trujillo, Chimbote est située au creux d'une jolie baie naturelle. Malheureusement, si le paysage est beau à voir, l'air n'est pas aussi plaisant à respirer. En effet, le nombre important d'usines de conditionnement de pêche présentes dans la région a fait de ce lieu l'un des plus pollués du Pérou et l'odeur est souvent nauséabonde. Seuls des vestiges de second ordre et quelques sites naturels intéressants peuvent fournir une mince justification à une halte ici.

L'avenue principale de Chimbote est **Victor Haya de la Torre** (même si la majorité des gens d'ici l'appellent encore par son ancien nom, **José Pardo**), à deux *cuadras* de la mer et parallèle au rivage. La **Plaza de Armas** est enchâssée entre les avenues Pardo et **Leoncio Prado**. Presque tous les bus longue distance entrent et partent de la nouvelle **gare routière**, à 8 km du centre-ville (taxi s/4). Ormeño (☎353 515) envoie des bus au sud à destination de **Lima** (durée 6-7h, dép. à 11h, 15h et 23h30, s/20), et au nord à destination de **Tumbes** (durée 13h, dép. à 17h et 20h, s/35) via **Trujillo** (durée 2h, s/7). La Linea (☎354 000) dessert : **Lima** (durée 6-7h, dép. à 23h, s/15), **Chiclayo** (durée 5h, dép. à 9h15 et 15h30, s/16), **Trujillo** (durée 2h, 1 dép/h, s/5) et **Cajamarca** (durée 6h, dép. à 7h et 19h, s/25). La compagnie Transportes Yungay Express (☎353 642) dessert **Huaraz** (durée 8h, dép. à 6h, 8h, 13h et 21h, s/20) via l'impressionnante vallée du Cañón del Pato. Des *micros* (s/2) et des *autocolectivos* partent en direction de **Casma** (durée 50 mn, s/3,5) à l'angle des Ave. Pardo et Tumbes, à 5 *cuadras* de la place. Parmi les autres services, vous trouverez : **Interbank**, Bolognesi 670, avec un **distributeur automatique Visa** (☎321 411, ouvert Lu-Ve 9h-18h15 et Sa. 9h-12h30), la **police** (☎321 651), entre les rues Prado et Bolognesi, sur la place, un **bureau de téléphone**, sur la place, Villavicencio 346 (☎324 182, ouvert tlj 7h-23h), la **poste**, Pardo 294 (ouvert Lu-Sa 8h-20h et Di 9h-13h), et un **accès Internet** à la Computer House, Prado 509 (☎324 491, s/3 l'heure, ouvert Lu-Sa 8h-24h).

L'**Hostal Bolognesi**, Bolognesi 596, propose des chambres bien tenues, malgré leur architecture étrange, équipées de télévisions (sur demande) et de salles de bains privées. (☎336 510. Chambre s/15 par personne.) L'**Hostal Chimbote**, Pardo 205, est moins cher mais n'a pas d'eau chaude. Le manque d'air, dû à la taille minuscule des fenêtres, peut parfois être pénible les nuits où il fait chaud. (☎344 721. Chambre simple s/10, double s/15.) Avec son étang à poissons artificiel et ses lanternes dorées, le **Chifa Canton**, Bolognesi 498, est le restaurant le plus chic de la ville. (Plats s/10-16. ☎344 388. Ouvert Di-Ve 12h-15h et 18h-23h, Sa. 11h-15h et 18h30-24h.) La communauté de *sandboarders* de Chimbote se nourrit des pizzas à pâte fine et croustillante servies par **La Pizza Nostra**, Prado 593. La part de pizza au fromage ou aux pepperoni avec une boisson gazeuse coûte s/2,50. (☎325 654. Ouvert tlj 17h30-23h30.)

La plupart des sites dignes d'intérêt de Chimbote se trouvent en dehors de la ville. **Helen Tours**, Ugarte 693 (☎322 921), à la hauteur de Manuel Ruiz, est une agence spécialisée dans les excursions d'une journée vers le principal site touristique, la **Isla Blanca**. Rattachée à la réserve écologique Fauna Marina, cette île offre tout un choix d'activités variées, puisque l'on peut y faire de la varappe, de la plongée, ou bien tout simplement s'y détendre en passant quelques heures sur l'une de ses plages immaculées. Bien que située à moins d'une heure de la côte, la Isla Blanca n'est pas accessible par les transports publics. Les visites privées ne coûtent que s/15 par personne, mais elle n'ont lieu en général que par groupes de 10 personnes ou plus. Pour rejoindre un groupe, appelez Helen Tours et demandez quand est prévu le prochain départ. Si vous recherchez plus d'aventure, trouvez un chauffeur de taxi qui accepte de vous emmener jusqu'au sommet de la montagne **Cerro de la Juventud** (durée 20 mn, s/15-20). Près du sommet, le **Santuario Señor de la Vida** est une église impressionnante bâtie à flanc de montagne et dont les grandes fenêtres offrent une vue incroyable. Vous pouvez vous rendre dans les cryptes de l'église en traversant un tunnel de 15 m creusé dans la roche et sans éclairage. Vous y trouverez une statue endommagée du Christ, qui n'a pas été réparée sciemment, afin de dénoncer les conséquences du terrorisme au Pérou. De l'église, vous pouvez atteindre le sommet en 30 mn, où se trouve la **Cruz de la Paz**, d'où l'on peut aussi jouir d'une vue magnifique sur la région. Pour revenir en ville, regagnez la grande route à pied (durée 1h) et hélez un taxi ou un bus. La randonnée de Chimbote à l'église n'est pas recommandée si vous n'êtes pas accompagné par un guide qui connaît bien les environs, car la route n'est pas balisée et une erreur d'orientation peut vite vous entraîner à l'écart dans le désert voisin. L'agence **Aventurs Peru**, Enrique Palacios 317, sur la Plaza de Armas, propose des visites guidées de la ville d'une durée de 3h, qui incluent le Cerro de la Juventud (s/40 par personne pour les groupes de 4), ainsi que des excursions vers les constructions rocheuses préincas de **Siete Huacas** et de **Paredones**. (☎320 288. Ouvert Lu-Sa 8h-22h.)

CASMA ☎044

La petite ville de Casma a été totalement reconstruite après son entière destruction lors du tremblement de terre de 1970, dont l'épicentre était situé non loin de la côte. Il va de soi que ce n'est pas pour l'architecture post-1970 de la ville que les gens viennent ici, mais pour sa proximité d'un site archéologique important : les ruines de **Sechín**, vieilles de 3500 ans, situées à 3 km de la ville. L'ancienneté du site en fait un lieu primordial pour les archéologues qui tentent de comprendre les anciennes cultures de la région. Les deux bâtiments principaux situés au centre, l'un en adobe, l'autre en pierre, sont reliés au reste du complexe par une série de passages où l'on peut voir plus de 300 bas-reliefs représentant des guerriers à moitié nus en train de se battre. Pour en savoir plus sur l'histoire de ces ruines et sur ceux qui les ont construites, allez visiter le **Museo Sechín**, sur le site. Des guides compétents (s/15) pourront également vous expliquer le site en détail. Pour atteindre les ruines, prenez un mototaxi (s/2-3) et demandez au conducteur de vous attendre ou de revenir vous prendre plus tard. Vous pouvez aussi tenter votre chance en espérant qu'un taxi ou un *colectivo* s'arrêtera pour vous prendre sur la route de Casma. (Site et musée ouverts tlj 8h-18h, s/5.) Les ruines moins visitées de la forteresse de **Chanquillo** sont constituées de trois énormes murs de forme ovale et concentrique construits au sommet d'une colline et surplombant le Río Sechín. La raison de cette étrange construction reste énigmatique, mais certains anthropologues supposent que les figures géométriques avaient quelque chose à voir avec l'astronomie. Depuis la station-service située à l'entrée de la ville, prenez un *combi* en direction de San Rafael et demandez à ce que l'on vous dépose *frente al castillo*, c'est-à-dire en face du château fort (durée 30 mn, s/1). De là, les ruines sont à une heure de marche. Partez tôt et emportez plusieurs litres d'eau avec vous. **Tortugas**, petite station balnéaire située à 20 km au nord de Casma, a été adoptée comme lieu de vacances par de riches résidents de Lima et de Chimbote, il y a une vingtaine d'années. Aujourd'hui, la baie comporte toujours une plage propre où vous pourrez vous baigner, pratiquer des sports nautiques, pêcher et faire du yacht en été (entre décembre et mars). Mais les prix élevés limitent souvent les séjours à une journée pour ceux qui ont un budget restreint. Les *colectivos* à destination de Tortugas (durée 20 mn, dép. de 5h à 19h, s/2) partent de la rue Mejía, non loin de la place, après le croisement avec la rue Nepeña.

La rue principale de la ville, **Huarmey**, se trouve à une *cuadra* derrière la paisible **Plaza de Armas**. Tous les **bus** circulant entre Lima et le nord du pays passent par la station-service située à l'entrée de la ville, mais ne s'y arrêtent que s'il leur reste des places disponibles. Pour vous y rendre, remontez la rue Nepeña depuis la Plaza de Armas pendant environ 10 mn. La compagnie Turismo Las Dunas, Tarapacá 439 (☎711 381), dessert les villes de **Lima** (durée 5h, dép. à 0h15 et 12h, s/20) et de **Piura** (durée 8h, dép. à 0h45, s/30) via **Chiclayo** (durée 6h, s/25). Tepsa, Luis Ormeño 505 (☎711 226), dessert **Lima** (durée 5h, dép. à minuit, s/15) et **Tumbes** (durée 22h, dép. à 14h, s/35) via **Trujillo** (durée 5h, s/10), **Chiclayo** (durée 6h, s/15) et **Piura** (durée 8h, s/28). Empresa Tamara (☎724 362), en face de la station-service, propose un service de bus pour **Huaraz** (durée 5h, dép. à 9h, s/15). Les *colectivos* à destination de **Chimbote** (durée 50 mn, s/3,50) partent une fois pleins de l'angle des rues Nepeña et Mejía, tout près de la place. Parmi les autres services que vous trouverez en ville figurent notamment : une **Banco de la Nación**, dans la rue Nepeña, derrière le bâtiment de la Municipalidad (☎711 508, chèques de voyage non acceptés, ouvert Lu-Ve 8h10-14h), la **police**, Magdalena 201 (☎712 340), sur la place, l'**Hospital de Apoyo Casma** (☎711 299), dans la rue Mejía et la **poste**, qui propose également un service de **téléphone**, dans la rue Lomporte, près de la place (☎711 067, ouvert Lu-Sa 8h-20h). Si vous cherchez un hôtel plus confortable aux environs de la place, allez à l'**Hostal Indo Americano**, Huarmey 130, qui est propre et sûr. (☎711 395. Toutes les chambres sont équipées d'une salle de bains. Chambre simple s/20, avec un grand lit s/30, avec deux lits s/40.) Pour le standing supérieur, il vous faudra remonter la rue encore un peu plus haut et aller au **Rebecca Hostal**, Huarney 370, à côté de la Farmacia San Carlos, où les chambres, joliment décorées, sont toutes équipées d'une salle de bains avec eau chaude, d'une télévision et de lits bien fermes. (☎711 143. Chambre simple s/30, double s/45.)

BARRANCA ☎034

La petite ville de Barranca sert avant tout de point de départ pour aller explorer les ruines des alentours. Si telle est votre ambition, sachez que l'attraction principale est l'ancienne **forteresse de Paramonga**, construite par la civilisation préinca **chimú**, à l'extrême sud de son vaste empire. Paramonga est un grand site où l'on peut voir des remparts serpentant jusqu'au sommet d'une colline abrupte. En haut, on peut encore apercevoir la trace de fresques colorées. Même si l'on qualifie ce site de forteresse, il servait plus probablement de centre cérémoniel. Vous pouvez vous procurer un document explicatif fort utile à l'entrée (deux pleines pages en espagnol, s/0,5). Le fonctionnaire qui travaille dans le bureau est assez bien renseigné. (Ouvert tlj 8h-18h. s/3, étudiants s/2.) Le site se trouve au bord de la Panaméricaine, à 17 km au nord de Barranca : vous pouvez donc prendre n'importe quel bus se dirigeant vers le nord (demandez au chauffeur de vous déposer à *la fortaleza*, la forteresse). Sinon, prenez un *colectivo* au croisement des rues Lima et Ugarte à Barranca jusqu'au petit village de Paramonga (durée 25 mn, s/1), puis prenez un mototaxi pour parcourir les 6 derniers kilomètres jusqu'aux ruines (durée 10 mn, s/3). En ville, les deux rues principales sont **Lima** (la Panaméricaine) et **Gálvez**, parallèles et simplement séparées par une *cuadra*. La rue **Alfonso Ugarte** relie la rue Gálvez à la **Plaza de Armas**. Pour prendre un bus se dirigeant vers le nord à partir de Barranca, remontez la rue Lima et attendez. Plusieurs petites compagnies se concentrent à l'angle des rues Lima et Ugarte et proposent des services de bus vers le sud à destination de **Lima** (durée 3h, 2 dép/h de 4h à 20h, s/8). En ville, vous trouverez les services suivants : une **Banco de Crédito**, Gálvez 330 (ouvert Lu-Ve 9h15-13h15 et 16h30-18h30, Sa. 9h30-12h30),

avec un **distributeur automatique Visa**, l'**Hospital de Apoyo** (☎235 2241), dans la deuxième *cuadra* de la rue Nicolás de Piérola, la **poste**, Ugarte 114 (☎235 4530, ouvert Lu-Sa 8h-20h) et des **téléphones publics**, Ugarte 161 (☎235 2020, ouvert tlj 7h-23h). En général, les hôtels de Barranca sont rudimentaires et bon marché. L'**Hostal Pacífico**, Gálvez 115, propose des chambres sans prétention avec des lits mous et de petites fenêtres trop hautes pour pouvoir voir quoi que ce soit, mais ce vieil établissement vient d'être repeint et il y a de l'eau chaude. (☎235 2526. Chambre simple s/10, avec salle de bains s/13, chambre double s/16, avec salle de bains s/19.) L'**Hostal Continente**, situé un peu plus loin, Alfonso Ugarte 190, est installé dans un bâtiment moderne près de la place. Les couloirs sont un peu sombres, mais les chambres sont agrémentées de grandes fenêtres donnant sur la rue. Toutes les chambres sont équipées d'un ventilateur et d'une salle de bains avec eau chaude. (☎235 2458. Chambre simple s/25, avec un grand lit s/30, avec deux lits s/40, supplément de s/5 pour la TV câblée.)

LA CORDILLERA BLANCA

HUARAZ ☎044

Principale voie d'accès à la Cordillère blanche, Huaraz bourdonne de récits d'aventures en montagne. Toutefois, parmi les anciens de la ville, le ton n'est pas toujours enjoué : les habitants de Huaraz évoquent tous les événements survenus dans la région en utilisant les expressions *antes de* (avant) ou *después de* (après) pour désigner le terrible tremblement de terre de 1970 qui rasa littéralement toute la ville à l'exception d'une rue et tua la moitié de la population. Depuis, Huaraz a pansé ses blessures, mais la reconstruction hâtive après le séisme a laissé la place à une ville qu'on dirait presqu'entièrement construite en béton. Cependant, ce n'est pas pour des considérations architecturales que tant de voyageurs affluent ici entre mai et septembre (période de la saison sèche dans la région), mais pour pratiquer des activités de plein air. La gentillesse et l'hospitalité des habitants aidant, vous n'aurez aucun mal à trouver des compagnons d'escalade, de randonnée, de rafting ou d'exploration, et vous pourrez également partir visiter les ruines de Wilcahuaín et de Chavín.

TRANSPORTS

Bus : Les compagnies de bus se trouvent dans la rue Raymondi. Newcomer Etti, Raymondi 800 (☎ 726 645), propose un service de bus propres à des prix très intéressants. Départs à destination de **Lima** (durée 8h, dép. à 22h, s/15), **Chimbote** (durée 6h, dép. à 21h, s/18) et **Trujillo** (durée 8h, dép. à 21h, s/20). Maril Tours, Bolívar 452 (☎ 722 555), dessert les villes de **Lima** (durée 8h, dép. à 13h, 22h et 23h, s/25-35), **Chimbote** (durée 6h, dép. à 21h, s/25) et **Trujillo** (durée 8h, dép. à 21h, s/30). Cruz del Sur, Lucar y Torre 446 (☎ 724 390), dessert **Lima** (durée 8h, dép. à 10h et 22h, s/30). Civa Cial, San Martín 502 (☎ 721 947), dessert **Lima** (durée 8h, dép. à 10h, 14h et 21h30, s/20). Pour vous rendre dans les villes de l'est et du sud de la Cordillera, cherchez des *combis* dans les rues Cáceres et Tarapaca. Chavín Express, Cáceres 338 (☎ 724 652), et Rápido, Cáceres 312 (☎ 726 437), desservent également **Chavín** (durée 4h, s/10), **Huari** (durée 6h, dép. à 7h, 11h et 14h, s/13), **Chiquían** (durée 3h, dép. à 6h, 14h et 19h, s/10), **Huallanca** (durée 4h, dép. à 7h et 13h, s/12) et **Llaclla** (durée 4h, dép. Ma., Je. et Sa. à 13h, s/15). Les *combis* partent du pont qui traverse le Río Quilcay et desservent les villes, au nord, de **Wilcahuaín** (durée 1h, s/1-1,5) et de **Caraz** (durée 2h, 2 dép/h de 6h à 20h, s/5) via **Carhuaz** (durée 1h, s/2) et **Yungay** (durée 1h30, s/4).

Taxi : Vous trouverez des taxis dans la rue **Luzuriaga**. Le prix d'une course dans Huaraz est en moyenne de s/2. Les taxis *colectivos* coûtent un peu moins cher que les taxis privés.

Location de vélo : **Mountain Bike Adventures**, Torre 530 (☎ 724 259, e-mail alaza2mail.cosapidata.com.pe), entre les rues José de la Mar et Morales, au premier étage. Ce sont les meilleurs vélos de la ville, mais il faut suivre une visite guidée (20 $ la journée) pour pouvoir les utiliser. Ouvert tlj 9h-13h et 17h-19h. **Sobre Ruedas**, Ave. de la Cruz Romero 593 (☎ 792 004), pratique des tarifs inférieurs (s/2-5 l'heure). Ouvert tlj 6h-19h.

ORIENTATION ET INFORMATIONS PRATIQUES

Nichée entre la Cordillère blanche et la Cordillère noire, Huaraz est située dans la vallée du Río Santa, également appelée **Callejón de Huaylas**. La rue principale de la ville, **Luzuriaga**, est orientée nord/sud et relie les grandes artères les unes aux autres. La **Plaza de Armas**, où se concentrent la plupart des commerces, des hôtels et des restaurants, jouxte la rue Luzuriaga, à environ sept *cuadras* au sud du **Río Quilcay**.

Informations touristiques : **OPTUR** (☎ 721 551), Luzuriaga, dans le Museo Arqueológico. Ouvert Lu-Sa 8h30-13h et 14h-18h30, Di. 9h30-14h. Pour obtenir des informations sur l'escalade, consultez la **Casa de Guías**, Parque Ginebra 28 (☎ 721 811), à une *cuadra* de la place. Ouvert Lu-Ve 9h-13h et 16h-20h, Sa. 9h-13h. Le tableau d'affichage à l'extérieur est très pratique pour les annonces concernant la vente, l'achat ou la location de matériel, ou si vous cherchez un partenaire pour faire de l'escalade ou de la randonnée.

Agences de voyages : A Huaraz, les compagnies proposent toutes les formules possibles, des visites guidées en bus aux forfaits escalade en passant par le rafting en eau vive et le deltaplane. Vérifiez avec qui vous partez, et méfiez-vous des agences qui n'ont pas pignon sur rue. **Pyramid Adventures**, Luzuriaga 530 (☎ 721 864), spécialisée dans les excur-

sions "aventure", est réputée avoir des informations, des équipements et des guides fiables, mais leur bureau est rarement ouvert. **Pablo Tours**, Luzuriaga 501 (☎ 721 145, e-mail pablot@net.telematic.com.pe) et **Chavín Tours**, Luzuriaga 502 (☎ 721 578), sont toutes les deux reconnues comme étant de vraies agences touristiques et sont ouvertes tlj 7h30-13h et 16h-22h. Pour obtenir des informations sur le deltaplane et les balades à cheval, adressez-vous à **Monttrek**, Luzuriaga 646 (☎ 726 976, e-mail Monttrek@si.computextus.net), au-dessus de la Banco del Trabajo. Ils louent également du matériel d'escalade et de randonnée. **Outdoor Expeditions S.A.**, Cáceres 418, près du Parque Pip (☎ 728 725, e-mail snowk20@yahoo.com, Web : www.peruoutdoorexpeditions.com), après le tunnel qui se trouve dans la quatrième *cuadra* de Luzuriaga, est spécialisée dans la randonnée et l'escalade et loue du matériel de très bonne qualité à des prix raisonnables. Ouvert tlj 8h-13h et 15h-22h.

Banques : Les banques sont concentrées autour de la Plaza de Armas et disposent de **distributeurs automatiques** Visa. **Banco de Crédito** (☎ 721 170), à l'angle des rues Sucre et Luzuriaga. Ouvert Lu-Ve 9h15-13h15 et 16h30-18h30, Sa. 9h30-12h30. La **Banco Wiese Sudameris**, dans la rue Sucre, change les chèques de voyage moyennant une très modeste commission. Ouvert Lu-Ve 9h-13h et 16h30-18h45, Sa. 9h30-12h30. **Chris** et **J.P. Casa de Cambio**, Luzuriaga 631-02 (☎ 721 160), propose un service **MoneyGram**. Ouvert Lu-Sa 9h30-13h et 16h30-19h, et parfois le dimanche pour ceux qui appellent en urgence. La **Banco del Trabajo**, Luzuriaga 646 (☎ 725 606), propose les services de la **Western Union**. Ouvert Lu-Ve 9h-13h30 et 15h45-19h, Sa. 9h30-12h45.

Marché : Il existe un marché couvert, à l'angle de la rue Raymondi et de l'Avenida de la Cruz Romero, où vous trouverez des fruits, de la nourriture séchée et des réparateurs de chaussures, très utiles pour ceux qui font de la randonnée ou qui viennent juste visiter les sites. Ouvert tlj 6h-19h30. Vous trouverez un marché en plein air dans les rues situées au nord de Raymondi, de la rue Confraternidad à San Martín. Ouvert tlj 7h-17h. Le lundi et le mardi, des habitants des communautés voisines de Huaraz se rassemblent dans la rue Raymondi, juste à l'ouest de la rue Confraternidad, pour vendre leurs produits. Artisanat local dans la rue Luzuriaga et dans la Feria Artesanal, sur la Plaza de Armas.

Laverie automatique : **Lavandería Tintorería B&B**, José de la Mar 674 (☎ 721 719). s/4 le kilo. Ouvert Lu-Sa 9h-13h et 15h-20h.

Location de matériel : Vous pourrez louer pratiquement n'importe quel matériel à Huaraz. Il faut marchander, surtout si vous louez plus d'un article ou pour plus d'une journée. Inspectez attentivement le matériel avant de le louer. **Outdoor Expeditions S.A** (voir Agences de voyages, précédemment) loue du matériel de qualité. Tente pour 4 personnes 6 $ la journée. Sacs de couchage 2,50-3 $ la journée. Matériel de camping complet pour 4 personnes 30 $ la journée.

Police : **Police touristique**, Loredo 716 (☎ 721 341, poste 315), au niveau de la rue Larrea, à deux *cuadras* en amont de la Plaza de Armas. **PNP** (☎ 721 341, poste 202), dans la cinquième *cuadra* de la rue Sucre, à une *cuadra* en contrebas de la place.

Urgences : ☎ 105.

Hôpital : **Hospital Regional** (☎ 721 861, urgences 721 290, poste 47), dans la rue Luzuriaga, près de la rue Pedro Villón.

Pharmacie : **Botica 24 Horas**, Luzuriaga 1224.

Téléphones : **Telefónica del Perú**, à l'intersection des rues Bolívar et Sucre. Ouvert tlj 7h-23h.

Internet : **Plaza Ginebra** (☎ 727 480), sur la Plaza Ginebra, propose l'accès à Internet (s/4 l'heure). Ouvert tlj 9h-23h. **Avance S.R.L.**, Luzuriaga 672 (☎ 726 690), propose le téléphone et l'accès à Internet (s/4 l'heure). Ouvert tlj 7h-24h. **Chavín.com**, Gamarra 628 (☎ 691 722), pratique des prix plus bas (s/3 l'heure). Ouvert tlj 8h-24h.

Bureau de poste : **Serpost** (☎ 721 031), sur la Plaza de Armas, à l'angle des rues Sucre et Luzuriaga. Ouvert Lu-Sa 8h-20h et Di. 9h-13h.

HÉBERGEMENT

Huaraz voit passer toute sorte de voyageur et propose en conséquence un grand choix d'hôtels confortables et abordables. Nombre d'établissements ci-dessous peuvent aider leurs clients à organiser des excursions.

❤ **Hostal Churup**, Pedro Campos 735 (☎ 722 584, e-mail churupalbergue@yahoo.com), juste en dessous de la Iglesia de la Soledad. Très fréquenté par les touristes. Chaque matin, la famille qui tient cet hôtel invite les clients à prendre le petit déjeuner chez eux. C'est l'occasion pour le propriétaire de faire partager son érudition sur les attractions de la région ainsi que sur le meilleur moyen de les visiter. Grande arrière-cour. Echange de livres. Dortoir s/13-16 par personne.

❤ **Hostal Virgen del Carmen**, Ave. de la Cruz Romero 662 (☎ 721 729), non loin du Parque Pip. Grande maison familiale transformée en hôtel avec des chambres impeccables. Eau chaude toute la journée. Chambre simple s/15, avec salle de bains s/20, chambre double s/25, avec salle de bains s/35.

Hotel Santa Victoria, Gamarra 690 (☎ 722 422). Refuge trois étoiles, loin du brouhaha du centre-ville. Les chambres, confortables, avec salle de bains très propre et télévision couleur, jouxtent plusieurs salons. Chambre simple s/50, double s/80, triple s/120, quadruple s/160.

Hostal Residencial Galaxia, Ave. de la Cruz Romero 638 (☎ 722 230), non loin du Parque Pip. Chambres austères donnant sur un patio. Laverie. Consigne. Chambre simple s/20, avec salle de bains s/25.

Hostal Oscar, José de la Mar 624 (☎ 722 720), au niveau de la rue Luzuriaga. Assez confortable. Toutes les chambres sont équipées d'une salle de bains particulière avec eau chaude et d'une télévision couleur. Prenez une chambre à l'écart de la rue afin d'éviter le raffut du petit matin. Chambre simple s/25, double s/30, triple s/40.

Hostal Chong Roca, Morales 661-687 (☎ 721 154), près de Luzuriaga. Les chambres sans douche coûtent un peu moins cher, mais elles sont toujours équipées d'un lavabo et de toilettes. Propriétaire sympathique et âgé. Eau chaude toute la journée. Chambre en haute saison s/30 par personne.

Hostal Estoico, San Martín 635 (☎ 722 371), de l'autre côté du tunnel où les marchands vendent leurs objets artisanaux. Donnant sur un jardin fleuri mais mal entretenu, les chambres du premier étage ont l'eau chaude toute la journée. Chambre simple en basse saison s/12, avec salle de bains s/15.

Hostal Quintana, Mariscal Cárceres 411 (☎ 726 060), à deux *cuadras* de la rue Luzuriaga, après le tunnel des marchands. Les deux fils de la famille qui tient ce modeste établissement sont de très bons grimpeurs et louent du matériel juste à côté de l'hôtel. Chambre s/15 par personne.

Edward's Inn, Bolognesi 121 (☎ 722 692), près du stade, en bas d'une route non goudronnée et assez à l'écart. Cet établissement accueille les *gringos* de Huaraz depuis plus de 20 ans. Chambres spacieuses. Grand patio. Par ailleurs, le propriétaire Eduardo est une mine de renseignements en matière d'escalade. Eau chaude le soir. Chambre s/25 par personne, avec salle de bains s/35.

RESTAURANTS

Huaraz compte suffisamment de restaurants pour satisfaire les randonneurs les plus affamés. Ces établissements se concentrent autour de la rue Luzuriaga, et nombre d'entre eux proposent des menus à l'heure du déjeuner. Ne manquez pas de goûter les spécialités de la Cordillère, à savoir le *llunca* (potage au blé), le *charquí* (porc séché), le *picante de cuy* (cochon d'Inde épicé) et la *trucha* (truite).

❤ **Siam de los Andes**, Gamarra 419 (☎ 728 006), à trois *cuadras* en amont de la rue Luzuriaga. Le chef thaï, Naresuan, prépare d'excellents currys (s/16) et des plats sautés à la poêle (s/16-20) à base de viande et de légumes frais. Les prix sont assez élevés, mais c'est le meilleur restaurant de Huaraz. Naresuan livre également des conseils sur les randonnées faciles. Service du midi annoncé pour bientôt. Ouvert tlj 18h-21h.

❤ **Fuente de Salud**, José de la Mar 562, juste en-dessous de la rue Luzuriaga. Comme son nom l'indique ("la fontaine de jouvence"), c'est l'endroit idéal pour soigner tout ce dont vous souffrez. Les prescriptions classiques comprennent la soupe végétarienne (s/7) et le yaourt (s/4), ou bien le menu à base de viande (s/4). Ouvert tlj 8h-23h.

❤ **Crêperie Patrick**, Luzuriaga 422 (☎ 723 364). Crêpes riches (s/4) avec toute sorte de garniture (s/2-3). Patrick propose également des plats classiques qui coûtent à peu près le même prix que dans un bistro parisien (filet mignon s/29). Décor sophistiqué. Ouvert Lu-Sa 8h-12h30 et 18h-22h30.

Comedor Santa Victoria, Gamarra 690 (☎ 722 422), à trois *cuadras* en amont de la Plaza de Armas. L'excellent menu (s/5) est à la hauteur de sa réputation. Ouvert tlj 7h30-22h.

Bistro de Los Andes (☎726 249), dans la rue Julian de Morales. Mélangeant la cuisine française et la cuisine péruvienne, cet établissement très matinal sert un excellent café à ceux qui arrivent de Lima par le bus de nuit. Plus tard dans la journée, vous pourrez goûter la spécialité de la maison, la *trucha a la almendra* (truite aux amandes, s/18). Echange de livres. Pâtes végétariennes s/8-14. Ouvert Ma-Di 6h-23h et Lu. 17h-23h.

Alpes Andes, Parque Ginebra 28 (☎721 811), à côté de la Casa de Guías. C'est un café où il fait bon se détendre et où vous pouvez arranger de futures randonnées en montagne avec les guides, qui se rassemblent ici. Grignotez un pain à l'ail (s/2) tout en lisant les actualités internationales dans les journaux et les magazines en espagnol. Ouvert tlj 7h-23h.

Pizzeria Chez Pepe, Raymondi 624 (☎726 482). La spécialité de la maison est la pizza (grande pizza s/26-29), mais c'est la décoration pittoresque de Pepe qui en fait l'originalité. Et puis, lui aussi en connaît un rayon sur l'alpinisme. Ouvert tlj 7h-23h.

VISITES

Certaines agences de voyages de Huaraz (voir **Informations pratiques**, p. 256) proposent des **visites guidées de la ville** (durée 3-5h) incluant plusieurs sites des environs. (En moyenne, les visites coûtent s/15 et les billets d'entrée s/9 supplémentaires.) Cependant, la majorité des visiteurs choisissent de ne pas s'en tenir aux attractions offertes par la ville mais de partir à l'aventure dans la Cordillère blanche.

MUSEO ARQUEOLÓGICO DE ANCASH. Ce musée s'efforce de représenter toutes les cultures ayant évolué dans la province d'Ancash au cours des 12 000 années passées. Les 75 monolithes datant de la culture recuay (400 av. J.-C.-600 ap. J.-C.) qui décorent le jardin, de même que la présentation du tombeau de Jancu, sont particulièrement intéressants. Les maquettes de divers sites (Cueva de Guitarreros, Wilcahuaín) sont instructives, même si elles ne peuvent remplacer la visite réelle. Malheureusement, avec tout ceci, il ne reste plus assez de place dans ce musée bien rempli pour l'explication de l'origine et de l'histoire des objets exposés. *(A l'angle sud-est de la Plaza de Armas. ☎721 551. Ouvert Lu-Sa 8h30-18h30 et Di. 9h30-14h. s/5.)*

MONUMENTO ARQUEOLÓGICO DE WILCAHUAÍN. Découvert en 1932 et remontant à l'an 1000 de notre ère, cet ensemble de ruines huaris est composé de deux sites, Chico et Grande, qui étaient utilisés comme lieu de stockage et comme centres funéraires. Trois grandes structures en pierre avec des pièces intérieures sombres indiquent ces deux endroits. Bien sûr, si vous êtes allé visiter les ruines de Chavín, situées non loin de là (voir p. 265), celles-ci feront sans doute un peu figure de tas de pierres en comparaison. *(Des combis indiquant "Wilcahuaín" partent du pont qui traverse le Río Quilcay en direction de Chico (durée 30 mn, s/1,50) via Grande (s/1). La meilleure solution consiste sans doute à visiter Chico en premier, puis à descendre à pied jusqu'à Grande avant de prendre un* combi *pour rentrer. Sinon, vous pouvez toujours parcourir à pied les 6 km qui mènent aux ruines, soit par la route principale, soit en passant par le village de Huanchuc. Les enfants vous feront visiter le site en échange d'un petit pourboire. Ouvert 24h/24, mais plus sûr pendant la journée. s/4, étudiants s/2.)*

LOS BAÑOS DE MONTERREY. Les deux grands bassins et les 27 petites *pozas* (bains privés pour une ou deux personnes), séduisent autant les Péruviens que les touristes. L'eau est marron, mais ne vous inquiétez pas, ce sont juste les minéraux qui donnent cette couleur. (A 7 km au nord de Huaraz, tout près de la route principale. Le bus vert qui part de Luzuriaga est direct *(durée 30 mn, s/0,5). Ouvert tlj 7h-18h. Grand bassin s/3, bain privé s/3.)*

AUTRES VISITES. La **Calle José Olaya** est tout ce qui reste du Huaraz d'avant 1970. Le style colonial des bâtiments et les portes vertes traditionnelles évoquent le passé. C'est l'occasion de mesurer la tragédie architecturale causée par le tremblement de terre de 1970. (Au nord de la rue Confraternidad Este.) Huaraz abrite également un petit **Museo de Miniaturas**, mais il est rarement ouvert. *(Près de l'Hotel Huascarán. Prenez un* colectivo *(s/0,5) en direction du nord depuis la rue Luzuriaga. Horaire variable.)*

ACTIVITÉS DE PLEIN AIR

La montagne offre bien d'autres activités que la randonnée (même si c'est agréable aussi : pour plus d'informations sur le **trekking** et l'**alpinisme**, voir **Vers les montagnes autour de Huaraz**, p. 263). Diverses agences de voyages proposent des séances d'initiation à l'**escalade** près de Monterrey. (10 $ la demi-journée, équipement et guide compris.) Le Río Santa offre d'excellentes conditions pour le **rafting** tout au long de l'année, mais plus particulièrement de mai à octobre. Les rapides de force III, sur la portion de rivière située entre Jangas et Anta (8 km, 15 $), satisferont certaines personnes, mais ceux qui aiment prendre des risques préféreront sans doute la portion située entre Yungay et Caraz, où les rapides sont de force V (17 km, 25 $). Seules les personnes ayant déjà une solide expérience en la matière peuvent s'essayer au **deltaplane**, le matin dans le Callejón, car les changements climatiques sont trop dangereux pour les débutants. Ceux qui souhaitent prendre des cours peuvent contacter Jorge Chávez à Lima. (☎(01) 444 50 04, e-mail airex@perufly.com, Web : www.perufly.com.) Les **excursions à cheval** donnent aux visiteurs l'occasion d'admirer les paysages du nord de Huaraz, tout comme à l'époque des Incas et des Chavín. (Excursion 6 $ l'heure.) Les **skieurs** et les **surfeurs des neiges** peuvent remonter le glacier Pastoruri et se faire une petite descente. (Transport via une agence de voyages s/40 aller-retour.) La majorité des prix figurant ci-dessus comprennent le transport et l'équipement. Renseignez-vous auprès de n'importe quel tour-opérateur de Huaraz (voir **Agences de voyages**, p. 256) pour organiser une excursion. Monttrek est la meilleure adresse en ce qui concerne le deltaplane et les balades à cheval.

FÊTES

En tant que capitale du département d'Ancash, Huaraz accueille plusieurs *fiestas* régionales populaires. La plus importante est la **Fiesta de Mayo** (début mai), au cours de laquelle vous pourrez assister à des spectacles de danse, à des courses de ski et à la procession traditionnelle du Señor de la Soledad, le saint patron de la ville. Parmi les autres célébrations importantes figurent la **Fiesta de Las Cruces** (mi-septembre), les **Fiestas Patrias** (fin juillet), la **Semana Santa** (la semaine sainte, qui précède Pâques) et la **Semana de Andinismo** (vers la fin juin). Lors de cette dernière se déroulent des compétitions d'escalade, de vélo, de kayak, de rafting, de deltaplane, de golf et de planche à voile ainsi que de nombreux concerts et fêtes. Pendant les festivités, le prix des transports et des hôtels augmente considérablement. En période de très forte affluence, il arrive même que les habitants ouvrent la porte de leur maison pour héberger le trop-plein de visiteurs.

SORTIES

Les nuits sont animées à Huaraz et les occasions de tirer profit de l'augmentation du tourisme s'accroissent d'année en année. Pour ceux à qui il reste un peu d'énergie ou quelques *soles*, les adresses suivantes devraient leur permettre d'aller les dépenser.

❤ **El Tambo**, José de la Mar 776 (☎723 417), à 3 *cuadras* en amont de la rue Luzuriaga. Etablissement enfumé et bondé mais l'ambiance y est excellente. El DJ propose un mélange entraînant de tubes, de salsa, de merengue et, bien sûr, de technocumbia. Bière s/5. Pichet de sangria s/10. Entrée en haute saison s/10-20. Ouvert tlj 20h-6h.

Café Andino, Morales 753, à 2 *cuadras* en amont de la rue Luzuriaga. Dans ce café original, vous pourrez boire des cuba libres (cocktail composé de rhum, de Coca-Cola et de jus de citron, s/9) aussi bien que de bons expressos (s/5). La bibliothèque, éclectique et plurilingue, ainsi que les jeux de Scrabble vous aideront à chasser l'ennui. Ouvert tlj 9h-12h et 18h-24h.

Aquelarre, à l'intersection des rues Luzuriaga et Gadino Uribe. Le propriétaire, un artiste local, a décoré ce bar amusant avec ses propres tableaux et sculptures. Ouvert tlj 19h-1h.

El Sol, dans la rue Condor Pasa, non loin de la 4e *cuadra* de Luzuriaga. C'est la boîte branchée du moment. Technocumbia garantie. Pichets de bière s/20-25. Ouvert tlj 18h-6h.

EXCURSIONS DEPUIS HUARAZ

Soyez prêt à payer un billet d'entrée (s/5 la journée) pour toute excursion dans le Parque Nacional Huascarán, même si les gardiens le demandent rarement.

MIRADOR DE RATAQUENA. Ce col de haute montagne (3650 m d'altitude) offre une vue spectaculaire sur Huaraz et les sommets environnants. La marche, courte et très belle (environ 3h aller-retour), permet à de nombreux randonneurs de s'acclimater correctement. Vous pouvez également louer un VTT et vous offrir une belle descente. Malheureusement, la région a mauvaise réputation, et il est recommandé aux visiteurs de ne pas se promener seuls ou à la nuit tombée. *(Pour vous rendre au mirador, prenez la rue Luzuriaga vers le sud, de la Plaza de Armas à la rue Villón, puis suivez la route qui commence au-dessus du cimetière, tout en haut de la rue Villón.)*

QUELQUES NOMS Le grand explorateur péruvien **Antonio Raimondi** est surtout connu pour avoir fait autorité au XIXe siècle sur la flore, la faune et la géographie de son pays natal. Il consacra en effet sa vie à observer et à classer les merveilles naturelles de la Terre, en particulier dans le département montagneux d'Ancash. Aujourd'hui, la **Puya Raimondii**, plante géante de cette région, porte son nom. Ce que la plupart des visiteurs et des habitants de la région ignorent, c'est que Raimondi ne s'est pas limité à donner des noms à ces grandes broméliacées. L'explorateur personnifiait souvent les villes qu'il visitait en fonction des événements qui survenaient lors de son séjour, leur donnant des surnoms accrocheurs encore en usage aujourd'hui. En 1860, au cours d'une visite particulièrement riche en événements au Callejón de Huaylas, Raimondi rebaptisa pratiquement toute la vallée d'après ses impressions personnelles. Au cours de son séjour dans la ville de Recuay, on lui vola l'un de ses journaux de bord, ce qui l'amena à qualifier la commune entière de **"Recuay la voleuse"**. Puis il poursuivit sa route vers le nord jusqu'à Huaraz, où il tomba amoureux d'une jeune fille. Ne se laissant pas impressionner par sa notoriété ni par sa démarche arrogante, la belle repoussa ses avances. Sa fierté en ayant pris un coup, Raimondi quitta **"Huaraz l'effrontée"**, mais il fut encore plus attristé par les abus d'alcool dont il fut le témoin lors de la fête qui avait lieu à **"Carhuaz l'enivrante"**. Cependant, l'intrépide Raimondi continua vers le nord, où son horizon se dégagea enfin. Son moral remonta notamment après qu'il eût assisté à un splendide lever de soleil à **"Yungay la belle"**. Le pas allègre et l'estomac gargouillant, Antonio conclut voluptueusement son périple à **"Caraz la douce"**, où il se refit une santé grâce au *manjar blanco*, la pâte à tartiner au caramel qui fait la réputation de la ville.

LAGUNAS LLANGANUCO. Par beau temps, ces deux superbes lacs alpestres brillent et semblent s'étirer jusqu'à certains des plus hauts sommets de la Cordillère blanche, dont le Huascarán, qui domine au sud-est. Les touristes visitent en général le lac inférieur de Chinacocha. Les visites guidées depuis Huaraz laissent aux participants une heure de quartier libre, le temps nécessaire pour louer une barque ou marcher jusqu'au pied du Huascarán. Il existe un autre lac alpestre très visité, la **Laguna Churup**, situé au pied du Nevado Churup (5495 m d'altitude). *(Pour parcourir les 60 km jusqu'aux Lagunas Llanganuco sans passer par une agence, mieux vaut partir de Yungay (voir* **Yungay**, *p. 267). Toutefois, de nombreuses agences de Huaraz proposent cette excursion* *(s/20-25). Parc s/5. Pour vous rendre à la Laguna Churup, prenez un combi depuis la rue Raymondi jusqu'à Unchus ou Pitec, puis faites le chemin restant à pied. Sinon, les agences de Huaraz proposent des visites guidées pour 20 $.)*

LE GLACIER DE PASTORURI. Cette excursion très appréciée conduit les visiteurs sur un glacier andin relativement plat, comme le sont la plupart des glaciers andins. Aucun équipement spécifique n'est nécessaire, mais il vaut mieux être déjà acclimaté car le glacier se trouve à 5240 m d'altitude. Après une marche de 45 minutes (les skieurs et les surfeurs des neiges traînant péniblement leur matériel derrière eux), vous pourrez passer une heure à vous amuser dans la neige. Les agences de voyages combinent souvent cette excursion (durée environ 9h, s/20-25 par personne) avec une visite pour voir certaines des fameuses **Puya Raimondii** du Callejón, ces plantes qui ressemblent à des cactus mutants géants (jusqu'à 13 m de haut) mais qui sont en réalité plus proches de la famille des ananas. Ces broméliacées, que l'on trouve entre 3600 et 4300 m d'altitude, vivent 100 ans avant de fleurir une seule fois et de mourir. La plupart des groupes de touristes tentent de les cueillir au milieu de leur brève période de floraison.

VERS LES MONTAGNES AUTOUR DE HUARAZ

C'est la perspective de l'aventure dans la Cordillère blanche qui attire les visiteurs à Huaraz. Celle-ci peut revêtir beaucoup de formes, mais les plus extrêmes sont sans doute le **trekking** et l'**alpinisme** pendant plusieurs jours. Ces deux activités offrent des panoramas et des ascensions à couper le souffle. Même si les néophytes doivent laisser le Huascarán aux spécialistes, toute personne en bonne santé peut effectuer de nombreuses randonnées dans la région, du moment que vous n'êtes pas seul et que vous emportez les vêtements et le matériel appropriés à la saison (n'oubliez pas qu'il pleut, qu'il neige et qu'il y a des orages et de la grêle tout au long de l'année, même si les éléments sont beaucoup moins déchaînés de mai à septembre). De plus, sachez qu'outre la location du matériel, le transport et le guide, vous devrez également payer un **droit d'entrée** (s/65) pour les excursions de plusieurs jours dans le Parque Nacional Huascarán.

Le Parque Nacional Huascarán accueille chaque année des hordes de visiteurs venus du monde entier. Lorsque vous explorez le parc, veuillez préserver sa beauté naturelle. Ne laissez rien traîner, y compris les déchets et la nourriture, et essayez de rester dans la limite des sentiers balisés afin de ne pas endommager la fragile végétation andine.

RANDONNÉES. Les randonneurs peuvent suivre les sentiers de façon indépendante ou avec l'aide d'un *arriero*, un muletier local qui sert de guide et de porteur. Vous pouvez louer les services d'un *arriero* à la Casa de Guías (voir **Informations pratiques**, p. 256) ou au départ des sentiers. Ils demandent environ 12 $ pour la journée, sans compter les repas. Pendant la saison sèche, les agences de voyages de Huaraz et de Caraz organisent également des excursions en empruntant les sentiers les plus connus. (25 $ la journée, location de matériel environ 10 $ la journée.) Ceux qui ne souhaitent pas passer par une agence doivent se munir du **matériel** indispensable : une tente, des vêtements chauds et imperméables, un réchaud et des ustensiles de cuisine, des pastilles pour purifier l'eau ou un filtre, une boussole, une carte topographique de la région à jour et de la nourriture.

Parmi **plus de 35 circuits** possibles dans la région de Huaraz, ceux indiqués ci-après sont actuellement les plus fréquentés : de Huaraz à Laguna Llaca (27 km, 2 jours), de Pachacoto à Carpa et à Pastoruri (28 km, 2 jours), de Pitec à Laguna

Tullparaju (30 km, 2 jours), de Pitec à Laguna Shallap (26 km, 2 jours), de Huaraz à Laguna Palcacucha via la Quebrada Cojup (20 km, 2 jours), de Pitec à Laguna Cuchillacocha via la Quebrada Quilcayhuanca (30 km, 2 jours), et de Huaraz à Laguna Rajucolta via la Quebrada Rajucolta (33 km, 3 jours). Le plus emprunté est le sentier qui relie **Llanganuco à la vallée de Santa Cruz** (4-5 jours). Vous pourrez y admirer de très beaux paysages de sommets enneigés, de toundra et de lacs alpins, d'autant que la randonnée n'est pas d'une extrême difficulté. De plus, en raison de l'importante fréquentation, les gardes forestiers ont installé des terrains de camping et des toilettes sur le sentier principal. Des *camionetas* (camionnettes) en provenance de **Caraz** desservent les deux points de départ du sentier, Cashapampa (durée 2h, s/15) et Vaquería (durée 2h30, s/10). Vous pouvez également rejoindre Llanganuco en partant de Marcará et en suivant la Quebrada Honda. Si vous souhaitez prolonger votre randonnée de cinq jours, vous pouvez combiner celle-ci avec l'ascension du **Nevado Pisco.**

Une autre randonnée de trois jours, assez facile et beaucoup moins fréquentée, part près de Huaraz : le sentier, qui relie **Olleros à Chavín**, serpente à travers des champs et de larges vallées, d'où l'on peut admirer de nombreux sommets enneigés. Le sentier monte ensuite en direction de Punta Yanashallash (un col entre deux glaciers situé à 4680 m d'altitude) et traverse plusieurs villages quechua avant d'arriver aux ruines de Chavín de Huántar (voir p. 265), près de la petite ville du même nom. (Le départ du sentier se trouve dans le village de Olleros, à 27 km au sud de Huaraz, s/1,50 en *colectivo*.) Le circuit plus difficile qui relie **Los Cedros à Alpamayo** (9 jours) permet de voir le légendaire quatrième versant du Nevado Alpamayo, considéré comme l'un des plus beaux du monde. Le circuit commence à Cashapampa (à 2h de Caraz en *camioneta*, s/5), traverse six cols le long des Quebradas Alpamayo et Yanacollpa et se termine à Pomabamba.

Vous trouverez un grand nombre de guides "non professionnels" à Huaraz, qui vous "offriront" leurs "services" à "prix réduit". Ces personnes n'ont en général ni la formation ni le matériel requis pour de tels "services". **Chaque année, des alpinistes meurent dans la Cordillère blanche en raison d'une erreur humaine, d'un matériel défectueux ou d'une préparation insuffisante.** Si vous ne savez pas où vous vous engagez, faites-vous accompagner par quelqu'un qui connaît la montagne.

ESCALADE. Huaraz est le lieu idéal pour trouver du bon matériel et un guide qualifié avec lequel vous pourrez partir à l'ascension d'un glacier de la Cordillère blanche. Pour les ascensions comportant de réelles difficultés techniques, renseignez-vous auprès de la Casa de Guías. Celle-ci vous fournira une liste de guides de haute montagne certifiés ayant suivi une formation rigoureuse d'une durée de trois ans avec l'Association Péruvienne des Guides de Haute Montagne (UIAGM). Les honoraires quotidiens d'un guide certifié (50-70 $) sont élevés en comparaison du revenu moyen des Péruviens, mais la vie d'un alpiniste n'a pas de prix.

Les ascensions les plus appréciées sont parfois aussi les plus faciles, ce qui est plutôt encourageant pour ceux qui ont peu ou pas d'expérience. Les **Nevados Pisco** (5752 m d'altitude), **Ishinca** (5534 m) et **Uros** (5420 m) nécessitent juste un certain sens de l'aventure, des poumons bien acclimatés, le matériel adéquat et un guide qualifié. De plus, ces ascensions de trois jours peuvent vous aider à vous acclimater et vous donner la connaissance et l'expérience nécessaires pour faire des ascensions plus difficiles, comme l'immense **Huascarán** (6768 m, 6 à 8 jours d'ascension). Sinon, vous pouvez vous initier à l'escalade en prenant des cours pendant trois, quatre ou cinq jours (40-70 $ la journée, plus la location du matériel) sur le **Pastoruri** (5220 m). En fonction de la hauteur et de la difficulté de la montagne, la location du matériel commence à environ 20 $ la journée. Le coût du transport est également variable, même si les transports en commun sont évidemment moins chers que les transports privés.

ENVIRONS DE HUARAZ : CHAVÍN DE HUÁNTAR

Les ruines se trouvent à cinq minutes de marche en amont de la Plaza de Armas de la ville, Enero Sur 17, dans la rue principale. La plupart des visiteurs y viennent en groupes organisés, arrivant généralement vers midi et repartant vers 16h. Les visites guidées coûtent s/25-30, sans compter le prix de l'entrée. Pour vous rendre à Chavín par vous-même, prenez un bus pour Huari (durée 4h, s/10, voir **Transports**, *p. 256) à partir de Huaraz. s/5.*

Les ruines chavín, qui datent de 3000 ans, sont exposées au **Museo Arqueológico Chavín de Huántar**. Elles témoignent de cette extraordinaire culture qui influença des peuples depuis la frontière équatorienne au nord jusqu'à Ica au sud. Les Chavín vécurent ici de 1300 à 400 av. J.-C. Leur centre cérémoniel en pierre, construit durant plus de huit générations, connut les cultures recuay, huaraz et inca, sans parler de la culture espagnole, jusqu'à ce que l'UNESCO le décrète site protégé en 1985. Un guide peut être très utile si vous voulez mieux comprendre les implications culturelles qui se cachent derrière ce site. Le plan qui se trouve juste à l'entrée vous permettra de repérer les lieux. Avant même qu'il pénètre dans les ruines proprement dites, le sentier préétabli est intéressant : il passe en effet devant plusieurs spécimens de cactus San Pedro. Les Chavín considéraient que ceux qui avaient sept branches portaient chance et ils les consommaient régulièrement. Ces plantes ont également des effets hallucinogènes et des études montrent que la plupart des gens en étaient dépendants. Le chiffre sept était l'un des trois chiffres significatifs de cette culture ancienne, les deux autres étant le deux et le trois. Le chiffre deux était spirituel car il représentait la dualité (un thème récurrent sur le site). Le chiffre trois représentait un dieu homme et deux dieux animaux (le serpent comme symbole des enfers et le jaguar comme symbole du monde des mortels). Cette combinaison se retrouve très souvent sur les pierres gravées de cette époque : vous pourrez, par exemple, voir des visages humains avec des dents ou des pattes de jaguar et des serpents le long du corps. Un troisième dieu animal, le condor (symbole de la vie après la mort) est toujours représenté séparément des deux autres animaux. Les archéologues pensent que ceci peut être dû au fait que le condor est un animal qui vit dans la région montagneuse de Chavín, tandis que les deux autres viennent de la jungle, lieu d'origine du peuple chavín : comme ces trois animaux vivaient dans des environnements différents, ils ne pouvaient pas se rencontrer.

Pour construire le temple, les ouvriers aplanirent une colline alors escarpée et construisirent 14 **galeries** sophistiquées de forme labyrinthique (seules quatre d'entre elles sont ouvertes au public). Elles se trouvaient autrefois au-dessus du sol, mais suite à un glissement de terrain en 1945, ce sont aujourd'hui des tunnels. Le temple en forme de U comporte une place encastrée dans le sol, conformément aux anciens concepts architecturaux andins. Tout près de là, la **structure pyramidale** construite sur un carré rectangulaire illustre la philosophie chavín de la dualité. De grands canaux, dans lesquels coulait autrefois de l'eau, sont visibles en-dessous : les archéologues pensent que ces canaux bruyants imitaient le bruit du tonnerre, que les Chavín vénéraient. La pièce d'art la plus intéressante du site, qui se trouve toujours à sa place d'origine, est le superbe **Lanzón**, une grande pierre de granit blanche sur laquelle ont été gravés le félin, l'oiseau et le serpent. Deux autres fameuses pièces d'art, l'Estela (stèle) Raymondi et l'obélisque Tello, ont été transférées au Museo de Arqueología y Antropología de Lima (voir **Musées**, p. 117).

Les nombreux hôtels de Chavín de Huántar se livrent à une concurrence acharnée pour héberger les quelques touristes qui passent la nuit ici. **La Casona**, Plaza de Armas 130, propose une large variété de chambres. Il y en a pour tous les goûts. Situé dans une *casa antigua*, l'hôtel est décoré d'objets anciens et de peaux de bêtes. (☎ 754 048. Chambre simple s/10, avec salle de bains s/15, avec la télévision s/20, chambre double s/18, avec salle de bains s/28.)

CARHUAZ ☎044

Les habitants, à l'imitation d'Antonio Raimondi (voir encadré **Quelques noms**), aiment l'appeler "Carhuaz Borrachera" ("Carhuaz l'enivrante"). Une visite de ce hameau situé à 32 km au nord de Huaraz vous montrera que ce sobriquet n'est pas une exagération. Situé au milieu d'un beau paysage de montagne typique de la Cordillère blanche, Carhuaz s'est récemment ouverte au tourisme. Vous serez charmé par la gentillesse de ses habitants et par la tranquillité de ses hôtels. Toutefois, si pendant une grande partie de l'année c'est un endroit idéal pour qui veut échapper à l'agitation de Huaraz, cette ville enivrante a tendance à être elle-même agitée au moment de ses fêtes patronales annuelles, qui ont lieu tout au long du mois de septembre.

TRANSPORTS ET INFORMATIONS PRATIQUES. Carhuaz est une petite ville dans laquelle il est facile de se repérer. Le centre est la **Plaza de Armas**, qui se trouve à quatre *cuadras* au-dessus de la **Carretera Central**, la route principale du Callejón de Huaylas. Tout ce qui est important se trouve autour de la place. Les *combis* qui se dirigent vers **Huaraz** (durée 1h, s/2) prennent des passagers à l'angle des rues La Merced et Ucayali. Les transports à destination de **Caraz** (durée 1h, s/2) via **Yungay** (durée 30 mn, s/1,50) partent de l'angle des rues La Merced et Progreso. Entre 6h et 20h, vous pouvez également héler un *combi* sur la Carretera Central. Les bus à destination de **Lima** (durée 9h, s/20) et de **Chimbote** (durée 6h, s/20) partent de la rue Progreso, au niveau de la Plaza de Armas. Pour des **Informations touristiques**, renseignez-vous auprès de Felipe Díaz, le propriétaire du Café Heladería El Abuelo (voir **Restaurants**, plus loin). C'est lui qui a conçu la carte touristique de la région. Un **office de tourisme**, Comercio 530, près de l'église, a ouvert récemment et pourra également répondre à vos questions. (Ouvert Lu-Ve 7h30-12h30 et 13h30-16h.) Pour **changer de l'argent**, allez faire un tour à la Farmacia Señor de Luren, Buin 557, juste au nord de la place, qui vend aussi des médicaments. (☎794 392. Ouvert tlj 8h-14h et 15h-22h.) Parmi les autres services locaux, vous trouverez la **police** (☎794 197), dans la rue Buin, juste au sud de la place. L'**hôpital** (☎794 106) est situé à 4 *cuadras* au nord de la place, dans la rue Unión. Le **bureau de poste** est dans la rue Buin, au niveau de la Plaza de Armas. (☎794 118. Ouvert Lu-Sa 8h-13h et 14h-17h.)

HÉBERGEMENT ET RESTAURANTS. Vous trouverez plusieurs jolis hôtels peu fréquentés à Carhuaz. ❤ **Las Torrecitas**, dans la sixième *cuadra* de la rue Amazonas, quatre *cuadras* en amont puis deux *cuadras* à droite en partant de la Plaza de Armas, en est un parfait exemple. Le gentil propriétaire propose des chambres modernes impeccables avec parquet et télévision couleur. Le patio joliment décoré permet aux clients de se détendre. (☎794 213. Chambre s/15 par personne.) Comme son nom l'indique, **Las Bromelias**, Brazil 208, hôtel confortable et tranquille situé à trois *cuadras* en amont de la place, est agrémenté d'un splendide jardin fleuri. (☎794 033. Chambre simple avec salle de bains s/20, chambre double avec salle de bains s/30.) Il existe une troisième possibilité, l'**Hostal Merced**, Ucayali 724, confortable, traditionnel et assez commun. (☎794 241. Chambre s/12 par personne, chambre avec salle de bains s/15 par personne.)

Même si Carhuaz n'est pas le centre culinaire du Pérou, on peut y trouver quelques adresses où manger correctement. Le ❤ **Café Heladería El Abuelo**, à l'angle des rues Progreso et La Merced, sur la Plaza de Armas, fait de délicieuses glaces (s/5-8). Vous pourrez également vous y faire servir le petit déjeuner (s/8-13) ou des sandwichs (s/4,50), et bientôt, profiter de l'accès à Internet. Il peut également vous donner des informations touristiques. (☎794 144. Ouvert tlj 8h-21h.) Si vous souhaitez sortir de l'ordinaire, le **Vio Chicken**, Santa Rosa 664 (quart de *pollo a la brasa*, s/5,50, ouvert tlj 17h30-23h), et **Las Retamas II**, à l'angle des rues Aurora et Buin (menu s/3, ouvert tlj 12h-15h), ne sont pas les endroits appropriés, mais il faut bien parler aussi de l'ordinaire.

VISITES. Carhuaz arbore quelques sites qui la distinguent de la petite ville péruvienne moyenne. Il y a plusieurs années, dans la Cordillère noire, des anthropologues américains découvrirent la **Cueva de Guitarreros**, une grotte qui aurait été habitée il y a plus de 12 000 ans. Cette hypothèse remet en cause les théories établies sur la population du Nouveau Monde. Pour vous rendre à la grotte, prenez un *combi* en direction du nord jusqu'à Mancos (durée 30 mn, s/1). De Mancos, traversez le Río Santa et marchez en direction du sud (durée 30 mn). Les **sources chaudes de Chancos** sont connues pour leurs grottes, qui ont été transformées en saunas privés. Prenez un *colectivo* jusqu'à Marcará, à 7 km au sud de Carhuaz, puis marchez ou prenez un taxi collectif (4 km, s/1) jusqu'au sommet de la colline. (Ouvert 6h-18h. s/5 les 15 mn.) Plus près de la ville, **Donde Se Baña la Bruja** (là où se baigne la sorcière) est une petite cascade qui permet d'avoir un aperçu de la végétation locale. Empruntez la rue Progreso vers le sud jusqu'à ce qu'elle rejoigne la Carretera Central, puis tournez à droite après avoir dépassé le Restaurante El Gran Sabor (durée 20 mn). Enfin, une excursion vers **Punta Olímpica** (4890 m), au-dessus de la Laguna Auquiscocha, vous permettra d'admirer de superbes paysages. A l'angle des rues Progreso et La Merced, prenez un *combi* faisant route vers Chacas jusqu'à Punta Olímpica (durée 3h, 1 dép/j entre 7h et 8h) via Laguna Auquiscocha (durée 1h30, descendez à l'embranchement entre la Quebrada Ulta et la Quebrada Catay).

YUNGAY ☎044

Yungay connut 15 minutes d'horreur le 31 mai 1970, lorsqu'un glissement de terrain détruisit ce petit village situé au pied du Nevado Huascarán. Aujourd'hui, les décombres attirent les curieux et la ville s'est déplacée : les rares survivants reconstruisirent leur maison à 1 km au nord de leur emplacement d'origine. Désormais recroquevillée à l'ombre de l'impressionnant Huascarán, la paisible Yungay doit encore donner un nom à ses rues. Mais autrement, le passé tragique de la ville semble s'être envolé des mémoires et seul son statut de carrefour régional distingue Yungay des autres villages andins.

TRANSPORTS ET INFORMATIONS PRATIQUES. Les *combis* à destination de **Caraz** (durée 30 mn, s/1) partent du marché sur la Plaza de Armas. Ceux qui se dirigent vers **Carhuaz** (durée 30 mn, s/1,50) et **Huaraz** (durée 1h30, s/4) partent de l'angle des rues Graziani et 28 de Julio, à une *cuadra* au sud de la place. Sinon, vous pouvez héler un *combi* sur la Carretera Central (tlj, de 6h à 20h). Les compagnies de bus installées dans la rue Graziani, au niveau de la place, desservent les villes de **Lima** (durée 9h30, s/18), **Chimbote** (durée 6h, s/18) et **Trujillo** (durée 9h, s/25). **Botica Santa Teresa**, Graziani 6, se trouve sur la place. (Ouvert tlj 7h-21h.) Parmi les autres services, vous trouverez : la **police** (☎793 300), à l'angle des rues Graziani et 28 de Julio, un **hôpital** (☎793 044), à quelques *cuadras* au nord de la Plaza de Armas, **Telefónica del Perú**, dans le bureau de Region Norte, à côté de la Municipalidad et le **bureau de poste**, dans la rue Graziani, juste au sud de la place (ouvert Lu-Sa 8h-12h et 14h-17h).

HÉBERGEMENT ET RESTAURANTS. Les chambres impeccables de l'**Hostal Gledel**, dans la rue Graziani, à deux *cuadras* en contrebas de la Plaza de Armas, sont aménagées autour d'une cour ouverte. (☎793 048. Accès Internet s/5 l'heure. Chambre s/10 par personne.) Le café **Las Rosas**, dans la rue Graziani, après les arches qui marquent l'entrée sud de Yungay, est un endroit tranquille où l'on peut venir pour écrire, manger ou regarder la télévision. (☎793 337. Chambre simple s/12, avec salle de bains et eau chaude s/15, TV s/5 de supplément.) L'**Hostal Yungay**, dans la rue Santo Domingo, au niveau de la place, est assez rudimentaire, mais l'eau chaude réchauffera tous les frileux. (☎793 053. Chambre simple s/10, avec salle de bains s/20, chambre double s/25.) Le restaurant en plein air **El Alpamayo**, à la périphérie nord de la ville sur la route principale, a tendance à se remplir, à l'heure du déjeuner, de touristes faisant une halte avant d'aller visiter les Lagunas Llanganuco. Le week-end, vous pourrez y manger de la *pachamanca* (*tamales*, viande, maïs, pommes de terre et patates douces cuits dans un four creusé dans le sol, s/10). (☎793 214. Ouvert tlj 7h-19h.)

VISITES. Juste au sud de la nouvelle ville se trouve **Campo Santo**, un site de l'ancienne Yungay ensevelie. Des traces intactes du village d'origine, parmi lesquelles un cimetière, où beaucoup d'habitants s'étaient réfugiés pour échapper au torrent de boue de 1970, ainsi que quatre vieux palmiers et la façade d'une église qui trônait sur l'ancienne Plaza de Armas, sont toujours visibles. Les rosiers forment aujourd'hui une croix à travers le centre de la ville et les touristes viennent flâner au milieu de ces ruines sinistres. (A 20 mn de marche ou moyennant s/0,5 en *colectivo* à partir de la nouvelle Plaza de Armas. Ouvert tlj 8h-18h30. s/1.) Beaucoup moins déprimante, la route d'accès aux éblouissantes **Lagunas Llanganuco** part de Yungay. De nombreux touristes visitent les lacs à partir de Huaraz en passant par une agence (voir **Excursions depuis Huaraz**, p. 262), mais il est plus simple de s'y rendre à partir de Yungay. Depuis l'intersection des rues Santo Domingo et 28 de Julio, prenez un *combi* à destination de Yanama jusqu'à Llanganuco (durée 1h, départ de 6h à 10h lorsque le véhicule est plein, retour à 15h, s/5).

LA COLÈRE DU HUASCARÁN Le 31 mai 1970, un terrible tremblement de terre (d'une amplitude de 7,8 sur l'échelle de Richter) provoqua une cascade de roches et de glace qui dévala le Nevado Huascarán, le plus haut sommet du Pérou. Les débris entraînèrent de l'eau dans leur chute, finissant par créer un *aluvión* (glissement de terrain) mortel qui ensevelit Yungay. Plus de 80 000 habitants de la région d'Ancash périrent au cours de ce désastreux séisme, dont 20 000 dans la seule ville de Yungay (où beaucoup de gens regardaient alors la Coupe du monde de football au Mexique à la télévision). De façon miraculeuse, un chapiteau de cirque permit de sauver 260 enfants qui assistaient à un spectacle.

CARAZ ☎044

Située presque 1000 m plus bas que Huaraz, la petite ville de Caraz jouit d'un climat beaucoup plus doux que les hautes Andes où il fait un froid glacial. C'est peut-être pour cette raison que les habitants l'appellent "Caraz Dulzura" ("Caraz la douce", voir également encadré **Quelques noms**), à moins que ce doux sobriquet ne vienne du *manjar blanco*, un produit régional très réputé consistant en un délicieux mélange de lait, de sucre et de cannelle. En tout cas, cette ville-terminus du Callejón de Huaylas, tranquille mais dotée de nombreuses infrastructures touristiques, sera peut-être le remède à votre fatigue, qu'elle soit due à vos nombreuses randonnées à pied ou à vélo dans les montagnes de la région ou simplement à trop de voyages mouvementés.

TRANSPORTS

Bus : Les compagnies installées près de l'angle des rues Córdova et Villar desservent les villes de **Lima** (durée 10h, s/18), **Chimbote** (durée 6h, s/18) et **Trujillo** (durée 8h30, s/25). De l'intersection des rues Santa Rosa et Grau, des bus partent pour **Parón** (durée 1h30, dép. à 5h et 13h, s/3). Les *combis* et les *colectivos* suivants partent une fois pleins. Du croisement des rues Bolognesi et Ugarte, à destination de **Pueblo Libre** (durée 1h, dép. de 6h à 18h, s/1,50) et de **Huallanca** (durée 1h, dép. de 6h à 18h, s/5). De l'angle des rues Santa Cruz et Castilla, à destination de **Cashapampa** (durée 2h, s/5). De l'intersection des rues Grau et Galvez, à destination de **Huaraz** (durée 2h, s/4) via **Yungay** (durée 30 mn, s/1) et **Carhuaz** (durée 1h, s/2).

Taxi : Une course en ville coûte en moyenne s/1-2.

ORIENTATION ET INFORMATIONS PRATIQUES

La **Carretera Central** se trouve à trois *cuadras* au sud de la **Plaza de Armas**. Les rues **Daniel Villar** et **José Sucre** sont perpendiculaires à la Carretera Central et délimitent la place.

Informations touristiques : (☎ 791 029), dans la rue San Martín, près de la Municipalidad. Ouvert Lu-Ve 8h-13h et 14h30-17h. **Pony's Expeditions**, Sucre 1266 (☎ 791 642, e-mail ponyexp@terra.com.pe), sur la Plaza de Armas, est souvent une meilleure source d'informations. Le propriétaire, Alberto Cafferata, loue du matériel et des vélos (25 $ la journée avec un guide). Il organise également des visites, des randonnées et des ascensions personnalisées et abordables. Accès Internet s/8 l'heure. Ouvert Lu-Sa 8h-13h et 16h-22h.

Banques : **Banco de Crédito**, Villar 216 (☎ 791 012), juste après la Plaza de Armas. Commission de 0,55 % sur les chèques de voyage. Ouvert Lu-Ve 9h15-13h15 et 16h30-18h30, Sa. 9h30-12h30.

Marché : Le marché couvert installé à l'angle des rues Sucre et La Mar s'étend vers l'est le long des rues La Mar et Santa Cruz jusqu'à la rue Castilla. Les marchands viennent y vendre leurs produits tous les jours de 6h à 18h.

Police : (☎ 791 335), dans la rue 20 de Enero, près de la rue Córdova.

Hôpital : (☎ 791 026), à l'angle des rues Leonicio Prado et Sucre.

Pharmacie : **Farmacia Santa Rosa**, Grau 725 (☎ 791 196), dans le marché. Ouvert tlj 8h-21h, mais en cas d'urgence, vous pouvez frapper à toute heure du jour et de la nuit.

Téléphones : **Telefónica del Perú**, Villar 109 (☎ 791 860), et Raymondi 410 (☎ 791 580). Tous deux sont ouverts tlj 7h-23h.

Internet : **Pony's Expeditions** (voir **Informations touristiques**, précédemment) et l'**Albergue Los Pinos** (voir **Hébergement**, plus loin) font payer tous deux s/8 l'heure.

Bureau de poste : San Martín 909 (☎ 791 094). Ouvert Lu-Sa 8h-20h et Di. 9h-13h.

HÉBERGEMENT

Caraz n'accueille qu'une part infime des voyageurs qui passent par Huaraz, ce qui occasionne parfois des prix plus bas en matière d'hébergement. Mais les hôtels sont également moins adaptés aux besoins des touristes que les bastions pour voyageurs à sac à dos situés plus au sud.

❤ **Caraz Dulzura**, Saenz Peña 212 (☎ 791 523), à environ 10 *cuadras* en amont de la place par la rue Córdova. Hôtel confortable avec tous les équipements nécessaires : salon de détente, bar, restaurant, eau chaude et télévision couleur. Cet emplacement tranquille, à l'écart du centre animé de Caraz, est l'endroit idéal si vous avez du sommeil à rattraper. Chambre s/25 par personne, avec salle de bains s/30.

❤ **Albergue Los Pinos**, Parque San Martín 103 (☎ 791 130, e-mail lospinos@terra.com.pe), à 6 *cuadras* en contrebas de la place par la rue Villar. Etablissement fréquenté par les routards. Feu de joie tous les vendredis. Cuisine, laverie, Internet. Chambre s/15 par personne, avec salle de bains s/20, camping s/7.

Hostal Perla de los Andes, Villar 179 (☎ 792 007), sur la Plaza de Armas. Les chambres des premier et deuxième étages de cet hôtel central et moderne donnent sur la place. Toutes les chambres sont agrémentées d'un lit confortable et d'une télévision couleur. Restaurant. Chambre simple avec salle de bains et eau chaude s/35, chambre double avec salle de bains et eau chaude s/55.

Hostal Chavín, San Martín 1135 (☎ 791 171), sur la Plaza de Armas. Avec son personnel sympathique et ses petits déjeuners succulents (s/5-7), cet hôtel est certainement le meilleur de la catégorie des sans étoiles. A la demande, le propriétaire, Señor Sotelo, donne de petites conférences sur le tremblement de terre de 1970, avec photos et documents à l'appui. Chambre simple s/25, double s/35.

Alojamiento Caballero, Villar 485 (☎ 791 637). Le moins que l'on puisse dire, c'est que ce n'est vraiment pas cher. Dortoir s/10 par personne, chambre avec un grand lit s/17.

RESTAURANTS

❤ **Café de Rat**, Sucre 1266 (☎ 791 642), au-dessus de Pony's Expeditions (voir **Informations pratiques**, p. 269). Espérons que ce nom ne fasse référence qu'au cochon d'Inde (*cuy*) qui figure au menu. Le soir, on baisse la lumière, la musique bat son plein et le restaurant se transforme en bar. Petit déjeuner s/3,50-10. Pâtes s/9. Crêpes s/6. Grand expresso s/2,50. Ouvert Lu-Sa 8h-13h et 16h-22h.

Restaurante La Punta Grande, Daniel Villar 595 (☎ 791 320), au niveau de la Carretera Central. Spécialisé dans la *comida típica* (cuisine traditionnelle), comme le *cuy* (cochon d'Inde, s/9) ou la *trucha* (truite, s/10). Menu s/4. A l'heure du déjeuner, les groupes de touristes remplissent les 40 tables. Ouvert tlj 9h-19h.

Restaurant El Mirador, Sucre 1202, sur la Plaza de Armas. Spécialisé dans le *pollo a la brasa* (quart de poulet s/6). Menu s/3,50. Ouvert Lu-Sa 8h-22h et Di. 17h-22h.

La Estación, dans la 9e *cuadra* de la rue Sucre, à 2 *cuadras* en amont de la Plaza de Armas. Même s'il s'agit avant tout d'une *anticuchería* (restaurant spécialisé dans les *anticuchos* ou brochettes de bœuf, s/2,50 la brochette), cet établissement sert également des plats traditionnels. Le soir, les gens du coin affluent dans ce pub vidéo pour boire une sangria ou une bière (s/4). Menu s/3,50. Ouvert tlj 12h-15h et 17h-23h.

VISITES

Le **Museo de Arqueología**, composé de deux salles et situé dans la Guardería Infantil Nuestra Señora de Chiquinquirá, à l'angle des rues Castilla et Pumacahua, abrite de nombreux objets provenant de nombreux sites et de différentes cultures de la région. Malheureusement, les explications sont plutôt succinctes. Les vestiges de la Cueva de Guitarreros (grotte des luthiers) et les crânes déformés sont particulièrement intéressants. (Ouvert Lu-Ve 8h-13h et 14h30-17h. Entrée libre.) Au **Museo Amauta de Arte Ancashino**, dans la 3e *cuadra* de la rue Bazán Peralta, près de la rue Colegio 2 de Mayo, des mannequins portent des costumes typiques de Caraz, Yungay, Carhuaz, Huaraz et Recuay. Demandez au gardien de vous faire une petite visite guidée. (Ouvert Ma-Di 9h-13h et 15h-17h. Entrée libre.) Les fouilles entreprises dans les **ruines de Tunshukaiko**, vaste site appartenant à une culture préchavín de la région, ont révélé une architecture de pierre impressionnante, même si la majeure partie des structures présentes sur le site n'ont pas encore été exhumées. (Pour atteindre les ruines, marchez 1 km vers le nord depuis la Plaza de Armas en remontant les rues Córdova et Saenz Peña, puis traversez le pont et tournez à gauche au bout du chemin de terre.)

EXCURSIONS DEPUIS CARAZ

C'est à partir du mois de mai que le trekking bat son plein (pour des informations sur les randonnées dans la région, voir **Vers les montagnes autour de Huaraz**, p. 263). Mais Caraz offre aussi la possibilité de faire des excursions courtes d'une journée, si vous le souhaitez. C'est en outre l'endroit idéal pour aller voir une **Puya Raimondii** en fleur. (Pour voir ces plantes, prenez un *colectivo* en direction de Pamparomás jusqu'au Paso de Winchus (durée 1h30, dép. à 9h, s/5), en partant de l'angle des rues La Mar et Castilla. Lorsque vous en aurez assez vu, allez faire un tour à Pueblo Libre, où les *colectivos* font le chemin inverse vers Caraz jusqu'à 15h.) La vieille route entre Pueblo Libre et Caraz est également intéressante à parcourir. Sur le trajet, vous pourrez voir de beaux panoramas de la Cordillère et, à la fin, vous devrez traverser à pied un pont suspendu pour rejoindre l'autre rive du Río Santa. (Comptez 2h de marche. Depuis Caraz, des *combis* pour Pueblo Libre (durée 1h, s/1,50) partent de l'angle des rues Bolognesi et Ugarte.)

LAGUNA PARÓN

A l'angle des rues Santa Rosa et Grau à Caraz, des colectivos partent pour Parón (durée 1h30, dép. Lu-Sa à 5h et 13h, s/3). Depuis le panneau indiquant Parón sur la route, vous devrez monter pendant 9 km (durée 4h) pour rejoindre le lac. Vous avez la possibilité de marcher jusqu'au lac et de redescendre pour attraper un colectivo qui vous ramène à Caraz (dép. à 14h30) dans la même journée, mais si vous passez une nuit sur place, vous profiterez davantage du lac. Sinon, vous pouvez louer un vélo chez Pony's Expeditions (25 $ la journée, voir p. 269) ou prendre un taxi (a/r s/80-100).

La Laguna Parón (4140 m d'altitude) est le plus grand et le plus profond des lacs de montagne du Callejón de Huaylas. A certaines périodes de l'année, le drainage des eaux amoindrit un peu sa splendeur, mais cette opération s'avère nécessaire à la fois pour l'approvisionnement en énergie hydraulique et pour réduire le risque d'engloutissement de Caraz en cas de catastrophe naturelle. Une randonnée de quatre heures sur la rive gauche du lac conduit les visiteurs à la ravissante Laguna Artesancocha.

CAÑÓN DEL PATO

Pour aller tout au bout du Cañón del Pato, prenez un colectivo jusqu'à Huallanca (durée 2h, a/r s/10). Un taxi vous coûtera environ s/40 aller-retour.

Ce canyon, formé de parois rocheuses abruptes qui suivent le Río Santa lorsqu'il se fraie un chemin entre la Cordillère blanche et la Cordillère noire, est traversée par une route de montagne spectaculaire qui ne comprend pas moins de 35 tunnels. L'usine hydroélectrique située près du point de rencontre des Cordillères alimente toute la région en électricité.

POMABAMBA ☎044

Ce point de départ et d'arrivée des randonnées en montagne est loin d'offrir aux voyageurs tout le confort moderne. Malgré son statut de plus grand village au nord de Huari du côté est de la Cordillère blanche, Pomabamba subit souvent des coupures d'électricité, et l'unique point d'eau chaude se trouve dans les thermes situés à dix bonnes minutes de marche. Un seul taxi fait le tour de la Plaza de Armas toute la journée, et les longues après-midi ensoleillées ont le don de plonger tout le monde, y compris les commerçants, dans le sommeil.

TRANSPORTS ET INFORMATIONS PRATIQUES. Pomabamba est situé à 579 km au nord-est de Lima et à 179 km au nord-est de Huaraz. Le centre-ville est formé par la **Plaza de Armas**, et la plupart des marchés et des restaurants se trouvent dans la rue **Huamachuco**, la rue principale. De l'autre côté de la place et parallèle à la rue Huamachuco, la rue **Huaraz** est aussi un axe fréquenté. Vous trouverez un certain nombre de compagnies de **bus** sur la place, qui desservent Huaraz ou Lima. Virgen de Guadalupe/Rosario, Huamachuco 350 (☎751 051), dessert **Huaraz** (durée 8h, dép. à 8h, s/20) et **Lima** (durée 20h, dép. Je. et Di. à 8h, s/35). Los Andes/El Solitario (☎751 133), rue Centenario, dessert également **Huaraz** (durée 8h, dép. à 20h, s/20) et **Lima** (durée 20h, dép. Lu., Je., Ve. et Di. à 10h, s/40). Perú Andino, Centenario 260, dessert **Lima** (durée 20h, dép. Lu. et Ve. à 8h, Je. et Di. à 10h, s/35). En contrebas de la Plaza de Armas, Transportes San Francisco, Huamachuco 776 (☎751 038), dessert **Chimbote** (durée 15h, dép. Me., Ve. et Di. à 2h, s/30). Berisa Transport, Perú 255, envoie des *colectivos* pour toutes les destinations. L'Instituto Nacional de Cultura Pomabamba, sur la Plaza de Armas, à la hauteur de la rue Perú, au premier étage du bâtiment bleu clair, est le seul lieu pouvant ressembler à un musée ou à un **office de tourisme**. Le personnel pourra vous renseigner sur Pomabamba. Une **Banco de la Nación** se trouve à la hauteur de Huaraz 331. (☎751 181. Ouvert Lu-Ve 8h10-14h30.) La **Serpost**, Huaraz 423, est le bureau de poste principal. (Ouvert Lu-Sa 8h-12h et 13h-18h.)

HÉBERGEMENT ET RESTAURANTS. La piètre qualité des hôtels de Pomabamba prouve que le tourisme doit encore se développer. Cependant, l'**Alojamiento Estradavidol**, Huaraz 209, est étonnamment calme. Lorsque vous regardez vers le haut depuis la Plaza de Armas, Huaraz est à votre droite. L'hôtel est à une *cuadra* après l'église. Certaines chambres sont jolies, avec balcon et photos, d'autres, avec leurs murs en ciment nus et leur ampoule qui pend au plafond, le sont moins. (☎ 751 048. Chambre s/10 par personne.) L'**Hostal No Nos Ganan**, Huamachuco 245, à une *cuadra* en amont de la place, a un gros défaut : la cour sert d'abri aux poulets qui seront mangés dans le restaurant d'à côté, or tout le monde sait que les coqs aiment chanter tôt le matin. (☎ 751 027. Chambre simple s/8, double s/15.) Parmi les rares restaurants de Pomabamba, le **Restaurante Los Cedros**, Huaraz 357, attire le plus de clients avec un menu à s/4. (☎ 751 002. Ouvert tlj 7h-22h.) Vous trouverez plusieurs restaurants de poulet le long de la rue Huamachuco. Le soir, les marchands ambulants s'y installent alors que pendant la journée, le terrain est occupé par deux petits **marchés aux fruits**. L'un se trouve en haut après le pont, et l'autre en bas, à la hauteur de Huamachuco 685.

VISITES. La plupart des visiteurs qui passent ici entament ou achèvent leur randonnée, et ils ignorent que Pomabamba offre également la possibilité de faire de courtes mais très jolies excursions. Le mot "court" est relatif. Après cinq à sept heures de marche en montée, vous pourrez voir les **ruines de Yaino,** pratiquement intactes. Dominant la vallée, les deux bâtiments arborent les grandes pierres et l'organisation rationnelle caractéristiques de l'architecture de la culture préinca yaino. Pour vous rendre sur les ruines, prenez à droite dans la rue Huamachuco en partant de la Plaza de Armas. Tournez tout de suite à droite après le pont et suivez la rivière. Au croisement, prenez de nouveau à droite et descendez la grande colline. Traversez le pont et tournez à gauche. Vous apprécierez certainement les trois **thermes** qui vous accueillent au moment de votre retour. Le bain le plus propre est celui qui a les murs verts près de la route à droite. (Ouvert tlj 5h-18h. Bain ou douche de 20 mn s/1.) Les thermes de pierre situés de l'autre côté de la route, près de la rivière, sont plus pittoresques mais également plus déserts. En tout cas, si vous voulez toujours aller voir les ruines, prenez à droite le premier sentier qui mène au sommet de la colline et continuez tout droit. Partez tôt si vous projetez de revenir le même jour. De Yaino, il faut environ une heure pour atteindre les ruines de **Carhuay**. Une randonnée d'une journée vous mènera au **Laguna Safuna**, un lac réputé pour changer de couleur avec la lumière du soleil. Un matériel de camping est indispensable.

HUARI ☎ 044

Dans la partie est supérieure de la Cordillère blanche, les liaisons par bus sont plus rares et les douches chaudes inexistantes. Mais ce n'est pas une raison pour ne pas faire le déplacement. Huari, située sur le flanc d'une colline, est l'endroit idéal pour aller voir les lacs de la région. La **Laguna Purhuay** est la plus proche, et sa beauté en fait un bon prétexte d'excursion pour la journée. (Lorsque vous regardez le haut de la colline, prenez à droite dans la rue Luzuriaga et marchez jusqu'au bout de la rue, puis montez les marches. Tournez à droite et suivez le chemin de terre qui mène au village d'Acopalca (durée 45 mn). Vous pouvez également prendre un *colectivo* jusqu'à Acopalca depuis Huari. Traversez le pont d'Acopalca et prenez à gauche dans la première grande route. Environ 4 *cuadras* plus loin, un néon indique La Chosita. Après 1h30 de marche, vous arriverez enfin au lac.) Il existe une randonnée plus longue qui continue après le lac et qui vous emmènera jusqu'à **Chacas** après deux ou trois jours de marche. D'autres randonnées mènent à la Laguna Reparin ou aux ruines de Marca Jirca. De retour en ville, la place centrale se trouve en bas de la colline. En montant, la rue Ancash relie la place au Parque Virgil, qui constitue le véritable centre-ville. La majorité des bus déposent les passagers devant ce parc. Cependant, il y a peu de transports dans cette région et il peut s'avérer nécessaire de redescendre sur la grande route pour héler un bus en provenance ou à destination de Lima, surtout si vous souhaitez vous diriger vers le nord. Peru Andino,

Ancash 795, envoie des bus à **Lima** (durée 7-8h, dép. Di. à 7h, s/30) et à **Huaraz** (durée 6h, 2 dép/j à 15h et 22h, s/13). El Solitario, Ancash 884 (☎753 113 ou 753 155, la pancarte à l'extérieur indique "sandoral"), dessert **Lima** (durée 14h, 5 dép/semaine, s/30), tout comme Turismo Huari, devant le Parque Virgíl. Des *colectivos* pour les villes de la région partent du Parque Virgíl. Parmi les autres services, vous trouverez la **Banco de la Nación**, San Martín 1001 (☎753 132, ils ne prennent pas de chèques de voyage, ouvert Lu-Ve 8h10-14h30), la **police**, en amont du Parque Virgíl dans la rue Ancash, le **Centro Médico Huari**, San Martín 1105 (☎753 062) et la **Serpost**, Luzuriaga 320, au niveau du Parque Virgíl (ouvert Lu-Sa 8h-17h). La plupart des hôtels de Huari se trouvent dans la rue Simón Bolívar, non loin de la Plaza de Armas (à gauche lorsque vous regardez le haut de la colline). Le plus intéressant est l'**Hostal Paraíso**, Bolívar 263, qui propose deux catégories de chambres. Celles avec une salle de bains ont des murs blancs, un rideau de douche et du papier toilette. Celles *sin baño* ont des murs et un sol en béton, et parfois pas de fenêtre. (☎753 029. Chambre simple s/10, avec salle de bains s/20, chambre double avec salle de bains s/30.) L'**Hostal Huagancu**, Bolívar 387 (☎753 078), est aussi mignon que la fleur locale dont il porte le nom. (Chambre s/15 par personne.)

CHIQUÍAN ☎044

Situé au cœur des Andes, le petit village de Chiquían est un endroit où les rues servent davantage de terrains de football que de voies de circulation, où les femmes portent des costumes traditionnels même lorsqu'elles rassemblent leurs cochons dans la rue et où les touristes sont si rares que la présence d'un *gringo* constitue un événement majeur. La majorité des voyageurs qui s'aventurent jusqu'au *chiquito* Chiquían utilisent le village comme point de départ pour des randonnées dans la Cordillère Huayhuash, une région plus accidentée et plus isolée que sa célèbre homologue du nord, la Cordillère blanche.

TRANSPORTS ET INFORMATIONS PRATIQUES. Chiquían est adossé à une colline et descend en pente douce du sud vers le nord. Tout ou presque tourne autour de la **Plaza de Armas**. La plupart des bus arrivent par le haut de la colline, en amont du centre, et repartent de la Plaza de Armas. L'essentiel de l'activité du bourg a lieu dans la rue **2 de Mayo**, parallèle à la rue Comercio. La majeure partie des **bus longue distance** stationnent près de la Plaza de Armas et vont soit à Huaraz, soit à Lima. Tout au long du chemin, les bus s'arrêtent dans de tous petits villages où vous pouvez prendre des correspondances pour vous rendre dans des régions encore plus retirées. Plusieurs compagnies de bus desservent **Lima** (durée 7-9h) : Muscha, sur la Plaza de Armas (☎747 070, dép. à 16h, s/15), Cavassa, Bolognesi 421, sur la place (☎747 036, dép. à 17h et 20h, s/18), Transfysa, 2 de Mayo 1000, à une *cuadra* en amont de la place (☎747 063, dép. à 9h, s/15), et Rosario, Comercio 950, sur la place (dép. à 4h, s/14). El Rápido, 28 de Julio 400 (☎747 049), cinq *cuadras* en contrebas de la rue Comercio puis une *cuadra* à gauche, dessert **Huaraz** (durée 2h45, dép. à 5h, s/7, dép. à 15h, s/5), tout comme Chiquían Tours, 2 de Mayo 651 (☎747 157, dép. à 5h20, s/6). Des **colectivos** vont à **Huaraz** (durée 2h30, dép. une fois pleins, s/5). Vous en trouverez tout au long de la journée aux environs de la Plaza de Armas. La **Banco de la Nación**, sur la Plaza de Armas, n'acceptera peut-être pas vos chèques de voyage. (☎747 031. Ouvert Lu-Ve 8h10-14h30.) Il n'y a pas de distributeurs automatiques dans le village. Parmi les autres services, vous trouverez : le **Centro de Salud**, Guillermo Bracle 271 (☎747 085), à plusieurs *cuadras* en contrebas de la place, au bout de la rue 28 de Julio, la **police** (☎747 124), en amont de la place et la **Serpost** (☎747 173), au premier étage du grand bâtiment blanc situé sur la Plaza de Armas.

HÉBERGEMENT ET RESTAURANTS. Pour un village de sa taille, Chiquían propose un choix assez large d'hôtels. La meilleure affaire est le **Gran Hotel Huayhuash**, 28 de Julio 400, un hôtel flambant neuf situé à l'étage au-dessus du bureau de El Rápido, avec salle de bains privée, télévision câblée et de très belles vues sur la région dans toutes les chambres. Vous pourrez également bénéficier d'une laverie, d'un bureau de change, d'un restaurant et de services de porteurs. (☎747 049. Chambre s/15-80 par personne.) L'**Hostal San Miguel**, Comercio 233, se trouve à sept *cuadras* en contrebas de la Plaza de Armas. On dit que c'est ici que les routards fatigués viennent se reposer. L'hôtel est rudimentaire mais propre et accueillant, avec de l'eau chaude de temps en temps et le plus joli jardin de Chiquían. (☎747 001. Chambre s/15 par personne.) L'hôtel bon marché **Los Nogales**, Comercio 1301, à trois *cuadras* en amont de la place, est agrémenté de sols recouverts de parquet, de l'eau chaude, d'une laverie et d'un grand jardin central. (☎747 121. Chambre s/10 par personne.) Les Chiquianos semblent d'accord pour dire que **El Rincón de Yerupajá**, 2 de Mayo 803, un restaurant traditionnel près de la place, est le meilleur du village. Réputé comme étant le meilleur cuisinier de la *alta montaña*, Yoder Bernabé vous servira un menu (s/3) de spécialités péruviennes. (Plat s/7 en moyenne. Ouvert tlj 6h-22h.)

ACTIVITÉS DE PLEIN AIR. Contrairement aux apparences, la **Cordillère Huayhuash** est très étendue, englobant 140 000 ha de terres, 115 glaciers, trois départements régionaux (Ancash, Lima et Huánuco), au moins six rivières, et le **Yerupajá**, le deuxième plus haut sommet du Pérou (6634 m). Les nombreux sentiers qui traversent ces montagnes offrent une multitude de possibilités de randonnées, sans l'aspect commercial très présent à Huaraz et dans la Cordillère blanche voisine. Toutefois, faire de la randonnée dans la Cordillère Huayhuash peut s'avérer une expérience longue et ardue. Les marcheurs louent en général les services d'un **arriero** (porteur, 8-10 $ la journée) et d'au moins un *burro* (mule, 4-5 $ la journée). En plus, certains louent les services d'un cuisinier (20 $ la journée) et/ou un cheval en cas d'urgence (4-5 $ la journée). Assurez-vous que votre *arriero* est agréé par l'Association des services touristiques provinciaux de haute montagne de Chiquían : tous les membres sont tenus d'avoir une pièce d'identité avec photo. Les porteurs peuvent servir de guide, selon les cas. Organisez votre excursion un ou deux jours à l'avance. Justo Nasario Prudenio, Maximo et Catalino Rojas Carrera sont les *arrieros* les plus recommandés. Si vous prévoyez de mettre un terme à votre randonnée avant votre retour à Chiquían, vous devrez payer le transport de retour de votre *arriero*. C'est à vous d'apporter une tente et un sac de couchage ainsi que votre propre nourriture (à moins que vous n'ayez loué les services d'un cuisinier, auquel cas vous devrez vous arranger avec lui). La meilleure **carte** de la Cordillère Huayhuash est disponible au South American Explorers Club de Lima (5 $, voir **Lima : Informations pratiques**, p. 103). Le circuit principal consiste en une randonnée de 12 à 15 jours qui débute à Chiquían, serpente à travers la Cordillère Huayhuash et s'achève à Chiquían. Pour vous rendre au départ du sentier, prenez à droite dans la rue Figuerado, marchez jusqu'au cimetière puis tournez à gauche : le sentier commence à droite après le mur du cimetière. Emportez des vêtements chauds.

LES RÉGIONS MONTAGNEUSES DU NORD

HUAMACHUCO ☎044

Entre la côte et les montagnes, la ville paisible de Huamachuco est un endroit idéal pour s'habituer à l'altitude. Lorsque vous aurez fini d'admirer les arbres bien taillés du centre-ville, allez faire un tour sur les divers sites de ruines des environs. L'arène de la ville ne s'anime qu'au moment du festival de la **Virgen de la Altagracia**, qui a lieu du 15 au 18 août. Les impressionnantes ruines préincas de **Marcahuamachuco** se trouvent sur une colline (3595 m), à 9,5 km de Huamachuco. Cet ensemble de pierre fortifié est composé du **Cerro del Castillo** et du **Cerro de las Monjas**. On pense que ce dernier abritait les vierges incas du Soleil, mais on ignore la fonction et la nature des occupants des grandes structures circulaires à trois murs. Les édifices triangulaires englobent le Castillo, plus central. Pour vous rendre sur le site (durée 3h), descendez la rue Bolívar, tournez à droite après le pont et suivez la route jusqu'au sommet. Vous pouvez aussi faire le trajet en *combi* (s/2,5 à partir du pont) ou en taxi (a/r s/30 à partir de la Plaza de Armas). Le site préinca, plus proche, de **Wiracochapampa**, est accessible à pied (durée 1h), ou en *combi* (15 mn). Pour cela, descendez la colline à partir de la place par la rue San Román. Les **Baños de Yanazura** sont un endroit idéal pour se détendre. Des *combis* (durée 2h, dép. de 4h à 10h, s/4, retour vers 15h) partent de l'hôpital. Vous pouvez vous faire héberger aux thermes moyennant un petit prix en vous renseignant auprès des prêtres. La jolie **Laguna Sausacocha**, sur la route qui mène aux thermes, peut constituer une escale lors d'une excursion vers Yanazura, à condition d'y penser à l'avance. Sinon, vous pouvez vous rendre au lac à pied (durée 4h a/r), ou en *combi* (durée 30 mn, s/1,5).

La vie de cette petite ville se concentre autour de la **Plaza de Armas**, du **marché** et de la rue **Balta**, qui relie les deux. Les compagnies de bus arrivent et repartent de la rue Balta, près du marché, mais leurs bureaux se trouvent aux environs de la Plaza de Armas. Sanchez Lopez, Castilla 306, Transportes Agreda, Balta 348, et Palacios, Castilla 173, proposent un service tôt le matin et le soir à destination de **Trujillo** (durée 9h, s/15). Transportes Anita, 10 de Julio 700 (☎441 090), près de l'hôpital, propose un service quotidien à destination de **Cajabamba** (durée 3h, dép. à 4h et 12h, s/6). Parmi les autres services, vous trouverez la **police**, San Román 513 (☎441 289), sur la place, et le **bureau de poste**, Grau 454 (ouvert Lu-Sa 8h-13h et 14h-16h). Si vous cherchez un hôtel, l'**Hostal Kaseci**, San Martín 756, propose des chambres spacieuses et propres aménagées autour d'une pelouse intérieure bien verte. Eau chaude à la demande. (Chambre s/10 par personne.) Le **Noche Buena**, San Román 401, sur la Plaza de Armas, est plus cher mais propose des chambres plus lumineuses et plus sûres. (☎441 435. Chambre simple s/20, avec salle de bains s/35, TV s/5 de supplément.) Les gens du coin s'accordent à dire que le **El Caribe**, Carrión 537, sur la place, est le meilleur restaurant de la ville et que les repas y sont préparés avec le plus grand soin. (Menu s/4. Ouvert tlj 7h-22h30.)

CAJAMARCA ☎044

Perchée dans la sierra, la jolie ville de Cajamarca a fait la gloire de plus d'un guerrier. Terre de diverses civilisations préincas, cette région fut conquise en 1465 par les Incas et devint 67 ans plus tard le théâtre d'un événement qui changea le cours de l'histoire : la capture, l'emprisonnement puis l'exécution de l'Inca Atahualpa par Francisco Pizarro. Cet événement marqua le début d'une série de batailles qui aboutirent à la conquête de la région par les Espagnols en 1534. Des vestiges de ces sociétés pré-hispaniques sont toujours visibles dans la vallée. Toutefois, Cajamarca en elle-même est beaucoup plus empreinte de l'influence espagnole, ce qui lui vaut la réputation d'être l'une des plus belles villes coloniales du Pérou. Cajamarca possède bon nombre des atouts que les touristes apprécient à Cuzco, mais elle demeure relativement peu visitée, ce qui lui confère une tranquillité et une authenticité supérieures à sa célèbre cousine andine du sud.

TRANSPORTS

Avion : L'**aéroport** (☎822 523) se trouve à 3,5 km à l'est de la ville : prenez un taxi (durée 5 mn, s/5) ou un *combi* à partir de la rue El Batán, 5 *cuadras* à l'ouest de la Plaza de Armas (durée 10 mn, s/0,5). AeroContinente, 2 de Mayo 574 (☎823 304), propose un vol quotidien pour **Lima** (durée 1h, dép. à 8h30, 69-99 $). Ouvert Lu-Sa 8h-13h et 15h-19h, Di. 8h-12h. AeroCondor a son bureau à Cajamarca Tours (voir plus loin) et dessert **Lima** (durée 1h15, dép. à 8h45 et 9h10, 70 $) via **Trujillo** (durée 20 mn, 42 $). AeroAndino, Silva Santistebán 138 (☎822 228), sur la Plazuela Belén, propose des départs à toute heure avant 15h avec un minimum de 5 passagers. La compagnie dessert notamment les villes de **Chachapoyas** (65 $) et de **Trujillo** (40 $). Ouvert Lu-Sa 9h-14h et 16h-19h.

Bus : Toutes les compagnies de bus stationnent entre les numéros 300 et 400 de la rue Atahualpa. Il ne s'agit pas de la même rue Atahualpa que celle qui apparaît sur le plan.

Celle-ci se trouve à 2 km à l'est du centre-ville. Prenez un **taxi** (s/2) ou un **colectivo** en direction des **Baños del Inca** (s/0,5). Linea/Vulkano, Atahualpa 318 (☎823 956), dessert **Trujillo** (durée 6h, dép. à 10h, 22h et 22h15, s/18-22, *bus cama* (bus couchettes) dép. à 22h30, s/25), **Chiclayo** (durée 6h, dép. à 23h, s/18, *bus cama* dép. à 22h45, s/22) et **Lima** (durée 12h, dép. à 19h, s/50). Plus bas dans la rue, **Cruz del Sur**, Atahualpa 600 (☎822 488), dessert directement **Lima** (durée 12-13h, dép. à 17h, s/50, *bus cama* dép. à 19h, s/70-90). Des *combis* partent de Atahualpa 299 (☎823 060), en face de Grifo "El Che", à destination de **Celendín** (durée 4h, dép. à 7h et 13h, s/10), où vous pourrez prendre un bus pour **Chachapoyas** (durée 10h, dép. Di. et Je. à 14h et 16h, s/25).

ORIENTATION ET INFORMATIONS PRATIQUES

Au cœur de la ville se trouve la **Plaza de Armas**, une grande place verdoyante bien entretenue. La plupart des hôtels et des restaurants se trouvent à proximité. **Amalia Puga**, **El Comercio**, **El Batán** et **2 de Mayo** sont les principales rues qui traversent la place.

Informations touristiques : L'**ITINCI**, Belén 600 (☎/fax 822 903), au rez-de-chaussée du Complejo Belén, fournit des informations d'une précision douteuse ainsi que quelques brochures et vend un guide détaillé en espagnol sur toute la région (s/15). Ouvert Lu-Ve 7h30-13h et 14h15-19h.

Agences de voyages : Les excursions à prix raisonnables proposées par les nombreuses agences de Cajamarca constituent le moyen le plus simple (et souvent le seul) de visiter les sites en dehors de la ville. Deux visites guidées par jour partent pour les destinations les plus courues, vers 9h et 15h, à condition qu'un nombre suffisant de personnes y participent. Le week-end est souvent le moment le plus sûr. Les prix sont en moyenne de s/15-20 pour visiter Cumbe Mayo, Granja Porcón, Otuzco, la ville, ou Colpa-Baños de Inca. Certaines agences organisent aussi des excursions vers Kuntur Wasi pour des groupes d'au moins 5 personnes (s/40-50 par personne). **Inca Baths Tours**, Amalia Puga 653 (☎/fax 821 828), est la meilleure agence où obtenir des informations en anglais. Ouvert tlj 7h-22h. Outre la visite des sites des environs, **Cajamarca Tours**, 2 de Mayo 323 (☎825 674), vend des billets d'avion et dispose d'un service Western Union (envoi d'argent à l'étranger) et DHL (transports express). Ouvert Lu-Sa 7h-13h et 14h-19h, Di. 7h-12h. **Cumbe Mayo Tours**, Amalia Puga 635 (☎/fax 822 938), vous aidera à trouver des guides parlant anglais si vous les prévenez. Ouvert tlj 7h30-21h.

Change : **Interbank** (☎822 460), dans la rue 2 de Mayo, au niveau de la Plaza de Armas, dispose d'un **distributeur automatique** Visa/PLUS. Ouvert Lu-Ve 9h-18h15 et Sa. 9h-12h30.

Laverie : **Lavandería Dandy**, Amalia Puga 545 (☎828 067). s/4 le kilo. Ouvert Lu-Sa 8h-19h30.

Supermarché : **Super Mercado San Francisco**, Amazonas 780, avec peut-être la plus jolie façade de tous les supermarchés du Pérou. Ouvert Lu-Sa 8h-21h30 et Di. 8h30-13h.

Police : Amalia Puga 807 (☎822 944), à côté de l'Hotel Casa Blanca, sur la Plaza de Armas.

Hôpital : **Hospital Regional Cajamarca**, Mario Urteaga 500 (☎822 156).

Téléphone : **Telefónica del Peru**, 2 de Mayo 460 (☎821 008), sur la Plaza de Armas, permet de téléphoner à l'étranger. Ouvert tlj 7h-23h.

Internet : **Atajo**, El Comercio 716 (☎822 245). s/3 l'heure. Ouvert tlj 8h-1h.

Bureau de poste : Amazonas 443 (☎822 206). Ouvert Lu-Sa 8h-21h et Di. 8h-15h15. **Cajamarca Tours** (voir Agences de voyages, précédemment) propose un service **DHL** et **Western Union.**

HÉBERGEMENT

Les meilleures adresses se trouvent sur la Plaza de Armas et l'effort pour trouver une chambre avec balcon donnant sur la place en vaut vraiment la peine. Si vous avez envie de luxe, allez au **Casa Blanca**, 2 de Mayo 442, l'hôtel le plus chic de la place, équipé de tout ce dont on peut rêver. Si vous avez du talent, peut-être réussirez-vous à obtenir une réduction. (☎/fax 822 141. Chambre simple s/59, double s/83.)

Hostal Residencial Atahualpa, Atahualpa 686 (☎827 840), près de la place. La gentille *señora* a manifestement mis tout son cœur dans la décoration jaune poussin de la cour intérieure. Toutes les chambres, spacieuses, sont équipées d'une salle de bains avec eau chaude le matin et certaines ont de grandes fenêtres donnant sur la paisible rue piétonne. Chambre simple s/20, double s/35.

Hostal Peru, Amalia Puga 605 (☎824 030). Situé au-dessus d'un restaurant populaire où ont lieu des concerts de musique *peña* le week-end, cet hôtel propose des chambres confortables à un prix inférieur aux autres hôtels de la place. Toutes les chambres disposent d'une salle de bains avec eau chaude 24h/24. Chambre simple s/20, double s/30.

Hostal Santa Apolonia, Amalia Puga 649 (☎827 207). Les chambres sont aménagées autour d'une cour carrelée remplie de plantes et de canapés. Chambre simple s/40, double s/70.

Hostal San Francisco, Belén 790 (☎823 070). Moins de caractère et moins bien situé, mais également moins cher que ses concurrents. Toutes les chambres sont équipées d'une salle de bains avec eau chaude de temps en temps. Chambre simple s/15, double s/25.

Hostal Plaza, Amalia Puga 669 (☎822 058), dans un grand bâtiment au-dessus de deux cours très animées. Certaines des chambres, spacieuses mais un peu austères, sont agrémentées d'un balcon donnant sur la place. Douches chaudes à certaines heures de la journée. Chambre simple s/15, avec toilettes s/20, avec douche et vue sur la place s/25, chambre double s/28, avec toilettes s/35, avec douche et vue sur la place s/45.

RESTAURANTS

En raison du grand nombre d'exploitations laitières dans la région, Cajamarca abonde en *productos lacteos* comme le beurre frais, les yaourts et le *manjar blanco* (une pâte à tartiner sucrée à base de lait, de sucre et de blancs d'œufs). Comme on pouvait s'y attendre, Cajamarca est également le paradis des amateurs de fromage : outre le *mantecoso* local, les *queserías* (fromageries) produisent des variétés de fromage suisse comme l'emmenthal ou le gruyère.

❤ **El Batán**, El Batán 369 (☎826 025, e-mail kok.bolster@computextos.com.pe). Mangez dans la cour couverte décorée de plantes et de tableaux ou installez-vous à l'intérieur de cette maison du XVIIIe siècle restaurée, où vous attendent une cheminée et une petite scène sur laquelle différents groupes viennent se produire les vendredi et samedi soir (22h, entrée s/7). Choisissez entre le menu de luxe à prix fixe (s/26), le plus modeste *menú ejecutivo* (menu expéditif, s/12) ou le *criollo* traditionnel et les plats végétariens à la carte (s/10-19). Ouvert Di. et Ma-Je 10h-23h, Ve-Sa 10h-1h.

El Cajamarqués, Amazonas 770 (☎822 128). Pas tout à fait aussi chic que El Batán, mais très fréquenté et impressionnant. Passez sous les voûtes d'une salle à manger austère avant d'arriver dans un jardin intérieur rempli d'oiseaux exotiques. C'est là qu'il faut venir pour se régaler d'une excellente *comida típica* ou de plats internationaux. Plat s/14 environ. Ouvert tlj 8h-23h.

Oscar's Restaurante Turístico, El Batán 149 (☎828 386). Oscar propose un curieux mélange de cuisines et de cultures : barbecue, fruits de mer et cuisine chinoise sont servis entre deux écrans de télévision géants qui diffusent des clips dans une salle qui ressemble à un décor de western. Inutile de consulter la carte : les meilleurs plats (la plupart à s/6-12) sont annoncés par des néons. Ouvert tlj 10h-23h30.

Cascanuez Cafe-Bar, Amalia Puga 554 (☎826 089). Ce café rustique sert sans aucun doute la meilleure mousse, le meilleur gâteau au chocolat et la meilleure tarte aux fruits de la ville (s/3,50 la part), ainsi que des cappuccinos (s/5), des omelettes (s/4,50) et des lasagnes (s/10), le tout dans une salle à manger qui rappelle celle de nos grands-mères. Ouvert Lu-Sa 8h-13h et 14h30-23h, Di. 14h30-21h.

VISITES

Même si la plupart des attractions touristiques se trouvent en dehors de Cajamarca, la ville elle-même n'est pas dénuée d'intérêt. L'une des cathédrales les plus remarquables, la belle **Iglesia de San Francisco**, datant du XVIIe siècle et située sur la Plaza de Armas, est couverte de sculptures en pierres volcaniques et abrite un musée d'art sacré. (Musée ouvert tlj 15h-18h.)

EL CONJUNTO MONUMENTAL BELÉN. Cet ensemble de bâtiments coloniaux situé au centre de Cajamarca et appelé *conjunto* comprend la **Iglesia Belén**, construite à la fin du XVIIe siècle, le petit **Museo Médico**, installé à l'intérieur de l'Instituto Nacional de Cultura, et le **Museo Arqueológico y Etnográfico**, juste en face. Bien que les vestiges d'art religieux laissent supposer que le musée de Médecine et le musée d'Archéologie étaient autrefois des églises, ces bâtiments construits au XVIIIe siècle servaient en fait d'hôpitaux (respectivement pour les hommes et pour les femmes), avec de petites chapelles pour les infirmes. Le clou du *conjunto* est **El Cuarto del Rescate** (la Chambre de la rançon), la pièce où Atahualpa, le dernier empereur inca, fut retenu prisonnier par les Espagnols, et qui était destinée à être remplie par sa rançon, dont un tiers en or et deux tiers en argent. Selon la légende, on ordonna à Atahualpa de tendre le bras aussi haut que possible afin de déterminer la hauteur des trésors exigés. Le point qu'il atteignit, 2,40 m très exactement, est toujours indiqué par une ligne rouge sur le mur. Cette pièce, qui faisait autrefois partie du palais de Atahualpa, est également le seul exemple d'architecture inca qui subsiste à Cajamarca. Le reste de la cité inca fut en effet détruit par les conquistadors espagnols afin de faire place nette et de se procurer des matériaux de construction pour leur nouvelle ville coloniale. *(El Cuarto del Rescate se trouve à Amalia Puga 750, en face de la Iglesia de San Francisco. Les autres édifices se trouvent tout près de là, autour de l'intersection des rues Belén et Junín. Ouvert Lu-Sa 9h-13h et 15h-18h, Di. 9h-13h. s/4, billet valable 3 jours. Sur place, vous pouvez louer les services d'un guide parlant espagnol moyennant environ s/5 par site. Pour les visites guidées en anglais, renseignez-vous auprès des agences citées précédemment : les prix sont comparables, mais les guides sont moins spécialisés.)*

EL MIRADOR SANTA APOLONIA. Pour jouir d'une vue splendide sur Cajamarca, allez visiter ce poste d'observation qui domine la ville. Il se trouve dans un joli parc, en haut d'une colline, juste au-dessus de la cathédrale Santa Apolonia. De là, vous pourrez voir l'immense vallée toute plate, située à 2700 m au-dessus du niveau de la mer, nichée entre d'imposants sommets. On suppose que c'est là qu'Atahualpa passait ses troupes en revue. C'est aussi là que vous trouverez une formation rocheuse naturelle ressemblant à un trône appelée le Siège de l'Inca. Outre un jardin bien entretenu, le parc abrite également un certain nombre d'animaux en cage dont des chouettes, des faucons et un petit singe. *(L'escalier se trouve au bout de la rue 2 de Mayo. Le parc est ouvert tlj 8h-23h. s/1.)*

LOS BAÑOS DEL INCA. Non loin de Cajamarca se trouvent Los Baños del Inca, des sources chaudes naturelles dont les eaux prétendument salubres servirent de bain au dernier Inca, Atahualpa, peu avant sa capture. Aujourd'hui, les visiteurs peuvent prendre des bains privés et couverts dans une eau provenant directement des sources (s/4), aller au sauna (s/8) ou encore se baigner dans la piscine extérieure (s/2). L'eau des sources est bouillante (78° C), mais les baigneurs peuvent en diminuer la température au moyen de sortes de robinets de douche. *(Pour vous rendre aux thermes, prenez un taxi (s/5) ou un colectivo (durée 15 mn, s/0,8) depuis la rue Amazonas à Cajamarca. ☎821 563. Les thermes sont ouverts tlj 5h-20h.)*

EXCURSIONS DEPUIS CAJAMARCA

CUMBE MAYO

Il n'y a pas de transports en commun pour Cumbe Mayo, situé à 20 km au sud-ouest de Cajamarca. La meilleure façon de s'y rendre est de suivre une visite guidée (durée 5h, s/15-20). Il est également possible d'y aller à pied en suivant la route de montagne sinueuse à partir de Cajamarca (durée 3-4h) : les panneaux au niveau du Cerro Santa Apolonia indiquent le début de la route.

Ces collines verdoyantes (3700 m d'altitude), parsemées d'étranges et gigantesques formations rocheuses, tirent leur nom du quechua "kumpi mayo" ou "rivière étroite". La "rivière" est en fait un **aqueduc** de 9 km de long construit par la civilisation préinca caxamarca, aux alentours de 1000 av. J.-C., ce qui en fait à ce jour la structure artificielle la plus ancienne de toute l'Amérique du Sud. Etonnamment, ce canal fut construit par des hommes qui n'avaient aucune connaissance des outils en métal et il fonctionne encore aujourd'hui (même s'il n'est plus utilisé). Le site contient également un certain nombre de lieux de cérémonie ou **santuarios**, qui servaient au peuple caxamarca pour leurs cultes de la nature. Le plus important, une grotte en demi-cercle parfait ressemblant à une tête d'homme renferme des pétroglyphes indéchiffrables. Dominant le paisible paysage (3700 m à son point le plus élevé), vous pourrez voir les **bosques de piedra** (forêts de pierre), de gigantesques roches volcaniques aux formes étranges érodées par la pluie : certains y voient des phallus, d'autres des champignons, selon le vice de chacun. Faites appel à votre imagination et essayez de repérer le dinosaure, l'iguane contemplatif, le militaire, le crapaud pustuleux, le poulet et le prêtre en train de lire un livre. Le **camping** est autorisé n'importe où sur la colline, mais vous devrez faire le trajet aller-retour à pied, à moins que vous ne vous arrangiez avec une agence pour vous faire acheminer sur place.

GRANJA PORCÓN

Les agences de Cajamarca demandent s/15-20 pour une visite guidée de 4h. La Granja Porcón est ouverte aux visiteurs tlj 5h30-19h. Si vous souhaitez dormir à l'auberge, la coopérative s'arrangera pour qu'une voiture privée vienne vous chercher à Cajamarca.

Fondé en 1985, ce ranch collectif de 9500 ha (anciennement appelé la **Cooperativa Agraria "Atahualpa Jerusalén"**) fait partie de l'un des plus grands projets de reboisement du monde. Le mot "reboisement" est, en fait, un terme impropre, car les 10 500 000 arbres de cette plantation (en majorité des sapins, des eucalyptus et des cyprès) ne poussent pas naturellement à une altitude de 3700 m. Ces arbres sont utilisés pour fabriquer du papier et des meubles, afin que les forêts naturelles ne soient pas décimées. Grâce aux subventions du gouvernement péruvien, de l'Universidad Nacional de Cajamarca et de diverses organisations internationales de défense de l'environnement, 51 familles vivent ici en autarcie, dans une petite ville qui dispose de son propre groupe électrogène. Les visites guidées incluent une randonnée dans les forêts des collines ainsi qu'une visite de la ville et du sanctuaire réservé aux espèces animales en voie de disparition : on peut y voir des oiseaux rares aux plumages somptueux, des singes, des *tigrillos*, un puma, une panthère d'Amazonie et une *vicuña* (vigogne) en liberté. Ceux qui n'en ont pas eu pour leur compte peuvent passer la nuit à l'**albergue**, dont les chambres sont confortables et disposent de l'eau chaude (☎/fax 825 631, s/20 par personne). Ce peut être l'occasion d'aller au **restaurant**, où la cuisine est faite uniquement à base de produits locaux, et de faire des randonnées plus longues pour aller voir les cascades et les *miradores*.

VENTANILLAS DE OTUZCO

Les visites guidées organisées par les agences de Cajamarca coûtent s/15, mais Otuzco est facilement accessible par les transports en commun et un guide n'est pas nécessaire. Prenez un combi *dans la rue El Batán, 5* cuadras *à l'ouest de la Plaza de Armas (durée 20 mn, s/0,5). Ouvert tlj 8h-18h. s/3.*

Cette nécropole est composée d'une centaines de niches ou *ventanillas* (guichets), construites vers l'an 800 de notre ère par les Caxamarca pour servir de tombeaux aux membres les plus importants de leur société. Tous les ossements et les trésors qui se trouvaient sans doute à l'intérieur furent pillés par les Incas lorsqu'ils conquirent la région, aux alentours de 1470. Quelques *ventanillas* (dans la partie gauche) ont été restaurées. Les visites guidées sont en général couplées avec une excursion vers une fabrique de fromages suisses et une ferme florale où sont cultivés certains des plus grands hortensias du monde.

LA COLPA ET LLACANORA

Les visites, d'une durée de 5h, organisées par les agences de Cajamarca coûtent s/15 et incluent la visite des Baños del Inca.

L'hacienda La Colpa est un ranch à bestiaux situé dans un magnifique décor champêtre agrémenté d'un lac artificiel. Elle vaut le détour pour son "**appel des vaches**", moment où les ouvriers du ranch rassemblent le bétail en appelant chaque animal par son nom. Llacanora, la ville voisine, abrite des **peintures rupestres** datant de 7000 ans et se trouve à environ 20 mn de marche d'une impressionnante **cascade**.

KUNTUR WASI

A 4h de Cajamarca. Les visites guidées d'une journée organisées par les agences coûtent s/50 par personne pour un groupe de 5.

Moins visité en raison de son éloignement, ce site de pierre vieux de 3000 ans est constitué de places cérémonielles, de terrasses et d'énormes pétroglyphes sur lesquels on distingue des représentations de dieux anthropomorphes. Les couronnes et les cuirasses en or découvertes dans les tombeaux du site sont aujourd'hui exposées au **Museo La Conga** voisin.

CELENDÍN

Celendín est un endroit idéal pour se reposer entre l'exploration de la côte et celle de la jungle. Diverses ruines n'ayant pas encore fait l'objet de fouilles, comme La Chocta et La Lechuga, se trouvent à proximité. Comme dans *Indiana Jones*, il y a malheureusement eu beaucoup de pillages de tombes. Il n'est donc pas étonnant de constater que de nombreux habitants possèdent chez eux des antiquités, et certains d'entre eux se vantent même de leurs exploits de *huaqueros* (pilleurs de tombe).

TRANSPORTS ET INFORMATIONS PRATIQUES. Les compagnies de transports ont installé leurs bureaux sur la place mais la plupart des bus, des *combis* et des *camiones* partent des rues proches de l'*óvalo*. Civa (☎855 163), à l'angle des rues Galvez et Unión, sur la place, Atahualpa, à l'intersection des rues Pardo et 2 de Mayo, sur la place, et Palacios, Unión 333, desservent les villes de **Cajamarca** (durée 5h, s/10-12), de **Lima** (Atahualpa dép. à 7h, s/40, Civa dép. à 19h, *bus cama* s/60) et de **Chachapoyas** (Virgen del Carmen, durée 12h en saison sèche, dép. Je. et Di. à 11h et midi, s/25) via **Leimebamba** (durée 8h, s/20).

L'**église** bleu pâle, avec ses grandes flèches, délimite la **Plaza de Armas** et le centre-ville. Le **monumento**, au niveau de l'*óvalo*, cinq *cuadras* en amont de la place, est le point de départ central des bus. Même s'il y a une **Banco de la Nación** à Celendín, mieux vaut aller changer votre argent chez les petits commerçants, comme la **Veterinaria Mersa**, Cáceres 204, près du monument (ouvert tlj 7h-20h). La **Farmacia Zoila**, 2 de Mayo 697, tout près de la place, est ouverte tous les jours de 6h à 22h. Au-dessus de la pharmacie, vous trouverez un **centre médical** (☎855 457 ou 855 003) ouvert tous les jours entre 8h et 20h. La **Serpost** se trouve Unión 403, tout près de la place. Des **téléphones publics** se trouvent sur la place, au niveau de la rue 2 de Mayo (☎855 270) et Unión 309 (☎855 292). (Les deux sont ouverts tlj 7h-22h30.)

HÉBERGEMENT ET RESTAURANTS. Cette petite ville offre aux visiteurs une étonnante variété d'hôtels bon marché. Le tout nouveau **Hostal Imperial**, 2 de Mayo 566, à deux *cuadras* de la place, possède des chambres impeccables situées au premier étage. (Chambre simple s/12, avec salle de bains s/15, chambre double s/22, avec salle de bains s/25.) L'**Hostal Celendín**, Unión 305, sur la place, propose des chambres ordinaires équipées d'une salle de bains avec eau chaude, aménagées autour d'une jolie fontaine. Mais le plus important, c'est que le personnel pourra vous donner des renseignements très précis et que le restaurant du rez-de-chaussée sert de la bonne cuisine, dont un menu à s/3. (☎855 239. Chambre simple s/16,50, chambre double s/28, TV s/5 de supplément.) L'**Hostal Gálvez**, 2 de Mayo 344, est plus intéressant pour son lieu de culte dédié à la Virgen del Carmen, situé dans la cour, que pour ses chambres banales. Eau chaude moyennant un supplément de s/2. (☎855 327. Chambre s/6 par personne, avec toilettes s/8 par personne.) L'**Hostal Amazonas**, 2 de Mayo 316, plonge le visiteur dans l'ambiance du début du siècle dernier, avec un lavabo et un lit en fer dans chaque chambre. (☎855 283. Chambre simple s/8, avec salle de bains s/10.) **La Reserva**, 2 de Mayo 549, est de loin le restaurant le plus attrayant et le plus luxueux de la ville. Les clients ont le choix entre dîner dans la partie en plein air joliment décorée et regarder la télévision à l'intérieur, ce qui est moins séduisant. Goûtez les sandwichs (s/1) et les jus de fruits (s/1) ou prenez le menu du midi (*menú ejecutivo* s/5, *económico* s/3, ☎855 415, ouvert tlj 8h-23h).

VISITES. Les **thermes de Llanguat** constituent un endroit idéal pour tuer le temps en attendant un bus ou pour se soulager un peu de la fatigue du voyage (s/1,50). La compagnie Transportes Araujo, Pardo 486, propose un service de bus à destination de Villanueva via Llanguat (s/4). **La Chocta**, à 44 km de Celendín, est surtout connue pour ses constructions de pierre rectangulaires (*chullpas*), qui servaient de chambres mortuaires. Hormis cette importante partie funéraire, le site comprend également des résidences fortifiées et une place. (Pour vous y rendre, prenez un *combi* sur le marché jusqu'au village d'Oxamarca (durée 3-4h), puis marchez pendant encore 3h.)

LEIMEBAMBA

La récente découverte de plus de 200 momies sur le site archéologique de la Laguna de los Cóndores a attiré l'attention sur cette ville tranquille. Obligée de faire face à l'afflux soudain de visiteurs désireux d'explorer la multitude de ruines laissées par la culture chachapoyenne, Leimebamba est en train de se doter d'infrastructures touristiques.

TRANSPORTS ET INFORMATIONS PRATIQUES. Les *combis* à destination de **Chachapoyas** (s/7) via **Tingo** (s/5) se garent autour de la place tous les jours après 19h. Renseignez-vous auprès des chauffeurs pour connaître l'horaire de départ du lendemain matin (entre 3h30 et 4h30), et ils passeront vous prendre. Service Kuélap, dans la sixième *cuadra* de la rue 16 de Julio, tout près de la place, assure un service à destination de **Chiclayo** (dép. à 9h, s/35) et de **Lima** (dép. Ma. et Je. à 9h, s/65) via **Trujillo** (s/45). Chachapoyas propose actuellement davantage d'informations et de visites organisées que Leimebamba, mais tout pourrait changer dans un avenir proche. Vous pourrez obtenir des **informations touristiques** à San Augustin 407, sur la place. (Ouvert Lu-Ve 8h-12h et 14h-17h.) L'office abrite également un petit **musée**. Un musée plus important situé juste à l'extérieur de la ville, sur la route de Celendín, a été inauguré récemment grâce à une aide autrichienne et devrait permettre de mieux connaître les nombreuses cultures qui vivaient sur les lieux du site actuel. (Ouvert Ma-Sa 9h-12h et 14h-17h. Adultes s/5, étudiants s/2.)

Il n'y a ni poste ni banque à Leimebamba, mais certaines personnes vous changeront volontiers **des dollars** en *soles*. C'est notamment le cas de la **police**, Sucre 115 (☎778 024), sur la place. L'**hôpital**, La Verdad 480, se trouve à trois *cuadras* de la place.

HÉBERGEMENT ET RESTAURANTS. Le choix d'hôtels et de restaurants est actuellement restreint, mais les choses devraient s'améliorer dans les mois qui viennent. La moderne **Laguna de los Cóndores**, Amazonas 320, juste à côté de la place, propose des chambres confortables avec salle de bains extra-propre. Le salon et la cafétéria du rez-de-chaussée, très reposants, sont également un bon endroit pour obtenir des informations touristiques de la part des propriétaires érudits. (Chambre simple s/15, avec salle de bains s/30, chambre double s/25, avec salle de bains s/40.) L'**Hotel Escobedo**, 16 de Julio 514, est la seule autre possibilité en ville. Chambres rudimentaires (s/10 le lit) avec salle de bains commune mais spacieuse et eau chaude pendant la journée. Le **Restaurante El Caribe**, 16 de Julio 712, sert des plats raffinés de *comida típica* ainsi qu'un menu (s/3) à l'heure du déjeuner. (Ouvert tlj 7h-23h.) La **Panadería Jovita**, La Verdad 514, propose du bon pain et du bon fromage, parfaits pour vos excursions.

VISITES. Mieux vaut être motivé et en forme pour aller voir le lieu d'origine des centaines de momies récemment découvertes près de la **Laguna de los Cóndores** : cette excursion prend en effet neuf heures à pied ou huit heures à cheval. Le site comprend sept tours de pierre, quatre *chullpas* (constructions de pierre rectangulaires) polychromes et environ 200 structures circulaires situées près d'un superbe lac. Les momies, très bien conservées, furent d'abord enterrées dans les *chullpas* il y a plus de 1000 ans, mais on pense que ces corps ont subi un second enterrement, car les cultures qui les ont suivies ont voulu faire de la place pour les membres de leurs propres sociétés. Au moment où les archéologues visitèrent le site en 1997, les *huaqueros* avaient déjà pillé les momies et les avaient déplacées de leur emplacement d'origine. Des vestiges d'objets en terre cuite indiquent l'influence des cultures chimú et cajamarca, et la découverte de *quipus* (cordelettes de couleur nouées) souligne la présence de l'administration inca. (Pour visiter les ruines, les touristes doivent être accompagnés d'un guide, s/20 la journée. La visite part de la route de Celendín, près du nouveau musée. Un hôtel rudimentaire est installé au sommet. En ville, un grand **musée** faisant également office de **centre de recherches** expose 220 momies qui se trouvaient autrefois près du lac.) **La Congona** est un site beaucoup plus accessible et peut facilement se visiter dans la journée. Les structures circulaires qui se trouvent au sommet montrent les trois types de frises attribués à la culture chachapoyenne : en forme de losanges (rhombes), de zigzags ou de style grec. A part ce site archéologique, le sommet de la colline offre une très jolie vue sur la campagne environnante. (Les ruines se trouvent à 3h de marche en partant du bout de la rue La Verdad à Leimebamba.) Le site, moins exploré, de **Tajopampa** demande également que vous passiez une nuit sur place, mais cela en vaut la peine. Ces grottes, creusées dans une falaise de 500 m de haut, étaient à l'origine un lieu funéraire et servaient à enterrer les morts. Vous découvrirez également de nombreuses voûtes de couleur rouge ainsi que des pétroglyphes. L'image d'un homme portant une tête ensanglantée, en particulier, alimente la théorie selon laquelle les Chachapoyens étaient un peuple belliqueux. Vous pourrez également explorer d'autres structures dans les environs. (Pour vous rendre sur le site, louez les services d'un guide, s/20 la journée, et empruntez le sentier qui commence près du nouveau musée.)

CHACHAPOYAS ☎044

Capitale du département d'Amazonas, "Chacha" (surnom affectueux de Chachapoyas) abrite certaines des ruines les plus impressionnantes mais les moins visitées du Pérou. L'incroyable forteresse préinca de Kuélap, à quatre heures de marche de la ville, est l'une des plus grandes œuvres architecturales d'Amérique. Ville de haute montagne animée, Chachapoyas (2335 m d'altitude) possède des équipements modernes (malgré une population de seulement 15 000 habitants), mais demeure très peu visitée par les touristes étrangers. Le simple fait de s'y rendre est déjà une aventure. La majorité des touristes choisissent de prendre le bus cahoteux à partir de Chiclayo (8h de route), mais les amateurs de sensations fortes préfèrent suivre l'itinéraire qui relie Cajamarca à Celendín, une route impressionnante (20-24h) qui serpente au milieu de superbes paysages. Mieux vaut avoir l'estomac solide ! Si vous avez toujours soif d'aventures après avoir visité les sites les plus retirés de Chachapoyas, la jungle ne se trouve qu'à une heure de là.

TRANSPORTS

Avion : L'**aéroport** se trouve à 20 mn de la ville. Les vols au départ de Chachapoyas sont limités, mais le **Grupo Aereo n° 8**, dont le bureau est situé à l'Hotel Revash (voir plus loin), envoie des avions militaires à destination de **Lima** (dép. Ma., en général à 11h, mais il faut confirmer la veille au soir, s/130). **La Vid Reina**, sur la Plaza de Armas, propose également des vols pour **Lima** tous les samedis entre avril et décembre.

Bus : Les *combis* et les taxis se concentrent autour du marché, dans la rue Grau, et la plupart des bus arrivent ou partent à l'angle des rues Salamanca et Arrieta. TransServis Kuélap, Ortiz Arrieta 412 (☎778 128), propose le service de bus le plus confortable à destination de **Chiclayo** (durée 8-9h, dép. Lu. et Ve. à 17h, Ma-Je et Sa-Di à 15h, s/25). Transcar, La Libertad 690 (☎778 155), projette des films pour passer le temps pendant le long trajet à destination de **Lima** (durée 20-24h, dép. tlj à 10h, Me. et Sa. également à 9h, s/60) via **Chiclayo** (durée 9h, s/30) et **Trujillo** (durée 12h, s/45). Civa, Ortiz Arrieta 279 (☎778 048), envoie également des bus (généralement avec films) à **Chiclayo** (durée 10h, dép. à 16h, s/25) et à **Lima** (durée 22h, dép. Lu, Me. et Ve. à 10h30, s/60). Deux bus pour **Leimebamba** (durée 4h, dép. à 12h et 13h, s/10) partent de l'intersection des rues Grau et Salamanca. A destination de **Pedro Ruiz** (durée 1h30), les *combis* (dép. de 5h à 18h, s/6) partent de la 3e *cuadra* de la rue Grau, et les taxis (s/9) du marché de cette même rue. A Pedro Ruiz, vous pouvez héler un bus allant à **Tarapoto** (durée 9h, s/20-25), mais vous ne trouverez sans doute pas de place assise. Le meilleur endroit où attraper un bus est au contrôle de police, sur la route, à l'extérieur de la ville.

ORIENTATION ET INFORMATIONS PRATIQUES

Le point central de la ville est la **Plaza de Armas**, délimitée par les rues **Ayacucho**, **Grau**, **Amazonas** et **Ortiz Arrieta**. Le centre commercial et le **mercado** se trouvent dans la rue **La Libertad**, une *cuadra* au nord de la rue Ayacucho, entre les rues Grau et Ortiz Arrieta. La plupart des *combis* qui desservent les villes des environs partent de la rue Grau, entre les rues La Libertad et **Salamanca** (également appelée **San Juan de la Libertad**). Les services les plus importants se trouvent le long des rues **Amazonas** et **Triunfo**.

Informations touristiques : Le bureau **officiel** est situé à Triunfo 852. Ouvert Lu-Ve 8h-13h et 15h-20h, Sa. 8h-13h. Le **Cafe de Guías**, Ayacucho 755 (☎777 664), dans le Gran Hotel Vilaya, vous donnera toutes les brochures, livres, cartes, et guides traduits en anglais que vous voulez. En plus, vous aurez droit à un petit café. Ouvert tlj 7h-23h. **Amazon Tours**, Arrieta 520 (☎778 294, fax 777 615), sur la place, est une autre source d'informations intéressante et organise également des circuits. Vous pouvez choisir entre un voyage organisé à Kuélap (s/50), à Karajia (s/50) ou à Revash (s/70). Ouvert Lu-Sa 8h-13h et 15h-19h, Di. 8h-14h. L'**Hotel Revash**, Grau 517 (☎777 391), sur la place, propose également des excursions à Kuélap pour un prix équivalent. L'**Hotel Gran Vilaya**, à l'angle des rues 2 de Mayo et Ayacucho (☎757 664), propose des circuits plus chers pour une clientèle plus aisée, mais c'est aussi une mine d'informations. Des guides parlant anglais sont à votre disposition.

Change : La **Banco de Crédito**, Arrieta 580 (☎777 430), se trouve sur la place. **Distributeur automatique** Visa. Ouvert Lu-Ve 9h15-13h15 et 16h30-18h30, Sa. 9h30-12h30.

Laverie : La **Lavandería Clean**, Amazonas 813 (☎777 078), à 1 *cuadra* seulement de la place, propose un service dans la journée si besoin est. Ouvert Lu-Sa 9h-13h et 15h-19h, Di. 9h-13h.

Marché : Le **marché couvert**, très animé, est situé à l'angle des rues La Libertad et Grau. Vous pourrez y manger pour moins cher qu'au restaurant. Un bon endroit où faire vos provisions avant de partir en randonnée est **Comercial Tito**, La Libertad 860 (☎ 777 123). Ouvert Lu-Sa 7h30-13h30 et 14h30-19h30, Di. 8h30-12h.

Urgences : ☎ 105.

Police : La **police touristique**, Triunfo 592, **exige que les touristes se fassent connaître de ses services** à leur arrivée à Chachapoyas. La **police nationale**, Ayacucho 1040 (☎ 777 176), peut également être consultée en cas d'urgence.

Pharmacie : **Botica Santa Rosa**, Amazonas 717 (☎ 998 694), à 2 *cuadras* de la place. Ouvert 24h/24.

Services médicaux : **Clínica San Juan Bosco**, Ayacucho 1231 (☎ 777 226).

Téléphone : Un centre **Telefónica del Perú** (☎ 778 089 ou 778 094) est situé dans la rue Ayacucho, sur la place. Ouvert tlj 7h-23h.

Internet : Le **Ciber Club**, Triunfo 761, prend s/6 l'heure. Ouvert Lu-Ve 8h-13h et 15h-21h, Di. 8h-12h30 et 15h-20h. L'**Hotel Revash** et la pharmacie **Botica Santa Rosa** autorisent les gens à se connecter sur leurs ordinateurs personnels pour des tarifs légèrement plus élevés.

Bureau de poste : **Serpost**, Grau 561 (☎ 777 019), sur la place. Ouvert Lu-Sa 8h-20h.

HÉBERGEMENT

En raison de l'augmentation récente du tourisme écologique et archéologique, un certain nombre d'hôtels confortables ont été subitement construits afin de contrebalancer les hôtels rudimentaires qui existaient auparavant. Le large choix d'hôtels permet à tous les budgets de trouver leur compte.

Hostal Johumaji, Ayacucho 711 (☎ 777 279, fax 777 819, e-mail olvacha@ddm.com.pe), à 2 *cuadras* de la place, propose des chambres à la journée, à la semaine ou au mois. Chambre simple avec eau froide s/10, chambre avec salle de bains et eau chaude s/15 par personne.

Hotel Revash, Grau 517 (☎ 777 391), sur la place. Cet hôtel propose des chambres confortables équipées du câble et d'une salle de bains avec eau chaude 24h/24. Vous y trouverez aussi une petite cafétéria, une boutique de souvenirs, un service de laverie et un accès Internet. Le propriétaire, Carlos Burga, connaît très bien la région et se fera un plaisir de vous aider à organiser vos excursions. Chambre s/35 par personne, réduction de s/5-10 entre décembre et mars.

Hostal El Tejado, Grau 534, 1er étage (☎ 777 654), sur la place. Les chambres, confortables et d'une propreté impeccable, sont à des prix raisonnables. Chambre simple s/30, double s/50, s/5 de moins si vous ne voulez pas de la télévision.

Hotel El Dorado, Ayacucho 1060 (☎ 777 047), à 1 *cuadra* de la place. Maison coloniale. Les chambres du 1er étage disposent toutes d'une salle de bains avec eau chaude, mais leur prix diffère suivant le type de sol : avec du parquet (chambre simple s/20, double s/30) ou carrelé (chambre simple s/25, double s/35). Les chambres du rez-de-chaussée partagent une salle de bains sans eau chaude (chambre simple s/10, double s/20). Service de laverie.

RESTAURANTS

La situation géographique de Chacha engendre au niveau culinaire un mélange entre la cuisine de la jungle et celle de la montagne. Les *juanes*, recouverts de riz, sont considérés comme des mets tropicaux, mais on en trouve également plus haut en altitude, à la différence près que le *yucca* remplace le riz. Les restaurants, qu'ils soient chic ou modestes, servent ces variétés de *comida típica*.

Chacha, Grau 545 (☎ 777 107), sur la place, sert des plats copieux de *comida típica*. Le *bistec a lo pobre* (s/9) est presque assez gros pour deux. Vous pouvez également prendre le menu du midi (s/3). Ouvert Lu-Sa 7h-22h.

El Tejado, Grau 534, 1er étage (☎777 654), sur la place, propose également de très bons plats mais dans un environnement plus raffiné. L'atmosphère reposante de l'endroit est un peu troublée par la présence d'un grand écran de télévision, mais c'est précisément ce qui attire certains clients. Ouvert Lu-Sa 8h-22h.

Panadería San José, Ayacucho 816, près de la place. A part diverses variétés de pain, ce petit café propose des sandwichs à des prix qui défient toute concurrence ainsi que des *humitas* (pâte de maïs sucrée enveloppée dans la feuille, s/0,75), des *empanadas* (sorte de friand) et des *juanes* (s/1). Ouvert Lu-Sa 6h30-13h et 15h-21h30, Di. 7h-13h et 16h-21h30.

EXCURSIONS DEPUIS CHACHAPOYAS

Les deux périodes les plus animées pour visiter Chachapoyas sont les **Fiestas Patrias**, les deux premières semaines d'août, et la **Semana Turística**, la première semaine de juin, durant laquelle la présentation des produits et des danses de la région s'achève en une procession des représentants des villages environnants. Cependant, la majorité des touristes ne font pas tout ce déplacement pour rester dans la ville. Bien que vous puissiez atteindre la plupart des sites par vos propres moyens, une autorisation est en principe nécessaire pour tous ces sites (sauf pour Kuélap) et doit être retirée à l'**Instituto Nacional de Cultura**, Ayacucho 1260, à trois *cuadras* de la place. (☎777 045. Ouvert Lu-Ve 8h-17h.) L'Institut recommande de se déplacer en groupe, de préférence avec un guide, car certaines régions retirées peuvent s'avérer dangereuses. Outre les circuits proposés par **Amazon Tours**, les spécialistes de la région **Martín Chumbo** (via le Gran Hotel Vilaya) et **Carlos Burga** (via l'Hotel Revash) louent leurs services en tant que guides parlant espagnol (s/100-150 la journée).

KUÉLAP

Pour vous rendre sur le site des ruines, prenez un combi tôt le matin (durée 2h, s/12). Sinon, si vous êtes en bonne forme physique et si vous aimez l'aventure, vous pouvez y aller à pied (durée 4-7h) en partant de Tingo, à 2h de bus de Chachapoyas. Le sentier, balisé par de rares flèches rouges, commence près du pont de Tingo et suit la rivière avant de tourner et de devenir un chemin de montagne abrupt. Les portes ouvrent tlj 8h-16h30. s/10. Vous trouverez un lieu d'hébergement rudimentaire, sans électricité ni eau courante, dans le dortoir INC (s/7 par personne).

Si Chachapoyas est "l'autre Cuzco", comme certains l'appellent parfois en raison de la taille et de l'étendue des ruines bien conservées qui se trouvent dans ses environs, **Kuélap** est sans aucun doute son Machu Picchu. Entourée d'une muraille de 30 m de haut, cette forteresse mesure 584 m de long et 100 m de large, et l'on dit souvent (même si rien ne le confirme) qu'elle contient trois fois plus de pierres que les pyramides égyptiennes de Giza. Bien qu'ayant été "découvert" en 1843, ce site reste un mystère pour les archéologues. On sait que Kuélap fut construit par le peuple chachapoyen entre 1100 et 1300 de notre ère, et son architecture comme son emplacement (entouré de roches et de falaises abruptes sur trois côtés) indiquent clairement qu'il servait de structure défensive. Mais personne ne sait contre qui les Chachapoyens se défendaient, ni d'où cette immense masse de pierre provenait et de quelle façon elle fut transportée jusqu'à ce lieu isolé situé à plus de 3000 m d'altitude. Malgré l'érosion et le temps passé, le site est resté étonnamment intact. L'une des structures les plus impressionnantes est connue sous le nom de **El Tintero** (l'encrier), un cône renversé de près de 6 m de haut dont on pense qu'il a servi à des cérémonies religieuses. Certains prétendent même que l'on y jetait les victimes de sacrifices humains.

La densité de la végétation permet tout de même de distinguer trois niveaux, contenant environ 420 édifices circulaires et cinq structures rectangulaires. **Pueblo Alto** (le deuxième niveau), soutenu par d'épais murs fortifiés, serait l'endroit que les élites avaient élu comme domicile. Les places et les grandes structures rectangulaires de ce niveau indiquent également qu'il remplissait une fonction publique ou cérémonielle. Le **torreón** (grosse tour) marque l'extrémité nord et le troisième niveau. La découverte de haches et d'autres armes à cet endroit a amené les archéologues à émettre l'hypothèse qu'il s'agissait d'un poste de guet militaire. L'étonnant **tintero** (13,7 m de diamètre et 5,5 m de haut), dans la partie sud, a une forme extérieure conique mais un compartiment interne en forme de bouteille. Les offrandes et les restes d'animaux laissent supposer qu'il avait une fonction religieuse.

Même si Kuélap a été "découvert" en 1843 par Crisostomo Nieto, il a été étudié plus récemment par Alfredo Narváez et Arturo Ruiz. Au niveau inférieur, seuls quatre édifices ronds (8 m de diamètre et 4 m de haut) ont été entièrement fouillés. Les objets trouvés à l'intérieur indiquent que ces édifices servaient de résidence avant que les Incas ne les utilisent comme chambres funéraires. L'accès à d'autres structures circulaires de la première plate-forme paraît impossible sans l'aide d'échelles, ce qui démontre une fois encore l'importance de la fonction de protection et de fortification. Même si elles n'étaient généralement pas décorées, certaines structures circulaires de cette première plate-forme sont ornées de frises géométriques.

AUTRES RUINES AUX ENVIRONS DE CHACHAPOYAS

REVASH. Cet impressionnant site funéraire consiste en un ensemble d'édifices rouges rectangulaires creusés dans le flanc d'une falaise. Ces structures ont été érigées pour servir de tombeaux et sont décorées de pétroglyphes. Même si vous ne pouvez pas rentrer dans les mausolées, la vue que l'on a d'en-dessous vaut le déplacement. *(Prenez un combi en direction de Leimebamba et descendez à Yerbabuena. Quelques combis font le trajet jusqu'à Santo Tomás, ce qui économise 1h de marche, mais il est plus simple d'aller directement à pied jusqu'au site, durée 2h.)*

KARAJIA. Autre site funéraire spectaculaire, ce lieu abrite des cercueils de bois anthropomorphiques, qui furent soigneusement déposés sous le surplomb d'une falaise entre 800 et 1300 de notre ère. Des momies ramassées sur elles-mêmes étaient placées dans chaque cercueil et des crânes étaient posés sur le couvercle de chaque sarcophage. Les momies ont depuis été enlevées par les archéologues, mais les cercueils sont restés. *(Prenez un bus jusqu'à Luya (entre 7h30 et 17h) à partir de la rue Arrieta, près de la place du marché de Chachapoyas, puis marchez jusqu'aux ruines (durée 2h30). Quelques bus vont jusqu'à Luya Viejo ou Trita au départ de Luya, ce qui économise 1h30 de marche.)*

JALCA GRANDE. Cette petite ville est le lieu de la première fondation de Chahcapoyas en 1538, à 74 km de son emplacement actuel. Aujourd'hui, l'endroit est un centre de folklore très apprécié, mais les touristes viennent également pour voir la tour coloniale en pierre de la place ainsi que les ruines d'Ollape, situées non loin de là (40 mn de marche). Les structures circulaires du site archéologique d'Ollape ont probablement été érigées entre 1150 et 1300 de notre ère et comportent des frises en forme de losange. La Laguna Mamacocha (5h de marche) peut également constituer une belle journée d'excursion au départ de Jalca Grande. *(Des combis desservent Jalca quotidiennement (durée 1h30, dép. entre 12h et 13h, s/6) au départ de Chachapoyas.)*

OLÁN. De tous les ensembles d'habitations chachapoyennes de la région, celui-ci est de loin le plus vaste. Avec ses quelque 600 maisons circulaires, c'est ici que vous verrez les meilleurs exemples des trois types de frises : en forme de losange (rhombes), de zigzags ou de type grec. *(Prenez un combi depuis la rue Salamanca, à Chachapoyas, jusqu'à Montevideo (durée 4h, dép. entre 12h et 13h, s/8), puis marchez pendant 1h30.)*

LEVANTO ET YÁLAPE. Levanto et Yálape se trouvent respectivement à 22 et à 14 km de Chachapoyas. Le site de 4 ha de Yálape, construit entre 1110 et 1300 de notre ère, abrite des édifices circulaires ornés de frises en forme de losange. Les ruines de Colla Cruz, près de la ville de Levanto, contiennent un mur de fondation inca recouvert d'une structure ronde typique de la civilisation chachapoyenne. Cette construction est caractéristique des liens complexes qui unissaient les peuples inca et chachapoyen et que les archéologues tentent d'élucider. *(Des transports pour Levanto sont assurés tlj à 6h et à 13h au départ de Chachapoyas, mais les plus sportifs peuvent se rendre à Levanto à pied, durée 3h, en suivant un sentier préinca.)*

ANDES CENTRALES

LES INCONTOURNABLES DES ANDES CENTRALES

ÉMERVEILLEZ-VOUS des prouesses des Incas en visitant les ruines du site de **Huánuco Viejo** (p. 291), qui s'étendait jadis sur 2,5 km.
SORTEZ des sentiers battus et allez visiter le **Lago de Junín** (p. 297), le deuxième plus grand lac du pays.
ADMIREZ l'**artesanía** des villages situés près de Huancayo (p. 306) : cet artisanat compte parmi les plus beaux du Pérou.
PROMENEZ-VOUS du côté des jolies demeures coloniales et des ateliers de tapisserie réputés de la ville ensoleillée d'**Ayacucho** (p. 303).

Dans les années 1980 et au début des années 1990, l'épine dorsale du Pérou a été désertée par les touristes en raison de la présence de groupes terroristes (notamment le virulent Sendero Luminoso (le Sentier Lumineux) et le Mouvement Révolutionnaire Tupac Amarú, ou MRTA), ancrés dans les campagnes du pays. Ces dernières années, toutefois, les efforts de l'armée, ajoutés à un revirement de l'opinion publique, ont fait disparaître ces groupes (le chef du Sendero Luminoso a été arrêté puis condamné à la réclusion criminelle à perpétuité en 1992) et la violence a presque cessé. Dans le même temps, les villes animées et accueillantes des Andes centrales, revigorées par le développement du tourisme, ont fait table rase de leur violent passé. C'est une région montagneuse dont l'art, l'histoire et les paysages n'ont rien à envier au reste du pays, et qui a l'avantage de ne pas être abîmée par le tourisme de masse que connaissent des villes comme Cuzco ou Lima. Visiter la région en bus, qui constitue l'unique moyen de transport, peut s'avérer difficile, en particulier sur la portion de route non goudronnée qui relie Ayacucho à Cuzco et dont le parcours dure 24 heures. Mais la traversée des Andes centrales en bus vous permettra d'avoir une vision authentique du style de vie *campesino* péruvien : les paysans transportant leurs produits le long des routes, les femmes vêtues de multiples jupons et vendant de l'Inca Kola dans les rues, ou encore les cassettes de salsa passées en boucle, tout ceci forme le paysage typique et authentique de cette région, qui compte néanmoins parmi les plus pauvres du pays et pratique une agriculture de subsistance.

LA UNIÓN ☎ 064

La Unión est à Huánuco Viejo ce qu'Aguas Calientes est au Machu Picchu. Mais qu'est donc Huánuco Viejo, demanderez-vous ? Situé juste à l'est de la Cordillera Blanca (Cordillère blanche), Huánuco Viejo est le site injustement méconnu des "deuxièmes plus belles ruines" du Pérou (c'est en tout cas ce que l'on vous dira à l'office de tourisme de La Unión !). Tout comme à Aguas Calientes, le tourisme de cette petite ville est tributaire des ruines situées juste à côté. Pourtant à La Unión, les activités commerciales liées au tourisme ne se sont pas développées : les difficultés pour accéder à la ville, très commerçante, rendent le tourisme de masse impossible. Evidemment, c'est aussi ce qui fait son charme.

TRANSPORTS

Bus : Cavassa, Unión 231, dessert **Lima** (durée 20h, dép. à 12h et 15h, s/20). Turismo Armonía, dans la rue 2 de Mayo, vers le numéro 1000, dessert également **Lima** (durée 13h, dép. à 14h, s/20), tout comme Estrella Polar, Comercio 1471 (durée 13h, dép. à 14h30, s/18). Emp. de Automóviles Niño E.I.R.L., Comercio 1329, propose des voitures pour **Huánuco** (durée 4h, dép. lorsque le véhicule est plein, s/25). Transporte Vitor, Comercio 1309, dans la boutique marquée "Foto", propose un service de bus pour **Huánuco** (durée 6h, dép. à 7h, s/15). Des *combis* partent du marché et de la Plaza de Armas à destination de **Huallanca** (durée 30 mn, s/2,5) et d'**Iscopampa** (s/2).

ORIENTATION ET INFORMATIONS PRATIQUES

Le **Río Viscara** traverse La Unión, et tout ce qui est susceptible d'intéresser le visiteur se trouve à l'est de la rivière. La rue la plus animée de la ville, la rue **2 de Mayo**, est parallèle à cette dernière. La **Plaza de Armas** se trouve à une *cuadra* de là, au niveau de la rue **Comercio**, une grande artère centrale également parallèle à la rivière. La rue **Unión** coupe les rues 2 de Mayo et Comercio avant de traverser la rivière par le pont principal de la ville.

Office de tourisme : Sur la Plaza de Armas, dans le bâtiment de la **Municipalidad Provincial**. Le personnel, qui ne parle qu'espagnol, pourra vous donner quelques informations malgré le manque de documentation du centre. Ouvert tlj 8h30-12h et 14h-17h.

Change : **Banco de la Nación**, à l'angle des rues 2 de Mayo et Unión. Ouvert Lu-Ve 8h10-14h30.

Marché : Près du croisement entre les rues Comercio et Rios. C'est un très, très grand marché.

Police : Dans la rue Lourdes, près de la Plaza de Armas.

Hôpital : **Hospital de Apoyo La Unión**, 2 de Mayo 185.

Téléphone : Les rues 2 de Mayo et Comercio sont équipées de plusieurs cabines, mais celles-ci sont très souvent occupées, car peu de personnes possèdent le téléphone. Aucune ne fonctionne au moyen de cartes téléphoniques.

HÉBERGEMENT

"No hay Internet, no hay correos, pero tenemos hoteles" ("On n'a pas Internet, on n'a pas de poste, mais on a des hôtels"), commente un homme en train d'attendre son tour à une cabine téléphonique de la rue Comercio. Et il dit vrai, car malgré le manque de touristes, La Unión dispose d'un nombre important d'hôtels bon marché.

Hostal Picaflor, 2 de Mayo 870 (☎510 222). Quand vous venez de la Plaza de Armas, descendez jusqu'à la rue 2 de Mayo, puis tournez à gauche : le Picaflor se trouve sur votre droite. Tout neuf, avec des sols en parquet, de grandes fenêtres et l'eau chaude. Chambre simple s/15, double s/20.

Gran Hostal Abilia Alvarado, Comercio 1196, entre le marché et la Plaza de Armas. Il n'est guère étonnant que cet hôtel, avec ses grandes chambres et ses lampes de chevet rouges, soit l'un des plus fréquentés. Le grand jardin, les lavabos où vous pourrez laver vos vêtements à la main, la discothèque (Ve-Sa seulement) et le restaurant (voir plus loin) donnent encore plus d'attrait à cet hôtel. Chambre simple s/15, avec salle de bains s/20, chambre double ou triple s/30.

Hostal Ubertina, 2 de Mayo 978. Les grandes chambres doubles sont agrémentées de fenêtres avec vue sur la rivière, mais les chambres simples sont dépourvues à la fois de fenêtres et de charme. Chambre simple s/8, double s/12.

Hotel Domino, 2 de Mayo 359. C'est l'hôtel le moins cher de la ville, avec des murs en béton, des ampoules qui pendent au plafond et des salles de bains communes à la propreté douteuse. Chambre simple s/6, double s/8.

RESTAURANTS

Vous trouverez facilement un endroit où vous restaurer à La Unión. Pendant la journée, vous pourrez déguster des fruits et du pain frais partout, et le soir, ce sont des vendeurs de rue qui vous proposeront des frites et de mystérieux morceaux de viande. Des restaurants presque tous identiques bordent la rue Comercio, surtout près du marché.

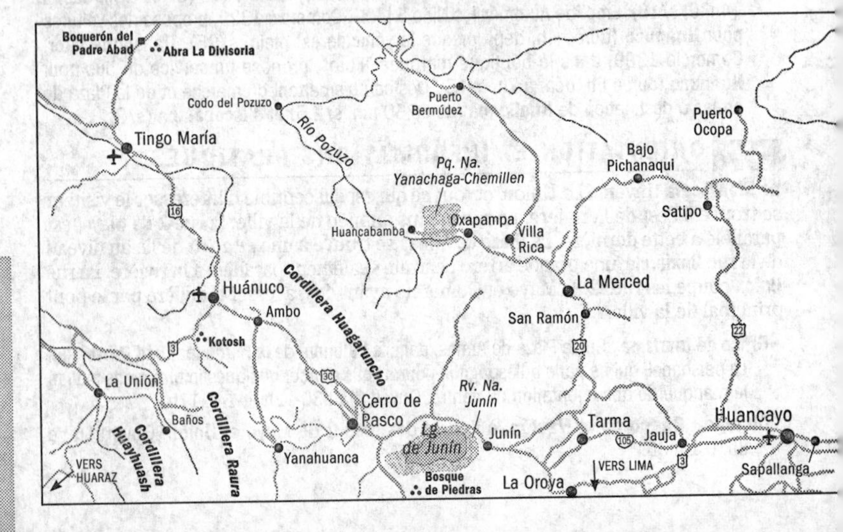

Restaurant Abilia Alvarado, dans la rue 2 de Mayo, vers le numéro 1000, en face de la station-service. Les arbres qui poussent au milieu du restaurant passent à travers le toit, sans se soucier de goûter à la délicieuse cuisine péruvienne. Plats s/6-8. Menu s/3. Ouvert tlj 7h-23h.

Restaurant Vizcarra, Unión 100, près du pont. Les habitants du coin adorent le menu à s/3,50 de ce petit restaurant. Ouvert tlj 7h-21h.

Restaurant Pollería Chifa Caulang, dans la rue Comercio, vers le numéro 1440. Pour ceux qui croient savoir ce qu'est une grosse portion. Plats péruviens ou chinois s/3-6. Menu s/5. Ouvert tlj 6h-23h.

VISITES

HUÁNUCO VIEJO. Les ruines de Huánuco Viejo, également appelé Huánuco Pampo, auraient été, selon certains, l'un des centres administratifs les plus importants de l'Empire inca. Leur construction a commencé en 1460 et s'est achevée en 1539, au moment de l'arrivée des Espagnols. Après deux années de règne, la haute altitude, le climat très rude ainsi que les fréquents soulèvements incas s'avérèrent trop difficiles à supporter pour les conquistadors. Les Incas reprirent alors le contrôle de la ville. A son apogée, Huánuco Viejo comptait près de 4000 structures et s'étendait sur plus de 2,5 km. Aujourd'hui, Huánuco Viejo, situé à 7 km au sud de La Unión, reste un vestige imposant de la gloire passée de la cité. La visite vous prendra au moins une heure, si ce n'est la journée entière. Comme pour d'autres œuvres d'art péruviennes, le site n'a toutefois pas l'argent nécessaire à la conservation et à l'entretien des trouvailles qui y ont été faites. Ainsi, à première vue, les ruines ressemblent davantage à un vieux tas de pierres qu'au lieu où siégeait l'ancien empire. D'un autre côté, le manque de modernité et d'activité de la région vous permettra de remonter facilement le temps et de vous croire parmi les Incas. Malheureusement, même si un plan sur un panneau d'affichage vous accueille à l'entrée du site, les seuls autres éléments d'explication présents se limitent à quelques pancartes en espagnol presque illisibles.

L'économie de Huánuco Viejo reposait essentiellement sur le textile : **Acllawasi**, le lieu de production d'origine, se trouve juste après l'entrée du site. Si vous suivez le sentier (dont l'état se détériore rapidement au fur et à mesure de votre progression), vous arriverez sur la **Plaza Central**, qui, avec ses 540 m sur 360, est le plus grand espace de la ville. A l'époque où les Incas vivaient là, cette place était vide, à l'exception du grand **Ushno** qui se trouvait en son centre ; les autres ruines de la place datent de l'époque des Espagnols. L'Ushno était le centre de la vie culturelle de

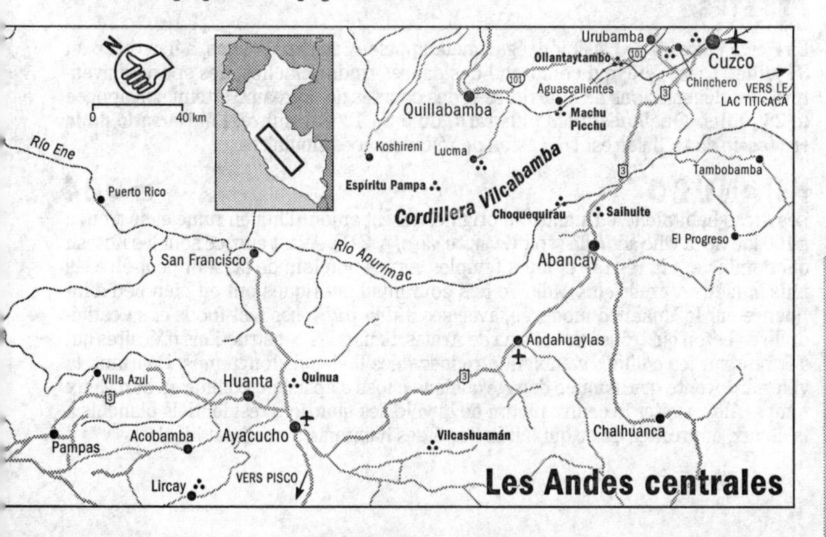

Huánuco Viejo, et le lieu de tous les grands rituels et autres cérémonies. Construit dans un style qui imite les bâtiments incas de Cuzco, l'Ushno reste le bâtiment le plus impressionnant (ainsi que le mieux conservé) de la cité. A son sommet, vous pourrez profiter d'une très jolie vue sur les ruines et la pampa alentour. La structure la plus complexe de la cité se trouve juste au sud de la Plaza Central (sur la gauche lorsque vous entrez sur la place) : appelée la **Casa Inca**, elle était réservée aux chefs incas qui venaient en visite depuis Cuzco (mais elle servit peu car ils venaient rarement jusqu'ici). A l'extrémité de la Casa se trouve une grande plate-forme qui dominait autrefois un lac artificiel, dont il ne reste plus aujourd'hui que quelques murs de pierre. Pour pénétrer dans la Casa, vous devrez passer par **La Kallanka**, un grand bâtiment resté presque intact qui abritait probablement un hôpital temporaire pour les soldats, les bureaux de l'administration ou un marché. *(Pour vous rendre sur le site en partant de La Unión (durée 2h30), prenez la rue Comercio après le marché, tournez à gauche et remontez la rue Huánuco jusqu'à ce qu'elle devienne un sentier de pierre, puis empruntez le chemin qui bifurque vers la gauche. Continuez en remontant ce petit sentier balisé pendant 1h, même après avoir traversé la grande route. Une fois en haut, continuez tout droit dans la pampa, puis prenez à droite en suivant les traces de pneus. Une fois sur la route, environ 40 mn plus tard, prenez à droite en direction des sommets enneigés, traversez les champs où se trouvent des moutons et des vaches, puis prenez à gauche en direction du grand panneau bleu et de l'entrée du site. Sinon, le* colectivo *à destination de Iscopampa (s/2) vous déposera à 20 mn du site, dans la pampa. Vous pouvez aussi prendre un taxi jusqu'à l'entrée du site (s/15). Ouvert tlj 6h-18h. s/5.)*

LES THERMES. Les **Baños Termales de Tauripampa** constituent certainement le sauna naturel le plus intéressant qui soit. Les visiteurs descendent à l'intérieur d'une grande salle, puis grimpent dans une toute petite grotte d'environ 1 m de haut. La température augmente brutalement, les murs suintent, toute trace de lumière disparaît. Il faut faire 5 m en se faufilant pour arriver enfin à des bancs de pierre au pied de petits bassins d'eau bouillante : apportez un seau si vous voulez vous tremper. Déconseillé aux claustrophobes ou à ceux qui ont peur du noir. *(Depuis la ville, marchez vers le sud environ 20 mn en suivant la route principale jusqu'à la borne kilométrique 139, où une grande pancarte jaune indique le chemin de pierre qui mène jusqu'aux thermes. Les* colectivos *(s/1) qui se dirigent vers Huallanca peuvent également vous y déposer. Ouvert Avr-Déc, Lu-Ve 5h-19h et Sa-Di 4h-19h. Adultes s/1, enfants s/0,5 les 15-20 mn.)* Les **Baños Termales de Conoc** offrent bains, douches et grande piscine. *(Depuis la ville, marchez 30 mn vers le nord sur la route de Huánuco, ou prenez un colectivo (s/1) en direction de Pachas et demandez au chauffeur de vous déposer aux thermes. s/1.)*

FÊTES

La **Fiesta Patronal** de La Unión, également appelée **Semana Turística**, a lieu du 26 au 31 juillet. Cette fête, qui comprend des danses traditionnelles, des sports d'aventure, des dégustations de nourriture et des courses de taureaux, atteint son apogée le 28 juillet. Quelques mois plus tard, du 5 au 12 novembre, l'**Aniversario de la Fundación de La Unión** est l'occasion de réjouissances similaires.

HUÁNUCO ☎064

Les Incas habitaient le Huánuco d'origine, qui est aujourd'hui en ruine et se trouve à 100 km de la ville actuelle (voir **Huánuco Viejo**, p. 291). Avant eux, ce sont les Kotosh qui dominaient la région, et leurs temples, situés non loin de là, sont peut-être les plus anciens d'Amérique. Mais de tels courants historiques ont eu bien peu d'influence sur le Huánuco moderne, avec ses *video pubs*, ses fast-foods et sa cathédrale de béton qui trône sur la Plaza de Armas. Seules les constructions précaires qui s'étirent sur les collines semblent être installées là depuis longtemps. Pourtant, la ville verdoyante de Huánuco dégage quelque chose d'apaisant, comme au bon vieux temps. Allez visiter le centre piéton de la ville, les quartiers résidentiels blanchis à la chaux, et profitez de ce qui fait la fierté des habitants : un climat idéal.

TRANSPORTS

Aéroport : L'aéroport (☎513 066) est situé à 6 km au nord du centre-ville. Le taxi coûte environ s/5-10. **Star Up**, 28 de Julio 1015 (☎519 595 ou 623 935), propose des vols à destination de **Lima** (durée 50 mn, dép. Me. à 13h20 et Ve. à 16h, 59 $, a/r 98 $) et de **Tingo María** (durée 15 mn, dép. Me. à 13h20, 10 $). **AeroCóndor**, Abtao 519 (☎517 090), dessert également **Lima** (durée 45 mn, 1 dép/j Ma., Je., Sa. et Di., 69 $).

Bus : León de Huánuco, Malecón Aromias Robles 821 (☎512 996), dessert **Lima** (durée 8h, dép. à 10h, 20h30 et 21h, s/20-25), **Satipo** (durée 8-10h, dép. à 7h, s/25) et **La Merced** (durée 6-7h, dép. à 7h, s/20). Trans Rey, 28 de Julio 1201 (☎513 623), dessert **Lima** (durée 8-9h, dép. à 9h, 20h30, 21h et 21h30, s/20-28) et **Huancayo** (durée 6h, dép. à 22h15, s/16). Transportes Perú, Tarapaca 449 (☎512 333), dessert **Tantamayo** (durée 7-8h, dép. à 7h, s/20) et **La Unión** (durée 6h, dép. à 8h, s/15). Transportes Vitor, Tarapaca 413 (☎513 347 ou 512 226), dessert **La Unión** (durée 5-6h, dép. à 7h30, s/15). Leonicio Prado, Valdizan 235 (☎514 062), dessert **Pucallpa** (durée 11h, dép. à 8h, s/30) via **Tingo María** (durée 3h, s/5). Turismo Central, Tarapaca 560 (☎511 806), dessert **Huancayo** (durée 6h, dép. à 21h30, s/18). Estrella Polar, Tarapaca 536 (☎514 716), dessert **Lima** (durée 8h, dép. à 20h et 20h30, s/18-20). Comité de Automóviles 5, General Prado 1097 (☎518 346), propose un service de *colectivos* à destination de **Tingo María** (durée 2h, dép. quand le *colectivo* est plein de 4h à 19h, s/13). ETNASA, une compagnie de minibus, dessert également **Tingo María** (durée 3h, 1 dép/h de 6h30 à 18h, s/7). Pour vous rendre à ETNASA, descendez la rue General Prado, traversez le pont et tournez à gauche vers la grande route. La compagnie se trouve à 25 mn à pied, dans le Terminal Principal (taxi s/2).

Transports locaux : Il y a de nombreux *colectivos* (s/1-1,5) dans la ville ; leur itinéraire est indiqué sur le côté. Sachez que Mdo est l'abréviation de Mercado. L'une des lignes les plus fréquentées longe la rue 2 de Mayo.

Taxi : Une course en taxi dans le centre-ville coûte environ s/1,5, pour l'aéroport s/10, pour le temple de Kotosh s/3-5.

ORIENTATION ET INFORMATIONS PRATIQUES

Délimitée par le **Río Huallaga** à l'est, la **Laguna Vina del Río** au sud et les montagnes alentour, la ville de Huánuco est située à environ 300 km au nord-est de Lima. La plupart des rues sont en damier. Les artères principales bordent la **Plaza de Armas** : les rues Damaso Beraun et General Prado sont orientées nord-est/sud-ouest et sont perpendiculaires aux rues 2 de Mayo et 28 de Julio. La rue Tarapaca, qui abrite de nombreux terminaux de bus, est parallèle à la rue General Prado et se trouve à quatre *cuadras* au sud de la Plaza de Armas.

Office de tourisme : General Prado 718 (☎512 980), sur la Plaza de Armas. Petite sélection de plans et de brochures photocopiées. Le personnel, qui ne parle qu'espagnol, est malheureusement plus attentif aux voyageurs fortunés. Accès **Internet** (s/2 l'heure). Ouvert Lu-Ve 8h-13h et 13h45-20h.

Change : **Banco de Crédito**, 2 de Mayo 1005 (☎512 069), à une *cuadra* au sud de la Plaza de Armas. **Distributeur automatique** Visa/PLUS. Ouvert Lu-Ve 9h15-13h15 et 16h30-18h30, Sa. 9h30-12h30.

Marché : Le **Mercado Modelo**, délimité par les rues San Martín et Huánuco, et le **Mercado Antiguo**, à 3 *cuadras* de là, qui donne sur les rues Huánuco et Valdizan, offrent des produits similaires. Le Mercado Modelo est peut-être un peu plus chaotique. Tous deux sont ouverts toute la journée.

Laverie : **Lavandería La Primavera**, Beraun 530 (☎513 052). Chemises s/3, pantalons s/4-6. Ouvert Lu-Sa 8h-12h et 15h-20h.

Urgences : ☎105.

Police : Constitución 105 (☎513 115), au niveau de la rue Abtao.

Hôpital : Valdizan 950 (512 400), à l'angle de la rue Constitución.

Téléphone : **Telefónica del Perú** a des bureaux un peu partout dans la ville, dont l'un se trouve sur la Plaza de Armas (voir Internet, ci-après). **Sermutel**, 28 de Julio 1135 (☎514 660 ou 517 766, fax 512 093). Ouvert tlj 7h30-22h.

Internet : **Telefónica del Perú**, Beraun 749 (☎/fax 519 348), sur la Plaza de Armas. Connexion assez rapide, s/5 l'heure. Ouvert tlj 8h-23h. (Voir également Office de tourisme, précédemment.)

Bureau de poste : **Serpost**, 2 de Mayo 1157 (☎512 503), sur la Plaza de Armas. Ouvert Lu-Sa 8h-20h et Di. 8h-14h.

HÉBERGEMENT

Vous n'aurez aucun problème pour trouver un lit à Huánuco. Vous trouverez une abondance d'hôtels décrépits mais bon marché autour du Mercado Modelo, tandis que les établissements les plus chers se trouvent aux abords de la Plaza de Armas. Les hôtels cités ci-dessous appartiennent à la catégorie intermédiaire.

Hostal Astoria, General Prado 984, au niveau de la rue Bolívar, à 2 *cuadras* en direction de la rivière lorsque vous partez de la Plaza de Armas. Les parquets qui craquent et l'odeur de renfermé sont le (petit) prix à payer pour dormir dans l'une des chambres de cette jolie villa ancienne, avec ses très hauts plafonds et ses cours carrelées aux couleurs lumineuses. Eau chaude le matin. Chambre simple s/10, double s/15, triple s/20.

Hotel Caribe, Huánuco 546 (☎513 645 ou 510 708, fax 513 753), au 1er étage, à côté du marché. Depuis la place, descendez la rue 2 de Mayo sur une *cuadra* (en tournant le dos au bureau de Telefónica), puis tournez à droite et longez 2 *cuadras* dans la rue Huánuco. Le Caribe s'efforce de passer pour un établissement luxueux malgré ses murs en fausses briques et son éclairage aveuglant. Avec ses chambres sur 5 étages, vous en trouverez facilement une donnant sur le marché. TV câblée s/5. Chambre simple s/7, avec douche s/8, chambre double s/10, avec douche s/11, avec salle de bains s/15.

Hostal Kotosh, Ayacucho 560 (☎517 341). Depuis la place, descendez la rue General Prado (en direction de la Serpost) et prenez à gauche dans la rue Abtao. Après 2 *cuadras*, tournez à droite dans la rue Ayacucho. Aussi apprêté et froid que le vert "hôpital" des murs et des draps le laisse supposer. Les chambres de derrière donnent sur la montagne et protègent du bruit du marché. Toutes les chambres sont équipées d'une salle de bains avec eau chaude le matin. TV s/5. Chambre simple s/17, double s/26, triple s/36.

Hostal Trejo, Abtao 525, entre les rues Ayacucho et Aguilar. Depuis la place, descendez la rue General Prado (en direction de la Serpost), tournez à gauche dans la rue Abtao et poursuivez sur un peu plus de 2 *cuadras*. Mis à part quelques murs violets qui tombent un peu en décrépitude, ce bâtiment Arts-Déco semble plutôt en bon état. A proximité de la rue Tarapaca et de ses nombreuses compagnies de bus. Toutes les chambres sont équipées d'une salle de bains sans eau chaude. Chambre simple s/18, avec un grand lit s/18, avec deux lits s/25.

Hostal Huánuco, Huánuco 777 (☎512 050), entre les rues 28 de Julio et 2 de Mayo. C'est un peu plus cher, mais la décoration vaut bien ce supplément. Belle hauteur de plafonds et joli jardin. Eau chaude le matin et le soir. Chambre simple s/20, avec salle de bains s/25, chambre double s/25, avec salle de bains s/30.

RESTAURANTS

Ce ne sont pas les restaurants qui manquent dans les rues qui partent de la Plaza de Armas. Vous trouverez plusieurs bonnes boulangeries dans la rue 2 de Mayo, au sud de la place. Si vous avez envie de manger chinois ou de manger du poulet, allez plutôt dans la rue 28 de Julio.

Vegetariano, Abtao 897 (☎514 626). Ce restaurant confortable sert de la viande, mais comme son nom l'indique, les carnivores ne constituent pas sa clientèle de base. Menu disponible en anglais. Plats s/2-7. Menu végétarien s/3,50. Excellents jus de fruits frais s/2,5-4. Ouvert tlj 7h-22h.

Lookcos Burger Grill, Abtao 1021 (☎512 460). Avec ses tables aux couleurs vives, ses photos de Marilyn Monroe sur les murs, ses clips vidéos qui passent en boucle et sa mini aire de jeux située à l'arrière, le Lookcos ressemble à un fast-food américain. Hamburgers s/4-6. Sandwichs s/3-7. Tacos s/4,5-5. Ouvert tlj 18h-1h. Cartes Visa.

Rinconcita Huanuqueño, 2 de Mayo 175 (513 396). Ce restaurant propose des spécialités régionales à des prix raisonnables servies dans une cour verdoyante. Le menu du jour inclut des spécialités comme le *1/4 de cuy* (s/4,5). Menus s/4-8. Ouvert tlj 11h-17h.

Cevichería el Piurano, Beraun 821 (☎516 451), près de la Plaza de Armas. Le carrelage blanc est rafraîchissant, mais c'est surtout le *ceviche* frais (plat de fruits de mer macérés dans le jus de citron, avec oignons et coriandre, s/8-15) qui attire la clientèle, malgré des prix un peu élevés. Ouvert tlj 8h30-15h30.

VISITES

LES TEMPLES DE KOTOSH. Situés à 5 km seulement de la ville, non loin de la route qui mène à La Unión, les temples préincas de Kotosh (dont certaines parties datent d'il y a 4000 ans), sont inondés de soleil. Les Kotosh, l'une des cultures andines les plus anciennes, érigèrent sans doute leurs temples au milieu des mêmes cactus et papillons que ceux que l'on peut voir aujourd'hui sur le site. Et même s'il ne reste pas grand-chose des structures d'origine, le visiteur peut se faire une idée de ce à quoi ressemblaient les anciens temples. Lorsque l'on suit le sentier balisé, le premier site auquel on arrive date, selon certaines estimations, de la période Kotosh/Sajarupata, soit d'environ 300 ans av. J.-C. A l'époque, les gens vivaient en communauté, et la plupart des familles se partageaient un bâtiment et une cour, ce qui est visible lorsque l'on observe les compartiments symétriques situés à la base des murs. Les structures les plus anciennes se trouvent au sommet de la colline : les murs asymétriques, aujourd'hui écroulés, avaient 3 m d'épaisseur. Enfin, le **temple des mains croisées** (c'est à celui-ci que les gens font référence lorsqu'ils parlent du "temple de Kotosh") est situé sous l'abri des archéologues. Le temple abritait en fait un moulage figurant deux mains croisées (symboles de la constellation de la Croix du sud), l'une appartenant à un homme, l'autre à une femme. Celles-ci se trouvent aujourd'hui au Musée national de Lima (voir **Lima**, **Musées**, p. 116). Si les mains croisées symbolisaient aussi l'amitié, sachez toutefois que le temple contenait une série de niches utilisées à des fins moins amicales : les Kotosh y plaçaient des animaux sacrifiés après les avoir tués en les cuisant au four. *(Vous pouvez vous faire déposer sur le site soit par un* colectivo, *soit par une* camioneta *en route vers les montagnes. Les* colectivos *(s/0,5) partent de l'angle des rues Aguilar et San Martín. Les* camionetas *(s/1) partent de l'angle des rues Leonicio Prado et Aguilar. Un taxi depuis le centre-ville coûte s/3-5. Ouvert tlj 8h-18h. s/2,5, étudiants munis d'une carte d'identité s/1,5, enfants s/1.)*

MUSEO DE CIENCIAS. Ce musée abrite plus de 4000 animaux empaillés originaires du Pérou, tous disséqués et présentés avec amour par le conservateur, Néstor Armas Wenzel, qui a appris la taxidermie en Espagne et au Japon. Señor Wenzel adore faire visiter son musée. Observez bien la vitrine dans laquelle est exposée une collection d'animaux difformes, parmi lesquels un chat à deux gueules et un mouton à huit pattes. Wenzel jure qu'ils sont vrais. *(General Prado 495. Ouvert Lu-Ve 9h-12h et 15h-18h, Sa-Di 10h-12h. s/1, enfants s/0,5.)*

EGLISES. Huánuco possède plusieurs belles églises. La **Iglesia San Francisco**, qui date de 1560, se trouve à trois *cuadras* en descendant la rue Beraun à partir de la Plaza de Armas (en direction de la Serpost). Derrière les modestes bancs en bois, vous pourrez voir un autel orné d'or assez grand pour éclipser n'importe quel prêtre. Le meilleur moment pour visiter l'église est pendant la messe des enfants (Di. à 10h). C'est un événement gai où l'on chante des chansons, pour le plus grand plaisir de tous, quels que soient votre âge et votre religion. En bas de la rue 2 de Mayo, surplombant la rivière, vous découvrirez la **Iglesia de San Sebastián**, un édifice qui date du XVIIe siècle. A l'intérieur, vous pourrez voir l'unique sculpture représentant San Sebastián malade de la petite vérole. *(Les deux églises sont ouvertes tlj pour la messe entre 6h30 et 8h et entre 18h30 et 20h. Entrée libre.)*

LES DISTILLERIES DE VICHAYCOTO. Les plaisirs terrestres d'aujourd'hui vous attendent dans les distilleries de Vichaycoto. L'*aguardiente* (un alcool) qui y est produit se vend partout dans le pays, mais les ouvriers de la fabrique se feront un plaisir de vous en offrir un verre. Et même si les vieilles machines rouillées ne fonctionnent qu'une fois tous les quinze jours, les grandes cuves de métal contiennent une réserve suffisante pour étancher votre soif. Peu de touristes visitent les distilleries ; cela vaut pourtant le détour. *(Pour vous rendre à Vichaycoto, prenez un bus marqué Ambo (durée 25 mn, dép. toutes les 7 mn de 5h30 à 21h15, s/0,5) à partir de Cisne Aguilar 473. L'entrée de la fabrique est sur la droite. ☎516 199. Ouvert Lu-Sa 7h-13h.)*

FÊTES

L'événement majeur de Huánuco, la **Fiesta Patronal**, a lieu tous les ans à la date anniversaire de la fondation de la ville. Le 15 août, la ville célèbre cette fête avec des parades, beaucoup de musique, des costumes traditionnels et une grande foire commerciale. Deux semaines auparavant, du 27 au 31 juillet, le **Festival de Perricholi** organise des manifestations musicales, des compétitions sportives (VTT et motocross) et une foire au pain.

JUNÍN ☎064

Située le long des plaines arides des Andes, Junín ne reçoit pas beaucoup de visiteurs. La grande route qui traverse le centre-ville emporte les touristes vers d'autres horizons, loin du froid et des nuits sans sommeil que l'on trouve à 4105 m d'altitude. Mais ces visiteurs ne savent pas ce qu'ils manquent : l'étonnant Lago de Junín, avec ses milliers d'oiseaux et son village voisin, ne se trouve qu'à 20 km de là et attend d'être découvert.

TRANSPORTS ET INFORMATIONS PRATIQUES. Les bus et les *colectivos* s'arrêtent près du marché, au bord de la route **Manuel Prado**, qui coupe Junín en deux. Le centre-ville se trouve en bas de la colline par rapport à la route. Les deux rues pavées, **Simon Bolívar** et **San Martín**, qui partent de chaque côté des petits étals de nourriture situés au bord de la route, parcourent plusieurs *cuadras* jusqu'à la **Plaza de la Libertad**, et se prolongent sur six autres *cuadras* jusqu'à la **Plaza de Armas**. Des **bus** circulent dans Junín toute la journée, et vous pouvez faire signe au chauffeur pour qu'il s'arrête. Les bus des compagnies installées à Junín desservent **Lima** (durée 5-6h, 10 dép/j, s/10) et **Cerro de Pasco** (durée 1h30, dép. à 15h, s/3), où vous pouvez prendre un bus de correspondance (durée 1h30, s/3) ou un *colectivo* (durée 1h, s/12) pour **Huánuco**. Les *colectivos* partent une fois pleins et desservent **Tarma** (durée 1h, dép. de 5h à 20h, s/6) et **La Oroya** (durée 1h, dép. de 5h à 20h, s/6). Les **mototaxis** demandent un peu moins de s/1 pour une course en ville. Pour vous rendre à la **Banco de la Nación**, Suárez 195, longez 2 *cuadras* dans la rue San Martín en partant de la Plaza de Armas, puis tournez à gauche. (☎344 010. Ouvert Lu-Ve 8h10-14h30.) Le **mercado modelo** se trouve dans le grand bâtiment juste en haut de la Plaza de la Libertad, mais le mardi, il s'installe dehors et s'étire entre les rues San Martín et Bolívar. Parmi les autres services, vous trouverez la **police**, Bernardo Alcedo 170 (☎344 008), à deux *cuadras* à gauche de la Plaza de la Libertad, dans la rue Ramón Castilla, ainsi qu'un **hôpital**, Saez Pena 650 (☎344 159), à 1 km à droite de la rue Manuel Prado, parallèle à la Plaza de Armas. Enfin, la **Serpost** se trouve dans le bureau 52, au premier étage du *mercado modelo*, sur la Plaza de la Libertad (☎344 151, ouvert Lu-Sa 8h-14h et 15h-19h).

HÉBERGEMENT ET RESTAURANTS. Junín offre un choix limité d'hôtels. L'**Hostal San Cristóbal**, Manuel Prado 550, est malheureusement éloigné de tout, sauf des bus. Mais les chambres sont joliment sobres : murs de béton, couvertures de laine vierge et eau froide (lorsqu'il y en a) sur le palier. Les chambres situées à l'arrière donnent sur la montagne, et les propriétaires vous feront chauffer de l'eau si vous le leur demandez, même si cela prend parfois une ou deux heures. (☎344 215. Chambre simple s/12, double s/16.) Avec ses petites chambres et ses plafonds bas, l'**Hospedaje Libertad**, Bolívar 296, sur la Plaza de la Libertad, ressemble à une maison de poupée. Certaines chambres donnent sur la place, pittoresque, mais il n'y a pas de douches dans les salles de bains communes. (☎344 337. Chambre s/8 par personne.) Pour vous restaurer, vous trouverez plusieurs petits établissements proposant des menus (s/2-3) sur la **Plaza de la Libertad**. A partir de 18h, allez faire un tour vers les étals situés près du marché.

VISITES. Situé à 40 mn de Junín, le **Lago de Junín** est le deuxième lac du Pérou par la taille (après le lac Titicaca). La route qui traverse la **Reserva Nacional de Junín** passe devant plusieurs maisons de pierre traditionnelles et des alpagas en train de brouter de l'herbe avant d'arriver au lac, un lieu idéal pour se promener et se détendre, à condition d'avoir des vêtements chauds et de faire attention aux lamas. Même s'il n'est pas impressionnant au premier abord, l'emplacement situé près du kilomètre 25 offre une très jolie vue sur le lac et les alentours. Vous verrez des oiseaux au plumage noir et blanc avec des becs bleus et des têtes rouges voler près du lac, mais il est préférable d'avoir des jumelles si vous voulez voir les *parihuanas*, une race d'oiseaux rare et très ancienne. Même si le lac est réputé pour sa variété de bêtes à plumes, il n'est pas nécessaire d'être un grand ornithologue pour apprécier son spectacle grandiose ou les jolis villages situés sur ses berges. Le village d'**Ondores**, au kilomètre 22, est le plus grand village du bord du lac, dans lequel vous pourrez admirer l'**Iglesia Matriz San Juan Batista**, une jolie église de pierre qui, selon les villageois, daterait de 1550. Vous pouvez entrer dans l'église en passant par la Plaza de Armas, mais il faut en demander la clé aux gens du village, car elle change apparemment souvent de propriétaire. Pour vous rendre au Lago de Junín, prenez un *colectivo* à destination d'Ondores (durée 35 mn, dép. une fois plein, s/2-3) depuis l'extrémité de la rue Bolívar. Vous pouvez ensuite prendre un taxi ou une voiture d'Ondores jusqu'au lac, à moins que vous ne préfériez vous offrir une agréable marche. Les *colectivos* pour Junín partent d'Ondores toutes les 20-30 mn.

LA OROYA ☎064

La quasi-totalité des bus faisant route vers l'est depuis Lima passent par La Oroya. Heureusement pour eux, la plupart des gens se contentent de regarder par la fenêtre cette austère ville minière. Les montagnes déchiquetées de La Oroya frappent l'œil, mais l'enchantement cesse lorsque l'on commence à sentir la pollution s'infiltrer dans les poumons. Si pour une raison ou pour une autre, vous vous retrouvez coincé à La Oroya, observez le paysage industriel de la région et repartez tôt le lendemain matin. La Oroya est une ville étroite, toute en longueur, située le long du **Río Mantaro** et entourée de deux massifs montagneux. La ville est en pente douce : en bas se trouve la **Oroya Antigua** (vieille ville), centrée autour de la **Plaza de la Libertad** et de la rue principale, **Darío León**. A environ 4 km en remontant la colline se trouve la **Oroya Nueva** (ville nouvelle), et, au sommet de la colline, le quartier de **Chuccis**. Une rue centrale relie toute la ville, mais elle change plusieurs fois de nom : dans l'Oroya Antigua, elle s'appelle **Malecón Odrío**, puis elle devient **Horacio Zeballos** après avoir traversé la rivière et **Lima** après la voie ferrée, pour prendre finalement le nom de **Grau** dans le quartier de Chuccis. Les **bus**, toutes destinations confondues, passent par La Oroya. Ceux qui remontent la rue Lima se dirigent vers Lima, ceux qui la descendent vont à Huancayo. Les gens ont l'habitude de faire signe au chauffeur, et la plupart des bus circulent du matin au soir. Le meilleur endroit pour arrêter un bus est celui où la rue Horacio Zeballos devient la rue Lima. Les compagnies de bus sont situées dans le quartier de Chuccis. Empresa Paz, Grau 519 (☎391 687), dessert **Lima** (durée 4h, 1 dép/h de 7h15 à 17h, s/10), et Exp. America, Grau 619, dessert **Huancayo** (durée 2h, 2 dép/h, s/5). Des taxis collectifs partent d'un endroit situé entre les deux compagnies et desservent **Lima** (durée 3h, dép. une fois pleins de 4h à 22h, s/20). Gran Terminal de Automóviles, Grau 622, propose un service de voitures qui partent une fois pleines à destination de : **Huancayo** (durée 2h, s/15), **Tarma** (durée 1h, s/7), **Cerro de Pasco** (durée 2h, s/15), **Huánuco** (durée 3h, s/30) et **Lima** (durée 2h, dép. toutes les 45 mn, s/25). Des *colectivos* et des taxis collectifs circulent dans la rue principale. Ne vous fiez pas à ce qui est marqué dessus, ils font la navette entre la Oroya Antigua et le quartier de Chuccis (s/0,5).

Parmi les services proposés à La Oroya, vous trouverez : la **Banco de Crédito**, Horacio Zeballos 421 (☎392 424, ouvert Lu-Ve 9h15-13h15 et 16h30-18h30, Sa. 9h30-12h30), la **police**, Horacio Zeballos 209 (☎391 137, urgences ☎105), le **Centro de Salud MINSA**, Horacio Zeballos 431 (☎391 076), **Telefónica del Perú**, Horacio Zeballos 423 (☎392 232, ouvert Lu-Ve 9h30-13h et 15h-20h, Sa. 9h-14h), et la **Serpost**, Horacio Zeballos 303 (☎391 023, ouvert Lu-Ve 8h-12h et 15h-17h). Il y a peu de visiteurs à Oroya, et les rares hôtels sont en conséquence très rudimentaires. Le meilleur du pire est l'**Hostal Inti**, Arequip 117, dans la Oroya Vieja. Lorsque vous descendez la rue Horacio Zeballos, tournez à gauche dans la rue Dario León, puis prenez la première à droite dans la rue Arequipa. (☎391 098. Chambre simple s/11, double s/15, triple s/21.) De l'autre côté de la ville, l'**Hostal Roma**, Grau 611, dans le quartier de Chuccis, est plus près des compagnies de bus. (Chambre simple s/15, double s/20, TV moyennant s/5 de supplément.) Le choix des restaurants n'est guère plus varié. L'endroit le moins mauvais est peut-être la **Bodega Jusalini**, Horacio Zeballos 307, une petite épicerie bien achalandée. (☎392 997. Ouvert tlj 7h45-22h.)

TARMA ☎064

Le marron est la couleur de prédilection à Tarma. La nature et l'homme sont à l'unisson dans ce petit hameau de montagne où la boue des collines avoisinantes s'accorde parfaitement avec les façades austères des bâtiments. Même la très belle église de la place est marron clair. Pourtant, en dépit de cette monotonie, les gens d'ici surnomment Tarma la "perle des Andes". Ce surnom optimiste est symptomatique de la vivacité latente de cette ville, qui sert de lieu de pèlerinage aux touristes péruviens venus visiter les villages voisins d'une certaine importance au niveau local (comme par exemple Acobamba, avec son sanctuaire consacré à El Señor de Murahuay). Mais Tarma abrite aussi quelques merveilles, comme la grotte la plus profonde du Pérou.

TRANSPORTS

Bus : Plusieurs compagnies sont disséminées dans toute la ville. **San Juan**, Odría 219 (☎321 677), près du stade, dessert **Huancayo** (durée 3h, 1 dép/h de 5h à 22h, s/8) et **La Merced** (durée 2h, 1 dép/h de 5h30 à 20h, s/6). Le *terminal terrestre* (gare routière), pas encore totalement achevé, à l'angle des rues Castillo et Veinrich, abrite essentiellement des bus à destination de **Lima** (durée 5-7h, dép. fréquents dans la journée, s/10). Transportes Chanchamayo, Callao 1002 (☎321 882), dessert **Lima** (durée 6h, dép. à 9h, 14h et 23h, s/15). Transportes La Merced, Callao 960 (☎322 937), dessert **Lima** (durée 6h, dép. à 11h15, 13h15, 22h30, 22h45 et 23h15, s/15) et **La Merced** (durée 2h, dép. à 5h30 et 14h30, s/6), où vous pouvez prendre une correspondance pour **Oxapampa** et **Satipo**. Los Canarios, Juaja 524 (☎323 357), dessert **Huancayo** (durée 3h, 1 dép/h de 5h à 18h, s/7) et **Lima** (durée 6h, dép. à 9h30 et 21h30, s/12). Etraser, Veinrich 531 (☎322 888), propose un service de taxis collectifs qui partent une fois pleins à destination de **La Oroya** (durée 1h, s/7), **Junín** (durée 1h, s/6), **Cerro de Pasco** (durée 2h, s/13), **Huánuco** (durée 3h, s/30) et **La Merced** (durée 1h30, s/8).

ORIENTATION ET INFORMATIONS PRATIQUES

Les bus en provenance de Lima arrivent dans la rue Callao, qui mène au centre-ville. Le cœur de Tarma est la **Plaza de Armas**, délimitée par les rues **Moquegua** et **2 de Mayo**, orientées nord-sud, ainsi que par les rues **Lima** et **Arequipa**, orientées est-ouest. La plupart des bus en provenance de Huancayo arrivent dans la rue Manuel Odría ; pour vous rendre sur la place en partant de là, suivez la rue Manuel Odría en direction du stade, tournez à droite et suivez le **Río Tarma**. Environ trois *cuadras* plus loin, prenez à gauche dans la rue 2 de Mayo, qui conduit à la Plaza de Armas.

Informations touristiques : 2 de Mayo 775 (☎321 010), sur la Plaza de Armas, face à la cathédrale. Ouvert Lu-Ve 8h-13h et 15h-18h.

Change : **Banco de Crédito**, Lima 401 (☎322 149), à une *cuadra* de la place. **Distributeur automatique** Visa 24h/24. Ouvert Lu-Ve 9h15-13h15 et 16h30-18h30, Sa. 9h30-12h30.

Police : Callao 118 (☎321 921).

Hôpital : Pacheco 362 (☎321 400). **Pharmacie** ouverte 24h/24.

Téléphone : **Telefónica del Perú**, Arequipa 293 (☎322 232), sur la Plaza de Armas. Ouvert Lu-Ve 8h30-16h30.

Internet : **Centro de Servicios de Informática**, Perene 290 (☎322 028). s/3 l'heure par personne pour 3 personnes au minimum, s/10 l'heure pour une personne seule. Ouvert tlj 9h-20h30.

Bureau de poste : **Serpost**, Callao 356 (☎321 241), entre les rues Moquegua et Paucartambo. Ouvert Lu-Ve 8h-13h et 15h-18h.

HÉBERGEMENT

La plupart des hôtels de Tarma sont chers ou dans un état de décrépitude avancé, et de toute façon sans eau chaude.

Hostal Tucho, 2 de Mayo 561 (☎323 483). Cet établissement, aux chambres fraîchement repeintes et toutes équipées d'une salle de bains propre avec eau chaude à certains moments de la journée, est la seule exception à la règle énoncée ci-dessus. Chambre simple s/20, double s/30, télévision s/5.

Residencial El Dorado, Huánuco 488 (☎321 598), au niveau de la rue Paucartambo. Les chambres propres et hautes de plafond permettent de respirer un peu. Jolie cour. Eau chaude dans les salles de bains privées. Chambre simple s/15, avec salle de bains s/20, chambre double s/20, avec salle de bains s/30, chambre triple avec salle de bains s/40.

Hostal Ideal, dans la rue Moquegua, à un peu plus de deux *cuadras* de la place. Petites chambres aménagées autour d'une cour en béton. En plein milieu du marché. Chambre simple s/8, double s/14.

RESTAURANTS

Vous trouverez nombre de petits restaurants bon marché autour de la Plaza de Armas.

Lo Mejorcito de Tarma, Huánuco 190 (☎320 685), dans la rue 2 de Mayo, à 3 *cuadras* en descendant de la Plaza de Armas, puis une *cuadra* à droite. Leur carte, qui s'étend sur une dizaine de pages, propose différents plats à base de viande, de fruits de mer et de *comida criolla*. Sandwichs s/2-5. Plats s/7-18. Menu s/5. Ouvert tlj 7h-23h.

La Cabaña, Paucartambo 450 (☎321 087), près de la rue Huánuco, à 2 *cuadras* de la Plaza de Armas. Typique. *Pachamanca a la olla* (viande, haricots et céréales enveloppés dans des feuilles et cuits dans un four en terre) s/7. Menu s/3,5. Plats s/6-12. Ouvert tlj 7h-22h.

VISITES

Les sites les plus importants de Tarma se trouvent en fait plus près des autres villages.

LA GRUTA DE GUAGAPO. Si vous allez à Palcamayo, à 28 km de Tarma, vous serez tout près de la Gruta de Guagapo, peut-être la plus grande grotte du Pérou. Il est difficile de le savoir avec précision, dans la mesure où personne n'en a jamais vu le bout. Même les spéléologues les plus expérimentés, équipés du matériel le plus sophistiqué, ne sont descendus qu'à environ 2700 m de profondeur. Les explorateurs amateurs pourront s'aventurer jusqu'à 300 m de profondeur pour admirer les stalagmites et les stalactites ainsi que d'anciennes peintures rupestres. Vous aurez besoin d'une lampe électrique et sans doute aussi d'un guide local. La meilleure solution pour en trouver un consiste à vous rendre à la maison de Modesto Castro, située près de l'entrée de la grotte. *(Les minibus pour Palcamayo (durée 1h30, 3 dép/h, s/2,5) partent d'Otero, près de Moquegua. Une voiture (s/1) pourra vous aider à parcourir les 5 km restants jusqu'à la grotte. s/1.)*

SAN PEDRO DE CAJAS. Situé à environ 4000 m d'altitude, San Pedro de Cajas est un autre site important du circuit touristique de Tarma. Ce petit village est connu pour la production et la vente de **tapisseries** tissées en laine d'alpaga. Vous pourrez en voir un bel exemplaire à l'office de tourisme. *(Pour vous rendre à San Pedro, la route est un peu compliquée. Le plus simple est de prendre un taxi, ce qui vous coûtera environ s/35. La solution la moins chère est de prendre un* colectivo *se dirigeant vers Junín ou Cerro de Pasco et de demander au chauffeur qu'il vous dépose à Condorín (durée 90 mn environ, s/7). De Condorín, arrêtez un* micro *pour faire les derniers kilomètres jusqu'à San Pedro (durée 30 mn, s/0,5).)*

EL SEÑOR DE MURUHUAY. Le sanctuaire d'**El Señor de Muruhuay**, un important lieu de pèlerinage situé près d'**Acobamba**, à 10 km de Tarma, se trouve sur une colline où une image du Christ en croix a été gravée dans la roche, peut-être par un soldat au cours d'une bataille pour l'indépendance. Les croyants de la région affirment que l'inscription est apparue beaucoup plus tôt, vers 1756, et que l'on peut parfois voir du sang couler du Christ. Quelle que soit son origine, la figure sacrée est aujourd'hui recouverte de peinture, et les restaurants et les stands de nourriture du coin comblent l'appétit des pèlerins affamés avec de la *pachamanca*. Tout au long du mois de mai, des festivités ont lieu en l'honneur d'El Señor de Muruhuay. *(Pour vous rendre à Acobamba, prenez un* colectivo *marqué "Transrey" (durée 30 mn, s/1) à l'angle des rues Huánuco et 2 de Mayo. Le sanctuaire se trouve à 1,5 km d'Acobamba, mais on peut l'apercevoir depuis la ville.)*

VISITES PLUS PROCHES. Un peu moins connu et beaucoup moins fréquenté que son homonyme de la Vallée sacrée, vous trouverez à 11 km de Tarma un **Chemin de l'Inca** qui vous permettra de découvrir la flore et la faune de la montagne et un peu de l'histoire inca. *(Le chemin relie Huasci à Tarmatamba. Pour vous rendre au départ du sentier, prenez un* colectivo *(durée 15 mn, s/1) à l'angle des rues Callao et Paucartambo. La promenade dure 3h.)* Si les livres d'histoire indiquent que Manuel Odría était un dictateur, ils oublient souvent de dire qu'il était originaire de Tarma. La ville rend hommage à son représentant présidentiel grâce à un **musée** qui abrite divers objets lui étant liés d'une manière ou d'une autre. *(Au 1er étage de la Municipalidad. Entrée libre.)* La très belle **Iglesia Catedral Santa Ana** est l'une des églises les plus impressionnantes du Pérou. Elle est également unique en son genre dans la mesure où elle fut construite au XXe siècle dans un style néo-classique. *(Ouvert le matin.)*

FÊTES

Les festivités de la **Semana Santa** de Tarma, qui se déroulent pendant la semaine précédant Pâques, consistent en des processions légendaires sur le tapis de fleurs "le plus grand du monde". La fête de 1999, au cours de laquelle 12 tonnes de fleurs recouvrirent une surface de 3200 m^2, figure dans le livre Guinness des Records, mais le nombre de fleurs ne cesse d'augmenter d'année en année.

HUANCAYO ☎064

Berceau de la culture huanca et noyau central de la vallée du Río Montaro, la ville de Huancayo (350 000 habitants) a récemment acquis la réputation de "Mecque de l'artisanat andin". Au cours des années 1980 et 1990, le tourisme avait cessé dans la vallée en raison du terrorisme rampant, qui entraîna en 1991 la fermeture de la célèbre ligne de chemin de fer reliant Lima à Huancayo (voir encadré **La ligne**

Lima-Huancayo). En soi, Huancayo est une ville plutôt banale, mais ses étonnants marchés et son accès facile aux villages d'artisans des environs en font depuis peu une destination prisée des visiteurs en quête d'authenticité andine.

LA LIGNE LIMA-HUANCAYO Après avoir été fermée en 1991, au plus fort des activités du Sentier lumineux à Huancayo, la ligne Lima-Huancayo, qui relie les Andes à la capitale, a finalement été remise en service fin 1998. Cette ligne au parcours fabuleux, qui vous fera traverser des montagnes abruptes, est sans doute l'une des plus impressionnantes au monde et fut considérée comme un véritable exploit technologique lorsqu'elle fut construite entre 1870 et 1908. Le président José Balta voyait dans le **Ferrocarril del Centro** (F.C.C.) un moyen de relier la ville minière de La Oroya et la vallée du Mantaro à la côte.

Le trajet est étonnant : il traverse d'immenses paysages très impressionnants, serpente dans les montagnes, passe au pied des sommets enneigés et parcourt un grand nombre de zones écologiques, du désert de la côte au *páramo* andin. Aux environs de la ville de Ticlio, les températures descendent parfois à moins 10° C. La ligne de chemin de fer atteint son apogée lorsqu'elle traverse le tunnel Galera, situé à 4780 m au-dessus du niveau de la mer. Au cours de ce trajet de 12 heures pour rejoindre Huancayo, le F.C.C. passe par 27 gares, 58 ponts, 66 tunnels et 9 zigzags.

Mais aujourd'hui, le train qui relie Lima à Huancayo ne transporte plus que des marchandises. Après la privatisation de la ligne, les propriétaires ont en effet découvert qu'il n'y avait pas assez de touristes pour la rentabiliser. La gare de Huancayo est aujourd'hui fermée, mais vous pourrez y voir une nouvelle fresque sur son mur ouest représentant les coutumes locales, la mythologie inca ainsi qu'un train en marche avec des passagers. Un comité populaire est en train d'essayer de faire redémarrer les transports de passagers à des fins touristiques, mais la bataille s'annonce difficile en raison de l'opposition de leurs adversaires, une société privée dont l'unique but est le profit.

TRANSPORTS

Trains : Les trains à destination de **Huancavelica** et d'**Izcuchaca** partent d'une gare située dans la partie sud-est de la ville, à l'angle des rues Libertad et Prado. Depuis la Plaza de Armas, prenez la rue Real à droite après la Plaza Huamanmarca et continuez jusqu'à ce que vous arriviez à la voie ferrée. Prenez alors à droite et suivez le chemin de terre jusqu'à ce que vous aperceviez la gare sur votre gauche. Sinon, prenez un taxi depuis la place (s/2). Vous avez le choix entre plusieurs types de trains : **Expreso** (durée 5h, dép. Lu-Sa à 6h30, s/6-30) et **Ordinario** (durée 6h, dép. Lu-Sa à 12h30 et Di. à 14h, s/12-30). Il existe également un train constitué d'un wagon unique, appelé l'Autovagon (durée 4h, dép. Ve. à 18h20, s/12-30). Le week-end, y compris le vendredi, il y a énormément de monde ; il est donc préférable d'acheter son billet un jour à l'avance. Pour les autres jours, arrivez à la gare une heure à l'avance.

Bus : Cruz del Sur, Ayacucho 287 (☎235 650), dessert **Lima** (durée 7h, dép. à 8h30, 14h30 et 23h30, s/30). ETUCSA, Puno 220 (☎232 638), dessert **Lima** (dép. à 23h, 23h30 et 23h45, s/15-30). Mariscal Cáceres, Real 1241 (☎216 633), dessert **Lima** (dép. à 7h30, 10h, 13h30, 21h et 23h30, s/15-20). Molina, Angaraes 334 (☎224 501), dessert **Ayacucho** (durée 12h, 5 dép/j, s/17). San Juan, Ferrocarril 161 (☎214 558), dessert **Tarma** (durée 3h, 1 dép/h de 5h30 à 18h, s/7) et continue jusqu'à **La Merced**. Turismo Central, Ayacucho 274 (☎223 128), dessert des villes de la jungle, parmi lesquelles **Satipo** (durée 8-10h, dép. à 19h, s/15), **Cerro de Pasco** (durée 6h, dép. à 14h, s/12), **Tingo María** (durée 12h, dép. à 18h30, s/25) et **Huánuco** (durée 8h, dép. à 21h, s/18). Le moyen le plus économique de vous rendre à Lima à partir de Huancayo est de rejoindre la 15e *cuadra* de la rue Mariscal Castilla (la rue Real se transforme en rue Mariscal Castilla à gauche de la place), où se trouvent trois *terminales terrestres* (gares routières). Là, vous pourrez prendre un bus pour Lima moyennant s/5-10. Mais cette modique somme cache quelques inconvénients : les horaires des bus sont plus qu'incertains, et les chauffeurs tentent parfois de vous faire payer plus que le prix officiel.

ORIENTATION ET INFORMATIONS PRATIQUES

L'essentiel des services touristiques se trouvent sur la **Plaza de Armas** (également appelée Parque de la Constitución), toujours animée avec ses jardins, ses fontaines et ses haut-parleurs qui diffusent les tubes du top 50 péruvien. Orientées plus ou moins nord-est, la rue **Ancash**, au nord de la place, à côté de la cathédrale, et la rue **Real**, en bas de la place, abritent la plupart des banques, des hôtels et des restaurants. A droite de la place, la rue **Giráldez** est orientée est-ouest et change de nom pour devenir le **Paseo la Breña** en bas de la place. A gauche, également orientée est-ouest, la rue **Puno** est l'endroit où vous trouverez certaines gares routières. Les tours d'adobe marron clair de la cathédrale située sur la place sont visibles de presque partout en ville. Environ cinq *cuadras* à droite de la place dans la rue Real, **El Centro Comercial**, ou **Plaza Huamanmarca**, est l'endroit où se trouvent les banques et le bureau de poste. L'énorme *mercado modelo* se trouve en haut à droite de la place, derrière un ensemble d'immeubles. La **gare ferroviaire** se trouve à environ 15 *cuadras* en descendant la rue Real, après la Plaza Huamanmarca : il suffit de suivre la voie ferrée sur votre droite.

Faites attention aux **prétendus artistes** et aux **voleurs**, présents partout dans Huancayo, et plus particulièrement dans les rues proches de la rue Real, dans le quartier des marchés, délimité par les rues Piura, Huánuco, Ancash et Amazonas, ainsi que dans les gares routières.

Agences de voyages : ❤ **Incas del Perú**, Giráldez 652 (☎223 303, fax 222 395, e-mail incas&lucho@hys.com.pe), adjacent au Restaurante La Cabaña. L'agence est dirigée par l'inimitable Lucho Hurtado, qui parle un anglais presque parfait et possède également La Casa de la Abuela et La Cabaña (voir plus loin). Il est entièrement dévoué à la promotion d'expériences culturelles authentiques à Huancayo et dans la vallée du Río Mantaro. Lucho propose des cours d'espagnol, de tissage, de flûte de pan et de quechua, et vous fournira également des informations touristiques. Ouvert tlj 9h-13h et 14h30-19h. Réductions pour les membres de la SAE et les étudiants.

Change : Il existe en ville trois banques fiables qui disposent de **distributeurs automatiques**. La **Banco de Crédito**, Real 1003, accepte les cartes AmEx (ouvert Lu-Ve 9h15-13h15 et 16h30-18h30, Sa. 9h30-12h30). Attention aux commissions. La **Banco Welse Sudameris**, Real 730, accepte les cartes MC. (Ouvert Lu-Ve 9h-13h et 16h30-18h30, Sa. 9h-12h30.) **Intrabank**, Real 620, accepte les cartes Visa. (Ouvert Lu-Ve 9h-18h15 et Sa. 9h-12h30.)

Laverie : **Lave-Rap**, Breña 154 (☎231 107), à une *cuadra* de la Plaza de Armas. Laverie automatique très propre. Ouvert Lu-Sa 8h-22h et Di. 10h-18h.

Urgences : ☎105.

Police : ☎234 714. A l'angle des rues Ferrocarril et Cuzco.

Hôpital : La **Clínica Ortega**, Carrión 1124 (☎232 921), dispose d'un service d'ambulances.

Téléphone : Il y a plusieurs téléphones à pièces tout autour de la Plaza de Armas. Vous trouverez des téléphones à carte à l'intérieur et autour de la poste. Pour bénéficier de tarifs raisonnables sur les cartes internationales, essayez la "174", vendue dans toute la ville.

Internet : **ALPH@net**, 282 Giráldez, demande s/2 l'heure. Ouvert tlj 8h-23h. **StarNet**, Giráldez 251 (☎291 804). s/2,50 les 80 mn. Ouvert 24h/24.

Bureau de poste : **Serpost**, sur la Plaza Huamanmarca, à gauche, indiquée par une grande pancarte, 3 *cuadras* à droite de la Plaza de Armas, dans la rue Real. Ouvert Lu-Sa 8h-20h et Di. 8h-14h.

HÉBERGEMENT

Vous trouverez plusieurs hôtels dans le centre-ville. Les établissements les moins chers se trouvent autour de la Plaza de Armas, en particulier en haut de la rue Giráldez. Dans la rue Ancash, à droite de la Plaza de Armas, plus vous vous approcherez du *mercado modelo*, plus les hôtels seront miteux.

❤ **La Casa de la Abuela**, Giráldez 691, à l'angle de la rue Huancas (☎223 303, e-mail incas&lucho@mail.hys.com.pe), à 4 longues *cuadras* en remontant la rue à droite de la Plaza de Armas. La charmante *abuela* (la mère de Lucho Hurtado), qui dirige cet hôtel très apprécié des visiteurs, propose d'excellents petits déjeuners et papote avec ses clients dans le jardin, tandis que les animaux de la jungle rôdent non loin de là. Jeux de société, fléchettes, baby-foot et ping-pong pour tous les clients. Chambres très propres, salles de bains communes impeccables et eau chaude 24h/24. Dortoir de six lits s/15 par personne, chambre double s/20, avec salle de bains s/25.

Hostal Plaza, Ancash 171 (☎214 507), 2 *cuadras* à gauche du haut de la Plaza de Armas. Chambres bien entretenues avec douches neuves, sofas et tables dans certains cas. Eau chaude 24h/24. Chambre simple s/30, à deux lits s/40, avec un grand lit s/40, chambre triple s/50.

Hostal Paraíso, Huánuco 351, tout près de la Plaza de Armas. Ce sont des femmes, très sympathiques, qui dirigent ce petit hôtel équipé de meubles neufs et clinquants et agrémenté d'un petit restaurant. Les chambres possèdent la TV câblée et une salle de bains avec une douche chauffée par résistance électrique. Chambre simple s/25, double s/45, triple s/65.

Hotel Confort, Ancash 237 (☎233 601), à une *cuadra* à gauche de la cathédrale, près de la Plaza de Armas. Cet énorme hôtel, qui dispose de plus de 100 chambres, arbore une décoration rose ainsi qu'un restaurant situé dans le hall d'entrée (plats s/5). Certaines chambres sont équipées d'une salle de bains et ont parfois l'eau chaude 24h/24. Chambre simple s/20, double s/30.

Hostal y Baños Sauna "Las Viñas", Piura 415, à une *cuadra* en descendant la rue Real depuis le Centro Cívico de la Plaza Huamanmarca. Prenez à gauche au niveau du bâtiment rose situé à l'angle de la rue Piura. Toutes les chambres sont équipées d'une douche ou d'une baignoire, de la TV câblée et du téléphone, et offrent des vues magnifiques sur Huancayo. Chambre simple s/35, double s/45, triple s/55.

RESTAURANTS

Vous trouverez plusieurs petits restaurants bon marché où vous pourrez manger du *pollo a la brasa* (quart de poulet, s/2-3) ainsi que des *chifas* (restaurants chinois) dans les rues Real et Ancash. Pour goûter à la cuisine traditionnelle, il faut aller plus loin. Vous trouverez de la bonne cuisine locale dans le quartier d'El Tambo (s/3 en taxi en remontant la rue Real). Huancayo est le lieu d'origine de la *papa a la huancaína*, une pomme de terre cuite recouverte d'une sauce toute crémeuse, et est connu pour son *picante de cuy* (cochon d'Inde).

❤ **La Cabaña**, Giráldez 652 (☎223 303), 4 *cuadras* au-dessus de la Plaza de Armas, en face de la Casa de la Abuela. Ce restaurant animé se remplit chaque soir d'étrangers et de Péruviens bien habillés. Les bougies installées dans les salles du restaurant ne sont qu'un prélude à la dégustation de la sangria maison (s/3 le verre). Sandwichs et hamburgers s/3-7. Pizzas s/18-25. Salade de fruits avec une glace s/5. L'*happy hour* (17h-19h) met toutes les boissons à moitié prix. Concerts Je-Sa à partir de 20h. Ouvert tlj 5h-24h, plus tard le week-end.

Restaurante Vegetariano "El Paraíso", à l'angle des rues Giráldez et Pachitea, 4 *cuadras* au-dessus de la Plaza de Armas, en face de la station-service Texaco. Ce petit restaurant à l'étroit et mal éclairé sert des spécialités comme la *tortilla de verduras* et toute une variété de plats au soja. Les jus de fruits et les yaourts frais vous permettront de changer des éternels plats à base de riz et de poulet.

Panadería Koky, Jiron Puno 298, à gauche après la cathédrale, derrière la Plaza de Armas. Ce excellent restaurant aux grandes baies vitrées sert du *pisco* (eau-de-vie de raisin blanc péruvienne), des boissons froides et d'énormes gâteaux. Bières et *jugos* rafraîchissants abondent, tandis que les grands bols de café ou de chocolat chaud viendront calmer toutes les soifs (s/2). Ils proposent également un choix de bons sandwichs à base de thon, d'œufs, de fromage ou de jambon (s/3), ainsi que des pâtisseries. Ouvert tlj 7h-22h.

Huancahuasi, Mariscal Castilla 2222 (☎244 826), dans le quartier d'El Tambo, tout en haut de la rue Real (qui devient la rue Mariscal Castilla). Situé dans une grande maison coloniale avec des lucarnes et des lustres en fer forgé, c'est dans ce restaurant que vous pourrez satisfaire vos envies de *cuy* et de *chicharrón* (viande frite à en être croustillante, habituellement de porc). Les Péruviens viennent ici en famille le dimanche et les jours fériés pour manger de la *pachamanca* (viande, haricots et céréales enveloppés dans des feuilles et cuits dans un four en terre, s/15), un plat assez copieux pour deux ou trois personnes. Vous pourrez aussi goûter une *papa a la huancaína* généreusement servie pour s/5. Musique traditionnelle Ve-Sa. Ouvert tlj 8h-19h.

VISITES

L'attraction principale de Huancayo réside dans le nombre impressionnant d'artisans et de marchés que l'on y trouve : le *mercado modelo* est un marché quotidien où animaux, légumes et grenouilles séchées se mêlent dans un spectacle inoubliable.

Ne manquez pas les parcs ni les randonnées dans la campagne environnante : vues panoramiques sur la ville, petites échoppes d'artisans et vie paysanne, voilà ce qui vous attend à Huancayo et dans ses alentours.

LES MARCHÉS. Le **Mercado Artesanal** est un marché en plein air où vous trouverez au choix des pulls, des chapeaux et des écharpes en alpaga (s/5), des chaussettes (s/6) et des couvertures multicolores, ou encore des calebasses péruviennes traditionnelles sculptées, avec des images peintes à l'intérieur. Les objets artisanaux côtoient les horribles tissus industriels : vérifiez que ce que vous achetez est bien en alpaga ou en laine. Pour cela, prenez une peluche du tissu et brûlez-la. Si elle fond, c'est que votre couverture est en plastique pur. *(A l'angle des rues Ancash et Piura,* une cuadra *à droite de l'angle supérieur droit de la Plaza Huamanmarca/Centro Comercial. Ouvert tlj.)* Le **Mercado Modelo** se trouve à gauche après le Mercado Artesanal (vous verrez une grande pancarte). Allez faire un tour dans les rues animées par les cordonniers, les machines à coudre, les rôtisseries de poulets et les cascades de jus d'orange et de mandarine. Observez les monceaux de céréales et de haricots, les rangées de poulets suspendus par les pattes, les têtes de porcs et les piles vertigineuses de fruits et de légumes. Vous pourrez voir des animaux vivants en cage à l'angle supérieur droit du marché. *(Ouvert tlj 4h-21h.)*

Le **marché du dimanche** est l'attraction la plus connue de Huancayo. Cette tradition, qui remonte à 1572, attire aujourd'hui environ 50 000 personnes venues des villages voisins vendre leurs marchandises. La majorité des stands proposent des produits de consommation courante comme des couteaux, du papier ou des corsets, mais vous pourrez aussi trouver des couvertures ou des pulls à des prix intéressants. *(Le marché s'étend sur une dizaine de* cuadras *dans la rue Huancavelica. Depuis l'angle inférieur droit de la Plaza de Armas, prenez la rue Giráldez, qui se transforme rapidement en Paseo la Breña. Cinq* cuadras *plus bas, vous atteindrez la rue Huancavelica, qui lui est perpendiculaire : vous pouvez difficilement la manquer.)*

CERRITO DE LA LIBERTAD ET TORRE TORRE. Cette petite église et ce petit parc sont situés le long d'un chemin, à plus de 10 *cuadras* lorsque l'on remonte la rue Giráldez à partir du côté droit de la Plaza de Armas. En haut de la colline, vous pourrez découvrir une jolie vue sur la ville. Il est préférable d'y aller en fin d'après-midi ou tôt le matin, lorsque le soleil brille et que l'air est plus pur. Depuis le Cerrito de la Libertad, le chemin continue de monter jusqu'aux Torre Torre. Là, des petits garçons vous proposeront de vous servir de guide moyennant une petite rétribution, et se feront un plaisir de vous montrer les scorpions géants et les mygales mortelles qui traînent dans les parages. Tout en haut, vous pourrez admirer une vue encore plus impressionnante sur la ville et les montagnes environnantes. Sur la gauche, le sommet enneigé du Corona de Fraile couronne le paysage. De l'autre côté des Torre Torre, vous pouvez redescendre par un chemin sinueux qui vous mènera au Parque de la Identidad, un endroit idéal pour se détendre un peu. Au départ de la ville, la promenade pour vous rendre au Cerrito de la Libertad, aux Torre Torre puis au Parque de la Identidad vous prendra environ 2h30.

PARQUE DE LA IDENTIDAD HUANCA. Ancienne décharge, le Parque de la Identidad Huanca arbore aujourd'hui des statues surréalistes, des jardins et des ponts. Créé à l'initiative du dernier maire, le parc abrite des statues à l'effigie des différentes personnalités ayant eu une influence sur le Pérou, parmi lesquelles des peintres, des photographes, des poètes et des chanteurs célèbres. Les habitants font remarquer avec fierté qu'il n'y a pas de statues d'hommes politiques. De l'autre côté de la rue, un marché de produits frais traditionnels (très peu chers) stocke ses produits dans une étonnante structure en pierre à deux niveaux. Vous y trouverez toute sorte de *comida típica* : essayez les *picarones* (beignets), extrêmement sucrés. Le parc et le marché sont fréquentés par les habitants du coin, surtout le dimanche. *(Si vous n'arrivez pas des Torre Torre à pied, faites le tour du parc tôt le matin, lorsque les lumières illuminent les fontaines, les statues et les petits ruisseaux. Depuis la Plaza de Armas, prenez un taxi pour remonter la rue Giráldez : vous en avez pour 10 mn environ (s/2).)*

EXCURSIONS DEPUIS HUANCAYO

JAUJA

Les bus à destination de Jauja partent de l'angle des rues Amazonas et Calixto, à Huancayo (durée 20 mn, s/1).

Le petit village de Jauja, au nord de Huancayo, est l'occasion d'une jolie excursion d'une demi-journée, surtout si vous avez envie d'échapper à la foule et à la circulation pendant quelques heures. Vous pourrez voir plusieurs églises pittoresques dispersées sur les différentes places du village, mais la **Capilla de Cristo Pobre**, un édifice qui ressemble à un gros gâteau, est particulièrement intéressante. Les meilleurs jours pour visiter Jauja sont le mercredi et le dimanche, lorsque le long **Parque de Urbanización Olavegoya** se remplit d'artisans qui viennent présenter leurs produits faits main.

Il n'est pas simple de se repérer dans Jauja et vous aurez du mal à vous procurer un plan. **El Edificio Municipio**, en haut de la Plaza de Armas, dispose d'un plan que vous pourrez photocopier. Les bus en provenance de Huancayo s'arrêtent dans le **Parque de Urbanización Olavegoya**. En haut du parc, la rue **Junín** est orientée nord-ouest et passe tout près de la Plaza de Armas. La rue **Grau** est orientée nord-est et va jusqu'au *mercado* et à la verdoyante **Plaza Isabel**. A deux *cuadras* en descendant de la Plaza de Armas puis à trois *cuadras* à droite, dans la rue **San Martín**, se trouvent la **Capilla de Cristo Pobre** et un grand hôpital.

L'une des raisons essentielles de se rendre à Jauja est la visite de la très jolie **Laguna de Paca**, un lac situé au nord-ouest de la ville. Malgré la présence de parasols multicolores et de haut-parleurs bavards, vous pourrez vous détendre : il suffit de vous éloigner de la partie touristique. Cerné par des montagnes des deux côtés, le lac est une oasis étonnante qui contraste avec les fermes et les habitations paysannes situées autour de Jauja.

Les falaises près du lac, du côté gauche de la route, sont accessibles par plusieurs chemins étroits. La Laguna de Paca a été aménagée pour les Péruviens : on y trouve des restaurants qui servent de la truite et louent de petits bateaux (s/1) grâce auxquels vous pourrez vous rendre sur la tristement célèbre **Isla del Amor**, une île artificielle où l'on prétend que les sirènes attirent les hommes et les femmes pour les tuer. Pour vous rendre au lac, hélez un taxi (durée 5 mn, s/3-4) ou marchez depuis la Plaza de Armas (durée 45 mn). De la place, descendez la rue Grau pendant trois *cuadras* et prenez à gauche dans la rue Salvaterry. Parcourez ensuite sept *cuadras* jusqu'à ce que vous voyiez de nombreux bus et que la route s'élargisse près de Paca. Continuez tout droit jusqu'à ce que vous aperceviez le lac sur votre droite. Le retour à Jauja est plus facile, car la route descend. Beaucoup de bus passent par là : vous n'aurez donc pas de mal à en arrêter un (s/1).

CONVENTO DE SANTA ROSA DE OCOPA

Il est possible de se rendre directement au couvent depuis Huancayo, en partant de l'angle des rues Calixto et Amazonas (voir les indications pour aller à Jauja). Une fois que le bus vous aura déposé à Concepción (s/1,50), vous devrez prendre un taxi (s/5) jusqu'au couvent : ils attendent en face du monument, sur la grand-route. Comptez un quart d'heure, au cours duquel vous traverserez le Río Quichuay et le petit village de Quichuay. Si vous ne voulez pas avoir de problème pour le retour, vous pouvez demander au chauffeur de vous attendre pendant que vous visitez le couvent. Le taxi vous emmènera ensuite jusqu'au village d'Ingenio moyennant s/5 de plus. Il est toutefois préférable de commencer par Ingenio, de prendre le bus jusqu'à Concepción (s/1), puis de prendre le taxi pour le couvent. Bibliothèque ouverte Lu., Me-Di 9h-12h et 15h-18h. Visites guidées en espagnol uniquement. Adultes s/4, étudiants munis d'une carte d'identité s/2.

Près du village de Concepción, dans un jardin paisible et bien entretenu, se trouve le **Convento de Santa Rosa de Ocopa**, un couvent franciscain qui fut le point de départ de la colonisation et de la christianisation de la partie péruvienne de l'Amazonie. On y trouve une impressionnante **bibliothèque**, qui contient plus de 25 000 livres et manuscrits, dont certains datent du début du XVIe siècle. Le couvent abrite aussi un certain nombre d'animaux et d'oiseaux de la jungle, ainsi qu'une collection de tableaux de l'école de Cuzco. L'église elle-même est agrémentée d'un bel intérieur doré. Dans sa partie droite, vous découvrirez une crypte intéressante ornée de superbes représentations des saints. Si vous voulez faire une jolie promenade, sortez de l'enceinte du couvent à gauche et passez la rivière pour atteindre la petite place de **Santa Rosa de Ocopa**, au centre de laquelle se trouve une église rose. Plus loin sur la grand-route appelée Francisco Iratopa, vous trouverez des aires de repos verdoyantes agrémentées de palmiers parasols nains. La **Bodega Ocopa**, en face de la station-service, sert des boissons fraîches à l'abri du soleil (s/1).

CHUPACA ET LES RUINES D'AHUAC

Pour vous rendre à Chupaca, arrêtez un bus à l'angle des rues Giráldez et Ferrocarril. Depuis l'angle supérieur droit de la Plaza de Armas, remontez la rue Giráldez sur trois cuadras *jusqu'à ce que vous atteigniez la voie ferrée qui traverse le pont. Passez sous ce pont et restez sur le côté gauche. De l'autre côté de la rue Ferrocarril, vous verrez un groupe de gens qui attendent. Faites de même jusqu'à l'arrivée d'un bus marqué "Chupaca" ; un préposé criera également la destination (s/1). Une fois à Chupaca, descendez du bus à l'endroit le plus bas pour voir les immenses troupeaux de taureaux, de vaches et de veaux.*

Situé à 15 mn de bus seulement de Huancayo, le petit village vallonné de Chupaca donne lieu à un immense et incroyable **marché du samedi**. Même si la ville en soi n'a rien d'exceptionnel, le marché à plusieurs niveaux, avec ses animaux vivants, est à ne pas manquer. Les camelots vendent des morceaux de *chanco* (porc) fraîchement cuits et les femmes filent avec habileté. Au-dessus, les moutons sont tués et tondus dans la foulée.

Tout près de là, sur un haut plateau verdoyant, les **ruines d'Ahuac**, un site inca et huanca, surplombent un très beau paysage. Les jolis bâtiments incas, la vue panoramique sur la terre rouge des montagnes avoisinantes, les petits villages et le lac scintillant de **Nahuinpuquino** valent assurément la peine que vous perdiez un peu votre souffle. Les ruines d'Ahuac sont aisément accessibles depuis Chupaca. Pour vous rendre en voiture au pied de la petite montagne, il faut compter environ huit minutes. Un habitant de la ville se fera un plaisir de vous indiquer la bonne direction, mais il est préférable de louer les services d'un guide car le sentier qui traverse les champs est invisible à qui ne le connaît pas. Une fois au sommet de la montagne, vous verrez des maisons de pierre d'environ 4,50 m. Conçues par les Incas, puis reprises par le peuple huanca (1200-1400 de notre ère), ces ruines sont extrêmement bien conservées. Depuis les petites portes voûtées, vous pourrez profiter d'une très belle vue sur la campagne, les champs et les maisons. Un sentier récemment créé redescend la colline d'en face et mène au lac en forme d'œil qui se trouve sur la droite. Vous pouvez louer des canoës auprès des gens qui résident au bord du lac.

INGENIO

Pour vous rendre à Ingenio, prenez un bus ou un combi à l'angle des rues Calixto et Amazonas, à Huancayo. (Voir précédemment les indications pour se rendre à Jauja.) Prenez le bus jusqu'en haut de la colline : l'élevage de truites, de couleur bleue, se trouve à droite. Le trajet jusqu'à Ingenio (durée 30-45 mn, s/1,50) serpente le long de jolies collines et de routes abruptes.

Si la truite était un dieu, Ingenio serait son autel. La fierté de ce joli petit village est son élevage de truites, ou *criadero de truchas*, officiellement appelé Centro Piscícola del Ingenio : on y produit 180 000 kilos de truites arc-en-ciel chaque année. Allez faire un tour sur les sentiers herbeux qui serpentent au milieu des canaux où grandissent ces charmantes petites bêtes, que vous retrouverez bientôt dans votre assiette. La visite guidée, en espagnol uniquement, décrit dans ses moindres détails le cycle de reproduction de la truite, qui dure 360 jours. (Ouvert tlj 8h-12h et 13h-17h. s/1.) Les stands situés à l'extérieur servent à faire cuire les truites. En bas de la colline, le **Restaurante Avila**, avec son bassin, sa cascade et ses deux cabanes construites dans un arbre, sert de la truite à Alberto Fujimori lorsqu'il vient au village. Parmi les différents plats à base de truite proposés (s/7-15), vous pourrez goûter la classique *trucha al ajo* (truite servie avec une sauce à l'ail) ou l'épicée *trucha a la mexicana* (truite farcie au fromage, aux oignons et aux poivrons). Le **Recreo las Brisas** et le **Restaurante Sombras y Sol** ont tous deux un joli jardin fleuri agrémenté de petites passerelles et de tables colorées. Si vous cherchez désespérément un endroit pour passer la nuit, essayez l'**Hospedaje Ingenio**, un petit bâtiment bleu doté d'un jardin luxuriant et situé à mi-pente, en bas des marches et à gauche dans la rue Juan Morales Bibanco (eau chaude 24h/24, chambre simple s/20, double s/40). Sur le chemin du retour, admirez la jolie vue sur Ingenio et sa belle cathédrale bleue et blanche à gauche. Vous verrez des lamas et des moutons brouter paisiblement à droite de l'élevage de truites. Si vous souhaitez avoir une autre perspective sur le paysage, vous pouvez les suivre jusqu'au sommet de la colline.

LES VILLAGES D'ARTISANS

Plutôt que d'effectuer le trajet cahoteux de Hualhuas à San Jerónimo en bus par la grand-route, essayez la marche d'1h30 depuis Las Llamitas, après le croisement, jusqu'à Quilcas et au centre de fabrication de bijoux. La route est défoncée mais les scènes de la vie paysanne qu'elle permet de découvrir sont très pittoresques : on y voit des enfants en train de fabriquer des briques d'adobe et des animaux qui observent le va-et-vient des habitants des villages. Les montagnes s'élèvent de chaque côté de la route pavée. Après celle-ci, continuez tout droit. Le trajet en direction de Quilcas n'a rien d'exceptionnel : c'est le centre du commerce de meubles. Le chemin de terre arrive enfin à la grande place poussiéreuse de San Jerónimo. Surveillez l'homme à bicyclette qui donne des coups de klaxon : il vend des petits pains plats qui vous caleront l'estomac. De l'angle inférieur droit de la place, une rue monte jusqu'à la maison de Sra. Nelly Vasquez, qui fabrique des boucles d'oreilles et des bagues en fil d'argent dans un tout petit atelier à l'aide d'outils improvisés. Elle se fera un plaisir de vous montrer comment elle s'y prend pour faire ce travail d'orfèvre. Vous apercevrez une pancarte sur le côté gauche de sa maison, et vous devrez traverser la cour pour trouver l'atelier. Pour atteindre les ruines de l'Inca au sommet de la colline, au-delà de San Jerónimo, suivez le sentier qui monte après la maison de Nelly jusqu'à la sortie du village et continuez jusqu'en haut. Depuis le bas du sentier, on peut distinguer une rangée de ruines au sommet. Pour repartir de San Jerónimo, suivez la rue qui part de l'angle inférieur gauche de la place, après l'église. Il faut parcourir encore 200 m pour atteindre la grand-route en direction de Huancayo, où vous pourrez prendre un bus pour s/1. Pour vous rendre à San Jerónimo en évitant la marche d'1h30, prenez un bus à Huancayo, à l'angle des rues Calixto et Amazonas, marqué soit "Jauja" soit "San Jerónimo". Au bout de 25 mn, descendez du côté droit de la grand-route (voir les indications pour se rendre à Jauja).

A environ 20 mn de Huancayo se trouve le petit village de **Hualhuas**, connu pour la qualité de ses produits en alpaga. Ces petits refuges d'artisanat familial permettent de fabriquer des pièces traditionnelles d'un grand raffinement. Personne ne parle anglais, mais si vous citez le nom d'un artisan, on vous indiquera la bonne direction. Une bonne adresse est celle de **Simeon Guevara**, environ 100 m à gauche de la grand-route qui mène à Huancayo. Dans sa petite boutique, appelée Perú-Inkaiko, vous trouverez des *matas*, des *camas* et des *maletas* d'une jolie facture. Dans son petit jardin intérieur, regardez les gros paquets de laine se transformer en écheveaux de fil incroyablement fin, travaillés à l'étage sur un métier à tisser à l'ancienne pour devenir des couvertures extrêmement épaisses au tissage très serré. Sr. Guevara a choisi des motifs traditionnels qui rappellent les dessins géométriques des Incas, avec des couleurs claires : marron, gris et crème. L'autre artisan, à 25 m en descendant à droite, est **Faustino Maldonado**. Son atelier, Tahuantinsuyo, est spécialisé dans les tissus en alpaga et la confection de pulls, de chapeaux et de jambières, comme celles que portent les femmes péruviennes sous leurs jupes épaisses.

IZCUCHACA

Le train de 6h30 en provenance de Huancayo s'arrête à Izcuchaca à 8h30 environ. Le train de 12h30 en provenance de Huancayo arrive entre 16h30 et 17h30 en raison des arrêts fréquents, et continue jusqu'à Huancavelica. De la même façon, le train du matin en provenance de Huancavelica s'arrête à 9h à Izcuchaca avant de rejoindre Huancayo, puis de nouveau en fin d'après-midi, vers 16h. Le mercredi est un bon jour pour prendre le train du matin : la place du village se remplit de restaurants improvisés et de nombreux produits du marché. Lorsqu'il relie Huancayo à Ayacucho, le bus El Molino passe par la route du haut, près des deux restaurants, et traverse le vieux pont. Assurez-vous de trouver une place assise au milieu de la cohue, des sacs de pommes de terre et des bagages qui encombrent les couloirs, car le trajet jusqu'à Ayacucho est pénible (durée 8h, dép. à 10h, s/17).

Caché entre deux sommets escarpés, le petit village d'Izcuchaca (situé à 2800 m d'altitude) surplombe le flanc de la montagne, au-dessus des rives du Río Mantaro. La pente est si abrupte que les passagers doivent sauter de presque un mètre entre le train et le quai. Le joyau d'Izcuchaca se trouve au-dessus de la rivière : "l'Izcuchaca" (qui signifie "pont de pierre" en quechua) à tourelles fut construit au XVIIIe siècle et est parallèle à un autre pont d'acier situé un peu plus bas. Des pics abrupts et des terres fertiles entourent le village, et Izcuchaca possède le charme dépouillé d'un véritable *pueblito campesino*.

Vous trouverez à l'entrée du village un **atelier de poterie** (alimenté par une turbine hydraulique) qui abrite de très jolies créations en argile de la vallée du Mantaro. Vous avez de bonnes chances de trouver le potier dans sa boutique, où sont vendus les tasses, les bols et les vases qu'il fabrique. Si vous avez du temps, en attendant le prochain train pour Huancayo, les gens du village vous montreront volontiers la petite **chapelle** qui domine la vallée (comptez environ 2h de marche aller-retour).

HUANCAVELICA ☎ 064

Huancavelica est un peu le grenier de Huancayo. Cette petite ville isolée (35 000 habitants), capitale de la région, est nichée parmi les sommets andins à l'altitude incroyable de 3680 m. Elle fut colonisée par les Espagnols au XVIe siècle, après la découverte d'importantes ressources minières (dépôts de mercure). La population indigène fut exploitée sans merci par les colons espagnols dans les "mines de la mort" de Santa Barbara, où elle fut quotidiennement exposée à des gaz toxiques. Aujourd'hui, la voie ferrée construite pour transporter les fruits de cette industrie morbide permet d'accéder à cette ville enclavée. Le train de Huancayo traverse des paysages pittoresques de fermes ainsi que de nombreux torrents. La ville de Huancavelica, avec son ambiance rustique de colonie encore jeune, constitue un détour intéressant car elle est très différente de Huancayo.

TRANSPORTS

Trains : (☎ 752 898) jusqu'à **Huancayo** (durée 6h, dép. à 6h30 et 12h30, s/6-12). Un **Autovagón**, train plus rapide comportant une seule rame, est également disponible (durée 4h, dép. Ve. à 17h30, s/17).

Bus : Une nouvelle gare routière, située à l'angle de la Plaza Santa Ana et de la rue Muñoz (juste en dessous de la gare ferroviaire) et appelée Transportes Lobato, propose un service de bus confortables qui desservent quotidiennement **Huancayo** (durée 5h, dép. à 18h30, s/20) et continuent jusqu'à **Lima** pendant la nuit. A part cette compagnie de luxe, il n'y a guère de différences entre les divers services de bus pour Huancayo qui bordent la Plaza Santa Ana. Expreso Huancavelica, 516 Muñoz (☎ 752 964), avec une pancarte orange et bleue, à l'endroit où la rue Muñoz rejoint la Plaza Santa Ana. Bus à destination de **Huancayo** (durée 4-5h, dép. à 22h, s/10). Oropresa (☎ 353 181), avec la pancarte rouge et blanche, dans la rue O'Donovan, de l'autre côté de l'église. Bus pour **Huancayo** (durée 4-5h, dép. à 15h45, s/10). Trans Yuri, dans la rue O'Donovan, près de la compagnie

Oropresa, avec la pancarte bleue, noire et rouge. Bus à destination de **Lima** (dép. à 16h, s/20) et de **Huancayo** (durée 5h, dép. à 22h, Ve. à 18h30, s/10). Empresa Tiellas, dans la rue O'Donovan (☎ 751 562), à gauche de la compagnie Trans Yuri. Bus pour **Huancayo** (durée 5h, dép. à 9h, 10h30, 13h, 14h30 et 22h, s/10). Vous trouverez également des hommes tenant des pancartes "pour Huancayo" sur la Plaza de Armas, qui proposent d'emmener les passagers dans de petits bus : départs toute la journée, mais les horaires sont fluctuants (durée 5h, s/5-10).

ORIENTATION ET INFORMATIONS PRATIQUES

En sortant de la gare ferroviaire, la principale rue commerçante, **Muñoz**, se trouve à deux *cuadras* de la rue **Grau**. A droite se trouve le petit **Parque Mariscal Castilla**, également appelé **Plaza San Ramón**. A l'angle de la rue Grau, prenez à gauche et remontez la rue Muñoz sur un peu plus de six *cuadras* pour atteindre la Plaza de Armas aux couleurs rouges, jaunes et vertes. La **cathédrale de San Antonio** se situe dans la rue Muñoz, en face de la place. A droite de la cathédrale, à deux *cuadras* en descendant la rue **Arica**, se trouve l'**Instituto Nacional de Cultura**. Le **Río Ichu** est plus ou moins parallèle à la rue Muñoz, et le pont colonial et l'escalier, qui mènent aux sources chaudes, sont perpendiculaires à la rivière. L'Ave. **Escalonado** part du côté gauche de la Plaza de Armas et va jusqu'à l'escalier. Les bus en provenance de Huancayo, d'Izcuchaca et d'autres petites villes des environs se concentrent sur la **Plaza de Santa Ana** qui, pour ajouter un peu de confusion, se trouve au même endroit que le Parque Mariscal Castilla et que la Plaza San Ramón (voir précédemment).

Informations touristiques : **Ministerio de Industria**, Nicolás de Pierola 180 (☎ 752 938), non loin de l'angle avec la rue Victoria Garma. Depuis la Plaza de Armas, descendez la rue Virrey Toledo sur la gauche. La rue Nicolás de Pierola se trouve à deux *cuadras* de la place. Vous pourrez vous y procurer une carte gratuite des environs, avec les sites à visiter ainsi qu'un plan de la ville que vous devrez photocopier. Tout est en espagnol. Ouvert Lu-Ve 8h-13h et 14h40-18h. Vous obtiendrez davantage d'informations touristiques de l'autre côté de la rue, à l'**Instituto Nacional de Cultura**, Arica 202 (☎ 752 544, e-mail earhvca@net.telematic.com.pe), non loin de la Plaza San Juan de Dios. Cet institut est bien renseigné et vous fournira une aide précieuse.

Banques : **Banco de Crédito**, 383 Virrey Toledo, à l'angle de la rue Nicolás de Pierola. Ouvert Lu-Ve 9h15-13h15 et 16h30-18h30, Sa. 9h30-12h30.

Police : 173 Grau (☎ 753 041), du côté gauche de la Plaza de Santa Ana, dans un bâtiment vert.

Hôpital : Dans la rue Cáceres (☎ 752 477), en amont de l'Instituto Nacional de Cultura, à environ un quart d'heure à pied. Vous trouverez deux bâtiments **Es Salud**, de couleur bleue et blanche, dans la rue Muñoz.

Téléphone : **Telefónica del Perú**, à l'intersection des rues Toledo et Carabaya. Vous trouverez des téléphones dans la plupart des *bodegas* (caves à vins) de la rue Muñoz.

Internet : L'**Instituto Superior Pedagógico** (☎ 752 959) se trouve dans la rue Toledo. s/7 l'heure. Ouvert Lu-Ve 10h-12h et 15h-21h, Sa. 10h-12h et 15h-18h.

Bureau de poste : Muñoz 759 (☎ 752 750), à 3 *cuadras* de la Plaza de Santa Ana, à l'écart du centre-ville. Ouvert Lu-Sa 8h-20h.

HÉBERGEMENT

Plusieurs hôtels bon marché bordent la rue Muñoz, non loin de la Plaza de Armas, mais ils n'ont pas beaucoup de cachet. Vérifiez que l'établissement que vous choisirez dispose de couvertures chaudes, car les nuits peuvent être glaciales à Huancavelica.

Hotel Camacho, Carabaya 481 (☎ 753 298), près de l'intersection avec la rue Torre Tagle. Les chambres en béton, un peu austères, sont propres et disposent de meubles en bois et de couvertures bien chaudes. Toutes les salles de bains ont l'eau chaude 24h/24 (en fait surtout tôt le matin), mais seules les salles de bains communes sont équipées de douches. Chambre simple s/8, avec salle de bains s/13, chambre double s/14, avec salle de bains s/22, chambre triple s/21, avec salle de bains s/30, supplément pour la TV s/7.

Hotel Ascensión, Manco Capac 481 (☎ 753 103). Cherchez une pancarte verte sur le côté gauche de la Plaza de Armas (lorsque vous vous trouvez en bas de la place et que vous faites face à la cathédrale). Bien situé, mais les chambres sont médiocres et il n'y a que des douches communes. Eau chaude de 6h à 9h. Chambre simple s/10, avec toilette et lavabo s/14, chambre double s/18, avec toilette et lavabo s/22, chambre triple s/25.

RESTAURANTS

Le *pollo* (poulet) est l'aliment de base des habitants de Huancavelica. Cependant, vous trouverez facilement des petites échoppes qui vendent des yaourts, des salades de fruits et des pizzas.

Pizzas Brother's Restaurant "El Americano", Muñoz 486, à moins de 2 *cuadras* de la Plaza de Santa Ana, en direction de la Plaza de Armas. Ce nouvel établissement, petit mais propre, propose toute une variété de pizzas, de la *vegetariana* à la hawaïenne, en portions individuelles ou familiales. Pizzas s/5-22.

Restaurant Joy (prononcez "Yoy"), à l'intersection des rues Toledo et Manuel Segura (☎ 752 826), juste à côté de la Plaza de Armas. Ce restaurant vous propose des sandwichs simples (s/1-4) ainsi que de nombreux plats traditionnels. Ouvert tlj 7h30-22h.

Casa Nuestra Bien de Salud, 591 Muñoz, à 4 *cuadras* de la Plaza de Santa Ana, en allant vers la Plaza de Armas. C'est l'une des bonnes petites échoppes qui bordent les rues Muñoz et Virrey Toledo. Yaourt aux fruits s/2. Ouvert tlj 8h-21h.

VISITES

INSTITUTO NACIONAL DE CULTURA. Cet institut, situé dans un joli bâtiment colonial, avec une fontaine dans la cour intérieure, est consacré à l'histoire naturelle et culturelle de la région. Le conservateur, Alfonso Zuashabar, est une véritable mine de renseignements. Plusieurs petites salles abritent une collection impressionnante d'outils, de vêtements, d'armes et même de momies de la civilisation inca. Une peinture murale dans la cour intérieure décrit chronologiquement les festivals et les *fiestas* de Huancavelica. La visite se poursuit dans une salle intéressante où sont présentés des costumes traditionnels multicolores (malheureusement portés par des mannequins de race blanche) ainsi que la *danza de tijeras* (danse des ciseaux), au cours de laquelle des gens vêtus de façon excentrique exécutent une chorégraphie avec des ciseaux géants et créent un bruit cacophonique pendant la saison des récoltes. *(A l'angle des rues Arica et Juan García, sur la Plaza San Juan de Dios, une* cuadra *à droite de la cathédrale de San Antonio.)*

CATHÉDRALES. Vous en trouverez plusieurs dispersées à travers la ville. Elles datent de l'époque coloniale et certaines auraient bien besoin d'être rénovées. Cependant, elles sont toutes fascinantes à observer. Il n'y a pas d'horaires d'ouverture au public : on ne peut les visiter qu'au moment des offices. La **cathédrale de San Antonio**, un édifice jaune et rouge, fut construite au XVIIe siècle dans un style baroque. Elle abrite une collection de tableaux de l'école de Cuzco. *(Face à la Plaza de Armas. Ouvert le soir et le dimanche pour la messe.)* La petite **Iglesia de Santa Ana**, sur la même place, est la plus ancienne de Huancavelica, puisqu'elle a été édifiée au XVIe siècle. Son intérieur ressemble au style d'El Greco. Les autels ornés ont une grande valeur historique. La **Iglesia San Sebastián** du XVIIIe siècle est souvent fermée. Elle se trouve en diagonale par rapport au **Claustro y Convento de San Francisco**, sur la même place, à moins de 2 *cuadras* en partant de la Plaza San Juan de Dios. Le cloître couvent arbore des autels dorés et argentés, ainsi que des catacombes dont on dit qu'elles sont reliées par des tunnels aux sept autres églises de Huancavelica. Aux XVIIe et

XVIIIe siècles, les prêtres se rassemblaient sous terre pour lutter contre les religions "païennes" et "occultes" des *indígenas*. La **Iglesia y Convento de Santo Domingo**, dans la rue Virrey Toledo, à 2 *cuadras* à gauche de la Plaza de Armas lorsque l'on est face à la cathédrale, fut construite au XVIe siècle, 30 ans après la fondation de Huancavelica. L'église abrite la belle **Virgen del Rosario** (Vierge du rosaire) et le **Patrón Santo Domingo** qui furent rapportés de Rome.

MARCHÉS. Le **Mercado Modelo**, un bâtiment partiellement couvert, abrite toute une variété de produits. Vous y trouverez des pulls, des chapeaux et des écharpes en alpaga, ainsi que les costumes de la danse des ciseaux à un prix raisonnable. Vous pourrez également acheter des pommes de terre, des bottes et des peaux de mouton. *(Depuis l'angle inférieur droit de la Plaza de Armas, en face de la cathédrale, prenez le chemin avec de grandes arches. Le marché rectangulaire se trouve 2* cuadras *plus bas, au croisement des rues Victoria Garma et Unanue. Ouvert tlj du lever du soleil à 21h.)* Huancavelica abrite également un important **marché dominical**, avec essentiellement des fruits, des légumes et d'autres produits comestibles. Il s'étend sur environ 7 *cuadras* le long de la rue Torre Tagle, parallèle à la rue Muñoz.

LES SOURCES CHAUDES. Les sources chaudes de San Cristóbal, qui servent de **thermes**, sont situées dans un bâtiment bleu et blanc en haut de l'Ave. Escalonado. Vous pourrez nager dans le bassin bondé ou vous tremper dans un bain privé (en fait, l'eau est tiède). Les adolescents viennent s'amuser là et se soucient peu du cadre bétonné qui cache la vue sur la montagne. *(De la Plaza de Armas, descendez la rue Manco Cápac jusqu'au Río Ichu. Traversez le pont et prenez l'escalier sur votre gauche jusqu'aux sources. Ouvert Lu-Je et Sa. 5h30-16h, Ve. 5h30-12h. Grand bassin s/1, bain privé s/1,50. Possibilité de louer une serviette, un maillot de bain et du savon.)*

EXCURSIONS DEPUIS HUANCAVELICA

MINAS DE SANTA BARBARA

Depuis l'Instituto Nacional de Cultura (à 1 cuadra *de la Plaza de Armas dans la rue Arica), prenez à gauche et descendez la rue Juan García sur 2* cuadras*, puis tournez à droite dans la rue Agosto de Leguilla jusqu'à ce que vous arriviez à la hauteur de la rue Colonial : traversez alors le pont à deux arches. Depuis la rue Agosto de Leguilla, il faut compter une 1h de marche tranquille pour arriver aux mines. Les mines sont ouvertes tlj du lever au coucher du soleil. Entrée libre.*

Découvertes en 1566, les mines furent exploitées par les Espagnols pour le mercure qu'elles contenaient. Le motif principal de la fondation de Huancavelica était d'y établir une force de travail abondante et stable, en l'occurrence celle des Indiens. Grâce à leur travail, les mines furent creusées et agrandies au point qu'on aurait pu y construire des rues, des chapelles, des immeubles et même une arène. La mine est aujourd'hui abandonnée, mais elle représente une incroyable transition culturelle qui ne laisse pas forcément de très bons souvenirs.

LES RUINES DE L'EMPIRE INCA WASI

Pour vous rendre sur le site, prenez un taxi ou un combi *jusqu'au village de Sachapite (s/2). De là, une promenade d'1h vous emmènera autour des ruines de Qorimina, d'Incañan et de Chunkana.*

Un nombre important de sites archéologiques datant de l'Empire inca se trouvent dans les environs de Huancavelica. Avec ses étranges constructions rectangulaires servant à transporter l'eau, **Qorimina** ressemble à un oiseau géant.

A 500 m de là seulement, une grande arche forme l'entrée du site d'**Incañan**. Un peu plus haut, vous pourrez voir les maisons de la communauté inca du site de **Chunaka**. Dans la partie centrale, une figure géométrique (d'environ 7 m) gravée dans la roche, faisant office d'horloge astronomique, servait à indiquer les précipitations et les moments les plus propices à l'agriculture.

AYACUCHO ☎064

Entourée de villages d'artisans, la ville d'Ayacucho, avec ses nombreux étudiants et ses églises coloniales, est à bien des égards le centre culturel du Pérou. Elle est cependant tristement connue comme étant le foyer où le Sendero Luminoso (Sentier Lumineux), dirigé par Abimael Guzmán, est né. Tout le département a été victime des activités de ce mouvement de guérilla dans les années 1980. Guzmán, intellectuel et professeur de philosophie à l'université, pensait que la violence était le seul véhicule possible de la Révolution. Le Sentier Lumineux s'est étendu aux villages de la région et a fait combattre les paysans et les fonctionnaires d'Etat pour une vie meilleure. L'armée péruvienne a riposté par des missions secrètes et des escadrons de la mort. Ce carnage, qui a fait plus de 30 000 morts et disparus, a fortement marqué les esprits des habitants d'Ayacucho. Mais après la capture de Guzmán en 1992 et le renforcement par le gouvernement de M. Fujimori de la présence policière et militaire dans le sud du Pérou, la ville a renoué avec la prospérité. Depuis, l'occupation militaire s'est dissipée, et l'investissement de plus en plus important de la ville dans les jolis bâtiments coloniaux a permis au tourisme de se développer considérablement.

TRANSPORTS

Avion : Vous trouverez des *colectivos* (s/0,5) pour vous rendre à l'**aéroport**, à 2 km au nord-est de la ville. Ils partent en face de la cathédrale de la Plaza Mayor. Taxis (s/3). La compagnie **AeroContinente**, 9 de Diciembre 160 (☎813 504, fax 817 504), à une *cuadra* de la Plaza Mayor, propose des vols à destination de **Lima** (dép. Lu., Me., Ve. et Sa. à 7h, 65 $). **StarUp**, 9 de Diciembre 118 (☎813 282), à quelques mètres de la compagnie AeroContinente, dessert **Lima** (dép. Ma., Je. et Sa. à 10h, 45 $), **Cuzco** (dép. Ma., Je. et Sa. à 7h30, 49 $) et **Puerto Maldonado** (dép. Ma., Je. et Sa. à 7h30, 79 $).

Bus : Les compagnies de bus se concentrent dans l'Ave. Mariscal Cáceres, non loin du croisement avec la rue Asamblea. **Antezana** dessert **Huancayo** (durée 9-10h, dép. à 20h15, s/18). **Reybus**, juste à côté d'Antezana, propose un service de bus avec couchettes pour **Lima** (durée 10h, dép. à 19h et 21h, s/25). **Transmar**, Cáceres 896 (☎815 376), dessert **Lima** (durée 9h, dép. à 20h, s/30). **Turismo Los Chankas**, en face de Transmar, dans la rue Cáceres, dessert **Cuzco** (durée 24h, dép. à 19h, s/25) via **Andahuaylas** (durée 11h). **Turismo Nacional** (☎815 405), à côté de Transmar, dessert également **Cuzco** (durée 24h, dép. à 19h, s/45) via **Andahuaylas** (durée 11h). **Transportes Libertadores**, Tres Máscaras 490 (☎813 614), dessert **Lima** (durée 9h, dép. à 19h et 20h30, s/20). **Expreso Wari**, dans la rue Tres Máscaras, à côté de Transportes Libertadores, dessert **Andahuaylas** (durée 12h, dép. à 5h, s/20). **La Molina**, 9 de Diciembre 450, sous les pancartes roses et violettes, à 4 *cuadras* de la Plaza Mayor, dessert **Lima** (durée 8h, dép. à 8h, 20h, 21h, 21h30 et 22h, s/30) et **Huancayo** (durée 11h, dép. à 7h, 20h et 21h, s/20-22).

ORIENTATION ET INFORMATIONS PRATIQUES

Les rues quadrillées d'Ayacucho tournent autour de la **Plaza Mayor**. Presque toutes les activités susceptibles d'intéresser le touriste étranger se concentrent ici. La plupart des bus s'arrêtent le long de l'**Ave. Mariscal Cáceres**, à 2 *cuadras* de la Plaza Mayor. Les rues changent de noms lorsqu'elles passent devant la place.

Informations touristiques : Sur la Plaza Mayor, à gauche de la cathédrale. Le personnel vous fournira des plans et vous suggérera des circuits.

Agences de voyages : **Urpillay Tours** (☎815 074), sur la Plaza Mayor. C'est l'agence que l'office de tourisme recommande pour les excursions vers les sites proches. Comptez 4h de trajet pour atteindre les ruines de Huari et de Quinua. Transport et entrée s/20 par personne. L'agence propose également des visites guidées de la ville et des excursions vers Vilcashuamán. Certaines personnes parlent un peu l'anglais.

Change : **Banco de Crédito**, Portal Unión 28, sur la Plaza Mayor. Le **distributeur automatique** accepte les cartes MC. Ouvert Lu-Ve 9h30-12h30 et 16h30-18h, Sa. 9h30-12h30.

Marché : Dans la rue 28 de Julio, à 2 *cuadras* de la Plaza Mayor, en face de l'église San Francisco de Asis.

Police : (☎819 466), dans la rue 28 de Julio, à un peu plus de 3 *cuadras* de la Plaza Mayor, à gauche de l'église San Francisco de Asis. **Policía de Turismo** à l'intersection des rues 2 de Mayo et Arequipa. Ouvert tlj 7h-23h.

Hôpital : **Hospital de Apoyo**, Independencia 355 (☎812 380, **urgences** ☎812 181).

Internet : **Internet C&V**, Asamblea 255, à 1 *cuadra* de la Plaza Mayor. 9h30-15h s/2 l'heure, 15h-23h s/3 l'heure. Ouvert tlj 9h30-23h. **Instituto Superior Tecnológico Privado La Pontificia**, au croisement des rues Lima et 28 de Julio, sur la Plaza Mayor, en face de la cathédrale. s/2 l'heure. Ouvert tlj 8h-22h.

Bureau de poste : **Serpost**, Asamblea 293 (☎812 224), près du croisement avec l'Ave. Mariscal Cáceres. Ouvert Lu-Sa 8h-20h.

HÉBERGEMENT

Vous trouverez un choix d'hôtels avec des chambres à s/10 la nuit dans l'Ave. Mariscal Cáceres, mais si vous déboursez quelques *soles* de plus, vous trouverez une chambre plus agréable près de la Plaza Mayor. Sachez qu'il est difficile de trouver de l'eau chaude à partir de midi et que le week-end, les hôtels sont remplis par les groupes de touristes en provenance de Lima. Les prix s'envolent au moment de la Semana Santa, période durant laquelle il est difficile de trouver une chambre. Si nécessaire, l'office de tourisme pourra vous trouver une chambre chez l'habitant.

Hotel La Colmena, Cuzco 144 (☎811 318). Les chambres sont propres et nombre d'entre elles sont agrémentées de balcons. Cour intérieure très fleurie. Restaurant. Chambre simple s/15, avec salle de bains s/35, chambre double s/25, avec salle de bains s/45, chambre triple s/30, avec salle de bains s/60.

Hostal Central, Arequipa 188 (☎812 144), au niveau de la rue Tres Máscaras. Cette jolie maison coloniale offre un grand choix de chambres spacieuses et confortables. Les salles de bains communes ont l'eau chaude (6h-9h). Les salles de bains privées ont l'eau chaude jusqu'au soir. Chambre simple s/12, avec salle de bains s/25, chambre double s/24, avec salle de bains s/40, chambre triple s/33, avec salle de bains s/60, chambre quadruple s/44.

Hotel Los Alamos, Cuzco 215 (☎812 782), près de l'intersection avec la rue Tres Máscaras. Les chambres spacieuses du 1er étage (toutes équipées de lits bien fermes et d'une salle de bains toute neuve) donnent sur une terrasse située au-dessus du très beau restaurant du rez-de-chaussée. Chambre simple s/20, double s/40, triple s/60.

Hotel Guzmán, Cuzco 239-241 (☎816 262), près du croisement avec la rue Sol. Les chambres sont ornées de murs aux couleurs vives, et certaines d'entre elles disposent d'un balcon ou d'une terrasse. Les lits sont assez grands. Le personnel promet gentiment de l'eau chaude 24h/24, cependant vous aurez de l'eau tiède en fin de matinée. Télévision s/5. Chambre simple s/15, avec salle de bains s/24, chambre double s/20, avec salle de bains s/30, chambre triple avec salle de bains s/60, chambre quadruple avec salle de bains s/70.

Hostal Mirador, Bellido 112 (☎812 338), près du croisement avec la rue Sucre. Cet hôtel est un peu éloigné, mais la vue que vous pourrez admirer depuis l'une des six chambres est remarquable. Chambre simple s/15, avec salle de bains s/20, chambre double s/25, avec salle de bains s/35, chambre triple s/35, avec salle de bains s/50.

Hotel Huamanga, Bellido 535. Cet hôtel est rudimentaire mais il est propre et bon marché. Les chambres aux murs bleus sont un peu tristes mais le jardin extérieur et le joli restaurant sont agréables. Chambre simple s/10, avec eau chaude s/12, chambre double s/18, avec eau chaude s/22, avec salle de bains s/25, chambre triple s/21, avec eau chaude s/27, avec salle de bains s/36.

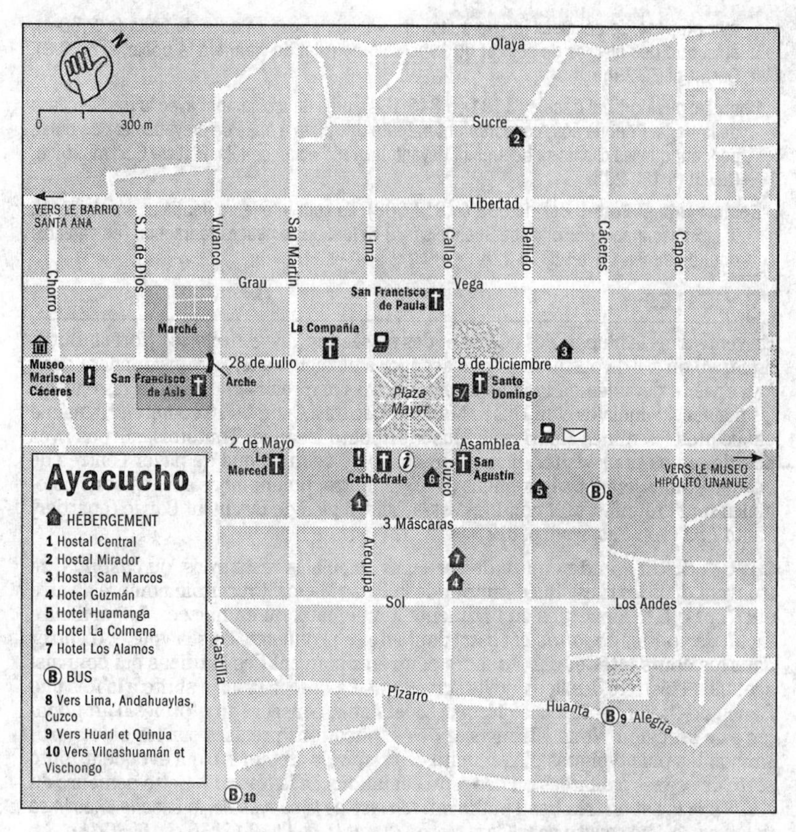

Hostal San Marcos, 9 de Diciembre 143 (☎816 867), près de l'intersection avec la rue Bellido. Chambres joliment meublées avec du parquet vitrifié, salles de bains avec eau chaude et TV câblée. Petit déjeuner compris, avec du pain tout chaud qui sort du four. Chambre simple s/45, double s/70, triple s/90.

RESTAURANTS

Les cuisiniers d'Ayacucho sont très fiers de leur *mondongo*, une soupe d'agneau ou de porc bouilli pendant toute une nuit avec du maïs frais. Une autre spécialité, la *puca picante*, est composée de pommes de terre servies avec une sauce rouge épicée, du riz et de la viande grillée. Bien entendu, les après-midi de forte chaleur, les habitants d'Ayacucho vont plutôt prendre une glace sur la Plaza Mayor.

❤ **La Casona**, Bellido 463 (☎812 733), au niveau de la rue 9 de Diciembre. Cette maison coloniale, très fréquentée par les gens du coin comme par les étrangers depuis 80 ans, sert toujours son fameux *bistec a la casona*, un plat épicé composé de légumes cuits sous un énorme morceau de bœuf, d'un œuf sur le plat et de petits morceaux d'avocats (s/16,50). Plats s/6-20. Ouvert tlj 7h-23h.

❤ **Mía Pizza**, San Martín 420 (☎815 407), près de la rue 2 de Mayo. Excellentes pizzas croustillantes et fraîches servies sur des tables de pique-nique en bois. Pizzas individuelles s/10-14, pizzas familiales s/20-28. Ouvert tlj 17h30-24h.

Vegetariano El Madero, Asamblea 131, tout près de la Plaza Mayor. Fréquenté par les étudiants de la ville, les *gringos* et les responsables obséquieux du tourisme, ce restaurant propose de délicieux jus de fruits, des yaourts et des salades de fruits (s/2,50-4), ainsi que des *bistecs* de soja et du *lomo saltado* (plat de viande à la poêle, s/6,50-8). Ouvert tlj 7h-23h.

Chifa Taypa, Mariscal Cáceres 1131 (☎815 134), près du croisement avec la rue Garcilaso de la Vega. Chaque soir, ce restaurant prépare des plats à base de crevettes et de poulet, pendant que les clients se détendent devant un grand écran de télé. Plats s/6 en moyenne. Ouvert tlj 18h-24h.

Restaurante El Portal, Bellido 593 (☎817 008). La cour intérieure fleurie et ensoleillée et le prix raisonnable des plats traditionnels (s/3-6) font de ce petit restaurant un lieu agréable pour déjeuner. Ouvert tlj 7h-22h.

VISITES

En vente dans la plupart des églises et des musées, le *boleto turístico* (forfait touristique, s/5 ou s/10) vous permettra d'accéder à plusieurs sites et vous donnera droit à une visite détaillée de la ville. Le *pass* à s/5 comprend l'entrée pour les églises, les maisons coloniales et le Museo Mariscal Cáceres. Celui à s/10 comprend la même chose plus les ruines Huari et le Museo Hipólito Unanue. Toutefois, si vous avez peu de temps pour visiter, il est peut-être plus économique de payer l'entrée de chaque établissement séparément (s/2). En outre, bon nombre des maisons coloniales sont gratuites, tout comme l'est la visite à pied du fascinant Barrio (quartier) Santa Ana (voir **Shopping**, p. 317).

CASONAS. Un grand nombre de **demeures coloniales** restaurées, ou *casonas*, se trouvent dans les rues situées autour de la Plaza Mayor. Un certain nombre d'entre elles ont été reconverties en bâtiments municipaux ou en musées. La meilleure façon de voir les *casonas* est sans doute de se promener dans la ville et d'entrer dans les cours intérieures. Vous rencontrerez souvent des gardiens qui connaissent bien l'histoire des lieux qu'ils surveillent. La **Casona Chacón** abrite à la fois une Banco de Crédito et le **Museo Joaquín López Antay**, consacré aux formes d'art populaire de la région. Vous y trouverez des explications précises sur les objets artisanaux les plus typiques d'Ayacucho, les *retablos* (retables), qui évoquent toute sorte de scènes paillardes ou des représentations de la Nativité. Cette demeure du XVIIe siècle est un très beau bâtiment. *(En face de la cathédrale, la Casona Chacón se trouve sur le côté gauche de la Plaza Mayor. Ouvert Lu-Ve 9h30-12h30 et 16h30-18h, Sa. 9h30-12h30.)* La **Casona Ruíz de Ochoa y Monreal**, une bâtisse intacte du XVIIIe siècle, est occupée par des institutions similaires, puisque l'on y trouve la Banco Wiese et, au premier étage, une galerie. La cour intérieure donne sur un escalier en pierre où sont exposés des œuvres d'art contemporain, des objets huaris très bien conservés et des poteries quinuans. *(2 de Mayo 210, au niveau de la rue San Martín. Ouvert Lu-Ve 9h30-13h et 16h30-18h30, Sa. 9h30-12h30. Entrée libre.)* Construite en 1740, la **Casona Boza y Solís** sert aujourd'hui de préfecture de police. La patriote martyre María Parado de Bellido y fut emprisonnée au cours de la révolte contre les Espagnols. *(Sur la Plaza Mayor, en face de la cathédrale. Ouvert tlj 9h-17h. Entrée libre.)*

EGLISES. Aux XVIe et XVIIe siècles, l'église catholique fit ériger 33 bâtiments religieux à Ayacucho. Le plus important d'entre eux est la **cathédrale** baroque située sur la Plaza Mayor, construite une première fois en 1669, puis partiellement détruite et reconstruite après le tremblement de terre de 1719. Vous pourrez y admirer les objets en argent exposés dans le petit Museo de Arte Religioso, dans la partie droite du narthex, ainsi que les autels dorés. *(Ouvert Lu-Me et Ve-Sa 9h-12h et 15h-17h, Je. 16h-19h. Messe tlj à 18h, Di. également à 10h. Entrée libre.)* Les sculptures compliquées du plafond de la **Iglesia Santa Clara** valent le détour. *(Dans la rue Grau, derrière le marché. Ouvert Me-Di 6h30-16h. Entrée libre.)* Non loin de la Plaza Mayor, la **Iglesia San Cristóbal**, édifice tout en adobe, fut la première église construite à Ayacucho (et peut-être même dans toute l'Amérique du Sud).

MUSÉES. Jadis résidence de l'ancien président (1886-1890 et 1894-1895) et général Mariscal Cáceres, cette jolie petite demeure qui abrite aujourd'hui le **Museo Mariscal Cáceres** expose des tableaux de l'époque coloniale, des meubles et des affaires personnelles de Cáceres. *(28 de Julio 508, au niveau de la rue Chorro. ☎818 686. Ouvert Lu-Sa 9h-12h30 et 14h-17h.)* Le **Museo Hipólito Unanue** expose de gros monolithes et d'autres objets trouvés sur le site des ruines huaris. *(Dans la rue Independencia, dans la partie nord de la ville. ☎812 056. Ouvert Lu-Sa 8h-17h et Di. 8h-13h. Entrée libre.)*

SHOPPING

Installés le long des rues pentues de la partie sud de la ville, les artisans du **Barrio Santa Ana** accueillent les visiteurs. Les rues étroites situées autour de la place de ce quartier sont animées par les ateliers d'artisanat, dans lesquels vous pourrez admirer le travail minutieux de la tapisserie ou de la sculpture au ciseau. Les objets que vous trouverez ici sont d'une qualité et d'une beauté que vous ne retrouverez pas ailleurs.

Les *talleres* (ateliers) donnent sur la Plaza Santa Ana, les plus connus étant sans doute ceux qui appartiennent à la **famille Sulca**. Leur galerie, Plaza Santa Ana 83, arbore des murs recouverts de magnifiques tapisseries qui représentent des scènes de la mythologie huari, des idéaux politiques ou des messages poétiques. A gauche en descendant de la galerie Sulca, vous pourrez voir le couple **Baljagui** à l'œuvre : ils fabriquent d'immenses tapisseries ainsi que de jolis articles décoratifs reprenant des motifs huaris ou incas. Dans la galerie souterraine qui se trouve à droite de celle des **Srs. Sulca**, vous verrez des travaux de tissage et de tapisserie. **Alejandro Gallardo**, Plaza Santa Ana 105-605, mènera le visiteur curieux jusqu'à un ensemble de salles bien éclairées dans lesquelles sont exposées des tapisseries finement travaillées, dont certaines font plus de 6 m de long. Toutes les galeries sont ouvertes de 8h du matin jusqu'en début de soirée. Pour vous rendre à Santa Ana, remontez la rue Lima sur une *cuadra* depuis l'angle supérieur gauche de la Plaza Mayor, puis tournez à gauche dans la rue Grau. Celle-ci descend en passant devant le marché bruyant, puis remonte jusqu'à ce que les rues se changent en chemins de terre. Les petits chemins qui montent mènent à la Plaza Santa Ana, que l'on reconnaît à ses innombrables ateliers.

FÊTES

La fête de la **Semana Santa** d'Ayacucho bat des records de popularité. Chaque année, plus de 5000 visiteurs viennent admirer la superbe procession du Cristo de Resurrección, qui a lieu sur la place le dimanche de Pâques (vers la mi-avril).

SORTIES

Les jeunes d'Ayacucho sortent danser les vendredi et samedi soir, souvent dans des appartements aménagés pour l'occasion avec des spots et de la salsa. Les pubs discothèques **Los Balcones**, Asamblea 187, et le **Caracol**, Arequipa 285, sont les plus fréquentés. L'**Arco Blanco**, Asamblea 280, où les gens viennent écouter de la musique *live*, attire également beaucoup de monde. Les jours de beau temps, les gens se rassemblent pour respirer le bon air et siroter une bière au **Mirador Acuchimaya**, au sommet de la colline qui se trouve à gauche du Barrio Santa Ana. De cette plate-forme située à côté de la grande croix blanche, vous pourrez profiter d'une jolie vue sur la ville (taxi s/2-3). S'il pleut, allez au **Cinema**, dans la rue 9 de Diciembre, en face du bâtiment vert du Plaza Hotel, qui projette des films américains sous-titrés (et quelques films pornos) en fin d'après-midi et le soir.

LA BEAUTÉ ET BOLÍVAR La légende raconte qu'après que le Pérou ait acquis son indépendance lors de la bataille d'Ayacucho, **Simón Bolívar** rendit visite à la ville pour féliciter les vainqueurs. Des musiciens étaient là pour animer le banquet donné à cette occasion, et l'alcool coulait à flots. Tandis que la fête battait son plein, Bolívar remarqua un groupe de femmes et fit appeler l'une d'entre elles, **Manuelita Toledo**, connue pour sa beauté. Tous deux se mirent à danser, et le grand libérateur, se lâchant totalement, embrassa fougueusement la *señorita*. Ne se laissant pas impressionner par les exploits militaires de son cavalier, Manuelita résista et le gifla. Les hommes de Bolívar se levèrent et réclamèrent que la jeune femme soit exécutée sur le champ, mais Bolívar, grand seigneur, leva la main et dit : "Non. Cette femme a défendu sa dignité, et je la respecte pour cela." A la suite de quoi il déclara que les femmes d'Ayacucho étaient les plus vaillantes du Pérou.

EXCURSIONS DEPUIS AYACUCHO

LES RUINES HUARIS

Pour vous rendre sur le site, prenez un minibus ou un colectivo *dans l'Ave. Mariscal Cáceres. Depuis l'angle de la rue Cuzco et de la Plaza Mayor, prenez la rue Asamblea sur 2* cuadras *puis tournez à droite dans l'Ave. Cáceres. L'arrêt de bus se trouve à quelques mètres. Durée 30-45 mn, s/2.*

Située à 22 km d'Ayacucho sur la route de Quinua, l'ancienne capitale de l'empire huari n'est plus aujourd'hui qu'un tas de ruines éparses, bien loin de son époque glorieuse des alentours de l'an 1000. Le site s'étend sur quelque 1600 ha, en face de montagnes désertiques et envahies par les cactus, et se compose de 15 secteurs, dont trois seulement ont été fouillés. Dans cette zone exhumée, vous pourrez voir une grande plaque de pierre, sur laquelle on pense que les animaux étaient sacrifiés, ainsi que le **Templo Mayor**, un temple circulaire dans lequel on venait déposer des offrandes au dieu Wiraccocha. Vous trouverez également les chambres funéraires de **Monoachayoq**, où l'on déposait autrefois les dépouilles de ceux qui avaient été vaincus par les Huaris. Un peu plus haut se trouvent les chambres de **Cheqo Wasi**, où des familles nobles entières étaient enterrées. Les trous mystérieux dans la pierre servaient peut-être à laisser s'échapper les âmes de ceux qui avaient été enterrés là, ou permettaient aux gardiens d'y verser du mercure, destiné à préserver ce qu'il y avait à l'intérieur. Un petit **musée** fournit une bonne chronologie de la civilisation huari et de ses racines tiahuanucos. (Complexe ouvert tlj 8h-17h30. Musée et site s/2.)

ENVIRONS D'AYACUCHO : VILCASHUAMÁN

L'arrêt de bus se trouve dans la rue Castilla, qui prolonge la rue Vivanco. Vous trouverez des combis *sans pancarte qui partent pour le village assez régulièrement dans la journée (durée 4-5h, dép. de 5h à 16h, s/7). De la cathédrale, descendez la rue 2 de Mayo. Au bout de 2* cuadras*, tournez à gauche dans la rue Castilla. Pour revenir à Ayacucho, prenez un minibus sur la place.*

Lorsque l'on arrive au village de Vilcashuamán, situé dans la montagne à 120 km d'Ayacucho, on a l'impression de pénétrer dans une ancienne civilisation à peine affectée par la pression de la vie moderne. Les gens d'ici, très heureux de recevoir des étrangers, se feront un plaisir de vous accompagner aux nombreux sites de l'Empire inca **Tawantinsayo**. Le village est encore très influencé par la culture inca : les boutiques et les petites maisons côtoient les immeubles en pierre. La route qui mène à Vilcashuamán surplombe un magnifique paysage de montagne qui vous fera vite oublier la cohue, la chaleur et le bruit de la vie urbaine.

Le centre-ville se concentre autour de la place, qui accueillera très bientôt un parc. La cathédrale, construite sur les fondations du Temple du Soleil inca, se trouve à côté de la place. Il n'y a pratiquement pas de noms de rues, et les ruines cohabitent avec les constructions modernes partout dans la ville. L'impressionnant **Temple de la Lune** se trouve à droite de la place. Les *combis* s'arrêtent en haut de la colline, à quelques *cuadras* en amont de la place. La **Banco de la Nación** se trouve en face de la cathédrale, sur la place. (Ouvert Lu-Ve 8h30-14h30.) Si vous avez besoin de soins médicaux, **Es Salud** se trouve dans la bâtiment bleu et blanc à gauche de la place. Si vous cherchez une pharmacie, la **Bótica Jonathan** est située sur la place, à côté du **commissariat de police** et de la banque. Il y a deux **téléphones** au village, tous deux situés près du commissariat.

Pour apprécier la belle région qui s'étend autour de Vilcashuamán, il est préférable de dormir dans l'un des trois hôtels de la place : l'**Hostal Pirámide**, l'**Hostal Turístico** ou l'**Hostal Fortaleza**. (Partout, chambre simple s/7, double s/10-14.) Les **restaurants**, qui servent des plats tout droit sortis des cuisines des habitants du village, se trouvent autour de la place : soupe et plats à base de viande s/2-3.

Les **ruines** de Vilcashuamán sont considérées comme ayant été le centre de l'Empire inca de **Tawantinsayo**. On peut y voir les fondations des Temples du Soleil et de la Lune, ainsi qu'un exemplaire unique de *ushno*, une pyramide cérémonielle. On pense que le souverain inca et sa reine donnaient des ordres depuis le double trône qui se trouve au-dessus de l'*ushno* : les sièges étaient dorés et protégés du soleil par des plumes d'oiseaux multicolores.

ANDAHUAYLAS ☎ 084

Tous les bus qui effectuent le long trajet d'Ayacucho à Cuzco s'arrêtent à mi-chemin, à Andahuaylas (35 000 habitants). Les habitants de cette ville tranquille parlent en majorité le quechua et organisent un énorme marché traditionnel le dimanche, au cours duquel les habitants de la région utilisent le vieux système du *trueque*, ou troc de marchandises. Nichée entre de hauts sommets, la ville s'étend le long de crêtes enneigées et près d'un lac paisible où les Chankas édifièrent un temple imposant ainsi qu'une cité, découverte en 1997.

TRANSPORTS

Les **bus** arrivent et repartent dans l'Ave. Malecón Grau, qui longe la rivière et qui est le point le plus éloigné de la ville. **Expreso Nacional Reymar**, Malecón Grau 232 (☎ 721 093), dessert **Lima** (durée 22h, dép. à 9h et 10h, s/50) et **Ayacucho** (durée 10h, dép. à 18h30, s/25). **Turismo Los Chankas** (☎ 722 441), à gauche de Reymar, dessert **Ayacucho** (durée 10h, dép. à 6h et 18h30, s/20). **Expreso Wari** (☎ 721 936 ou 721 381), à gauche de Las Chankas, dessert **Lima** (durée 20h, dép. à 7h, s/45) via **Ayacucho** (durée 10h, s/20) et **Cuzco** (durée 12h, dép. à 18h, s/20). **San Jerónimo**, Andahuaylas 125 (☎ 721 400), dans une rue perpendiculaire à l'Ave. Grau et située au-dessus de la Plaza de Armas, dessert **Cuzco** (durée 12h, dép. à 18h, s/23) via **Abancay** (durée 5h, s/12). Plus lent, mais plus fréquent, **Señor de Huanca**, Martinelly 170 (☎ 721 218), dans la rue principale, à cinq *cuadras* de la Plaza de Armas, envoie des minibus pleins à craquer à destination d'**Abancay** (durée 6h, dép. à 6h, 13h et 20h, s/15).

ORIENTATION ET INFORMATIONS PRATIQUES

L'**Ave. Malecón Grau**, qui longe la rivière, est l'endroit où s'arrêtent les **bus**. En amont et à gauche, la **cathédrale**, sur la **Plaza de Armas**, étend sa flèche vers le ciel. La rue **Perú** est parallèle à l'**Ave. Grau**, deux *cuadras* en amont. Vous y trouverez la police, le bureau de poste, les téléphones et les banques. La rue **Martinelly**, à cinq *cuadras* de la Plaza Mayor par la rue Perú, est perpendiculaire à cette dernière. La rue **Andahuaylas**, à trois *cuadras* de la place, est parallèle à la rue Martinelly.

Banque : **Banco de Crédito**, dans la rue Perú, à gauche du commissariat. Ouvert Lu-Ve 9h30-12h30 et 16h30-18h30, Sa. 9h30-12h30.

Police : Perú 198 (☎ 721 671). A environ six *cuadras* de la Plaza de Armas, sur le côté droit, dans un bâtiment vert pâle.

Hôpital : Situé dans la rue Hugo Peze, à une *cuadra* du commissariat par la rue Perú, puis à droite. **Es Salud**, rue Ayacucho, dans le Barrio Salinas, se trouve dans un bâtiment bleu et blanc.

Internet : **Internet, Fax, and Phones**, Francisco Ramos 317, en descendant la rue Andahuaylas, à deux *cuadras* de la rue Perú, de l'autre côté du pont sur votre droite. s/3,50 les 30 mn.

Bureau de poste : **Serpost**, Perú 243, en face de la Banco de Crédito.

HÉBERGEMENT

Vous trouverez plusieurs hôtels bon marché autour de la place, à trois *cuadras* en amont de la rivière, le long de la rue Ricardo Palma.

Hotel "Los Celajes", Juan Antonio Trelles 210 (☎ 721 191). C'est le moins cher de tous. Les chambres, propres, ne vous coûteront que s/5 si vous arrivez par le dernier bus. Les lits sont confortables, mais l'environnement en béton et les salles de bains sont peu attrayantes. Chambre simple s/8-10, avec salle de bains s/15, chambre double s/12-15, avec salle de bains s/20, chambre triple s/20, avec salle de bains s/25.

El Encanto de Oro Hotel, Ave. Pedro Casafranca 424 (☎ 723 066, fax 722 555), en amont et à gauche de l'hôtel Los Celajes, dans un bâtiment orange pâle. Télévision, téléphone, eau chaude, salles de bains impeccables et meubles tout neufs. Seul inconvénient : le prix est un peu élevé. Chambre simple s/35, avec salle de bains s/45, chambre double avec salle de bains s/60, chambre triple avec salle de bains s/75.

RESTAURANTS

Vous trouverez un certain nombre de petits restaurants où vous pourrez manger du *pollo a la brasa*, mais voici quelques adresses si vous voulez manger de la *comida típica* :

Chifa El Dragón, Trelles 276, à l'angle de la rue Juan Ramos (☎ 721 641), en contrebas de l'hôtel Los Celajes (voir **Hébergement**, précédemment). Des plats à base de poulet, de crevettes ou de canard (s/6-9) vous seront servis dans ce décor étrange où se mêlent les influences chinoise et péruvienne. Ouvert 8h-23h.

El Mercado, en remontant la rue Trelles et à droite de l'hôtel Encanto de Oro (voir **Hébergement**, précédemment), à trois *cuadras* en contrebas de la Plaza de Armas, à droite du bâtiment municipal. Ce marché, qui fait également restaurant, vous propose de délicieux jus de fruits frais. Un peu plus haut, vous trouverez des familles qui vous proposeront des *caldos* (bouillons) et des *ensaladas* (salades, s/2-3) fraîches dans des cuisines de fortune. Ouvert tlj de l'aube au crépuscule.

VISITES

Le site le plus intéressant d'Andahuaylas se trouve en dehors de la ville, dans la petite région de Pacucha. Des *combis* partent derrière le marché qui se trouve en haut de la rue Trelles, ou dans la rue Perú à cinq *cuadras* de la Plaza de Armas. Une fois dans le bus, continuez après la Laguna de Pacucha jusqu'à ce que vous voyiez un site avec des édifices à plusieurs étages sur votre droite (durée 1h30, s/3). Les **ruines de Sondor**, une pyramide de huit étages construite par les Chankas pour la vénération et les sacrifices, furent l'un des derniers bastions de cette puissance qui lutta contre les Incas avant l'apparition des Espagnols. Du haut du site, vous pourrez jouir d'une vue magnifique sur les montagnes et sur le lac (s/2). La partie du bas a été restaurée et des toits de chaume ont été installés pour le festival de musique, de danse et de traditions chankas qui a lieu au mois de juin. La meilleure façon de découvrir les ruines consiste sans doute à effectuer la promenade qui descend jusqu'au **lac Pacucha**. Assurez-vous de pouvoir prendre un minibus avant 16h, sinon marchez jusqu'à la ville de Pacucha, située sur l'autre rive du lac (durée 4h), et arrêtez un camion pour qu'il vous dépose à Andahuaylas.

ABANCAY ☎084

Capitale du département reculé d'Apurímac, Abancay est une petite ville bâtie à flanc de colline située à trois heures de route d'Andahuaylas. Bien qu'animée par le va-et-vient des habitants dans ses rues étroites, Abancay n'a pas grand-chose d'intéressant à offrir d'un point de vue touristique mais constitue une escale pratique pour ceux qui se rendent à Cuzco. Les lignes abruptes des montagnes environnantes se détachent sur l'horizon tandis que de profonds canyons plongent vers la rivière **Pachachacua**, permettant aux amateurs de randonnée de s'en donner à cœur joie.

TRANSPORTS

Bus : Tous les bus à destination de Cuzco, de Lima et d'Andahuaylas s'arrêtent dans les gares routières situées sur le côté gauche de la rue Arenas, à une *cuadra* en amont de la Plaza de Armas et à deux *cuadras* à droite. Turismo Ampay, Arenas 210 (☎322 767), dessert **Cuzco** (durée 5-6h, dép. à 5h45, 12h et 21h, s/15, s/5 jusqu'à la **roche de Salhuite**). Empresa San Jerónimo (☎323 910), juste à côté de Turismo Ampay, à droite, dessert **Cuzco** (durée 5h, dép. à 18h et 23h30, s/15). Turismo Abancay, Arenas 204 (☎322 910), à droite de San Jerónimo, dessert **Cuzco** (durée 5h, dép. à 5h45, 12h et 16h, s/15). Expreso Wari (☎322 932), juste à côté de Turismo Abancay, propose des bus plus confortables à destination de **Lima** (durée 20h, dép. à 3h, 10h, 14h, 15h et 17h, s/50) via **Andahuaylas** (durée 5h, s/15) et **Cuzco** (durée 5h, dép. à 12h, 16h, 18h et 24h, s/15).

ORIENTATION ET INFORMATIONS PRATIQUES

Abancay se trouve sur une colline, avec la **Plaza de Armas** tout en bas. La rue **Lima** longe la partie supérieure de la place, avec la **cathédrale Sagrario** à droite. La rue **Cuzco** croise la rue Lima à gauche de la place, tandis que le **Parque Centenario**, avec ses bancs bleus et orange et ses palmiers géants, se trouve une *cuadra* plus à gauche. Parallèle à la rue Lima et une *cuadra* en amont, on trouve la rue **Arequipa**, dont le nom devient **Arenas** à droite de la place. C'est dans cette rue bruyante que les bus s'arrêtent et que vous trouverez quelques hôtels bon marché.

Banque : **Banco de Crédito**, Arequipa 218, 2 *cuadras* à gauche des gares routières. Ouvert Lu-Ve 9h30-12h30 et 16h30-18h30, Sa. 9h30-12h30.

Police : Lima 742 (☎321 094), 7 *cuadras* à gauche de la Plaza de Armas, à côté de la statue de la Vierge Sta. Rosita.

Hôpital : **Es Salud**, Arica 102 (☎322 525), entre les rues Arequipa et Bárcenas, une *cuadra* en amont et à gauche de la place. Un autre Es Salud se trouve à gauche du grand marché, au bout de la rue Arequipa, également à gauche de la Plaza de Armas.

Marché : Dans les rues autour de la rue Arequipa, 6 *cuadras* à gauche de la place.

Téléphones : Vous trouverez plusieurs téléphones publics près des gares routières.

Internet : **Cabina Pública Internet**, Díaz Bárcenas 204 (☎321 605). s/2 les 30 mn. Ouvert tlj 8h-24h.

Bureau de poste : **Serpost**, Arequipa 221 (☎321 088), en face de la Banco de Crédito. Ouvert Lu-Ve 8h-20h et Sa. 8h-15h.

HÉBERGEMENT

Plusieurs hôtels bon marché bordent la rue Arequipa de part et d'autre des gares routières. Vous trouverez des hôtels plus tranquilles près du marché.

Hotel Imperial, Díaz Bárcenas 517 (☎321 578), une *cuadra* en amont et à gauche des gares routières. Les chambres donnent sur une cour fleurie. Cet hôtel comprend tous les équipements modernes (c'est-à-dire l'eau chaude 24h/24). Chambre simple s/20, avec salle de bains s/45, chambre double s/35, avec salle de bains s/70.

Hospedaje El Sol, Arequipa 808 (☎321 434), 4 *cuadras* à gauche de la Plaza de Armas, dans un passage. Les petites chambres de cet hôtel bon marché et tranquille donnent sur une petite cour. Les salles de bains communes ont l'eau chaude toute la matinée. Chambre simple s/12, double s/18, triple s/24.

RESTAURANTS

Chose étonnante, il existe plusieurs très bons restaurants de *pollo a la brasa* et de *comida típica* à Abancay, qui possède en outre une foule d'adresses bon marché et d'établissements sympas et reposants.

Luciano y Sebastian Pizzeria y Canto Bar, Cuzco 410, 2 *cuadras* en amont de la Plaza de Armas. Très bonnes pizzas servies dans un joli décor de tables et de bancs en bois foncé. Généralement fréquenté par des étudiants et des *hoipoloi* bien habillés. Le karaoké commence vers 21h ou 22h, et si vous y allez le week-end, vous assisterez en prime à un concert. Pizzas s/10-20.

Pollos Lafayette, Huancavelica 304, en amont et à droite de la Plaza de Armas, à l'étage d'un bâtiment orange. C'est LE restaurant de *pollo a la brasa*, et vous pourrez également profiter d'un grand buffet (gratuit) de crudités pour accompagner vos plats copieux à base de poulet (s/5-7). Le buffet, très apprécié des jeunes de 20-30 ans, est ombragé par des palmiers. Ouvert tlj 11h-24h.

Los Portales Video Pub, Arequipa 400, 4 *cuadras* à gauche des gares routières. Ce restaurant de *comida típica* flambant neuf arbore une peinture murale géante d'un côté et une énorme télévision avec un bar en bois de l'autre. Bon rapport qualité-prix et super ambiance. Menu fixe s/4.

SORTIES

Les discothèques d'Abancay ont du mal à rivaliser avec celles de Lima, mais il y a de quoi s'amuser à la nuit tombée. Une *cuadra* en amont du Parque Centenario, les lumières et les manèges d'un **mini parc d'attractions** vous attendent.

Garabato, en haut à droite de la rue Arenas, une *cuadra* au-delà des gares routières, audessus d'une cage d'escalier couleur pêche. La clientèle, composée d'étudiants et de cadres bien habillés, se détend dans un décor de peaux de bêtes, de vieilles selles et d'étriers tout en buvant la traditionnelle Cusqueña (bière péruvienne) et les célèbres *calientitos* (boissons chaudes, s/3-4). Ecran de télé géant. Ouvert tlj de 20h jusqu'à l'aube.

La Choza, en face du Garabato. Clientèle de tous âges. Ambiance de fête dans cette discothèque animée, éclairée de spots et où les clients se trémoussent sur les derniers tubes américains, country, latino ou sur quelques titres obscurs des années 1980. Boissons s/4-10. Entrée libre. Ouvert de 21h jusqu'à l'aube.

ENVIRONS D'ABANCAY : LES THERMES DE CCONOC

D'Abancay, demandez au chauffeur du bus pour Cuzco de vous déposer à Curahuasi, puis prenez un taxi jusqu'aux sources chaudes (durée 1h, s/5). Si vous voulez aller jusqu'à Cuzco, certains touristes disent qu'il faut marcher et faire du stop à plusieurs. Vous pourrez trouver un combi près du bar-restaurant couleur pêche du nom d'Apurímac, en face du stand de fruits à Curahuasi. Les combis vont directement à Cuzco, avec environ 7 passagers (durée 3h, s/10).

A 4 heures d'Abancay sur la route de Cuzco (dans une vallée cachée près du petit village de **Curahuasi**), vous découvrirez les **sources chaudes** de Cconoc (prononcez "orno"), que presque personne ne vient visiter hormis les habitants du coin. Ces derniers viennent se baigner dans les cinq bassins de ces sources médicinales très chaudes et extrêmement relaxantes. Même s'il est possible de louer une chambre pour la nuit (s/8 par personne), il est plus original de **camper** au bord de la rivière ou de passer la nuit à faire trempette dans les sources. Toute la nuit, les gens dansent et chantent autour de feux de joie au bord de la rivière ou admirent les étoiles qui illuminent les sommets enneigés. Même si l'entrée pour les sources coûte s/2, le camping est gratuit et vous pouvez rester dans l'eau aussi longtemps que vous le souhaitez. Un petit **restaurant** en terrasse situé non loin de là propose des menus (s/4) ainsi que du thé et du café chauds.

BASSIN AMAZONIEN

LES INCONTOURNABLES DU BASSIN AMAZONIEN

NAVIGUEZ sur le Río Ucayali en **cargo** (p. 327).
TOUCHEZ l'immense **forêt tropicale** qui s'étend autour d'Iquitos (p. 334).
PLONGEZ dans la jungle en partant de l'**Albergue Humboldt** à Puerto Bermúdez (p. 349), une oasis paradisiaque accessible depuis Lima.
DÉCOUVREZ une nouvelle plante dans la **biosphère de Manú** (p. 357), l'un des parcs naturels les plus sauvages d'Amérique latine, qui en compte près de 12 000.

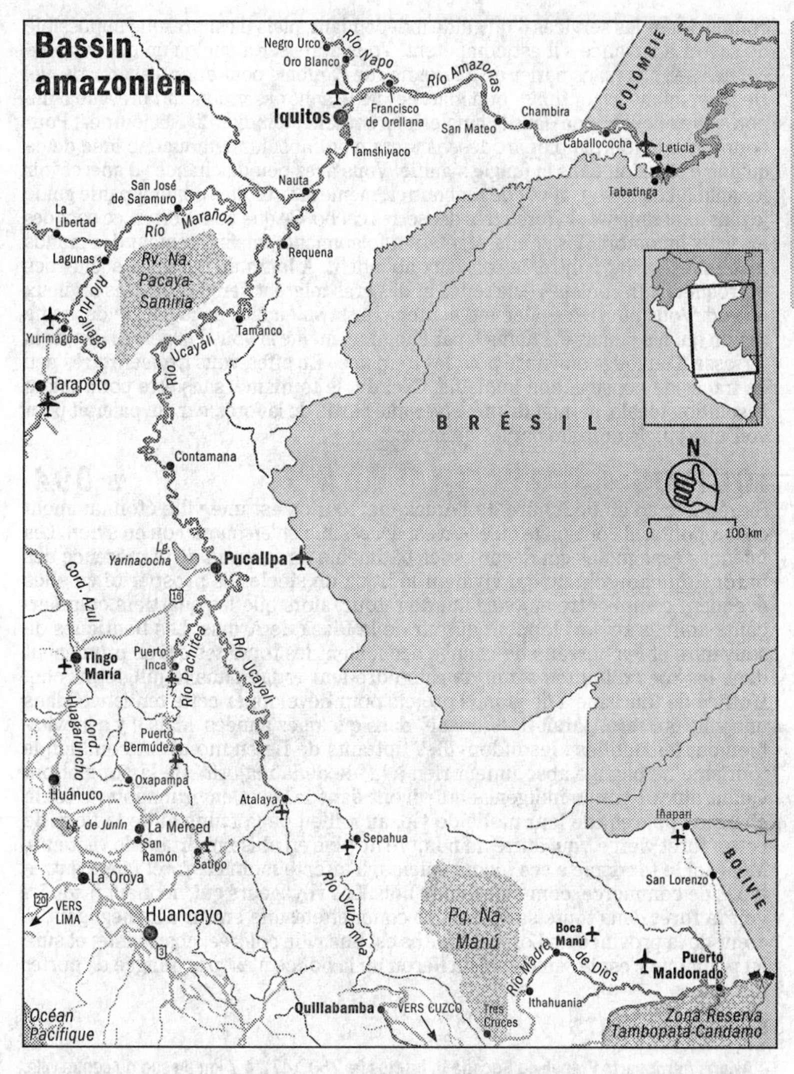

En vous aventurant dans le bassin amazonien, vous laissez derrière vous les ruines incas, les rues pavées et les grandes cathédrales pour pénétrer sur le territoire de la jungle. Son histoire, faite de chaleur et d'humidité, n'est pas de celles que l'on aime à écouter. On n'y parle que d'exploitation à outrance et de diminution des ressources : pétrole, bois ou caoutchouc. Au début du XXe siècle, les magnats étrangers du caoutchouc ont commencé à étendre vers l'est le territoire péruvien en décimant la forêt tropicale. Aujourd'hui, les bûcherons et les pêcheurs leur ont succédé. Cependant, pour les touristes, le nom "Amazone" évoque avant tout l'aventure dans la jungle. Mais ce genre d'expédition est souvent très coûteuse : vous pouvez découvrir la forêt tropicale péruvienne par l'intermédiaire d'agences qui bénéficient de toutes les garanties pour emmener des groupes, mais il faut en payer le prix. Il existe des options meilleur marché, comme louer les services d'un guide indépendant, mais il est presque impossible de savoir à l'avance s'il est compétent. Vous adresser à quelqu'un que vous ne connaissez pas (sans parler de lui donner de l'argent) peut donc s'avérer risqué. De plus, même les options "bon marché" ne le sont pas vraiment : presque n'importe quelle excursion dans la jungle vous coûtera au moins 40 $ la journée. Pour couronner le tout, la plupart des visiteurs n'ont absolument aucune idée de ce qu'une excursion dans la jungle signifie. Vous avez peu de chances d'apercevoir les animaux que vous rêvez de rencontrer, même si vous êtes conduit par le guide le plus expérimenté : la forêt, très dense, les cache. Ce que vous verrez, ce sont des insectes innombrables et une végétation foisonnante, mais rarement des grands mammifères. Par contre, les oiseaux abondent. A la fin de la saison sèche, des perroquets aux couleurs éclatantes et des aras migrent vers les bassins argileux du sud. Vous pourrez également contempler la splendeur de la nature dans une région qui n'a jamais été abîmée par l'homme, même si vous l'observez depuis la terrasse d'un lodge aménagé pour les touristes ! En effet, vous trouverez très peu de traces de construction humaine. Ceci dit, le tourisme, sans être pour autant la solution idéale, permet de préserver une partie de la forêt, car qui paierait pour voir une jungle détruite par les hommes ?

IQUITOS ☎094

Situé juste à l'embouchure de l'Amazone, Iquitos est une ville étonnamment cosmopolite, si l'on songe qu'elle n'est accessible qu'en bateau ou en avion. Les faïences espagnoles qui décorent les bâtiments témoignent de la présence des barons du caoutchouc qui vivaient là il y a un siècle. La prospérité qu'elles évoquent semble être aujourd'hui de retour, alors que les quartiers commerçants animés se développent autour de la Plaza de Armas. Les boutiques de souvenirs et les bureaux de change accueillent les touristes qui se promènent dans les rues d'Iquitos avant de rejoindre leur lodge dans la jungle proche. L'office de tourisme a de grands projets pour développer cette tendance, dans une ville qui sera, paraît-il, "bilingue" dans quelques années. Mais il y a inévitablement les oubliés : les bidonvilles flottants de Belén montrent combien le tourisme ne change absolument rien à la vie de la majorité de la population. Quant aux 61 tribus indigènes qui vivent dans la forêt environnante, c'est le charme apparent de leur mode de vie, au milieu de la faune et de la flore de cette "forêt vierge", qui attire un nombre de plus en plus important de visiteurs. Même si le tourisme a ses inconvénients, il affecte moins la forêt que d'autres types de commerce, comme celui du bois. Les voyageurs qui viennent jusqu'ici voir la forêt dans toute sa splendeur commettent une erreur s'ils négligent le cœur de la province du Loreto : Iquitos est une ville colorée, charmante, et sûre au point que c'est la seule ville du Pérou où la police n'est pas obligée de porter des armes.

TRANSPORTS

Avion : **Aeropuerto Francisco Secada V. Iquitos** (☎260 147), à 7 km au sud du centre-ville. A l'aéroport, les bus pour la ville s'arrêtent de l'autre côté de la route. Le bus remonte les rues Aguirre-Huallaga-Condamine et descend les rues Ocampo-Tacna-Grau (s/0,5, enfants s/0,3). Mototaxi s/7. **AeroContinente**, Próspero 232 (☎242 995), juste au sud de la rue Putumayo. Ouvert Lu-Sa 8h30-19h et Di. 9h-12h. Elle propose des vols à destination de **Lima** (durée 1h30, dép. à 8h30, 13h et 18h, 44-59 $). **Tans**, Próspero 215 (☎231 086), se trouve en face de son concurrent. Ouvert Lu-Sa 8h30-19h et Di. 8h30-13h. Vols à destination de : **Lima** (durée 1h30, dép. à 13h, 58 $), **Pucallpa** (durée 45 mn, dép. Lu., Me., Ve. à 13h, Di. à 11h, 58 $), **Tarapoto** (durée 45 mn, dép. Ma., Je., Sa. et Di. à 13h, 58 $) et **Trujillo** (durée 1h, dép. Ve. et Di. à 19h20, 58 $). Il y a une taxe d'aéroport (s/12) sur tous les vols intérieurs.

L'aéroport d'Iquitos est rempli d'escrocs. Certains chauffeurs de mototaxis pratiquent des prix très bas (s/1), et ils peuvent se le permettre car ils reçoivent une commission lorsqu'ils vous emmènent dans l'hôtel de leur choix. Ayez une destination en tête lorsque vous arrivez (ou bien allez directement à l'office de tourisme), et méfiez-vous des chauffeurs qui disent que votre hôtel a brûlé !

Bateau : En fonction du niveau du fleuve, les bateaux partent soit du **Puerto Masusa**, soit du **Puerto Servicio**, qui se trouvent tous deux non loin de l'Ave. La Marina, au nord de la ville. Le bus Aguirre-Huallaga-Condamine vous coûtera s/0,50 et pour les enfants s/0,30. Mototaxi s/2,5. Les bateaux qui acceptent les passagers mettent des pancartes pour indiquer leur destination et leur horaire de départ. Cependant, peu de bateaux partent à une heure précise. La majorité des départs se font vers 16h-17h. Bateaux à destination de : **Pucallpa** (durée 4-8 jours, s/65), **Lagunas** (durée 2-5 jours, s/20), **Yurimaguas** (durée 3-6 jours, s/35-40), **Leticia** et **Tabatinga** (durée 1,5-3 jours, s/50). Les prix sont négociables. Des **vedettes** partent quotidiennement pour **Leticia** (durée 10h, dép. vers 6h, 50 $). Renseignez-vous auprès des agences situées le long de la rue Raimondi entre les rues Pevas et Loreto.

CROISIÈRE SUR L'UCAYALI Un trajet en bateau sur le Río Ucayali permet d'avoir une vision de la jungle aussi intéressante que celle que vous procurerait une excursion, et c'est un moyen de se déplacer bien plus authentique. Les 150 km qui séparent Pucallpa d'Iquitos peuvent être parcourus en 3 à 10 jours, selon le niveau du fleuve, la vitesse du courant, et la puissance du moteur du bateau. Etant donné que la majorité des voyageurs n'ont aucun moyen de prévoir ces variables à l'avance, ce voyage est à éviter pour ceux qui sont pressés. (Pour en savoir plus sur le voyage en bateau, voir **L'essentiel**, **En bateau**, p. 72.) Le bateau fait un nombre impressionnant d'escales. Les trois villages les plus importants ont chacun au moins un hôtel rudimentaire : Contamana se trouve de 14h à 36h de Pucallpa, Orellana est située à mi-chemin d'Iquitos, et Requena se trouve de 12h à 22h d'Iquitos. Les postes de contrôle des deux premières villes (mal situés) demandent souvent leur passeport aux étrangers. Votre capitaine doit être en mesure de vous informer si nécessaire, et de vous indiquer la bonne direction.

Transports locaux : En journée et en soirée, des bus relient les rues Ocampo, Tacna et Grau à l'aéroport (même si quelques-uns font un bref détour vers l'ouest), puis reviennent par les rues Aguirre-Huallaga-Condamine, et vont jusqu'à l'Ave. La Marina et le port de Masusa. s/0,5, enfants s/0,3.

Taxi : Des *rickshaws* (mototaxis à trois roues) appelés *motocarros* ou *motos*, circulent partout en ville. s/2,5 pour le port, s/7 pour l'aéroport.

Location de motos : **Park Motors**, Tacna 621 (☎231 688), loue des motos (mais pas de casque) à s/6-12 l'heure. Quelques voitures (s/20 l'heure) et camions (s/25 l'heure) sont également disponibles. Ouvert tlj 8h-12h30. **Vision Motos**, Nauta 309 (☎234 759). s/6 l'heure, ou s/70 la journée. Ouvert tlj 8h-22h.

ORIENTATION ET INFORMATIONS PRATIQUES

Située à environ 1860 km au nord-est de Lima, la grande ville d'Iquitos est en fait une île entourée de rivières et d'un fleuve : le **Río Mañon**, le **Río Nanay** et, surtout le

Río Amazonas (l'Amazone) à l'est. L'Ave. **Malecón Tarapacá** (le **Boulevard**, comme on l'appelle) est la rue piétonne qui longe l'Amazone. A une *cuadra* vers l'intérieur des terres, la rue principale, **Próspero**, va de la **Plaza de Armas** à l'immense marché de **Belén** situé huit longues *cuadras* plus au sud. La majorité des services, commerces et hôtels de la ville se trouvent dans le quartier situé entre ces lieux et la **Plaza 28 de Julio**, au sud de la Plaza de Armas, au nord du marché et à deux *cuadras* du fleuve.

FRONTIÈRES BRÉSILIENNE ET COLOMBIENNE Traverser la frontière à **Tabatinga**, au **Brésil**, ou à **Leticia**, en **Colombie**, peut prendre du temps si tout n'est pas scrupuleusement organisé. Toute la région est considérée comme une zone neutre et tri-nationale, donc, si vous n'avez pas l'intention de pénétrer plus avant en Colombie ou au Brésil, vous pouvez visiter les deux villes sans rentrer de manière officielle dans l'un ou l'autre pays et, par conséquent, sans faire tamponner votre passeport. Les deux villes sont si proches qu'on pourrait facilement les prendre pour une seule entité : des *colectivos* font la navette entre les deux (durée 10 mn, départs fréquents jusqu'à 19h, 1000 *pesos* colombiens ou 1 *real* brésilien, environ 0,50 $). La majorité des habitants de Tabatinga comprennent l'espagnol. Il n'y a qu'un seul port à Tabatinga. Les bateaux en provenance d'Iquitos s'arrêtent à la ville frontière péruvienne de Santa Rosa, où les étrangers débarquent, font tamponner leur passeport, et rendent leur carte de touriste. Une fois au **Brésil**, il devient plus difficile de se déplacer : vous pouvez prendre le taxi (10 *reals* brésiliens) pour aller changer de l'argent, ou aller jusqu'à la police pour faire tamponner votre passeport. La majorité des étrangers occidentaux n'ont besoin que de leur passeport (si nécessaire, les visas peuvent être achetés au consulat brésilien de Leticia, 40 $). Ceux qui entrent de façon occasionnelle doivent aussi fournir un certificat de vaccination, en particulier pour la fièvre jaune. Il y a souvent des médecins d'état à la frontière péruvienne qui font les vaccins nécessaires et établissent des certificats de vaccination à ceux qui en ont besoin. Pour pénétrer en **Colombie**, il faut se rendre au bureau du Departamiento Administrativo de Seguridad de Leticia, Calle 9 n°962. (☎592 71 89. Officiellement, ouvert tlj 8h-12h30 et 14h30-18h, mais souvent 24h/24.)

Office de tourisme : Napo 226 (☎235 621, e-mail turismo.mpm@tvs.com.pe), sur la Plaza de Armas. Très bon service, dirigé par un Américain. Vous trouverez également un bureau dans le secteur où se trouve le service de réclamation des bagages, à l'aéroport. Ouvert Lu-Ve 8h-19h et Sa. 9h-13h.

Change : **Banco de Crédito**, Próspero 200 (☎234 501), sur la Plaza de Armas. **Distributeur automatique** Visa (24h/24). Pas de commission si vous changez des chèques de voyage contre des *soles*, mais commission de 11,50 $ si vous les changez contre des dollars. Ouvert Lu-Ve 9h15-13h15 et 16h30-18h30, Sa. 9h30-12h30. **Banco Latino**, Próspero 330 (☎241 573), change seulement les chèques de voyages american express, en *soles* (sans commission) ou en dollars (5 $ de commission). **Distributeur automatique** MC. Ouvert Lu-Ve 8h45-13h30 et 16h-19h, Sa. 9h-13h. **Paucar Tours**, Próspero 652 (☎232 131), propose les services de Western Union et de DHL. Ouvert Lu-Sa 8h-14h30 et 15h30-19h.

Marché : Le **marché de Belén** s'étend sur plusieurs *cuadras* entre le fleuve et la rue Arica, au sud de la rue Saenz. Ouvert tlj 3h-1h.

Laverie : **Lavandería Imperial**, Putumayo 150 (☎231 768), entre les rues Próspero et Tarapacá. Self-service s/8 la lessive de 4 kg. Service complet s/10 la lessive. Ouvert Lu-Sa 7h-21h. **Lavacenter Lavandería**, Próspero 459 (☎242 136). Lessive, séchage et pliage s/2,9 le kilo. Ouvert Lu-Sa 7h30-21h.

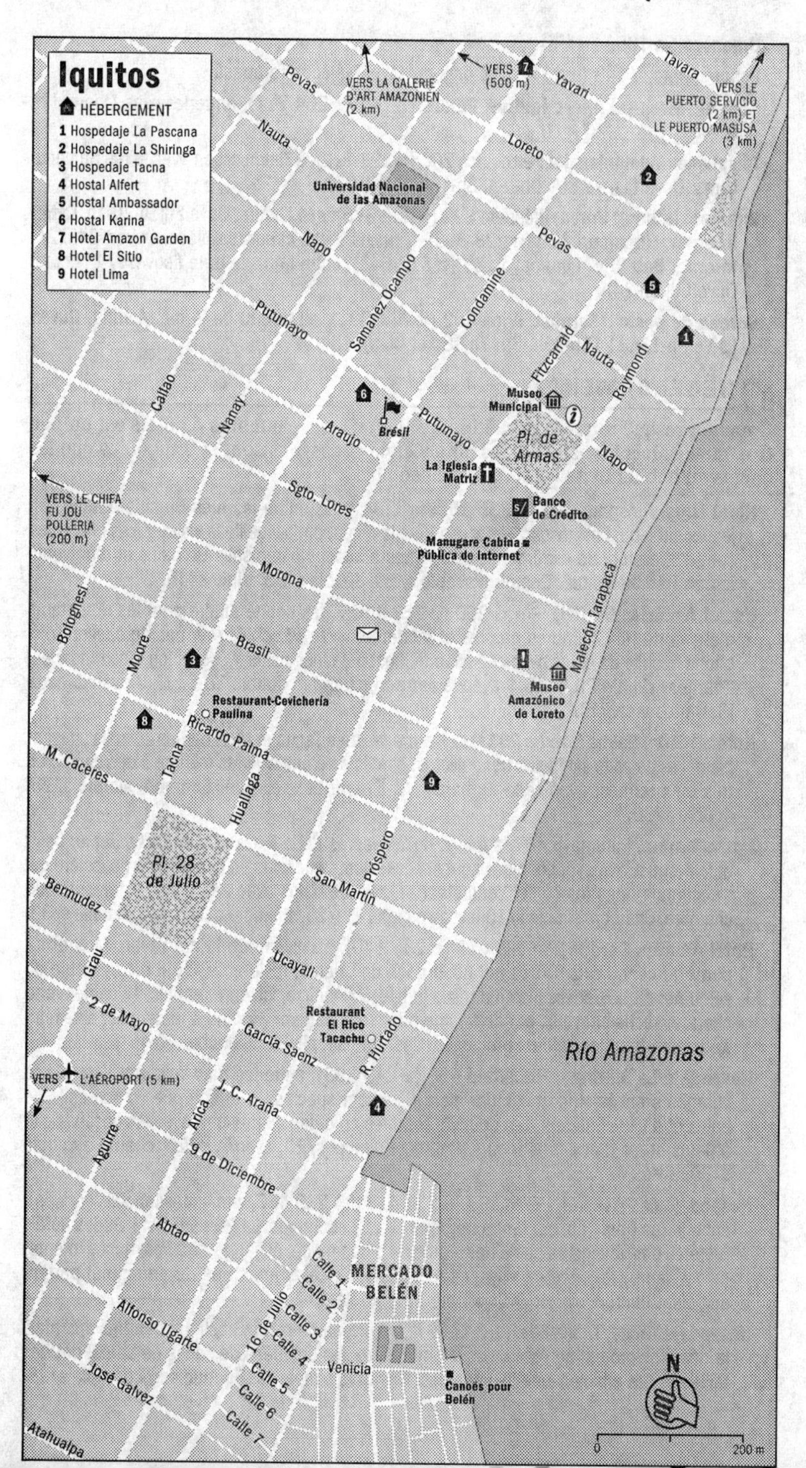
Iquitos
HÉBERGEMENT
1 Hospedaje La Pascana
2 Hospedaje La Shiringa
3 Hospedaje Tacna
4 Hostal Alfert
5 Hostal Ambassador
6 Hostal Karina
7 Hotel Amazon Garden
8 Hotel El Sitio
9 Hotel Lima
VERS LA GALERIE D'ART AMAZONIEN (2 km)
VERS 7 (500 m)
VERS LE PUERTO SERVICIO (2 km) ET LE PUERTO MASUSA (3 km)
Universidad Nacional de las Amazonas
Museo Municipal
Brésil
Pl. de Armas
La Iglesia Matriz
Banco de Crédito
Manugare Cabina Pública de Internet
VERS LE CHIFA FU JOU POLLERIA (200 m)
Museo Amazónico de Loreto
Restaurant-Cevicheria Paulina
Pl. 28 de Julio
Restaurant El Rico Tacachu
Río Amazonas
VERS L'AÉROPORT (5 km)
MERCADO BELÉN
Canoës pour Belén
Pevas
Nauta
Napo
Putumayo
Araujo
Sgto. Lores
Morona
Brasil
Ricardo Palma
M. Caceres
San Martín
Bermudez
Ucayali
2 de Mayo
García Saenz
J. C. Araña
9 de Diciembre
Abtao
Alfonso Ugarte
José Galvez
Atahualpa
Tavara
Yavari
Loreto
Samanez Ocampo
Condamine
Fitzcarrald
Raymondi
Malecón Tarapacá
Caltao
Nanay
Bolognesi
Moore
Tacna
Huallaga
Próspero
R. Hurtado
Grau
Aguirre
Arica
16 de Julio
Calle 1
Calle 2
Calle 3
Calle 4
Calle 5
Calle 6
Calle 7
Venicia
N
0
200 m

Urgences : ☎105.

Police : Morona 123 (☎231 131), près de l'Ave. Malecón Tarapacá.

Hôpital : **Hospital Apoyo Iquitos**, Portugal 1747 (☎264 717), entre les rues Libertad et Leticia.

Téléphone : **Telefónica del Perú**, Arica 200 (☎223 722), à l'intersection avec la rue Sargento Lores. Ouvert Lu-Ve 8h-20h, Sa. 8h-13h et 14h-20h.

Internet : **Internet Sured**, Próspero 392 (☎232 375). s/4 l'heure. Ouvert tlj 9h30-1h. **Cyber Internet**, Fitzcarrald 120 (☎223 608), à moins d'une *cuadra* la place. Ouvert 24h/24. **Internet Satellite**, Putumayo 188 (☎610 642), entre la place et le fleuve. s/4 l'heure. Ouvert tlj 8h-24h.

Bureau de poste : **Serpost**, Arica 402 (☎234 091), au niveau de la rue Morona. Ouvert Lu-Ve 8h-13h et 15h-19h, Sa. 7h-18h et Di. 9h-13h.

HÉBERGEMENT

Comme presque tous les prix à Iquitos, le tarif des chambres d'hôtels est un peu trop élevé. Mais la majorité des hôtels cités ci-dessous sont si tranquilles que les clients en oublient vite les *soles* payés en plus.

Hotel Lima, Próspero 549 (☎235 152, fax 234 111), entre les rues Brasil et Palma. Un jaguar sur lequel est inscrit "Lima", derrière la réception, accueille le visiteur. Les chambres sont d'une propreté extrême, et sont toutes équipées d'une salle de bains et d'un ventilateur. Très bien situé. Chambre simple s/20, double s/35, triple s/45.

Hostal Ambassador (HI), Pevas 260 (☎233 110). Très bonne affaire pour les détenteurs d'une carte HI. Chambres propres et modernes avec TV câblée, lampes de chevet, téléphone et salle de bains avec eau chaude. Petit déjeuner inclus. Réservation recommandée. Chambre simple 20 $, 10 $ avec la carte HI, chambre double 30 $, 11 $ avec la carte HI. Cartes Visa, MC.

Hotel El Sitio, Palma 545 (☎234 932), entre les rues Tacna et Moore. Calme, mais souvent plein. Les couloirs extérieurs tranquilles et bordés de plantes vertes mènent à des chambres très bien tenues, avec salle de bains, ventilateur et télévision. Chambre simple s/25, double s/35.

Hostal Karina, Putumayo 467, à moins de 2 *cuadras* de la Plaza de Armas. Le papier peint et la moquette aux motifs bleus sont si accueillants que vous en oublierez la poussière qui s'accumule dans les coins. Ventilateur et salle de bains avec eau chaude dans chaque chambre. Chambre simple s/15, avec un grand lit s/25, chambre double s/ 20, triple s/35.

Hotel Amazon Garden, Pantoja 417 (☎236 140), au niveau de la rue Yavari. Mototaxi à partir du centre s/2,5. Très bel hôtel dans un quartier résidentiel, où il est agréable de séjourner après une excursion dans la jungle. Baignoires, lits confortables, TV câblée, eau chaude, sèche-cheveux, et eau fraîche pour se désaltérer. Piscine à remous à l'extérieur. Réduction pour les séjours prolongés. Chambre simple 30 $, double 40-45 $.

Hospedaje La Shiringa, Fitzcarrald 465 (☎243 293), entre les rues Yavari et Loreto. Les chambres ont le strict minimum mais elles sont spacieuses et équipées d'une salle de bains et d'un ventilateur. Les couloirs sombres en béton contrastent avec les dessus-de-lit à fleurs et les draps à nounours. Chambre simple s/20, avec TV s/25, chambre double s/30, avec TV s/35.

Hospedaje La Pascana, Pevas 133 (☎231 418, fax 233 466, e-mail pascana@lsicom.pe), entre la rue Raimondi et l'Amazone. Avec ses 18 chambres, La Pascana est l'un des hôtels préférés des voyageurs sac à dos. Tables à pique-nique, échange de livres, accès Internet (s/7 l'heure), agence de voyages, consigne. Certains membres du personnel parlent anglais. Chambre simple 9 $, double 12 $, triple 15 $.

Hospedaje Tacna, Tacna 516 (☎243 627), au niveau de la rue Brasil. Un peu bruyant, mais le décor coloré est agréable. Les chambres, toutes équipées de salles de bains, ont des tailles et des ensoleillements variables. Chambre simple s/15, double s/20, triple s/28.

Hostal Alfert, Saenz 01 (☎234 105), tout près de la rue Hurtado, au bord du fleuve. L'hôtel n'est pas situé dans le quartier le plus attirant, mais là au moins, vous pourrez profiter d'une vue imprenable sur le quartier de Belén. Certaines personnes recommandent de surveiller les objets de valeur. Chambre simple s/15, double s/20.

RESTAURANTS

Inutile de vous précipiter chez Ari's Burger (appelé aussi "Gringolandia"), situé sur la Plaza de Armas (*burger* s/6-17) : vous trouverez dans toute la ville des plats moins chers et meilleurs. Plusieurs *chifas* (restaurant chinois) s'alignent dans la rue Grau, dans la partie qui se trouve au sud de la place 28 de Julio, ainsi que des *típicos*, dans la rue Condamine, au nord de la Plaza de Armas, et plus loin, sur l'Ave. la Marina. De plus, de nombreux stands du marché de Belén proposent des spécialités comme le *paiche* (un poisson de rivière géant), d'excellents jus de fruits frais (s/0,5-1), et des *juanes* (riz, poulet, olives noires et œuf enveloppés dans de la feuille de bananier), qui sont particulièrement bien préparés à Iquitos.

Restaurant-Cevichería Paulina, Tacna 591 (☎231 298), au niveau de la rue Palma. A l'heure du déjeuner, les deux salles de ce restaurant accueillent une foule animée venue goûter son fameux *ceviche* (plat de fruits de mer macérés dans le jus de citron, avec oignons et coriandre, s/10-20). Soupe s/7-20. Steak s/16-22. Nouilles s/10-16. Jus de fruit s/3-5. Menu du jour s/6 ou s/10. Ouvert tlj 7h-22h.

Don Pizza, Huallaga 204 (☎222 727), juste au sud de la rue Putumayo. La meilleure pizzeria d'Iquitos. Un grenier en bois, décoré comme à la Noël, double la taille de ce petit restaurant. Pizza végétarienne s/10-30, *pepperoni* s/8-25. Pichet de sangria s/18. Ouvert tlj 18h-24h.

El Chingon, Palma 145 (☎233 248), entre les rues Tarapacá et Próspero. Une incursion dans la cuisine mexicaine. Vous trouverez l'ambiance mexicaine dans les plats traditionnels mais pas forcément dans le décor (salle en béton). Tous les plats existent avec ou sans viande. *Burritos* s/8-14. *Fajitas* s/15-19. *Margaritas* s/10. Ouvert Lu-Sa 15h-22h.

Shambo, Morona 396 (☎231 357), au croisement avec la rue Próspero, et aussi à Tacna 600, Grau 1048, et Cáceres 654. Cette chaîne (à l'échelle de la ville) propose de très bons sorbets (s/1) faits avec des fruits de la région. Il y a des morceaux de fruits dans les glaces. Ouvert tlj 9h-23h.

La Palizada, Sargento Lores 791(☎232 868), à l'intersection avec la rue Fanning. Ce restaurant, sans grand caractère pendant la journée, s'ouvre sur la rue le soir, et sert du poisson grillé. Plats s/5-16. Menu s/5. Ouvert tlj 11h-15h et 18h-23h.

Restaurant El Rico Tacachu, R. Hurtado 873, entre les rues Veayali et Saenz. Si le marché vous semble trop agité, ce restaurant est le meilleur endroit pour déguster des plats de la région. Ouvert tlj 8h-14h.

Snack Bar Antojitos, Napo 380 (☎234 631), près de la rue Condamine. Simple mais très fréquenté, ce snack-bar sert des salades (s/4-5), des sandwichs (s/2-6), du poulet (s/8-15) et des jus de fruits frais (s/2-3), pour un prix bien moindre que ceux pratiqués sur la place. Menu s/6. Ouvert tlj 8h-13h.

Restaurant Rajin, Nanay 775. Végétariens, voici l'endroit où aller. Menu végétarien s/4. Menu standard s/3. Ouvert tlj 8h-16h.

VISITES

BELÉN. Ce quartier, qui fait penser à une sorte de bidonville flottant sur l'Amazone, est l'un des plus animés et des plus pauvres à la fois. Certaines maisons, posées sur des radeaux qui subissent les variations du fleuve, doivent être remplacées tous les deux ans car leurs matériaux sont trop fragiles, tandis que d'autres ont été construites sur des pilotis plus solides. Le secteur qui se trouve le plus près de la rive, Belén proprement dit, se concentre autour d'une rue appelée Venecia (même s'il n'a pas grand-chose à voir avec la ville du même nom). Les *pueblos* adjacents, comme San Francisco, où s'épanouissent les nénuphars, et San Andrés, sont plus propres et plus tranquilles. Chacun possède son église et son école. Vous pouvez louer un canoë, mais pendant les mois les plus secs, vous devrez peut-être traverser une zone recouverte d'une boue nauséabonde et jonchée de bouts de bois et de planches avant d'atteindre le port. Certaines années de forte sécheresse (d'août à novembre en général), il est arrivé que les maisons se retrouvent dans la boue, et que les déplacements en canoë deviennent impossibles. Plus loin à l'intérieur des terres se trouve l'immense et odorant marché de Belén, où l'on peut acheter des piranhas frais, boire de très bons jus frais, ou se procurer toutes sortes de plantes médicinales cueillies dans la jungle et censées tout guérir, du cancer à l'arthrite. *(Pour louer un canoë à s/5-10 l'heure, descendez la rue Ugarte et traversez le marché de Belén puis la petite place circulaire. Le marché se trouve à 8 cuadras au sud de la Plaza de Armas.)*

MUSEO AMAZÓNICO DE LORETO. Ce musée relativement récent (ouvert en 1996) a déjà rassemblé une collection considérable d'armes, de tableaux et de pictogrammes du début du XXe siècle. Il s'y trouve une copie de l'accord récent sur la frontière entre le Pérou et l'Equateur. Les quelque 70 sculptures en fibre de verre réalisées par des tribus de la région sont très détaillées. Elles ont en effet été fabriquées à partir de moulages, faits contre leur gré sur des personnes convaincues que l'opération leur volerait leur âme. Certaines salles d'exposition manquent de pancartes explicatives. Le bâtiment officiel, très bien restauré, qui l'abrite, date de 1863 et vaut à lui seul le coup d'œil. *(Malecón Tarapacá 386, au niveau de la rue Morona. Le musée est indiqué par la pancarte "Prefectura Loreto". ☎ 231 072. Ouvert Lu-Ve 8h-13h et 15h-19h, Sa. 7h-13h. s/3.)*

LA MAISON DE FER. Cette maison, dessinée par Gustave Eiffel, est représentative des grandes ambitions des magnats du caoutchouc, qui l'ont transportée pièce par pièce à travers l'Atlantique. Aujourd'hui complètement assemblée, cette structure ressemble à une maison en fer-blanc. Lorsque l'on frappe un mur, il résonne. *(Sur la Plaza de Armas, à l'angle des rues Putumayo et Próspero.)*

IGLESIA MATRIZ DE IQUITOS. Les constructeurs en ont posé la première pierre le 18 juillet 1911, et le bâtiment a été inauguré en 1919. La majorité des ornements qui ont rendu cette église si belle, comme la tour et le temple, a été ajoutée ultérieurement, tout comme les fresques qui décorent le plafond. Ces dernières représentent des scènes de la vie de la vierge Marie. L'église porte le nom de San Juan, le saint patron de la ville, dont on peut voir une représentation sur l'autel. *(A l'intersection des rues Putumayo et Arica, sur la Plaza de Armas. Ouvert Ma. et Je. 15h-20h, Lu., Me. et Ve-Di 6h30-20h. Messe quotidienne à 6h30 et à 19h, également Di. à 11h et à 18h. Entrée libre.)*

MUSEO MUNICIPAL. L'office de tourisme est en train de transformer le deuxième étage de son bâtiment, qui servait autrefois de mairie, en un petit musée. Sous les lustres de cristal importés, vous pourrez voir des maquettes de la ville ou des *paiche* (ces poissons de rivière géants) embaumés, dans une salle donnant sur la Plaza de Armas, qui servait autrefois de salle des mariages aux barons du caoutchouc. Les conservateurs du musée prévoient des aménagements (dont un éventuel changement de lieu) dans l'avenir. Renseignez-vous à l'office de tourisme situé en bas. *(Napo 226, sur la Plaza de Armas, en face de la cathédrale. ☎ 235 621. Ouvert Lu-Ve 8h-19h, Sa. 9h-13h. Entrée libre.)*

BELLAVISTA NANAY. Petit port situé sur le Río Mañon, Bellavista se trouve à l'extrémité nord de la ville. Pendant les mois de sécheresse, entre août et septembre, une plage y apparaît, et l'on peut nager dans les eaux sombres de la rivière. Le reste de l'année, l'endroit sert simplement de port et de point de départ pour les sites des environs. Un bateau à moteur emmène les groupes (s/30) voir les Indiens boras et yaguas, deux tribus indigènes qui donnent des spectacles de danses traditionnelles à l'intention des touristes. Une autre possibilité, meilleur marché, consiste à prendre un *colectivo* jusqu'à Padrecocha (15 mn, s/1,50), et de là, marcher 30 mn pour voir les Boras. Les danseurs attendent en général une petite rétribution (environ s/10). *(Tous les bus portant la pancarte "Nanay" sur le côté vont à Bellavista. Durée 20 mn, s/2.)*

GALERIE D'ART AMAZONIEN CAMU CAMU. Cette petite galerie abrite le travail de l'artiste péruvien Francisco Grippa, qui peint à la spatule. Même s'il est né à Tumbes et a étudié aux Etats-Unis et en Espagne, Grippa a fait de la jungle son foyer et le sujet de son art. La plupart de ses tableaux sont des manifestes contre la destruction de la forêt tropicale. Plusieurs autres artistes sont également exposés, et la majorité de leurs œuvres est à vendre (à un prix élevé). *(Trujillo 498. Mototaxi s/1,5. ☎253 120, fax 250 047, e-mail grippamazonpevas@yahoo.com, Web : www.art-and-soul.com/grippa. Ouvert tlj 10h-13h et 16h-20h. Entrée libre.)*

ASOCIACIÓN ARTESANOS IQUITOS SAN JUAN DE BAUTISTA. Située juste après l'agitation du centre d'Iquitos, l'association San Juan propose une vaste collection d'artisanat. Plus de 20 kiosques vendent, entre autres, des colliers, des papillons en bois peint, des sculptures sur bois, des hamacs. De plus, les vendeurs sont, pour la plupart, des artisans. Aussi, n'hésitez pas à leur poser des questions et à les regarder travailler. Les objets vendus ici sont plus authentiques que ceux des boutiques du centre-ville. *(Prenez un bus en direction de l'aéroport, 10 mn, s/0,5, dans les rues Tacna ou Grau, et demandez à descendre à San Juan.)*

BIBLIOTECA AMAZÓNICA. Cette bibliothèque de travail est aménagée autour d'une jolie salle de lecture décorée de faïences et de bois sculpté. Les livres et autres documents historiques retracent l'histoire du peuple, de la faune et de la flore du Pérou, et plus spécifiquement du bassin amazonien. La bibliothèque possède également une collection importante de cartes, consultables sur demande. Les grandes portes doubles s'ouvrent sur une très belle vue du fleuve. *(Malecón Tarapacá 354, 1er étage. ☎242 353. Ouvert Lu. 8h45-12h15 et 15h45-18h45, Ma-Ve 8h45-12h15, Sa. 9h-12h. Entrée libre.)*

SORTIES

BARS

Très fréquentés, les bars d'Iquitos servent des boissons exotiques agréables. La majorité des touristes s'en tient aux lieux animés situés dans la rue Tarapacá et qui donnent sur l'Amazone (surtout entre les rues Nauta et Napo), mais la ville offre beaucoup d'autres possibilités.

❤ **Amauta Café-Teatro**, Nauta 250 (☎233 109), entre les rues Raimondi et Fitzcarrald. Ce bar-théâtre-galerie généreux et branché est surveillé par le portrait géant du poète Cesar Vallejo Mendoza. Un groupe de musique s'y produit chaque soir à 22h. L'impressionnante carte des boissons inclut des classiques de la région comme le *chuchuhuasi* et le *clarohuasca* (petit s/3,50, grand s/6). Ouvert Lu-Sa 18h-5h.

Crazy, Tacna 173. Ce bar accueille une nombreuse clientèle locale dans une minuscule salle. Vous y goûterez quelques-unes des meilleures boissons de la ville, à des prix très raisonnables. Essayez l'excellent *cola de mono* (s/3 le demi-litre, s/7 le litre et demi). Tables à l'extérieur. Ouvert tlj à partir de 20h.

Arandú Bar, Tarapacá 113 (☎243 434). C'est LE bar des étrangers, avec de la musique américaine à plein tube. Pilsner s/4-10. Ouvert Di-Lu 13h-1h et Ma-Sa 13h-2h.

Pushpa, Raimondi 341. Un peu en dehors des sentiers battus. Le toit de paille donne une petite touche tropicale. Musique *live* Ve. Ouvert tlj à partir de 19h.

BOITES DE NUIT

Vous trouverez une large gamme de styles de danse et de musique dans les clubs d'Iquitos, peu nombreux mais très attrayants. Pour avoir des infos sur les lieux les plus "chauds" du moment, lisez les bannières fluorescentes accrochées dans toute la ville. Deux groupes très appréciés, **Explosion** et **Euforia**, font la tournée des boîtes avec de la salsa et du *merengue*.

❤ **Noa Noa**, Pevas 298, au niveau de la rue Fitzcarrald. Avec ses spots, sa fumée, sa piste à deux niveaux et sa cascade, Noa Noa possède les ingrédients d'une discothèque idéale. Des touristes d'âge moyen y dansent la salsa aux côtés de jeunes Péruviens branchés. Le mélange salsa-pop est plutôt marqué par la salsa. Entrée s/10. Ouvert Lu. 20h30-3h et Ma-Di 20h30-6h.

Agricobank, à l'intersection des rues Condamine et Pablo Rosell. Certains soirs, l'Agricobank n'est qu'une tente où l'on boit de la bière bon marché (s/10 les 3 bières). Mais lorsqu'un groupe comme Explosion s'y produit, des centaines de jeunes l'envahissent et dansent la salsa. Rejoignez-les ! Entrée s/5-10. Ouvert Ve-Di 21h-3h.

Disco Kongo Bongo, Huallaga 365 (☎222 919). Discothèque assez conventionnelle. Touristes et Péruviens s'y mélangent tant bien que mal. Un peu plus de pop que de salsa. Ve-Sa : entrée s/18. Ouvert tlj à partir de 20h.

Dreams, Ocampo 102 (☎234 155), au niveau de la rue Napo. Ce petit club est particulièrement populaire auprès des ados qui aiment la pop américaine. Ouvert tlj à partir de 21h.

EXCURSIONS DEPUIS IQUITOS

QUISTOCOCHA

De nombreux combis *(25 mn, s/2) partent de l'Ave. Próspero, juste en bas de la rue José Galuez, après le quartier Belén. Mototaxi s/10. Ouvert tlj 8h-18h. s/3, enfants s/2. Il y a d'autres endroits pour se baigner, dont Morona Cocha et Ruococha. Ils vous en coûtera s/5 si vous partez du centre en mototaxi.*

Située à 13 km au sud de la vile, le lac de Quistococha offre l'occasion de se baigner, de se reposer et de voir certains des animaux que vous avez ratés lors d'une éventuelle excursion dans la jungle. L'attraction principale de ce complexe est la jolie plage balisée où se rassemblent *gringos* et Péruviens, et où vous pourrez vous baigner sans inquiétude dans l'eau rouge. Les tables de pique-nique, les sentiers, les chaises longues, les barques (s/5 l'heure), et les terrains de volley-ball rempliront votre journée. Attention, il y a beaucoup de monde le week-end. Dans le zoo, petit mais bien entretenu, vous pourrez voir des singes, des perroquets, des loutres de rivière, des *paiches* (poissons géants), des pumas et des jaguars. La salle où sont exposés les serpents pourra faire réfléchir à deux fois ceux qui ne sont pas encore partis en excursion dans la forêt. Vous trouverez un restaurant à l'intérieur, mais les kiosques situés à l'extérieur du parc proposent des plats moins chers.

SANTO TOMAS

Pour vous rendre à Santo Tomas, prenez n'importe quel bus marqué "aeropuerto" qui descend les rues Tacna et Grau, et demandez au chauffeur de vous laisser à la route qui mène à Santo Tomas (s/0,5). A l'embranchement, vous trouverez des taxis colectivos *qui vous emmèneront au village (15 mn, s/1 par personne, ou s/5 pour un départ immédiat dans un taxi privé).*

A quelques kilomètres de la route de Quistocochа, une route défoncée permet d'accéder à Santo Tomas. Ce petit village est le lieu de résidence et de travail de 20 potiers et autres artisans de l'argile, qui réalisent de très beaux objets dans leurs ateliers personnels. Derrière les murs en bois, ces artistes talentueux façonnent des pots élaborés en moins de cinq minutes. Le président actuel de leur association est Emerito Pacaya Aricari (☎233 641), qui vous indiquera les bonnes adresses. Pour le trouver, suivez la rue principale et marchez quelques minutes jusqu'à l'école. Il vit et travaille dans la maison située juste à gauche (Lote 08). Vous pouvez également descendre la rue et entrer au hasard là où vous verrez une porte ouverte, car la majorité des artisans travaillent dans la pièce de devant. Les artisans reçoivent peu de visites, mais ils seront ravis de vous vendre un pot (s/3-50) ou une babiole (s/2).

EXCURSIONS DANS LA JUNGLE DEPUIS IQUITOS

L'office de tourisme d'Iquitos aime à faire remarquer que le Loreto, la province dont Iquitos est la capitale, occupe un territoire d'une taille à peu près équivalente à celui de l'Allemagne. Et c'est bien cette promesse d'exploration d'une vaste forêt vierge qui attire les visiteurs à Iquitos. Ici au moins, l'immensité de la région permet de garantir que certaines parties de la province resteront sauvages, car presque totalement inaccessibles. Dans toute la forêt péruvienne, accéder à des endroits reculés demande du temps et de l'argent. La meilleure option est de trouver quelqu'un qui vous conduira à au moins 80 km d'Iquitos, de préférence (même si c'est plus difficile à trouver) près de l'une des rivières principales. Parmi les diverses zones protégées situées non loin d'Iquitos se trouvent la **réserve nationale de Pacaya-Samiria** et la **réserve communautaire de Tamshiyacu-Tahuayo**, les plus représentatives de la forêt tropicale. Mais quelle que soit la fascination que vous éprouvez pour la "forêt vierge", n'oubliez pas qu'il y a beaucoup de choses intéressantes dans toute la région : les communautés indigènes qui vendent leurs produits aux touristes sont tout aussi "authentiques" que celles qui fabriquent encore leurs vêtements à partir d'écorce d'arbre. Pour découvrir la jungle, trois possibilités s'offrent à vous : les croisières sur le fleuve, l'hébergement en lodge et des excursions avec des guides indépendants. La première de ces options coûte cher, tandis que la seconde permet à tous de trouver la formule qui convient à son budget, de l'hébergement de luxe à des excursions relativement bon marché. Quant à la troisième, elle s'adresse plutôt au voyageur aventureux et disposant d'un budget limité. Quelle que soit l'option que vous choisissez, assurez-vous de conclure directement avec le guide ou l'agence de voyages de votre choix.

COMMENT TROUVER UN GUIDE INDÉPENDANT

Malheureusement, parmi les guides indépendants qui officient à Iquitos, beaucoup ont fait l'objet de **plaintes** : on leur reproche leur manque de compétence, leur pratique du harcèlement sexuel ou, plus couramment, de ne pas respecter comme prévu le déroulement de l'excursion. Dans l'aéroport, les nouveaux visiteurs se retrouvent face à une multitude de guides qui crient pour attirer leur attention. Pour faire le tri, vous pouvez vous renseigner auprès de Gerald Mayeaux, l'Américain qui a repris l'office de tourisme il y a deux ans, et qui s'est assigné la mission de réformer les excursions. Il a recensé les coordonnées de tous les guides et peut vous dire avec précision qui a fait l'objet de plaintes et qui est fiable. Commencez par demandez au guide que vous rencontrerez de vous montrer sa licence éventuelle ainsi que ses papiers pour vérifier son identité, puis allez à l'office de tourisme (voir **Orientation et informations pratiques**, p. 328) pour vous renseigner sur ses antécédents. Mais souvenez-vous qu'un seul guide est actuellement en possession d'une licence. Les autres n'en ont pas, car une licence peut coûter jusqu'à 1000 $. Donc si la licence garantit la fiabilité du guide, le fait de ne pas en avoir ne signifie pas qu'il est incompétent. Une fois que vous avez arrêté votre choix, signez un accord définissant les prestations de l'excursion, et ne payez pas tout en une seule fois. L'un des guides, **Carlos Grandes**, a derrière lui 32 années d'expérience de la forêt, et organise des séjours sur le Río Ucayali et des randonnées de cinq jours en direction de la frontière brésilienne et du Río Yavari. Carlos, qui parle un peu anglais, peut organiser des excursions sur mesure. Plus l'excursion est longue, moins elle est chère, et plus elle est intéressante et pleine d'aventures. Trois jours est une durée minimum. Les excursions coûtent en moyenne 40 $ par personne, mais le prix est dégressif en fonction du nombre de personnes. Contactez Carlos Grandes à son bureau situé à l'Hotel Libertad, Arica 361 (☎ 235 763, e-mail carlosgrandes@hotmail.com). Deux autres guides ont bonne réputation, **David Ríos** et **Richard Fowler**, un expatrié américain.

L'HÉBERGEMENT EN FORÊT (LODGES)

Les lodges pour touristes réservent moins de surprises, mais beaucoup d'entre eux sont proches de la ville et certains sont assez luxueux pour disposer d'une piscine. Mais côté jungle, même si un séjour comprend quelques balades et des visites aux tribus yagua, bora, achuale ou murato, les véritables excursions constituent un extra. Les excursions organisées d'une journée ou de 24 heures dans la forêt proche permettent de rencontrer des tribus, de faire du canoë, de pêcher et, bien sûr, d'observer la jungle. Certains séjours dans des lodges ont un emploi du temps bien défini, tandis que d'autres s'adaptent mieux aux centres d'intérêt des visiteurs. Assurez-vous que les prestations de votre séjour vous sont clairement expliquées (et quelle langue les guides parlent) : en principe la nourriture, le transport en vedette, l'excursion et l'hébergement sont compris. Signez un document où sont écrites ces précisions. Enfin, essayez de négocier : la plupart des gens réservent ces séjours depuis leur pays et paient un prix forfaitaire précis, mais sur place vous disposez d'une plus grande marge de manœuvre.

❤ **Muyuna Amazon Lodge and Expeditions**, Putumayo 163B (☎242 858 ou (01) 446 97 83, e-mail muyuna@wayna.rcp.net.pe, Web : www.muyuna.com). Ce lodge relativement récent est situé à 120 km d'Iquitos, sur le Río Yunayacu, et a reçu beaucoup de commentaires élogieux. Les activités sont classiques (observation des oiseaux, visites auprès de communautés indigènes, cérémonies de chamans, pêche aux piranhas), mais peuvent être plus flexibles. Eduardo est un excellent guide. Pour plus d'informations, appelez Analía ou son mari. Excursions dans la réserve de Pacaya-Samiria, 5 personnes et 8 jours au minimum, 100 $ par jour. Hébergement dans des bungalows avec salle de bains, moustiquaires et lampes à pétrole, 50 $ par personne et par jour pour deux personnes. Réduction pour les groupes ou les détenteurs d'une carte HI. Ouvert tlj 7h-22h.

Loving Light Amazon Lodge, Putumayo 128 (☎243 180, e-mail info@junglelodge.com, Web : www.junglelodge.com). A 140 km d'Iquitos, sur la rivière Yanayacu. Outre l'hébergement, le Loving Light propose des excursions de 5 jours en camping dans la forêt (60 $ par jour). Les guides parlent anglais. 50 $ par personne et par jour pour deux personnes. Réduction pour les groupes et les séjours prolongés. Ouvert tlj 8h-20h.

Paseo Amazónico, Pevas 246 (☎233 110 ou 231 618), entre les rues Fitzcarrald et Raimondi. A Lima : Bajada Balta 131-054, Lima 18 (☎241 7576, fax 446 7946, e-mail postmast@p-amazon.com.pe). Plusieurs lodges dans la région. Le plus éloigné, le **Tambo Amazónico Lodge**, se trouve à 180 km d'Iquitos. De là, vous irez voir des nénuphars géants (*Victorias Regias*), vous partirez camper dans la réserve de Pacaya-Samiria, à 200 km de là, et vous rencontrerez peut-être des dauphins roses. Les excursions semblent mieux préparées que dans d'autres agences. 80 $ par personne pour une journée et demi, 600 $ pour 3 jours avec une excursion en camping. Ouvert tlj 7h-19h.

Heliconia, Próspero 574 (☎235 132, fax 232 499). A Lima : Las Camelias 511, Oficina 402 (☎442 4515). Les prix de ces lodges, situés à 80 km seulement d'Iquitos, sont relativement raisonnables, et les programmes proposés sont très structurés. Les activités incluent l'observation des oiseaux et la visite de villages indigènes. Excursion de 2 jours, 110 $ par personne, excursion de 3 jours, 165 $ par personne. Leur lieu d'hébergement de Zungarococha, à seulement 20 km d'Iquitos, est agrémenté d'une piscine et convient à ceux qui préfèrent le repos à l'aventure (il coûte un peu plus cher). Ouvert Lu-Ve 8h-12h et 15h30-19h.

Explorama, La Marina 340 (☎252 526, fax 252 533, e-mail amazon@explorama.com, Web : www.explorama.com). C'est l'ancêtre des agences de voyages d'Iquitos. Bien organisé, sérieux et cher. Leurs trois lodges offrent chacun un programme légèrement différent. Le plus éloigné se trouve à 160 km d'Iquitos. Explorama emmène les visiteurs au laboratoire écologique de l'ACEER (*Amazonian Center for Environmental Education and Research*, centre amazonien pour l'éducation et la recherche sur l'environnement) et sur la plus grande passerelle du monde traversant la canopée. Prix à partir de 100 $ par personne et par jour. Ouvert tlj 7h30-12h30 et 15h-18h.

Amazonas Tour Invest, Pevas 227 (☎223 801). C'est un lodge tout neuf situé à 80 km d'Iquitos, sur la rivière Yanayacu. Pédagogie et aventure sont les deux principaux composants du programme. Les séjours au lodge sont limités à 5 jours, puis l'on part à la découverte. L'hébergement est rustique, et les participants doivent aider aux préparatifs. 50 $ par personne et par jour, réduction pour les groupes. Ouvert tlj 8h-20h.

YURIMAGUAS ☎094

Yurimaguas n'offre rien d'exceptionnel. Bien sûr, c'est une jolie petite ville de la forêt tropicale, d'où l'on peut faire d'agréables excursions vers les lacs des environs, mais elle semble une pâle réplique d'Iquitos (notez les points communs entre les deux cathédrales). Yurimaguas est trop grande pour être pittoresque et trop petite pour être urbaine. Mais c'est un bon endroit pour se faire une idée de ce qu'est la vie dans la jungle, avec un voyage en bateau jusqu'à Iquitos et d'incomparables couchers de soleil.

TRANSPORTS

Avion : **Aéroport**, dans la rue Libertad, à 1 km du centre. Le **Servicios Aereos Tarapoto**, Libertad 143 (☎352 121), fait la liaison avec **Tarapoto** dans un six-places (25 $ par personne, 4 personnes au minimum), et organise des excursions dans la jungle à destination de **Lagunas** (300 $ l'heure). **Aerolatino**, Libertad 137 (☎352 624), dessert **San Lorenzo** (s/139 par personne, 3 personnes au minimum) et **Tarapoto** (200 $ l'avion).

Bus : **Transportes Paredes Estrella**, Cácares 133 (☎351 307), dessert **Lima** (durée 36h, dép. 7h, s/80) via **Tarapoto** (durée 6h30, s/12), **Chiclayo** (durée 23h, s/60) et **Trujillo** (durée 27h, s/70). **Transportes Huamanga**, Cácares 214, dessert également **Lima** (durée 32h, dép. 6h, s/85) via **Tarapoto** (durée 5h, s/10), **Chiclayo** (durée 24h, s/50) et **Trujillo** (durée 28h, s/55). **Turismo Ejetur**, Libertad 355 (☎351 205), dessert **Trujillo** (durée 28h, dép. 6h, s/60) via **Tarapoto** (durée 6h, dép. 6h, s/10). **Transportes New Image**, Cesar López 615 (☎352 412), propose des trajets en **voiture** à destination de **Tarapoto** (durée 4h, dép. quand la voiture est pleine de 3h à 17h, s/25). Pour vous rendre à leurs locaux, descendez la rue Jáuregui depuis la place puis, trois *cuadras* plus loin, tournez à droite sur la rue Tacna et prenez la première à gauche sur la rue López. **Yurimaguas Express** (☎352 727), à l'intersection des rues Manco Capac et Huallaga, propose des trajets en **camion** à destination de **Tarapoto** (durée 5h, dép. quand le camion est plein de 3h à 17h, s/20), tout comme **Oriente Express** (☎352 122), au croisement des rues Tacna et Huallaga.

Bateau : Vous trouverez plusieurs ports à Yurimaguas. Les bateaux à destination d'**Iquitos** (durée 3 jours, s/30-40, cabine s/60) via **Lagunas** (durée 12-13h, s/10) partent du **Puerto Zamora**, à 7 *cuadras* de la Plaza de Armas par la rue Castilla. Des bateaux partent presque tous les jours, en général dans l'après-midi, mais attention, les départs ont rarement lieu à l'heure prévue. Les autres ports desservent des destinations plus proches. Le **Puerto Abel Guerra**, entre la rue Zamora et la place, est l'un des plus importants.

ORIENTATION ET INFORMATIONS PRATIQUES

Yurimaguas est délimitée par les **Ríos Shanusi**, **Paranapura**, et **Huallaga**. La **Plaza de Armas** se situe près du Río Huallaga, tandis que la rue **Jáuregui**, l'artère principale perpendiculaire à la rivière, part de la place et continue vers Tarapoto. A cinq *cuadras* de la place, la rue Jáuregui donne sur la rue **Libertad**, qui conduit à l'**aéroport**. Le **marché** se trouve dans la rue Jáuregui, à deux *cuadras* de la place.

Informations touristiques : Lores 100 (☎352 676), dans le grand bâtiment rose sur la Plaza de Armas. Ouvert Lu-Ve 8h-14h. L'**Oficina de Cooperación Técnica**, Plaza de Armas 114 (e-mail mpaacooptec@usa.net), dans la *municipalidad*, fournit des cartes et des renseignements.

Change : **Banco Continental**, Lores 132 (☎352 070), tout près de la place. Commission de 10 $ sur les chèques de voyage. Ouvert Lu-Ve 9h15-12h45 et 16h-18h30, Sa. 9h-12h. **Distributeur automatique** Visa.

Marché : **Mercado Yurimaguas**, à deux *cuadras* de la place. Ouvert tlj 3h-12h.

Urgences : ☎105.

Police : (☎352 627), dans la seconde *cuadra* de la rue Condamine. Tous les étrangers doivent se faire connaître auprès des services de police dès leur arrivée.

Hôpital : **Hospital Apoyo Santa Gema**, Progreso 307 (☎352 135, urgences 352 142), à une *cuadra* de la place en descendant la rue Jáuregui, puis tournez à droite. L'hôpital se trouve après la troisième *cuadra*.

Téléphone : **Telecomunicaciones y Servicios Yurimaguas**, Bolívar 122-24 (☎/fax 352 020), à une *cuadra* de la place. Ouvert Lu-Sa 7h-22h.

Internet : **Instituto de Educación Superior American System**, Jáuregui 721 (☎352 141). s/10 l'heure. Ouvert 9h-23h.

Bureau de poste : **Serpost**, Arica 439 (☎352 172). Ouvert Lu-Sa 7h30-14h et 15h-17h.

HÉBERGEMENT

Vous trouverez de nombreuses *quintas* et *hostales* (pensions) à Yurimaguas, mais trop souvent la qualité laisse à désirer.

Hostal de Paz, Jáuregui 429 (☎352 123), à cinq *cuadras* de la place. Les chambres disposent d'un petit ventilateur, d'une télévision et d'une salle de bains. Faites attention, car si les fenêtres de la chambre sont équipées de moustiquaires, celles de la salle de bains n'en ont pas. Chambre simple s/20, avec un grand lit s/26, chambre double s/28.

Hostal Jaen, Garcilaso 126 (☎351 576), près du port. Descendez la rue Comercio sur trois *cuadras*, puis prenez à gauche dans la rue Garcilaso. Les chambres sont petites, mais la famille sympathique qui dirige l'hôtel les maintient dans une propreté impeccable. Chambre s/10 par personne.

Hostal Cesar Gustavo, Atahualpa 102. Descendez la rue Jáuregui sur quatre *cuadras*, puis tournez à gauche. Ventilateurs, moustiquaires et petites salles de bains privées. A cause des ouvertures dans les murs, près du plafond, vos voisins n'auront pas de secret pour vous (et vice versa). Chambre simple s/15, double s/20.

Quinta Lucy, Jáuregui 305 (☎352 139). C'est l'une des *quintas* les moins chères de la rue. Les plafonds sont hauts et les matelas confortables, mais il n'y a ni ventilateurs ni moustiquaires et le béton est la composante principale du décor. Chambre simple avec salle de bains s/10, chambre double s/12, avec salle de bains s/15.

RESTAURANTS

Parmi les restaurants de Yurimaguas, aucun ne se distingue vraiment. Le soir, de nombreuses petites échoppes proposent des hamburgers et de la cuisine locale bon marché dans la rue Capac, entre les rues López et Huallago. Ici comme ailleurs, le *pollo a la brasa* est cuisiné dans la plupart des restaurants.

Cevichería El Dorado, Aguirre 126 (☎351 023), près de la rivière, non loin du centre en mototaxi (s/1). La spécialité est le poisson de rivière, mais vous pourrez aussi y déguster des plats locaux très originaux. Plats s/8-15. Ouvert tlj 7h-17h30.

La Prosperidad, Próspero 101 (☎352 057), au niveau de la rue Jáuregui. Un peu plus conventionnel et très apprécié par les gens d'ici. Ce snack-bar propose des plats savoureux à toute heure du jour. Hamburger s/3. *Pollo a la brasa* s/7. Jus de fruit s/2. Ouvert 8h-13h et 16h-23h30.

FÊTES

La fiesta patronal de Yurimaguas se déroule du 5 au 15 août. Pendant ces onze jours, une fête a lieu chaque soir dans un quartier différent. Si vous y aller, vous pourrez manger, danser et peut être assister à un lâcher de taureaux dans les rues, comme à Pampelune. Les réjouissances culminent le dernier jour, avec une grande fête sur la Plaza de Armas.

EXCURSIONS DEPUIS YURIMAGUAS

LAGO CUIPARI

Des bateaux colectivos à destination du lac Cuipari partent du Puerto Garcilaso de la Vega, au bout de la rue Garcilaso, à droite de la place lorsque l'on est face à la rivière (durée 2h30, départ le matin, quand le bateau est plein, s/5). Les bateaux de retour partent aussi seulement le matin, ce qui fait qu'une excursion dure souvent deux jours. Il n'y a pas d'hôtels, mais vous pouvez camper ou dormir chez l'habitant. De mai à septembre durant la saison sèche, les bateaux s'arrêtent à Las Mercedes, à deux heures de marche du lac. Pour plus d'informations, consultez le site Web : geocities.com/tarapotoperu/cuipari.html.

Cuipari est un très beau lac, où l'on peut faire du canoë ou pêcher des piranhas. Vous pourrez aussi vous promener dans les jardins d'orchidées et contempler l'un des plus beaux couchers de soleil du monde. Orlando (alias *el hombre con el mono*, "l'homme au singe") connaît le lac comme sa poche et peut servir de guide dans la région (50 $ par jour, e-mail 0.2jungle@ole.com).

EXCURSIONS DANS LA JUNGLE DEPUIS YURIMAGUAS

Dans le petit village de **Lagunas**, d'excellents guides pourront vous faire visiter l'immense forêt vierge de la **Reserva Nacional Pacaya-Simiria**. Pour vous rendre à Lagunas, prenez un bateau à destination d'Iquitos (durée 12-13h, s/10) depuis le Puerto Zamora, ou bien un bateau à moteur (durée 8h, s/10) depuis le Puerto Abel Guerra. Vous pouvez aussi aller visiter les alentours du **Balsa Puerto**, parsemés de chutes d'eau, où vivent des communautés indiennes. Pour vous y rendre, prenez un bateau à moteur (durée 6h, s/40) depuis le Puerto Boca à Yurimaguas, ou, pour les moins pressés, un bateau *peke-peke* (durée 2 jours, s/10). De petits avions (durée 15 mn, a/r 100 $) font aussi le trajet. Renseignez-vous auprès de la *municipalidad* (mairie).

TARAPOTO ☎094

La végétation luxuriante de Tarapoto lui a valu d'être surnommée la "Ciudad de las Palmeras" (la ville des palmiers). Les palmiers se complaisent en effet dans l'atmosphère moite de la ville. Capitale commerciale du département de San Martín, Tarapoto est aussi un lieu de passage obligé lorsque l'on quitte la jungle ou lorsque l'on s'y rend. A l'intérieur de la ville, des véhicules aussi simples que le mototaxi ou la moto sont devenus les moyens de transport favoris des hommes d'affaires. N'hésitez pas à en louer un.

TRANSPORTS

Avion : **Aéroport**, à quelques *cuadras* au sud de la ville (s/2 en mototaxi). **AeroContinente**, à l'angle des rues San Pablo de la Cruz et Moyobamba (☎527 212 ou 524 332), sur la place. Ouvert Lu-Ve 8h-13h et 15h-19h, Sa. 15h-18h, Di. 8h30-12h. Vols à destination de **Lima** (durée 1h, dép. à 16h, 59-79 $). **TANS**, San Martín 491 (☎525 339). Ouvert Lu-Sa 8h-12h30 et 15h-19h, Di. 9h-12h. Vols à destination de **Lima** (Ma., Je., Sa. et Di. à 14h, 58-68 $) et d'**Iquitos** (Ma., Je., Sa. et Di. à 11h30, 58-68 $). **SAOSA**, Compagñon 468 (☎526 534). Vols à destination de **Yurimaguas** (durée 15 mn, 25 $), **Pampa Hermosa** (s/180), **Contamana** (s/180-190), **Orellana** (s/180-190) et **Pucallpa** (s/200).

Bus : Les agences se concentrent dans la rue Salaverry (s/2 en mototaxi). **Paredes Estrella** (☎521 202), à la huitième *cuadra* de la rue Salaverry, **Turismo Tarapoto**, Salaverry 705 (☎523 259), **Expreso Huamanga** (☎527 272) et **Guadalupe Express** (☎528 038) desservent **Lima** (durée 32h, s/70) via **Moyocamba**, **Rioja**, **Nueva Cajamarca**, **Chiclayo** (durée 20h, s/35-40) et **Trujillo** (durée 24h, s/50-55). Les compagnies **Expreso Huamanga** et **Guadalupe Express** desservent également **Bellavista** (s/10), **Juanjui** (s/12-15) et **Yurimaguas** (durée 5h, s/10) via **Cataratas Ahuashiyacu** (durée 1h, dép. vers 10-11h, s/3-5). Des *combis* vont à **Lamas** (durée 30 mn, dép. de 4h à 22h, s/3,5).

ORIENTATION ET INFORMATIONS PRATIQUES

Des agences, banques et autres services se trouvent dans les rues **San Martín**, **Pimentel** et sur la **Plaza de Armas**. Les transports arrivent et repartent de la rue **Salaverry**, près de la rue **Morales**.

Agences de voyages : Plusieurs agences se sont ouvertes suite au développement de l'écotourisme. Parmi elles, vous trouverez **Selva Tours**, San Martín 153 (☎526 668, ouvert Lu-Sa 8h-13h et 15h-19h), à une *cuadra* de la place, **Fomentours**, San Martín 148 (☎522 257), de l'autre côté de la rue, et **Demia Tours**, Moyobamba 253. Toutes les agences organisent des excursions aux **Cataratas de Ahuashiyacu** (cascade, s/20), à **Lamas** (s/20), à la **Laguna de Sauce** (s/60), ainsi que des **excursions en canoë** (s/50) sur la rivière Mayo.

Banques : La **Banco de Crédito**, dans la rue Maynas, non loin de la place, dispose d'un **distributeur automatique** Visa. Ouvert Lu-Ve 9h15-13h15 et 16h30-18h30, Sa. 9h30-12h30. La **Banco del Trabajo**, Hurtado 155 (☎527 000), propose un service **Western Union**. Ouvert Lu-Ve 9h-13h30 et 15h45-19h, Sa. 9h15-12h45. Le guichet de la **Banco Continental**, Hurtado 149, est ouvert tlj 9h-21h.

Marchés : **Mercado 1**, dans la seconde *cuadra* de la rue Pimentel, au sud de la place. Le **Mercado 2**, plus grand, se trouve à quelques *cuadras* en descendant de la place.

Laverie : **Lavandería y Tintorería**, San Pablo de la Cruz 248 (☎527 128), à deux *cuadras* de la place. Lavage-séchage s/3 le kilo, lavage-séchage en machine s/8 le kilo.

Urgences : ☎105.

Police : ☎522 141.

Pharmacie : Pour connaître la pharmacie de garde, consultez la liste affichée sur la **Farmacia Popular**, San Martín 220 (☎522 079).

Hôpital : **Clínica San Marcos**, Leguia 604 (☎523 838). **Clínica San Martín**, San Martín 274.

Téléphone : **Telefónica del Perú**, Castilla 167 (☎522 649), à une *cuadra* de la place. Ouvert tlj 7h-23h.

Internet : San Martín 340 (☎523 601), s/4 l'heure, et San Martín 129, s/5 l'heure. Ouverts tlj 9h-1h.

Bureau de poste : **Serpost**, San Martín 482 (☎522 021), à cinq *cuadras* de la place. Ouvert Lu-Sa 8h-20h et Di. 8h-12h.

HÉBERGEMENT

❤ **Alojamiento El Mirador**, San Pablo de la Cruz 517 (☎522 177). Aussi près que possible de la jungle tout en restant près du centre-ville. Le cadre tranquille est une invitation à la sieste dans un hamac. Au rez-de-chaussée, chambre simple 13 $, double 16 $ (avec salle de bains privée, TV et ventilateur). Chambres plus modestes au premier étage : chambre simple s/35, double s/40.

Hostal Edison (☎524 101 ou 524 038), à l'intersection des rues Maynas et Pimentel, sur la place. Vous pouvez faire la fête tout le week-end dans la discothèque de l'hôtel, jouer au casino et chanter dans le bar-karaoké, puis vous écrouler dans une chambre spacieuse et confortable. Eau chaude. Petit déjeuner s/5. Chambre simple s/20, double s/30.

Hostal San Antonio, Pimentel 126 (☎525 563), près de la place. Chambres standard, autour d'un jardin. Eau chaude. Restaurant. Télévision s/5. Chambre simple s/20, double s/25.

Hotel Monte Azul, Morey 156 (☎522 443, fax 523 636). Une originalité : des mini bars dans chaque chambre. Chambre simple s/75, avec air conditionné s/109 (prix négociables).

RESTAURANTS

La cuisine de Tarapoto mélange celle des hauts plateaux et celle de la jungle. Vous pourrez notamment goûter de fabuleux jus de fruit et de succulents filets de poisson. Au marché vous trouverez toutes sortes de boissons médicinales.

Las Terrazas, Hurtado 183 (☎522 043), sur la place. Plats délicieux, comme le *paiche* (s/6), la *patarashca* (poisson cuit dans la braise et présenté dans des feuilles de palmiers, s/14) et les *juanes* (sorte de pâtés de riz et de poulet, s/7). Menu s/5. Ouvert tlj 7h30-24h.

Banana's Burger (☎523 260), à l'angle des rues Morey et San Martín. Très fréquenté par les gens de la ville, surtout le soir. Sert des hamburgers, du poulet et des sandwichs. Ouvert tlj 7h-14h.

Real Grill, dans la rue Moyobamba, sur la place. Plats chinois, italiens et péruviens dans une ambiance chic. Ouvert tlj 8h30-24h.

VISITES ET EXCURSIONS DEPUIS TARAPOTO

MUSEO UNSM. Dans l'entrée de ce musée composé d'une unique salle sont exposées des peaux d'anacondas, parmi d'autres étonnants spécimens sauvages. A l'intérieur, l'exposition raconte la longue histoire de Tarapoto, des coquillages fossiles et des ossements de dinosaures aux articles de presse et aux photos des années 1940 à 1960, en passant par les vestiges archéologiques et les objets coloniaux. *(Maynas 179. Ouvert Lu-Ve 8h-12h et 12h30-20h. s/1.)*

LAMAS. C'est dans ce village que vivent les descendants des Indiens Chancas, ou Motilones, connus pour leurs traditions et leur artisanat des hauts plateaux, qui semblent décalés dans la jungle. La Cascada de Chapawanki et la Cascada de Mishquiyacu se situent à proximité. *(Pour vous rendre à Lamas, prenez un* combi *(durée 30 mn, dép. quand il est plein, de 4h à 22h, s/3,50) de l'une des compagnies de bus qui se trouvent dans la rue Salaverry.)*

ACTIVITÉS DE PLEIN AIR. Les **Cataratas de Ahuashiyacu**, des chutes d'eau spectaculaires et faciles d'accès, sont un but idéal d'excursion. Sur le chemin, admirez la **Laguna Venezia**. *(A 2h de marche le long de la grande route, en direction de Yurimaguas. Vous pouvez aussi prendre un bus à destination de Yurimaguas, durée 1h, dép. vers 10-11h, s/3-5, ou un mototaxi, a/r s/15.)* L'excursion à la **Laguna de Sauce**, un joli lac également appelé Laguna Azul, nécessite davantage de temps. *(Pour vous rendre jusqu'au lac, prenez un mototaxi (s/1,5) jusqu'à l'arrêt de bus "Sauce", dans la région de Shilcayo, puis sautez dans un* combi *à destination de Sauce (durée 3h, s/10). De Sauce, comptez cinq heures de marche. Vous trouverez un lodge au bord du lac (s/10).)* Plusieurs agences de Tarapoto organisent des excursions en **canoë** (s/10) sur le Río Mayo pendant la saison sèche (Juin-Nov). *(Renseignez-vous auprès de Fomentours, San Martín 148 (☎522 257), ou de Demla Tours, Moyobamba 253.)*

FÊTES

Les coutumes montagnardes sont encore d'actualité chez les descendants des Chancas (ou Motilones) qui vivent à Tarapoto. Les voyageurs qui ont la chance d'arriver au moment de la fête la plus importante (7-19 Juil.), donnée en l'honneur de la **Patrona de la Santa Cruz de los Motilones**, pourront s'en rendre compte. L'autre manifestation importante de Tarapoto est **l'anniversaire de Tarapoto**, qui dure une semaine (14-22 Août) et au cours duquel on danse la *pandilla*.

PUCALLPA ☎064

Pucallpa est une ville pleine d'énergie. Les mototaxis, les vendeurs ambulants et les cireurs de chaussures animent les rues. Au port, les cargos chargent et déchargent incessamment leurs cargaisons, surveillés par les vautours tournoyant dans le ciel à l'affût de toute miette perdue. Pucallpa est la plus grande ville de la jungle accessible par la route, et son port constitue par conséquent un point d'échange important entre les ressources provenant de la forêt et les marchés du pays. Pour les visiteurs, elle offre le spectacle réaliste et rarement recherché d'une ville-frontière travailleuse.

TRANSPORTS

Avion : **Aéroport** (☎572 767), à 5 km au nord-est du centre. Mototaxi s/10. **AeroContinente**, 7 de Junio 861 (☎575 643), dessert **Lima** (durée 45 mn, dép. à 12h, 69 $) et **Iquitos** (durée 45 mn, dép. Lu., Me., Ve. et Di. à 11h50, 59 $). **Tans**, Arica 500 (☎591 852), à la hauteur d'Arana, dessert **Lima** (durée 50 mn, dép. Lu., Me., et Ve. à 14h, Di. à 12h, 58 $) et **Iquitos** (durée 45 mn, dép. Lu., Me. et Ve. à 11h, Di. à 9h, 58 $).

Bus : Les compagnies situées sur la calle 7 de Junio, près des rues Raimondi et San Martín, proposent un service de bus à destination de **Lima** (durée 18-22h, 5 dép/j de 7h30 à 11h, s/35-40), via **Tingo María** (durée 7-8h, s/15-20), **Huánuco** (durée 10-12h, s/20-25) et **La Oroya** (durée 12-18h, s/25-30). **Turismo Central**, 7 de Junio 893 (☎577 168), dessert **Huancayo** (durée 18h, dép. à 6h30, s/40). **Selva Express**, 7 de Junio 846 (☎573 219), et **Turismo Ucayali**, 7 de Junio 799 (☎577 158), proposent un service de *colectivos* à destination de **Tingo María** (durée 5-6h, dép. une fois plein de 4h à 18h, s/35). **Transportes Palcazo**, Centenario 142A (☎571 273), là où la rue 7 de Junio devient la Carretera Frederico B, propose un service de *colectivos* à destination de **Palcazú** (durée 7h, dép. une fois plein de 6h à 10h, s/35), où l'on peut prendre une correspondance pour Puerto Bermúdez et Puerto Inco.

Bateau : Les bateaux portent des ardoises où sont inscrits leur destination, les dates et les horaires de départ. Rares sont ceux qui partent à l'heure prévue. Mais il en part presque chaque jour pour **Iquitos** (durée 3-8 jours, s/60-70), depuis les ports de **La Hoyada** (Déc-Mars), de **Cruze el Mangual** (Avr-Juil) ou de **Pucallpillo** (Août-Nov), en fonction du niveau des eaux. Ces trois ports sont proche les uns des autres, à environ 3 km au nord-ouest du centre. Mototaxi s/3. Pour en savoir plus sur le trajet en bateau jusqu'à Iquitos, voir p. 327.

Transports en commun : La ligne de **colectivos** la plus fréquentée descend la rue 7 de Junio vers le sud, en direction des marécages, et remonte la rue Ucayali vers le nord, en direction de la grande route et du Parque Natural (s/0,80-1). Tous les *colectivos* indiquent leur destination sur leur pare-brise.

Taxi : Un mototaxi ne devrait pas vous coûter plus de s/3 pour un trajet à l'intérieur de la ville et s/10 pour l'aéroport et pour Yarinacocha. Pour voyager en voiture-taxi, appelez **Empresa de Transporte** (☎575 026).

Location de voitures et de mobylettes : **Rent-A-Moto Ruiz** (non indiqué), Tacna 601, au niveau de la rue San Martín, loue des motos (s/6 l'heure). Ouvert tlj 7h-22h. **Motos Virgen de Copacabana**, Ucayali 265, offre le même service (s/7 l'heure). Location de voiture s/100 la journée. Voiture avec chauffeur s/20 l'heure. Ouvert 24h/24, frappez pour appeler quelqu'un.

ORIENTATION ET INFORMATIONS PRATIQUES

Pucallpa se trouve sur la rive ouest du **Río Ucayali**, à 860 km au nord-est de Lima. Les artères principales sont la rue **Ucayali** et, parallèle à celle-ci, la rue **7 de Junio** (sur laquelle s'installent les deux **marchés** de la ville). Elles sont coupées par les rues **Raimondi** et **San Martín**. La **Plaza de Armas** se trouve à une *cuadra* de la rue Ucayali, en direction du fleuve, entre les rues Independencia et Sucre, qui sont perpendiculaires à la rue Ucayali. La majorité des **bus** passent par les rues 7 de Junio ou Ucayali. Les **marécages** (ou mares à la saison des pluies) marquent la limite sud de la ville.

Office de tourisme : **Dirección Regional Sectorial de Industria y Turismo**, 2 de Mayo 111 (☎571 303, fax 575 110), près de la rue Mariscal Cáceres. Depuis la place, descendez la rue Tarapacá en direction du fleuve puis prenez à gauche dans la rue Portillo. Après quelques *cuadras*, la rue Portillo devient la rue 2 de Mayo. Le personnel, très accueillant et bien renseigné, parle anglais, et vous fournira des brochures, des cartes et des informations sur les excursions. Ouvert Lu-Ve 7h-13h et 14h-18h45.

Change : **Banco de Crédito**, Raimondi 404 (☎571 364), au niveau de la rue Tarapacá. **Distributeur automatique** Visa. Ouvert Lu-Ve 9h15-13h15 et 16h30-18h30, Sa. 9h30-12h30.

Cours d'espagnol : **The British Center**, Libertad 273-7 (☎/fax 578 682), propose des cours privés (environ 10 $ par personne et par heure) et des cours collectifs (environ 30 $ par mois). Ouvert Lu-Sa 8h-21h.

Marchés : Le plus grand marché de Pucallpa s'étend le long de la rue 7 de Junio. Le plus petit, délimité par les rues Tarapacá, Portillo, 9 de Diciembre et Huáscar, vend des hamacs (s/15-50).

Laverie : **Lavandería Gasparin**, Portillo 526 (☎591 147). s/1,25 pour la poudre à laver, s/6 au minimum pour la lessive. Ouvert Lu-Sa 9h-13h et 16h-20h.

Urgences : ☎105.

Police : San Martín 466 (☎575 258). Ouvert 24h/24.

Hôpital : Augustin Cauper 285 (☎575 209), entre les rues Diego Delunadro et Mariscal Cáceres.

Téléphone : **Telefónica del Perú**, Tarapacá 540 (☎574 803, fax 590 343). Téléphones publics juste à l'extérieur. Ouvert Lu-Ve 8h30-16h30.

Internet : Aux **Trial Cabinas de Internet**, Raimondi 399 (☎590 738, e-mail trial_pucallpa@mixmail.com, Web : www.geocities.com/trial_pucallpa), au niveau de la rue Tarapacá, vous bénéficiez de l'air conditionné. Pour 5h, 1h gratuite. 8h-21h : s/4 l'heure. 21h-8h : s/2 l'heure. Ouvert 24h/24. **Eproima Net**, Tarapacá 725 (☎579 641, e-mail epinet@eproima.com.pe, Web : www.eproima.com.pe). s/4 l'heure. Ouvert 24h/24.

Bureau de poste : **Serpost**, San Martín 418 (☎571 382). Ouvert Lu-Sa 8h-18h45.

HÉBERGEMENT

A Pucallpa, un vaste choix d'hôtels permet à tous les budgets de s'y retrouver. Les moins chers parmi les moins chers se trouvent sur la rue 7 de Junio, près de la rue Sucre. Etant donné la chaleur, le ventilateur est l'élément essentiel de la chambre. Aucun de ces hôtels n'a l'eau chaude, mais elle ne devrait pas vous manquer.

Hostería del Rey, Portillo 747 (☎575 815). Depuis la Plaza de Armas, descendez la rue 7 de Junio vers le sud, puis prenez à droite sur la rue Portillo. Les chambres à haut plafond sont dotées d'une salle de bains et d'un ventilateur. Chambre simple s/15, double s/20, triple s/25. TV : supplément s/5.

Hospedaje Richard, San Martín 350 (☎572 242). Vous pourrez acheter de l'artisanat shipibo dans le hall d'entrée. Chaque chambre est équipée d'un ventilateur. Très propre, à part la peinture écaillée. Chambre simple s/10, avec salle de bains s/15, chambre double avec salle de bains s/25.

Hospedaje Komby, Ucayali 360 (☎571 184, fax 577 081), à moins de 2 *cuadras* de la Plaza de Armas. Un peu cher, mais chaque chambre est équipée d'une salle de bains, de ventilateur et de la télévision. Piscine (s/5 la journée pour les non-clients). Chambre simple s/35, double s/45, triple s/55.

Hospedaje Plaza, Independencia 420 (☎592 118). Juste à côté de la Plaza de Armas, ce petit hôtel est tranquille. Les murs jaunes et les ventilateurs rafraîchissent les chambres. Chambre simple s/10, avec salle de bains s/20, chambre à lit double s/15, avec salle de bains s/25, chambre à deux lits s/18.

RESTAURANTS

Un **marché aux fruits frais** a lieu tous les jours sur la Calle Ucayali, entre les rues Independencia et Sucre. Plus loin, à l'angle de la rue San Martín, vous pourrez déguster des gâteaux à la noix de coco absolument irrésistibles (s/0,50). A une *cuadra* de là, en descendant dans la rue Raimondi (entre les rues Ucayali et Tacna), vous trouverez plusieurs petits restaurants qui servent des hamburgers. Si vous avez envie de cuisine italienne, allez à l'**Inmaculada**, entre les rues San Martín et Independencia. **Los Andes**, Portillo 553, est un supermarché bien achalandé (ouvert Lu-Sa 8h-13h et 15h-21h, Di. 10h-13h.)

El Paraíso Naturista, Tarapacá 653, non loin de la Plaza de Armas. Ici, la nourriture saine c'est du sérieux. Vous y trouverez des spécialités péruviennes cuisinées à la façon végétarienne. Steak de soja s/9. Yaourt s/2-4. Plats s/3-9. Menu s/3. Ouvert Sa-Je 7h30-21h, Ve. 7h-16h.

Don José, Ucayali 661 (☎572 865), entre les rues San Martín et Raimondi. Ce restaurant, ouvert il y a 34 ans, est un peu cher, mais le menu est quasiment exhaustif et les portions sont généreuses. Hamburgers s/9-12. Plats s/4-19. Menu s/4. Ouvert Lu-Sa 7h-23h, Di. 7h-15h et 18h-23h.

Restaurant Las Margaritas, Tarapacá 250 (☎573 430). Ce restaurant rappelle une excursion dans la jungle, avec ses plantes qui grimpent le long des murs et son toit en paille. Il y a aussi un bar. Plats s/5-26. Menu s/4. Bière s/4-7. Musique *live* Ve-Sa 19h, karaoké Di-Je 19h. Ouvert tlj 8h-tard.

Pollería El Portal Chicken, Independencia 510 (☎571 771), sur la place. C'est le meilleur restaurant de poulet parmi les nombreux que compte la ville. La rapidité du service fait oublier le décor aux airs de fast-food. Quart de poulet s/6. Plats s/6-24. Ouvert tlj 16h30-1h.

VISITES

PARQUE NATURAL-MUSEO REGIONAL. Ce parc est connu avant tout pour son grand **zoo**, qui héberge de beaux animaux dans des cages un peu petites. Cherchez le singe sympathique qui se balade en liberté. Ne vous inquiétez pas, c'est une femelle (seuls les mâles mordent). En passant le pont décoré d'une tête de requin vous arriverez au musée, qui vaut la peine d'être visité. Quatre petites huttes permettent de se faire une idée de la culture locale : l'une contient des poteries shipibo, une autre des peaux et des fourrures, la troisième des os, des coquillages et des fossiles, et la dernière une collection de vêtements shipibo et d'autres indigènes. *(Pour vous y rendre, prenez l'un des combis marqués "Pista" en direction du nord et demandez à être déposé au "zoológico" (durée 15 mn, s/0,80-1). Ouvert tlj 9h-17h15. s/2, enfants s/0,5.)*

ART. Le peintre mondialement connu **Pablo Amaringo** dirige l'Escuela de Pintura Usko Ayar. Fierté de Pucallpa, Amaringo a développé un style appelé *neo-Amazónico* : sous l'influence de la plante hallucinogène *ayahuasca*, les peintres représentent des paysages de la forêt tropicale (voir encadré **Les trips de la jungle**). C'est une école d'art, mais les enseignants sympathiques de Usko Ayar pourront, entre deux cours, montrer aux visiteurs le travail des étudiants. *(Sánchez Cerro 465-67. ☎573 088. L'école n'est pas indiquée, mais vous la repérerez grâce à la grande plate-forme en bois qui surplombe les marécages. Mototaxi s/1,5. Ouvert de façon occasionnelle, en général tlj 8h-10h et 14h-17h. Entrée libre.)*

FÊTES

La principale fête de Pucallpa, la **Fiesta de San Juan** (fête de la saint Jean), a lieu du 17 au 25 juin, et les festivités atteignent leur apogée le 24 juin. En l'honneur de San Juan, le saint patron de Pucallpa, les gens de la ville vont se baigner dans le fleuve ou le lac pour se purifier. Puis ils font la fête : danses, musique, courses de bateau, courses à la nage et *cerveza* San Juan en abondance. L'**anniversaire** de la ville, du 1er au 18 octobre, fournit une autre occasion de faire la fête, avec des défilés, des danses, de la musique traditionnelle et des expositions d'artisanat.

LES TRIPS DE LA JUNGLE La drogue par excellence à Pucallpa est extraite de la plante tropicale hallucinogène *ayahuasca*. Traditionnellement, seuls les chamans buvaient de l'*ayahuasca*, qui leur donnait la faculté de résoudre les problèmes du groupe. Mais ces dernières années, d'autres se sont intéressés de près aux pouvoirs hallucinogènes de la plante. Certains disent qu'elle permet de développer un troisième œil, qui donne accès au monde spirituel où passé et présent sont mêlés dans une même unité de temps, et qu'elle donne les clés de la philosophie de la nature et de la signification du paradis. Le peintre Pablo Amaringo, dont les œuvres néo-amazoniennes ont été inspirées par cette expérience, a déclaré : "Cette plante vous permet de voir ce que les autres ne peuvent pas voir. Elle vous met en contact avec les dieux, les esprits et les habitants de l'au-delà, d'autres mondes et d'autres dimensions". Quel *trip* ! Amaringo a arrêté l'*ayahuasca* en 1976, après avoir été blessé par un émissaire du monde des esprits.

SORTIES

Les discothèques sont nombreuses à Pucallpa, mais n'ont rien d'extraordinaire. Evitez-les si le mélange de la pop latino et de la bière San Juan n'est pas votre truc. Il y a peu de monde pendant la semaine, mais le jeudi et surtout le vendredi et le samedi, la foule s'y presse. La majorité des boîtes de nuit de Pucallpa se trouve un peu à l'écart, dans des quartiers résidentiels, près de la route qui mène à l'aéroport. En mototaxi, vous devriez en avoir pour s/2.

❤ **El Mandingo**, Bellavista 1050 (☎572 869). Des noctambules de toutes sortes se retrouvent ici et s'éclatent sur de la pop latino, dans la fumée et la lumière des spots. Trois pistes de danse, trois bars et une cour avec une fontaine. Ouvert Ma-Di 20h-tard.

La Granja, Leonicio Prado 451 (☎579 779). Salsa et *merengue*. Les tables entourent une piste de danse agréable où se défoulent des fêtards plus jeunes. Ouvert Me-Di 20h-5h.

Las Brujas, Leticia 573 (☎574 955). Les lumières vertes et les arbres fantomatiques justifient le nom de l'endroit (les Sorcières). Lu-Sa consommation de s/20 au minimum. Ouvert tlj 19h-4h.

Tucho's Video Pub et Karaoke, Federico Basadre 708. Derrière les portes battantes en bois, vous entendrez chanter une foule de jeunes d'une vingtaine d'années. Ouvert tlj 19h-tard.

ENVIRONS DE PUCALLPA : LE LAGO YARINACOCHA

De temps en temps, une rivière change son cours et choisit une voie plus facile (c'est-à-dire à travers les terres inondables). Elle laisse parfois derrière elle des traces de son ancien cours, sous forme de bras morts qui se remplissent au moment de la saison des pluies. C'est le cas du Lago Yarinacocha, un vestige du Río Ucayali. Situé à 7 km au nord-est de Pucallpa, Yarinacocha est l'endroit où de nombreux citadins passent leur week-end, et pour les touristes, c'est aussi une porte qui ouvre sur la jungle.

TRANSPORTS ET INFORMATIONS PRATIQUES. Puerto Callao, la plus importante des villes situées sur les rives du lac, est très animée. Pour vous y rendre, prenez un *colectivo* marqué "Yarina" (durée 15 mn, s/1) depuis la rue Ucayali. De là, les *colectivos* et les bateaux des visites guidées partent dans tout le secteur. Les premiers ne portent souvent pas d'indications et sont en mauvais état. Ils partent une fois pleins et emmènent les groupes tout autour du lac. (Durée 1h30 pour San Francisco, 45 mn pour les jardins botaniques, 20-30 mn pour les lodges dans la jungle. s/1-1,5.) Les **bateaux de tourisme** sont pimpants et neufs, et leurs guides se précipitent sur les *gringos* comme les vautours sur Pucallpa. Pour s/15 l'heure, ils vous proposent une visite guidée vers la destination de votre choix sur le lac. Les prix sont en principe définis pour un groupe, donc plus le groupe sera important, moins vous paierez. Comme toujours, les guides ne se valent pas tous en termes de connaissances et de compétences, et il est préférable de discuter un moment avec celui dont vous vous apprêtez à louer les services. Vous pouvez aussi vous adresser à **Alligator Pepe**, qui exerce le métier de guide depuis 18 ans, parle anglais et italien, et connaît tout sur la jungle, des coutumes des Indiens shipibo aux constellations. Un autre guide à recommander est **Gustavo Paredes Polonio**, dont le bateau s'appelle *Poseidon*. Il est difficile de trouver un bateau après la nuit tombée, à l'heure de la sieste ou pendant les matchs de foot. Les **taxis** marqués "Yarina" vont aussi à San Francisco (durée 30 mn, s/2) depuis la rue parallèle à la rive, à Puerto Callao. Santa Clara se trouve à 30 mn de marche de San Francisco.

HÉBERGEMENT ET RESTAURANTS. Il y a très peu de raisons de passer la nuit à Puerto Callao. Mais, si vous n'avez pas d'autre choix, l'**Hospedaje Los Delfines**, dans la rue Aguatiya, propose des chambres bien équipées, avec réfrigérateur, ventilateur et téléphone, ce qui vous fera oublier les plafonds en mauvais état. Pour vous y rendre, faites face au lac, puis suivez la route qui le longe vers la gauche. Au bout de la route, tournez le dos au lac : l'hôtel se trouve à une *cuadra* en remontant, sur votre gauche. (☎596 423, chambre simple s/18, double s/22, TV moyennant un supplément de s/2.) Moins cher, l'**Hospedaje El Pescador**, Malecón 216, se situe au bord de l'eau. Entrez par la Fuente de Soda Vanessa. Il n'y a pas de fenêtres, mais les ventilateurs et les aérations compensent en partie ce manque. (☎596 750. Chambre s/10 par personne.) Vous trouverez un grand nombre de restaurants le long du rivage, et à l'heure du déjeuner tout le monde vient faire cuire du poisson frais dans la rue. Le restaurant qui vaut vraiment la peine d'être essayé est le **Balsa Turistic Anaconda**, à droite lorsque vous regardez le lac. Il est un peu plus cher, mais il se trouve littéralement sur le lac. Excellents plats de poissons, s/10-22. (☎596 950. Musique *live* Di. 14h. Ouvert tlj 9h-18h.)

VISITES. De multiples destinations attendent votre visite autour du lac. Au nord (à gauche lorsque vous faites face au lac depuis Puerto Callao) se trouve **San Francisco**, et plus loin, **Santa Clara**, deux villages traditionnels shipibos (en tout cas, aussi traditionnels que possible pour des villages situés près d'une ville). Les femmes vendent des produits artisanaux sur le seuil de leur maison, mais ne négociez pas, car les gens d'ici sont pauvres, et les prix déjà très bas. Plus près de Puerto Callao se trouve la **Isla del Amor**, un endroit idéal pour nager. Apparemment, les piranhas du lac ne viennent pas importuner les nageurs, mais prenez garde au *candirú*, un petit poisson redoutable (voir encadré **Ces horribles petites bêtes qui montent, qui montent, qui montent...**). Les bateaux à destination de cette île (durée 20 mn, s/1) partent fréquemment. Du côté droit du lac (lorsque vous faites face au lac depuis Puerto Callao) se trouve la partie la plus belle de la **jungle** de Yarinacocha. Les **jardins botaniques**, situés à 45 mn en bateau, abritent plus de 2300 espèces de plantes.

EXCURSIONS DANS LA JUNGLE DEPUIS LE LAGO YARINACOCHA. Outre des excursions d'une journée, les guides peuvent vous en proposer des plus longues (jusqu'à 5 jours) autour du lac et dans les environs. En effet, le Lago Yarinacocha est relié au Río Ucayali, et la forêt vierge est à portée de la main. Choisissez votre guide avec soin. Vérifiez qu'il a les compétences requises et qu'il est bien équipé. Etablissez clairement les prestations de l'expédition (en particulier les prix) avant de partir. **Alligator Pepe** (30 $ par personne et par jour) et **Gustavo Paredes** (35 $ par personne et par jour) proposent des expéditions similaires, dont le prix inclut toutes les fournitures, les trois repas par jour et le plus souvent, l'observation d'alligators et la pêche aux piranhas.

Dans cette région, les **lodges** dans la jungle sont différents de ceux qui sont proches des autres villes. En effet, les lodges de Yarinacocha se trouvent tous dans un périmètre de 15 mn en bateau de Puerto Callao, et sont donc totalement connectés à la vie moderne. Mais ils sont bel et bien situés en pleine jungle, et si vous le souhaitez, vous pourrez trouver un guide qui vous emmènera dans des endroits plus sauvages. Plus important peut-être, ces lodges sont beaucoup moins chers que leurs équivalents du nord et du sud. La solution la plus intéressante est de se faire héberger à **Nueva Luz de Fatima**, un petit village situé juste après les lodges. Là, Silvia Morales et Gilbert Reategui Sangamd ouvrent les portes de leur maison aux visiteurs qui souhaitent partager la vie lacustre d'un village de 20 familles. Les chambres sont spartiates (vous dormirez dans une petite chambre, dans une hutte en bois sombre) mais vous aurez du mal à trouver plus authentique. Les habitants partagent les toilettes collectives derrière le village et prennent leur douche avec des seaux d'eau du lac. Alligator Pepe, qui vit chez Silvia et Gilbert, pourra organiser vos excursions. Vous pouvez vous rendre à Nueva Luz de Fatima en bateau, ou passer par l'intermédiaire d'Alligator Pepe, à Puerto Callao. (Chambre s/25 par personne, trois repas inclus.) Plus loin dans la jungle, vous ne pourrez pas manquer la pancarte lumineuse de **La Cabaña**, dont les chaises longues s'alignent face à la rivière : c'est une expérience différente de celle de Nueva Luz. Il s'agit d'un lieu de résidence propre et confortable, situé au bord du lac, et doté de chambres individuelles et d'un vaste restaurant. Demandez une chambre avec vue sur le lac. (☎615 009. Pédalos à louer. Bateau à moteur 20 $ l'heure, chambre simple avec salle de bains 35 $ par personne, chambre double ou triple avec salle de bains 60 $ par personne. Le prix comprend les trois repas.) A **La Perla**, quelque part entre La Cabaña et Nueva Fatima du point de vue de la géographie et de l'esthétique, vous serez traité comme un membre de la famille. Les propriétaires allemands et péruviens accueillent les visiteurs dans des chambres décorées d'objets artisanaux indiens et de peaux de bêtes (☎616 004. Chambre 30 $ par personne, trois repas par jour et transport de et vers l'aéroport inclus.). Pour vous rendre aux lodges, prenez un bateau *colectivo* depuis Puerto Callao (durée 20-30 mn, s/1).

TINGO MARÍA ☎064

Là où les Andes cèdent la place à la jungle se trouve Tingo María, bien connu pour ses grottes sans fond et ses ressources en cocaïne illimitées. Les brumes de la jungle et la végétation luxuriante enveloppent la ville et ajoutent encore à l'atmosphère de mystère qui entoure ses obscures activités. Si sa réputation est déplorable, Tingo María possède en toile de fond un très beau paysage de montagne, sans parler de ses grottes qui sont parmi les plus impressionnantes du Pérou. Cette ville florissante a une caractéristique bien particulière : elle pourrait bien être la seule cité du nord du pays à ne pas avoir de Plaza de Armas.

TRANSPORTS

Avion : L'**aéroport** (☎562 003) est situé de l'autre côté de la rivière, à 1 km sur votre droite après avoir traversé le pont. Mototaxi s/1,5. **T Double A** (☎562 806), à droite juste après le pont sur la route de l'aéroport, propose des vols à destination de **Lima** (durée 1-2h, dép. Me. et Ve. à 14h, 79 $).

Bus : Les compagnies situées dans les rues Enrique Pimentel et Raimondi desservent **Lima** (durée 11-12h, dép. à 7h30, 18h, 18h30, 18h45 et 19h, s/25-40). **Leoncio Prado**, Enrique Pimentel 127, dessert **Pucallpa** (durée 8h, dép. à 10h45, s/20) et **Huánuco** (durée 2h30, dép. à 16h, s/7). **Turismo Central**, Callao 135 (☎562 668), dessert **Huancayo** (durée 10h, dép. à 17h45, s/25). **ETNASA**, Callao 195, dessert **Huánuco** (durée 3h, 2 dép/h de 7h à 19h, s/7). **Comité 5**, Raimondi 108 (☎563 602), propose un service de *colectivos* pour **Huánuco** (durée 2h30, dép. une fois plein de 5h à 20h, s/13). **Turismo San Juan**, Callao 145, dessert **Huánuco** (durée 2h30-3h, 1 dép/h de 6h à 18h, s/6-7). **Turismo Unidas**, à l'angle des rues Cayumba et Raimondi, propose un service de *colectivos* à destination de **Pucallpa** (durée 8h, 2 dép/j, dép. une fois plein de 8h à 10h, s/20). Au cours des années passées, les bus de nuit à destination de Pucallpa ont été l'objet d'attaques.

Mototaxi : Les trajets en ville coûtent s/1,5 au maximum.

ORIENTATION ET INFORMATIONS PRATIQUES

Nichée dans un méandre du **Río Huallaga**, Tingo María se trouve à 545 km au nord-est de Lima. La large et verdoyante **Alameda Perú** coupe la principale place de la ville, la **Plaza Leonicio Prado**. Deux *cuadras* plus loin, près de la rivière, l'**Ave. Raimondi** lui est parallèle. C'est là que se concentre la majorité des commerces, services et hôtels de Tingo. La plupart des bus arrivent à l'extrémité sud de l'Ave. Raimondi, où elle change de nom pour devenir l'**Ave. Enrique Pimentel**. Le cœur de la ville est constitué par les immenses **marchés** situés dans la partie sud.

Informations touristiques : Un nouvel **office de tourisme**, Alameda Perú 525 (☎562 058), juste à côté de la place, offre des brochures, des magazines et des cartes. Ouvert 8h-15h30.

Change : **Banco de Crédito**, Raimondi 249 (☎562 110), ouvert Lu-Ve 9h15-13h15 et 16h30-18h30, Sa. 9h30-12h30. **Distributeur automatique** Visa 24h/24.

Marché : **Mercado Modelo**, délimité par les rues Callao et Cayumba.

Urgences : ☎105.

Police : Raimondi 413 (☎562 533).

Hôpital : Ucayali 114 (☎562 019, urgences ☎563 075).

Téléphone : **Telefónica del Perú**, Tito Jaime 405 (☎563 450 ou 563 426). Ouvert tlj 7h-23h.

Internet : **BeC@D**, Raimondi 452 (☎561 852, e-mail becad@latinmail.com). Ouvert tlj 8h30-24h. **Internet Cartel**, Raimondi 272 (☎562 551, fax 561 611). Ouvert tlj 7h-23h. Service téléphone, s/5 l'heure.

Bureau de poste : Alameda Perú 451 (☎/fax 562 100), sur la place. Ouvert Lu-Sa 8h-20h.

HÉBERGEMENT

Vous pourrez vous loger à des prix défiant toute concurrence (s/7) dans les rues qui se trouvent autour du marché, mais la majorité de ces établissements sont plutôt sordides. Il y a mieux tout près de là.

❤ **Hostal Palacio**, Raimondi 156 (☎562 319), près de l'intersection avec la rue Callao. Ce petit hôtel fait également office de zoo, avec, entre autres, son puma et son paresseux à trois phalanges en cage dans la cour. A l'intérieur, le décor est austère mais impeccable. Seules les chambres avec salle de bains sont équipées de ventilateurs. Chambre simple s/10, avec salle de bains s/20, chambre double s/20, avec salle de bains s/32, TV : supplément s/5.

Hospedaje Cuzco, Raimondi 671 (☎562 095), pas cher du tout, et les toilettes et les douches sont propres. Si vous arrivez à passer outre l'odeur musquée et le fait que la réception fait également office de magasin funéraire, vous dormirez sans problème dans des chambres petites mais confortables. Chambre s/5 par personne (et ce n'est pas une plaisanterie).

Hostal Viena, Lamas 252 (☎562 194), entre les avenues Benavides et Raimondi. Cet immense hôtel pourrait loger une armée entière. Visitez-le jusqu'à ce que vous trouviez votre chambre préférée. Chambre simple s/10, avec salle de bains s/15, chambre double s/15, avec salle de bains s/20, chambre triple s/18, avec salle de bains s/25.

Hostal Falcon, Sucre 245 (☎561 817). Depuis la Plaza Leonicio Prado, lorsque vous avez la rivière à votre droite, descendez la rue Alameda Perú et prenez à gauche dans la rue Callao. Tournez à la première à droite dans la rue Olaya, puis à gauche dans la rue 9 de Octubre. La rue Sucre est la prochaine à droite. Jolies chambres, dans un quartier résidentiel, toutes dotées de glaces, de serviettes, de savon et de papier toilette. Les chambres avec balcon, qui donnent sur la rue, sont les plus agréables. Chambre simple avec salle de bains s/15, chambre double avec salle de bains s/20.

RESTAURANTS

La plupart des gens d'ici mangent dans les *fuentes de soda* en plein air qui jouxtent la plupart des intersections avec l'Ave. Raimondi. Dans le quartier du marché, vous trouverez plusieurs petits restaurants dans le même style un peu délabré.

La Tía Julia, Alameda Perú 374. Ce minuscule établissement est, d'après la rumeur, la meilleure adresse de la ville. Plats s/2-6. Ouvert tlj tôt-14h.

El Mango Pizza and Sandwich Restaurant, Lamas 232 (☎561 671). Pas de mangue ici, mais des pizzas s/9-15, des sandwichs s/2-3, et des plats péruviens s/9-15. Ouvert tlj 8h-10h, 12h-15h et 19h-23h.

Comedor Vegetariano, Alameda Perú 353, entre les rues Pratoto et Monzón. Malgré son nom, cet établissement sert de très bons steaks. Déjeuners végétariens ou non, s/2,50. Ouvert tlj 7h-15h et 17h-22h.

VISITES

PARQUE NACIONAL TINGO MARÍA. Située un peu en dehors de la ville, la **Bella Dormiente** (la belle au bois dormant), une montagne appelée ainsi parce que sa courbe évoque une femme en train de dormir, marque l'emplacement du **Parque Nacional Tingo María**. Cette réserve de 18 000 hectares abrite quelques sentiers et une rivière rafraîchissante, mais sa principale curiosité est la **Cueva de las Lechuzas**, une grotte si profonde qu'on dit qu'elle n'a pas de fin. On pourrait passer la journée à l'explorer, mais la chaleur extrême, les chauves-souris et les cafards qui crissent sous vos pieds risquent d'abréger votre visite. Néanmoins, les spéléologues amateurs les plus timorés peuvent visiter l'entrée de la grotte, où des passages en planches ont été installés. Là, de magnifiques formations rocheuses servent d'asile aux groupes de perroquets. Au-delà des allées dallées de bois, vous verrez des *guacharos* (oiseaux nocturnes) innombrables faisant leur nid, et, plus loin, les *lechuzas* (hiboux), qui ont donné leur nom à la grotte. Apportez une lampe électrique et un chapeau pour vous protéger des déjections. Si vous projetez de continuer après les allées "piétonnes", portez de bonnes chaussures de marche. *(Entrée du parc à 8 km de la ville. La grotte est à moins de 1 km de l'entrée. Pour vous y rendre, prenez un mototaxi* colectivo *de Pimentel 148 (durée 30 mn, dép. une fois plein, s/1,5). Des guides, munis de lampes électriques, attendent à l'entrée de la grotte et vous la feront visiter moyennant s/5. Le parc est ouvert tlj 7h-17h30. s/5, gratuit pour les moins de 14 ans.)*

PUERTO BERMÚDEZ ☎064

Si Cuzco est le cœur du Pérou, alors Puerto Bermúdez en est le nombril. C'est ce que les gens d'ici aiment à dire, faisant remarquer que leur petit village est situé au centre géographique exact du pays. Une plaque gravée dans le sol l'atteste. Mais ce n'est pas uniquement l'emplacement de la ville qui justifie sa visite. On vient à Puerto Bermúdez pour une petite *albergue* (auberge) qui est devenue le lodge bon marché le plus intéressant du pays. Ce lodge propose en effet des excursions dans la jungle, à l'écart du flux de touristes qui caractérisent des destinations plus établies comme Iquitos ou Manú.

A l'❤ **Albergue Humboldt**, deux Espagnols (qui parlent anglais) ont mis sur pied l'une des plus passionnantes excursions dans la forêt tropicale. En plus d'organiser des randonnées dans la jungle voisine, Raúl et Jesús cuisinent d'excellents plats espagnols, tandis que leurs visiteurs échangent leurs expériences de voyages dans la bibliothèque, les confortables hamacs, ou leurs chambres impeccables. Les excursions de l'auberge Humboldt vont des randonnées d'une journée vers une cascade, à des expéditions d'une semaine ou de dix jours en bateau jusqu'à Cuzco. Les Indiens ashaninka vous serviront de guides, car ils connaissent la jungle mieux que quiconque. Raúl et Jesús pourront vous donner toutes les informations dont vous avez besoin pour préparer votre propre expédition. Pour vous rendre à l'Albergue Humboldt, descendez l'Alameda Castillo, puis suivez la route qui descend et traversez la rivière. L'auberge se trouve sur votre droite, mais soyez attentif car il n'y a pas de pancarte. (☎720 290 ou 720 291. A Lima, ☎427 91 96 ou 428 55 46. Mototaxi s/1,5. Chambre s/15 par personne, trois repas s/15. Le prix des expéditions, raisonnable, varie en fonction de l'itinéraire choisi : par exemple, une excursion de deux jours avec deux personnes vous coûtera 30 $ par personne et par jour. Les tarifs sont dégressifs en fonction du nombre de personnes et de la durée de l'expédition.) Il y a peu de raisons de passer la nuit ailleurs une fois que vous êtes à Puerto Bermúdez, même si la ville abrite quelques hôtels très agréables. Le meilleur est sans doute l'**Hostal Residencial Tania**, à l'angle des rues Castillo et Oxapampa, à trois *cuadras* du carrefour. On se croirait dans un pavillon, à l'intérieur comme à l'extérieur. Draps propres et fleuris, larges fenêtres, et salles de bains impeccables dans chaque chambre. (Chambre simple s/15, double s/20.)

Les compagnies de bus se concentrent à l'intersection de la rue **Remigio Norales** et de l'**Alameda Ramón Castillo**. **Transdife** et **Villa Rica**, chacune d'un côté de l'Alameda Castillo, après le carrefour, desservent toutes deux **La Merced** (Oct-Mars durée 7-8h, Avr-Sep durée 8-10h, dép. à 4h, s/25-35). Des colectivos partent du carrefour pour **Palcazú** (durée 2h30, dép. une fois plein après 6h, s/10), où vous trouverez des correspondances pour **Pucallpa**. L'Alameda Castillo, la rue principale, accueille la majorité des services, dont peu ont une adresse précise. **Il n'y a pas de bureau de change ni de poste** à Puerto Bermúdez. Parmi les services, vous trouverez : un **marché**, dans la troisième *cuadra* à droite en descendant l'Alameda Castillo, un **hôpital**, 200 m après les compagnies de bus lorsque vous remontez l'Alameda Castillo, la **police**, 200 m après l'hôpital (toujours dans l'Alameda Castillo), et plusieurs **téléphones** (deux dans la rue Norales et un troisième au niveau de l'Hostal Pinto, dans la rue Oxapampa).

MEIN LIEBER PÉROU ! Au XIXe siècle, la loi autrichienne interdisait aux Tyroliens sans terre, alors nombreux, de se marier. Au même moment, au Pérou, le gouvernement projetait de développer des colonies dans les terres montagneuses de la jungle. Le gouvernement péruvien incita alors un baron allemand, qui vivait à Lima, à faire venir ses fermiers sur ces terres. Le baron retourna dans son pays et rassembla 200 Autrichiens et Allemands dépourvus de terres, qui furent (à cette étape du projet) plus qu'heureux d'y participer. Les 300 hommes s'embarquèrent pour un voyage de quatre mois à travers l'Atlantique, faisant une brève escale pour célébrer une messe de mariage qui eut lieu à bord du bateau. Lorsqu'ils arrivèrent finalement au Pérou, les colons furent surpris de découvrir qu'il n'existait pas de route à travers la jungle. Certains décidèrent de se mettre à la vie urbaine et s'installèrent à Lima, tandis que les autres se mirent à bâtir une route de leurs propres mains. Ils arrivèrent à Pozuzo deux ans plus tard, en à peine plus de temps que ce que demande le même trajet aujourd'hui !

OXAPAMPA ☎064

La vision de cette petite ville prospère au milieu de montagnes arides surprend le visiteur. Mais Oxapampa n'est pas inexploitée, et avec ses *combis*, ses jolies boutiques de vêtements et son architecture teutonne, témoin de l'influence des colonies allemandes et autrichiennes, elle détonne sur le paysage. Quant aux montagnes, elles vivent en harmonie avec la ville. En effet, la prospérité d'Oxapampa repose sur la vente de très bons fromages et yaourts sur les marchés de toute la ville ceux-ci étant produits sur les collines avoisinantes.

Le **Río Chontabamba** et le **Río La Esperanza** délimitent Oxapampa. **Bolognesi**, la rue commerçante, passe par la **Plaza de Armas** : la rue perpendiculaire, **Bolívar**, est le lieu où se concentrent la majorité des compagnies de bus. Expreso Moderno, Bolívar 470, dessert **Lima** (durée 12h, dép. à 16h30, s/25) via **La Merced** (durée 3h, s/7), **Tarma** (durée 5h, s/12) et **La Oroya** (durée 6h, s/18). Empresa La Merced, Bolognesi 198 (☎762 133), sur la Plaza de Armas, propose également un service de bus à destination de **Lima** (durée 11h, dép. à 17h, s/25) via **La Merced** (durée 3h, s/8), **Tarma** (durée 5h, s/15) et **La Oroya** (durée 8h, s/20). La Empresa Santa Rosa, San Martín Cuadra 4 (☎762 516), envoie des *colectivos* à **Pozuzo** (durée 3h, dép. à 8h30 et 13h, s/8), **La Merced** (durée 3h, dép. toutes les 35 mn de 4h à 17h, s/8) et **Chontabamba** (durée 15 mn, dép. une fois plein, s/1). La compagnie Selva Central (☎762 033), à 100 m de la Plaza de Armas, dans la rue Bolognesi, propose un service de *colectivos* à destination de **Pozuzo** (durée 3h30, dép. à 7h, 10h et 14h, s/10). Transporte Oxapampa, Bolívar 248, propose un service de voitures à destination de **Huancabamba** (durée 1h, dép. une fois plein, s/3) et **Quillazu** (durée 15 mn, dép. une fois plein, s/1,5). Dans le même secteur, Perene propose un service de *combis* à destination de **La Merced** (durée 3h, 2 dép/h de 3h30 à 18h, s/7), tandis que Villa Rica propose un service de *combis* pour **Villa Rica** (durée 4h, dép. à 11h, 15h et 17h, s/8), où vous pourrez prendre une correspondance pour **Puerto Bermúdez**. Parmi les services, vous trouverez : un **office de tourisme**, bureaux 22-1, au 1er étage de la *galería* (de la place, descendez la rue Bolognesi en direction de la Banco et prenez la première à droite : la *galería* se trouve à gauche après le marché, ☎762 375, ouvert Lu-Sa 8h-13h et 15h-17h), une **Banco de Crédito**, Bolívar 310 (12 $ de commission sur les chèques de voyages, ☎762 213, ouvert Lu-Ve 9h15-13h15 et 16h30-18h30), la **police**, 338 Bottger (☎762 217, urgences ☎105), un **hôpital**, en face du commissariat de la rue Bottger, une **pharmacie ouverte 24h/24**, Bolognesi 218, la **Serpost**, Castillo 205 (ouvert Lu-Sa 9h-12h et 14h-20h), et un **bureau de téléphone**, Bolognesi 176, sur la place (☎/fax 762 034, ouvert tlj 7h-23h).

La **Pension Mama Zilia**, Thomas Schauz 546, est le meilleur rapport qualité/prix de la ville, mais elle est difficile à trouver. De la place, descendez la rue Castillo en direction de la Municipalidad, et prenez à gauche dans la rue Schauz : La pension Mama Zilia est le bâtiment à deux étages et demi qui se trouve à droite, avec un toit triangulaire, et sur lequel ne figure aucune pancarte. Vous vous sentirez comme chez vous, installé dans une chambre confortable située dans les combles de cette maison en bois. (☎762 454. Chambre s/7 par personne. Avec 3 repas, s/10, un peu plus si vous désirez un menu spécial.) L'**Hospedaje Don Calucho**, San Martín 411, est un peu plus typique. Avec ses draps à rayures vertes, ses grandes fenêtres et ses salles de bains privées avec du carrelage rose, Don Calucho est bien pourvu, à l'exception peut-être des coqs qui se trouvent juste derrière. (☎762 109. Chambre s/15 par personne.) Juste en haut de la route, l'**Hospedaje Rocio**, San Martín 463, parvient à être bon marché sans tomber dans le sordide. Les chambres sont petites mais propres, et l'on oublie vite les murs un peu décrépits. Les salles de bains privées, en revanche, varient d'une chambre à l'autre. (☎762 163. Chambre simple s/5, avec salle de bains s/10, avec salle de bains et télévision s/20, chambre double avec salle de bains s/15, avec salle de bains et eau chaude s/20.)

ENVIRONS D'OXAPAMPA : LE PARQUE NACIONAL YANACHAGA-CHEMILLÉN

Les colectivos *qui vont à Pozuzo passent par le parc (durée 1h30, s/5).*

Entre Oxapampa et Pozuzo se trouve le Parque Nacional Yanachaga-Chemillén, l'une des plus belles et des plus grandes forêts du Pérou (122 000 ha). Le parc abrite un nombre infini de chutes d'eau, d'oiseaux et de fleurs, et c'est un lieu idéal si vous aimez observer les oiseaux et marcher. Malheureusement, le tourisme n'étant pas assez important pour permettre d'installer les infrastructures nécessaires, vous ne pourrez explorer le parc que de façon indépendante. Le **bureau du parc** qui se trouve à Oxapampa vous fournira de plus amples informations.

ENVIRONS D'OXAPAMPA : POZUZO

La compagnie Empresa Santa Rosa, San Martín Cuadra 4, propose un service de colectivos à destination de Pozuzo (durée 3h30, dép. à 8h30 et 13h, s/8), tout comme la Selva Central, à 100 m de la Plaza de Armas, dans la rue Bolognesi (durée 3h30, dép. à 7h, 10h, et 14h, s/10). Les colectivos de Transport Pozuzo reviennent à Oxapampa (dép. à 4h, 8h, 11h et 14h), de même que ceux de Selva Central (dép. à 4h, 11h30 et 14h).

Les montagnes fertiles de la vallée de Huancabamba entourent la bourgade de Pozuzo, qui attire les visiteurs pour d'autres raisons que sa beauté ou son climat tempéré. La particularité de ce village c'est qu'il abrite la seule communauté germano-autrichienne du pays. Des enfants blonds aux yeux bleus jouent avec leurs petits compagnons à la peau mate, et certaines personnes âgées parlent encore l'allemand. Mais c'est avant tout l'architecture qui frappe l'œil. En effet, on croirait que les maisons péruviennes typiques, dispersées au milieu de grands bâtiments blancs, viennent de Bavière. Même s'il n'y a pas d'office de tourisme à Pozuzo, le **Museo Schafferer**, situé à 400 m de la place en descendant l'Ave. de los Colonos, permet de comprendre l'histoire de la région. L'entrée se trouve derrière et au premier étage, mais vous devrez sans doute demander la clé à la femme qui vit dans la maison, derrière le musée. La plupart des indications sont rédigées en allemand, le reste en espagnol. (Ouvert tlj 9h-17h. s/2, étudiants péruviens s/1, enfants s/1,50.) Pozuzo s'anime au cours de la dernière semaine de juillet, au moment du **festival** annuel qui célèbre la fondation de la ville. Défilés, cuisine traditionnelle et vêtements typiques (c'est-à-dire de style péruviano-germano-autrichien), rodéos et couronnement de la reine de Pozuzo, toutes ces manifestations attirent des hordes de touristes. Mieux vaut réserver votre chambre d'hôtel longtemps à l'avance. Pourquoi pas à l'**Hospedaje Maldonado**, à moins de deux *cuadras* de la place en remontant l'Ave. de los Colonos. Les chambres, spacieuses, ont des sols si propres que vous pourriez dormir par terre. (☎707 003. Chambre s/10 par personne.) Une autre bonne adresse est le **Recreo Hospedaje el Mango**, dans la rue de la Pacificación, à trois *cuadras* du ruisseau en descendant l'Ave. de los Colonos puis à droite au niveau de l'hôpital. L'hôtel s'appelle ainsi à cause du manguier qui pousse dans la cour. (☎707 028. Chambre s/10 par personne.)

LA MERCED ☎064

Isolée pendant des années par la menace du terrorisme, La Merced vit des plantations d'oranges et de café (plutôt que des sentiers de randonnée et des lodges pour touristes) qui poussent dans la vallée de Chanchamayo, située non loin de là. Par conséquent, la ville d'aujourd'hui est davantage préoccupée par ses cultures que par les voyageurs qui s'y arrêtent. Les motos tracent leur chemin à travers les rues sinueuses et étroites et les marchés sont très animés, mais les touristes sont en minorité sur l'active Plaza de Armas. Toutefois, La Merced constitue une oasis vivante et animée aux senteurs d'orangers située aux portes de la jungle, au milieu de collines qui ne demandent qu'à être explorées.

TRANSPORTS ET INFORMATIONS PRATIQUES. La Merced est nichée sur des collines qui surplombent le **Río Tambopata**. La **Plaza de Armas** se trouve à quatre *cuadras* de la rivière et est délimitée par les avenues **Tarma** et **Palca** (parallèles à la rivière) ainsi que par les rues **Junín** et **Ancash** (perpendiculaires à la rivière). Les bus arrivent et repartent de la **gare routière**, à sept *cuadras* de la place en descendant la sinueuse avenue Tarma. Vous trouverez de nombreux services le long de l'**Ave. 2 de Mayo**, à une *cuadra* de la place, parallèle à la rue Junín. Les **bus** qui partent de la gare routière desservent **Lima** (durée 7h, 9 dép/j de 7h45 à 10h et de 20h à 21h45, s/15-18), souvent via **Tarma** (durée 1h30-2h, s/5-6) et **La Oroya** (durée 3h, s/10), mais également **Huancayo** (durée 4h30-5h, 7 dép/j de 8h45 à 10h30 et de 20h45 à 22h, s/10-13), **Satipo** (durée 2h30-3h, dép. à 11h30, 12h et 23h30, s/8), **Huánuco** (durée 7h, dép. à 21h45, s/25), **Tingo María** (durée 10h, dép. Ma. et Sa. à 21h45, s/35), **Ayacucho** (durée 14h, dép. à 9h15, s/35), **Puerto Bermúdez** (durée 8h, 3 dép/j de 3h30 à 4h30, s/30-35) et **Palcazu** (durée 10h, dép. à 3h30 et 4h30, s/40), où vous trouverez des correspondances pour **Pucallpa**. De nombreux **colectivos** partent une fois remplis pour **Huancayo** (durée 5h, s/13) via **Tarma** (durée 1h30, s/6), ainsi que pour **Satipo** (durée 2h30, dép. de 4h à 21h, s/13), **Oxapampa** (durée 2h30-3h, s/8), et **Pichanaki** (durée 2h, s/4-5). Les *colectivos* à destination de **San Ramon** sont regroupés dans la rue Junín, près de la colline. Les **mototaxis** sillonnent les rues : une course dans la ville vous coûtera généralement moins de s/1. Parmi les services, vous trouverez : la **Banco de Crédito**, sur la place, à l'angle de l'Ave. Tarma et de la rue Junín (**distributeur automatique** Visa, ☎531 005, ouvert Lu-Ve 8h15-13h15 et 16h30-18h30, Sa. 9h30-12h30), un **marché**, à deux *cuadras* en contrebas de la place, entre les rues Ancash et Junín (ouvert tlj 6h-17h), la **police** (☎531 292, urgences ☎105), à trois *cuadras* de la place en descendant la rue Junín puis à deux *cuadras* sur la gauche, dans la rue Piérola, un **hôpital**, Tarma 140 (☎531 002), un **bureau de téléphone**, en face de la poste (☎532 388, ouvert Lu-Ve 8h30-13h et 14h30-18h), un **accès Internet** au Café Internet Swiss System, Arica 409, bureau 301, à deux *cuadras* en remontant la rue Junín puis à deux *cuadras* à droite, dans la rue Arica (s/4 l'heure, ☎531 661, ouvert tlj 8h-24h), et la **Serpost**, dans l'Ave. 2 de Mayo, entre les rues Arica et Piérola (☎531 174, ouvert Lu-Sa 8h-13h et 15h-18h).

HÉBERGEMENT ET RESTAURANTS. Vous trouverez plusieurs hôtels bon marché à La Merced, mais pas d'endroits extraordinaires. L'**Hostal Villa Dorada**, Piérola 265, à trois *cuadras* en remontant la rue Junín puis à une *cuadra* à gauche, propose des chambres spacieuses avec de grandes fenêtres. Malheureusement, certaines de ces fenêtres donnent sur les couloirs de l'hôtel, ce qui laisse filtrer une vague lueur fluorescente. (☎531 221. Chambre simple s/10, avec salle de bains s/20, chambre double s/20, avec salle de bains s/25.) La façade moderne de l'**Hotel Cosmos**, à une *cuadra* de l'hôtel Villa Dorada, dans la rue Piérola, près de Pauni, cache des lits en bois et des sols en parquet. (☎531 051. Chambre double avec salle de bains s/20, chambre triple avec salle de bains s/30.) L'**Hospedaje Santa Rosa**, 2 de Mayo 447, se trouve à une *cuadra* en descendant la rue Palca (lorsque vous avez la rivière à votre gauche) puis à une *cuadra* à gauche. L'usage de la salle de bains privée vous évitera de passer du temps dans les couloirs froids et humides de cet hôtel. De grandes fenêtres et des meubles en bois égayent les chambres. (☎531 012. Chambre simple s/10, avec salle de bains s/15, chambre double s/15, avec salle de bains s/20, chambre triple s/20, avec salle de bains s/25.)

Au niveau de la restauration, la situation est identique à celle des conditions d'hébergement : vous trouverez plusieurs établissements, mais peu de bonnes adresses. Deux restaurants de poulet sont installés sur l'Ave. Tarma, et la Plaza de Armas abrite quelques restaurants à touristes qui proposent des plats traditionnels servis dans un cadre agréable. Vous pourrez manger pour pas cher dans les **juguerías** du marché, à deux *cuadras* de la place en descendant l'Ave. Tarma (avec la colline sur votre gauche). Vous trouverez des sandwichs (s/1-2), des jus (s/1-2) et des desserts (s/1) un peu partout. (Ouvert tlj 6h-24h.)

VISITES ET ACTIVITÉS. La Merced ne possède pas beaucoup de sites à visiter, mais c'est une ville assez esthétique. A deux *cuadras* en descendant de la Plaza de Armas, après le marché, vous trouverez un **parc** qui vous permettra de vous relaxer. Le même type d'activité vous attend au bout de la rue Lima (parallèle à la rue Palca), non loin de la gare routière, là où la rue devient piétonne, avec des bancs offrant une vue splendide sur la rivière. Les Ashaninkas vendent souvent leur **artesanía** (artisanat) sur la Plaza de Armas. La **Tsiriski Tours**, Tarma 408 (☎689 656, e-mail andrecaceres@hotmail.com), à moins d'une *cuadra* de la place principale, propose des excursions d'une journée pour **Oxapampa** (durée 10h, s/45), **Perene** (durée 8h, s/40) et **la vallée de Chanchamayo** (durée 5h, s/35). Les prix incluent tout sauf la nourriture. Le **festival de La Merced** se déroule au cours de la dernière semaine de septembre.

ENVIRONS DE LA MERCED : SAN RAMÓN

Les colectivos pour San Ramón (durée 15 mn, départ une fois plein, s/1) partent de la rue Junín, à une cuadra en amont de la Banco de Crédito. A San Ramón, les colectivos s'arrêtent sur la Plaza de Armas.

Située à un peu plus de 10 km de La Merced en direction de Lima, San Ramón n'est guère différente de sa grande sœur. Un peu moins animée, cette ville offre toutefois au voyageur plusieurs centres d'intérêt. Une visite à la **cascade du Tyrol**, située près de là, constitue un bon prétexte pour aller se balader un peu dans la jungle, même si vous ne serez pas le seul à faire la promenade. Ces chutes d'eau sont très appréciées des touristes comme des Péruviens. Une belle promenade de 30 minutes en suivant un sentier balisé vous mènera au bord de la rivière, qui peut être boueuse au moment de la saison des pluies. Une petite chute d'eau que vous croiserez en chemin laisse présager ce qu'est celle du Tyrol, mais vous vous rendrez compte sur place uniquement, lorsque vous verrez l'eau tomber de 60 m de haut. Vous pouvez nager au pied de la cascade. Pour vous rendre au départ du sentier, prenez un mototaxi à destination de "Catarata Tirol" (durée 15 mn, s/4). Vous devrez payer s/1 pour pouvoir accéder au sentier. L'**office de tourisme** de San Ramón, Pardo 110, fournit des informations sur les autres cascades. (☎331 265. Ouvert Lu-Ve 8h-13h et 14h30-18h.) Si vous avez envie d'autres plaisirs aquatiques, le Centro Recreacional Miguel Angel, au bout de la rue Paucartambo, dispose d'une superbe **piscine**. (☎331 769. Ouvert Ma-Di 9h-18h. s/2, enfants s/1, location de maillots de bain s/1.) La meilleure adresse de San Ramón est sans doute l'**Hostal Chanchamayo**, Progreso 291, à deux *cuadras* de la Plaza de Armas. Les portes et les fenêtres en bois des chambres font presque oublier le manque de soleil. (☎331 008. Chambre simple s/10, avec salle de bains s/30, chambre double s/20, avec salle de bains s/40, chambre triple s/30.)

SATIPO ☎064

Perchée à la limite de la jungle, à 441 km au nord-est de Lima, la poussiéreuse Satipo ne présente à première vue aucune particularité, hormis sa Plaza de Armas remarquablement symétrique. La prospérité de la ville étant liée au cours du café, la vie n'y a pas toujours été facile ces derniers temps. Toutefois, les environs de Satipo recèlent toutes sortes de trésors naturels, et cette ville commerçante offre un aperçu de la vie dans une région frontalière de la jungle.

TRANSPORTS ET INFORMATIONS PRATIQUES. Satipo se trouve le long du **Río Satipo**, et son centre est la **Plaza de Armas**. Les rues Agusto Leguia et Francisco Irazto, presque parallèles à la rivière, délimitent la place et sont coupées par les rues Colonos Fundadores et Manuel Prado. Le **marché** s'étend autour de la rue Fundadores, entre la place et la rivière. Au bout de la rue Fundadores, au niveau de la rivière, des **combis** partent pour **Pichanaki** (durée 1h15, dép. une fois plein, s/4), où vous pourrez prendre un autre *combi* à destination de La Merced. Des **mototaxis** circulent dans les rues et demandent moins de s/1 pour une course à l'intérieur de la ville. Tous les **bus** passent par La Merced avant de se rendre vers d'autres destinations. La Molina Union, San Martín 468 (☎545 895), dessert **Lima** (durée 9h, dép. à 20h, s/20) via **La Merced** (durée 2h30, s/12), **Tarma** (durée 3h30, s/12) et **La Oroya** (durée 4h30, s/18), ainsi que **Huancayo** (durée 7h, dép. à 20h30, s/15). La compagnie La Selva Tours, Prado 425 (☎545 825), dessert également **Huancayo** (durée 7-8h, dép. à 6h, 7h et 19h, s/15) via **Tarma** (durée 5h, s/12). La compagnie Libertador, Leguia 330 (☎545 321), dessert **Lima** (durée 10h30, dép. à 19h, s/22). Lobato (☎545 599), à l'angle des rues Agusto Hilser et Los Incas, propose un service de bus originaux à destination de **Lima** (durée 10h, dép. à 19h30, s/20) et **Huancayo** (durée 8h, dép. à 8h45, 20h et 20h45, s/15). Turismo Central, Los Incas 325 (☎546 016), dessert **Huancayo** (durée 6h, dép. à 20h, s/15) et **Lima** (durée 8h, dép. à 19h, s/20). Leon de Huánuco, Prado 459 (☎545 291), dessert **Huánuco** (durée 10-11h, dép. à 19h, s/30). Transfer, Prado 457

(☎545 401), dessert **Puerto Ocopa** (durée 3h, dép. à 7h, 12h45 et 15h30, s/8). L'**office de tourisme**, Fundadores 312, se trouve dans la municipalidad, sur la Plaza de Armas. (Ouvert Lu-Ve 8h-13h et 14h-16h30.) Cependant, Henry Ginés, des **Expediciones Turísticas**, Fundadores 519, est le directeur officieux du tourisme à Satipo. (☎545 254, e-mail henryginés@hotmail.com. Ouvert tlj 8h-20h). Parmi les autres services, vous trouverez : une **Banco de Crédito**, Prado 243, non loin de la place (12 $ de commission minimum sur les chèques de voyages, distributeur automatique Visa, ☎545 662, ouvert Lu-Ve 9h15-13h15 et 16h30-18h30, Sa. 9h30-12h30), la **police**, Leguia 638 (☎545 398 ou 545 125), un **hôpital**, Daniel Carrion 398 (☎545 045 ou 546 015), à trois *cuadras* en descendant la rue Leguia en direction de la Municipalidad, puis une *cuadra* à gauche, une **Central Telefónica**, Irazola 253 (☎/fax 545 523 ou 555 512, ouvert tlj 6h-23h), un **accès Internet** au LGV Hardware y Software, Fundadores 450 (s/7 l'heure, ☎545 275 ou 545 653, e-mail lgvhys@terra.com.pe, ouvert tlj 8h30-22h30) et la **Serpost**, Fundadores 324, sur la Plaza de Armas (☎545 963, ouvert Lu-Sa 8h-13h et 15h-18h).

HÉBERGEMENT ET RESTAURANTS. Certains des hôtels de Satipo ne sont pas très chers mais la qualité laisse à désirer. D'autres méritent leurs prix élevés. L'**Hostal Residencial Colonos**, Fundadores 572, à un peu plus de deux *cuadras* en descendant de la place, se situe entre les deux. La peinture des plafonds est certes un peu écaillée, mais essayez de trouver un autre hôtel avec salles de bains privées, TV câblée et des serviettes-éponges à ce prix-là. Demandez une chambre qui donne sur la rue, car souvent mieux vaut un peu de bruit qu'avoir l'impression d'étouffer. (☎545 155. Chambre simple s/16, chambre double s/25.) L'**Hotel El Palmero**, Prado 228 (☎545 020), à une *cuadra* de la place, juste de l'autre côté du marché, n'a que le défaut du bruit. Les couloirs couleur pêche mènent à des chambres impeccables. Elles possèdent TV câblée, salle de bains et certaines ont un balcon. (Services de laverie et de restauration. Chambre simple s/15, avec salle de bains s/25-30, chambre double s/28, avec salle de bains s/45.) Pour vous rendre à l'**Hostal Trujillo**, Grau 277, l'un des hôtels les moins chers de Satipo, prenez la rue Leguia sur deux *cuadras* en direction de la Serpost, puis tournez à gauche. Le bâtiment a l'air d'être en chantier, mais les chambres proprement dites n'en sont pas affectées. (Chambre simple s/8, double s/14.) Un petit creux ? Vous trouverez d'innombrables restaurants de poulet aux environs de la place, et des menus bon marché le long de la rue Los Incas, près de la rue Irazola.

VISITES ET SPECTACLES. Il n'y a pas grand-chose à faire à Satipo, mais le **Recreo Turisto Laguna Blanca**, à 2 km de la route qui mène à La Merced, à l'extérieur de la ville, vous permettra de passer agréablement la journée. Mangez du *cuy* (cochon d'Inde, s/10) ou buvez une *cerveza* (bière, s/4,5) sur une table de pique-nique ou près de la piscine. Entre les champs et les palmiers, vous oublierez vite l'agitation de la ville. (☎545 796. Moto s/1. Plats de résistance s/6-10. Ouvert tlj 11h-21h30. Piscine s/2, enfants s/1. Camping s/5 la tente.) D'autres attractions vous attendent en dehors de la ville. Les **Cataratas de Shiriari et d'Arco Iris** se trouvent entre Satipo et Puerto Ocopa. Pour vous y rendre, prenez un *combi* en direction d'Ocopa jusqu'aux cascades (durée 1h30, s/6), puis demandez votre chemin pour parcourir à pied la courte distance restante. A **Puerto Ocopa** même, il y a une mission et une communauté d'indigènes, ainsi que le Río Tumbo, qui vous permettra de vous distraire. Allez voir la Catarata de Kaori, une cascade de 160 m de haut, située à deux heures de là en descendant la rivière. Les *combis* à destination de Puerto Ocopa (durée 3h, dép. à 7h, 12h45 et 15h30, s/8) partent de Transfer, Prado 457. En ville, le **Museo Particular Ruben Callegari**, Irazola 791, à sept *cuadras* de la place, est un musée composé d'une seule salle dans lequel vous pourrez voir une belle collection de papillons, divers animaux empaillés et des fossiles. (☎545 152. Ouvert tlj lorsque la famille est réveillée. s/2.)

QUILLABAMBA ☎084

La ville endormie de Quillabamba est entourée de montagnes embrumées par l'air humide de la jungle et semblant narguer les collines enneigées situées plus au sud. Mais malgré son climat, certains visiteurs trouvent que l'ambiance de Quillabamba n'est pas celle d'une ville de la jungle. En effet, la végétation tropicale des environs immédiats a été détruite il y a déjà longtemps, et il faut s'enfoncer plus loin dans la forêt pour trouver une ambiance tropicale. Le parc situé en bas de la rue Libertad domine le **Río Vilcanota**. Si vous voulez voir la rivière de plus près, essayez le **complexe** bien entretenu de **Sambaray**, situé à 2 km au nord de la ville. Malgré la force des courants à cet endroit, certains nageurs téméraires s'amusent à faire trempette dans les eaux miroitantes de la rivière. Il y a souvent du monde le week-end. Des *colectivos* (durée 15 mn, s/0,50) partent régulièrement du haut de la Plaza Grau. Ouvert tlj 7h-18h.

Nichée entre le **Río Chuyapi** et le **Río Vilcanota** (qui se jette dans l'Urubamba), le petit centre de Quillabamba se trouve sur une colline inclinée vers l'est. Deux places centrales permettent de s'orienter dans la ville : la **Plaza Grau**, animée et de forme irrégulière, et la **Plaza de Armas**, ombragée, qui se trouve à 2 *cuadras* de là. La **gare routière** se trouve dans la rue **25 de Julio**, à plusieurs *cuadras* au sud de la Plaza Grau. Les **bus** desservent : **Cuzco** (durée 9h, 16 dép/j de 8h à 19h30, s/15) via **Ollantaytambo** (durée 7h30, s/12), **Abancay** (durée 5h, dép. à 6h30, s/13), **Arequipa** (durée 20h, dép. à 18h30, s/35), **Juliaca** (durée 10h, dép. à 8h et 18h, s/30), **Puno** (durée 10h, dép. à 8h et 18h, s/30), **Kiteni** (durée 6-8h, dép. à 10h et 17h, s/10) et **Tinti** (durée 8-12h, dép. à 17h, s/15). Des **camions** à destination de **Kiteni** (durée 8-10h, s/7) et de **Tinti** (durée 11-15h, s/10) prennent également des passagers dans le coin. Les **taxis** prennent s/1-2 pour une course en ville. Parmi les services, vous trouverez : la **Banco de Crédito**, Libertad 545, à une *cuadra* en remontant de la Plaza de Armas (ouvert Lu-Ve 9h15-13h15 et 16h30-18h30, Sa. 9h30-12h30), la **police**, Libertad 545, sur la Plaza de Armas, un **hôpital**, dans la rue Gamarra, au niveau de la rue Grau, un **accès Internet** 24h/24, à l'Hostal Don Carlos, Libertad 556, en face de la Banco de Crédito (☎281 150, s/10 l'heure), et la **Serpost**, Libertad 115, sur la Plaza de Armas (☎/fax 281 086, ouvert Lu-Sa 8h-20h et Di. 8h-13h).

Les hôtels de Quillabamba accueillent davantage d'hommes d'affaires en déplacement que de touristes, mais au moins, ils ne coûtent pas cher. L'**Hostal Cuzco**, Cuzco 223 (☎281 161), à moins d'une *cuadra* de la Plaza Grau, propose des chambres spacieuses bien qu'un peu austères. (Chambre simple s/15, double s/20, triple s/30.) L'**Hostal Alto Urubamba**, 2 de Mayo 333 (☎281 131, fax 281 570), à une *cuadra* au nord de la Plaza de Armas (à droite en remontant), entre les rues Espinar et Pío Concha, est plus tranquille et moins central. (Chambre simple s/18, avec salle de bains s/30, chambre double s/25, avec salle de bains s/40, chambre triple s/35, avec salle de bains s/60.)

ENVIRONS DE QUILLABAMBA : EL PONGO DE MANIQUE

Pour vous rendre à Ivachote, prenez un bus (durée 8-12h, dép. à 17h, s/7) ou un camion (durée 11-15h, s/10) à destination de Tinti depuis la rue Palma, à l'angle de la rue Grau. Sinon, vous pouvez prendre l'un des nombreux bus qui se rendent à Kiteni (durée 6-8h, 3 dép/j, s/10) en partant également de la rue Palma. Une fois arrivé à Kiteni, attendez (cela peut durer un moment) un camion pour Tinti (durée 3-5h, s/4). Si il y a un départ, la plupart des camions partent de Kiteni entre 2h et 4h du matin et déposent les passagers près du dock de Tinti (situé juste en contrebas de l'arrêt des camions) à temps pour prendre un bateau du matin (durée 45 mn, s/30) jusqu'à Ivachote. La plupart des canoës qui font la navette entre Tinti et Ivachote partent d'Ivachote le matin également. Les bus et les camions à destination de Quillabamba partent de Tinti vers midi. Les hôtels les plus proches se trouvent à Kiteni. Vous pouvez commander un bateau à Kiteni pour effectuer le trajet jusqu'au Pongo (et le "petit Pongo" sur le chemin), mais la distance supplémentaire alourdit l'addition.

Environ 300 km plus loin dans la jungle, vous découvrirez la gorge étroite d'El Pongo et ses rapides tourbillonnants, qui ne nécessitent que quinze minutes pour être franchis en bateau. L'endroit le meilleur marché pour trouver des bateaux allant à El Pongo est **Ivachote**, à 200 km de Quillabamba et à 90 km du Pongo. Il n'y a pas d'hôtels dans ce petit village de bord de rivière, mais vous pouvez camper en toute sécurité sur la plage si vous êtes en groupe. De là, des bateaux à destination de **Sepahua** passent de temps en temps (durée 1-6 jours selon le type de moteur, 1-4 dép. par mois, s/30-100). Sepahua est le premier village important après El Pongo. Les bateaux qui vont dans le sens contraire sont rares, mais le petit aéroport de Sepahua offre une alternative pour repartir. Afin d'éviter une attente plus longue que la durée de votre visa, vous pouvez louer un canoë motorisé (*pekepeke*) pour traverser les rapides et vous ramener (durée 3h dans les deux sens, le trajet coûte environ s/200 pour le carburant, et plus si vous louez les services de quelqu'un). Gardez à l'esprit qu'El Pongo est dangereux à toute époque de l'année (les courants sont même interdits durant la saison des pluies), et que les bateaux à Ivachote sont rarement équipés de casques et de gilets de sauvetage pour les passagers. Si vous êtes toujours partant, vous aurez l'occasion de constater par vous-même que la gorge est vraiment impressionnante (30 m de large au maximum, et des parois rocheuses de 60 m de haut surplombées par la végétation de la jungle). A Kiteni, l'**Hostal Kamisea**, petit hôtel propre qui est aussi l'un des derniers bâtiments sur la route de Quillabamba, est perché au-dessus d'une jolie plage de rivière et agrémenté de l'eau courante (mais il n'y a pas d'électricité, comme c'est le cas dans tous les hôtels de Kiteni) et de salles de bains collectives propres (chambre double s/12). A l'autre extrémité de la ville, l'**Hostal Kiteni** propose des chambres sans draps et sans cloisons, seulement séparées par des plantes et par une bâche, qui présentent l'avantage de donner sur l'arrêt de bus et de camions (chambre simple s/5).

LA BIOSPHÈRE DE MANÚ

Situé à la confluence des rivières Manú et Alto Madre de Dios, le parc national de Manú, qui a été déclaré Biosphère mondiale par l'UNESCO en 1977, et Patrimoine mondial de l'humanité par le Syndicat international pour la protection de la nature en 1987, est l'une des plus grandes réserves naturelles d'Amérique du Sud. Ses forêts primaires et secondaires presque vierges abritent 13 espèces de singes, 100 espèces de chauves-souris, 200 mammifères différents, 1000 sortes oiseaux et 3228 espèces de plantes (sans compter près de 12 000 espèces non encore identifiées). Le fait que ce parc s'étende à des altitudes comprises entre 300m et 3450 m (de la jungle aux forêts tropicales d'altitude et à la végétation broussailleuse des Hautes Andes) explique une telle variété de formes de vie.

HISTOIRE. Alors que la majorité des gens savent que les Espagnols n'ont jamais conquis Machu Picchu, bien peu savent que le Manú est l'une des zones du Pérou jamais conquise par les Incas. En effet, peu d'étrangers ont perturbé les Machiguenguas, les Kugapakoris, les Amahuacas ou les Wachipaeris, ces tribus qui habitent aujourd'hui encore certaines parties du Manú, jusqu'à l'arrivée des **barons du caoutchouc** à la fin du XIXe siècle. Ces hommes sans aucune conscience sociale ont décimé une grande partie de la forêt et un grand nombre des communautés qui vivaient le long des rivières, jusqu'à la mort de leur activité. Le Manú se remit doucement de ses blessures. Puis, près d'un demi-siècle plus tard, un ambitieux **bûcheron suédois** construisit la première route du Manú, et le cycle d'exploitation suivant commença. La route amena non seulement des bûcherons mais également des braconniers. Ironie du sort, c'est justement l'un de ces braconniers, un taxidermiste du nom de Celestino Kalinowski, qui reconnut la précieuse **biodiversité** du Manú et demanda la protection de la région au gouvernement. En 1973, le Pérou déclarait le Manú parc national.

Aujourd'hui, trois "zones" composent le Manú : la **zone culturelle**, la **réserve** et ce qui est communément appelé la **zone impénétrable**. Cette dernière occupe l'espace du parc national d'origine, et seuls y ont accès les tribus qui y ont toujours vécu ainsi que quelques scientifiques munis d'autorisations spéciales. Les photos aériennes laissent à penser que cette zone abrite deux tribus qui n'ont jamais été en contact avec d'autres personnes. Les deux autres zones ont intégré le Manú en tant qu'Etats tampons à l'époque de la déclaration de l'UNESCO en 1977. Dans la zone culturelle habitée, il y a peu de restrictions : les résidents peuvent vivre (et chasser) comme ils l'entendent. Bien qu'inhabitée, la réserve accueille des visiteurs, à condition qu'ils viennent avec 35 $ et un guide officiel. C'est dans cette zone que vous aurez le plus de chances de voir des animaux, et c'est cette zone qui fait du Manú un lieu extrêmement cher à visiter.

MON DIEU ! La plupart des phobies liées à la jungle se focalisent autour des lions, des tigres et des ours (ou des jaguars et des pumas). Contrairement à ce que laisse entendre la propagande des agences de voyages, vos chances de voir un gros matou se balader dans la jungle sont à peu près aussi grandes que celles de voir un éléphant au milieu de votre jardin. Mais attention aux *friajes* (vents froids en provenance des Andes) quand il y en a. Ne pensez pas que vous êtes tranquille pour autant, car la jungle recèle une foule de dangers que vous auriez du mal à imaginer. Ainsi, le tangarana, un arbre de la forêt, semble bien inoffensif de loin, mais si vous vous approchez, vous remarquerez sans doute un endroit dégagé, de forme parfaitement circulaire, autour du pied de l'arbre : ne vous approchez pas trop, car le moindre petit choc fera sortir une armée de fourmis rouges. Ces insectes vivent à l'intérieur du tangarana et sont prêtes à tout pour le protéger. Elles attaquent, et en général tuent, tout parasite ou animal qui oserait grimper dans leur arbre. Autrefois, les fourmis servaient parfois de jury aux communautés indigènes, qui attachaient les criminels à un tangarana. Si le criminel survivait, c'est qu'il était coupable (et qu'il fallait donc l'exécuter). Si les fourmis le tuaient (on dit qu'il suffit de cent piqûres), cela signifiait, hélas, qu'il était innocent ! (Pour d'autres histoires étranges sur la faune de la jungle, voir l'encadré **Ces horribles petites bêtes qui montent, qui montent, qui montent...**, p. 362)

VISITES GUIDÉES. Si vous êtes un visiteur solitaire, vous ne pourrez pénétrer dans la réserve. Il faut vous adresser à un **tour-opérateur agréé**. (Pour obtenir une liste des tour-opérateurs agréés, voir **Visites guidées au départ de Cuzco**, p. 147.) En outre, même si cette forêt est l'une des plus sauvages de la planète, la dépense n'en vaut peut-être pas la peine, surtout pour ceux qui aiment l'isolement. A certaines périodes des mois de juillet et d'août, la réserve est en effet **bondée.** Chacun débourse une fortune pour être avec un "petit" groupe, mais la plupart des agences en envoient plusieurs en même temps. De plus, étant donné que la réserve de Manú ne dispose que d'une seule voie d'eau et d'un réseau de sentiers limité, ces groupes se croisent souvent. Les guides doivent presser leurs clients pour atteindre les meilleurs lieux de campement ou arriver les premiers au bateau (pour avoir les meilleures chances de voir des animaux). Au cours de ces périodes chargées, les groupes lents ne verront pas grand-chose : les guides doivent louer des places sur le **radeau du lac Salvador** et pour le **poste d'observation du lac Otorongo**, haut de 20 m, dès qu'ils arrivent dans la réserve. Les derniers arrivés n'ont pas toujours de places.

Hormis la précipitation occasionnelle pour arriver les premiers, les excursions dans le Manú sont d'une extrême lenteur. Ce sont les transports qui prennent le plus de temps : il n'est pas rare de passer plus de temps en transit que dans la réserve elle-même. Bien sûr, il s'agit d'un temps de transport guidé, et les heures passées sur la rivière offrent plus de chances de voir quelques animaux que si vous marchiez dans la forêt. En tout cas, les excursions dans le Manú demandent une grande patience. Enfin, même si c'est ici que vous aurez le plus d'opportunités de voir des animaux, les chances restent minces. La majorité des visiteurs voient beaucoup d'**oiseaux**, de **singes** et de **caïmans** (un genre d'alligator qui peut faire jusqu'à 7 m de long). Lorsqu'elles ne sont pas en chasse, les **loutres géantes** du lac Salvador viennent souvent saluer les visiteurs. Mais ce sont surtout les amateurs d'oiseaux et les botanistes qui seront les plus heureux dans le Manú, où l'une des prestations les plus intéressantes offertes par les agences est le choix des guides, qui connaissent parfaitement la flore et les oiseaux.

EXCURSIONS EN SOLITAIRE. Les voyageurs ayant l'âme plus aventureuse et disposant de beaucoup de temps peuvent explorer la région du Manú, même si la réserve ne leur est pas accessible. De **Shintuya** (où se termine la route qui part de Cuzco), des bateaux cargos partent pour **Boca Manú** (durée 6-9h, pas plus de s/20) environ une fois par semaine entre mai et novembre. De là, des bateaux descendent à la même fréquence la rivière Madre de Dios jusqu'à **Boca Colorado** (durée 6-9h, s/20), d'où vous aurez à accomplir un autre trajet d'une journée à destination de **Laberinto**, près de Puerto Maldonado. Vous pouvez également passer commande d'un canoë (400-600 $ pour un 12 m) et de pagaies (s/25 chacune) dans la ville de construction navale de Boca Manú, bien que cette opération puisse prendre jusqu'à un mois. Aucune de ces villes ne dispose d'hôtels convenable. Mieux vaut avoir une tente et un sac de couchage. Le long de la rivière, vous trouverez des plages bien plus accueillantes que les hôtels. Mais attention, des **chauves-souris vampires** vivent dans cette région, en conséquence de quoi il n'est pas prudent de dormir à la belle étoile.

A **Blanquillo**, à quelques heures de Boca Manú en descendant la rivière, une série de sentiers sillonnent la jungle. Certains mènent à **Cocha Camungo**, un lac où mouille un radeau (qui relève en réalité davantage de la plate-forme) semblable à celui qui se trouve dans la réserve de Cocha Salvador. Mais comme il n'y a pas de règlement à Blanquillo, n'importe qui peut l'utiliser pour aller faire un petit tour. (Ne vous baignez pas : Camungo abrite des piranhas voraces et des loutres géantes qui gardent leur territoire.) Il est parfois difficile de repérer le départ des sentiers, mais demandez à un loueur de bateaux à Boca Manú qu'il vous les indique. L'inconvénient est que si les voyageurs indépendants n'ont aucun mal à observer des centaines d'oiseaux et d'arbres, ils ne savent souvent pas les identifier sans l'aide d'un guide. Lorsqu'elle en a le temps, **Tina Forster** (e-mail tfoldspice@yahoo.com), l'une des meilleurs guides de l'agence de voyages Pantiacolla, organise des excursions pour des groupes indépendants dans la forêt, dans la zone culturelle du Manú et dans la région de Blanquillo. Si vous oubliez la réserve, vous pourrez vous offrir des excursions à des prix beaucoup plus raisonnables (7 jours-6 nuits, 320 $ par personne pour un groupe de 5 personnes au minimum et de 8 personnes au maximum), plus instructives et loin des sentiers battus.

PUERTO MALDONADO ☎084

Surnommée la "capitale mondiale de la biodiversité", la ville de Puerto Maldonado s'est taillé une réputation dans l'industrie du tourisme. Sa situation géographique, qui en fait le principal point de départ pour la grande réserve de Tambopata-Candamo (qui englobe le Parque National de Bahuaja-Sonene et l'ancien Santuario Nacional Pampas del Heath), lui permet d'attirer plus de visiteurs que toute autre ville de la jungle péruvienne. Mais cet important trafic affecte beaucoup plus les 25 km de sentiers du parc que les quatre rues pavées de la ville : comme la plupart des compagnies vont chercher leurs clients à l'aéroport pour les emmener directement sur les bateaux, Puerto Maldonado est à peine dérangée par ce va-et-vient.

TRANSPORTS

Avion : **Aeropuerto Internacional Padre Aldamiz Puerto Maldonado** (☎571 531), à 7 km de la ville. Des infirmières armées de **seringues** attendent les passagers qui ne sont pas vaccinés contre la fièvre jaune, une maladie mortelle. **AeroContinente**, León Velarde 506 (☎573 702), au sud de la rue 2 de Mayo. Ouvert Lu-Sa 8h-21h, Di. 9h-12h et 17h-20h. Vols à destination de **Cuzco** (durée 30 mn, dép. Ma., Je., Ve., Sa. et Di. à 8h30, 49-59 $). **AeroCondor**, León Velarde 545 (☎571 669), au sud de la rue 2 de Mayo. Ouvert Lu-Ve 7h-21h. Vols pour **Cuzco** (durée 1h, dép. Lu-Sa à 8h30, 39 $). **Santander**, 2 de Mayo 294 (☎573 120), près de la rue León Velarde. Ouvert Lu-Sa 8h-21h. Vols à destination de **Cuzco** (durée 1h, 1 dép/j Lu-Ve entre 9h30 et 11h30, 39 $). **Tans**, à l'angle des rues Cuzco et Velarde. Vols pour **Cuzco** et **Lima** (48 $). Ouvert Lu-Sa 8h-21h et Di. 9h-13h30.

Camion : Des camions à destination de **Cuzco** (durée 2-4 jours, 4-5 dép. par semaine, s/20-30) partent de la rue Ernesto Rivero, à moins d'une *cuadra* au sud du marché.

Bus : Des bus à destination de **Laberinto** (durée 2h, 1 dép./h entre 5h30 et 18h, s/5) partent de la rue Ica, près de la rue Ernesto Rivero. De Laberinto, correspondance par bateau à destination de **Boca Colorado** (durée 6-8h, plusieurs dép/semaine, s/30-40), et de là, départs pour **Boca Manú** (durée 4h30, 1-2 dép/semaine, s/30-40).

Bateau : Des bateaux partent du port de Puerto Maldonado, sur le Río Madre de Dios, au bout de la rue Arequipa, à destination de **Puerto Pardo**, à la **frontière bolivienne** (durée 2h en hors-bord, 4h en canoë *pekepeke*, plusieurs dép/semaine, s/15-20). La **Capitanía de Puerto** (☎571 084), à l'angle des rues Billinghurst et Arequipa, vous donnera des informations sur les départs et les destinations.

Taxi : Les mototaxis coûtent s/3-4 depuis l'aéroport et s/1-2 partout en ville.

Location de mobylettes : Faites votre choix dans la rue Prada, entre les rues Velarde et Puno. s/3,50 l'heure.

FRONTIÈRE BOLIVIENNE Si vous projetez de passer la frontière bolivienne à **Puerto Pardo/Puerto Heath**, vous devez faire tamponner votre passeport par la police péruvienne de Puerto Maldonado. Comptez cinq heures de canoë *pekepeke* pour descendre le Río Madre de Dios de Puerto Maldonado à Puerto Pardo (s/20-30). L'administration n'est pas très lourde au poste-frontière de Puerto Pardo : il suffit d'attendre le canoë suivant à destination de Puerto Heath, en Bolivie, pour pouvoir traverser la frontière.

ORIENTATION ET INFORMATIONS PRATIQUES

Les rues de Puerto Maldonado forment un damier parfait, et les artères principales sont pavées. La rue **Leon Velarde** part du **Río Madre de Dios**, longe la **Plaza de Armas**, passe devant la poste et continue sur plusieurs kilomètres vers le sud-est, jusqu'à un port situé sur le **Río Tambopata**. A deux *cuadras* de la Plaza de Armas, la rue **2 de Mayo**, perpendiculaire à la rue Velarde, va jusqu'à l'aéroport.

Consulat : **Bolivie**, dans la rue Loreto, au niveau de la Plaza de Armas. Ouvert Lu-Ve, le matin.

Change : **Banco de Crédito**, Carrion 201 (☎571 001), sur la Plaza de Armas. Ouvert Lu-Ve 9h20-13h30 et 16h30-18h30, Sa. 9h30-12h30. La **Banco de la Nación** peut vous échanger de l'argent si vous possédez une carte Mastercard. Ouvert Lu-Ve 9h30-13h30 et 16h30-18h30, Sa. 9h30-12h30.

Marché : **Mercado Modelo**, délimité par les rues Ica, Ernesto Rivero, Fitzcarrald et Piura, à 8 *cuadras* du Río Madre de Dios et à 6 *cuadras* du Río Tambopata.

Urgences : ☎ 105.

Police : Carrion 410 (☎ 571 022), au niveau de la rue Puno, à une *cuadra* de la place vers l'intérieur des terres.

Hôpital (☎ 571 127) : Dans la rue Cajamarca, non loin de la rue Velarde.

Téléphone : Vous trouverez plusieurs cabines téléphoniques autour de la Plaza de Armas. **Telefónica del Perú**, Puno 670 (☎ 571 600), entre les rues Prada et Troncoso. Ouvert Lu-Ve 8h-16h30.

Bureau de poste : **Serpost**, Velarde 675 (☎/fax 571 088), au niveau de la rue Troncoso. Ouvert Lu-Sa 7h45-20h15 et Di. 7h45-15h.

HÉBERGEMENT

Hostal Moderno, Billinghurst 359 (☎ 571 063), au bout de la rue Velarde, à une *cuadra* de la place. Chambres en bardeau propres. Ambiance familiale. La petite cour du restaurant invite les clients à déguster des repas très copieux (s/3). Chambre simple s/10, double s/17, triple s/25.

Hostal Cahuata, Fitzcarrald 517 (☎ 571 526), en face du marché, entre les rues Rivero et Piura. Cet hôtel est propre et calme mais il est un peu sombre. Chambre simple s/10, avec salle de bains et ventilateur s/20, chambre double s/20, avec salle de bains et ventilateur s/30.

Hostal Tambo de Oro, 2 de Mayo 277 (☎ 572 057), entre les rues Velarde et Arequipa, à 2 *cuadras* de la place. Les voyageurs ferment les yeux sur la légère détérioration de cette *tambo* (auberge) et font connaissance au moment d'utiliser les impeccables salles de bains collectives. Chambre simple s/10, double s/20.

Hospedaje Español, Prada 670 (☎ 572 381), entre les rues Rivero et Piura. Il est à peine éclairé. Quelques-unes des salles de bains les plus propres du bassin amazonien. Un peu à l'écart. Chambre simple s/10, avec salle de bains s/15, chambre double s/20, avec salle de bains s/25.

RESTAURANTS

Vous trouverez plusieurs petits restaurants (s/2 le menu) autour du marché, en particulier près du croisement entre les rues Piura et Ica. La rue 2 de Mayo (entre les rues Velarde et Puno) abrite plusieurs *braserías*. Et si vous ne trouverez pas à Puerto Maldonado autant de plats typiques de la jungle qu'à Iquitos, vous ne regretterez pas, en revanche, d'avoir goûté les délicieux jus de fruits exotiques. Essayez notamment la *cocona* (fruit de la passion).

Pizzoton, Velarde 315 (☎ 571 765), près de la Plaza de Armas. Lustres en osier, grands tableaux de paysages et nappes en cuir donnent à l'endroit un chic inhabituel. Pizzas croustillantes s/11-24. Sandwichs s/3-6. Bières s/3-6. Ouvert Ma-Di 18h30-23h.

Wasaí (☎ 572 290), dans Billinghurst, à une *cuadra* de la place en direction du Río Madre de Dios. Ce belvédère situé le long de la rivière est le restaurant le plus calme du coin. Plats s/15-25.

SORTIES

Les vendredi et samedi soir à Puerto Maldonado, les jeunes de la ville sortent. Les clubs passent de la bonne musique latino, l'entrée est gratuite partout, et la majorité des établissement restent ouverts jusqu'à l'aube. La petite **Discoteca Witite** (☎ 572 219), dans la rue Velarde, non loin de la Plaza de Armas, s'anime et suit sa devise, "*un buen motivo para no dormir*" ("une bonne raison de ne pas dormir"). Le **Garotas Night Club**, San Martín 173 (☎ 686 294), est l'endroit idéal si vous voulez danser. Ses lumières attirent des clients bien déjantés.

EXCURSIONS DEPUIS PUERTO MALDONADO

LAGO SANDOVAL

Commandez un canoë ou un bateau à moteur (durée 1h, a/r s/60) au port, à l'endroit où convergent le Río Madre de Dios et le Río Tambopata. Les embarcations vous laisseront au départ d'un sentier que vous devrez suivre pendant 5 km (durée 1h-1h30) à travers la jungle pour atteindre le lac. Il existe deux lodges situés sur le chemin, et tous deux proposent des repas à s/7.

Si le coût exorbitant de la jungle n'est pas à votre portée, une excursion d'une journée sur le joli Lago Sandoval vous plaira sans doute davantage. Sur ce lac tranquille, vous pourrez voir des **martins-pêcheurs**, des **hérons** et des **cormorans**, et même tôt le matin, des **loutres géantes**, émergeant de leurs profondeurs boueuses pour venir chercher quelques rayons de soleil. L'ambiance sereine qui règne ici est idéale pour piquer une tête dans le lac, mais faites tout de même attention aux petits piranhas.

EXCURSIONS DANS LA JUNGLE DEPUIS PUERTO MALDONADO

La réserve de **Tambopata-Candamo**, consacrée par l'UNESCO, et dont les 6000 km^2 englobent le Parque Nacional de Bahuaja-Sonene et l'ancien Santuario Nacional Pampas del Heath, fournit un terrain de jeu parfait pour les visiteurs de la région. Vous ne verrez probablement pas de grands mammifères, mais au cours de la plupart des excursions, il n'est pas rare de voir des singes, des caïmans, parfois une loutre géante, ainsi que de nombreux oiseaux de toutes les couleurs. La réserve de Tambopata-Candamo et les autres réserves de la région imposent un tarif d'entrée de 20-30 $.

CES HORRIBLES PETITES BÊTES QUI MONTENT, QUI MONTENT, QUI MONTENT...

A la différence des terribles **fourmis rouges**, certaines créatures de la jungle n'attendent pas que vous veniez à elles : la **chauve-souris "vampire" desmodus**, par exemple, se nourrit des mammifères endormis et sans protection. La desmodus, l'une des rares espèces de chauve-souris pouvant marcher, se pose près de sa proie, approche furtivement sur ses deux pattes, puis utilise ses dents affûtées comme un rasoir pour couper de petits morceaux de peau. Ensuite, la chauve-souris se perche sur sa proie et suce le sang qui s'écoule constamment de la blessure, sa salive contenant un anticoagulant. Il y a aussi l'**anaconda**, qui ne viendra toutefois pas vers vous sans que vous le remarquiez. Ce boa constricteur, dépourvu de venin, est le plus grand serpent du monde (il peut mesurer jusqu'à 13 m). Il tue sa proie en s'enroulant autour d'elle et en l'étouffant avant de l'avaler entièrement. Les gens qui ont l'expérience des forêts tropicales conseillent toujours de regarder avant de toucher quelque chose, car les serpents ressemblent souvent à des branches ou à des plantes grimpantes. L'anaconda, quant à lui, ressemblerait plutôt à un tronc d'arbre. Mais peut-être que le **candirú acu**, plus communément appelé **poisson orifice**, remporte le prix de l'animal le plus effrayant de la jungle. Ce minuscule poisson-chat d'eau douce, presque invisible, possède des piquants sur sa queue. Ces piquants ne l'empêchent pas de rentrer à l'intérieur de l'urètre d'un baigneur, mais l'empêchent en revanche de rebrousser chemin et d'en sortir. Sans intervention chirurgicale, ce satané envahisseur peut provoquer la mort.

LES GUIDES

Des guides indépendants permettent d'explorer la forêt dans de meilleures conditions qu'en passant par un lodge (même si les prix sont souvent plus élevés) : moins de monde, plus d'aventure et davantage de flexibilité. Comme toujours, soyez prudent lorsque vous choisirez la personne qui vous accompagnera dans la jungle, car il y a beaucoup d'escrocs à Puerto Maldonado. Voici quelques bonnes adresses :

Willy Wither, Hotel Kross, Velarde 721 (e-mail willywither@hotmail.com). Dynamique et compétent, il connaît parfaitement les plantes médicinales et les tribus de la région. Sa seule faiblesse est son anglais, qui reste limité. Excursions au Lago Sandoval et au Lago Valencia (4 jours, 200 $ pour 2 personnes). Willy est prêt à aller (presque) partout, le temps que vous voulez. En moyenne, une excursion coûte 25 $ par personne et par jour (moins à partir de 6 personnes, prix incluant les repas, le couchage et le transport, mais pas l'accès à la réserve).

Victor Yohamona (☎572 613, fax à l'hôtel Cabaña Quinta 571 045, e-mail yohamona@pol.com.pe). Ayant bonne réputation et parlant anglais, Victor organise des expéditions de pêche aux piranhas, des cueillettes de plantes médicinales, des visites des communautés indigènes, des excursions de 4 jours sur les Lagos Sandoval et Valencia ou dans la réserve de Tambopata-Candamo, ainsi que des expéditions de 8 jours en remontant la rivière Las Piedras. Le prix moyen d'une excursion pour 2-3 personnes est de 35 $ par personne et par jour pour Sandoval et Valencia et de 50 $ pour Tambopata-Candamo ou la rivière Las Piedras (moins à partir de 4 personnes). Le prix comprend les repas, l'essentiel de l'hébergement (sauf les tentes pour le camping) et le transport, mais pas l'accès à la réserve.

Marco Linares-Pérez, Cuzco 377, à deux *cuadras* de la Plaza de Armas (e-mail marcolinares-peres@yahoo.com). Le jeune Marco, âgé de 16 ans et natif de Puerto Maldonado, est toujours heureux de faire connaître aux visiteurs tous les recoins de son humide terre natale. Hormis des excursions vers le Lago Sandoval et les villages indigènes de la région, Marco a des contacts avec toutes les *albergues* du coin. Tarifs négociables, mais souvent inférieurs à la moyenne.

Turismo De Los Angeles, Puno 657 (☎/fax 572 158), entre les rues Prada et Troncoso. Ils organisent des excursions avec des loueurs de bateaux et des guides locaux (minimum 4 personnes, 40 $ par personne et par jour). Le propriétaire, qui parle l'anglais, est très serviable. Ouvert Lu-Sa 8h-13h et 16h-21h.

LES LODGES DE LA JUNGLE

De nombreux lodges chers, dont beaucoup accueillent 40 à 60 clients par nuit en juillet et en août, se sont installés le long du Río Tambopata. Même s'il existe des moyens plus économiques de découvrir les 1234 espèces de papillons de la région et la plus grande *colpa* (bassin argileux) d'aras du monde, les lodges permettent de se faire une idée de la vie dans la jungle avec tout le confort.

Rainforest Expeditions, Galeón 120, à Lima (☎(01) 421 8347, fax 421 8183), entretient le grand et luxueux lodge **Posada Amazonas**, en collaboration avec la communauté locale Ese'eja. C'est très cher, mais le fait qu'un groupe d'indigènes possède la moitié de l'établissement et constitue la majorité du personnel donne à cette *posada* (auberge) une place à part. Rainforest Expeditions peut également organiser des séjours au petit **Tambopata Research Center**, un centre de recherches situé à 4-5 heures en remontant la rivière et juste à 500 m de la *colpa*. Le lodge et le centre sont tous deux équipés de salles de bains privées, et le transport est assuré depuis et jusqu'à l'aéroport. 4 jours et 3 nuits tout compris à la Posada Amazonas 300 $, 5 jours et 4 nuits, moitié à l'auberge et moitié au centre de recherches 565 $.

Bahuaja Lodge (adresse postale : Tina Smith, Lista de Correos, Serpost, Puerto Maldonado). Tenu par la biologiste britannique Tina Smith et son mari péruvien Hilmar Huinga, le Bahuaja propose une option différente, à l'ambiance familiale. Avec sa cuisine bio, l'absence d'électricité et d'eau courante et son engagement à employer des guides locaux, ce lodge fonctionne de manière bien plus responsable que beaucoup d'autres. Camping 25 $ par personne (avec votre propre tente), lit 35 $ par personne et par nuit. Tous les repas sont inclus. Le transport et les excursions jusqu'à la *colpa* peuvent être arrangés moyennant un supplément. 4 jours et 3 nuits tout compris 165 $. Des tarifs spéciaux peuvent être négociés pour les hispanophones qui souhaitent mener des activités manuelles ou des recherches scientifiques autour du lodge (séjour de 3 semaines au minimum).

Tambopata Jungle Lodge (☎(084) 225 701, fax 238 911, Web : www.cbc.org.pe/tambopata/tambopata.htm). A quelques heures de la *colpa*, sur la rivière Tambopata. Le lodge organise des excursions guidées de 3 à 5 jours dans la forêt (150-230 $) et vers le bassin salin (510-630 $), qui incluent le transport à partir de Puerto Maldonado, les repas, le logement et les guides. Ils ont également un lodge en ville permettant un accès facile à des excursions plus courtes. Les tarifs varient selon la saison.

BOLIVIE

HISTOIRE DEPUIS L'INDÉPENDANCE

"Compatriotes, aujourd'hui je vais mourir, mais le flambeau que je viens d'allumer, personne ne l'éteindra."

–Dernières paroles de Don Pedro Domingo Murillo, La Paz, 29 janvier 1810.

C'est depuis la Bolivie, le 25 mai 1809, qu'est lancé le premier appel à l'indépendance de toutes les colonies espagnoles d'Amérique. Un cri de révolte bien mal payé en retour, puisque son auteur, Don Pedro Domingo **Murillo**, sera pendu en 1810, et que la Bolivie sera le dernier pays d'Amérique latine à accéder à l'indépendance, le 6 août 1825 seulement.

Il faut savoir que sous la couronne d'Espagne, le territoire qu'occupe l'actuelle Bolivie était compris dans une vaste région appelée le Pérou, incluant également le Pérou d'aujourd'hui. La province qui prit le nom de Bolivie en devenant un pays indépendant n'était autre que le **Haut-Pérou** d'alors.

Les fortes velléités d'indépendance se transforment rapidement en de véritables guerres, tant au nord du continent avec Simón **Bolívar**, qu'au sud, où les provinces de La Plata se libèrent du joug ibérique. Les armées libératrices guerroient alors de Caracas à Buenos Aires et, peu à peu, se débarrassent de la tutelle coloniale. Une dernière poche de résistance espagnole demeure dans le Haut-Pérou, sous le contrôle du général Pedro Antonio de Olañeta. A Ayacucho, la campagne militaire orchestrée par Simón Bolívar contre la monarchie espagnole s'achève victorieusement en 1824 grâce au général Antonio José de **Sucre**. Quant au général Olañeta, il est abattu par ses propres troupes, lors d'une insurrection, le 3 avril 1825, ce qui met un point final à toutes les guerres d'indépendance.

CRÉATION D'UN NOUVEL ÉTAT (1825-1839)

Bolívar laisse à Sucre le soin de décider de l'avenir de la région en concertation avec les représentants des provinces du Haut-Pérou. En à peine cinq jours, l'élite *criolla* du Haut-Pérou, consciente de l'importance économique de ses mines d'argent et frustrée du rôle secondaire qu'elle a joué à l'ère coloniale, décide d'en proclamer l'indépendance. Voilà qui n'est pas pour plaire à Bolívar, qui rêvait d'une grande patrie latino-américaine où Grande Colombie, Pérou et Haut-Pérou ne feraient qu'un. Afin d'apaiser la colère du libérateur et de lui rendre hommage, Sucre et l'assemblée haut-péruvienne qu'il a convoquée décident de donner à la nouvelle nation le nom de République Bolívar (qui deviendra la Bolivie quelques mois plus tard).

Bolívar rédige la nouvelle constitution de la Bolivie et en décline la présidence, préférant laisser Sucre diriger le pays. Manquant de moyens financiers, celui-ci met en place une réforme fiscale et saisit les richesses de l'église, menaçant ainsi l'ordre établi et se mettant à dos les *criollos* conservateurs.

Il démissionne en 1828. Plusieurs chefs d'Etat se succèdent avant l'arrivée au pouvoir, en mai 1829, du maréchal Andrés de **Santa Cruz**, d'ascendance indienne par sa mère. Santa Cruz promulgue un code du commerce, un code civil et un code pénal (les premiers d'Amérique latine) . Il stabilise l'économie du pays en imposant des tarifs douaniers protectionnistes et en réduisant les impôts du secteur minier. Pour renforcer la frontière commune avec le Pérou, il intervient lors de la guerre civile de ce pays et se proclame protecteur de la **Confédération Pérou-Bolivie**. Mais l'Argentine et le Chili, qui voient d'un mauvais œil la création d'une telle puissance, déclarent la guerre à la confédération. En janvier 1839, Santa Cruz est vaincu lors de la **bataille de Yungay**. La toute jeune confédération est dissoute et le président s'exile en Equateur.

CHAOS ET TOTALITARISME (1839-1879)

Les quarante années qui suivent l'exil de Santa Cruz se caractérisent par une grande instabilité politique, des pertes continuelles de territoires et un déclin économique de la Bolivie. Dix chefs d'Etat différents tentent leur chance à la tête de ce pays divisé. Certains sont dotés de bonnes intentions mais la plupart sont de véritables *caudillos*, dictateurs militaires qui se maintiennent au pouvoir grâce aux manœuvres politiques et aux intimidations. Le successeur direct de Santa Cruz, le général José Miguel de **Velasco** (1839-1841), ne parvient pas à repousser une nouvelle invasion du général péruvien Agustín **Gamarra** et doit démissionner en 1841. Il est remplacé par le général José **Ballivián** (1841-1847), qui rétablit l'ordre et renverse la politique protectionniste de Santa Cruz. Mais son insistance à asphyxier par l'impôt la population indienne ne parvient qu'à faire chuter la production agricole. Manuel Isidro **Belzú** (1848-1855), souvent considéré comme le premier président populiste de Bolivie, tente de plaire aux artisans et aux paysans en limitant les importations et en s'emparant des terres des aristocrates, mais les menaces de l'élite bolivienne l'obligent à s'exiler en Europe. Après un bref passage au pouvoir du gendre de Belzú, c'est le Dr José María **Linares** (1857-1861) qui prend le pouvoir. Il rétablit le libre-échange et attire les investisseurs étrangers dans l'industrie minière. Malgré cela, l'agriculture va toujours aussi mal et les impôts élevés poussent les paysans à se révolter à Copacabana.

Le coup d'Etat militaire de 1861 qui renverse Linares marque le début d'une période extrêmement violente, qui voit se succéder des chefs d'Etat tous plus incompétents les uns que les autres. Au cours de son mandat, le général José María **Achá** (1861-1864) ordonne le massacre d'une soixantaine d'opposants politiques. Quant au général Mariano **Melgarejo** (1864-1871), il est resté célèbre dans l'histoire de la Bolivie pour l'extraordinaire aberration de ses actes politiques. Les caisses de l'Etat étant vides, il décide tout simplement de vendre des morceaux de territoire aux pays voisins. Il cède ainsi environ 300 000 km^2 de terres au Brésil, puis signe un traité catastrophique avec le Chili, abandonnant à ce pays un autre bout de territoire et lui concédant l'exploitation des mines de salpêtre de la région côtière d'Atacama, par ailleurs riche en nitrates et en guano. Cette inconscience débouchera quelques années plus tard sur la désastreuse guerre du Pacifique, où la Bolivie perdra son accès à la mer. Les notables les plus concernés par l'économie ne font rien pour empêcher cette erreur, car leurs ressources proviennent à cette époque essentiellement des nouvelles mines d'argent, florissantes. Lorsque Hilarión **Daza** fait son entrée au pouvoir en 1876, la tension politique en Bolivie est telle que seule une guerre pourrait rendre au pays une certaine unité. Et cela tombe plutôt bien pour Daza, puisque Melgarejo a parfaitement préparé le terrain.

LA GUERRE ET LE GOUVERNEMENT CONSERVATEUR (1879-1899)

LA GUERRE DU PACIFIQUE. La première guerre impliquant la toute jeune Bolivie est née d'un long conflit avec le Chili à propos de la zone côtière riche en minerais du désert d'Atacama. Au milieu des années 1860, il s'en était déjà fallu de peu pour que la guerre éclate entre ces deux pays à cause d'une délimitation frontalière. En 1874, le Chili accepte de fixer sa frontière au 24e degré de latitude à condition que la Bolivie n'augmente pas les taxes sur les entreprises d'extraction de nitrate chiliennes pendant au moins 25 ans. Daza rompt cet accord quatre ans après seulement, afin de remplir les caisses et d'attiser le nationalisme. Le 14 février 1879, le Chili déclare alors la guerre à la Bolivie et au Pérou, unis par un traité d'alliance. Daza fait preuve d'une grande incapacité militaire, et ses troupes à moitié désarmées sont rapidement vaincues. C'est ainsi que la Bolivie se retrouve amputée de l'intégralité de ses territoires côtiers. Daza fuit vers l'Europe pour éviter la révolte populaire (en emportant avec lui une grande partie du trésor national), et le Chili envahit massivement le Pérou (voir **Réussites et échecs du guano**, p. 87).

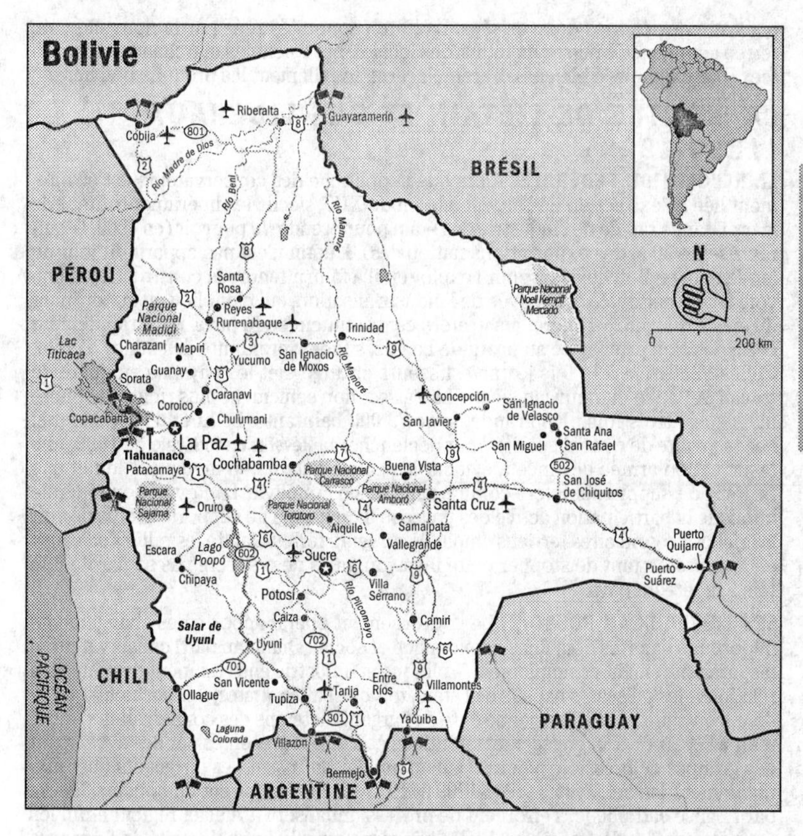

LE RETOUR À UN RÉGIME CIVIL. La guerre du Pacifique marque un tournant dans l'histoire de la Bolivie. Aujourd'hui encore, ce pays souffre de la perte de son accès à la mer, qui reste un thème fédérateur pour les hommes politiques à chaque campagne électorale. Mais surtout, cette embarrassante défaite militaire discrédite les forces armées au moment même où la haute bourgeoisie profite de l'augmentation de la production d'argent. L'élite civile décide de s'impliquer activement dans le débat politique en créant de nouveaux partis. Le **Partido Conservador** (Parti conservateur), qui regroupe principalement des entrepreneurs de l'industrie minière, réclame au Chili un dédommagement pour les pertes encourues, afin de financer une voie ferrée pour les exportations minières de Bolivie. Le **Partido Liberal** (Parti libéral), quant à lui, veut se libérer de la dépendance financière qui lie la Bolivie au Chili et au Royaume-Uni. Les deux partis ont toutefois un intérêt commun dans la modernisation économique et dans le désengagement politique de l'armée. En 1880, l'élection du conservateur Narciso **Campero** à la présidence du pays annonce le début d'une nouvelle période de stabilité, qui durera une quarantaine d'années.

Le succès des conservateurs est mitigé. Le prix de l'argent sur le marché mondial permet à l'économie de se maintenir, les bénéfices tirés de nouvelles matières premières, tel le caoutchouc, augmentent, et les divers gouvernements conservateurs construisent une voie ferrée qui ouvre une porte sur la côte chilienne. La production agricole augmente elle aussi légèrement. Pourtant, après le mandat de Campero, des élections frauduleuses flouent les libéraux. L'expansion des riches *haciendas* agricoles, aux dépens des terres communautaires indiennes, accroît la pauvreté des classes défavorisées. La libre économie créée par la nouvelle voie ferrée commence à nuire aux industries locales, qui voient les marchandises importées (par exemple le blé chilien) remplacer graduellement les produits boliviens.

LA MONTÉE DE L'ÉTAIN ET DES LIBÉRAUX (1899-1920)

LA RÉVOLUTION FÉDÉRALE. Alors que la politique des conservateurs est étroitement liée à l'extraction de l'argent à la fin du XIXe siècle, les libéraux profitent de la croissance rapide de l'industrie de l'étain pour prendre le pouvoir (en 1900, l'étain représente 50 % des exportations nationales). L'étain n'est pas apparu du jour au lendemain en Bolivie. Mais pour l'exploiter, il a fallu attendre la construction d'une voie ferrée nationale et l'arrivée de l'industrialisation, qui n'ont lieu qu'au tournant du siècle. La ville de Sucre, jusqu'alors centre financier du pays, perd rapidement cette position privilégiée au profit de La Paz, située à proximité des mines d'étain. Celles-ci attirent à la fois les investisseurs étrangers et les paysans en quête de travail. A l'aube du nouveau siècle, La Paz est non seulement plus riche que Sucre mais aussi trois fois plus grande, avec 72 000 habitants. Le libéral José Manuel **Pando** profite de cette disparité pour déclencher la **Révolution fédérale de 1899**, une insurrection armée destinée à évincer les conservateurs en invoquant le fait que La Paz doit supplanter Sucre comme capitale de la Bolivie. La Révolution fédérale implique la participation active des paysans indiens, qui ne supportent plus de voir les riches propriétaires terriens empiéter sur leurs terres. Pando les rallie à sa cause en leur promettant de stopper cette invasion, mais ne respecte pas sa parole une fois à la tête du pays.

LES LIBÉRAUX AU POUVOIR. Le gouvernement libéral apporte des changements importants dans les domaines économique et social. Quant au parti conservateur, il disparaît purement et simplement. Politique et industrie entretiennent de nouvelles relations : les puissants nababs de l'étain, tels que **Patiño**, **Aramayo** et **Hochschild**, décident, contrairement à l'ancienne élite de l'argent du temps des conservateurs, de se tenir à l'écart de tout engagement politique et d'être représentés par des avocats ou des groupes de pression, péjorativement appelés la *rosca*. Les dirigeants libéraux, notamment Ismael **Montes** (1904-1909 et 1913-1917), s'emparent du pouvoir détenu par l'Eglise catholique, s'efforcent de professionnaliser l'armée et règlent enfin les éternels conflits de frontières. La Bolivie signe avec le Brésil le **traité de Petrópolis** (1903), qui met fin aux différents accrochages liés à la zone de production du caoutchouc, et avec le Chili un traité de paix officiel. Il s'agit de la période politique la plus calme jamais connue en Bolivie… mais elle ne dure pas. En effet, les paysans indiens, trahis par Pando et arrachés à leurs communautés rurales pour travailler dans les villes minières surpeuplées, sont de plus en plus mécontents de leur situation sociale. La Paz accueille son **premier Congrès national des travailleurs** en 1912. La crise du commerce international touche les exportations de minerais et entraîne la formation du **Partido Republicano** (Parti républicain) en 1914. Les libéraux remportent de justesse les élections de 1917, mais José **Gutiérrez Guerra** (1917-1920) sera le dernier président de cette famille politique.

LES RÉPUBLICAINS ET LE RETOUR DE LA GUERRE (1920-1935)

L'INFORTUNE DES RÉPUBLICAINS. En Bolivie, le parti républicain n'est pas très chanceux : dès que son premier président, Bautista **Saavedra** (1920-1925), est élu, les prix de l'étain s'effondrent, et en 1930, la Grande Dépression anéantit presque la totalité du marché mondial de l'étain. Le déclin de l'économie oblige Saavedra et son successeur, Hernando **Siles** (1926-1930), à dépendre des prêts étrangers, accordés notamment par les Etats-Unis, malgré la fervente opposition des nationalistes boliviens. De petits partis, influencés par la pensée marxiste et socialiste, se développent. La colère des ouvriers, qui grondait déjà sous le gouvernement libéral, s'intensifie dans les années 1920. Saavedra doit recourir à la violence pour démanteler la **grève des mineurs** de 1923 à Uncia. Siles s'engage davantage à améliorer les conditions de vie des ouvriers et des paysans indiens, mais les actions des deux présidents sont fortement paralysées par le pouvoir de la *rosca* et, en 1930, Siles, qui n'a pu tenir ses promesses, est renversé. Une junte militaire prend le relais jusqu'à l'élection, en 1931, du candidat de coalition Daniel **Salamanca** (1931-1934). A l'instar de Hilarión Daza quelques cinquante ans auparavant (voir **Chaos et totalitarisme**, p. 366), Salamanca hérite d'une Bolivie aux prises avec des tensions sociales et des problèmes économiques, et ne se maintient au pouvoir que grâce à la guerre qui éclate.

LA GUERRE DU CHACO. Comme tous les conflits internationaux impliquant la Bolivie, la guerre du Chaco (1932-1935) est née d'un désaccord frontalier, portant cette fois sur les plaines du Chaco, où les compagnies Standard Oil et Royal Dutch Oil ont découvert des réserves de pétrole, à la fois sur les territoires bolivien et paraguayen. Le Paraguay souhaite accéder aux gisements de pétrole situés au-delà de sa frontière, tandis que la Bolivie espère exploiter la région du Chaco pour construire un oléoduc jusqu'au fleuve Paraguay et gagner l'océan Atlantique. Depuis la guerre du Pacifique, l'armée bolivienne s'est professionnalisée de façon notable et, en 1932, Salamanca pense qu'elle est assez entraînée, disciplinée et équipée pour écraser rapidement les troupes paraguayennes. Il plonge donc son pays dans une guerre sanglante qui dure trois ans, dont le lourd bilan témoigne de son erreur : 65 000 morts, 35 000 blessés ou prisonniers. Les Indiens quechuas ou aymaras des hauts plateaux, enrôlés de force pour aller se battre dans les plaines tropicales mais supportant mal le climat, désertent ou préfèrent se blesser volontairement pour échapper à l'enfer des maladies et de la soif. La Bolivie perd donc la région du Chaco mais parvient néanmoins à conserver ses propres exploitations de pétrole. Les dirigeants militaires obligent Salamanca à démissionner en 1934, lorsque celui-ci refuse d'accepter la défaite. Son vice-président, José Luis **Tejada**, plus disposé à restaurer la paix, lui succède jusqu'en 1936.

L'HÉRITAGE DE LA GUERRE DU CHACO (1936-1946)

"SOCIALISME MILITAIRE". La défaite désastreuse de la Bolivie dans la guerre du Chaco s'est révélée un véritable détonateur. Les autorités militaires, très embarrassées, s'impliquent alors davantage dans les problèmes politiques, tandis que réformistes et conservateurs sont plus que jamais prêts à poursuivre leurs propres objectifs politiques. Afin d'éviter une enquête civile sur les dirigeants pendant la guerre, les officiers renversent Tejada et le remplacent par le colonel David **Toro** (1936-1937). Ils créent également une "police" puissante pour contrecarrer la politique de désarmement conclue avec le Paraguay. Outre les dispositions prises par les dirigeants militaires, le gouvernement, à commencer par Toro lors de son bref passage au pouvoir, décide lui aussi de réformer le pays.

Parmi les principaux partisans de Toro, on trouve de jeunes vétérans déçus qui espèrent apporter un profond changement à leur pays. Son programme, intitulé "socialisme militaire", s'oriente vers plus de justice sociale et vers un contrôle des ressources naturelles par le gouvernement. Cependant, il n'est pas soutenu suffisamment longtemps par le peuple pour rester au pouvoir et en 1937, il est renversé par un groupe d'officiers encore plus radicaux qui s'opposent directement à la *rosca*. L'instigateur du coup d'Etat, le colonel Germán **Busch** (1937-1939), prend la tête du pays pendant deux ans, mais lui non plus n'obtient pas l'appui nécessaire à la réalisation de ses objectifs radicaux et, haï par l'oligarchie, il se suicide (l'y a-t-on aidé ?) en 1939.

PEÑARANDA ET VILLARROEL. Au cours des mandats de Toro et de Busch, une *concordancia* se forme au sein des partis républicain et libéral, inquiétés par l'importance rapide que prennent les partis de gauche. Le général Enrique **Peñaranda**

(1940-1943) est élu pour stopper cette ascension. Mais la tendance au changement ne peut être enrayée et le Congrès de Peñaranda doit composer avec plusieurs groupes d'extrême gauche, notamment le **Partido Obrero Revolucionario** (POR – Parti des travailleurs révolutionnaires), la **Falange Socialista Boliviana** (FSB – Parti socialiste bolivien) qui s'inspire du modèle espagnol et le **Partido de Izquierda Revolucionaria** (PIR – Parti révolutionnaire de gauche). Le leader de l'opposition au Congrès appartient au **Movimiento Nationalista Revolucionario** (MNR – Mouvement nationaliste révolutionnaire), premier parti dans l'histoire de la Bolivie à rassembler différentes classes sociales.

Le MNR, résolument antisémite à cette époque, reprend la théorie de nationalisation totale et de réformes sociales de grande portée instaurée par Toro et Busch, et traite avec le groupe secret **Razón de Patria** (Radepa – La cause de notre mère patrie), fondé en 1934 par des prisonniers de guerre au Paraguay. En décembre 1943, ces deux mouvements forment une alliance destinée à destituer le régime de Peñaranda, et le major Gualberto **Villarroel** (1943-1946) devient le nouveau président réformiste de Bolivie. Mais il n'aura pas la possibilité d'établir des changements durables, car malgré son souci d'améliorer la vie des paysans et des ouvriers, il est accusé de fascisme par son peuple ; en 1946, une foule d'étudiants, de professeurs et d'ouvriers le prennent en otage puis le lynchent devant le palais présidentiel avant de suspendre son corps à un lampadaire.

LE "SEXENIO" (1946-1952)

Les six années qui précèdent la **Révolution nationale de 1952** sont souvent appelées le **sexenio**. Les conservateurs voient en cette période l'ultime chance d'endiguer la montée de la gauche, et ce en apaisant tant la classe bourgeoise que la classe ouvrière. Pendant ce temps, le MNR s'entraîne à la révolution en essayant plusieurs stratégies de prise du pouvoir. Pour l'ensemble du peuple bolivien, le *sexenio* signifie l'augmentation de l'inflation et l'instabilité économique, puisque les conservateurs cherchent à maintenir les dépenses sociales sans augmenter les impôts, malgré la dégringolade des prix de l'étain.

Enrique **Hertzog** (1947-1949) tente de rapprocher la *concordancia* conservatrice et le PIR, mais toute collaboration entre dirigeants et travailleurs est réduite à néant lorsque son gouvernement écrase violemment l'insurrection des mineurs de Catavi en 1949. La même année, le MNR organise un coup d'Etat, qui échoue, et se voit donc contraint de présenter des candidats légaux aux élections de 1951, **Paz Estenssoro** et **Siles Zuazo** : leur programme, fondé sur la réforme agraire et la nationalisation, remporte la majorité des suffrages, mais le président sortant en appelle à une junte militaire pour empêcher le MNR d'accéder au pouvoir.

LA RÉVOLUTION NATIONALE DE 1952 (1952-1964)

En mars 1952, le déclin économique, le découragement militaire et l'agitation sociale atteignent leur paroxysme : presque toutes les couches sociales participent à une marche de la faim dans les rues de La Paz. Paz Estenssoro et le MNR en profitent pour tenter une nouvelle fois de s'emparer du pouvoir en procurant des armes aux civils. Après trois jours de lutte et 600 morts, l'armée bolivienne dépose les armes, et Paz Estenssoro entre à la présidence le 16 avril 1952.

Dès son arrivée au pouvoir, le MNR met en place sa politique révolutionnaire. En trois mois, le gouvernement instaure le suffrage universel (masculin), prend le contrôle des forces armées et en réduit l'effectif, nationalise les trois compagnies d'étain les plus importantes et crée la **Corporación Minera de Bolivia** (Comibol – Corporation minière de Bolivie) pour diriger les mines nouvellement étatisées. En 1953, il promulgue la **loi sur la réforme agraire** qui abolit le travail forcé et introduit un programme de redistribution des terres des propriétaires traditionnels aux paysans indiens. Le régime du MNR favorise considérablement les paysans et les mineurs. Paz Estenssoro encourage la formation de milices composées de mineurs pour contrebalancer l'armée ; ceux-ci fondent alors immédiatement la **Central Obrera**

Boliviana (COB – Fédération des travailleurs boliviens), organisation influente qui jouera un rôle capital dans la quête de la démocratie.

Les débuts du MNR sont impressionnants, mais cette envolée ne dure pas longtemps : le parti se divise rapidement entre les radicaux et une majorité plus modérée, les mines nationalisées perdent constamment de l'argent, l'anarchie dans les campagnes entraîne la chute de la production agricole et les dépenses sociales exubérantes du gouvernement provoquent l'inflation. Le successeur de Victor Paz Estenssoro, Hernan **Siles Zuazo** (1956-1960 et 1982-1985), éloigne l'extrême gauche et la COB en adoptant un programme strict de stabilisation du jeune FMI qui gèle les salaires et nécessite d'importants emprunts auprès des Etats-Unis. Lors de son second mandat (1960-1964), Paz Estenssoro aggrave le mécontentement de la population ouvrière et doit compter de plus en plus sur l'armée pour maintenir l'ordre.

UN NOUVEAU RÉGIME MILITAIRE (1964-1978)

Les années 1960 et 1970 voient le retour d'un régime militaire en Bolivie. Le général René **Barrientos** (1964-1969), élu en tant que vice-président de Paz Estenssoro en 1964, se proclame président de Bolivie à la suite d'un coup d'Etat sans effusion de sang. Déterminé à enrayer l'agitation ouvrière, Barrientos poursuit la politique stricte de stabilisation qui a rendu Paz Estenssoro si impopulaire lors de son dernier mandat. Mais c'est le seul programme du régime précédent qu'il reprend. Il monte l'armée contre les travailleurs, place la Comibol sous le contrôle d'un officier militaire, dissout la COB, désarme les milices de mineurs et exile les leaders syndicalistes. Enfin, il se met à dos les nationalistes en attirant d'importants investisseurs américains. Barrientos compte également à son actif l'anéantissement de la guérilla du "che" Guevara. Il mourra dans un accident d'hélicoptère en avril 1969.

Suivent les deux mandats sans conséquence des généraux Alfredo **Ovando** (1969-1970) et Juan José **Torres** (1970-1971), avant l'arrivée au pouvoir du dernier dirigeant militaire important, le colonel Hugo **Banzer** (1971-1978). Sous son régime, la Bolivie est remarquablement calme, et pour cause : il fait taire toute revendication par les armes, interdit toute activité politique et syndicale, supprime la COB ainsi que tous les partis politiques de gauche et bâillonne la presse. Sous sa main de fer, les années 1970 connaissent une croissance économique sans précédent en Bolivie. Il faut dire que le pays bénéficie d'investissements étrangers, de réserves de pétrole, du prix élevé de l'étain et d'une augmentation de la production agricole. Mais ce "miracle économique" s'avère de courte durée et dès 1978, Banzer se retrouve confronté aux problèmes qui ont fait tomber ses prédécesseurs : les mines nationalisées qui perdent de l'argent, la baisse des prix de l'étain et du pétrole et le recours à l'aide étrangère. Dans de telles conditions, sa politique visant à solliciter les hommes d'affaires, les propriétaires de mines et la bureaucratie se retourne contre lui. Les tensions et l'hostilité ouvrière le forcent à organiser des élections présidentielles en 1978.

LA LUTTE POUR LA DÉMOCRATIE (1978-1982)

Les élections de 1978 se déroulent sans encombre. Toutefois, la Cour électorale nationale décide d'annuler les résultats car elle soupçonne le vainqueur, le général Juan **Pereda**, d'avoir truqué les élections. Pereda ne se laisse pas impressionner et prend tout de même la tête du pays. C'est ainsi que débute le long chemin tortueux de la Bolivie vers la démocratie : en seulement quatre ans, le pays connaît deux dirigeants civils et sept régimes militaires, avant de procéder enfin à l'élection légale d'un président. Le dernier chef d'Etat militaire, le général Luis **García Meza** (1980-1982), est aussi le plus corrompu de toute l'histoire de la Bolivie. García Meza et ses partisans coopèrent étroitement avec les terroristes néo-fascistes et les trafiquants de cocaïne, et régissent le pays avec une violence impitoyable et non dissimulée. En 1982, son gouvernement étant complètement isolé sur la scène internationale et menacé à l'intérieur, García Meza démissionne et fuit en Europe, tandis que le **Congrès de 1980** décide enfin de se réunir pour élire un nouveau président. Son choix se porte sur l'ancien président Siles Zuazo (MNR), et le 10 octobre 1982, la Bolivie devient officiellement et jusqu'à aujourd'hui un Etat démocratique.

MAINTENIR LA DÉMOCRATIE (1982-2000)

LES CINQ PREMIERS PRÉSIDENTS. Les cinq présidents à la tête de la Bolivie depuis 1982 ont eu de quoi s'occuper durant leur mandat. **Siles Zuazo** (1982-1985) voit son pays perdre des récoltes à cause d'El Niño. Il doit également affronter des taux d'inflation approchant les 24 000 % et des grèves massives dénonçant ses mesures de stabilisation économique. **Paz Estenssoro** (1985-1989) est confronté à la chute du marché de l'étain et au chômage qui s'ensuit. Contrairement aux principes qu'il s'était fixés en lançant la révolution de 1952, il suit les conseils du FMI qui le presse de libéraliser l'économie. Les derniers présidents en date, Jaime **Paz Zamora** (1989-1993), Gonzalo **Sánchez de Lozada** (1993-1997) et le colonel Hugo **Banzer** (encore lui, de 1997 à aujourd'hui), doivent également faire face à des difficultés économiques. Ils subissent en outre la pression internationale toujours croissante qui les pousse à réduire l'endettement annuel et à lutter contre le trafic de cocaïne.

LA LUTTE ANTI-DROGUE. Sous la pression des Etats-Unis, la Bolivie a dû s'engager depuis 1987 dans un vaste **plan d'éradication de la coca**. Il faut dire que la culture de cette plante, dont la transformation de la feuille permet, entre autres, de produire la cocaïne et des drogues dérivées, s'était intensifiée depuis les années 1970. De nombreux paysans indiens, chassés par la sécheresse ou par une pression démographique entraînant la diminution des terres cultivables disponibles, s'étaient reconvertis dans la culture de la coca. Des cohortes de mineurs, débauchés à la fermeture des mines d'étain à partir de 1985, en avaient fait autant.

A ce jour, la Bolivie est le troisième producteur le plus important de coca au monde, derrière la Colombie et le Pérou. En 1997, le pays exportait encore 250 tonnes de ces feuilles par an. Aujourd'hui, après une campagne acharnée contre le "narcotrafic", ce nombre oscille autour de 70 tonnes par an. Le président Banzer a promis à Washington d'éradiquer totalement les récoltes destinées à la cocaïne d'ici 2002 et pour le moment, il tient parole. Il a en effet abrogé l'ancien programme "d'éradication volontaire", qui prévoyait l'attribution d'une somme d'argent pour toute récolte détruite mais sans interdire pour autant les nouvelles plantations. Pour remplacer ce programme, Banzer s'engage à accorder aux cultivateurs des crédits, à construire des routes, à fournir des équipements et à distribuer des semences pour entreprendre d'autres cultures, contre la promesse qu'ils ne planteront plus jamais de coca. Selon des sources officielles, 75 traités, impliquant plus de 7000 fermiers, ont été signés à ce jour, et beaucoup d'autres sont sur le point d'être conclus. Madeleine Albright, ex-secrétaire d'Etat des Etats-Unis, a promis d'accorder 110 millions de dollars pour financer le développement de cultures de remplacement. Elle a également mentionné la possibilité, à long terme, de lever les taxes sur les importations de textiles boliviens, une mesure qui assurerait à l'économie du pays 400 millions de dollars et compenserait en théorie la perte des emplois liés à la coca. Mais le plan d'éradication est sujet à de fortes contestations. Les cultures de substitution, telles que le maïs, le café ou les fruits tropicaux, sont environ dix fois moins rentables que celle de la coca, car les prix où les achètent les pays "riches" demeurent extrêmement bas. En outre, un peu comme le roquefort en France, la feuille de coca fait partie intégrante de la culture bolivienne. Les Indiens la mâchent depuis des temps immémoriaux pour supporter la faim, la fatigue et l'altitude. En Bolivie, on se sent heurté dans sa fierté nationale face à cette ingérence étrangère. Les pays du Nord ne tirent-ils pas eux-mêmes un énorme profit du commerce d'armements, légal, et pourtant plus meurtrier encore que la cocaïne ou le crack ? De plus, il ne saurait être question d'éradiquer totalement la cocaïne, dont la molécule, d'abord utilisée pour ses propriétés anesthésiques, est à la base de la production de centaines de médicaments.

La crise a atteint son paroxysme en septembre 2000. Les paysans de la région du Chapare, point névralgique de la production de coca, ont marché sur La Paz et bloqué toutes les issues qui mènent à la ville, organisant un véritable siège. Leur demande : le droit de continuer à cultiver un *katu*, c'est-à-dire 6 ha de coca par famille. Encouragés par les narco-trafiquants, qui avaient tout intérêt à ce que le conflit s'envenime, les syndicats ont appelé à une grève générale.

Fort de son expérience dans la gestion des problèmes sociaux (voir précédemment), Banzer a envoyé l'armée débloquer les routes par la force. Un bain de sang a pu être évité grâce à l'intervention de médiateurs mandatés par l'Eglise et par la Commission des droits de l'homme, mais le gouvernement a gagné la bataille : il pourra tenir la promesse d'éradication qu'il a faite aux Etats-Unis.

LA CRISE DE L'EAU. Le tournant du siècle aura été pour la Bolivie une forte période de troubles. En avril 2000, c'est une fois de plus dans la région de Cochabamba que se sont déchaînées les forces populaires. En cédant le secteur de la distribution d'eau à Aguas del Tunari, un consortium privé composé d'investisseurs français, le gouvernement était loin d'imaginer les conséquences qu'allait avoir cet acte. Cochabamba a toujours été le grenier de la Bolivie, mais l'eau y est rationnée à cause des fortes sécheresses qui sévissent depuis les changements climatiques de ces vingt dernières années. Souhaitant remédier à ce problème, Aguas del Tunari a décidé de construire un barrage ainsi qu'un viaduc. Mais pour financer le projet, l'entreprise n'a rien trouvé de mieux à faire que de multiplier par trois le prix de l'eau à la consommation, ce qui n'était nullement prévu par le contrat de privatisation. La voix des paysans ne tarde pas à se faire entendre, avec la création d'un **Comité de Defensa del Agua**. Après de nombreuses manifestations, un blocage des routes et de violents affrontements avec l'armée, le gouvernement a accepté de remettre en cause ce contrat. A l'heure où nous écrivions ces lignes, le calme était revenu dans les campagnes, mais l'affaire pas encore réglée.

PERSPECTIVES D'AVENIR. La Bolivie est sur le point d'entamer sa troisième décennie de démocratie dans un climat politique relativement stable, véritable exploit lorsque l'on sait qu'elle a subi plus de 150 coups d'Etat au cours de ses 150 premières années d'existence. Cependant, le futur qui s'ouvre devant elle reste truffé d'obstacles. Privée de façade maritime, isolée et partagée, la Bolivie reste parmi les pays les plus pauvres d'Amérique latine, et son importante population indienne souffre toujours de discrimination. De plus, les institutions politiques du pays manquent encore de maturité, et de nets clivages – entre classes sociales, ethnies, régions, etc. – compliquent considérablement la gestion du pays. Du point de vue économique, la Bolivie dépend largement des prêts étrangers et doit faire en sorte de compenser la destruction des cultures de coca. Le ministre des Finances du gouvernement Banzer estime que pour l'année 2000 uniquement, la Bolivie a perdu 500 millions de dollars de revenus liés à la drogue. Si le pays souhaite stabiliser son économie et parvenir à la suppression totale de la coca, il devra trouver un moyen de reconvertir les cultivateurs de cet "or vert".

PEINTURE

Les premières œuvres de la peinture bolivienne datent de l'époque coloniale, lorsque des artistes comme **Gregoria Gamarra**, **Leonardo Flores** et **Matías Sanjinés** représentaient la Vierge Marie et la Trinité sur des toiles aujourd'hui exposées dans les églises et dans les musées. Cette école devient la **Escuela Potosina Indígena** après l'apparition des œuvres de **Melchor Pérez de Holguín**, originaire de Cochabamba, qui peint approximativement de 1670 à 1732. Les artistes du XIXe siècle abordent davantage les thèmes de la vie quotidienne, comme dans les aquarelles de **Melchor María Mercado**. Parallèlement aux luttes menées par le peuple pour améliorer ses conditions de vie après-guerre, la peinture s'oriente elle aussi vers des sujets plus politiques. C'est ainsi que **Miguel Alandia Pantoja** brosse des scènes d'émeutes et de révoltes des travailleurs dans les années 1940 et que **Alejandro Mario Yllanes**, exilé, évoque sur des peintures murales et des gravures la fierté de son peuple avant la colonisation.

Tous les thèmes sont abordés dans la peinture bolivienne moderne : la religion dans les œuvres colorées de **Gilka Wara Libermann**, la vie et la nature en Bolivie dans les tableaux magnifiques de **Mamani Mamani**, de **Gil Imana** et de **David Dario Antezana**, et enfin les perpétuelles luttes politiques dans les fières interprétations d'**Andrés Chambi** et d'**Alfred La Placa**.

LITTÉRATURE

A l'instar de la plupart des autres pays d'Amérique latine, la première littérature indigène en Bolivie fait son apparition sous forme orale. L'ouvrage *Nueva historia de la literatura boliviana*, de Adolfo Cáceres Romeros, étudie de façon intéressante les contes et légendes, transmis par voie orale, des peuples **aymara**, **quechua**, **kallahuaya** et **guaraní**. L'auteur bolivien le plus célèbre de l'époque précédant l'indépendance du pays est sans doute Bartolomé **Arzáns Orsúa** (1676-1736), dont l'œuvre *Historia de la villa imperial de Potosí* relate près de 200 ans d'histoire de cette ville, depuis sa création en 1545 jusqu'à la mort de l'auteur en 1736.

Après la déclaration d'indépendance du pays en 1825, la littérature prend son envol. Julio **Lucas Jaimes** (1840-1914) reproduit sous forme de nouvelles les récits oraux des peuples anciens afin de mieux comprendre la culture traditionnelle et locale. L'écrivain Adela **Zamudio** (1854-1928) apporte une touche féminine à la poésie bolivienne. Ricardo **Jaimes Freyre** (1866-1933), premier auteur bolivien à être reconnu internationalement, met en lumière l'exploitation de la population indigène en Bolivie. Alcides **Arguedas** (1879-1946), romancier, journaliste, historien et sociologue, s'intéresse lui aussi de près au sort des Indiens d'Amérique du Sud. Son essai intitulé *Peuple malade* (*Pueblo enfermo)*, paru en 1909, est une œuvre majeure de la sociologie du peuple bolivien. Il publie en 1919 *Race de Bronze* (*Raza de bronce)*, qui relate les différents voyages d'un groupe d'Indiens de Bolivie jusqu'à son extermination par les Blancs. Ce roman sera une source d'inspiration pour une grande partie de la littérature hispanophone sud-américaine. Adolfo **Costa de Reis** (1891-1980), qui a passé le plus clair de sa vie en Europe, compare de façon intéressante les perspectives d'un propriétaire terrien *mestizo* autoritaire en Bolivie et de son fils élevé en Europe. La première version parait en français en 1932 sous le titre *Terres embrasées* puis est traduite en espagnol et devient *Tierras hechizadas*.

Les nombreuses guerres et révoltes qui ont frappé la Bolivie ont inspiré bon nombre d'écrivains. Augusto **Céspedes** publie en 1936 un recueil de nouvelles intitulé *Sang de métis* (*Sangre de mestizos*), et le poète et romancier Jesús **Lara** (1898-1980) se fait connaître par son journal *Repete* (1937). Le roman de Marcelo **Quiroga Santa Cruz** (1931-1980), *Los deshabitados*, véritable étude existentielle sur le sens de la vie, est inspiré de la Révolution de 1952, tout comme les nouvelles de Oscar **Cerruto** (1912-1981), *Cercle de pénombres* (*Cerco de penumbras)*.

Jaime **Sáenz** (1921-1986) est l'un des auteurs boliviens contemporains les plus célèbres : son roman *Felipe Delgado* décrit sans demi-mesure le milieu de la drogue à La Paz. Rentao **Prado Oropeza** et Manuel **Vargas** sont également d'importantes figures littéraires.

VILLE DE LA PAZ

☎02

LES INCONTOURNABLES DE LA PAZ

ARRIVEZ DE NUIT À LA PAZ et contemplez le tapis scintillant que forment les lumières de la ville en contrebas.
DÉVALEZ la "route la plus dangereuse du monde" en **VTT** (p. 382).
VISITEZ le Musée **Tambo Quirquincho** pour mieux comprendre la ville, ses habitants, ses coutumes et son histoire (p. 386).
CONJUREZ LE MAUVAIS SORT avec des feuilles de coca ou des fœtus de lama au **Mercado de las Brujas** ("marché aux sorcières", p. 387).
PARTEZ À LA DÉCOUVERTE des collines qui entourent la ville : les canyons et les formations rocheuses de l'altiplano environnant se prêtent admirablement bien à des **excursions d'une journée** (p. 391).
PRENEZ UN BUS pour vous rendre aux ruines de **Tiahuanaco** (p. 393), berceau de l'histoire de la région.

La situation géographique de La Paz est des plus singulières. Imaginez, au beau milieu d'un immense plateau semi-désertique d'une altitude de 3800 mètres, une énorme trouée de plusieurs kilomètres de large. Au premier coup d'œil, on distingue à peine la ville, tant cet accident géologique est déconcertant. Puis apparaissent les habitations, courant sur les flancs de la cuvette à perte de vue. L'espèce de cratère dans lequel se répand la ville n'est guère hospitalier, mais il semble l'envelopper comme un berceau protecteur. Pas d'arbres, ou presque. De loin, on dirait une colonie terrienne sur la lune. Rien que du roc et des pics taillés en lames de couteaux dont la couleur grise, marron, ocre et rose absorbe celle des maisons, comme si la cité tout entière n'était qu'une excroissance naturelle surgie des craquelures du vallon.

Comme son nom ne l'indique pas, La Paz ("La Paix" en espagnol) a eu un passé plutôt agité. Les Espagnols ont d'abord fondé "La Ciudad de Nuestra Señora de La Paz" le long de la route qui mène à l'ancienne capitale de Tiahuanaco, à l'endroit où se trouve aujourd'hui la ville de Laja. Mais le climat froid et venteux de l'altiplano leur est insupportable. Ils choisissent alors l'actuel site de La Paz (centre-ville à 3650 m d'altitude, 2 500 000 habitants, fondée en 1548), bien abrité au cœur de la vallée de Chuquiago Marka, entourée de remparts montagneux qui empêchent le vent de s'infiltrer. Dès 1781, le peuple aymara tente de se débarrasser de l'emprise espagnole (mais n'y parvient qu'en 1825 avec la déclaration de l'indépendance). Et plus récemment, en 1952, les Indiens doivent encore se soulever pour obtenir des droits fondamentaux (droit de vote, réforme agraire).

La ville moderne de La Paz est le résultat de ce métissage historique et culturel. Tandis que la langue commerciale et administrative est l'espagnol, l'aymara domine sur les marchés et dans les rues. Les femmes aux longs cheveux tressés, en chapeaux ronds et jupes amples, caractéristiques du style vestimentaire de La Paz depuis des centaines d'années, côtoient les hommes d'affaire en costume-cravate. Les voitures passent à toute vitesse en klaxonnant, les piétons descendent et remontent lentement les rues en pente (il n'y a pratiquement aucun endroit plat dans toute la ville), enjambant les marchandises tombées des stands. Une véritable cacophonie envahit les rues : les vendeurs crient "*cómprame*", la musique pop fait écho aux flûtes des musiciens traditionnels, les chauffeurs de bus s'égosillent à indiquer leur destination... pas de doute, vous êtes bien à La Paz, à la fois dans une grande agglomération et au cœur des traditions et de l'histoire des communautés indigènes.

TRANSPORTS

ARRIVÉES ET DÉPARTS

Aéroport : **Aeropuerto de El Alto** (☎810 120 ou 810 123), à El Alto, 30 mn du centre ville. Le bureau d'information est ouvert tlj 5h-20h. Prenez un micro-bus indiquant "Aeropuerto" (3,70 Bs), qui vous dépose au nord-ouest de la Plaza Isabel la Católica ou le long des axes El Prado, 16 de Julio ou Mariscal Santa Cruz. Radio-taxi 40 Bs. Taxe de sortie pour les vols intérieurs 10 Bs. Taxe de sortie pour les vols internationaux 25 $.

Vols internationaux : **AeroContinente**, 16 de Julio 1490 (☎310 707). Ouvert Lu-Ve 9h-19h, Sa. 9h-12h. Vols à destination de : **Lima** (durée 1h45, 262 $) et **Cuzco** (durée 1h, 142 $). **LanChile**, El Prado 1566 (☎358 377 ou 322 370). Ouvert Lu-Ve 8h30-18h30 et Sa. 9h30-12h. Vols à destination de : **Arica** (durée 45 mn, 110 $ a/r), **Iquique** (durée 2h15, 123 $ a/r), **Santiago** (durée 5h, 276 $ a/r). **Varig Airlines**, Mariscal Santa Cruz 1392 (☎314 040). Ouvert Lu-Ve 9h-18h30 et Sa-Di 9h30-12h. Vols à destination de : **Rio de Janeiro** et **Sao Paulo**. **LAB** (voir plus loin Compagnies aériennes nationales) propose des vols vers le Pérou et l'Equateur.

Vols intérieurs :

AeroSur, 16 de Julio 1616 (☎313 233). Vols à destination de : **Sucre** (durée 1h, dép. Lu-Ve 10h45, Sa. 11h25 et Di. 15h45, 414 Bs), **Cochabamba** (durée 30 mn, 2 dép/j, 291 Bs), **Cobija** (durée 1h, dép. Lu-Je 7h, Di. 12h40, 854 Bs), **Puerto Suárez** (durée 3h, dép. Lu., Me., Ve. 13h30,

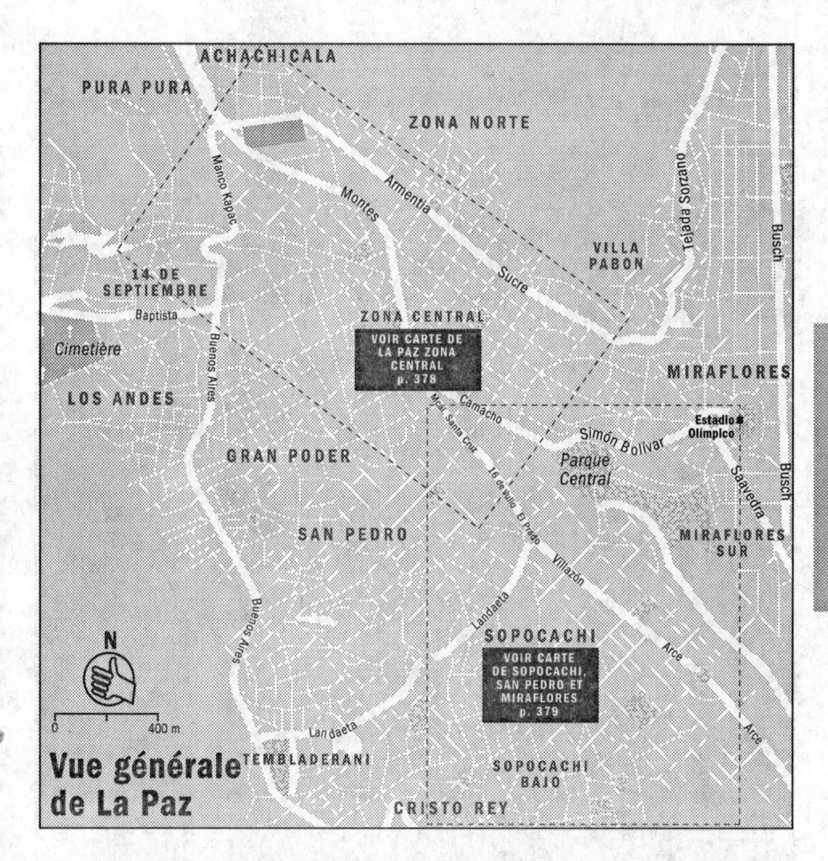

Vue générale de La Paz

1030 Bs), **Santa Cruz** (durée 1h30, 3 dép/j Sa-Me, 5 dép/j Je. et Ve., 646 Bs), **Tarija** (durée 50 mn, Lu., Me., Ve. 14h40, 647 Bs), **Trinidad** (durée 4h30, dép. Lu-Sa 7h, 643 Bs), **Guayaramerín** (durée 6h30, dép. Lu-Sa 7h, 971 Bs), **Riberalta** (durée 1h30, dép. Lu. 12h30, Ma-Ve 12h10, Sa. 12h40, 971 Bs) et **Yacuiba** (durée 6h, dép. Lu. 7h, 1033 Bs).

Lloyd Aero Boliviano (LAB), Camacho 1466 (☎371 020, service voyageurs 0800 43 21, réservations et confirmations 0800 30 01). Vols à destination de : **Lima** (durée 1h45, 231 $), **Cuzco** (durée 1h, 107 $), **Quito** (durée 3h, 381 $) et **Sucre** (durée 1h30, 414 Bs).

Transporte Aéreo Militar (TAM), (☎379 286), à l'intersection des rues Montez et Serrano. Ouvert Lu-Ve 8h30-18h et Sa. 9h-12h. Vols à destination de : **Cobija** (durée 1h45), **Cochabamba** (durée 45 mn, 170 Bs), **Puerto Suárez** (durée 4h30), **Reyes** (durée 1h), **Riberalta** (durée 3h30), **Roboré** (durée 2h45), **Rurrenabaque** (durée 1h, 320 Bs), **San Borja** (durée 2h), **San Ignacio** (durée 4h30), **San Matias** (durée 3h), **Santa Cruz** (durée 1h30, 370 Bs), **Sucre** (durée 1h45, 300 Bs), **Tarija** (durée 3h), **Trinidad** (durée 2h30), **Villamontes** (durée 7h45), **Yacuiba** (durée 3h45) et **Guayaramerín** (durée 3h30).

Bus Internationaux : **Terminal de Buses** (☎280 551) Ave. Armentia. Expreso Cruz del Sur (☎282 077), à destination de : **Puno** (durée 6h30, dép. 8h, 50 Bs), **Lima** (durée 2 j., dép. à 8h, 50 $), **Quito** (durée 4 j., dép. à 8h, 135 $), **Guayaquil** (durée 3 j. et demi, dép. à 8h, 130 $) et **Bogotá** (durée 5 j., dép. à 8h, 250 $). Chevas Internacional (☎281 748), à destination de : **Arica** (durée 8h, dép. à 7h, 80 Bs) et **Iquique** (durée 12h, dép. à 7h, 100 Bs). Chilebus Internacional (☎282 168), à destination de : **Arica** (durée 8h, dép. 6h30 et 14h, 80 Bs). Ramos Cholele (☎284 439), à destination de : **Iquique** (durée

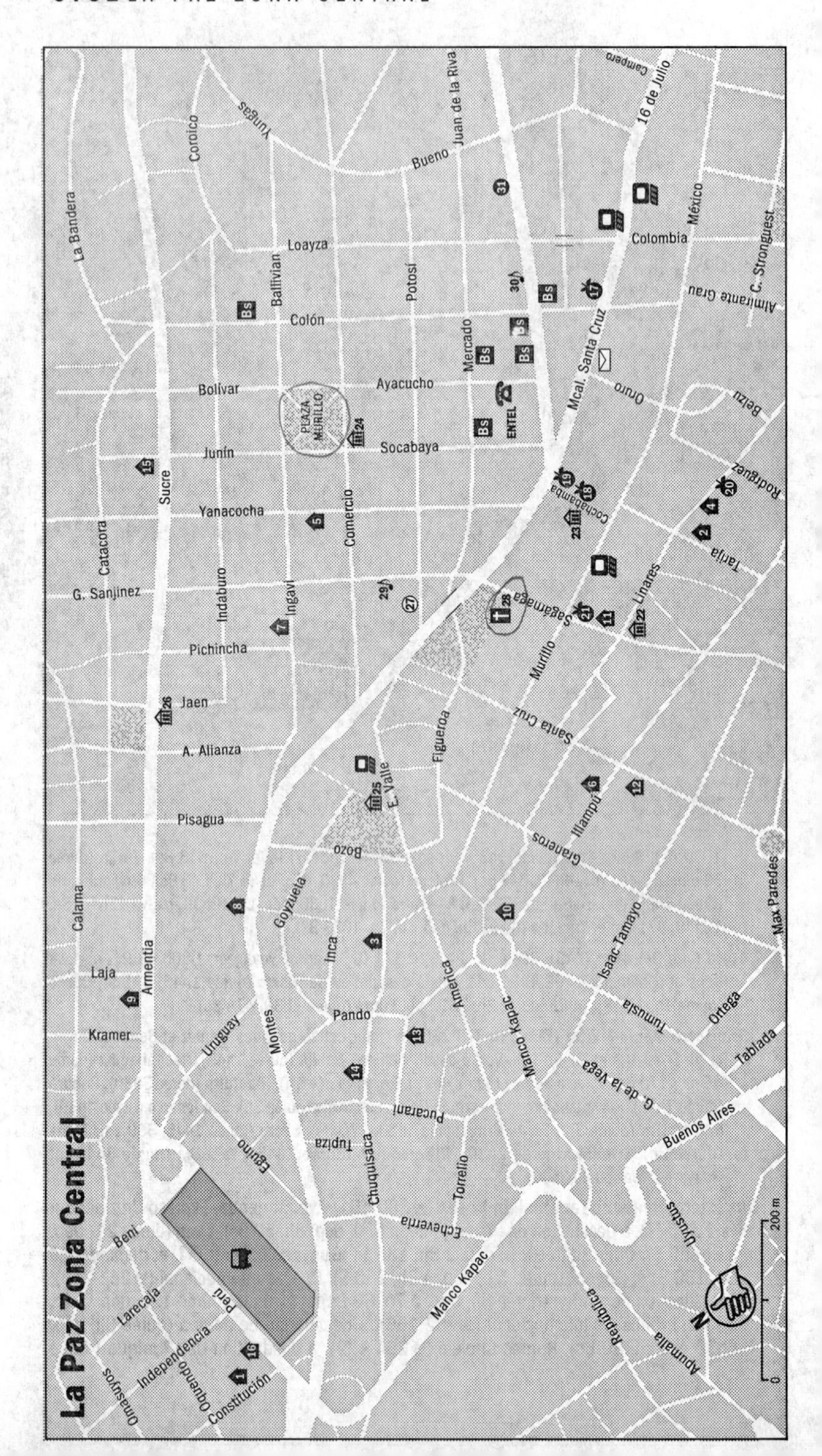
La Paz Zona Central
La Bandera
Coroico
Yungas
Bueno
Juan de la Riva
Campero
16 de Julio
Loayza
Ballivian
Potosí
Colón
Mercado
Colombia
México
C. Strongest
Almirante Grau
Mcal. Santa Cruz
Bolívar
Ayacucho
PLAZA MURILLO
ENTEL
Oruro
Beizu
Junín
Socabaya
Sucre
Yanacocha
Comercio
Cochabamba
Rodriguez
Tarija
Catacora
G. Sanjinez
Indaburo
Ingavi
Linares
Sagárnaga
Pichincha
Murillo
Jaen
Santa Cruz
A. Alianza
Figueroa
E. Valle
Illampu
Pisagua
Bozo
Graneros
Calama
Goyzueta
Isaac Tamayo
Max Paredes
Armentia
Inca
Laja
America
Tumusla
Ortega
Kramer
Pando
Manco Kapac
Uruguay
Montes
G. de la Vega
Tablada
Pucarani
Buenos Aires
Eguino
Tupiza
Chuquisaca
Torrelio
Uyustus
Echeverría
Beni
Larecaja
Peru
Manco Kapac
República
Omasuyos
Independencia
Obispo
Constitución
Apumalla
N
0
200 m

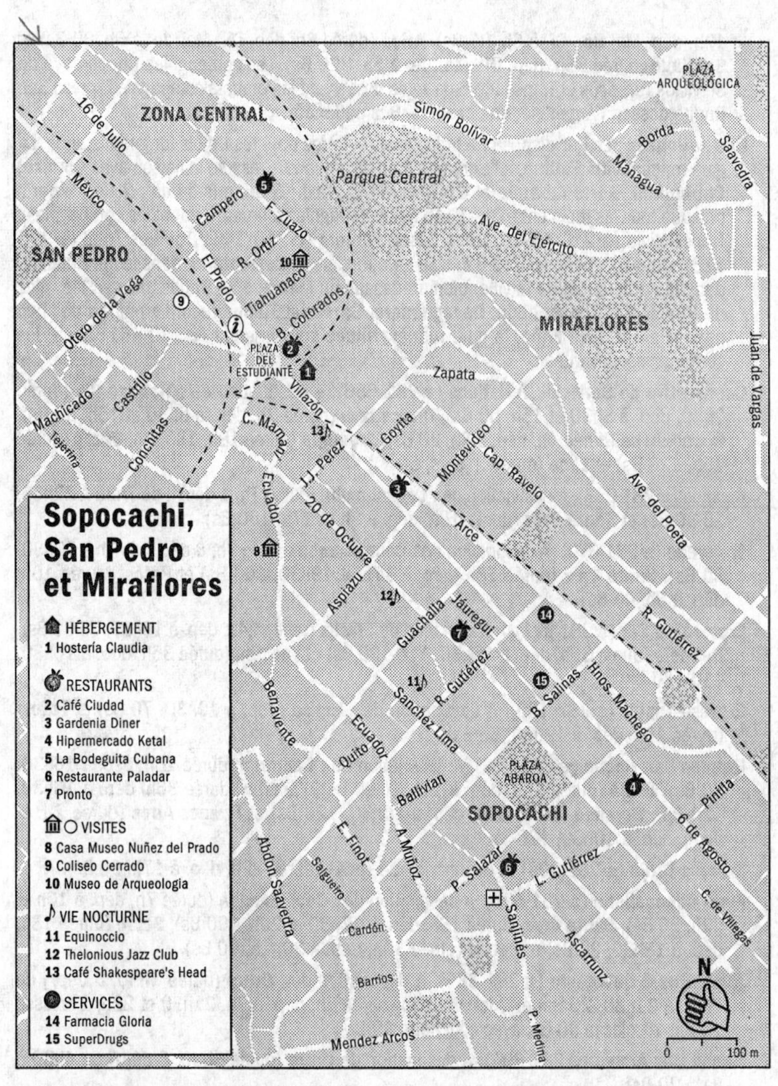

La Paz Zona Central

HÉBERGEMENT
- **1** Alojamiento Casero I
- **2** Alojamiento La Riviera
- **3** Alojamiento El Pasajero (Anexo 1)
- **4** Alojamiento Linares
- **5** Hostal Austria
- **6** Hostal Copacabana
- **7** Hostal Ingavi
- **8** Hostal Montes
- **9** Hostal Tambo de Oro
- **10** Hotel Continental
- **11** Hotel Happy Days
- **12** Hotel Majestic
- **13** Pando
- **14** Residencial Flórida
- **15** Residencial Latino
- **16** Residencial Riosinho II

RESTAURANTS
- **17** Los Descudos
- **18** Restaurant Alaya
- **19** Restaurant Discoteca Jackie Chan
- **20** Restaurant Romy
- **21** Restaurant Vegetariano Laksmi

MUSÉES
- **22** Museo de la Coca
- **23** Museo de Etnografía
- **24** Museo Nacional de Arte
- **25** Museo Tambo Quirquincho
- **26** Museo Municipales de La Paz

VISITES
- **27** Casa de la Cultura
- **28** Iglesia de San Francisco

VIE NOCTURNE
- **29** Soft Rock Café
- **30** Wall Street Café

SERVICES
- **31** Bureau de l'immigration

12h, dép. Ma., Je., Di. à 6h, 90 Bs), **Arica** (durée 8h, dép. Di., Ma., Je. à 6h, 80 Bs) et **Santiago** (durée 36h, dép. Di., Ma., Je. à 6h, 320 Bs). Les compagnies Cooperativo de Servicios Turísticos et Transporte 6 de Junio desservent le Pérou, la compagnie Expreso San Roque dessert l'Argentine. Voir ci-après, Bus nationaux.

Bus nationaux : La Paz dispose de trois gares routières pour les trajets longue distance. La gare routière **Villa Fátima**, à l'extrémité nord-est de la ville, assure la liaison avec **Coroico**, **Chulumani**, **Rurrenabaque** et **Guayaramerín**. Taxi : 6 Bs, micro-bus : 2 Bs. Départs presque tous les jours entre 7h et 11h (les compagnies tournent). Parmi les compagnies : TransBolivia (☎210 4690), Trans 10 de Febrero (☎210 146), Tourbus Total (☎212 526), Flota Yungueña (☎213 527). La gare routière **El Cementerio**, dans la rue Bautista, dans la partie ouest de la ville, bien au-dessus du Mercado de Brujas, dessert les villes de **Huatajata**, **Copacabana**, **Desaguadero**, **Sorata** et **Tiahuanaco**. La plupart des bus partent avant 14h. Enfin, la gare routière située sur Armentia (☎280 551) abrite les compagnies suivantes :

Cooperativo de Servicios Turísticos (☎281 686). A destination de : **Tiahuanaco** (durée 2h30, dép. à 8h30 et 15h, 50 Bs), **Chacaltaya** (durée 2h, dép. à 8h30 et 15h, 50 Bs), **Copacabana** (durée 4h, dép. à 8h, 20 Bs), **Arequipa** (durée 18h, 130 Bs), **Cuzco** (durée 15h, 120 Bs) et **Lima** (durée 2 jours, 50 $).

Cosmos (☎281 938). A destination de : **Cochabamba** (durée 7h, 1 dép/h de 7h30 à 22h30, 25-30 Bs) et **Santa Cruz** (durée 18h, dép. à 8h et 17h, 100 Bs).

El Dorado (☎281 672). A destination de : **Cochabamba** (durée 7h, 8 dép/j de 7h à 22h30, 30 Bs), **Santa Cruz** (durée 18h, dép. à 17h et 19h30, 100 Bs) et **Potosí** (durée 10h, dép. à 8h, 40 Bs).

Expreso del Sur (☎281 921). A destination de : **Tarija** (durée 24h, dép. à 16h30, 75-80 Bs), **Bermejo** (durée 36h, dép. à 16h30, 110-120 Bs) et **Yacuiba** (durée 36h, dép. à 16h30, 110-120 Bs).

Expreso Tupiza (☎282 153). A destination de : **Tupiza** (dép. à 19h30, 70 Bs) et **Potosí** (durée 10h, dép. à 19h30, 50 Bs).

Expreso San Roque (☎281 959). A destination de : **Camargo** (durée 16h, dép. à 16h30, 70 Bs), **Tarija** (durée 22h, dép. à 16h30, 90 Bs), **Yacuiba** (durée 36h, dép. à 16h30, 120 Bs), **Bermejo** (durée 30h, dép. à 16h30, 120 Bs) et **Buenos Aires** (durée 2 j. et demi, dép. à 16h30, 120 $).

Express Tarija (☎282 009). A destination de **Tarija** (durée 22h, dép. à 17h, 90 Bs).

Flota Copacabana (☎281 596). A destination de : **Cochabamba** (durée 7h, dép. à 10h et 22h, 30 Bs), **Santa Cruz** (durée 18h, dép. à 17h30 et 20h, 100 Bs), **Sucre** (durée 18h, dép. à 18h30, 90 Bs) et **Potosí** (durée 10h, dép. à 20h15, 60 Bs).

JumboBus 6 de Agosto (☎281 881). A destination de : **Oruro** (durée 3h30, 8 dép/j de 7h30 à 21h30, 20 Bs) et **Cochabamba** (durée 7h, dép. à 7h, 21h30 et 22h, 2e classe 25 Bs, 1re classe 30 Bs, avec couchette 45 Bs).

Jumbo Bus Aroma (☎281 894). A destination de **Oruro** (durée 3h30, 8 dép/j de 4h30 à 21h, 20 Bs).

Jumbo Bus Bolívar (☎281 963). A destination de : **Cochabamba** (durée 7h, dép. à 9h, 11h et 12h, 30 Bs), **Santa Cruz** (durée 18h, dép. à 17h et 19h, 90 Bs), **Valle Grande** (durée 26h, dép. à 7h30, 70 Bs), **Yacuiba** (durée 35h, dép. à 19h, 90 Bs), **Sucre** (durée 18h, dép. à 19h, 70 Bs) et **Trinidad** (durée 30h, dép. à 15h, 120 Bs).

Jumbo Bus Cochabamba (☎284 222). A destination de **Cochabamba** (durée 7h, dép. à 9h15 et 21h10, 40 Bs).

Jumbo Bus Urkupiña (☎281 725). A destination de : **Cochabamba** (durée 7h, dép. à 9h30, 20h30 et 21h, 20 Bs) et **Santa Cruz** (durée 18h, dép. à 9h30, 20h30 et 21h, 60 Bs).

Minera (☎281 685). A destination de **Llallagua** (durée 8h, dép. à 7h, 20 Bs).

Panamericana (☎284 121). A destination de **Uyuni** (durée 13h, dép. à 14h30, 50-70 Bs).

Pullman Suma Jorcko (☎281 644). A destination de **Cochabamba** (durée 7h, dép. à 7h30 et 20h, 25 Bs).

Super Jumbo Bolivia (☎281 832). A destination de : **Oruro** (durée 3h30, dép. à 13h30, 25 Bs), **Cochabamba** (durée 7h, 9 dép/j de 7h30 à 22h30, 30 Bs) et **Santa Cruz** (durée 18h, 8 dép/j de 7h30 à 22h30, 100 Bs).

Trans Illimani (☎282 025). A destination de : **Potosí** (durée 10h, dép. à 6h30, 50 Bs), **Sucre** (durée 18h, dép. à 6h30, 70 Bs) et **Villazón** (dép. à 6h30, 80 Bs).

Trans Imperial (☎281 661). A destination de **Oruro** (durée 3h30, 8 dép/j de 7h30 à 20h, 25 Bs).

Trans Imperio Potosí (☎281 769). A destination de **Potosí** (durée 10h, dép. à 19h, 40-50 Bs).

Trans Copacabana (☎282 135). A destination de : **Oruro** (durée 3h30, 8 dép/j de 7h à 20h, 15 Bs), **Cochabamba** (durée 7h, dép. à 8h30, 13h, 20h45 et 22h, 30 Bs), **Santa Cruz** (durée 18h, dép. à 19h30, 150 Bs), **Potosí** (durée 10h, dép. à 19h et 20h30, 80 Bs) et **Sucre** (durée 18h, dép. à 18h45, 100 Bs).

Trans Naser (☎280 861). A destination de **Oruro** (durée 3h30, dép. à 14h30, 15-20 Bs).

Transporte 6 de Junio (☎280 892). A destination de : **Copacabana** (durée 4h, 7 dép/j de 8h à 18h, 20 Bs), **Puno** (durée 6h30, 7 dép/j de 8h à 18h, 40 Bs), **Cuzco** (durée 24h, 7 dép/j de 8h à 18h, 110 Bs) et **Ilo** (durée 24h, 7 dép/j de 8h à 18h, 110 Bs).

Transportes Inquisiva (☎282 292). A destination de : **Tarija** (durée 22h, dép. à 17h, 80 Bs) et **Yacuiba** (durée 30h, dép. à 17h, 110 Bs).

Ponasur (☎281 708). A destination de **Uyuni** (durée 13h30, dép. Ma. et Ve. à 17h30, Lu., Me., Je., Sa. et Di. à 14h30, 50 Bs).

SE DÉPLACER

Bus : Faites attention, car à La Paz, un **micro-bus** (*micro*) est plus grand qu'un **minibus** (*mini*). Tous deux circulent toute la journée le long d'itinéraires bien précis qui desservent presque toute la ville. Leur destination est indiquée sur le pare-brise. Payez au moment de monter dans le bus (1 Bs intra-muros, jusqu'à 3 Bs pour vous rendre en dehors de la ville). Les arrêts n'étant pas fixes, pour descendre, criez au chauffeur (sauf si vous êtes assis juste derrière lui, auquel cas, ne lui hurlez pas dans les oreilles) : "Bajo aquí", ou "Esquina por favor".

Taxi : 4-10 Bs pour une course en ville, 30 Bs pour une course en dehors. **Radio-taxis** (☎371 111 ou 355 555).

Location de voitures : **American Rent-A-Car**, Camacho 1574 (☎202 933). Peu de choix (la plupart des véhicules proposés sont des 4x4), mais les normes de sécurité sont plus élevées qu'ailleurs. 49-89 $ la journée, 290-590 $ la semaine. Cartes Visa, MC, AmEx.

ORIENTATION

L'un des principaux avantages d'une ville construite à flanc de vallée, c'est qu'il est pratiquement impossible de se perdre : lorsque vous vous êtes égaré dans les quartiers hauts de la ville, vous retrouverez facilement la place centrale en redescendant à flanc de colline. Le centre-ville se situe au niveau de l'église San Francisco, au pied de l'église du même nom. La plus grande partie de l'activité commerciale de la ville est concentrée autour d'un grand axe central, constitué par plusieurs avenues successives : en descendant depuis l'église San Francisco, ce sont les avenues **Mariscal Santa Cruz**, **16 de Julio**, **El Prado** puis l'artère se partage entre l'avenue **Arce** et la rue **6 de Agosto**, qui se trouvent dans le quartier de **Sopocachi**, une extension de la **Zona Central**. En remontant vers la gare routière, cet axe est représenté par l'Ave. **Montes**.

INFORMATIONS PRATIQUES

SERVICES TOURISTIQUES ET ARGENT

Informations touristiques : **Office de tourisme** (☎ 371 044), à l'angle de l'Ave. El Prado et de la rue México. Ouvert Lu-Ve 8h30-12h et 14h30-19h. **Angelo Colonial Tourist Services,** Linares 922-24 (☎ 360 199). Vous y trouverez une véritable bibliothèque de guides, un tableau de petites annonces, un accès à Internet (7 Bs/h) et pourrez y échanger des livres. Ouvert Lu-Ve 9h-12h et 14h30-18h30, Sa. 14h30-18h30.

Agences de voyages : ❤ **Bolivian Journeys**, Sagárnaga 363 (☎ 357 848, e-mail bolivian.journeys@mailexcite.com). Propose la location d'équipements, des cartes et des accompagnateurs multilingues expérimentés. Ouvert Lu-Ve 10h-12h15 et 15h30-19h, Sa. 10h30-12h15 et 15h30-18h. **America Tours SRL**, 16 de Julio 1490, Edificio AV., Bureau 9 (☎ 374 204, e-mail AlistairM@hotmail.com, www.gamb.acslp.org). Propose des expériences en VTT inoubliables : la descente de la "route la plus dangereuse du monde" coûte 49 $. Trekking, cartes routières, échange de livres. Ouvert Lu-Ve 7h-19h. **Inca Land Tours,** rue Sagárnaga, Galería Chuquiago 10 (☎ (01) 213 285), ou Pando 252 (☎ 457 908). L'agence dispose souvent de billets d'avions à destination de Rurrenabaque lorsque les compagnies aériennes en sont dépourvues. Ouvert Lu-Sa 9h-19h. **Fremen Tours**, Pedro Salazar 537 (☎ 416 336 ou 414 069, fax 417 327, e-mail vtfremen@caoba.entelnet.bo, Web : www.andes-amazonia.com). Propose des voyages dans toute, mais vraiment toute la Bolivie. Ouvert Lu-Ve 9h-12h30 et 14h30-18h30, Sa. 9h-12h.

VILLE DE LA PAZ

Ambassades et consulats : **France**, Ave. Hernando Siles 5390 (☎ 786 114), quartier Obrajes, Web : www.ambafrance-bo.org.bo. **Belgique**, Calle 9, n°6, dans le quartier Achumani (☎ 790 329), e-mail lapaz@diplobel.org. **Suisse**, Ave. 16 de Julio, Edificio Petrolero, 6e étage (☎ 315 617). Ouvert Lu-Ve 9h-12h. **Canada**, Victor Sanjinez 2678, Edificio Barcelona 2e étage, Plaza España (☎ 415 021), quartier Sopocachi. **Argentine,** Sánchez Lima 497 (☎ 417 737), à l'angle de la rue Aspiazu. Ouvert Lu-Ve 8h30-17h30. **Brésil**, Capitán Ravelo 2334 (☎ 440 202). **Chili**, H. Siles 5873 (☎ 785 275), au niveau de la Calle 13. Ouvert Lu-Ve 9h-13h et 15h-17h30, Sa. 9h-16h30. **Paraguay**, 6 de Agosto, Edificio Illimani II (☎ 432 201), à l'angle de la rue Salazar. Ouvert Lu-Ve 8h30-13h30. **Pérou**, 6 de Agosto, Edificio Alianza. Ouvert Lu-Ve 9h-13h et 15h30-17h30, Sa. 9h-12h.

Bureau de l'immigration, Camacho 1433 (☎ 203 028). Extension de visas en moins d'une heure. Ouvert Lu-Ve 8h30-16h.

Change : **Casa de Cambio América**, Camacho 1233 (☎ 204 369). Ouvert Lu-Sa 9h30-18h15. **Casa de Cambio**, Colón 330 (☎ 374 866 ou 343 226). Commission : 1 Bs. Ouvert Lu-Ve 9h-18h30. **Casa de Cambio - International S.R.L.**, Mercado 990 (☎ 371 106). Commission : 2 %. Ouvert Lu-Ve 8h30-14h. **Sudamer Cambios**, Camacho 1311 (☎ 204 345). Ouvert Lu-Ve 8h30-12h30 et 14h-18h30, Sa. 9h-12h. **Hotel Gloria** (☎ 341 457), à l'angle des rues Potosí et Sanjinés, change votre argent le dimanche.

Banques : Aucune banque de la ville ne change les chèques de voyages. Pour cela, vous devez vous rendre dans une *casa de cambio*. En revanche, les banques peuvent vous faire de la monnaie sur les gros billets. **Banco Santa Cruz** (☎ 315 800 ou 363 656), à l'angle des rues Mercado et Socabaya. Ouvert Lu-Ve 8h30-18h30 et Sa. 8h30-13h. **Banco Económico**, Camacho 1245 (☎ 203 335). Ouvert Lu-Ve 8h30-12h et 14h30-18h, Sa. 9h-13h. **Banco Nacional de Bolivia** (☎ 332 323), au niveau de l'Ave. Camacho et de la rue Colón. Ouvert Lu-Ve 8h30-12h et 14h30-18h, Sa. 9h-13h.

American Express : Capitán Ravelo 2101 (☎ 442 727, fax 443 060, e-mail magri_emete@megalink.com). Ouvert Lu-Ve 9h-12h et 14h-18h30, Sa. 9h-12h.

SERVICES DIVERS

Librairies étrangères : **Los Amigos del Libro**, Mercado 1315 (☎ 320 742). Ouvert Lu-Ve 9h30-12h30 et 14h45-19h30. **Libros del Amigo**, El Prado 1615 (☎ 318 164). Ouvert Lu-Ve 9h30-20h30 et Sa. 9h30-12h.

Bibliothèque : **Biblioteca Pública de la Paz**, à l'angle des rues México et Stronguest. Ouvert Lu-Ve 9h-21h30 et Sa. 9h-13h.

Ecoles de langues : **La Casa de San Antonio**, Murillo 29, 1er étage (☎461 329, e-mail escuespa@ceibo.entelnet.bo), à l'intersection de la rue N. Cardozo. Leçon 7 $ de l'heure. Possibilité de séjours en famille. Ouvert Lu-Ve 8h30-13h et 15h-20h. **Centro Boliviano Americano**, Batallón Colorados, Edificio El Estudiante (☎441 508). Programme d'un mois : 500 Bs.

Centres culturels : Les adresses suivantes vous informent de façon détaillée sur les événements culturels à venir. **Alliance française**, Guachalla 399 (☎325 022). Ouvert Lu. et Ve. 9h-13h et 15h-21h, Ma-Je 7h30-13h et 15h-21h, Sa. 9h-13h. **Goethe Institut**, 6 de Agosto 2118 (☎442 453). Ouvert Lu-Ve 9h-13h et 15h-19h.

Supermarché : **Hipermercado Ketal S.A.** (☎335 433), à l'intersection de l'Ave. Arce et de la rue Pinilla. Ses rayons satisferont même les plus insatiables. Ouvert tlj 7h-22h30.

Laverie : De nombreux hôtels et pensions proposent des services de blanchisserie. Comptez environ 6 Bs le kilo.

URGENCES ET COMMUNICATIONS

Urgences : ☎110

Police : **Police touristique**, Edificio Olimpia (☎225 016, urgences ☎110), sur la Plaza Tejada Sorazano.

Pharmacies : **Farmacia Gloria**, Arce 2670 (☎434 344). **SuperDrugs**, au croisement de la rue Salinas et de l'Ave. 20 de Octubre (☎434 442), sur la Plaza Avaroa.

Hôpital : **AMID Clinic**, Claudio Sanjinés 1558 (☎221 949 ou 226 767). Services d'ambulances disponibles. Cartes Visa, MC.

Téléphone : **ENTEL**, Ayacucho 267 (☎377 169). Ouvert tlj 7h-23h30. Seul centre qui peut se connecter aux numéros de téléphones portables de La Paz (commençant généralement par 01).

Internet : **Café Internet Pla@net**, Murillo 914 (☎338 586). 4 Bs/h entre 7h et 12h, 6 Bs/h entre 12h et 16h, 8 Bs/h entre 16h et 22h. Un café vous est offert toutes les heures. Ouvert tlj 7h-22h. **Café Internet Luntec**, Sorrano 27 (☎367 735). 6 Bs/h. Ouvert tlj 9h-21h30. **Centro de Informática Wiñay**, El Prado 1613 (☎331 341, www.entelnet.bo/winay.html). Les ordinateurs les plus rapides de la ville, mais la file d'attente peut être longue. 6 Bs/h. Ouvert Lu-Sa 24h/24.

Bureau de poste : Mariscal Santa Cruz 1278 (☎374 143 ou 374 144). Ouvert Lu-Ve 8h30-20h, Sa. 9h-18h et Di. 9h-12h. **DHL/Western Union** (☎785 522), au croisement de l'Ave. Mariscal Santa Cruz et de la rue Loayza. Ouvert Lu-Ve 8h30-19h et Sa. 9h-12h. **FedEx**, Capitán Revelo 2401 (☎443 537). Ouvert Lu-Sa 8h-20h.

HÉBERGEMENT

En règle générale, les hôtels du centre-ville sont les plus satisfaisants. Vous en trouverez d'assez abordables si vous n'hésitez pas à monter quelques côtes pour y parvenir. Si vous vous éloignez du centre, la plupart des hôtels sont regroupés vers la gare routière. Ils sont moins chers mais aussi moins bien tenus.

ZONA CENTRAL DE LA PAZ

❤ **Hostal Austria**, Yanacocha 531 (☎351 140). Le point de rencontre de tous les globe-trotters. Service de blanchisserie : 6 Bs/kg. Coffre-fort, cuisine, panneau de petites annonces. Dortoir 32 Bs, chambre simple 36 Bs, double 72 Bs.

Alojamiento La Riviera, Tarija 325 (☎351 887). Vous êtes agréablement accueilli par une fontaine en tuiles rouges et autres œuvres artistiques colorées. Les chambres sont spacieuses. Vous pouvez régler le volume de la musique pop latino qui se fait entendre toute la journée dans chaque chambre. Chambre 30 Bs par personne, avec salle de bains 35 Bs.

Alojamiento Linares, Linares 1052 (☎364 282). Les chambres sont spacieuses, très propres avec moquette. Chambre simple 20 Bs, avec salle de bains 35 Bs, chambre double 40 Bs.

Residencial Latino, Socabaya 857 (☎370 947). Perché au sommet d'une colline. Les grandes chambres sont appréciables pour se remettre de la montée. La salle de bains commune est un peu sombre, mais propre. Chambre 20 Bs par personne.

Hotel Happy Days, Sagárnaga 229, (☎314 759, e-mail happydays@zuper.net). Pour faire honneur à l'enseigne, les responsables font tout pour rendre votre séjour agréable. Matelas fermes. Salles de bains lumineuses et gaies. Télévision dans toutes les chambres. Chambre 40 Bs par personne, avec salle de bains 45 Bs.

Hostería Claudia, Villazón 1965 (☎441 884). Ces chambres ont un petit air de "comme à la maison", aucun détail n'y a été oublié. Chambre simple 55 Bs, double 72 Bs, avec salle de bains 126 Bs.

Hostal Copacabana, Illampú 734 (☎451 626). L'abondance de plantes vous donnera l'impression de vous trouver en pleine forêt. Les chambres, toutes équipées d'une télévision, sont un peu petites. Chambre 36 Bs par personne, avec salle de bains 60 Bs.

Hostal Tambo de Oro, Armentia 367 (☎281 565), face à la gare routière. Sa devise : l'hygiène. Toutes les chambres possèdent télévision et salle de bains. Chambre simple 70 Bs, double 90 Bs.

Hotel Continental, Illampú 626 (☎451 176). Les propriétaires branchés sont trop décontractés pour s'inquiéter des lits un peu vieux et des salles de bains un peu douteuses. Chambre double 60 Bs.

Hostal Ingavi, Ingavi 735 (☎323 645). Hôtel fonctionnel. Espérons que les travaux lui redonneront peau neuve. Chambre 30 Bs par personne, avec salle de bains 35 Bs.

Hotel Majestic, Santa Cruz 359 (☎451 628). Vue imprenable sur la ville (et parfois jusqu'au Mt. Illimani). Toutes les chambres disposent d'une salle de bains et d'un téléphone. Télévision câblée : 15 Bs. Petit déjeuner compris. Chambre simple 70 Bs, double 90 Bs.

Residencial Riosinho II, Perú 129 (☎281 578). Pas très grand, mais la responsable, très maternelle, se fait un plaisir de vous accueillir. Chambre 20 Bs par personne, avec salle de bains 35 Bs.

Hostal Montes, Montes 537 (☎378 960). Grandes fenêtres qui vont du sol au plafond. Serviettes et petit déjeuner compris. Salle de bains privée uniquement. Chambre simple 60 Bs, double 80 Bs, triple 106 Bs.

Alojamiento Casero I, Constitución 102, au niveau de l'Ave. Perú, derrière la gare routière. De grandes fenêtres offrent une vue remarquable sur la ville. 15 Bs par personne.

Hotel Pando, Pando 248 (☎378 965). Le mot d'ordre est de rendre votre voyage plus facile : vous trouverez donc un café Internet et une agence de voyages au rez-de-chaussée. Télévision câblée, téléphone et salle de bains bien propre dans chaque chambre. Petit déjeuner compris. Chambre simple 80 Bs, double 120 Bs, triple 150 Bs, quadruple 170 Bs, quintuple 190 Bs.

Residencial Flórida, Viacha 489 (☎455 239), près de l'Ave. Pando. Chambres spacieuses avec télévision et vue sur les collines environnantes. Chambre avec salle de bain 30 Bs par personne.

Alojamiento El Pasajero, Chuquisaca 579, près de l'Ave. Pando. Les chambres sont un peu vétustes mais le jardin est très agréable. Les douches manquent d'intimité. Chambre 20 Bs par personne.

RESTAURANTS

Vous n'aurez pas à aller loin pour trouver quelque chose à vous mettre sous la dent. Dès l'aube et jusqu'à tard dans la nuit, les **marchands ambulants** circulent avec des fruits bien frais, du pain bien chaud et des saucisses qu'ils grillent sous votre nez.

Avant midi, la **salteña** fait fureur : ce délicieux pain en croûte oblong garni de pommes de terre et d'oignons avec de la viande de bœuf épicée ou du poulet, est en vente à peu près tous les 10 mètres sur des petits stands tenus par des **cholas** (les Indiennes de la ville). Attention, c'est chaud à l'intérieur, et la sauce que l'on libère à la première bouchée est particulièrement sujette à l'attraction terrestre. De nombreux restaurants se concentrent le long de l'Ave. **El Prado** et des rues transversales. Les établissements familiaux, plus petits, sont facilement repérables aux publicités de Coca-Cola placées au-dessus de la porte (eh oui, ils sont très forts, chez Coca-Cola). Ils proposent rarement plus d'une formule pour l'*almuerzo*, bon marché (6-10 Bs) et rapide. Pour ceux qui sont prêts à payer davantage pour un plus vaste choix, il est recommandé d'éviter les enseignes lumineuses dont le nom comporte le mot "snack". Mieux vaut chercher dans l'Ave. **Arce** et la rue **6 de Agosto**.

Petit avertissement : il n'est pas conseillé de prendre l'habitude de manger dans la rue ou dans les petits bouis-bouis un peu trop bon marché. Selon votre constitution et votre chance, vos intestins perméables aux germes exotiques peuvent soit s'en trouver légèrement perturbés, soit s'en souvenir pendant longtemps.

VILLE DE LA PAZ

❤ **Restaurant Discoteca Jackie Chan**, Cochabamba 160 (☎339 231). Bon, c'est vrai, pas besoin d'aller à La Paz pour manger chinois, mais puisque vous êtes là, profitez donc de l'une des cuisines asiatiques les plus exquises du pays. Le choix est impressionnant, le personnel efficace et attentionné. Plat 15-25 Bs, entrée 8-25 Bs. Ouvert tlj 12h-23h30.

La Bodeguita Cubana, dans la rue Federico Zuazo. Spécialités des Caraïbes dont la saveur invite les clients à exprimer leur satisfaction par des poèmes sur les murs. Les plats tournent autour de 20 Bs. Ne partez pas sans avoir goûté la délicieuse mousse aux fruits de la passion (4 Bs). Ouvert Lu-Sa.

Restaurant Romy, Linares 1094. Cuisine bolivienne traditionnelle à des prix alléchants. *Almuerzo* 6 Bs, *cena* 4 Bs. Ouvert tlj 9h-23h.

Los Descudos (☎332 038), à l'angle de l'Ave. Mariscal Santa Cruz et de la rue Colón. Les tables en chêne, les coussins en cuir et le plafond voûté rappellent davantage la cour du roi Arthur que La Paz. Les légumes frais sont à l'honneur. *Almuerzo* 12 Bs, plat à la carte 20-35 Bs. Ouvert Lu-Sa 11h-15h et 20h-22h.

Restaurant Alaya, Cochabamba 125 (☎315 152). Plats copieux et service rapide. La carte des viandes vous étonnera. *Almuerzo* 10 Bs, plat à la carte 20-40 Bs. Ouvert tlj 8h30-22h.

Restaurant Vegetariano Laksmi, Sagárnaga 239 (☎(01) 234 740). Spécialités végétariennes originales, toutes inférieures à 15 Bs. Ouvert Lu-Ve 9h30-21h et Sa. 9h30-18h.

Café Ciudad (☎441 827), sur la Plaza del Estudiante. Comme tous les restaurants ouverts toute la nuit, le Café Ciudad attire une clientèle cosmopolite et propose une cuisine assez internationale (pizza...) Plat 10-30 Bs. Ouvert 24h/24.

Restaurante Paladar, Sanjinés 1538 (☎(01) 252 053). Délicieuse cuisine brésilienne. Le chef a rapporté de son pays ce qu'il y a de meilleur : haricots rouges, riz, bœuf succulent et café de choix. *Almuerzo* 10 Bs, plat à la carte 12-35 Bs. Ouvert tlj 11h-22h.

Gardenia Diner, 6 de Agosto 2135 (☎444 037). Idéal pour le petit déjeuner, que vous pouvez commander à toute heure de la journée. Les pancakes sont savoureux. Petit déjeuner 3-15 Bs. Déjeuner et dîner moins de 25 Bs. Ouvert tlj 7h-23h.

Pronto, Jáuregui 2248 (☎441 369), en sous-sol. La clientèle, à tendance élégante et romantique, est sous le charme de ce menu italien. Pâtes 18-30 Bs, plats 28-40 Bs. Ouvert Lu-Sa 18h30-22h30.

Si vous êtes soucieux de goûter les spécialités de la région de La Paz, demandez par exemple si l'on peut vous servir un **fricasé** (porc assaisonné de piment et de cumin, accompagné de maïs et de *chuño*, une variété bien typique de pomme de terre), ou bien une **sajta de pollo** (poulet avec *tunta*, ces pommes de terre nouvelles que l'on gèle dans les ruisseaux de montagne). Une petite fringale nocturne ? Les **anticuchos** (brochettes au bœuf) sont très appréciés lors des sorties de boîtes.

Par ailleurs, vous auriez tort de ne pas profiter du goût prononcé des Boliviens pour la viande. Ici, point de vache folle. Les bœufs paissent avec bonheur l'herbe verte des grandes prairies de l'Oriente. Alors, faites une petite folie : jeûnez pendant une journée, puis pénétrez dans un **rodicio**, ce temple de la viande où, après vous être acquitté d'un droit d'entrée, vous dégusterez des dizaines de morceaux jusqu'à n'en plus pouvoir.

VISITES

MUSÉES

Les musées de La Paz n'ont rien à envier à ceux des autres villes de même importance. Mais ce qui les différencie, pour le plus grand bonheur des voyageurs qui ne souhaitent pas seulement s'intéresser aux civilisations anciennes, c'est qu'ils offrent des expositions vivantes, et même parfois critiques, sur les problèmes *actuels* de la Bolivie.

MUSEO TAMBO QUIRQUINCHO. Ce musée met en lumière la croissance et le développement de La Paz. Vous découvrirez, au travers d'une impressionnante collection de photographies "d'hier et d'aujourd'hui" ou d'une étude sur le personnage de la *chola*, tous les aspects de la vie des *Paceños*. Cette exposition compte également des peintures et sculptures contemporaines qui permettent de s'imprégner davantage de l'âme de cette ville. *(Rue Evaristo Valle, Plaza Alonso de Mendoza. ☎ 390 969. Ouvert Ma-Ve 9h30-12h30 et 15h-19h, Sa-Di 10h-12h30. Entrée 1 Bs.)*

MUSEO DE ETNOGRAFÍA. D'intéressantes expositions y montrent de manière respectueuse la vie quotidienne en Bolivie : habitudes vestimentaires (ne manquez pas la section consacrée aux sandales), spécialités culinaires, outils de travail. Une visite à la vidéothèque vous permet d'approfondir les thèmes abordés par l'exposition. *(A deux* cuadras *de la Plaza Murillo, dans la rue Ingavi. Ouvert Ma-Ve 9h-12h30 et 15h-19h, Sa-Di 9h-13h. Entrée libre.)*

MUSEO DE LA COCA. Ce musée présente une étude incroyablement détaillée sur la feuille de coca, un gagne-pain de plus en plus incertain pour nombre de Boliviens depuis que le gouvernement américain fait pression sur la Bolivie afin d'éradiquer les plantations de coca. On y explore l'histoire de la plante depuis la lointaine civilisation de Tiahuanaco jusqu'à aujourd'hui, en passant par la découverte de ses propriétés anesthésiques, et par l'exploitation bien connue de l'un de ses composants actifs, la cocaïne. Très instructif. *(Linares 906, derrière l'église San Francisco. ☎ 333 032, Web : www.coca-museum.magicplace.com. Informations disponibles en espagnol, en anglais, en français et en allemand. Entrée 7 Bs.)*

MUSEO DE ARQUEOLOGÍA. Dans ce musée semblable à un château, vous découvrirez les reliques d'un ancien empire. Certains trésors datent de l'époque de Tiahuanaco, première civilisation connue des Andes. La collection comprend des momies, des cruches en pierre, des objets en métal et des figurines. *(Tiahuanaco 93, à un peu moins de deux* cuadras *de l'Ave. 16 de Julio. ☎ 311 621. Ouvert Lu-Ve 9h-12h30 et 15h-19h, Sa. 10h-12h30 et 15h-18h30, Di. 10h-13h. Entrée 5 Bs.)*

CASA MUSEO NUÑEZ DEL PRADO. Ce musée, à l'origine une belle demeure privée, abrite aujourd'hui des centaines de sculptures en pierre et en bois, toutes très bien conservées, créées par Doña Marina Nuñez del Prado. Vous y trouverez également quelques œuvres d'élèves des écoles primaires et secondaires voisines. Le jardin des sculptures est l'endroit le plus vert des environs. *(Ecuador 2034, remontez l'Ave. Pérez depuis l'Ave. Villazón. Ouvert Ma-Ve 9h30-13h et 15h-19h, Sa-Lu 9h30-13h. Entrée 5 Bs, étudiants 2 Bs, gratuit pour les moins de 10 ans et plus de 65 ans.)*

MUSEOS MUNICIPALES DE LA PAZ. Ces quatre petits musées, connus également sous le nom de Museos de la Calle Jaén, méritent une petite visite. Le **Museo Costumbrista** retrace l'histoire thématique de la ville par le biais de dioramas, masques, figurines, photos et peintures. Le **Museo del Litoral**, fondé en 1979 à l'occasion du centenaire de la guerre du Pacifique, présente, à l'aide d'une collection impressionnante de cartes et de documents historiques, l'une des époques les plus cruciales de l'histoire de la Bolivie : la guerre qui lui a valu la perte de tous ses territoires côtiers. Le **Museo del Oro** fait honneur au fascinant métal qui a suscité tant de convoitise chez les Espagnols. Il se consacre également aux autres minerais qui ont fait la fortune des Espagnols (notamment l'argent) ou celle de grandes familles après l'indépendance du pays (l'étain), et le malheur de millions de mineurs réduits en esclavage. La *Sala del oro* ("salle de l'or") abrite sous sa grande voûte de magnifiques bijoux. Les *Salas de plata et cerámica* ("salles de l'argent et de la céramique") évoquent l'importance de ces deux matériaux dans les cultures tiahuanuco et inca et leur utilisation à des fins religieuses ou décoratives. Enfin, le **Museo de Murillo** rend hommage à un héros de l'indépendance et de la médecine indigène. Cette ancienne demeure de Murillo est devenue le temple de l'histoire politique du pays. Des objets d'artisanat local, tels que des masques, des poupées ou encore des chaussures en forme de chiens sont regroupés dans une pièce. *(L'entrée du Museo Costumbrista se trouve dans la rue Sucre. Les trois autres musées font l'angle de la rue Jaén. Billet pour les 4 musées : 4 Bs, à retirer au Museo Costumbrista. Ouverts Ma-Ve 9h30-12h30 et 15h-19h, Sa-Di 10h-12h30.)*

MUSEO NACIONAL DE ARTE. Dans cet ancien palais, trois formes d'art bien distinctes se côtoient. Le dernier étage renferme une collection très éclectique d'œuvres d'art boliviennes du XXe siècle et de peintures contemporaines provenant d'autres pays d'Amérique latine. L'étage principal est uniquement consacré à l'école artistique de La Paz, dont le thème clef est la religion. Au rez-de-chaussée, une petite collection de toiles de Cuzco, quelques sculptures et d'anciens meubles sont exposés. Au centre des galeries se trouve une paisible cour pavée dans le plus pur style *barroco mestizo*. *(Dans la rue Comercio, Plaza Murillo. Ouvert Ma-Ve 9h-12h30 et 15-19h, Sa-Di 10h-13h. Entrée 5 Bs, gratuit pour les moins de 18 ans.)*

MARCHÉS

Bien des rues de La Paz pourraient se comparer à des rayons de supermarché. Dans certaines on ne vend que des vêtements, dans d'autres que des produits de toilette, d'autres encore exhalent invariablement une odeur de viande grillée. Ici, on ne vous prêtera pas de caddie, mais vous trouverez sur le trottoir, pêle-mêle, tout ce que vous pouvez imaginer : dentifrice, pain complet, sous-vêtements, *discmans*, gâteaux apéritifs ou paquets de cigarettes. Le **Mercado de las Brujas** (le "marché des sorcières"), le long des rues Santa Cruz et Sagárnaga, derrière l'église San Francisco, est réservé aux superstitieux ou aux amateurs de sorcellerie. Pour guérir les maladies ou conjurer le mauvais sort, rien ne vaut les fœtus de lama séchés, en vente sur place. Vous y trouverez aussi toute une panoplie de souvenirs à rapporter : pulls en alpaga, flûtes de pan, bibelots en or ou en argent, sacs en tissu *aguayo* aux couleurs vives. Le **Mercado Camacho**, au bout de l'Ave. Camacho, est un immense marché où se retrouvent tous les paysans des environs. Le **Mercado Negro** (traditionnellement l'endroit où l'on vendait des marchandises de contrebande), le long de l'Ave. Max Paredes, est composé de cinq grands magasins et d'une multitude de pharmacies qui empiètent sur la rue. Vous y trouverez, sur des tables, toutes sortes d'objets empilés en pyramides.

AUTRES SITES

PLACES ET PARCS. Les *plazas*, présentes dans toute la ville, permettent de se reposer des effets de l'altitude et de profiter du soleil. La **Plaza Avaroa**, par exemple, sur l'Ave. 20 de Octubre dans le quartier de Sopocachi, est le paradis des jeunes : les enfants s'initient aux voitures électriques, les chiens se défoulent et les ballons flottent dans les airs. **Las Velas**, rue Bolívar en direction du stade, offre, elle aussi, une ambiance jeune avec poussettes, manèges et musique pop latino. Si vous êtes curieux de voir d'en haut l'agitation de la ville, ne manquez pas le **Mirador**

Lalkakota, très familial, rue El Ejército. La **Plaza Murillo**, dans la rue Comercio, est le centre historique de la ville. La **cathédrale**, à l'architecture raffinée, se situe au sud de la place. Elle a pour voisin le palais présidentiel (appelé aussi Palacio Quemado ou Palais brûlé, en raison des deux incendies qui l'ont ravagé). Venez vers 18h pour assister à la levée des couleurs par les gardes imperturbables et apprécier la lumière du crépuscule qui enveloppe les élégants bâtiments jaunes. En haut de l'Ave. Mariscal Santa Cruz, vous tombez sur la **Plaza San Francisco**, qui est devenue un lieu de passage incontournable. Tous les moyens de transport, ou presque, s'y arrêtent.

EL ALTO. Si vous vous éloignez un peu du centre de La Paz en voiture, vous pourrez voir de plus près la Cordillère royale. Perchée tout en haut de la cuvette, la ville adjacente d'El Alto, balayée par les vents, fait face au mont Illimani et domine La Paz. Cette banlieue déshéritée de la ville est concentrée autour de l'aéroport. Pour entrer et sortir de La Paz même, micro-bus, minibus, bicyclettes et voitures doivent emprunter l'artère principale d'El Alto. Certains l'ont d'ailleurs bien compris : garages, stations-service et magasins de pneus bordent les trottoirs. Ici, les maisons sont en tôle ondulée ou en plâtre et les publicités Coca-Cola omniprésentes. El Alto est le résultat d'un exode rural massif qui touche les paysans de l'altiplano frappés par la crise économique. Ces derniers espèrent connaître en zone urbaine une vie décente. Bien vite, le mirage disparaît. Du haut du ravin, les pauvres, en regardant cette ville qui s'étale jusqu'aux quartiers riches en bas de la vallée, ne peuvent que contempler l'étendue de leur désillusion. Leur vie à El Alto n'est pas plus enviable que celle des paysans restés aux champs. Seule consolation : ils ont une vue imprenable sur les quartiers qu'ils n'habiteront jamais.

IGLESIA DE SAN FRANCISCO. Construite en 1549, cette église impose sa présence à tous les visiteurs, croyants ou non. Son dôme démesuré est visible des points les plus élevés de la ville, sa place accueille toutes sortes de manifestations. Elle est considérée comme le centre de La Paz. Des milliers de visiteurs foulent son pavé rond tous les jours. Mais lorsque vous entrez dans l'église, le tumulte citadin disparaît. Des fleurs fraîches ornent chaque autel, riche en couleurs, et à toute heure, des fidèles sont agenouillés en silence. Les appareils photos ne sont pas les bienvenus. Ce lieu s'adresse aux visiteurs discrets qui souhaitent avoir un aperçu de la culture religieuse locale. Ils pourront y voir un bel exemple de construction baroque, où cohabitent art européen et art indigène. *(A côté de l'Ave. Mariscal Santa Cruz. Ouvert tlj 7h-23h. Entrée libre.)*

FÊTES

Si vous rencontrez une rue dont le nom est une date, vous pouvez être sûr qu'une parade ou une fête a lieu ce jour-là (et le jour d'avant, et le jour d'après). Heureusement pour les visiteurs, de telles manifestations n'occasionnent pas d'affluence particulière à La Paz. Il ne sera donc pas plus cher ni plus difficile de trouver un hébergement les jours de fête. Il existe cependant des commémorations qui mettent la ville en émoi. Par exemple, tout au long de la dernière semaine de décembre et de la première semaine de janvier, la moindre rue ou place est envahie de vendeurs, transformant La Paz en un véritable marché. La **Feria de Alasitas** (à partir du 24 janvier à midi, pendant deux semaines) est l'occasion de faire un vœu. La figure emblématique de cette fête est Ekeko (qui signifie "nain" en langue aymara), un joli petit bonhomme potelé au cou duquel les familles suspendent des objets miniatures. Ekeko représente l'abondance. Tous les objets que les *Paceños* (habitants de La Paz) achètent ce jour-là à midi sur le marché représentent autant de vœux censés se réaliser dans un futur plus ou moins proche. Ces miniatures (voitures, maisons, dollars, nourriture, diplômes...) sont autant d'objets qui seront appelés à se matérialiser en grandeur nature, si le vœux formulé pendant la fête d'Alasitas se réalise. En été, des drapeaux aux couleurs de la ville, rouge et vert, des bannières et autres décorations annoncent l'**anniversaire** du département de La Paz (16 juillet). Ils commémorent le premier cri d'indépendance de l'Amérique latine, poussé par Murillo le 16 juillet 1809, révolte qui fut si durement réprimée par les Espagnols. Avant d'être exécuté, Murillo hurlera : "Le flambeau que je viens d'allumer, personne ne l'éteindra." En sa mémoire, toute la ville défile ce jour-là (écoles, lycées, associations, coopératives, régiments, commerçants, corps de métiers, etc.). Les trottoirs sont alors envahis de stands débordant de saucisses grillées, de pommes d'amour et de *ponche*, boisson chaude à base de lait et de liqueur. Dans l'Ave. El Prado, la fête dure une bonne partie de la nuit et on peut encore entendre les fanfares plusieurs jours plus tard. La plupart des commerces, des banques et des restaurants sont fermés ce jour-là, et parfois le jour suivant. Les horaires des transports en commun ne s'appliquent pas pendant les jours fériés, renseignez-vous. Enfin, le 6 août, la Bolivie célèbre haut et fort le **jour de l'indépendance**. Les parades débutent la veille sur la Plaza Murillo et, dès la tombée de la nuit, les habitants se mettent à trinquer. La Plaza San Francisco devient alors le repaire des fêtards en tous genres. Les 6 et 7 août sont tous deux des jours fériés. Ne vous attendez pas à trouver grand-chose d'ouvert… par contre, préparez-vous à croiser de nombreuses fanfares et des gens brandissant des drapeaux rouge, jaune et vert, les couleurs de la Bolivie.

¡Baile! Chaque année a lieu à La Paz le festival **El Gran Poder**, au début de l'été. La plupart des touristes y assistent en tant que spectateurs, mais si vous souhaitez participer à cet événement, adressez-vous à la **Entrada Folklórica Universitaria**. Pendant le festival, les étudiants vous proposent des représentations de toutes les danses traditionnelles (*bailes tradicionales*), mais aussi des cours gratuits l'après-midi et le soir, sur la place située devant l'université. La parade se déroule fin juillet, alors ne ratez pas les nombreuses occasions, tout au long du mois, de battre du pied et de faire tournoyer les rubans !

DIVERTISSEMENTS

CULTURE

Le centre d'informations de la **Casa de la Cultura**, Ave. Mariscal Santa Cruz, face à l'église San Francisco, vous renseigne sur les différentes manifestations culturelles de la ville. Un petit théâtre à l'étage accueille parfois des spectacles. (☎374 668. Ouvert Lu-Ve 8h30-12h et 14h-19h.) L'hebdomadaire anglophone **Bolivian Times**, disponible dans tous les kiosques (5 Bs), répertorie de nombreux événements propices à l'immersion dans la culture du pays, expositions artistiques, dernières pièces de théâtre ou films récents. Les cinémas se trouvent tous sur El Prado, mais la plupart passent des films étrangers (en général nord-américains) sous-titrés en espagnol. Si vous souhaitez vous imprégner davantage de la culture traditionnelle, vérifiez auprès des restaurants : nombreux sont ceux qui proposent des concerts le week-end, notamment **Los Descudos** (voir **Restaurants**, p. 285) et **La Peña**, Sagárnaga 261, qui accueillent des groupes de qualité les vendredi et samedi soir, ou encore le restaurant du **Soft Rock Café** (voir **Vie nocturne**, p. 390). Les pièces présentées au **Teatro Municipal**, au croisement des rues Sanjinés et Indaburo, sont toujours très appréciées du public. La **Cinemateca Boliviana**, à l'angle des rues Pichincha et Indaburo (☎325 346), propose des cycles de films thématiques ou consacrés à un réalisateur.

VILLE DE LA PAZ

SPORTS

Fútbol, vous avez dit *fútbol* ? Le sport favori du continent latino-américain fait rage à La Paz. La rubrique des sports de chaque journal y consacre une place prépondérante et annonce les prochaines rencontres importantes. Vous pouvez également vous rendre directement au stade et demander des informations au guichet. Les billets pour les grands matchs (50 Bs) sont souvent tous vendus longtemps à l'avance, mais si vous vous présentez le jour même, vous pourrez les acheter auprès de revendeurs à un prix légèrement supérieur. Pour assister à d'autres événements sportifs, renseignez-vous au **Coliseo Cerrado**, dans la rue México, près de la Plaza del Estudiante, qui organise fréquemment des rencontres sportives et des **festivals** culturels.

VIE NOCTURNE

Le vendredi soir, des groupes de musique se produisent dans les restaurants et les clubs et la **cerveza paceña** (la fameuse bière de La Paz) coule à flots. Les soirées du samedi sont plus calmes... les files d'attente des salles de cinéma commencent dès 16h.

Equinoccio, Sánchez Lima 2191 (☎(01) 245 667), entre les rues Aspiazu et Guachalla. Ce bar-discothèque accueille toujours de nouveaux groupes pour satisfaire sa clientèle énergique et déchaînée. La scène est grande, la piste de danse l'est encore plus. Entrée 10-25 Bs.

Café Shakespeare's Head (☎(01) 292 589), Calle Villazón. Ambiance plus intimiste. Des groupes de musique locaux s'y produisent presque tous les vendredis soir et parfois le samedi. Entrée les soirs de musique 10 Bs, bière 10 Bs, cocktails 12-20 Bs. Ouvert tlj 8h-3h.

Beer's Pub, Sanjinés 2688 (☎441 668). Animé dès le jeudi soir. Accueille souvent de nouveaux groupes. Clientèle sur son 31. Entrée 25 Bs. Ouvert Je-Sa 21h30-2h30.

Thelonious Jazz Club, 20 de Octubre 2172 (☎337 806). Ambiance douillette pour du très bon jazz, à tendance traditionnelle ou latine. Entrée 20 Bs. Ouvert Me-Sa 21h-1h30.

Underground Club, Medinacelli 2234 (☎312 365). Musique techno et lumières clignotantes réveilleront le fêtard qui est en vous. Clientèle internationale et éclectique. Si vous recherchez la foule en pleine semaine, essayez à l'Underground la *Rave Party* du mercredi soir, seule soirée à attirer autant de monde. Entrée 15 Bs. Ouvert Me-Sa 22h-3h.

Soft Rock Café, Sanjinez 467 (☎314 455). Ambiance tranquille et plats savoureux pour ce café qui propose de la musique locale le week-end. Un petit théâtre accueille des artistes de tout le pays. Boissons 3-10 Bs, en-cas 5-18 Bs. Ouvert Lu-Sa 9h-23h.

Café Montmartre, Guachalla 363, au niveau de la Calle 20 de Octubre. Idéal pour assister à un match de football important ou pour grignoter une pâtisserie de choix, le tout en français. Le café jouxte les locaux de l'Alliance française. Ouvert Lu-Ve 12h-15h et 16h-2h, Sa. 20h-2h.

Wall Street Café, Camacho 1363 (☎316 090) ou Arce 2142 (☎338 619). Choix de cafés pour toutes les bourses : 3-15 Bs, desserts 3-20 Bs, repas 10-26 Bs. Ouvert tlj 8h-24h.

DANS LES MONTAGNES AUX ENVIRONS DE LA PAZ

EL CHORO

Cette **randonnée**, qui va de **La Cumbre (4600 m)** à **Coroico (1700 m)**, est l'une des plus courues de la région. Vous y attendent des panoramas spectaculaires et une étonnante diversité de climats, au fur et à mesure que l'altitude diminue : vous commencerez en Gore-Tex et finirez en short. La majeure partie du chemin suit un itinéraire qu'empruntaient les Incas. En témoignent quelques vestiges de l'ancienne route ici et là. Le temps et l'état du sentier sont imprévisibles, c'est pourquoi de nombreux randonneurs préfèrent être accompagnés d'un groupe ou d'un guide. Il est recommandé à ceux qui souhaitent effectuer ce parcours sans accompagnateur, de demander à une agence de voyages coutumière de cette excursion (voir **Agences de voyages**, p. 382), une **carte** du sentier mise à jour et des informations sur les conditions de la randonnée. La meilleure période pour effectuer cette randonnée est la saison sèche (d'avril à octobre), mais certains sommets restent enneigés toute l'année. Prévoyez une tente, un sac de couchage, un imperméable, des vêtements adaptés à toutes les températures, un couteau, des provisions, des allumettes, une lampe de poche, des pastilles pour purifier l'eau et du spray anti-moustiques.

Vous voilà paré pour effectuer 70 km de descente sur des sentiers en mauvais état. Vous pourrez trouver de la nourriture, de l'eau, des piles dans les villages qui bordent le chemin, parfois un hébergement, mais ne comptez pas trop dessus. Le début de la randonnée se trouve à **La Cumbre**, à une demi-heure en voiture de La Paz. Un bus au départ de la gare de Villa Fátima peut également vous conduire jusqu'au sentier tous les matins vers 6h. Le premier jour, vous suivrez une ancienne route taillée à flanc de colline. Vous pouvez parvenir avant la nuit à une petite boutique qui vous ravitaillera si vous êtes à cours, mais attention, elle ferme tôt. La première nuit, beaucoup de randonneurs choisissent de faire escale dans la petite commune de **Chucura**, située à 5 heures de marche de La Cumbre. Le deuxième jour, le sentier est plus difficile mais, conséquence logique, la vue est de plus en plus belle. Vous rencontrerez sur votre chemin davantage de rivières et de villages. Vous pouvez passer votre deuxième nuit à **Sandillani**, à 8 ou 9 heures de marche de Chucura. De nombreux sites de camping vous y attendent, et les habitants hébergent parfois des randonneurs. La troisième journée est longue, mais les plus tenaces seront récompensés par la richesse de la faune et de la flore : la forêt abrite des espèces animales rares, notamment une sorte de colibri que l'on trouve uniquement en Bolivie, le singe-araignée, d'occasionnels jaguars (revenez, nous avons dit "occasionnels") et des porcs-épics bicolores. Vous trouverez des emplacements pour camper à **Chairo**. De là, vous pourrez prendre un moyen de transport pour revenir à La Paz ou pour vous rendre dans la petite ville touristique de Coroico (p. 407).

EXCURSIONS DEPUIS LA PAZ

VALLE DE LA LUNA

Prenez le micro-bus n°11 ou les minibus n°231 ou n°237 (durée 35 mn, 1,80 Bs) en direction de Mallasa depuis la Plaza del Estudiante, du côté de la rue México. Demandez au chauffeur de vous déposer au Valle de la Luna, juste avant Mallasa. Vous trouverez des curiosités géologiques et des sentiers qui y mènent des deux côtés de la route. Pour revenir à La Paz, faites signe à un micro-bus ou à un minibus au bord de la route.

Ces formes dignes d'un paysage lunaire sont le résultat de milliers d'années d'érosion. De hautes aiguilles de pierre sont séparées par des ravins, chacune d'entre elles laissant entrevoir La Paz sous une perspective différente. Vous pouvez vous promener entre ces formations géologiques extraordinaires en empruntant un sentier de terre assez glissant. La balade est courte mais vaut le détour.

ZOOLÓGICO (ZOO DE LA PAZ)

Prenez le micro-bus n°11 ou les minibus n°231 ou n°237 (durée 35 mn, 1,80 Bs) en direction de Mallasa depuis la Plaza del Estudiante, du côté de la rue México. Demandez au chauffeur de vous déposer au zoológico, juste après Mallasa. Vous pouvez également vous y rendre depuis le Valle de la Luna en marchant 15 mn le long de la route principale. Des bus desservant La Paz partent du zoo jusqu'à sa fermeture. Ouvert tlj 10h-18h. 3 Bs, enfants 1 Bs.

Dès que vous mettez un pied hors du bus, vous réalisez que vous avez quitté La Paz : à Mallasa, il fait 5°C de plus que sur la place de l'église San Francisco et le climat est plus sec. A deux mètres à peine, les jaguars, qui s'abreuvent tranquillement, observent avec placidité les nouveaux arrivants. Les singes tendent leurs petits doigts à travers les grillages pour obtenir du pop-corn. Des condors n'en finissent pas de tourner en rond tandis que les canards se manifestent à grands cris. Une telle variété d'espèces pourrait facilement vous faire oublier les lamas et alpagas de l'altiplano bolivien (qui, eux aussi, ont leur place au zoo).

MUELA DEL DIABLO

Prenez le minibus n°288 (durée 40 mn, 3 Bs) depuis la Plaza del Estudiante jusqu'au terminus. Sur le parking, empruntez la route en terre sur votre droite. Arrivé à un petit cimetière, remontez vers la droite (2h). Les bus qui retournent à La Paz fonctionnent jusqu'à 16h environ.

Les collines qui encerclent le sentier jusqu'en haut du rocher portant le nom de *Muela del Diablo* ("la molaire du Diable") ont des couleurs très variées sur lesquelles se détache l'architecture un peu terne du village d'Ovejuyo, point de départ du sentier, en contrebas. Depuis le sommet escarpé de la "molaire", vous apercevez La Paz en miniature. Mais ne soyez pas absorbé par la vue au point d'oublier les consignes de vigilance nécessaires sur ce sentier qui a la réputation d'être aussi emprunté par des individus peu fréquentables. Promenades ou excursions nocturnes y sont par conséquent déconseillées.

VALLE DE ÁNIMAS

Sur la Plaza del Estudiante, prenez un minibus ou un microbus Ñ en direction de Ovejuyo (durée 40 mn, 2,30 Bs). Demandez au chauffeur de vous indiquer où descendre. Empruntez le chemin rocailleux qui monte. Les minibus ou micro-bus qui rentrent à La Paz passent jusqu'en fin d'après-midi.

Un étroit sentier à flanc de collines, entouré d'énormes pics rocheux, vous conduit jusqu'à des panoramas qui semblent tout droit sortis d'une autre planète. Le début du sentier n'est pas très facile à repérer et devient de moins en moins visible à mesure que les parois rocheuses se resserrent. Le sable et les pierres se révèlent très glissants au moindre faux pas. Pour continuer à grimper sur ce chemin qui serpente ensuite autour des aiguilles en pierre, mieux vaut y mettre les mains. Du sommet, la jolie vue vous fera vite oublier cette ascension en déséquilibre. Prenez garde aux passages trop étroits pour les gros sacs à dos. Avancez avec précaution mais ayez le pied solide et vous en serez récompensé. L'excursion dure environ une heure au départ du sentier.

CAÑÓN DE PALCA

Les deux bus qui desservent directement Huni ou Palca (les deux extrémités du sentier) partent avant 9h. Vous pouvez les prendre à l'angle des rues Boquerón et Luis Lara (durée 45 mn, 4 Bs). Demandez au chauffeur de vous déposer à Huni (le chemin de Huni à Palca est en descente). Si vous les ratez, prenez un minibus n°385 et demandez au chauffeur de vous déposer à l'embranchement qui va vers Huni. Vous pouvez alors grimper la côte (durée 20 mn environ), en passant un petit lac sur votre droite, et redescendre sur Huni. Un panneau décoloré vous indique le début du sentier. Restez sur la droite. Pour revenir vers La Paz, suivez la route principale jusqu'à la place, d'où vous pourrez prendre un minibus (durée 1h30, dép. jusqu'à 16h, 6 Bs).

Le sentier qui traverse la vallée, battue par les vents, du canyon de Palca vous offre les perspectives les plus saisissantes sur le mont Illimani. Cette agréable promenade, qui démarre au bord du canyon, vous fait traverser des paysages qui deviennent de plus en plus grandioses à chaque pas. Comptez environ trois heures. Possibilité de camper presque tout le long du sentier et dans le canyon, mais faites attention aux panneaux indiquant *Propiedad privada*.

TIAHUANACO

Prenez un bus en direction de Guaqui (durée 1h30, départ toutes les 30 mn, 6 Bs) à l'angle des rues José María Azin et Eyzagu. Demandez au chauffeur de vous arrêter à Tiahuanaco. A l'embranchement où le bus s'arrête, prenez à droite et cherchez un bâtiment plat et orange sur votre droite, qui n'est autre que le musée, à côté de la voie ferrée. Pour revenir à La Paz, faites signe à un minibus sur la place ou le long de la route principale. Ouvert tlj 7h-17h. 15 Bs.

Une visite aux ruines de Tiahuanaco est un voyage au cœur de ce que fut un jour la vie sur les terres ingrates de l'altiplano. L'empire de Tiahuanaco est apparu vers 1580 avant J.-C. et s'est éteint mystérieusement en 1172 après J.-C. Il s'étendait sur la Bolivie, le Pérou, le Chili et l'Argentine actuels. Ce site en était la capitale. Selon les historiens, il s'agissait d'un état guerrier doté d'un système agricole prospère permettant de nourrir 8 millions de personnes, une population équivalente à celle de l'actuelle Bolivie. Le **Museo Regional de Tiahuanaco** rend hommage aux travaux archéologiques qui ont permis de mettre au jour les ruines il y a un siècle. Il présente des cartes retraçant la grandeur stupéfiante de cette civilisation disparue. Sur le site même, vous pourrez contempler la **Pirámide de Akapana**, probablement un temple faisant honneur aux imposantes montagnes environnantes. Les scientifiques estiment que la pyramide mesurait 18 mètres de haut, mais il n'en reste plus grand-chose aujourd'hui. A l'intérieur de **Kantat Hallita**, temple à demi souterrain, se trouve une carte de la région de Tiahuanaco gravée dans la pierre. Des pierres en forme de tête semblent jaillir des murs du **Templete Semisubterráneo**, large temple quadrangulaire. D'après les archéologues, les Tiahuanucos auraient exposé les têtes de leurs victimes décapitées sur les parois de ce temple, mais à cause de l'usure du temps, ils auraient été contraints de les remplacer par des crânes en pierre. L'immense temple à ciel ouvert de **Kalasasaya** renferme certains éléments précis qui auraient servi de calendrier agricole. Les trois statues en pierre, **monolito Ponce**, **monolito Fraile** et **Puerta del Sol** ont sans doute joué un rôle important pour mesurer le temps. Les fouilles de **Putuni**, vestiges également appelés Palacio de los Sarcófagos (Palais des sarcophages), sont toujours en cours, mais ont déjà révélé des centaines de dessins religieux qui décoraient le sol en pierre polie. Enfin, les archéologues cherchent toujours une explication aux merveilles de **Pumapunku** : d'imposantes pierres, pesant parfois 130 tonnes, jonchent le site. On ne sait ni leur provenance ni comment elles ont pu être transportées jusque-là.

ENVIRONS DE LA PAZ : URMIRI

L'hôtel Gloria La Paz, à l'intersection des rues Potosí et Sanjinés (☎370 010), propose une navette à destination de Urmiri (durée 2h, dép. Ma., Je. et Sa. à 8h, 45 Bs a/r). Achetez vos billets à l'avance à la réception. La navette ne part pas à moins de 6 passagers.

Dans cet endroit paradisiaque, le soleil est chaud et l'eau encore plus. Les propriétaires de l'hôtel Gloria La Paz ont trouvé le moyen d'exploiter les **sources chaudes**, et même brûlantes, de la région. Ils ont ouvert sur le site l'hôtel **Gloria Urmiri**. Les sources bienfaitrices y alimentent des saunas, des piscines et une baignoire dans chaque chambre. Le verdoyant paysage environnant invite à quelques promenades, certaines d'entre elles débouchant sur des sources chaudes secrètes. (Chambre Lu-Ve 40 Bs par personne, avec salle de bains 60 Bs, Sa-Di 60 Bs par personne, avec salle de bains 80 Bs. Camping 10 Bs par personne. Petit déjeuner compris. Utilisation des piscines et saunas 15-25 Bs/j.)

DÉPARTEMENT DE LA PAZ

LES INCONTOURNABLES DU DÉPARTEMENT DE LA PAZ

VOGUEZ sur les eaux bleues du lac Titicaca, depuis la pointe de la **péninsule de Copacabana** jusqu'à Isla del Sol (p. 399).
RAFRAÎCHISSEZ-VOUS à la source légendaire Fuente del Inca, sur la paisible **Isla del Sol** (p. 401).
REJOIGNEZ l'une des nombreuses excursions au départ des villes verdoyantes de **Sorata** (p. 403) et **Coroico** (p. 407).
DÉVALEZ la "route la plus dangereuse" du monde (p. 409) mais soyez prudent pour pouvoir raconter ensuite votre expérience (voir aussi **Les Incontournables de la ville de La Paz**, p. 375).

Dans la mythologie des Andes, le **lac Titicaca** (p. 395) serait le berceau de la civilisation et même des origines de la vie. On peut comprendre pourquoi ce lac a fait naître de telles légendes. Situé à 3827 mètres d'altitude, couvrant une superficie de 8560 km^2, c'est le plus grand lac d'Amérique du Sud et le plus grand du monde au-dessus de 2000 mètres. Sans les immenses sommets se profilant à l'horizon, vous auriez l'impression de vous trouver en pleine mer. En effet, le lac compte 41 îles (sans compter les îles artificielles construites par le peuple Uros du côté péruvien), parmi lesquelles Isla del Sol et Isla de la Luna, lieux de naissance mythiques du soleil et de la lune. Les Aymaras, descendants des civilisations Colla, Lupaca et Tiahuanaco, dominèrent autrefois la région. En raison de l'expansion de l'Empire inca aux XIVe et XVe siècles, les traditions quechuas se sont développées, sans pour autant parvenir à supplanter les coutumes aymaras. Aujourd'hui, ces deux peuples préfèrent vivre séparément, les Quechuas au nord du lac, les Aymaras au sud.

La région des **Yungas** (p. 403), qui s'étend entre la fraîcheur vivifiante de La Paz et la touffeur des jungles amazoniennes, bénéficie d'une situation géographique favorable. Ici, le soleil est chaud, la végétation colorée, et on trouve de nombreuses variétés de fruits. Au nord comme au sud, le coucher et le lever du soleil se déclinent en plusieurs teintes. Cascades vertigineuses, vallées encaissées couvertes de verdure, panoramas époustouflants... Pour beaucoup de visiteurs, les Yungas sont une merveille de la nature.

LAC TITICACA

COPACABANA ☎08

La ville de Copacabana vit principalement du tourisme, notamment grâce à la culture aymara, toujours présente malgré les efforts acharnés des Incas et des Espagnols pour la faire disparaître. Les festivals, le style de vie et la langue des Indiens Aymaras témoignent de la vitalité de cette culture. D'ailleurs, les influences indigènes ne manquent pas de percer sous le manteau du catholicisme. Le lac Titicaca, dont la sérénité compense la frénésie des rues de Copacabana, a lui aussi de quoi attirer les touristes. Sur ses rives, des bateaux de toutes les formes et de toutes les tailles vous attendent pour une excursion sur le plus haut lac navigable du globe.

ORIENTATION ET INFORMATIONS PRATIQUES

Le lac Titicaca marque la limite ouest de Copacabana. La rue **6 de Agosto** part du lac et remonte jusqu'à la **Plaza Sucre**, puis, quelques *cuadras* plus loin, jusqu'à la **Plaza 2 de Febrero**. La plupart des hôtels et des services sont concentrés dans ce secteur.

Bus : Tous les bus et les *colectivos* déposent les passagers le long de l'Ave. 16 de Julio ou de la rue 6 de Agosto, près de la Plaza Sucre. Trans Tur (☎622 233), sur la Plaza 2 de Febrero, propose des bus en direction de **La Paz** (durée 3h30, Lu., Me., Ve. 5 dép/j de 8h à 17h, Ma., Je., Sa. 3 dép/j de 8h à 17h, Di. 8 dép/j de 8h à 17h, 14 Bs). Ouvert tlj 7h-19h. Titicaca Tours/Lago Tours/Grace Tours, 6 de Agosto 100 (☎622 509), permet de se rendre à : **La Paz** (durée 3h30, dép. 13h, 40 Bs), **Puno** (durée 3h30, dép. 13h, 15 Bs) et **Cuzco** (durée 15h, dép. 13h30, 80 Bs).

Agence de voyages : Le groupe **Titicaca Tours/Lago Tours/Grace Tours** (voir **Bus** ci-dessus), gère presque toutes les excursions de la région. La plupart des hôtels qui organisent des visites sur les îles passent par ces agences. Excursion d'une journée à Isla del Sol avec un arrêt à Isla de la Luna, 25 Bs. Excursion d'une demi-journée avec un seul arrêt à l'extrémité sud de Isla del Sol, 15 Bs. Ces excursions sont prévues sans guide.

Change : **Banco Unión** (☎622 323), dans la rue 6 de Agosto. 2 $ de commission jusqu'à 200 $ en chèques de voyage, 1 % de commission entre 250 et 500 $. Officiellement, la banque ne reprend pas les *soles* (monnaie péruvienne). Le **distributeur de billets** accepte les cartes Visa et MC. Ouvert tlj 8h30-18h. **Cooperativa Multiactiva Virgen de**

Copacabana L.T.D.A. (☎ 622 116), dans la rue 6 de Agosto, à coté de l'hôtel Playa Azul. 1 % de commission pour l'échange de chèques de voyage. Ouvert Lu-Ve 9h-13h et 14h30-18h30, Sa-Di 9h-13h. De nombreux magasins situés le long de la rue 6 de Agosto et sur la Plaza 2 de Febrero échangent les chèques de voyage et parfois les *soles*.

Activités de plein air : **Titicaca Tours** (☎ 622 060), sur la plage. Kayak 20 Bs/h, catamaran 30 Bs/h, moto 50 Bs/h, bicyclette 10 Bs/h. Ouvert tlj 7h-19h.

Police : (☎ 110), sur la Plaza 2 de Febrero, face à la cathédrale.

Hôpital : (☎ 118), qui donne sur la rue Felix Rosa Tejada.

Téléphone public : **ENTEL** (☎ 622 331), dans la rue Murillo, à gauche de la cathédrale. Possibilité d'utiliser des cartes de téléphone, des pièces ou d'appeler des numéros gratuits. Ouvert tlj 8h-20h.

Internet : **@lfa-internet**, dans la rue Jáuregui, près de la Plaza Sucre. 20 Bs/h. Ouvert tlj 10h-14h et 15h-22h.

Bureau de poste : Sur la Plaza 2 de Febrero. Ouvert Ma-Sa 9h-12h et 14h30-18h, Di. 9h-15h.

HÉBERGEMENT

Vous trouverez une enseigne indiquant *alojamiento*, *residencial* ou *hostal* à presque tous les coins de rue de Copacabana. Il y a toujours des lits, mais vous risquez d'avoir des problèmes pour vous loger pendant les jours fériés. Dans de nombreux établissements, vous êtes obligé d'arriver avant 22h et de repartir avant 11h. A vérifier avant de partir pour la journée.

Alojamiento Emperador, Murillo 235 (☎ 622 083), à un peu moins de deux *cuadras* derrière la cathédrale. Véritable paradis des globe-trotters débrouillards, et on en trouve beaucoup dans les environs. L'Emperador met à votre disposition une cuisine et un grand évier pour faire votre lessive. Le propriétaire, très accueillant, peut vous organiser des excursions jusqu'à Isla del Sol et Isla de la Luna. Chambre 10 Bs par personne.

Residencial Boston (☎ 622 231), dans la rue Conde de Lemus, près de la cathédrale. Hôtel simple aux lits confortables. Chambre 13 Bs par personne, avec salle de bains 25 Bs.

Residencial Copacabana (☎ 622 220), Oruro 555, à deux *cuadras* de la Plaza 2 de Febrero en longeant la rue Jáuregui. Offre l'essentiel. Chambre 10 Bs par personne, avec salle de bains 20 Bs.

Hostal Utama (☎ 622 013), dans la rue 3 de Mayo, à trois *cuadras* de la Plaza 2 de Febrero en longeant la rue Jáuregui. Les propriétaires pensent à tout : serviettes propres sur le lit, bouteille d'eau minérale sur la table, savon neuf et papier toilettes dans une salle de bains impeccable. Chambre 40 Bs par personne, possibilité de négocier en basse saison.

Residencial Brisas del Titikaka (☎ 622 178), dans la rue 6 de Agosto, à côté du port. Chambres claires dont certaines jouissent d'une vue superbe sur le lac. Chambre 30 Bs par personne, avec salle de bains 40 Bs.

Alojamiento San José, Jáuregui 146, sur la Plaza Sucre. Etablissement propre et bien situé. Chambres ordinaires qui donnent sur un patio. Chambre 10 Bs par personne.

Ambassador Hotel (☎ 622 216), sur la Plaza Sucre, au niveau de la rue Jáuregui. Grand choix de chambres, toutes réunies autour d'un patio bien ensoleillé. Télévision et salle de bains dans chaque chambre, 35 Bs par personne.

RESTAURANTS

Copacabana peut se targuer de posséder un nombre impressionnant de restaurants, concentrés principalement dans les rues 6 de Agosto et Jáuregui. Mais en matière culinaire, la ville se révèle limitée. La plupart des restaurants proposent des menus identiques. Le plat préféré des habitants, la truite, compose presque tous les *almuerzos* (déjeuners) et *cenas* (dîners, 5-10 Bs). Les étals installés autour du marché offrent des plats semblables mais moins chers (moins de 4 Bs). Les

amateurs de sucré pourront se consoler avec un paquet de *pansacaya* (1 Bs), caramels mous et légers ressemblant à du popcorn, vendus partout dans la rue. Notez le **Restaurant Colonial**, à l'angle de la rue 6 de Agosto et de l'Ave. 16 de Julio, dont la cuisine surpasse tous les critères de la ville. Vous y apprécierez notamment des plats de poisson finement préparés. Personnel consciencieux et vue agréable sur le lac. Possibilité d'avoir une table dans le patio. (Plats 20-28 Bs. ☎ 622 160. Ouvert tlj 7h-23h.)

VISITES

Le soir, les environs de Copacabana ne sont pas éclairés. Un sentier glissant ou difficile à repérer le jour s'avérera encore plus problématique le soir venu. Lorsque vous partez en promenade, prévoyez de revenir avant la nuit.

CATHÉDRALE DE COPACABANA. Au XVIe siècle, les missionnaires franciscains obligent la majeure partie des habitants de Copacabana à se convertir au catholicisme. L'un d'eux, Francisco Yupanqui, les prend au mot et décide d'ériger une statue de la Vierge Marie avec l'enfant Jésus dans ses bras. Cependant les Franciscains n'apprécient guère cette sculpture, car la mère et l'enfant ressemblent trop à des Aymaras, peuple originaire de la région. Ils ordonnent à l'artiste de détruire cette création blasphématoire. Yupanqui est pourtant convaincu que son peuple a besoin de vénérer une image en laquelle il peut croire. Ainsi, plutôt que de créer une nouvelle statue, il recouvre la précédente d'une couche d'or et la pare de nombreux symboles religieux. Les missionnaires accueillent cette seconde œuvre avec enthousiasme et construisent une église pour l'abriter. Au cours des siècles qui suivent, on attribue même à la statue des pouvoirs de guérison qui finissent par attirer les fidèles de toute la région. C'est grâce à ces croyances que la ville de Copacabana prendra peu à peu son essor. Aujourd'hui, cette très belle cathédrale attire toujours autant de fidèles, notamment lors des fêtes religieuses, mais la "Vierge sombre du lac" de Yupanqui a été reléguée dans un petit temple situé à l'arrière de l'église. La statue n'est visible par ses adorateurs qu'au moment du festival qui a lieu en son honneur, au début du mois de février. Les groupes de 5 personnes ou plus peuvent accéder à un petit musée présentant quelques objets artisanaux religieux, et à un jardin bien entretenu. *(Ouvert tlj 6h45-21h. Musée ouvert Lu-Ve 9h-12h et 14h30-17h30, Sa-Di et fêtes 8h-12h et 14h30-18h.)*

BAÑO DEL INCA. Située dans la petite ville de Kusijata, au cœur d'une région aride de l'altiplano, cette source possède toutes les vertus mythiques de l'eau : renaissance, guérison, enfantement. Les Incas, qui croyaient que ses eaux pouvaient prédire l'avenir, en firent leur lieu de baignade (d'où le nom). Ils se sentaient ainsi plus proches du futur. Autour de cette source, l'ombre d'un jardin d'eucalyptus permet à la flore de s'épanouir. *(Suivez la rue Junín jusqu'à la Plaza de Toros puis quittez la ville (1h) jusqu'à ce que vous vous trouviez sur un sentier rocailleux en descente qui traverse la campagne et vous conduit à la petite ville de Kusijata. 5 Bs.)*

HORCA DEL INCA. Dominant la ville sur le Cerro Sancollani, la Horca del Inca était probablement plus utilisée comme calendrier solaire que comme *horca* (potence). Ce monolithe, édifié vers 1700 av. J.-C., est aujourd'hui couvert de graffitis. Mais les habitants de Copacabana s'y retrouvent chaque année au solstice d'été (21 juin) pour observer le lever du soleil. Si les rayons se reflètent sur le bon côté de la Horca, cela signifie que la moisson de l'année sera bonne. Par contre, si les rayons se posent sur une aspérité sombre, les villageois seront victimes de mauvaises récoltes. En fait, c'est le gardien du site qui désigne les points fatidiques. D'autres monolithes importants représentent, non loin de là, les quatre points cardinaux. Enfin, on trouve aussi certaines pierres indiquant, à la lecture des rayons du soleil, s'il s'agit d'une année bissextile. *(Lorsque vous faites face à la cathédrale, prenez la rue Murillo jusqu'à la sortie de la ville. A l'embranchement, deux chemins de terre se séparent. Continuez tout droit et grimpez sur la colline (30-40 mn). Suivez les flèches peintes sur les cailloux qui mènent au sommet. 10 Bs.)*

CERRO CALVARIO. Le sentier pentu qui conduit à la colline du calvaire est bordé de quatorze croix, représentant chacune une étape de la vie du Christ jusqu'à sa crucifixion. Certains visiteurs en décorent les pieds en témoignage de leur foi. Ces croix sont les bienvenues pour marquer une halte, reprendre votre souffle et contempler la ville au loin. Au sommet de ce **Chemin de croix**, un petit artisan vend des maquettes de voitures, de maisons, de paquets de pâtes et de paquets de lessives. On y trouve même des diplômes miniatures. Les dimanches et jours fériés, les fidèles suivent le Chemin de croix et achètent ces répliques qu'ils vont ensuite brûler devant les différents autels du parc. Selon eux, ce rituel favorisera leur chance d'acquérir ces objets en grandeur nature. *(Le sentier qui mène au Cerro Calvario part de l'église Capilla del Señor de la Cruz de Colquepata, en haut de la rue Bolívar.)*

SORTIES

Evitez de sursauter chaque fois que vous entendez une, deux, voire cinquante détonations le soir : il s'agit sans doute d'un groupe d'adolescents en train de tester leur inépuisable réserve de pétards. En vous promenant dans les rues et sur les places de la ville, vous croiserez des jeunes et des moins jeunes qui profitent chaque soir de l'air frais et vivifiant, jusqu'à minuit, parfois plus tard. En comparaison, les touristes, qui sirotent une bière ou un Irish coffee dans l'un des nombreux restaurants, paraissent bien pantouflards.

❤ **Tatú Carreta Pub**, dans la rue Oruro, qui donne sur la rue 6 de Agosto. Ce petit établissement éclairé aux chandelles s'anime au rythme d'un mélange de musiques entraînantes. Les serveurs sont attentifs. Il est possible d'y dîner, mais la plupart des clients préfèrent s'y rendre pour ses cafés (5-8 Bs) et ses boissons (environ 10 Bs). Idéal pour lire ou se faire de nouveaux amis. Ouvert tlj 18h-2h.

Café Bar Sol y Luna (☎622 094), Ave. 16 de Julio 3, en annexe de l'hôtel Gloria de Copacabana. Le décor, à la fois artistique et rustique, reste cependant en accord avec son thème *"Sol y Luna"* (soleil et lune). Les repas sont chers (18-30 Bs) et la liste des boissons est longue. Café 4-9 Bs. Cocktail 25 Bs. *Milkshake* 7 Bs. Ouvert tlj 10h30-16h et 18h-jusqu'à l'aube.

Discoteque Miguellu's, dans la rue Cochabamba. Depuis la Plaza 2 de Febrero, suivez les panneaux le long de la rue Avaroa. Ici, la clientèle de tout âge préfère boire ou jouer aux dés plutôt que danser. Bière 7 Bs. Boissons diverses moins de 15 Bs. Ouvert tlj 18h-2h.

Pacha Café (☎622 206), dans la rue 6 de Agosto. Des objets artisanaux boliviens et des treilles de vignes donnent à ce café un caractère authentique. La cuisine l'est un peu moins (plats 12-35 Bs, boissons 3-20 Bs). Possibilité d'emprunter des livres. Ouvert tlj 19h-23h30.

EXCURSIONS DEPUIS COPACABANA

PÉNINSULE DE COPACABANA

Empruntez la rue Junín pour quitter la ville, puis suivez la route en terre qui longe le lac jusqu'aux villes de Sicuani (3h30) et Yampupata (4-5h). Pensez à emporter des lunettes de soleil, des provisions et de l'eau ou des pastilles pour la purifier, car vous ne trouverez aucun point de ravitaillement en chemin. Une fois arrivé au détroit, continuez votre périple sur Isla del Sol. (Bateau à moteur : durée 20 mn, 60 Bs. Bateau à voiles ou à rames : durée 45 mn, 25 Bs.)

Cette route, qui contourne les montagnes et traverse plusieurs villages, vous permet d'éviter l'itinéraire principal à destination de Isla del Sol et de profiter du grand air. Dans les deux cas, cette balade vous mènera à l'extrémité de la péninsule de Copacabana. Sur les rives du lac Titicaca, vous pourrez ainsi être en contact avec la vie quotidienne des habitants. En chemin, vous croiserez plus de cyclistes et de moutons que de voitures. Appréciez le petit **temple**, consacré à la Vierge Marie, qui est caché au milieu d'un bosquet (après 1h30 de marche). Ce petit coin d'herbe est idéal si vous désirez vous arrêter pour une pause pique-nique. Un peu plus loin, vous déboucherez sur la ville de **Sicuani** après deux heures de marche. Si vous en avez fait votre terminus, approchez-vous du panneau publicitaire Inca Thanki concernant les excursions en bateau, et vous verrez apparaître, comme par enchantement, Señor Hilario Paye Quispe (si ce n'est pas le cas, renseignez-vous auprès du restaurant qui se trouve à proximité du panneau et qui appartient au neveu de Quispe). Cet homme nostalgique vous promène sur le lac (10 mn) ou vous emmène de l'autre côté de la baie (qui compte de nombreux emplacements de camping, 30 mn). Vous embarquerez sur son bateau artisanal, conçu entièrement avec des roseaux. Monsieur Quispe porte même un chapeau traditionnel et un poncho, soucieux de vous faire goûter un peu de la vie d'antan sur les rives du lac. Pour tout cela, il vous demande de "payer ce qui vous semble juste". De Sicuani, la balade se poursuit jusqu'à la ville de **Yampupata** (45 mn). De là, plusieurs bateaux effectuent la traversée du Détroit de Yampupata à destination de la pointe sud de Isla del Sol. Ne partez pas trop tard, car une visite de l'île dans l'obscurité s'avérera frustrante et dangereuse.

ISLA DEL SOL

Au vu des conditions de vie modestes que mènent les habitants d'Isla del Sol aujourd'hui, il est difficile d'imaginer que Manco Kapac et Mama Ocllo, qui ont fondé ensemble l'Empire inca, soient nés sur cette île. Mais devant le panorama magnifique qu'offre les sommets des montagnes parsemées de ruines, on comprend qu'ils aient pu être aussi bien inspirés. Considérée comme un véritable petit paradis par un grand nombre de touristes, Isla del Sol est l'endroit rêvé si vous êtes à la recherche de tranquillité, de simplicité et de belles randonnées à faire.

TRANSPORTS. Les agences de voyages de Copacabana organisent des excursions sur Isla del Sol en **bateau**. (Durée 2h, dép. 8h et 9h, parfois 13h. Demi-journée 25 Bs, journée entière 35 Bs. Retour depuis Challapampa, au nord de l'île à 13h ou depuis les ruines de Pilko Kaina, au sud de l'île, à 10h30, 11h et 16h.) La plupart des bateaux accostent à l'extrémité sud de l'île, près de Templo del Sol (temple du soleil) ou de Escalera (escalier) del Inca et sa grande fontaine. Les trajets de retour font souvent escale à Isla de la Luna (voir Visites ci-dessous). Si vous choisissez une excursion d'une demi-journée, votre temps sera limité sur Isla del Sol. Pour éviter ce désagrément, vous pouvez acheter un billet aller simple (15 Bs) et faire ainsi la balade de Copacabana à Yampupata (voir Péninsule de Copacabana ci-dessus).

HÉBERGEMENT ET RESTAURANTS. Les meilleures options pour vous loger se trouvent sur la pointe sud de l'île, même si la plupart des établissements n'ont ni l'eau courante ni l'électricité (des bougies sont fournies mais prévoyez une lampe de poche "au cas où"). L'**Hostal Inty-Wayra**, juste au-dessus de la Iglesia de San Antonio, est le meilleur d'entre tous. En effet, les propriétaires y sont accueillants, bien informés, et tôt le matin, on peut assister à un très beau lever de soleil. (Chambre 10-15 Bs et plus par personne.) On dénombre environ cinq **restaurants** dans cette partie de l'île. Tous proposent des repas simples à des prix légèrement supérieurs à ceux pratiqués sur le continent (menus environ 10 Bs, plats 20 Bs). Le manque de vivres est fréquent sur l'ensemble de l'île. Ne soyez donc pas surpris si le serveur vous impose le menu.

Dans le petit village de **Challa**, presque à mi-chemin entre le nord et le sud, l'**Hostal Posada del Inca** vous offre un cadre rustique pour passer la nuit (pas de salle de bains). Les immenses fenêtres offrent une vue magnifique sur les rives du lac. (Chambre 10 Bs par personne.) Vous ne trouverez aucun restaurant à Challa. Prévoyez 30 à 40 minutes de marche pour vous restaurer à **Challapampa** (pensez à la lampe-torche) ou essayez de convaincre l'un des habitants de vous y conduire en canot. Trois **restaurants** identiques servent petit déjeuner et déjeuner. Un seul reste ouvert pour le dîner (celui près du port, éclairé à la tombée de la nuit). Challapampa dispose également d'un **petit hôtel**. Les lits ne sont pas confortables mais les chambres sont spacieuses et chaleureuses. (Chambre 10 Bs par personne.) Plusieurs terrains de camping non officiels et très prisés des randonneurs sont dispersés autour de Challa, le long du rivage dans les zones les moins peuplées, près du Palacio (palais) del Inca et sur les plages ouest.

VISITES. L'attraction principale d'Isla del Sol reste l'impressionnante **randonnée** qui traverse toute l'île. Toutefois, l'excursion ne suit pas un parcours très précis. Il existe en fait plusieurs itinéraires qui permettent de la parcourir. L'une des deux plus belles balades (3h-3h30 chacune) suit la crête des collines qui s'étendent sur toute l'île, offrant ainsi, à tout moment, une vue panoramique sur le lac Titicaca. L'autre, située dans la partie est, emprunte un sentier incertain parfois fatiguant. Moutons et bergers ont tracé des chemins moins fréquentés à travers la montagne. Ils serpentent le long de chaque baie et permettent aux randonneurs de jouir de paysages encore plus champêtres. Cependant, il faut compter jusqu'à six heures de marche. Si vous choisissez cette option, n'oubliez pas d'emporter de l'eau.

Les deux routes principales d'Isla del Sol conduisent à **Challapampa**, port situé au nord. De là, le **Museo Marka Pampa** est à 10 minutes. Il abrite une petite collection de reliques datant de la période d'expansion de l'Empire inca. L'attrait principal de cette partie de l'île est le **Palacio del Inca** (palais de l'Inca, à 30-40 mn). Ce labyrinthe de

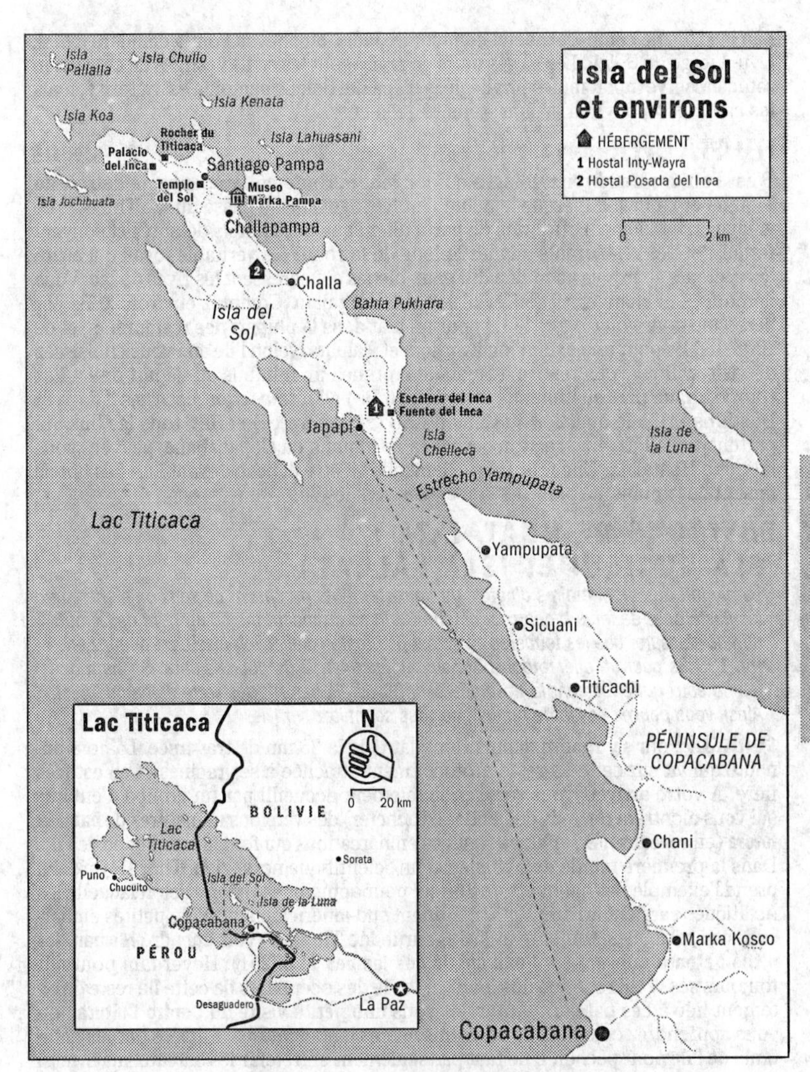

salles en ruine avec ses portes en pierre, hautes d'un peu plus de 1m20, est l'occasion de s'amuser un peu ou de se rendre sur les plages de sable de la rive ouest. Si vous avez de la chance, vous pourrez peut-être apercevoir le **rocher de Titicaca**, grosse pierre grise qui, observée depuis le nord, ressemble à un puma. Au sud, trois sites dominent : le **Templo del Sol**, ancien grand lieu de rencontre des fidèles de l'île, où vous ne rencontrerez que des vestiges délabrés, la **Escalera del Inca**, escalier en pierre assez pentu, et enfin la **Fuente del Inca**. Comme dans l'antiquité, cette fontaine assure l'approvisionnement en eau de cette île aride.

Isla de la Luna, l'île voisine d'Isla del Sol, n'est rien d'autre qu'une escale avant de retourner vers Copacabana. Elle est prévue dans la majorité des excursions en bateau. L'île ne comporte aucun commerce. Jadis, on pouvait voir la demeure d'Iñak Uyu, Vierge du Soleil. Les larges murs en argile sont les seuls vestiges de cet ancien refuge réservé aux femmes privilégiées d'Isla del Sol. Le camping est autorisé, mais les cailloux recouvrent la quasi-totalité de la côte.

HUATAJATA ☎ 08

C'est l'un des nombreux villages qui longent la route côtière, entre le détroit de Tiquina et La Paz. Il marque le début d'un voyage dans le passé du lac Titicaca. Le village en lui même n'offre rien de particulier : quelques hôtels délabrés et souvent fermés, et des restaurants alignés le long de la route. Le véritable joyau qui attire les visiteurs se trouve au milieu des eaux bleues qui caressent les rives du lac. Vous ne pouvez ni changer, ni retirer d'argent à Huatajata. Comptez environ 20 Bs par personne pour vous loger, 25 Bs pour un plat dans la plupart des restaurants, et de 130 à 180 Bs pour une excursion à Suriqui et Kaluata, selon l'île que vous choisissez de visiter. Pour vous rendre à Huatajata, prenez un minibus au départ de La Paz (durée 2h, ne part que lorsqu'il est plein, 6 Bs) à l'intersection des rues Aliaga et Bustillos, dans le quartier du Cementerio (cimetière). En effet, tous les bus qui partent de La Paz, en direction des villes de Tiquina ou Copacabana, peuvent vous laisser à Huatajata. Une fois arrivé, demandez à être déposé devant l'un des hôtels faisant de la publicité pour des traversées vers les îles.

ENVIRONS DE HUATAJATA : ISLA SURIQUI ET ISLA KALUATA

La plupart des propriétaires d'hôtels ou de restaurants proposent de vous emmener sur les îles à bord de leurs bateaux à moteur. Certains attendent même au bord de la route afin de s'assurer que les touristes ne soient pas tentés d'aller voir ailleurs. Comptez environ 130 Bs pour un aller-retour à Suriqui, ajoutez 40-50 Bs pour Kaluata. Sachant que les bateaux qui effectuent la traversée sont privés, ils partent dès votre embarquement. Ainsi, vous pouvez passer le temps que vous souhaitez sur l'île.

SURIQUI. Pour s'y rendre depuis Huatajata, il y a 35 mn de traversée. La communauté qui vit sur cette île reste profondément attachée à ses racines et en est très fière. A votre arrivée, vous serez probablement accueilli par un groupe d'enfants qui vous montrera (et vous demandera d'acheter) des versions miniatures de **bateaux totora** (en roseaux). En effet, ce sont ces embarcations qui font la renommée de l'île. Dans la première moitié du XXe siècle, un scientifique norvégien, Thor Heyerdahl, prend l'exemple des habitants de Suriqui pour appuyer sa théorie selon laquelle les Asiatiques seraient arrivés sur le continent sud-américain à bord de petites embarcations artisanales, toujours utilisées sur le lac Titicaca (voir encadré **Maman, les p'tits bateaux qui vont sur l'eau ont-ils des jambes ?**, p. 251). Heyerdahl poursuit toujours ses recherches de nos jours, et la vie des occupants de cette île reste étroitement liée à ces bateaux. Autorisez-vous une petite visite au **Centro Cultural**, où vous apprendrez comment se construisent ces embarcations utilisées par les habitants de l'île pour pêcher. Il ne faut pas seulement entretenir les bateaux mais aussi les renouveler de temps en temps, car ceux-ci ne sont pas totalement imperméables et se gorgent d'eau petit à petit. Tous les 1er juillet, les insulaires s'accordent une journée de repos pour la **Célébration des artisans** : bateaux, tissages, instruments de musique sont exposés dans les rues, pour le bonheur de tous.

KALUATA. A 20 mn de Suriqui (environ 35 mn de la côte), cette île est parsemée de vestiges de la civilisation des Aymaras, qui occupaient souverainement ces terres il y a 700 ans. Aujourd'hui, les constructions du site étonnent encore les plus grands architectes. L'île porte bien son nom, puisque "Kaluata" signifie "maison de pierre" en Aymara. A l'écart de la rive et à l'abri du vent qui souffle sur les plateaux de l'altiplano et sur le lac, se dressent ces petites **maisons en pierre**. Celles-ci ont protégé du froid toute une population pendant des centaines d'années. Tout près d'elles se trouvent les imposantes *chullpas*, lieux de sépulture de ces habitants dans leur nouvelle vie.

Au fond de la vallée, des ruines à peine visibles sont les seuls restes d'un ancien temple sacré, devenu l'un des plus grands **mystères de l'île de Kaluata**. Au début du XIXe siècle, les archéologues tentent de comprendre l'histoire des habitants de cette île. Ils ne tardent pas à découvrir l'entrée d'un tunnel sous le temple. Selon certaines théories, celui-ci serait relié à plusieurs îles, peut-être même aux rives de l'autre côté du lac. Cependant, rien n'a été confirmé. En effet, ceux qui sont revenus des profondeurs de ce tunnel ont parcouru des kilomètres sans arriver à la moindre sortie. D'autres se sont engouffrés dans le tunnel sans jamais réapparaître. C'est pourquoi l'entrée a été bouchée par des pierres recouvertes aujourd'hui de broussailles. La légende de ce tunnel est encore très présente dans l'esprit des autochtones. Selon eux, lorsque le soleil est au zénith, les gens qui s'aventurent trop près du temple risquent d'être capturés par les anciens qui hanteraient encore les lieux.

LES YUNGAS

SORATA ☎08

Sorata jouit de nombreux paysages différents à explorer, ce qui en fait "la Mecque" des activités de plein air. Vous trouverez au-dessus de Sorata, l'imposant Mont Illampú, au-dessous, l'impétueux Río San Cristóbal et des deux cotés, des montagnes couvertes de verdure. La petite ville de Sorata n'a pas grand intérêt en elle-même. Sur la place centrale, les habitants aiment s'asseoir et discuter tranquillement. Mais dès que les portes se ferment à la tombée de la nuit, ils désertent les rues pour se réfugier chez eux. Il ne reste alors qu'un épais brouillard pour vous tenir compagnie.

TRANSPORTS ET INFORMATIONS PRATIQUES

Les bus au départ de La Paz s'arrêtent sur la place centrale, la **Plaza Peñaranda**. Tout est regroupé là ou à proximité. Le **Río San Cristóbal** coule en contrebas.

Bus : Transportes Unificados Sorata, Fernando Guachalla 132 (☎310 345). A destination de **La Paz** (durée 4h30, 1 dép/h de 4h à 16h, Sa. de 4h à 18h et Di. de 4h à 17h, 11 Bs). Trans Larecaja Tours (☎812 862), sur la place Peñaranda. A destination de **La Paz** (durée 4h30, 9 dép/j de 4h30 à 15h30, 11 Bs). Tous les bus en direction de Sorata effectuent un arrêt à Achacachi (à 2h de La Paz) où les étrangers doivent se déclarer à la police. Préparez votre passeport.

Agences de voyages : Plusieurs agences sont regroupées autour de la place. Elles organisent des visites et des excursions mais se révèlent également de bonnes sources d'informations touristiques. **Casa de Turista** (☎115 222, e-mail info@skysorata, Web : www.skysorata.com), à 150 m en bas de la Plaza Peñaranda. Suivez les panneaux. Circuits à la **Laguna Glacial** (lac glaciaire, 3 jours 120 $, 4 jours 160 $), la **Laguna Illampú** (7 jours 280 $, 14 jours 590 $). Les prix comprennent l'équipement de sécurité, le transport, les porteurs et la nourriture. L'agence propose également des séjours d'**escalade**. C'est le seul endroit de la ville disposant d'un accès **Internet** (25 Bs/h). Ouvert tlj 8h-20h. **Sorata Guides and Porters**, Sucre 302 (☎115 044, fax 115 218, e-mail resorata@ceibo.entelnet.bo), sur la Plaza Peñaranda. Vous êtes certain d'y trouver des guides et des porteurs, ainsi que du bon matériel, pour toutes vos excursions, qu'elles durent un jour ou bien vingt. Guide ou porteur 60 Bs/j (repas compris). Mule 50 Bs/j. Tente pour 2-3 personnes 20 Bs/j. Sac de couchage 15 Bs/j. Ouvert tlj 8h-20h. **Illampu S.R.L. Eco-Turismo y Aventuras** (☎115 038), dans la rue Esquivel, à proximité de la Plaza Peñaranda. Prix intéressants pour s'offrir les services d'un guide, d'un porteur, ou pour louer des mules. Propose des transports jusqu'à Illampú et Ancoma. Porteur 40 Bs/j (repas compris). Mule 50 Bs/j. Guide 50 Bs/j, repas compris (guide + mule 50 Bs). Le guide peut vous faire la cuisine pour 15 Bs de plus. Ouvert tlj 9h30-20h.

Urgences : ☎011

Police : Dans la rue 14 de Septiembre, à hauteur de la Plaza Peñaranda.

Hôpital : En haut de la rue Illampú, à une *cuadra* de la Plaza Bosque.

Téléphone public : **ENTEL** (☎ 115 038), dans l'Hostal Panchita sur la Plaza Peñaranda. Ouvert tlj 8h30-21h.

Bureau de poste : **Escobol**, dans la rue 14 de Septiembre à proximité de la Plaza Peñaranda. Ouvert Lu. 8h-10h, Me-Sa 10h-12h et 15h-18h, Di. 9h-13h.

HÉBERGEMENT

Même si bon nombre des logements de Sorata sont très agréables, de nombreux voyageurs préfèrent camper dans les paysages magnifiques des environs de la ville. Il existe deux **terrains de camping**, tous deux situés à 20 mn de marche du centre, dans la rue 9 de Abril (sur la route de la Gruta de San Pedro) : l'**Altai Oasis** et le **Café Illampú**. Vous devrez vous acquitter de 6 Bs par personne et par nuit pour planter la tente. Si vous souhaitiez camper "à la dure", vous serez déçu : douches chaudes, service de blanchisserie, cheminées, emprunt de livres, hamacs, cafés, jeux, vue remarquable et clientèle sympathique seront au rendez-vous.

❤ **Residencial Sorata** (☎ 115 044, fax 115 218, e-mail resorata@ceibo.entelnet.bo), au niveau des rues Villavicenio et Sucre. Dans une demeure vieille de plus de 120 ans. Toutes sortes d'activités sont proposées, du ping-pong aux séances de cinéma en soirée. Restaurant. Le propriétaire est une vraie mine d'informations. Chambre 20 Bs par personne, chambre avec vue sur l'entrée ou le jardin 30 Bs, avec salle de bains 40 Bs.

Hostal Panchita (☎ 115 038), sur la place. Etablissement honorable avec des chambres propres, une cour pittoresque et un accueil sympathique. 15 Bs par personne.

Hotel El Paraíso, Villavicenio 102. Les chambres sont modernes, garnies de tableaux, et très lumineuses grâce à leurs grandes fenêtres rondes entourées de jolis petits rideaux. Toutes les chambres (sauf la n°2) sont équipées de douches chaudes. Service blanchisserie : 7 Bs/kg. Chambre 25 Bs par personne, avec salle de bains 30 Bs.

Alojamiento Sorata Central, sur la Plaza Peñaranda. Chambres spartiates : les lits sont affaissés, la peinture des murs s'écaille et le sol est usé. Le tout donne sur une cour bétonnée. Chambre 10 Bs par personne.

RESTAURANTS

❤ **Restaurant Café-Altai**, Plaza Peñaranda 113. Vous y trouverez aussi bien des plats végétariens délicieusement parfumés que de la viande bien cuisinée. Petit choix de livres à emprunter (2 Bs). L'endroit est vite plein, mais l'attente vaut la peine. Ouvert Ma-Di 8h30-22h.

Spider Bar Café (Web : www.geocities.com/r_h_bryant), dans la rue Muñecas près de l'hôtel El Mirador. Le propriétaire, d'origine britannique, est très sympathique et l'ambiance y est détendue. Instruments, livres, jeux de société et puzzles sont disponibles. Boissons 3-20 Bs. Ouvert tlj 20h-1h.

Pizzeria Restaurant Italia, sur la Plaza Peñaranda. Propose un service rapide et accueillant, ce qui le différencie des autres restaurants de la place. Pizzas 16-48 Bs. Plat de pâtes 25 Bs. Ouvert tlj 9h-23h.

VISITES

❤ **LAS CUEVAS.** Ces grottes, qui se trouvent le long du Río San Cristóbal, sont de véritables aires de jeux pour retomber en enfance : sauter d'un rocher à l'autre, escalader, plonger, pêcher la truite, etc. La rivière est jonchée de rochers suffisamment gros pour déambuler au-dessus des rapides. Si vos semelles de chaussures ne glissent pas, vous pouvez effectuer une véritable randonnée en passant d'une pierre à l'autre. Sur les plus grosses d'entre elles, des numéros peints en blanc vous indiquent où poser l'extrémité des pieds, des mains, des doigts et vous permet de grimper plus facilement. Vous pouvez vous procurer une brochure pour vous guider auprès de la Casa de Turista. *(Depuis la Plaza Peñaranda, descendez la rue Muñecas. Passez le Spider Bar Café puis suivez le sentier rocailleux pendant 30 mn.)*

MUSEO ALCALDÍA. Ce musée, composé d'une seule pièce et situé dans les jardins de bâtiments municipaux, abrite une petite collection de souvenirs du temps de la civilisation de Tiahuanaco ainsi que d'anciens costumes de festivals remontant aux origines de la ville. *(A l'étage de l'immeuble de l'Alcaldía, qui donne dans la rue 14 de Septiembre et sur la Plaza Peñaranda. Ouvert tlj 8h-17h. Entrée gratuite.)*

LA GRUTA DE SAN PEDRO. Ne vous fiez pas aux apparences : la grotte de San Pedro ne donne sur l'extérieur que par un petit trou sur le flanc de la montagne. Mais cette modeste porte d'entrée cache une énorme caverne aux profondeurs humides. Sur le plafond, il reste encore des traces d'écume datant d'une époque reculée. Aujourd'hui, l'eau qui coule encore dans cette grotte s'évacue par un long et étroit corridor, dont l'extrémité n'a pas encore été découverte. La plupart des "griffures" que vous pourrez voir sur les parois supérieures sont dues aux nombreuses chauves-souris qui peuplent l'endroit. *(Depuis la Plaza Peñaranda face à la descente, prenez la rue 14 de Septiembre sur votre droite jusqu'à un grand escalier. Descendez cet escalier puis prenez à droite la route en terre qui mène directement à la grotte (suivez les quelques flèches bleues, durée 2h30-3h). Le dimanche matin, jour de marché, des camiones font la liaison de la place à la grotte. Ils déposent également des passagers vers 15h, et sont prêts à prendre de nouveaux voyageurs en échange d'une petite rétribution. Une personne assure la permanence à l'entrée de la grotte tlj 8h-17h, ticket 7 Bs. Elle met en marche les générateurs pour éclairer la grotte durant 40 mn, pas plus. Un signal vous avertit du temps qu'il reste 20 mn et 5 mn avant la fin de l'éclairage.)*

EXCURSIONS DANS LES MONTAGNES DEPUIS SORATA

Les paysages autour de Sorata offrent un parcours idéal pour les randonnées sur plusieurs jours. Cependant, la plupart des itinéraires sont longs, les haltes sont éloignées les unes des autres et peu fréquentées. Il est donc vivement recommandé de faire appel à un guide, pendant tout le parcours ou au moins sur une partie de celui-ci. Renseignez-vous dans l'une des agences de voyages de la ville.

LAGUNA CHILLATA. Accessible en grimpant sur les collines situées derrière Sorata, ce petit lac constitue une pause appréciable pour un bain rafraîchissant. Vous y découvrirez également un panorama fantastique ainsi que des ruines incas encore préservées. La promenade peut se faire en une journée. Partez le matin, faites une pause pique-nique au lac, puis redescendez en ville avant la nuit tombante.

CAMINO DEL ORO. *"Le chemin de l'or"* devient malheureusement de plus en plus court car la civilisation empiète de plus en plus sur le milieu naturel. Le sentier part d'Ancohum, à quelques heures de route de Sorata (le transport est inclus dans les excursions proposées par les agences de Sorata) et se termine à Guanay. Autrefois, c'était l'un des centres miniers les plus importants du pays pour l'extraction de l'or. Depuis quelques années, la route de Guanay mord de plus en plus sur le sentier. Cette randonnée, de 7 jours à l'origine, est désormais réduite à 5 jours.

CAMINO A MAPIRI. Comme son nom l'indique, cette randonnée se termine à Mapiri, après un périple d'environ 7 jours au milieu de collines luxuriantes. Arrivé à Mapiri, si vous n'êtes pas trop fatigué, continuez jusqu'à Guanay (une journée de plus). Si vous préférez changer de décor, vous pouvez poursuivre votre route le long d'un chemin en aval (environ 5 heures de marche). Vous y découvrirez des paysages tout aussi magnifiques.

CAMINO DE TRES LAGUNAS. Au cours de cette randonnée, vous traversez trois lacs perchés bien au-dessus de Sorata : la **Laguna Chillata**, la **Laguna Glacial** et la **Laguna Illampú**.

CIRCUIT ILLAMPÚ. Si le fait d'admirer de loin la calotte neigeuse de l'Illampú ne vous suffit pas, essayez le Circuit Illampú. Vous vivrez 7 à 8 jours de randonnée inoubliable dans le froid glacial de ce sommet et des cimes plus modestes qui l'entourent. Pour affronter les pentes glissantes, mieux vaut être bien équipé. Il est également recommandé d'avoir une certaine expérience de l'escalade sur glace.

CARANAVI ☎08

Si vous n'êtes pas rebuté par un autre trajet en bus sur des routes vertigineuses, une escale à Caranavi s'impose. A quelques *cuadras* de l'arrêt de bus, un paradis vous y attend : rivière argentée, soleil orangé. Il y a à Caranavi suffisamment de plantains (variété de bananier) pour nourrir un village entier pendant des mois.

La gare routière de Caranavi accueille de nombreuses compagnies de bus qui desservent **La Paz** (durée 8h, départs fréquents de 7h à 21h30, 23 Bs) et **Rurrenabaque** (durée 12h, 5 dép/j de 7h30 à 11h et à 18h30, 45 Bs). Les bus en direction de **Guanay** (durée 5h, 1 dép/h de 7h à 18h, 13 Bs) partent de l'Ave. **Mariscal Santa Cruz**, près du marché, à environ 10 *cuadras* de la gare routière. Autre point de repère pratique : la **gare routière** se trouve à l'entrée de Caranavi. En descendant l'avenue, sur votre gauche, vous trouverez le centre-ville et la rivière. La **place** centrale est à une *cuadra* de la mairie, toujours en descendant. Les différents services proposés sont les suivants : **Banco Mercantil**, Mariscal Santa Cruz 102 (ouvert Lu-Ve 8h15-12h30 et 14h15-18h30), **ENTEL**, Mariscal Santa Cruz 104 (☎233 494, ouvert tlj 6h30-23h), le **bureau de poste**, sur la place (ouvert Lu-Ve 8h-12h et 15h-18h), l'accès à **Internet**, chez Infonet dans la rue Bolívar (en descendant depuis la place, 15 Bs/h, ouvert tlj 8h-23h).

Vous trouverez des logements bon marché le long de l'Ave. Mariscal Santa Cruz. La **Residencial Norte Paceña**, juste en face de la gare routière : oreillers durs, douches froides (chambre 10 Bs par personne). L'**Hotel Landivar**, Mariscal Santa Cruz 106 : ici, vous vivrez comme un pacha. Télévision, salle de bains, serviettes, piscine, restaurant, salle de jeux (chambre simple 60 Bs, double 90 Bs, triple 110 Bs). La **Residencial Caranavi**, sur l'Ave. Mariscal Santa Cruz, est à une *cuadra* en direction de la gare routière. Atmosphère plus chaleureuse que les autres hôtels qui bordent l'avenue (chambre simple 15 Bs par personne, lit double 20 Bs par personne). Pour manger, vous n'aurez pas d'autre choix que le poulet frit ou des menus fixes. Les **plantains**, omniprésents dans la région, sont une large source de revenus et occupent la moitié des étals sur le marché. Les bouteilles d'eau se font rares. Si vous n'avez pas apporté les vôtres, il faudra vous contenter de boissons gazeuses.

GUANAY ☎08

A Guanay, toutes les rues sont bordées de cocotiers. Les *heladeros* (glaciers) vantent du matin au soir la saveur de la noix de coco. Toutes sortes de moyens de transports traversent la rue principale. Celle-ci débouche rapidement sur la place centrale, parallèle au **Río Tipuani**. Elle est reliée à une autre place, la **Plaza Gutiérrez Guerra**, par la rue Comercio. Après cette deuxième place, vous arrivez au port. Toutes les compagnies de bus se trouvent sur la place Gualberto Villarroel. Turbus Totaí dessert **La Paz** (durée 11h30, dép. 17h30, 35 Bs) et **Caranavi** (durée 5h, 1 dép/h, 15 Bs). TransBolivia propose également des bus pour **La Paz** (durée 11h, dép. 18h, 35 Bs). Des *botes* (petits bateaux en bois à moteur, longs et étroits) partent du port tous les matins en direction de **Mapiri** (durée 7h, dép. entre 8h et 9h, 45 Bs). Le **Pahuichi Hotel**, dans la rue Comercio, entre les deux places, bénéficie à la fois d'un personnel efficace et d'une bonne protection contre les moustiques. Les salles de bains sont propres mais les lits affaissés (chambre 15 Bs par personne).

MAPIRI ☎08

Mapiri est connue pour être le point d'arrivée d'une randonnée de 7 jours au départ de Sorata. La ville a peu à offrir aux randonneurs une fois reposés. L'air est ici chaud et humide. Pour vous rafraîchir, vous avez le choix entre des boissons gazeuses, des oranges ou une bonne douche froide. Quelques éléments, telles ces vieilles enseignes indiquant "Compro Oro" (j'achète de l'or) au-dessus des magasins, rappellent que Mapiri était jadis une ville importante pour l'extraction et le commerce de l'or. Pour quitter Mapiri, il vous faudra utiliser un véhicule tout terrain ou embarquer sur un *bote* (canot) pour la ville de **Guanay** (durée 5h, dép. 9h, 35 Bs), point de départ de toutes les destinations. Si vous restez une nuit à Mapiri, vous n'aurez d'autre choix que de dormir à l'**Alojamiento México**, dans la rue Comercio (chambre 10 Bs par personne).

COROICO ☎08

La route qui va de La Paz à ce petit paradis tropical est à la fois l'une des plus dangereuses et l'une des plus somptueuses de Bolivie. Pendant le trajet, vous traverserez nuages et nappes de brume pour passer d'un monde à l'autre, des froides steppes d'en haut à la luxuriance d'en bas. Bientôt, le climat rigoureux de l'altiplano ne sera plus qu'un mauvais souvenir. La terre de Coroico est riche et fertile, les paysages enchanteurs. Fruits exotiques, café et feuille de coca constituent depuis longtemps une source de revenus importante pour les paysans de la région. Pendant la canicule de l'après-midi, il vous faudra batailler pour trouver une place sur un banc à l'ombre. Le soir, les cris des enfants, qui jouent au football sur le belvédère central, retentissent dans toute la bourgade.

TRANSPORTS ET INFORMATIONS PRATIQUES

Le centre-ville est circonscrit à la **place principale**. L'**église** vous permet de vous repérer.

Bus : Turbus Totaí, sur la place. Flota Yungueña, à moins d'une *cuadra* en descendant la rue Reyes Ortiz. Les deux compagnies proposent des départs fréquents pour **La Paz** (1 dép/h de 3h30 à 17h30, 15 Bs, Di. 18 Bs).

Office de tourisme : (☎(01) 597 309), sur la place. Ouvert tlj 9h-18h.

Agences de voyages : **Vagantes Eco Adventures**, Julio Zuazo Cuenca 019 (☎(01) 912 981). Propose des transports ou des excursions vers tous les sites intéressants de la région, du parc national de Cotapata aux communes de Tocaña et Mururata, jusqu'aux chemins de l'Inca. Leur devise : "Que la nature soit vôtre". Pendant la saison des pluies, renseignez-vous sur la possibilité de faire du rafting sur les rivières Coroico et Vagantes. Ouvert Lu-Sa 8h-12h et 15h-18h. **El Relincho** (☎(01) 923 814), loue des chevaux (bien dressés) pour se promener dans la localité (35 Bs/h). Depuis la place, suivez la rue Julio Zuazo Cuenca jusqu'en haut de la côte en restant bien à droite. Après l'hôtel Esmeralda, suivez les panneaux indiquant "caballos" (chevaux) pendant 15 mn.

Banque : **Banco Mercantil**, R. Ortiz 2502. Ouvert Lu-Ve 8h30-12h30 et 14h30-18h30.

Hôpital : Lorsque vous êtes face à l'église, prenez la rue de droite. L'hôpital se trouve à environ 15 mn de marche de la place.

Téléphone public : **ENTEL**, sur la place (☎118 644), en face de l'église. Ouvert tlj 7h30-22h30.

Internet : **Residencial La Casa** (voir **Hébergement**, plus loin). 20 Bs/h. Ouvert 8h-21h.

Bureau de poste : Sur la place, à côté de l'office de tourisme, à l'arrière du bâtiment. Ouvert Ma-Sa 8h30-12h et 14h30-18h, Di. 9h-12h.

HÉBERGEMENT

Les hôtels du centre-ville sont plutôt simples, mais si vous vous éloignez un peu, vous découvrirez des établissements plus originaux offrant une vue magnifique.

Residencial Coroico, Reyes Ortiz 507. Les salles de bains sont comme neuves, les lits fermes et la terrasse parfaite pour une soirée au clair de lune. Chambre 18 Bs par personne, chambre pour couple 40 Bs. Jours fériés chambre 25 Bs, pour couple 45 Bs.

Hostal Sol y Luna (☎(01) 561 626). Depuis la place, prenez la rue Julio Zuazo Cuenca jusqu'en haut de la côte en restant bien à droite puis passez l'hôtel Esmeralda. A partir de là, suivez les panneaux colorés représentant le soleil et la lune pendant environ 20 mn de marche. Vous découvrirez une entrée en bambou qui surplombe la jungle et goûterez à une cuisine délicieuse. Réservations recommandées. Chambre simple 25 Bs, double 50 Bs, triple 75 Bs, *cabañas* (cabanes) pour 2 avec salle de bains 80 Bs.

Hostal El Cafetal (☎(01) 933 979), à côté de l'hôpital. L'état d'esprit décontracté des propriétaires déteint sur l'ambiance générale du lieu : vous apprécierez les hamacs et la piscine pour tous vos moments de repos. Le décor tropical, murs recouverts de roseaux et draps à grosses fleurs, est parfaitement adapté à l'environnement. Chambre 25 Bs par personne.

Hostal Esmeralda (☎116 017 ou 116 434, e-mail esmeralda@latinwide.com, Web : www.latinwide.com/esmeralda), au pied du Calvario (calvaire). Suivez la rue Julio Zuazo Cuenca (à gauche de l'église) jusqu'en haut de la côte, en restant toujours sur la droite. Vous pouvez également prendre l'une des navettes de l'hôtel qui circulent autour de la place. Piscine, hamacs, chaises longues, restaurant. Chambre simple avec salle de bains 15 $, chambre double 15 $, avec salle de bains 25 $.

Residencial La Casa, Adalid Linares 3511 (☎116 024 ou (07) 939 343, e-mail lacasa@ceibo.entelnet.bo), en bas des escaliers qui font face à l'église, sur la place. Etablissement confortable et propre. Petit déjeuner compris. Chambre 20 Bs par personne, 50 Bs les jours fériés.

Hostal Para-Ti. Lorsque vous êtes face à l'église, prenez la rue sur la droite jusqu'en bas, puis tournez à gauche. 3 chambres confortables à 20 Bs par personne, avec vue ou salle de bains (c'est l'un ou l'autre).

Hotel Lluvia de Oro, Reyes Ortiz 506 (☎116 005). Les chambres simples sont ornées de poèmes écrits par d'anciens occupants. Piscine. Chambre 20 Bs par personne.

Hostal Kory, Adalid Linares 6020 (☎(01) 564 050), en bas des marches qui font face à l'église sur la place. Chambres impeccables qui bénéficient d'un emplacement ombragé et frais. Piscine magnifique avec vue. Chambre 30 Bs par personne, 50 Bs les jours fériés.

Residencial La Torre, dans la rue Julio Zuazo Cuenca. Le jardin, ensoleillé et fleuri, est très agréable. Les chambres sont plus simples et sombres. Chambre 15 Bs par personne.

RESTAURANTS

Restaurant La Casa, Adalid Linares 3511, au rez-de-chaussée de l'hôtel Residencial La Casa. Le menu comprend des fondues, des pâtes, du goulache, des soupes et des salades, à moins de 35 Bs. Vous pouvez également y prendre votre petit déjeuner. Ouvert tlj 8h-21h.

Restaurant Las Peñas, sur la place. Ambiance familiale pour ce restaurant souvent pris d'assaut par les autochtones et les touristes au dîner. Plats boliviens 18-25 Bs, pâtes végétariennes 15-23 Bs, jus de fruits frais 2,5-3,5 Bs. Ouvert tlj 8h30-22h.

Snack Hawai. Lorsque vous êtes dos à l'église, suivez sur quelques mètres la rue qui descend sur la gauche, de l'autre côté de la place. Idéal pour le petit déjeuner (5-8 Bs) ou pour un goûter l'après-midi. Sandwiches 3-10 Bs. Ouvert tlj 9h-22h.

VISITES

CERRO UCHUMACHI. Si vous êtes prêt à entreprendre une ascension de deux heures jusqu'au sommet, vous serez récompensé par la vue qu'offre ce point culminant. De nombreux villages se profilent au loin, des rubans argentés de rivières et des collines recouvertes de forêts luxuriantes sont nichés au creux de la vallée. *(Depuis la place, prenez la rue Julio Zuazo Cuenca jusqu'en haut de la côte, restez sur la droite jusqu'à l'hôtel Esmeralda. Là, sur votre gauche, engagez-vous sur la colline en suivant les croix vertes qui vous mènent à la Iglesia Calvario. A droite de l'église se trouve un sentier qui longe le réseau téléphonique, entouré de barrières, et qui vous conduit jusqu'au sommet.)*

CASCADAS. Ressources précieuses pour les habitants de la région nord des Yungas, ces cascades sont l'occasion d'explorer les collines entourant Coroico. Le sentier est plutôt plat et vous rencontrerez en chemin des centaines de papillons, le plus impressionnant étant le *morpho*, aux couleurs bleues vives. A certains endroits du sentier, vous aurez l'impression d'être le premier à passer. Portez un pantalon long et aspergez-vous de spray anti-moustiques. Les chutes d'eau, interrompues par un dispositif de récupération des eaux, glissent doucement le long d'une roche noire. Elles sont plus impressionnantes pendant la saison des pluies, mais fort appréciées, tout au long de l'année, pour leur vertu rafraîchissante. *(Depuis la place, prenez la rue Julio Zuazo Cuenca jusqu'en haut de la côte, restez sur la droite jusqu'à l'hôtel Esmeralda. Là, sur votre gauche, engagez-vous sur la colline en suivant les croix vertes, qui mènent à la Iglesia Calvario. Empruntez le sentier situé à gauche de l'église, sans vous en écarter, et suivez-le jusqu'aux chutes, à environ deux heures de marche.)*

VIRAGES DANGEREUX DROIT DEVANT Attention à la descente qui relie La Paz à Coroico. Cette route est peut-être bien la **"plus dangereuse du monde"** (c'est en tout cas ainsi que l'avait qualifiée la Banque inter-américaine de développement en 1995). Même si ce statut date de plusieurs années et que la BIRD n'est pas un institut spécialisé dans la dangerosité des routes, la montée d'adrénaline est toujours aussi forte. L'itinéraire commence à La Paz, où vous initierez une lente ascension jusqu'au col glacial de La Cumbre, à quelque 4700 m d'altitude, avant de basculer du côté oriental des Andes et d'entamer une descente vertigineuse qui se termine 3500 m plus bas, dans la ville tropicale de Coroico. Vous pouvez parcourir le trajet en bus, en minibus, en vélo ou même à pied, mais pour arriver en bas, il faut respecter un code tacite de la circulation, spécifique à ce genre de route de l'extrême, selon lequel on ne roule pas toujours à droite ! Certains chauffeurs aiment utiliser le klaxon à chaque virage pour avertir de leur passage, que la visibilité soit bonne ou mauvaise. D'autres klaxonnent simplement en croisant un collègue, au moment de dépasser un chien sur la route, ou devant tout obstacle. Enfin, d'autres encore, plus silencieux, préfèrent repérer les véhicules arrivant en face par les nuages de poussière qu'ils dégagent. Malheureusement, en tant que passager, *vous* ne pouvez pas klaxonner, alors cramponnez-vous ! Les statistiques indiquent que les bus et les camions les plus volumineux sont les plus souvent victimes d'accidents. Mais ce sont aussi eux qui manœuvrent le plus prudemment car leurs conducteurs sont conscients des risques encourus. Malgré ces dangers, cette route est empruntée tous les jours par des centaines de personnes. Ayez connaissance du risque que vous prenez, mais profitez tout de même du panorama qui s'offre à vos yeux. Si la descente est périlleuse, vous en apprécierez d'autant plus votre destination finale. Flota/Minibus Yungueña, Yanacachi (☎213 513). **De La Paz à Coroico** (durée 4h30, dép. toutes les 2 heures environ de 7h30 à 17h, 13 Bs).

 FÊTES

Le **jour de l'indépendance de la Bolivie** est célébré triomphalement tous les 6 août. Les hôtels sont pris d'assaut, généralement deux semaines avant, et les prix peuvent doubler à cette période. Mais l'ambiance est exceptionnelle. Tous les orchestres de la ville s'entraînent durant des semaines dans l'espoir de susciter l'admiration des visiteurs.

CHULUMANI ☎08

Chulumani respire le bonheur : les fruits poussent en abondance, les habitants sont souriants. L'ombre des nuages plane sur les collines, les champs rappellent les motifs d'un patchwork. La lumière du soleil se reflète sur la végétation qui borde les routes. La place principale se nomme **Plaza Libertad**. Une rue seulement la sépare de la **Plaza Martín Villalobos**, plus petite et moins fréquentée. La compagnie Transito A.T.L.

Chulumani propose des minibus à destination de **La Paz** (durée 4h30, départ lorsqu'ils sont pleins entre 6h et 18h, 15 Bs). Leur bureau se trouve dans la rue Junín, près du poste de police à l'entrée de la ville. Trans San Bartolome, sur la Plaza Libertad, dispose de bus plus grands qui desservent **La Paz** (durée 5h, dép. 6h30 et 12h, 15 Bs). Les différents services proposés sont les suivants : **Banco Unión**, sur la Plaza Libertad (☎116 031, ouvert Lu-Ve 8h30-12h et 14h30-18h, Sa. 8h-12h30), le **poste de police** (☎3), dans la rue Junín, à l'entrée de la ville et **ENTEL** (☎116 801, ouvert tlj 8h-21h). Si la ligne téléphonique de ENTEL est hors-service, procurez-vous une carte longue distance Unica (25 Bs) utilisable dans la **cabine téléphonique** située à l'extérieur du bureau Cotel (25 Bs pour 5 mn). Les logements vont d'un extrême à l'autre : rudimentaires ou très complets. Mais même les plus simples restent propres et accueillants. L'**Alojamiento Chulumani II**, entre la rue Montoya et la Plaza Libertad, propose des chambres simples aux matelas mous et aux grandes fenêtres. Ces chambres sont bruyantes à cause des voitures qui circulent à n'importe quelle heure du jour et de la nuit (chambre 15 Bs par personne). Le **Panorama Hotel**, dans la rue Andrade, se trouve à l'angle de la rue Murillo en montant depuis la Plaza Martín Villalobos. Toutes les chambres sont équipées d'une salle de bains. Le carrelage, très propre, est appréciable pendant les fortes chaleurs. Piscine extérieure très agréable. (☎116 109, La Paz (02) 783 849. Séjour Ve-Lu 240 Bs, repas compris, Ma-Je chambre 40 Bs par personne, petit déjeuner compris. Réservations recommandées.) L'**Alojamiento Chulumani**, en remontant la rue Bolívar, à moins d'une *cuadra* de la Plaza Libertad, vous garantit la tranquillité : la cour très fleurie est l'endroit idéal pour un peu de lecture ou de repos (chambre 15 Bs par personne).

ALTIPLANO ET VALLÉES DU SUD

ALTIPLANO

LES INCONTOURNABLES DE LA RÉGION

ERREZ parmi les édifices coloniaux de **Sucre**, la capitale constitutionnelle du pays (p. 411).

DESCENDEZ dans ces "Bouches de l'enfer" que sont les anciennes **mines** de Potosí (p. 429).

DANSEZ la danse du Diable au **carnaval** annuel d'Oruro (p. 439).

GRAVISSEZ le plus haut sommet de Bolivie, le **Nevado Sajama** (p. 441).

SÉJOURNEZ dans un hôtel de sel au cœur du paysage lunaire du **Salar de Uyuni** (p. 445).

IMPRÉGNEZ-VOUS du vin bolivien dans les **bodegas** de Tarija (p. 457).

Derrière les centres industriels en plein essor de la Bolivie – Santa Cruz, Cochabamba, La Paz – se cachent les vestiges d'un passé colonial et d'une longue lutte pour l'indépendance. **Sucre** et **Potosí** (p. 412), les grandes villes les plus anciennes du pays, abritent des églises et des édifices coloniaux qui témoignent d'une histoire marquée par l'aristocratie espagnole et la subordination indigène. Sucre reste la capitale judiciaire, estudiantine, et culturelle de la Bolivie, tandis que la vieillissante Potosí vit dans l'ombre de sa splendeur passée. La première, aux murs immaculés et aux larges avenues ensoleillées protégées par les collines, affiche l'optimisme inaltéré d'un gouvernement républicain indépendant. La seconde, perchée à une altitude aussi glaciale qu'invraisemblable, nous rappelle sans cesse son histoire prospère mais sanglante. Signifiant "fontaine d'où coule l'argent" en langue quechua, Potosí connaît son heure de gloire dès 1545. Les Espagnols tirent des fortunes colossales du Cerro Rico, cette montagne aux gisements d'argent qui domine la ville. Les ruelles sinueuses et l'architecture coloniale sont le fruit de cette gloire fulgurante. Mais la main d'œuvre sera puisée parmi la population indienne locale et les esclaves africains. Il est aujourd'hui admis que 8 millions d'entre eux périrent dans ces mines. Souvent visitées dans la même foulée, ces deux cités coloniales ravissent les amateurs d'architecture, éclairent les passionnés d'histoire et enthousiasment les promeneurs nostalgiques.

Battu par des vents rigoureux, l'**altiplano** (p. 434), porté à une altitude moyenne de 3800 m, est encadré d'un côté par la Cordillère Royale (ou Orientale) et de l'autre par la Cordillère Occidentale. Les populations aymaras habitent essentiellement ce "très haut plateau", extraordinaire immensité baignée de silence où se succèdent platitudes infinies, montagnes sans arbres, volcans majestueux et lacs colorés. Lorsque le Lago Minchín, d'une superficie de 60 000 km^2, s'est retiré après avoir inondé la région il y a plus de 25 000 ans, il a laissé dans son sillage le lac Titicaca, le lac Poopó et le lac Uru Uru. Un autre lac, le Lago Tauca, en s'évaporant il y a 10 000 ans, a donné naissance au plus vaste désert de sel de la planète et au site le plus visité de la région. L'altiplano connaît une intense activité volcanique : si vous êtes suffisamment robuste pour supporter la rudesse de l'altitude et du climat, vous pourrez vous réchauffer autour de fosses de boue bouillonnante ou escalader les cratères. Dans cet univers aux multiples tons de gris et de brun, seuls le légendaire carnaval d'Oruro et les collines ocre rose de Tupiza ajoutent un peu de couleur au décor austère et poussiéreux qui semble compter autant de lamas et d'alpagas que d'êtres humains.

Le **Chaco**, troisième région du sud de la Bolivie, est une contrée inhospitalière qui compte peu d'habitants et encore moins de points d'eau. Elle a été rendue tristement célèbre par la guerre du Chaco (1932-1935) opposant la Bolivie au Paraguay victorieux qui, à l'issue du conflit, s'est approprié un territoire de 120 000 km^2 dans ce que l'on appelle le Gran Chaco (p. 453). A l'heure actuelle, la Bolivie ne possède plus qu'une petite partie de cette région qui se prolonge au Paraguay et en Argentine sur une superficie totale de 725 000 km^2. Probablement la plus chaude et la plus sèche du pays, elle était encore récemment habitée uniquement par les indiens Guaranis. Et même si la ville cosmopolite de Tarija commence à changer l'image du Chaco, cette contrée n'en reste pas moins un vrai paradis pour les voyageurs en mal d'aventure.

SUCRE ET POTOSÍ

SUCRE ☎ 06

Plusieurs fois rebaptisée au cours de son histoire, Sucre est la ville des quatre noms : La Plata, Charcas, Chuquisaca et bien sûr Sucre. Comme si cela ne suffisait pas, on se plaît à lui donner encore d'autres titres, comme La Ciudad Blanca ou La Ciudad Universitaria. La plupart de ces appellations témoignent de la fierté que les habitants tirent de leur ville : ses vastes rues coloniales, ses murs immaculés, la richesse de sa culture et de son histoire font l'orgueil des *Sucreños* et le bonheur des touristes. Les bâtiments soigneusement conservés évoquent le passé colonial du pays et vivent au rythme de la communauté estudiantine qui les occupe. Siège de la première université de Bolivie (San Francisco Javier, fondée en 1624), et du premier gouvernement républicain, Sucre fut aussi le théâtre du premier appel à l'indépendance (le 25 mai 1809) de tout le continent. La ville est restée la capitale du pays jusqu'à aujourd'hui, même si elle n'abrite désormais que le pouvoir judiciaire (le législatif et l'exécutif ayant été transférés à La Paz). Il n'est, en tout cas, guère surprenant que l'Unesco l'ait déclarée Monument des Amériques et Patrimoine de l'Humanité en 1991.

TRANSPORTS

Avion : Aeropuerto Juana Azurduy de Padilla, à 10 km au nord-ouest de la ville. Accessible par les *micros* 1 et F (1 Bs), qui longent la rue Hernando Siles. Taxi 20 Bs. LAB, Bustillos 121 (☎454 599 ou 454 994, numéro vert pour les réservations ☎0800 3001, pour tout renseignement ☎0800 43 21, fax 451 943). Ouvert Lu-Ve 8h30-12h30 et 14h30-18h30, Sa. 9h-12h. Vols à destination de : **Cochabamba** (durée 30 mn, 1 dép/j, 265 Bs), **Santa Cruz** (durée 40 mn, 1 dép/j, 301 Bs), **Tarija** (durée 40 mn, 1 dép/j Lu. et Je., 321 Bs) et **La Paz** (durée 2h, 1 dép/j, 414 Bs). Aerosur, Arenales 31 (☎462 141 ou 460 737, numéro vert ☎0800 3001). Ouvert Lu-Ve 8h-12h30 et 14h30-18h30, Sa. 9h-12h. Vols à destination de : **La Paz** (durée 50 mn, dép. Lu-Ve à 11h55, Sa. à 12h35, Di. à 16h55, 414 Bs). Transporte Aéreo Militar (TAM) Junín 742 (☎460 944). Ouvert Lu-Ve 8h30-12h et 14h30-18h, Sa. 9h-12h. Vols à destination de : **La Paz** (durée 2h, dép. Lu. à 9h20, 300 Bs) via **Cochabamba** (durée 35 mn, 170 Bs), **Santa Cruz** (durée 35 mn, dép. Ve. à 15h15 et Di. à 14h, 210 Bs) et **Villamontes** (durée 3h, dép. Sa. à 10h20, 310 Bs) via **Tarija** (durée 40 mn, 190 Bs).

Bus : **Gare routière** (☎41292), à 3 km du centre-ville, rue Ostria Gutiérrez. *Micro* A, qui part de la rue Ravelo devant le marché (1 Bs). Taxi 3 Bs. Bus à destination de : **Potosí** (durée 3h, 1 dép/h de 6h30 à 18h, 15 Bs), **Cochabamba** (durée 11h, 7 dép/j jusqu'à 18h30, 40 Bs), **Santa Cruz** (durée 14h, 7 dép/j de 16h à 17h30, 60 Bs), **Oruro** (durée 10h, dép. à 15h30 et 17h, 40 Bs), **La Paz** (durée 18h, dép. à 14h, 14h30 et 17h30, 60 Bs) et **Camiri** (durée 18h, dép. à 17h30, 80 Bs). Des **camions** partent des agences de l'Ave. de Las Américas et des **trufis** partent d'un terrain vague, plus haut. Les deux sont accessibles par le *micro* C (1 Bs), qui s'arrête devant le marché, ou en taxi (3 Bs). A destination de : **Padilla** (durée 6h30, 3 dép/j de 5h30 à 18h, 20 Bs), **Villa Serrano** (durée 7h, dép. à 7h et 17h, 15-20 Bs), **Mojocaya** (durée 4-5h, dép. à 10h et 10h30, 15-17 Bs), **Tarabuco** (durée 2h, 1 dép/h de 7h à 18h, 6 Bs), **Azurduy** (durée 13h, dép. à 7h30, 40 Bs), **Sopachy** (durée 8h, dép. à 8h30, 25 Bs) et **Alcala** (durée 8h, dép. à 8h, 30 Bs). D'autres camions et *trufis* partent de la Plazuela Tupaj Katori, sur la route de l'aéroport. Pour vous y rendre, prenez le *micro* 1 ou F (1 Bs) et faites-vous déposer à la "Parada de camiones a Ravelo". Taxi 3 Bs. A destination de : **Ravelo** (durée 2h30, 2 dép/j, part quand il est plein, 5-7 Bs), **Ocuri** (durée 6h, 1 dép/j vers 10h, 10 Bs), **Antora** (durée 5h, 1 dép/j vers 10h, 10 Bs), **Llallagua** (durée 12h, dép. Je. à 7h, 20 Bs) et **Matcha** (durée 8h, dép. Ve. à 10h ou à 11h, 15 Bs). Les *trufis* pour **Potolo** (durée 3h, dép. quand ils sont pleins vers 11h, 6 Bs) partent un peu plus haut sur cette même route. Gagnez l'extrémité de la rue Canelas et dirigez-vous vers le monticule de terre à gauche.

Transports en commun : *Micros* 1 Bs. Les lignes principales 4, 5, 8, A, B et C circulent toutes les 4 mn de 6h30 à 22h. Les bus des autres lignes s'arrêtent à 19h et passent toutes les 7 mn. La plupart se prennent devant le marché rue Ravelo ou n'importe où le long de la rue Hernando Siles.

Taxi : Toutes les courses en ville coûtent 3 Bs. Aéroport 20 Bs. En général, il est facile de trouver un taxi, mais vous pouvez aussi appeler **Supremo** (☎442 444), **Cielito Lindo** (☎441 014), **Charcas** (☎460 000), **Bolivia** (☎442 222) ou **Exclusivo** (☎451 414).

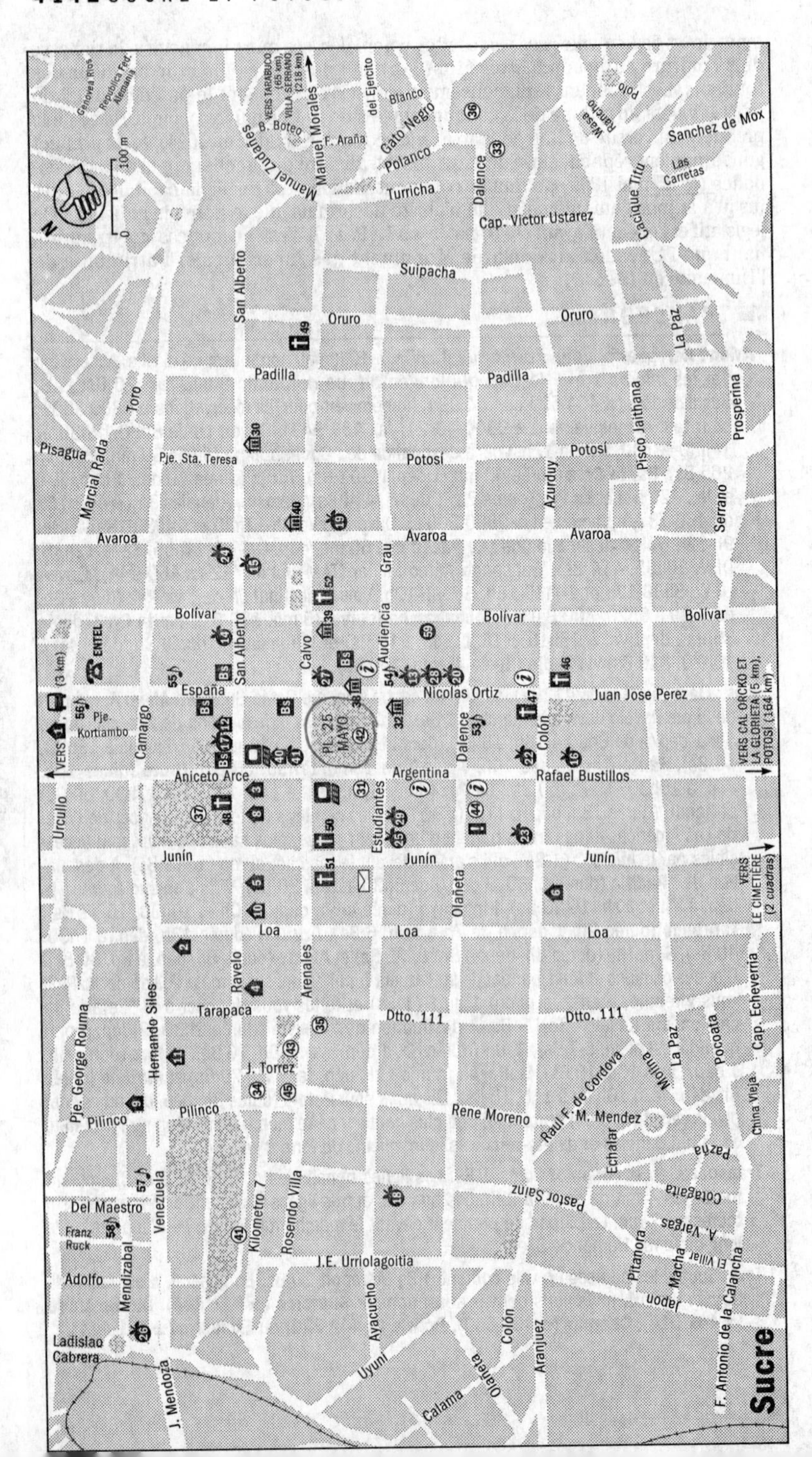
Sucre
N
0
100 m
VERS TARABUCO (65 km), VILLA SERRANO (218 km)
Genovea Rios
Republica Fed. Alemania
B. Boteo
Manuel Zudañes
Manuel Morales
F. Araña
del Ejercito
Blanco
Gato Negro
Polanco
Turricha
Dalence
Cap. Victor Ustarez
Polo
Wasa Rancho
Sanchez de Mox
Las Carretas
Cacique Titu
Suipacha
Oruro
San Alberto
Padilla
La Paz
Prosperina
Pisco Jaithana
Potosí
Azurduy
Pje. Sta. Teresa
Toro
Pisagua
Marcial Rada
Avaroa
Serrano
Bolívar
Grau
Calvo
Audiencia
ENTEL
España
Nicolas Ortiz
Juan Jose Perez
PL. 25 MAYO
Camargo
Pje. Kortiambo
VERS (3 km)
Aniceto Arce
Argentina
Rafael Bustillos
Colón
VERS CAL ORCKO ET LA GLORIETA (5 km), POTOSÍ (164 km)
Urcullo
Estudiantes
Junín
VERS LE CIMETIÈRE (2 cuadras)
Olañeta
Loa
Ravelo
Arenales
Tarapaca
Dtto. 111
Pje. George Rouma
Hernando Siles
J. Torrez
Cap. Echeverria
Pocoata
Molina
Raul F. de Cordova
M. Mendez
Rene Moreno
Pilinco
China Vieja
Echalar
Pazña
Cotagaita
A. Vargas
Pastor Sainz
El Villar
Pitanora
Macha
Japon
F. Antonio de la Calancha
Del Maestro
Franz Ruck
Adolfo
Mendizabal
Venezuela
Kilometro 7
Rosendo Villa
J.E. Urriolagoitia
Ayacucho
Uyuni
Aranjuez
Calama
Ladislao Cabrera
J. Mendoza

Sucre

HÉBERGEMENT

1 Alojamiento Central
2 Alojamiento El Dorado
3 Alojamiento La Plata
4 Alojamiento Potosí
5 Alojamiento Turista
6 Casa de Huéspedes
7 Grand Hotel
8 Hostal Charcas
9 Hostal Londres
10 Hostal Veracruz
11 Residencial Avenida
12 Residencial Bolivia

RESTAURANTS

13 Biblio Café
14 Café Cultural Kaypichu
15 El Germen
16 El Paso de los Abuelos
17 El Patio
18 Hacheh
19 Kultur Café Berlin
20 La Repizza
21 La Taverne
22 Las Cebollitas
23 Monte Bianco
24 New Hong Kong
25 Penco Penquito's
26 Piso Cero
27 Restaurant Plaza
28 Restaurant Suizo
29 Salón de Té Las Delicias

VISITES

30 ASUR Museo Textil-Etnográfico
31 Casa de La Libertad
32 Cathedral/Museo Eclesiástico
33 Cerro Churuquella
34 Corte Suprema de Justicia
35 Hospital Santa Bárbara
36 La Recoleta
37 Mercado Central
38 Museo de Historia Natural et Museo Gutiérrez Valenzuela
39 Museo Universitario Charcas
40 Museo-Convento Santa Clara
41 Parque Bolívar
42 Plaza 25 de Mayo
43 Plaza de la Libertad
44 Plaza Zudáñez
45 Teatro Gran Mariscal

ÉGLISES

46 La Merced
47 San Felipe de Neri
48 San Francisco
49 San Lázaro
50 San Miguel
51 Santa Mónica
52 Santo Domingo

SORTIES

53 Boomerang
54 Chili Pepper
55 Club Nano's
56 Micerino
57 Mitsu Mania
58 Up down

SERVICES

59 Laverie Laverap

Location de voitures : **Imbex Rent-A-Car**, Potosí 499 (☎461 222 ou ☎01 762 634, fax 06 912 470, e-mail info@imbex.com), à l'angle de la rue Azurduy. Carte bancaire obligatoire. Age minimum 25 ans. Les prix commencent à 50 $ par jour. Ouvert Lu-Ve 8h-12h et 14h-18h30, Sa-Di 8h30-12h30. Cartes Visa, MC, AmEx.

ORIENTATION ET INFORMATIONS PRATIQUES

Le cœur de Sucre bat autour de l'une des plus jolies places de Bolivie, la Plaza 25 de Mayo, baptisée d'après ce jour de 1809 où la ville lança son premier appel à l'indépendance.

Informations touristiques : **Office de tourisme**, Argentina 65 (☎451 083), dans la Casa de la Cultura. Ouvert Lu-Ve 8h-12h et 14h-18h. Dépendant de l'université et dirigé par les étudiants, sur la Plaza 25 de Mayo. Un autre office est situé rue N. Ortiz entre les rues Dalence et Colón. Fermé en Déc., Janv., Fév. et une partie de Juil. Vous pouvez acheter des cartes géantes (4 Bs) auprès des vendeurs de journaux de la Plaza 25 de Mayo.

Agences de voyages : **Eclipse**, Avaroa 310 (☎/fax 443 960, e-mail eclipse@mara.scr.entelnet.bo). Ouvert Lu-Ve 8h30-12h30 et 14h30-18h30, Sa. 8h30-12h30. **SurAndes**, N. Ortiz 6 (☎452 632, fax 453 212). Ouvert Lu-Ve 8h30-12h30 et 14h30-18h30, Sa. 8h-12h30. **Seatur**, Plaza 25 de Mayo 25 (☎440 909). Ouvert Lu-Ve 8h30-12h30 et 14h30-18h30, Sa. 9h-12h.

Consulats : **Brésil**, Arenales 212-A (☎452 561), dans le bureau de Solarsa. Ouvert Lu-Ve 11h-12h. **Paraguay**, Plaza 25 de Mayo 28 (☎422 999), dans le Capital Plaza Hotel. Ouvert quand le consul est là. **Pérou**, Avaroa 472 (☎455 592). Ouvert Lu-Ve 9h30-14h30.

Bureau d'immigration : Pastor Sainz 117 (☎453 647). Ouvert 8h30-16h30.

Change : Rares sont les banques à encaisser les chèques de voyage. **Casas de Cambio Ambar**, San Alberto 7 (☎461 339) change les chèques de voyage et permet des retraits d'argent sur les cartes Visa et MC. Ouvert Lu-Ve 9h-12h15 et 14h30-18h30, Sa. 9h-12h. **El Arca**, España 134 (☎460 189). Chèques de voyage et retraits d'argent sur les cartes Visa et MC. Ouvert Lu-Ve 8h30-12h30 et 14h30-18h30, Sa. 9h-12h30. De nombreux magasins et hôtels achètent et vendent également des dollars américains et des *bolivianos*.

Banques et distributeurs automatiques : **Bisa**, rue España, à hauteur de la place (☎443 901). Change les chèques de voyage AmEx à un taux de 6 % inférieur au prix d'achat normal. Ouvert Lu-Ve 8h30-12h et 14h30-18h30, Sa. 10h-13h. La **Banco de Crédito**, sur la Plaza (☎442 929), possède l'un des rares distributeurs acceptant les cartes Visa, MC et AmEx. **Banco Santa Cruz** (☎455 400), au croisement des rues España et San Alberto. Distributeur Visa et MC.

Centres culturels : **Alliance Française**, Arce 35 (☎452 599). Ouvert Lu-Ve 9h-12h et 15h30-19h30.

Cours d'espagnol : **Alliance Française**.

Marché : Délimité par les rues Ravelo, Junín, Hernando Siles et A. Arce.

Laverie automatique : **Laverap** (☎424 501), rue Bolívar, entre les rues Dalence et Grau. Vêtements prêts en 1h30-2h. 15 Bs par machine. Ouvert Lu-Sa 8h-20h, Di. 9h-13h.

Urgences : Police ☎110. Hôpital ☎118. Pompiers ☎119.

Police : Plazuela 2 Udañez (☎453 152), rue Estudiantes, entre les rues Junín et Argentina.

Pharmacie : Composez le ☎110 ou le ☎118 pour connaître la *farmacia de turno* (pharmacie de garde).

Hôpital : **Hospital de Santa Bárbara** (☎451 900), sur la Plaza Libertad, à l'angle des rues Destacamiento III et Arenales.

Téléphone : **ENTEL**, España 271 (☎455 820), à 2 *cuadras* et demie au nord de la place, juste après la rue Hernando Siles. Ouvert Lu-Sa 7h-23h, Di. 8h-22h.

Internet : **Trebol Net**, sur la place. 6 Bs/h. **Internet 2000** (☎423 862), rue San Alberto, entre les rues España et A. Arce. **Cyber Café** (☎420 617), rue Arenales, entre les rues Junín et Argentina.

Bureau de poste : Junín 699 (☎454 960), à l'angle de la rue Ayacucho. Ouvert tlj 8h-20h. Pour vos colis, **DHL** (☎441 204, fax 06 912 520), sur la Plaza 25 de Mayo. Ouvert Lu-Ve 9h-12h30 et 14h-19h, Sa. 9h-12h30.

HÉBERGEMENT

Sucre propose une très large gamme d'établissements, souvent un peu plus chers qu'ailleurs. Ils sont, pour la plupart, regroupés autour de la Plaza 25 de Mayo et près de la gare routière.

❤ **Hostal Charcas**, Ravelo 62 (☎453 972, e-mail hostalcharcas@latinmail.com), entre les rues A. Arce et Junín. Le rendez-vous des étrangers. Sur le toit en terrasse, vous trouverez nombre d'informations sur les excursions, les cours d'espagnol et autres renseignements utiles au voyageur. Hôtes très sympathiques et serviables. Chambres simples mais confortables. Laverie 8 Bs/kg. Petit déjeuner 6 Bs. Bus dominical pour Tarabuco 16 Bs. Pensez à réserver en haute saison. Chambre simple 40 Bs, avec salle de bains 65 Bs. Chambre double 65 Bs, avec salle de bains 100 Bs, chambre triple 95 Bs, avec salle de bains 140 Bs, chambre quadruple 120 Bs, avec salle de bains 155 Bs.

Casa de Huéspedes, Colón 220 (☎455 823, e-mail colon@usa.net). Les sept chambres de cette superbe demeure coloniale se remplissent vite en haute saison et l'on comprend pourquoi. Très sociable, le propriétaire fera tout son possible pour vous assurer un agréable séjour. Toutes les chambres ont une salle de bains, la télévision est en option. Le petit déjeuner, servi devant une cour cernée de piliers blancs, est compris dans le prix. Entre juin et août, il est préférable de réserver. Chambre simple 11 $, double 17 $, triple 23 $.

Grand Hotel, A. Arce 61 (☎452 461 ou 451 704, e-mail grandhot@mara.scr.entelnet.bo, Web : www.statusprd.com/grandhotel), non loin de la place. Chambres avec moquette, salle de bains et TV câblée. Deux cours paradisiaques ornées de palmiers et de chaises de jardin vous attendent pour faire bronzette. Petit déjeuner inclus. Chambre simple 90 Bs, double 110 Bs, triple 160 Bs.

Residencial Bolivia, San Alberto 42 (☎454 346, fax 453 388), entre les rues España et Arce, à une *cuadra* au nord de la place. Les chambres simples donnent sur une cour somptueuse. Petit déjeuner inclus. Chambre simple 30 Bs, avec salle de bains 50 Bs, chambre double 55 Bs, avec salle de bains 85 Bs, chambre triple 75 Bs, avec salle de bains 120 Bs, chambre quadruple 100 Bs, avec salle de bains 145 Bs.

Alojamiento Potosí (☎451 975), rue Ravelo, entre les rues Tarapacá et Loa. Bien que d'aspect extérieur un peu crasseux, les chambres sont en fait très propres et dotées de parquets bien entretenus. Chambre simple 15 Bs, double 30 Bs, triple 45 Bs, quadruple 60 Bs.

Hostal Londres, Hernando Siles 951 (☎454 792), entre les rues Pilinco et Tarapacá. Chambres propres mais spartiates. Chambre simple 25 Bs, avec salle de bains 35 Bs, chambre double 45 Bs, avec salle de bains 60 Bs, chambre triple 65 Bs, avec salle de bains 85 Bs, chambre quadruple avec salle de bains 110 Bs.

Residencial Avenida, Hernando Siles 942 (☎451 245), entre les rues Pilinco et Tarapacá. Chambres minuscules donnant sur une cour peinte en rose. Salles de bains rutilantes. Chambre simple 35 Bs, avec salle de bains 45 Bs, chambre double 50 Bs, avec salle de bains 60 Bs, chambre triple 75 Bs.

Alojamiento Central (☎462 634), rue Ostria Gutiérrez, en face de la gare routière. N'a de central que le nom, sauf si vous n'avez pas l'intention de vous éloigner de la gare routière. Un peu vieillot, mais idéal si vous arrivez trop tard pour vous rendre au centre-ville. Chambre simple 20 Bs, avec salle de bains 25 Bs, chambre double 34 Bs, avec salle de bains 45 Bs, chambre triple 50 Bs, avec salle de bains 60 Bs.

Alojamiento El Dorado, Loa 419 (☎461 932). La cour bordée de plantes en pots est plus accueillante que les dessus-de-lit passés des chambres mal aérées. Chambre simple 25 Bs, avec salle de bains 40 Bs, chambre double 40 Bs, avec salle de bains 60 Bs, chambre triple 60 Bs.

Alojamiento Turista (☎453 572), rue Ravelo, entre les rues Loa et Junín. Les propriétaires sont très sympathiques, ce qui compense un peu l'odeur douteuse des salles de bains. Laverie 5 Bs/kg. Chambre simple 20 Bs, double 32 Bs, triple 49 Bs, quadruple 64 Bs, quintuple 75 Bs.

Hostal Veracruz (☎451 560), rue Ravelo, entre les rues Loa et Junín. Les chambres avec salle de bains sont beaucoup plus agréables que celles qui n'en ont pas. Bonne literie. Chambre simple 30 Bs, avec salle de bains 70 Bs, chambre double 50 Bs, avec salle de bains 100 Bs, chambre triple 75 Bs, avec salle de bains 150 Bs.

RESTAURANTS

Sucre présente un grand choix de cuisine étrangère et locale. La spécialité de la ville est le *chorizo chuquisaqueño* (saucisse de porc frite), mais Sucre est aussi réputée pour son chocolat. Les gourmands trouveront des boutiques tout autour de la place, notamment près des rues A. Arce et Arenales. Au marché, les meilleurs étals proposent des repas pour 5 Bs.

❤ **Café Cultural Kaypichu** (☎443 954), rue San Alberto, entre les rues España et Bolívar. Le paradis des végétariens et des amateurs de produits frais. Les plats sont extrêmement bien préparés. Salle ouverte et aérée, agrémentée de tableaux de peintres de la région et de musique classique. Petit déjeuner 9-17 Bs. *Almuerzo* 12 Bs. Pour le dîner, les plats principaux coûtent environ 13 Bs. Ouvert Ma-Sa 7h-14h et 17h-21h.

❤ **El Germen**, rue San Alberto, entre les rues Avaroa et Bolívar. Restaurant végétarien à l'ambiance paisible. Les plats de résistance comme les falafels, le curry de tofu et la salade grecque vont de 12 à 20 Bs. Alléchants gâteaux, cookies et autres pâtisseries 3-6 Bs. Ouvert Lu-Sa 8h-21h.

Monte Blanco, Colón 149 (☎462 775). Le royaume des pâtes. Le propriétaire italien est aussi le cuisinier. Plats délicieux mais peu copieux à 18-23 Bs. Salles confortables sorties tout droit d'un chalet suisse. Tiramisu 6 Bs. Expresso 4 Bs. Ouvert tlj 7h-23h.

Piso Cero, Venezuela 1241 (☎452 567), juste au sud de la voie ferrée. Restaurant assez chic proposant des plats traditionnels. Déjeuner 13 Bs, dîner 18-22 Bs. Ouvert tlj 12h-15h et 18h30-23h.

Restaurant Suizo Arco Iris, N. Ortiz 42 (☎423 985), à proximité de la place. Etablissement suisse très apprécié des *gringos*, au décor intéressant. Fondue 23 Bs, *roëschti* 15-19 Bs. Excellentes pâtes à 10-15 Bs. Salade grecque 12 Bs, omelettes copieuses 10-12 Bs. Le Sa., concerts. Ouvert tlj 18h-23h.

La Taverne, A. Arce 35 (☎453 599), à hauteur de la place, dans les bâtiments de l'Alliance française. Cuisine française classique et bien préparée. Bœuf bourguignon 25 Bs, quiche 18 Bs. Excellent gâteau au chocolat à 3 Bs. Crêpes fines 5 Bs. Films français tous les soirs. Ouvert tlj 8h-15h et 18h-22h.

La Repizza, N. Ortiz 78 (☎451 506), près de la place. L'une des pizzerias les plus fréquentées de Sucre. Grand déjeuner-buffet 12 Bs. Le soir, ses pizzas (*grande* 39-47 Bs) et son décor mural attirent une foule dense. Concerts Ve-Sa. Ouvert Lu-Sa 12h-14h et 18h-23h.

Las Cebollitas, à l'angle des rues Bustillos et Colón. Restaurant mexicano-bolivien. Tacos 4 Bs. La plupart des bières sont à 5 Bs, Heineken 7 Bs. Ouvert tlj 19h-23h (dans la journée, l'établissement est loué par d'autres personnes qui servent une cuisine médiocre).

New Hong Kong, San Alberto 242 (☎441 776), entre les rues Bolívar et Avaroa. Aussi authentique qu'une *chifa* bolivienne peut l'être. Déjeuner copieux 10-15 Bs. Plats à base de viande (20-25 Bs), de riz (10 Bs) et de nouilles (16-20 Bs). Ouvert tlj 11h30-14h30 et 18h-22h30.

Restaurant Plaza, Plaza 25 de Mayo 34 (☎455 843), à l'étage. Réputé pour ses portions généreuses. Quelques tables en plein air donnent sur la place. Déjeuner traditionnel composé de quatre plats 12 Bs. Steak 14-22 Bs. Ouvert tlj 12h-24h.

CAFÉS

Pleins de l'après-midi jusqu'au soir, les cafés de Sucre offrent des cappuccinos ou des expressos aux blasés du Nescafé. La rue Estudiantes, au nord-ouest de la place, en compte un nombre important. La ville possède aussi une quantité remarquable d'établissements spécialisés dans les *salteñas*.

Biblio Café, N. Ortiz 30, près de la place. A ne pas manquer. Les délicieuses nouilles thaï (25 Bs) et les crêpes sucrées (12 Bs), accompagnées d'un cappuccino (5 Bs) ou d'une bière (6 Bs), font le bonheur des nombreux clients. Quatre formules déjeuner (13-20 Bs) proposent autant de spécialités boliviennes que de plats "passe-partout". Ve. et Sa., excellente musique *live*. Ouvert tlj 11h-2h.

El Patio, San Alberto 18 (☎454 917), à une *cuadra* de la place. Pour comprendre pourquoi les gens font la queue, goûtez donc aux délicieux jus de fruit et aux *salteñas* de la maison. *Salteña* au bœuf 2 Bs, au poulet 2,50 Bs. Ouvert tlj 9h-12h.

Kultur Café Berlin, Avaroa 324 (☎452 091), à l'intérieur de l'Instituto Cultural Boliviano-Alemán. Très fréquenté. Sandwichs 5 Bs, müesli 6 Bs, cappuccino 4 Bs. Ouvert tlj 8h30-24h.

Salon de Té Las Delicias, Estudiantes 50 (☎442 502). Les délicieux parfums de pâtisserie attirent les citadins devant des tables en verre, chacune ornée de délicats bouquets de fleurs. Tarte au citron 2,80 Bs, gâteau au chocolat 2,90 Bs, *empanadas* 2 Bs. Ouvert tlj 16h-20h.

El Paso de Los Abuelos, Bustillos 216 (☎455 173), un peu après le troisième carrefour en partant du sud-ouest de la place. Sympathique établissement où les clients se régalent de *salteñas* et d'*empanadas* (3 Bs). Ouvert tlj 9h-13h.

Hacheh, Pastor Sainz 233 (☎462 818). Salon au décor en bois agrémenté de fauteuils en velours rouge, de jeux d'échec et d'une musique originale. La carte, un peu limitée, inclut cafés (3 Bs), bières (6 Bs) et *burgers* (7 Bs). Un peu excentré, ce café n'en vaut pas moins le détour. Ouvert tlj 16h-24h.

VISITES

CASA DE LA LIBERTAD. Cette maison blanche où les libérateurs signèrent la **Déclaration d'indépendance** de la Bolivie le 6 août 1825, abrite ce fameux document, l'épée utilisée par le général Sucre lors de la bataille fatidique d'Ayacucho, un célèbre portrait d'El Libertador (Simon Bolívar) et le premier **drapeau argentin**, dérobé à l'époque où la Bolivie était encore sous la juridiction de Buenos Aires. Un vrai paradis pour les amateurs d'histoire et pour les patriotes en général. Une exposition artistico-historique occupe l'étage. *(Sur la place. ☎ 454 200. Ouvert Lu-Ve 9h-11h40 et 14h30-18h10, Sa. 9h30-11h40. Entrée 10 Bs.)*

ASUR : MUSEO TEXTIL-ETNOGRÁFICO. Cet ancien couvent présente une incroyable collection de **tissages jalq'a** et **tarabuco**, ainsi que des informations sur l'histoire culturelle de ces ethnies. Le musée expose des modèles aussi bien anciens que contemporains, dont des costumes traditionnels et des tissus réalisés par des hommes. Dans la salle située à l'étage, vous pourrez observer des tisserandes jalq'a et tarabuco élaborer leurs tissages complexes. Ceux-ci sont vendus dans la boutique du musée à des prix supérieurs (100-200 $) à ceux pratiqués sur le marché de Tarabuco, mais une partie des bénéfices est destinée à l'apprentissage de nouveaux tisserands, au remplacement des matières premières et autres frais déboursés par l'association ASUR (voir encadré **Renaissance andine**). *(San Alberto 413, à l'angle de la rue Potosí. Depuis la place, descendez la rue Calvo en direction du sud-est et prenez la rue Potosí, la troisième à gauche. Le musée se trouve à l'angle. ☎ 453 841, e-mail asur@mara.scr.entelnet.bo. Guides disponibles.)*

CATHÉDRALE. Dominant la place, ce monument fut commencé en 1559 et achevé au milieu du XVIIe siècle. La cathédrale est particulièrement spectaculaire de l'extérieur, avec son clocher de 40 m de haut (importé de Londres en 1772), surplombant tous les autres édifices de la ville. Les peintures exposées dans le Museo Eclesiástico de la cathédrale, qui forment la plus belle collection ecclésiastique de Bolivie, sont les plus intéressantes de Sucre. Le trésor de la cathédrale se trouve dans la chapelle juste à côté du bâtiment principal : il s'agit de la sainte patronne, la **Vierge de Guadalupe** (1601), ornée de pierreries toutes plus étincelantes les unes que les autres. *(Sur la place 25 de Mayo, entrée par la rue N. Ortiz 61. ☎ 452 257. Ouvert pour la messe de 7h. Musée ouvert Lu-Ve 10h-12h et 15h-17h, Sa. 10h-12h. Entrée 10 Bs. Tous les visiteurs doivent attendre que la visite précédente soit terminée avant d'entrer. Visites en espagnol uniquement.)*

LA RECOLETA. Fondés en 1600 par le père Francisco de Morales, les trois cloîtres de ce monastère ont abrité un nombre impressionnant de moines, de soldats et de prisonniers. Vous y trouverez de nombreuses œuvres religieuses anonymes et, dans le jardin, le **Cedro Milenario**, arbre de mille ans classé monument national en 1965. Son tronc était jadis si large qu'il fallait douze personnes pour l'encercler. Malheureusement, par suite de nombreuses attaques d'insectes, il n'en faut désormais plus que huit. Vous pouvez également visiter le **chœur**, dont les sculptures en bois des années 1870 représentent le martyre des Franciscains à Nagasaki au XVIe siècle. *(Polanco 164, sur la Plaza Pedro de Anzúrez. ☎ 451 987. Ouvert Lu-Ve 9h-11h30 et 14h30-16h30. Eglise ouverte tlj à 5h et à 18h pour la messe. Les visiteurs doivent attendre que la visite guidée précédente soit terminée avant d'entrer avec le guide, qui est hispanophone. Les visites durent environ 45 mn. 8 Bs, 10 Bs si vous souhaitez prendre des photos.)*

MUSEO UNIVERSITARIO CHARCAS. La Universidad Mayor de San Francisco Javier de Chuquisaca abrite plusieurs collections. La partie coloniale inclut des tableaux de grands maîtres boliviens, dont **Melchor Pérez de Holguín** de l'école *mestizo*. A l'étage, une section consacrée à l'anthropologie renferme des **squelettes** déformés et sacrifiés, ainsi qu'une exposition, moins intéressante mais très complète, de céramique et d'outils. On trouve également une section ethnographique et folklorique comportant des masques et des costumes traditionnels. La troisième partie, d'un grand intérêt, regroupe la collection d'**art moderne** de Cecilio Guzmán de Rojos et Solón Romero. *(Bolívar 698. Depuis la place, descendez la rue Audiencia vers le sud-est, puis prenez la première à gauche : le musée se trouve sur votre gauche. ☎ 453 285. Ouvert Lu-Sa 8h30-12h et 14h30-18h. Entrée 10 Bs.)*

MUSEO DE HISTORIA NATURAL. Dépendant de l'université, ce musée rassemble un grand nombre d'oiseaux et de mammifères empaillés, ainsi qu'un incroyable assortiment de coléoptères boliviens. On y trouve de précieux renseignements sur les empreintes de dinosaures des sites de Cal Orcko et d'autres moins connus. *(Plaza 25 de Mayo 23. ☎ 453 828. Ouvert Lu-Sa 8h30-12h et 14h30-18h. Entrée 8 Bs.)*

MUSEO CONVENTO SANTA CLARA. Deux salles exposent des peintures religieuses anonymes coloniales de l'école *mestizo* ainsi que plusieurs œuvres de Melchor Pérez de Holguín. L'église, construite en 1639, renferme un orgue baroque restauré datant du XVIIe siècle et quelques autres instruments moins sophistiqués. *(Calvo 212, à 2 cuadras et demie au sud-est de la place. ☎ 452 295. Ouvert Lu-Ve 9h-12h et 14h-18h. 5 Bs.)*

UNE RENAISSANCE ANDINE Les tissages andins, appréciées à l'étranger depuis les années 1960, ornent les murs de plus d'un amateur d'ethnologie et de décoration intérieure. Mais ces superbes tapisseries étaient probablement, à l'origine, des *axsus*, vêtements portés par les femmes par-dessus leur robe. Les Indiens Jalq'a de la région de Chuquisaca, notamment aux alentours de Sucre, ont longtemps tissé de magnifiques textiles jusqu'à ce qu'ils découvrent un jour qu'ils avaient vendu tous leurs somptueux motifs à des escrocs. Ils arrêtèrent aussitôt d'en fabriquer. On pouvait penser que les précieux motifs allaient disparaître à jamais. C'était sans compter sur l'arrivée des anthropologues Gabriel Martínez et Verónica Cereceda qui, partis à la recherche des ancêtres des Chullpas, les premiers Andins, tombèrent alors sur les Jalq'a, un peuple pauvre de 25 000 âmes. Dans le but de reproduire les tissages d'origine, le couple créa un système d'ateliers, de cours et d'organisations communautaires afin d'enseigner et de faciliter le tissage. Peu à peu, les femmes jalq'a parvinrent à se souvenir des dessins mystérieux et complexes de leurs mères et de leurs grand-mères et, après quelques années, commencèrent à créer leurs propres motifs. La sauvegarde de leur patrimoine culturel entraîna leur renaissance. Les tissages sont aujourd'hui exposés et vendus par l'association ASUR (Fondation pour la recherche anthropologique et l'ethno-développement "Anthropologues du Sud andin") fondée par Martínez et Cereceda, et chaque pièce rapporte l'équivalent d'un revenu familial, bien que les plus grandes nécessitent deux à trois mois de fabrication. Grâce à cette nouvelle source de revenus, les familles peuvent rester ensemble sans que les hommes migrent dans le sud pour y chercher du travail. Toute la communauté est aujourd'hui impliquée dans le tissage, le filage de laine et la gestion des coopératives textiles, et les femmes ont désormais un rôle important au sein de l'ethnie. A la différence des autres groupes qui ont tenté de remettre les textiles andins au goût du jour pour des raisons essentiellement économiques, l'ASUR se concentre sur la communauté dans son ensemble. C'est un modèle de développement qui a fait ses preuves et que d'autres groupes ethniques boliviens essaient aujourd'hui d'imiter pour sauver leur culture.

MUSEO GUTIÉRREZ VALENZUELA. Situé à l'étage du Musée d'histoire naturelle, ce musée abrite une collection de meubles plaqués or et d'ornements laissés par les mineurs expatriés, partis s'installer en France à la fin de la Révolution française. *(Plaza 25 de Mayo 23. ☎ 453 828. Ouvert Lu-Sa 8h30-12h et 14h30-18h. Entrée 8 Bs, ne comprend pas l'entrée au Musée d'histoire naturelle.)*

CAL ORCKO. En 1990, des traces de dinosaures ont été découvertes à Sucre, derrière une usine de ciment. Datant peut-être de 70 millions d'années, ces traces recouvrent une paroi presque verticale de plus de 100 m de haut (qui était en fait la rive d'un ancien lac, surélevée au cours des millénaires par une intense activité volcanique). Selon une équipe internationale de paléontologues, ces empreintes issues du Crétacé appartiendraient à des sauropodes, des théropodes ou des ankylosaures. *(A 5 km de Sucre, derrière l'usine de ciment Fancesa. Accessible par* micro.*)*

LA GLORIETA. Cette jolie demeure fut bâtie au XIXe siècle par Don Francisco Argandoña, un opulent homme d'affaires qui semble avoir rapporté un peu de chaque pays d'Europe qu'il a visité. La maison fait aujourd'hui office d'école militaire. *(A 5 km au sud de la ville, sur la route de Potosí.* Micro 4. *Ouvert Lu-Ve 8h30-12h et 13h30-17h30, Sa. 9h-12h. Munissez-vous de votre passeport. Entrée 8 Bs, guide hispanophone inclus.)*

AUTRES VISITES. Sucre doit aussi sa célébrité à la **Corte Suprema de Justicia de la Nación** (Cour Suprême), à l'extrémité nord de la rue Ravelo, à trois *cuadras* environ de la place. Les visiteurs en tenue convenable pourront jeter un œil à l'intérieur (Lu-Ve 9h-12h et 14h-18h). A une *cuadra* de là en direction du sud-ouest, rue Pilinco, à l'angle de la Plaza de la Libertad, se dresse un ancien édifice qui abrite aujourd'hui le **Teatro Gran Mariscal**. De l'autre côté de la place, l'**Hospital Santa Bárbara** possède une superbe façade coloniale du XVIIe siècle. Dans le **cimetière** de la ville reposent de nombreuses personnalités boliviennes. A l'entrée, on peut lire : "Aujourd'hui c'est mon tour, demain ce sera le vôtre." *(Depuis la Plaza 25 de Mayo, remontez la rue Estudiantes vers le nord-ouest, puis prenez la rue Loa sur la gauche et descendez-la jusqu'au bout. Pour 5 Bs, on vous fera faire une visite complète.)* Pour jouir d'une belle vue sur la ville, grimpez jusqu'au **Cerro Churuquella**, derrière la Recoleta, rue Dalence. Bien qu'exposée au vent, la montée de 10 mn qui suit le Chemin de croix permet de s'évader un moment du tumulte de la ville.

ÉGLISES

IGLESIA DE SAN FRANCISCO. Cette église abrite la Cloche de la liberté de Bolivie, qui sonna pour la première fois lors de la révolte de 1809 et qui, depuis lors, annonce les heures de façon sporadique. Fondé en 1540 comme lieu de rassemblement des Franciscains récemment immigrés, le bâtiment final fut achevé en 1581 et resta maison de Dieu jusqu'à la guerre : l'année 1809 marqua le début de la rébellion mais également la réquisition de l'église à des fins militaires. Après avoir servi de baraquement, de douane et de marché, cet édifice voûté fut rendu aux Franciscains en 1925, avec son autel plaqué or et ses autres ornements. *(A l'angle des rues Ravelo et A. Arce, au nord-est de la place. ☎451 853. Ouvert tlj 6h30-10h30.)*

IGLESIA DE SAN MIGUEL. La construction de cette église d'origine jésuite aurait commencé en 1621, quand l'ordre arriva de Potosí. Célèbre pour son style *mudejar*, San Miguel abrite également un ravissant autel en argent et des plafonds peints. *(Arenales 10, à quelques pas au nord-ouest de la place. ☎451 206. Ouvert seulement pendant la messe de 7h.)*

IGLESIA DE SAN LÁZARO. Edifié en 1538, ce bâtiment relativement simple, fait d'adobe et de paille, est considéré comme la première église de Sucre. Un grave incendie au XVIe siècle entraîna sa reconstruction au XVIIe siècle. Une série d'arches extérieures parfaitement blanches assure la garde de l'autel en argent d'origine qui se trouve à l'intérieur. *(A l'angle des rues Calvo et Padilla, à 4* cuadras *au sud-est de la place. ☎451 448. Ouvert tlj pour la messe de 7h.)*

IGLESIA DE SAN FELIPE DE NERI. Imposante structure de pierre surmontée de clochers blancs et de coupoles, cette église date de la fin de l'époque coloniale (sa construction a débuté en 1795). Elle offre une belle vue panoramique sur la ville et sa cour est couverte de rosiers. Les visites sont difficiles, l'église n'ouvrant que pour certaines festivités. *(N. Ortiz 165, à 2* cuadras *au sud-ouest de la place. ☎454 333.)*

AUTRES ÉGLISES. L'un des plus beaux exemples d'architecture coloniale de Sucre est la **Iglesia de Santa Mónica**, Junín 601, une *cuadra* au nord-ouest de la place en empruntant la rue Arenales. Bien qu'elle soit aujourd'hui fermée, elle mérite une visite extérieure, ne serait-ce que pour admirer la façade réalisée au XVIIIe siècle par des artistes de la région. La **Iglesia de La Merced**, à l'intersection des rues Azurduy et Pérez, s'enorgueillit d'un autel en or et de quelques œuvres de Melchor Pérez de Holguín *(ouvert tlj pour la messe de 7h)*. La **Iglesia de Santo Domingo**, à l'angle des rues Calvo et Bolívar, au sud-est de la place, est très appréciée de la population locale pour sa messe du vendredi à 17h, pendant laquelle on allume des bougies en l'honneur du Santo de Gran Poder *(ouvert tlj pour la messe de 7h)*.

FÊTES

Sucre étant un centre culturel, il semble naturel qu'elle accueille le **Festival International de Culture**, qui se traduit par deux semaines complètes de chant, de danse, de poésie, de théâtre et de toute autre expression artistique. Les festivités commencent généralement à la mi-septembre. Contactez la Fundación Cultural (☎445 553 ou 445 558) pour en savoir plus. Au même moment a lieu la **Célébration de la Vierge de Guadalupe**, sainte patronne de la ville. La date officielle est le 8 septembre, mais la procession de la vierge, que l'on sort de la cathédrale pour l'occasion, se déroule lors du week-end le plus proche. Tout aussi importants, surtout à Sucre, sont les anniversaires du premier appel à la liberté de tout le continent américain (25 mai) et de l'indépendance de la Bolivie (6 août).

SORTIES ET ATTRACTIONS

La nuit, Sucre vit au rythme des allées et venues de ses étudiants. Pendant l'année universitaire, allez faire un tour aux discothèques **Up-Down** (☎453 587), rue Gregorio Mendizabal, au nord de Mitsu Mania, et **Micerino** (☎443 777), à l'intersection des rues España et Urcullo. Quelle que soit la période de l'année, la piste de danse s'anime rarement avant minuit. Pour des loisirs plus sportifs, essayez le **Sucre Tenis Club**, rue Venezuela, juste au sud de la voie ferrée. (☎452 463. 30 Bs la matinée ou l'après-midi sur les courts en terre battue, 20 Bs pour 1h le soir. Raquettes 5 Bs. Ouvert Lu-Ve 6h-22h.)

Chili Pepper (☎444 804), rue N. Ortiz, entre les rues Grau et Dalence, au sud de la place. Pas d'enseigne : tâchez de repérer la porte faite de rideaux et de pavés de verre. Les vendredi et samedi soir, cette petite salle de bar bleutée se remplit de *Sucreños* et de touristes venus écouter du rock américain. Bière 5-16 Bs. Boissons variées aux alentours de 17 Bs. Ouvert tlj jusqu'à l'aube.

Boomerang, rue Dalence, entre les rues N. Ortiz et Bustillos, 1 *cuadra* au sud puis 1 *cuadra* à l'ouest de la place. Public âgé de 16 ans et plus qui s'anime sous la boule lumineuse légèrement défaillante et les lumières éblouissantes. Ouvert Ma-Ve 21h-2h et Sa. 21h-5h.

Club Nano's (☎424 288), rue España, entre les rues Camargo et San Alberto, au nord de la place. Attire une clientèle locale plus âgée (21 ans et plus). On y danse la salsa sur une piste bondée. Ouvert tlj 20h-3h.

Mitsu Mania (☎421 616), à l'angle des rues Venezuela et Maestro, côté nord du Parque Bolívar. Difficile de manquer les lumières et les ados bien habillés de ce concessionnaire-discothèque ayant pour thème la course automobile. L'entrée (20 Bs) est convertie en monnaie Mitsu, que l'on peut utiliser pour acheter des boissons d'un prix excessif. Ouvert Je-Sa 20h-3h.

EXCURSIONS DEPUIS SUCRE

TARABUCO

Des camions à destination de Tarabuco (durée 2h, 7 Bs) partent tous les jours de la Plaza Huallparimachi. Prenez le micro B ou C devant le marché, rue Ravelo, pour vous rendre sur la place et attendez qu'un bus se remplisse. Les mêmes bus repartent de la place principale de Tarabuco toutes les heures environ, jusqu'à la nuit tombée (7 Bs). De nombreuses agences de voyages proposent des bus pour Tarabuco le dimanche. L'Hostal Charcas offre un très bon prix (durée 2h, dép. Di. à 7h30, retour à 13h, aller-retour 16 Bs).

Le marché dominical de Tarabuco, qui regorge d'objets artisanaux et d'autres produits typiques, est sans doute l'un des plus gros pièges à touristes de Bolivie. Située à 65 km au sud-est de Sucre sur une route bien goudronnée, cette petite ville est un peu plus froide et un peu plus haute (3284 m) que Sucre. Beaucoup d'habitants portent le costume traditionnel : des *monteras* (chapeaux) et deux épaisseurs de ponchos. Les femmes arborent des *axsus*, tissus portés par-dessus les vêtements. Le plus grand festival de la ville célèbre ici la victoire des Boliviens sur les Espagnols lors de la bataille de Jumbati le 12 mars 1816. Au cours de cette fête, qui se déroule généralement à la mi-mars, des habitants de toute la région se rassemblent pour danser dans les rues. Les statues de la place commémorent deux hommes qui dévorèrent le cœur de soldats espagnols pour se venger du viol des femmes de leur communauté. C'est pour cette raison que les *Tarabuqueños* sont également appelés *soncko mikus*, "mangeurs de cœur" en quechua.

ENVIRONS DE SUCRE : VILLA SERRANO

Des camions pour Villa Serrano (durée 7h, dép. à 7h et à 17h, 15-20 Bs) partent de l'Ave. de Las Américas. Les bus retournant à Sucre (durée 6h, dép. à 7h et 16h30, 15 Bs) partent du bureau La Plata, sur la place.

Capitale de la musique folklorique de Chuquisaca, Villa Serrano se trouve à 218 km à l'est de Sucre, cachée par les montagnes et les vallées environnantes. Berceau du célèbre musicien **Mauro Nuñez**, cette ville isolée perpétue sa tradition musicale par de joyeux festivals. La célébration de Noël (25-27 déc.) se fait dans la rue, rythmée par des musiques et des danses folkloriques. Les festivités reprennent de plus belle lors du **Festival du Charango** qui a lieu chaque année le 21 septembre. Durant trois semaines, les habitants de toute la région affluent avec leurs instruments pour honorer les airs traditionnels. Le point d'orgue du festival est la célébration du saint patron de la ville, San Miguel, le 29 septembre. Des deux *alojamientos* de Villa Serrano, **Misky Life**, juste à côté de la partie basse de la place, est le meilleur choix. Les salles de bains rutilent et les chambres sont confortables, quoique très simples. (☎912 346. Chambre simple 20 Bs, avec salle de bains 25 Bs, chambre double 40 Bs, avec salle de bains 50 Bs, chambre triple 60 Bs, chambre quadruple 80 Bs.)

ENVIRONS DE SUCRE : CORDILLERA DE LOS FRAILES

Malgré le prix un peu élevé, il est préférable de visiter la Cordillera avec un guide, surtout pour les excursions prolongées ou les destinations peu connues. Beaucoup de villageois ne parlent que le quechua et ne sont guère accueillants envers les visiteurs. La plupart des agences (voir ***Informations pratiques****, p. 415) organisent des visites guidées pour 20-30 $ la journée, transport, repas et hébergement sommaire inclus. Les prix varient en fonction du nombre de participants et de la durée des excursions. Vous pouvez acheter des cartes de la région à l'Instituto Geográfico Militar, rue A. Arce juste au sud de la rue Hernando Siles. Les cartes originales (45 Bs) sont rares, mais les photocopies (35 Bs) sont convenables : Les cartes de Sucre (6536IV) et d'Estancia Chaunaca (6537II) incluent la plupart des destinations. Potolo se trouve sur la carte Anacoma (6436I) (☎455 514, ouvert Lu-Ve 8h30-12h et 14h30-18h). L'altitude reste assez basse pour la Bolivie, allant de 2700 m (Sucre) à 3726 m (Chataquila).*

La chaîne de montagnes qui s'élève à l'ouest de la ville fait de Sucre un point de départ idéal pour des randonnées de 1 à 10 jours. La plupart commencent à **Chataquila**, un petit temple en pierre situé à 25 km à l'ouest de Sucre, sur la route de Potolo. De là, beaucoup choisissent de se diriger vers le nord pour explorer dans la journée les anciennes peintures rupestres d'**Incamachay** (ou Pumamachay). Il est également possible de s'y rendre par le biais d'agences de voyages. Depuis Chataquila, la piste de 7 km (en descente) qui longe la route précoloniale menant à **Chaunaca**, petit village de *campesinos*, est à la portée de tous. Les plus ambitieux se dirigeront vers le sud-ouest, jusqu'à **Potolo**, l'un des centres de tissage jalq'a, tandis que les autres effectueront 8 km vers le sud pour gagner le village de **Maragua** et le cratère rouge sombre homonyme. La plupart des groupes préfèrent passer quelques jours à explorer les nombreux villages de tisserands des alentours. Les excursions à destination des **thermes de Talula** étaient très prisées jusqu'à ce qu'un glissement de terrain ait bloqué la source, asséchant les puits d'eau chaude. Plutôt que de prendre la route ouest, plus longue, jusqu'à Quila Quila, un agréable village doté de peintures rupestres, dirigez-vous droit vers le sud pendant 10,5 km environ. De là, plusieurs possibilités s'offrent à vous. Le sommet du **Cerro Obispo** (3453 m) n'est qu'à 5 km. La plupart des excursions organisées retournent directement à **San Juan** (8,5 km), traversent le Cachimayu à gué et font le reste du trajet jusqu'à Sucre en véhicule (18 km). Bien que toute la route entre Quila Quila et Sucre soit théoriquement praticable en voiture, la saison des pluies (surtout de Déc. à Fév.) rend la rivière infranchissable. Si vous n'avez pas encore eu votre compte de peintures rupestres, vous pouvez gagner **Supay Huari**, ou la Maison du Diable, pour y admirer d'étranges dessins. La manière la plus simple d'atteindre ce site méconnu est de vous rendre en voiture à Padilla (17 km) au nord, et d'effectuer 2h30 de marche jusqu'aux peintures, en suivant la rivière Mama Huasi.

POTOSÍ ☎06

"Soy el rico Potosí	*"Je suis la riche Potosí*
Del mundo soy el tesoro	*Du monde je suis le trésor*
Soy el rey de los montes	*Des montagnes je suis la reine*
Envidia soy de los reyes"	*Des rois je suis la convoitise"*

–Sabia Andina, extrait de la chanson *Potosino Soy*

C'est à Potosí que s'édifia la fortune et la suprématie des Espagnols, jusqu'à ce que la mine s'épuise. En effet, c'est de la montagne qui a donné son nom à la ville que ceux-ci tirèrent les trois quarts des richesses qu'ils rapportèrent en Europe. A sa grande époque, Potosí faisait de l'ombre aux autres villes d'Amérique qui nourrissaient des ambitions coloniales. Elle pouvait alors se vanter d'être la ville la plus haute (4090 m), la plus grande (à son apogée en 1650, la ville comptait plus de 160 000 habitants, c'est-à-dire plus que Paris à l'époque) et, de loin, la plus riche des deux continents réunis. Aujourd'hui, Potosí est toujours la plus haute du monde mais il ne reste plus que 120 000 habitants et sa source de richesses, les mines du Cerro Rico (la "montagne riche" qui surplombe la ville à 4824 m), ne fournit plus que quelques fragments d'étain, de zinc, de plomb et parfois d'argent. "No es Potosí", comme diraient les Espagnols ! Pour l'anecdote, cette expression se traduit par "C'est pas le Pérou" (Pérou faisant référence ici à l'ancien nom de la Bolivie, le Haut-Pérou), et évoque l'idée que le Cerro Rico produit encore quelques minerais mais que ce n'est plus ce que c'était. La ville a été classée patrimoine de l'humanité par l'Unesco, ce qui en dit long sur sa gloire, sa richesse et sa souffrance. Les édifices coloniaux et la pléthore d'églises jalonnant les rues désordonnées d'une cité qui s'est développée trop vite, rappellent simplement la splendeur passée de Potosí.

TRANSPORTS

Avion : Aucun avion ne décolle de Potosí, mais les compagnies aériennes ont des bureaux dans la ville. **LAB**, Lanza 19 (☎222 361), dans l'hôtel Turista au sud de la place principale. Ouvert Lu-Ve 9h-12h et 14h-18h. **Aerosur**, Cobija 25 (☎228 988 ou 222 232), à l'ouest de la place. Ouvert Lu-Ve 9h-12h 14h30-18h30.

Bus : La **gare routière** se trouve rue Antofagasta, dans la partie nord-ouest de la ville, à 20 mn à pied du centre. La plupart des *micros* (1 Bs) s'y rendent (n°80, 90 et 100 ou I et C). Guichet d'informations (☎243 361) ouvert tlj 6h30-12h30 et 14h30-20h30 en

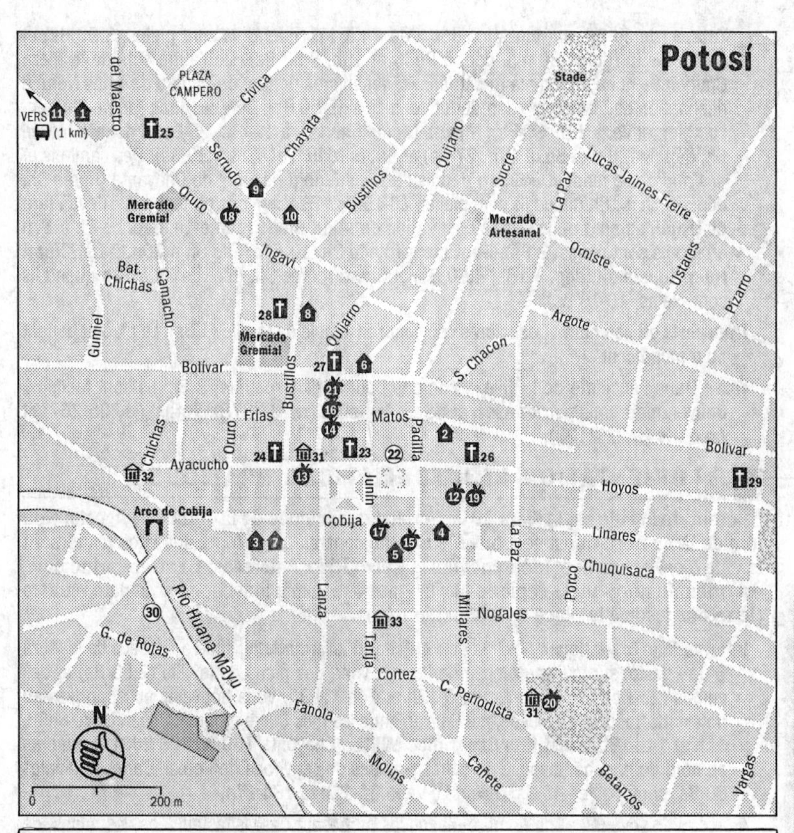

hiver, 6h-12h et 14h-20h en été. Taxe de sortie 1,50 Bs. Bus à destination de : **La Paz** (durée 20h, dép. à 19h et 19h30, 80 Bs), **Cochabamba** (durée 12h, dép. à 19h, 70 Bs), **Sucre** (durée 3h, 5 dép/j de 7h à 18h, 15 Bs), **Oruro** (durée 7h, dép. à 7h, 20h et 22h, 50 Bs), **Tarija** (durée 11h, dép. à 11h, 12h et 19h, 40 Bs), **Tupiza** (durée 7h, dép. à 7h, 8h, 9h30 et 19h, 60-70 Bs), **Villazón** (durée 12h, dép. à 7h, 8h et 9h30, 60-70 Bs) et **Uyuni** (durée 6-7h, dép. à 12h, 30-35 Bs). Mais la plupart des bus à destination de **Uyuni** (durée 5-6h, dép. à 11h et 18h30, 30 Bs) partent plus loin sur la rue Antofagasta, en direction de la ville, à l'intersection de la rue Villa Toledo, tout près de la voie ferrée. Des **micros** partent de la Plaza Chuquimia, côté Antofagasta, à destination de : **Miraflores** (durée 30 mn, dép. environ toutes les 30 mn quand ils sont pleins de 7h à 18h, 3,50 Bs),

Totara (durée 30 mn, plusieurs dép/j de 7h à 17h quand ils sont pleins, 3,50 Bs) et **Santa Lucía** (durée 30 mn, dép. à 8h30 et 15h, 3,50 Bs). De l'autre côté de la Plaza Chuquimia, à hauteur de la rue Américas, des *micros* partent du bureau de Trans Norte à destination de : **Bombori** (dép. Je. et Ve. à 11h30, 50 Bs), **Colquechaca** (durée 7h, dép. Lu., Mer. et Ve. à 11h, 30 Bs), **Macha** (durée 5h, dép. à 11h30, 25 Bs), **Pocoata** (durée 6h, dép. Ma., Je. et Sa. à 11h, 27 Bs) et **Sucre** (dép. Ve. à 11h, 30 Bs). Des camions et des *micros* se rendent à **Sucre** depuis l'extrémité nord de Final de Chayanta (durée 3h, dép. de 7h à 18h quand ils sont pleins, 10-15 Bs). Des camions partent aussi de la Plaza de Uyuni, au nord de la ville, à destination de : **Don Diego** (durée 1h, dép. de 7h à 17h quand ils sont pleins, 3 Bs), **Bentanzos** (durée 2h, 10 dép/j de 8h à 20h, 5 Bs), **Huari Huari** (durée 1h, dép. à 16h, 4,50 Bs) et **Sucre** (durée 3h, dép. de 7h à 18h quand ils sont pleins, 10-15 Bs).

Transports en commun : Des **micros** couvrent l'ensemble de la ville (1 Bs). La plupart partent du marché central.

Taxi : Dans l'enceinte de la ville, y compris pour la gare routière, 3 Bs. Ils sont faciles à trouver, mais vous pouvez aussi appeler : **Imperial** (☎227 878), **Potosí** (☎225 257) et **Arco Iris** (☎223 123).

ORIENTATION ET INFORMATIONS PRATIQUES

Le cœur de la ville est la **Plaza 10 de Noviembre**, flanquée de la **Plaza 6 de Agosto**. Non loin de là au nord-ouest se trouve le **marché central**. La plupart des rues traversent la ville d'est en ouest et montent vers le Cerro Rico. **Antofagasta**, l'artère principale, est orientée nord-ouest et passe par la **Plaza Chuquimia** ainsi que par la **gare routière** (le retour jusqu'à la place se fait en montée).

Informations touristiques : Le très utile **guichet d'informations**, situé au-dessus de la Plaza 6 de Agosto, sur la Plaza Alonso de Ibañez, vend des plans de la ville (2,50 Bs) et des guides (25 Bs). Ouvert Lu-Ve 8h30-12h et 14h-17h30. Vous trouverez aussi un **bureau universitaire**, près du musée, rue Bolívar, entre les rues Sucre et Junín. Ouvert Lu-Ve 8h30-12h et 14h-18h. L'**Instituto Geográfico Militar**, Chayonta 769 (☎226 248), 4 *cuadras* au nord du marché, dispose de cartes précises des environs de Potosí. Cartes originales 60 Bs, photocopies 45 Bs. Ouvert Lu-Ve 8h30-12h et 13h-17h.

Agences de voyages : Bon nombre d'agences proposent des visites guidées des mines, de la ville et de Kari Kari, entre autres. La qualité des visites dépend plus des guides que des agences elles-mêmes, ce qui rend le choix difficile. Vous trouverez ci-dessous quelques-unes des agences les plus sollicitées, classées du moins cher au plus cher.

Carol Tours, Serrudo 345 (☎228 212, e-mail santosm@cedro.pts.entelnet.bo), près du Residencial Felcar, 2 *cuadras* au nord du marché, sur la droite. Ouvert tlj 8h-12h30 et 14h-22h.

Koala Tours, Ayacucho 5 (☎/fax 222 092), en face de la Casa de la Moneda. Une partie des bénéfices des visites des mines sert à financer certains programmes d'aide aux mineurs, notamment dans le domaine de la santé. Ouvert tlj 8h-19h.

Sumaj Tours, Oruro 143 (☎224 633 ou 222 495, fax 222 600), dans le Jerusalem Hotel, au nord du marché. Ouvert tlj 8h-12h et 14h30-19h.

Banques : **Banco Mercantil**, Pasaje Boulevard 9 (☎228 085), rue Padilla, entre les rues Matos et Hoyos. **Distributeur automatique** acceptant les cartes Visa. Ouvert Lu-Ve 8h30-12h30 et 14h30-18h30, Sa. 9h-13h30. **BNB**, Junín 6 (☎223 501). Retrait d'argent avec cartes Visa et MC. Ouvert Lu-Ve 8h30-12h et 14h30-18h, Sa. 9h-13h. **Banco de Crédito** (☎223 521), à l'angle des rues Bolívar et Padilla. Retrait d'argent avec cartes Visa, MC et AmEx (5 % de commission).

Bureau d'immigration : Linares 35 (☎225 989), à l'étage, juste à l'est de la rue Padilla, sur la gauche. Ouvert Lu-Ve 8h30-16h30.

Centre culturel : Alliance française, Ingavi 38 (☎225 721), au nord de l'église de San Lorenzo. E-mail bebolo@yahoo.com.

Marchés : **Marché central**, délimité par les rues Bolívar, Bustillos, Oruro et Chichas. **Marché Artisanal**, à l'angle des rues Sucre et Orniste.

Urgences : ☎ 110 ou 116.

Police : Sur la Plaza 10 de Noviembre (☎ 222 661).

Pharmacie : Composez le ☎ 116 pour connaître la *farmacia de turno* (pharmacie de garde).

Hôpital : **Cruz Roja**, Camacho 127 (☎ 226 045), au sud de la Plaza del Estudiante.

Téléphone : **ENTEL** (☎ 224 007 ou 222 497), juste au sud de la rue Bolívar. Ouvert Lu-Sa 8h-22h30 et Di. 8h-22h.

Internet : **C. Camex**, rue Bolívar, entre les rues Bustillos et Quijarro. 6 Bs/h. Ouvert tlj 8h-22h. **Internet Tukós Café**, Junín 9 (☎ 225 487), au coin de la rue Bolívar. Au 2e étage se trouve ce que le propriétaire revendique comme l'accès Internet le plus élevé du monde. 6 Bs/h.

Bureau de poste : Lanza 3 (☎ 222 513), au sud de la place principale, entre les rues Cobija et Chuquisaca. Ouvert tlj 8h30-19h30.

HÉBERGEMENT

Les hôtels ne manquent pas, mais il faut du temps et de l'argent pour en dénicher un avec le chauffage (choisissez une chambre qui possède au moins quatre couvertures). En général, il y a de l'eau chaude (ou tiède) entre 7h et 18h.

Hostal Carlos V, Linares 42 (☎ 225 121), 2 *cuadras* à l'est de la place principale. Ne vous fiez pas à l'enseigne déglinguée : à l'intérieur, vous trouverez des murs en stuc blancs, des rambardes en bois et de jolis couvre-lits. Petit déjeuner 12 Bs, chambre simple 30 Bs, avec salle de bains 40 Bs, chambre double 60 Bs.

Residencial Sumaj, Gumiel 12 (☎ 223 336). Depuis la place principale, descendez 4 *cuadras* vers l'ouest jusqu'à la rue Chichas, puis remontez vers le nord jusqu'à la Plaza del Estudiante. L'hôtel se trouve à l'angle de droite. Les chambres donnent sur un hall où déambulent constamment des voyageurs. Cuisine. Chambre simple 25 Bs, double 45 Bs, triple 60 Bs, quadruple 80 Bs, dortoir 20 Bs par personne.

Residencial Felcar, Serrudo 345 (☎ 224 966). Prenez la rue qui part au nord du marché puis la deuxième à droite : Felcar se trouve un peu plus bas sur la gauche. Les douches chaudes alimentées au gaz 24h/24 compensent la quantité limitée de couvertures. Propriétaires serviables. Petit déjeuner 3,50-8 Bs. Laverie 8 Bs/kg. Chambre simple 25 Bs, double 40 Bs, triple 60 Bs, quadruple 80 Bs.

Casa de Huéspedes María Victoria, Chuquisaca 148 (☎ 222 132). Gagnez la rue Chuquisaca au sud de la place et suivez-la jusqu'au bout vers l'ouest. Un séjour dans ce superbe bâtiment colonial, souvent plein de touristes, se paie : douches de 6 mn chrono et nette préférence pour les paiements à l'avance. Chambre simple 25 Bs, double 50 Bs, avec salle de bains 60 Bs, chambre triple 75 Bs.

Hostal Compañía de Jesús, Chuquisaca 445 (☎ 223 173), 1 *cuadra* au sud puis quelques pas à l'est de la place principale. Vous serez chaleureusement accueilli par une profusion de couvertures, de l'eau chaude 24h/24 et de charmants propriétaires. Petit déjeuner compris. Chambre simple 40 Bs, avec salle de bains 50 Bs, chambre double 70 Bs, avec salle de bains 90 Bs, chambre triple 120 Bs.

Posada San Lorenzo, Bustillos 967 (☎ 224 842), un peu au nord du marché central, sur la droite. L'établissement le moins cher de la ville, sans eau chaude, avec lavabo et douche à l'extérieur et de fines couvertures. Spartiate ! Chambre simple 12 Bs, double 20 Bs, triple 30 Bs, quadruple 40 Bs, quintuple 50 Bs.

Hostal Felimar (☎ 224 357), à l'intersection des rues Junín et Bolívar, 2 *cuadras* au nord de la place principale. Les plafonds sont bas, surtout dans les chambres du sous-sol, contrairement à ceux des douches curieusement hauts. Chambres avec moquette et TV. Chambre simple 40 Bs, avec salle de bains 60 Bs, chambre double 70 Bs, avec salle de bains 90 Bs, chambre triple avec salle de bains 120 Bs.

Residencial Copacabana (☎222 712), à l'angle des rues Serrudo et Chayata, 2 *cuadras* au nord du marché central. Les chambres donnent sur un hall dont les vitres couvertes de lierre sont en harmonie avec les murs couleur vert d'eau. Les sols sont un peu poussiéreux mais les toilettes impeccables. Chambre simple 25 Bs, double 40 Bs, triple 60 Bs, quadruple 80 Bs.

Casa de Huéspedes Hispano, Matos 62 (☎(01) 475 342), au nord-est de la place. Lits solides et cour vitrée. Très bon accueil. Petit déjeuner 6 Bs. Laverie 8 Bs/kg. Toutes les chambres sont équipées d'une salle de bains. Chambre simple 50 Bs, double 90 Bs, triple 110 Bs.

Hotel Central, Bustillos 1230 (☎222 207). Depuis la place principale, dirigez-vous vers l'ouest puis prenez la rue Bustillos à gauche : l'hôtel est un peu plus bas sur la droite. Eau chaude de 7h à 18h. Les chambres sont assez spacieuses et le petit déjeuner (4 Bs) bon marché. Chambre simple 25 Bs, double 40 Bs, triple 60 Bs.

RESTAURANTS

Parmi les spécialités de Potosí, vous pourrez goûter la *lagua*, une pâte épicée faite à partir de *choclo* (épi de maïs) et servie avec des morceaux de jambon. La *calaporka* est une *lagua* servie avec une pierre brûlante en son centre qui la conserve bien chaude. Pour le dessert, essayez les *tahua-tahuas*, pâtisseries à base de maïs garnies de miel. Sur le marché, vous trouverez de quoi résister au froid matinal (*api* et *pasteles*) ou de quoi manger pour un prix plus que raisonnable.

La Manzana Mágica, Oruro 239, au nord du marché, sur votre droite. Véritable paradis du fruit, cet établissement végétarien prépare des *licuados* (3,50 Bs), des jus de fruit (3 Bs) et des salades de fruit (7 Bs) de toutes sortes. Prenez place à l'une des tables en bois pour déjeuner ou dîner (10 Bs). *Burgers* (de quinoa, de céréales, de légumes et de soja) 4 Bs, spaghettis 7 Bs. Ouvert tlj 7h-22h.

Sumac Orcko, Quijarro 46 (☎223 703), 1 *cuadra* et demie au nord de la place principale. Très apprécié des touristes comme des *Potosinos*. Les végétariens sont les bienvenus. Déjeuner composé de quatre plats 13 Bs. La *viscacha* (sorte de lapin à longue queue, originaire de l'altiplano, 20 Bs), le *lechón* (porc, 20 Bs) et la truite du Titicaca (25 Bs) figurent parmi les spécialités de l'établissement. Ouvert Lu-Sa 8h30-22h.

Potocchi, Millares 13 (☎222 759), à l'est de la place entre les rues Hoyos et Linares. Cuisine traditionnelle (viande de lama 18 Bs) et étrangère (*roëschti* 18 Bs). Bonne ambiance lors des *peñas* qui ont lieu les lundi, mercredi et vendredi à 20h. Entrée 10 Bs. Ouvert Lu-Sa 7h-23h.

Candelaria Internet Café, Ayacucho 5 (☎226 467), à l'ouest de la place principale, en face de la Casa de la Moneda. Les voyageurs s'y retrouvent pour accéder à Internet (10 Bs/h), échanger des livres ou se restaurer (viande de lama 15 Bs). La terrasse ensoleillée qui surplombe la ville est idéale pour le café de l'après-midi (1 Bs). Ouvert tlj 8h-22h.

Den Daske Café (☎(01) 476 331), à l'angle des rues Quijarro et Matos, au nord de la place. Accueille surtout des *gringos*. Nouilles thaï 20 Bs, poulet au curry 20 Bs. Ouvert tlj 7h30-22h30.

San Marcos (☎222 781), rue La Paz, juste au nord de la rue Periodistas. Restaurant chic installé dans une ancienne usine. Les clients mangent sur des tables en verre, au-dessus des machines d'origine. Filet flambé San Marcos 30 Bs, médaillon de lama 20 Bs. Ouvert tlj 12h-23h.

El Mesón (☎223 087), à l'angle des rues Tarija et Linares, sur la Plaza 10 de Noviembre. Probablement le meilleur restaurant de Potosí. Excellents plats traditionnels (25-28 Bs). Les moules accompagnées d'une sauce légère au fromage (12 Bs) ou les asperges au jambon (8 Bs) sont servies dans des assiettes en porcelaine soigneusement disposées sur des tables en bois. Ouvert tlj 12h-14h et 17h-22h30.

Cherry's, Padilla 8 (☎225 367), au sud de la Plaza 6 de Agosto. Petit restaurant souvent plein, fréquenté essentiellement par des touristes. Gâteaux et tartes 2,50 Bs, thé ou café bien chaud 1,50 Bs, *müesli* 5 Bs. Ouvert tlj 8h-22h.

Chaplin Café, au croisement des rues Quijarro et Matos, au nord de la place principale. Assortiment de plats qui combleront autant les voyageurs végétariens que les carnivores affamés. *Müesli* au yaourt 8 Bs, spaghettis au poulet 10 Bs, *tacos* 6 Bs. Ouvert tlj 7h30-12h et 16h-22h.

VISITES

VISITES GUIDÉES DES MINES

"Nunca cierren las minas	*"Non, ne fermez jamais les mines*
Para que la juventud	*Ainsi nos fils dans leur jeune âge*
aprenda en sus galerías	*Verront ce qu'était l'esclavage*
Lo que fue la esclavitud"	*Dans leurs galeries assassines"*

—Luis Rico, extrait de la chanson *Imágenes*

On ne peut légalement visiter les mines qu'avec un guide agréé. La visite se fait parfois à quatre pattes : portez des habits qui ne craignent rien. Veillez à ce que l'on vous fournisse un casque, des bottes, une lampe et, éventuellement, des vêtements de protection. En raison des émanations nocives et de l'extrême profondeur, ces visites sont déconseillées aux asthmatiques ou aux claustrophobes. La température peut atteindre 40° C. Des wagons de minerai circulent sur les rails : soyez prêt à dégager la voie. Si vous voulez voir la mine en pleine effervescence, descendez-y plutôt en semaine, car il arrive tout de même à certains mineurs de se reposer le week-end. La visite guidée dure 4-5h, dont 2h30-3h dans les mines. 10 $ ou 50 Bs.

La visite de l'une des nombreuses mines du Cerro Rico constitue le temps fort d'un séjour à Potosí et une immersion brutale dans la terrible réalité de la ville. La descente dans les entrailles de la terre vous ramènera bien loin en arrière : l'esclavage a beau avoir été aboli, les conditions de travail n'ont pas évolué tant que cela depuis l'époque des Espagnols. Des hommes et des garçons âgés de 8 à 16 ans utilisent encore des outils primitifs pour extraire le minerai chargé d'arsenic. Si deux mines d'Etat et six mines privées ont recours à des technologies plus modernes, les vingt-sept autres sont des coopératives louées à l'Etat pour 6 à 8 % des bénéfices de la mine. Dans ces coopératives, les mineurs sont livrés à eux-mêmes pendant six à huit heures par jour à des températures supérieures à 40° C et ce, 6 jours sur 7. Ils ne disposent ni de matériel de sécurité ni de cartes. Les couloirs ne sont pas ventilés et certains menacent de s'effondrer, mais aucun ingénieur ni géologue n'est présent sur le site pour en informer précisément les travailleurs. Plus de 7 000 personnes (dont 1 000 enfants !) extraient du Cerro Rico plus de 1 000 tonnes de minerai par jour. La plupart des agences proposent des visites accompagnées de guides expérimentés, dont beaucoup sont d'anciens mineurs.

Toutes les visites commencent par la répartition du matériel et l'achat de cadeaux. Les mineurs, en effet, ont pris l'habitude d'accepter les boissons fraîches et les bâtons de dynamite que les touristes leur offrent. C'est devenu une sorte de tradition. Puis vient la descente aux enfers, où vous pouvez vous rendre compte du quotidien de nombreux *Potosinos* et parler aux mineurs, dont beaucoup sont des enfants, fils de mineurs nés avec un casque sur la tête. Les conditions, notamment dans les coopératives, sont épouvantables. Les guides sont généralement compétents (et pour cause, ils ont tâté de la lampe frontale), mais les suivants sont particulièrement recommandés : **Juan Mamani Choque** et **Eduardo García Fajardo** de l'agence Koala (qui reverse 15 % de ses bénéfices aux mineurs) ou **Santos Mamani** et **Roberto Gutiérrez** de l'agence Carol. La plupart des guides parlent anglais. Certains peuvent faire les visites en français.

INGENIOS. A l'apogée de l'extraction d'argent du Cerro Rico (vers 1660), 132 *ingenios* (ou raffineries) occupaient La Ribera, au sud de la ville. Là, le minerai était pulvérisé par de grosses pierres ou à l'aide de machines alimentées par l'énergie hydraulique des lacs Kari Kari. On ajoutait ensuite du mercure à la roche broyée afin de séparer l'argent des autres minéraux. **San Marcos**, devenu un restaurant et un petit musée, et **Dolores**, rue Mejillones, entre les rues Nogales et Bustillos, sont deux exemples de raffineries du XVIIe siècle bien conservées qui méritent une visite. En continuant vers l'ouest le long de la rivière Huana Mayo, vous en trouverez d'autres après la voie ferrée.

MUSÉES

Aussi riche en histoire qu'en minerais, Potosí est fière de posséder quelques excellents musées (et d'autres plus désorganisés). Pensez à prendre des vêtements chauds car une visite de deux heures dans ces bâtiments de pierre non chauffés peut se révéler assez frigorifiante.

LA CASA REAL DE LA MONEDA. Paradoxalement, il s'agit à la fois de l'un des plus beaux musées de Bolivie et du symbole historique de l'oppression espagnole. L'édifice d'origine fut commencé en 1572 dans le cadre des réformes du vice-roi Toledo, dans l'optique de frapper les pièces d'argent de l'empire espagnol à Potosí même, afin de permettre la levée d'impôts supplémentaires. Un nouvel hôtel de la monnaie fut construit entre 1759 et 1773, et même après la révolution de 1825, il continua à fabriquer la monnaie de la toute nouvelle république jusqu'à ce que l'on en fasse un musée en 1940. La Casa fit également office de prison et de quartier général militaire. La visite de trois heures révèle certains des plus beaux trésors boliviens, dont de nombreux tableaux du maître Holguín, l'anonyme **Virgen del Cerro** et un **masque de Bacchus** souriant sur l'arche d'entrée, réalisé en 1865 par le sculpteur français Eugène Marti Mulon. Tout aussi intéressants sont les **outils de frappe**, dont trois énormes laminoirs importés d'Espagne en 1750 qui occupent deux étages. Ils étaient actionnés par des mulets afin d'aplatir l'argent en feuilles. Les dernières salles du musée, qui rassemblent des objets d'intérêt historique, minéralogique et anthropologique, semblent avoir été organisées au petit bonheur la chance. *(A l'angle des rues Ayacucho et Quijarro. ☎ 223 986. Ouvert Ma-Sa 9h-12h et 14h-18h30, Di. 9h-13h. Il faut venir au moins une heure avant la fermeture pour se joindre à une visite. Pour une visite complète, mieux vaut arriver à 9h ou à 14h. Visites en anglais, français, espagnol. Entrée 10 Bs.)*

ALTIPLANO

MUSEO-CONVENTO DE SAN FRANCISCO. Fondée en 1547 par Fray Gaspar de Valverde, San Francisco fut la première église et le premier monastère de Bolivie. Toutefois, ce qu'il en reste aujourd'hui fut édifié entre 1707 et 1726. L'église d'origine était trop modeste pour les Franciscains locaux. La première cour rassemble une série de 25 tableaux endommagés représentant la vie de saint François d'Assise (peints au XVIIe siècle par Gregorio Gamarra), mais aussi et surtout la célèbre œuvre de Melchor Pérez de Holguín, **La Erección de la Cruz**. Les hauts plafonds en voûte de l'église, imitant la brique, abritent une statue du saint patron de la ville, **Señor de la Vera Cruz** (sur laquelle, selon la légende, pousseraient des cheveux humains). Les visiteurs pourront également jeter un coup d'œil aux **catacombes**, reliées à plusieurs sites de la ville par des tunnels inexplorés ou non restaurés datant de l'époque coloniale. Les visites se terminent par une balade sur le toit qui offre un panorama spectaculaire sur la ville et qui mérite à lui seul le prix d'entrée. *(Entrée à l'angle des rues Tarija et Junín, au sud de la place principale. ☎ 222 539. Les visites durent 45 mn. Guides hispanophones. Ouvert Lu-Ve 9h-12h et 14h30-17h30, Sa. 9h-12h. Entrée 10 Bs, plus 10 Bs pour prendre des photos, y compris depuis le toit.)*

MUSEO SANTA TERESA. Commencé en 1685 par les carmélites de Sucre, le couvent fut achevé sept ans plus tard. Presque tous les ouvrages en pierre et en bois (cèdre importé de la région du Chaco) se trouvant à l'intérieur de cet édifice couleur potiron sont d'origine. Il compte l'une des plus remarquables façades de style *mestizo* de la ville. La visite guidée présente essentiellement la vie recluse des moniales. A ne pas manquer : les fenêtres à pointes par lesquelles les familles étaient autorisées à parler à leurs filles et à leurs sœurs et le tourniquet en bois qui permettait aux religieuses de vendre des produits sans voir le monde extérieur. Extrêmement bien conservé, le couvent abrite également quelques œuvres du maître bolivien Holguín, outre plusieurs collections de statues et d'autels et un plafond maure très travaillé. D'autres tableaux commémorent les saints préférés des carmélites, parmi eux Sainte Thérèse d'Avila, Saint Jean de la Croix, Saint Joseph et bien sûr, la Vierge de Carmen. A la fin de la visite, il est possible d'acheter entre autres des *quesitos* confectionnés encore aujourd'hui par les sœurs. *(A l'angle des rues Ayacucho et Chichas, 4 cuadras à l'ouest de la place principale. ☎223 847. Les visites, en espagnol uniquement, durent 2h. Ouvert tlj 9h-11h30 et 15h-17h30. Entrée 15 Bs.)*

INGENIO SAN MARCOS. Tenant plus du restaurant que du musée, San Marcos est la raffinerie de minerai la mieux préservée de Potosí. Ne manquez pas la roue hydraulique, de 5 m de diamètre, utilisée pour actionner la machinerie datant du XIXe siècle. Juste à côté se trouve le musée annexe, **Arte Textil de Calcha**. Tout comme la fondation ASUR de Sucre (voir encadré **Une Renaissance andine**), la boutique vend des objets tissés traditionnels de la communauté calcha. *(A l'angle des rues La Paz et Betanzos, 3 cuadras à l'est et 3 cuadras au sud de la place. ☎222 874. Le restaurant San Marcos est ouvert Lu-Sa 13h-20h.)*

ÉGLISES

CATHÉDRALE. La construction de la cathédrale, première grande église de Potosí, a commencé en 1564 et ne s'est achevée qu'à la fin du XVIe siècle. Elle n'a toutefois pas résisté à l'épreuve du temps et s'est écroulée en 1807. L'édifice actuel, plus grand, a été érigé en 1836 sur le même emplacement. A l'intérieur, on trouve plusieurs tableaux et ornements. *(Sur la Plaza 10 de Noviembre. Ouvert tlj pour les messes de 7h et de 18h30.)*

BELÉN/TEATRO ORNISTE. Appartenant à l'origine à l'Ordre de Bethléem, arrivé à Potosí en 1700, cette façade ouvragée abrite à présent le théâtre Orniste. L'église a fait office d'hôpital avant d'être reprise par l'Ordre, puis a été le siège des royalistes durant la guerre d'Indépendance. Au XXe siècle, elle a également abrité un cinéma, mais des travaux de restauration lui ont rendu sa théâtrale majesté. *(A l'angle des rues Hoyos et Junín, en face de la Plaza 6 de Agosto.)*

IGLESIA DE SAN MARTÍN. Fondée entre 1592 et 1595, cette église fut la dernière construction issue des réformes massives du vice-roi Toledo. Elle fut érigée par les Indiens de la région du lac Titicaca selon le système inca de la *mita* (principe selon lequel tout adulte devait travailler une partie de son temps au profit de l'empire), déjà imposé par les colons aux mineurs de Potosí. Bien que l'extérieur ait subi un certain nombre de remaniements, l'intérieur conserve ses trésors d'origine, dont certaines peintures à l'huile représentant la vie de la Vierge. *(Rue Hoyos, entre les rues Pizarro et Diego de Almagro, bien à l'est de la place. Ouvert tlj pour la messe de 7h.)*

FÊTES

Le festival le plus intéressant de Potosí débute le 24 août. Officiellement appelée **Fiesta de San Bartolomé**, cette fête de trois jours est mieux connue sous le nom de **Ch'utillos**. Des habitants de toute la région affluent pour participer au défilé folklorique, aux beuveries, au flirt et à l'amusement général. L'autre grand festival de la ville célèbre la **création de Potosí** (10 novembre).

SORTIES ET ATTRACTIONS

Quand les nuits se font fraîches, bon nombre de *Potosínos* préfèrent se réfugier sous la couette plutôt que de sortir en ville. Ils ne restent que les touristes et les étudiants, qui se réchauffent le week-end en buvant et en dansant dans les pubs et les discothèques. N'omettez surtout pas de goûter le *singani*, liqueur plus populaire encore que le vin. Pour une bonne dose de culture locale, essayez le **Cine Imperial**, Padilla 31

(☎216 133), au sud de la Plaza 6 de Agosto, un peu après la rue Chuquisaca, qui passe essentiellement des films américains sous-titrés en espagnol.

Pub La Casona, Frias 41 (☎222 954). Depuis la place, passez la Casa de la Moneda vers l'ouest et prenez à droite, puis la première à gauche. Le pub se trouve un peu plus loin sur votre droite. Il s'agit du bâtiment où logea le premier administrateur de la Casa de la Moneda. Ambiance détendue (et chauffée). Café 3 Bs, *potosina* 7 Bs, *singani* 8 Bs. Excellente truite à 30 Bs, sandwichs à 5 Bs. Ouvert Lu-Sa 18h-24h.

La Chatarra Pub, sur la Plaza Alonso de Ibañez, à l'est de la place principale. Autre lieu nocturne prisé pour son chauffage et son ambiance football. Bière 10 Bs, cappuccino et expresso 5 Bs, *margarita* 10 Bs. Ouvert tlj 19h-24h.

Estravagenze, rue Bustillos, près de la Casa de la Moneda. Discothèque appréciée des étudiants. La musique varie de la pop américaine aux rythmes latinos, mais c'est la salsa qui prime. La première boisson fait office de droit d'entrée. Ouvert Je-Sa 20h-2h.

U2, rue Matos, côté est de la rue Padilla. Depuis la place principale, remontez 1 *cuadra* vers le nord puis 1 *cuadra* et demie vers l'est. Si le nom a été emprunté au groupe irlandais, la musique, elle, n'est pas à l'unisson : les rythmes latinos règnent en maîtres. Ouvert Je-Sa 19h30-2h.

EXCURSIONS DEPUIS POTOSÍ

TARAPAYA ET MIRAFLORES

Des micros pour Miraflores partent de la Plaza Chuquimia, côté Antofagasta (durée 30 mn, dép. toutes les 30 mn de 7h à 18h, 3,50 Bs). Le dernier micro pour Potosí quitte Miraflores à 19h. Pour gagner l'Ojo del Inca, descendez juste avant le pont à gauche. Passez le pont et, à l'embranchement, partez sur la droite. Vous pouvez suivre la route qui fait le tour ou prendre l'un des nombreux sentiers balisés (10-15 mn). Bains 2,50 Bs la journée. Les bains privés sont plus chers : 15 Bs/h à Miraflores, 10 Bs à Paraíso et 5 Bs à Tarapaya. Les Boliviens préfèrent les bassins couverts et plus chauds de Miraflores, tandis que la plupart des touristes se rendent à Tarapaya après une petite baignade dans l'Ojo del Inca. Tous sont ouverts tlj 8h-18h.

Pour se divertir le week-end, la plupart des *Potosínos* se rendent aux **thermes** situés au nord de la ville. Nombreux sont ceux qui sont prêts à marcher 25 km (sur une route goudronnée) pour se baigner dans les eaux plus chaudes des Balnearios de Tarapaya, Paraíso et Miraflores. Bien qu'ils soient encore prisés pour leurs vertus médicinales (ils soulageraient les douleurs musculaires), les bains publics et privés sont essentiellement fréquentés par des personnes en pleine forme. Le lac du cratère, parfaitement circulaire, appelé **Baño del Inca** ou **Ojo del Inca**, constitue sans doute le lieu de baignade le plus fascinant. Escale préférée de l'Inca Huayna Cupac lors de ses voyages entre Cuzco et le sud de l'empire, ce lac, dont les eaux atteignent 30° C, est devenu une escale très appréciée des voyageurs d'aujourd'hui. On trouve de quoi se loger à peu de frais (environ 20 Bs par personne) dans les petites villes alentours. Il est également possible de **camper**, notamment sur le terrain plat qui jouxte l'Ojo del Inca.

HACIENDA CAYARA

Un seul bus par jour se rend à l'hacienda (durée 1h, dép. à 12h30, 7 Bs) au départ de la Plaza Chuquisaca, côté Américas. Le bus revient à Potosí le même soir une fois qu'il est plein, généralement vers 19h30 ou 20h. Aller-retour en radio-taxi 70 Bs, plus 20 Bs si vous lui demandez d'attendre. Appelez le bureau de Potosí (☎226 380), près d'ENTEL, rue Camacho, pour réserver ou organiser une visite. 3 $.

Lorsqu'on l'on connaît l'importance des richesses que les Espagnols tirèrent de l'exploitation des mines d'argent, il n'est pas étonnant de voir tous ces vestiges de somptueuses haciendas autour de Potosí. La mieux préservée et la plus apte à recevoir les touristes est l'hacienda Cayara, fondée à 20 km à l'ouest de la ville en 1557, seulement douze ans après la création de Potosí. Cette superbe vieille demeure est un modèle d'architecture coloniale. Elle conserve tout son mobilier d'origine, sa bibliothèque du XVIIe siècle et abrite un petit musée. Encore plus agréables peut-être sont les jardins qui l'entourent, offrant une retraite paisible loin des remous de la ville. L'hacienda fonctionne toujours : elle fabrique des produits laitiers, dont d'excellents fromages, pour Potosí. Elle héberge également ses visiteurs dans des chambres onéreuses. (Chambre simple 25 $, double 50 $, triple 75 $. Petit déjeuner inclus.)

CAIZA

Un bus par jour relie Potosí à Caiza (durée 2h, dép. de 13h à 15h quand il est plein, 7 Bs), depuis la Plaza del Minero. Retour à Potosí tlj à 5h.

A deux heures au sud de Potosí, Caiza, petite ville tranquille où les habitants produisent des objets en **argent** qu'ils vendent à Potosí et à La Paz, jouit d'un climat plus chaud et d'une altitude moins élevée. S'il est souvent difficile de trouver du papier dans cette bourgade endormie, l'argent, lui, est omniprésent : ici, les boutiques se trouvent généralement chez les orfèvres. Toutefois, vous trouverez sans doute peu d'objets à vendre. La plupart sont expédiés régulièrement dans les grandes villes. Mais rien ne vous empêche de vous renseigner : vous pourriez tomber sur quelques cuillères en argent ou même des bijoux. Le principal festival de la ville célèbre la **Vierge de Copacabana** (5 août) : musique, danse et alcool sont au rendez-vous. Deux *alojamientos* bordent les rues paisibles de Caiza. Le meilleur choix, **La Cabañita**, se trouve sur la place, mais le propriétaire n'est pas toujours là. En revenant sur vos pas, vers la route de Potosí, vous trouverez sa maison au 113 rue Bolívar : c'est la porte en bois arrondie sur la droite. Les chambres sont simples et l'eau chaude est rare, mais l'hôte fort sympathique (10 Bs par personne).

ENVIRONS DE POTOSÍ : KARI KARI

*Pour vous rendre à Kari Kari, gagnez la Plaza Sucre ou la Pampa Ingenio (*micro *M) ou encore le quartier San Cristóbal (*micros *F et 40), qui se trouvent tous aux abords de l'artère principale donnant sur la route de Sucre vers la gauche et sur celle de Tarija vers la droite. Prenez d'abord à droite et, au bout de 150 m, vous devriez voir un chemin à gauche, en face de la route qui mène à l'une des premières raffineries. Ce chemin grimpe entre des édifices de pierre. 200 m plus loin, il débouche sur la route de service utilisée pour entretenir les lacs encore en fonctionnement. Prenez à droite et à 1 km, vous arriverez au premier lac, San Sebastián. De là, suivez le sentier qui monte vers la crête de la montagne et conduit à quelques petits lacs, à environ 2 km du sommet et 4700 m d'altitude. En descendant de l'autre côté de la montagne, vous trouverez d'autres lacs, dont San Idelfonso, le plus grand. Au pied de la montagne repose un petit village : c'est là que la plupart des groupes établissent leur camp quand ils font une randonnée de plusieurs jours. Si vous n'êtes parti que pour la journée, descendez la route de service sur 2 km pour retrouver le sentier d'origine. Les excursions de deux jours permettent de s'enfoncer dans la cordillère et d'atteindre une altitude dépassant 5000 m, ou de rejoindre les thermes et la ville de Chaquí par un sentier difficile qui monte et descend constamment. Le dernier bus à destination de Potosí part de Chaquí à 17h. La plupart des agences de voyages (voir p. 426) proposent des treks d'un ou deux jours pour 10-20 $ la journée, selon le nombre de participants. Il est recommandé d'être accompagné d'un guide : les villageois n'apprécient guère les intrusions des étrangers par ici et ne parlent souvent que le quechua. De plus, il n'y aucun moyen de louer du matériel à Potosí. Toutefois, vous pouvez vous procurer une carte de la région à l'Instituto Geográfico Militar (voir* ***Informations pratiques****, p. 426).*

Pour faire fonctionner les nombreux *ingenios* (raffineries) de Potosí, le vice-roi Toledo élabora en 1574 un système de trente-deux lacs artificiels dans la **Cordillera Kari Kari**, au sud-est de la ville. Cet ensemble fut construit par 20 000 indigènes réduits en esclavage, coûta 2 500 000 pesos et fut terminé en 1621. Les lacs, dont la plupart sont aujourd'hui abandonnés, constituent un bon terrain de randonnée. Le circuit est difficile, notamment en raison de l'altitude, qui varie de 4000 à 5000 m mais descend rarement au-dessous de 4600 m. Les randonneurs doivent s'équiper de vêtements chauds, de pastilles pour purifier l'eau et de provisions, ainsi que d'un sac de couchage "quatre-saisons" et d'une tente s'ils ont l'intention de camper. La plupart des groupes installent leur campement dans un petit hameau au pied des montagnes. Sachez que les conditions de vie sont toujours très sommaires. De même, pendant la saison des pluies (Oct-Nov), l'excursion peut devenir dangereuse et pénible. Si vous randonnez seul à n'importe quelle saison, mieux vaut se renseigner auprès du guichet d'informations de la Plaza Alonso de Ibañez.

L'ALTIPLANO

ORURO ☎05

Perchée à 3706 m d'altitude sur les terres désertiques de l'altiplano sud, Oruro est une agglomération industrielle plutôt qu'un site touristique. La ville doit son nom aux Uru Uru, ancien peuple de l'altiplano, et son existence aux mines qui lui valurent une célébrité et une fortune de courte durée mais qui continuent de la couvrir d'une incroyable couche de poussière. L'aspect crasseux des façades est toutefois compensé par la gentillesse des habitants. Ces derniers, en majorité d'ascendance indienne, se montrent hospitaliers et curieux envers les visiteurs. La ville est très peu touristique, sauf une fois par an, quand les fêtards du monde entier viennent voir le fameux carnaval d'Oruro, une véritable institution en Bolivie. Les rues et les places austères deviennent alors le théâtre d'une explosion de couleurs, d'une débauche de costumes et de masques cornus, et d'une série de danses folkloriques qui donnent à ce lieu un tout autre visage.

TRANSPORTS

Train : (☎274 605), à l'angle des rues Velasco Galvarro et Aldana, 5 *cuadras* à l'est et 3 *cuadras* au sud de la place. Ouvert Lu-Ve 8h30-11h30 et 14h30-18h, Di. 9h-11h30 et 15h-18h. Trains réguliers à destination de **Villazón** (durée 18h, dép. Di. et Mer. à 19h, 52 Bs) via **Uyuni** (durée 8h, 25 Bs), **Atocha** (durée 10h30, 32 Bs) et **Tupiza** (durée 14h, 43 Bs). Trains express à destination de **Tupiza** (durée 11h, dép. Lu. à 11h et Ve. à 15h, 63 Bs) via **Uyuni** (durée 6h15, 33 Bs) et **Atocha** (durée 8h, dép. Lu. à 11h et Ve. à 15h, 45 Bs), et de **Villazón** (durée 14h30, dép. Ve. à 15h, 70 Bs).

Bus : Gare routière (☎260 935 ou 279 535), à l'intersection des rues Aroma et Baco Biz, 10 *cuadras* au nord et 6 *cuadras* à l'est de la place. Ouvert tlj 6h-22h, bien que certains bus partent plus tôt ou plus tard que les heures d'ouverture. Taxe de sortie 1,50 Bs. Bus à destination de : **La Paz** (durée 3h30, 2 dép/h de 6h à 22h, 10 Bs), **Cochabamba** (durée 4h, 2 dép/h de 6h à 22h, 15 Bs), **Potosí** (durée 8h, 8 dép/j de 8h à 20h30, 20 Bs), **Sucre** (durée 11-12h, 7 dép/j de 8h à 20h30, 35 Bs), **Uyuni** (durée 8-9h, dép. à 20h et 20h30, 20 Bs), **Challapata** (durée 2h, 1 dép/h de 7h à 20h, 8 Bs), **Huari** (durée 2h30-3h, 20 dép/j de 7h à 19h, 9 Bs), **Llallagua** (durée 3h, 17 dép/j de 6h30 à 19h, 13 Bs), **Santa Cruz** (durée 12h, 8 dép/j de 6h à 15h, 50 Bs), **Tarija** (durée 17h, 4 dép/j de 8h à 20h, 70 Bs), **Villazón** (durée 15h, 5 dép/j de 8h à 20h30, 60 Bs), **Arica (Chili)** (durée 8h, 4 dép/j de 12h à 13h30, 75 Bs) et **Iquique (Chili)** (durée 12h, Lu-Sa 5 dép/j de 12h à 22h30, Di. 4 dép/j de 12h à 13h30, 90 Bs). Attention, le bus de 22h30 pour Iquique doit attendre pendant 4h l'ouverture de la frontière (9h-18h).

Transports en commun : Des minibus, des *micros* et des *colectivos* sillonnent la ville de 6h à 23h. La plupart passent toutes les 4 à 6 mn. Vous pouvez les interpeller n'importe où, le plus facile étant à l'angle nord-est de la place. De nombreux bus privés effectuent les mêmes trajets. Ils indiquent leur destination et leur direction. 1,50-2 Bs.

Taxi : Dans l'enceinte d'Oruro, les courses coûtent 3 Bs, un peu plus le soir. Les taxis sillonnent la ville jour et nuit. Vous pouvez aussi appeler un radio-taxi : **Radio Taxi Oruro** (☎276 222) et **Radio Taxi El Faro** (☎254 444).

Location de voitures : Les voitures à louer sont chères mais constituent souvent le meilleur moyen d'atteindre les sites les moins connus de l'altiplano. **SOS Rent-a-Car**, Vasquez 210

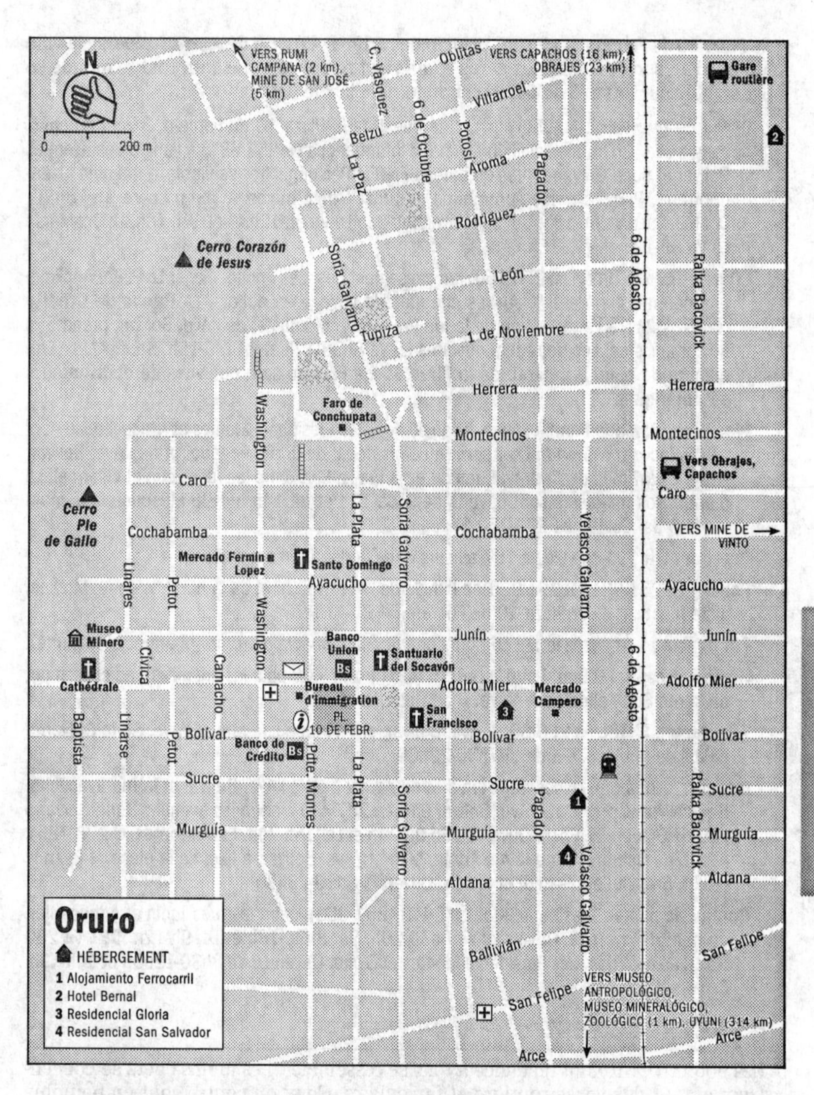

(☎241 005), à l'angle de la rue Lira, 6 *cuadras* à l'ouest de la gare routière et 2 *cuadras* au nord. Age minimum 25 ans. Caution sur carte de crédit. Les véhicules standard 4 portes commencent à 25 $ la journée, plus 0,30 $/km. Les 4x4, souvent indispensables sur les routes locales, coûtent 80 $ la journée. Ouvert 24h/24. Cartes Visa, MC.

ORIENTATION ET INFORMATIONS PRATIQUES

La ville forme un demi-cercle, délimité à l'ouest par les montagnes. Son plan quadrillé, même s'il peut dérouter les Européens de prime abord, facilite l'orientation. Dans la majorité des cas, une adresse est indiquée en donnant le nom des deux rues qui forment le croisement le plus proche, et les numéros ont tendance à n'être d'aucune utilité. Toute l'activité ou presque se concentre dans le quartier entourant la **Plaza 10 de Febrero**. L'une des principales artères, l'Ave. **6 de Agosto**, traverse la ville du nord au sud et rejoint les gares routière et ferroviaire. Le soir, tout le monde se rassemble sur l'Ave. **6 de Octubre**, non loin de la rue **Bolívar**.

Office de tourisme : (☎250 144), côté ouest de la Plaza 10 de Febrero, 3e porte depuis l'angle sud. On trouve aussi un guichet d'informations (☎257 881) à l'angle des avenues Bolívar et Soria Galvarro, près du bureau ENTEL. Personnel très serviable, à majorité hispanophone. Plans de ville sommaires gratuits. Office ouvert Avr-Sep Lu-Ve 9h-18h30. Oct-Mars : Lu-Ve 8h-18h. Guichet ouvert Avr-Sep Lu-Ve 9h-12h30 et 14h-18h30. Oct-Mars : Lu-Ve 8h-12h et 14h-18h.

Change : **Banco Unión** (☎250 150), au croisement des rues Adolfo Mier et La Plata. Applique une commission de 1 % sur les chèques de voyage en dollars. La **Banco de Crédito** (☎252-421), à l'intersection de la rue Presidente Montes et de l'Ave. Bolívar, prend 5 % de commission. Les deux sont ouvertes Lu-Ve 8h30-12h et 14h30-18h, Sa. 9h-12h. Bon nombre de banques autour de la Plaza 10 de Febrero sont pourvues de **distributeurs automatiques**.

Marchés : **Mercado Fermín López**, à l'angle des rues Presidente Montes et Ayacucho, au nord de la place, et **Mercado Campero**, au croisement de la rue Pagador et de l'Ave. Bolívar. Pour des **articles de Carnaval**, remontez la rue La Paz, entre les rues León et Villarroel. La plupart des magasins sont ouverts de 9h à 12h et de 14h à 18h. Masques faits main 40-190 Bs. Costumes 100-250 $.

Urgences : ☎110 en ville, ☎157 ailleurs dans le département d'Oruro.

Police : (☎251 921 ou 251 920), à l'angle de l'Ave. Bolívar et de la rue Presidente Montes, juste à l'ouest de la Plaza 10 de Febrero.

Pharmacie : Composez le ☎115 pour connaître la *farmacia de turno* (pharmacie de garde).

Hôpital : **Hospital General** public (☎275 405 ou 277 408 pour les urgences), au croisement de la rue San Felipe et de l'Ave. 6 de Octubre.

Téléphone : **ENTEL** (☎250 302), Ave. Bolívar, entre la rue La Plata et l'Ave. Soria Galvarro, à l'est de la place. Ouvert tlj 7h30-22h30.

Internet : Nombreux accès dans l'Ave. 6 de Agosto, entre l'Ave. Bolívar et la rue Ayacucho. **Rock'N'Net Cyber Cafe**, Ave. Bolívar 513 (☎257 417), entre les avenues Soria Galvarro et 6 de Octubre. 7 Bs/h. Ouvert Lu-Sa 9h-24h et Di. 15h-24h. **Full Internet** (☎270 785), Ave. 6 de Octubre, entre la rue Adolfo Mier et l'Ave. Bolívar, à l'est de la place. 4 Bs/h le matin, 5 Bs/h l'après-midi et le soir. Ouvert tlj 8h30-23h30.

Bureau de poste : Presidente Montes 5449 (251 660), entre les rues Junín et Adolfo Mier, au nord de la place. Ouvert Lu-Ve 8h30-20h, Sa. 8h30-18h et Di. 9h-12h. **DHL** (☎250 252), au coin des rues Presidente Montes et Sucre. Ouvert Lu-Ve 8h30-12h30 et 14h-19h, Sa. 9h-13h.

HÉBERGEMENT

Les hôtels d'Oruro ont tendance à tous se ressembler. Les moins chers se concentrent autour des gares routière et ferroviaire. Ceux du centre sont un peu plus onéreux. Sauf indication contraire, tous les établissements proposent un semblant d'eau chaude.

Hotel Bernal, Brazil 701 (☎279 468), juste derrière la gare routière. Les lits moelleux et les salles de bains rutilantes de ce vaste hôtel sont d'un très bon rapport qualité-prix. Chambre simple 25 Bs, double 40 Bs, avec salle de bains 60-70 Bs, triple 60 Bs, quadruple 80 Bs.

Residencial San Salvador, Velásco Galvarro 6325 (☎276 771), entre les rues Aldana et Murguía, en face de la gare. L'hôtel possède 51 chambres (dont la moins chère est à 15 Bs) et une salle commune à chaque étage. Les couloirs sont sombres mais les chambres claires. Chambre simple 15 Bs, double 30 Bs, avec salle de bains 35 Bs, triple 45 Bs, quadruple 60 Bs.

Residencial Gloria, Potosí 6059 (☎276 250), entre la rue Adolfo Mier et l'Ave. Bolívar, 3 *cuadras* à l'ouest de la place. Situation centrale. Toutes les chambres donnent sur une cour ensoleillée bordée de plantes en pots. Chambre 20 Bs par personne, avec salle de bains 30 Bs.

Alojamiento Ferrocarril, Velásco Galvarro 6278 (☎279 074), entre les rues Sucre et Murguía, un peu au nord de la gare. L'un des établissements les moins chers d'Oruro. Chambre double 20 Bs, triple 30 Bs.

RESTAURANTS

L'abondance de bons restaurants à Oruro témoigne du goût des *Orureños* pour la bonne chère. Mais seuls les estomacs les plus coriaces pourront tester la spécialité locale, la tête de mouton. Qu'il soit bouilli (appelé simplement *cabeza*) ou cuit en entier au four (*rostro asado*), ce plat est généralement accompagné de pommes de terre, d'oignons et de *chuños*, tubercules bouillis cultivés en altitude. Autre plat typique, les *tostaditas* se composent d'agneau sauté avec pommes de terre et *chuños*. La plupart des établissements ont des horaires variables, selon leur taux de fréquentation.

El Huerto, Bolívar 359 (☎279 257), entre les rues Pagador et Potosí, 3 *cuadras* à l'ouest et 1 *cuadra* au sud de la place. L'un des deux restaurants végétariens d'Oruro. Très bon marché. Cours de yoga à l'étage. Déjeuner 7 Bs, dîner 6 Bs. Ouvert Di-Je 9h-20h et Ve 9h-15h.

Restaurant Chifa Rosa, rue Bolívar, au coin de la Plaza 10 de Febrero, à l'étage. Unique restaurant chinois de la ville. Rosa sait préparer le riz avec finesse, un talent qui n'est pas partagé partout à ces hautes altitudes. Portions copieuses 12-20 Bs. Ouvert tlj 12h-22h.

Nayjama, Aldana 1880 (☎277 699), au coin de la rue Pagador, à l'est de la gare ferroviaire. L'un des établissements les plus anciens et les plus fréquentés d'Oruro. Le Nayjama se vante, à juste titre, d'offrir "la meilleure cuisine de la ville". Parmi les spécialités, vous trouverez le jus de *tumbo* frais et la glace *chirimoya* maison. Ouvert Lu-Sa 10h-21h et Di. 10h-15h.

Govinda, 6 de Octubre 6071 (☎255 205), entre l'Ave. Bolívar et la rue Adolfo Mier, 2 *cuadras* à l'ouest de la place. Déjeuner (10 Bs, 6 Bs pour une demi-portion) sur fond de musique andine. Pizzas, pâtes et *burgers* de soja 6-10 Bs. Ouvert Lu-Sa 9h30-22h.

VISITES

MUSEO ETNOGRÁFICO MINERO. Ce musée entraîne les visiteurs dans les profondeurs d'un puits de mine qui montre l'utilisation des anciennes techniques minières. En suivant les rails sur lesquels les chariots circulaient pour transporter le minerai hors de la mine, vous passerez devant des vitrines où sont exposés d'anciens outils, du minerai et d'autres matériaux. A une extrémité du puits se tient El Tío, le dieu de la mine et des minéraux, les pieds couverts d'offrandes. Autrefois, cette mine produisait de grandes quantités d'étain, de cuivre, d'argent, d'or et de zinc. Aujourd'hui intégré dans les festivités du Carnaval, le musée marque la fin du défilé d'ouverture ou *entrada*. Cet établissement témoigne de la fusion entre religion et activités minières qui existait déjà à l'époque des Incas puis des Espagnols, et qui est encore très présente dans la culture d'Oruro. En effet, une église a été construite au-dessus de la mine en l'honneur de la Virgen del Socavón. *(Sur la Plaza de Floklore Socavón, 1* cuadra *au nord et 3* cuadras *à l'ouest de la Plaza 10 de Febrero. Passé les portes principales de l'église, dirigez-vous à droite vers le bureau marqué "Secretaria". Ouvert Lu-Sa 9h-13h45 et 15h-17h45, Di. 8h30-12h30. 3 Bs.)*

MUSEO ANTROPOLÓGICO EDUARDO LOPEZ RIVAS. Petit mais intéressant, ce musée a pour vocation d'illustrer la vie du peuple Chullpa. Considérés par certains comme les ancêtres des Chipayas, les Chullpas se sont éteints pour ainsi dire du jour au lendemain. Aujourd'hui, leurs descendants, peuple isolé et insulaire, se sont regroupés dans un village reculé (voir **Excursions depuis Oruro**, p. 440). Ce musée présente le fruit de leurs tissages, leur architecture et surtout leurs rites funéraires : des squelettes de Chullpas sont allongés près d'une série de crânes. On y trouve aussi quelques objets d'art aymara et une section consacrée au carnaval d'Oruro. L'un des objets les plus intéressants, une grande pierre ronde sertie de différents cailloux en spirale, représente l'ancienne écriture aymara. *(A l'angle des rues España et Urquidi. ☎274 020. Prenez le minibus A vert, 2 vert, 5 vert, 102 rouge ou 103 rouge en direction du sud (indiqué "sud") depuis la Plaza 10 de Febrero. Le musée se trouve sur la droite dans un bâtiment de pierres blanches, avec une arche au-dessus de l'entrée. Ouvert Lu-Ve 9h-12h et 14h-18h, Sa-Di 10h-12h et 15h-18h. 3 Bs.)*

CASA DE LA CULTURA MUSEO SIMON I. PATIÑO. La fortune que tira Oruro de ses exploitations minières s'accompagna d'un excès de luxe et de l'étalage des richesses. L'un des exemples les plus flagrants réside dans cette demeure néoclassique du magnat de l'étain, Simon I. Patiño, où se trouve aujourd'hui le centre culturel d'Oruro. Patiño, le "roi de l'étain", importa du verre vénitien, des miroirs en or et du mobilier Louis XV pour décorer sa maison. Construite entre 1900 et 1903, celle-ci illustre bien le fossé qui existait entre le niveau de vie des mineurs (présenté dans d'autres sites d'Oruro) et celui des personnes qui en tiraient profit. *(Ave. Soria Galvarro 5755, entre les rues Ayacucho et Cochabamba, dans un bâtiment rose, 3 cuadras au nord et 1 cuadra à l'ouest de la place. ☎254 015. Ouvert Lu-Ve 9h-12h et 15h-18h. 10 Bs.)*

MUSEO MINERALÓGICO. Si vous avez la passion des pierres, vous serez comblé. Avec plus de 7800 échantillons de minéraux du monde entier, dont beaucoup sont issus de l'altiplano, cette galerie fait partie des quatre plus grands musées du monde dédiés à la minéralogie. Sans doute parce qu'il ne voit pas beaucoup de monde, le guide à l'entrée se fera un plaisir de vous le faire visiter. *(Dans la Ciudad Universitaria. Prenez le micro A, 5 ou 2 vert, ou le micro 102 ou 103 rouge indiqué "sud" jusqu'à l'arrêt de l'université. Franchissez la grille à votre droite. Le musée se trouve sur la gauche, à l'entrée "ING. de Minas". ☎261 250. Ouvert Lu-Ve 8h30-12h et 14h30-16h. 7 Bs.)*

ALTIPLANO

MINES. Pour ceux qui souhaitent à tout prix visiter les mines qui firent la fortune d'Oruro, il en existe deux toujours en service, **Inti Raymi** et **Vinto**, qui acceptent les visiteurs. Pour cela, il vous faut une autorisation de leurs bureaux. Pour en savoir plus, renseignez-vous auprès du guichet d'informations touristiques. La mine de **San José**, aujourd'hui désaffectée, est accessible par le *micro* D jaune (indiqué "San José" sur le pare-brise).

ZOOLÓGICO MUNICIPAL. Déconseillé aux âmes sensibles, ce zoo local abrite des rapaces (condors et faucons) dans des cages à peine assez grandes pour qu'ils puissent déployer leurs ailes. Parmi les autres animaux présentés (dans les mêmes conditions barbares) se trouvent des singes, des *pécaris* (cochons de la jungle), des pigeons, un lama et Fido le lion. *(Rue Tomás Frias, derrière le musée d'anthropologie. ☎274 841. Ouvert Oct-Mars, tlj 8h-18h ; Avr-Sep 9h-18h. 2 Bs.)*

ACTIVITÉS DE PLEIN AIR

Certains des meilleurs **sites d'escalade** de Bolivie se trouvent à quelque 2 km au nord-ouest de la ville, à Rumi Campana. Prenez le minibus 12 "*norte*", ou bien rejoignez le **Club de Montañismo Halcones (CHM)**, groupe local d'andinistes amateurs qui se rend à Rumi Campana presque tous les week-ends. Cette association, unique à Oruro, vous prêtera gratuitement du matériel et vous fera bénéficier de l'aide de ses grimpeurs confirmés. *(CHM ☎240 398 ou 247 090. e-mail CHM_ORURO@yahoo.com, Web : www.geocities.com/Yosemite/Gorge/1177/deportival.html, plus facilement accessible par www.rockclimbing.com et le lien pour la Bolivie. Pour vous rendre seul sur le site, prenez le minibus 12, 4 ou 15 en direction du nord, puis effectuez le reste du (court) trajet à pied jusqu'à Rumi Campana.)*

FÊTES

Oruro doit sa réputation à son **Carnaval**, véritable démonstration de légendes locales, de culture indigène et de foi chrétienne. Cette fête puisant ses sources dans toutes les facettes de l'histoire d'Oruro, il est difficile d'établir la date exacte de son origine. Une chose est sûre, elle a lieu en l'honneur de la **Virgen del Socavón**, patronne des mineurs, et de El Tío, le dieu des mines et des minéraux. Le carnaval débute le samedi précédant les Cendres par son grand défilé, **La Entrada**, auquel participent des milliers de danseurs costumés (masques et costumes sont parfois évalués à plus de 200 $). La foule envahit les stands installés de part et d'autre des rues et suit la procession qui emprunte la rue Villaroel, descend l'Ave. 6 de Agosto, tourne sur l'Ave. Bolívar jusqu'à la place qu'elle contourne pour rejoindre sa destination finale : le sanctuaire de la Virgen del Socavón. Chacune des danses exécutées symbolise un événement ou une époque différente de la culture de la ville. La plus prisée d'entre toutes est la **Diablada** : le bien et le mal s'affrontent dans cette "danse des diables" qui verra triompher le bien au moment d'atteindre le sanctuaire. Le reste de la semaine, différents groupes parcourent la ville en exécutant des *pallas* ou cérémonies païennes, au cours desquelles cigarettes, feuilles de coca et fœtus de lama sont offerts à El Tío et à la terre.

Oruro revit pendant le carnaval, et tout coûte alors plus cher : même le prix du billet de bus se voit multiplier par trois. Les hôtels augmentent également leurs tarifs : une chambre qui coûte normalement 25 $ vous reviendra à 100 $... et même à ce prix là, ce n'est pas sûr qu'il en reste. Nous vous conseillons de réservez votre logement trois mois à l'avance. Vous devez acheter un billet pour assister aux défilés : les meilleures places sont à 15-20 $. Réservez-les un mois avant, soit par l'office de tourisme, soit par le bureau officiel du Carnaval (☎246 919). C'est en composant ce même numéro que vous pourrez obtenir toutes les informations relatives aux festivités.

SORTIES

Pour une ville de sa taille et de son austérité, Oruro est étonnamment riche en activités nocturnes. Habitants et *gringos* profitent de la nuit pour se réchauffer, danser et boire dans des discothèques et dans des bars bondés.

Brujas, à l'angle de l'Ave. 6 de Octubre et de la rue Junín, au nord-ouest de la Plaza 10 de Febrero. L'un des rares bars où hommes *et* femmes se retrouvent. Les vendredi et samedi, l'endroit est plein à craquer dès 23h30. Concerts occasionnels. Bière 5 Bs. Ouvert Lu-Je 18h30-0h30 et Ve-Sa 18h30-2h.

Sounder, Petot 1140 (☎255 915), entre l'Ave. Cochabamba et la rue Caro, 3 *cuadras* à l'ouest et 3 *cuadras* au nord de la place. Cette discothèque accueille tous les publics. La clientèle n'afflue qu'à partir de 1h30. Bière 10 Bs, boissons variées 15 Bs. Entrée 20 Bs, avec 1 boisson comprise. Ouvert Sa. 22h30-4h.

Bunker (☎252 868), au croisement des rues Washington et Murguía, au sud-ouest de la place. En plein sud de la ville, Bunker est le paradis des couche-tard. Seul établissement *after-hours*, ce petit bar-discothèque sur plusieurs niveaux accueille encore des clients à 4h. Rock classique et pop latino. Vous pouvez demander vos titres préférés. Entrée gratuite. Ouvert Ve-Sa 22h-7h.

Champagne, Potosí 4990 (☎270 974), à l'angle de la rue Aroma. Depuis la place, remontez 3 *cuadras* à l'est jusqu'à la rue Potosí puis 10 *cuadras* au nord jusqu'à ce que vous aperceviez une immense enseigne lumineuse représentant un cocktail. Champagne accueille les amateurs de karaoké en semaine et se transforme en discothèque le week-end. Les boissons sont chères (la plupart tournent autour de 20 Bs), mais l'entrée est gratuite. Ouvert Ma-Sa 21h30-6h et Di. 21h30-1h.

EXCURSIONS DEPUIS ORURO

OBRAJES

Pour vous rendre à Obrajes, à 23 km au nord-est de la ville, prenez un minibus (durée 30 mn, dép. quand ils sont pleins, plus fréquents le matin et en début d'après-midi, 3,50 Bs) à l'angle de la rue Caro et de l'Ave. 6 de Agosto. Ouvert tlj 7h-18h30. Pour 10 Bs, vous avez accès à la piscine d'eau chaude et à 30 mn de bains privés encore plus chauds. Les chambres de l'hôtel adjacent commencent à 75 Bs et vous autorisent à profiter de bains encore plus agréables, de la piscine et du petit déjeuner. Location de VTT 50 Bs la journée. Appelez pour réserver. ☎ 051 12 106 ou 051 12 107, fax 051 50 646.

Vous trouverez à la station thermale d'Obrajes, véritable oasis dans le paysage sec et froid de l'altiplano, de quoi vous relaxer dans des eaux bien chaudes et même de quoi soigner vos douleurs musculaires. Alimentés par les **sources chaudes** voisines – demandez au directeur de vous les faire visiter – les bassins sont d'une propreté et d'une limpidité éclatantes à la différence des autres thermes de la région, et ce malgré les hordes d'*Orureños* qui s'y précipitent le week-end en quête d'un peu de chaleur. Des **vestiges** des bâtiments dans lesquels les Chipayas faisaient jadis fondre leur or en barres jalonnent des sentiers bien balisés. Une promenade d'une heure vous mènera à **Paria**, la première église construite en Bolivie par les Espagnols.

LAGO POOPÓ

Pour rejoindre Challapata, prenez n'importe quel bus à destination de Uyuni (durée 2h, 8 Bs). Quatre bus (8 Bs) reviennent à Oruro tous les matins : descendez 2 cuadras à l'ouest puis 3 cuadras au sud de la place principale, et attendez devant la Pensión Sud Chichas.

Le village poussiéreux de **Challapata** occupe les berges sud du Lago Poopó. D'une très faible profondeur, le Lago Poopó est l'un des deux lacs issus de l'ancien Lago Minchín qui, il y a 25 000 ans, recouvrait la plus grande partie de l'altiplano. Pendant la saison des pluies, le Poopó atteint 90 km de long, mais ses eaux oscillent toujours entre 50 cm et 2,50 m de fond. En raison de la pollution engendrée par les mines d'Oruro, la population ornithologique du lac a beaucoup diminué, même si l'été attire quelques espèces. La promenade de trois heures à pied ou d'une demi-heure en voiture à l'ouest de Challapata n'est guère palpitante, surtout à la saison des pluies. Il s'agit là d'une balade tranquille en pleine nature.

CHIPAYA

Des bus relient Oruro à Chipaya (durée 5h, dép. Ve-Sa à 6h, 15 Bs) depuis le Mercado Walter Khon, à hauteur de la rue España. D'autres bus desservent tous les jours Arica (Chili) via Huachacalla (durée 3h30, 30 Bs) et sont à destination de la ville frontalière de Pisigia. Depuis Huachacalla, demandez à un villageois de vous conduire à Chipaya (moyennant finances, durée 1h30) ou attendez au bord de la route qu'un camion vous prenne. Un seul bus par semaine effectue le trajet inverse Chipaya-Oruro (durée 5h, dép. Lu., 15 Bs).

Dans cette région de l'altiplano dominée par les Aymaras, le peuple Chipaya fait figure d'intrus. Il n'a, en effet, rien à voir avec ses voisins et a su préserver sa langue et sa culture propres. Le village de Chipaya se distingue par son architecture quelque peu moderne. Les huttes rondes traditionnelles ont été remplacées par des bâtiments carrés qui abritent aujourd'hui camions et autres machines agricoles. Dans la journée, les touristes sont accueillis uniquement par les vieilles femmes, les jeunes enfants et une incroyable population de gallinacés. Le reste de la population (1800 habitants) s'occupe des troupeaux et des tâches agricoles à l'extérieur du village. Si ce n'est pour le charme rustique du lieu, il n'y a guère de raisons de s'y attarder.

PARQUE NACIONAL SAJAMA ☎ 08

Du haut de ses 6542 m, point culminant de Bolivie, le Nevado Sajama suscite autant l'admiration des Boliviens et des touristes que la convoitise des alpinistes (ou plutôt des andinistes) les plus aventureux. Ce sommet domine une réserve naturelle de 120 000 ha qui porte son nom. Déclarée parc national en 1939 afin de préserver la faune et la flore qui vivent autour du volcan, celle-ci abrite une intense activité géothermique propre aux régions volcaniques. Acculé à la frontière chilienne, le parc Sajama se partage, avec le Parque Lauca au Chili, deux volcans érodés plus petits mais tout aussi impressionnants, Las Payachatas. A l'époque coloniale, cette région constituait une escale pour les Espagnols qui circulaient entre les deux pays, ce qui explique la présence des églises décrépites du XVIIIe siècle qui parsèment le parc.

TRANSPORTS ET INFORMATIONS PRATIQUES. Il existe deux moyens d'atteindre le Parque Nacional Sajama depuis la Bolivie. **Au départ de La Paz**, prenez un bus à destination de Arica (Chili) et informez le chauffeur que vous allez au parc Sajama et que vous voulez descendre juste avant la frontière chilienne, à Lagunas (durée 4h, dép. à 6h30 et 7h, 50 Bs). Depuis Lagunas, une piste de 12 km mène au village de Sajama, où se trouve le bureau d'informations du parc. Attendez-vous à la faire à pied ! **Au départ de Patacamaya** (localité située sur la route entre La Paz et Oruro), un minibus par jour part à destination de Sajama (durée 3h30, dép. vers midi quand il est plein, 17 Bs). Le bus pour La Paz repart de Lagunas tous les jours à 10h, et celui pour Patacamaya quitte Sajama tous les jours à 7h. Si vous venez de Patacamaya, le premier bâtiment que vous verrez à Sajama abrite le **bureau d'informations** du parc. (☎ 115 260. Fréquence radio 8025 USB, Parque Nacional Sajama. Ouvert tlj 8h-18h, mais les deux gardes du parc vivent à côté et sont souvent présents de 7h à 21h.) Très serviables, ils donnent tous les renseignements possibles mais ne disposent pas toujours de cartes et parlent uniquement espagnol. Ils peuvent aussi vous indiquer les propriétaires de 4x4 susceptibles de vous emmener aux différents sites du parc. Si cela vous intéresse, mieux vaut vous organiser la veille pour être sûr que les conducteurs sont disponibles et que les prix sont raisonnables. Cela ne devrait pas vous coûter plus de 30-50 $ la journée. L'entrée au parc Sajama s'élève à 10 Bs.

HÉBERGEMENT ET RESTAURANTS. Malgré sa petite taille, le village de Sajama regroupe un certain nombre d'**alojamientos** sommaires le long de sa rue principale (lits 10 Bs par personne). Vous pouvez aussi **bivouaquer** dans le parc, à condition d'emporter une bonne tente et du matériel d'hiver. La seule **source d'eau chaude** alimente un bassin naturel qui se trouve à 5 km au nord du village. Quelques **restaurants** jalonnent également la rue principale de Sajama. (Ouvert tlj 7h-22h. Déjeuner ou dîner 6-7 Bs. Petit déjeuner 2,50 Bs.) Hormis ces prestations et quelques autres similaires à Lagunas, il n'y a aucun service dans le parc.

ANDINISME. Le principal motif de visite du parc est l'ascension du plus haut sommet de Bolivie, le **Nevado Sajama** (6542 m), considéré comme l'un des plus difficiles de la Cordillera Occidental. Les andinistes doivent en effet subir les vents violents et l'altitude élevée du volcan que les autochtones appellent "Doctor Sajama" en référence à l'habit blanc qu'il revêt tous les jours de l'année. Le point culminant est accessible par les versants sud, ouest ou nord. Comptez trois à quatre jours pour monter et redescendre.

A l'est de Sajama, à la frontière chilienne, se dressent les deux autres raisons de visiter le parc : le **Parinacota** (6132 m) et le **Pomerape** (6222 m), connus sous le nom collectif de Las Payachatas. Le Chili, qui ne cesse de lorgner sur le territoire bolivien, revendique le Pomerape, à l'est, mais la face ouest du Parinacota appartient sans conteste à la Bolivie. Le Parinacota, qui signifie "lac des flamants roses" en langue quechua, doit de préférence s'aborder par les pentes enneigées du sud-ouest. Le Pomerape ou "sommet du puma" est très accessible par sa crête occidentale, côté bolivien. Chacune des deux montagnes requiert environ deux jours pour monter et descendre.

L'andinisme n'est autorisé qu'en hiver (début Avr-Oct), quand la glace est complètement gelée. Vous devez emporter tout votre matériel avec vous car vous ne trouverez rien sur place. N'entreprenez pas seul l'ascension d'un de ces trois sommets. Les guides locaux coûtent 40 $. Vous pouvez engager des porteurs pour 70 Bs, et louer des mulets également pour 70 Bs. Téléphonez au bureau du parc quelques jours à l'avance pour organiser votre excursion.

SITES. Le parc national Sajama a d'abord été créé dans le but de protéger les **vicuñas** (vigognes) de la région, petit camélidé sauvage plus fragile et plus recherché encore pour sa laine que ses cousins domestiqués, le lama et l'alpaga. Les visiteurs pourront en apercevoir des troupeaux entiers à 20 km au nord de **Patoca**, vallée où paissent ces fameux animaux. D'autres espèces animales (surtout des oiseaux) s'abreuvent à la **Laguna Huaña Kkota**, à 12 km au nord-est de Sajama. L'observation des oiseaux se révèle très intéressante en été, mais le lac (l'un des plus hauts du monde) gèle en hiver. Autre record, le parc compte aussi **la plus haute forêt du monde**, qui abrite les précieux *keñuas*. Ces petits arbres broussailleux étaient jadis utilisés pour alimenter les moteurs des locomotives. Pouvant vivre jusqu'à 5200 m d'altitude, les *keñuas* ne poussent que de 2 cm par an, les plus vieux pouvant atteindre 3 ou 4 m. Eparpillés sur tout le flanc est du Nevado Sajama, ils se distinguent de la végétation environnante par leurs petites fleurs jaunes et leur écorce rouge. Enfin, à 8 km au nord-est de Sajama, trente **geysers** et **sources thermales** s'étendent dans cette incroyable région géothermique. La vapeur qui émerge de ces eaux chaudes infestées d'algues et parfois bouillonnantes, contribue à accentuer l'atmosphère irréelle qui se dégage de cette vallée à l'intense activité volcanique.

UYUNI ☎ 06

Fondée en 1889 comme carrefour ferroviaire entre le nord, le sud et la côte Pacifique, Uyuni (3660 m, 12 000 habitants) est aujourd'hui la plaque tournante des voyageurs venus du monde entier pour se rendre dans l'étonnant désert salé du même nom. Bien qu'assez isolée du reste du pays, la petite ville gagna la faveur nationale par le soutien bienveillant qu'elle offrit aux soldats qui la traversèrent lors de la guerre contre le Paraguay : on la surnomme depuis la "Ciudad Predilecta de Bolivia" (la favorite de Bolivie) ou la "Ciudad Benemérita" (la ville méritante).

TRANSPORTS

Train : **Gare**, à l'angle des rues Ferroviaria et Arce (☎932 320), en face de la place. Ouvert Lu-Ve 9h-12h et 14h30-17h30, Sa-Di 10h-11h, également une heure avant les arrivées. Trains à destination de : **Oruro** (durée 7h, dép. Ma. et Ve. à 1h35, 25 Bs. Express : durée 6h45, dép. Ma. à 12h15 et Sa. à 23h30, 36 Bs), **Atocha** (durée 2h, dép. Lu. et Je. à 2h35, 11 Bs. Express : durée 2h, dép. Lu. à 17h20 et Ve. à 21h25, 13 Bs), **Tupiza** (durée 5h30, dép. Lu-Je à 2h35, 22 Bs. Express : durée 5h, dép. Lu. à 17h20 et Ve. à 21h25, 28 Bs) et **Villazón** (durée 9h, dép. Lu. et Je. à 2h35, 30 Bs. Express : durée 8h30, dép. Ve. à 21h25, 43 Bs) via **Avaroa** (durée 4h, 32 Bs) et **Calama** (durée 6h30, 41 Bs).

Bus : La gare routière se trouve rue Arce, entre les rues Perú et Cabrera. Tous les bus partent du même endroit. (Ouvert Lu-Sa 8h30-12h et 15h30-20h). Bus à destination de : **Potosí** (durée 6h-6h30, dép. à 10h et 19h, 20 Bs), **Sucre** (durée 8h, dép. à 10h et 19h, 35 Bs), **Atocha** (durée 3h, dép. Me. et Di. à 9h, 15 Bs), **Tupiza** (durée 8h, dép. Me. et Di. à 9h, 25 Bs), **Tarija** (durée 18h, dép. à 10h, 60 Bs, changement de bus à Potosí), **Oruro** (durée 8h, dép. Me. à 19h et 20h, Di. à 18h, 19h et 20h, 25 Bs) et **La Paz** (durée 12h, dép. Me. à 19h et 20h, Di. à 18h, 19h et 20h, 45 Bs, changement à Oruro).

Taxi : Ne payez pas plus de 3 Bs pour une course en ville.

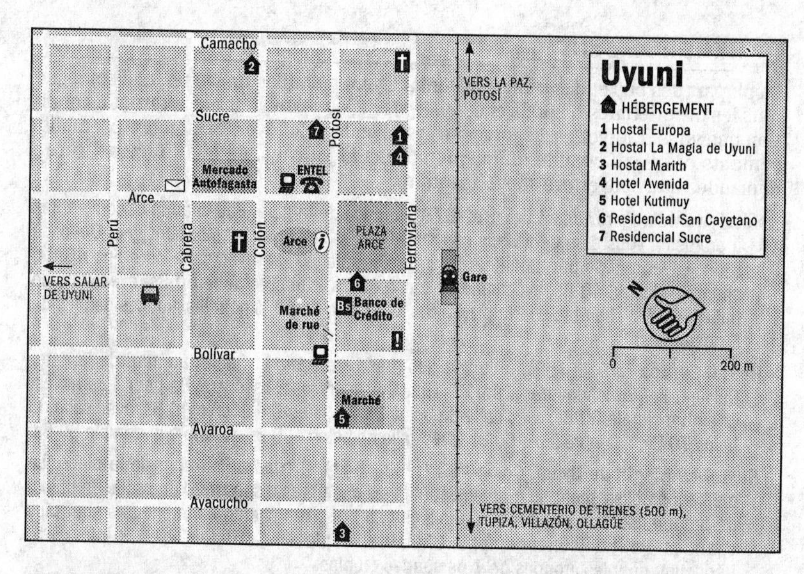

ORIENTATION ET INFORMATIONS PRATIQUES

Les services proposés à Uyuni sont tous regroupés et le plan quadrillé rend l'orientation très facile. Au centre se trouve la **Plaza Arce**, en face de la gare. Les offices de tourisme, restaurants et hôtels se trouvent à proximité de la place.

Informations touristiques : (☎932 400), au pied de l'horloge, à l'angle des rues Arce et Potosí. Georgina González, représentante de la **Réserve Eduardo Alvaroa**, vous fournira toute sorte d'information sur Uyuni, le Salar ou la réserve, et parle anglais. Ouvert Lu-Ve 9h30-12h30 et 14h30-18h. Le **Bureau officiel** de la réserve, rue Potosí, entre les rues Arce et Bolívar, pourra peut-être répondre à d'autres questions que vous vous posez. Ouvert Lu-Ve 9h-12h30 et 14h-18h30.

Change : **Banco de Crédito** (☎932 050), rue Potosí, entre les rues Arce et Bolívar. Ouvert Lu-Ve 8h30-12h30 et 14h30-17h. Ne change que l'argent liquide. La plupart des **agences de voyages** changent les chèques de voyage à des taux astronomiques et avec une commission de 3 $ par chèque.

Bureau d'immigration : (☎932 062), à l'intersection des rues Sucre et Potosí. Vous pouvez vous y procurer des tampons de sortie (valides 3 jours ou plus longtemps si vous fournissez la date exacte de retour) pour le Chili, depuis Hito Cajón ou Avaora.

Marchés : **Mercado Antofagasta**, rue Arce, entre les rues Colón et Cabrera. Ouvert tlj 8h-crépuscule. Un autre **marché** sans nom se trouve à l'angle des rues Potosí et Avaroa. Enfin, les Je. et Di., un **marché de rue** envahit la rue Potosí, entre les rues Arce et Bolívar.

Urgences : ☎110.

Police : (☎110), au croisement des rues Ferroviaria et Bolívar.

Hôpital : **Hospital General José E. Perez** (☎932 081), rue Ferroviaria, 3 *cuadras* au nord-est de la rue Camacho.

Téléphone : **ENTEL** (☎932 111), à l'angle des rues Arce et Potosí. Ouvert tlj 8h-22h.

Internet : Pas toujours très fiable. **Servinet**, entre les rues Bolívar et Potosí. 20 Bs/h. Ouvert tlj 8h-22h, mais souvent fermé à l'heure du déjeuner. **Cafe Internet My M**, rue Arce près d'ENTEL. 20 Bs/h. Ouvert tlj 9h30-12h et 14h30-20h.

Bureau de poste : (☎932 146), à l'intersection des rues Cabrera et Arce. Ouvert Lu-Ve 8h30-19h et Sa-Di 9h-12h.

HÉBERGEMENT

La plupart des bus et des trains arrivent à Uyuni au milieu de la nuit, mais presque tous les propriétaires d'hôtels et d'auberges de jeunesse vous accepteront à condition que vous frappiez assez fort pour les réveiller. En hiver, de nombreux établissements ont l'eau chaude uniquement dans la journée. Le chauffage est rare : demandez une couverture supplémentaire.

Hotel Avenida, Ferroviaria 11 (☎932 078), en face de la gare. Eau chaude et couvertures à profusion vous attendent dans ce grand établissement de 80 lits. Consigne. Douches 5 Bs. Laverie 5 Bs par machine. Chambre simple 20 Bs, avec salle de bains 40 Bs, chambre double 40 Bs, avec salle de bains 80 Bs, chambre triple 60 Bs, avec salle de bains 100 Bs, chambre quadruple 70 Bs. Réduction de 10 % pour les groupes de plus de 8 personnes.

Hostal Europa (☎932 752), à l'angle des rues Ferroviaria et Sucre, au nord de la gare. Cuisine. Feu de cheminée allumé à 18h. Couvre-lit rose. Laverie 5 Bs pour 12 articles. Chambre simple 20 Bs, avec salle de bains 35 Bs, chambre double 40 Bs, avec salle de bains 70 Bs, chambre triple 60 Bs, avec salle de bains 105 Bs, chambre quadruple 80 Bs.

Hostal La Magia de Uyuni, Colón 432 (☎932 541), 2 *cuadras* au nord de la place. Le meilleur établissement du moment. Toutes les chambres disposent d'une salle de bains, de nombreuses couvertures et de jolis lits en bois. Les chambres intérieures sont plus chaudes. Petit déjeuner compris. Chambre simple 15 $, double 20 $, triple 25 $. Réduction pour les groupes de 7 personnes ou plus.

Hotel Kutimuy, à l'angle des rues Potosí et Avaroa, au sud de la place. Salles de bains impeccables. Chambres intérieures chaudes. Accueil sympathique. Petit déjeuner 10 Bs. Chambre simple 20 Bs, avec salle de bains 40 Bs, chambre double 40 Bs, avec salle de bains 80 Bs, chambre triple 60 Bs.

Hostal Marith, Potosí 61 (☎/fax 932 174), juste après la rue Ayacucho en venant de la place. Chambres simples et proprettes. Petit déjeuner 7 Bs. Laverie 1 Bs par article. Chambre simple 20 Bs, avec salle de bains 40 Bs, chambre double 40 Bs, avec salle de bains 80 Bs, chambre triple 60 Bs, avec salle de bains 120 Bs, chambre quadruple 80 Bs.

Residencial Sucre (☎932 047), rue Sucre, à hauteur de la rue Potosí, au nord-ouest de la place. Chambres sommaires avec 2 lavabos extérieurs et 1 douche chaude par jour. Chambre simple 18 Bs, double 30 Bs, triple 45 Bs, quadruple 60 Bs, quintuple 75 Bs.

Residencial San Cayetano (☎932 551), rue Arce, à l'angle de la place. Etablissement central avec des chambres alignées autour d'une petite cour. Chambre simple 15 Bs, double 30 Bs, triple 45 Bs.

RESTAURANTS

Presque tous les restaurants d'Uyuni bordent la place, côté rue Arce. Ils se valent tous. Rien d'extraordinaire et prix plutôt élevés. Il y a toujours une valeur sûre : les pizzas, que vous n'aurez aucun problème à trouver.

Restaurante 16 de Julio, Arce 35 (☎932 171), sur la place. Ensoleillé et surpeuplé. Petit déjeuner 7-16 Bs. *Almuerzo* 15 Bs. *Cena* 10 Bs. Omelettes et nouilles végétariennes 20-25 Bs. Ouvert tlj 7h-23h.

Kactus Restaurant, Arce 45 (☎932 386), sur la place. Le soir, de nombreux voyageurs se réchauffent autour des bougies. Crêpes bien épaisses 8 Bs. Steaks 20-24 Bs. Pâtes 12-20 Bs. Ouvert tlj 8h-23h.

Pizzeria Arco Iris, Arce 27 (☎932 517), sur la place. Les *gringos* sont prêts à payer le prix fort pour profiter de l'ambiance tamisée, des lampes suspendues, de la musique populaire et de la joyeuse animation. Pizzas moyennes 40-50 Bs. Ouvert tlj 15h-24h.

LE SALAR DE UYUNI

Vous aurez bien du mal à vous décider entre les vingt-six agences de voyages d'Uyuni qui se disputent un bout de rue du centre-ville et qui sont prêtes à tout pour votre argent. Pour une expédition réussie, vous aurez impérativement besoin d'un conducteur expérimenté et d'une Jeep robuste, critères qui varient considérablement d'une agence à l'autre. Let's Go n'est pas en mesure de vous recommander une agence. Le hasard sera peut-être plus fructueux qu'un choix raisonné. Toutefois, quelques considérations sont à prendre en compte. Demandez toujours un itinéraire écrit, avec tous les détails d'hébergement et de restauration, de préférence la veille de votre départ. La plupart des agences incluent l'hébergement et les repas, mais pas l'eau potable, les douches, le papier toilette ni l'entrée de la réserve. Il est donc essentiel de connaître tous les détails avant de réserver. Plus vous insisterez pour avoir un guide compétent (qui s'y connaisse autant sur la région des Salars qu'en mécanique), plus vous augmenterez vos chances d'en obtenir un. Malheureusement, il est presque impossible de rencontrer le guide avant le départ : la plupart travaillent tous les jours et ne rentrent chez eux qu'une fois tous les quatre jours. Cela dit, ils sont assez mal payés. Sachez récompenser les guides dont vous êtes satisfait et recommandez-les à l'agence dont ils dépendent. De nombreuses agences fournissent une consigne gratuite (avant de déposer vos affaires, vérifiez les horaires d'ouverture pour pouvoir les récupérer) et des sacs de couchage (5 $, plus ou moins isolants). La nuit, la température peut descendre à -25°C : ne partez pas sans vêtements très chauds. Vous aurez également besoin de puissantes lunettes de soleil (la réverbération est aveuglante sur le Salar), d'écran solaire, de papier toilette et d'une provision de pellicules photo. Le mal d'altitude n'est pas à prendre à la légère : certains sites sont à 5000 m. Emportez d'importantes réserves d'eau, le meilleur remède contre le mal d'altitude et l'hypothermie.

Pendant la haute saison (Juin-Sep) et la saison des pluies (Déc-Fév), les prix peuvent grimper jusqu'à 120 $ par personne pour une randonnée standard de 4 jours, qui ne coûte que 70 $ le reste de l'année. Mais ceux-ci varient constamment en fonction des conditions et de la demande, et il est difficile d'en donner un aperçu. Quelques agences proposent des excursions pendant les mois de pluie. Même si la fine couche d'eau qui recouvre le lac salé peut sembler plus belle encore que le blanc éblouissant de l'hiver, les Jeep peuvent rapidement se retrouver embourbées par le mélange eau/sel. Il n'est pas rare de voir des véhicules bloqués ou emportés par une soudaine inondation. Vous risquez d'attendre plusieurs jours avant qu'un groupe ne se forme. Avant de réserver, demandez combien de personnes se sont déjà inscrites. Les Jeep peuvent contenir six ou sept personnes. Si le groupe n'est pas assez important, il arrive que l'agence vous renvoie à un confrère au dernier moment.

Beaucoup profitent des excursions au Salar pour aller au **Chili** (le troisième jour). Il n'y a aucun logement possible entre les 10 km qui précèdent la frontière côté Bolivie et les 35 km qui suivent côté Chili. Plutôt que de risquer de vous perdre dans cette région froide et sans eau, il est préférable de partir avec une agence possédant aussi un bureau à San Pedro de Atacama (la première ville chilienne après la frontière) et un véhicule fiable. Certaines des agences les plus connues sont indiquées ci-dessous. En règle générale, elles affirment qu'elles sont ouvertes tous les jours de 8h à 20h, mais beaucoup ferment entre 12h et 14h et adoptent des horaires variables. Certaines d'entre elles proposent des guides parlant anglais pour une somme rondelette (jusqu'à 25 $ par jour). Enfin, il n'y a aucun moyen de se rendre seul au Salar depuis Uyuni.

AGENCES DE VOYAGES

Colque Tours (☎/fax 932 199, e-mail colque@ceibo.entelnet.bo ou tcolque@ctcinternet.cl), rue Potosí, entre les rues Avaroa et Bolívar. L'une des plus grandes agences d'Uyuni. Bon choix si vous envisagez de séjourner à San Pedro après l'expédition. Le guide/chauffeur Renato est excellent. Chèques de voyage et cartes Visa et MC acceptés.

Tunupa Tours (☎/fax 932 823), à l'angle des rues Ferroviaria et Arce. Cartes Visa, MC.

Toñito Tours (☎/fax 932 094, e-mail tonitotours@yahoo.com), à l'angle des rues Ferroviaria et Avaroa. Possibilités de menus pour végétariens. Cartes Visa, MC.

Olivas Tours (☎/fax 932 173), rue Ferroviaria, entre les rues Arce et Bolívar. Cartes Visa, MC, AmEx.

LE SALAR ET LE CIRCUIT SUD-OUEST

Les incroyables paysages de dépôts de sel et de lacs de glaciers du sud-ouest de la Bolivie sont dus au Lago Minchín, qui recouvrait jadis une superficie d'environ 60 000 km^2 (deux fois la Belgique) à une altitude de 3760 m. Le lac Minchín s'assécha il y a quelque 25 000 ans et donna naissance au Lago Tauca plusieurs milliers d'années plus tard. Le Tauca s'évapora à son tour il y a 10 000 ans, laissant derrière lui deux grands dépôts de sel, le Salar de Uyuni et le Salar de Coipasa.

Ier JOUR : SALAR DE UYUNI. La plupart des groupes pénètrent le désert du Salar par **Colchani** (300 habitants), à 22 km au nord d'Uyuni. Là, la population locale, organisée en coopérative, exploite et raffine le sel pour la consommation nationale. A une altitude moyenne de 3653 m, cette étendue salée occupe une superficie de 10 000 à 12 000 km^2, ce qui en fait la plus vaste et la plus haute du monde. Près de Colchani, les ouvriers rassemblent le sel en monticules d'environ 3 m de haut, tandis que les blocs circulaires sont coupés à la main. En examinant ces blocs, on décèle les différentes saisons de pluie (cercles noirs) intercalées dans le sel pur, tout comme les cercles concentriques d'un arbre indiquent son âge. Non loin de là se trouve un groupe d'**ojos de sal**, la partie la moins solide du Salar. A cet endroit, la couche de sel est tellement usée qu'elle révèle des puits d'eau souterrains (alors qu'ailleurs, elle peut parfois atteindre 6 m d'épaisseur). Ces trous bouillonnants et sulfureux ressemblent à des sources thermales, mais sont en fait des fosses froides et remplies de minéraux que le sol ferrugineux colore en rouge et en rose.

A 10 mn en voiture, deux bâtiments aussi blancs que le sol émergent du paysage dénudé. L'**Hotel Playa Blanca**, et son récent concurrent l'**Hotel Palacio de Sal**, proposent un séjour en immersion totale : les murs, les lits et les tables, bref, tout sauf le toit, sont construits en blocs de sel. Les hôtels se trouvent à 30 km d'Uyuni. Les chambres du Playa Blanca coûtent 20 $ par personne et celles du Palacio de Sal 30 $ par personne. Vous arriverez, quarante minutes plus tard et 76 km plus loin, à **Isla El Pescado** (l'île du poisson). Sur cet unique îlot de terre perdu au milieu de l'immensité blanche poussent de vieux cactus, dont certains atteignent 12 m de haut. Une entreprise minière familiale y a élu domicile. Il est possible d'y passer une nuit glaciale à regarder le coucher du soleil à travers une fenêtre de pierres (15 Bs) avant de poursuivre, mais pour la plupart, cette île d'un autre monde fait surtout office de pause déjeuner. Le voyage continue jusqu'à **San Juan** (à 91 km de Isla El Pescado), où le décor immaculé fait place aux montagnes ocres parsemées d'une maigre végétation capable de résister au climat de l'altiplano. Ce village d'environ 400 habitants vit essentiellement du tourisme. Il compte cinq *alojamientos* prévus pour accueillir les groupes. Toutes les chambres sont des dortoirs, avec seulement une ou deux couvertures par lit : il est conseillé d'emporter son sac de couchage (douches tièdes 5 Bs, chambre 15 Bs par personne). Il n'y pas grand-chose à voir à San Juan, hormis le cimetière colonial. Si vous restez plusieurs jours, vous pouvez entreprendre l'ascension du **Volcán Tunupa** (5432 m) situé sur la rive nord du Salar de Uyuni.

IIe JOUR : LES LAGUNAS ET LA RÉSERVE EDUARDO AVAROA. Le deuxième jour commence par une courte expédition à **Chiguana**, où l'on trouve un Salar de moindre importance et un poste de contrôle militaire, à 31 km au sud de San Juan. La plupart des Jeep s'arrêtent une heure environ pour admirer le lointain **Volcán Ollagüe** (5865 m), seul volcan actif de Bolivie. L'Ollagüe se trouve à cheval sur deux pays : son sommet appartient à la Bolivie alors que son activité géothermique est du côté chilien. A 60 km de San Juan, on découvre une série de lacs glaciaires. Sur quelques

ALTIPLANO

kilomètres, la route longe les eaux cristallines de la **Laguna Cañapa** et de la **Laguna Hedionda** (qui signifie "lac nauséabond" en raison de la forte odeur de souffre qu'elle dégage), ainsi que des *lagunas* **Charkota**, **Honda** et **Ramaditas**. Ces lacs regorgent de flamants roses, surtout en été. En hiver, ils gèlent partiellement mais attirent cependant quelques espèces animales. En route vers la Laguna Colorada (à 55 km), vous pénétrez dans la **réserve ornithologique Eduardo Avaroa** et dans le petit désert aride de **Siloli** (25 km^2). Ne manquez pas l'**Arbol de Piedra** ou arbre de pierre, composé de rochers érodés par les vents depuis des milliers d'années. C'est également un endroit idéal pour observer les *viscachas*, sortes de lapins à longue queue.

Enfin, la courte piste en très mauvais état débouche sur la **Laguna Colorada** et le bureau principal de **La Reserva** (4121 m). Cet étang aux tons irréels rose et rouge, qui ne fait que 80 m de profondeur, s'étend sur une superficie de 60 km^2. Ici, les vents se déchaînent, faisant remonter à la surface de l'eau les minéraux et les algues qui donnent sa couleur et son nom au lac. Il est conseillé d'acheter votre billet d'entrée directement au bureau de la réserve (30 Bs) plutôt que dans une agence de voyages. Ne le perdez pas : vous devez de nouveau le montrer en quittant la réserve. Celle-ci, fondée en 1973, abrite plus de quatre-vingts espèces d'oiseaux. Les flamants roses andins, chiliens et James se regroupent autour de la Laguna Colorada. La réserve protège également la vigogne ainsi que d'autres espèces animales et végétales de l'altiplano. Un guide des oiseaux du parc, intitulé **Aves de la Reserva Nacional de Fauna Andina Eduardo Avaroa**, est disponible à l'office de tourisme de Uyuni. La réserve est le meilleur endroit pour passer la nuit du deuxième jour, bien que de nombreuses agences préfèrent le médiocre *alojamiento* d'à côté.

IIIE ET IVE JOURS : SOL DE MAÑANA ET LAGUNA VERDE. Après un réveil matinal, vous reprenez la route en direction de la région des geysers que l'on appelle **Sol de Mañana**, à 29 km de la Laguna Colorada, juste à temps pour assister au lever du soleil. Là, des sources bouillonnantes, à 5000 m d'altitude, projettent de l'eau chaude et de la boue tandis que des colonnes de vapeur hautes de 80 à 100 m jaillissent des geysers. Les thermes se trouvent à proximité : beaucoup de groupes s'y arrêtent pour profiter d'une courte baignade et prendre le petit déjeuner. Après avoir passé un col et effectué 65 km supplémentaires, vous arriverez, en milieu de matinée, à la dernière étape de votre périple : la **Laguna Verde** (4315 m). Cette étendue d'eau vert émeraude parcourue de vaguelettes, et sa voisine, la **Laguna Blanca**, s'étalent au pied de l'imposant **Volcán Licancabur** (5868 m). L'ascension du sommet est prévue dans la plupart des excursions de 5 à 6 jours. Il existe un refuge à Laguna Blanca, mais après avoir testé le vent glacial de la journée, on n'ose imaginer ce que cela peut donner la nuit…

TUPIZA ☎06

Au milieu du XVIe siècle, Charles Quint céda presque tout le sud de la Bolivie à Diego de Almagro, dans l'espoir que celui-ci et Francisco Pizarro cesseraient de se disputer le contrôle de Cuzco. Quand les hommes d'Almagro arrivèrent au Río Tupiza, tout donnait à penser qu'ils avaient hérité du tempérament querelleur de leurs supérieurs. Les Espagnols, en effet, débattirent longuement pour savoir qui mettrait le premier le pied dans l'eau, chacun disant à l'autre : "tú, pisa" ("vas-y, toi"). Les quelques amoureux de la nature qui visitent Tupiza (24 000 habitants) aujourd'hui n'ont pas besoin de tels salamalecs pour se "plonger" dans le paysage environnant. De spectaculaires formations rocheuses de couleur ocre enveloppent la vallée et dominent la ville. Les montagnes et rivières voisines constituent d'excellents itinéraires de randonnée. Et surtout, le climat sec et doux de la région garantit des excursions fort agréables, même à ceux qui chicanent sur le fait que "Tupiza" viendrait du mot indigène "Topesja", désignant la région, plutôt que d'un groupe d'Espagnols faisant toute une histoire pour mettre les pieds dans la rivière.

TRANSPORTS

Train : **Gare** (☎942 527), à l'angle des rues Avaroa et Serrano, 3 *cuadras* à l'est de la Plaza Independencia, de l'autre côté de la rivière. Guichet ouvert Lu-Sa 8h30-11h et 18h-19h30, ainsi qu'une heure avant chaque arrivée ou départ. Trains à destination de : **Oruro** (durée 12h30, dép. Lu. et Je. à 19h, 43 Bs, express durée 11h, dép. Ma. à 7h et Sa. à 18h20, 68 Bs) via **Uyuni** (durée 5h, 19 Bs, express durée 5h, 28 Bs) et **Atocha** (durée 3h30, 11 Bs, express durée 3h, 15 Bs) et **Villazón** (durée 3h, dép. Lu. et Je. à 8h40, 11 Bs, express durée 3h, dép. Sa. à 2h25, 15 Bs).

Bus : **Gare routière**, rue Serrano, la rue la plus à l'est de l'autre côté de la rivière, au sud de la rue Flórida, la limite sud de la place. Taxe de sortie 1 Bs. Bus à destination de : **La Paz** (durée 18h, dép. à 10h, 60-90 Bs), **Potosí** (durée 8h, dép. à 10h, 20h30 et 21h, 25-30 Bs), **Tarija** (durée 8h, dép. à 19h30 et 20h, 20-30 Bs), **Uyuni** (durée 9h, dép. Lu. et Je. à 11h, 25-30 Bs) et **Villazón** (durée 3h, dép. à 4h, 14h et 15h, 10 Bs). Les prix varient selon la compagnie et la saison.

ORIENTATION ET INFORMATIONS PRATIQUES

La plupart des services se trouvent à proximité de la **Plaza Independencia**. Trois *cuadras* à l'est se trouve la rue **Serrano**, près de la voie ferrée, et le **Río Tupiza** qui marque la limite est de la ville.

Agences de voyages : **Tupiza Tours**, Chichas 187 (☎943 001, fax 943 003). Depuis la place, dirigez-vous vers l'est et prenez la 2e à droite. Cette agence surpasse les autres par ses nombreux services d'une grande fiabilité. Visite de Tupiza d'une journée incluant le déjeuner, 15-18 $ par personne, selon le nombre de participants. Visite d'une demi-journée 8-12 $ par personne. Randonnées à cheval de 4 jours au maximum, 120 Bs par personne et par jour. Excursions d'une journée en Jeep à Huaca Huañusca, site du dernier vol des célèbres gangsters nord-américains Butch Cassidy et le Kid (voir le film *Butch Cassidy et le Kid*, avec Paul Newman et Robert Redford), et à San Vicente, où ils sont enterrés, 60-100 $ par personne, en fonction du nombre de personnes dans la Jeep. Accès Internet 15 Bs/h. Prend une commission de 4 % sur chaque chèque de voyage. La propriétaire, Fabiola Mitru, et son entourage remplissent la fonction d'**office de tourisme officieux**, distribuant des cartes gratuites faites main et répondant à vos questions (pour ceux qui désirent une personne anglophone, demandez Beatriz). Ouvert tlj 8h-20h. Leur principal concurrent est l'agence qui s'est improvisée dans l'**Hostal Valle Hermosa** (☎942 370, fax 942 592, Web : www.bolivia.freehosting.net, e-mail hostalvh@cedro.pts.entelnet.bo). Moins reconnue mais tout aussi compétente, elle se situe rue Serrano, juste après la rue Flórida, 3 *cuadras* à l'est de la place. Excursion d'une journée 450 Bs par Jeep (une Jeep contient 6 personnes au maximum). Excursion d'une demi-journée 250 Bs par Jeep. Randonnée à cheval 18 Bs l'heure. Moto 50 Bs la journée. Excursions à Huaca Huañusca 540 Bs, à San Vicente 1750 Bs. Accès Internet 15 Bs/h.

Change : La **Banco Crédito** (☎943 765) et la **Banco Mercantil** (☎943 541), toutes les deux sur la place, ne vous seront utiles que si vous possédez déjà des *bolivianos* ou des dollars. Ouvert Lu-Ve 8h30-12h et 14h30-18h. Pour retirer de l'argent avec une carte (Visa ou MC) ou pour changer vos chèques de voyage, optez pour **Tupiza Tours** (4 % de commission par chèque) ou l'**Hostal Valle Hermosa** (chèques de voyage uniquement).

Marchés : Le marché principal est délimité par les rues Santa Cruz, Chichas et Junín, 2 *cuadras* à l'est et 1 longue *cuadra* au nord de la place. Un petit marché se tient à l'angle des rues Flórida et Chichas, à l'est de la place. Les jeudi et samedi, un marché à ciel ouvert envahit l'extrémité nord de la rue Serrano, au nord de la place. Tous sont ouverts du lever au coucher du soleil.

Urgences : Police ☎110. Urgences médicales ☎119.

Police : Au croisement des rues Avaroa et Sucre, juste à l'ouest de la place, près d'ENTEL.

Pharmacie : Vous en trouverez plusieurs dans le centre. Appelez le ☎119 pour connaître la *farmacia de turno* (pharmacie de garde).

Hôpital : **Hospital Ferroviario Benigno Inchaustia** (☎942 996), rue Chichas, entre les rues Flórida et Avaroa, 2 *cuadras* à l'est de la place. Ouvert 24h/24.

Téléphone : **ENTEL** (☎942 100, fax 942 121), à l'angle des rues Aramayo et Avaroa, à l'ouest de la place. Ouvert Lu-Sa 8h-23h, Di. 8h-11h et 15h-22h.

Internet : Les établissements **Tupiza Tours** et **Hostal Valle Hermosa** disposent chacun d'un ordinateur, mais pour une connexion rapide (et garantie), utilisez plutôt l'ordinateur qui se trouve derrière un **négoce de soda en gros** : rue Florida, 1 *cuadra* et demie à l'est de la place, enseigne "Internet" à l'entrée. 15 Bs/h.

Bureau de poste : Rue Avaroa, juste à l'ouest de la place. Ouvert Lu-Ve 8h30-18h, Sa. 9h-17h, Di. 9h-12h.

FRONTIÈRE CHILIENNE Bon nombre de touristes entrent au Chili par l'extrême sud de la Bolivie. **Hito Cajón**, la ville-frontière bolivienne, se trouve à 10 km de Laguna Blanca. Vous n'y trouverez aucun hôtel, aucun restaurant ni bureau de change. De l'autre côté de la frontière (non surveillée), il faut parcourir 35 km avant d'apercevoir la première ville chilienne : **San Pedro de Atacama**. La plupart des agences d'Uyuni peuvent vous conduire de Laguna Blanca à la frontière (15 mn environ) pour 10 $ de plus, si cela n'est pas prévu dans l'excursion. Vous devez vous procurer un **tampon de sortie**, valable trois jours (ou plus longtemps si vous donnez la date exacte du retour), auprès du bureau d'immigration d'Uyuni. Une fois à San Pedro, les douanes chiliennes vérifieront scrupuleusement vos bagages : aucune denrée ne peut passer la frontière. Comptez une heure de trajet de la frontière au poste de contrôle de San Pedro, plus 30 mn passées à la douane. Le centre-ville est à une courte distance en voiture.

HÉBERGEMENT

En matière d'établissements hôteliers, Tupiza reste très standard. De nombreux hôtels annoncent de l'eau chaude 24h/24, mais mieux vaut vous doucher le matin. Dans la liste qui suit, même les plus éloignés se trouvent tous à moins de 5 mn à pied du centre : ne vous laissez pas influencer par leur adresse trompeuse. Sachez également que les nombreuses *quebradas* (lits de rivière asséchés) de la région constituent d'excellents **terrains de camping** pendant la saison sèche, mais se remplissent vite pendant les fortes pluies d'été. Toutefois, sachez qu'une crue subite peut se produire en toute saison. Voir **Visites**, p. 450, pour choisir un bon emplacement.

❤ **El Refugio del Turista** (☎943 003), rue Chichas, au sud de la rue Flórida, à côté de Tupiza Tours, à 2 *cuadras* de la place. L'hôtel le plus fréquenté de Tupiza. Il se distingue par une cour verdoyante aux bancs rustiques qui fait le bonheur des voyageurs. Cuisine. 15 Bs par personne. Cartes Visa, MC et chèques de voyage acceptés.

❤ **Hostal Valle Hermosa** (☎942 370, fax 942 592, Web : www.bolivia.freehosting.net, e-mail hostalvh@cedro.pts.entelnet.bo), rue Serrano, juste après la rue Flórida, 3 *cuadras* à l'est de la place. Sur quatre niveaux. Salle commune ensoleillée à chaque étage. Laverie 5 Bs pour 12 articles. 15 Bs par personne. Cartes Visa, MC et chèques de voyage acceptés.

Hotel Mitru, Chichas 187 (☎943 001), près de Tupiza Tours, 2 *cuadras* à l'est de la place, au sud de la rue Flórida. Etablissement convenable et standard. Chambres propres, douches chaudes. Laverie 5 Bs pour 12 articles. 20 Bs par personne, 40 Bs avec salle de bains. Cartes Visa, MC et chèques de voyage acceptés. L'**Hotel Anexo Mitru** (☎943 002), rue Avaroa, à l'angle de la gare, est identique mais comprend un restaurant.

Residencial San Luis (☎943 040), rue Junín, entre les rues Santa Cruz et Chorolque, 1 longue *cuadra* au nord de la place. Cet hôtel n'est pas aussi décrépit que son aspect extérieur le suggère, mais il reste le moins cher de la ville. Les chambres donnent sur une cour assez encombrée et les douches sont nombreuses. Eau chaude dans la journée 5 Bs pour les clients, 6 Bs pour les autres. 12 Bs par personne.

Residencial My Home, rue Avaroa, entre les rues Chorolque et Santa Cruz, juste à l'est de la place. Le personnel enthousiaste vous propose des chambres d'une propreté irréprochable. Seule la cour vide est plus grande que les salles de bains privées. Utilisation de la cuisine 2 Bs. 18 Bs par personne, 28 Bs avec salle de bains.

Residencial Centro (☎942 705), rue Santa Cruz, au sud de la rue Avaroa, à 1 *cuadra* de la place. Des fleurs ornent l'escalier qui relie la cour aux chambres modestes de l'étage. Chambre simple 16 Bs, avec salle de bains 30 Bs, chambre double 36 Bs, avec salle de bains 55 Bs, chambre triple 54 Bs.

RESTAURANTS

Tupiza compte plus de petits établissements familiaux que de véritables restaurants autour de la place et dans les rues adjacentes. Comme toujours, c'est au marché que vous trouverez les meilleurs petits déjeuners et les repas les moins chers. Pour le dessert, la **Heladería Cremalin** et la **Heladería Cramer**, situées toutes deux sur la place, proposent de bonnes glaces.

Il Bambino (☎943 903), à l'angle des rues Flórida et Santa Cruz, à l'est de la place. L'*almuerzo* à 8 Bs, qui comprend une soupe, un plat principal, un dessert et une boisson, est d'un excellent rapport qualité-prix. Les prix à la carte peuvent aller jusqu'à 18 Bs. Délicieuses *salteñas* à 1,50 Bs. Ouvert tlj 8h45-22h.

Los Helechos (☎943 002), rue Avaroa, entre les rues Chichas et Serrano, sous l'hôtel Anexo Mitru. Les *gringos* se bousculent pour goûter aux plats bien préparés de la maison. Pour le dîner, essayez le succulent plat du jour (25 Bs), généralement à base de poulet. Hamburgers et parts de pizza 4-6 Bs, plats principaux aux alentours de 22 Bs. Petit déjeuner 4 Bs. Ouvert tlj 8h-23h.

Pension Doña Aurora, au croisement des rues Chichas et Avaroa, 2 *cuadras* à l'est de la place. Plats traditionnels copieux et bon marché. A l'heure de l'*almuerzo* (6 Bs), asseyez-vous en terrasse pour observer les passants en grignotant de la viande frite. Plats de viande à la carte 10-15 Bs. *Cena* 5 Bs. Ouvert tlj 8h-22h.

VISITES

Plusieurs sites naturels sont à découvrir à proximité de la ville. La plupart sont accessibles en Jeep, à cheval ou à pied. A moins que vous ne remontiez le Río Tupiza, n'oubliez pas d'emporter de l'eau : le climat est aride et offre peu d'endroits où se rafraîchir. L'Hostal Valle Hermosa et Tupiza Tours mettent à votre disposition des cartes sommaires des environs.

QUEBRADAS. Au sud de la ville, des pitons rocheux longent la plate **Quebrada Palmira**. Le groupe de formations phalliques s'appelle la **Valle de los Machos** (la vallée des mâles), mais prend parfois le nom plus imagé de Valle de los Penes (la vallée des pénis). Depuis la Quebrada Palmira, un canyon étroit serpente à travers des roches de plusieurs couleurs. L'agréable balade de 2 km entre rochers et rivière s'effectue sans trop d'efforts. En revanche, les sentiers le long de la route au nord semblent plus difficiles, notamment en raison des vents forts de montagne. Le plus intéressant est sans doute celui qui suit les rails vers le nord sur 2,5 km jusqu'à l'embouchure de la **Quebrada de Palala**, un large lit de rivière situé entre la route qui grimpe et les parois rocheuses rouges. Pendant les mois secs d'hiver, les marchands aymaras et leurs lamas l'empruntent pour échanger du sel d'Uyuni contre du blé provenant des régions plus au sud.

AUTRES VISITES. A **Angosta**, 10 km au sud de Tupiza, la route du sud traverse par des tunnels les parois rocheuses rouges couvertes de nids de perroquets. *(Depuis la gare routière, prenez le pont qui traverse le Río Tupiza puis partez en direction du sud.)* Plus loin (12 km) sur la route, un poste d'observation sur votre droite offre une superbe vue sur **Entre Ríos**, point de rencontre du Río Tupiza et du Río San Juan del Oro. Descendez jusqu'à la rivière Tupiza, passez sous le pont et continuez pendant 50 m pour atteindre **La Torre**, un imposant piton rocheux.

En direction du nord, la route escarpée s'élève jusqu'au col d'**El Sillón**, à 3700 m d'altitude. Son nom, signifiant "la selle", vient du fait qu'il chevauche deux montagnes. Ceux qui auront entrepris la difficile ascension seront récompensés par l'étonnant panorama qui s'ouvre sur la région. Telle une forêt de roches lunaires, des pics émergent du paysage irréel en contrebas. Enfin, les fans des deux bandits, Butch Cassidy et le Kid, pourront effectuer le trajet de 40 km jusqu'à **Huaca Huañusca** (la montagne de la vache morte), site de leur dernier hold-up. Pour cela, une Jeep ou une excursion organisée sont indispensables (voir **Agences de voyages**, p. 448).

ACTIVITÉS DE PLEIN AIR

Les amateurs de sport seront ravis de profiter des courts en plein air du **Tenis Club Ferroviaria**, à l'angle des rues Avaroa et Serrano, face à la gare. Vous trouverez toujours un court, une raquette et des balles disponibles. Passez la veille pour réserver (25 Bs/h).

VILLAZÓN ☎05

Plus souvent considérée comme un passage entre la Bolivie et l'Argentine qu'une destination en soi, Villazón est le type même de la ville frontalière poussiéreuse. Le passage de la frontière se fait ici très facilement, presque trop : des centaines de personnes, transportant des marchandises sur leur dos, vont et viennent entre les deux pays. Mais ce *comercio de hormigas* (trafic de fourmis) ne devrait pas concerner le voyageur qui ne fait que passer, sauf si celui-ci a l'intention d'acheter des produits électroniques à bon prix. En effet, beaucoup de commerçants présentent leurs marchandises dans de petits kiosques dans la rue ou à même leur chariot. Villazón n'est pas inintéressante mais ne mérite pas un séjour prolongé.

TRANSPORTS

Train : **Gare** (☎962 565), terminus, rue República Argentina, 8 *cuadras* environ au nord de la frontière. Guichet ouvert Lu-Ve 8h-12h et 14h-18h, Sa. 8h-12h et 14h-15h30, ainsi qu'une heure avant chaque départ ou arrivée. Trains express à destination d'**Oruro** (durée 14h30, dép. Sa. à 15h30, 76 Bs) via **Tupiza** (durée 3h, 15 Bs), **Atocha** (durée 6h, 43 Bs) et **Uyuni** (durée 8h, 43 Bs). Trains réguliers à destination d'**Oruro** (durée 16h, dép. Lu. et Je. à 15h30, 52 Bs) via **Tupiza** (durée 3h, 11 Bs), **Atocha** (durée 7h, 19 Bs) et **Uyuni** (durée 10h, 29 Bs).

Bus : **Gare routière**, rue República Argentina, juste au nord de la place. **Consigne** disponible (1 Bs par bagage), mais la plupart des compagnies de bus acceptent les dépôts de bagages dans leur bureau. Bus à destination de : **Tarija** (durée 8h, dép. Lu-Mer et Ve-Sa à 20h et 20h30, Je. et Di. à 11h, 20h et 20h30, 25 Bs), **Potosí** (durée 10-12h, 8 dép/j de 8h à 18h30, 40 Bs), **Sucre** (durée 15h, dép. à 8h30 et 17h45, 70 Bs), **La Paz** (durée 22h, dép. à 8h30, 60 Bs) et **Tupiza** (durée 2h30, dép. Lu-Sa à 7h, 14h45 et 15h, Di. à 7h, 11h, 14h45 et 15h, 10 Bs).

ORIENTATION ET INFORMATIONS PRATIQUES

A Villazón, tout ou presque se trouve dans la rue **República Argentina**, qui traverse la ville du nord au sud : gares routière et ferroviaire, place centrale et douanes. L'artère parallèle, **Antofagasta**, de l'autre côté de la voie ferrée, abrite quelques hôtels et quelques commerces, tout comme la rue **Independencia**, une *cuadra* à l'est de la rue República Argentina. Le **Río Villazón** marque la frontière naturelle de la ville avec l'Argentine. La **place** principale se trouve 3 *cuadras* au nord de la frontière.

Consulat : **Argentine**, 311 Cornelio Sabedra (☎962 011), au nord de la frontière, une *cuadra* à l'est de la rue República Argentina. Ouvert tlj 10h-17h.

Change : Bon nombre de *casas de cambio* se succèdent sur la rue República Argentina. La **Banco de Crédito** (☎963 848), rue Antofagasta, au nord de la place, change les chèques de voyage moyennant 1,5 % de commission. Ouvert Lu-Sa 8h30-12h30 et 14h30-17h.

Marché : 1 *cuadra* à l'est de la place.

Urgences : ☎110.

Police : ☎110, à l'angle nord-est de la place.

Hôpital : **San Rogue** (☎962 555), 7 *cuadras* au nord et 2 *cuadras* à l'est de la place.

Téléphone : **ENTEL**, rue República Argentina, au nord de la place. Ouvert tlj 7h30-22h.

Bureau de poste : Rue República Argentina, au nord de la place, dans le bâtiment ENTEL. Ouvert Lu-Sa 9h-12h et 14h-18h.

FRONTIÈRE ARGENTINE Seul le Río Villazón sépare la ville-frontière bolivienne de son équivalent argentin, La Quiaca. Le passage de la frontière se fait très facilement, et les files d'attente sont rares. Le côté bolivien est ouvert tous les jours de 6h à 20h, tandis que le côté argentin est ouvert de 6h à 23h. Inutile d'avoir un tampon si vous franchissez la frontière juste pour la journée : passez sans vous arrêter. Pour un séjour prolongé, vous recevrez un tampon de sortie bolivien et un tampon d'entrée argentin, valable trois mois. **Si l'Argentine est à l'heure d'été (Avr-Oct) quand vous passez la frontière, avancez votre montre d'une heure.**

HÉBERGEMENT

Villazón compte plus de bons hôtels qu'on pourrait le penser. Les établissements les moins chers se trouvent dans la partie nord de la ville, rue Antofagasta, de l'autre côté de la gare : les *alojamientos* **México**, **Copacabana** et **La Paz** coûtent chacun 15 Bs la nuit avec lavabo extérieur et eau chaude le matin si vous êtes chanceux (5 Bs).

El Cortijo Residencial, rue Antofagasta, 2 *cuadras* au nord de la place. Plus grand qu'il n'y paraît de l'extérieur, ce vieil hôtel tout à fait charmant abrite aussi le restaurant/salon le plus agréable de la ville. L'été, vous apprécierez la piscine et les fleurs qui l'entourent. Douches 5 Bs. Chambre simple 25 Bs, avec salle de bains 50 Bs, chambre double 50 Bs, avec salle de bains 80 Bs, chambre triple 75 Bs, avec salle de bains 120 Bs, chambre quadruple 100 Bs, avec salle de bains 160 Bs.

Hostal Plaza (☎963 535), côté sud de la place. Le meilleur établissement de la ville. A l'intérieur d'une petite galerie vitrée, les couloirs sont tapissés de plantes en pots. En bas, un *comedor* sert le petit déjeuner (4 Bs). Toutes les chambres avec salle de bains disposent de la télévision câblée. Chambre simple 35 Bs, avec salle de bains 50 Bs, chambre double 70 Bs, avec salle de bains 80 Bs, chambre triple 105 Bs, avec salle de bains 130 Bs, chambre quadruple 140 Bs.

Residencial Cristal, une *cuadra* au sud de la gare, rue Antofagasta. Hôtel de meilleur rapport qualité-prix que les établissements similaires proposés plus haut. Les chambres un peu vieillottes donnent sur une cour où se côtoient fleurs et linge qui sèche. Chambre 15 Bs par personne.

Gran Palace Hotel (☎965 333 ou 965 544), juste derrière la gare routière. Cet hôtel, moins prestigieux que son nom ne semble l'indiquer, reste cependant l'une des meilleures adresses de Villazón. Les grandes chambres disposent de la télévision câblée et du téléphone. Les salles de bains communes sont propres. Chambre simple 25 Bs, avec salle de bains 50 Bs, chambre double 50 Bs, avec salle de bains 100 Bs, chambre triple 75 Bs, avec salle de bains 150 Bs, chambre quadruple 100 Bs.

RESTAURANTS

Charquekan, derrière la gare routière, à côté de la pizzeria. Très apprécié de la population locale, ce restaurant propose de la cuisine traditionnelle à bon prix. Déjeuner ou dîner 6 Bs.

Pizzeria Don Vicho (☎965 073), derrière la gare routière. Menu standard dans un décor chaleureux à damiers rouges. Pizzas 24 Bs environ, *burgers* 6 Bs. Plats à la carte (viande rouge et volaille) environ 17 Bs.

Chifa Jardín (☎965 058), au centre de la rue República Argentina. Cuisine chinoise médiocre dont les prix sont suffisamment élevés pour figurer en dollars. Déjeuner 5 $, dîner 4 $. Ouvert tlj jusqu'à 1h.

LE CHACO

TARIJA ☎06

Avec ses palmiers et sa place fleurie de roses, ce "joyau du sud" fait l'effet d'un véritable petit paradis, entre les paysages inhospitaliers de l'altiplano et les plaines semi-arides et poussiéreuses du Chaco. On comprend aisément pourquoi ses habitants, d'origine bolivienne et argentine, sont si fiers de leur ville (120 000 habitants), souvent ignorée des touristes. Les *Tarijeños* (ou *Chapacos*, comme ils aiment à se dénommer) cherchent à s'extraire de l'emprise espagnole dès 1807, mais leur révolte n'aboutit pas. Ils doivent attendre dix ans avant d'être pris au sérieux. En 1817, en effet, lors de la bataille de La Tablada, les troupes locales dirigées par Eustaquio "Moto" Méndez remportent une victoire décisive sur les conquistadors. En 1825, alors que l'Argentine souhaite annexer cette région propice à l'agriculture, les *Chapacos* décident de rejoindre la Bolivie, qui vient tout juste d'obtenir son indépendance, et repoussent ainsi l'offre de citoyenneté argentine. Aujourd'hui, toutefois, bon nombre de *Tarijeños* revendiquent leur mixité, et leur culture associe le patrimoine des deux pays. Mais Tarija possède des caractéristiques boliviennes incontestables : ici, la vie s'écoule paisiblement, encore plus que dans les autres villes du pays. C'est peut-être en raison de son climat méditerranéen, du vin qu'elle produit ou de son excellente gastronomie. Toujours est-il que la pause déjeuner dure trois heures et que presque tous les établissements ferment quotidiennement pour une longue sieste.

TRANSPORTS

Avion : **Aéroport** (☎642 283), à 2 km environ à l'est, rue Victor Paz. Ouvert 6h-19h. **Taxe de sortie** de 10 Bs pour les vols intérieurs et de 20 $ pour les vols internationaux. Il est préférable d'acheter les billets d'avion directement dans les agences des compagnies aériennes à Tarija. **LAB** (☎/fax 632 000, 642 195 ou 645 706), rue Trigo, entre les rues Virginio Lema et Alejandro del Carpio, 1 *cuadra* et demie au sud de la Plaza Fuentes. Ouvert Lu-Ve 8h-12h et 14h30-18h30, Sa. 9h-12h. Vols à destination de **Cochabamba** (durée 55 mn, dép. Lu à 17h, Je. à 17h20, Ve. à 17h10, Sa. à 12h10 et Di. à 17h15, 459 Bs) et **Sucre** (durée 40 mn, dép. Lu. à 11h et Je. à 16h15, 321 Bs). Réduction de 10 % pour les étudiants, les groupes de 2 ou plus et les personnes de plus de 60 ans. **Aerosur** (☎630 894, fax 630 893), rue Ingavi, entre les rues Sucre et Daniel Campos, au nord de la Plaza Fuentes. Ouvert Lu-Ve 8h30-12h et 14h30-18h30, Sa. 8h30-12h. Vols à destination de **La Paz** (durée 1h, dép. Lu., Me. et Ve. à 16h20, 647 Bs). **TAM** (☎/fax 642 734), rue Madrid, juste à l'ouest de la Plaza Fuentes. Ouvert Lu-Ve 8h-12h et 14h30-18h, Sa. 7h-8h30. Vols à destination de : **Sucre** (durée 45 mn, dép. Lu. à 8h, 190 Bs),

Cochabamba (durée 1h45, dép. Lu. à 8h, 355 Bs), **La Paz** (durée 3h, dép. Lu. à 8h, 455 Bs), **Villamontes** (durée 30 mn, dép. Sa. à 12h30, 190 Bs) et **Santa Cruz** (durée 2h, dép. Sa. à 12h30, 320 Bs). **SAVE** (☎/fax 644 764), rue 15 de Abril, entre les rues Méndez et Santa Cruz, 2 *cuadras* à l'est de la Plaza Sucre. Ouvert Lu-Ve 8h30-12h30 et 14h-18h30, Sa. 7h-12h. Vols à destination de **Yacuibe** (durée 20 mn, dép. Lu., Me. et Sa. à 9h20, 595 Bs) et **Santa Cruz** (durée 1h30, dép. Lu., Me. et Sa. à 9h20, 595 Bs).

Bus : **Gare routière**, à l'angle des rues Victor Paz et Las Américas, 11 *cuadras* à l'est de la Plaza Fuentes. Dotée d'un **bureau ENTEL**, d'un petit bureau de **poste**, d'un **poste de police** et d'un **guichet d'informations** très utile. (☎636 508. Ouvert tlj 6h-12h et 15h-20h30.) Bus à destination de : **La Paz** (durée 24h, dép. à 6h30 et 7h, 90 Bs), **Cochabamba** (durée 24h, dép. Lu. et Je. à 17h, 90 Bs), **Santa Cruz** (durée 24h, dép. Lu. et Je. à 7h, Sa. à 7h et 17h30, 80 Bs), **Bermejo** (durée 6-7h, dép. à 7h, 9h, 11h, 16h, 18h30 et 20h30, 30 Bs), **Villamontes** (durée 11-12h, dép. à 18h, 45 Bs), **Uyuni** (durée 18h, dép. à 15h30, 16h et 16h30, 50 Bs), **Sucre** (durée 15h, dép. à 15h30, 16h et 16h30, 45 Bs), **Potosí** (durée 12h, dép. à 15h30, 16h, 16h30 et 17h, 40 Bs), **Villazón** (durée 7h, dép. à 20h et 20h30, Mer. et Sa. dép. également à 7h30, 30 Bs) et **Yacuibe** (durée 10h30, dép. à 7h30, 18h40 et 19h30, 40 Bs). **Taxe de sortie** 2 Bs.

Taxi : Circulent toute la journée. Le soir, vous pouvez aussi appeler les compagnies : **Moto Méndez** (☎644 480), **Tarija** (☎644 378), **4 de Julio** (☎642 829) et **V.I.P.** (☎643 131). La course pour l'aéroport coûte 5 Bs, toute autre course en ville 3 Bs.

FRONTIÈRE ARGENTINE A sept heures de Tarija se trouvent **Bermejo**, 210 km plus au sud et **Yacuibe**, à 356 km au sud-est. De nombreux voyageurs choisissent d'entrer en Argentine par l'une des ces deux villes-frontières. Le passage est relativement aisé : les douanes ne demandent pas de surtaxe et restent ouvertes 24h/24. Bermejo et Yacuibe sont également pourvues en hôtels et en restaurants au cas où vous seriez bloqué, ce qui est fort peu probable étant donné la facilité du passage. **Si l'Argentine est à l'heure d'été (Avr-Oct) quand vous passez la frontière, avancez votre montre d'une heure.**

ORIENTATION ET INFORMATIONS PRATIQUES

Tarija vit autour de ses deux places, la grande **Plaza Luis Fuentes y Vargas** et, à 2 *cuadras* de là en direction du sud-est, la plus petite **Plaza Sucre**. Dans la partie nord de la ville, l'activité se concentre autour du **marché** et de la rue **Domingo Paz**. La rue Colón est l'artère centrale de Tarija. Elle traverse la ville du nord au sud et permet de la délimiter d'est en ouest : les adresses situées à l'ouest comportent un "o" pour *oeste*, et celles situées à l'est un "e" pour *este*. Le **Río Guadalquivir** marque la limite sud de la ville. La rue Victor Paz, également appelée Las Américas, longe la rivière.

Office de tourisme : (☎631 000), rue General Trigo, sur la Plaza Fuentes. Plans gratuits. Ouvert Lu-Ve 8h-16h.

Consulat : **Argentine** (☎644 273, fax 634 668), au croisement des rues Ballivián et Bolívar, 3 *cuadras* à l'ouest et 2 *cuadras* au nord de la Plaza Fuentes. Ouvert Lu-Ve 8h30-12h30.

Bureau d'immigration : (☎643 594, fax 644 521), rue Bolívar, entre les rues Ballivián et Saracho, 2 *cuadras* au nord et 3 *cuadras* à l'ouest de la Plaza Fuentes. Ouvert Lu-Ve 8h-16h.

Change : **Banco Bisa** (☎638 101), Plaza Fuentes. Change les chèques de voyage AmEx à un taux de 5 % inférieur au cours légal. Ouvert Lu-Ve 8h30-12h et 14h30-18h, Sa. 9h-12h. **Banco Santa Cruz**, Trigo 942 (☎648 888), 3 *cuadras* au nord de la Plaza Fuentes, change les chèques de voyage (commission de 20 $ minimum). Ouvert Lu-Ve 8h30-18h et Sa. 9h-12h. La rue Bolívar, entre les rues Daniel Campos et Sucre, abrite un grand nombre de bureaux de change.

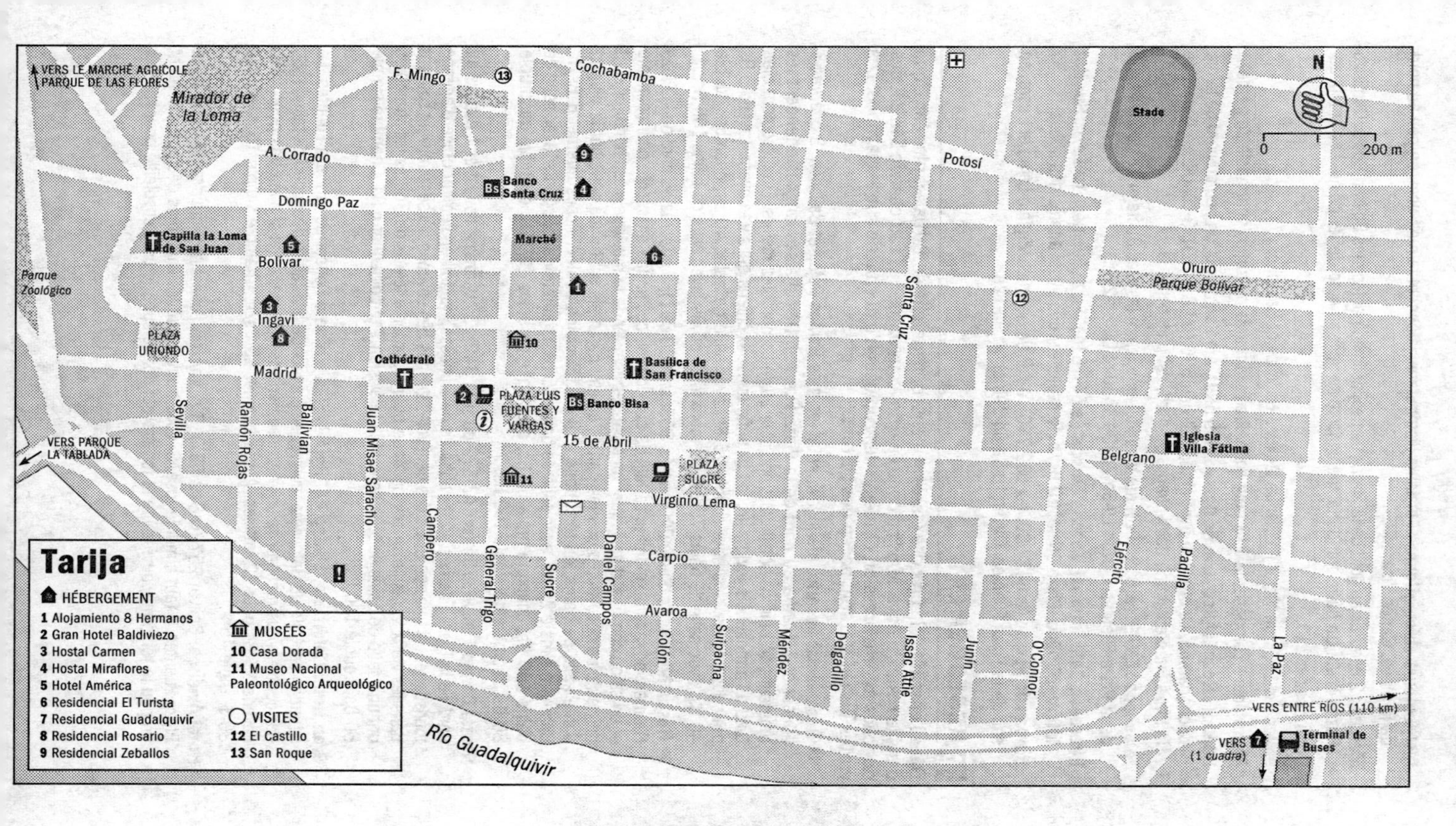
Tarija
HÉBERGEMENT
1 Alojamiento 8 Hermanos
2 Gran Hotel Baldiviezo
3 Hostal Carmen
4 Hostal Miraflores
5 Hotel América
6 Residencial El Turista
7 Residencial Guadalquivir
8 Residencial Rosario
9 Residencial Zeballos
MUSÉES
10 Casa Dorada
11 Museo Nacional Paleontológico Arqueológico
VISITES
12 El Castillo
13 San Roque
N
0
200 m
Stade
VERS LE MARCHÉ AGRICOLE PARQUE DE LAS FLORES
Mirador de la Loma
F. Mingo
Cochabamba
A. Corrado
Potosí
Domingo Paz
Banco Santa Cruz
Marché
Capilla la Loma de San Juan
Bolívar
Parque Zoológico
Oruro
Parque Bolívar
Santa Cruz
Ingavi
PLAZA URIONDO
Madrid
Cathédrale
Basílica de San Francisco
PLAZA LUIS FUENTES Y VARGAS
Banco Bisa
15 de Abril
Sevilla
Ramón Rojas
Ballivian
Juan Misae Saracho
VERS PARQUE LA TABLADA
Iglesia Villa Fátima
Belgrano
PLAZA SUCRE
Virginio Lema
Campero
General Trigo
Sucre
Daniel Campos
Carpio
Avaroa
Colón
Suipacha
Méndez
Delgadillo
Issac Attie
Junín
O'Connor
Ejército
Padilla
La Paz
VERS ENTRE RÍOS (110 km)
VERS 7 (1 cuadra)
Terminal de Buses
Río Guadalquivir

Distributeurs automatiques : Plusieurs distributeurs jalonnent la rue Sucre, un peu au nord de la place. Cartes Visa, MC.

Marché : 2 *cuadras* au nord de la Plaza Fuentes, délimité par les rues Bolívar, Sucre, Domingo Paz et Trigo. Un autre grand marché agricole se tient au nord de Tarija, rue Las Américas.

Urgences : ☎ 110.

Police : ☎ 110, rue Victor Paz, entre les rues Ballivián et Saracho.

Pharmacie : Composez le 118 pour connaître la *farmacia de turno* (pharmacie de garde).

Hôpital : **Hospital San Juan de Dios** (☎ 645 555), rue Santa Cruz, un peu au nord de la rue Cochabamba. La **clinique ProSalud**, Ballivián 536 (☎ 637 459), 3 *cuadras* à l'ouest de la Plaza Fuentes et une demi-*cuadra* au nord, est plus centrale.

Téléphone : **ENTEL** (☎ 612 100), rue Virginio Lema, entre les rues Sucre et Campos, au sud de la Plaza Fuentes. Ouvert Lu-Sa 7h30-23h30 et Di. 8h-21h.

Internet : **Café Internet Pizzeria Europa** (☎ 647 611), Plaza Fuentes. 10 Bs/h. **Sur Net Internet Online**, Plaza Sucre. 10 Bs/h. Renseignez-vous aussi auprès des hôtels.

Bureau de poste : (☎ 642 586, fax 632 710), à l'angle des rues Virginio Lema et Sucre, au sud de la Plaza Fuentes. Ouvert Lu-Sa 8h-20h et Di. 9h-12h.

HÉBERGEMENT

Dans l'ensemble, le prix des établissements bon marché de Tarija est plus élevé que dans le reste du pays. Mais en contrepartie, vous aurez de l'eau chaude 24h/24, des douches à forte pression et même des robinets d'eau chaude sur les lavabos. Les cartes Visa et MC sont acceptées partout.

❤ **Residencial Rosario**, rue Ingavi, entre les rues Ramos Rojas et Ballivián, 3 *cuadras* à l'ouest et 1 *cuadra* au nord de la Plaza Fuentes. Des chaises longues attendent les amateurs de bain de soleil dans une cour aux innombrables rosiers. Etablissement bien tenu à l'atmosphère joviale grâce aux enfants et aux chiens qui s'y trouvent. Laverie 5 Bs pour 12 articles. Chambre simple 25 Bs, avec salle de bains 40 Bs, chambre double 40 Bs, avec salle de bains 75 Bs, chambre triple 60 Bs, avec salle de bains 105 Bs.

❤ **Hostal Miraflores**, Sucre 920 (☎ 643 355, fax 630 391), 3 *cuadras* au nord de la Plaza Fuentes, en face du marché. La façade quelconque cache une ravissante cour coloniale et un salon convivial dans lequel vous pourrez écouter de la musique. Les chambres sont un peu plus décevantes que les parties communes mais sont équipées pour la plupart d'une salle de bains, du téléphone et de la télévision câblée. Accès Internet 8 Bs/h. Chambre simple 25 Bs, avec salle de bains 75 Bs, chambre double 40 Bs, avec salle de bains 100 Bs, chambre triple 60 Bs, avec salle de bains 120 Bs, chambre quadruple 80 Bs, chambre quintuple 100 Bs.

Hostal Carmen, Ingavi 784 (☎ 643 372 ou 644 342), 3 *cuadras* à l'ouest et 1 *cuadra* au nord de la Plaza Fuentes. Cette auberge de jeunesse, qui fait également office d'agence touristique, est très appréciée des bénévoles *gringos* des environs qui se retrouvent souvent dans les vieux fauteuils en cuir du salon pour regarder la télévision. Toutes les chambres ont une salle de bains, le téléphone et la télévision. Petit déjeuner 4 Bs. Chambre simple 50 Bs, double 100 Bs.

Gran Hotel Baldiviezo, Madrid 443 (☎ 637 711), juste à l'ouest de la Plaza Fuentes. La situation centrale du Baldiviezo, conjuguée à sa modernité, attire beaucoup de monde. Si, par contre, vous recherchez un établissement de charme, celui-ci n'est pas pour vous. Laverie 15 Bs pour 12 articles. Accès Internet 15 Bs/h. Chambre simple 15 $, double 30 $, triple 45 $.

Hotel América, Bolívar 257 (☎ 642 657), 3 *cuadras* à l'ouest et 2 *cuadras* au nord de la Plaza Fuentes. Il faut aimer le rose. Si vous trouvez que les chambres décrépites sentent un peu le renfermé, ouvrez vite la fenêtre qui donne sur une cour ensoleillé pour respirer un peu d'air frais. Petit déjeuner 3,50 Bs. Laverie 10 Bs pour 12 articles. Chambre simple 25 Bs, avec salle de bains 35 Bs, chambre double 50 Bs, avec salle de bains 70 Bs, chambre triple 75 Bs, avec salle de bains 105 Bs, chambre quadruple 100 Bs, avec salle de bains 140 Bs.

Residencial El Turista, Bolívar 138 (☎643 102), entre les rues Colón et Daniel Campos, au nord-est de la Plaza Fuentes. El Turista n'est pas seulement peuplé de *gringos*, comme son nom pourrait le laisser croire. L'eau des salles de bains extérieures se déverse dans la cour. Dix chambres minuscules mais très bon marché. Chambre simple 15 Bs, double 30 Bs.

Residencial Zeballos, Sucre 966 (☎633 313 ou 642 068), 3 *cuadras* au nord de la Plaza Fuentes. La cour et les couloirs croulent tellement sous les plantes que cet hôtel semble sorti tout droit de la jungle plutôt que des vallées arides. Si cette ambiance végétale vous pèse, réfugiez-vous dans la cafétéria et le salon. Petit déjeuner compris. Chambre simple 30 Bs, avec salle de bains 45 Bs, chambre double 60 Bs, avec salle de bains 80 Bs, chambre triple 90 Bs, avec salle de bains 120 Bs.

RESTAURANTS

Amateurs de bonne viande, bienvenue ! L'Argentine n'est pas loin, et cela se sent. Comme toujours, le marché est la solution la plus économique.

Taberna Gattopardo (☎630 656), côté nord de la Plaza Fuentes. Idéal pour rencontrer d'autres voyageurs. Ambiance pub. Vous pourrez choisir entre des pizzas (30 Bs), des pâtes (20 Bs) et des plats de viande (25 Bs). De nombreuses crêpes sucrées (9 Bs) et des boissons accompagnent ce menu spécialement concocté pour les touristes. Ouvert tlj 7h30-1h.

❤ **El Solar** (☎638 785), à l'angle des rues Campero et Virginio Lema, 1 *cuadra* au sud et 1 *cuadra* à l'ouest de la Plaza Fuentes. Repaire des végétariens de Tarija, décoré avec originalité. Cours de méditation gratuit tlj à 18h. On y mange des céréales, des fruits et des légumes (seulement pour le déjeuner). *Almuerzo* composé de quatre plats 10 Bs. Ouvert tlj 12h-14h.

Restaurant Chifa Hong Kong (☎637 076), rue Sucre, entre les rues Victor Paz et Alejandro del Carpio, au sud de la Plaza Fuentes. Les excellents plats de riz (10 Bs) de ce restaurant chinois classique constituent un repas entier. Plats traditionnels de viande et de nouilles 25 Bs. *Wontons* frits 10 Bs. *Almuerzo* 12 Bs. Ouvert Lu-Sa 11h30-14h30 et 18h30-23h30, Di. 11h30-14h30.

Restaurant Don Pepe (☎642 426), à l'angle des rues Campos et Victor Paz, 1 *cuadra* à l'est et 4 *cuadras* au sud de la Plaza Fuentes. De longues tables en bois meublent la salle principale. Des *peñas* se produisent parfois le week-end. Di. buffet *criollo* 25 Bs, plats de viande 25 Bs. Ouvert Lu-Sa 12h-14h30 et 18h-1h, Di. 12h-14h30.

VISITES

BODEGAS. On ne saurait séjourner à Tarija sans faire la tournée des caves. La plupart vous expliquent le processus de fabrication du vin (et parfois du *singani*) avec démonstrations à l'appui, vous font visiter leur vignoble et organisent des dégustations. N'oubliez pas que les vendanges ont lieu en février et en mars. Les caves n'ont pas grand-chose à proposer pendant l'hiver. Les établissements vinicoles Kohlberg, Aranjuez et Casa Real sont éloignés de la ville. Pour vous y rendre, vous devez faire appel à une agence. En revanche, il suffit de prendre un *trufi* pour aller à La Concepción. *(Depuis la Plaza Sucre, prenez le bus à destination de "Concepción". Pour les caves plus éloignées, adressez-vous à n'importe quelle agence de voyages et comptez 50-100 Bs. Let's Go recommande le guide Karen Méndez Montalvo. ☎642 145, e-mail marikaren@yahoo.es. 40 Bs par personne pour un groupe de 3.)*

MUSÉES. Le **Museo Nacional Paleontológico Arqueológico** rassemble une impressionnante collection d'ossements de taille importante et d'objets artisanaux de la région. *(Au croisement des rues Trigo et Virginio Lema, au sud de la Plaza Fuentes. Ouvert Lu-Sa 8h-12h et 15h-18h. Entrée libre.)* La **Casa Dorada**, établissement très kitsch datant du début du siècle, fait aujourd'hui office de Maison de la culture. Autrefois, elle hébergeait le riche propriétaire terrien Moisés Navajas et sa femme Esperanza. Elle compte parmi ses curiosités des murs couleur magenta et des fresques au plafond. *(A l'angle des rues Trigo et Ingavi, au nord de la place. Ouvert Lu-Ve 9h-12h et 14h30-18h. Entrée libre, mais don demandé.)* Si vous appréciez les belles demeures, longez la rue Ingavi vers l'ouest (lorsque vous faites face à la Casa Dorada) et prenez la 7e à gauche, rue Junín, pour admirer l'autre joyau des Navajas, **El Castillo**, aujourd'hui privé.

LE VIN PREND DE LA HAUTEUR Ah, le bon vin ! Français, italien, chilien, voire californien, soit. Mais bolivien... Qui l'eut cru ? Lorsque les Espagnols introduisent la vigne en Amérique latine au début du XVIe siècle, la production prospère dans la vallée située au sud de Potosí. Mais ces délices dionysiaques ne sont pas du goût de tout le monde : les mineurs cherchent plutôt un remontant suffisamment fort pour leur faire oublier leurs dures conditions de travail. Après moult considérations et distillations, le **singani**, nouvel alcool à base de raisin blanc, fait alors son apparition. Récemment, Tarija est devenu le centre de production du vin et du *singani* bolivien. Les visiteurs peuvent assister au processus de fabrication du vin dans les établissements vinicoles de La Concepción ou de Kohlberg entre autres. Ces *bodegas* sont situées entre 1700 et 2600 m d'altitude : leur vin n'est peut-être pas le plus cher ni le plus célèbre du monde, mais c'est certainement le plus haut.

ÉGLISES. L'intéressante **Basílica de San Francisco** occupe tout un pâté de maison. Si les prêtres sont là (vous aurez plus de chance de les trouver en semaine), ils peuvent vous faire visiter leurs deux merveilleuses bibliothèques anciennes. *(A l'intersection des rues Ingavi et Daniel Campos. Pour la visite, frappez à la première porte de la rue Ingavi.)* Plus haut se dresse la **Iglesia de San Roque**, baptisée d'après le saint patron des chiens et de Tarija. Outre sa situation privilégiée, l'église doit sa réputation au rôle primordial qu'elle joue lors du festival de Tarija. *(Depuis la place, passez devant la Casa Dorada puis marchez pendant 5 cuadras vers le nord. Voir* ***Sorties****, ci-dessous.)*

PARCS. Le **Mirador de la Loma** est un parc à flanc de colline réputé pour ses couchers de soleil *(à l'ouest de la ville, rue Domingo Paz)*. Le paisible **Parque de las Flores** se distingue par son petit étang. *(Depuis le parc Mirador de la Loma, prenez à droite en quittant l'entrée principale et montez jusqu'à ce que vous puissiez tourner à gauche : le parc se trouve deux* cuadras *plus loin.)* Le **Parque Zoológico** s'adresse particulièrement aux enfants avec un petit bassin, une aire de gym "jungle" et quelques animaux. *(Depuis le Parque de las Flores, longez la rue Las Américas en direction du sud. Ouvert Lu-Sa 7h30-12h et 14h30-18h, Di. 7h30-18h. Adultes 1 Bs, enfants 50 centavos.)* L'agréable **Parque La Tablada** fut jadis le théâtre de la célèbre victoire de Moto Méndez sur les Espagnols. *(A l'extrême sud de la rue Las Américas, rue Tablada. A 4 km environ du pont. Suivez la route qui monte jusqu'aux escaliers en pierre.)*

SORTIES ET FÊTES

Le soir, les *Tarijeños* sont souvent trop occupés à parader dans leur 4x4 pour prendre le temps de faire la fête. Seuls les lycéens fréquentent les bars à karaoké. Le **Cine Gran Rex** (☎ 643 728), rue Madrid, entre les rues Daniel Campos et Colón, et le **Cine Eden** (☎ 633 803), rue Virginio Lema, entre les rues Daniel Campos et Colón, passent quotidiennement des films américains sous-titrés. **La Vinchuca**, Daniel Campos 147, juste au nord de la rue Victor Paz, au sud-est de la Plaza Fuentes, est un bar animé où les touristes se retrouvent. Les fenêtres sont décorées "d'insectes" géants. Concerts, surtout le week-end. Ouvert tous les soirs jusqu'à 1h.

La plus grande **fête** de Tarija rend hommage à son saint patron, **San Roque**. Le premier dimanche de septembre, les habitants de la ville se rendent à l'église San Roque pour la messe de 10h puis suivent une procession menée par des *chunchos*, danseurs masculins traditionnels vêtus de turbans, de voiles, d'un petit poncho et d'une jupe longue. Le 15 août, une fête beaucoup plus sobre en l'honneur de la **Vierge de Chaguaya** rassemble 50 000 personnes venues de tout le pays pour effectuer un pèlerinage de 70 km jusqu'à la ville de Chaguaya. Autre événement, la **Pascua Flórida** se déroule lors de la Semaine sainte. Cette célébration, qui a lieu essentiellement à l'extérieur de la ville, commence le samedi soir par un repas traditionnel arrosé de *singani*. Le dimanche est réservé à la présentation d'arches de fleurs et à l'élection de la reine de Pascua Flórida. Contrairement aux autres fêtes, la **Feria de Uva** ou fête du raisin, n'a pas de caractère religieux. Elle survient au moment des vendanges, fin février ou début mars dans les petites villes voisines de Tarija, notamment à Concepción. Les vignobles exposent leurs plus beaux fruits et les participants fabriquent du vin selon la méthode traditionnelle du foulage.

ENTRE RÍOS ☎06

A mi-chemin entre Tarija et Villamontes (tant du point de vue de la distance que de l'altitude) se trouve Entre Ríos (1230 m), ainsi nommé pour sa situation stratégique, entre les aires de baignade de Santa Ana et de Pajonal. Dominé par une place aux nombreux rosiers, ce petit village serein se situe au cœur de montagnes verdoyantes et d'un paysage grandiose. Les voyageurs en profitent pour se détendre sous les arbres ondoyants de la ville et apprécier la brise légère ou pour explorer le paysage environnant, assez facile d'accès. Son emplacement exceptionnel fait de cette bourgade un lieu de villégiature idéal : les étés sont chauds, les hivers doux et le climat tempéré toute l'année. Derrière l'hôpital, perchée sur la montagne, se dresse une gigantesque **statue du Christ** qui veille sur toute la ville et offre une vue imprenable sur les environs. En partant de l'église située sur la place, dirigez-vous vers le sud et prenez la 1re à gauche, passez le terrain de football et gagnez les escaliers au pied de la montagne. Les propriétaires de l'hôtel Tarija possèdent une **ferme**, El Alambrado, à 1 km environ après l'hôpital, où ils louent des chevaux à la journée ou à la demi-journée (10 Bs la journée). Pour les randonnées, renseignez-vous à l'hôtel. Ils pourront également vous informer sur la direction à prendre pour aller se baigner dans le **Río Santa Ana** (à 30 mn à pied) ou pour admirer les cascades sur la route de **San Diego** (2h30 de marche).

Entre Ríos est une toute petite ville : la **place principale** est entourée de quelques rues seulement. Tous les bus arrivent et partent de cette place. Bus à destination de : **Tarija** (durée 3h30, 8 dép/j de 4h à 24h, 18 Bs), **Santa Cruz** (durée 24h, dép. Lu., Je. et Sa. à 11h30, 60 Bs) et **Chiquiaca** (durée 4h, dép. Lu., Ma., Je. et Sa. à 15h, 20 Bs). Des *flotas* (compagnies) desservent **Villamontes** (dép. 21-22h) et **Yacuibe** (dép. 10h30-11h30, 21h40-22h40 et 22h30-23h30). La **Banco de Crédito**, sur la place, est surtout utile pour les détenteurs de liquide et change les dollars en bolivianos. (☎118 057. Ouvert Lu-Ve 8h30-12h et 14h30-17h.) Parmi les autres services, vous trouverez un poste de **police**, à 2 *cuadras* de la place, la **Farmacia San Antonio**, ouverte 24h/24, 1 *cuadra* à droite de l'église située sur la place, l'**Hospital San Juan de Dios** et **ENTEL**, à 1 *cuadra* de la place (☎119 500, ouvert tlj 7h-23h). Malgré sa petite taille, Entre Ríos dispose d'un grand nombre d'hôtels. Si vous vous y rendez pendant la grande fête annuelle de **Guadalupe** qui a lieu le premier dimanche d'octobre, il est préférable de réserver votre chambre un mois avant. L'**Hotel Tarija**, à l'angle de la place, vous propose une chambre simple donnant sur un couloir bleu turquoise. (☎118 052. Chambre simple 15 Bs, avec salle de bains et télévision 50 Bs, chambre double 30 Bs, avec salle de bains et télévision 50 Bs, chambre triple 45 Bs.) Son personnel est une mine d'informations. L'**Alojamiento El Carmen**, 1 *cuadra* en bas et à gauche, en partant de l'angle de la place opposé à l'église, propose les prix les plus bas d'Entre Ríos. (☎ 118 045. Chambre simple 12 Bs, double 24 Bs, triple 36 Bs, quadruple 48 Bs.) L'hébergement le plus luxueux vous sera offert par l'**Hotel Plaza**, en plein sur la place. Les murs de stuc et les portes en bois donnent sur des chambres simples aux lits moelleux. Deux salons en plein air, avec des chaises et des tables en fer attendent les lecteurs et les amateurs de soleil. (☎ 118 039. Chambre simple 15 Bs, avec salle de bains 40 Bs, chambre double 30 Bs, avec salle de bains 50 Bs, chambre triple 45 Bs.)

VILLAMONTES ☎ 06

A Villamontes, la pêche est à la fois un passe-temps local et une précieuse source d'exportation. Suivez le Río Pilcomayo, qui se faufile au travers de collines broussailleuses, pour gagner le cœur du Chaco. Dans ces basses terres (385 m d'altitude seulement), la vie se consume paisiblement dans la chaleur et la poussière. En août se déroule une **fête** consacrée non pas au saint patron mais au saint poisson. Bastion de la guerre du Chaco, qui opposa entre 1932 et 1935 la Bolivie au Paraguay, la petite ville fait la fierté de ses habitants, qui descendent pour la plupart des Indiens Guaraní. Aujourd'hui, ceux-ci vivent essentiellement de l'industrie de la pêche. Alors pour passer le temps, pourquoi ne pas s'adonner à la **pêche**, comme tout le monde ici, au cœur même du Chaco ? **Hoterma** et **Peña colorada,** deux des meilleures zones de pêche, sont situées à 7-10 km de la ville, le long du **Cañon de Pilcomayo**. Plusieurs cascades jalonnent la rivière : **El Chorro Grande** se trouve à 20 km environ et attire un grand nombre de pêcheurs. Pour atteindre l'une de ces destinations, quittez la ville par la seule route en direction du sud, vers Tarija. Les premiers emplacements se trouvent à 30 mn à pied environ. Certains visiteurs essaient de prendre les bus ou les camions qui vont dans cette direction, mais Let's Go ne saurait recommander l'auto-stop. Des taxis (15 Bs) peuvent aussi vous conduire au bord de l'eau.

La petite ville consiste essentiellement en une longue rue principale, **Mendez Arcos,** dont le nom ne vous sera guère utile. A l'extrémité sud part la route en direction de Tarija et de la gorge du Río Pilcomayo (nombreux repaires de pêcheurs à 10 km). En vous dirigeant vers le nord, vous passerez par la **place**, le **marché**, la **gare routière**, la **gare ferroviaire** (2 km) puis plus loin l'**aéroport** (15 km). La **TAM**, qui dispose d'un bureau sur la place (☎ 722 135, ouvert Lu-Ve 8h30-12h et 15h-18h), propose des vols pour **Tarija** (durée 30 mn, dép. Sa. à 8h30, 190 Bs) et **Santa Cruz** (durée 1h10, dép. Sa. à 15h30, 320 Bs). La **gare ferroviaire** se trouve à 2 km au nord de la place (☎ 722 808, ouvert Lu-Sa 9h-12h et 15h-18h). Trains à destination de : **Yacuibe** (durée 2h, dép. Ma., Je. et Sa. à 4h20, 8 Bs) et **Santa Cruz** (durée 11h, dép. Ma., Je. et Sa. à 19h30, 27 Bs). La **gare routière**, 13 *cuadras* au nord de la place (☎ 722 600, ouvert tlj 7h30-12h et 15h-18h), abrite des compagnies à destination de : **Santa Cruz** (durée 12h, dép. à 10h30 et 19h, 30 Bs), **Tarija** (dép. à 4h et 17h30, 40 Bs) et **Yacuibe** (durée 1h30, dép. à 6h et 10h30, 15 Bs). Des compagnies en direction de la **frontière paraguayenne** via Ibibobo et des *trufis* à destination de **Camiri** (durée 2h, dép. de 5h à 20h, 25 Bs) et de **Yacuibe** (durée 1h30, dép. de 5h à 20h, 15 Bs) partent quand ils sont pleins depuis le panneau **stop** (depuis la gare routière, 2 *cuadras* en direction de la place puis 1 *cuadra* à l'ouest).

Services : **Police**, 2 *cuadras* à l'ouest de la place (☎ 722 044), **Hospital Básico de Apoyo**, 5 *cuadras* à l'ouest de la place (☎ 722 475), **Internet**, au bureau I.C.T.C. (☎ 723 111, ouvert tlj 8h-12h et 15h-22h, 15 Bs/h) et **ENTEL**, 1 *cuadra* à l'ouest de la place (☎ 722 323, ouvert Lu-Sa 7h30-23h et Di. 8h-20h). Les voyageurs à tout petit budget préféreront **camper** près de la rivière. Le **Residencial Miraflores**, 4 *cuadras* au nord de la place en s'éloignant de Tarija, dispose de 30 chambres, toutes dotées de ventilateurs. Les salles de bains sont très sommaires mais fournissent de l'eau chaude 24h/24. (☎ 722 991. Chambre simple 20 Bs, avec salle de bains 30 Bs, chambre double 40 Bs, avec salle de bains 60 Bs, chambre triple 60 Bs, chambre quadruple 80 Bs). A

1 *cuadra* à l'est de la place, le **Residencial Raldes** abrite une cour qui semble conçue pour les *fiestas*. Les chambres avec salle de bains incluent la télévision câblée et la climatisation. (☎ 722 088. Chambre simple 30 Bs, avec salle de bains 50 Bs, chambre double 60 Bs, avec salle de bains 100 Bs, chambre triple 90 Bs, avec salle de bains 150 Bs, chambre quadruple avec salle de bains 200 Bs.)

FRONTIÈRE PARAGUAYENNE La région du Chaco permet de se rendre au Paraguay de trois façons différentes. Première possibilité, deux routes au départ de Villamontes rejoignent **Esmeralda** et **Picada Sucre**, toutes deux sur la frontière. Le deuxième itinéraire, qui passe par Ibibobo, est plus connu et largement desservi par les compagnies de bus qui viennent de Santa Cruz en passant par Villamontes. Troisième possibilité, la très mauvaise route du Chaco, qui part à l'est de Boyuibe, est également empruntée par ceux qui se rendent au sud depuis Santa Cruz ou Camiri. Sachez que le poste frontière bolivien, à **Hito Villazón**, reste ouvert jusqu'à 20h environ et prélève occasionnellement des taxes. Si vous entrez en Bolivie depuis le Paraguay, passez préalablement au bureau d'immigration de Camiri.

DÉPARTEMENTS DE COCHABAMBA ET DE SANTA CRUZ

LES INCONTOURNABLES DE LA RÉGION

CÉLÉBREZ la Fiesta de la Virgen de Urkupiña, **du 14 au 16 août à Quillacollo** (p. 469), et admirez des danses folkloriques très élaborées.
MIEUX QUE VERSAILLES ! Visitez la **Villa Albina** (p. 471), la grande demeure raffinée de style renaissance du baron Simon Patiño, magnat de l'étain en Bolivie.
MARCHEZ sur les traces des dinosaures au **Parque Nacional Torotoro** (p. 475).
VOYAGEZ à travers les anciennes **missions jésuites** (p. 492) et admirez leurs superbes églises du XVIIIe siècle.
ÉMERVEILLEZ-VOUS devant **El Fuerte** (p. 489), extraordinaire complexe taillé à même la roche.

Témoin de l'ancien conflit entre les peuples aymara et inca, le **département de Cochabamba** (p. 463) a conservé d'importants vestiges de ces deux cultures. Les Incas parlant le quechua sont arrivés dans les vallées depuis plusieurs centaines d'années et ont répandu leur langue avec succès. La région est parsemée de ruines et il peut s'avérer utile d'apprendre quelques mots de quechua si vous avez l'intention de vous essayer au marchandage. Cependant, ils n'ont pas entièrement réussi à imposer leur langue, car des groupes d'indiens aymara qui ne parlent ni quechua ni espagnol subsistent encore. Ici, tout comme dans les Valles Alto et Bajo et dans le reste de la région de Cochabamba, les habitants mènent une existence difficile et dépendent beaucoup de l'agriculture.

Le **département de Santa Cruz** (p. 477) s'étend sur une grande superficie et inclut la ville elle-même, les régions montagneuses de l'ouest, le circuit des missions jésuites et toute la limite est de la Bolivie (une nuit passée dans le train vous mènera tout près de la frontière brésilienne). Cette partie du pays est loin d'être uniforme. Santa Cruz, par exemple, est située en plaine et jouit d'un climat semi-tropical. Mais il vous suffit de faire quelques pas pour découvrir des paysages tout à fait différents : au sud, la ville est rejointe par d'immenses dunes de sable tandis qu'au nord-ouest s'étend la forêt vierge. L'ancienne route de Cochabamba est sans doute l'un des joyaux cachés de la région. La première étape est Samaipata, charmante petite commune nichée au cœur des montagnes qui abrite El Fuerte, grand complexe des périodes préinca, inca et espagnole.

LE DÉPARTEMENT DE COCHABAMBA

COCHABAMBA ☎04

La Cordillera del Tunari ne constitue pas un rempart suffisamment efficace pour protéger Cochabamba du XXIe siècle. Même les anciennes civilisations incas installées autour du Cerro Tunari, à 5200 m d'altitude, auraient été impuissantes face à l'invasion d'Internet, des téléphones portables et des Pokémons. Les *campesinos* (paysans) se rendent toujours à pied dans la ville pour y vendre leurs marchandises, et ce depuis des centaines d'années. Mais au lieu de disposer leurs étals au bord d'une simple route en terre, ils s'installent désormais devant le cybercafé de Tulio. Les destinations touristiques telles que le Cristo de la Concordia, le Palacio Portales et le musée archéologique sont fascinantes, mais votre voyage sera incomplet si vous ne tentez pas de découvrir l'âme de Cochabamba. Dans un premier temps, vous risquez d'être déconcerté par le bourdonnement général de la ville, mais si vous prenez le temps de la visiter à pied ou en *trufis* (transports en commun), vous vous apercevrez très vite qu'il s'agit d'une ville incroyable.

TRANSPORTS

Avion : **Aeropuerto Jorge Wilstermann**, au sud-est de la ville dans la rue Killman (informations ☎591 820). **Lloyd Aereo Boliviano**, (☎230 325 ou 230 327) sur l'Ave. Heroínas, entre l'Ave. Ayacucho et la rue Baptista. Ouvert Lu-Ve 8h-12h30 et 14h-19h, Sa. 8h30-13h. **AeroSur**, Villarroel 105 (☎400 909), à l'intersection avec la rue Oblitas. Ouvert Lu-Ve 8h-12h30 et 14h30-18h30, Sa. 8h30-12h. Ces deux compagnies proposent des vols à destination de : **La Paz** (durée 35 mn, 2-3 dép/j, 290 Bs, 590 Bs a/r), **Santa Cruz** (durée 45 mn, 380 Bs, 750 Bs a/r) et **Sucre** (durée 2h, 1-2 dép/j). Vous devrez payer une **taxe de 10 Bs pour les vols nationaux** et une **taxe de départ de 25 $ pour les vols internationaux**. Pour vous rendre dans le centre-ville, prenez le micro-bus "B" (1,4 Bs). Il ne circule pas tard le soir ni tôt le matin. Dans ce cas, prenez un taxi (15-20 Bs).

Bus longue distance : **Gare routière** (☎234 600), dans l'Ave. Ayacucho, à 1 ou 2 *cuadras* au sud de l'Ave. Aroma (près des principaux services et hôtels situés dans la partie sud de la ville). Si vous souhaitez vous approcher de la place 14 de Septiembre ou aller au-delà, prenez un taxi (3-3,5 Bs) ou le micro-bus "J" qui passe à la gare et continue le long de l'Ave. Ayacucho jusqu'au centre-ville (1,4 Bs). Bus à destination de : **La Paz**

(durée 7h, 1 dép/h de 6h à 16h et de 19h à 22h30, 30 Bs, avec couchette 40-50 Bs), **Santa Cruz** (durée 10-11h, dép. 6h-9h et 17h30-22h, 35 Bs, avec couchette 50-55 Bs), **Oruro** (durée 4h, 1 dép/h de 5h à 22h30, 10-15 Bs), **Potosí** (durée 12-13h, dép. de 6h30 à 20h, 40 Bs) et **Sucre** (durée 13-14h, dép. de 19h30 à 20h30, 35-50 Bs).

Bus interdépartemental : Les bus partent de l'Ave. República et de la rue 6 de Agosto. A destination de : **Totora** (durée 3h30, dép. à 13h30 et 15h30, 8 Bs), **Mizque** (durée 4h, dép. à 12h, 15 Bs), **Aiquile** (durée 6h, dép. à 13h, Lu-Sa également à 13h30, Di. également à 19h, 15 Bs) et **Pocona** (durée 3h, dép. Sa. à 13h, 25 Bs).

Bus local : Les transports en commun de la ville sont constitués de micro-bus, de *trufis* et de taxis-trufis. Les micro-bus sont de 0,5 à 1 Bs plus chers que les *trufis*. Course dans Cochabamba en *trufi* ou taxi-trufi 1,40 Bs. Les itinéraires des micro-bus sont indiqués à l'aide de lettres, tandis que ceux des taxis et des taxis-trufis le sont à l'aide de numéros (tous les véhiculent affichent leur destination sur le pare-brise). Vous pouvez prendre un micro-bus ou un *trufi* pour **Quillacollo** (2 Bs en *trufi*), **Vinto** (3 Bs en *trufi*) et **Sipe Sipe** (4 Bs en *trufi*) à l'angle des Ave. San Martín et Aroma, dans la partie sud de la ville, ainsi qu'au croisement sud de la rue Tumusla et de l'Ave. Heroínas dans la partie nord. Les *trufis* au départ de l'Ave. Barrientos, près du croisement avec la rue 6 de Agosto, desservent : **Tarata** (durée 45 mn, dép. toutes les 10-15 mn, 3,50 Bs) et **Cliza** (durée 30-45 mn, dép. toutes les 15-20 mn jusqu'à 19h, 3,50 Bs). Enfin, les *trufis* à destination de **Puñata** (dép. toutes les 30 mn, 4 Bs) partent de l'angle de l'Ave. Repúblíca et de la rue 6 de Agosto.

Taxi : La plupart d'entre eux sont blancs avec une rayure bleue ou verte. Le soir, il est préférable d'appeler un radio-taxi ou de composer le ☎195 à partir d'un téléphone local. **Radio Móvil Tropical** (☎259 999, 251 222 ou 221 666) : course intra muros 3-3,50 Bs, course traversant le Río Rocha ou allant au-delà de l'Ave. Aroma 3,50-4 Bs. Vous pouvez également louer un taxi à l'heure (20 Bs) pour des trajets plus longs ou une visite de la ville. Ce tarif est le même partout. **Karim Vargas** (☎361 508 ou 262 378) est particulièrement sympathique et incollable sur les itinéraires de la région.

Location de voitures : **International Rent-A-Car** (☎226 635), sur l'Ave. Ayacucho, propose la location de petites Jeeps (30 $/j plus 0,40 $ par km) et de véhicules tous terrains plus grands comme les Land Cruisers (40 $/j plus 0,40 $ par km). Vous pouvez également payer un montant fixe (70 $ pour 150 km) si vous prévoyez d'effectuer une distance suffisamment longue. Age minimal requis : 25 ans. Permis de conduire, carte de crédit, passeport ou carte d'identité sont demandés. Ouvert Lu-Ve 8h30-12h30 et 14h-19h. **J. Barron's Rent-A-Car** (☎222 774, ☎014 98 050), dans la rue Sucre, près de la rue Antezana. Grand choix de 4x4 (de 48 à 90 $/j). Age minimal requis : 25 ans. Passeport, carte de crédit et permis de conduire obligatoires (ouvert tlj 8h-19h).

ORIENTATION ET INFORMATIONS PRATIQUES

Une fois que vous avez repéré quelques points fixes, il est assez facile de s'orienter dans Cochabamba. Les principaux quartiers touristiques et d'affaires sont concentrés autour de la **Plaza 14 de Septiembre** et s'étendent, au nord, de l'Ave. **Aroma** à l'Ave. **Ramon Rivero**, et à l'est, du **Río Rocha** à l'Ave. **Oquendo**. Les adresses situées dans les rues perpendiculaires à l'Ave. **Heroínas** (l'une des artères principales qui traverse la ville d'est en ouest) comprennent un S ou un N, selon qu'elles se trouvent au nord ou au sud de celle-ci. Les deux premiers chiffres d'une adresse indiquent précisément le nombre de *cuadras* à parcourir depuis l'Ave. Heroínas (par exemple, Junín S-0349 signifie que l'emplacement se situe à trois *cuadras* au sud de la rue Junín). Cette même méthode est utilisée pour les rues perpendiculaires à l'Ave. **Ayacucho** (qui devient l'Ave. **Libertador Simón Bolívar** au nord du Río Rocha), qui sépare les parties est et ouest de la ville. Les chauffeurs de taxis sont perdus si vous ne leur indiquez pas le croisement ou les rues adjacentes les plus proches de votre destination.

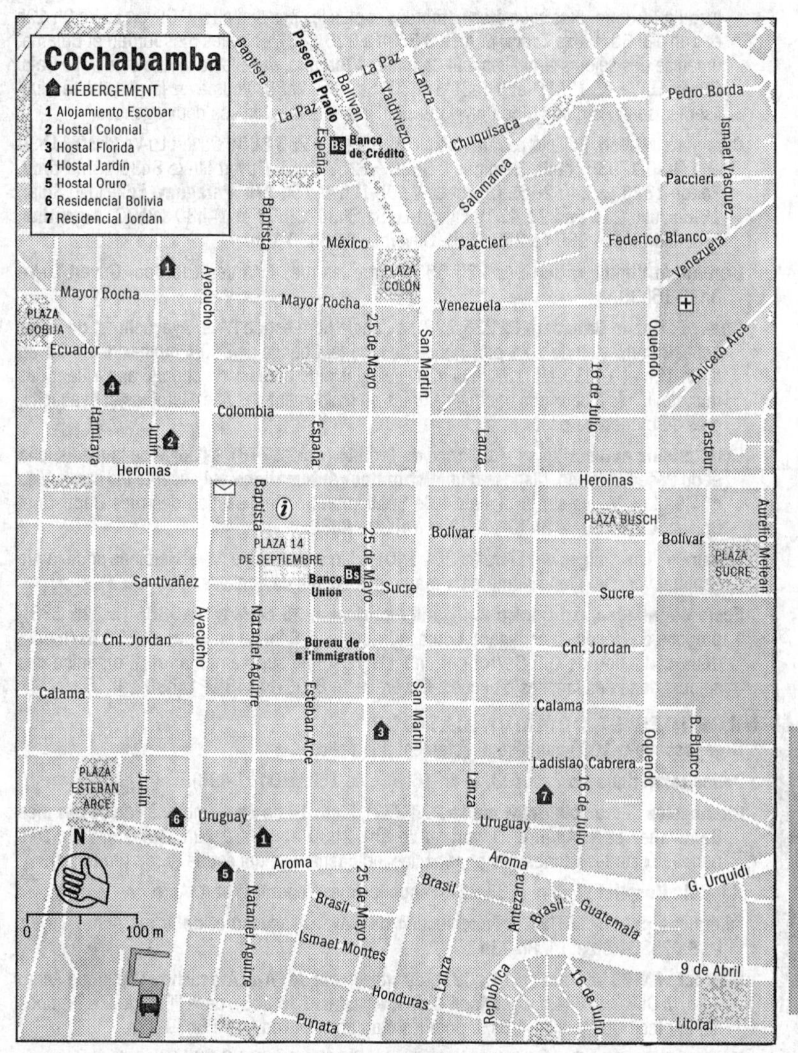

INFORMATIONS TOURISTIQUES ET SERVICES DIVERS

Service touristique : La **Dirección Departmental de Turismo** (☎221 793), en face de l'office de tourisme, au 2e étage, met à votre disposition des brochures et des conseils avisés. Ouvert Lu-Ve 8h-16h. Vous trouverez des cartes touristiques simplifiées auprès des vendeurs de rue ou dans les hôtels. Vous pouvez également vous procurer les cartes officielles de la ville au **Catastro** (cadastre) à la mairie (☎258 030), dans l'Ave. Ayacucho, entre les rues Mayor Rocha et Ecuador. Ouvert Lu-Ve 8h30-12h et 14h30-18h30, Sa. 9h-12h.

Agences de voyages : **Fremen**, Tumusla 0245, entre les rues Ecuador et Colombia (☎259 392) propose entre autres des séjours au parc national de Torotoro, à Incallajta, au parc national de Carrasco et à El Chapare. Possibilité d'être transporté en avion privé jusqu'à Torotoro. Plus vous êtes nombreux et plus les prix diminuent. Ouvert Lu-Ve 9h-12h et 14h-18h30. **Caixa Tours**, E. Arce S-563 (☎226 148), entre les rues Jordan et Calama, organise des séjours similaires à El Chapare, à Torotoro, dans la Valle Alto et la Valle Bajo. Ouvert Lu-Ve 9h-12h30 et 14h30-18h30, Sa. 9h-12h30. Vous avez la possibilité d'utiliser les services d'un guide polyglotte par l'intermédiaire de ces deux agences.

Consulats : **Brésil**, Edificio Los Tiempos II, 8e étage (☎255 860). Ouvert Lu-Ve 8h30-11h30 et 14h30-17h30. **Chili**, Heroínas E-0620 (☎253 095). Ouvert Lu-Ve 8h30-13h. **Pérou**, Pando 1325 (☎240 296). Ouvert Lu-Ve 9h-12h et 15h-17h. **Paraguay**, Edificio El Solar, 16 de Julio 211 (☎221 474). Ouvert Lu-Sa 8h30-12h30 et 14h30-18h30. **Argentine**, Federico Blanco 929 (☎255 859). Ouvert Lu-Ve 8h30-13h.

Bureau de l'immigration : (☎225 553), entre les rues E. Arce et Jordan. Ouvert Lu-Ve 8h30-16h30.

Change : **Banco Ganadero** (☎235 223), à l'angle nord-est de l'Ave. Ayacucho et de la rue Acha. Commission de 10 $ par chèque de voyage. Change de 300 $ au maximum. Ouvert tlj 8h-12h et 14h30-18h15. Vous trouverez plusieurs bureaux de change appliquant des taux similaires à ceux des banques situées au croisement des Ave. Heroínas et Ayacucho, près du bureau de poste.

Distributeurs automatiques : La **Banco de Crédito** (☎522 776), à l'angle de la rue España et du Paseo El Prado, dispose d'un **distributeur automatique** qui accepte les cartes Visa et MC. Il se trouve sur la place 14 de Septiembre, à l'intersection des rues Baptista et Bolívar. Ouvert Lu-Ve 8h30-12h30 et 14h30-18h30.

Librairies : **Los Amigos del Libro** (☎251 140), à l'intersection de l'Ave. Heroínas et de la rue España, vend un grand nombre de magazines en langue anglaise.

Ecole de langues : Le **Centro Boliviano Americano**, 25 de Mayo N-0365 (☎221 288), propose des leçons d'espagnol. Cours individuels (6 $/h) ou en groupe (4,50 Bs/h pour deux, réduction de 0,5 Bs/h pour chaque personne supplémentaire). Il organise des séjours dans des familles d'accueil. Ouvert Lu-Ve 8h30-11h45 et 14h30-19h15.

URGENCES ET COMMUNICATIONS

Urgences : le ☎100 vous relie directement à la police.

Police touristique : ☎221 793, tlj 8h-16h (après 16h, ☎041 7496).

Pharmacies : **Farmacia Boliviana** (☎228 382), Plaza 14 de Septiembre, à l'angle des rues Santivañez et N. Aguirre. Ouvert Lu-Ve 8h-12h30 et 14h30-20h, Sa. 15h-19h. Des panneaux sur les vitrines des pharmacies indiquent celle qui est de garde (*en turno*).

Hôpital : **Hospital Viedma** (533 227), entre les rues Venezuela et A. Arce.

Téléphone public : **ENTEL**, à l'intersection de L'Ave. Ayacucho et de la rue Acha. Ouvert Lu-Sa 7h30-23h et Di. 8h-23h.

Internet : **ENTEL Internet** (☎118 097), au croisement de l'Ave. Ayacucho et de la rue Acha. 7 Bs/h. Ouvert tlj 8h-2h. **Cyberland Café Internet** (☎230 903), dans l'Edificio Los Tiempos sur la place Quintanilla. 4 Bs/h pour les étudiants. Ouvert Lu-Ve 8h30-22h.

Bureau de poste : **Correo Central**, Ayacucho S-0131 (☎230 979), à l'angle sud-est de l'Ave. Heroínas. Ouvert Lu-Ve 8h-20h et Di. 9h-12h.

HÉBERGEMENT

Le quartier qui entoure le marché compte de nombreux hôtels confortables, assez bon marché et surtout proches de la gare routière. Si vous cherchez à économiser quelques *bolivianos*, préférez la partie nord de la ville.

❤ **Hostal Colonial**, Junín N-0134 (☎221 791). Quand vous êtes dans l'Ave. Heroínas, tournez à droite. L'établissement se trouve tout de suite sur votre droite. Les chambres lumineuses et le grand jardin attirent autant les voyageurs que les autochtones. Service de blanchisserie. Chambre simple 30 Bs, avec salle de bains 40 Bs, chambre double avec salle de bains 70 Bs, triple 90 Bs, quadruple avec salle de bains 140 Bs. Réductions pour les groupes.

Hostal Florida, 25 de Mayo S-0583 (☎257 911). Suivez le nord de la rue 25 de Mayo. L'hôtel se trouve sur votre droite après avoir passé la rue L. Cabrera. Accès Internet, service ENTEL longue distance et blanchisserie. Vous devez arriver avant minuit et quitter les lieux à midi. Chambre simple 30 Bs, avec salle de bains 55 Bs, chambre double 50 Bs, avec salle de bains 90 Bs, chambre triple 90 Bs, avec salle de bains 135 Bs, chambre quadruple 120 Bs.

Alojamiento Escobar, N. Aguirre S-0749 (☎225 812), à moins d'une *cuadra* au sud du croisement des rues Uruguay et Aguirre. Malgré un éclairage réduit et quelques taches ici et là, cet hôtel est équipé de serrures solides et jouit d'une situation centrale. Chambre 17 Bs par personne.

Residencial Bolivia (☎250 086), dans l'Ave. Aroma. Lorsque vous tournez le dos à la gare routière, remontez l'Ave. Ayacucho. L'hôtel se trouve en face, sur la gauche. Très bien situé, près de la gare routière, il propose des chambres simples mais confortables. Couvre-feu à minuit, sonnette pour les retardataires.

Hostal Oruro, Augustín Lopez N-864 (☎224 345), entre la rue Montes et l'Ave. Aroma, à deux *cuadras* de la gare routière. Simple et propre. Les douches sont les meilleures du secteur. Chambre 20 Bs par personne, avec salle de bains 25 Bs.

Hostal Jardin, Hamiraya N-0248 (☎247 844), entre les rues Ecuador et Colombia. Hôtel luxueux par rapport aux autres établissements de la ville. Petit déjeuner compris (7h-8h30). Chambre simple 50 Bs, double 80 Bs, avec salle de bains et TV câblée 110 Bs, chambre triple 150 Bs, quadruple 175-185 Bs.

Residencial Jordan (HI) (☎228 069), dans la rue Antezana, entre les rues Uruguay et L. Cabrera. Si vous êtes muni de la carte Hostelling International, la nuit vous reviendra à un prix très raisonnable. Les chambres sont équipées de la télévision, du téléphone et d'une salle de bains. Petit déjeuner compris. Chambre 25 Bs, sans carte 60 Bs.

RESTAURANTS

Tous les plats typiques de Cochabamba (*silpancho, chajchu, pique de pollo*), sont servis dans la plupart des *comedor* (petits restaurants) de quartier ou sur le marché qui fait l'angle des rues Jordan et 25 de Mayo. Ces mêmes spécialités se retrouvent dans les cafés qui bordent le **Paseo el Prado**, mais à un prix un peu plus élevé. Ces établissements proposent des *menús* complets entre 7 et 15 Bs. Dans l'Ave. Heroínas, vous trouverez des vendeurs ambulants qui proposent des hamburgers-frites (4-4,5 Bs).

❤ **El Chop las Américas**, J. Baptisa 572, dans la rue Hernando Siles (☎241 817). Taxis 4 Bs. Au dîner, goûtez l'une des spécialités, par exemple le *picante de conejo* (lapin épicé, 26 Bs). Déjeuner 9-12 Bs. Ouvert Ma-Di 12h-2h30. Ce restaurant fait office de *peñas* (club de musique folklorique) le vendredi 20h30-3h. Las Américas dispose d'une annexe ou **anexo** (☎221 590) un peu moins chère, dans la rue Antezana, entre les rues Calama et L. Cabrera. Elle propose les mêmes plats mais sans musique. Grande assiette de *chajchu* 10 Bs. Annexe ouverte Lu-Sa 12h-2h.

❤ **Lacto Bar**, Jordan 0858 (☎500 244), entre la rue 16 de Julio et l'Ave. Oquendo, près de la Universidad Mayor de San Simon. Etablissement géré par un orphelinat local. Délicieuses boissons fruitées (jus de banane avec du lait 3 Bs), omelette de légumes 4-5 Bs, cheeseburger 8 Bs, *flan casero* (crème caramel maison) 3 Bs. Ouvert Lu-Ve 8h30-22h et Sa. 8h30-20h30.

Casa de Campo (☎243 937), dans le Boulevard Paseo, parmi les nombreux restaurants qui se trouvent à l'est du croisement des rues Pando et Padilla. Lieu très apprécié des habitants mais un peu cher. Spécialité de la maison : *pique de lobo* (morceaux de loup, 31 Bs). Ouvert tlj 12h-2h30.

Taquiña Brewery Restaurant (☎288 676), au nord de la rue pentue qui part de *Cruce Taquiña*. Prenez un taxi ou un *trufi* n°101 ou n°1, en direction du nord des Ave. Ayacucho et Heroínas jusqu'à *Cruce Taquiña*, puis reprenez un taxi jusqu'en haut de la côte. Vue imprenable. Taquiña sert trois ou quatre plats par jour, souvent de la *trucha* (truite, 35 Bs) ou du *pato bebé* (caneton, 49 Bs). *Cerveza* (bière) 8 Bs. Réservations recommandées du Ve. au Di. Ouvert Lu-Ve 12h-18h et Sa-Di 12h-20h.

Pizzeria La Leñas, San Martín 143 (☎500 674). Lorsque vous marchez dans l'Ave. Heroínas vers l'est, le restaurant se trouve sur votre gauche. Vous pourrez goûter la *Pizza de choco* (pizza couverte de chocolat et de banane 18-44 Bs), et d'autres pizzas tout aussi savoureuses, garnies de thon ou de maïs 17-48 Bs. Sangria 6 Bs. Ouvert tlj 8h30-1h30. Pizzas et pâtes servies de 17h30 à 23h30.

Pension Vegetariana, 25 de Mayo 329. Sur votre droite en direction du sud de la rue 25 de Mayo, après avoir passé la rue Mayor Rocha. Quand vous entrez dans l'hôtel Residencial Buenos Aires, le restaurant se trouve au bout du couloir. Buffet 8 Bs. Ouvert tlj 7h30-18h.

VISITES

❤ **CRISTO DE LA CONCORDIA.** Cette statue du Christ, haute de 40 m, est perchée en haut du Cerro de San Pedro, à 275 m à l'est de Cochabamba. Le site offre la meilleure vue de la ville et de ses environs. Pour rejoindre la statue, vous pouvez grimper la colline à pied (20-30 mn) ou prendre le *teleférico*. Même lorsque le site est fermé à la visite, de nombreux *Cochabambinos* se retrouvent au sommet de la colline pour boire un coup au café (3 Bs), observer la ville à la longue-vue (2 Bs) ou aux jumelles (1 Bs) ou faire du charme à une personne de sexe opposé. *(Pour vous rendre au pied de la colline, prenez un micro-bus marqué "n°2" ou "Cristo" ou "Teleférico" à l'angle de la rue Lanza et de l'Ave. Heroínas, et arrêtez-vous presque à la fin de l'Ave. Heroínas. Le teleférico se trouve à gauche dans la rue Ruben Diario (Ouvert Ma-Sa 10h-19h, Di. et jours fériés 9h-20h, 4 Bs). Pour emprunter le sentier, marchez jusqu'au bout de l'Ave. Heroínas, puis prenez le petit pont sur la gauche qui débouche au pied de la colline. Taxi jusqu'à la statue 30-40 Bs. Ouvert Sa-Di 9h-20h, 1 Bs.)*

MUSEO ARQUEOLÓGICO. Découvrir les anciennes momies incas dans les pages des magazines archéologiques est une chose, vous retrouver face à elles en est une autre : l'effet est sensiblement différent. La visite du musée est organisée de façon chronologique, des pièces les plus anciennes aux plus récentes, et débute par des crânes de dinosaures datant de 30 millions d'années. Vous pourrez également voir le squelette humain le plus ancien trouvé en Bolivie (entre 15 000 et 17 000 ans). L'exposition retrace ensuite le développement de la civilisation des Andes, des outils primitifs aux premiers instruments de musique, jusqu'à la montée de la consommation de drogues douces. La salle des momies marque le temps fort de la visite (beaucoup d'entre elles ont conservé leurs cheveux et leur chair presque intacts). Chaque année, le musée accueille des expositions temporaires. Pour en connaître les thèmes et les dates, consultez les affiches à l'entrée de la Casa de la Cultura (à l'angle de la rue 25 de Mayo et de l'Ave. Heroínas, ☎243 137). *(Le musée se trouve à l'angle nord-ouest des rues Jordan et N. Aguirre, à une cuadra au sud de la plaza 14 de Septiembre. Ouvert Ma-Ve 8h30-18h30 et Sa-Di 9h-12h. Accompagnateurs parlant anglais ou espagnol : gratuit pour les groupes de 5 personnes ou plus. Entrée 2 $. Entrée gratuite le premier jour de chaque exposition temporaire.)*

PALACIO PORTALES. Ce château, achevé en 1927, a requis pendant 12 ans les efforts d'un architecte français, de nombreux jardiniers japonais et de 40 artisans européens. Simon Patiño, le roi de l'étain, voulait en faire la maison de ses rêves, mais il n'aura jamais eu la chance d'y habiter.

Aujourd'hui, le palais est divisé en trois parties : les jardins, les galeries d'art au sous-sol et la maison en elle-même. Les **jardins** sont vastes et bien entretenus. A l'intérieur de la **maison**, vous pourrez visiter, entre autres, la réplique d'une bibliothèque du Vatican. Le sous-sol renferme le **Centro de Arte**, une galerie d'art exposant les œuvres des meilleurs artistes boliviens de ces cinquante dernières années. Les réalisations d'artistes célèbres tels que Remy Daza côtoient celles d'hommes moins connus comme Max Arequipa. *(Prenez le micro-bus "F" ou "G" sur la plaza 14 de*

Septiembre (1,40 Bs) ou un taxi (3-4 Bs) jusqu'à l'angle des rues Portales et Potosí. ☎ 241 337. Ouvert Lu-Ve 14h30-18h30 et Sa-Di 10h30-12h. Accès à la maison, aux jardins et à la galerie 10 Bs. Ce prix comprend une visite guidée en anglais (Lu-Ve 17h30 et Sa. 11h30) ou en espagnol (Lu-Ve 17h et Sa 11h).)

ÉGLISES. Les églises de Cochabamba ne font certes pas la renommée de la ville mais certaines sont dignes d'intérêt. Le **Convento de Santa Teresa** (couvent de sainte Thérèse), sur la petite place, près du croisement des rues Baptista et Ecuador, est sans doute l'église la plus travaillée. Elle arbore dans sa partie supérieure un motif en or représentant des rayons solaires et contient un lutrin en forme de bouton d'or. *(Ouvert pour la messe tlj à 8h. Le couvent est accessible aux visiteurs uniquement pendant la semaine sainte et pour certaines fêtes religieuses.)* La **Catedral Metropolitana**, la plus grande église de Cochabamba, se trouve à l'angle sud-est de la place 14 de Septiembre. Elle abrite une importante caverne en bois construite en l'honneur de la Vierge Marie ainsi qu'une coupole ornée de fresques retraçant la vie du Christ. Visitez-la de préférence tôt le matin. La messe commence à 8h et dure une à deux heures selon les jours. Le **Convento de San Francisco**, à l'angle nord-est des rues 25 de Mayo et Bolívar, mérite une petite visite. Fondé en 1581, ce couvent a été classé monument national en 1967 et a accueilli le pape Jean-Paul II en 1988. *(Couvent ouvert aux visiteurs pendant la semaine sainte. Eglise ouverte Lu-Ve 7h30-11h.)*

MARCHÉS. Les trois principaux marchés de Cochabamba se situent tous au sud de la place 14 de Septiembre. Les étals de nourriture sont regroupés au croisement des rues 25 de Mayo et Jordan. Les habitants parlent souvent de la *cancha*, mais en réalité, il existe deux *canchas* dotées de noms différents : la **Cancha de Calatayud** est située entre la rue Uruguay au nord, l'Ave. Aroma au sud, la rue Lanza à l'est et l'Ave. San Martín à l'ouest. Quant à **La Cancha de San Antonio**, elle est installée le long de l'Ave. Punata et de la rue Tarata. Vous y trouverez aussi bien des cuisses de poulet que des chapeaux. Un **marché artisanal**, qui traverse le quartier au nord-ouest de la place 14 de Septiembre, est accessible depuis l'Ave. Heroínas au nord et la rue General Achá au sud. Il propose des articles en cuir et en argent, ainsi que des livres.

FÊTES

La **Fiesta de la Virgen de Urkupiña** (fête de la vierge de Urkupiña) se déroule du 14 au 16 août à Quillacollo (à 13 km de Cochabamba) et attire dans la région un nombre impressionnant de visiteurs et de touristes. Le premier jour correspond à l'*entrada* (défilé) : 40 *fraternidades folklóricas* regroupés en une longue procession dansent pendant plus de huit heures. Elle commence dans la rue Ramon Prada, se poursuit dans la rue Martín Cárdenas et s'achève près de la place 15 de Agosto. Le deuxième jour est consacré à la prière et à la messe, tandis que le dernier jour est celui du *calvario* : les *campesinos* déterrent des pierres d'un endroit précis, symbole de prospérité. Le **14 septembre**, un défilé présidé par le chef d'état bolivien a lieu en commémoration de l'anniversaire de la ville. Une parade similaire arpente les rues de Cochabamba le dimanche suivant le mercredi des Cendres pour célébrer le **Corso de Corsos**.

SORTIES

Pour connaître les principaux événements de Cochabamba, consultez les affiches collées aux murs de la **Casa de la Cultura** (angle nord-est de la rue 25 de Mayo) et du **Teatro Achá** (voir ci-dessous), ou procurez-vous le quotidien de la ville, *Los Tiempos* (Lu-Sa 3 Bs, Di. 5 Bs).

TEATRO ACHÁ. Ancien couvent de l'époque coloniale, cet établissement a été converti en 1860 en un élégant petit théâtre. Il accueille principalement des troupes locales, mais reçoit parfois de grandes compagnies de danse comme celle des ballets de Moscou. *(España S-0130, à l'angle sud-ouest de la rue España et de l'Ave. Heroínas. L'entrée se situe dans la rue España. ☎ 258 054. Billet 15-25 Bs. Guichet ouvert Lu-Di 15h-20h.)*

GALERÍA GILDARO ANTEZANA. Le principe est dans un premier temps de contempler les toiles, puis ensuite de rencontrer le peintre. Il n'y a pas d'enseigne, mais n'hésitez pas à entrer. Lorsque vous tournez le dos à la cathédrale, c'est la dernière porte à droite. Presque chaque soir, des artistes de la région et des critiques d'art s'y retrouvent pour discuter. Tout le monde est libre de participer. Les expositions se renouvellent toutes les deux semaines. Tous les ans, le 14 septembre, les artistes du pays participent au concours national de peinture de Cochabamba. Les tableaux des lauréats sont exposés dans cette galerie avant d'être transférés à la Casa de la Cultura. *(Côté nord de la place 14 de Septiembre, à l'intersection des rues Bolívar et E. Arce. ☎227 561. Galerie ouverte Lu-Ve 9h-12h et 15h-21h.)*

FÚTBOL. L'équipe de football locale, **Wilsterman**, est assez populaire. Des matchs ont souvent lieu les samedi et dimanche au stade **Félix Capriles**. (Billets 15-35 Bs. Allez-y de bonne heure pour éviter les longues files d'attente. Vous pouvez également appeler le journal *Los Tiempos* (☎254 561) pour connaître à l'avance les dates et les heures des matchs.)

CINÉMAS. Les cinémas de Cochabamba passent pour la plupart des films étrangers (3 séances par jour à 14h30, 18h30 et 21h30, 8-17 Bs). Essayez le **Cine Astor**, dans la rue Sucre, juste à l'est du croisement avec la rue 25 de Mayo, ou le **Cine Avaroa** (☎221 285) qui se trouve dans la rue 25 de Mayo, entre les rues Jordan et Calama.

VIE NOCTURNE

Nombreux sont les noctambules qui passent le début de la soirée dans l'un des cafés à la mode qui bordent la rue España avant de danser au rythme du jazz et du *merengue*.

Automanía (☎286 383), à l'angle nord-ouest des rues Pando et Buenos Aires. La course automobile n'a jamais été si jeune et si branchée ! Les boissons (20-25 Bs) portent les noms des grands coureurs automobiles de la région. Arrivez tôt. Entrée Ve-Sa 10 Bs pour les hommes, gratuit pour les femmes. Ouvert Lu-Sa 9h-2h30.

Metrópolis (☎323 118), à l'intersection des rues España et Ecuador. Endroit idéal pour se décontracter avec un bon *pisco sour* (eau de vie de raisin blanc, sucre et jus de citron, 15 Bs) avant de se rendre en discothèque. L'endroit est bondé les soirs de week-end. Ouvert Lu-Di 8h-2h.

Las Planchitas Originales (☎238 281), sur une route en terre au sud de la Laguna Alay. Pour vous y rendre, prenez un taxi (4 Bs) et demandez Las Planchitas ou "El Campo Ferial". Musique forte, piste de danse encombrée et nourriture abondante (Ve-Sa). Je. karaoke, Di. *música folklórica*. Entrée gratuite. Ouvert Lu-Je 11h-23h et Ve-Di 11h-2h.

Trocadero Jazz Club, Paseo Boulevard 616 (☎224 901), près de la Casa de Campo. Observez les jeunes travailleurs *Cochabambinos* se détendre après une dure journée et commandez un *Coltrane* (vodka et grenadine) pour finir la soirée. Boissons pendant les soirées jazz 20-25 Bs, pour les femmes 20-22 Bs. Des concerts mettent de l'ambiance du jeudi au samedi. Ouvert Je-Sa soir.

EXCURSIONS DEPUIS COCHABAMBA

TARATA

Les trufis en direction de Tarata partent du nord de l'Ave. Barrientos, près du croisement avec la rue 6 de Agosto (durée 30 mn, 3,5 Bs) et reviennent par la rue Leonidas Rojas (toutes les 15 mn jusqu'à 19h).

Tarata, située à 33 km au sud-est de Cochabamba, présente un intérêt historique. Juste à côté de la place principale se trouve l'église néoclassique **San Pedro**, qui renferme les **cendres d'Esteban Arce**, martyr révolutionnaire bolivien. La petite marche qui mène à **l'église** et au **couvent de San José** est l'occasion de se promener dans la ville pour admirer quelques édifices de l'époque coloniale. Depuis la place principale, prenez à droite à la Farmacia Vallejos II, continuez sur une *cuadra* puis tournez à gauche, dans une rue bordée d'arbres. Pour rejoindre le couvent, tournez à droite quand vous êtes au niveau du pont. Le chemin tourne légèrement vers la gauche puis se sépare alors en deux tronçons. Prenez celui de droite et montez jusqu'au bâtiment orange. Le couvent est ouvert aux visiteurs jusqu'à midi. Au cours de la visite, vous découvrirez une minuscule cellule dans laquelle un moine décida de passer sa vie entière. L'église adjacente abrite un temple dédié au saint patron de Tarata, Severino.

QUILLACOLLO

Les micro-bus et les trufis de Cochabamba déposent les passagers au nord de la place Bolívar. Descendez la rue Héroes del Chaco jusqu'à la place 15 de Agosto, beaucoup plus paisible, près de l'église.

L'église, située au fond de la place 15 de Agosto, renferme un **temple en l'honneur de la Virgen de Urkupiña**. C'est ici que les fidèles viennent prier tous les matins. Ils font brûler un cierge ou ajoutent une plaque pour la remercier de son soutien. Au fil des années, le mur a été totalement recouvert de ces petites plaques. Même l'équipe de football de Cochabamba, Wilsterman, a placé deux ou trois plaques pour remercier la Vierge de lui avoir permis de se qualifier pour le tournoi de la Copa de Libertadores. *(Eglise ouverte tous les matins pour la messe, mais il est préférable de la visiter en semaine entre 8 et 9h, lorsqu'il n'y a pas d'office.)* Chaque année, du 14 au 16 août, la foule se presse à Quillacollo pour assister à la **Fiesta de la Virgen de Urkupiña** : la fête met en scène les danses de l'*entrada* effectuées par des *grupos folklóricos*, l'exposition de la statue de la Vierge et le dernier jour, la cérémonie du *calvario*, action symbolique qui consiste à déterrer des pierres dans l'espoir de devenir riche.

VILLA ALBINA

Vous pouvez prendre le trufi n°211 ou un autre trufi dont les deux premiers chiffres sont compris entre 21 et 29, à Quillacollo ou à l'angle de la rue Albina Patiño et de la route qui vient de Quillacollo. Si vous le demandez au chauffeur, il vous déposera à quelques mètres de l'entrée (1 Bs). ☎260 083. Visites Lu-Ve à 15h. Téléphonez pour demander à voir d'autres parties du domaine, par exemple les jardins ou le complexe agricole.

❤ La Villa Albina témoigne véritablement de la puissance et de la richesse d'un seul homme. La construction de cette ancienne hacienda du magnat de l'étain, Simon Patiño, devenue **monument national de Bolivie**, s'est étendue de 1920 à 1928. Le Palacio Portales (maison de Patiño à Cochabamba) n'est rien comparé à la Villa Albina. Une visite guidée vous emmènera au niveau inférieur de la demeure, dans les jardins entretenus avec soin et décorés de belles statues de marbre, puis sur une île pagode flottant au milieu d'un petit lac artificiel.

SIPE SIPE

Depuis Cochabamba, prenez le trufi n°245 à l'intersection de l'Ave República et de la rue 6 de Agosto, qui vous dépose sur la place 14 de Septiembre (durée 30 mn, 4 Bs). Pour obtenir des informations sur les transports, contactez le bureau de Communication et de Développement Humain (☎260 932). Pour aller à la Cabaña : prenez le trufi n°245 après Sipe Sipe. Réservations obligatoires. Ouvert Ve-Di. Chambre 27 $ par personne.

Sipe Sipe, à 29 km de Cochabamba, tient son nom de Sipisipis, une ancienne tribu de la région. La ville s'efforce de tirer parti des ruines inkarakays situées à proximité pour développer une activité touristique. Le trajet qui mène à ces ruines, autant dignes d'intérêt que le site en lui même, dure 45 mn en voiture puis 2h30 à pied. Il est préférable d'effectuer la randonnée avec un bon guide car le sentier n'est pas toujours facile à parcourir.

Chaque année, le 21 juillet, des *grupos folklóricos* reproduisent d'anciens rites incas sur le site. Si vous voulez y assister, levez-vous avant l'aube pour être sur place à 7h. Les cérémonies sont inoubliables et comportent le sacrifice rituel d'un lama.

Un peu après Sipe Sipe se trouve la **Cabaña de la Torre**, au km 32 de la route Carretera Confital (qui traverse Quillacollo et Vinto). Ce complexe de vacances possède tous les équipements indispensables pour vous divertir : bains de sources thermales, courts de tennis, terrains de football, sentiers de randonnée et petit pont en bois et en fer surplombant une rivière.

ENVIRONS DE COCHABAMBA : PARQUE NACIONAL TUNARI

En voiture, depuis Cochabamba, partez en direction du nord du Paseo El Prado et poursuivez vers le nord de l'Ave. Libertador Simon Bolívar. Arrivé à la place Guzman, prenez la rue Atahualpa jusqu'à la Circumvalación Beijing. Là, tournez à gauche dans la rue Shakespeare, et allez jusqu'en haut de celle ci. Si vous prenez les transports en commun, montez dans le trufi n°35 (1,5 Bs) ou le micro-bus ÑZ (1,40 Bs) qui circulent vers le nord de la rue San Martín et qui vous déposeront à l'entrée du parc. Pour obtenir des informations sur le parc, contactez le garde forestier Manuel Savedra (☎242 688). Ouvert tlj 8h-16h. Entrée gratuite, 10 Bs pour la voiture.

Créé en 1962 dans le but de protéger une petite parcelle de la forêt située au nord de Cochabamba, le parc national Tunari s'est étendu ; il couvre aujourd'hui 300 000 hectares, et abrite le **Cerro Tunari** qui culmine à 5200 m. Les parties accessibles aux visiteurs sont aménagées en sentiers. Ils offrent une vue vertigineuse sur Cochabamba, située en contrebas. D'autres secteurs du parc sont parfois utilisés, dans certains cas illégalement, par des centres organisant des excursions en deltaplane ou proposant des randonnées.

La balade la plus facile d'accès, qui est aussi la plus fréquentée, fait 10 km. Elle se dirige vers le nord du parc. Pour rejoindre le début de ce sentier, empruntez la route de terre qui part de l'entrée principale du parc. A un moment, cette route tourne vers la gauche, entre deux murs. Ne la suivez pas et continuez tout droit sur le chemin plus étroit. 1,5 km plus loin, vous arriverez sur une *tranca* ou corps de garde. Le sentier commence à partir du petit pont de bois construit juste après la *tranca*.

ENVIRONS DE COCHABAMBA : VILLA TUNARI

Cette ville ne possède pas de gare routière. Si vous prévoyez de vous rendre à Santa Cruz, il est conseillé d'attendre le prochain bus au péage, du côté sud-ouest de l'autoroute, près de l'hôpital (durée 7-8h, dép. 10h-12h30 et de minuit jusqu'à l'aube, 25 Bs). La compagnie Transporte 7 de Junio possède des micro-bus qui desservent Cochabamba (durée 4h, dép. Lu-Sa à 8h30, 11h, 18h et Di. à 13h, 18 Bs).

La Villa Tunari a l'intention de devenir une ville touristique. Le **parc national de Carrasco**, tout proche, propose de plus en plus de visites guidées et de services, et la rumeur prétend que la construction d'un immense complexe hôtelier est prévue près de la rivière. Actuellement, seules la jungle et la nature sont présentes. La découverte du refuge naturel de la **communauté Inti Wari Yassi** mérite que l'on reste une nuit en ville. Les hôtels sont regroupés autour de l'autoroute ainsi que dans les rues Beni et Santa Cruz, au nord de l'autoroute, avant que celle-ci ne traverse la rivière Espíritu Santo. L'**Hotel Pilunchi** (☎114 164), à la fin de la rue Begnino Paz, près du croisement avec la rue Beni, est l'établissement le moins cher et le plus pittoresque de la ville. Chambre 10 Bs par personne, eau chaude 5 Bs. L'**Hostal Valle Grande**, à l'angle de la rue Pando et de l'autoroute, dispose de chambres triples (45 Bs) et doubles (30 Bs, avec salle de bains 60 Bs).

ENVIRONS DE VILLA TUNARI : LA COMMUNAUTÉ INTI WARA YASSI

Vous pouvez rejoindre le Parque Machía à pied ou en taxi (après le pont, à l'est de la Villa Tunari). Le sentier qui mène à l'entrée se trouve à environ 100 m du pont, sur votre gauche. Parc ouvert 9h-17h30. Si le garde forestier est présent à l'entrée, il vous fera sans doute payer 2,5 Bs.

Le Parque Machía, dont la superficie est d'à peine 18 hectares et qui comporte des sentiers écologiques inférieurs à 3,5 km, n'est certes pas le plus grand ni le plus impressionnant des parcs de Cochabamba. Il abrite cependant, dans un petit coin de nature encore préservée, le refuge d'animaux sauvages de la communauté Inti Wara

Yassi. Cette organisation, qui travaille avec la police bolivienne, récupère les animaux capturés de façon illégale pour les réintroduire dans leur habitat naturel.

La visite du refuge est inoubliable. A peine sur le sentier, vous serez approchés par un singe ou par une autre espèce désireuse de se faire de nouveaux amis. Parmi les animaux rescapés, on compte des singes-capucins, des singes-araignées, des singes-écureuils, des toucans, des perroquets, des aigles, une loutre, un anaconda et un puma. Un sentier écologique de 3 km traverse une partie du parc et passe devant la volière. D'autres chemins sont également aménagés, mais "ne sont pas à l'abri du puma", comme l'indiquent les bénévoles de la communauté. (Les visiteurs doivent payer 15 Bs pour utiliser un appareil photo et 25 Bs pour un caméscope.)

Le refuge est ouvert Lu-Sa 9h-17h30. Vous pouvez également apporter votre aide en tant que bénévole pour une durée minimum de 15 jours : les activités consistent à nourrir les animaux, à entretenir les sentiers et à effectuer diverses autres tâches. Les bénévoles sont logés dans le bâtiment qui leur est réservé (lit 15 Bs, tente 5 Bs). Si vous êtes intéressés, présentez-vous tôt le matin au directeur du refuge, Don Juan Carlos.

ENVIRONS DE COCHABAMBA : INCALLAJTA

Vous rendre à Incallajta sans véhicule peut s'avérer difficile et même cher. Un micro-bus part de Cochabamba à destination de Pocona, à 20 km des ruines (dép. Sa. à 13h, 25 Bs). Des taxis partent de Pocona pour vous ramener à Cochabamba (dép. à 2h et à 12h, 25 Bs). Si vous décidez de louer une voiture, choisissez le 4x4 (indispensable pendant la saison des pluies).

Le site archéologique d'Incallajta (cité des Incas) est le plus important de la région de Cochabamba mais il a souvent été ignoré des savants, du gouvernement bolivien et même des touristes. Pourtant ce site, éloigné d'environ 130 km de Cochabamba, comporte de nombreux vestiges très intéressants, notamment les restes d'un grand édifice en pierre, sans doute le grand temple, et d'un observatoire astronomique. Découvert en 1917 par l'ethnologue suédois Erland Nordenskjöld, ce site n'a commencé à faire l'objet de recherches scientifiques que dans les années 1960. Les quelques voyageurs qui s'y promènent découvrent un lieu vierge et authentique, entouré uniquement d'autochtones et de champs de pommes de terre. Cet ensemble avait à l'origine une fonction militaire : il était destiné à défendre Pocona de la redoutable tribu cannibale des Chiriguanas et à protéger le flanc sud de l'Empire inca. Chaque année le 21 décembre, les *campesinos* locaux organisent le **festival d'Incallajta**.

La ville la plus proche pour se loger est **Pocona**, à environ 20 km des ruines. Vous pouvez toutefois trouver des terrains plats pour **camper** autour du site archéologique, avec un accès facile à la rivière située en contrebas. La ville ne compte qu'un simple *alojamiento* (lieu d'hébergement). Vous pouvez vous y procurer des provisions et de l'eau. Pour obtenir plus d'informations et une carte complète du site, consultez l'étude originale de Jesús Larga, *Inkallajta-Inkaraqay* (4 $) ou le livre de recherche de Roy Querejazu Lewis intitulé *Incallajta y la Conquista Incaica del Collasuyu* (18 $), tous deux disponibles à la librairie de Cochabamba Los Libros del Amigo, à l'angle de l'Ave. Heroínas et de la rue España.

ENVIRONS DE COCHABAMBA : TOTORA

Les micro-bus et bus à destination de Totora partent du croisement de l'Ave. República et de la rue 6 de Agosto, dans la partie sud de Cochabamba. Prenez l'un de ceux qui desservent directement les villes de Totora ou d'Aiquile (durée 3h, 4 dép/j de 13h à 15h30. Retour à 3h, 4h, 6h et de 22h à 22h15, 8 Bs).

La ville coloniale de Totora se caractérise par ses toits rouges et sa place, entourée de bâtiments bleus en forme d'arches. Détruite partiellement par le tremblement de terre de septembre 1998 (de puissance 7 sur l'échelle de Richter), la ville a du mal à se remettre de cette catastrophe. La reconstruction se poursuit mais certains édifices sont encore en ruine. La cité fut construite à l'origine par les Espagnols. Elle leur permettait d'être plus proches de la jungle. Puis, elle fut le centre administratif régional du traitement du coca (pour les mineurs de Potosí), du café et du sucre de canne. La **Residencial Colonial**, au sud de la place, est le seul établissement où vous pourrez dormir à Totora, et est aussi l'un des meilleurs endroits pour se restaurer. Les immenses chambres situées au-dessus du restaurant pourraient accueillir la ville entière ! (Chambre 15 Bs par personne.)

ENVIRONS DE COCHABAMBA : MIZQUE

Les bus à destination de Mizque partent du croisement de l'Ave. República et de la rue 6 de Agosto à Cochabamba (durée 3h30, dép. à 12h, 15 Bs). Retour de Mizque vers Cochabamba (tlj à 15h, sauf Lu. à 19h, Ma. à 8h et Ve. à 8h et 19h). Des bus assurent la liaison de Mizque à Aiquile (durée 1h, dép. à 12h, 17h et 19h, 5 Bs). Les deux compagnies de bus se trouvent à une rue de la place en direction du marché.

Mizque doit sa flore luxuriante à sa situation géographique, à la confluence des Ríos Mizque et Tucana, dans la vallée fertile de Tucana. Des fleurs violettes ornent les balcons de la place principale. N'hésitez pas à vous promener à la recherche des ruines incas situées sur les hauteurs environnantes. Vous pourrez peut-être assister à une envolée d'aras (perroquets au plumage brillant) au-dessus des collines. La **Residencial Mizque**, à deux *cuadras* du marché, en direction de la route d'Aiquile, est la meilleure adresse pour passer la nuit (☎ 115 071. Chambre simple 15 Bs, double 30 Bs, triple 45 Bs). La **Residencial Plaza**, sur la place, propose des chambres propres et toutes neuves (chambre simple 15 Bs, double 30 Bs). L'établissement fait également restaurant (déjeuner 6 Bs).

AIQUILE

Située à mi chemin entre Sucre et Cochabamba, dans une vallée aride (à 2242 m d'altitude), Aiquile doit sa réputation au *charango*, petit instrument voisin de la guitare que l'on trouve seulement en Bolivie, et qui serait originaire de la ville. Tout comme Totora, Aiquile a été sévèrement touchée par le tremblement de terre de septembre 1998.

Bus à destination de : **Cochabamba** (durée 6h, dép. à 2h et 11h, 15 Bs), **Sucre** (durée 5h, dép. à 1h et 2h, 15 Bs) et **Santa Cruz** (durée 12h, dép. à 21h et 21h30, 30 Bs). Ils partent tous de leur siège, le long de la rue **Bolívar**, qui traverse la ville du nord au sud. La **place principale** se trouve à une *cuadra* à l'est de la rue Bolívar, dans la première rue de la partie nord de la ville (en direction de Cochabamba).

La **Banco Santa Cruz**, à une rue à l'est de la rue Bolívar, près du cabinet médical, échange des dollars contre des *bolivianos*. (☎ 114 938. Ouvert Lu-Ve 8h30-11h30 et 14h30-17h.) Le **poste de police** (☎ 115 015) se trouve à deux *cuadras* au nord de la place principale (sur la route de Cochabamba). Le **Centro Medico Maria del Carmen**, dans la rue Bolívar, est repérable à sa grande croix rouge (ouvert tlj 8h-12h et 14h-20h, 24h/24 pour les urgences). La **Farmacia Virgen de Copacabana** est juste de l'autre côté de la rue (ouvert 24h/24). Vous trouverez le **bureau de poste** à une *cuadra* de là, en direction de Cochabamba, dans la rue Bolívar (ouvert Lu-Sa 8h-20h). **ENTEL** est tout près, toujours dans la rue Bolívar (☎ 114 927, 114 926, 115 026, ouvert tlj 7h-22h).

L'**Hotel Los Escudos**, à l'extrémité nord de la rue Bolívar (sur la route de Cochabamba), possède les salles de bains avec eau chaude les plus propres, même si les chambres sentent un peu le renfermé. Chambre simple 20 Bs, double 40 Bs, triple 60 Bs. L'**Alojamiento Italia**, la porte d'à côté, est un peu moins cher. Situé à l'arrière d'une maison particulière, vous n'aurez peut-être pas envie de passer trop de temps dans la salle de bains. Pour vous restaurer, quelques endroits bon marché sont localisés au sud, dans la rue Sucre, à la fin de la rue Bolívar.

Si vous souhaitez faire l'acquisition d'un **charango**, cherchez dans les magasins qui bordent la rue Bolívar et les rues adjacentes. Les prix varient de 180 à 200 Bs selon la qualité du son et le détail des ornements, et peuvent monter jusqu'à 250 Bs pour les plus riches et les plus finement sculptés. A l'origine, cet instrument était fabriqué en carapace de tatou (avant que l'espèce ne soit menacée). Elle est aujourd'hui remplacée par des bois de la région. Une **Feria du Charango** se déroule lors de la **semaine de la Toussaint**. C'est un festival qui commence le 2 novembre de chaque année. Notez également la semaine consacrée à la **Vierge de la Candelaría** (chandeleur) à partir du 2 février.

PARQUE NACIONAL TOROTORO

Entre les départements de Cochabamba et de Potosi, la vallée de Torotoro, qui couvre 162 km^2, a tout pour séduire. Entourée de montagnes de plus de 3000 m d'altitude et striée de gorges profondes, c'est l'un des parcs les plus incroyables d'Amérique latine. La région, d'abord habitée par les indiens aymaras, fut intégrée à l'Empire inca puis gérée par les conquérants quechuas. Lorsque les Espagnols arrivèrent pour chercher de l'or, ils réduisirent les Quechuas en esclavage. Ironie du sort, à l'arrivée des Républicains quelque cent ans plus tard, les habitants de la région furent une nouvelle fois exploités pour fournir de la main d'œuvre gratuite. La réforme agraire de 1952, soutenue par le gouvernement, a permis aux *campesinos* de récupérer leurs terres. La modernisation s'effectue doucement à Torotoro. Il y a encore peu de temps, la région était inaccessible pendant une grande partie de l'année. L'électricité et l'unique téléphone ENTEL ne sont arrivés que très récemment. En juillet 1989, la région est devenue officiellement parc national par décret présidentiel. Le village de Torotoro, au début de la vallée, est le point de départ idéal pour partir à la découverte du parc.

TRANSPORTS ET INFORMATIONS PRATIQUES

L'état des routes s'étant amélioré, le trajet pour se rendre à Torotoro ne relève plus d'une épopée qui dure une journée en bus. Si vous ne craignez pas quelques bosses sur la route, vous pouvez y aller en véhicule privé ou en micro-bus. Depuis Cochabamba, montez dans l'un des **bus** en direction de Santa Cruz qui empruntent l'ancienne route de Tolata (durée 7-8h, dép. Lu. et Ve. à 6h, 15 Bs). En voiture (4x4 indispensable), prenez cette même route en direction de Santa Cruz. Environ 30 km avant Tolata, suivez la voie qui part au sud vers Cliza. Le parc se trouve à 60 km, juste après le village d'Anzaldo. Il est également possible de prendre l'avion pour se rendre au parc (120 $). Pour en savoir plus, contactez **Don Eugenio Ferguson** (☎ 227 042 ou 246 289).

Vous pouvez très bien profiter du parc sans vous joindre à l'une des visites proposées par une agence de voyages. Le plus simple est de faire appel à un **guide** local, dont les agences utilisent les services (10 Bs par personne, 5 personnes au minimum). Le responsable touristique, Johnny Torrico Nogalus (Torotoro ☎ (04) 113 927, Cochabamba ☎ (01) 731 639), propose des visites guidées en anglais. Il peut également vous organiser des balades avec d'autres guides. D'un point de vue technique, seuls quelques endroits du parc requièrent obligatoirement la présence d'un guide (les grottes Humajalanta et le canyon El Vergel). Cette dépense s'avère cependant utile si vous souhaitez mieux comprendre les particularités du parc et être certain de ne pas vous perdre. Les voyageurs qui préfèrent passer par des agences de voyages peuvent contacter Fremen Tours ou Caixa Tours à Cochabamba. L'entrée du parc coûte 20 Bs.

Il existe en principe trois hôtels à Torotoro, mais un seul, l'**Hostal Charcas**, est équipé de salles de bains et est ouvert toute l'année (☎ (04) 113 927, chambre 10 Bs par personne). A votre arrivée, renseignez-vous néanmoins pour savoir si les deux autres sont ouverts (**Alojamiento Trinidad** et **Alojamiento Humajalanta**) car ils sont encore moins chers. Vous ne trouverez **aucun restaurant**. Les magasins vendent des biscuits, préparent des sandwichs et cuisinent à la demande. Certaines familles, notamment les commerçants, invitent les touristes à partager leur dîner (environ 5 Bs).

VISITES

LES GROTTES HUMAJALANTA. La présence d'un guide pour atteindre les grottes, situées à une dizaine de kilomètres au sud-ouest du village, n'est pas superflue. Le sentier qui y conduit commence en haut de la colline, à l'ouest de la ville de Santa Barbara. Le chemin traverse trois lits de rivières asséchés et croise plusieurs empreintes de dinosaures. Au bout de 7 km, vous arriverez à l'école Wayra Q'asa (ou "Vent brisé") sur votre droite (au nord), reconnaissable à son toit en métal. Suivez le chemin pendant encore 1 km jusqu'au moment où il devient plus difficile à distinguer. Lorsque vous regardez les montagnes qui se profilent au sud-ouest, comptez les pics en commençant par la droite. Vous en distinguez un petit à votre extrême droite, un plus grand à sa gauche, et un petit pic pyramidal encore à droite. Dirigez-vous dans la vallée vers les deuxième et troisième pics en partant de la droite. Marchez en direction du sud-ouest, traversez deux petites rivières à sec, grimpez une colline qui domine la vallée. Vous déboucherez sur des escaliers qui s'enfoncent dans la caverne. Apportez une lampe torche puissante ou une lampe frontale (les bougies et les torches ne sont pas autorisées) ainsi que des piles de rechange.

EL VERGEL. Pour visiter El Vergel, à 4 km au nord-ouest de la ville, vous devez être officiellement accompagné d'un guide. Le sentier qui descend au fond du canyon est raide et dangereux. Le canyon est parsemé de petites cascades et de petits étangs. Juste avant d'arriver à El Vergel, en longeant la rivière, vous pouvez voir au loin les contours de trois canyons différents.

PINTURAS RUPESTRES. Ces peintures sur roche, dont la date est estimée à 2 milliers d'années, sont l'œuvre des indiens aymaras. Elles se trouvent sur les deux pans d'un mur, près d'un cours d'eau. Pour vous y rendre, partez en direction du nord de la ville jusqu'à ce que vous débouchiez sur une rivière, et longez-la pendant 2 km. A un moment, vous rencontrerez des murs de pierres empilées sur la rive gauche. Grimpez la côte en face de ces murs. Vous pourrez ainsi distinguer les petites peintures rupestres. Selon certains guides, la ligne irrégulière et dentelée que l'on voit sur ces peintures serait une carte primitive de la chaîne montagneuse de la région. Pour les autres motifs, principalement des représentations de rayons solaires et de lignes ondulées, toutes les théories sont permises.

EMPREINTES DE DINOSAURES. En dehors des traces que vous pouvez rencontrer sur le sentier qui mène à la caverne de Humajalanta, les exemples les mieux conservés d'empreintes de dinosaures se trouvent juste de l'autre côté de la ville. Certaines sont même visibles du toit de l'auberge Charcas. Quittez la ville par la route nord-ouest. Lorsque celle-ci traverse la rivière, grimpez la côte sur quelques mètres. Les marques sont grandes et bien nettes. On dit qu'elles ont été faites par un spécimen de la famille des Brontosaures. Régulièrement, l'érosion et les coulées de boue de la saison des pluies font apparaître de nouvelles empreintes. Certaines de ces découvertes ont parfois lieu lors de visites guidées : la carte géologique de Torotoro n'a pas fini d'être tracée ! Il existe d'autres fossiles au sud du village, près du Cerro de Siete Vueltas ou "la colline aux sept cercles".

LES RUINES DE LLAMA CHAQUI. Certains archéologues pensent que les ruines de Llama Chaqui, vieilles de 2000 ans, sont les vestiges d'un ancien bastion militaire. Les fondations de cette forteresse dominent la vallée en contrebas. Le site est difficile à trouver. Vous devez d'abord marcher pendant 2 km en direction du sud-est, autour du Cerro. Arrivé au pied de la face est du Cerro, une marche pénible de 17 km vous attend jusqu'au sommet.

LE DÉPARTEMENT DE SANTA CRUZ

SANTA CRUZ ☎ 03

Le débat entre les *Paceños* (habitants de La Paz) et les *Cruceños* (habitants de Santa Cruz) pour savoir laquelle des deux villes est la plus grande ou la plus importante économiquement est interminable. Ce sont peut-être les chauffeurs de taxi qui donnent la meilleure définition de Santa Cruz : "ça c'est une ville !". Les faits sont encore plus parlants : bâtie à 470 m au-dessus du niveau de la mer et comptant 1 200 000 habitants, la ville de Santa Cruz perd rapidement ses origines andines. Ici certainement plus qu'à La Paz, le citoyen moyen a en tête le cours du dollar et les commerçants connaissent les prix appliqués par la concurrence. Même les nuages se déplacent plus vite que la normale et de violents vents du sud – appelés *surazos* – refroidissent considérablement la ville pendant l'hiver. Santa Cruz de la Sierra, nom d'origine de la ville, fut édifiée en 1561 par l'espagnol Ñuflo de Chavez. Depuis la fin de la construction de la route Cochabamba-Santa Cruz au milieux des années 1950, et le raccordement de la ville au réseau aérien international, elle connaît une importante croissance économique. La région bénéficie de réserves de minerais et de pétrole ainsi que d'une agriculture productive. Mais cet essor économique ne fait pas oublier que Santa Cruz est encore la capitale d'une industrie bien dangereuse : la cocaïne. En effet, vous pourrez apercevoir au milieu d'un terrain vague l'épave de l'*avión pirata*, abandonné par les contrebandiers de la drogue.

TRANSPORTS

Avion : **Aéroport international Viru Viru** (☎852 400), à 17 km au nord du centre-ville. Prenez un taxi (15 mn, 40 Bs) ou un micro-bus (20-30 mn, 4,5 Bs) qui part de la gare routière principale (au croisement des Ave. Cañoto et Irala) et dessert directement l'aéroport toutes les 20 mn. L'aéroport dispose d'un centre ENTEL, d'agences de location de voitures et d'une consigne pour les bagages. Une **taxe d'aéroport** est appliquée sur les vols nationaux (10 Bs) et sur les vols internationaux (25 $).

Compagnies aériennes : Aerolíneas Argentinas (☎339 776), dans la rue Junín, à l'intersection avec la place 24 de Septiembre, propose 2 vols à destination de **Buenos Aires** (durée 4h, 249 $). AeroSur, Irala 616 (☎0800 30 30), dessert : **La Paz** (durée 55 mn, 3-4 dép/j, 643 Bs), **Cochabamba** (durée 45 mn, Lu-Sa 2 dép/j, Di. 1 dép., 377 Bs) et **Sucre** (durée 35 mn, 2-3 dép/j, 643 Bs), ainsi que **Tarija**, **Trinidad**, **Cobija** et **Puerto Suárez**. American Airlines, Beni 167 (☎341 314), entre les rues Arenales et Bolívar, dessert **Miami** (durée 6h40, 2 dép/j, 425 $). Lloyd Aereo Boliviano, dans la rue Warnes, à l'angle de la rue Chuquisaca (☎344 625, info/réservations ☎0800 30 01). Vols à destination de : **La Paz** (durée 55 mn, 3-4 dép/j, 643 Bs), **Cochabamba** (durée 45 mn, 3 dép/j, 377 Bs), **Sucre** (durée 35 mn, 1 dép. tous les matins, 402 Bs), **Trinidad** et **Tarija** (1 dép/j). TAM Mercosur (☎371 999), à destination de : **Asuncíon** (durée 2h, dép. Lu., Me. et Sa. à 15h30, 217 $). Varig, Celso Castedo n° 329 (☎349 333), à destination de **São Paulo** (durée 30mn, dép. Lu-Sa à 15h50, 322 $).

Train : La **gare** (☎463 388) se trouve à la fin de l'Ave. Brasil, en venant du premier *anillo* (anneau) à l'est. Le micro-bus n°20 (1,50 Bs) que vous prenez sur l'Ave. Cañoto, près de la gare routière, en direction du nord, vous dépose devant l'entrée. Guichets ouverts Lu-Ve 8h-12h et 14h30-18h, Sa. 8h-12h et 14h30-15h30. **Ferrobus** vend des billets le Di. 16h-19h. Vous devez être muni de votre passeport. Il existe trois classes différentes : pullman, première (*primera*) et seconde (*segunda*). Quant aux trains Ferrobus, ils offrent tous petit déjeuner et dîner et disposent de la climatisation. Ils roulent également plus vite que les trains normaux. Les wagons sont divisés en *cama* et *semi-cama* (couchette et

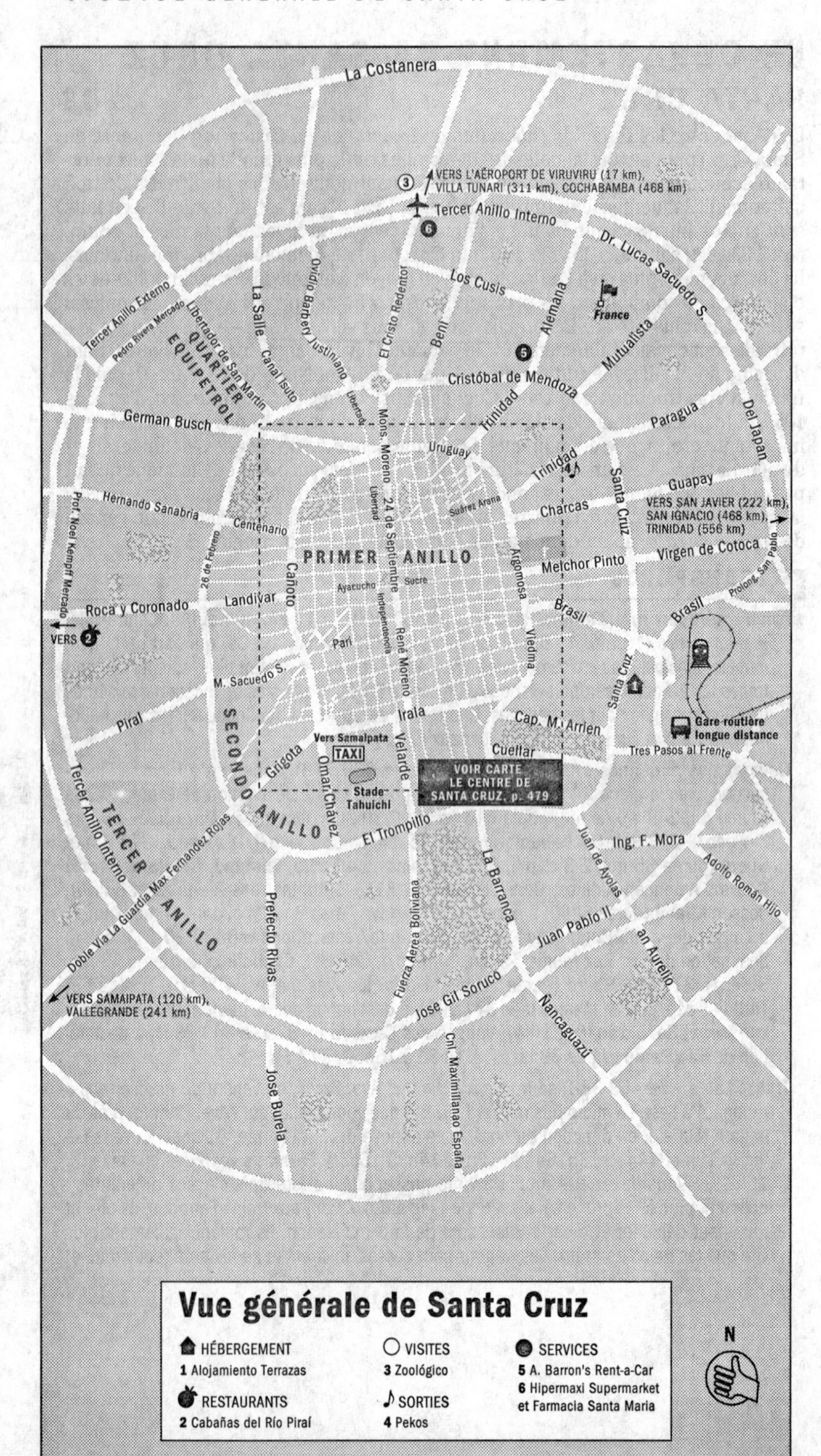
La Costanera
VERS L'AÉROPORT DE VIRUVIRU (17 km), VILLA TUNARI (311 km), COCHABAMBA (468 km)
Tercer Anillo Interno
Dr. Lucas Sacuedo S.
Los Cusis
France
Tercer Anillo Externo
Pedro Rivera Mercado
Libertador de San Martin
QUARTIER EQUIPETROL
La Salle
Canal Isuto
Ovidio Barbery Justiniano
El Cristo Redentor
Beni
Alemana
Mutualista
Cristóbal de Mendoza
Trinidad
German Busch
Mons. Moreno
Uruguay
Paragua
Del Japan
Trinidad
Santa Cruz
Guapay
Hernando Sanabria
Libertad
24 de Septiembre
Suárez Arana
Charcas
VERS SAN JAVIER (222 km), SAN IGNACIO (468 km), TRINIDAD (556 km)
Prof. Noel Kempff Mercado
Centenario
26 de Febrero
PRIMER ANILLO
Cañoto
Ayacucho
Sucre
Independencia
Ägomosa
Melchor Pinto
Virgen de Cotoca
Prolong. San Pablo
Roca y Coronado
Landivar
Brasil
VERS
Pari
René Moreno
Viedma
Santa Cruz
M. Sacuedo S.
Piral
SECONDO ANILLO
Irala
Cap. M. Arrien
Gare routière longue distance
Vers Samaipata
TAXI
Grigota
Omar Chávez
Velarde
Cuellar
Tres Pasos al Frente
VOIR CARTE LE CENTRE DE SANTA CRUZ, p. 479
Stade Tahuichi
El Trompillo
Tercer Anillo Interno
TERCER ANILLO
Doble Via La Guardia Max Fernandez Rojas
Prefecto Rivas
Fuerza Aerea Boliviana
La Barranca
Juan de Ayolas
Ing. F. Mora
Adolfo Román Hijo
Juan Pablo II
an Aurelio
Jose Gil Soruco
Ñancaguazú
VERS SAMAIPATA (120 km), VALLEGRANDE (241 km)
Jose Burela
Cnl. Maximilianao España
Vue générale de Santa Cruz
HÉBERGEMENT
1 Alojamiento Terrazas
RESTAURANTS
2 Cabañas del Río Piraí
VISITES
3 Zoológico
SORTIES
4 Pekos
SERVICES
5 A. Barron's Rent-a-Car
6 Hipermaxi Supermarket et Farmacia Santa Maria
N

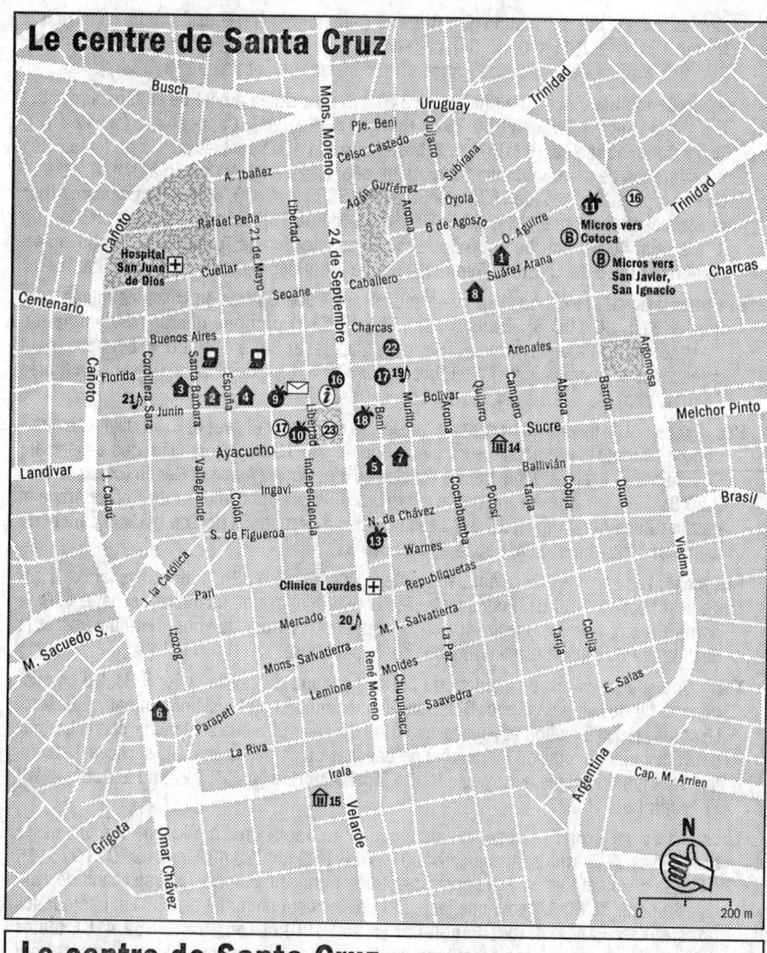

Le centre de Santa Cruz

HÉBERGEMENT
1 Alojamiento Los Angeles
2 Alojamiento Oriente
3 Alojamiento Santa Barbara
4 Hotel Bibosi
5 Residencial Ballivián
6 Residencial Beni
7 Residencial Bolívar
8 Residencial Las Palmeras

RESTAURANTS
9 Café Victory
10 Irish Pub (Café Irlandés)
11 Los Lomitos
12 Restaurant Vegetariano
13 Tabernet Pizzeria

MUSÉES
14 Museo de Arte Contemporaneo
15 Museo de Historia Natural Noel Kempff Mercado

VISITES
16 Avión Pirata
17 Casa de la Cultura Raúl Otero Reiche
18 Plaza 24 de Septiembre

SORTIES
19 Clapton's Club de Blues
20 El Muro
21 Insomnia

SERVICES
22 Rosario Tours

semi-couchette). A destination de : **Quijarro** (à la frontière du Brésil) par trains **normaux** (durée 18h, dép. à 15h30, 42 Bs), par **Ferrobus** (durée 12h, dép. Ma., Je. et Sa. à 19h, 205 Bs), **Yacuiba** en Argentine (durée 15h, dép. Lu., Me. et Ve. à 17h, 36 Bs).

Bus longue distance : La gare routière (☎340 772) est située à côté de la gare ferroviaire. Les compagnies **Bolívar** (☎350 762), **Bolivia** (☎329 791), **Copacabana** (☎542 149), **Trans Copacabana** (☎362 057) et **El Dorado** (☎341 197) sont les plus importantes. Bus à destination de : **Cochabamba** (durée 12h, dép. de 7h à 9h et de 17h à 21h30, 40 Bs), **La Paz** (durée 18h, dép. de 7h30 à 9h30 et de 17h30 à 19h30, 60 Bs), **Copacabana** (bus direct, couchette, durée 15h, 70 Bs) et **Sucre** (durée 16h, dép. de 7h30 à 9h30 et de 17h à 18h, 40 Bs, couchette 60 Bs). Les bus en direction de **Torotoro** partent du croisement des rues 6 de Agosto et República (durée 7-8h, dép. Je. et Di. à 6h, 15 Bs).

Bus international : Flechabus Panamericana dessert **Buenos Aires** en Argentine (durée 36h, dép. à 17h, 90-100 $). Trans Bolpar (☎335 533) propose des bus à destination d'**Asunción**, au Paraguay (durée 28h, dép. Ma., Je. et Sa. à 19h, 60 $, boissons, petit déjeuner et déjeuner compris). Stel Turismo (☎378 706), à destination d'**Asunción** (durée 26-30h, dép. Me. à 18 et Di. à 13h, couchette 75 $).

Bus régional : Les taxis-trufis partent de l'angle des rues Omar Chávez et S. de Olguin en direction de **Samaipata** lorsqu'ils sont pleins (durée 2h, 15 Bs). Des micro-bus desservent **Cocata** toutes les 10-20 mn, depuis l'angle des rues Suárez Arana et Barrón (durée 40 mn, 2,50 Bs). Pour **San Javier**, prenez le micro-bus à l'angle opposé des rues Suárez Arana et Barrón (durée 4h, 4 dép/j, 25 Bs). Les micro-bus à destination de **San Ignacio** partent du même endroit (durée 12h, dép. à 18h30, 40 Bs).

Bus local : Les micro-bus circulent dans toute la ville (de 6h à 22h, parfois plus tard). Le prix du ticket est de 1,50 Bs. Pour savoir exactement quel micro-bus utiliser, achetez le *Guía Santa Cruz* (guide de la ville, 40 Bs) ou demandez autour de vous. Les numéros et la destination du micro-bus sont affichés sur le pare-brise.

Taxi : Une course en taxi à l'intérieur du premier anneau de la ville coûte 5 Bs. Du premier anneau au deuxième anneau, 6 Bs, du premier anneau au troisième anneau, 7 Bs, etc. La course jusqu'à l'aéroport vous revient à 40 Bs. Les micro-bus sont moins chers. Les prix peuvent varier en fonction du nombre de bagages ou de passagers. Les services de radio-taxi sont omniprésents. Essayez le **Radio Móvil América** (☎422 222) ou le **Radio Móvil El Tucán** (☎333 222).

Location de voitures : Les agences de location de Santa Cruz pratiquent des prix assez semblables. **A. Barron's**, Alemania N°50 (☎420 160, fax 423 439, portable 013 97511), à l'angle de la rue Tajibos, juste après le deuxième anneau, propose un grand choix de véhicules à partir de 60 $/j pour une jeep. Les prix incluent un forfait de 130 km par jour, les taxes et l'assurance. **Across Rent-A-Car** (☎852 190) et **Localiza** (☎852 418), toutes deux situées dans l'aéroport Viru Viru, appliquent des prix au km, plus intéressants pour les petits parcours. Age minimal requis : 25 ans. Passeport, permis de conduire et carte de crédit (ou caution en liquide) obligatoires.

ORIENTATION ET INFORMATIONS PRATIQUES

Santa Cruz est l'une des rares villes dans le monde qui suit un plan en **anneaux concentriques** (*anillos*). A l'origine, la ville, imaginée par un architecte brésilien dans les années 1800, était composée de quatre quarts de cercle séparés par deux rues principales. Mais à mesure que la ville s'est agrandie, le nombre d'anneaux a augmenté (on en compte 8 ou 9 par endroits). Les principaux attraits touristiques sont regroupés dans les premiers anneaux. Il est fréquent de donner l'adresse en indiquant la rue radiale et les deux anneaux qui l'entourent (par exemple, la rue Suárez Arana, entre le 1er et le 2e *anillo*). Dans le centre-ville, les rues perpendiculaires à la rue principale changent de nom après l'avoir croisée. Ainsi, toutes les rues est-ouest changent de nom après leur croisement avec la rue principale nord-sud **René Moreno-24 de Septiembre**, et les rues nord-sud sont renommées après leur intersection avec la rue principale est-ouest **Ayacucho-Sucre**. De nombreux hôtels, restaurants, services et centres touristiques sont concentrés autour de la **Plaza 24 de Septiembre**. L'office de tourisme, situé sur cette même place, tient des cartes de la ville à la disposition des voyageurs. RC Publicidad Ltda publie un guide complet de la ville, *City Guide Multiplano Santa Cruz*, disponible gratuitement pour tout achat au Café Irlandés (voir **Restaurants**, p. 483). Le *Guía Santa Cruz* (40 Bs) comprend des plans détaillés de la ville, de nombreuses informations utiles aux touristes et une liste des numéros de micro-bus avec leurs destinations.

INFORMATIONS TOURISTIQUES ET SERVICES DIVERS

Office de tourisme : **Prefectura de la Municipalidad** (☎369 595, poste 41), côté nord de la place 24 de Septiembre. Vous y trouverez des cartes et des conseils utiles. Ouvert Lu-Ve 8h-16h.

Agences de voyages : Le **Rosario Tours** (☎369 977), à l'angle des rues Arenales et Murillo, dispose d'annexes dans les villes de Sucre et de La Paz. L'agence propose des excursions à : Samaipata (2 jours, 137 $ par personne pour 4 à 7 participants), Cotoca (demi-journée, 19 $ par personne pour 3 à 7 participants), aux missions jésuites (2 jours, 195 $ par personne pour 4 à 7 participants) et au Parque Amboró (2 jours, 135 $ par personne pour 4 à 7 participants). **Neblina Forest-Bolivia**, Mojos N°246 (☎336 831). C'est l'une des seules équipes qui propose régulièrement des visites au parc national Noel Kempff Mercado. **Forest Tour Operator** (☎372 042), dans la rue Cuellar, entre la rue Libertad et la rue 24 de Septiembre, organise de longs périples vers des destinations traditionnelles (Amboró, les missions jésuites, etc) ou inédites (Lago Rogaguado, Piso Firme). Enfin, l'agence **Viru Viru Travel** (☎364 040), dans la rue Ballivían, à l'angle de la rue Chuquisaca, est spécialisée dans les voyages internationaux.

Equipement de camping : **La Jara Caza y Pesca**, Bolívar 458 (☎350 491). Ouvert Lu-Ve 9h-13h et 15h-19h, Sa. 9h-13h.

Marchés : **Los Pozos** se consacre essentiellement à l'habillement. Sur les marchés de **Siete Calles** et de **La Ramada**, vous trouverez de tout, des coiffeurs aux vendeurs de feuilles de coca (38 Bs/kg).

Consulats : **France**, entre les Ave. Alemania et Mutualiste (*tercer anillo*, ☎433 434). **Argentine**, Junín 22 (☎324 153), ouvert Lu-Ve 8h-14h. **Brésil**, Busch 330 (☎344 400), ouvert 9h-15h. **Chili**, Calle n° 5 Oeste 224, Barrio Equipetrol (☎434 372), ouvert 8h-13h. **Equateur**, Velasco 700, bureau 301 (☎325 040), ouvert Lu-Ve 9h-18h30. **Paraguay**, Salvatierra 99, Esq. Chuquisaca, rez-de-chaussée, bureau 101, ouvert Lu-Ve 7h30-13h. **Pérou**, Edificio Oriente, premier étage, bureau 213 (☎434 940), ouvert Lu-Ve 8h30-13h30.

Change : **Banco Santa Cruz** (☎369 911), à l'angle des rues Junín et 21 de Mayo, à côté de la place 24 de Septiembre. Elle change les chèques de voyage Américan Express (2 % de commission). La **Citibank**, 140 René Moreno (☎340 211), change les chèques de voyage Citicorps.

American Express : **Magri Turismo** (☎345 663), dans la rue Warnes, à l'angle de la rue Potosí. Les clients American Express peuvent recevoir du courrier à cette adresse, si le libellé est le suivant : Nom du destinataire, Magri Turismo Ltda., Warnes Esq. Potosí, P.O. Box 4438, Santa Cruz, Bolivia. Ouvert Lu-Ve 8h30-12h30 et 14h30-18h30, Sa. 8h30-12h30.

Centre culturel : **Alliance Française**, dans la rue 24 de Septiembre (333 392). Ouvert Lu-Ve 9h-12h et 15h-20h, Sa. 9h-12h. Propose des revues, des livres et des films.

Librairie : **Los Amigos del Libro**, Ingavi 14 (☎327 937), entre la rue René Moreno et l'Ave. Independencia. Elle vend des magazines et quelques livres en langue étrangère.

URGENCE ET COMMUNICATIONS

Urgences : ☎110.

Police : La **Policia de Turismo** (☎369 595) se trouve à la Prefectura Departamental, sur la place 24 de Septiembre. Ouvert Lu-Ve 8h-16h.

Pharmacie : **Farmacia Santa Maria** (☎372 352), à l'intersection de l'Ave. Irala et de la rue Vallegrande. Ouvert 24h/24.

Hôpital : **San Juan de Dios** (☎332 222, urgences ☎118), à l'angle des rues Santa Barbara et Cuellar. Il traite les urgences (consultation 24 Bs). Plus au sud, la **Clínica Lourdes**, René Moreno 352 (☎325 518), demande 20 $ pour une consultation.

Téléphone public : **ENTEL** (☎350 055), dans la rue Warnes, entre la rue Chuquisaca et l'Ave. René Moreno. Ouvert tlj 7h30-23h30. C'est l'un des rares lieux où les appels avec carte téléphonique sont possibles.

Internet : **El Sitio Net**, Santa Barbara 210 (☎portable (010) 18 642), à l'angle de la rue Florida. 7 Bs/h, ouvert tlj 9h-23h.

Bureau de poste : dans la rue Junín, près du croisement avec la rue 21 de Mayo, à côté de la place 24 de Septiembre (☎347 445). Ouvert Lu-Ve 8h-20h, Sa. 8h-18h et Di. 9h-12h.

HÉBERGEMENT

En règle générale, l'hébergement à Santa Cruz est plus cher qu'ailleurs. On vous demandera souvent de payer en dollars. Il reste cependant de nombreux établissements qui offrent un bon rapport qualité-prix.

Residencial Ballivián (☎321 960), dans la rue Ballivián, entre la rue Chuquisaca et l'Ave. René Moreno. Très vert, très lumineux et très spacieux. Che Guevara y a dormi une nuit ! Proche du centre-ville, mais suffisamment éloigné pour être calme. 30 Bs par personne. Chambre simple, double, triple et quadruple disponibles.

Residencial Bolívar (☎342 500), à l'angle des rues Sucre et Beni. Les chambres, propres et confortables, possèdent l'eau chaude, les hamacs et le toucan de circonstance. Très prisé des voyageurs, ce *residencial* est souvent complet. Le silence doit régner à partir de 22h. Chambre simple 45 Bs, double et triple, 6 $ par personne. Téléphonez pour réserver.

Alojamiento Oriente, Junín 362 (☎321 976), entre les rues Santa Barbara et España. Toutes les chambres sont équipées d'un ventilateur pendant la saison chaude. Chambre avec télévision, salle de bains, ventilateur et petit déjeuner compris : chambre simple 50 Bs, double 80 Bs, triple 105 Bs. Sans ces avantages : chambre simple 35 Bs, double 60 Bs, triple 75 Bs. Prix dégressifs si vous restez plus de trois nuits.

Alojamiento Santa Barbara, Santa Barbara 151 (☎321 918), juste au nord du croisement avec la rue Junín, derrière l'angle de l'Alojamiento Oriente. L'une des adresses les moins chères de la ville. Chambre simple 30 Bs, double 40 Bs, triple 60 Bs. Salle de bains commune.

Residencial Las Palmeras (☎342 199), dans la rue Suárez Arana, entre les rues Quijarro et Campero, face à l'extrémité sud du marché **Los Pozos**. Chambres simples et bon marché dans un quartier bruyant. Chambres simple, double et triple : 20 Bs par personne. Chambre simple et double avec salle de bains commune : 30 Bs et 50 Bs respectivement. Ventilateurs fournis sur demande.

Alojamiento Los Angeles, Campero 434 (☎328 279), à une *cuadra* environ au-dessus de l'intersection avec la rue Suárez Arana, en face du marché **Los Pozos**. L'eau chaude et l'accueil sympathique du patron vous feront oublier la propreté douteuse. Chambre simple 20 Bs, double 30 Bs, triple 45 Bs.

Hotel Bibosi, Junín 218 (☎348 548), entre les rues 21 de Mayo et España. Vous en aurez pour votre argent. Les chambres sont équipées d'une TV câblée, d'un téléphone et le petit déjeuner est inclus. Vous pouvez profiter du restaurant sur le toit et de plusieurs salons. Chambre simple 100 Bs, double 160 Bs, triple 200 Bs.

Residencial Royal's (☎368 192), dans une allée qui part de la rue Lemoine, près de l'ancienne gare routière. Chambre simple 30 Bs, avec climatisation 80 Bs, chambre double avec climatisation 120 Bs, chambre triple avec climatisation 180 Bs.

Residencial Beni (☎368 606), dans la rue Salvatierra, au croisement avec l'Ave. Cañoto, près de l'ancienne gare routière. Chambre double avec salle de bains commune 30-35 Bs. Souvent complet.

Alojamiento Terrazas (☎464 575), dans la rue Montes, à l'angle de la rue Saturnino Saucedo, près de la nouvelle gare routière. Chambres spacieuses et calmes, certaines possèdent un balcon. Chambre simple, double et triple 15-20 Bs par personne, avec salle de bains 25-30 Bs par personne.

RESTAURANTS

Santa Cruz a beau être une grande ville, le choix culinaire reste limité. En matière gastronomique, les *cruceños* sont spécialisés dans un seul produit alimentaire : la viande. Pour des plats de poulet bon marché, essayez l'une des nombreuses *brasserías* qui bordent l'Ave. Cañoto, près de l'ancienne gare routière. Les *churrasquerías* (grills) qui s'alignent sur le deuxième *anillo*, entre les rues Alemania et Beni, proposent des plats similaires mais dans un cadre plus chic. Parmi les spécialités, vous trouverez le *majadito*, un mélange de riz, de viande, de pommes de terre, d'oignons et de tomates servi avec un œuf et des *plátanos fritos* (bananes plantains frites).

Los Lomitos, Uruguay 758 (☎326 350), sur le premier *anillo*, près du croisement avec la rue Suárez Arana, en face de l'*avión pirata*. Ici, la viande, c'est du sérieux et vous ne serez pas déçus. Pour ceux qui ont l'âme des *gauchos* (sorte de cowboys argentins), nous recommandons le *sandwich de lomito* (10 Bs) ou le *biffe de Chorizo Argentino* (45 Bs pour une personne, 80 Bs pour 2). Ouvert 8h30-24h.

Tabernet Pizzeria, Ñuflo de Chavez N°24 (☎371 155), entre l'Ave. René Moreno et la rue Chuquisaca. Tous les ingrédients sont réunis pour faire de ce restaurant un établissement d'exception : nourriture délicieuse, prix abordables et fermeture tardive. Les pizzas sont bien préparées, notamment la *Capriccio* (tomates, fromage, bacon, jambon, oignons et champignons 25 Bs pour 2 personnes). *Almuerzo* comprenant 4 plats, 12 Bs. Ouvert Ma. 11h-15h et Me-Di 11h-24h.

Pub Irlandais (Café Irlandés) (☎338 118), au premier étage du centre commercial Shopping Bolívar, sur la place 24 de Septiembre. Il possède une annexe, le **Shamrock Irish Pub (Bar Irlandés)** sur le troisième *anillo* N°1216, entre la rue Banzer et le zoo. Venez déguster de bon matin un copieux petit déjeuner irlandais (bacon, œufs et saucisse 18 Bs), le midi un repas complet (18 Bs) et le soir, un whisky bien tassé (18 Bs) ou d'autres cocktails (15 Bs). Café Irlandés ouvert 9h-1h, Bar Irlandés ouvert de 18h à 2h, 3h, voire 4h.

Café Victory (☎322 935), à l'angle des rues Junín et 21 de Mayo, à l'étage qui se trouve au-dessus de la poste. Véritable repaire pour artistes excentriques. Il est réputé pour ses cafés (4 Bs) et sa grande variété de desserts. Ouvert Lu-Sa 9h-24h.

Las Cabañas de Río Piraí, au bout de l'Ave. Roca y Coronado. Prenez le micro-bus n°29 (1,50 Bs) devant l'église qui se trouve à l'angle des rues Charcas et Beni. Descendez au terminus. Il s'agit de plusieurs paillottes regroupées sur la rive est du Río Piraí. Grand choix de spécialités locales (*pacamuto* 30 Bs, *picante de gallina*, 12 Bs). Chaque *cabaña* adopte des horaires différents. Pour être certain d'avoir le choix, allez-y pour le déjeuner.

Restaurant Vegetariano "Su Salud", Quijarro 115 (☎360 168), entre les rues Arenales et Bolívar. Plats traditionnels adaptés aux végétariens. Petit déjeuner 4 Bs, déjeuner comprenant trois plats 10 Bs. Ouvert Di-Ve 8h-21h30.

VISITES

ZOOLÓGICO. Faites preuve d'initiative car il n'existe ni itinéraire tracé ni brochures pour guider la visite. Parmi les espèces présentées, on trouve des singes hurleurs, des autruches et des paresseux. Les chevaux estropiés sont destinés à servir de pâture aux lions. *(Le zoo se trouve sur le 3e* anillo, *entre les rues radiales 26 et 27. Pour vous y rendre, prenez n'importe lequel des micro-bus indiquant Zoológico. Billetterie ouverte tlj 9h-18h. Bureau ☎429 939. Entrée 7 Bs.)*

MUSEO DE ARTE CONTEMPORÁNEO. Ce musée est l'un des joyaux de Santa Cruz. Il accueille régulièrement des expositions qui font l'unanimité. Si vous aimez l'art, ne manquez pas la XIIIe biennale des arts plastiques (Artes Plásticas) qui aura lieu en septembre 2001. Il s'agit d'un concours national de peinture, de sculpture et de photographie destiné à révéler les artistes les plus prometteurs du pays. *(☎ 340 926. dans la rue Sucre, près du croisement avec la rue Potosí. Ouvert Lu-Ve 10h-12h et 15h-19h. Entrée gratuite.)*

MUSEO DE HISTORIA NATURAL NOEL KEMPFF MERCADO. Les vrais naturalistes apprécieront cette présentation très exhaustive de la faune sud-américaine. Les temps forts du musée sont l'exposition du piranha et la magnifique collection de papillons. *(☎ 366 574. Le musée est situé sur le trottoir sud de l'Ave. Irala, entre la rue Ejército et l'Ave Velarde, en face de la pharmacie Santa Maria, ouverte 24h/24. Ouvert tlj 8h-12h et 15h-18h30. Entrée 1 Bs.)*

MUSEO DE HISTORIA. Ce musée n'est pas uniquement dédié à l'histoire et abrite des galeries de toutes sortes. Installé dans une maison coloniale, il consacre le premier étage aux artistes locaux. Chaque année (Nov-Janv), le musée organise l'exposition ARTEFACTO. Celle-ci regroupe 12 artistes nationaux importants qui doivent créer des œuvres mettant en relief l'art dans les objets de la vie courante. Le second étage comporte plusieurs expositions temporaires et une collection permanente d'objets provenant des civilisations chané (100-800 ap. J.-C.) et guaraní (100-1500 ap. J.-C.), qui occupèrent la région ouest de la Bolivie. *(☎ 365 533. Junín 151, en face de la Banco de Santa Cruz et de la poste, au nord près de la Plaza 24 de Septiembre. Ouvert Lu-Ve 8h-12h et 15h-18h30. Entrée gratuite.)*

CASA DE LA CULTURA RAÚL OTERO REICHE. Toutes les deux semaines, cette maison de la culture accueille les œuvres de deux artistes boliviens différents. En juin, elle organise le festival du film *Llama de Plata* (lama d'argent). Pendant 7 jours sont présentés les films qui ont eu le plus de succès l'année précédente. *(☎ 345 500. Du côté ouest de la place 24 de Septiembre. Ouvert Lu-Sa 8h-22h et Di. 10h-21h.)*

AUTRES VISITES. Si vous vous trouvez dans la partie nord-est du premier *anillo*, allez jeter un œil à l'**avión pirata**, un gros avion qui, selon la rumeur, aurait été abandonné par des trafiquants de drogue après un atterrissage en catastrophe.

SORTIES

Pour connaître les manifestations futures, renseignez-vous auprès de la Casa de la Cultura, sur la place 24 de Septiembre. Chaque année, l'APAC, **Asociasión Pro Arte y Cultura**, (☎ 332 287), organise à Santa Cruz l'un des deux festivals internationaux suivants : le *festival internacional de teatro* (festival international de théâtre) et le *festival internacional de música renacentista y barroca americana* (festival américain de musique baroque et renaissance). Pendant la durée des festivals, des salles de spectacles sont ouvertes dans toute la ville pour accueillir les nombreux artistes et musiciens venus du monde entier. Le *festival internacional de teatro* aura lieu en 2001. Contactez l'APAC pour en savoir plus, car les dates exactes ne sont pas encore connues.

THÉÂTRE. Le **Casateatro**, qui travaille de concert avec le **Museo de la Historia** (☎ 365 533), se trouve à côté de lui, dans la rue Junín, face au bureau de poste. La compagnie produit tous les ans trois spectacles (représentations Je., Sa. et Di. soir). Le **Paraninfo Universitario** (☎ 365 533, poste 3903), toujours en face du bureau de poste, fait office de théâtre et de cinéma. Consultez les affiches à l'entrée pour connaître les prochaines représentations (billet environ 10 Bs).

SPORTS. A Santa Cruz, le **fútbol** oppose deux des plus grandes équipes de la région, les **Blooming**, aux maillots bleu ciel, et les **Oriente Petrolero**, en vert et blanc. Les matchs importants se déroulent au **stade Tahuichi**, à quelques *cuadras* au sud de la gare routière. Vous pouvez vous procurer des billets (15-40 Bs) au stade 15 mn avant le coup d'envoi, à moins qu'il ne s'agisse vraiment d'une rencontre décisive. Consultez le journal **El Deber** (2,5 Bs) pour connaître les dates et les horaires (matchs Me., Sa. et Di.).

FÊTES. La fête la plus importante de la ville reste le **Carnaval**, célébré le week-end précédant le mercredi des Cendres. Il dure trois jours, pendant lesquels la population danse, boit et se livre à des batailles de ballons remplis d'eau. Le soir, faites un tour sur les trottoirs est des rues Ballivián et Salvatierra, avant qu'elles ne croisent le premier *anillo*, pour danser et boire avec les habitants.

VIE NOCTURNE

Les *cruceños* savent s'amuser. Il existe des discothèques, des bars et des cafés pour tous les goûts. Lorsque vous leur demandez où passer un bon moment, la réponse est presque unanime : dans le quartier d'**Equipetrol**, qui compte une série de bars et de discothèques le long de l'Ave. Libertador de San Martín, entre le deuxième et le troisième *anillo*. Si vous souhaitez vous divertir à un meilleur prix, dirigez-vous vers le centre-ville. Pour être au fait des dernières nouveautés, reportez-vous au journal **El Deber** (2,5 Bs) qui paraît le vendredi matin. A l'intérieur, vous y trouverez **La Guía**, magazine répertoriant les toutes dernières informations sur les discothèques, les bars, les concerts et les autres événements.

QUARTIER D'EQUIPETROL

Mettez-vous sur votre 31 si vous ne voulez pas être refoulé par les videurs. La plupart des discothèques appliquent un tarif minimum, entre 10 et 20 Bs, soit à l'entrée, soit sous forme de consommation.

La Roneria (☎329 320), sur l'Ave. San Martín. Il s'agit de l'un des bars de Santa Cruz qui marchent le mieux. Le whisky Old Parr (25 Bs) coule à flots dans ce décor de pirates. **Los Fanáticos** (le groupe musical de l'établissement) fait danser la clientèle sur des musiques récentes et variées tous les Je., Ve. et Sa. Ouvert Ma-Sa 16h-2h ou 3h.

Automanía (☎377 265), sur l'Ave. San Martín, entre le Club Mad et La Roneria. A l'instar de sa filiale de Cochabamba, cette discothèque est décorée de drapeaux à carreaux noir et blanc et propose des boissons aux noms des stars de la course automobile (Juan Pablo Hurtado, 20 Bs). Cependant, la musique est surtout *latino*. Ouvert Lu-Sa 18h-4h ou plus.

CENTRE-VILLE

Une soirée dans le centre-ville peut-être tout aussi réussie qu'une sortie à Equipetrol, et légèrement moins guindée. Les discothèques et les bars sont plus éparpillés. Si vous avez l'intention de passer d'un endroit à l'autre, prévoyez de prendre un taxi. Tard dans la nuit, la course risque d'être plus chère, mais ne payez jamais plus de 5 Bs à l'intérieur du premier *anillo* et 6 Bs pour vous rendre dans le deuxième.

Clapton's Club de Blues, Murillo 169, entre les rues Bolívar et Arenales. Une clientèle joyeuse et animée se rend dans ce club pour écouter d'excellents groupes de jazz et de blues, notamment les **Perros Rabiosos** (chiens enragés), l'énergique **Marcela Gala Quartet** ou encore le chanteur **Andrea Alberelli**. Bière (10 Bs), *cuba libre* (rhum, jus de citron et coca-cola, 20 Bs). Vous devez consommer pour un minimum de 20 Bs. Ouvert Je-Sa 22h-3h.

Insomnia, Florida 517, à l'angle de la rue Cordillera Sara. Ambiance jeune et accueillante due à la clientèle dont l'âge moyen tourne autour d'une vingtaine d'années. Parfois trop bondé. Idéal pour les voyageurs en solo. Lu-Sa ouverture 21h-22h, fermeture 3h-4h. Musique *live* Ve. et Sa. Entrée 10 Bs.

El Muro, Independencia 416 (☎312 498), à l'angle de la rue Mercado. Café agréable dans lequel vous pouvez tenir une conversation sans être obligé de parler fort. Réchauffez-vous en hiver avec un bon café (3 Bs), un *cuba libre* (rhum, coca-cola et jus de citron, 12-15 Bs) ou la spécialité de la maison, *el muro* (gin, cointreau et jus d'orange, 20 Bs). Ouvert Lu-Sa 20h30-3h.

Pekos, Suárez Arana 278 (☎375 830), entre le premier et le deuxième *anillo*. Musique *latino* de qualité dans le genre de Sylvio Rodriguez et Mercedes Soza. Les week-ends, musique *live* et droit d'entrée d'au moins 10 Bs en consommations. Ouvert Lu-Sa 21h-aube.

EXCURSIONS DEPUIS SANTA CRUZ

LES JARDINS BOTANIQUES

Les taxis partent de l'angle des rues Suárez Arana et Barron lorsqu'ils sont pleins (5-10 mn, 3,5 Bs). L'entrée du parc est indiquée par une grande pancarte. Ouvert jusqu'à 14h. Entrée gratuite.

Situés au km 8 sur la route de Cotoca, les jardins botaniques sont un bon moyen de fuir l'agitation du centre de Santa Cruz. Le parc ne compte ni cascades ni monuments impressionnants mais juste un agréable sentier pavé qui contourne un petit lagon, bordé de palmiers et de pépinières.

PARQUE REGIONAL LOMAS DE ARENA

Pour rejoindre le parc, prenez le micro-bus n° 31 indiquant "CORTEZ" sur l'Ave. Cañoto en direction du sud, à l'intersection avec l'Ave. Grigota (20-30 mn). Demandez à être déposé à "Las Palmas de Arena" A partir de l'entrée, vous devez marcher pendant 7 km sur une route en terre pour arriver jusqu'aux dunes. Si vous comptez vous y rendre en voiture, il vous faut impérativement un 4x4 et être un as du volant. Entrée 2,5 Bs.

L'immense Parque Regional Lomas de Arena se situe à 17 km au sud de Santa Cruz. Le parc comporte cinq dunes de sable gigantesques, toutes accessibles aux visiteurs, ainsi que des canards, des *garzas* (hérons) et quelques crocodiles. Les week-ends, notamment en été, les familles viennent s'amuser dans le sable ou se baigner dans les petits lagons environnants. Vous serez frappés par le contraste entre les dunes de sables et les marais alentours. L'été, un **restaurant** est ouvert près des dunes.

ENVIRONS DE SANTA CRUZ : PARQUE NACIONAL NOEL KEMPFF MERCADO

Pour visiter un camp, contactez le **FAN** *à son bureau de Santa Cruz, au kilomètre 7 de l'ancienne route de Cochabamba (☎329 717) ou adressez-vous à une agence de voyages privée qui organise des visites de la région, par exemple la* **Neblina Forest-Bolivia** *(☎336 831).*

Le Parque Nacional Noel Kempff Mercado, ainsi nommé en hommage à un biologiste bolivien assassiné en 1986, occupe une superficie de la taille du Salvador. Il n'est fréquenté que par quelques centaines de visiteurs par an. Vous ne trouverez pas d'endroits plus sauvages que ce parc qui regroupe une grande variété d'écosystèmes, dont des forêts asséchées, des marais, le *cerrado* brésilien (savane) et bien sûr la forêt tropicale amazonienne. Ces divers habitats recèlent une biodiversité surprenante : plus de 620 espèces d'oiseaux, 130 espèces de mammifères, 250 espèces de poissons, 162 espèces d'amphibies, 74 espèces de reptiles et 12 espèces d'orchidées ont été recensées.

Le parc est administré par le **FAN** (Fundación Amigos de la Naturaleza, ☎329 717) et est désormais équipé de deux camps proposant un hébergement rustique. La plupart des touristes viennent au camp de **Los Fierros** en avion depuis Santa Cruz (durée 2h, 400 km). Ils atterrissent dans la petite communauté indigène de Florida puis prennent un bus jusqu'au camp qui se trouve à 32 km. Los Fierros peut loger un maximum de 40 personnes (avec eau courante et électricité). De là, vous pouvez sillonner plus de **60 km de sentiers**, visiter la **cascade El Encanto** ou tenter de grimper la **meseta de Capurú** (plateau). Le deuxième camp, **Flor de Oro**, peut accueillir jusqu'à 35 personnes. Il se trouve à 2h30 de vol de Santa Cruz. A partir de ce camp, il est possible de parcourir 40 km de chemins balisés (certains nécessitent un guide, disponible au camp), de visiter **Las Torres** (deux formations rocheuses dont le sommet vous permet de dominer le Río Iténez) et quelques parcelles de la région de Rondonia au Brésil. Vous pouvez aussi prendre un bateau pour aller aux **cascades de Arco Iris et de Ahlfeld.**

PARQUE NACIONAL AMBORÓ

Etabli entre l'ancienne et la nouvelle route de Cochabamba, le parc national d'Amboró commence à devenir touristique. Il couvre 450 000 hectares de forêt vierge et abrite de nombreuses espèces animales sauvages, dont 120 espèces de mammifères, 830 espèces d'oiseaux et un nombre incalculable d'insectes. Parmi les espèces les plus rares, on compte le hocco à cornes ou le "coq d'Amérique" et des ours à lunettes.

Aujourd'hui appelé Parque Amboró, le parc fut d'abord placé sous la protection de l'Etat en 1974 sous le nom de **Reserva natural Teniente Colonal Hernán Busch**. En 1984, un *decreto supremo* lui attribue officiellement le statut de parc national et porte sa surface à 650 000 ha. Cette extension est loin de satisfaire les habitants des communes situées dans le parc qui obtiennent de la part du gouvernement la création d'une *Area Natural de Manejo Integrado* ou zone à usage multiple. Cette zone de 185 000 hectares dans l'enceinte du parc est destinée à favoriser une "croissance écologique" raisonnable. Le parc dispose de deux accès, depuis Buena Vista au nord ou Samaipata au sud. Les entrées par Buena Vista sont les plus fréquentées, mais Samaipata commence à combler son retard touristique.

BUENA VISTA. Buena Vista est le point de départ idéal pour des excursions dans la partie nord du parc national Amboró. Vous pouvez vous approvisionner en nourriture et engager un guide local (20 $/j). Pour contacter un guide, demandez autour de vous ou adressez-vous directement au bureau du parc, à une rue de la place centrale. L'ornithologue britannique Guy Cox (e-mail guy_cox@hotmail.com) vit dans la région depuis longtemps et organise régulièrement des périples dans le parc. Il est le seul guide de la ville à parler anglais. Cette méthode est certainement la moins chère pour accéder au parc. Si vous êtes prêt à dépenser plus, vous pouvez également faire appel à une agence de voyages. La **Rosario Tours** (☎369 656, installée à Santa Cruz), organise des visites de 2 jours tout compris (159 $ par personne avec 3 participants, 135 $ par personne avec 4 à 7 participants). L'agence **Forest Tour Operator**, plus petite, propose des visites au départ de l'entrée moins fréquentée de Mataracu. Appelez le ☎372 042 pour connaître les prix. Vous trouverez d'autres possibilités assez bon marché autour de la place. Les chambres de la **Residencial Nadia** sont spartiates mais équipées d'un ventilateur (chambre 25 Bs par personne, avec salle de bains 30-40 Bs). La señora Delsi Antelo s'occupe de **La Casona**, près de l'*Alcaldía* (mairie). Elle demande entre 20 et 25 Bs par personne pour une chambre avec salle de bains commune. La **Cabañas Quimori**, à 500 m sur la route de Santa Barbara, dispose de petits bungalows un peu plus coûteux (10 $ par personne). L'établissement organise également des excursions complètes dans le parc.

ACCÈS AU PARC. Il existe quatre entrées autour de Buena Vista. Trois d'entre elles sont situées à l'écart de la route qui part de la ville en direction du sud, et la dernière se trouve près de Yapacani, au nord. L'accès près du **Río Chouta** ou du **Río Saguayo** est situé à 20 km au sud de Buena Vista. Vous trouverez un terrain adapté au camping à 7-8 km de l'entrée. Vous pouvez également accéder au parc depuis la commune de **Los Espejitos**, au sud de Buena Vista. Une longue randonnée vous attend pour parvenir à un belvédère panoramique : faites appel à un guide qui connaît bien cette zone pour trouver un emplacement où planter la tente, étant donné qu'il n'existe aucun terrain de camping. **Macuñucu** est l'entrée la plus empruntée. Elle est située à plusieurs kilomètres au-dessus de **Las Cruces**, juste après **Los Espejitos**, sur la route sud qui part de Buena Vista. Une fois arrivé au Río Surutú, distant de 6-8 km de Las Cruces, vous trouverez derrière le pont un camp de gardes forestiers, puis la petite communauté de Villa Amboró. On vous demandera peut-être un droit d'entrée à ce camp. De là, vous pouvez vous engager pour une excursion d'une ou deux journées en pleine jungle le long du Río Macuñucu. L'entrée de **Yapacani**, au nord-ouest de Buena Vista, est pratique si vous utilisez les transports en commun. En effet, la plupart des taxis qui s'arrêtent à Buena Vista continuent jusqu'à Yapacani (durée 1h, départ de l'ancienne gare routière, 18-20 Bs). Yapacani permet de vous aventurer près de piscines naturelles, de cascades, etc.

SAMAIPATA ☎09

Samaipata, qui signifie "repos dans les terres montagneuses", est un véritable trésor caché. A 120 km à l'ouest de Santa Cruz, au cœur de montagnes de terre rouge et de collines arrondies, cette charmante petite bourgade offre aux visiteurs une gamme variée d'activités, que ce soit en ville ou dans les environs. Si vous pensiez ne plus jamais retrouver les paysages de montagnes de Cochabamba ni la gentillesse et l'accueil des missions jésuites, vous vous trompiez : Samaipata incarne toutes ces caractéristiques. De plus, elle est habitée par une importante communauté d'européens. En 1988, l'UNESCO a déclaré Samaipata patrimoine culturel de l'humanité. La ville est un bon point de départ pour visiter le site d'El Fuerte, ruines extraordinaires des époques inca et préinca, ou pour se balader dans le paysage sauvage qui l'entoure.

TRANSPORTS ET INFORMATIONS PRATIQUES

Les activités sont principalement concentrées autour de la rue Bolívar, juste au-dessus de la place.

Micro-bus : Aucune compagnie de bus n'est implantée à Samaipata. N'hésitez pas à demander aux habitants l'heure de passage du prochain micro-bus. Les bus et micro-bus s'arrêtent sur l'autoroute, près du *surtidor* (pompe à essence en face de la station-service si vous allez à Vallegrande, du même côté que la station-service si vous vous dirigez vers Santa Cruz). Un micro-bus à destination de Vallegrande (durée 3-4h, 25 Bs) passe vers midi. Les bus pour Santa Cruz (durée 3-4h, 25-30 Bs) circulent pendant une grande partie de la journée.

Taxi : Les taxis s'arrêtent au *surtidor*. A destination de : **El Fuerte** (50 Bs a/r) et **Santa Cruz** (100 Bs).

Office de tourisme : L'**Amboró Tourist Service** (☎446 293), dans la rue Bolívar, est dirigé par l'ancien directeur du Parque Nacional Amboró. Il organise des excursions à **El Fuerte** (19 $ pour 1-2 personnes, transport et guide inclus), **Amboró** (visite d'une journée 25 $ par personne avec deux participants) et également vers d'autres destinations. Le responsable peut vous louer des bicyclettes ou des chevaux. **The Roadrunners** propose des périples d'une journée à El Fuerte et Amboró, ainsi que du canyoning au Cataratas de Cuevas et au site des peintures rupestres de Mataral à 60 km à l'ouest.

Banque et change : La **Cooperativa la Merced Ltda**. se trouve dans la rue Campero, juste à côté de la place principale. Ouvert Lu-Ve 8h-12h et 14h30-18h, Sa. 8h-12h.

Police : (☎110), à côté de la place principale.

Hôpital : (☎446 142), près du *surtidor* sur l'autoroute.

Pharmacie : **Farmacia Claudia** (☎446 198), sur la place principale. Ouvert tlj 8h-12h et 14h-22h. Vous pouvez la joindre à tout moment en cas d'urgence.

Téléphone public : **ENTEL** (☎113 101), à deux rues de l'**Amboró Tourist Service**, en haut de la côte, ouvert Lu-Sa 8h-12h et 15h-21h, Di. 8h-12h et 15h-19h.

Internet : **Amboró Tourist Service**, dans la rue Bolívar. 15 Bs/h. Ouvert la nuit.

HÉBERGEMENT

Samaipata est spécialisée dans l'hébergement en *cabañas* (petits bungalows équipés pour dormir, manger et cuisiner). La plupart d'entre eux se trouvent sur le périmètre extérieur de la ville, un peu au-dessus du *pueblo* (village).

RESIDENCIALES ET HÔTELS

Residencial Don Jorge (☎446 086), dans la rue Bolívar, une *cuadra* après le musée quand vous venez de l'église. Très fréquentée par les voyageurs sac au dos. Eau chaude disponible. Chambre 25 Bs par personne, avec salle de bains 30 Bs par personne.

Residencial Kim (☎446 161), à une *cuadra* de la place, entre les rues Campero et Bolívar. Les chambres sont simples, les salles de bains sont assez propres et les responsables prétendent qu'il y a de l'eau chaude. Chambre 20 Bs par personne.

Hotel Casa Blanca (☎446 076), dans la rue Bolívar, face à l'église. C'est ce que la ville offre de mieux en matière d'établissement autre que des *cabañas*. Télévisions, salles de bains privées, garage, parking et petit déjeuner continental. Chambres au rez-de-chaussée 7 $ par personne, chambre au premier étage avec balcon 10 $ par personne.

CABAÑAS

Cabañas Traudi (☎446 094), à environ 1 km au sud de la place principale, en face de **La Vispera**. Les bungalows sont équipés de petites cloisons de séparation, de mezzanines et d'un barbecue à l'extérieur. Les propriétaires fournissent des moustiquaires et des draps propres. Des distributeurs d'eau potable et une piscine sont à votre disposition (10 Bs si vous n'êtes pas client). Chambre simple 5 $, bungalow 15 $ par personne.

La Vispera (☎446 082), en haut d'une colline panoramique au sud de la ville. Cette ferme biologique dispose d'un grand choix de chambres et organise des excursions à El Fuerte, à Amboró ou à d'autres sites. Réservations recommandées pendant la période du Carnaval et de la nouvelle année. Chambre 7 $, bungalow 25-70 $.

Cabañas Fridolín (☎323 768 à Santa Cruz). C'est l'un des meilleurs bungalows de la ville. Presque toutes leurs chambres sont mansardées. Ils peuvent accueillir 6 à 7 personnes et sont équipés d'une *churrasquería*. Bungalow 60 $.

Landhaus Cabañas (☎446 033). Le Landhaus fait restaurant et organise des soirées le samedi. Possibilité d'utiliser le sauna (20 $ par utilisation) et la piscine. Chambre 5 $, avec salle de bains 10 $. Bungalow à partir de 25 $ pour 2 personnes, jusqu'à 60 $ pour 7 personnes.

RESTAURANTS

En raison de l'importante communauté internationale qui vit à Samaipata, le choix culinaire est assez varié. Les meilleurs restaurants pour goûter les spécialités, ou *comida típica*, se trouvent sur la place principale.

La Paola (☎446 093), sur la place, propose des *almuerzos* bon marché de deux plats (5 Bs). Ouvert toute la journée. Frappez à la porte si c'est fermé. Ouvert tlj 8h-24h.

Restaurant Rincón Salmapateño, toujours sur la place. Apprécié des habitants de la ville, notamment pour ses grands *platos extras*, comme le *milanesa* (7 Bs).

Restaurant Pizzería Descanso en las Alturas (☎446 072), sur la place. Plus connu sous son ancien nom, le *chancho rengo*. Grand choix de délicieuses pizzas, par exemple l'*Argentina* (35 Bs) ou la *Florentina* (olives, poivrons, oignons et champignons, 50 Bs).

Landhaus Restaurant (☎446 033), à côté des *cabañas* du même nom. Ce restaurant essaie d'impressionner sa clientèle. Plats régionaux et internationaux 20-24 Bs. Ouvert Je-Di et jours fériés.

VISITES

❤ **EL FUERTE.** Ce site, qui fut successivement un complexe militaire, civil et religieux, a été habité par trois civilisations différentes. Situé au sommet d'un immense rocher, il est l'une des attractions principales de Bolivie. Selon les guides, il arrive en deuxième position après les ruines d'Incallajta près de Cochabamba, plus importantes et plus grandes. El Fuerte aurait été fondé en 1500 av. J.-C., lorsque les tribus d'Amazonie agrémentèrent ce pic de 300 m de bas-reliefs, de fontaines et de la mystérieuse "chaise du prêtre". Au cours du XVe siècle, les Incas construisirent un poste militaire au sommet. Plus tard, les Espagnols bâtirent une maison au-dessus.

La visite commence au **mirador**, petite colline dominant le côté ouest du site. Il offre un panorama sur les bas-reliefs, tous sculptés par les tribus amazoniennes. Le mur comprenant trois niches sur le dessus fut érigé par les Incas. A droite, on aperçoit des renfoncements qui pourraient avoir servi de maisons aux prêtres et aux évêques incas. En longeant le mur en direction du sud, vous arrivez au *kallanka*, un long édifice religieux, ce qui est rare sur les sites incas. Sa présence ici révèle l'importance symbolique d'El Fuerte aux yeux de cette civilisation. Un peu plus loin se dressent les fondations d'un bâtiment plus récent : une maison coloniale espagnole. Passée celle-ci, en redescendant la colline, vous vous trouvez devant l'un des mystères d'El Fuerte, **La Chinkana**, profonde cavité creusée directement dans la roche. La Chinkana signifie "labyrinthe où l'on se perd" en quechua. Cette fosse semble être sans fond. En effet, pendant la saison des pluies, un volume d'eau considérable s'infiltre à l'intérieur, mais elle ne se remplit jamais. *(Les ruines sont situées à 8 km du surtidor. La randonnée n'est pas toujours facile ni très agréable (1h30-2h). Vous pouvez prendre un taxi (50 Bs a/r, 10 Bs supplémentaire si le chauffeur vous attend). Si vous souhaitez faire appel à un guide, adressez-vous à La Vispera, The Roadrunners, l'Amboró Tourist Service ou à l'entrée du site. Il vous prend en général 10 $. Site ouvert tlj 9h-17h. Entrée 20 Bs, y compris l'accès au musée archéologique.)*

MUSEO ARQUEOLÓGICO. Le musée archéologique, situé dans la rue Bolívar près du Café Hamburg, replace le site d'El Fuerte dans son contexte historique. Il retrace l'histoire de l'expansion de l'Empire inca et montre une représentation grandeur nature des peintures rupestres de la grotte de Mataral. **Sonia Abilez**, archéologue de Samaipata parlant anglais, est une spécialiste de ces vestiges. *(☎446 065. Musée ouvert tlj 8h30-18h.)*

ACCÈS AU PARC NATIONAL D'AMBORÓ. Il est recommandé d'être accompagné d'un guide pour accéder au parc du côté de Samaipata. En effet, l'entrée est moins bien indiquée que celle de Buena Vista. L'Amboró Tourist Service propose plusieurs excursions allant d'une journée à 8 ou 9 jours. Comptez environ 25 $ par personne avec deux participants pour une randonnée classique d'une journée, 17 $ par personne avec trois participants et 15 $ par personne avec quatre participants.

VALLEGRANDE

Cette charmante petite ville située au cœur des collines, à 240 km de Santa Cruz, a longtemps attiré les inconditionnels de Che Guevara. Après son exécution, son corps a été transporté à Vallegrande et placé dans la blanchisserie de l'hôpital. Les habitants ont bien accueilli les fans du Che, mais ils auraient préféré que leur ville soit plutôt connue pour son splendide panorama et son atmosphère conviviale. Le climat est chaud pendant la journée mais les températures redescendent rapidement la nuit. Apportez des vêtements chauds l'hiver.

TRANSPORTS ET INFORMATIONS PRATIQUES. Les voyageurs n'éprouveront pas la nécessité de s'éloigner beaucoup de la **Plaza 26 de Enero**, située au centre de la ville, pour trouver tout ce qu'ils souhaitent. La compagnie **Jumbo Bus Bolívar** (☎21 40), dans la rue Cacho, à moins d'une *cuadra* de l'intersection avec la rue Santa Cruz, propose des bus à destination de **Santa Cruz** (durée 7h, dép. à 22h, 30 Bs). La **Trans Expreso Vallegrande** (☎22 89), sur la place centrale, à moins d'une *cuadra* de la mairie, fait également circuler des bus de nuit à destination de **Santa Cruz** (durée 7h, dép. à 21h30, 30 Bs). **Expreso Guadalupe**, Santa Cruz N-119, entre les rues Sucre et Florida, dessert **Cochabamba** (durée 12h, dép. Lu. à 18h, Ve. à 7h30, 30 Bs). Les bus à destination de **Vallegrande** partent de la gare routière de Santa Cruz (Jumbo Bus Bolívar, durée 6h, dép. 11h-11h30, 35 Bs). Vous pouvez prendre un **micro-bus** en direction de La Higuera tous les deux jours près de l'hôpital (durée 3h-6h, dép. à 8h, 10 Bs). Les **taxis** tournent autour de la place du marché, au croisement des rues

Santa Cruz et Sucre (10 Bs a/r pour une course à l'ancienne tombe du Che sous la piste d'atterrissage, 130-150 Bs a/r jusqu'à La Higuera). Le professeur Carlos Soza, à la Casa de la Cultura sur la place 26 de Enero, se fera un plaisir de vous fournir des **informations touristiques**. Le propriétaire de la **Cafetería La Cueva** (voir plus loin **Restaurants**) peut vous organiser des excursions guidées de sites locaux tels que les *pinturas rupestres* (peintures rupestres) qui entourent la région. La **Banco Santa Cruz**, dans la rue Señor de Malta (ouvert Lu-Ve 8h30-11h30 et 14h30-17h), change votre argent. La **policía nacional** (☎110) se trouve sur la place 26 de Enero, à l'angle des rues Sucre et Mendoza. En cas de problème médical, adressez-vous à l'**hospital** (☎21 21), dans la rue Señor de Malta, entre les rues Pucara et Virrey Mendoza.

HÉBERGEMENT ET RESTAURANTS. La **Residencial Vallegrande**, dans la rue Sucre, un peu au-dessus de la place centrale, possède de très beaux meubles qui seraient plus à leur place dans une belle demeure que dans un hôtel bon marché. (☎21 12. Chambre 15 Bs par personne, avec salle de bains 20 Bs.) L'**Hostal Teresitas**, à moins d'une *cuadra* de la place, propose des chambres bien propres et carrelées. (15-20 Bs par personne, parking compris.) En face se trouve l'**Alojamiento Copacabana**, qui dispose de chambres spacieuses avec salle de bains commune. (☎20 14. Chambre simple 20 Bs, double 30 Bs.) Enfin, l'**Hostal Vallegrande**, dans la rue Santa Cruz, entre les rues Chaco et Florida, offre un large choix de chambres. (☎22 81. Chambre simple 25 Bs par personne, chambre simple avec salle de bains et télévision 40 Bs, double avec salle de bains et télévision 70 Bs.) Le restaurant **ITEI Gaucho**, à l'angle de l'Alojamiento Teresitas, sert des *churrascos* (steacks) pour une ou deux personnes à 30 Bs. Le **Café la Cueva**, à une *cuadra* au sud de la place du marché, propose des pizzas bon marché (8-13 Bs). Le restaurant **El Mirador** (☎23 41), en haut des rues Escalante y Mendoza, vous fait non seulement profiter de sa vue magnifique sur Vallegrande mais aussi de ses plats de truite, de bœuf, de porc, de poulet et de goulache (16-22 Bs). Le sympathique propriétaire, d'origine allemande, a des photos du corps de Che Guevara lorsqu'il a été conduit ici.

VISITES ET SORTIES. La **blanchisserie de l'hôpital**, où le Che a été transporté après sa mort et qui est devenue une remise abandonnée derrière l'hôpital, se trouve dans la rue Señor de Malta. C'est là que son corps a été lavé et exposé pour convaincre les incrédules qu'il était bien décédé. Sa dépouille a ensuite été enterrée sous la piste d'atterrissage de l'aérodrome de la ville. En 1997, elle a été exhumée et rapatriée à Cuba.

Chaque année, une semaine avant le carnaval (qui se déroule lui-même le week-end précédent le mercredi des Cendres), Vallegrande organise une **fiesta** en l'honneur de son saint patron. Jeux et feux d'artifice sont au rendez-vous, ainsi que des traditions plus discutables, par exemple *el pato enterrado*, qui consiste à enterrer un canard vivant jusqu'à la tête puis à le faire exécuter par un participant aux yeux bandés.

LA HIGUERA

C'est ici, à 55 km au sud de Vallegrande, que Che Guevara a commencé à vivre très dangereusement. La route en direction de La Higuera passe par **Pucara**, petit village qui a peu d'intérêt. Il n'existe pas de lieux d'hébergement à La Higuera et camper en ville est déconseillé, les nuits pouvant être très froides. Si vous devez néanmoins y passer la nuit, demandez à la **Pensión Vivy** (*almuerzos* 4-5 Bs) sur la place centrale, s'il n'y a pas des chambres à louer. (Plusieurs villageois possèdent des chambres supplémentaires qu'ils proposent pour 15 Bs la nuit.) La route de Pucara à La Higuera descend en permanence. A l'origine *pueblo* respectable d'une soixantaine de familles, c'est aujourd'hui un village fantôme peuplé de moins d'une douzaine de familles qui vivotent grâce à une agriculture de subsistance et à la visite de quelques touristes. Choisissez de vous y rendre un jeudi ou un dimanche, lorsque le responsable du **musée** local est en ville. Les villageois, âgés de 50 à 60 ans, pourront aussi vous raconter des détails précis de ces événements. Beaucoup d'entre eux seront ravis de vous dire ce qu'ils savent en échange d'un petit pourboire. Vous pouvez également louer un guide local (durée 2h, 20-30 Bs) qui vous emmènera à la *quebrada* (ravin) où le Che a été blessé.

LES MISSIONS JÉSUITES ☎ 09

Il existe peu d'endroits sur terre semblables aux missions jésuites de Chiquitanía. Où, ailleurs qu'ici, pouvez-vous entendre quelques notes de Beethoven ou de Bach tout en arpentant les routes poussiéreuses d'un *pueblo* d'Amérique du Sud ? Les sept missions jésuites de la province de Chiquitos sont sans doute l'un des exemples les plus remarquables d'architecture coloniale et méritent vraiment que l'on s'y arrête. Ceux qui ne sont pas sensibles à l'architecture religieuse apprécieront tout de même le cadre reposant des villages de montagnes où sont situées ces missions.

Les prêtres jésuites s'installèrent pour la première fois en Chiquitanía une dizaine d'années seulement après la fondation de la première mission jésuite (*reducción*) en Bolivie. Ce sont les *Padres* José de Arce et Antonio Ribas qui fondèrent la mission **San Javier** en 1692. C'est alors le début de l'âge d'or des jésuites en Amérique du Sud, qui se prolongea pendant 80 ans. Six autres missions furent construites à Chiquitanía : **San Rafael** (1696), **Concepción** (1708), **San Miguel** (1718), **San José** (1740), **San Ignacio** (1748) et **Santa Ana** (1755). Ces six églises furent érigées sous l'œil attentif d'un prêtre suisse, Martin Schmidt. Une *reducción* jésuite ne se résume pas simplement à un centre de prosélytisme. C'est une sorte de petite "république" indépendante qui vit en autarcie. En effet, elle comprend une église, une caserne, une salle de concert et une école publique. Le commerce entre les missions est prospère. Et contrairement aux Espagnols qui réduisirent les indigènes en esclavage, les jésuites attribuèrent des territoires aux citoyens de la *reducción* et autorisèrent leurs chefs à participer aux décisions de la congrégation. A l'apogée de l'influence jésuite vers 1750, les missions comptaient plus de 15 000 membres.

Le succès de l'ordre jésuite irrita ses ennemis, notamment les Espagnols. Il devint donc le bouc émissaire chaque fois qu'un problème surgissait au sein des communautés indigènes. Les Espagnols les accusèrent entre autres de susciter une révolte indigène au Paraguay et en 1773, sous la pression du royaume d'Espagne et des ordres religieux rivaux, le pape Clément XIV expulsa les jésuites de la région. Un véritable effort de restauration a été entrepris ces 20 dernières années pour inverser les effets de 200 ans de délabrement. Par conséquent, les six missions qui sont encore sur pied sont devenues les principales attractions touristiques de Bolivie.

SAN JAVIER. Fondée le 31 décembre 1691, San Javier est la première des six missions de Chiquitos. L'église, terminée en 1752 sous la direction du père Martin Schmidt, est plutôt simple comparée aux autres églises du circuit. Appelée aujourd'hui le **Vicariato Apostólico de Ñuflo de Chávez**, cette église est restée en bon état et des travaux de restauration ont permis de préserver sa beauté d'origine. Pour la visiter, adressez-vous à l'entrée qui se trouve sur le côté (petite contribution recommandée).

Tous les bus qui relient les autres missions passent par San Javier. La compagnie Expreso Jenecheru, sur l'autoroute près de l'Alojamiento San Javier, propose des bus à destination de **Santa Cruz** (durée 4h, dép. à 1h30, 25 Bs) et de **Concepción** (durée 2h, dép. à 24h, 10 Bs), qui continuent vers les autres missions. La Misiones del Oriente (☎ 635 082) dessert également **Concepción** (durée 2h, dép. à 11h et 24h, 15 Bs), les autres missions et **Santa Cruz** (durée 4h, dép. à 2h, 25 Bs). Le petit village de San Javier se compose d'une **place**, dominée par l'imposante **église**, et de la route qui relie les autres missions. La route qui part en sens inverse rejoint Santa Cruz. Les bus déposent les passagers quelques *cuadras* avant la place. **Police** : ☎ 635 167. **Hôpital** : ☎ 635 072.

L'hébergement s'effectue pour l'essentiel dans d'anciennes maisons coloniales dotées de grandes cours. L'**Alojamiento Ame-tauna**, sur la place principale face à l'église, offre des chambres spacieuses avec une salle de bains propre et l'eau chaude. (☎635 018, chambre 30 Bs par personne.) A quelques pas de l'arrêt de bus se trouve l'**Alojamiento San Javier** qui convient aux groupes importants. (Chambre 30 Bs par personne.) La **Posada Pinto** et l'**Alojamiento Hermano Añe** sont tous deux situés à une ou deux *cuadras* de l'église et appliquent les mêmes prix. (25 Bs par personne pour une chambre simple avec salle de bains commune.) Le long de la route principale, vous trouverez des vendeurs de rue et des cafés qui servent les très populaires **salchipapas** (hot-dog et frites) pour quelques *bolivianos*. Le **Restaurant Sede Ganadera** est considéré par les habitants comme le meilleur de la ville. Pièces de bœuf à partir de 8 Bs. Il reste ouvert tard et se trouve sur la place.

CONCEPCIÓN. "Conce", ainsi appelée par ses habitants, se trouve à environ 300 km au nord-est de Santa Cruz, au milieu de plaines tropicales. La **Catedral del Vicariato Apostólico de Ñuflo de Chavez**, construite par le père Schmidt entre 1753 et 1756, est sans doute l'une des églises les plus travaillées des missions. Des scènes représentant des passages de la Bible ont été sculptées sur les côtés des bancs de l'église et un magnifique *altar mayor* (autel) tranche avec l'obscurité générale de l'édifice. Restaurée en 1982, elle conserve très peu de sa structure d'origine. Sur les 121 colonnes qu'elle compte aujourd'hui, seules 15 sont d'époque.

La compagnie Linea Transporte 31 del Este (☎643 036), propose des bus vers **Santa Cruz** (durée 5h, 3 dép/j, 30 Bs). La Missiones del Oriente (☎643 034), sur la place centrale, dessert également **Santa Cruz** (durée 6h, dép. à 23h30 tlj et à 11h30 tous les 2 jours, 40 Bs) et **San Ignacio** (durée 3h, dép. à 2h tlj et à 14h tous les 2 jours, 25 Bs). Ce bus continue vers les autres missions. Comme les autres villes missionnaires, Concepción est centrée autour de la **place principale**. Le **Centro Médico y Farmacia Concepción** (☎643 094) est mieux situé que l'**Hospital Cesar Banzer**, plus au nord. La **police** se trouve près de la place, entre l'église et l'**Apart Hotel Las Misiones**. Vous trouverez **l'office de tourisme** sur la place également, à l'angle qui se trouve à la droite de l'église. L'**Hotel Colonial** dispose de chambres neuves et propres avec salle de bains et hamacs. (☎643 050, chambre 35 Bs.) Toutes les chambres de l'**Hostal La Pascana**, à une *cuadra* de la place, ont un accès privé sur la rue. Salles de bains communes avec eau tiède. (Chambre 25 Bs par personne.) La **Posada El Viajero** est l'établissement le moins cher de la ville. (15 Bs par personne.)

SAN IGNACIO DE VELASCO. Capitale de la province de Velasco, San Ignacio est une petite ville étonnante. Chaque matin, les commerçants se battent contre le sable rouge, qu'ils ne prétendent pas chasser pour autant. Le soir, ces petits tas de sable se dispersent pour aller s'accumuler au pied des étranges arbres bulbeux de la place. Pour les habitants, c'est une question d'habitude. Mais il est facile de repérer les touristes qui se frottent les yeux ou qui nettoient leurs vêtements. L'**église** d'origine fut démolie en 1948. Seuls les autels et la chaire ont été sauvés. Cependant, une visite de l'église actuelle vous permettra de mieux comprendre la construction de la structure du bâtiment. Demandez au prêtre ou adressez-vous à la **Casa de la Cultura** pour en savoir plus sur l'église de San Ignacio. Outre celle-ci, les habitants sont fiers de la **Laguna el Guapomó**. Le 31 juillet, une **fiesta** est organisée en l'honneur du saint patron, San Ignacio de Loyola. Le bureau du FAN (Fundación Amigos de la Naturaleza), qui s'occupe du **parc national Noel Kempff Mercado**, se trouve sur la place principale, face à l'église. Le FAN insiste pour que les visiteurs désireux d'explorer le parc se renseignent d'abord auprès de leur bureau, car certains tronçons peuvent être fermés inopinément. Le FAN peut également vous trouver un moyen de transport (par voiture ou par avion) ou un guide pour vous rendre au parc. (☎632 194, e-mail sanignacio@fan-bo.org. Ouvert Lu-Ve 8h-12h et 14h-18h.)

L'**aéroport** de San Ignacio est situé au sud de la ville et n'affrète qu'un vol régulier par semaine : l'avion de la TAM atterrit le lundi à 11h et repart presque immédiatement pour **Santa Cruz**. Appelez la Señora Erika à l'hôtel Palace (☎642 063) pour réserver votre vol (300 Bs). La ville est une véritable plaque tournante de **bus**. La plupart des compagnies desservent **Santa Cruz** (durée 10h, 35 Bs), **Santa Ana** (durée

40 mn, 7 Bs), **San Rafael** (durée 1h10, 10 Bs), **San Miguel** (durée 20-30 mn, 5 Bs), **San José** (durée 5h, 45 Bs), **San Matías** (durée 8-9h, 50 Bs) et **Corumbá** (dép. à 10h, 130 Bs). Le centre-ville est regroupé autour de la **place** principale (quelle surprise !). L'**Hospital Districtal** (☎ 632 170), à une *cuadra* de la place, assure un service d'urgences 24h/24. La **police** (☎ 110) se trouve près du marché. **ENTEL** (☎ 632 117), est à trois *cuadras* de la place. La **Banco Santa Cruz**, sur la place, change les dollars (ouvert Lu-Ve 8h30-11h30 et 14h30-17h30). Le **bureau de poste** est en face du restaurant Barquitos.

La **Casa Suiza**, dans la rue Sucre, à cinq *cuadras* du centre-ville vers l'ouest, mérite bien qu'on s'éloigne un peu de la place. Le prix des chambres comprend les repas et les en-cas. Un grand choix de livres est disponible et vous avez la possibilité de louer des chevaux à un ami du propriétaire. (Chambre 10 $ par personne.) La **Residencial Bethania** est un nouvel établissement très propre aux matelas confortables. (☎ 632 307, chambre 25 Bs par personne.) L'**Hotel 31 de Julio**, un peu décrépi, sur la place (chambre 20 Bs) et l'**Alojamiento 25 de Julio**, hôtel familial (chambre 25 Bs), offrent tous les deux un bon rapport qualité-prix et accordent des réductions aux groupes de 3 ou 4 (15 Bs). Enfin, le **Princezhina Modas**, sur la place, demande 12 Bs pour un *almuerzo* d'un seul plat, 2 Bs pour divers *empanadas* (friands) et sert une bonne cuisine brésilienne.

SAN MIGUEL. La *reducción* de San Miguel fut fondée en 1718 et l'église fut terminée quelques années plus tard. Le nom des pères fondateurs de la mission est inscrit sur les confessionnaux. Rien d'étonnant à voir figurer celui du père Schmidt. Notez l'admirable fresque au plafond, à l'avant de l'église. Les compagnies de bus Flota Chiquitano, Expreso Trans Bolivia et 31 del Este ont toutes un bureau à San Miguel et desservent **Santa Cruz** (durée 9h, dép. à 16h30, 17h et 17h30, 35-40 Bs), incluant des arrêts à **San Ignacio**, **Concepción** et **San Javier**. Trans Bolivia dessert également **San Rafael** (durée 30 mn, 2 dép/j, 5 Bs). Des micro-bus locaux partent de la place centrale à destination de **San Ignacio** (durée 30 mn, 3 dép/j, 5 Bs). Pour vous loger, comptez 25 Bs par personne pour une chambre spartiate à **La Pascana**, face à l'église ou 10 Bs par personne à l'**Alojamiento Pardo**, juste à côté.

SANTA ANA. Fondée en 1755, Santa Ana est la moins développée des missions de Chiquitos. L'église est la seule du circuit à posséder trois portes d'entrée. C'est aussi la seule à n'avoir jamais été restaurée. Les motifs ressemblent à ceux de l'église de San Ignacio de Moxos, plus au nord. En effet, au cours du XVIIIe siècle, des artisans qualifiés étaient souvent "appelés" d'une ville à l'autre. Ceci expliquerait pourquoi l'église de Santa Ana compte trois portes principales, chacune d'un style différent des autres. La ville abrite également un spécimen de buffet d'orgue du XVIIIe siècle. N'hésitez pas à demander à le voir. Des bus partent de la place, face à l'église, en direction de **San Ignacio** (durée 30-40 mn, dép. tôt le matin et vers 15h, 7 Bs) et de **San Rafael** (durée 30 mn, dép. à 11h30 et 18h ou 19h, 5 Bs). La **Pensión Pacú**, sur la place près de l'église, est tenue par une famille très sympathique qui dispose d'une chambre à louer (15 Bs la nuit).

SAN RAFAEL. Bâtie en 1696, San Rafael est la deuxième mission qui vit le jour après San Javier. Son église est la première à être créée sous la direction du père Schmidt au milieu des années 1700. Dans les années 1960, elle atteint un état de délabrement avancé, notamment en raison de pilleurs qui ont parfois creusé jusqu'à deux mètres de profondeur dans son sol. Les travaux de rénovation débutèrent en 1972 : l'*altar mayor* fut recouvert de *pan de oro* (feuilles d'or) et de mica, et la chaire fut elle aussi décorée de mica tout comme la fenêtre à droite de l'entrée. Certains pensent que tous les murs d'origine étaient ornés de la sorte. Chaque jour un bus part de la place à destination de **Santa Ana** (durée 30 mn, dép. tôt le matin et à 13h ou 14h30, 5 Bs) et de **San Ignacio** (durée 1h, dép. tôt le matin et à 13h ou 14h30, 10 Bs). La compagnie Trans Universal fait escale à San Rafael sur sa route vers **San José** (durée 5-6h, dép. Lu., Me., Ve. et Sa. à 16h, 30 Bs). Les camions, qui effectuent leur chargement sur la place, peuvent prendre des voyageurs. Ils se dirigent vers **San Miguel, Santa Ana** et **San Ignacio**. Demandez aux habitants en face du Bar 7 Copas pour en savoir plus. L'**Hotel Paradita**, sur la place, est simple mais confortable. (Chambre 20 Bs, avec salle de bains 25 Bs.)

SAN JOSÉ DE CHIQUITOS. Capitale de la province de Chiquitos, San José est la plus grande et la plus animée des villes missionnaires, mais n'a perdu pour autant ni son sens de l'hospitalité ni l'amabilité que l'on retrouve chez ses voisines plus modestes. Ici, la place centrale est claire et accueillante. Regarder passer les gens est une activité aussi répandue que le karaoké les vendredi ou samedi soir. L'église, dont la façade occupe à elle seule un côté entier de la place, rappelle davantage un fort qu'un édifice jésuite traditionnel. A la différence des autres églises du circuit, elle est intégralement construite en pierre et c'est même l'une des seules qui subsistent en Bolivie, au Brésil et au Paraguay. Le site comprend la **Capilla de la Muerte** (la chapelle de la mort), bâtie face à l'ancien cimetière aujourd'hui recouvert de buissons, la cathédrale et sa façade en pierre, ainsi que le *colegio jesuístico*. Tous ces édifices ont été construits au milieu du XVIIIe siècle par la main d'œuvre indienne chiquitano. Le grand bâtiment au sud, qui s'apparente à une caserne, est en réalité l'ancien **couvent** (*colegio jesuístico*). Des projets de rénovation supplémentaire sont en cours, mais aucun n'a encore vu le jour. A côté du *colegio*, dos à la cour, se trouve un ensemble d'escaliers menant au toit. La tour, qui était à l'origine dotée d'un balcon en pierre, compte une cloche datant de la première mission. Les visiteurs sont autorisés à monter jusqu'en haut.

Le bureau de Flota Universal (☎722 198), seule compagnie de bus qui propose des liaisons régulières avec **San José**, se trouve au nord de la station-service. En revanche, les bus à destination de **San Ignacio** (durée 5h, dép. à 7h, 45 Bs) et des autres missions partent de la gare ferroviaire. Vous trouverez également des bus pour **Quijarro** (durée 7h30, dép. Ma., Je. et Di. à 23h52, *cama* 143 Bs, *semi-cama* 122 Bs) et **Santa Cruz** (durée 5h, dép. Lu., Me. et Je. à 2h15, *cama* 186 Bs, *semi-cama* 159 Bs). La **gare ferroviaire** est située à l'extrémité est de la rue Gallardo (informations 24h/24 : ☎722 005). Trains à destination de : **Quijarro** (durée 10h, dép. Lu-Sa à 21h30, *pullman* 88 Bs, *primera* 28 Bs, *segunda* 22 Bs) et **Santa Cruz** (durée 6h, dép. Lu-Sa à 2h, *pullman* 48 Bs, *primera* 21 Bs, *segunda* 18 Bs). Par les trains normaux, à destination de : **Quijarro** (durée 12h, dép. Ma. et Ve. à 3h50, 22 Bs) et **Santa Cruz** (durée 9h30, dép. Je. et Di. à 0h30, 18 Bs). Passeport nécessaire pour acheter les billets. Les billets pour Quijarro peuvent être réservés uniquement une heure ou deux avant l'arrivée du train. Les billets pour Santa Cruz peuvent être demandés jusqu'à une journée avant le départ. La ville n'a rien d'extraordinaire. Là encore, les activités sont regroupées autour de la **place centrale**, de la gare et du *surtidor* au nord. La **police** (☎110) se trouve sur la place. Le plus grand hôpital est l'**Hospital San José de Chiquitos** (☎722 111). La pharmacie **Botica San Silvestre**, dans la rue Jesús Chavez, entre les rues Barbery et 9 de Abril, est ouverte Lu-Ve 8h-12h et 14h-19h, Sa. 8h-12h et 17h-18h. La **Banco Santo Cruz** change les dollars. **ENTEL**, à deux *cuadras* derrière l'église dans la rue Santistevan, accepte les cartes téléphoniques **MCI, AT&T et Sprint** (ouvert Lu-Ve 7h30-23h et Sa-Di 7h30-21h). L'**Hotel Victoria**, à l'opposé de la façade nord de l'église, offre un bon rapport qualité-prix : les chambres sont simples et donnent sur une cour ensoleillée (☎722 136, chambre 25 Bs par personne). Dans cette cour se trouve une *pensión* proposant une cuisine honorable (*almuerzo* 8 Bs, *cena* 6 Bs). L'**Hotel Raquelita**, sur la place, surpasse tous ses concurrents grâce à la qualité de son service. (Chambre 35 Bs par personne, avec salle de bains 50 Bs.) Enfin, la **Posada Vallegrandina** propose les prix les plus bas de la ville. (Chambre 15 Bs par personne.)

FRONTIÈRE BRÉSILIENNE La magnifique ville brésilienne de Corumbá se trouve de l'autre côté de la ville-frontière de **Puerto Quijarro** (à 20 mn en train de Puerto Suárez). Pour vous y rendre, vous n'avez pas besoin de faire une demande de visa si votre séjour n'excède pas 90 jours. Seuls les citoyens canadiens sont tenus de faire une demande auprès du consulat à Puerto Suárez (ouvert Lu-Ve 8h-14h). Les enfants de moins de 10 ans doivent être en mesure de présenter une carte de vaccination contre la fièvre jaune. Les Boliviens sont libres d'entrer et de quitter Corumbá à leur gré, mais **tous les ressortissants d'autres pays doivent obtenir un tampon de sortie de l'office bolivien d'immigration** en traversant la frontière (ouvert Lu-Sa 8h-12h et 14h30-18h, Di. 9h-12h). Comptez 3 Bs par personne pour une course en taxi de Quijarro ou de la gare de Quijarro jusqu'à la frontière. Là, vous pouvez échanger vos *bolivianos* contre des *reals*.

Dès votre entrée au Brésil, vous devez demander un tampon d'entrée à la **Rodoviária** ou à la Polícia Federal. En semaine, vous pouvez prendre un moto-taxi (à 3 roues) pour vous rendre au **bureau de l'immigration** de la Rodoviária qui tamponne les passeports (8h-11h30 et 14h-17h15). Ceux qui passent la frontière le week-end doivent s'adresser à la Policía Federal située Praça de República. Un bus (1 *real*), qui part du petit parking à gauche de la frontière, vous dépose près de la Policía Federal. Comptez 3 *reals* pour vous y rendre en moto-taxi.

A Corumbá, vous pouvez changer vos chèques de voyage à la **Banco do Brasil**, à côté de la Praça de Independencia, ouverte tlj 10h-15h. L'office de tourisme, **Sema Tours**, se trouve dans la rue Porto Geral. Elle est ouverte Lu 13h30-17h30 et Ma-Ve 8h-11h et 13h30-17h30.

PUERTO SUÁREZ ☎09

Puerto Suárez est une ville-frontière typique. Il y a peu de choses à faire, si ce n'est attendre un vol ou faire une demande de visa brésilien. En dehors de cela, la place principale est petite, les rues sont poussiéreuses et il y a beaucoup d'embouteillages.

Les vols pour quitter Puerto Suárez sont limités. Pour obtenir le service de renseignements de l'**aéroport**, appelez le ☎762 092 entre 6h et 18h. Les taxes d'aéroport s'élèvent à 30 Bs. La course en taxi jusqu'à l'aéroport coûte environ 10 Bs. Les compagnies LAB, La Paz 33 (☎762 744), AeroSur (☎762 581, ouvert tlj 8h30-12h et 14h30-18h), dans la rue Bolívar, près du croisement avec la rue Israel Mendia et Transporte Aereo Militar (TAM, ☎762 581), dans la rue Heroes del Chaco, près du croisement avec la rue Israel Mendia, assurent des liaisons avec **Santa Cruz** (durée 55 mn, LAB et AeroSur dép. Lu., Me., Ve. et Di. à 16h30, 549 Bs, TAM dép. Ma. à 13h et Sa. à 14h, 350 Bs), avec correspondances pour **Cochabamba** (595 Bs) et **La Paz** (928 Bs). La **gare**, appelée *el paradero*, est l'avant-dernier arrêt sur la ligne venant de Santa Cruz. Tous les trains s'arrêtent à Puerto Suárez 20-25 mn avant d'arriver à **Puerto Quijarro** ou après en être partis, c'est pourquoi le prix des billets est presque identique. Comptez 3 Bs pour vous rendre à la gare en taxi depuis le centre-ville de Puerto Suárez.

Le centre-ville est concentré dans un périmètre de quelques rues autour de la **place**. En cas d'urgence, contactez la **police** (☎110) ou l'**hôpital** (☎762 020). Les chambres les moins chères de la ville sont à l'**Hotel Progreso**, dans la rue Bolívar, près de l'angle avec la rue Santa Cruz. Chambre avec salle de bains commune propre et ventilateur 25 Bs par personne. L'**Hotel Beby** (☎762 700, Bolívar 110) et l'**Hotel Restaurant Puerto Suárez** (☎762 296, Bolívar 111) proposent également des chambres simples avec ventilateur pour 30 Bs. Le patron de l'**Hotel Frontera Verde**,

Vanguardia 24, à côté de la rue Bolívar, parle anglais. Les chambres sont agréables et disposent d'un ventilateur et d'une salle de bains privée. Petit déjeuner compris. (☎ 762 470. Chambre simple 8 $, avec climatisation 15 $, chambre double 11 $, avec climatisation 20 $, chambre triple avec climatisation 21 $.)

SAVANES ET JUNGLES DU NORD

LES INCONTOURNABLES DE LA RÉGION

DÉTENDEZ-VOUS dans un hamac à **Rurrenabaque** (p. 499), ville cosmopolite sur les rives du Río Beni.
AMUSEZ-VOUS avec les **dauphins roses des rivières** lors d'une excursion dans la savane (p. 504).
TRAVERSEZ LA FRONTIÈRE pour vous rendre au **Brésil** (p. 508 et 511).

Le nord de la Bolivie se caractérise par les plaines et les plateaux de faible altitude du bassin amazonien. Ce vaste espace qui couvre les départements du Beni, du Pando et une partie du département de La Paz, se compose d'immenses savanes arborées et d'étendues de forêt vierge. Mais cette région reculée de la Bolivie n'offre pas seulement de magnifiques paysages. Vers 300 avant J.C., elle était le berceau de civilisations pré-incas comme celle des Paititis, qui dominaient la région de Trinidad. En outre, elle accueillait à la fin du XVIIe siècle la première mission jésuite du pays.

RURRENABAQUE ☎08

Il y a à peine 20 ans, la jungle et la savane autour de Rurre (ainsi appelée par ses habitants) n'attiraient que les participants à des safaris de luxe et les intrépides voyageurs israéliens. Aujourd'hui, entre 2400 et 3000 touristes par mois arpentent les environs (pendant la saison sèche). Cette explosion du tourisme a eu un effet positif sur l'économie de la région, et les *gringos* trouveront chez les habitants une chaleur humaine plus marquée qu'ailleurs. Ces derniers jettent des regards amusés sur les étrangers venus en ces terres d'aventure avec leur équipement dernier cri. Les tout nouveaux sacs à dos ultra-résistants à l'eau et au vent à peine sortis des fabriques, vous les verrez déjà dans le hall des hôtels de Rurrenabaque. Malgré sa popularité grandissante, la ville n'est pas un piège à touristes. Sa situation géographique, entre deux paysages fascinants, garantit une expérience inoubliable à des prix très abordables.

TRANSPORTS

Avion : Aéroport (☎922 537), à 2,5 km au nord de la ville. Ouvert Lu-Ve 8h-12h et 14h-18h, Sa-Di 8h-12h. **Taxe d'aéroport** 6 Bs, **taxe municipale** 6 Bs. Les vols sont souvent annulés à cause du mauvais temps. Préparez-vous à subir des retards de 1 à 2 jours. Moto-taxi entre l'aéroport et le centre 5 Bs. **TAM** (☎922 398), dans la rue Santa Cruz, entre les rues Abaroa et Comercio. Vols à destination de : **La Paz** (durée 1h, 2 dép/j Lu., Me. et Ve., 1 dép/j Sa., 320 Bs), **San Borja** (durée 20 mn, dép. Je. 10h30, 130 Bs), **Trinidad** (durée 1h, 200 Bs), **Santa Cruz** (durée 2h, 380 Bs) et **Riberalta** (durée 1h15, dép. Lu. 10h, 280 Bs) via **Guayaramerín** (durée 1h30, 280 Bs). Bureau ouvert Lu-Ve 8h-12h et 15h-18h. **Servicio Aéreo Vargas España** (☎922 144), à l'intersection des rues Santa Cruz et Bolívar. Vols à destination de : **La Paz** (durée 45 mn, 1 dép/j Lu., 410 Bs), **Trinidad** (durée 45 mn, 1 dép/j Ma., Me. et Sa., 348 Bs) via **San Borja** (durée 15 mn, 178 Bs) et **Santa Cruz** (durée 1h45, 750 Bs).

Bus : **Gare routière**, dans la rue Ayacucho, entre les rues Junín et 18 de Noviembre. Mototaxi 1,5 Bs. Flota Yungueña (☎922 112) dessert : **La Paz** (durée 20h, dép. 12h, 65 Bs) via **Yucumo** (durée 3h, 30 Bs), **Caranavi** (durée 10h, 50 Bs), **Trinidad** (durée 16h, dép. Je. et Sa. 5h, 140 Bs), **Guayaramerín** (durée 22h, 1 dép/j de 8h à 12h, 130 Bs) via **Riberalta** (durée 20h, 120 Bs) et **Cobija** (durée 2 jours, 1 dép/j Je., 180 Bs). Trans Totai et Turbo Totai assurent la liaison avec : **La Paz** (durée 20h, dép. 10h30-11h, 70 Bs) via **Yucumo** (durée 3h, 30 Bs) et **Caranavi** (durée 10-11h, 50 Bs). Trans Tours, dans la rue Abaroa, entre les rues Pando et Aniceto Arce, propose des jeeps qui vous emmènent à **La Paz** (durée 12h, dép. 6h-7h, 125 Bs, 4 passagers au minimum). Planifiez un jour à l'avance. Ouvert Lu-Ve 8h-18h.

Moto-taxi : Arrêt en face du marché à l'angle formé par les rues Abaroa et Pando, ainsi qu'à l'intersection des rues Santa Cruz et Comercio. Course intra-muros 1,5 Bs, pour l'aéroport 5 Bs.

Ferry : Des ferries partent de la rive, au bout de la rue Santa Cruz, et relient Rurrenabaque à **San Buenaventura** (toutes les 10-15 mn de 6h30 à 23h30, 1 Bs).

Micro-bus : Les micro-bus, à destination de **Reyes** (durée 1h, partent lorsqu'ils sont pleins, 9 Bs), démarrent à l'angle des rues Santa Cruz et Comercio.

ORIENTATION ET INFORMATIONS PRATIQUES

Contrairement aux autres villes, le centre de Rurrenabaque n'est pas concentré autour de la place centrale (celle-ci n'est animée que le dimanche soir). Les activités sont regroupées dans la rue **Santa Cruz** (qui traverse la ville d'est en ouest) et entre les rues **Abaroa** et **Comercio**. De l'autre côté du **Río Beni** se trouve **San Buenaventura**, ancienne mission fondée avant Rurrenabaque. Si vous vous aventurez au nord derrière la rue Arce ou au sud au-delà de la place, vous découvrirez des quartiers que rien ne distingue des autres villes tropicales.

Change : **Red Express Oriental**, dans la rue Abaroa, entre les rues Arce et Pando. Commission de 3,5 % sur les chèques de voyage. Ouvert tlj 8h-12h et 14h-18h. Frappez si la porte est fermée.

Immigration : (☎ 922 241). Extensions de visa. Ouvert Lu-Ve 8h-16h.

Matériel de camping : **Vendors** dans la rue Pando, entre les rues Abaroa et Comercio. Lampes électriques 10-20 Bs. Hamac environ 75 Bs. Pour vous ravitailler en nourriture : **Micro Mercado Masary**, au croisement des rues Santa Cruz et Abaroa. Ouvert Lu-Sa 8h-12h30 et 14h30-21h30, Di. 8h-15h.

Emprunt de livres : **Café Motacú** (☎ 922 219), dans la rue Santa Cruz, entre les rues Abaroa et Comercio. Ouvert tlj 8h30-12h et 17h30-20h30 (livres principalement en anglais).

Laverie automatique : **Laundry Service Number One**, au croisement des rues Vaca Diez et Abaroa. 8 Bs/kg. Linge rendu le jour même 9 Bs/kg. Ouvert Lu-Sa 8h-20h, Di. 9h-12h et 18h-20h.

Police : (☎ 110), dans la rue Campero, à proximité de la place.

Hôpital : **Hospital Rurrenabaque** (☎ 922 112), à hauteur des rues Ayacucho et La Paz, au nord de la ville.

Téléphone public : **ENTEL**, au croisement des rues Abaroa et Arce. Ouvert tlj 8h-21h. Beaucoup préfèrent les **cabines téléphoniques à cartes magnétiques** que vous trouverez au niveau des rues Santa Cruz et Comercio ou sur le marché.

Bureau de poste : **Correos Ecobol**, au croisement des rues Bolívar et Arce. Ouvert tlj 8h-12h et 14h-18h.

HÉBERGEMENT

En raison de l'afflux continu de voyageurs, les meilleurs hôtels sont souvent complets. Mais le parc hôtelier de la ville est en pleine expansion et vous trouverez toujours un endroit pour vous loger.

♥ **Hotel Oriental** (☎ 922 401), sur la place principale. Cet hôtel, propre et neuf, dispose d'une cour pittoresque et agréable avec des plantes et des hamacs. Toutes les chambres sont équipées d'un ventilateur au plafond. Chambre simple 20 Bs par personne, double avec salle de bains 80 Bs.

♥ **Hotel Santa Ana** (☎ 922 399), dans la rue Abaroa, à moins d'une *cuadra* de la place. Parmi les avantages de cet établissement, vous trouverez une rotonde de hamacs, une laverie et une pièce pour installer votre réchaud à gaz et cuisiner. Douche chaude 5 Bs. Chambre 20 Bs par personne, avec salle de bains 30 Bs.

♥ **Hotel Beni** (☎ 922 408), dans la rue Comercio, près de la rue Pando. Propose des chambres simples et d'autres mieux aménagées. Chambre simple 20 Bs, double (certaines avec télévision, climatisation, salle de bains) de 50 à 150 Bs.

♥ **Hostal el Paraíso Tropical** (☎ 922 123), dans la rue Busch, entre les rues Junín et 18 de Noviembre, à deux *cuadras* de la gare routière. Les chambres doubles sont si spacieuses qu'elles correspondent à des chambres triples dans les établissements du centre-ville. Moustiquaire efficace. Laverie. Dortoir 20 Bs.

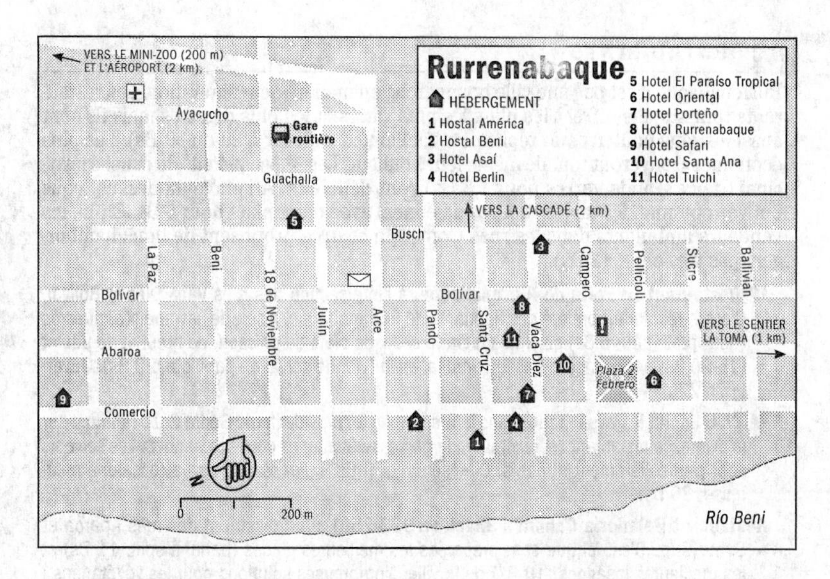

Hotel Tuichi, dans la rue Abaroa entre les rues Santa Cruz et Vaca Diez. Accueille une clientèle très internationale souvent désireuse de rencontrer d'autres voyageurs. Parfois bruyant le matin. Eau chaude irrégulière. Dortoir 20 Bs, chambre avec salle de bains 25 Bs ou 30 Bs par personne.

Hotel Safari (☎922 210), à l'extrémité nord de la rue Comercio. Le plus bel hôtel de la ville. Dispose d'une piscine et d'un Safari-mobile (mini-bus qui transporte les clients en ville). Karaoké. Petit déjeuner compris. Chambre simple 20 $, double 30 $, triple 38 $, quintuple 50 $.

Hotel Asaí (☎922 439), à l'intersection des rues Vaca Diez et Busch. Etablissement très calme situé presque en bordure de la jungle. Chambre avec salle de bains et ventilateur 30 Bs par personne.

Hotel Rurrenabaque, au croisement des rues Bolívar et Vaca Diez. Très bien équipé pour un hôtel bon marché. Installé dans une vieille demeure. Restaurant, service de blanchisserie (8 Bs/kg). Eau chaude limitée. Chambre simple 30 Bs, double 50 Bs.

Hostal América (☎922 413), dans la rue Santa Cruz, près de la rue Comercio. Les couloirs sont étroits et les chambres souvent occupées, mais très bien entretenues. Le salon à l'étage jouit d'une belle vue sur la rivière. Les chambres doubles ont tendance à être plus propres et plus confortables. Chambre simple 20 Bs, double 30 Bs.

Hotel Porteño (☎922 558), à l'angle des rues Comercio et Vaca Diez. La décoration de cet hôtel, installé dans une ancienne demeure coloniale, est assez inexistante, mais les dortoirs sont spacieux. Dans les chambres avec salle de bains, serviettes, ventilateur et eau chaude sont fournis. Dortoir 20 Bs, chambre avec salle de bains 40 Bs par personne.

Hotel Berlin (☎922 450), dans la rue Comercio, entre les rues Santa Cruz et Vaca Diez. Les chambres avec salle de bains sont un peu en désordre. Les chambres sans salle de bains disposent de moustiquaires qui font oublier les trous dans le mur. Malgré cela, le personnel est accueillant et les prix défient toute concurrence. Chambre simple 10 Bs, avec salle de bains 20 Bs, chambre double 20 Bs, avec salle de bains 30 Bs.

RESTAURANTS

Rurrenabaque n'est pas une ville bon marché en matière de restauration. Les restaurants touristiques offrent les plats les plus variés et les plus digestes mais ils sont aussi les plus coûteux (un repas peut facilement s'élever à 20 ou 30 Bs). Les plus économes trouveront tout de même leur bonheur. Les ❤ **jus de fruits** du **marché municipal** (deux grands verres pour 1,5 Bs) sont délicieux. A l'étage au-dessus, vous pouvez commander un *almuerzo* (déjeuner) avec deux plats pour 5 Bs. Enfin, les vendeurs ambulants dans les rues Comercio et Arce proposent de bons hamburgers pas très chers (2 Bs).

❤ **Restaurant La Perla de Rurrenabaque**, à l'intersection des rues Vaca Diez et Bolívar. C'est le restaurant préféré des habitants de Rurrenabaque. Il sert de savoureux *almuerzos* (deux plats pour 6 Bs) ainsi qu'un grand choix de plats de poisson, de bœuf et de poulet (15-20 Bs). Ne manquez pas le *surubí al ajillo* (viande servie en papillote, 20 Bs). Ouvert tlj 7h-22h.

❤ **Club Social Rurrenabaque**, dans la rue Comercio, près de la rue Santa Cruz. Donnant sur la rivière, ce restaurant est recommandé par les autochtones pour ses viandeS. Les serveurs sont particulièrement attentifs. Cheeseburger 9 Bs, *milanesa de carne* (escalope milanaise, 20 Bs).

Restaurant Heladería Camila's Snack (☎922 250), au croisement des rues Abaroa et Santa Cruz. C'est ici que sont préparées les meilleures glaces (banana split, 11 Bs) et les meilleures lasagnes (18 Bs) de la ville. Nombreuses solutions pour les végétariens : lasagnes végétariennes (18 Bs) et *burritos* végétariens (7 Bs).

La Cabaña, à l'extrémité ouest de la rue Santa Cruz, à la hauteur du Río Beni. Restaurant en terrasse, d'où vous pouvez observer les allers et venues des ferries tout en dégustant du poisson grillé (20 Bs) ou des sandwichs (2,5-4 Bs).

Café Motacú (☎922 219), dans la rue Santa Cruz, entre les rues Comercio et Abaroa. Idéal pour les végétariens. Plats entre 2 et 10 Bs. Possibilité d'acheter les objets de l'artisanat local exposés. Emprunt de livres (5 Bs).

Restaurant Tacuara, à la hauteur des rues Santa Cruz et Abaroa. Pour les touristes les plus affamés. Ouvert plus tard que les autres établissements. Repas adaptés aux végétariens. Plats 12 Bs en moyenne.

Pizzeria Italia, dans la rue Comercio, à moins d'une *cuadra* de la rue Santa Cruz. Grande pizza 50 Bs. Table de billard (gratuit si vous consommez, sinon 6 Bs/h). Ouvert Lu-Di 7h-22h30.

VISITES

A votre arrivée à Rurrenabaque, vous disposez en général d'une journée de répit avant ou après une excursion dans la jungle ou dans la savane. Vous pouvez décider de passer cette journée allongé dans un hamac car il est vrai que vous ne trouverez aucun site spectaculaire dans les environs immédiats de la ville. Mais si vous vous donnez la peine de marcher un peu ou de prendre un bateau, vous découvrirez des lieux dignes d'intérêt.

CASCADE. En rejoignant l'extrémité est de la rue Santa Cruz, à l'opposé de la rive du Río Beni, vous débouchez sur un petit cours d'eau et plusieurs sentiers qui le contournent. Remontez le ruisseau pendant environ 20 mn jusqu'à une clairière de sable brun, encerclée de rochers sur trois côtés. Au centre de cette clairière tombe une petite cascade (qui peut devenir importante selon la saison) de 10 m de hauteur. C'est un endroit tranquille, parfait pour un pique-nique ou un goûter rafraîchissant !

SCULPTURES SUR ROCHE. A 1 km environ de Rurrenabaque, sur la même rive, se trouve un gros rocher sculpté sur deux faces. Le motif représente un serpent s'enroulant autour de la pierre. Cette ancienne sculpture fait l'objet de plusieurs interprétations, la plus intéressante faisant référence à une vaste grotte creusée sous la rivière, qui n'apparaît qu'à la saison sèche. En effet, en période de sécheresse, vous pourrez peut-être apercevoir une grotte sombre juste au-dessus de l'eau, à gauche de la sculpture. On dit qu'il s'agissait d'un avertissement, une sorte de "attention chien méchant" du temps de la préhistoire. A la différence près que Médor était ici un abominable monstre mangeur d'hommes. *(Les sculptures se trouvent près de Rurrenabaque, mais vous devez louer un bateau pour vous y rendre. Vous en trouverez près du départ des ferries à destination de San Buenaventura, au bout de la rue Santa Cruz. Comptez 15 à 20 Bs a/r. Demandez à être emmené au lieu-dit La Serpiente.)*

CENTRO CULTURAL TACANA. Situé à San Buenaventura, de l'autre côté de la rivière, le Centro Cultural Tacana est peu connu. Vous découvrirez, par le biais d'expositions vivantes et d'un guide indigène, la culture et l'histoire du peuple Tacana qui fut dispersé dans 20 communautés différentes après l'arrivée des missions franciscaines (qui suivirent les jésuites). A défaut d'aller visiter une communauté indigène (excursion pouvant être organisée par le centre culturel si vous disposez du temps et de l'argent nécessaires), vous apprendrez ici les techniques de filage et les plantes médicinales utilisées par les Tacanas. *(Embarquez sur un ferry qui traverse le Río Beni à l'extrémité ouest de la rue Santa Cruz. 1 Bs. Arrivé à San Buenaventura, prenez la rue Murillo jusqu'à la place principale. Lorsque vous venez de la rivière, le centre se trouve du coté le plus à gauche de la place. ☎922 394. Ouvert Lu-Sa 8h30-11h30 et 14h-17h.)*

MINI-ZOOLÓGICO. Si vous n'avez pas l'intention de partir en excursion dans la jungle ou dans la savane, vous pouvez vous familiariser avec la faune de ces deux écosystèmes dans ce zoo privé. C'est un endroit assez triste pour les animaux, qui disposent de peu de place pour s'ébattre ou vagabonder. Le zoo montre des singes-araignées, des alligators, des perroquets et un jaguar qui doit se sentir bien seul. *(Prenez la route de l'aéroport en direction du nord. Le zoo est indiqué par une grande pancarte sur la droite après quelques minutes de marche. ☎922 479. Ouvert tlj 8h-18h, sauf par temps de pluie. 2,5 Bs, gratuit pour les étudiants et les enfants.)*

DIVERTISSEMENTS

En dehors des journées d'excursions, il semble que l'activité principale des voyageurs se résume à être ❤ **allongé dans un hamac en étudiant les guides de voyage**. Curieusement, Rurrenabaque n'est pas très animée, surtout à la tombée de la nuit. Si vous parvenez à trouver un ballon et l'énergie suffisante, vous pouvez toujours aller jouer au **fútbol** sur le petit terrain à côté du Mini-Zoológico. La Pizzeria Italia, dans la rue Comercio, entre les rues Santa Cruz et Vaca Diez, dispose d'une **table de billard** (6 Bs/h, gratuit si vous consommez). Si la température se fait insupportable, allez vous rafraîchir au **Balneario Amalba**, ouvert tous les jours de forte chaleur (10 Bs par personne). La grande Fiesta de Rurre se tient le **2 février**. Elle est l'occasion de s'adonner à des danses folkloriques et autres festivités. Les soirs de semaine, vous trouverez peu d'activités intéressantes pour vous distraire si ce n'est le **karaoké**, qui semble être très en vogue à Rurrenabaque. Les vendredi, samedi et dimanche, parfois le jeudi, sont des jours un peu plus animés. Pour danser, il existe deux **discothèques** honorables. L'une d'elles se trouve dans la rue Arce, près de la rue Comercio, à côté de la rivière. Elle n'a pas d'enseigne. (Entrée 2 Bs, ouvert Ve-Di.) L'autre, la discothèque **Taurus**, est située dans la rue Abaroa, entre les rues Santa Cruz et Vaca Diez. Elles passent toutes deux un assortiment de tubes anglo-saxons et de rythmes latins. Les touristes y sont les bienvenus.

EXCURSIONS DANS LA JUNGLE OU LA SAVANE À PARTIR DE RURRENABAQUE

Les touristes viennent à Rurrenabaque dans un but précis : visiter la nature sauvage environnante. Pendant des années, ces excursions avaient pour seule destination la **jungle**, à l'ouest de Rurre, qui comprend une partie du parc national Madidi situé plus au nord. Très vite, les agences ont compris que la **savane**, ou steppe humide, qui entoure les villes de Reyes et Santa Rosa au nord-est, pouvait également avoir un fort impact touristique.

LA JUNGLE. Les excursions proposées pour aller dans la jungle peuvent durer de 3 à 25 jours. Elles ont pour objectif de mieux vous faire connaître cet écosystème. Vous découvrirez la végétation exotique, les vertus médicinales ou les propriétés nocives de certaines fleurs, feuilles ou arbres. Avec un peu de chance, vous croiserez des **singes-araignées**, des **toucans**, des **ocelots** (chats-tigres) ou même un **jaguar** (aperçu seulement par quelques groupes chaque année). Equipez-vous d'un tee-shirt à manches longues, d'un pantalon qui ne craint rien et surtout d'un spray anti-moustiques puissant. Les excursions au **Parque Nacional Madidi** sont les plus demandées (notamment depuis un **reportage paru dans la revue National Geographic** en 2000). Cinq ans à peine après sa création, le parc Madidi a acquis une renommée presque mythique. S'étendant sur 1 895 750 hectares et culminant à près de 6000 m d'altitude, il est l'habitat de 1000 espèces d'oiseaux différentes, de 44 % des espèces de mammifères du continent américain et de près de 40 % de la totalité des amphibiens néo-tropicaux. Cependant, le parc n'abrite pas uniquement des animaux. Il compte également 26 communautés indigènes et quelques ruines des périodes inca et pré-inca, notamment près du village d'Apolo. La plupart des agences de voyages de Rurrenabaque proposent des visites au parc de Madidi d'au moins 5 ou 6 jours. Les tarifs pratiqués pour des excursions dans la jungle sont de 30 $ par jour et par personne.

LA SAVANE (OU PAMPA). Une randonnée en pleine savane est moins aléatoire pour l'observation de la faune. En effet, la plupart des excursions de trois jours croisent quelques **alligators** et de nombreux **garzas** (hérons). Les **paresseux** (mammifère arboricole) et les **singes-écureuils** se font un peu plus rares. Dans la région de Santa Rosa, il est fréquent de voir des **dauphins roses d'eau douce** et des **capybaras**, les plus grands rongeurs du monde. Presque tous les programmes, à l'instar de ceux de la jungle, prévoient une séance de **pêche**. Si vous êtes suffisamment rapide, vous ramènerez peut-être un **piranha**. Votre guide vous lancera à la recherche d'un **anaconda** et, si l'ensemble du groupe est d'accord, vous pourrez attraper un **bébé crocodile** pour l'examiner.

PRÉPARATION. La règle d'or avant de partir en excursion est de s'octroyer une journée à Rurrenabaque pour la planifier. Vous n'aurez sans doute pas d'autre choix, sachant que la plupart des randonnées partent vers 8h ou 9h, bien avant l'arrivée des bus ou des avions. Avant de faire votre sélection, renseignez-vous auprès de plusieurs agences. Demandez-leur de vous expliquer en détails ce que vous ferez et de vous indiquer le nombre de participants (évitez les groupes de plus de 8 personnes qui effraient les animaux). Si vous êtes végétarien ou si vous souhaitez la présence d'un traducteur, mentionnez-le à l'inscription. Si le nombre d'animaux sauvages aperçu peut varier considérablement d'un groupe à l'autre, la qualité de la nourriture et le service offert doivent être identiques. En principe, les agences de voyages cherchent à satisfaire vos exigences. Qu'elles soient grandes ou plus petites, elles proposent des services assez similaires. N'essayez pas de marchander : toutes les agences de la ville ont conclu un accord pour appliquer les mêmes tarifs, que ce soit vers la jungle ou vers la pampa : 30 $ par jour et par personne. Elles demandent à leurs clients d'être équipés du minimum, à savoir des tee-shirts à manches longues, une lampe électrique, du papier toilette, du spray anti-moustiques et d'un litre d'eau. Le sac de couchage est un plus. Si vous n'en possédez pas, elles vous fournissent des couvertures sans supplément de prix. Enfin, elles sont censées vous procurer une moustiquaire.

Avant de choisir votre excursion, prêtez attention à la réputation de votre guide. Plusieurs cas de femmes violées par leur guide ont été rapportés. Les femmes qui décident de partir seules avec un guide doivent faire preuve d'une grande vigilance.

AGENCES DE VOYAGES

Les agences proposent souvent des services similaires et de bonne qualité.

Fluvial Tours (☎922 372) et **Amazónico Travel** (☎(01) 796 142), dans la rue Abaroa, entre les rues Santa Cruz et Vaca Diez. Ces agences sont respectivement tenues par le père Tico Tudela et son fils. Fluvial Tours est la plus ancienne des agences et certainement la plus demandée. Elle gère des campements bien établis avec des dortoirs et l'eau courante. Le seul inconvénient tient justement à sa popularité : les groupes sont un peu trop importants et le guide a moins de temps pour s'occuper de chaque personne. A deux portes de là, Amazónico Travel semble profiter de ce léger inconvénient, notamment grâce à son équipe sympathique. Pendant la saison des pluies, elle organise des excursions de 5 jours ou plus dans les parties les plus reculées du parc Madidi. Les deux agences acceptent les cartes Visa, MC et les chèques de voyages.

Flecha Tours (☎922 478), à l'intersection des rues Abaroa et Santa Cruz et **Aguilar Tours** (☎922 476), à l'angle des rues Vaca Diez et Abaroa. Ces deux agences ont le même propriétaire et ont la réputation de proposer toutes deux de bons repas pendant les excursions. Flecha Tours organise plusieurs excursions dans le parc de Madidi : dans la partie basse, randonnées le long des rivières Tuichi, Escalón, Hondo et Toregua. Dans la partie haute, circuit de 6 à 10 jours le long du Río Yariapu. L'agence propose également des treks de 3 semaines vers le nord, par exemple Ixiamas. Elles acceptent les cartes Visa, MC et les chèques de voyages.

Chalalán Albergue Ecológico-Ecolodge. Il est utile de mentionner ce complexe écologique, installé en pleine jungle par la communauté indigène de San José de Uchupiamonas, même si les prix ne correspondent pas au budget de la plupart des voyageurs. L'accès se fait uniquement par bateau avec 5 heures de navigation sur les rivières Beni et Tuichi. L'auberge peut accueillir jusqu'à 14 personnes et comprend un personnel de cuisine professionnel ainsi qu'une bibliothèque. Sur place, vous pourrez faire de la randonnée sur 25 km de sentiers et des balades en canoë. Vous aurez la possibilité d'observer les différentes espèces d'oiseaux ou tout simplement la vie au sein de la communauté. Tous les bénéfices contribuent au développement de la communauté. Séjour 4 jours/3 nuits 280 $, 235 $ pour les moins de 12 ans. Chaque nuit supplémentaire 100 $, 70 $ pour les moins de 12 ans.

REYES ☎08

Reyes est une sorte de petit Rurrenabaque, sans les touristes et le Río Beni. Elle reste cependant la capitale de la province. La place principale est bien entretenue, même si les palmiers ont été peints dans des coloris peu attrayants. L'église, la **Catedral de los Santos Reyes**, est un édifice moderne aux couleurs vives. Le plafond est en pierre et rappelle davantage un mausolée. Lors de votre séjour à Reyes, profitez-en pour visiter la **Laguna Copaiba** (aller-retour en moto-taxi 20 Bs). Flecha Tours a ouvert récemment une agence sur la place et prévoit d'organiser des randonnées à cheval et des sorties en bateau sur le Río Yacuma et d'autres lacs (ouvert tlj 7h-21h).

Contrairement à Rurrenabaque, l'activité de Reyes se concentre autour de la **place** principale et des rues **Comercio** et **24 de Septiembre** situées à proximité. La course en moto-taxi coûte 5 Bs du centre-ville à l'**aéroport**. Le bureau de la compagnie aérienne **TAM** se trouve dans la rue 24 de Septiembre (☎252 254, ouvert Lu-Ve 8h-12h et 14h30-18h, Sa. 8h-12h). Les avions atterrissent près de Rurrenabaque. Le moyen le plus rapide pour vous rendre à **Rurrenabaque** (durée 1h, 9 Bs) est de monter à bord de l'un des camions, circulant autour de la place entre 8h et 18-19h et qui prennent des passagers. La gare routière est située à cinq *cuadras* de la place (moto-taxi 2 Bs). Flota Yungueña assure la liaison avec **La Paz** (durée 24h, dép. 10h, 75 Bs) et **Riberalta** (durée 18h, dép. 12h, 120 Bs) via **Santa Rosa** (durée 2h30, 20 Bs) et **Guayaramerín** (durée 20h, 130 Bs). A Rurrenabaque, vous pouvez également monter dans un bus de l'une des nombreuses compagnies qui passent par Reyes et qui se rendent à Santa

Rosa. Parmi les services proposés en ville, on trouve la **Banco Unión**, sur la place (ouvert Lu-Ve 8h30-12h et 14h30-18h) et un local téléphonique **ENTEL** dans l'hôtel Residencial 6 de Enero, dans la rue Comercio, à proximité de la place principale.

La meilleure adresse parmi les hôtels bon marché est sans aucun doute le **Residencial 6 de Enero**, dans la rue Comercio, à moins d'une *cuadra* de la place (☎252 151, chambre 15 Bs par personne, avec salle de bains et ventilateur 25 Bs). L'**Hotel Tropical** est un établissement assez chic pour une ville comme Reyes. En entrant, vous remarquerez que le mur de gauche est couvert de bouteilles d'alcool très coûteuses. Toutes les chambres sont équipées d'une salle de bains, d'un frigo-bar, d'une télévision et d'articles de toilettes (☎252 053, chambre simple 60 Bs, double 100 Bs). Pour vous restaurer, plusieurs *pensiones* bon marché sont situées le long de la rue 24 de Septiembre. La plus populaire est le **Restaurant Esmeralda**, à côté de l'agence TAM. Comptez 5 Bs pour un *almuerzo* composé de deux bons plats. Si vous êtes plusieurs, vous pouvez aller au **Snack Heladería el Pingüino**, dans la rue Comercio. Pour trois achats supérieurs à 5 Bs, vous recevrez un petit cadeau. Pour cinq achats, vous obtiendrez une glace gratuite.

RIBERALTA ☎08

Si vous recherchez un village bolivien pittoresque ou une nature sauvage, Riberalta risque de vous décevoir. En revanche, cet endroit peut constituer une halte agréable pour se restaurer et passer une bonne nuit. Riberalta est une ville importante (entre 50 000 et 80 000 habitants) mais sans charme. La récente explosion démographique a provoqué une saturation de l'agglomération et même les autorités ne connaissent pas aujourd'hui le nombre exact de ses habitants. Lors de votre escale, ne vous attardez pas trop à rechercher "le beau quartier de la ville" car il n'existe pas, sauf peut-être les maisons classiques dans la rue Mario Vargas Llosa. Cependant, Riberalta constitue une ville-étape convenable pour passer une nuit reposante et déguster des noix du Brésil (1 Bs auprès des vendeurs de rue).

TRANSPORTS ET INFORMATIONS PRATIQUES. Toutes les rues qui entourent la **place principale** (la seule digne d'intérêt) font partie d'un plan quadrillé. Le **Río Beni** est situé à trois *cuadras* de la place. La rue **Nicolas Suárez** est l'artère principale, traversant la ville du nord au sud et passant du côté est de la place. L'**aéroport** se situe au sud, dans la rue Chuquisaca (☎522 350, taxe d'aéroport 10 Bs, moto-taxi 2 Bs). Compagnies aériennes : **Lloyd Aéreo Boliviano**, au croisement des rues Martínez et Melardo Chávez (☎522 239, ouvert Lu-Ve 8h-12h et 14h-18h, Sa. 8h-12h), **AeroSur**, sur la place (☎522 798, ouvert Lu-Ve 8h-12h et 14h-18h, Sa. 8h-12h) et **TAM** (☎522 646), dans la rue Chuquisaca, à moins de deux *cuadras* à l'est de la rue Nicolas Suárez. Ces compagnies proposent toutes des vols à destination de : **Trinidad** (durée 1h15, 1-2 dép/j, 502 Bs, TAM 370 Bs), **Cobija** (durée 55 mn, 5 dép/semaine, 405 Bs) et **Guayaramerín** (durée 20 mn, 7-8 dép/semaine, 136 Bs). TAM assure également la liaison avec **La Paz** (durée 3h30, dép. Lu. 12h10 et Ve. 10h40, 600 Bs) via **Rurrenabaque** (durée 2h, 290 Bs), avec **Cochabamba** (dép. Ma. 13h et Je. 12h10, 520 Bs) et avec **Santa Cruz** (durée 2h15, dép. Me. 11h30 et Di. 10h45, 600 Bs). **Servicio Aéreo Vargas España** (SANE), Ejército 76 (☎523 343), à une *cuadra* de la place, affrète des avions pour **Guayaramerín** (durée 15 mn, 1 dép. le Sa., 136 Bs) et parfois pour **Trinidad** (durée 55 mn, 502 Bs). Il n'existe pas de gare routière centrale. Trois compagnies de bus se partagent les lignes : Syndicato Unificado de Buses Guayaramerín/Guaya Tours, à l'intersection des rues Nicolas Suárez et Beni Mamoré (☎522 575, ouvert tlj 6h-20h), Flota Yungueña, au croisement des rues Beni Mamoré et Juan Aberdi (☎522 511, ouvert tlj 8h-12h et 15h-18h30) et Flota Trans Pando, Melardo Chávez 93 (☎522 294), qui assure uniquement la liaison avec **Cobija**. **Guayaramerín** (durée 2h, 6 dép/j, 20 Bs) est seulement desservie par Guaya Tours. Guaya Tours et Trans Pando desservent **Cobija** (durée 14h, 1 dép/j entre 7h et 8h30, 90 Bs). Guaya Tours et Flota Yungueña ont des bus à destination de : **Trinidad** (durée 30h, dép. 10h, 160 Bs) via **Rurrenabaque** (durée 20h, 130 Bs), **Yucumo** (durée 23h, 140 Bs) et **San Ignacio** (durée 27h, 150 Bs). Enfin, Flota Yungueña propose des bus pour **La Paz** (durée 36h, dép. 11h30, 160 Bs) via **Rurrenabaque** (durée 20h, 130 Bs), **Caranavi** (durée 30h, 150 Bs). Comptez 2 Bs pour une course en **taxi** à l'intérieur de la ville ou jusqu'à l'aéroport. Parmi les autres services proposés en ville, on trouve la **Banco Mercantil**, sur la place principale (ouvert Lu-Ve 8h30-12h30 et 14h30-18h30, Sa. 9h-13h30), la **police** (☎110), à côté de la place, un **hôpital** (☎523 586), **ENTEL**, à moins d'une *cuadra* au sud de la place (ouvert Lu-Ve 7h30-23h, Sa. 8h-23h et Di. 8h-22h) et **Correos Ecobal**, sur la place (☎523 100, ouvert Lu-Ve 8h-12h et 14h30-18h).

HÉBERGEMENT ET RESTAURANTS. Riberalta ne sera sans doute pour vous qu'une escale avant de repartir vers une autre destination. Il existe de nombreux hôtels, mais les moins chers ne sont pas franchement agréables. Cependant, la plupart restent propres, alors si des chambres très simples ne vous font pas peur, n'hésitez pas à choisir des établissements bon marché. Si vous êtes prêt à mettre un peu plus cher, vous êtes assuré d'un séjour confortable. ❤ **Residencial Los Reyes**, Sucre 393, au sud de la rue Chiquisaca, est nettement supérieur aux autres établissements de tarif similaire. Vous vous repérerez grâce aux rideaux rouges devant la porte d'entrée. Un grand choix de journaux est disponible au comptoir. (☎522 615. Dortoir 10 Bs, chambre simple avec salle de bains 30 Bs, double 40 Bs.) L'élégant hôtel **Gabriel René**, Plácido Mendez 95, à moins d'une *cuadra* de la place, dispose d'un très beau jardin. Toutes les chambres sont équipées d'une salle de bains. (☎523 018. Chambre simple 60 Bs, double 85 Bs, chambre avec TV 85 Bs, suite avec TV et climatisation 150-200 Bs.) Le **Residencial Julita**, Santiesteban 374 (☎522 380), à deux *cuadras* au sud de la place et à moins d'une *cuadra* de la rue Nicolas Suárez, propose des chambres modestes à 15 Bs par personne, mais vous pouvez marchander à 10 Bs par personne si vous êtes quatre. En règle générale, sur les marchés boliviens, vous pouvez bien manger à un prix très raisonnable. A Riberalta, un *almuerzo* composé de deux plats sur le marché vous coûtera 5 Bs. Evitez les boissons avec des glaçons et buvez de l'eau minérale ou purifiée. Le **Restaurant-Club Náutico Naval**, à l'extrémité nord de la rue Nicolas Suárez, propose, dans un cadre balnéaire, un *almuerzo* (Lu-Sa 5 Bs, Di. 10 Bs) bon marché et tout aussi délicieux. (☎523 019. Utilisation de la piscine 10 Bs, enfants 5 Bs. Ouvert tlj 8h-24h.)

GUAYARAMERÍN ☎08

A deux pas du Brésil, Guayaramerín est plus qu'une simple ville frontalière. Le commerce est florissant grâce à la "zone franche" qui permet l'achat de produits détaxés. La ville est assez bruyante à cause des voitures et des nombreuses motos qui passent dans les rues. De l'autre côté du Río Mamoré, à trois *cuadras* au nord de la place principale, se trouve la ville portuaire brésilienne de Guajará-Mirim, qui n'a aucun attrait particulier. Pour les touristes, Guayaramerín est une ville agréable et propre qui constitue un bon point de départ pour une balade en bateau sur la rivière Mamoré ou pour un périple au Brésil.

TRANSPORTS

Avion : **Aéroport** (☎553 271). Moto-taxi 3 Bs. Taxi 5 Bs. Taxe d'aéroport 12 Bs. Les compagnies aériennes **LAB**, 25 de Mayo 652 (☎553 540), **AeroSur Express** (☎553 594), sur la place, et **TAM** (☎553 924), à l'intersection des rues 25 de Mayo et 16 de Julio, sont toutes ouvertes Lu-Ve 8h-12h et 14h30-18h, Sa. 8h-12h (TAM ouvre également Di. 8h-12h). LAB et AeroSur desservent **Trinidad** (durée 1h, 2 dép/j Lu-Je et Sa., 1 dép/j Ve. et Di., 502 Bs), **Riberalta** (durée 15 mn, 1 dép/j, 136 Bs), **Santa Cruz** (durée 30 mn, 1 dép/j Lu-Sa, 880 Bs) et **Cobija** (durée 1h15, 1 dép/j Lu-Je et Sa., 405 Bs). TAM propose des vols à destination de : **La Paz** (durée 2h, 1 dép/j Lu. et Ve., 600 Bs) via **Rurrenabaque** (durée 1h15, 290 Bs), **Cochabamba** (durée 2h15, 1 dép/j Ma. et Je., 520 Bs) Je. via **Trinidad** (durée 1h15, 390 Bs), et **Santa Cruz** (durée 1h, 1 dép/j Me. et Di., 600 Bs) via **Trinidad** (durée 1h15, dép. Me., 390 Bs).

Bus : **Gare routière**, au croisement de l'Avenida (elle s'appelle comme ça) et de la rue San Borja. Bus à destination de : **La Paz** (durée 38h, dép. 8h, 165 Bs) via **Riberalta** (durée

2h, 20 Bs), **Rurrenabaque** (durée 14h, 130 Bs), **Yucumo** (durée 24h, 140 Bs) et **Caranavi** (durée 30h, 150 Bs). Bus à destination de **Trinidad** (durée 30h, dép. 7h, 170 Bs) via **Riberalta** (durée 2h, 20 Bs), **Rurrenabaque** (durée 14h, 130 Bs), **Yucumo** (durée 24h, 140 Bs) et **San Ignacio de Moxos** (durée 27h, 160 Bs). Bus à destination de **Cobija** (durée 14h, dép. Lu., Ma., Je. et Sa. 6h, 110 Bs) via **Riberalta** (durée 2h, 20 Bs). Bus à destination de **Riberalta** (durée 2h, 6 dép/j, 20 Bs). Le Sindicato de Autotransporte 8 de Diciembre (☎ 554 290) propose des **taxis express** pour **Riberalta** (durée 2h, 120 Bs seul, 30 Bs par personne avec 4 passagers) utiles si vous ne pouvez pas attendre le départ du bus.

Bateau : Si vous souhaitez naviguer sur le Río Mamoré, prévoyez de vous rendre à la **Capitanía del Puerto** (capitainerie du port, ☎ 553 866), au niveau des rues Costanera et Santa Cruz, au moins 24h avant votre départ. N'oubliez pas d'apporter votre passeport. Les bateaux partent en direction de **Trinidad** (6 jours en bateau à moteur, 150 Bs, 200 Bs avec repas) ou de **Puerto Villarroel** dans le département de Cochabamba (10-12 jours, 300 Bs, 350 Bs avec repas). Vous devrez parfois attendre deux à trois jours avant le départ du bateau. La Capitanía ouvre Lu-Ve 8h-12h et 15h-18h30, Sa. 8h-12h.

Ferry : Part des quais à hauteur des rues Federico Román et Costanera pour Guajará-Mirim dès qu'il est plein. De 7h30 à 18h30 5 Bs, de 18h30 à 6h 7 Bs.

Taxi : **Moto-taxi** 2 Bs pour une course en ville, à l'aéroport ou à la gare routière. **Taxi** 5 Bs.

FRONTIÈRE BRÉSILIENNE Tout étranger peut traverser la rivière Mamoré pour se rendre à Guajará-Mirim pour la journée. Si vous envisagez d'y passer la nuit ou de visiter d'autres régions du Brésil, vous devez faire une entrée "officielle", c'est-à-dire obtenir des tampons d'entrée et de sortie du territoire. Si vous êtes français, suisse ou belge, vous n'aurez pas besoin de visa si votre séjour n'excède pas 90 jours. Si vous êtes ressortissant canadien, adressez-vous au **consulat brésilien** de Guayaramerín (☎ 553 766), à l'intersection des rues Beni et 24 de Septiembre. Comptez 24h pour la délivrance d'un visa. Ouvert Lu-Ve 9h-13h et 15h-17h. Mais attention ! Avant de quitter le territoire bolivien, vous devez demander un tampon de sortie auprès de l'immigration (ouvert Lu-Ve 8h-16h, Sa. 8h30-12h). Pour obtenir un tampon d'entrée brésilien, vous devez posséder un **certificat de vaccination contre la fièvre jaune** datant de plus de 10 jours et de moins de 10 ans. Une fois au Brésil, présentez-vous à la **Policia Federal**, au croisement des rues Presidente Dutra et Quinchio. Pour accélérer la procédure, ayez l'air présentable et soyez poli envers l'officier, que vous appellerez *mosso* (monsieur) ou *mossa* (madame). Si vous êtes en mesure de lui fournir un visa (pour les Canadiens), un certificat de vaccination et un tampon de sortie bolivien, le douanier tamponnera votre passeport, à n'importe quelle heure du jour et de la nuit. Frappez fort (à la porte, pas sur le douanier). Si vous préférez ne pas déranger, les horaires d'ouverture réguliers sont : Lu-Ve 8h-12h et 14h-18h.

ORIENTATION ET INFORMATIONS PRATIQUES

Sur une carte, Guayaramerín est très étendue mais en réalité, les sites à visiter ne sont pas très nombreux. La ville suit un plan quadrillé avec deux places, la plus petite se trouvant à huit *cuadras* au-dessous de la principale. Les deux rues, **Oruro** et **Federico Román**, traversent la ville du nord au sud et encadrent les **deux places**. La plus importante se nomme **Alto de la Alianza**, mais, vers le sud, on a tendance à l'appeler "La Avenida" (l'avenue). Ces deux artères se terminent à trois *cuadras* au nord de la place principale, lorsqu'elles croisent la rue **Costanera** qui longe le **Río Mamoré**.

Change : **Banco Mercantil**, sur la place principale. Ouvert Lu-Ve 8h30-12h20 et 14h30-18h. La **Casa de Cambio** (bureau de change), 6 de Agosto 347 (☎553 555), dans l'hôtel San Carlos, est le seul établissement de la ville qui change les chèques de voyages (et attention, vous n'en trouverez ni à Cobija ni à Riberalta). Ouvert tlj 7h30-12h et 14h-18h.

Marché : dans la rue Federico Román, entre les rues Max Paredes et Tarija.

Police : (☎110), à l'intersection des rues Santa Cruz et 6 de Agosto.

Hôpital : (☎553 007), dans la rue 22 de Septiembre, entre les rues Mamoré et 6 de Agosto.

Téléphone public : **ENTEL**, au croisement des rues Oscar Umzaga de la Vega et Mamoré. Ouvert Lu-Sa 7h30-23h et Di. 8h-21h.

Bureau de poste : **Correos Ecobal**, Oruro 239 (☎553 896). Ouvert Lu-Ve 8h-12h et 14h30-18h, Sa. 8h-12h.

HÉBERGEMENT

Nous vous conseillons de rester dans le centre-ville. On pourrait penser que les hôtels plus simples, plus sales et situés plus loin du centre sont moins chers, mais ce n'est pas le cas.

❤ **Hotel Santa Ana** (☎553 900), à la hauteur des rues 16 de Julio et 25 de Mayo. Aucun autre établissement ne peut rivaliser avec le Santa Ana, et les voyageurs le savent bien. Cet hôtel vous propose de nombreux petits "plus" (congélateur avec glaçons, thermos de café). Chambre 20 Bs par personne, avec salle de bains 25 Bs.

Hotel Litoral (☎553 895), au niveau des rues 16 de Julio et 25 de Mayo. Les chambres sont un peu sombres, mais le salon est spacieux. Petit déjeuner 5 Bs. Chambre 20 Bs par personne, avec salle de bains 25 Bs.

Hotel Central, Santa Cruz 235 (☎355 911), à l'intersection de la rue 6 de Agosto. La propriétaire est assez maternelle (ou plutôt "grand-maternelle"). Jardin calme. Les moustiquaires sont en mauvais état. Chambre 15 Bs par personne.

Hotel Plaza Anexo (☎553 650), sur la place principale. Loin d'être populaire, cet hôtel reste cependant bon marché. Ventilateur et serviettes de toilette dans chaque chambre, 25 Bs par personne.

RESTAURANTS

Ici, la viande de bœuf est à l'honneur. Dans la partie sud de la ville se trouvent des *churrasquerías* (spécialistes de steaks grillés) toutes semblables. Si vous trouvez que les prix sont élevés, vous pouvez aller dans l'un des snacks de la place principale. Ils servent presque tous des hamburgers pour 5 Bs environ.

La Parrilla, Santa Cruz 161 (☎554 544). Ce restaurant est très chaleureux avec son toit en chaume. *Almuerzo* 7 Bs. Plats à la carte entre 25 et 35 Bs. Jus de fruits entre 5 et 15 Bs. Ouvert tlj 10h-24h.

Restaurant Karla Greta (☎(01) 682 109), dans la rue Federico Román, près de la place principale. *Almuerzo*, 7 Bs. Délicieux plats de viande pour deux personnes 25-30 Bs. Tables en terrasse agréables. Musique un peu forte. Ouvert tlj 8h-23h.

Club Social Guayaramerín (☎553 918), sur la place. Ce restaurant est l'endroit idéal pour tous ceux qui aiment la viande. Le décor est un peu rétro avec son carrelage en forme d'échiquier et ses ampoules colorées. *Almuerzo* 10 Bs. Plat à la carte 20-25 Bs. Ouvert tlj 11h30-24h.

Restaurant y Churrasquería El Sujal (☎554 330), dans la rue Federico Román, près de la gare routière. C'est une authentique *churrasquería*. Vous remarquerez aussi les imposantes *parrilladas* (morceaux de viande et abats grillés au feu de bois). Elles peuvent rassasier jusqu'à 8 personnes (120 Bs). Ouvert tlj 8h-15h et 18h30-22h.

COBIJA ☎ 08

Cobija ne fait pas partie des escales prévues dans les voyages organisés et attire peu de nouvelles entreprises. Elle n'est pas non plus aménagée pour recevoir beaucoup de touristes. Bien que la ville se trouve à deux pas du Brésil (le sinueux Río Acre marque la frontière entre les deux pays), la plupart des visiteurs préfèrent traverser la frontière à Guayaramerín. Et c'est bien dommage, car Cobija est plus propre, plus attrayante et plus animée que la plupart des autres villes frontalières. Elle est également déjà un peu brésilienne. En effet, si vous prévoyez de visiter le Brésil, vous pouvez, à Cobija, apprendre à parler portugais et à danser la samba.

TRANSPORTS

Avion : **Aeropuerto Internacional Capitán Anival Arab** (☎ 422 260), au sud-est de la ville. Taxe d'aéroport 15 Bs. Course en moto-taxi 5 Bs, en taxi 10 Bs. **AeroSur** (☎ 423 132), sur la place. Ouvert Lu-Ve 8h30-12h et 15h30-18h, Sa. 9h-12h et 15h30-17h, Di. 8h-12h. **LAB** (☎ 422 170), dans la rue Fernández Molina. Ouvert Lu-Ve 8h-12h et 15h-18h, Sa. 8h-12h. **TAM**, 9 de Febrero 59 (☎ 422 267). Ouvert Lu-Ve 8h-12h et 15h-18h30, Sa. 8h30-11h30. A destination de : **Trinidad** (durée 1h45, 1 dép/j Ma-Je, 706 Bs), **Riberalta** (durée 1h, 1 dép/j Ma-Me, LAB 405 Bs, TAM 260 Bs), **Guayaramerín** (durée 1h15, dép. Ma. 10h30, 290 Bs) et **La Paz** (durée 1h15, 1 dép/j Me., 2 dép/j Ve. et Di., AeroSur 854 Bs, LAB 726 Bs, TAM 550 Bs).

Bus : Il n'existe pas de gare routière. Trois compagnies sont présentes à Cobija : **Guaya Tours**, 9 de Febrero 177 (☎ 422 349), ouvert tlj 8h-22h, **Flota Trans Pando**, dans la rue 9 de Febrero, près du stade (☎ 422 450), ouvert tlj 8h-21h, et **Flota Yungueña**, en face de Trans Pando (☎ 423 457), ouvert Lu-Sa 8h-12h et 14h-19h. A destination de : **Riberalta** (durée 12h, dép. Di-Ve 6h30, 90 Bs) et **Guayaramerín** (durée 15h, Guaya Tours dép. Ma. et Je. 6h30). Flota Yungueña dessert **La Paz** (durée 2 jours et demi, dép. Di. 6h30, 240 Bs).

Ferry : Il traverse le Río Acre (de 6h à 22h, 2 Bs). A l'extrémité ouest de la rue Nicolas Suárez, suivez le passage pour piétons. Le ferry part du quai qui se trouve juste derrière la Fuerza Naval.

Taxi : Les taxis et les moto-taxis prennent 2,5 Bs par personne pour une course en ville. Les moto-taxis demandent 5 Bs par personne pour vous emmener à l'aéroport, les taxis 10 Bs par personne.

ORIENTATION ET INFORMATIONS PRATIQUES

Le **Río Acre** entoure la ville par le nord et par l'ouest, et marque la frontière entre la Bolivie et le Brésil. La plupart des restaurants, hôtels et autres services sont regroupés autour de la place principale ou sur les deux rues qui partent du sud de la place et parallèles l'une à l'autre (**Fernández Molina** et **9 de Febrero**).

Office de tourisme : **Director of Tourism** (☎ 422 235), dans la rue 9 de Febrero, bâtiment Corte de Pando, face à l'agence TAM. Ouvert tlj 7h30-15h30.

Change : **Casa de Cambio Cachito** (☎ 422 581), à l'intersection des rues Cornejo et 9 de Febrero. Ouvert Lu-Ve 8h-12h et 15h-18h, Sa. 8h-12h. **Casa de Cambio Horacio** (☎ 423 277), ouvert Lu-Sa 7h30-12h30 et 15h-18h30. Aucun établissement ne change les chèques de voyages à Cobija. Il existe cependant une banque, la **Western Union**, 9 de Febrero 98 (☎ 422 800). Ouvert Lu-Ve 8h-12h et 15h-18h.

Marché : Dans la rue Otto Felipe Braun, qui relie les rues 9 de Febrero et Fernández Molina.

Urgences : ☎ 110

Police : ☎ 110, dans la rue Fernández Molina.

Hôpital : **Hospital Roberto Galindo** (☎ 422 017), au sud de la ville.

Pharmacie : **Farmacia Cruz del Sur** (☎ (01) 995 787), sur la place principale. Ouvert tlj 8h-23h, 24h/24 pour les urgences.

Téléphone public : **ENTEL** (☎ 422 291), au croisement des rues Sucre et Bolívar, à deux *cuadras* au nord-est de la place. Ouvert tlj 7h30-23h.

Internet : **L'université** dispose d'une petite salle Internet dans la rue Cornejo, juste au-dessous de la place. 8 Bs/h. Ouvert Lu-Ve 8h-22h30 et Sa. 8h-12h.

Bureau de poste : **Correos Ecobal** (☎ 422 598), sur la place principale. Ouvert Lu-Ve 8h-12h et 14h30-18h30, Sa. 9h-12h.

FRONTIÈRES BRÉSILIENNE ET PÉRUVIENNE Il n'est pas nécessaire de faire tamponner votre passeport pour visiter **Brasiléa**, la ville située de l'autre côté du Río Acre, face à Cobija, si vous prévoyez de n'y rester qu'une journée. En revanche, si vous souhaitez y rester plus longtemps, vous devez obtenir un tampon si vous êtes français, belge ou suisse, voire un visa si vous êtes canadien. Le **consulat du Brésil**, qui se trouve du côté nord de la place principale, en face de la Banco Unión, délivre des visas. La procédure demande environ 24 heures (☎ 423 225, ouvert Lu-Ve 8h-13h). Pour entrer en territoire brésilien, vous devez posséder un **certificat de vaccination contre la fièvre jaune** datant de plus de 10 jours et de moins de 10 ans. Vous devez également demander un **tampon de sortie** auprès de **l'immigration bolivienne**, située à l'extrémité nord de la rue Internacional (☎ 422 081, ouvert 24h/24). Il est possible de traverser la frontière en bateau à rame (départ au bout de la rue Nicolas Suárez tlj 6h-22h, 2 Bs) ou en voiture (par la rue Internacional). Vous trouverez un bureau de l'immigration au bout de la rue Internacional, mais pas à l'arrivée du bateau. Si vous avez besoin d'un tampon de sortie, utilisez de préférence un taxi de la frontière jusqu'a la rue Internacional. Une fois au Brésil, vous pouvez vous présenter en taxi (10 Bs) à la **Policia Federal**, dans la rue Epitaciolándia (ouvert tlj 6h-24h). Si vous êtes en mesure de fournir un visa, un certificat de vaccination et un tampon de sortie bolivien, l'officier vous délivrera un **tampon d'entrée**. Mais mettez toutes les chances de votre côté, soyez présentable ! Depuis **Brasiléa**, vous pouvez rejoindre le Pérou. Vous prendrez un taxi à destination de **Assis** (Brésil) puis un autre jusqu'à **Puerto Maldonado** (Pérou), en passant par des routes difficiles.

HÉBERGEMENT

Ici plus qu'ailleurs, les hôtels sont inclassables. En effet, les chambres ne sont pas soumises à des normes de prix et les patrons acceptent volontiers le marchandage (si cela reste amical).

Residencial Cocodrilo (☎ 422 215), dans la rue Fernández Molina, près de la rue Sucre. L'établissement est convenable et c'est le moins cher de la ville. Le seul inconvénient : l'eau a une odeur bizarre. Chambre simple 30 Bs, double 40 Bs.

Residencial Exclusivo (☎ 423 084), à l'intersection des rues Cochabamba et 6 de Agosto, à deux *cuadras* de la rue Cornejo. Bon rapport qualité-prix. Les chambres du rez-de-chaussée sont souvent les plus fraîches, mais certains murs n'atteignent pas le plafond (ce sera une intimité partagée !). Dortoir 20 Bs, chambre 20 Bs par personne, chambre avec TV, salle de bains et ventilateur 35 Bs.

Residencial Frontera (☎ 422 740), dans la rue Beni. C'est un établissement souvent complet. Chambre pour une ou deux personnes 60 Bs, avec TV 70 Bs, avec salle de bains, ventilateur et TV 80 Bs.

Hotel Avenida (☎ 422 108), au niveau des rues 9 de Febrero et Otto Felipe Braun. Les chambres sont toutes équipées d'une salle de bains. Certaines avec climatisation donnent sur un petit jardin. Pour les chambres climatisées, il est préférable de réserver. Petit déjeuner inclus. Chambre avec ventilateur 80 Bs, chambre simple climatisée 120 Bs, chambre double climatisée 150 Bs.

RESTAURANTS

Les cafés-restaurants de la ville sont plus que satisfaisants. Cobija compte même un excellent salon de thé/boulangerie, la **Panadería y Confitería Cobija**, face à la petite place, au sud de la place principale. Pour le déjeuner, inutile d'aller sur le marché. Les restaurants servent une meilleure cuisine à un prix similaire (environ 6 Bs).

❤ **La Esquina de la Abuela** (☎422 364), au croisement des rues Sucre et Fernández Molina. De loin le meilleur restaurant de Cobija, le "Coin de la grand-mère" est aussi le plus apprécié des habitants. Tables en terrasse. *Lomo montado* (bifteck, 15 Bs), *bife chorizo* 20 Bs. Ouvert Lu-Sa 11h-24h.

Restaurant Chifa Hong Kong, Emilio Mendizabal 754 (☎422 700), à l'extrémité de la rue Fernández Molina du côté de la place. Spécialités chinoises, par exemple porc sauce aigre-douce ou poulet au citron 10-15 Bs. Ouvert Lu-Sa 11h-14h et 18h-24h.

Heladería Nishi, sur la place. Des personnes âgées y passent leurs après-midi, et des jeunes couples ne cessent d'y entrer et d'en sortir tout au long de la soirée. D'imposants haut-parleurs diffusent de la musique brésilienne et bolivienne. Glace 5 Bs, sandwich 5 Bs. Ouvert tlj 9h-24h.

El Mesón de la Pascana (☎422 185), dans la rue Beni, près de la rue 9 de Febrero. Cuisine bolivienne traditionnelle. *Almuerzo* 6 Bs. Le dimanche, ce restaurant sert uniquement des *salteñas* (pain en croûte oblong garni de viande de bœuf ou de poulet avec une sauce épicée 3,5 Bs) et des glaces (5-10 Bs). Ouvert Lu-Sa 8h30-22h et Di. 7h-12h.

SORTIES

La discothèque **Lennon**, située dans la rue 16 de Julio, à deux *cuadras* au sud de la rue 9 de Febrero, attire une nombreuse clientèle toujours très élégante. Ici, c'est salsa et samba toute la nuit. Vous n'entendrez donc pas beaucoup les Beatles. Le samedi soir, les vieux de la vieille prennent le relais et la *discoteca* devient, le temps d'une soirée, une *viejoteca*, comme on dit ici. Il est conseillé de ne pas y aller seul (3 bières pour 10 Bs, ouvert Ve-Di). En dehors de la discothèque Lennon, la principale activité reste le karaoké, auquel vous pouvez vous adonner au **Don Gerardo**, au croisement des rues 6 de Agosto et Villamonte. Vous remarquerez les fauteuils en peluche et les lumières noires qui font agréablement ressortir les pellicules sur vos vêtements ! L'âge de la clientèle oscille entre 30 et 50 ans ou plus. (Boissons 5-15 Bs.) Si vous recherchez un public un peu plus jeune, essayez **Las Palmas**, en face de la discothèque Lennon. (Don Gerardo et Las Palmas ouverts Ma-Di.)

YUCUMO ☎04

A Yucumo, la route provenant de Trinidad rencontre celle menant à La Paz, Rurrenabaque et Guayaramerín. Cette ville est donc un lieu de passage et peut se résumer ainsi : deux routes en terre qui se rejoignent, des magasins de pièces détachées pour automobiles, quelques restaurants et un hébergement bon marché. En effet, Yucumo est une ville où vous pourrez vous arrêtez pour faire une halte car tous les bus en direction des grandes agglomérations passent par là. Bus à destination de : **Rurrenabaque** (durée 4h, 2-3 dép/j entre 3h30 et 5h, 20 Bs), **La Paz** (durée 12h, 3-4 dép/j entre 14h et 15h, 55 Bs) et **Trinidad** (durée 8h, 1-2 dép/j entre 19h et 2h). Il est préférable d'attendre le bus à l'un des arrêts situés à l'intersection des deux routes. L'**Hotel Tropical** est sans doute le meilleur de la ville. Il s'agit du bâtiment rose qui se trouve sur votre gauche en venant de Trinidad (chambre 15 Bs, avec salle de bains 30 Bs).

SAN IGNACIO DE MOXOS ☎04

Considérée comme la capitale culturelle du département du Beni, San Ignacio est une ville où histoire et tradition sont bien présentes. Fondée par les jésuites de Lima en 1689, elle est alors la troisième mission la plus importante de la région de Moxos. Malheureusement, même si la plupart des habitants de la ville utilisent encore le dialecte d'origine, l'ignaciano, la vie quotidienne a bien changé depuis l'époque des jésuites. En effet, 47 ans après sa naissance, la ville a été déplacée vers la rive de la Laguna Isirere, son emplacement actuel. Aujourd'hui, les touristes visitent San Ignacio de Moxos pour son église vieille de 300 ans et les eaux fraîches de la Laguna Isirere, à 1 km de la ville. De plus, la **Fiesta de San Ignacio de Loyola**, qui se déroule chaque année en ville, est l'une des plus importantes et des plus réputées de Bolivie. Celle-ci débute le 30 juillet par une *entrada folklórica* (défilé folklorique). Les participants exécutent différentes danses traditionnelles. Les plus représentatifs et les plus connus de la région sont les *macheteros*. Ils dansent sur une chorégraphie qui symbolise la lutte des indigènes avec la nature. La veille, des feux d'artifices embrasent la ville et des *peñas* (établissements proposant des soirées folkloriques) ouvrent un peu partout. La **course de taureaux** commence dès le premier jour et se poursuit les deux jours suivants. Le *palo ensebado*, un grand poteau recouvert d'huile et de graisse, est installé le 1er août. Au sommet du poteau sont accrochés des prix destinés à récompenser les valeureux concurrents qui parviendront jusqu'en haut. Pendant la fiesta, vous rencontrerez certainement des **Achus**, danseurs parés de masques ridés et de cannes tordues représentant les personnes âgées de San Ignacio. Les festivités se terminent le 2 août par une grande procession sortant de la ville. Au cours de ce festival, les prix peuvent doubler et la ville est pleine à craquer. Il est conseillé de réserver une chambre à l'avance ou d'apporter votre matériel de camping (certains campeurs s'installent devant l'église). Le centre-ville ainsi que le marché sont concentrés derrière l'église. Sindicato 31 de Julio (☎822 253) propose des bus pour **Trinidad** (durée 2h30-3h, dép. 8h30 et 14h, 25 Bs). Sindicato 1 de Mayo (☎822 168) dessert les villes de **Trinidad** (durée 3h, dép. 8h et 13h30, 30 Bs), **San Borja** (durée 4h, dép. 13h30, 50 Bs), **Rurrenabaque** (durée 10h, 120 Bs) et **Guayaramerín** (durée 23h, 150 Bs). Vous trouverez en ville un **poste de police** (☎110), l'**Hospital San Ignacio de Moxos** (☎822 110) et **ENTEL**, à une *cuadra* et demie de la place. Il n'y a pas de banques. Renseignez-vous pour connaître les magasins et les hôtels qui changent les dollars. En ville, l'électricité fonctionne uniquement Lu-Sa 9h-15h et 18h-1h30, Di. 10h-13h, alors prévoyez des bougies ou une lampe électrique avec des piles. Le **Residencial Don Joaquín**, sur la place principale, est ce qu'il y a de mieux pour passer la nuit. Vous pourrez profiter de la cour très bien entretenue et des ventilateurs dans chaque chambre. Le propriétaire loue des chevaux (☎822 112, chambre 20 Bs, avec salle de bains 30 Bs).

TRINIDAD ☎04

Capitale du Beni, Trinidad est assez rebutante de prime abord. La ville est bruyante et sale, le bruit permanent des motos et des scooters atteint un niveau sonore semblable à celui d'une agglomération dix fois plus importante, et les égouts à ciel ouvert à tous les coins de rues n'arrangent rien. Pourtant, elle présente quelques bons côtés. Avant d'être la première mission jésuite du pays, elle abritait l'empire paititi (environ 300 après J.-C.). Un conseil : ne vous attardez pas en ville. Passez directement au paragraphe "Environs de Trinidad", p. 517.

TRANSPORTS

Avion : **Aéroport** (☎620 678), à 5 km de la ville. Taxe d'aéroport 17 Bs. Moto-taxi 5 Bs. Taxi normal 7 Bs. **LAB** (☎620 595), au croisement des rues Santa Cruz et La Paz (ouvert Lu-Ve 8h-12h et 14h30-18h30, Sa. 8h-12h). Vols à destination de : **Cochabamba** (durée 35 mn, 1 dép/j, 339 Bs), **Magdalena** et **San Joaquín** (durée 40 mn, 1 dép/j Lu. et Ve.,

SAVANES ET JUNGLES

228 Bs). **AeroSur**, Cipriano Barace 151 (☎623 402). Vols à destination de : **Santa Cruz** (durée 40 mn, 1 dép/j Lu-Sa, 402 Bs), **Guayaramerín** (durée 1h30, 1 dép/j Lu-Sa, 502 Bs) et **Riberalta** (durée 1h30, 1 dép/j Lu-Sa, 502 Bs). **TAM** (☎622 363), au croisement des rues Santa Cruz et Bolívar (ouvert Lu-Ve 8h-12h et 14h30-18h30, Sa. 8h-12h). A destination de : **Riberalta** (durée 1h15, dép. Me-Je 10h30, 390 Bs) via **Guayaramerín** (durée 1h30, 390 Bs), **Santa Cruz** (durée 1h, dép. Me-Je 14h30, 290 Bs), **Cochabamba** (durée 1h, dép. Je. 14h50, 295 Bs), **Rurrenabaque** (durée 1h, 200 Bs) et **La Paz** (durée 2h, 300 Bs).

Bus : Gare routière, dans le *barrio* (quartier) Fátima, à hauteur des rues Viador Pinto Saucedo et Romula Mendoza. A destination de : **Santa Cruz** (durée 12h, dép. 17-19h, 20-60 Bs), **San Borja** (durée 8h, dép. 9h, 80 Bs) via **San Ignacio** (durée 3h, 25 Bs), **Guayaramerín** (durée 29-30h, dép. 10h, 170 Bs) via **Rurrenabaque** (durée 12h, 120 Bs) et **Riberalta** (durée 28h, 160 Bs).

Bateaux : Peu de bateaux transportent des passagers sur le Río Mamoré, mais vous pouvez embarquer à bord de l'un des nombreux cargos qui remontent ou descendent la rivière. Il existe trois ports : Le **Puerto Almacén**, sur le Río Ibare à 8 km au sud, le **Puerto Varador**, 10 km plus loin sur la Laguna Mamoré et le **Puerto Los Puentes**, le plus récent, sur le Río Mamoré. Pendant la saison des pluies, ces trois ports sont ouverts. La Capitanía del Río se trouve au Puerto Almacén. Pendant la saison sèche, seuls les ports d'Almacén et de Varador sont ouverts et la Capitanía del Río se trouve au Puerto Los Puentes. Si vous souhaitez voyager en bateau, adressez-vous à la marine de la **Capitanía del Río**. N'oubliez pas votre passeport (accompagné de votre fiche d'entrée). Le capitaine vous informera sur les bateaux partant vers le nord à destination de **Santa Ana** et **Guayaramerín**, vers le sud à destination de **Puerto Villarroel**. Pour connaître les tous derniers prix, vous devez vous rendre directement sur les quais. Un trajet de 6 jours sans arrêt (ou un trajet de 15 jours avec plusieurs arrêts) en direction de Guayaramerín revient à 150 Bs, 200 Bs avec les repas. Un trajet de 36h sans arrêt pour Puerto Villarroel coûte 50 Bs, 100 Bs avec les repas. Ce même périple dure 5 jours si le bateau accoste pendant la nuit. A vous de négocier avec le capitaine l'organisation du voyage, mais soyez prêt à tout ! Munissez-vous d'un hamac, de spray anti-moustiques, de bouteilles d'eau ou de pastilles pour la purifier. Des *trufis-taxis* desservent les trois ports. Ils partent lorsqu'ils sont pleins depuis la station-service située à l'extrémité sud de la rue Pedro Ignacio Muiba (5 Bs pour les ports Almacén et Varador, 10 Bs pour le port Los Puentes).

Taxi : Les moto-taxis sont moins chers et plus rapides que les taxis ordinaires. Pour une course en ville, comptez 2 Bs en moto-taxi, 3 Bs en taxi. Les prix augmentent d'un ou deux Bs après 22h.

Location de motos : **Moto Rental**, au croisement des rues 6 de Agosto et 18 de Noviembre. **Alquiler de Motos Negrito**, à l'angle formé par les rues Nicolas Suárez et Bolívar. 10 Bs/h, plein d'essence compris.

ORIENTATION ET INFORMATIONS PRATIQUES

Trinidad est cernée par une grande route périphérique, constituée de plusieurs avenues. Mais le seul nom que vous devez retenir est **La Circumvalación**. La ville est divisée en *barrios* (quartiers). La plupart des touristes restent dans le **barrio central**, qui entoure la **Plaza Ballivián**. Le quartier de la gare routière s'appelle le **Barrio Fátima**. Il est relié au reste de la ville par la rue **Simón Bolívar**, axe très emprunté qui dessert le nord-est. Enfin, l'**Arroyo San Juan** (ruisseau Saint-Jean), autrefois un cours d'eau, aujourd'hui un lit de boue, partage la ville en deux. Il faut le traverser pour se rendre au sud dans le Barrio Pompeya. Soyez très prudent dans ce quartier, surtout la nuit.

Office de tourisme : (☎620 665), dans la rue Joaquín de la Sierra, à une *cuadra* au sud de la place. L'office se trouve dans le bâtiment préfectoral. Ouvert Lu-Ve 7h30-15h30.

Agences de voyages : **Turismo Moxos**, 6 de Agosto 114 (☎621 141). Cette agence organise des visites en bateau, des excursions pour observer les oiseaux ou des randonnées en camping à des prix très raisonnables. Vous pouvez louer un guide pour un supplément de 20 $/j. Excursion en bateau de 3 jours et 2 nuits 180 $ par personne pour 2 à 6 participants. Prix de groupes. **Paraíso Travel**, 6 de Agosto 138 (☎ 620 692). Elle propose des excursions pour observer les oiseaux. Circuit de 4 jours et 3 nuits tout compris, 530 $ par personne avec 4 participants. **Viajes Fremen** (☎ 622 276), dans la rue Japón. Excursion en bateau de 3 jours, 190 $ par personne.

Immigration : (☎ 621 449), dans le bâtiment de la police, dans la rue Busch, à moins d'une *cuadra* de la place. Il délivre des extensions de visa de 30 ou 90 jours. Ouvert Lu-Ve 8h-16h.

Change : **Banco Nacional** (☎ 621 034), sur la Plaza Ballivián. Ouvert Lu-Ve 8h30-12h et 14h30-18h30, Sa. 9h-13h. **Banco Mercantil**, dans la rue Joaquín de Sierra, à moins d'une *cuadra* de la place. **Distributeur automatique** acceptant les cartes **Visa** et **MC**.

Matériel de camping : **Casa Williams** (☎ 622 338), sur la place. Lampes électriques, vêtements de pluie, lignes de pêche et autres équipements de chasse.

Laverie automatique : **Lavandería Pro-Vida** (☎ 620 626), au croisement des rues Felix Pinto et Cipriano Barace. 6 Bs pour 12 kg. Linge rendu le jour même, 12 Bs pour 12 kg. Ouvert Lu-Ve 8h-12h et 14h-18h, Sa. 8h-12h.

Marché : Le **Mercado Municipal** (marché municipal) se situe à deux *cuadras* au sud de la place principale. Le **Mercado Seccional** est à l'angle des rues Sucre et Cochabamba. Le **Mercado Fátima** se trouve plus loin, à côté de la gare routière. Le **Mercado Pompeya** se tient au sud de la ville, à hauteur des rues Isiboro et Ibare.

Urgences : ☎ 110

Police : (☎ 620 466). Ouvert tlj 8h-12h et 15h-18h30.

Hôpital : **Hospital Presidente German Busch** (☎ 118), dans la rue Bolívar, entre les rues Carmelo López et Fabian Monasterio Claure.

Téléphone public : **ENTEL**, à côté du bureau de poste. Ouvert Lu-Ve 7h30-23h et Sa-Di 8h-22h30.

Internet : **CambaNet** (☎ 625 134), sur la Plaza Ballivián. 15 Bs/h, étudiants 10 Bs. Ouvert tlj 8h-24h.

Bureau de poste : (☎ 621 266), sur la place. Ouvert Lu-Sa 8h-12h et 14h30-18h.

HÉBERGEMENT

Assurez-vous que l'hôtel que vous choisissez est bien équipé de moustiquaires.

Residencial Fátima (☎ 622 474), à une *cuadra* au nord de la gare routière, dans la rue Viador Pinto. C'est l'établissement qui a le meilleur rapport qualité/prix près de la gare routière. Depuis le changement de propriétaire, on note une nette amélioration. Chambre 20 Bs par personne, avec salle de bains 50 Bs.

Hotel Yacuma (☎ 622 249), au niveau des rues Santa Cruz et La Paz. Les murs s'effondrent, l'eau se fait rare et pourtant, ce vieil hôtel est un endroit douillet. Les chambres à l'étage sont immenses. Le personnel parle anglais pour répondre à une importante clientèle de touristes. Patio agréable. Chambre 20 Bs par personne, avec salle de bains 50 Bs.

Residencial Santa Cruz (☎ 620 711), dans la rue Santa Cruz, entre les rues Sucre et Vaca Diez. Chambres spacieuses et assez fraîches. Boissons non alcoolisées offertes. Chambre 40 Bs, avec salle de bains 70 Bs.

Residencial 18 de Noviembre (☎ 621 272), dans la rue 6 de Agosto, près de la rue Santa Cruz. Jardin agréable équipé de hamacs. Moustiquaires efficaces. Ventilateur dans presque toutes les chambres. Chambre 20 Bs par personne, avec salle de bains 25 Bs.

Beni Hotel (☎ 620 522), dans la rue 6 de Agosto, entre les rues 18 de Noviembre et Nicolas Suárez. Les chambres sont équipées d'une salle de bains, d'une télévision, d'un téléphone, d'un ventilateur et d'un hamac. Café et eau sont offerts. Chambre simple 18 $, avec climatisation 30 $, chambre double 23 $, avec climatisation 35 $, chambre triple 25 $.

Hotel Copacabana, Villavicienca 627 (☎ 620 305), près de la rue Vaca Diez. Très apprécié des Boliviens. Matelas confortables et salles de bains bien équipées. Dortoir 33 Bs, chambre avec salle de bains 55 Bs par personne.

RESTAURANTS

A la nuit tombée, des vendeurs de rue s'installent au croisement des rues La Paz et Santa Cruz. Ils vous proposent des hots-dogs et des hamburgers (1,5 Bs).

La Casona (☎ 622 437), sur la Plaza Ballivián. Ce restaurant est connu pour ses plats de pâtes et de viandes. *Almuerzo* 9 Bs. Pour le dîner, plats entre 17 et 30 Bs. Ouvert tlj 8h-24h.

Heladería Kivón, sur la Plaza Ballivián. Ses prix sont un peu chers (boisson gazeuse 4 Bs), mais sa terrasse à l'étage est l'un des endroits les plus agréables de la ville. Ouvert tlj 7h-24h.

Churrasquería La Estancia (☎ 620 022), de l'autre côté du pont de Pompeya, dans la rue Ibaré, entre les rues Ignacio Muiba et Hernán Velarde Rojas. On peut dire que c'est la meilleure *churrasquería* de Trinidad. *Churrasco* et *pacumutu* (brochettes de viandes) 25 Bs par personne. Ouvert tlj 16h-24h.

VISITES ET DIVERTISSEMENTS

Même l'office de tourisme reconnaît qu'il n'y a pas grand chose à visiter à Trinidad. Si vous avez quelques heures devant vous, promenez-vous sur la **Plaza Ballivián** : la fontaine, curieusement décorée, abrite dans ses eaux plusieurs poissons-chats et un bébé crocodile. Le **Museo Icticola**, à l'université technique, est assez intéressant (moto-taxi 3 Bs). Vous y trouverez de nombreuses espèces de poissons, à commencer par le **piraiba**, le plus gros poisson des rivières amazoniennes. En effet, cette bête mesure 4 m de long et pèse 300 kg. Vous pourrez également admirer des dauphins d'eau douce ou acheter un piranha séché comme souvenir pour 15 Bs (☎ 621 705, ouvert Lu-Ve 8h-15h). La **Laguna Suárez**, à quelques kilomètres au sud-est de la ville, est un endroit agréable pour se rafraîchir lors d'un après-midi très chaud. Elle est bordée de nombreux établissements balnéaires.

FÊTES

La **Fiesta Santísima Trinidad**, qui a lieu un peu avant la mi-juin, est la fête la plus importante de Trinidad. Le dimanche est l'occasion d'assister à des défilés folkloriques, notamment les **macheteros**, danse représentative de la région. La chorégraphie montre une lutte permanente de l'indigène avec la nature. Les danseurs portent de grandes coiffes à plumes et sont habillés d'une longue tunique blanche. En dehors de la fête, vous pouvez admirer ces parures à la **Casa de la Cultura** (maison de la culture, ☎ 620 796), à l'angle des rues Santa Cruz et Vaca Diez.

SORTIES

Les activités nocturnes de la ville battent leur plein le samedi, parfois le dimanche. Si vous souhaitez vous imprégner de l'esprit qui habite les fêtes d'Amérique latine, rendez-vous au **Quinta Show La Costanera**, côté sud-ouest de **La Circumvalación**. Les plus enthousiastes dansent sur des musiques traditionnelles jusqu'à en user leurs chaussures ! (☎ 625 929. Ouvert Ve-Sa de 22h à l'aube.) Le **Zodiac**, à l'angle de la rue Santa Cruz et de l'Ave. del Mar, attire une clientèle plutôt aisée (entrée Ve-Sa 5 Bs, ouvert Ve-Di 20h30-3h). Un peu plus bas sur la même *cuadra*, à l'angle des rues Santa Cruz et Bolívar, se trouve le **Matehua Café**, seul vrai café de la ville. Le propriétaire est un archéologue amateur qui passe parfois des vidéos de sites archéologiques régionaux ou accueille des sessions de lecture de poésie (☎ 625 326, bière 8 Bs, musique *live* Je-Sa, ouvert tlj 15h-20h et 20h30-2h).

ENVIRONS DE TRINIDAD : SANTUARIO CHUCHINI

Les excursions à Chuchini sont organisées et dirigées par la famille du propriétaire du lieu. Elles peuvent durer de quelques heures à une semaine entière. Demi-journée 35 $, journée complète 70 $. Les prix comprennent tous les repas, les guides, l'hébergement et la navette de l'hôtel ou de l'aéroport jusqu'au parc. Si vous souhaitez simplement y rester quelques heures et visiter le musée, vous pouvez prendre une moto-taxi : comptez entre 40 et 50 Bs l'aller-retour et l'attente sur place. L'utilisation d'un spray anti-moustiques efficace est nécessaire. Pour obtenir plus d'informations, contactez Efrem Hinojosa Hieber, 18 de Noviembre 543, Casilla 89 (☎ 624 744 ou 625 284).

Il y a une vingtaine d'années, Efrem Hinojosa Hieber fait l'acquisition d'un terrain de 700 hectares, des terres apparemment stériles, marécageuses et infestées de moustiques. Décidé à braver les insectes pour explorer sa nouvelle propriété située à 17 km de Trinidad, il remarque un système de collines et de tertres reliés par des ponts, et tombe sur de nombreuses poteries et figurines d'argile jonchant le sol. Pour se débarrasser des moustiques, il fait appel à 30 ouvriers venus des régions voisines pour draguer les marais (aucun habitant des environs ne voulait se charger d'une telle corvée). Il les équipe de vêtements en caoutchouc et les met au travail. Résultat : on peut voir aujourd'hui un site d'intérêt archéologique et écologique facilement accessible et encore largement inexploré.

Vous pouvez organiser votre périple à Chuchini comme vous le souhaitez. Partez par exemple en balade d'une journée pour rejoindre la **Laguna Media Luna**, avec son île remplie d'arbres Yomomo, ou "**La Catedral**" et son arbre Bibosi géant enveloppé de lianes que vous pourrez utiliser pour grimper jusqu'à son sommet. Vous pouvez également vous enfoncer dans la jungle, effectuer une balade en bateau sur la rivière Mamoré ou, encore mieux, donner une note archéologique à votre séjour en étudiant les différents objets du petit mais non moins intéressant **musée** du Santuario. Ce musée abrite les restes d'un *osito oro* (ours le plus petit du monde, qui tiendrait dans le creux de votre main) et d'un immense *caimán negro* (créature tropicale ressemblant à un alligator et pouvant mesurer jusqu'à 7 mètres de long), ainsi que des céramiques et des poteries, vestiges de l'empire paititi.

ENVIRONS DE TRINIDAD : LA DERNIÈRE FRONTIÈRE

Taxi 60 Bs. Contactez les propriétaires, Sarah et Celia Dieter (lastfrontiers@yahoo.co.uk).

A l'origine, il s'agissait d'une ferme laitière tenue par des Britanniques, à 55 km de Trinidad sur la route de Santa Cruz. Elle est devenue le meilleur point de départ pour se rendre à la **Reserva de Vida Silvestre Ríos Blanco y Negro** et séjourner dans un camping au cœur d'une réserve naturelle de 20 000 hectares. Comptez 6 $ par personne et par nuit pour camper. Le prix comprend trois repas, les boissons non alcoolisées, l'utilisation de hamacs et de tentes et des seaux d'eau pour les douches. De là, vous pouvez partir en randonnée à cheval (28 $ par personne et par jour) ou, si vous êtes en groupe, à la découverte de la réserve pendant 6 jours (saison sèche 230 $ par personne, saison humide 250-280 $). Vous organisez la visite selon vos goûts, de la simple observation des oiseaux à l'exploration de la jungle à la machette.

ÉQUATEUR

HISTOIRE DEPUIS L'INDÉPENDANCE

Les membres de l'oligarchie créole lancent le premier cri de liberté le 10 août 1809 en prenant la ville de Quito. Mais l'indépendance réelle ne sera obtenue qu'en 1822, lorsque le général Antonio José de **Sucre** libère la capitale de l'emprise espagnole au terme de la bataille de Pichincha. Le pays est d'abord intégré à la Grande Colombie fondée par Bolívar, qui comprend déjà la Colombie, le Venezuela et le Panama. Mais il fait sécession et se proclame république indépendante le 13 mai 1830.

CONSERVATEURS ET LIBÉRAUX (1830-1947)

Dès ses premières années, l'Equateur est miné par diverses rivalités. Tandis que Quito et la sierra optent pour le conservatisme et le cléricalisme, le port commercial et cosmopolite de Guayaquil est dirigé par une classe marchande de nouveaux riches perméable aux idées libérales du XIXe siècle, et la bourgeoisie des régions côtières favorise la libre entreprise et l'anticléricalisme.

La division entre libéraux et conservateurs empêche les Equatoriens de s'accorder sur la désignation d'un leader national, alors que le général Juan José **Flores** semble être le candidat le plus naturel. Membre de l'élite *criolla*, Flores est nommé gouverneur de l'Equateur par Bolívar à l'époque où le pays fait partie de la Grande Colombie. Si Flores a le soutien des *Quiteños* conservateurs, le Guayaquil libéral lui préfère José Vicente **Rocafuerte**. Les deux hommes s'affronteront pendant 15 années, assumant tour à tour les fonctions de chef d'Etat. En 1845, le régime de Flores est renversé, ouvrant une nouvelle période d'instabilité politique, longue de 15 autres années. Entre 1851 et 1856, la présidence du général José María **Urbina**, l'un des chefs militaires les plus influents et les plus puissants du pays, constitue un court intermède marqué par l'abolition de l'esclavage. Mais dès 1859, année connue sous le nom d'**Année terrible**, le pays sombre dans un état de semi-anarchie tandis qu'un *caudillo* local attise les passions en tentant de céder le territoire équatorien au Pérou.

RÉGIMES CONSERVATEURS. L'Equateur avait besoin d'un dirigeant à poigne : il le trouvera en 1860 en la personne de Gabriel **García Moreno**, considéré par d'aucuns comme le père du conservatisme équatorien et le principal fondateur de la nation. Le diagnostic de García Moreno est le suivant : la nation a besoin de cohésion. Ce ciment social, ce remède miracle, il le trouvera dans le **catholicisme**. Les 15 années du régime autoritaire de García Moreno seront entre autres marquées par la soumission à l'autorité de l'Eglise de secteurs publics comme l'éducation et la sécurité sociale. Le nouveau président espère en effet que l'ordre et la discipline propres à la religion sauront unir la population. En 1873, la république est officiellement dévouée au **Sacré-Cœur de Jésus**, contrastant en cela avec la plupart des nations latino-américaines alors sous le joug de dictatures militaires anticléricales. En dépit du caractère conservateur des liens de García Moreno avec l'Eglise, son régime se montre ouvert aux forces de progrès. Mais en 1875, le président est **assassiné à coups de machette** sur les marches du palais présidentiel par des paysans mécontents. Le conservatisme de Moreno survivra aux 20 années suivantes jusqu'à ce que les libéraux voient enfin leur heure arriver. Sous la houlette du général José Eloy Alfaro, le **Partido Liberal Radical (PLR)** prend Quito d'assaut, déclenchant une guerre civile dont il sort bientôt vainqueur.

L'ÈRE DU LIBÉRALISME. Pendant les 30 années qui suivent, le général José Eloy Alfaro (président de 1897 à 1901 et de 1906 à 1911) sera au libéralisme ce que García

Moreno était au conservatisme. Le début de son mandat s'accompagne d'une nouvelle constitution, qui prive l'Eglise d'une grande partie de ses privilèges, ordonne l'exil des membres les plus influents du clergé, laïcise l'éducation et met fin au dévouement de la nation au Sacré-Cœur de Jésus. Ses liens étroits avec les Etats-Unis vaudront à Alfaro l'accusation de "livrer la république aux Yankees". Pendant ce temps, l'exploitation de la main-d'œuvre indigène se poursuit, tandis que la brutalité de la répression touchant les opposants politiques n'a rien à envier aux régimes précédents. En 1911, alors que son second mandat vient à expiration, Alfaro, qui refuse de quitter le pouvoir, est contraint de s'exiler au Panama. A la mort du nouveau président, quatre mois seulement après sa prise de fonctions, Alfaro rentre au pays mais il est lynché par la foule.

Au cours des treize années qui suivent, le pays connaît quatre gouvernements libéraux différents et autant de constitutions. **La Argolla** (l'anneau), un groupe issu des régions côtières mêlant intérêts bancaires et agricoles, tire les ficelles depuis Guayaquil. Avec la Première Guerre mondiale et le boom économique qui lui succède brièvement, le **cacao** se place au premier rang des exportations de l'Equateur, assurant pendant une courte période la prospérité du pays. Mais le pays sombre dans le marasme au début des années 1920, lorsqu'une maladie fongique ravage les cacaotiers. Parallèlement à cela, les colonies britanniques d'Afrique s'imposent comme un concurrent majeur. L'inflation et le chômage qui en résultent touchent très durement la classe ouvrière. En 1925, c'est la **Révolution**

de juillet : un groupe de jeunes officiers renverse le gouvernement au cours d'un coup d'Etat sans effusion de sang, censé déboucher sur un nouveau programme de régénération nationale.

DES ANNÉES DE TROUBLE. Bien qu'une grande partie des chefs de la Révolution de juillet affichent des idéaux socialistes, ces derniers ne font pas long feu. De 1926 à 1931, la nation est menée d'une main de fer par le dictateur Isidro **Ayora**, cinq années marquées par la persistance de la pauvreté. Une voix critique décrira ainsi les réformes de **salubrité publique** menées par Ayora : "On nous interdit de pénétrer pieds nus dans les bâtiments publics, les marchés, les écoles, les parcs et les théâtres, mais on ne nous donne pas les moyens d'acheter des chaussures." Le **krach boursier** de 1929 entraîne la chute de la quasi-totalité des gouvernements d'Amérique latine, dont celui d'Ayora. Renversé en 1931, il sera le premier des quatorze présidents équatoriens à se retirer lors de la décennie suivante. En fait, de 1931 à 1948, aucun des 21 présidents que connaîtra l'Equateur ne parviendra à effectuer la totalité de son mandat. La **crise** qui touche le monde entier n'épargne pas l'Equateur : la demande globale de cacao s'effondre, les prix chutent de 58 % et les exportations équatoriennes diminuent de moitié. En août 1932, une guerre civile de quatre jours éclate à Quito, aggravant le climat d'hostilité et d'instabilité.

Dès lors, plus rien ne s'oppose à l'arrivée d'un chef charismatique comme José María **Velasco**, qui entame en 1934 le premier de ses cinq mandats présidentiels (1934-1935, 1944-1947, 1952-1956, 1960-1961 et 1968-1972). Spécialiste des politiques populistes du XXe siècle, Velasco fondera son propre mouvement, le **Velasquismo**, centré sur sa personne. Il cultive avec soin une image mêlant honnêteté et sincérité, distillée à travers des discours pleins de fougue. Mais la révolution telle que Velasco la rêve attendra, puisqu'un an seulement après le début de son mandat, il est renversé par l'armée, qui lui reproche de vouloir instaurer un régime dictatorial. Les neuf années qui le séparent de son prochain mandat sont marquées par une crise fiscale, des coups d'Etat et des élections truquées. En 1940, après des élections très disputées, Carlos Alberto **Arroyo del Río** s'autoproclame président. Mais en 1941, un conflit frontalier avec le Pérou tourne à la bérézina pour l'Equateur, et le régime n'y survit pas. L'occupation du pays par le Pérou se poursuit jusqu'en janvier 1942, date à laquelle les deux pays signent le **Protocole de Río**, qui déclare la cession au Pérou de 200 000 km^2 du territoire amazonien de l'Equateur. Cette pomme de discorde continue d'ailleurs d'engendrer des tensions entre les deux pays.

En 1944, Velasco reprend le pouvoir, soutenu de part et d'autre par des manifestations enthousiastes. Grâce à une rhétorique populiste parfaitement rodée, il rallie les foules et parvient à dépasser l'idéologie individualiste, oubliant du même coup de juguler la crise économique. Obsédé par le désir de restaurer l'ordre moral et la justice sociale en Equateur, Velasco laisse l'inflation grimper et le pouvoir d'achat diminuer. Lorsqu'en 1947, il est évincé de la présidence, peu de voix s'élèvent parmi ses anciens partisans pour prendre sa défense.

MONTÉE EN PUISSANCE DE L'ARMÉE (1948-1979)

Fait rare dans son histoire, l'Equateur connaît entre 1948 et 1960 une période de stabilité politique, engendrée par la prospérité économique liée au **boom bananier**. Le pays est en effet devenu le premier fournisseur en bananes des Etats-Unis depuis qu'à la fin des années 1940, une maladie a ravagé les récoltes d'Amérique centrale. Le climat de prospérité aidant, Velasco est réélu en 1952. A l'époque, sa popularité est telle qu'il se décrit lui-même comme "l'Incarnation du pays". Mais le début de son quatrième mandat est terni par une baisse des exportations, qui nourrit le chômage et le mécontentement populaire.

L'ÉQUATEUR VOIT ROUGE. La **Révolution cubaine** de 1959 produit une onde de choc dans toute l'Amérique latine, qui voit dans l'idéologie communiste tantôt une menace, tantôt un rêve. Séduit par cet idéal, Velasco ouvre les portes de son gouvernement à la gauche et se pose désormais en adversaire des Etats-Unis. En 1961, le vice-président Carlos Julio **Arosemena Monroy** évince le président et s'empresse d'envoyer à Washington une délégation chargée de renouer de bonnes relations avec les Etats-Unis. Mais des actions terroristes répétées laissent à penser que Monroy a des sympathies communistes. En juillet 1963, une **junte militaire** composée de quatre hommes s'empare du pouvoir, avec comme programme la mise sur pied de réformes fondamentales et la lutte contre le communisme. Ces derniers devront toutefois abdiquer à la suite d'une répression sanglante lancée contre les étudiants de l'Université centrale de Quito.

BUCARÁM ET LE CHOC PÉTROLIER. Ne sachant vers qui se tourner, les Equatoriens élisent une nouvelle fois le charismatique Velasco. Celui-ci entame donc son cinquième mandat en 1968 et s'attribue des pouvoirs dictatoriaux par le biais d'un **autogolpe** (coup d'Etat mené contre son propre régime). Il quittera le pouvoir en 1972, déposé par une armée qui, à quelques mois des échéances électorales, craint de voir Asaad **Bucarám** succéder à Velasco. Désigné à deux reprises gouverneur de Guayaquil et chef très populaire de la **Concentration des forces populaires (CFP)**, un parti populiste, Bucarám est considéré par les militaires et par les entrepreneurs comme un être dangereux et imprévisible, inapte à assumer la fonction de président. Mais ces chefs militaires par intérim ne peuvent prévoir les **chocs pétroliers** de 1973 et de 1979. Après l'entrée de l'Equateur dans l'Organisation des pays exportateurs de pétrole (OPEP), le ministère de l'Energie tente d'instaurer des prix nationaux supérieurs aux cours mondiaux du pétrole, aggravant la crise économique.

La nouvelle constitution et la tenue d'élections présidentielles démocratiques, prévues pour 1976, sont retardées en partie pour empêcher l'élection de Bucarám. La candidature de ce dernier est finalement interdite et c'est le numéro deux du CFP, Jaime **Roldós**, qui remporte l'élection de 1979. Elu sur un programme réformiste, Roldós recueille 68,5 % des suffrages et choisit comme vice-président Osvaldo **Hurtado**, chef du **Parti démocrate-chrétien (PDC)**.

RETOUR À LA DÉMOCRATIE (1979-1996)

Le gouvernement Roldós-Hurtado démarre sous de bons auspices. Grâce au traitement de faveur réservé à l'Equateur en tant que membre du **Pacte andin**, le choc pétrolier finit par avoir des retombées positives sur le pays. Mais en 1981, Roldós meurt dans un accident d'avion, entraînant dans sa chute l'économie du pays. Les réserves de pétrole s'amenuisent et une politique d'emprunt massif aggrave la dette nationale, qui s'élève ainsi à près de 7 milliards de dollars en 1983. **El Niño** vient bientôt assombrir le tableau, provoquant pour près d'un milliard de dollars de dégâts matériels. Tandis que le chômage culmine à 13,5 %, le mandat de Hurtado est perturbé par les grèves houleuses déclenchées à trois reprises par le **Front des travailleurs unis (FUT)**.

Elu en 1984 et très vite impopulaire, León **Febres Cordero** mène une politique libérale sur le modèle de l'administration Reagan, dont il cherche à s'attirer les faveurs. Cette période, au cours de laquelle les cours du pétrole continuent de baisser, est également marquée par l'opposition de Febres Cordero au Congrès et à l'armée. En mars 1987, un tremblement de terre laisse 20 000 sans-abri et détruit une partie des principaux oléoducs du pays. Le président se voit alors contraint de suspendre le paiement des intérêts de la dette extérieure, qui s'élève à 8,3 milliards de dollars.

Son successeur, Rodrigo **Borja Cevallos**, passe un accord avec les diverses forces d'opposition paramilitaires, auxquelles il garantit des droits civiques en échange de la démilitarisation du gouvernement. La **Montoneros Patria Libre (MPL)**, une organisation de partisans, refuse de signer cet accord et poursuit ses actions terroristes. Plusieurs tentatives de coup d'Etat perpétrées par des membres du gouvernement Cevallos indiquent que ce dernier n'est pas épargné par les forces d'opposition. De son côté, la Confédération des nationalités indigènes d'Equateur (CONAIE) fomente le soulèvement de sept provinces, au cours duquel la population s'empare de puits de pétrole et prend des militaires en otage. La confédération entend ainsi demander la restitution de terres communautaires, la reconnaissance du quechua comme langue officielle ainsi qu'une compensation financière destinée à couvrir les dégâts écologiques provoqués par les compagnies pétrolières. Bien que le conflit prenne fin avec l'annonce de l'examen des revendications de la CONAIE, la tension monte d'un cran en avril 1992 : des milliers d'Indiens d'Amazonie marchent sur Quito afin d'exiger la reconnaissance de leurs droits territoriaux (voir **Comprendre lePérou, la Bolivie et l'Equateur : la question indienne**, p. 29).

De 1992 à 1996, la présidence de Sixto **Durán Ballén** se heurtera aux mêmes difficultés, mais avec des conséquences plus lourdes. Le mois de juin 1994 est ainsi marqué par des manifestations de grande ampleur à l'initiative de la CONAIE et d'autres mouvements indigènes, hostiles à la **Loi de développement territorial**, une loi agraire qui autorise la commercialisation des terres indigènes pour l'agriculture et l'extraction de ressources naturelles. En outre, la découverte de détournements de fonds au sommet de l'Etat est suivie de nombreuses procédures de destitution. Des voix s'élèvent pour exiger la démission de Ballén. Ce mouvement d'opposition se traduira par des manifestations étudiantes tout au long de l'année 1995, jusque début 1996.

INSTABILITÉ POLITIQUE (DE 1996 À AUJOURD'HUI)

LE RETOUR DES BUCARÁM. Abdala **Bucarám** (un autre membre de la famille) remporte les élections présidentielles du 7 juillet 1996 sous la bannière du **Partido Roldosista Ecuatoriano (PRE)**. Bien que son rival Jaime Nebot, membre du Partido Social Cristiano (PSC), l'ait battu dans les deux plus grandes villes du pays, Guayaquil (63 % contre 37 %) et Quito (52 % contre 48 %), Bucarám remporte l'élection haut la main dans les villes de moindre importance et dans l'Oriente. Signe que le slogan "Primero los pobres" ("les pauvres d'abord") de Bucarám lui a bien plus attiré la confiance des électeurs que le modeste "Primero la gente" (les gens d'abord) du conservateur Nebot… Quelques semaines après le 10 août 1996, date de son entrée en fonction, le nouveau président dévalue le *sucre* et avec lui sa popularité. Bientôt, des affaires de corruption valent au régime le surnom de "Ali Abdala et les 40 voleurs", et début janvier 1997, le mécontentement populaire donne lieu à de violentes manifestations. "L'homme des pauvres" est alors lâché par ses propres électeurs. Les 5 et 6 février 1997, la tension est à son comble : les syndicats du secteur public, le parti de gauche **Movimiento Popular Democrático (MPD)** et la CONAIE entament conjointement une grève contre le gouvernement.

La réponse du Congrès ne se fait pas attendre et elle est sans précédent. Ainsi, le 6 février 1997, le parlement évince Abdala Bucarám de la présidence pour "incapacité mentale" (voir plus loin l'encadré "**Et il veut devenir président ?**"). Pour toute réponse, Bucarám se barricade dans le palais présidentiel. Déclarant que son pays est en proie à une "dictature civile", Bucarám s'enfuit et trouve l'asile politique au Panama. Avec le soutien de l'armée, la vice-présidente Rosalía **Arteaga** prend le contrôle de l'Etat, mais c'est Fabián **Alarcón**, président du Congrès, qui est désigné par le Congrès lui-même comme successeur de Bucarám par le biais de l'article 57-2. Arteaga accuse le Congrès d'avoir mené "un coup d'Etat constitutionnel" mais cède sa place à Alarcón deux jours plus tard.

ALARCÓN. Dès le départ, le poste d'Alarcón est considéré comme temporaire. Confronté aux exigences d'Arteaga et d'autres qui réclament une consultation populaire, Alarcón en accepte le principe et fixe la date au mois d'août 1998. Il s'évertue alors à instaurer une certaine stabilité politique par le biais de son programme. Appelé **El Paquetito** (le pack Alarcón), ce dernier est censé réduire les déficits, augmenter les barrières tarifaires et le prix de l'électricité, restaurer un impôt sur le revenu de 8 %, procéder à une coupe budgétaire de 10 % dans tous les domaines et créer un détachement spécial chargé de réduire la corruption aux douanes et dans les services de recouvrement des impôts.

Malgré des prévisions optimistes, la reprise économique n'est pas au rendez-vous. Au contraire, la situation empire et les affaires qui touchent le gouvernement rappellent la présidence de Bucarám. Le scandale le plus frappant est la découverte de la responsabilité du président dans une opération de revente de vêtements provenant de dons destinés aux victimes d'El Niño.

"ET IL VEUT DEVENIR PRÉSIDENT ?" "No puede ser" ("ce n'est pas possible"), clament à la télévision les slogans du candidat social-chrétien Jaime Nebot, avant sa courte défaite face à son rival Abdala Bucarám, dit "el loco" ("le fou"). Abdala, dont la petite moustache et les gestes enfiévrés rappellent étrangement Adolf Hitler, a fait campagne avec pour slogan : "Una sola ideología : derrotar a la oligarquía" ("Une seule idéologie : mettre fin à l'oligarchie."). Sa ressemblance avec Hitler n'est d'ailleurs pas le fruit du hasard. Abdala (on l'appelle par son prénom) a en effet déclaré un jour que *Mein Kampf* était son livre de chevet. Non content de passer déjà pour un dangereux excentrique, il pousse le bouchon encore plus loin. Ainsi, lors de sa campagne malheureuse de 1988, Abdala apparaît à sa sortie d'hélicoptère en costume de Batman. Le futur président, qui voyage avec dans ses bagages un groupe de rock uruguayen, n'hésite pas non plus à chanter des boléros sur commande devant des parterres d'ouvriers. Mais quand il s'agit de parler, c'est l'entrepreneur qui prend le dessus : son charisme allié à ses hurlements gutturaux ont ainsi rallié les suffrages de la quasi-totalité des régions pauvres de l'Equateur (dans les provinces de Zamora et de Morona-Santiago, il a ainsi remporté les trois quarts des suffrages). L'une des raisons de ce succès pourrait résider dans le vote des femmes : Rosalía Arteaga, celle qu'Abdala avait choisie comme candidate à la vice-présidence, devint en effet la première femme vice-présidente d'Equateur, mais une fois élue, elle semble avoir eu peu de poids dans la gestion du pays. Quant aux frères d'Abdala, eux non plus ne passent pas inaperçus. L'un d'entre eux, pressenti pour devenir le nouveau ministre des Finances d'Abdala, a fait des études de sorcellerie. Un autre est arrêté à Guayaquil au lendemain des élections à bord d'un véhicule volé. Inquiets, certains membres de la bourgeoisie ont fui le pays à l'annonce des résultats. Peut-être avaient-ils une bonne raison de fuir... En tout cas, le fait que Bucarám ait perdu les élections dans la ville dont il était maire, Guayaquil, est révélateur. Mais "le fou" ne reste pas longtemps président, puisqu'il est rapidement contraint à l'exil (voir plus loin) au Panama, où il continue de faire parler de lui. On lui doit un disque intitulé "Le fou amoureux" et on peut l'apercevoir régulièrement dans les casinos de Panama City.

L'ÉLECTION DE 1998. L'image d'Alarcón entachée par les scandales, la campagne présidentielle oppose l'homme d'affaires Alvaro **Noboa** au maire de Quito, Jamil **Mahuad**. Ce dernier, soutenu par le **Parti démocratique populaire**, s'attire l'adhésion des classes moyennes éduquées, bien que certains s'inquiètent de sa récente attaque. Quant à Noboa, roi de la banane issu de l'une des familles les plus riches du pays, il est membre du Partido Roldosista et jouit du soutien de son ancien chef, Bucarám "el loco", qui coule des jours heureux au Panama. Or, parmi les électeurs, beaucoup craignent que Noboa n'amnistie Bucarám. Mahuad sera donc élu le 12 juillet, avec une légère avance sur son concurrent.

LA PRÉSIDENCE DE MAHUAD. Mahuad hérite d'une économie en proie à une crise profonde, une situation à laquelle son gouvernement réagit immédiatement par le biais de mesures drastiques visant notamment à régénérer le système bancaire. Pour arriver à leurs fins, Mahuad et sa formation politique, le Parti démocratique populaire, se voient contraints de s'allier aux populistes du Parti social-chrétien.

Les réformes de Mahuad n'empêchent pas l'économie de s'effondrer au cours de la période allant de la fin 1998 au premier semestre 1999. Confronté à ce désastre,

Mahuad redouble d'efforts mais s'attire le mécontentement des chauffeurs de taxi et des compagnies d'autobus, qui organisent une grève générale. Le Parti social-chrétien, ancien allié de Mahuad au Congrès, déclare son "opposition totale et frontale" à la nouvelle politique.

La cote de popularité du président grimpe légèrement après l'accord passé en octobre 1998 avec le président péruvien Alberto Fujimori concernant le conflit frontalier qui oppose depuis longtemps les deux pays. Dans une tentative désespérée pour stabiliser l'économie, Mahuad annonce le 9 janvier la dollarisation de la monnaie nationale, le *sucre*, c'est-à-dire son abandon au profit du dollar américain. Cette déclaration lui attire les foudres d'une partie de la population et sera à l'origine de sa destitution. Le 21 janvier 2000, un groupe d'Indiens (soutenu par les militaires et dirigé par la Confédération des nationalités indigènes d'Equateur) envahit le palais présidentiel et renverse son occupant par un coup d'Etat. Un gouvernement tripartite est désigné, dirigé par le général Carlos Mendoza (chef des forces armées), Carlos Solórzano (président de la Cour suprême) et Antonio Vargas (président de la CONAIE). Mais les Etats-Unis font pression contre ce gouvernement, et c'est le vice-président de Mahuad, Gustavo Noboa, qui succède à ce dernier.

NOBOA TENTE LE COUP. Dès sa prise de fonction, Noboa adopte le programme de reprise économique de Mahuad, et avec lui sa réforme la plus impopulaire, la dollarisation. Cette transition, achevée depuis le 10 septembre 2000, s'accompagne d'un mécontentement latent dans un contexte d'inflation record : 91 % en 2000, le plus fort taux d'Amérique latine, un chiffre que beaucoup d'Equatoriens attribuent aux conséquences de la dollarisation. Le 1er janvier 2001, l'augmentation de 75 % du prix des transports urbains et la hausse de 25 % de celui du carburant provoque des manifestations à Quito. L'inflation touche en premier lieu les couches sociales les plus défavorisées. Selon l'Agence France Presse, le salaire minimum est de 96 dollars, alors que le coût du panier de la ménagère pour cinq personnes est monté à 253 dollars en décembre 2000. Même si la hausse des cours mondiaux du pétrole a permis à l'Equateur de connaître une croissance de 3,5 % de son PIB en 2000, cette amélioration partait d'une situation tellement désastreuse qu'elle tarde à se faire sentir au sein de la population. Mais Noboa reste décidé à courir le risque, ce qui lui vaut le soutien des organismes internationaux tels que le Fonds monétaire international (FMI), qui a accepté d'apporter au pays une aide de 2 milliards de dollars sur trois ans à plusieurs conditions. L'Equateur doit ainsi réduire les subventions sur l'essence, le gaz, l'électricité et l'eau. Gageons que dans le climat d'inflation qui caractérise son pays, Noboa fera ce qu'il pourra pour rester au pouvoir avant un autre coup d'Etat.

Outre le plan du FMI, l'Equateur bénéficie d'une aide destinée à la construction d'un nouvel oléoduc. Celui-ci devrait permettre, selon les investisseurs, d'augmenter le revenu annuel du pays de 700 à 800 millions de dollars. Sa seule construction a englouti l'équivalent d'une année de bénéfices…

Par ailleurs, fin janvier 2001, les organisations indigènes appelaient à un soulèvement national pour exiger l'annulation des dernières mesures économiques décrétées par le gouvernement du président Gustavo Noboa (voir précédemment). Des milliers d'indigènes venus de tout le pays se rassemblaient à Quito et une centaine d'entre eux occupaient une université. Dans les provinces, de nombreuses routes étaient bloquées. En février, les affrontements entre indigènes et forces de l'ordre se poursuivaient pendant une semaine et faisaient quatre morts parmi les paysans, jusqu'à ce qu'un accord conclu entre la CONAIE et Noboa mette fin au soulèvement. A la mi-mars, un dialogue entre les indigènes et le gouvernement était entamé afin d'aborder de nombreuses questions économiques, sociales et politiques. Il devait durer plusieurs mois.

Comme si les problèmes intérieurs du pays ne suffisaient pas, l'Equateur est aujourd'hui confronté à ceux de la Colombie. La mise en route du Plan Colombie, par l'intermédiaire duquel les Etats-Unis s'engagent à verser à ce pays plus d'un milliard de dollars destinés à l'éradication par l'armée des cultures de coca et de leur exportation, fait craindre aux Equatoriens une extension sur leur sol de la lutte contre les narco-traficants. Or, on s'en doute, l'Equateur ne peut se le permettre. Le pays a donc envoyé des troupes à la frontière colombienne afin d'éviter que le conflit ne touche son territoire.

ART MODERNE

Décliné à travers toute une palette de styles et de supports, l'art indigène domine l'art équatorien du XXe siècle et a donné son nom à un mouvement : l'indigénisme. Oswaldo Guayasamín, l'artiste le plus célèbre de cette école, est connu pour sa peinture qui s'attache à illustrer la souffrance des Indiens. L'une de ses œuvres les plus réputées est *Cabezas* (Têtes), une série de portraits anonymes influencés par Picasso et le cubisme. Guayasamín, qui a travaillé avec le muraliste mexicain José Clemente Orozco, a lui-même réalisé plusieurs fresques controversées. En 1988, pour la salle de réunion du Congrès équatorien, il a ainsi effectué 23 peintures murales qui ne pouvaient laisser indifférent : aux côtés de peintures évoquant certains événements historiques, Guayasamín avait en effet placé un panneau en noir et blanc représentant un soldat nazi avec, sur son casque, les lettres CIA. Après quelques remous, les diplomates ont retrouvé leur calme et la fresque est toujours au même endroit. C'est dans son musée, à Quito, que vous apprécierez le mieux les œuvres de Guayasamín (voir **Quito** : **Musées**, p. 539).

Eduardo Kingman, autre peintre indigéniste, est considéré comme le pionnier du mouvement. Ses peintures aux formes stylisées et difficiles à distinguer donnent à voir des scènes d'oppression. *Mujeres y Santos* (1953) montre un Indien opprimé revêtu d'un châle bleu vif serrant une icône dans ses mains noueuses et démesurées, très caractéristiques de la peinture de Kingman. Camilo Egas a lui aussi fait partie du mouvement indigéniste des débuts, mais son style varié reflète également l'influence surréaliste. Manuel Rendón est un autre peintre équatorien célèbre qui, sans être vraiment indigéniste, reste associé à ce mouvement. Elevé à Paris et fils d'un ambassadeur équatorien, il y a, comme Egas, subi l'influence de l'art moderne. Son travail mêle plusieurs styles, dont le cubisme et le pointillisme.

Le plus célèbre des peintres de la jeune génération est Ramiro Jácome, qui aime les personnages abstraits et les couleurs intenses. Les œuvres de Jácome et d'autres artistes équatoriens modernes sont exposées à la Casa de la Cultura de Quito.

LITTÉRATURE

Bien avant l'avènement de l'écriture, les Indiens d'Equateur avaient donné naissance à une tradition orale étroitement liée aux pratiques religieuses et qui assurait la transmission des histoires, des chants, des poèmes et du théâtre. Elle a hélas largement disparu avec l'arrivée des Espagnols et la conversion brutale des populations indigènes au catholicisme. Seule exception notable, l'histoire de la guerre au cours de laquelle Atahualpa et son frère Huáscar se disputèrent le contrôle de l'Empire inca, juste avant la conquête espagnole.

XVIIE ET XVIIIE SIÈCLES. Les textes les plus anciens que l'on ait retrouvés sont l'œuvre de membres du clergé et datent du XVIIe siècle. On trouve parmi eux des poèmes ainsi que des écrits relatifs aux questions sociales et politiques propres à la colonie espagnole. Les auteurs dont les textes ont été le mieux conservés sont trois Jésuites : Gaspard de Villarroel (1590-1665), Antonio Bastidas (1615-1681) et Xacinto de Evia. Au XVIIIe siècle, les bourgeois commencent à exprimer leur mécontentement face à la gestion de l'Etat, préfigurant le futur mouvement pour l'indépendance. Classés dans la catégorie “littérature qui n'avait pas encore de patrie”, ces écrits sont les premiers à s'intéresser à ce qui deviendra plus tard la société équatorienne. Juan de Velasco (1727-1792), historien et narrateur, est considéré par beaucoup comme l'écrivain le plus talentueux de son époque. Journaliste, médecin et philosophe, Eugenio Espejo (1747-1795) appelle à des réformes sociales et traite de nombreuses questions par écrit, parmi lesquelles l'éducation, la théologie, la politique, la santé et l'économie. Il est également le père du premier journal de Quito, éphémère puisqu'il ne paraîtra que pendant trois mois. Quant à Juan Bautista Aguirre (1725-1786), il est célèbre pour son *Bref portrait des villes de Guayaquil et de Quito*, qui étudie la rivalité, toujours d'actualité, entre les deux villes.

XIXE SIECLE : MERA ET MONTALVO. C'est au XIXe siècle que l'Equateur se libère du joug espagnol et acquiert son indépendance. C'est aussi l'époque où naît une littérature nationale à part entière, sous la plume de ses pères fondateurs Juan León Mera (1832-1894) et Juan Montalvo (1832-1889). Bien que leur style romantique ait subi l'influence de la littérature espagnole, il s'en dégage une hostilité à la monarchie ainsi que la volonté de créer une identité équatorienne. Premier roman équatorien proprement dit, *Cumandá* est une œuvre majeure, écrite par León Mera, qui continuera de publier romans, poésie et recueils du folklore équatorien. Montalvo, romancier préféré des libéraux équatoriens, est un écrivain plus engagé politiquement. Son roman, *Capítulos que se le olvidaron a Cervantes* (*Les chapitres que Cervantès a oubliés*), qui narre les aventures de Don Quichotte à travers les Amériques, est parsemé de critiques à l'encontre des ennemis politiques et intellectuels de l'auteur.

XXE SIÈCLE : L'INDIGÉNISME ET AU-DELÀ. Depuis le XIXe siècle, la littérature équatorienne s'est forgé une véritable identité en abordant des questions sociales, politiques, culturelles et historiques propres à l'Equateur. Mais à la différence du XIXe siècle, les écrits du XXe siècle cessent de romancer les traditions indigènes, optant pour une description plus réaliste de leur lutte. L'un des premiers exemples de ce qui allait devenir l'indigénisme est le roman de Jorge Icaza (1906-1978), *Huasipungo*, qui relate la manière dont les Indiens résistaient à l'exploitation. Autres œuvres majeures des années 1930, les nouvelles écrites par plusieurs auteurs et réunies sous le titre *Los que se van* (*Ceux qui s'en vont*). Chacune d'entre elles utilise un langage cru et aborde des thèmes qui sortent des normes littéraires traditionnelles et choquent les lecteurs de l'époque. Les textes que Pablo Palacio (1906-1947) a écrits dans les années 1920 et 1930 ont inauguré un style ironique, existentiel et tourmenté qui sera plus largement adopté au cours des années 1960 et 1970. Dans les années 1960, les romans anti-impérialistes de Miguel Donoso Pareja et de Pedro Jorge Vera reflètent le sentiment de frustration engendré par la dépendance envers les puissances étrangères. En 1978, la première Réunion sur la Littérature Equatorienne confère une certaine légitimité au mouvement littéraire en devenir qui, depuis, continue de prospérer.

QUITO ☎ 02

LES INCONTOURNABLES DE QUITO

REJOIGNEZ la foule qui se presse sur la **Plaza de la Independencia** (p. 538), joyau du Quito colonial.

ALLEZ DÉCOUVRIR la vue splendide qui vous attend non loin de là sur la colline du **Panecillo** (p. 538).

ADMIREZ la plus intéressante collection d'art ancien et moderne de Quito au **Museo Nacional del Banco Central** (p. 539).

OSEZ DÉFIER la tranquillité légendaire des habitants de la sierra en vous déhanchant fiévreusement dans les boîtes du quartier moderne (p. 544).

GRIMPEZ au sommet du **volcan Pichincha** (p. 544) pour y contempler un panorama extraordinaire.

ENTREZ EN COMMUNION avec la nature dans ce paradis à ciel ouvert qu'est Mindo (p. 549).

A travers le hublot de l'avion, la ville de Quito, perchée sur un plateau de 2800 m d'altitude, apparaît comme une métropole tentaculaire environnée de sommets verdoyants qui jouent à cache-cache avec les nuages. Vu du ciel, le paysage magnifique qu'offre la capitale de l'Equateur s'apparenterait presque à une maquette. Ville moderne et florissante d'un côté, ville-musée coloniale en décrépitude de l'autre, Quito est à tous points de vue le centre géographique, politique et historique de l'Equateur. Ses premiers habitants furent les Quitu, les Cara, les Shyri et les Puruhá. Ce sont eux qui ont découvert au VIe siècle ce plateau inhabité. Les Incas conquièrent la ville vers 1500 après J.-C. et en font la capitale du nord de leur empire. Mais les Espagnols, Pizarro en tête, l'envahissent en 1532, et faisant fi de son héritage, fixent le jour de sa fondation au 6 décembre 1534, date à laquelle ils chassent définitivement les Incas. Quito n'abrite alors que deux cents familles. Un million et demi d'habitants y vivent aujourd'hui, répartis en deux quartiers séparés par une ligne de fracture économique et ethnique : le Quito colonial et le Quito moderne. En 1978, l'ONU déclare la partie coloniale patrimoine culturel de l'humanité. L'architecture de la vieille ville a en effet très peu changé depuis l'époque des Espagnols. Les étroites rues pavées sont toujours là, et les cours intérieures conservent leur fraîcheur d'autrefois. La pauvreté de la population qui habite cette partie de la ville et le délabrement des immeubles trahissent malheureusement la situation économique désastreuse du pays.

Pendant ce temps, le quartier moderne s'élève toujours plus haut dans le ciel et toujours plus loin sur les flancs du volcan Pichincha. Il est le moteur commercial de la capitale, où se croisent les hommes d'affaires, les étudiants et de plus en plus de touristes. Ces derniers ont choisi cette partie de la ville comme pied-à-terre. C'est là qu'ils posent leur sac au retour d'un périple à travers les Andes, d'une excursion dans la jungle ou d'une croisière aux îles Galápagos. Aussi le périmètre formé par les avenues Amazonas, 6 de Diciembre et Cordero s'est-il transformé en une sorte de havre pour touristes, avec douche chaude et petit déjeuner continental compris. Mais ce qui plaît également à Quito, c'est bien sûr le climat, qui demeure remarquablement constant au fil des mois. D'une manière générale, la température oscille entre 10°C et 25°C et les variations saisonnières sont presque imperceptibles. Qu'importe, puisque la ville réunit les quatre saisons en une seule journée : le matin, le ciel est souvent clair et ensoleillé, puis il se couvre à la mi-journée. L'après-midi, les averses ne sont pas rares, et le soir la température chute. Préparez-vous en conséquence et Quito ne vous décevra pas.

TRANSPORTS

ARRIVÉES ET DÉPARTS

Aéroport : **Aeropuerto Mariscal Sucre**, sur l'Ave. 10 de Agosto, tout au nord de la ville, à côté du quartier Florida. Taxi à partir de 2 $. Fixez le prix de la course avant de monter. Le bus indiquant "Aeropuerto" dessert l'aéroport depuis le Quito colonial et le Quito moderne. On le prend sur l'Ave. 12 de Octubre ou sur l'Ave. Amazonas. Le tramway qui roule le long de l'Ave. 10 de Agosto (Lu-Ve 6h-24h, Sa-Di 8h-22h) dessert lui aussi l'aéroport, mais il vous faudra changer à Estación Norte dans la partie nord du quartier moderne pour prendre la ligne Rumiñahui. **Taxe d'aéroport** à payer au départ : 25 $.

Compagnies aériennes : **TAME**, Amazonas 1354 (☎509 375), au niveau de l'Ave. Colón. Ouvert Lu-Ve 8h-19h. Pour : **Cuenca** (durée 40 mn, Lu-Sa 7h15, Di-Ve 16h ou 16h15, 50 $), **Lago Agrio** (durée 30 mn, dép. Lu. et Ve. à 10h30 et 16h40, Ma-Je et Sa. à 10h30, 54 $), **Guayaquil** (durée 45 mn, Lu-Ve 10 dép/j de 7h à 19h45, Sa. 6 dép/j de 7h à 17h15, Di. 7 dép/j de 7h à 18h30, 60 $) et **Lima (Pérou)** (durée 2 h, dép. Lu-Sa à 11h30, à partir de 179 $). **ICARO**, Palora 124 (☎254 891), au niveau de l'Ave. Amazonas. Pour **Cuenca** (durée 40 mn, Di-Je 2 dép/j, à 16h30 et 17h50, 50 $). **TACA** (les billets peuvent être achetés auprès des agences de voyages) dessert **Lima** (durée 2h, Lu-Sa

8h30, 129 $ plus 12 % de taxe). **Ecuatoriana** (☎ 563 003), au niveau de l'Ave. Colón et de la rue Reina Victoria, dans le bâtiment de Torns de l'Ave. Almagro. Ouvert Lu-Ve 8h-18h et Sa. 9h-12h. **Lloyd Aero Boliviano (LAB)**, associé à Ecuatoriana, dessert **La Paz (Bolivie)** (Ma. et Je. 14h, à partir de 358 $).

Train : **Gare** (☎ 656 142), dans la rue Maldonado. Prenez le tramway jusqu'à l'arrêt Chimbacalle, au sud du Quito colonial. Le service est fréquemment interrompu pour cause de travaux. Les tarifs pratiqués auprès des touristes sont élevés, mais certains affirment que le trajet sur l'impériale les vaut bien. Faites tout de même attention aux branches et aux câbles ! Pour : **Riobamba** (durée 8h, Sa. 8h, 15 $), **Latacunga** (15 $), **Ambato** (16 $). Une autre ligne dessert **Boliche**, près de Cotopaxi (durée 3h, Di. 7h, 20 $).

Bus : **Terminal**, dans la partie coloniale près de la grande route, tout au bout de la rue 24 de Mayo. Prenez le tramway jusqu'à Cumandá, descendez l'escalier qui se trouve au nord de la route (vous tournez le dos à la colline du Panecillo et à la Vierge de Quito) et continuez votre chemin. Les bus desservent toutes les destinations, dont : **Baños** (durée 3h30, 1 dép/30 mn de 5h10 à 19h), **Cuenca** (durée 10h, 12 dép/j de 7h30 à 22h45, 6,80 $), **Esmeraldas** (durée 6h, 1 dép/30 mn de 5h50 à 0h30, 4,40 $) via **Santo Domingo** (durée 3h, 1 dép/10 mn, 1,60 $), **Guayaquil** (durée 8h, 1 dép/h de 5h30 à 0h15, 5,60 $), **Ibarra** (durée 3h, 1 dép/15 mn de 6h à 21h, 1,60 $), **Lago Agrio** (durée 8h, 1 dép/h de 4h à 22h30, 5,60 $), **Latacunga** (durée 2h, 1 dép/10 mn de 6h à 19h, 1 $), **Loja** (durée 14h, 1 dép/2 h de 12h50 à 21h30, 9 $), **Macas** (durée 10h, 6 dép/j, 5,20 $), **Manta** (durée 8h, 16 dép/j de 6h30 à 22h30, 5,60 $) via **Portoviejo** (durée 8h, 5,60 $), **Otavalo** (durée 2h, 1 dép/20 mn de 6h à 20h30, 1,12 $), **Puyo** (durée 5h, 1 dép/30 mn, 2,60 $), **Riobamba** (durée 4h, 1 dép/h de 7h30 à 19h, 2,20 $), **Salinas** (durée 10h, dép. à 21h50 et à 23h, 4 $) et **Tena** (durée 5h, 4 dép/j, 3 $).

SE DÉPLACER

Bus urbain : Il existe deux sortes de bus, les bus bleu clair du **Servicio Popular** (0,10 $, on paie en descendant) et les bus rouge et blanc de l'**Especial** (0,12 $, on paie en montant). Les enfants, les personnes âgées et les handicapés paient demi-tarif. Lorsque vous voulez descendre, dites bien fort *gracias* ou *aquí, no más*. Les bus qui assurent la correspondance avec le tramway sont verts et blancs. Les bus de type *interparroquial* (qui desservent les petites villes de banlieue) sont roses et blancs. Le trajet et la destination sont indiqués sur l'avant du bus. La **ligne reliant le Quito colonial au Quito moderne** est desservie par le Colón-Camal (n°2) qui part de la rue Versalles, le San Bartolomé-Miraflores (n°10) qui part de l'Ave 12 de Octubre, le Tejar-El Inca (n°11) qui circule le long de l'Ave. 6 de Diciembre, et par plusieurs bus sur l'Ave. Amazonas. Vous prendrez les bus "Aeropuerto" et "Estadio" (à destination du stade olympique) sur les Ave. 6 de Diciembre et Naciones Unidas.

Tramway : Le tramway de Quito est écologique, rapide, efficace et... bondé. Vous ne pourrez pas rater les arrêts signalés par des abris en verre. Le tramway circule le long de l'Ave. **10 de Agosto** dans le quartier moderne, puis traverse le Quito colonial sur les axes **Guayaquil** et **Maldonado**. La ligne C1 traverse la ville dans le sens de la longueur, depuis Estación Recreo jusqu'à Estación Y (prononcer "la yé"). La ligne C2 ne dessert que la boucle du sud de la ville, de Recreo à Colón, tandis que la ligne C3 ne dessert que la boucle nord, d'Y à Colón. Le service est assuré Lu-Ve 6h-24h et Sa-Di 8h-22h. 0,10 $, 0,06 $ pour les mineurs et les personnes âgées.

Taxi : **City-Taxi** (☎ 633 333), **Central de Radio Taxi** (☎ 500 600) et **Tele-Taxi** (☎ 411 119) assurent un service continu 24h/24.

Location de voitures : **Budget Rent-a-Car**, Colón 1140 (☎ 237 026, aéroport 459 092), au niveau de l'Ave. Amazonas. **Avis Rent-a-Car**, Aeropuerto Mariscal Sucre (☎ 440 270 ou 255 890). Age minimum : 25 ans. **Team Rent-a-Car**, Amazonas 1128 (☎ 562 436), à l'angle de la rue Foch.

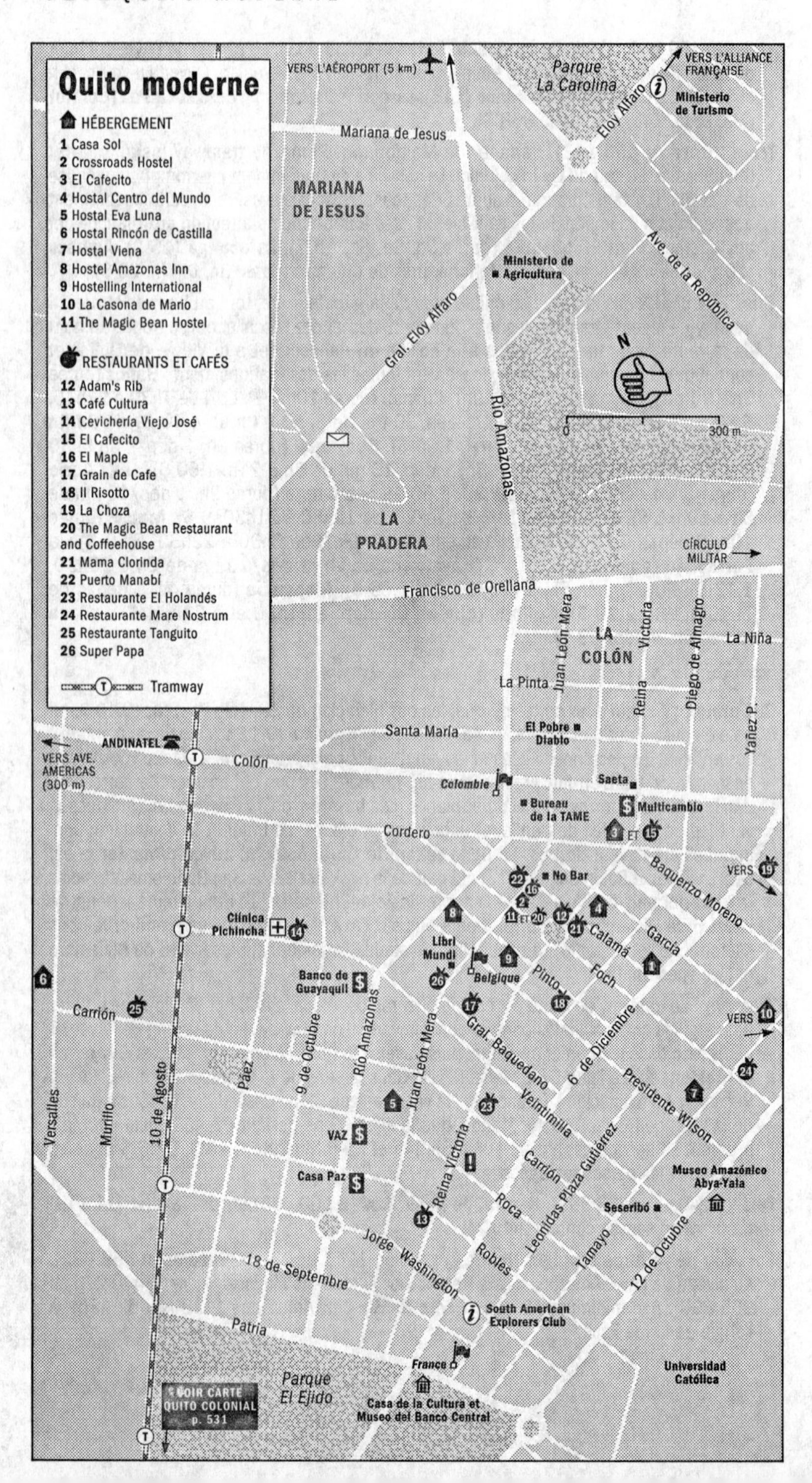
Quito moderne
HÉBERGEMENT
1 Casa Sol
2 Crossroads Hostel
3 El Cafecito
4 Hostal Centro del Mundo
5 Hostal Eva Luna
6 Hostal Rincón de Castilla
7 Hostal Viena
8 Hostel Amazonas Inn
9 Hostelling International
10 La Casona de Mario
11 The Magic Bean Hostel
RESTAURANTS ET CAFÉS
12 Adam's Rib
13 Café Cultura
14 Cevichería Viejo José
15 El Cafecito
16 El Maple
17 Grain de Cafe
18 Il Risotto
19 La Choza
20 The Magic Bean Restaurant and Coffeehouse
21 Mama Clorinda
22 Puerto Manabí
23 Restaurante El Holandés
24 Restaurante Mare Nostrum
25 Restaurante Tanguito
26 Super Papa
Tramway
VERS L'AÉROPORT (5 km)
Parque La Carolina
VERS L'ALLIANCE FRANÇAISE
Ministerio de Turismo
Eloy Alfaro
Mariana de Jesus
MARIANA DE JESUS
Ministerio de Agricultura
Ave. de la República
Gral. Eloy Alfaro
Río Amazonas
N
0
300 m
LA PRADERA
CÍRCULO MILITAR
Francisco de Orellana
Juan León Mera
LA COLÓN
Reina Victoria
Diego de Almagro
La Niña
La Pinta
Yañez P.
Santa María
El Pobre Diablo
ANDINATEL
VERS AVE. AMERICAS (300 m)
Colón
Colombie
Saeta
Bureau de la TAME
Multicambio
Cordero
ET
No Bar
VERS
Baquerizo Moreno
Clínica Pichincha
Libri Mundi
Calamá
García
Foch
Belgique
Pinto
Banco de Guayaquil
Carrión
Río Amazonas
9 de Octubre
Juan León Mera
Gral. Baquedano
6 de Diciembre
Presidente Wilson
Veintimilla
Páez
10 de Agosto
Versalles
Murillo
VAZ
Reina Victoria
Casa Paz
Carrión
Leonidas Plaza Gutiérrez
Museo Amazónico Abya-Yala
Roca
Seseribó
Jorge Washington
Robles
Tamayo
12 de Octubre
18 de Septembre
South American Explorers Club
Patria
France
Parque El Ejido
VOIR CARTE QUITO COLONIAL p. 531
Casa de la Cultura et Museo del Banco Central
Universidad Católica

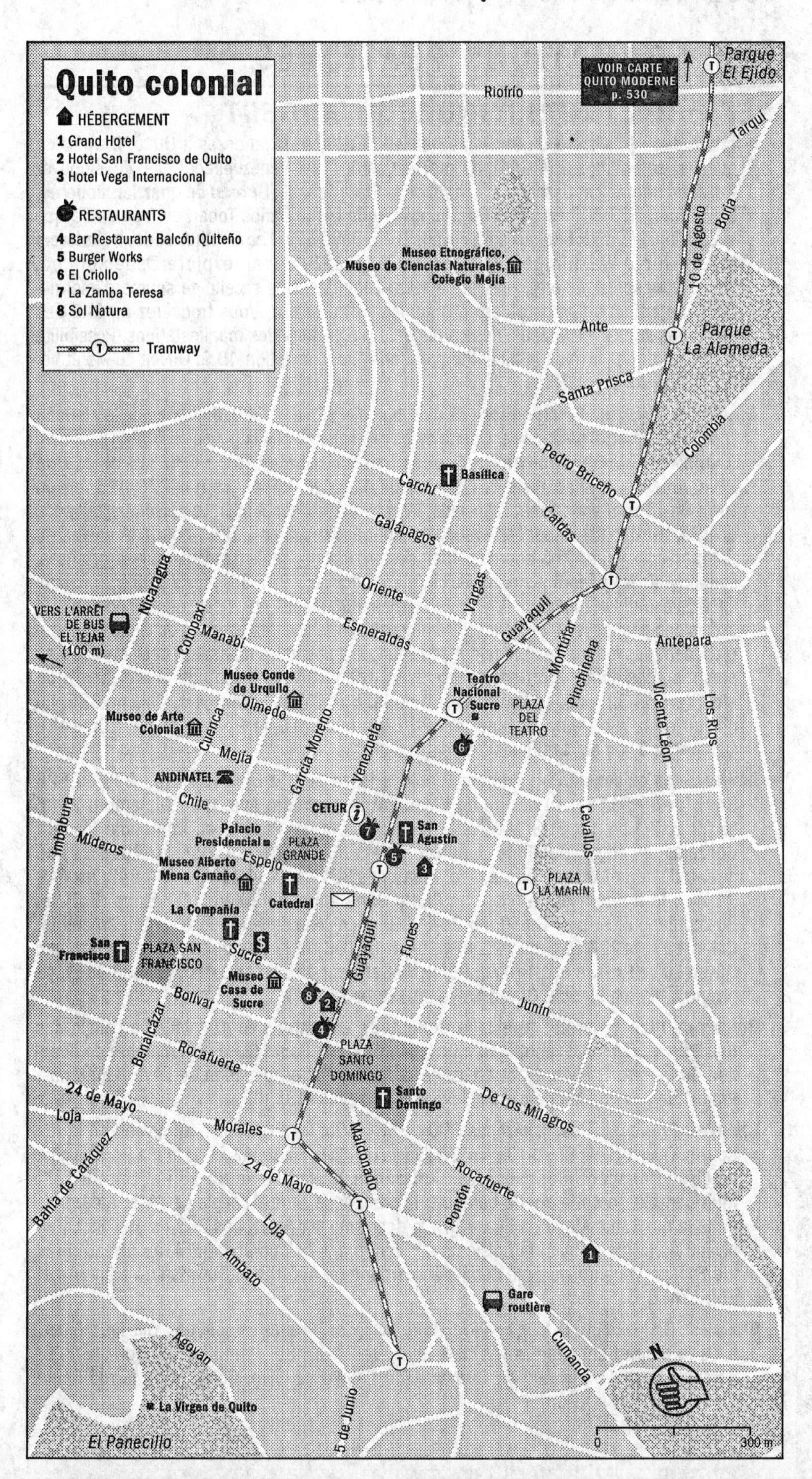

Quito colonial
HÉBERGEMENT
1 Grand Hotel
2 Hotel San Francisco de Quito
3 Hotel Vega Internacional
RESTAURANTS
4 Bar Restaurant Balcón Quiteño
5 Burger Works
6 El Criollo
7 La Zamba Teresa
8 Sol Natura
Tramway
VOIR CARTE QUITO MODERNE p. 530
Parque El Ejido
Riofrío
Tarqui
10 de Agosto
Borja
Museo Etnográfico, Museo de Ciencias Naturales, Colegio Mejía
Ante
Parque La Alameda
Santa Prisca
Colombia
Pedro Briceño
Carchí
Basílica
Caldas
Galápagos
Oriente
Vargas
Guayaquil
Montúfar
Pinchincha
Antepara
Esmeraldas
VERS L'ARRÊT DE BUS EL TEJAR (100 m)
Nicaragua
Cotopaxi
Manabí
Museo Conde de Urquilo
Olmedo
Teatro Nacional Sucre
PLAZA DEL TEATRO
Vicente Léon
Los Rios
Museo de Arte Colonial
Cuenca
Mejía
García Moreno
Venezuela
ANDINATEL
Chile
CETUR
Imbabura
Mideros
Palacio Presidencial
PLAZA GRANDE
San Agustín
Cevallos
Espejo
Museo Alberto Mena Camaño
Catedral
PLAZA LA MARÍN
La Compañía
San Francisco
PLAZA SAN FRANCISCO
Sucre
Flores
Museo Casa de Sucre
Bolívar
Junín
Benalcázar
Rocafuerte
PLAZA SANTO DOMINGO
24 de Mayo
Loja
Santo Domingo
De Los Milagros
Morales
Maldonado
Bahía de Caráquez
24 de Mayo
Rocafuerte
Pontón
Loja
Ambato
Gare routière
Agoyan
Cumanda
N
La Virgen de Quito
5 de Junio
El Panecillo
0
300 m

INFORMATIONS PRATIQUES

SERVICES TOURISTIQUES ET ARGENT

Informations : **Ministère du tourisme**, ancien CETUR, deux adresses à Quito. **Bureau du quartier colonial** (☎954 044), à l'intersection des rues Venezuela et Chile. Vous pouvez y aller en tramway et descendre à l'arrêt de la Plaza Grande. **Bureau du quartier moderne**, Eloy Alfaro, N32-300 (☎507 560), au niveau de la rue Carlos Tobar, en face du Parque la Carolina. Les deux bureaux sont ouverts Lu-Ve 8h30-17h. **The South American Explorers (SAE)**, Jorge Washington 311 (☎/fax 225 228, e-mail explorer@saec.org.ec, Web : www.samexplo.org), près de la Plaza Leonidas. Une excellente source d'informations. Le personnel vous aidera à organiser votre séjour. Vous trouverez au SAE des brochures sur les excursions, des cartes et le programme des manifestations. Possibilité d'emprunter des livres à la bibliothèque. Consigne. Inscription 40 $. Ouvert Lu-Me et Ve. 9h30-17h, Je. 9h30-20h.

Agences de voyages : **Safari** dispose de deux bureaux : Calamá 380, au niveau de la rue Juan León Mera, spécialisé dans l'escalade et les excursions dans la jungle (☎552 505, e-mail admin@safariec.ecuanex.net.ec, ouvert tlj 9h-19h), et Roca 630, au niveau de l'Ave. Amazonas, spécialiste des excursions dans les Galápagos (fax 220 426, ouvert Lu-Ve 9h-18h). Si vous aimez l'escalade, c'est là qu'il vous faut aller. Le personnel, qui parle anglais, est très serviable. Les excursions sont assez chères (185 $ pour l'ascension du Cotopaxi en 2 jours, 45 $ pour la plupart des excursions), mais d'autres, moins onéreuses, sont organisées périodiquement. **G.A.L.A. Ecuador** (☎9 807 887, fax 2 230 922, e-mail info@galasouthamerica.com, Web : www.galasouthamerica.com) est spécialisée dans les excursions pour gays et lesbiennes. Rarement bon marché, les agences du Quito moderne proposent des forfaits comprenant le transport, le guide et les repas. Les deux agences les plus réputées sont : **The Biking Dutchman**, Foch 714, au niveau de la rue Juan León Mera (☎568 323, ouvert Lu-Ve 9h-18h et Sa. 8h-12h) et **Adventours**, Calamá 339, au niveau de la rue Reina Victoria (☎820 848, ouvert Lu-Ve 9h-19h et Sa. 10h-14h). Demandez à voir les certificats officiels des guides.

Ambassades et consulats : **France**, Leonidas Plaza 107 (☎560 789, 562 270 ou 526 347, fax 546 118), au niveau de l'Ave. Patria. **Canada**, Ave. 6 de Diciembre 2816 (☎02 232 114, fax 503 108), à la hauteur de la rue Paul Rivet, Immeuble Josueth Gonzales, 4e étage. **Belgique**, Juan León Mera 23-103 (☎224 224, fax 791 219) au niveau de la rue Wilson. **Suisse**, Ave. Amazonas 3617 (☎434 113 ou 434 948, fax 449 314), à la hauteur de la rue Juan Pablo Sánz, Immeuble Xerox, 2e étage. **Bolivie**, Bosmediano 526 (☎446 450, fax 244 833), au niveau de la rue José Carbo. **Colombie**, Colón 133 (☎228 926 ou 222 486, fax 567 766), à la hauteur de l'Ave. Amazonas. Ouvert Lu-Ve 9h-13h et 14h-17h. **Pérou**, El Salvador 495 (☎468 410, fax 468 411), au niveau de la rue Irlanda. Ouvert Lu-Ve 9h-13h et 15h-17h.

Bureau de l'immigration : **Dirección General de Extranjería** (☎454 122), à l'angle des rues Paez et Carrión. Prenez le tramway jusqu'à l'arrêt Santa Clara puis marchez en direction du Parque El Ejido avant de suivre la rue Carrión en direction de l'Ave. Amazonas. Prorogation des cartes de touriste. Ouvert Lu-Ve 6h30-13h30.

Change : **Producambios**, Amazonas 370 (☎564 500, fax 564 753), au niveau de la rue Robles. Ouvert Lu-Ve 8h30-18h. **VAZ**, à l'angle de l'Ave. Amazonas et de la rue Roca, à côté de l'Hotel Alameda Real sur l'Ave. Amazonas. Ouvert Lu-Ve 8h-18h et Sa. 9h-13h. **Multicambio** possède quatre bureaux : le premier se situe à l'angle de l'Ave. Amazonas et de la rue Santa María (☎561 734), le deuxième sur Amazonas 363 (☎567 351), au niveau de la rue Robles, le troisième sur Venezuela 731 (☎951 075), au niveau de la rue Espejo. Vous trouverez le dernier à l'aéroport (☎440 080). Ouverts Lu-Ve 9h-14h et 15h-17h30.

Banques : On les trouve le long de l'Ave. Amazonas. Les horaires ne sont pas tous les mêmes, mais la plupart changeront vos devises Lu-Ve 9h-13h30. Parmi les banques les plus fiables, on trouve : **Banco de Guayaquil**, à l'angle de l'Ave. Colón et de la rue Reina

Victoria (☎566 800, ouvert Lu-Ve 9h-16h30 et Sa. 9h-13h), **Banco del Pacífico**, à l'angle de l'Ave. Amazonas et de la rue Veintimilla (☎437 537, ouvert Lu-Ve 9h-17h et Sa. 9h30-14h30), **Citibank**, à l'angle de la rue Rep. El Salvador et de l'Ave. Naciones Unidas (☎970 100, ouvert Lu-Ve 9h-16h).

Distributeurs automatiques : Omniprésents dans le Quito moderne, plus rares dans le quartier colonial. Vous trouverez des distributeurs Visa/MC auprès des banques suivantes : **Banco de Guayaquil**, **Banco del Pacífico**, **Banco de Préstamos** et **Filanbanco**.

MasterCard, Naciones Unidas 825 (☎262 770), à la hauteur de la rue Shirys. Ouvert Lu-Ve 8h-17h. **Visa**, Shyris 3147 (☎459 303), au niveau de la rue Tomás de Berlanga, à la banque Filanbanco. Ouvert Lu-Ve 9h-17h30.

American Express : Amazonas 329 (☎560 488, fax 501 067), au niveau de la rue Jorge Washington. Ouvert Lu-Ve 8h30-17h.

SERVICES DIVERS

Librairies étrangères : **Libri Mundi**, Juan León Mera N23-83 (☎234 791), au niveau de Jorge Washington ; dans le Quicentro Shopping à l'angle de l'Ave. Naciones Unidas et de la rue Shyris (☎464 473), et à l'Hotel Colón (☎550 455), à l'angle des avenues Amazonas et Patria. Les prix sont un peu élevés mais c'est là qu'il faut aller pour trouver de quoi lire en espagnol, en allemand, en français et en anglais. Ouvert Lu-Ve 8h-19h, Sa. 9h-13h30 et 15h30-18h30. Le magasin de Quicentro ouvre également le dimanche de 10h à 19h. **Confederates Books and Cafe**, Calamá 410 (☎/fax 527 890, e-mail tommys@accessinter.net), au niveau de la rue Juan León Mera, propose surtout des livres en anglais mais il y a également quelques ouvrages en français. Ouvert Lu-Ve 9h-20h et Sa-Di 10h-19h. Vous trouverez également une bibliothèque francophone à l'Alliance française (voir plus loin).

Centres culturels : **Alliance française**, Ave. Eloy Alfaro N32-468 (☎246 589 ou 246 590, fax 442 293, Web : www.afquito.org.ec). Ouvert Lu-Ve 9h-12h30 et 14h30-18h30, Sa. 9h-12h30. La médiathèque est assez fournie (ouvert Ma. 14h-20h30, Me-Ve 9h-12h30 et Sa. 10h-12h30).

Supermarchés : **Supermaxi**, dans le Multicentro à l'angle de l'Ave. 6 de Diciembre et de la rue La Niña, dans le centre commercial de l'aéroport et celui d'El Jardín. Ouverts Lu-Sa 9h30-20h, Di. 9h30-14h.

Laveries automatiques : **Lavandería Lavanda Calamá**, Calamá 244 (☎544 528), au niveau de la rue Reina Victoria. Lavage ordinaire 0,15 $/500 g. Lavage à sec 0,15 $ la pièce. Ouvert Lu-Ve 8h-20h, Sa. 8h-18h et Di. 8h-12h. Si vous souhaitez laver vous-même votre linge, **Opera de Jabón**, Pinto 325 (☎543 995), au niveau de la rue Reina Victoria, propose un self-service. 0,75 $ la machine, lessive comprise. Ouvert Lu-Sa 7h-19h30 et Di. 9h-17h.

URGENCES ET COMMUNICATIONS

Urgences : ☎911

Police : ☎101. **Bureau de la police criminelle**, dans le quartier colonial à l'angle des rues Cuenca et Mideros. Ouvert 24h/24.

Pharmacies : **Farmacia CYF**, Jorge Washington 416 (☎555 438), au niveau de la rue Reina Victoria. **Farmacia el Sol**, 6 de Diciembre (☎507 335), à la hauteur de la rue Veintimilla. Ouvertes 24h/24.

Soins médicaux : **Hospital Vozandes**, Villalengua 267 (☎241 540), au niveau de l'Ave. 10 de Agosto, sur la ligne de bus de Villaflora. Consultation 2 $. **Hospital Metropolitano** (☎431 457), à l'angle des rues Mariana de Jesús et Occidental, sur la ligne de bus Quito Sur-San Gabriel. Taxi 1 $. Médecin non conventionné, le **Dr. John Rosenberg**, Foch 476, au niveau de l'Ave. Almagro (☎521 104, ☎09 739 734, bipper 227 777), parle couramment anglais, allemand, français et hébreu. **Clínica Pichincha**, Veintimilla 1259, au niveau de la rue Paez (☎562 408 ou 562 296). Recommandée pour les urgences.

Téléphone : Quito est la ville d'Equateur d'où les appels internationaux sont le moins difficiles. Vous pouvez appeler depuis **ANDINATEL**, à plusieurs endroits : à l'angle de l'Ave. 10 de Agosto et de l'Ave. Colón, ou bien à l'angle des rues Benalcázar et Mejía, ou à l'aéroport, ou encore à la gare routière. Il est presque toujours possible d'appeler l'international depuis tout téléphone à composition directe, y compris ceux installés dans le hall de la plupart des hôtels. Veillez à ce que l'hôtel ne vous fasse pas payer un tarif à la minute. Le service devra être facturé à un prix raisonnable (inférieur à 0,50 $).

Internet : Les postes Internet sont légion dans les rues Calamá, Reina Victoria et Juan León Mera. En général, le tarif est 0,70-0,90 $/h. Un endroit très pratique pour se connecter : **Magic Roundabout Hipe Mall** (☎569 767), au coin des rues Foch et Reina Victoria. Ouvert tlj 8h30-21h.

Bureaux de poste : **Bureau de Poste du quartier colonial**, dans la rue Espejo, entre les rues Guayaquil et Venezuela, à quelques mètres du Palacio del Gobierno dans la direction de Guayaquil. Si vous voulez recevoir du courrier à ce bureau de poste, veillez à ce que vos correspondants indiquent bien la mention "Correo Central, Lista de Correos". Ouvert Lu-Ve 7h30-19h, Sa. 8h-14h. **Bureau de Poste du quartier moderne**, Eloy Alfaro 354, au niveau de la rue 9 de Octubre. Si vous souhaitez y recevoir du courrier, demandez à vos correspondants qu'ils y indiquent la mention "Correo Central, Eloy Alfaro Estafeta SUCn°21", autrement il sera transféré au bureau du quartier colonial. Ouvert Lu-Ve 8h-19h30, Sa. 7h30-14h. Les **colis** devront être expédiés via le **Correo Marítimo Aduana**, Ulloa 273 (☎546 917), au niveau de Ramírez Dávalos, à proximité du marché Santa Clara. Ouvert Lu-Ve 7h30-16h. **EMS** (☎569 741), à deux pas du bureau de poste d'Eloy Alfaro. Ouvert Lu-Ve 8h-19h, Sa. 8h-12h30. **FedEx**, Amazonas 517 (☎569 356), au niveau de Santa María. Ouvert Lu-Ve 8h-20h, Sa. 10h-14h.

HÉBERGEMENT

QUARTIER MODERNE

Un certain nombre de petits hôtels, notamment dans cette partie de la ville, sont tenus par des *gringos*, ou en tous cas fréquentés par eux. Ils sont souvent centraux et situés entre les Ave. Amazonas et 6 de Diciembre. Les hébergements bon marché sont, quant à eux, légèrement à l'écart des grandes artères. A l'hôtel, prévoyez une taxe de 10 % en plus du prix de votre chambre, sauf si le contraire est spécifié. Dans la plupart des cas, il vous faudra y ajouter une surtaxe de 10 à 20 % si vous payez avec une carte de crédit. Précisez bien que vous désirez passer plusieurs nuits consécutives dans la même chambre. Dans le cas contraire, l'établissement risquerait de vous en faire changer.

♥ **Casa Sol**, Calamá 127 (☎230 798, fax 223 383, e-mail casasol@ecuadorexplorer.com), près de l'Ave. 6 de Diciembre. Chambres claires, impeccables, avec salle de bains. Cour ensoleillée. Un service de qualité, même s'il faut y mettre le prix. Chambre simple 12 $, avec salle de bains 15 $, chambre double 22 $, avec salle de bains 26 $, chambre triple 32 $, avec salle de bains 33 $. Réductions pour les longs séjours.

♥ **The Magic Bean Hostel**, Foch E5-08, au niveau de la rue Juan León Mera (☎566 181, e-mail magic@ecuadorexplorer.com/magicbean/home). Un vivier de *gringos*, l'un des établissements les plus connus de Quito. Emplacement de premier choix, quoique bruyant. Très bon restaurant. Dortoirs bien entretenus, 8 $/personne, chambre simple 22 $, double 26 $, triple 32 $.

♥ **La Casona de Mario**, Andalucía 213 (☎544 036 ou 230 129, e-mail lacasona@punto.net.ec), au niveau de la rue Galicia. L'endroit est un peu excentré mais il vaut le détour pour ses chiens sympathiques et ses superbes fleurs. Patio, cuisine. Chambre 6 $/personne. Réduction de 10 % pour les séjours d'une durée supérieure à 7 jours.

El Cafecito, Luis Cordero 1124 (☎234 862), à l'intersection de la rue Reina Victoria. Chambres confortables décorées de tentures colorées, situées au-dessus d'un café populaire (les hôtes y bénéficient d'une réduction de 10 %). Tenu par des Canadiens et rempli d'Européens. Dortoir 6 $/ personne, taxe incluse.

Hostal Centro Del Mundo, à l'angle des rues Reina Victoria et García. Des chats paisibles viennent y vagabonder. Plutôt propre et confortable. Chaque lit dispose d'un coffre fermant à clef. Délicieux petits déjeuners servis dans un petit café (2-5 $). Dortoir 2,50-6 $, chambre triple 12 $/personne.

Hostal Amazonas Inn, Joaquín Pinto E4-324 (☎225 723), à deux pas de l'Ave. Amazonas. Central, chambres confortables avec salle de bains privée. Au rez-de-chaussée, certaines chambres ont un balcon. Chambre simple 5 $, double 8 $, triple 10 $, chambre de quatre personnes 12 $. Taxe comprise.

Hostal Eva Luna, Roca 630 (☎234 799), sur une allée s'étirant entre la rue Juan León Mera et l'Ave. Amazonas. Le seul établissement de Quito uniquement réservé aux femmes. Entre autres artifices, vous aurez droit à des portes roses et des motifs muraux à fleurs. Salle de télévision. Chambre 5 $/personne, taxe comprise. Réductions pour les séjours supérieurs à 9 jours.

Hostal Rincón de Castilla, Versalles 1127, au niveau de la rue Carrión (☎/fax 224 312). Chambres d'un confort spartiate, assez propres. Tarifs intéressants. Situé à 10 mn des rues les plus animées du quartier moderne. Service de blanchissage. Télévision. Cuisine. Chambre 3,60 $/personne taxe comprise.

Hostal Viena, Tamayo N24-77 (☎235 418) à l'intersection de la rue Foch, à quelques *cuadras* de l'Ave. 6 de Diciembre, en amont. Une aura de propreté et de pureté se dégage de cet établissement. Vous trouverez dans cet hôtel des autels dédiés à la Vierge Marie. Chambre 5 $/personne.

Crossroads Hostel, Foch N5-23 (☎234 735, e-mail crossrds@vio.satnet.net), au niveau de la rue Juan León Mera. Parmi les préférés des amateurs d'aventure. Chambres simples mais l'établissement met à votre disposition un terrain de basket. Jeff, le propriétaire, peut vous aider à organiser des excursions. Dortoir 5-6 $/personne, chambre simple 12 $, double 20 $, triple 30 $.

QUARTIER COLONIAL

Le fait de séjourner dans le quartier colonial vous permettra de prendre le pouls du vieux Quito, mais uniquement la journée, car de nuit, cette partie de la capitale présente peu d'intérêt et devient peu sûre. Le soir, circulez donc en taxi.

❤ **Grand Hotel**, Rocafuerte 1001, au niveau de la rue Pontón (☎280 192 ou 959 411, e-mail grandhotelquito1@hotmail.com). Une valeur sûre. On y trouve tout ce qu'un voyageur peut désirer : l'accès à Internet, un café, un service de blanchissage, une école d'espagnol, une salle de séjour équipée d'une TV câblée, une consigne ainsi qu'une cuisine. Chambre 3-6 $/personne, avec salle de bains 4-12 $/personne.

Hotel San Francisco de Quito, Sucre 217 (☎287 758, fax 951 241, e-mail hsfquito@impsat.net.ec), à l'angle de la rue Guayaquil, une *cuadra* en amont de la Plaza Santo Domingo. L'agrément du Quito colonial à des prix raisonnables. Chambres confortables garnies de tapis. Toutes disposent d'une salle de bains et certaines d'un balcon en fer forgé donnant sur une jolie cour intérieure. Chambre simple 6 $, double 8-9 $, triple 11 $, chambre de quatre personnes 13 $, mini-appartement 15 $. Taxe comprise.

Hotel Vega Internacional, Flores 562 (☎959 833, fax 954 327), au croisement de la rue Chile. Sa vaste cour, ses couloirs ensoleillés et ses chambres équipées de téléviseurs neufs contrastent avec la tristesse de certains établissements du vieux quartier. Toutes les chambres disposent d'une salle de bains. Restaurant. Chambre simple 4 $, double 7 $, triple 8-10 $.

RESTAURANTS

En plus de votre note, vous devrez vous acquitter d'une taxe de 10 % et, dans certains cas, de 10 % de plus pour le service. Enfin, le paiement par carte de crédit peut faire une nouvelle fois grimper l'addition de 10 à 20 %.

QUARTIER MODERNE

Il fallait s'y attendre, les restaurants du quartier moderne ont tendance à être plus chers que leurs homologues du quartier colonial. Il reste cependant possible de bien manger à des prix raisonnables. Bien souvent, ce que vous payez dans les restaurants chic du Quito moderne couvre surtout le décorum : les chandeliers, la porcelaine gravée, les garçons en cravate, etc. La cuisine, quant à elle, n'est pas forcément meilleure que celle servie dans les *comedores* du coin. Si vous souhaitez déjeuner à bas prix, optez pour les établissements situés à proximité de l'**Ave. Amazonas**. Sur l'Ave. Amazonas même, les **cafés avec terrasse** vous permettront de boire un verre ou deux pour un prix assez modeste. Mais attendez-vous à être harcelé par les mendiants et les vendeurs de rue. **Restaurant Row** ("la rangée des restaurants") est le surnom donné à une autre artère bordée de restaurants, pour la plupart destinés aux touristes, qui s'étire entre les rues Juan León Mera et Reina Victoria, aux abords de la rue Calamá.

❤ **The Magic Bean Restaurant and Coffeehouse**, Foch E5-08 (☎566 181), au niveau de la rue Juan León Mera. A l'image de l'hôtel situé au-dessus, le Magic Bean a tout du repaire de *gringos*. Les salades avoisinent les 3 $, mais avec ses 7 variétés de *pancakes*, le restaurant est surtout connu pour ses petits déjeuners (autour de 1,50 $). Ouvert tlj 7h-22h.

❤ **El Maple** (☎231 503), à l'angle des rues Calamá et Juan León Mera. L'enseigne "Vegetarian food" attire de loin les herbivores. Les plantes omniprésentes et la luminosité du lieu lui confèrent une atmosphère à peu près aussi rafraîchissante et saine que les plats qu'on y sert. Tous sont préparés à base de légumes bio lavés dans une eau préalablement bouillie. Les plats tournent autour de 2 $, les plats du jour autour de 1,65 $. Ouvert tlj 11h30-22h30.

Restaurante Tanguito (☎543 565), dans la rue Carrión, entre l'Ave. 10 de Agosto et la rue Murillo. Demandez votre chemin. L'adresse est connue. On y sert des déjeuners qui mettent l'eau à la bouche pour 1 $. Ouvert tlj 8h-19h.

Restaurante El Holandés, Reina Victoria 600 (☎522 167), au niveau de la rue Carrión. La carte propose de nombreux plats végétariens. L'ambiance est en revanche un peu fade. Assiette hollandaise, indonésienne, hindoue, italienne ou grecque à partir de 2 $. Ouvert Lu-Ve 12h-21h.

Super Papa, Juan León Mera 741 (☎239 955), au niveau de la rue Baquedano. C'est ici que les amoureux de la pomme de terre viennent honorer le tubercule sacré des Incas. Pommes de terre cuites au four recouvertes de garnitures froides ou chaudes. Service à l'intérieur ou en terrasse. Ouvert tlj 7h-21h30.

Cevichería Viejo José, Ventimilla 1274 (☎228 369), au niveau de la rue Páez. Les délicieux fruits de mer qu'on y sert renforceront la gaieté des esprits, déjà charmés par une musique accueillante. Entrées 0,50-2 $. Spécialités 2 $. Ouvert Lu-Ve 8h-19h, Di. 8h-17h.

Mama Clorinda, Reina Victoria 1144 (☎544 362), au niveau de la rue Calamá. Plats traditionnels servis dans une salle chaleureuse. L'endroit idéal pour goûter aux spécialités équatoriennes, comme la langue de bœuf (2 $) ou les figues au fromage (0,50 $). Ouvert Ma-Sa 10h-22h, Di-Lu 10h-17h.

Adam's Rib (La Côte d'Adam), Calamá 329 (☎563 196), au niveau de la rue Reina Victoria. Que dire de plus ? La sauce barbecue est tellement bonne que vous pourrez en acheter à emporter. Plats 2 $. Ouvert Lu-Ve 12h-22h30, Di. 12h-21h.

Puerto Manabí, Calamá 433 (☎553 080), au niveau de la rue Juan León Mera. Une cheminée entretient dans ce petit restaurant de viande une ambiance familiale. Plats 1-2 $. Ouvert tlj 9h-21h.

UNE PETITE FOLIE ?

Restaurante Mare Nostrum, Foch 172 (☎237 236), tout près de la rue Tamayo. Délicieux restaurant de fruits de mer niché dans une étonnante demeure des années 1930. De robustes plats en étain, une armure placée à côté de la cheminée et des vitraux donnent l'ambiance. Commandez un petit vin français, chilien ou espagnol, et l'addition passera comme une lettre à la poste. Paella aux fruits de mer 5 $, crêpes au crabe 2 $. Plats du jour 4-12 $. Ouvert tlj 12h-23h.

La Choza, 12 de Octubre N24-551 (☎507 901), au niveau de la rue Cordero. Le matériel agricole disposé ça et là donne à la salle à manger un charme rustique. Plats équatoriens très élaborés à la viande ou au poisson 3-13 $. Ouvert Lu-Ve 12h-15h30 et 19h-22h, Sa-Di 12h-16h.

Il Risotto (☎220 400), à l'angle de la rue Pinto et de l'Ave. Diego de Almagro. Mettez-vous sur votre trente-et-un (ou passez au moins des vêtements propres) et fondez-vous dans l'atmosphère de cet élégant restaurant italien dont la décoration mêle meubles en acajou, bougies et fleurs fraîchement cueillies. Ravioli, gnocchi ou fettucine faits maison, 3 $. Risotto au champagne 4 $. Ouvert Ma-Di 11h-15h et 18h30-23h.

CAFÉS

Les cafés de Quito sont l'occasion de boire un express dans des établissements généralement exigus et très fréquentés. Les adresses suivantes sont les plus en vogue du moment. Mais ne comptez pas faire des économies, les prix y sont notoirement élevés.

Grain de Café, Baquedano 332 (☎565 975), entre les rues Reina Victoria et Juan León Mera. L'établissement propose un choix très vaste de cafés, de thés et d'alcools. Express 0,45 $. Tequila 0,75-2,20 $ le verre. Cocktails 1,80-2,45 $. Ouvert Lu-Je 12h-24h, Ve-Sa 12h-1h.

Café Cultura, Robles E5-62 (☎224 271), au niveau de la rue Reina Victoria. C'est là qu'il faut aller si un dîner de *scones* (petits pains au lait), de confiture et de crème fraîche vous tente (1,75 $). Ouvert tlj 7h-21h30.

El Cafecito, Cordero 1124 (☎234 862), au niveau de la rue Reina Victoria. Cet endroit qui fait à la fois office de brûlerie et de restaurant végétarien est le signe que les tendances actuelles n'ont pas épargné l'Equateur. Café médiocre. Desserts 1-2 $. Ouvert Di-Je 8h-22h, Ve-Sa 8h-24h.

QUARTIER COLONIAL

Vous y croiserez une foule de petits restaurants aux enseignes marquant *almuerzo* ou *merienda* qui satisferont les amateurs de menus "entrée-plat-dessert" à petit prix. Optez pour un établissement épargné par les mouches et fréquenté par les *Quiteños*, ou bien essayez l'une des adresses mentionnées ci-après.

❤ **Bar Restaurant Balcón Quiteño**, Bolívar 220 (☎512 711), au niveau de l'Ave. Guayaquil, sur le toit de l'Hotel Real Audiencia, Plaza Santo Domingo. La vue sur le quartier colonial est superbe. Plats autour de 2,50 $. Ouvert Lu-Sa 7h30-14h30 et 16h-22h, Di. 7h30-10h.

La Zamba Teresa (☎583 826), à l'angle des rues Chile et Venezuela, à deux pas de la Plaza Grande. Ce restaurant très animé est le petit frère du restaurant le plus chic du quartier colonial. Sandwich 1-1,50 $. Plat traditionnel équatorien 1,25-3 $. Pâtisserie autour de 1 $. Ouvert tlj 7h-19h.

El Criollo, Flores 825 (☎219 811), près de la rue Olmedo. Restaurant traditionnel fréquenté par les étrangers avec, ça et là, une pointe d'élégance. Omelettes et sandwichs à moins de 1 $. Ouvert tlj 8h-21h30.

Burger Works (☎566 298), au coin de la rue Chile et de l'Ave. Guayaquil, face à la Iglesia San Agustín, dans le centre commercial. La cuisine y est au moins aussi équatorienne que le nom. Les *combos* (1-2 $) sont servis avec une portion de frites et une boisson. Ouvert tlj Lu-Sa 9h-19h30.

Sol Natura, Sucre 209 (☎951 879), au niveau de l'Ave. Guayaquil, à côté de l'Hotel San Francisco de Quito. On y mange une cuisine végétarienne en écoutant une musique des Andes très plaisante. Plats autour de 1 $ pour la plupart. Jus de fruits pressé à partir de 0,50 $. Ouvert Lu-Sa 7h-18h.

VISITES

A Quito, il y a toujours quelque chose à faire ou à voir. Si le quartier colonial n'a pratiquement pas de vie nocturne, il abrite néanmoins de nombreux lieux à visiter et vaut le détour à lui seul. Ne partez pas sans vous y être arrêté.

QUITO COLONIAL (LA PARTE COLONIAL)

Lorsqu'en 1978, sous l'égide de l'ONU, le quartier colonial de Quito est déclaré patrimoine culturel de l'humanité, ses places trois fois centenaires, ses églises et ses palais gouvernementaux se voient assurer longévité et célébrité. Depuis cette date, des lois très strictes, répartissant le vieux Quito en zones distinctes, lui ont permis de conserver dans une large mesure son aspect d'autrefois. En visitant cette partie de la ville, les touristes devront cependant se montrer prudents, même de jour. Les pickpockets sont nombreux, en particulier aux abords du marché et de la gare routière. La nuit venue, les rues sont encore moins sûres. Rabattez-vous alors sur Quito moderne. Le moyen le plus simple de se rendre dans le centre du quartier colonial est de prendre le tramway.

❤ **LA VIRGEN DE QUITO (VIERGE DE QUITO).** Visible depuis la Plaza del Teatro et même depuis les banlieues du quartier colonial, cette statue majestueuse domine la ville, perchée au sommet du **Panecillo**, tout au bout du Quito colonial. Du haut de ce sommet qui surplombe toute la capitale, on comprend mieux l'importance stratégique de ces collines au cours des siècles passés. La colline du Panecillo est surmontée d'un mirador, installé juste au-dessous du piédestal de cette vierge, qui foule de ses pieds un serpent. La montée sur le Panecillo vous fait passer par un escalier long et un peu dangereux, situé tout au bout de la rue García Moreno. Des groupes de touristes s'étant déjà fait dévaliser, prenez un taxi pour accéder au sommet puis redescendre en toute sécurité. *(Visite aller et retour incluant une halte de 20 mn au pied de la statue 5 $. Ouvert tlj de 9h au crépuscule.)*

PLAZA DE LA INDEPENDENCIA. Egalement appelée Plaza Grande, cette place est le centre du quartier colonial. Les visiteurs seront enchantés par la magnificence de son **Palacio Presidencial**, par son **Hotel Magestic**, premier hôtel de Quito construit à l'époque coloniale, et par sa **cathédrale**, si imposante avec sa haute tourelle blanche et ses dômes couleur vert et bronze *(cathédrale ouverte tlj 8h-10h et 15h-18h30)*. Mais ce que recherchent avant tout les *Quiteños* qui viennent se détendre sur cette place, c'est la fraîcheur de ses palmiers et ses jardins entretenus avec soin. Construite en 1667, la cathédrale renferme le tombeau d'**Antonio José de Sucre**, héros de l'indépendance, qui a laissé son nom à l'ancienne monnaie nationale. Au centre de la place, une statue a été érigée en l'honneur du jour de l'indépendance de Quito, le 10 août. A une *cuadra* de la Plaza Grande, entre la rue Chile et l'Ave. Guayaquil, l'**église de Saint-Augustin** (Iglesia de San Agustín) abrite des peintures du XVIIe siècle réalisées par le peintre Miguel de Santiago *(ouvert tlj 7h15-12h et 15h30-18h)*.

PLAZA SANTO DOMINGO. Bien que la place en elle-même ne mérite pas que l'on s'y attarde outre mesure, elle constitue un bon point de départ pour la visite du Quito colonial. Juste à côté se détache dans toute son élégance et sa simplicité l'**église de Santo Domingo**, construite au XVIe siècle *(ouvert Lu-Sa 6h-12h et 16h-19h, Di. 6h-13h et 18h-19h)*. En empruntant la rue Rocafuerte depuis la place, vous rejoindrez **Carmen Alto**, demeure de Santa Mariana *(ouvert Lu-Sa 6h30-17h30, Di. 16h30-19h)*.

PLAZA SAN FRANCISCO. Cette place très fréquentée abrite le **Monasterio de San Francisco**, monument d'une grande beauté construit entre 1535 et 1605. *(Eglise ouverte tlj 7h-12h et 15h-18h. Entrée gratuite. Musée ouvert Lu-Sa 9h-18h, Di. 9h-13h. Entrée 1 $, étudiants munis de leur carte 0,75 $. Guide 1 $.)* La **Catedral de la Compañía**, qui se tient à une *cuadra* de la Plaza, à l'angle des rues García Moreno et Sucre, fait l'objet de travaux de rénovation appelés à durer jusqu'en 2002. Les visiteurs pourront cependant entrevoir derrière les barrières sa façade baroque en pierre volcanique sculptée. Un peu plus loin, sur le côté droit de la rue García Moreno, vous découvrirez **El Sagrario**, avec son vaste portique de pierre et son intérieur lumineux. *(Ouvert Lu-Sa 8h-18h et Di. 8h-13h.)*

AUTRES VISITES. Pour rejoindre la **Plaza del Teatro**, prenez l'Ave. Guayaquil dans la direction du quartier colonial et comptez trois *cuadras* à partir de l'église de Saint-Augustin. Cette place sert de toile de fond au **Teatro Nacional Sucre**, construit en 1878 et actuellement en rénovation. *(A trois* cuadras *de Saint-Augustin, à l'angle des rues Flores et Manabí.)* L'église la plus impressionnante est la **Basílica**, au coin des rues Venezuela et Carchí. L'intérêt du monument est sa tour de 115 m de haut, d'où vous aurez une vue splendide. La montée des marches le long d'un étroit escalier en spirale est toutefois déconseillée aux personnes en proie au vertige. *(Ouvert Ma-Di 9h-17h. 0,60 $ la montée.)*

MUSÉES

Les musées de Quito donnent à voir aussi bien des objets anciens que des reptiles et font la joie des visiteurs. Si vous êtes étudiant, les réductions sont fréquentes. Ne manquez pas de présenter votre carte à chaque occasion.

QUITO MODERNE

❤**FUNDACIÓN GUAYASAMÍN.** Ce musée donne sur un vaste jardin agrémenté de statues de métal, dans lequel se dressent plusieurs maisons blanches. Il renferme de très nombreux objets datant de l'ère pré-inca ainsi que des pièces issues de l'art religieux colonial du XVIIIe siècle et provenant des écoles *Quiteña* et *Cuzqueña*. Le reste du musée renferme de magnifiques peintures réalisées par Oswaldo Guayasamín, un leader du mouvement indigéniste, dont les toiles reflètent la douleur provoquée par le racisme, la pauvreté et la stratification sociale qui caractérisent l'Amérique latine (voir **L'art Moderne**, p. 525 et **La question Indienne**, p. 29). *(José Bosmediano 543. Prenez l'Ave. 6 de Diciembre vers le nord en direction de l'Ave. Eloy Alfaro, au commencement de la rue Bosmediano, et entamez la montée jusqu'au musée qui se trouve au sommet de la colline. ☎446 455. Ouvert Lu-Ve 9h-13h30 et 15h-18h30. 1 $.)*

MUSEO NACIONAL DEL BANCO CENTRAL. La réunion récente de plusieurs musées a donné naissance au musée le plus grand et le plus édifiant de Quito. Ses salles immenses et sinueuses abritent aussi bien des éléments d'architecture que de l'or datant de la période pré-coloniale, des peintures antérieures à l'indépendance, des portraits religieux réalisés sous la colonisation, de l'art moderne et de l'artisanat indien. *(Au coin des avenues Patria et 6 de Diciembre. ☎223 258. Ouvert Ma-Ve 9h-17h, Sa-Di 10h-15h. Etrangers 2 $, étudiants avec carte 1 $.)*

CASA DE LA CULTURA ECUATORIANA. La Maison de la culture équatorienne est située dans le même bâtiment que le musée d'archéologie. Il rassemble pêle-mêle des œuvres d'art des XIXe et XXe siècles, une exposition consacrée à l'ethnologie et des spécimens uniques d'instruments de musique comme le *caparazón*, fabriqué avec une carapace de tortue, et le *pifono*, flûte réalisée à partir d'une queue de tatou. Une magnifique œuvre des Indiens "réducteurs de têtes" ainsi que des tenues traditionnelles indiennes avoisinent des sculptures et des peintures. De temps à autre, le musée organise des projections de films et des pièces de théâtre. *(☎ 223 392. Ouvert Lu-Ve 10h-18h, Sa. 10h-14h. Entrée 0,50 $, étudiants avec carte 0,25 $.)* La **Galería** abrite des expositions temporaires. Appelez afin de connaître le programme des expositions. *(6 de Diciembre 794. Ouvert Lu-Je 10h-17h, Ve. 10h-18h. Entrée gratuite.)* La maison de la culture met également une bibliothèque à votre disposition *(ouvert Lu-Ve 9h-19h, Sa. 9h-17h).*

VIVARIUM. Ceux qui ont la phobie des serpents et autres créatures visqueuses passeront leur chemin. Vous croiserez dans ce zoo dédié aux reptiles et aux animaux aquatiques des iguanes, un petit alligator ainsi que des tortues et des grenouilles venimeuses. Mais rassurez-vous, les pythons, cobras et autres animaux potentiellement dangereux sont enfermés dans des cages de verre. Grâce à un système de code de couleurs reproduit sur des cartes, vous connaîtrez le lieu de naissance des animaux. Vous apprendrez également lesquels sont venimeux, et lesquels sont, malheureusement, menacés par l'homme. Si vous le lui demandez gentiment, le boa du musée, qui est aussi la mascotte de la maison, se laissera prendre dans vos bras. *(Reina Victoria N25-68, au niveau de la rue Santa María. ☎ 230 988. Ouvert Ma-Sa 9h30-13h et 14h30-18h, Di. 11h-13h. Entrée 1 $, enfants 0, 50 $.)*

INSTITUTO GEOGRÁFICO MILITAR. Cet institut possède les meilleures cartes de toutes les régions de l'Equateur : cartes politique, topographique, carte de la Sierra, de l'Oriente… Il suffit de demander. La plupart sont à vendre ou peuvent être photocopiées (à partir de 1 $), mais il vous faudra être patient. L'institut dispose également d'un **planétarium** et d'un **musée géographique**. Enfin, de superbes photos sont exposées dans la salle principale. Prises par satellite, elles montrent les cratères volcaniques qui jalonnent le sol équatorien. Il est préférable de parler espagnol pour pouvoir passer l'entrée, gardée par des militaires. *(Dans la rue Telmo Paz y Miño, au sommet de la colline. La seule façon de rejoindre la rue Paz y Miño est de passer par la rue Telmo, qui s'étire au pied de la colline. La montée prend 10 mn. ☎ 502 091. Ouvert Lu-Ve 8h-16h. Spectacles du planétarium Lu-Ve 9h,11h et 15h, Sa. 11h. Entrée 1 $. Présentez votre passeport à l'entrée.)*

MUSEO AMAZÓNICO ABYA-YALA. Ce musée, composé d'une seule salle, renferme des pièces se rattachant à la culture, à la faune et à la flore en Amazonie. Vous y verrez également des instruments de musique et des photos montrant des exploitations pétrolières. En bas, une excellente librairie propose un vaste choix de publications consacrées au thème principal de la fondation : l'anthropologie indienne. *(12 de Octubre 1430, au niveau de la rue Wilson. ☎ 562 633. Ouvert Lu-Ve 8h-18h. 0,75 $.)*

QUITO COLONIAL

Assez naturellement, la plupart des musées du vieux Quito s'intéressent à l'histoire. Ils vous feront revivre l'espace d'un moment l'époque coloniale, dans des bâtiments parfois aussi anciens que les objets exposés.

MUSEO DEL CONVENTO SAN DIEGO. Le couvent San Diego, bâti il y a 400 ans par les colons espagnols, vous accueille l'espace d'une visite guidée de 40 mn (elle a lieu en espagnol et est obligatoire si vous voulez entrer) qui laisse entrevoir quelques instantanés de l'époque : peintures murales d'origine, ustensiles de cuisine, chambre renfermant des ossements. Ne manquez pas d'admirer les peintures religieuses qui ornent les murs. L'une d'elles dépeint la Cène, avec à la place du pain du Christ, un *cuy* (cochon d'Inde). *(Calicuchima 117, au niveau de la rue Farfán. Lorsque vous partez du quartier colonial, suivez la rue Imbabura en direction du sud jusqu'à la place qui forme une impasse, juste devant le couvent. ☎ 952 516. Ouvert Di. 9h30-13h et 14h30-17h30. 1 $.)*

MUSEO CASA DE SUCRE. Ici vécut le maréchal Antonio José de Sucre, héros de l'histoire de l'Equateur. Sa demeure commémore la bataille pour l'indépendance de l'Equateur. Des visites guidées en espagnol organisées à titre gratuit vous permettront de découvrir la maison et d'entrevoir quelques aspects de la vie personnelle de Sucre, tout du moins sa chapelle, sa chambre à coucher et même son squelette récupéré après son assassinat. *(Venezuela 573, au niveau de la rue Sucre. ☎ 952 860. Ouvert Sa. 8h30-16h30. Entrée 0,50 $.)* Dans le prolongement du Museo Casa de Sucre, le **Museo Templo de la Patria** se tient un peu plus haut sur la colline de Pichincha, sous le monument dédié par l'Equateur aux combattants de la liberté, à l'endroit même où, en 1822, ils triomphèrent dans leur lutte pour l'indépendance. *(☎ 952 860. Ouvert Ma-Ve 8h-16h, Sa. 8h-13h, Di. 10h-15h. Entrée 0,40 $.)*

MUSEO ALBERTO MENA CAAMAÑO DE ARTE E HISTORIA. L'exposition permanente, qui se tient dans le sous-sol labyrinthique du musée d'art et d'histoire, est l'occasion de voyager à travers le temps et de croiser des personnages de cire gisant dans des postures torturées. On trouve au rez-de-chaussée des expositions temporaires consacrées à l'art. Le musée était encore en rénovation tandis que nous écrivions ces lignes. *(Espejo 1147, à la hauteur de la rue García Moreno. ☎ 510 272. Ouvert Ma-Sa 9h-16h45. Entrée gratuite.)*

MUSEO DE ARTE COLONIAL. Comme le montre ce musée qui abrite des collections allant du XVIe siècle au début du XIXe siècle, l'art *quiteño* s'est d'abord développé comme forme d'expression religieuse. Vous verrez au cours de votre visite des livres anciens, des peintures aux tons dorés, d'autres délavées par le temps, du mobilier en cuir, des habits datant de l'époque coloniale et bien d'autres curiosités. *(Cuenca 901, à hauteur de la rue Mejía. ☎ 282 297. Ouvert Ma-Ve 10h-18h, Sa. 10h-14h. 0,50 $.)*

MUSEO CONDE DE URQUIJO DE LA CASA DE BENALCÁZAR. Bien qu'il se niche dans l'ancienne demeure du père fondateur de Quito, ce musée n'a pas pour vocation de glorifier la mémoire de Sebastián de Benalcázar. En fait, l'Institut équatorien de la culture hispanique vous invite à admirer, en une seule salle, une chapelle baroque, des peintures ainsi qu'une collection de sculptures allant du XVIe au XVIIIe siècle, léguées en 1966 par le comte d'Urquijo, alors ambassadeur d'Espagne. L'art est religieux et la bibliothèque publique profondément intellectuelle. *(Olmedo 968, au niveau de la rue Benalcázar. ☎ 285 828. Ouvert Lu-Ve 9h-13h et 14h-18h. Entrée gratuite.)*

COLEGIO NACIONAL MEJÍA. Le collège national abrite derrière ses hautes murailles deux musées distincts. Le **Museo Etnográfico** vous propose des dioramas grandeur nature des populations indigènes d'Equateur ainsi que différentes espèces d'animaux empaillées. *(Dans la rue Ante, entre les rues Vargas et Venezuela. ☎ 583 412. Ouvert Lu-Ve 8h-12h et 14h-18h, Sa. 8h-12h. Visite guidée recommandée. Entrée gratuite.)* Le **Museo de Ciencias Naturales**, auquel on accède en prenant l'entrée principale de l'établissement, comporte une vaste collection d'animaux empaillés : oiseaux aux couleurs vives, tortues, requins… *(☎ 583 412. Ouvert Lu-Ve 7h-15h. Entrée gratuite.)*

SHOPPING

L'avenue **Río Amazonas**, située dans le Quito moderne, est l'artère la plus cosmopolite de la capitale. C'est là que vous viendrez acheter des souvenirs et de l'artisanat équatorien. Si vous prévoyez d'acheter beaucoup de choses, sachez que les marchés des villes avoisinantes telles qu'**Otavalo** proposent des prix plus intéressants et des produits plus "culturels". Reste que flâner parmi les boutiques de l'Ave. Amazonas vous donnera un aperçu de l'artisanat local, et dans un cadre plus agréable que les marchés, souvent un peu chaotiques. Destinés aux touristes, ces magasins réunissent de l'artisanat fait main : des panamas, des noix de tagua (sorte d'ivoire végétal) sculptées, des poteries peintes à la main, de petits tapis également tissés à la main, des châles, des tentures murales et des sacs. Si vous désirez en savoir un peu plus long sur ce qui se fait en Equateur dans ce domaine, le **Parque El Ejido** accueille chaque semaine un marché artisanal. (Di. 10h30-17h). Vous pouvez aussi opter pour le **marché de Santa Clara**, qui se tient au coin des rues Reina Victoria et Jorge Washington. Le marchandage est monnaie courante, sauf si les prix sont indiqués ou s'il est précisé que ceux-ci ne sont pas négociables. C'est le cas dans le centre commercial **El Jardín** : le marchandage y est interdit et les prix sont affichés… et aussi élevés que chez nous. Ce transfuge des pays industrialisés comprend entre autres un Supermaxi géant, un grand magasin Mikasa, des établissements de restauration rapide, des escalators... et un tout petit peu d'artisanat. (Ouvert Lu-Sa 10h-20h30 et Di. 10h-19h30.)

DIVERTISSEMENTS

SPORTS

Si les *fútbolistas* amateurs jouent dans les parcs, les professionnels se produisent quant à eux à l'**Estadio Atahualpa**, à l'angle des avenues 6 de Diciembre et Naciones Unidas, à proximité du parc La Carolina. Pour y accéder, prenez le bus indiquant *Estadio* sur l'Ave. 6 de Diciembre. (Un billet pour un match national coûte 1 $, un billet pour un match international 3-4 $. Achetez vos billets 2 ou 3 jours à l'avance.) Si vous préférez assister à une corrida, renseignez-vous auprès de la **Plaza de Toros**, au coin de l'Ave. Amazonas et de la rue Ascaray. Les corridas sont toutefois très rares et l'enceinte de la Plaza de Toros sert aussi à d'autres spectacles. (☎246 037. Billets 8 $.) Parmi les autres formes de divertissement, pourquoi ne pas essayer le karting au **Speedway**, à la hauteur des avenues Amazonas et Eloy Alfaro, juste à côté du ministère de l'Agriculture ? (☎553 105. 1,20 $ les 5 mn, 2 $ les 10 mn. Ouvert Ma-Sa 10h-19h.) Si vous voulez en prendre plein les yeux, rendez-vous à **Playzone**, une salle de jeux située au coin de l'Ave. Naciones Unidas et de la rue Chile. Envie d'air frais ? Allez donc faire une séance d'aérobic en plein air ! Celles-ci se tiennent le dimanche matin dans le **Parque La Carolina**, au nord du centre-ville dans l'Ave. Amazonas, entre les avenues Eloy Alfaro et República. Ce parc, qui offre la possibilité de faire du roller-skate, du tennis, du basket, du cheval ou, pourquoi pas, du bateau à roues, est préférable (comprenez : plus sûr) le matin. Le **Parque El Ejido** a une végétation similaire, et une situation on ne peut plus centrale puisqu'il est coincé entre le quartier colonial et le quartier moderne. Situé dans le vieux Quito mais moins paisible que La Carolina, le **Parque Alameda** accueille un observatoire et plusieurs monuments dédiés à la science.

MÉDAILLE D'OR C'est une matinée comme les autres. Pourtant, ce 26 juillet 1996, plus de 80 000 personnes retiennent leur souffle. Jefferson Pérez, un jeune homme de 22 ans vêtu d'un short moulant et de chaussures de marche, pénètre dans l'enceinte du stade olympique d'Atlanta pour venir y chercher sa médaille d'or d'athlétisme. C'est la première médaille d'athlétisme de 1996, mais aussi et surtout la première que l'Equateur ait jamais remportée. En parcourant 20 km en une heure, 20 minutes et 7 secondes, Pérez a battu son propre record d'une seconde, avec une avance de 25 mètres. La précédente chance de médaille de l'Equateur datait alors de 1972, lorsque Jorge Delgado Panchama était arrivé quatrième au 200 m papillon. Interviewé, Pérez se souvient : "Au moment de prendre la tête, je me suis senti très fatigué, presque endormi. J'avais l'impression d'être dans un rêve. Puis j'ai réalisé qu'il s'agissait de mon rêve. Je me devais de le réaliser, quitte à en mourir." De retour à Quito, il sera accueilli par la foule qui célébrera cet instant historique jusqu'au petit matin.

CINÉMA

La plupart des cinémas de Quito proposent des films américains, dont certains ne sont pas encore sortis en Europe, en version originale sous-titrée en espagnol. Pour connaître les programmes, consultez les quotidiens *El Comercio* (dans les pages réservées aux petites annonces) ou *Hoy*. Certains cinémas proposent des séances l'après-midi, mais les films sont le plus souvent projetés le soir (deux fois par soirée). (Billets 1,80-2 $. Au-dessous de ce tarif, il s'agit probablement d'un film pornographique.) La **Maison de la Culture** (Casa de la Cultura) propose de temps à autre des festivals. Quelques adresses de cinéma : **Cinemark 7**, à la hauteur des avenues Américas et República, sur la Plaza de las Américas (☎260 301, film 1 $, Lu., Me., Ve.). **Multicines**, Japón 250 (☎259 811, film 1 $, Me-Je.). **Universitario** (☎230 280), au coin de l'Ave. Américas et de la rue Vérez Guerrero, à l'Université Centrale. **Colón** (☎224 081), au coin de l'Ave. 10 de Agosto et de l'Ave. Colón. **Benalcázar**, au coin de l'Ave. 6 de Diciembre et de la rue Portugal. **Bolívar** (☎582 486), à l'angle de la rue Espejo et de l'Ave. Guayaquil, dans le quartier colonial. Ce dernier établissement est correct bien que, d'une manière générale, ceux du quartier moderne soient d'un meilleur confort.

THÉÂTRE

Bien que la construction du **Teatro Nacional Sucre** ait répondu au désir de satisfaire les amateurs d'art dramatique de Quito, ses travaux de rénovation durent depuis si longtemps qu'il est impossible de savoir à quand remonte le dernier spectacle. Les événements théâtraux ont donc été relégués dans une multitude de petits théâtres et autres *salas* de la périphérie. Pour la liste des programmes, reportez-vous au quotidien *El Comercio*.

SORTIES

Dès que le soleil se couche, les travailleurs laissent la place à la jeunesse de Quito venue se détendre dans les nombreux bars et clubs de la capitale. Limitez-vous à la vie nocturne du Quito moderne. Les établissements y sont plus branchés mais, avant tout, les rues du quartier colonial sont trop dangereuses pour s'y aventurer de nuit, surtout après avoir bu quelques verres… Le quartier moderne ne constitue pas pour autant un havre de paix. De récents exemples de vols et d'agressions ont mis les fêtards sur leurs gardes. Faites-en autant, en particulier aux abords de la rue Reina Victoria, et prenez un taxi pour rejoindre votre hôtel.

BARS

❤ **Café Sutra**, au coin des rues Calamá et León Mera, au-dessus de Safari Tours. Suivez le boa de bois qui vous mène jusqu'au premier étage de ce café-bar à la musique apaisante et aux drôles de dessins sur les murs. On vient y savourer des cocktails (le soir, offre spéciale 2 pour 1,50 $) tout en grignotant du hoummous (1,20 $) ou de la salade de fruits (1 $). Ouvert tlj 8h-23h.

El Pobre Diablo, Santa María 338 (☎224 982), à la hauteur de la rue Juan León Mera. Dans ce café-bar composé de 6 salles, le joyeux brouhaha des conversations se mêle aux crépitements du feu et au fond musical mâtiné de jazz, de blues et de musiques latines. Bon café 0,50-2 $. Bière Pilsener 0,75 $. Ouvert Lu-Sa 16h30-2h.

Café Habana, Juan León Mera 134 (☎590 911), au niveau de la rue Calamá. Il n'est pas rare que sur la piste de danse la température monte, mais le principal attrait de ce bar réside dans ses canapés en osier, très agréables. Ouvert tlj 17h-2h.

Red Hot Chili Peppers, Foch 713, au niveau de la rue Juan León Mera. A priori, ce bar restaurant mexicain n'offre pas grand intérêt, mais l'on y sert d'excellents cocktails. Carafe de daiquiri fraise 6 $. Guacamole 1 $. Ouvert tlj 11h-23h.

Reina Victoria Pub, Reina Victoria 530 (☎226 329), au niveau de la rue Roca. On y sert une bière correcte (1,25 $). Coin cheminée confortable. Le pub propose des plats standard, comme des sandwichs au poisson pané (2 $), et moins standard, comme les chips de banane (0,50 $). Ouvert Lu-Sa 17h-24h.

Varadero (☎542 476), à l'angle des rues Reina Victoria et de La Pinta. Cet établissement fréquenté par la population locale est néanmoins ouvert à tous les amateurs de musique rythmée. Concerts de salsa Ve-Sa. Entrée 1 $ Ve-Sa. Ouvert Me-Sa 12h-16h et 19h-2h.

Arribar, Juan León Mera 1238 (☎228 545), à hauteur de la rue Lizardo García. Ici, tout est mis en œuvre pour séduire le consommateur : le billard, le baby-foot, des canapés confortables, du reggae, un projecteur de diapositives et un bar où vous pourrez grignoter. Bière 1,50 $. Tequila 1,50 $ le verre. *Happy hour* 17h-20h. Ouvert Lu-Sa 17h-2h.

DISCOTHÈQUES

Dès 23h, aux abords du quartier moderne, les clubs se remplissent de jeunes gens pressés de faire la fête. Située à une *cuadra* au nord de l'Ave. Colón, la rue **Santa María** peut se vanter de posséder les boîtes de nuit les plus accueillantes de Quito comme le Tijuana et le Papillón. Les gays et les lesbiennes ont eux aussi leurs établissements, bien que plus difficiles à trouver. La loi équatorienne n'a que récemment dépénalisé l'homosexualité (voir **Plus d'informations pour gays et lesbiennes**, p. 52). Les lieux destinés à cette partie de la population sont tranquilles et discrets par mesure de précaution.

No Bar, Calamá 380 (☎545 145), au niveau de la rue Juan León Mera, sur le "Restaurant Row" (rangée de restaurants) de la rue Calamá. Ce club qui compte parmi les plus branchés de Quito mêle population locale et touristes. *Happy hour* Lu-Me 18h-22h. Entrée 1,50 $ Ve-Sa, avec une boisson gratuite. Ouvert Lu-Sa 20h-3h.

Seseribó, au croisement de la rue Veintimilla et de l'Ave. 12 de Octubre, au sous-sol de l'Edificio El Girón. Suivez l'enseigne lumineuse rose. Les amoureux de musiques latines pourront y danser tout à leur aise sur des rythmes de *merengue*, de salsa et de rumba. Entrée 2 $. Ouvert Me-Sa 21h-2h30.

El Choque, Calamá 317 (☎546 086), à la hauteur de la rue Reina Victoria. Ici, les clients ondulent des hanches, ou du moins s'y essaient. Le mercredi, concerts et cours de salsa. Ouvert tlj 8h-2h.

Bar-Ril, Lizardo García 356 (☎226 714), au niveau de l'Ave. 6 de Diciembre. Le premier (et quasiment le seul) bar gay de la capitale, dans un cadre très agréable. Spectacle le week-end et à certaines occasions. Boisson 2 $ au minimum les soirs de spectacle. *Happy hour* 20h-21h Ve-Sa. Ouvert Me-Sa 20h-2h.

EXCURSIONS DEPUIS QUITO

VOLCAN PICHINCHA

Attention. Le volcan Guagua Pichincha est entré en éruption en juillet 2000, affectant le versant opposé à la ville de Quito. A l'heure où nous écrivons ces lignes, la zone est encore en état d'alerte jaune (sismicité modérée, émissions de gaz, possible déformation du dôme). Cette situation, susceptible de conduire à une nouvelle éruption, peut durer plusieurs mois. Des nuages de cendres enveloppent parfois la capitale. Même si nous vous indiquons ci-après comment gravir le volcan, il est indispensable de vous renseigner dans les jours qui précèdent votre excursion sur l'humeur de celui-ci. Pour cela, contactez l'un des offices de tourisme de la ville (voir **Informations pratiques**, p. 532). Le site Internet officiel du Pichincha (www.dmqvolcan.com), ainsi que le site www2.guaguapichincha.org.ec donnent également des informations au jour le jour sur l'activité du volcan. Elles sont en espagnol mais vous vous en sortirez en connaissant quelques mots simples : "lluvia de cenizas" signifie "pluie de cendres", "peligro" veut dire "danger", et "Alerta roja" peut se traduire par "Et si, dès aujourd'hui, vous alliez visiter une autre région ?". Au cas où, au moment de votre séjour, les conditions seraient bonnes, voici comment s'attaquer au Pichincha :

Vous approcherez du sommet en partant du pied du volcan côté sud et en traversant les villages de Mena Dos et de Lloa, situés à une heure de Quito en voiture, le long de la route Mariscal Antonio José de Sucre. Pour rejoindre Lloa, prenez le bus à destination de "Mena Dos" au sud de l'arrêt de bus situé au coin des avenues Américas et Colón, juste *à côté du Seminario Mayor San José, à l'endroit où les bus qui retournent vers le sud font demi-tour (durée 45 mn, 1 dép/15 mn de 6h à 19h30, 0,25 $). Descendez à l'arrêt Angamarca situé sur l'artère principale. A partir de là, un taxi ou une camioneta vous déposera à Lloa (2 $). Plus vous marcherez, moins le trajet coûtera cher. Vous avez aussi la possibilité d'opter pour une volqueta, ces camions multicolores qui roulent en direction de Lloa depuis le croisement des rues Venidores et Angamarca. Ils pourront vous y déposer (dép. de 5h à 19h, 0,25 $). La rue Angamarca vous mène au sommet de la colline jusqu'à une rue appelée Via Lloa qui rejoint Lloa. Cependant, le trajet à pied jusqu'à Lloa (1 h) est déconseillé : des agressions ont récemment eu lieu le long de la route. Une fois à Lloa, une route tortueuse vous permettra de rejoindre un refuge (en 4x4 1h, à pied 5-7h) qui se tient presque au bord du cratère. Si vous ne disposez pas d'un véhicule à quatre roues motrices pour vous rendre au refuge depuis Lloa, il vous sera difficile de boucler l'excursion en une seule journée et de coordonner les différents modes de transports. Ceux qui prévoient de tout faire en un jour partiront de très bonne heure afin d'arriver au cratère avant les nuages qui s'amoncellent à la mi-journée. Financièrement, il peut être intéressant de passer par une agence de voyages (voir* **Agences de voyages**, *p. 532). La plupart des randonneurs montent au Pichincha et reviennent dans la journée mais vous pouvez passer la nuit au refuge moyennant 3 $. Le sommet parfois enneigé est à 2 ou 3 h de marche du refuge aller-retour. Il est déconseillé de descendre à l'intérieur du cratère. Il y a quelques années, des personnes qui campaient en son sein ont en effet été asphyxiées par des émissions de gaz.*

Certaines facettes de Quito ne manquent pas d'inspirer la crainte, en particulier le double cratère du volcan Pichincha. Le Guagua Pichincha, le plus jeune et le plus actif des deux, est entré en éruption en 1660, 1881, 1981 et… 2000 ! La proximité géographique du volcan ne constitue pas pour la capitale une véritable menace, même si une éruption majeure est toujours possible. Le Rucu Pichincha, le cratère le plus proche, n'est plus en activité et si tel était le cas, la lave prendrait la direction de l'ouest, tournant le dos à la ville. La situation du Pichincha en fait une destination très prisée dans tout le pays. D'un accès moins difficile que les autres sommets équatoriens, il offre une vue remarquable sur Quito, sur la vallée et sur les montagnes qui se dressent au loin.

Certains touristes partent de la ville dans l'idée de grimper le long de la colline jusqu'au cratère le plus proche, le **Rucu**. Bien que cette randonnée soit possible, les voleurs parfois armés qui se tapissent au pied de la montagne la rendent dangereuse. Renseignez-vous auprès de Safara ou de la SAE (voir p. 74) pour en savoir plus. Compte tenu des risques encourus, Let's Go ne recommande pas la visite de Rucu. Par ailleurs, il y a aux alentours tellement de montagnes plus sûres et de panoramas aussi enchanteurs… A ce titre, le **Guagua**, qui surpasse le Rucu en terme d'altitude, est mieux fréquenté et la vue qu'il offre est magnifique (faites cependant attention aux chiens). Depuis le sommet, la vue embrasse les régions inhabitées de l'Ouest et du Sud et lorsque les nuages et l'activité du volcan le permettent, il est possible de voir l'intérieur du cratère.

MITAD DEL MUNDO

Prenez l'Interparroquial, le bus rose et blanc indiquant la direction "Mitad del Mundo" qui circule le long de l'Ave. Américas, dans le Quito moderne. Essayez de le prendre à l'intersection de l'Ave. Colón. Pour repartir, le bus part du rond-point situé en face de l'entrée de la Mitad del Mundo (1 dép/5 mn jusqu'à 18h, 19h le Ve.).

Latitude 0°0'0". Eh oui, vous êtes sur la ligne de l'équateur, qui a donné son nom au pays et attire les touristes en masse. Depuis la création en 1979 de ce monument connu sous le nom de Mitad del Mundo (littéralement "Moitié du Monde"), l'engouement provoqué par le concept d'équateur a transformé ce site en un centre de la culture et de l'histoire équatoriennes ainsi qu'en une florissante entreprise commerciale. C'est aujourd'hui la principale attraction touristique du pays et elle fait se déplacer aussi bien les étrangers que la population locale avec, comme on peut s'en douter, une affluence plus importante les 21 mars (équinoxe de printemps), 23 septembre (équinoxe d'automne), 22 juin (solstice d'été) et 22 décembre (solstice d'hiver). Mais les véritables "équateurophiles" se rendent toute l'année dans ce "village" touristique de luxe, avec ses maisons toutes blanches, ses allées de pierre bien régulières et son gigantesque complexe proposant pêle-mêle musées, restaurants et boutiques de souvenirs. Au centre du village, se dresse un monument haut de 30 m que surmonte un globe de métal d'un poids total de 2,5 tonnes. L'ensemble forme un large trapèze se situant dans l'alignement des points cardinaux de la boussole. Enfin, une bande jaune indique depuis le monument le tracé de la ligne imaginaire de l'équateur pour le plus grand bonheur des visiteurs, ravis de pouvoir enjamber l'axe équinoxial et d'avoir ainsi un pied dans chaque hémisphère.

CHASSES D'EAU EN FOLIE Parmi les phénomènes étranges qui se produisent sur la ligne de l'équateur, comme le fait de se sentir plus léger qu'ailleurs ou la possibilité de pouvoir faire tenir un œuf debout sur une tête de clou, figure une autre bizarrerie : le jet des chasses d'eau y est totalement aléatoire. Ainsi, une chasse d'eau installée dans une maison exposée au nord propulse son jet d'eau dans le sens contraire des aiguilles d'une montre, tandis que côté sud le jet part dans la direction opposée. D'où cette question : que se passe-t-il chez ceux qui habitent juste au milieu ? Pour expliquer cet étrange phénomène de déviation, les scientifiques parlent d'**effet Coriolis**, tout en se montrant incapables de prédire la direction que prendrait un tourbillon équatorial. Il paraîtrait qu'un groupe d'experts désireux de dissiper ce mystère aurait installé un laboratoire, composé d'une dizaine de toilettes et d'une baignoire, au sous-sol du monument planté sur la ligne de l'équateur à la Mitad del Mundo. Ces experts en mécanique-des-cuvettes suivraient un protocole quotidien très strict (repositionner la cuvette, tirer la chasse d'eau, repositionner, tirer) dans l'espoir de réaliser un mythe : la chasse d'eau à jet droit. On ignore encore s'ils y sont parvenus ! Certains assurent que c'est impossible, mais si l'expérience vous tente, enfermez-vous dans les toilettes les plus proches possibles de l'équateur et tirez la chasse !

VISITE DU COMPLEXE. Une fois passé le parking (0,50 $), un portail s'ouvre sur une allée étincelante qui mène au monument. Le long de cette allée se dressent les bustes des treize hommes qui, entre 1736 et 1744, vinrent de France, d'Espagne et d'Equateur, dans le but d'explorer et de mesurer l'équateur. Si la visite du site est gratuite, la plupart des attractions sont payantes. Les billets donnant accès à l'obélisque (2 $ pour les étrangers) sont vendus dans le bureau qui fait face à l'entrée du monument, au rez-de-chaussée du bâtiment réservé aux renseignements (le plus grand). Une fois votre billet en poche, vous devrez prendre un ascenseur qui vous mènera au sommet de l'obélisque. En redescendant, vous visiterez le **Musée ethnographique** (☎ 394 806), qui se tient autour de l'escalier en colimaçon. Les objets qui y sont exposés illustrent les habitudes vestimentaires et alimentaires ainsi que les habitations et les coutumes d'un grand nombre de populations indigènes d'Equateur. Le même billet vous donne également accès au **Musée français**, au sud-est du monument, qui décrit l'histoire de la mesure de l'équateur. Il faut savoir qu'en 1735, l'Académie Royale (française) des sciences envoya simultanément deux expéditions, l'une au pôle Nord, l'autre à l'Equateur, dans le but de comparer les mesures d'un arc de méridien. Il fallut 7 ans aux académiciens français Louis Godin, Pierre Bouguer, Charles La Condamine et Joseph de Jussieu pour effectuer ce travail. Une légère différence entre les mesures prouva que la Terre est bien aplatie aux pôles, comme l'avançait la théorie d'Isaac Newton. C'est cette meilleure compréhension de la forme du globe qui permit à Delambre et à Méchain de définir précisément la longueur du mètre, établi comme le dix-millionième de la distance séparant l'équateur du pôle Nord sur un méridien traversant l'observatoire de Paris. (Visites gratuites en espagnol, parfois en anglais. Ouvert Lu-Je 9h-18h, Ve-Di 9h-19h.)

Ces musées, les plus connus de la Mitad del Mundo, ne doivent cependant pas faire oublier d'autres attractions plus modestes mais aussi instructives. Ainsi, à l'intérieur du complexe, juste à côté du Musée français, se trouve un **planétarium** qui ne manque pas d'intérêt. Le spectacle ne commence que quand l'établissement a réuni au moins 15 spectateurs. (Durée 38 mn, ☎395 795. Ouvert Ma-Ve 9h-17h et Sa-Di 9h-18h. 1 $, enfants 0,25 $.) Non loin de là, la **Fundación Quito Colonial** abrite des **maquettes de la capitale**, du centre de Guayaquil et de Cuenca à l'époque coloniale. (Ouvert tlj 9h30-17h. 0,50 $.) Tout près de l'entrée, un monument érigé en l'honneur des **Héroes del Cenepa** rend hommage aux soldats qui périrent en 1995 lors d'un conflit frontalier opposant l'Equateur au Pérou. En face de la poste, un **pèse personnes** invite les adeptes des régimes à s'émerveiller devant les kilos perdus comme par magie (en général, pas plus de quatre) à la Mitad del Mundo (eh oui, à l'équateur, on peut garder la ligne !). Détrompez-vous toutefois : en réalité, vous n'aurez pas perdu un gramme. Cette impression est simplement due au renflement formé par l'équateur, qui nous éloigne du centre de la terre. Ainsi, la gravité exerce une pression moins forte et par conséquent, tout pèse moins lourd. Des **corridas** ont parfois lieu sur la **Plaza de Toros**.

A L'EXTÉRIEUR DU COMPLEXE. La visite la plus intéressante à l'extérieur du complexe est sans conteste celle du **Museo de Sitio (en vivo) Inti-Ñan** ("Chemin du Soleil" en quichua), au nord-est de l'obélisque. Pour accéder à ce musée au toit de chaume, suivez la ligne de l'équateur qui traverse la place et prenez le sentier qui descend juste à gauche de l'église. Une fois sorti du complexe, prenez à gauche sur le chemin qui monte et passe devant le restaurant Equinoccio. Les propriétaires du musée se feront une fierté de vous guider parmi les différents objets consacrés à la trajectoire du soleil, aux coutumes indigènes et à la flore de la région. Si vous ne parlez pas espagnol, allez au moins rendre visite aux cochons d'Inde et aux tortues des Galápagos, sans oublier les réductions de tête et les serpents conservés dans des bocaux. Ne manquez pas non plus la démonstration consacrée à l'effet Coriolis (voir encadré **Chasses d'eau en folie**) ni le lancer de fléchettes. Enfin, le musée a le privilège de se tenir sur l'endroit même où a été mesurée la latitude de 0°0'0", là où un œuf posé sur une tête de clou tient tout seul. (☎395 122. Ouvert tlj 9h30-18h. 1 $.)

PULULAHUA ET RUMICUCHO. Visible depuis le monument de l'équateur situé à 6 km de là, le sommet du cratère de Pululahua, dans la **Reserva Geobotánica de Pululahua** (5 $), offre un panorama magnifique. Le cratère, resté inactif depuis plus de 3000 ans, est l'endroit idéal pour faire de la randonnée. Deux chemins mènent à Pululahua depuis le complexe de la Mitad del Mundo. En les suivant jusqu'au bout, on arrive au fond du cratère. Ils sont tous les deux bien balisés et permettent d'éviter la grande route qui relie San Antonio de Pichincha à la ville de Calacalí, 8 km plus à l'ouest. Le premier sentier part du restaurant Sangría. Remontez la route sur 2 km, puis prenez à gauche au niveau de l'intersection, jusqu'à ce que vous atteigniez un poste d'observation appelé **Ventanilla** (2900 m). Vous suivrez alors un sentier qui vous déposera à l'intérieur du cratère. Le second chemin part 3 km après le premier le long de la route de Calacalí. Bien indiquée, cette route longue de 16 km monte jusqu'au poste d'observation de Moraspungo (3186 m). De là, un sentier très escarpé vous permet de descendre à l'intérieur du cratère. Les sentiers étant boueux, chaussez-vous en conséquence. Si vous ne souhaitez pas marcher, optez pour le bus qui traverse le rond-point de la Mitad del Mundo en direction de Pululahua (durée 15 mn, 1 dép/45 mn de 6h à 19h, 0,10 $). Les autobus repartent sur la Mitad del Mundo, poussant parfois jusqu'à Quito, avec la même fréquence (dép. de 5h à 18h30).

Enfin, vous pouvez aller en haut du premier sentier en taxi ou en *camioneta* (moins de 1 $) et le reprendre plus tard pour le même prix. A droite de la route principale du cratère se trouve un refuge. Le "ranger" Jorge Guzmán, qui parle un anglais impeccable à défaut de s'exprimer dans la langue de Voltaire, accueille chaleureusement les visiteurs venus y passer la nuit (0,50 $/personne). Apportez votre nourriture. Le camping est autorisé à condition d'avoir payé le droit d'entrée donnant accès à la réserve. Si vous voulez profiter à fond de la vue, venez avant midi. L'après-midi, il arrive fréquemment qu'une couche de nuages masque le cratère.

Au départ de la Mitad del Mundo, vous avez également la possibilité de visiter **Rumicucho** (qui signifie "coin de pierre" en quechua). Situé au nord-est au sommet d'une colline, ce site constitué de ruines Cara se résume hélas à peu de choses. Les populations locales y ont en effet largement puisé pour construire leurs maisons et les travaux de mise à jour ne sont pas encore terminés. En revanche, la vue sur le **Cañon de Guayllabamba** vaut à elle seule le détour. Des visites guidées en espagnol ont lieu gratuitement, mais les horaires sont aléatoires. En semaine, tentez votre chance après 13h, le week-end après 10h. (Ouvert tlj 7h30-17h. 0,25 $.) La façon la plus simple de rejoindre Rumicucho est de prendre une *camioneta* à partir de la Mitad del Mundo (0,35 $ chaque trajet). Sinon, il vous faudra marcher pendant plus d'une heure le long d'une route brûlante et poussiéreuse qui traverse des quartiers peu pittoresques. Prenez l'*Equinoccial* et tournez à gauche sur 13 de Junio, l'artère principale de San Antonio de Pichincha, qui relie le nord au sud. Suivez cette route entre 30 et 45 mn. Lorsque vous voyez la pancarte indiquant Rumicucho, tournez à droite. Les ruines ne sont plus très loin.

Le moyen le plus sûr et le plus efficace de visiter ces deux sites reste toutefois la visite guidée. Vous bénéficierez alors de (rares) informations et d'un moyen de transport. **Calima Tours**, dans le bâtiment (le plus grand) de Mitad del Mundo, réservé aux renseignements, organise des visites avec à la clef des informations détaillées sur l'histoire du site. Appelez pour réserver un guide. (☎394 796. 5 $ par visite et par personne. Ouvert tlj 9h-18h.) Pour une perspective plus locale, rendez-vous au **Centro de Información Equinoccio** et demandez José. Sa visite guidée, donnée en espagnol ou dans un anglais approximatif, vous apprendra une foule de choses sur les plantes médicinales ou l'histoire des Cara. (Pululahua 5 $, 9 $ les deux visites.)

RÉSERVE FORESTIÈRE DE BELLAVISTA

L'isolement de Bellavista fait partie de son charme mais peut aussi constituer un obstacle pour les visiteurs limités par leur budget ou leur emploi du temps. La seule façon de s'y rendre par les transports collectifs est de prendre le bus au terminal de Quito en direction de Nanegalito (durée 2 h, 1 $). Les bus à destination de Pacto, Puerto Quito, San Miguel de los Bancos ou de Mindo passent par Nanegalito. Sur place, entrez chez Viveres Paty et demandez à voir Don Raúl ou bien quiconque possèdant une camioneta, *afin de parcourir le reste du chemin jusqu'à la réserve (durée 45 mn, 15 $ environ par camion). Vous pouvez également effectuer à pied les 12 km qui vous séparent de Bellavista (durée 5 h). Demandez au chauffeur de vous déposer au kilomètre 32, juste après le Café Tiepolo, mais avant Nanegalito. Suivez la route qui passe devant des élevages de truites et traversez le village de Tandayapa en direction du lodge. Les bus qui repartent vers Quito passent par le kilomètre 32 (dernier bus 17h30). Comptez 3 heures pour le retour en partant d'en haut. Le transport (60 $ aller-retour pour 4 personnes maximum) peut également être organisé par le biais de l'office de tourisme de Bellavista à Quito, Jorge Washington E7-23 (☎/fax 232 313), au niveau de la rue Reina Victoria. Vous pouvez directement contacter la réserve au ☎(09) 490 891 ou au 232 313.*

Bellavista, communément présentée comme un paradis pour les amoureux des oiseaux, a de quoi séduire *tous* les visiteurs. Ses forêts très touffues couvrent une surface de 700 hectares et se dressent à 1600-2500 m au-dessus du niveau de la mer.

Si la réserve est généralement ensoleillée le matin, il n'est pas rare que dès la mi-journée le brouillard vienne envelopper broméliacées, orchidées et mousses, attirant alors plus de 300 espèces d'oiseaux. Munissez-vous de jumelles, de bonnes chaussures de marche, d'un équipement contre la pluie et de petits en-cas afin de profiter au maximum de ce site. Un vaste réseau, composé de 15 chemins de randonnée bien entretenus et bien balisés (1 facile, 8 d'un niveau moyen et 6 difficiles), offre une large accessibilité aux visiteurs. Par temps de pluie, les sentiers devenant glissants, on vous fournira sur demande des bottes en caoutchouc.

Le **lodge de Bellavista**, qui s'étend sur quatre étages, est un bâtiment en bambou en forme de dôme. Sa situation offre aux visiteurs un panorama magnifique sur la forêt alentour et sur la vallée de Tandayapa plus bas. Vous pourrez en outre y savourer un bon dîner au rez-de-chaussée (8 $ par repas), tout en observant par la fenêtre le repas des colibris. Certains visiteurs apportent leur propre nourriture afin de réduire les coûts et de profiter au mieux des sentiers de randonnée. Au premier étage, les chambres avec balcon sont équipées d'une salle de bains et d'un coin salon. (Chambre simple 32 $, double 54 $, triple 75 $.) A l'étage supérieur, des chambres moins chères ont des salles de bains et des balcons communs (14 $ par personne). Le camping coûte 5 $ par personne. Les visiteurs ont également la possibilité de se porter volontaires auprès du centre de recherches afin d'aider au traçage et à l'entretien des sentiers, à la construction des barrières et autres menus travaux de menuiserie. En échange, ils obtiendront des réductions sur le prix des chambres (5 $ par jour pour les 20 premiers jours, 30 jours au minimum).

MINDO

Les bus à destination de Mindo (durée 2 h, 1 dép/h de 8h à 18h, 1 $) partent de la gare routière de Quito. Ceux qui retournent à la capitale partent de la gare routière de Mindo, sur la route principale. Leur nombre étant assez restreint, il est conseillé d'acheter votre billet de retour dès votre arrivée. Pour cela, rendez-vous au bureau situé sur la route principale, à gauche en entrant dans la ville, à côté du bureau Mindo-Nambillo.

Mindo constitue l'escapade idéale pour tous ceux qui rêvent de forêts, de baignades dans les chutes d'eau, de promenades en chambre à air sur la rivière ou de courses folles à travers des champs d'orchidées parmi les papillons... Mindo a beau être minuscule, de nombreux visiteurs venus là pour la journée ont vu leur séjour se transformer en semaine, puis en mois, voire plus... La partie la plus difficile de votre séjour concernera les choix que vous devrez faire parmi la myriade d'activités de plein air qui vous sont proposées. Apportez avec vous de bonnes chaussures de marche, des sandales, des bottes en caoutchouc, un K-way, des jumelles et un maillot de bain pour pouvoir profiter de toutes les options. Certes, la population locale ne jure que par le pouvoir répulsif du shampooing ou de la citronnelle, mais munissez-vous tout de même d'un produit efficace contre les insectes. Pour plus de renseignements en matière d'hébergement, de nourriture et de guides, adressez-vous au centre que dirige la **Fundación Pacaso y Pacaso**, tout au bout de la route principale, juste avant la place. Si vous souhaitez des informations sur Mindo depuis Quito, contactez le **Centro de Información de Mindo** (☎458 546) à Quito, Yumbos 133, au niveau de la rue Cristóbal Sardoval, à proximité de l'aéroport.

Mindo offre également des possibilités de **randonnées**, mais les sentiers s'avèrent parfois difficiles à trouver et vous risquez même de devoir traverser des propriétés privées. Il est donc conseillé de faire appel à un guide (à partir de 2 $ par jour). Vous pourrez ainsi vous rendre aux **Cascadas de Nambillo**, à deux heures et demie de la place. Mindo propose également des **itinéraires propices à l'observation des oiseaux**. Le centre organise aussi des **descentes en chambre à air** sur le Río Mindo (bouée 1 $) et le complexe touristique d'El Carmelo de Mindo propose des promenades à cheval (5 $ l'heure). Pour y aller (30 mn environ), prenez la route qui passe devant le terrain de football et qui coupe la route principale non loin de l'église blanche et bleue, à mi-chemin de la ville. En continuant tout droit, vous arriverez jusqu'au pont de la rivière Mindo. Prenez à gauche et suivez les pancartes jusqu'au complexe touristique. En chemin, vous pourrez admirer une exposition d'orchidées (1 $). Il est possible de réserver un guide dans la plupart des hôtels.

Très étendues, les possibilités d'hébergement de Mindo conviendront à tous les budgets. Les randonneurs optent généralement pour le **Gypsy Hostal**, situé juste en face du terrain de football. L'établissement, tenu par un Anglais marié à une Equatorienne, est équipé de douches chaudes et met à votre disposition des hamacs. On y prépare également des paniers-repas et des plats végétariens sur demande. Enfin, vous pourrez y réserver un guide et pratiquer certaines activités. (☎351 061 ou 352 805, e-mail gypsyhostal@yahoo.com. 3 $ par personne et par nuit, toutes taxes comprises.) L'**Hostal Arcoiris,** situé à gauche avant le parc, propose des chambres très rudimentaires et des douches chaudes. (Chambre 1,50 $ par personne, avec salle de bains 2 $.) Le **Centro de Educación Ambiental**, à 4 km de la ville, est une adresse très prisée. Cet établissement, installé sur un terrain de 19 000 hectares, est traversé par les **rivières Mindo**, **Nambillo** et **Cinto**. La propriété abrite 450 espèces d'oiseaux et 370 espèces d'orchidées. Des excursions jusqu'aux Cascades de Nambillo sont organisées pour les hôtes, ainsi que d'autres randonnées et des descentes en chambre à air. Les tarifs sont plus élevés qu'ailleurs et les cabanes n'ont ni électricité ni eau chaude. (75 $ par personne avec trois repas et un guide, camping 15 $.) Pour plus de renseignements sur le complexe touristique, rendez-vous au bureau **Amigos de la Naturaleza** à Mindo, qui se trouve sur le côté gauche de la route principale, avant la place. Vous pouvez également appeler leur bureau de Quito (☎223 242, fax 221 628). Autre possibilité, **El Carmelo de Mindo**, sorte d'équivalent meilleur marché du Centro de Educación Ambiental (30 $).

RESERVA MAQUIPUCUNA

L'itinéraire qui relie Quito à Maquipucuna passe par les villes de Calacalí, Nanegalito, Nanegal et Marianitas, à 4 km de l'entrée de la réserve. Des bus partent de Quito à destination de Nanegal (durée 2h30, dép. Lu. à 14h, Ma-Ve à 13h, Sa. à 9h et 13h30, Di. à 9h et 13h, 0,75 $) depuis le terminal de bus San José de las Minas, près du Parque Alameda, dans la rue San José Anteparra, une fois traversée la Plaza Cotocoallao, au nord de Quito. Descendez du bus à 2 km de Nanegal, au niveau de la grande maison verte et jaune, au croisement de La Delicia, après Nanegalito. Il vous faudra ensuite marcher sur 2 km jusqu'à Marianitas puis sur 4 km supplémentaires pour rejoindre Maquipucuna. De décembre à mai, la boue rend le chemin difficilement praticable. Vous pouvez alors monter à bord d'un camion à Marianitas afin de parcourir les 4 km restants (2 $). Un camion laitier quitte Marianitas tous les matins entre 7h15 et 7h45 (devant le magasin blanc). Il pourra vous déposer à Nanegalito (durée 45 mn, 0,25 $). Pour le retour, le bus de Quito passe par Nanegalito (1 dép/30 mn jusqu'à 17h, 1 $).

Située dans les Andes du nord-ouest à 70 km de Quito, la Reserva Maquipucuna est un véritable joyau écologique couvrant 5000 hectares, dont 80 % de forêt primaire. Cela fait maintenant 12 ans que cette réserve existe et que les chercheurs y affluent, menant à bien des travaux dont les chiffres donnent le vertige : ils ont en effet répertorié 1300 espèces de plantes, 45 espèces de mammifères, 350 espèces d'oiseaux et 250 espèces de papillons. Parmi les animaux à sang chaud qui vivent à l'intérieur de la réserve figurent des pumas, des ours, des chauves-souris, des agoutis, des pécaris, des tapirs et des daims. Outre sa faune, Maquipucuna abrite plusieurs sites archéologiques laissés par le peuple Yumbo, qui vécut dans la région après les Incas.

Les visiteurs auront tout le loisir de faire de la randonnée, d'observer les oiseaux et, si le temps le permet, de se baigner dans le Río Umachaca (accès tlj 7h-18h, 5 $). Vous pouvez également passer la nuit à l'**Umachaca Lodge**, sorte d'oasis de l'écotourisme dont les capacités d'hébergement se limitent à 18 personnes. Il est possible d'y prendre des douches chaudes et tous vos repas (25 $ par personne, enfants 20 $).

Le centre d'écotourisme met à votre disposition des guides (10 $ par jour). Prévoyez des bottes, des produits anti-insectes, un K-way et des jumelles. Pour plus de renseignements, contactez la **Fundación Maquipucuna** à Quito, Baquerizo E9-153, au niveau de la rue Tamayo, Apartado Postal 17-12-167 (☎ 507 200, fax 501 201, e-mail root@maqui.ecuanex.net.ec). La fondation conseille aux visiteurs d'appeler au préalable afin qu'elle puisse leur présenter un projet communautaire de développement durable, appelé Yunguilla, centré sur les jardins biologiques, les produits en papier recyclé et en noix de tagua.

CÔTE PACIFIQUE

LES INCONTOURNABLES DE LA CÔTE PACIFIQUE

PRÉLASSEZ-VOUS sur les plages de sable fin les moins fréquentées d'Amérique du Sud : **Súa** et **Same** (p. 559).
PARTEZ À LA DÉCOUVERTE de la faune et de la flore du parc national de Machalilla (p. 575), les "Galápagos du pauvre".
ALLEZ SURFER à **Montañita** (p. 577).
MÊLEZ-VOUS À LA JET-SET ÉQUATORIENNE qui se presse dans la prestigieuse station balnéaire de **Salinas** (p. 580).
FRAYEZ-VOUS UN PASSAGE parmi les 6000 fêtards du **Jardín de la Salsa** (p. 596) à Guayaquil.
GOÛTEZ AUX PLAISIRS du *ceviche* sur la plage de **l'île de Jambelí** (p. 600).

La **côte pacifique** de l'Equateur (voir carte, p. 555) offre un paysage très varié, parsemé de plages, de mangroves, d'estuaires et de rivages rocheux. Elle s'étire depuis la ville de San Lorenzo, proche de la frontière colombienne, jusqu'à Huaquillas, à la limite du Pérou et de l'Equateur. Si le climat est sensiblement le même sur toute la côte (avec un épisode pluvieux de décembre à avril dû à la présence de courants chauds au large), les régions à visiter présentent chacune un attrait différent. Ainsi, les fanatiques de la *fiesta* opteront pour Atacames et Montañita où, après avoir passé la nuit à boire sous les paillotes, ils pourront se remettre de leurs excès nocturnes allongés au soleil. Les adeptes d'un séjour plus paisible ont tout intérêt à mettre le cap sur Playa Escondida, Same, Canoa, Muisne ou encore Alandaluz, qui offrent des kilomètres de plages pratiquement vierges. Si vous êtes citadin dans l'âme, dirigez-vous plutôt vers les villes côtières de Bahía de Caráquez, Manta et Salinas, où le sable cohabite avec les gratte-ciel. Un mariage quelquefois malheureux, où l'écologie se voit de temps à autres sacrifiée sur l'autel du modernisme… Les amoureux de la nature auront, quant à eux, intérêt à faire une escapade dans la région de Puerto López. De là, ils pourront partir à la découverte du parc national de Machalilla et, dans la foulée, explorer l'île de la Plata, équivalent abordable des Galápagos. Enfin, ne boudez pas les villes de moindre importance, moins connues des touristes, en particulier le nord de la côte pacifique, traversé d'influences africaines. Vous y apprendrez que les poissons et les fruits de mer y sont, bien plus qu'une alimentation de base, un mode de vie.

La région fertile des **plaines** (p. 584), nichée entre la côte pacifique et le début de la partie occidentale des Andes, a joué un rôle déterminant dans l'histoire de l'Equateur. C'est là en effet qu'apparurent, au cours du XVIIe siècle, les premières plantations. Depuis, avec l'essor de l'agriculture, les forêts qui jadis protégeaient les terres fertiles n'ont cessé de reculer toujours plus loin dans les plaines, au point de disparaître définitivement dans certains cas. C'est à ce prix que s'est développée l'industrie la plus florissante du pays : la banane. Peu après l'indépendance de l'Equateur, le port de Guayaquil sut tirer parti de sa situation dans le delta du Guayas. Il devint rapidement le centre du trafic maritime et le poumon économique de la région. Les bénéfices du port sont alors réinvestis dans le développement de l'agriculture, principale source de richesse régionale jusqu'à ce que, dans les années 1970, la découverte de gisements de pétrole en Amazonie permette à la région de développer un nouveau secteur économique porteur. Guayaquil a conservé jusqu'à nos jours son statut de capitale commerciale régionale.

LE LITTORAL

SAN LORENZO ☎06

Depuis que des coulées de boues, provoquées par El Niño, ont paralysé la ligne de chemin de fer reliant les villes d'Ibarra et de San Lorenzo, les visiteurs se font très rares dans cette dernière. Les esprits aventureux, bardés de produits insecticides, pourront toutefois se risquer à découvrir le charme des mangroves et des forêts tropicales, ou, pourquoi pas, à faire une excursion à travers la jungle. Les populations locales vantent la beauté naturelle des réserves écologiques proches de San Lorenzo comme **Cayapas-Mataje**. Contactez le directeur régional du tourisme, Jaime Burgos (☎780 230) pour plus de renseignements. Vous trouverez tout ce dont vous avez besoin le long des deux rues principales de la ville : **10 de Agosto**, qui part du parc non loin des quais jusqu'au centre-ville, et **Imbabura**, qui s'étend depuis la gare ferroviaire jusqu'à 10 de Agosto. L'intersection de ces deux rues constitue un bon point de repère. Les **bus** qui desservent **Ibarra** (durée 8h, 4 dép/j de 4h à 11h30, 5 $), partent du rond-point de la rue Imbabura, non loin de la gare ferroviaire, tandis que ceux qui desservent **Esmeraldas** (durée 6h, 6 dép/j de 5h à 15h, 3,25 $) partent du parc. Les **bateaux** se rendent jusqu'à la **frontière**

colombienne (durée 1h30, dép. 7h et 14h, 1,80 $). Vous pourrez **changer de l'argent** à l'**Almacén Su Economía**, de l'autre côté de la rue Imbabura quand vous êtes devant EMETEL. Demandez les propriétaires, Olga Puco et Patricio. (☎780 272 ou 780 422. Ouvert tlj 7h-20h.) Vous trouverez la **police** juste à côté du parc, sur l'Ave. 10 de Agosto. Vous pourrez y faire tamponner votre passeport ou obtenir des renseignements relatifs au passage de la frontière (ouvert 24h/24). Il vous faudra marcher un peu pour rejoindre l'**hôpital** (☎780 189) situé à l'extérieur de la ville, rue Divina Providencia. **EMETEL**, dans la rue parallèle à Imbabura, en face du terrain de sport, permet d'appeler l'étranger sans surtaxe. (Ouvert Lu-Sa 8h-22h, Di. 8h-12h et 19h-22h.) En matière d'hébergement, le mieux est de séjourner à l'écart de la gare. L'**Hotel Tolita Pampa de Oro**, dans Tásito Ortiz, troisième rue à gauche quand vous venez de la gare ferroviaire, est ce que vous trouverez de plus propre et de plus moderne. Chaque chambre est équipée d'une salle de bains, d'une TV câblée, d'un ventilateur et d'une moustiquaire. (☎780 214. Chambre 2,25 $.) Dans le même genre, vous pouvez opter pour l'**Hotel Gran San Carlos**, rue Imbabura au niveau de José Garcés, en face d'EMETEL. (☎780 306. 1,60 $ par personne, avec salle de bains 2 $.)

ESMERALDAS ☎06

Accueillis par une foule d'Indiens arborant des émeraudes, les conquistadors qui débarquèrent sur la côte nord de l'Equateur en conclurent tout naturellement que la région était riche en pierres vertes. Bien que cette déduction se révéla par la suite erronée, la ville conserva son nom. Avec le temps, la population locale l'associera à la luxuriance des forêts avoisinantes. Plus prosaïquement, sachez que certains quartiers de la ville comptent parmi les plus dangereux du pays. C'est pourquoi la plupart de ceux qui s'arrêtent à Esmeraldas se contentent d'une halte avant de se diriger vers des destinations plus ensoleillées. Renseignez-vous avant de visiter des quartiers inconnus et évitez Malecón et les rues situées un peu plus bas dès la nuit tombée. En général, les bus font descendre les passagers au **terminal du bus** sur **Malecón** (Transportes del Pacífico et Cooperativa La Costeñita) ou près du **Parque Central** (Transportes Esmeraldas). Repérez-vous par rapport au parc. Il est bordé par les rues **Bolívar** et **Sucre**, toutes deux parallèles, et par les rues **10 de Agosto** et **9 de Octubre.**

Esmeraldas dispose de toutes les commodités de transports. L'**Aeropuerto General José Rivadeneira** est à 25 km au sud de la ville. (Taxi 4-5 $, bus Transportes Zambrano 0,20 $.) **TAME** (☎726 863), à l'angle des rues Bolívar et du 9 de Octubre, dessert **Quito** (durée 30 mn, Lu., Ma., Ve., Di. 16h30, 24,28 $). Quatre grandes compagnies de bus sillonnent la région. (Ouvert Lu-Ve 8h-13h et 15h-18h.) **Transportes Esmeraldas** (☎721 381), rue 10 de Agosto entre les rues Sucre et Bolívar, dessert Quito (durée 6h30, 18 dép/j de 6h30 à 0h55, 4,40 $) via **Santo Domingo** (durée 3h, 2 $), et **Guayaquil** (durée 8h, 16 dép/j de 6h30 à 0h15, 5,20 $). **Cooperativa la Costeñita** (☎723 041), au niveau des rues Malecón et 10 de Agosto, et **Transportes del Pacífico** (☎713 227), au niveau des rues Malecón et Piedrahita, se partagent le service quotidien à destination de : **San Lorenzo** (durée 6h, 1 dép/h de 6h à 18h, 3,20 $), et **Muisne** (durée 3h, 1 dép/20 mn de 5h à 21h, 1,04 $) via **Atacames** (durée 1h, 0,40 $), **Súa** (durée 1h15, 0,50 $) et **Same** (durée 1h30, 0,56 $). **Transportes Zambrano** (☎726 711), au niveau des rues Sucre et Piedrahita, dessert **Muisne** (durée 3h, tlj 9h-20h, 1,04 $) et **Santo Dominguo** (durée 3h, tlj 6h-19h, 1,60 $). Les bus locaux **Las Palmas** desservent l'ensemble de la zone urbaine (0,12 $). **Esmeraldas Tur**, Cañizares 221, se trouve à l'angle de la rue Bolívar. (☎/fax 726 875. Ouvert Lu-Ve 8h30-13h et 15h-19h.) **Banco del Pichincha**, à l'angle des rues 9 de Octubre et Bolívar, face au Parque Central, changera vos chèques de voyage. (☎728 745. 100 $ au minimum.) Vous trouverez un bureau de la **Western Union** au rez-de-chaussée. Ouvert Lu-Ve 8h-14h, Sa. 8h30-14h. Son **distributeur automatique**,

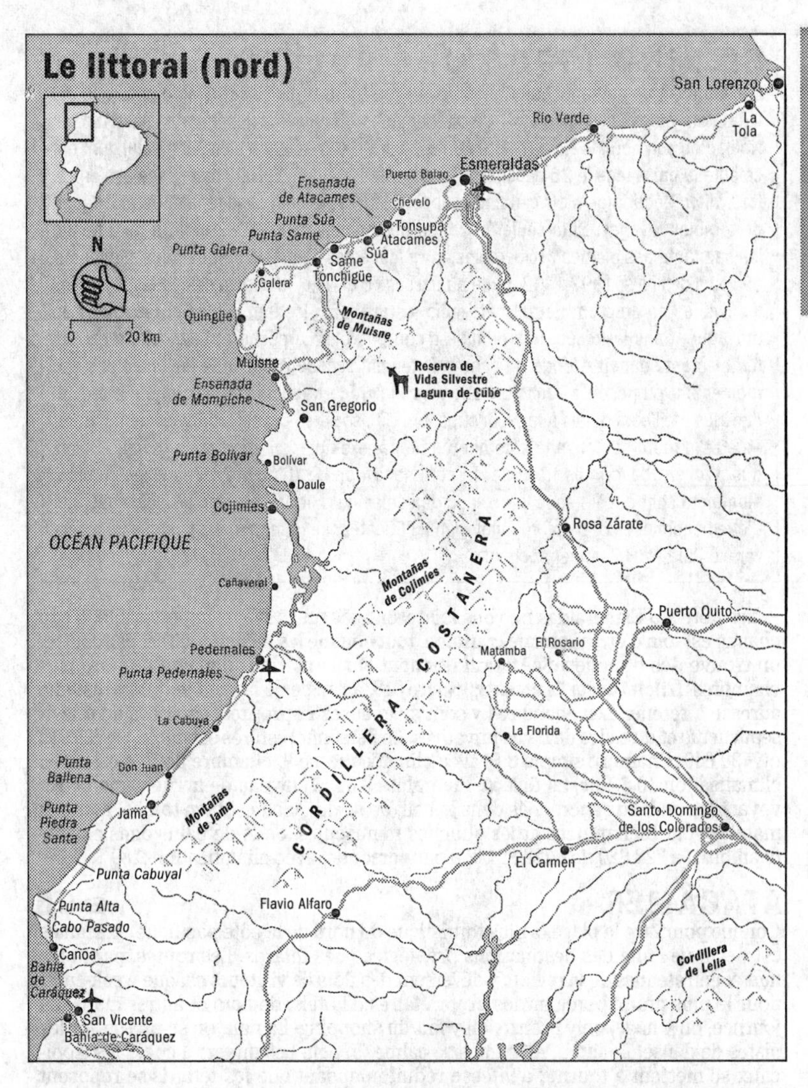

en service 24h/24, accepte la carte Visa. La **police** est à l'angle des rues Bolívar et Cañizares. (☎ 723 158 ou 725 800. Ouvert 24h/24.) La **Clínica Central** est dans la rue Espejo entre les rues Olmedo et Sucre. (☎ 726 520. Ouvert 24h/24.) **ANDINATEL** est à l'angle des rues Montalvo et Malecón. (☎ 728 810. Ouvert Lu-Sa 8h-22h, Di. 8h-16h et 18h-22h.) **Compunet** est dans la rue Bolívar en partant du Parque Central, à droite juste après la rue Cañizares. (☎/fax 728 670. 0,04 $/mn. Netphone 0,36 $/mn. Ouvert Lu-Sa 8h30-13h et 14h-19h, Di. 9h-17h.) Le **bureau de poste** est à l'intersection des rues Montalvo et Malecón, au rez-de-chaussée. (☎ 726 831, fax 726 834. Ouvert Lu-Ve 8h-19h et Sa 8h-14h.)

EL NIÑO PIQUE UNE COLÈRE L'enfant terrible du Pacifique est un courant chaud qui amène la saison des pluies sur la côte pacifique de l'Equateur et les îles Galápagos. Ce phénomène naturel se déclenche aux alentours de Noël, d'où son nom, El Niño (l'enfant en espagnol), en référence bien sûr à celui dont on célèbre la naissance le 25 décembre. La plupart du temps, El Niño reste sage et s'en va fin avril ou début mai. Mais certaines années, il lui arrive de mal se tenir et de provoquer de terribles ravages. Si la seule évocation des années 1982-1983 suffit à faire frémir les habitants des plaines occidentales, la violence des éléments a atteint des summums au cours de l'hiver 1997-1998. Suite au passage d'El Niño, la côte pacifique fut dévastée, les rivières en crue ont détruit pêle-mêle les maisons, les immeubles et les routes et provoqué, dans la foulée, une pénurie d'eau potable. La pêche et l'agriculture en ont terriblement souffert. L'onde de choc a fortement secoué l'économie régionale et s'est rapidement propagée à l'échelle nationale. Malgré le traumatisme, l'Equateur a œuvré dans les meilleurs délais à la reconstruction. Des sociétés privées chargées de remettre en état la route qui longe la côte ont fourni, par exemple, un effort remarquable. Si les bus peuvent désormais traverser la côte sans trop de difficultés, des villes comme Montañita sont encore sous la menace de l'érosion du littoral et l'eau potable continue d'être acheminée par camion. Aujourd'hui, l'Equateur se demande bien ce que lui réservera le Père Noël l'année prochaine...

Les hôtels d'Esmeraldas ne vous laisseront pas un souvenir impérissable. L'eau chaude est loin d'être monnaie courante, tout comme les moustiquaires. Par contre, on trouve des bouches d'aération donnant sur l'extérieur dans de nombreuses chambres. L'**Hotel Costa Esmeraldas**, Sucre 813, à l'angle de la rue Piedrahita, est une adresse à retenir. Les chambres y sont spacieuses et propres, équipées de téléviseurs neufs et de salles de bains privatives. Le personnel est très serviable. (☎ 723 912 ou 720 640. Chambre simple 3 $, avec climatisation 5 $, chambre double 6 $, avec climatisation 10 $.) **Hostal Galeón**, Piedrahita 3-30, au niveau de la rue Olmedo. En voyant les tableaux accrochés dans le hall, on se dit qu'on est bien tombé, mais les matelas sont bien minces et les douches minuscules. Salle de bains dans chaque chambre. (☎ 723 820, fax 723 821. 2 $ par personne, avec climatisation 2,80 $.)

ATACAMES ☎ 06

Connue pour être la plage la plus touristique du nord de la côte pacifique, Atacames est devenue l'une des destinations privilégiées des fêtards. Les routes, parmi les mieux entretenues de la région, y déversent des flots de visiteurs chaque week-ends, pour le plus grand bonheur des propriétaires d'hôtels, de bars et autres clubs. La journée, on y nage, on y bronze, on y fait du shopping. La nuit, on se presse sur les pistes de danse. Le lundi, Atacames se calme un peu. Les mixers à cocktails tropicaux se mettent à tourner à vitesse réduite pendant que les fêtards se reposent jusqu'au vendredi suivant. Lieu de rencontre idéal, Atacames risque de faire fuir les amoureux de la solitude qui iront planter leur parasol ailleurs.

TRANSPORTS

Bus : Ceux qui partent de l'arrêt central, rue Principal, desservent quotidiennement : **Muisne** (durée 2h30, 1 dép/30 mn de 5h30 à 22h, 0,40 $) via **Súa** (durée 15 mn, 0,20 $), **Same** (durée 30 mn, 0,20 $) et **Tonchigüe** (durée 1h, 0,20 $). **Cooperativa La Costeñita** dessert deux fois par jour **Playa Escondida** (durée 1h, dép. 13h10 et 15h10, 0,60 $). **Transportes Occidentales** (☎ 731 276), juste au-dessus du fleuve quand vous vous éloignez de la mer, dessert quotidiennement **Quito** (durée 6h, dép. 11h50, 14h et 23h45, 5,20 $) et **Guayaquil** (durée 8h, dép. 23h15, 5,60 $) via **Muisne** (durée 1h15, 0,60 $).

Taxi : Les taxis ordinaires, tous basés à Esmeraldas, sont rares et chers. Vous pouvez relier en taxi Atacames à Esmeraldas pour 5 $, mais le retour vous coûtera à peu près le double. Vous pouvez aussi opter pour les "trajets écologiques" (c'est le nom qu'ils se donnent) en fait que de simples charrettes attelées à des deux-roues dans lesquelles vous pourrez vous déplacer en ville, moyennant 0,40 $ par personne.

ORIENTATION ET INFORMATIONS PRATIQUES

Les bus s'arrêtent partout sur la grand-rue surnommée rue **Principal** ou **la Carretera**. Une pancarte indiquant *parada* et un banc blanc, installé devant un marchand de glaces, font office d'arrêt central. **Jorge Prado,** la route qui prend à droite en face du glacier, vous mène jusqu'à une **passerelle** qui enjambe le **Río Malecón** et débouche sur la rue **Malecón**, bordée d'hôtels bon marché, de discothèques et de restaurants de front de mer. En ville, la plupart des services sont concentrés autour du Parque Central. Quand vous tournez le dos au marchand de glaces, avancez droit devant vous avant de tourner à droite sur la rue **Juan Montalvo**. Le parc se trouve à une rue de là.

Change : **Banco del Pichincha** (☎ 731 029), à l'angle des rues Tello et Espejo, de l'autre côté du parc. Vous pourrez y changer vos chèques de voyage pour un montant minimum de 500 $ avec une commission de 0,3 %. Ouvert Lu-Ve 8h-20h et Sa-Di 8h-14h.

Laverie automatique : **Zum Tuncán** (☎ 731 191). Prenez la route Jorge Prado dans la direction opposée à la plage et tournez à gauche, rue Luis Vargo Torres. La laverie se trouve sur la gauche. Ouvert Lu-Ve 10h-18h et Sa. 10h-14h. 0,35 $/500 g.

Police : (☎ 731 275), à l'angle des rues Principal et La Acacia, dans un bâtiment bleu et blanc, en face du stade Walter Aparicio Alomia.

Hôpital : **Centro de Emergencías** (☎ 731 183 ou 731 083). Tournez le dos au marchand de glaces et faites 100 m à partir de l'arrêt d'autobus. **Pharmacie** ouverte **24h/24** dans le même immeuble.

Téléphone : **ANDINATEL** (☎ 731 050), au coin des rues Montalvo et Tello. Appels nationaux et internationaux en P.C.V. et par carte d'appel. Ouvert Lu-Sa 8h-22h, Di. 8h-14h et 19h-22h.

Internet : **Principal Librería y Papelería** (☎ 731 521) au coin des rues Montalvo et Tello, entre la banque et ANDINATEL. 0,06 $/mn. Lu-Ve 7h30-20h et Sa. 9h-20h.

Bureau de poste : Rue Principal, à proximité de la rue Espejo. Ouvert Lu-Ve 9h-18h et Sa. 8h-14h.

HÉBERGEMENT

A première vue, on pourrait croire qu'Atacames regorge de lieux d'hébergement. Mais quand vient le week-end, avec sa cohorte de jeunes gens en tenue de plage, les hôtels font le plein et on ne trouve pratiquement plus une chambre de libre dans toute la ville ! Les chambres sont généralement confortables, mais le brouhaha qui émane des bars et des boîtes de nuit rend les nuits parfois un peu difficiles. Les voyageurs qui se rendent à Atacames pendant la basse saison (d'Oct. à mi-Déc et Mars) ou en milieu de semaine, peuvent éventuellement discuter le prix des chambres.

Cabañas Los Bohíos (☎/fax 731 089). Pour rejoindre ces plaisants petits bungalows, prenez la direction de la plage et tournez à droite après la passerelle. Chaque bungalow est équipé d'un téléviseur et d'une salle de bains propre. La nuit, un garde éloigne les personnes éméchées qui seraient tentées de traîner dans les parages. Bungalow, 4 $ par personne.

Hotel Sambaye (☎ 731 410). Depuis les Cabañas Los Bohíos, prenez la direction de la plage puis tournez à droite : Sambaye est sur votre droite. Les lits sont fermes et les salles de bains sont propres. Les chambres disposent de bonnes serrures. Vous trouverez de l'eau en bouteille et des sandwichs à la réception. Chambre 4 $ par personne.

Residencial la Casa del Manglar (☎ 731 464), sur votre gauche de l'autre côté de la passerelle quand vous marchez en direction de la mer. Situé à 150 m de la plage, cet établissement confortable qui domine le Río Malecón est une retraite salutaire, à l'écart de la vie nocturne d'Atacames. Détendez-vous sur la terrasse ou dans l'une des chambres aux tons gais, décorées avec goût. Chambre 4 $ par personne, avec salle de bains 5 $.

Hotel Galería Atacames (☎ 731 149, fax 731 282). Sur la plage, quand vous empruntez la passerelle en direction de Malecón avant de prendre à droite. Au premier étage. Le ventilateur et la salle de bains privative vous feraient presque oublier la mollesse du matelas. Moustiquaire disponible sur demande. Chambre 4,80 $ par personne.

RESTAURANTS

Les restaurants d'Atacames proposent aussi bien de la cuisine étrangère que de la cuisine plus typique à base de poisson et de fruits de mer. Rue Malecón, les amateurs de chiche-kebab et d'épis de maïs trouveront leur bonheur.

Restaurant La Cena (☎ 731 203), rue Malecón, le long de la plage, à une rue à droite de la passerelle. Des ventilateurs accentuent la fraîcheur de ce restaurant situé en extérieur. Petit déjeuner 0,60-0,80 $. *Encocados* (fruits de mer cuits dans du lait de coco) 1,40 $, salades 1,20 $. Ouvert tlj 6h-24h.

No Name Pizzeria (☎ 09 821 565), le long de la plage, rue Malecón, à trois rues à droite de la passerelle. Au premier étage. Montez les quelques marches qui mènent à la terrasse. Atmosphère décontractée. Le service est impeccable et les pizzas délicieuses. 16 types de garnitures. Grande pizza 5-7 $. Salades 1,20 $, plat de pâtes 1,80-3 $. Ouvert Lu-Sa de midi jusqu'à tard le soir.

Da Giulio Restaurante, le long de la plage, rue Malecón, à une rue à droite de la passerelle. La cuisine espagnole et italienne que l'on sert dans ce bâtiment blanc de type colonial est absolument délicieuse. Faites le plein de *tapas* (1,80-2,60 $) ou savourez une assiette de *paella mejor* (4,80 $). Ouvert tlj 11h30-18h et 19h-22h.

PLAGES

Les plages d'Atacames ne manquent pas d'attraits. Propres et étendues, elles offrent une vue splendide sur **Punta Esmeraldas** à l'est et sur les côtes déchiquetées de l'**Isla de los Pájaros**. Les amateurs de bronzette et de football de plage se côtoient en toute tranquillité avec, en toile de fond, des **bateaux banane** (que l'on peut louer pour 0,40 $ par personne au sud-ouest de la plage) voguant sur les flots bleus et verts. La partie surveillée de la station balnéaire est plutôt sûre, en revanche, les plages plus isolées le sont moins. Evitez de laisser vos affaires sans surveillance. L'eau reste chaude pendant la quasi-totalité de l'année. Soyez prudent lorsque vous nagez, car les courants peuvent être assez forts.

SORTIES

Avec ses 39 bars abrités sous des paillotes et ses discothèques, Atacames satisfera tout le monde. La plupart des établissements sont conçus sur le même modèle : on retrouve partout le même toit de paille, les mêmes jus de fruits, la même musique, les mêmes tarifs (entre 1 et 4 $ le cocktail) et les mêmes horaires (tlj 16h-2h). La rue Malecón est bien éclairée et plutôt sûre, mais la population locale conseille aux touristes de rester sur leurs gardes, en particulier quand la foule est dense. Il est déconseillé de se promener sur la plage à la nuit tombée.

El Oasis de Nagiba Bar, à droite de la rue Principal, sur le sable. Des balançoires suspendues au plafond y font office de tabourets de bar. La spécialité de la maison est le *nagiba* (fabriqué à partir de fruits colombiens et de rhum, 1,80 $). Le samedi, concerts de *marimba*. *Happy hour* tlj 20h30-21h30.

Scala Discoclub, juste après le Nagiba Bar, sur la rue Malecón. Les fêtards de tous âges s'y retrouvent sous des néons éclairant les visages d'Elvis, de Claudia Schiffer ou du groupe Metallica. Bière, 1 $. Entrée 1 $. Ouvert tlj 20h-2h.

Sambaye Discoteca (☎ 731 308), tout au bout de la rue Malecón. Prenez à droite après la passerelle. Ce complexe géant d'une capacité d'accueil de 1000 personnes est l'une des discothèques les plus animées de la plage. Bière 0,80 $. Entrée 0,80 $.

ENVIRONS D'ATACAMES : SÚA

Pour vous rendre à Súa depuis Atacames, prenez le bus (durée 15 mn, 1 dép/15 mn, 0,20 $) ou un mototaxi (0,60 $). Vous pouvez aussi y aller par la plage à marée basse (30 mn).

Les week-ends de Súa sont indéniablement plus calmes que ceux d'Atacames. En fait, c'est plutôt sur ses collines verdoyantes que se pressent les promeneurs. Au sud de la baie, au terme d'une marche d'une demi-heure sur un sentier de terre, vous parviendrez au sommet d'un vaste belvédère recouvert de végétation qui offre un magnifique panorama sur Atacames au nord, et sur une côte plus sauvage qui s'étire au sud. A Súa, les lieux d'hébergement sont d'un bon rapport qualité-prix, même si les prix peuvent varier d'une saison à l'autre. Ils sont notamment à la hausse en février, durant le Carnaval. L'**Hotel Chagra Ramos** à l'extrémité nord de la plage, met à votre disposition de paisibles villas à flan de coteaux et des bungalows un peu plus anciens. Les villas sont toutes équipées d'une salle de bains et de chambres au confort modestes mais impeccables. Les moustiquaires tendues devant les fenêtres permettent de conserver une certaine fraîcheur et sont prévues pour qu'aucun insecte ne vienne troubler votre sommeil. (☎ 731 006 ou 731 070, 2-3 $ par personne.) Le **restaurant** de l'Hotel Chagra sert du poisson et des fruits de mer de qualité (1,40-2,60 $) ainsi que des salades (1-1,80 $) à l'ombre des palmiers. (Ouvert tlj 7h15-21h.) L'**Hotel/Restaurant Súa Café**, tenu par des Français, est l'un des premiers bâtiments à gauche quand vous venez de la ville. Bien que le quartier soit plutôt sûr, l'Hotel Súa ne prend pas la sécurité à la légère et les chambres sont équipées de bonnes serrures et d'un coffre-fort. Salle de bains et ventilateur dans toutes les chambres. (☎ 731 004, 1,60 $ par personne.) Le restaurant situé au rez-de-chaussée propose des plats français et équatoriens tous délicieux. (Plats principaux 1-3 $. Ouvert tlj 6h-21h30.)

ENVIRONS D'ATACAMES : SAME

Pour vous rendre à Same depuis Atacames, prenez le bus. (Durée 30 mn, 1 dép/15 mn de 5h à 22h, 0,20 $.)

La plage pratiquement déserte de Same, longue de près de 3 km mais large de 20 m au maximum, se trouve à 7 km au sud-ouest de Súa. Ses vagues émeraude et sa température constante de 25° C en font l'une des plus agréables de la région. Ses quelques établissements discrets privilégient la qualité plutôt que la quantité. La forte proportion de visiteurs nord-américains et européens a cependant fait monter les prix. Ceux-ci sont donc un peu plus élevés que dans les stations balnéaires avoisinantes. Pour profiter du charme des bungalows de bord de mer de **La Terraza Quito**, prenez à gauche de la plage depuis la route principale. Chaque chambre est équipée d'un ventilateur, d'une salle de bains et d'un porche sous lequel est accroché un hamac. (☎ 09 476 949, 5 $ par personne.) Décoré de coquilles de tortues géantes et de pirogues, le **restaurant** de La Terraza est le centre de la vie sociale de Same. C'est ici qu'une foule cosmopolite se retrouve autour d'un cuba libre (2 $). Essayez le calamar (3,20 $), les plats de pâtes (2,20-2,60 $) et le *ceviche* (2,20-2,50 $). (Ouvert tlj 10h-17h et 19h-22h.) ❤ **Hostal y Restaurant Sea Flower**, sur la route qui mène à la plage juste avant La Terraza. Cuisine raffinée, meubles précolombiens et atmosphère chaleureuse. Bien que le prix des chambres (15 $ par personne) ait de quoi vous refroidir, ce serait faire offense à votre palais que de ne pas goûter le pain fait maison, les sauces savoureuses, les fruits de mer et les steaks que l'on y sert. En outre, les plats sont copieux et le service excellent. On en oublierait presque les prix... (Plats 7-9 $. Ouvert tlj 10h-22h.)

ENVIRONS D'ATACAMES : PLAYA ESCONDIDA

La Playa Escondida est située juste au sud de Tonchigüe, sur la route de terre qui mène à Punta Galera. Tous les bus qui desservent Muisne et les plages du nord de la côte passent par Tonchigüe, à l'endroit d'où part la route de Playa Escondida et de Punta Galera. Mais seuls deux bus par jour poussent jusqu'aux portes de la station balnéaire. Cooperativa La Costeñita assure la liaison Esmeraldas-Punta Galera (durée 2h, dép. 13h10 et 15h10, 0,60 $) via Atacames (durée 1h15, dép. 13h50 et 15h50).

Cette "plage cachée" compte parmi ses visiteurs plus de crabes que de touristes. Nichée au creux d'une baie, au point de rencontre des collines équatoriennes et de l'océan pacifique, Playa Escondida se définit comme un refuge écologique. Les baignades sont plus agréables à marée haute, mais la marée basse a, elle aussi, ses avantages. Elle laisse en effet apparaître des piscines naturelles (qui abritent des créatures de toutes sortes), ainsi que des bandes de sable mouillé et des rochers plats propices aux ballades, le long des côtes, au pied de la falaise. Le **Beachside Lodge** est la seule infrastructure "hôtelière" de Playa Escondida. Vous avez le choix entre l'une des chambres à ciel ouvert installées au premier étage et le loft du deuxième étage, plus spacieux. De votre lit, laissez-vous bercer par le fracas des vagues, protégé par une moustiquaire, ou bien optez pour l'un des hamacs qui traînent dans la cuisine commune. Vous pouvez également camper. Ajoutez-y la douche d'eau froide, les toilettes communes à l'extérieur et le tas de compost et vous aurez tous les éléments d'une expérience un peu... rude. (☎09 733 368, 8-10 $ par personne, camping 5 $ par personne. Comptez 10 % de taxe.) Le **restaurant** du Beachside lodge est quant à lui tout sauf simple. (*Pancakes* 1,40 $, salade de fruits 1,80 $, *platos fuertes* de poisson ou de légumes 3-3,60 $.)

MUISNE ☎06

A mille lieux de l'industrie du tourisme, Muisne est une île paisible épargnée par les voitures et les bus qui encombrent les villes côtières alentours. Un climat capricieux y attire les nuages le matin, la chaleur l'après-midi et les vents forts le soir. L'été dernier, une révolte mit le maire au chômage et priva l'île de son gouvernement local. Mais ne vous y trompez pas, les habitants de Muisne sont d'un naturel arrangeant et accueillant. Est-ce pour cette raison qu'ils s'accommodent d'une ville et d'un littoral négligemment entretenus ?

ORIENTATION ET INFORMATIONS PRATIQUES. Les **bus** desservant Muisne s'arrêtent à hauteur des quais sur le continent. C'est de là que partent les **bateaux** à destination de l'île (durée 5 mn, 1 dép/5 mn, 0,06 $), où des **vélos-taxis** peuvent vous déposer à la plage (0,20 $). **Isidora Ayora**, la rue principale, rejoint le centre-ville depuis les quais. Les **bus** partent des quais et desservent : **Esmeraldas** (durée 3h, 1 dép/1h30 de 5h30 à 21h, 1 $), via **Same** (durée 1h15, 0,24 $), **Súa** (durée 1h30, 0,36 $), et **Atacames** (durée 2h, 0,60 $). Pour aller à Pedernales, prenez le bus à destination de Salto puis une *camioneta* directe (durée 3h, 2,60 $) ou un bus de la Cooperativa La Costeñita (durée 1h30, 1,20 $) en direction de Chamanga. De là, prenez une *camioneta* jusqu'à Pedernales (durée 1h30, 1,40 $). Il n'y a **pas de banque** à Muisne. Le poste de police est installé dans un bâtiment bleu et gris, dans la rue parallèle à la rue principale, juste avant le parc central. L'**hôpital** (☎480 269) se trouve à droite quand vous venez des quais. Les **urgences** y sont assurées **24h/24**. Le bureau d'**ANDINATEL** est à gauche quand vous venez des quais. (Ouvert tlj 8h-22h.) La **poste** est au troisième croisement à gauche des quais, à deux pas du bâtiment municipal. (Ouvert Lu-Ve 9h-12h et 15h-18h.)

HÉBERGEMENT ET RESTAURANTS. Muisne compte peu d'hôtels mais les rares établissements fournissent des prestations de qualité et ils sont équipés de moustiquaires, un *must* dans la région ❤ **Hostal Calade**, sur la plage, à gauche de la rue principale, se trouve juste après l'Hotel Playa Paraíso. Les douches sont à l'image des tons qui colorent les murs : chaudes. Et l'on ne vous parle pas de la salle vidéo, de l'accès Internet et de la musique qui s'échappe de la stéréo à longueur de journée. (☎480 276. Dortoir 3 $ par personne, chambre 4 $ par personne, avec salle de bains 5 $.) Le nouveau propriétaire, qui est italien, a adapté la cuisine de son bar-restaurant à ses origines (spaghetti 2 $, *ensalada italiana* 1,30 $). L'**Hotel Playa Paraíso** est une bâtisse d'un rose éclatant, situé à gauche peu avant d'arriver à la plage en venant de la rue principale. Les propriétaires parlent anglais et traitent leurs hôtes comme des membres de la famille. Toilettes et salles de bains communes mais impeccables. Un restaurant aux prix raisonnables complète l'ensemble. (☎480 192, chambre 3 $ par personne.) **Cabañas San Cristobal**, sur la plage, à droite de la rue principale. Les chambres joliment carrelées sont équipées d'une salle de bains et d'une moustiquaire. Pour plus de sûreté, certains visiteurs préfèrent les bungalows en pierre aux bungalows en bois. (☎480 264, bungalow 4 $ par personne.) En plus des excellents restaurants du Playa Paraíso et de Calade, vous avez le choix entre plusieurs établissements, la plupart à deux pas de la mer. Le **Restaurante Suizo-Italiano** situé sur la rue principale juste avant la plage, sert ses clients en terrasse, face à un vieil immeuble avec "Pizza et Spaghetti" marqué à la bombe sur la façade. Le Suisse-Italien qui tient le restaurant prépare des pizzas végétariennes à tomber par terre. (Petite 2 $, grande 2,40-4 $. Ouvert tlj 12h-21h.)

PLAGES. Autrefois bordées de palmiers, les plages ont été dépouillées de la plupart de leurs arbres par El Niño durant l'hiver 1997-1998. Dans le but d'épargner aux établissements de bord de mer d'éventuels dégâts à venir, le gouvernement a fait bâtir tout au long de la promenade un mur de béton destiné à repousser les vagues. Fort heureusement, cette construction permet encore d'admirer la vue, qui est splendide. Les plages de Muisne sont assez longues pour offrir une marche de plus d'une heure quelle que soit la direction empruntée. C'est encore plus vraie à marée basse, quand la mer découvre une bande de sable de 70 mètres de large. Sachez enfin que si la mer peut être assez agitée, le principal inconvénient de ces plages est la présence de petites méduses venimeuses. Si vous êtes piqué, pas d'inquiétude, contentez-vous d'aller vous procurer un peu de vinaigre dans n'importe quel restaurant. Le soir, évitez les promenades sur la plage dans les endroits non éclairés. Muisne est une ville assez tranquille mais touchée, comme beaucoup, par la criminalité.

VISITES. Si une promenade en bateau parmi les mangroves vous tente, offrez-vous ce plaisir, mais sachez que la végétation, très dense, est gâtée en de nombreux endroits par les *camaroneras* (élevages de crevettes) qui ont poussé comme des champignons. Les excursions à travers les mangroves ont parfois un itinéraire bien précis. Vous pourrez ainsi découvrir la **Isla Bonita**, qui offre un paysage de collines verdoyantes et onduleuses, et de falaises rocailleuses. Mais vous pourrez également vous contenter de vous promener au hasard au sein d'une végétation très touffue. Si vous prévoyez de quitter la partie abritée qui s'étire derrière l'île de Muisne, attendez-vous à des vagues assez fortes. Les bateaux sont ancrés au port (environ 3 $ l'heure). Vous pouvez faire appel à un batelier qui vous attendra plusieurs heures pendant que vous irez chercher des coquillages, mais cela vous reviendra cher. Arrangez-vous pour qu'on vienne vous rechercher un peu plus tard, cela vous évitera de devoir payer pour l'attente. Veillez à payer le batelier *après* qu'il vous ait déposé, la Isla Bonita est un lieu isolé et il serait dommage d'y être laissé en rade...

PEDERNALES ☎05

Ce port de pêche très actif bénéficie d'une situation centrale. Il abrite le plus grand marché de la côte nord et constitue un centre économique important pour l'industrie de la crevette. Considéré par la population locale comme une ville d'importance majeure, Pedernales n'est souvent qu'une étape pour les visiteurs en route vers d'autres villes côtières. La **place centrale** de Pedernales se trouve à l'intersection des deux artères principales de la ville, les rues **López Castillo** et **Eloy Alfaro**. Le **port** qui fait aussi office de **plage** est sans grand attrait. Vous le trouverez à l'extrême ouest d'Alfaro. Les **camionetas** qui arrivent à Pedernales font descendre leurs passagers sur Castillo. Les **bus** s'arrêtent devant leur compagnie respective sur Castillo et Alfaro. Ils desservent : **Bahía de Caráquez** (durée 3h, 1 dép/h de 5h30 à 17h, 1,40 $) via **San Vicente**, **Esmeraldas** (durée 7h, dép. 5h20 et 8h20, 2 $), **Guayaquil** (durée 9h, dép. 6h, 12h15 et 13h30, 5,20 $), **Manta** (durée 7h, 7 dép/j de 6h à 11h, 3,20 $) via **Portoviejo** (durée 6h, 2,80 $), **Quito** (durée 6h, dép. 7h20 et 15h45, 3,60 $) et **Santo Domingo** (durée 3h, 1 dép/20 mn de 8h20 à 19h, 2 $). **Banco del Pichincha**, rue Alfaro, à deux rues de la place, met à votre disposition un **distributeur automatique** Cirrus ouvert 24h/24. (Ouvert Lu-Ve 9h-15h.) En matière d'hébergement, Pedernales propose peu de bonnes adresses. Si vous arrivez tard le soir, plutôt que de déambuler dans les rues sombres proches de la plage, allez directement en ville vous trouver un hôtel. L'**Hotel Pedernales**, Alfaro 6-18, au niveau de Manabí, est à trois rues de la place en remontant. Ses chambres sont équipées de ventilateurs capricieux. Les bonnes serrures devraient être suffisamment dissuasives pour éloigner les voleurs. En revanche, dans certaines chambres, les bouches d'aération dépourvues de moustiquaires risquent fort d'attirer les moustiques. (☎ 681 092. Chambre 1,20 $ par personne.)

BAHÍA DE CARÁQUEZ ☎ 05

Pour beaucoup, Bahía est la première capitale du peuple Cara qui conquit la région il y a 3500 ans, avant de rejoindre Quito. Des siècles après cette décision fatale, ce sont les Quiteños qui peuplent la région. De fait, une grande partie de l'élite équatorienne séjourne ici, chaque week-end et pendant la saison estivale, dans des tours d'un blanc étincelant. Cette péninsule moderne dont le niveau de vie élevé a crû grâce à la politique d'investissement massif menée par Sixto Durán Ballén (président de l'Equateur de 1992-1996) a connu un développement très important. Celuici s'accompagne paradoxalement d'un souci véritable pour l'écologie. En février 1999, Bahía s'est ainsi autoproclamée "ville écologique", afin de montrer l'importance qu'elle attachait à la protection d'un écosystème fragile et au respect d'une culture ancestrale.

TRANSPORTS ET INFORMATIONS PRATIQUES. Les bateaux en provenance de San Vicente débarquent leurs passagers sur les quais situés à proximité de l'intersection des rues **Aguilera** et **Malecón**, l'artère principale de la ville. La plupart des services et des infrastructures hôtelières se concentrent à l'intérieur de la grille formée par l'intersection des rues parallèles, Malecón, Bolívar, Montúfar et Morales, avec les rues Aguilera, Ante, Ascazubi, Riofrío, Arenas et Checa. Si vous souhaitez des informations sur les vols en partance de l'**aéroport de Bahía** à San Vicente, adressez-vous au bureau de l'**AECA** (☎ 690 377) qui se trouve au coin des rues Malecón et Aguilera. Les **bus** qui arrivent et repartent vers le nord de la côte, stationnent près des quais, à San Vicente. Ceux qui desservent les villes du sud partent de la gare routière informelle qui se trouve rue Malecón, à quelques rues des quais, en amont. Les bus desservent **Guayaquil** (durée 6h, 1 dép/h de 6h30 à 23h, 3,40 $) via **Portoviejo** (durée 2h, 0,80 $) et **Manta** (durée 3h, 1,40 $). Les **ferries** partent des quais à l'angle des rues Malecón et Aguilera et desservent **San Vicente** (durée 10 mn, 0,12 $). ❤ **Guacamayo Bahía-tours**, Bolívar 906, au niveau de la rue Arebas, vous fournira des informations sur Bahía et sur les excursions locales ainsi que des cartes. (☎ 690 597, fax 691 412. Ouvert Lu-Sa 8h-19h, Di. 10h-14h.) Vous pouvez également vous adresser à **Bahía Dolphin Tours** (☎ 692 097, fax 692 088, e-mail archtour@ecua.net.ec), Bolívar 1004. Vos chèques de voyage pourront être changés auprès de la **Banco de Guayaquil**, au coin des rues Riofrío et Bolívar. Vous y trouverez aussi un **distributeur automatique** qui accepte la carte Visa. (☎ 692 205. Ouvert Lu-Ve 9h-18h et Sa. 9h30-13h30.) Le **poste de police** (☎ 690 054) se trouve au coin des rues Sixto Durán Ballén et 3 de Noviembre. Soins médicaux : **Clínica Viteri** (☎ 690 429), à l'angle des rues Riofrío et Montúfar. Vous pourrez passer vos appels à **PacificTel**, au niveau des rues

Malecón et Arenas (☎690 020, ouvert tlj 8h-22h) et surfer sur **Internet** à **Genesis.net**, à l'angle des rues Gostalle et Padre Laennen (☎692 4001, 0,10$/mn, ouvert Lu-Sa 9h-19h) ou à **Bahía Bed and Breakfast** (0,12 $/mn, ouvert tlj 8h-20h). **Bureau de poste** : au 108 rue Aguilera à la hauteur de la rue Malecón (☎610 177, ouvert Lu-Ve 8h-17h).

L'ART DU RECYCLAGE Reflétant la vague écologique qui balaie le pays, le **recyclage du papier** est aujourd'hui pratiqué par plusieurs groupes de Bahía de Caráquez. Après avoir été collecté auprès des bureaux et des écoles de la région, le papier est plongé dans une mixture faite de graines, de tiges, de feuilles et de fleurs. Les artisans du recyclage utilisent d'abord des grillages, qui donnent leur grain aux feuilles de papier ainsi formées, puis ils les laissent sécher au soleil, les roulent et pressent le papier à la main. A aucun moment il n'est utilisé de produit chimique nuisible à l'environnement. Des fleurs originaires des plaines côtières, de l'Amazonie et des Andes, dont la récolte s'est conformée aux différentes phases de la lune afin qu'elles conservent toutes leurs couleurs, sont ensuite disposées sur le papier frais. En bout de chaîne, cette technique complexe donne naissance à des cartes de visite, des faire-part de mariage et bien d'autres produits. Le recyclage du papier est plus qu'une forme d'art, c'est également une petite industrie qui emploie une main-d'œuvre conséquente. Pour plus de renseignements : e-mail ecopapel@ecuadorexplorer.com ou appelez le ☎5935 691 412.

HÉBERGEMENT ET RESTAURANTS. Ne vous laissez pas impressionner par l'aspect imposant des établissements de front de mer. Les petits budgets trouveront à se loger à Bahía sans trop de difficulté. L'adresse que nous recommandons le plus chaleureusement est ❤ **Bahía Bed and Breakfast Inn**, Ascazubi 316, au niveau de la rue Morales. Ce Bed and Breakfast accueillant, tenu par une propriétaire très sociable qui parle français, propose des chambres propres équipées d'un ventilateur et dispose d'un accès Internet. Les murs du restaurant, peints d'une manière originale, baignent l'établissement dans une atmosphère agréable que vient compléter un petit déjeuner savoureux… et gratuit. (☎690 146. Chambre 3 $ par personne, avec salle de bains 5 $.) **Bed and Breakfast Hostal Santiguado**, Padre Laennen 406, au niveau de la rue Intraigo, est une adresse tout aussi plaisante. Certes, seules quelques chambres disposent d'un rocking-chair et d'une terrasse, mais toutes sont propres et confortables. (☎692 391. Chambre 4 $ par personne, avec salle de bains 5 $.) Vous trouverez à Bahía une foule de restaurants proposant une nourriture excellente. Les adresses proches des quais sont souvent bon marché. Dégustez-y la spécialité du littoral (poisson et fruits de mer), tout en profitant du panorama somptueux offert par la marina et les hauteurs de San Vicente. **La Terraza**, rue Malecón, près des quais, a comme son nom l'indique une jolie terrasse couverte. (Bons fruits de mer 1-1,60 $. ☎690 787. Ouvert tlj 10h-23h.) Repaire de la bourgeoisie de Bahía, **Muelle Uno** sur l'Ave. Malecónde, de l'autre côté de Banco Manabí, propose cependant des tarifs intéressants ainsi qu'une vue de premier ordre sur la baie. La spécialité de la maison est la viande (0,80-3 $), mais l'on y sert également quelques plats végétariens. (☎691 500. Ouvert tlj 10h-3h.)

VISITES ET PLAGES. Non loin des côtes de Bahía, les **Islas Fragatas** et l'**île de Cœur (Heart Island)** abritent une vaste colonie de frégates. Les îles Fragatas comptent en outre une trentaine d'autres espèces d'oiseaux marins. Il est préférable de visiter ces îles d'août à décembre car c'est à cette époque que les frégates s'accouplent. L'excursion dure en général 3 heures et les horaires de départ varient en fonction des marées. Les environs de Bahía sont recouverts d'une végétation contrastée. Non loin de là, **Jororá** et **Punta Bellaca** possèdent les maigres restes (1 %) de la forêt tropicale sèche équatorienne. De décembre à mai, les forêts sont luxuriantes, mais elles sont arides et dénudées le reste de l'année. Seuls survivent alors les cactus et les *palo santo* (dont le bois est brûlé par les insecticides). Elles abritent de nombreuses espèces animales et des broméliacées (famille de plantes épiphytes) qui en font un site intéressant à visiter tout au long de l'année. Comptez environ quatre heures de marche. Enfin, à l'autre bout de la forêt tropicale s'étendent des zones humides et des mangroves. Dolphin Bahía Tours propose des excursions jusqu'aux ruines de **Chirije** qui se dressent non loin de là. Si vous êtes à court de ballades, allez donc rendre une petite visite à **Miguelito**. Cette **tortue des Galápagos vieille de 90 ans** vous attend à l'école Miguel Valverde, en amont de la rue Ascazubi. Vous pouvez aussi vous rendre au **belvédère** situé au sommet de la colline le long d'Ascazubi. Vous y aurez une vue d'ensemble sur la péninsule et, qui sait, peut-être apercevrez-vous une **baleine à bosse**... (De juillet à septembre.) Enfin, les amateurs de surf iront faire un tour vers le rivage rocheux qui borde la pointe occidentale de la rue Malecón. Bien que la ville de Bahía n'ait pas grand-chose à proposer en matière de plage, vous en trouverez une très agréable à une distance raisonnable. Il est possible de s'y rendre à pied, mais la distance est assez grande et vous ne pourrez la couvrir qu'à marée basse. Des taxis vous y déposeront volontiers (0,60 \$). Convenez avec le chauffeur d'une heure à laquelle il viendra vous chercher.

SORTIES. Si la grande partie des résidents de Bahía relève plutôt des classes d'âges mûres, la ville propose une foule de divertissements pour les plus jeunes ou les jeunes d'esprit. **My House**, au croisement des rues Teniente Rodríguez et Hurtado, est proche de la pointe de la péninsule. C'est la discothèque la plus populaire de la ville. (Entrée 1,60 \$. Ouvert Je-Sa 22h-2h.) Si vous penchez pour une soirée plus calme, allez faire un petit tour au bar de l'**Hostal Santiguado** entre les rues Intraigo et Padre Laennen. La musique y est bonne et les cocktails encore meilleurs... (Ouvert tlj 19h-2h.) Pour une soirée vraiment intime, le **Cínema Bahía**, Bolívar 1418, au niveau de la rue Pinueza (☎690 363) propose des films en VHS sur un écran géant de 4,5 m de haut.

ENVIRONS DE BAHÍA DE CARÁQUEZ : CANOA

Des bus partent fréquemment pour Pedernales (durée 2h30, 1 dép/30 mn, 1,40 \$) et San Vicente (durée 30 mn, 1 dép/30 mn, 0,20 \$). De San Vicente, un bateau vous mène à Bahía de Caráquez (durée 15 mn, 0,12 \$).

Les plages peu fréquentées de Canoa comptent parmi les plus belles de l'Equateur. Non loin de la plage, Los Aposentos (les **cavernes**) en sont l'une des principales attractions. Bien que 7 des 9 cavernes aient été détruites par le tremblement de terre du 4 août 1997, il est possible de visiter en bateau les deux qui restent. L'occasion de voir des fous à pattes bleues et des colonies de chauve-souris. La ville, qui est minuscule, compte tout de même deux excellents hôtels (quoique assez chers). ❤ **Hotel Bambú** (☎753 696), à l'extrémité nord de la plage. Le restaurant de l'hôtel propose des plats à la fois sains et savoureux (crêpe à la banane et à la noix de coco, 1 \$, salade de fruits servie avec pépites de céréales et yaourt faits maison 1 \$). Le bâtiment principal abrite des chambres impeccables avec des fenêtres protégées par des moustiquaires, de grands ventilateurs et de l'eau chaude pendant les mois les plus frais. L'hôtel propose également des bungalows. Aux étages supérieurs, les chambres disposent, pour la plupart, d'une salle de bains privative (6-8 \$ par personne), tandis qu'aux étages inférieurs et dans les dortoirs, vous vous contenterez de salles de bains et de toilettes communes propres (4 \$ par personne). Les campeurs sont acceptés (avec une tente personnelle 1,50 \$ par personne, tente en bambou fournie par l'établissement 3 \$ par personne). Attardez-vous un moment à l'hôtel, histoire de vous joindre aux autres *huéspedes* (hôtes) pour une partie de volley ou d'affronter les vagues sur un surf de location. Autre très bonne adresse, **La Posada de Daniel** est à 100 m environ de la plage sur la route principale. Entre ses bungalows qui dominent la ville et ses chambres spacieuses, vous ne serez pas déçu (☎691 201, chambre 5 \$ par personne). Si vous souhaitez manger dans un environ-

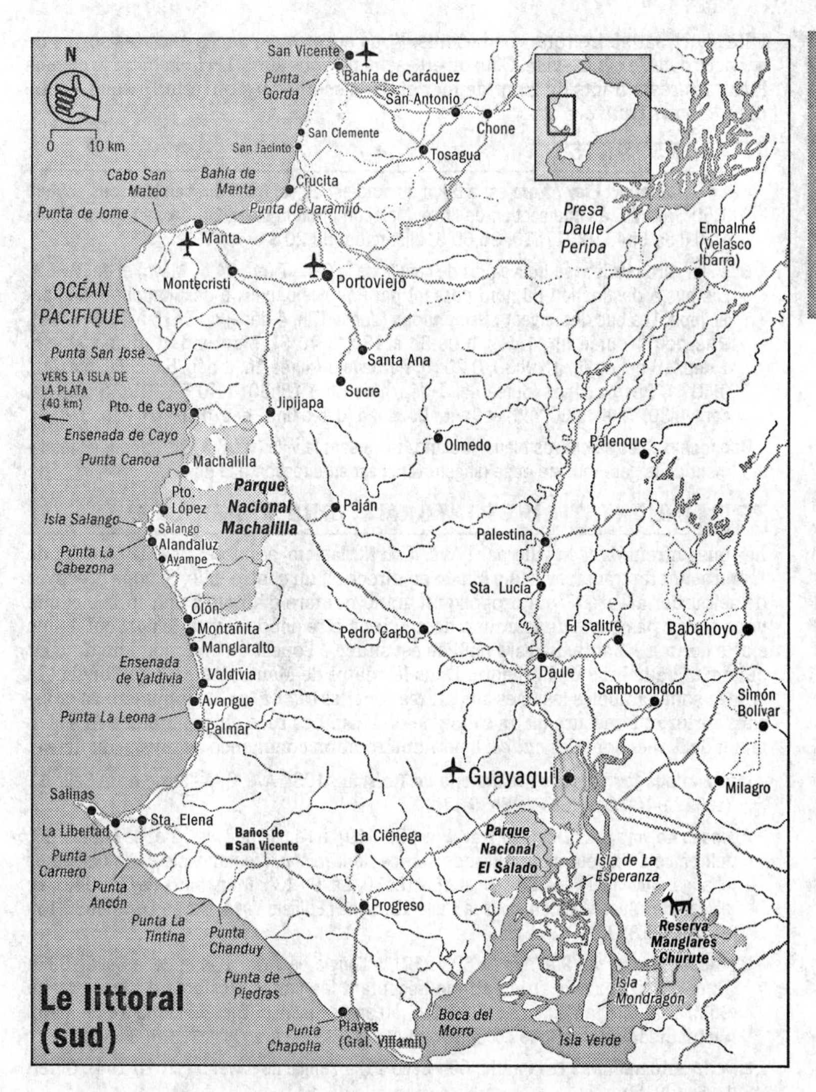

nement décontracté, optez pour le **Restaurant Tronco Bar**, situé à 50 m de la plage au bord de la route principale. Vous pourrez y dîner assis sur un hamac au milieu du sable. Si vous préférez une vraie chaise, grimpez le long de l'échelle de corde jusqu'au premier étage. (Ouvert tlj 9h-1h.)

MANTA ☎ 05

Dominé par un port gigantesque, Manta est depuis longtemps un important centre maritime. A l'époque précolombienne, la ville était habitée par les Jocay, une communauté indigène à la réputation d'excellents navigateurs. Depuis, la situation côtière de la ville a favorisé un accroissement de la population et une croissance économique rapides. Certes, les plages de Manta n'ont rien d'extraordinaire, mais la ville saura satisfaire tous vos besoins. Vous aurez ainsi accès à toutes sortes de services dans le centre-ville. Côté divertissement, vous aurez le choix entre le cinéma local, les restaurants de front de mer et les discothèques ouvertes jusqu'à l'aube dans le *manicentro*.

TRANSPORTS

Avion : **L'aéroport Eloy Alfaro** est à 5 km au nord-est du centre. Y aller en taxi vous coûtera 1,50 $. TAME, à l'intersection de l'Ave. Malecón et de la Calle 14, dessert **Quito** (durée 1h, Lu-Sa 6h45, Di. 17h30, 36,60 $, aller-retour 63,20 $).

Bus : La **gare routière** se trouve près de l'angle de la Calle 7 (rue 24 de Mayo) et de l'Ave. 4. Les bus à destination du nord passent par Portoviejo, ceux à destination du sud par Jipijapa. Les bus desservent : **Esmeraldas** (durée 10h, 4 dép/j de 3h15 à 21h30, 4 $), **Guayaquil** (durée 4h, 1 dép/h de 3h à 18h, 3,40 $), **Montecristi** (durée 30 mn, 1 dép/10 mn de 6h à 19h30, 0,20 $), **Portoviejo** (durée 1h, 1 dép/5 mn de 3h à 21h, 0,40 $), **Puerto López** (durée 4h, 1 dép/h de 6h à 18h30, 1,40 $), **Quito** (durée 9h, dép. 4h30, 7h et 9h30, 4 $) et **Santo Domingo** (durée 6h, 1 dép/h de 4h à 21h, 3,20 $).

Bus locaux : Les *selectivos* bleus et blancs traversent la ville (0,08 $). Ils partent généralement de la gare routière et se dirigent vers l'est en direction d'El Paseo.

ORIENTATION ET INFORMATIONS PRATIQUES

Les bus entrent dans la ville par l'Ave. **4 de Noviembre**, et passent par le quartier de **Tarquí** avant de traverser le **Río Manta** en direction du centre-ville. Si vous prévoyez de séjourner à Tarquí (qui propose un grand nombre d'hôtels à petit prix), et que vous n'avez pas envie de marcher, demandez à être déposé avant le **pont** qui donne sur le cœur de Manta. La **gare routière** est située à l'ouest du **port**, non loin du pont qui enjambe le bras de la rivière. Dans le centre de Manta, les rues qui longent la côte et sont parallèles les unes aux autres sont des *avenidas*. Leur numéro va croissant au fur et à mesure qu'on s'éloigne de l'eau. Les rues qui remontent en s'éloignant de la mer sont des *calles*. Leur numérotation commence au niveau du fleuve.

Informations touristiques : **Ministerio de Turismo** : 1034 Ave. 3, à l'angle de la Calle 11 (☎622 944). Ouvert Lu-Ve 8h30-17h.

Agences de voyages : **Delgado Travel** (☎620 049), à l'angle de l'Ave. 2 et de la Calle 13, fait office de loueur de voitures, de service de livraison internationale et de bureau de change. Ouvert Lu-Ve 8h30-13h et 15h-18h30, Sa. 9h-13h. **Manatours** (☎621 020), au niveau de l'Ave. Malecón et de la Calle 13, dans l'Edificio Vigía. Ouvert Lu-Ve 8h30-13h et 14h30-18h30.

Banques : **Banco del Pacífico** (☎623 212), à l'angle de l'Ave. 107 et de la Calle 103, à Tarquí. **Distributeur automatique** acceptant les cartes Mastercard. Ouvert Lu-Ve 9h30-14h30. **Filanbanco** (☎623 002), à l'angle de l'Ave. 6 et de la rue 24 de Mayo. **Distributeur automatique** acceptant les cartes Visa et Plus. Ouvert Lu-Ve 9h-14h.

Laverie automatique : **Lavamatic**, 604 Calle 11, à l'angle de l'Ave. 5 (☎610 154). Ouvert Lu-Sa 9h-15h.

Urgences : ☎101

Police : ☎920 900, à l'angle de l'Ave. 4 de Noviembre et de la Calle J2, sur la route de Portoviejo. Ouvert 24h/24.

Hôpital : **Hospital Rodríguez Zambrano de Manta** (**urgences** ☎611 849 ou 620 595), à l'angle de l'Ave. San Mateo et de la Calle 12, Barrio Santa Marta. Prenez un bus à destination de l'université le long de l'Ave. Malecón (0,08 $). Soins d'urgence et service d'ambulance gratuits 24h/24.

Téléphone : **PacificTel** (☎622 700), à l'angle de la Calle 11 et de l'Ave. Malecón. Ouvert tlj 8h-14h30 et 15h-22h. Quand il n'y a pas trop de monde, le personnel de **Puerta Virtual** (voir **Internet** ci-après) vous laissera peut-être utiliser un téléphone.

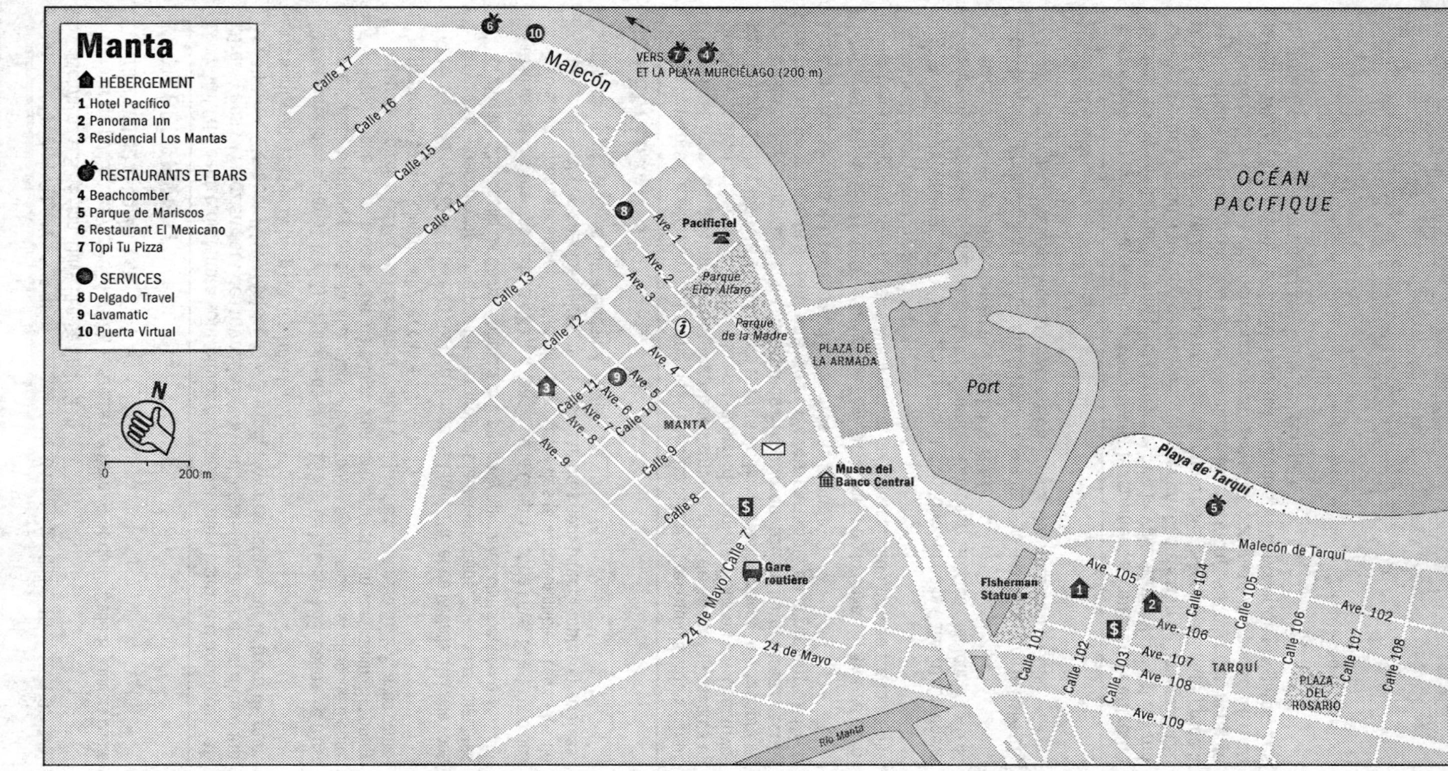
Manta
HÉBERGEMENT
1 Hotel Pacífico
2 Panorama Inn
3 Residencial Los Mantas
RESTAURANTS ET BARS
4 Beachcomber
5 Parque de Mariscos
6 Restaurant El Mexicano
7 Topi Tu Pizza
SERVICES
8 Delgado Travel
9 Lavamatic
10 Puerta Virtual
N
0
200 m
VERS 7, 4, ET LA PLAYA MURCIÉLAGO (200 m)
Malecón
Calle 17
Calle 16
Calle 15
Calle 14
Calle 13
Calle 12
Calle 11
Calle 10
Calle 9
Calle 8
24 de Mayo/Calle 7
24 de Mayo
Ave. 1
Ave. 2
Ave. 3
Ave. 4
Ave. 5
Ave. 6
Ave. 7
Ave. 8
Ave. 9
MANTA
PacificTel
Parque Eloy Alfaro
Parque de la Madre
PLAZA DE LA ARMADA
Gare routière
Museo del Banco Central
Río Manta
Port
OCÉAN PACIFIQUE
Playa de Tarquí
Malecón de Tarquí
Fisherman Statue
Ave. 105
Ave. 102
Ave. 106
Ave. 107
Ave. 108
Ave. 109
Calle 101
Calle 102
Calle 103
Calle 104
Calle 105
Calle 106
Calle 107
Calle 108
TARQUÍ
PLAZA DEL ROSARIO

Internet : **Puerta Virtual** (☎ 629 926) sur l'Ave. Malecón entre les Calles 15 et 16. 1,32 $/h. Netphone 0,32 $/mn. Ouvert Lu-Sa 9h30-21h.

Bureau de poste : (☎/fax 624 402), à l'angle de l'Ave. 4 et de la Calle 8. Ouvert Lu-Ve 7h30-18h30 et Sa. 8h-13h.

HÉBERGEMENT

Les hôtels du centre de Manta sont plutôt destinés à une clientèle d'hommes d'affaires. Vous y verrez surtout des tours de béton qui auraient grand besoin d'un coup de peinture. C'est sur l'Ave. Malecón de Tarquí, l'avenue située sur le front de mer, que sont concentrés la plupart des hôtels.

Panorama Inn (☎/fax 611 552), à l'angle de l'Ave. 105 et de la Calle 103. Certes, ce n'est pas l'hôtel le moins cher de la ville, mais ses chambres sont propres et chacune d'entre elles dispose de sa propre salle de bains, d'un téléviseur et d'un ventilateur. Si vous y ajoutez la piscine de l'hôtel, les tarifs devraient être justifiés. Chambre 6,72 $, avec climatisation 9 $, avec climatisation et câble 13,44 $.

Hotel Pacífico (☎ 622 475 ou 623 584), à l'angle de l'Ave. 106 et de la Calle 101. Ne vous laissez pas décourager par la peinture turquoise et jaune moutarde. Toutes les chambres disposent d'une salle de bains. Chambre 5 $ par personne, avec climatisation 6 $.

Residencial Los Mantas (☎ 623 681), à l'angle de la Calle 12 et de l'Ave. 8, est l'une des seules adresses proches du centre-ville à pratiquer des tarifs raisonnables. Les salles de bains ne sont pas spectaculaires, mais les chambres sont plutôt propres et vivables. Chambre 1,60 $, avec climatisation 2,40 $.

RESTAURANTS

Les restaurants qui se trouvent le long de la rue Murciélago (reconnaissables à leur toit vert et leurs murs blancs) sont regroupés sous le nom de **Malecón Escénico** et pratiquent des tarifs et des menus plus ou moins identiques. Vous en avez l'équivalent le long de la plage de Tarquí sous le nom de **Parque de Mariscos**. L'atmosphère y est à l'image des hamacs et des enseignes *Pilsener* qui ornent leurs cases : décontractée. Ces restaurants se font une gloire d'avoir participé, en septembre 1997, à l'élaboration de l'un des plus grands *ceviches* du monde.

♥ **Topi Tu Pizza** (☎ 621 180), à l'angle de l'Ave. Malecón et de la Calle 15. Avec sa décoration de bambou, ses fougères illuminées et sa terrasse, cette pizzeria est toute une atmosphère. Pizza 1,50-5 $.

♥ **Beachcomber** (☎ 625 463), à l'angle de l'Ave. Flavio Reyes et de la Calle 20. On trouve surtout de la viande dans ce restaurant au nom trompeur. Le "steak du jour" (1,40 $) transportera les amateurs. Ouvert tlj 12h-15h et 18h-0h30.

Restaurante El Mexicano (☎ (09) 749 551), à l'angle de l'Ave. Malecón et de la Calle 16, vous plongera au cœur du Mexique. Tacos 1,08-1,20 $. Ouvert Lu-Sa 10h-22h.

PLAGES

Manta compte deux plages : **Playa Murciélago**, légèrement à l'ouest du centre de Manta, et **Playa de Tarquí**, un peu plus loin, à l'est de la ville. Murciélago est à 5 mn en voiture ou à 20 mn à pied du centre-ville, en prenant la direction de l'ouest. Cette plage de sable fin est mieux entretenue que la plupart des plages publiques grâce à la proximité de l'Oroverde et d'autres hôtels de luxe. Jonchée de détritus, la plage de Tarquí offre quant à elle peu d'agrément. Ses eaux évoquent la tranquillité d'un lac au crépuscule, parfois troublée par les jeux des **pélicans** et des **frégates**. Les hommes, eux, auraient plutôt tendance à s'y ennuyer.

SORTIES

Les nuits de Manta débordent d'énergie. Le **Manicentro**, à l'angle de l'Ave. Flavio Reyes et de la Calle 24, est le point de convergence d'un certain nombre de bars et de clubs sur fond de lotissements résidentiels. Le week-end, c'est au **K'chos**, à l'angle de l'Ave. Flavio Reyes et de la Calle 20, que ça se passe. Habillés avec beaucoup de goût, les jeunes se pressent sur sa piste de danse au son de la techno et du *merengue*. (Entrée 2 $, ouvert tlj de 21h jusqu'à l'aube.) Ceux qui n'ont pas envie de s'égosiller et aspirent à une ambiance plus romantique devraient apprécier le **Madera Fina**, à l'angle de l'Ave. Flavio Reyes et de la Calle 23. Vous pourrez trouver refuge dans des alcôves chichement éclairées disposées tout autour de la piste de danse. (Entrée 3 $ par personne, 5 $ par couple.) La journée, pourquoi ne pas faire un tour à **El Paseo Shopping**, sur la route de Portoviejo ? Ce centre commercial occidentalisé et très populaire offre un kiosque de restauration rapide ainsi qu'un **bureau de poste** (**Supercines** : ☎/fax 624 402). A l'angle de l'Ave. 4 et de la Calle 8. Ouvert Lu-Ve 7h30-18h30 et Sa. 8h-13h.

LE PANAMA N'EST PAS PANAMÉEN Oubliez son nom. Le panama, dont l'origine remonte aux chapeaux de paille fabriqués autrefois dans la province de Manabí, fait son apparition dans les années 1830. A l'époque, les habitants de Cuenca, frappés de plein fouet par la pauvreté, en font un moyen de subsistance. Son exportation connaît une forte expansion après l'Exposition universelle de 1855, lorsque Napoléon III et avec lui le reste de l'Europe s'éprennent du célèbre couvre-chef. Un demi-siècle plus tard, les ouvriers employés à la construction du canal de Panama s'en servent pour se protéger du soleil. L'engouement pour le panama atteint les Etats-Unis et son nom, bien qu'erroné, reste associé au chapeau. L'industrie du panama connaîtra son apogée en 1946. Les exportations atteignent alors le chiffre record de cinq millions, soit 20 % des ressources nationales. Dans les années 1930 et 1940, présidents et stars hollywoodiennes s'entichent du panama, qui fait partie intégrante du style vestimentaire américain, y compris de celui des gangsters : un modèle portera d'ailleurs le nom de Capone... Bien loin de là, les artisans fabriquent, pour quelques centimes, des chapeaux qui seront revendus bien plus cher aux Etats-Unis, avec au passage de juteux bénéfices pour les revendeurs. En effet, les différents intermédiaires, qu'il s'agisse des usines, des exportateurs ou des détaillants, prélèvent tous un pourcentage, ne laissant aux artisans qu'une somme dérisoire. Aujourd'hui, le vrai panama connaît une certaine désaffection, que contribuent à aggraver les imitations en papier qui inondent le marché. Si leurs revenus continuent à décroître, il y a fort à parier que les fabricants de la région de Montecristi devront mettre la clef sous la porte. Si vous passez par là, faites un geste envers un art qui se meurt et offrez-vous un panama.

EXCURSIONS A PARTIR DE MANTA

MONTECRISTI

Les bus qui arrivent à Montecristi font descendre leurs passagers sur la place centrale, bordée en amont par les rues 9 de Julio et Sucre, et par les rues 23 de Octubre et San Andreas qui s'étirent toutes les deux à flanc de colline. Les bus à destination de Manta ou de Portoviejo qui passent par Montrecristi laissent leurs passagers dans le bas de la rue 9 de Julio. La place est située en amont, à 20 mn à pied.

A mi-chemin entre les deux géants du chapeau que sont Manta et Portoviejo, Montecristi produit à la chaîne des **panamas**, ces couvre-chefs mal nommés à la renommée mondiale. Mais qui, parmi les adeptes de ce chapeau de luxe à bords tissés, a entendu parler de Montecristi (voir encadré **Le panama n'est pas panaméen**) ? L'anonymat propre à l'industrie a tout de même ses avantages : les rues de Montecristi ont conservé une certaine tranquillité et le commerce ne s'y est pas développé. A Montecristi, faire les magasins s'avère presque aussi rapide qu'une promenade à dos d'âne (vous en croiserez beaucoup en ville). La rue principale de Montecristi, rue 9 de Julio, compte de nombreux magasins de *sombreros* (mais on en trouve dans toute la ville) qui vendent les mêmes produits à des prix similaires. Comptez un minimum de 10 $ pour un *grueso* (fabriqué en trois jours environ à partir d'une paille grossière), 20 $ pour un *fino* (plus doux et plus fragile, ce chapeau nécessite un mois de fabrication), et 200 $ pour un *extrafino*, le plus délicat et le plus travaillé de tous. Les prix diminuent en fonction du nombre de chapeaux achetés. Outre les célèbres panamas, ces boutiques proposent d'autres produits en paille (sacs, paniers et poupées). La plupart des chapeaux sont fabriqués hors de la ville. Les *almacenes* qui vendent le produit fini se contentent de le terminer. Pour apprécier pleinement le long labeur que constitue le tressage de la paille, allez faire un tour dans les campagnes alentours. Si assister à la fabrication d'un chapeau vous tente, l'atelier de **Artesanía Franco** (☎ 606 259), au coin des rues Eloy Alfaro et 23 de Octubre, vous fera une démonstration. Vous y apprendrez également l'histoire du chapeau et pourrez profiter des prix les plus intéressants de la ville.

En dehors de ses marchés, Montecristi présente un certain intérêt touristique. Vous pourrez ainsi y visiter la **Virgén de Montecristi** qui se dresse au coin des rues Sucre et 23 de Octubre. Cette église renferme la statue vénérée de la Vierge de Montserrat à laquelle on attribue des vertus curatives miraculeuses. Le plafond de la nef est orné d'une peinture représentant la Sainte Famille. Ce village plein de charme abrite également deux petits musées. La **Casa de Eloy Alfaro**, au coin des rues Eloy Alfaro et 23 de Octubre, a pour vocation de rendre hommage au héros et ancien président Eloy Alfaro, à travers une sélection d'objets historiques et une bibliothèque. Si vous le leur demandez, les bibliothécaires pourront vous donner une description détaillée de l'assassinat d'Alfaro à Quito (en bref : il a été écartelé, démembré et brûlé), et vous guider rapidement à travers l'exposition. (Ouvert Lu-Ve 8h-12h30 et 13h30-17h, Sa. 9h-16h.)

PORTOVIEJO ☎ 05

Située à l'origine sur la côte (Portoviejo signifie "vieux port"), la ville a déménagé à 40 km de là afin de mettre un terme aux attaques des pirates. Elle a toutefois conservé son nom. Au fil des années, la distance géographique séparant Portoviejo de la côte s'est doublée d'une distance culturelle. De fait, si la population du bord de mer semble décontractée, voire insouciante, celle de Portoviejo vaque à des occupations sérieuses et monotones comme le commerce, l'industrie et l'éducation. Mais bien qu'elle soit souvent considérée comme la capitale opiniâtre et un peu collet monté d'une province plutôt décontractée, la ville de Portoviejo jouit du respect des villes côtières.

Ne vous laissez pas décourager par l'immensité apparente de la ville : tout ce dont vous avez besoin est concentré dans le centre. Les bus font descendre leurs passagers dans la rue **Universitaria** qui relie le nord et le sud, là où elle croise la rue **Ramos y Duarte**. Puis il se dirige vers le **terminal**, à la périphérie de la ville. Quand vous êtes à l'intersection des rues Universitaria et Ramos Duarte, le **Parque Eloy Alfaro**, bordé par les rues Universitaria et **Olmedo** ainsi que par les rues **Moreira** et **Alajuela**, n'est qu'à deux pâtés de maison de là. L'**Aeropuerto Reales Tamarindo** est à environ 3 km au nord-ouest du centre (à 5 mn en taxi, 0,60 $). TAME (☎ 632 426 et 650 000) au coin des rues Chile et América, propose des vols pour **Quito** (durée 30 mn, Lu., Me. et Ve. dép. 11h10, 37 $). Ouvert Lu-Ve 8h-12h30 et 14h30-18h30. Portoviejo étant un lieu de passage très important sur la côte, de nombreuses compagnies de **bus** partent de son terminal. Les bus desservent : **Bahía de Caráquez** (durée 2h15, 1 dép/45 mn de

5h à 20h30, 1 $), **Guayaquil** (durée 4h, 1 dép/h de 4h à 21h30, 2,80 $), **Jipijapa** (durée 1h15, 1 dép/h de 4h à 21h30, 1,04 $), **Manta** (durée 45 mn, 1 dép/10 mn de 4h à 19h, 0,40 $), **Pedernales** (durée 6h, 1 dép/h de 4h à 16h, 3 $) et **Quito** (durée 9h, 1 dép/h de 6h à 23h, 4,20 $) via **Santo Domingo** (durée 5h, 2,80 $). Le **Ministerio de Turismo** se trouve au 234 rue Pedro Gual au niveau de la rue Montalvo, à trois *cuadras* à l'est de la rue Morales. (☎630 877. Ouvert Lu-Ve 8h30-17h.) **Banco del Pacífico**, à l'angle des rues 9 de Octubre et Rocafuerte, change les chèques de voyage jusqu'à 15h30 et met à votre disposition un **distributeur automatique** Cirrus en service 24h/24. Vous trouverez à la **Filanbanco**, à l'angle des rues Pacheco et Pedro Gual, un **distributeur** acceptant les cartes Visa. (☎630 455. Ouvert Lu-Ve 9h-14h.) **Police** : (☎630 343 ou 636 944), rue 18 de Octubre entre les rues Sucre et Bolívar. **Hôpital régional de Portoviejo** (urgences : ☎630 555 ou 630 087), à l'angle des rues Rocafuerte et 12 de Marzo. **Correos del Ecuador** se trouve au 217 rue Ricaurte, au niveau de la rue Sucre. (☎632 384. Ouvert Lu-Ve 6h30-19h, Sa. 8h-14h.) **Internet** : Multiservicio del Sol, se trouve à l'angle des rues Rocafuerte et 9 de Octubre. (☎631 222. 0,04 $/mn, 1,60 $/h.) **PacificTel**, à l'angle des rues 10 de Agosto et Pacheco. (Ouvert tlj 8h-21h.)

La plupart des adresses bon marché sont concentrées entre les deux jardins publics, et les adresses les plus chères dans la rue Pedro Gual, notamment vers la rue Chile. **Hostal Colón**, au 212 rue Colón au niveau de la rue Olmedo, à une rue au sud du Parque Central, a un hall qui ressemble à un institut de beauté. Les meubles en bois qui décorent les chambres vous rappelleront pourtant que vous êtes bien dans un hôtel. Oubliez les grasses matinées : il y a une école élémentaire juste à côté. (☎654 004. Chambre avec salle de bains, téléviseur et ventilateur 3 $ par personne, avec climatisation 5 $.) L'**Hotel Conquistador** se trouve à l'angle des rues 10 de Agosto et 18 de Octubre. A partir du Parque Central, remontez deux *cuadras* puis prenez vers l'ouest en passant deux autres *cuadras*. Un repaire de cadres parmi les moins chers. L'énorme télévision câblée remplit à elle seule la moitié de la chambre, l'autre moitié étant occupée par votre sac à dos. Salle de bains impeccable. (☎651 472. Chambre avec ventilateur 4 $ par personne, avec climatisation 6 $.) L'**Hotel Pacheco** et l'**Hotel Victoria**, rue 9 de Octubre, au niveau de la rue Morales, se partagent un véritable dédale de couloirs et 70 chambres à coucher austères. Les chambres ultrapropres ont des matelas ultrafins. Des lucarnes minuscules aident à lutter contre les ténèbres. (☎637 695. Chambre 1 $, avec salle de bains, évier, téléviseur 1,80 $.) La cuisine de Portoviejo est assez différente de celle que l'on trouve sur la côte. Certes, les *comedores* affichent toujours les plats traditionnels à base de poisson, mais c'est le bœuf et la volaille qui tiennent le haut du panier. La **Fruta Prohibida**, à l'angle des rues Chile et 10 de Agosto (l'établissement a une autre adresse à une rue de là), est une *fuentes de soda* (buvette) qui ne manque pas d'originalité. Le fruit est peut-être défendu, mais il est sans conteste bien frais (salade de fruits 0,48-1 $). On y sert également de très bons sandwichs (0,40-1,40 $). (☎637 167. Ouvert tlj 9h30-23h.)

ENVIRONS DE PORTOVIEJO : CRUCITA

Les bus de la compagnie Transportes Crucita en provenance de Portoviejo (durée 1h, 1 dép/15 mn de 5h30 à 19h, 0,42 $), déposent leurs passagers sur la place, à deux cuadras *de la plage sur la route de terre.*

A une heure de bus de Portoviejo, Crucita est la plage favorite des Quiténiens enfermés dans la capitale à longueur d'année. Une popularité qui pourra sembler incompréhensible à ceux qui y arrivent à marée haute, la plage étant alors invisible. Mais attendez que la mer se retire et vous découvrirez alors une étendue de sable immaculé, bordée par une mer relativement calme qui oscille entre le bleu et le vert. Les nombreux hôtels de Crucita pratiquent des tarifs raisonnables. Le meilleur d'entre eux est l'**Hostal Rey David**, installé à l'extrémité nord de la promenade. Les 8 chambres de ce petit hôtel sont absolument impeccables. Décorées avec goût, elles sont ornées de meubles récents. Enfin, une piscine propre est à votre disposition. (☎676 143, fax 676 102. Chambre 6 $ par personne, avec climatisation 11 $.) Vous pouvez aussi opter pour la **Hostería Las Cabañitas**, à mi-chemin de l'Ave.

Malecón, par la rue qui relie la plage à la route. Ses bungalows avec salle de bains au confort rudimentaire ne vous enthousiasmeront pas, mais que cela ne vous empêche pas de profiter du restaurant animé situé devant. (☎652 660. Chambre 1,20 $ par personne.)

JIPIJAPA ☎05

Passé l'amusement procuré à prononcer le nom de cette ville ("hippie happa" avec des h aspirés), il est à craindre que Jipijapa ne provoque pas en vous un enthousiasme démesuré. Il peut être tout de même commode de s'arrêter dans cette ville de 60 000 habitants, située à 60 km au sud de Manta, pour les services qu'elle offre et qui manquent à la plupart des villes de la côte. Le plus souvent, les visiteurs et les surfeurs qui passent par Jipijapa n'y font qu'une courte halte avant de rejoindre le soleil et les planches de surf des rivages sablonneux de Puerto López et de Montañita. Pendant que vous êtes en ville, profitez-en pour régler vos questions d'argent. Vous trouverez peu de banques et de distributeurs automatiques entre Jipijapa et La Libertad. La gare routière est à quelques kilomètres du centre en direction de l'ouest, près du rond-point. Les bus assurent des liaisons avec : **Guayaquil** (durée 2h30, 1 dép/30 mn de 7h30 à 19h30, 2 $), **Puerto López** (durée 1h45, 1 dép/h de 6h à 18h, 0,72 $) et **Manta** (durée 2h, 1 dép/15 mn de 5h à 18h, 0,80 $). Les bus locaux que l'on trouve entre la gare routière et le centre-ville coûtent 0,08 $, les taxis 0,28 $. **Filanbanco**, à l'angle des rues Bolívar et 9 de Octubre, met à votre disposition un distributeur en service 24h/24 qui accepte les cartes Visa. (☎601 262, fax 600 455. Ouvert Lu-Ve 10h-13h30.) Si pour une raison quelconque vous décidiez de séjourner à Jipijapa, le choix de l'hôtel et du restaurant devrait être assez simple. L'**Hostal Jipijapa**, au niveau des rues Santistevan et Eloy Alfaro, a des chambres propres et modernes avec ventilateurs et salle de bains. (☎601 365, fax 600 783. Chambre 4 $ par personne, avec climatisation et eau chaude 9 $.)

PUERTO LÓPEZ ☎05

Puerto López n'a rien d'une station balnéaire. Ses rues boueuses sont infestées de chiens, et une espèce rare de porc aquatique plus connu sous le nom de "cochon des mers" a été repérée le long de ses côtes. Les enseignes lumineuses des agences de voyages et des restaurants vous rappelleront cependant que ce village de pêcheurs attire son lot de touristes, ne serait-ce que pour la proximité du parc national de Machalilla.

TRANSPORTS

Les **bus** desservant le nord vont à **Manta** (durée 3h, 1 dép/2h de 7h à 19h, 1,40 $) et **Jipijapa** (durée 1h45, 1 dép/30 mn de 6h30 à 19h, 0,74 $). Les bus desservant le sud (1 dép/30 mn de 6h30 à 19h) vont à : **Salango** (durée 15 mn, 0,18 $), **Alandaluz** (durée 30 mn, 0,40 $), **Montañita** (durée 1h, 1 $), **Manglaralto** (durée 1h30, 1 $), **La Libertad/Salinas** (durée 3h, 2 $) et **Quito** (durée 11h, dép. 18h, 5 $).

ORIENTATION ET INFORMATIONS PRATIQUES

L'axe principal est la rue **Machalilla**. Elle continue au nord vers Jipijapa et au sud vers La Libertad. Les bus allant à Puerto López s'arrêtent au coin de la rue **Córdova**. La rue **Malecón**, la plus proche du fleuve, s'étire parallèlement à la rue Machalilla sur deux ou trois *cuadras* vers l'ouest. Le siège du **parc national de Machalilla**, à l'angle des rues Machalilla et Eloy Alfaro, fait office de centre d'information sur le parc national (☎604 170, ouvert tlj 8h-17h). En ville, de nombreuses agences de voyage proposent des excursions vers le parc. Le personnel d'**Exploratur**, à l'angle des rues Malecón et Córdova, parle un peu anglais. (☎604 123, Web : www.exploratur.com. Ouvert tlj 7h30-20h.) Nous vous conseillons également **Machalilla Tour Agency**, rue Malecón, à deux pas de la rue Córdova (☎604 154, ouvert tlj), **Mantaraya**, rue Malecón, à quelques rues au nord de la rue Córdova (☎604 233, ouvert tlj 7h-20h), et **Bosque Marino**, à l'angle des rues Machalilla et Córdova (☎604 106, ouvert tlj 7h-21h). Vous ne trouverez **aucune banque** à Puerto López. Le **poste de police** se trouve près de l'angle des rues Machalilla et Atahualpa (☎604 101). Le **Centro de Salud de Puerto López** est tout au bout de la rue Machalilla, à huit *cuadras* au nord du centre. En tournant le dos à l'arrêt de bus, prenez à droite après l'enseigne Tienda Rosita sur le côté droit de la route. La **poste** est à l'angle des rues Atahualpa et Machalilla. (Ouvert Lu-Ve 8h-12h et 14h-17h30.)

HÉBERGEMENT

Vous trouverez en ville un grand nombre d'infrastructures hôtelières mais il est conseillé de réserver entre les mois de juillet et de septembre, car tout est complet.

Hostal Villa Colombia (☎604 105). Quand vous êtes sur la rue Córdova en venant de la plage, prenez la première à droite après la rue Machalilla. L'hôtel est sur la gauche. Eau chaude, service de blanchissage, cuisine et chambres propres. Vélo 4 $ la journée. Dortoir 3 $, chambre simple et double 4 $ par personne.

Hotel Pacífico (☎604 147), à l'angle des rues Suárez et Malecón, à 50 m de la plage à l'extrémité nord de Malecón. Cour à la végétation luxuriante. Hamacs. Bungalows simples mais bien tenus. Bungalow-dortoir 3 $, chambre simple avec salle de bains et petit déjeuner 10 $.

Hostel Tuzco (☎604 132), à l'angle des rues Córdova et Juan León Mera, à un peu plus de deux rues à l'est de la rue Machalilla. Les couleurs vives et la propreté impeccable de l'établissement vous feront vite oublier la route boueuse qui y mène. Les chambres accueillent jusqu'à 6 personnes. Dortoir 3 $.

RESTAURANTS

Au premier abord, les restaurants de Puerto López semblent tous conçus sur le même modèle. Quelques-uns apportent toutefois un peu de variété.

❤ **Yubarta Café Bar**, à l'extrémité nord de la rue Malecón. Passez devant l'hôtel Pacífico puis continuez sur plusieurs *cuadras* et traversez le pont de bambou. Le café sera sur votre droite. On y sert des sandwichs baguette gigantesques et un délicieux gâteau au chocolat (0,60 $). C'est probablement là que vous mangerez le mieux dans toute la ville. On y joue au ping-pong et au billard (1 $ les 30 mn) en écoutant Bob Marley. Ouvert à partir de 17h jusqu'à tard.

Whale Café, rue Malecón, près de la rue Córdova. Vue sur l'océan. Sandwichs avec pain fait maison (0,75-2 $). Demi-pizza (1,50 $). Echange de livres bilingues. Ouvert tlj.

Restaurant Carmita (☎604 149). Installé à l'angle des rues Córdova et Malecón, cet établissement affiche 28 années d'existence. Goûtez à la spécialité de la maison, le *pescado al vapor*, un plat succulent à base de poisson et de légumes (1,60 $). Menu végétarien 0,60-1,60 $. Ouvert tlj 8h-22h.

VISITES ET PLAGES

Puerto López est un point de départ idéal pour partir à l'assaut des merveilles du **Parque Nacional Machalilla** (voir p. 575). Un grand nombre d'agences de voyages organisent des excursions vers le parc et se livrent une concurrence féroce, si bien que les prix peuvent être très intéressants (voir. 572). Elles proposent entre autres des excursions vers la **Isla de la Plata**, à 40 km des côtes de Puerto López. Si vous brûlez de désir de voir des **baleines à bosse** (fin Juin-Sep), faites un tour en bateau jusqu'à l'île. Pour cette excursion, les prix pratiqués par les agences sont à peu près tous les mêmes, vous n'aurez donc pas à batailler pour trouver le plus intéressant. Exploratur et Mantaraya proposent un forfait incluant de la **plongée** sous-marine. Si vous préférez rester sur la terre ferme, vous pouvez toujours opter pour les **plages** de sable marron de Puerto López, d'une propreté douteuse.

EXCURSIONS DEPUIS PUERTO LÓPEZ

SALANGO

Accessible en bus depuis Puerto López (durée 15 mn, 0,18 $).

Situé à 5 km au sud de Puerto López, Salango fait penser à un vieil homme qui resterait patiemment assis avec une histoire à raconter. Celle de cette ville est enfouie sous le sable, d'où une vaste collection de **pièces archéologiques** a été extraite. Il y a près de 5000 ans, Salango a accueilli six communautés préhispaniques, dont on retrouve aujourd'hui des objets de la vie quotidienne ainsi que des bijoux et des objets d'art. Les pièces qui ont été mises au jour sont exposées au musée archéologique de la ville, mais une grande partie d'entre elles sont toujours sous terre, plus précisément sous la **conserverie de poissons**. Cette dernière est d'ailleurs à l'origine d'une autre forme d'histoire : sa main-d'œuvre, originaire de Salango, a été licenciée en 1989 à la suite de revendications salariales, pour être remplacée par des travailleurs venus des villes voisines. Durement touchée par le chômage, la population active de Salango s'est vue contrainte de renouer avec des métiers précaires, et souvent mal payés, dans la pêche et l'agriculture.

Le **Museo a los Balseros del Mar del Sur** abrite une collection instructive et bien conservée se rapportant aux six cultures redécouvertes sur le site des fouilles. La plus ancienne est la culture **Valdivia** qui remonte à la période allant de 3000 à 2000 avant J.-C. Elle est suivie par les cultures **Machalilla** (2000-1500 avant J.-C.), **Chorrera y Engoroy** (1500-500 avant J.-C.), **Guangala/Bahían** (500 avant J.-C.-500 après J.-C.) et **Manteño** (500-1000 après J.-C.). Pour en savoir plus, voir **Histoire**, p. 32. A chaque culture correspondent des vitrines d'exposition. Sur celles-ci, des descriptions rédigées en espagnol présentent des objets venus de Salango, de la Isla de la Plata, de Puerto López, de Machalilla et d'Agua Blanca. Enfin, vous trouverez dans ce musée un exemplaire de radeau en balsa semblable à ceux qu'utilisaient ces peuples. (Musée ouvert tlj 9h-17h. Entrée 1 $, étudiants 0,80 $, enfants 0,50 $.)

ENVIRONS DE PUERTO LÓPEZ : PUEBLO ECOLÓGICO ALANDALUZ

Alandaluz se trouve à 6 km au sud de Salango via Puerto López (durée 30 mn, 0,20 $). La ville, située sur la partie ouest de la route, est quasiment impossible à rater. Sans pour autant y passer la nuit, une courte marche à travers ses jardins, entretenus avec soin, vous donnera une bonne idée de l'atmosphère de l'endroit. Les plages d'Alandaluz valent elles aussi le déplacement. Il est conseillé de réserver en juillet et en août (☎(04) 780 184).

Semblable à un immense jardin, le **Pueblo Ecológico Alandaluz** est un ravissant complexe balnéaire situé tout près de la route qui relie Puerto López à Montañita. La ville s'est vue récemment classée parmi les **sept projets d'écotourisme "les plus responsables du monde"** en raison de l'utilisation massive de matériaux naturels renouvelables. Les visiteurs peuvent apporter leur contribution à ce projet en se rendant aux toilettes ! Les déjections y sont en effet mélangées à de la sciure et à des feuilles séchées qui activent leur décomposition. Le complexe a été conçu comme un petit village. Outre les deux bâtiments principaux, on y a bâti plusieurs bungalows ouvrant sur des patios en bambou qui contemplent l'océan. Ces chambres de bambou, d'une grande propreté, sont ornées de rideaux aux couleurs gaies et de moustiquaires, à une exception près : la **Cabaña del Arbol**, la suite réservée aux jeunes mariés, installée dans un arbre. Lorsque votre moitié et vous-même escaladerez les branches qui forment l'échelle pour rejoindre votre (vaste) nid d'amour aérien, vous pourrez sentir le léger balancement de la structure. Allez jeter un œil à la **Cabaña del Poeta** pour apprendre ce que recherche un écrivain prenant la tranquillité et le confort au sérieux. Le respect de l'environnement, y compris le **camping**, a un coût (3 $, avec une tente louée sur place 4 $). A partir de là, les prix grimpent très vite. Moyennant le paiement d'un supplément, vous pourrez bénéficier d'une salle de bains privative, d'une vue sur l'océan, de toilettes écologiques et/ou d'une chambre luxueuse. (Chambre simple 7-26 $, double 9-37 $, triple 11-44 $, chambre pour quatre personnes 46 $.) Le centre du complexe met à votre disposition de nombreuses installations. Vous pourrez ainsi boire un verre au **bar** dans un cadre en bambou très confortable, complété par des canapés en osier et un calorifère. (Ouvert tlj à partir de 16h jusqu'à tard.) Non loin du bar, un **restaurant** de première classe propose des plats végétariens et des fruits de mer. C'est dans un four fabriqué à partir de matières fécales séchées que le chef prépare le plat qui fait sa fierté, le *viudo de mariscos* (plat très copieux à base de fruits de mer cuits dans du bambou, 2,40-3 $), ainsi que divers plats à base de poulet, de poisson et de légumes cuits dans du bambou ou dans une noix de coco. (Petit déjeuner 1,60 $, déjeuner et dîner 2,40 $. Ouvert tlj 8h-21h.) La plage d'Alandaluz est superbe et en grande partie déserte, mais les surfeurs omniprésents risquent de faire de votre baignade une expérience passablement douloureuse. Reste que ceux qui possèdent un **surf** et savent s'en servir devraient passer un bon moment. Les vagues, qui mettent un certain temps avant de se briser, atteignent 1,5 à 2 m de haut en été et 2,70 à 3 m en hiver. Certes, cette plage n'a pas toujours les rouleaux rugissants ni les creux de celle de Montañita, mais elle n'en a pas non plus les touristes. Vous trouverez sur place une agence de voyages, **Pacarina Travel**, installée dans la maison principale. Elle propose des excursions sur terre ou sur mer jusqu'au parc national. Les prix pratiqués sont comparables à ceux de Puerto López (☎601 203, 30 $ par personne, déjeuner compris.) Pacarina organise également des visites jusqu'à **Cantalapiedra**, la ferme bio expérimentale d'Alandaluz (durée 1h30, 15 $ par personne, petit déjeuner compris).

PARQUE NACIONAL MACHALILLA

Le parc national de Machalilla, qui couvre 55 000 hectares, abrite des richesses archéologiques, l'une des plus anciennes forêts équatoriale du pays et la seule forêt tropicale sèche protégée d'Amérique latine. L'aridité et parfois même le manque de couleur des forêts n'en font certainement pas le plus beau spécimen d'écosystème de la région, mais cela vous donnera l'occasion de profiter des plages les plus spectaculaires du pays. Pour couronner le tout, la **Isla de la Plata**, avec ses oiseaux de mer, ses lions de mer… et son mal de mer, vous offrira un concentré des Galápagos, à un prix beaucoup plus abordable… Le plus souvent, la visite prend la forme d'une excursion d'une journée, au départ de Puerto López tôt le matin avec retour l'après-midi. De Puerto López, le **bus** vous déposera 10 km plus loin à la porte de Los Frailes (0,20 $). Il vous faudra alors marcher 2 km jusqu'à la *cabañita* qui fait office de réception, et de là, partir à la découverte du site. Sachez cependant que sur la plupart des sites, la présence d'un guide est obligatoire. Cela dit, les agences de voyages de Puerto López vous organiseront une excursion pour un prix assez raisonnable (voir p. 572). Le droit d'accès au parc est valable au moins une semaine (20 $). D'une manière générale, les visites de groupe sont moins onéreuses, aussi renseignez-vous auprès des agences pour savoir si un groupe ne recherche pas un autre participant. Si vous souhaitez d'autres informations sur le parc, rendez-vous au **siège** situé à Puerto López (voir p. 572). Avant de vous engager, vérifiez bien ce qui est inclus dans le forfait. Le plus souvent, ni la nourriture ni l'eau ne sont comprises. Les bouteilles d'eau n'étant pas en vente dans le parc, soyez prévoyant. Le **camping** est autorisé à San Sebastián et à Agua Blanca (15 $ par jour, nourriture, guide et transport compris), mais aucune infrastructure n'a été prévue. Les campeurs devront donc tout apporter eux-mêmes. Si vous voulez plonger, il est conseillé d'apporter votre **matériel de plongée**. Celui fourni par les agences et les bateaux est en quantité limitée et parfois d'une qualité médiocre.

AGUA BLANCA. Ce hameau très fréquenté est habité par 43 familles qui ont su conserver une grande partie de leurs traditions ancestrales. De Puerto López, prenez le bus qui vous mène à l'entrée du parc. Le sentier de terre qui en part vous permettra, pendant l'heure que dure la marche jusqu'à Agua Blanca, d'observer la flore variée de la forêt. Vous croiserez des **figuiers**, des **lauriers** et des **fromagers** enfouis dans la luxuriance des tiges de haricot tombant des **algarrobos** qui apportent ça et là une pointe de vert dans une étendue désolée et aride, parsemée des sempiternels **cactus**. La silhouette haute et frêle des **figuiers de Barbarie** et les **pitahaya**

(qui produisent un fruit jaune délicieux de février à mars) complètent ce paysage hérissé d'épines. Agua Blanca constitue une sorte d'intermède au milieu de cette nature sauvage. Vous trouverez dans le *pueblito* un musée archéologique ainsi que des ruines laissées là par la culture **manteña**, un peuple indigène qui vécut à cet endroit pendant le millénaire précédant la conquête espagnole. Le musée déborde de vestiges laissés par les Manteña : objets d'art, bijoux, poteries, objets de culte et répliques miniatures de leurs **radeaux de balsa**. Les immenses **urnes en terre** que vous croiserez sur le chemin qui mène aux ruines servaient de tombeaux aux Manteña. Situées à une demi-heure à pied en remontant, les **ruines** risquent fort de vous décevoir. En effet, il ne reste des habitations et des lieux de culte érigés par les Manteña que des fondations rudimentaires. Le guide est obligatoire pour la visite des ruines. (Guide 15 $ par personne, entrée du musée comprise, réductions pour les groupes.)

FORÊT HUMIDE DE SAN SEBASTIÁN. A partir d'Agua Blanca, comptez deux jours pour visiter la forêt humide de San Sebastián. Les visites s'effectuent très souvent à cheval. Le voyage aller prend, à lui seul, 6 ou 7 heures qui vous laisseront le loisir d'observer le contraste frappant entre la forêt tropicale sèche et la forêt humide. Si la faune vous intéresse, cette excursion est pour vous. San Sebastián est en effet le refuge d'un grand nombre d'**espèces animales exotiques** : tarentules, mille-pattes géants, scorpions, serpents corail, tatous, singes hurleurs, *guantas* (agoutis), fourmiliers, sans oublier de nombreuses espèces d'oiseaux. Cette visite se fait avec un guide. Renseignez-vous auprès des agences de voyages de Puerto López. Les guides que l'on vous proposera à Agua Blanca offrent des prix plus intéressants mais leur connaissance de la faune et de la flore est plus limitée. D'ailleurs, ils se contentent souvent d'ouvrir le chemin. (Randonnée à pied de deux jours 15 $ par personne, randonnée à cheval 25 $ par personne.) Sachez que les sentiers glissants et des chevaux parfois fatigués rendent la seconde option plus incertaine.

LAS GOTERAS. Si vous désirez découvrir la forêt humide sans y consacrer autant de temps ni d'argent, optez pour Las Goteras (20 $). L'excursion, d'un niveau assez difficile, prend en tout 5 ou 6 heures. Le chemin qui mène à la forêt humide monte presque tout le temps et la progression à travers la forêt, sur une route de terre épaisse et boueuse, est lente. Passée cette difficulté, vous pourrez néanmoins jouir d'une vue magnifique sur les montagnes environnantes et, par temps clair, sur l'océan qui se déploie à vos pieds. Au fil de votre montée, vous verrez la végétation se modifier, les arbres devenir plus gros et plus touffus. La forêt humide abrite une **flore** et une **faune** absolument fascinantes : des caféiers, des manguiers, des papillons aux couleurs vives, des araignées nichées sur des toiles aux reflets étincelants, des oiseaux à foison et, si vous avez de la chance, un singe ou deux. Outre les beautés de la forêt, le guide vous fera peut-être découvrir les différentes utilisations des arbres et des plantes, depuis les balais jusqu'aux bijoux.

LOS FRAILES. Si vous avez encore soif de contrastes, partez à la découverte des rivages retirés qui se cachent à 2 km, aux portes d'Agua Blanca. **Trois plages** vous y attendent : La Playita, La Tortuguita et la plus belle d'entre toutes, Los Frailes. Pour cette excursion, le guide n'est pas obligatoire, mais fortement recommandé (10 $ par personne). Le départ s'effectue aux portes de Los Frailes, sur la route de Puerto López. A 100 m environ des portes, la route prend à gauche à la hauteur d'une *cabañita* (là où sont vendus les billets donnant accès au parc), tandis qu'à droite part un petit sentier de terre. Ces deux sentiers forment en fait les deux extrémités d'un même chemin long de 3,7 km. Celui de gauche vous fait traverser la forêt sèche jusqu'à Los Frailes (30 mn), celui de droite vous mène à la minuscule crique rocheuse de **La Playita** (25 mn à pied à partir de la *cabañita*). La plage, recouverte de **sable noir** et léchée par une eau calme, est l'endroit rêvé pour les jeunes enfants et ceux qui aiment barboter dans l'eau. La Playita, où les tortues de mer nichent de décembre à avril, est en outre un endroit propice pour la **plongée sous-marine**. A cinq minutes de là se trouve une crique ornée de curieuses configurations rocheuses. C'est **La Tortuguita**. Si la douceur et la finesse de son sable blanc sont tout à fait inoffensives, il est loin d'en être de même pour la mer, agitée de courants contraires qui viennent s'entrechoquer avec force, provoquant un effet de tourbillon. La baignade n'est donc pas recommandée sur cette plage. Deux sentiers repartent de La Tortuguita en direction d'une troisième plage, **Los Frailes**. Le premier, situé en contrebas, est facile à suivre. Le second, plus en hauteur, est envahi par la végétation. Ce dernier grimpe jusqu'à un promontoire d'où vous aurez un panorama spectaculaire sur les plages et sur l'océan. L'immense crique rocheuse de Los Frailes vous attend tout au bout. Cette crique, habitée par sa seule végétation, s'étire en un arc parfait recouvert de sable doré que vient border une eau calme. Ces plages reçoivent fréquemment la visite de groupes venus par bateau visiter divers *spots* de plongée sous-marine (2 personnes au minimum, 20 $ par personne).

Le trajet en bateau depuis Puerto López prend deux bonnes heures et la mer a tendance à être assez agitée. Si vous êtes sujet au mal de mer, pensez à prendre vos précautions.

ISLA DE LA PLATA. L'île doit son nom (le mot espagnol "plata" signifie "argent") au trésor légendaire perdu par le pirate sir Francis Drake. On raconte qu'après avoir soutiré son butin des galions espagnols, Drake l'aurait caché quelque part, parmi les 3500 hectares de cette île, située à 40 km des côtes de Puerto López. Depuis, les pilleurs de trésors perdus ont laissé place aux touristes venus profiter de la nature et observer la faune et la flore de l'île. Si on devait décerner une médaille de "meilleur lieu d'observation des fous", les îles Galápagos remporteraient l'or, et l'île de la Plata l'argent. Les fous en question recouvrent plusieurs espèces : le **fou masqué**, espèce hors-la-loi, le **fou à pattes bleues** et le **fou à pattes rouges**, espèce plus petite et fort répandue. Mais l'île de la Plata abrite encore bien d'autres oiseaux. C'est là que réside la plus importante colonie au monde de **frégates**. Sachez aussi que, d'avril à novembre, il vous sera possible d'apercevoir une espèce rare d'**albatros** spécialement venus pour honorer avec ferveur la saison des amours. Mais la fête serait incomplète sans la petite colonie de **lions des mers** qui vit au large de l'île et que l'on surprend parfois en pleine baignade, ou encore les **baleines à bosse** que l'on croise de juillet à septembre. Ces mammifères marins ont des rituels amoureux à la fois complexes et fascinants dont vous aurez peut-être un aperçu depuis le bateau qui vous conduira, bon an mal an, jusqu'à l'île. L'office du parc se trouve à **Bahía Drake**, unique crique de l'île et point de départ des bateaux vers le continent. Deux **sentiers** de 3 km chacun partent de Bahía Drake. Ils vous fourniront l'occasion de faire une promenade de 3 heures qui vous emmènera, à travers des routes vallonnées, découvrir des sites enfouis dans la nature. Les groupes n'empruntent que l'un des deux sentiers. Le choix du sentier dépend de l'office du parc. L'un d'entre eux vous permettra d'apercevoir des albatros (Avr-Déc), des fous à pattes bleues, des fous masqués, des lions des mers et des oiseaux tropicaux. L'autre sentier vous privera de la vue des albatros et des lions des mers mais vous aurez droit, en revanche, aux trois variétés de fous, à de magnifiques frégates, à des pélicans ainsi qu'à quelques oiseaux tropicaux. L'excursion dure une journée. Elle est forfaitaire et comprend le guide, la nourriture et le matériel de plongée (25 $ par personne). Si ce prix vous semble trop élevé, vous avez la possibilité d'affréter un bateau et de vous rendre à l'île de la Plata par vos propres moyens. Il vous suffira pour cela de réunir un groupe de 8 personnes, de prévoir un guide (15 $ par personne) et d'amener de quoi manger.

MONTAÑITA ☎ 04

A 65 km au nord de La Libertad, Montañita vit au rythme des vibrations fracassantes des surfeurs venus du monde entier pratiquer leur art. En haute saison (Déc-Avr), les rues sont envahies par un défilé permanent de pieds nus, de cheveux longs, de torses bronzés et bien sûr… de planches. L'ambiance, comme les vagues, se calme au moment de la basse saison bien qu'une petite communauté d'irréductibles vive ici à longueur d'années. Si, la journée, le surf est omniprésent, les soirées ne sont que fêtes sur la plage, feux de joie et débauche généralisée. Ces fêtes légendaires, trop fascinantes pour être ignorées, attirent à Montañita une foule bohème composée d'artisans itinérants, de hippies sur le retour et de *gringos* psychédéliques qui forment, avec la population locale, un mélange pour le moins inhabituel.

TRANSPORTS ET INFORMATIONS PRATIQUES

Montañita se compose de deux secteurs distincts, distants d'un kilomètre l'un de l'autre. Au sud, le **pueblo** accueille la majeure partie de la population, des hôtels et des restaurants. La rue **Rocafuerte** est comprise entre la grande route et la plage, tandis que la rue **15 de Mayo**, perpendiculaire à la rue Rocafuerte, est la dernière rue avant la plage. Au sud de la rue Rocafuerte, au niveau de la rue 15 de Mayo, se tient une petite **place centrale**. **Chiriboga** s'étire à une rue à l'est de la rue 15 de Mayo. Le deuxième secteur, **la Punta**, occupe le nord de la ville. Il doit son nom au promontoire rocheux qui domine sa célèbre faille. Son unique rue, parallèle à la plage, abrite une foule d'hôtels et de restaurant. Le réseau de transports se limite aux bus à destination de Puerto López (durée 1h, 1 $). Vous ne trouverez à Montañita **ni poste de police, ni banque**. Vous aurez néanmoins la possibilité de lire votre courrier électronique. Un poste Internet est en effet disponible à l'**Hostal Casa Blanca** et à la **Casa del Sol** (2 $/30 mn dans les deux établissements). **PacificTel**, sur Chiriboga, de l'autre côté de la place centrale, vous permettra d'appeler l'international pour un prix assez prohibitif. Tentez votre chance au **café Futura** (☎901 135) qui met à votre disposition un accès netphone à des horaires quelque peu erratiques.

HÉBERGEMENT

Montañita est un lieu de séjour agréable et bon marché où l'on peut facilement venir pour une nuit et rester une semaine ou deux. Si vous êtes las des hôtels, vous pourrez trouver à vous loger dans une des maisons qui bordent la plage. Des chambres propres et lambrissées, des balcons en bambou, des toits de palme, des hamacs, des moustiquaires et un environnement vivant et chaleureux, voilà ce que vous réservent la plupart de ces adresses.

❤ **Casa Blanca** (e-mail lacasablan@hotmail.com), dans le *pueblo*, à deux rues au nord de la rue Rocafuerte, au niveau de la rue Chiriboga. Chambres claires, spacieuses et hautes de plafond avec un balcon et un ventilateur. Internet (2 $ les 30 mn, 1 $ pour les clients de l'hôtel). Location de planches de surf (2 $ la journée). Restaurant. Dortoir 2 $, chambre simple 3 $ par personne, avec salle de bains 4 $. Cartes de crédit et chèques de voyage acceptés.

Centro del Mundo, c'est le grand bâtiment donnant sur l'eau, tout au bout de la rue Rocafuerte, dans le *pueblo*. Pour y aller, passez par le restaurant La Cabañita. Hall chaleureux. Table de billard. Restaurant. Chambres simples mais propres. Le dortoir se résume à un grenier ouvert sur l'extérieur parsemé de rangées de matelas et de coffres-forts. Dortoir 1,40 $, chambre à partir de 3 $, avec salle de bains 4 $.

La Casa del Sol (☎901 302, e-mail casasol@ecua.net.ec) offre à elle seule plus de services que le centre-ville (services financiers, téléphone, Internet). Un bar attenant est ouvert tous les soirs en haute saison. Chambre 4 $ par personne, avec salle de bains 5 $.

RESTAURANTS

Les calories perdues dans les vagues seront certainement reprises dans les restaurants de Montañita. Les menus végétariens vous permettront d'échapper à l'habituel *ceviche*.

La Cabañita, le dernier établissement sur la droite quand vous arrivez à la plage par la rue Rocafuerte. Bien qu'aucune enseigne ni aucune musique assourdissante n'indique sa présence, ce restaurant discret attire les consommateurs en grand nombre. Fruits de mer 1,12-1,32 $. Délicieuses *empanadas* 0,52-1 $.

Tres Palmas (☎755 717), sur la plage de la Punta. Fréquenté par la population locale comme par les touristes. En plus des traditionnelles *enchiladas* (1,12-1,56 $) et autres *quesadillas* (1,12 $), ce restaurant Tex-Mex vous propose un échantillon de la cuisine des Caraïbes, dont le poulet jamaïcain (4,40 $). Ouvert Me-Di 12h-22h.

PLAGES ET SORTIES

Si Montañita est connue pour sa capacité à unir les fêtards de tous les pays, c'est d'abord le **surf** qui en a fait ce qu'elle est aujourd'hui. Les plages s'étirent vers le sud à perte de vue et sont limitées, au nord, par de hautes falaises déchiquetées abritant de curieuses formations rocheuses. Ces falaises donnent naissance à des lames de 2 m de haut qui viennent se briser dans un grand fracas sur la droite, loin de la pointe. En basse saison, les vagues ont parfois du mal à se former (elles font alors bon an mal an 1 m de haut), mais les bons jours de l'année, il arrive qu'elles dépassent la marque indiquant 1,5 m. Au cours de la *temporada alta* (haute saison), les rues et les bars du *pueblo* sont bondés tous les soirs. C'est dans la rue Chiriboga, au nord de la rue Rocafuerte, que l'on trouve la plus forte concentration d'établissements de nuit. Le **Bongo Beach Bar** et le **Mahalo** sont parmi les plus populaires. Les plus courageux se fraieront un passage à l'**Arriba** pour y boire une Pilsener ou faire une partie de billard. Enfin, qui sait, si vous séjournez un certain temps à Montañita, peut-être aurez-vous l'occasion de participer à une **fête privée** improvisée...

ENVIRONS DE MONTAÑITA : VALDIVIA

Situé à 25 mn en bus au sud de Manglaralto, ce minuscule village où 70 % des habitants vivent de l'industrie de la chaussure n'a pas de réel intérêt, hormis un peu d'histoire et sa petite plage tranquille, fréquentée par les pêcheurs. Le **peuple Valdivia**, qui vécut sur ces terres entre 3000 et 2000 av. J.-C., est la civilisation la plus ancienne de la région. Le **Museo Valdivia**, installé dans le centre-ville à deux pas de la route principale, est l'occasion d'admirer des pièces originales et des répliques des objets laissés par ce peuple (petites figurines, urnes funéraires, etc.). Bien que petit, le musée est intéressant et bien organisé. Vous y apprendrez comment sont fabriquées aujourd'hui les répliques des objets retrouvés dans la région. (Musée ouvert tlj 9h-18h. 0,32 $, enfants 0,16 $.)

ENVIRONS DE MONTAÑITA : AYANGUE

Ayangue a beau n'être qu'à 5 km au sud de Valdivia, seules les chèvres de montagne font le chemin. Les deux villes sont séparées par un promontoire rocheux spectaculaire qu'il serait déraisonnable de traverser autrement qu'à bord d'un véhicule motorisé. Ces derniers déposent leurs passagers sur la grande route à côté de plusieurs pancartes "Welcome to Ayangue". La route pavée qui part vers l'ouest rejoint la ville. Le trajet prend 5 mn en *camioneta* (0,12 $) ou 30 mn à pied. La route mène directement à la plage d'Ayangue, jolie crique entourée de hautes falaises fréquentée par les pêcheurs du coin. Les courants sont parfois forts mais lorsque l'eau est calme, l'endroit est idéal pour se baigner. Pendant la basse saison, quand sur la côte le temps couvert s'installe durablement, la crique d'Ayangue conserve comme par magie un temps ensoleillé dont profitent quelques rares chanceux... La ville offre peu de choix en matière de restaurants et d'hébergement. L'**Hostal Un Millón de Amigos** (☎916 014), situé dans la rue parallèle à la plage, propose des chambres propres et confortables équipées d'un ventilateur et pour certaines, d'une salle de bains (5 $ par personne). Le restaurant de l'hôtel n'allume ses feux que pour les hôtes ayant choisi la pension complète (3 repas par jour). **Pensión 5 Hermanos** (☎916 029), sur la route principale, à proximité de la plage ne brille pas par la propreté de ses salles de bains communes, ni par le confort discutable de ses chambres (2 $). Mais on peut profiter de belles vues sur la mer et l'air du large y est rafraîchissant. Et puis il y a, parmi les hôtes, un singe appelé Rocky...

SALINAS ☎ 04

Devant l'abondance déconcertante de BMW, de yachts, d'accros de la plage et de la fête, on voit vite que Salinas est une station balnéaire vouée au plaisir des moins démunis. Fréquentée par la jet-set équatorienne, la ville abrite en effet nombre de résidences et d'appartements de luxe. Salinas vit ses heures de gloire de décembre à avril, tandis que renaissent discothèques et restaurants fermés pendant la basse saison. Située à l'extrémité occidentale de la péninsule de Santa Elena, à 150 km à l'ouest de Guayaquil, la ville de Salinas possède l'une des plus belles plages des environs. Avec son tourisme de luxe et ses immeubles modernes, la ville a indéniablement un petit air cosmopolite.

TRANSPORTS

La ville de **La Libertad**, à quelques kilomètres à l'est, sert de noyau de transports à Salinas. La **Cooperativa Libertad Peninsular** dessert toutefois **Guayaquil** et part de l'intersection de l'Ave. 5 et de la Calle 17 (durée 2h45, 1 dép/20 mn de 3h à 19h10, 1,60 $). Ceux qui veulent faire la navette entre Salinas et La Libertad ont le choix entre trois options. Les **bus** et les **vans** partent de l'Ave. 3 (qui devient Ave. 7) 24h/24 (0,12 $). Faire le trajet en **taxi** peut coûter jusqu'à 2 $. A La Libertad, plusieurs lignes d'**autobus** partent des rues 9 de Octubre et Huerra Barreiro. Les **bus** desservent **Guayaquil** (durée 2h30, 1 dép/10 mn de 3h30 à 20h10, 1,60 $) via **Progreso** (durée 1h15, 0,80 $) et **Quito** (durée 10h, dép. 10h, 20h30 et 21h30, 6,40 $). Les autres bus qui circulent à travers la ville partent de la gare routière, à quelques rues de 9 de Octubre. Remontez la rue Guayaquil et prenez à droite dès que vous arrivez au sommet de la colline. A l'embranchement, prenez une nouvelle fois légèrement à droite puis, dès que vous pouvez, reprenez à droite. Continuez à marcher le long de deux *cuadras*, prenez à gauche puis de nouveau à gauche. La gare routière sera sur votre droite. Les bus qui partent de là desservent : **Puerto López** (durée 3h, 1 dép/30 mn de 4h à 16h, 2 $) via **Valdivia** (durée 1h, 0,12 $) et **Manglaralto** (durée 1h30, 0,80 $), **Jipijapa** (durée 4h30, 1 dép/30 mn de 4h à 16h, 1,50 $) et **Manta** (1 dép/h, 1,48 $). S'il n'y a pas de bus pour Manta, prenez celui de **Jipijapa** et de là, prenez un autre bus pour Manta.

ORIENTATION ET INFORMATIONS PRATIQUES

Se déplacer à travers Salinas n'est pas chose facile compte tenu du manque de signalisation. Sachez au moins que la plupart des services de base sont regroupés dans les avenues à l'est de la **Calle 16** : **Ave. 1** (Ave. **Malecón**), **Ave. 2** (Ave. **Gallo**) et **Ave. 3** (qui devient **Ave. 7**). Les *calles*, dont le numéro va croissant d'ouest en est, s'étirent plus ou moins perpendiculairement à la **plage** qui borde l'extrémité nord de la ville. Le **Salinas Yacht Club** partage la plage en deux secteurs.

Agence de voyages : **Pescatours** (☎ 772 391), Ave. Malecón, entre les Calles 20 et 22, vous propose des parties de pêche sous-marine en eau profonde (350-550 $ la journée). Ouvert tlj 8h-12h et 14h-18h.

Banques : **Banco del Pacífico** (☎ 774 137), Ave. 2 (Ave. Gallo) entre les Calles 18 et 19. **Distributeur automatique** MC en service 24h/24. Ouvert Lu-Ve 8h45-17h et Sa. 9h-15h.

Police : (☎ 778 699), au coin de l'Ave. Espinoza et de la Calle 57, à l'extrémité est de la ville.

Hôpital : **Dr. José Garces Rodríguez** (☎ 776 017), Ave. Ciudadela Frank Vargas Pazoz, au sud-est de la ville. Urgences et service d'ambulance 24h/24.

Bureau de poste : à l'angle de la Calle 17 et de l'Ave. 2A. Ouvert Lu-Ve 8h-12h et 14h-17h, Sa. 9h-14h.

Internet : **Café Planet** (☎ 775 500, e-mail cafeplanet@porta.net), dans l'Ave. 2 (Ave. Gallo), entre les Calles 25 et 26. Internet 2 $/h, Netphone à partir de 0,32 $/mn. **Salinas.net**, dans la Calle 19, entre l'Ave. Malecón et l'Ave. 2A. 1,20 $/h.

Téléphone : **PacificTel**, dans la Calle 20, à l'angle de l'Ave. 2 (Ave. Gallo). Ouvert tlj 8h-21h45.

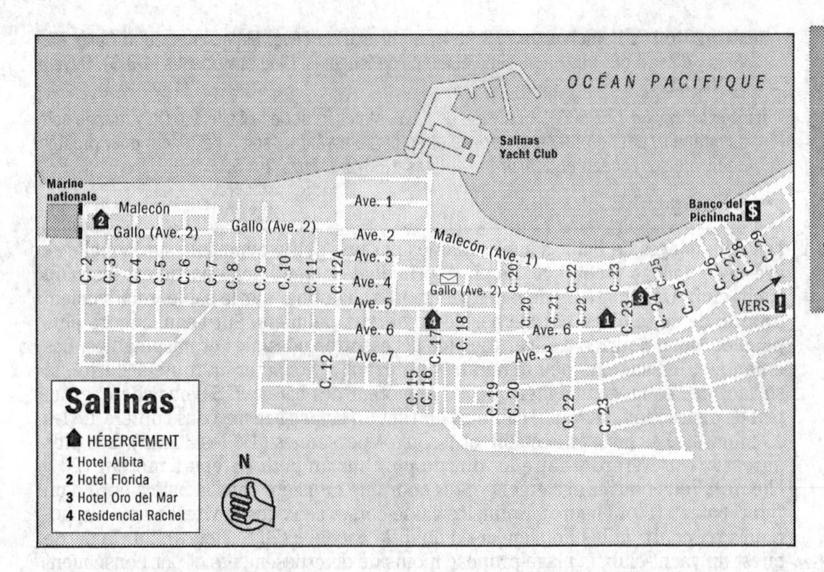

HÉBERGEMENT

Les établissements bon marché de Salinas sont concentrés entre les Calles 22 et 27, dans les rues parallèles qui s'étirent au sud de l'Ave. Malecón. Vous ne trouverez rien à moins de 3,20 $ par personne, mais la plupart des chambres sont bien tenues et disposent d'une salle de bains privative.

Hotel Oro del Mar (☎ 783 110), à l'angle de l'Ave. 2 (Ave. Gallo) et de la Calle 23. Grand. Bonne situation et chambre de qualité, matelas confortables et salles de bains propres. Chambre 4 $ par personne.

Hotel Albita (☎ 773 211 ou 773 662), Ave. 6, entre les Calles 22 et 23. Ventilateurs puissants et moustiquaires aux fenêtres. Balcons balayés par la brise. Chambre 3,20 $ par personne.

Hotel Florida (☎ 772 780), au niveau de l'Ave. Malecón et de la Calle 3. Chambres bien éclairées équipées d'un ventilateur. Certaines d'entre elles ont de grandes fenêtres ouvrant sur l'océan. Chambre avec salle de bains 7,32 $ par personne.

Residencial Rachel (☎ 772 526 ou 772 501), à l'angle de la Calle 17 et de l'Ave. 5. Les chambres ont un petit côté clinique par leur propreté comme par leur aspect. Chambre 4 $ par personne, avec salle de bains 6 $.

RESTAURANTS

Si vous aimez le *ceviche*, cette ville est pour vous. L'avenue Enríquez Gallo, entre les Calles 16 et 18, fourmille d'étals de *ceviche*. Ceux qui ont envie d'autre chose iront faire un tour du côté de l'Ave. Malecón. La chaîne de boulangerie **Baguette** propose des sandwichs à petit prix au coin de l'Ave. 2 (Ave. Gallo) et de la Calle 18. Un autre établissement se trouve en haut de l'Ave. 2 (Ave. Gallo), au niveau de la Calle 8.

❤ **Cevichelandia**, Ave. 2 (Ave. Gallo), entre les Calles 16 et 17, satisfera les rêves les plus fous des amoureux du *ceviche*. Version *made in* Salinas de la restauration rapide, cette grande place est remplie d'étals de ce plat typique. Bien que les prix et les plats proposés varient très peu, nous vous recommandons tout particulièrement **Don Kleber** et **Carmita**. **Chelita** sert de bons jus de fruits. *Ceviche* 2 $. *Batidos* et jus de fruits 0,40 $. La plupart des étals sont ouverts tlj 8h-17h.

Restaurante Los Helechos (☎ 773 984), au niveau de l'Ave. Malecón et de la Calle 23. Vous y dînerez dans un cadre simple, rempli de fougères. Différents menus (1-3 $). Ouvert tlj 9h-24h.

Trattoria Tony (☎ 772 609), au niveau de l'Ave. Malecón et de la Calle 19. On y mange soit à l'intérieur, pour profiter des nappes et du cadre agréable, soit à l'extérieur pour profiter de la vue sur l'océan et de l'air frais. Pâtes 1,60-2 $. Pizza 2-4 $.

PLAGES

Les deux **plages** de Salinas sont séparées par une petite péninsule sur laquelle se dresse le **Salinas Yacht Club**. La plage principale s'étend de la partie est jusqu'au yacht-club. Les amateurs de soleil viennent s'agglutiner sur le sable, relativement propre, de cette plage bordée par de nombreux palmiers. Sur l'eau, encore plus peuplée, vous pourrez trouver tous les accessoires possibles et imaginables. Les enfants et les nageurs peu téméraires pourront s'y baigner en toute sécurité, la surface de l'eau n'étant agitée que par le moteur des bateaux. Si vous cherchez un peu de distraction, un tour à califourchon sur un **bateau-banane** vous coûtera 1 $ les 15 minutes. Les **pédalos** accueillent jusqu'à 4 personnes (1 $ les 30 mn). Les plus paresseux préféreront faire le tour du port sur un petit bateau à moteur (20 $ l'heure). Vous pouvez également opter pour une croisière dans la baie à bord d'un "vrai" bateau (30 $ l'heure). Enfin, les casse-cou et ceux que la vitesse rend euphoriques parcourront les flots en **jet-ski** ou à **ski nautique** (20 $ l'heure). Sur la partie ouest du yacht-club, la plage propose moins de divertissements et par conséquent davantage de calme.

SORTIES

Dès la tombée de la nuit, le carnaval balnéaire de Salinas se met en mouvement, envahissant bars et discothèques. Les soirées se passant ici à sauter d'un bar à un autre, contentez-vous de suivre la musique. Vous ne pouvez pas la rater, elle est assourdissante. Si pendant la basse saison, la frénésie de la danse est limitée au week-end, en haute saison, la ville vibre au rythme de ses visiteurs tous les soirs ou presque. Demandez autour de vous pour savoir où on fait la fête ce soir.

El Patio, à l'angle de la Calle 27 et de l'Ave. Enríquez Gallo, dans l'hôtel Salinas Costa Azul. La foule y est si dense que la direction est parfois contrainte de refuser du monde si elle veut calmer le capitaine des pompiers. Rendez-vous à l'arrière pour prendre un bol d'air frais et faire une partie de billard. Entrée 1,20 $ avec une bière ou un *cuba libre*.

Choclo's Café Bar, au coin de l'Ave. Malecón et de la Calle 23. Le propriétaire, qui est très chaleureux, a fait de son établissement un lieu branché où l'on vient boire un café ou une bière (0,75 $). Ouvert Je., Di-Ma 18h-24h et Ve-Sa 18h-4h.

Flinstone's Rockabar, à l'angle de l'Ave. Enríquez Gallo et de la Calle 25. Le motif du Flinstone, récemment rénové, est très subtil : Fred et Wilma ont su mettre en valeur un mélange disparate de thèmes qui s'accordent tous plus ou moins. Foule très composite. Entrée 0,80 $. Ouvert Je-Sa de 21h à 4h au moins.

BAÑOS DE SAN VICENTE ☎ 04

Situés à 20 km de La Libertad, les Baños de San Vicente attirent entre leurs murs les adeptes de l'union avec la nature et de la purification du corps et de l'esprit. La boue du cratère volcanique de San Vicente se voit en effet attribuer des vertus curatives extraordinaires grâce à sa composition associant 18 minéraux. Un mélange que seuls l'Allemagne, la France et l'Equateur peuvent se vanter de posséder et qui constituerait, semble-t-il, une sorte de remède naturel contre l'arthrite et les rhumatismes. Les personnes souffrant de ces maux ainsi que les hédonistes, soucieux de leur santé, affluent vers San Vicente afin de recourir à cette forme peu courante de thérapie et de bénéficier de quelques à-côtés voluptueux tels que les massages et les bains de vapeur... Le paiement du droit d'entrée vous donne accès aux **bains de boue** ainsi qu'à deux *piscinas tibias* (piscines d'eau chaude) et à une source chaude naturelle. Les employés du parc vous diront combien de temps rester dans chaque bain afin de profiter au maximum de leurs bienfaits. (Parc ouvert tlj 7h-18h30. 0,60 $, enfants et personnes âgées 0,30 $). Goûtez au **massage** à base de boue ou de *savila*, un aloès naturel, qui soulage les tensions (2 $), et au **massage par jet d'eau** (séances de 20 mn sous un jet à haute pression) qui vous trempera jusqu'aux os pour 1 $. Le parc propose également une **purification interne** censée faire sortir de votre enveloppe corporelle les tensions néfastes accumulées au cours de la vie quotidienne, dans les senteurs de camomille et d'eucalyptus d'un bain de vapeur (1 $ les 20 mn). Il y a de fortes chances pour que vous ne trouviez pas de serviettes à votre disposition, aussi pensez à en apporter. Si vous désirez passer la nuit sur place, l'**Hotel Florida** situé juste derrière le parc vous propose des chambres propres équipées de moustiquaires. (☎(09) 620 933. Chambre 3,20 $ par personne, avec 3 repas 10 $.)

PLAYAS ☎04

Station balnéaire la plus proche de Guayaquil, Playas (qui tire son nom, devinez d'où... de ses plages !) reçoit tout naturellement la visite de hordes de *Guayaquileños* les week-ends de forte chaleur. Autre avantage, Playas est moins chère que les autres grandes stations balnéaires, ce qui lui attire les faveurs de la plupart des habitants du sud de la Sierra. Hélas ! L'afflux de touristes en fin de semaine en a fait un lieu trop visité et dégradé. Ses plages sont jonchées de détritus, ses artères principales baignées de plus de poussière que de soleil, et la vue sur l'océan est bouchée par les étals de *ceviche*. Cela ne suffit pas à gâcher la joie des estivants du week-end, pour qui Playas représente avant tout une escapade bon marché non loin de la ville. Les plages, sales et sans arbres, ont beau n'avoir rien de pittoresque, elles attirent des visiteurs qui savent y trouver un endroit où s'installer. La vie nocturne de Playas connaît son apogée pendant la saison pleine. On y vit alors la nuit dans des clubs comme **Mr. Frog**, dans l'Ave. Aguilera, à l'ouest du centre. En basse saison, le choix est plus limité, mais vous pouvez toujours essayer **Oh Sole Mío**, dans la Calle 9, avant l'Ave. Aguilera en direction de la plage. La fête, qu'aucun mur ne vient dissimuler, s'y déroule à la vue de tous. (Corona 1 $. Pas de droit d'entrée. Ouvert tlj de 8h jusque tard dans la nuit.)

Les **bus** de la Coop Transportes Villamil, au coin des rues Pedro Menéndez Gilbert et 15 de Agosto, desservent **Guayaquil** (durée 2h, 1 dép/15 mn de 4h à 19h30, 1,15 $) via **Progreso** (durée 30 mn, 0,60 $). Transportes Urbano fait circuler des bus locaux (0,10 $). La plupart des services pratiques sont concentrés sur la rue **15 de Agosto**, l'artère principale de Playas qui traverse la ville d'est en ouest. La **place centrale** est un bon point de référence. On la trouve à l'angle de la rue 15 de Agosto et de la Calle 9. La **Banco de Guayaquil** (☎760 040), à l'angle des rues 15 de Agosto et Gilbert, changera vos chèques de voyage (le week-end) et vous pourrez y retirer de l'argent liquide. La banque est équipée d'un **distributeur automatique** acceptant les cartes Visa. (Ouvert Lu-Ve 8h45-19h et Sa. 9h-18h.) Le poste de **police** est à l'angle des rues Asiselo Garay et 15 de Agosto, sur le côté droit de la rue en direction du nord. (☎761 375. Ouvert 24h/24.) La **Farmacia Villamil** se trouve dans la rue 15 de Agosto, entre les rues Gilbert et Paquisha. (☎761 607. Ouvert tlj 8h-22h30.) L'**Hospital General Villamil Playas** (☎760 328) est au niveau de la rue 15 de Agosto, à 1 km à l'est de la ville. Prenez le bus pour y aller. La **poste** se trouve à l'angle des rues Asiselo Garay et 15 de Agosto, près du poste de police. (Ouvert Lu-Ve 9h-13h et 15h-18h, Sa. 9h-14h.) Vous pourrez passer des appels en P.C.V. ou avec une carte d'appel à **PacificTel**, rue Aguilera, à 800 m à l'ouest de la ville. (0,06 $/mn. ☎760 120. Ouvert tlj 8h-22h.)

La plupart des hôtels bon marché vous attendent à l'extrémité occidentale de la ville, dans les rues Malecón et Aguilera, mais vous en trouverez également quelques-uns dans la rue 15 de Agosto. On trouve quelques adresses un peu plus chères rue Aguilera, dans la partie est de la rue quand vous quittez la place. Les **moustiques** raffolant de Playas, une moustiquaire ou un ventilateur est indispensable. L'**Hotel Rey David**, à l'angle de la Calle 9 et de la rue Malecón, est un hôtel bien éclairé grâce à ses baies vitrées, avec des chambres spacieuses, des ventilateurs, des lits bien fermes et des salles de bains propres. (☎760 024. Chambre double 10 $, triple 15 $, télévision 5 $ de supplément.) Pour ceux qui rêvent d'un peu plus de luxe, l'**Hostería el Delfín** vaut le détour et les quelques dollars de supplément. Dans la rue Aguilera, prenez à l'est sur 1,5 km vers l'extérieur de la ville jusqu'à la pancarte indiquant l'hôtel puis tournez à droite. (☎760 125. Chambre double 14,80 $, bungalow 20,88 $.) L'**Hotel Tropicana** est sur le côté gauche de la rue Paquisha quand vous vous éloignez de la rue 15 de Agosto en direction de la rue Aguilera. Vous ne pouvez pas manquer l'enseigne, elle est énorme. Le hall n'a certes rien d'extraordinaire, mais les chambres équipées de moustiquaires, de lits fermes et de salles de bains propres sont agréables. (Chambre 2,40 $, avec salle de bains 2,80 $.) La plage est bordée de restaurants de fruits de mer assez quelconques servant l'habituelle cuisine des villes côtières (*ceviche* 1,60 $). Vous trouverez d'autres restaurants dans les rues Malecón, Aguilera et Paquisha, près de la plage. **Sabory Yogurt** vous attend à l'angle nord-est des rues Gilbert et 15 de Agosto. Vous y dégusterez de délicieux sandwichs mixtes chauds (0,30-0,75 $), ainsi que des yaourts (0,35-0,40 $) et des salades de fruits.

LES PLAINES

SANTO DOMINGO DE LOS COLORADOS ☎02

Avant de céder la place à une jungle de béton, Santo Domingo était le fief de peuples indigènes qui ont donné à la ville la seconde partie de son nom, **Los Colorados**. Les vêtements légers et les coupes de cheveux "au bol" rouges, propres à cette tribu, sont d'ailleurs fréquemment reprises sur des cartes postales et sur les enseignes des magasins. Vous aurez peut-être la chance de croiser un habitant d'un autre village orné de la coiffe traditionnelle, mais la ville n'a conservé que peu de liens avec ses racines indiennes. Des **bus** partent 24h/24 pour **Quito** (durée 3h, 1,80 $), **Esmeraldas** (durée 4h, 1 dép/20 mn de 4h à 17h30, 1,60 $) et **Guayaquil** (durée 5h, 2,80 $). La **Filanbanco**, dans les rues Quito et Tsachila, changera vos dollars et vos chèques de voyage. (☎758 889. Ouvert Lu-Ve 9h-16h.) Vous pourrez passer vos **appels téléphoniques** depuis le bâtiment de San Francisco de Asis, Quito 1200, au premier étage (ouvert tlj 8h-22h.) Le centre-ville compte de nombreux hôtels, notamment à proximité de la rue 29 de Mayo. La qualité de la plupart d'entre eux dépendra du prix que vous y mettrez. Tout en bas de l'échelle, vous trouverez l'**Hotel Amambay**, à l'angle des rues 29 de Mayo et Ambato. Les chambres y sont rudimentaires mais confortables. (☎750 696. Chambre 1,60 $ par personne.) L'**Hotel Unicornio**, à l'angle des rues 29 de Mayo et Ambato, est juste à côté du cinéma. (☎760 147. Chambre simple et double 2 $, télévision 2,40 $ de supplément.) Non loin de là, **les Colorados** constituent la seule véritable attraction touristique de Santo Domingo. Certains vivent dans des villages de huttes à la périphérie de la ville, le long de Quevedo. Moyennant finance, les Colorados vous laisseront observer leur mode de vie et prendre des photos. Si les traitements curatifs à base de produits hallucinogènes vous intéressent, partez à la rencontre du chaman Marcelo Aguavil qui vit à hauteur du kilomètre 7 sur la route de Quevedo. Le trajet aller-retour en taxi jusqu'aux villages colorados coûte 6 $. On vous laissera un peu de temps pour vous promener et prendre quelques photos. Les bus indiquant "Vía Quevedo" empruntent le même itinéraire. Vérifiez auprès du chauffeur qu'il va bien jusqu'au terminus ("a la última parada"), car certains bus ne sortent pas de la ville.

QUEVEDO ☎05

Les visiteurs que l'on croise à Quevedo s'y sont généralement retrouvés, à la nuit tombée, un peu par hasard. Avec ses buildings, ses commerces et son bruit omniprésent, le centre-ville de Quevedo, bordé par le Río Quevedo, est tout ce qu'il y a de plus ordinaire. Vous pouvez donc sans trop de regrets quitter Quevedo en **bus** pour : **Guayaquil** (durée 3h, 1 dép/20 mn de 4h à 18h30, 1,48 $), **Quito** (durée 5h, dép. 6h30, 7h20, 8h50, 17h15 et 19h20, 2,40 $), **Santo Domingo** (durée 2h, dép. 7h30, 10h, 11h30, 15h, 16h, 17h, 18h30 et 21h, 1,04 $), **Ambato** (durée 6h, 2,48 $) et **Cuenca** (durée 8h, dép. 9h et 21h, 5,20 $). La **Filanbanco** met à votre disposition un **distributeur** Visa rue Bolívar, entre les rues Cuarto et Quinto. Vous trouverez le poste de **police** (☎750

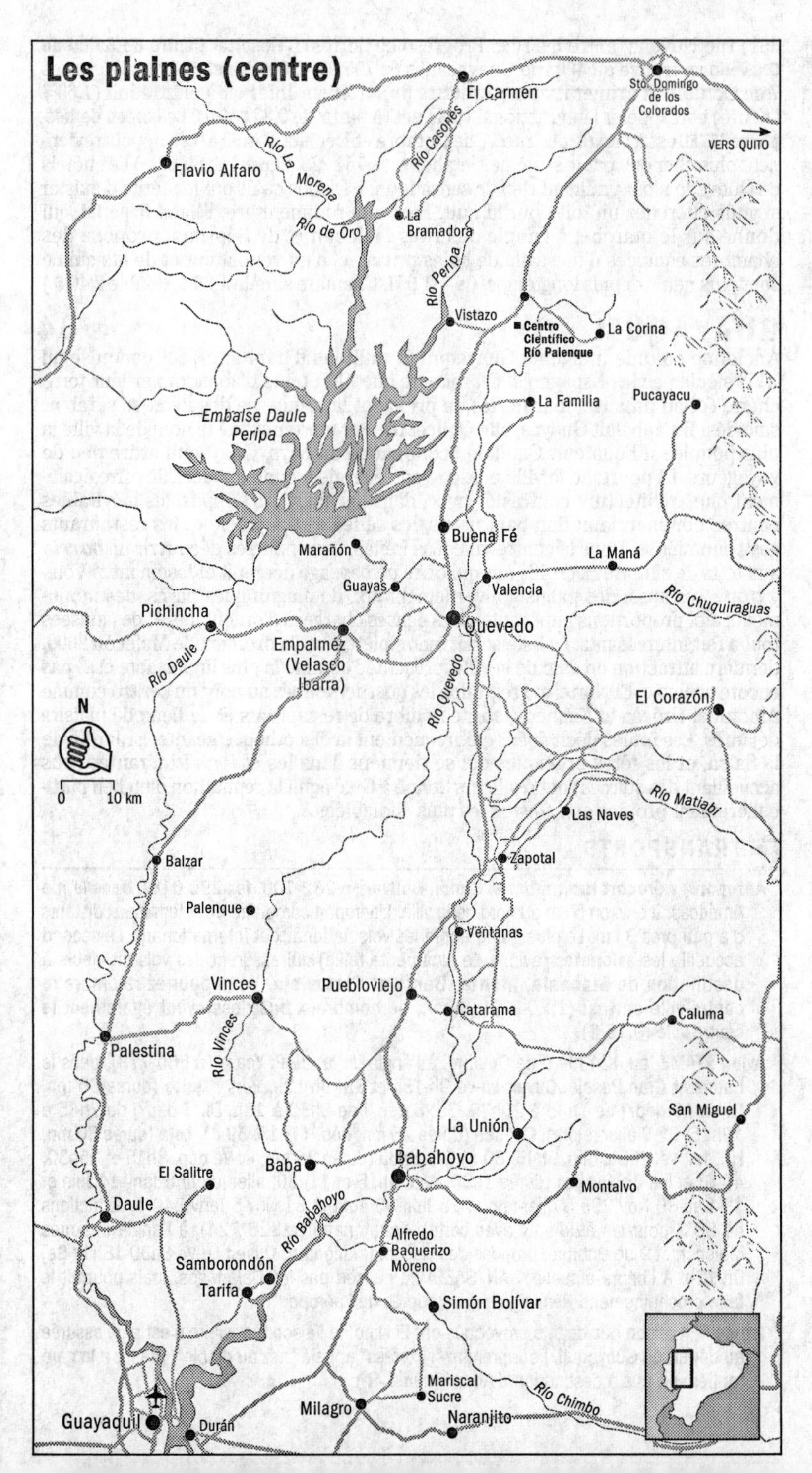
Les plaines (centre)
El Carmen
Sto. Domingo de los Colorados
VERS QUITO
Flavio Alfaro
Río La Morena
Río Casones
Río de Oro
La Bramadora
Río Peripa
Vistazo
Centro Científico Río Palenque
La Corina
Pucayacu
La Familia
Embalse Daule Peripa
Buena Fé
Marañón
La Maná
Guayas
Valencia
Río Chuquiraguas
Pichincha
Quevedo
Empalméz (Velasco Ibarra)
Río Daule
Río Quevedo
El Corazón
N
0
10 km
Río Matiabi
Las Naves
Zapotal
Balzar
Palenque
Ventanas
Vinces
Puebloviejo
Catarama
Caluma
Palestina
Río Vinces
San Miguel
La Unión
Baba
Babahoyo
El Salitre
Montalvo
Daule
Río Babahoyo
Alfredo Baquerizo Moreno
Samborondón
Tarifa
Simón Bolívar
Mariscal Sucre
Río Chimbo
Milagro
Guayaquil
Durán
Naranjito

361) rue Novena, entre les rues Progreso et Cortes. L'**Hospital Centro de Salud de Quevedo** se trouve au 400 rue Guayacanes (☎755 031). **Sandy.net**, à l'angle des rues 7 de Octubre et Primera, vous permettra de surfer sur Internet à prix réduit (1,60 $ l'heure) et d'appeler l'international via le net (à partir de 0,32 $/mn). Le **bureau de téléphone IETEL** est à l'angle des rues 7 de Octubre et Décima Tercera. Les appels reviennent plus cher que par le système Netphone. (☎754 223. Ouvert tlj 8h-22h.) Les hôtels de Quevedo n'ont vraiment rien de sensationnel. Disons qu'ils ont le mérite d'exister si vous cherchez un toit pour la nuit. Bien que rudimentaire, l'**Hotel Imperial**, qui donne sur le marché, à l'angle des rues Malecón et de Séptima, propose des chambres équipées d'une salle de bains privative, d'un ventilateur et de lits qui ne sont plus neufs depuis longtemps. (☎751 654. Chambre simple 1,20 $, double 2,40 $.)

GUAYAQUIL ☎04

Ancienne colonie indigène, Guayaquil (2 millions d'habitants) fut conquise au XVIe siècle par les Espagnols. On raconte que plutôt que d'abandonner leur terre chérie (et au passage, leur fierté), le prince et la princesse des lieux se seraient suicidés. Il s'appelait Guayas, elle Quil, et de leur martyr est né le nom de la ville la plus peuplée d'Equateur. Capitale économique du pays, Guayaquil attire peu de voyageurs. Et pourtant, la ville possède une énergie incontestable. Elle offre également une architecture contrastée avec, dans les quartiers huppés, les inévitables centres commerciaux flambant neufs, les salles de spectacle et les restaurants gastronomiques. Dans le centre-ville, Las Peñas, vous pourrez découvrir un *barrio* aux toits de zinc vieux de 400 ans qui offre un paysage décrépit et fascinant... Vous y trouverez aussi des palais gouvernementaux, de magnifiques parcs, des monuments aux proportions imposantes, des églises chargées d'ornements et des musées tout à fait intéressants. La liste serait incomplète sans la promenade Malecón 2000, dernière attraction en date de la ville, présentée comme la plus importante et... pas encore achevée. El Norte, qui regroupe les quartiers situés au nord du *centro* comme Alborada, Urdesa et Kennedy, abrite nombre de restaurants et de lieux de plaisirs déjantés. Les foules déchaînées qui fréquentent la discothèque géante, El Jardín de la Salsa, et les fêtes orgiaques qui se tiennent dans les *chivas* itinérantes (bus accueillant des soirées) ont d'ailleurs donné à Guayaquil la réputation d'un lieu particulièrement propice aux *fiestas* les plus endiablées.

TRANSPORTS

Aéroport : **Aéroport International Simón Bolívar** (☎282 100, fax 290 018), dans la rue Américas, à environ 5 km au nord de la ville. L'aéroport comprend deux terminaux distants d'à peu près 3 km. Le plus grand abrite les vols nationaux et internationaux. Le second accueille les **avionetas** (avions de plus petite taille) qui assurent des vols intérieurs à destination de **Machala**, **Manta**, **Bahía** et **Portoviejo**. Vous pourrez rejoindre le centre-ville en **taxi** (1,20-3 $). Sinon, de nombreux **bus** desservent également le centre-ville (0,15 $).

Avion : TAME, au 424 rue 9 de Octubre, à l'angle de la rue P. Ycaza (☎560 778), dans le bâtiment Gran Pasaje. Ouvert Lu-Ve 9h-18h et Sa. 9h-12h. Vers : **Quito** (durée 30 mn, Lu-Ve 10 dép/j de 7h45 à 20h30, Sa. 6 dép/j de 8h30 à 18h, Di. 7 dép/j de 7h45 à 19h15, 92 $ aller-retour), **Cuenca** (durée 25 mn, dép. 17h15, 59 $), **Loja** (durée 30 mn, Lu., Je., Ve. et Sa. dép. 5h45, 50 $), **Machala** (durée 25 mn, Lu-Ve dép. 8h15 et 15h30, 44 $) et les **Galápagos** (durée 1h30, dép. 9h15 et 11h30, aller-retour 6 Janv-14 Juin et 1er Sep-30 Nov 295 $ aller-retour, 15 Juin-30 Août et 31 Nov-5 Janv 340 $, réductions de 50 $ pour les étudiants avec carte). Ecuatoriana (☎326 724), à l'angle des rues Malecón et 9 de Octubre, propose des vols internationaux. Ouvert Lu-Ve 8h30-18h et Sa. 9h-12h. A l'heure actuelle, SAN/SAETA ne dessert pas les Galápagos, mais pourrait le faire prochainement. Renseignez-vous auprès de l'aéroport.

Trains : En raison des dégâts provoqués par El Niño, la liaison ferroviaire n'est plus assurée au départ de Guayaquil. Pour prendre "l'express" appelé "nez du diable", prenez à la gare routière un bus à destination d'Alausí (durée 4h).

Guayaquil Centro

HÉBERGEMENT
- **1** Ecuahogar (HI)
- **2** Hotel Alexander
- **3** Hotel California
- **4** Hotel Capri
- **5** Hotel Delicia
- **6** Hotel Doral
- **7** Hotel Ecuador
- **8** Hotel Rizzo
- **9** Hotel Vélez

RESTAURANTS
- **10** Cafetería El Malecón
- **11** La Canoa
- **12** Las 3 Canastas
- **13** Peña Restaurant Pailoteca
- **14** Restaurant Vegetariano

MUSÉES
- **15** Ecuador Antigua Museo Arqueológico
- **16** Museo Antropológico
- **17** Museo de Arte Prehistórico
- **18** Museo Municipal
- **19** Museo Nahím Isaías B.

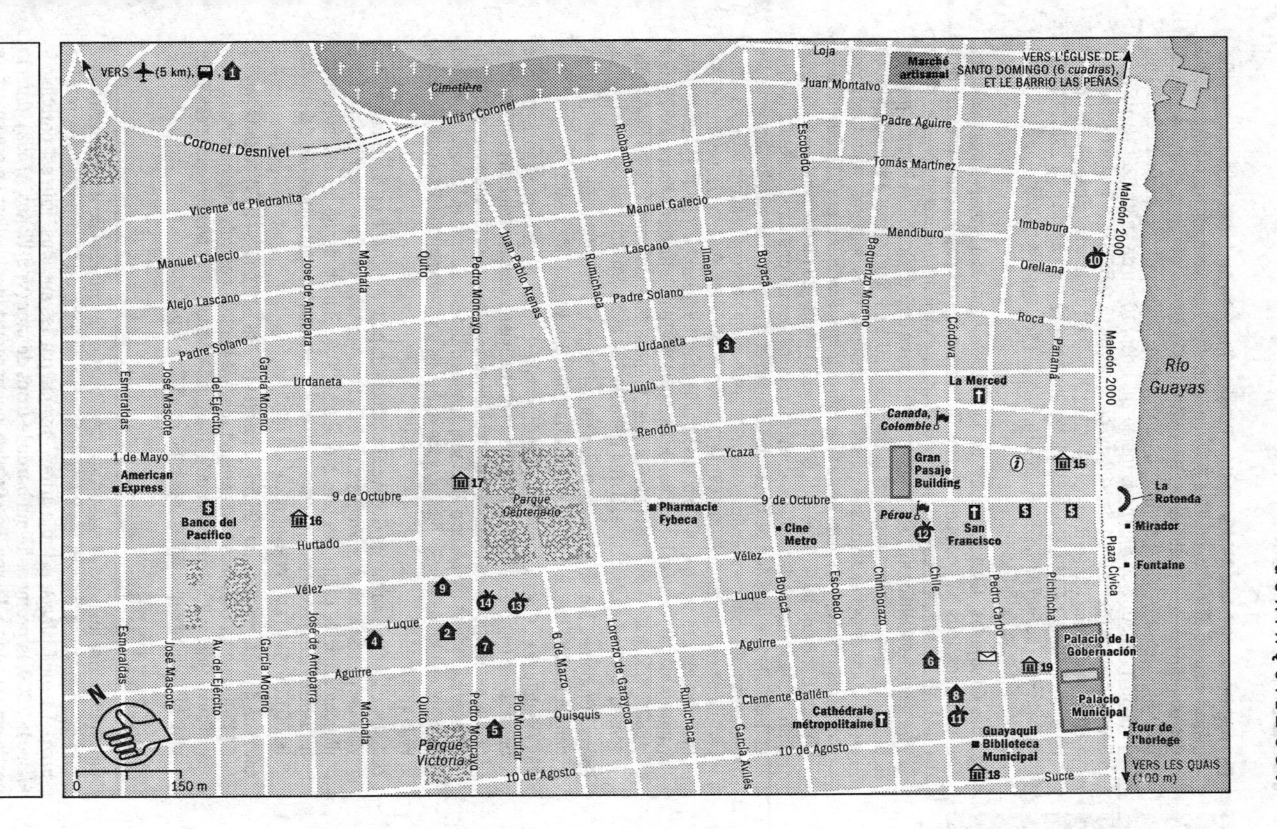

Bus régionaux : Le **Jaime Roldós Aguilera Terminal Terrestre Américas** est à quelques kilomètres au nord de l'aéroport. Une foule de *boleterías* vous vendront les mêmes billets à des prix similaires. A destination de : **Quito** (durée 8h, 23 dép/j de 12h15 à 23h50, 5,60 $), **Cuenca** (4 dép/j de 1h30 à 23h15, 4 $), **Salinas** (durée 2h30, 1 dép/10 mn de 3h30 à 22h30, 1,60 $), **Playas** (durée 2h, 1 dép/10 mn de 4h30 à 20h10, 0,75 $), **Santo Domingo** (durée 5h, 1 dép/30 mn de 3h à 20h15, 2,55 $) via **Quevedo** (durée 4h, 1,50 $), **Riobamba** (durée 6h, dép. 14h45 et 20h, 2,60 $), **Manta** (durée 3h45, 1 dép/h de 3h30 à 23h, 2,40 $), **Machala** (durée 3h, 1 dép/30 mn de 4h30 à 22h, 2,40 $), **Esmeraldas** (durée 7h30, dép. 9h et 11h, 5,20$) et **Huasquillas** (durée 4h30, 11 dép/j de 1h05 à 23h05, 3 $).

Agences de voyages : Guayaquil abrite de nombreuses agences de voyages mais les offres d'excursions, tous frais compris, vers les Galápagos ne sont pas aussi nombreuses qu'à Quito. **Galapagos Discovery** (☎/fax 566 303, e-mail mauponce@gu.pro.ec, Web : www.galapagosklein.com), rue Chimborazo, entre les rues 9 de Octubre et P. Icaza, propose des excursions dans les Galápagos (à partir de 110 $ par jour) et met à votre disposition un guide gris rédigé en anglais et consacré à l'archipel. Vous trouverez une autre agence Galapagos Discovery à Puerto Ayora (voir **Informations Pratiques**, p. 711). Ouvert Lu-Ve 9h-18h. **Galasam**, au 424 rue 9 de Octubre (☎304 488), au rez-de-chaussée de l'édifice Gran Pasaje, propose des périples dans la jungle, des excursions dans les îles Galápagos et des visites de la région de Quito, de Cotapaxi et d'Otavalo. Les forfaits économiques permettant de visiter les Galápagos durent une semaine et comprennent 5 îles, 3 repas par jour ainsi qu'un guide (500 $). Ouvert Lu-Ve 9h-18h et Sa. 9h-13h. Vous devriez également trouver des excursions à prix raisonnable chez **Guayatur** (☎322 441), rue Aguirre, entre les rues Malecón et Pichincha. Ouvert Lu-Ve 9h-18h30. **National Tours** (☎322 374 ou 321 705), juste à côté de la rue Guayatar, propose des excursions dans les Galápagos, dans la Sierra et en Amazonie. Ouvert Lu-Ve 9h-18h et Sa. 9h-12h.

Ferrys : Un bateau à destination de **Durán** (durée 20 mn, 1 dép/h de 10h à 18h, 0,15 $) part du front de mer, à l'angle des rues Malecón (Sgt. Vargas) et Cuenca.

Bus municipaux : C'est le moyen le plus économique (0,15 $) et le plus rapide pour se déplacer. Le nombre de lignes de bus est impressionnant. Vous croiserez un grand nombre de bus sur les rues 9 de Octubre, Quito et Malecón. Ils traversent le centre-ville et desservent les *ciudadelas* éloignées d'Alborada, Kennedy, Urdesa, Garzota et Sauces. Vérifiez en montant que le bus s'arrête bien où vous voulez. Ils sont souvent bondés, aussi, évitez de vous charger.

Taxi : les chauffeurs de taxi de Guayaquil sont connus pour chercher à pratiquer auprès des visiteurs des tarifs abusifs. Proposez un prix et tournez les talons si le chauffeur n'est pas d'accord. Dans le centre, les taxis prennent 1,20 $. Entre le centre et l'aéroport ou les *ciudadelas* éloignées, comptez entre 1,20 et 3 $. Essayez les compagnies **Taxi del Guayas** (☎301 393) et **Taxi Paraíso** (☎201 877).

Location de voitures : **Avis** (☎395 554), **Budget** (☎288 510 ou 284 559) et **Hertz** (☎293 011) disposent d'agences à l'aéroport, devant l'entrée des vols internationaux. Age minimum requis : 25 ans. Sachez qu'à Guayaquil la voiture n'est pas nécessaire et s'avère plus encombrante qu'autre chose. Entre 26 et 115 $ par jour.

ORIENTATION

Guayaquil s'étire au nord et au sud sur une longue distance, mais il vous sera assez facile de naviguer à travers les 2 km de la zone proche du fleuve qui comprend le *centro*. La rue **Malecón** est une artère envahie par les autobus. Elle est parallèle à **Malecón 2000**, la promenade qui borde le front de mer (voir **Visites**, p. 592), dans la partie est du centre. La rue **9 de Octubre**, qui parcourt la ville d'est en ouest, est un des axes principaux. Il part de la rue Malecón au niveau de **La Rotonda** et traverse le **Parque Centenario**. Le T formé par les rues 9 de Octubre et Malecón correspond aux parties les plus touristiques du centre-ville. Hors du *centro*, la plupart des lieux font référence au quartier ou *ciudadela* auquel ils appartiennent. Le niveau de sécurité varie grandement d'une banlieue à une autre. Les quartiers huppés d'Urdesa et d'Alborada sont plutôt plus sûrs que le centre et sont facilement accessibles en bus ou en taxi.

Guayaquil est le théâtre de nombreuses manifestations de rue, qui ont lieu pour la plupart dans le centre. Celles qui ne sont pas autorisées sont souvent dispersées par la police à l'aide de gaz lacrymogènes. Aussi, faites preuve de bon sens si vous vous trouvez pris dans une de ces manifestations ou même seulement à proximité. Let's Go vous recommande vivement de rester à l'écart des manifestations susceptibles de dégénérer.

INFORMATIONS PRATIQUES

SERVICES TOURISTIQUES ET ARGENT

Offices de tourisme : **Ministère du Tourisme** (☎568 764, fax 562 544, e-mail infotour@telconet.net), à l'angle des rues Pichincha et Icaza, au cinquième étage, en face de la Banco del Pacífico. Le personnel parle souvent anglais. Mention spéciale pour Alejandra, particulièrement serviable. Ouvert Lu-Ve 8h30-17h.

Consulats : **Canada**, 812 rue Córdova, à la hauteur de la rue Manuel Rendón, 20e étage, bureau 4 (☎563 580, fax 314 562). Ouvert Lu-Ve 9h-12h.

Change : Vous trouverez beaucoup de banques et de *casas de cambio* le long des premières *cuadras* de la rue 9 de Octubre quand vous partez du front de mer. **Cambiosa** : (☎325 199 ou 517 174), rue 9 de Octubre, entre les rues Pichincha et Malecón. Ouvert Lu-Ve 9h-17h. **Banco del Pacífico** (☎328 333), près de la rue Malecón, à la hauteur des rues Pichincha et Icaza. Vous trouverez une **autre agence** (☎329 831) à l'ouest du Parque Centenario, à l'angle des rues 9 de Octubre et Ejército. Ces deux agences sont équipées d'un **distributeur automatique** acceptant la carte Mastercard en service 24h/24 et elles sont ouvertes Lu-Ve 8h45-16h. La **Filanbanco** (☎321 780), à la hauteur des rues 9 de Octubre et Pichincha, met à votre disposition un **distributeur automatique** acceptant la carte Visa. Ouvert Lu-Ve 8h30-18h.

American Express : 1900 rue 9 de Octubre, au niveau d'Esmeraldas (☎394 984 ou 286 900), au premier étage. Le personnel parle anglais. Ouvert Lu-Ve 9h-13h et 14h-18h. Envoyez le courrier à : Ecuatorian Tours, American Express, 9 de Octubre 1900, Guayaquil, Ecuador.

Western Union : Vous trouverez de nombreux bureaux de la Western Union éparpillés à travers le centre-ville. Le seul à fonctionner 24h/24 (☎1 800 937 837) se trouve à Alborada, Guillermo Pareja Rolando 565, dans l'*Edificio de Bronce*.

URGENCES ET COMMUNICATIONS

Urgences : ☎911. **Pompiers** : ☎102. **Renseignements** : ☎104

Police : (☎101), dans la rue Américas, à quelques kilomètres du centre-ville en direction de l'aéroport.

Pharmacie : il y en a partout dans le centre. **Fybeca** est une chaîne très connue. On la trouve à Urdesa, Estrada 609, au niveau de la rue Las Monjas (☎881 444, ouvert 24h/24).

Soins médicaux : **Hospital Clínica Kennedy** (☎289 666, poste 470, urgences, poste 100), en face du centre commercial Policentro. C'est là que viennent les touristes nécessitant des soins médicaux d'urgence. **Clínica Guayaquil**, Padre Aguirre 401, au niveau de la rue Córdova (☎843 487, urgences : ☎322 308). Service d'ambulances de la **Croix Rouge** (☎560 674 ou 560 675).

Téléphone : **PacificTel**, à l'intersection des rues Ballén et Pedro Carbo, dans le même bâtiment que la poste. Les appels internationaux nécessitent le dépôt d'une caution (2-6 $). Même si l'on vous affirme que les appels en P.C.V. ou par carte d'appel ne sont pas possibles, demandez tout de même à ce qu'on appelle pour vous un opérateur longue distance (MCI ☎999 170, AT&T ☎999 119). Ouvert tlj 8h-21h30. Les cartes téléphoniques prépayées BellSouth et Porta sont vendues en ville.

LA LÉGENDE DE QUIL L'identité de Guayaquil s'est en partie construite sur le sacrifice de plusieurs femmes. Trois siècles après le suicide de la princesse indienne Quil, morte pour avoir été contrainte à abandonner sa terre natale (voir précédemment), le nom d'une autre femme, **Rosa Borja de Icaza**, restera gravé dans les mémoires grâce à son combat pour la justice sociale. Née à Guayaquil en 1889, Rosa Borja marquera le mouvement féministe équatorien encore naissant. En 1916, peu après son mariage, elle commence à œuvrer pour les pauvres et publie ses premiers poèmes. En 1920, elle part vivre en Allemagne, d'où elle revient trois ans plus tard pour rejoindre sa ville natale. Aux côtés d'autres courageuses militantes, elle se consacre à l'amélioration des conditions de vie des femmes. En 1929, Rosa Borja soutient une conférence féministe organisée à l'Université de Guayaquil qui lui attire les foudres de tous ceux pour qui la place de la femme est à la maison. Sans se laisser impressionner, elle fonde en 1932 la **Légion Féminine d'Education Populaire** et occupe les années qui suivent à améliorer l'éducation et la sécurité des femmes et des enfants. Elle y parviendra partiellement grâce aux fonctions importantes qu'elle occupe au sein de la ville. A la fin de sa vie, Rosa trouve encore le temps de publier une autobiographie ainsi que plusieurs livres. L'un d'entre eux, *Impresiones*, réunit les conférences qu'elle donna au Centre Culturel Féminin de Quito. Beaucoup la considèrent aujourd'hui encore comme la seule à avoir eu une telle influence sur la conscience sociale équatorienne.

Internet : **AllComp**, à l'angle des rues Quito et Vélez, au premier étage. Tarifs intéressants (0,80 $/h). **Ecuanet** (☎562 577), au niveau des rues Ycaza et Pichincha, au deuxième étage de l'immeuble Banco del Pacífico. Tarifs identiques. Ouvert Lu-Ve 9h-18h30 et Di. 11h-14h. Bien qu'un peu cher, l'**Express Internet Club** (☎306 159), à l'angle des rues Córdova et 9 de Octubre, vous permet d'appeler via Internet (Netphone 0,08 $/mn) mais aussi de surfer sur le Web (1,50 $/h). Ouvert Lu-Sa 9h-22h.

Bureau de poste : Dans la rue Pedro Carbo, entre les rues Aguirre et Clemente Ballén. Ouvert Lu-Ve 8h-17h30 et Sa. 9h-12h.

HÉBERGEMENT

Guayaquil a de nombreuses qualités, mais vous n'y trouverez guère de logements bon marché. En effet, la ville ne compte qu'une seule auberge de jeunesse et les hôtels les plus modestes restent chers, surtout pour des quartiers qui ne sont pas toujours très sûrs. Les établissements installés dans la partie la plus animée du *centro* proposent de nombreux aménagements mais leurs tarifs sont assez élevés.

Hotel Vélez, Vélez 1021 (☎530 356 ou 530 311), entre les rues Quito et Pedro Moncayo. Au milieu du *centro*, dans un quartier sûr. Lits bien fermes, salles de bains impeccables mais sans eau chaude. Télévision. Restaurant ouvert 24h/24. Chambre 5,90 $ par personne, avec climatisation 6,30 $.

Ecuahogar (HI) (☎/fax 248 357, e-mail youthhost@telconet.net, Web : www.ecuahostellint.net), rue Isidrio Ayora, à Ciudadela. Situé à côté de l'aéroport et du terminal d'autobus. Les chambres sont propres mais les ventilateurs peu efficaces. Service de blanchissage (2 $/machine), Internet (2 $/h), coffre-fort, service de change. Petit déjeuner compris. Réservation par Internet recommandée. Dortoir 8 $, chambre simple et chambre de quatre personnes 10 $ par personne, chambre double 11 $ par personne, chambre avec salle de bains 12 $ par personne. Réduction de 1 $ sur présentation de la carte HI/ISIC.

Hotel Capri (☎530 093 ou 517 880), à l'angle des rues Machala et Luque. Chambres simples mais confortables. Le cadre du lit, en marbre, donne à la chambre un petit côté tape-à-l'œil. Toutes les chambres ont la climatisation, la télévision et l'eau chaude. Chambre avec un grand lit 6,75 $

Hotel California (☎302 538, fax 562 548), à l'angle des rues Urdaneta et Ximena. Cet établissement met l'accent sur la sécurité. Climatisation, salle de bains privative, TV câblée. Cafétéria ouverte 7h-22h. Chambre simple et double 6,60 $, triple 7,70 $, lit supplémentaire 2,10 $. Réfrigérateur, téléphone et eau chaude 5 $ de supplément.

Hotel Alexander, Luque 1107, entre les rues Quito et Moncayo. Climatisation, télévision couleur, salle de bains privative avec eau chaude et téléphone. Il est recommandé de réserver à l'avance. Chambre simple 17 $, chambre avec un grand lit 20 $, chambre à deux lits 22 $, chambre triple 26 $, suite de luxe 30 $. Compter en plus 10 % de taxe.

Hotel Delicia, Ballén 1105, à l'angle de la rue Moncayo (☎324 925). Le quartier n'est pas idéal. Chambres rudimentaires mais lits confortables. Porte avec verrou de sécurité. Chambre simple 2 $, avec salle de bains et télévision 4 $, chambre double 4,80 $, avec salle de bains et télévision 5,60 $, chambre triple 7,20 $, avec salle de bains et télévision 8,40 $.

Hotel Ecuador (☎321 460), rue Moncayo, entre les rues Luque et Aguirre. L'établissement n'a rien d'exaltant mais il est bon marché compte tenu du quartier. Toutes les chambres ont la télévision et disposent d'une salle de bains. Restaurant. Chambre simple ou double 4 $, avec climatisation 4,80 $.

Hotel Doral, Chile 402, à l'angle de la rue Aguirre (☎328 490, fax 327 088). Les chambres tapissées de moquette ont tout le confort possible. Vous aurez droit en prime à un savoureux petit déjeuner. Chambre simple et double 30 $.

Hotel Rizzo, Ballén 319, à l'angle de la rue Chile (☎325 210). Chambres simples aux sols carrelés, équipées de la télévision câblée et d'un réfrigérateur. Petit déjeuner compris. Chambre simple et double 10 $.

RESTAURANTS

LE CENTRO

Le centre-ville abrite de nombreux petits restaurants fréquentés par la population locale. Ces *comedores* dont les quelques tables viennent déborder sur le trottoir, se ressemblent un peu tous. Ils sont ouverts midi et soir. Vous y goûterez une cuisine assez médiocre mais bon marché.

❤ **La Canoa** (☎329 270, poste 227 ou 228), rue Chile, entre les rues Ballén et 10 de Agosto, à côté de l'Hotel Continental. Les cuisiniers comme la machine à cappuccino fonctionnent sans discontinuer 24h/24 et 7j/7. Service efficace et rapide. Salade 0,90 $, plats à base de riz 1,40 $, pain perdu 1,20 $, pâtisseries 1,10-2,10 $. Café 0,90 $.

Restaurant Vegetariano, Moncayo 1015 (☎519 955), entre les rues Luque et Vélez. Le pain de carotte (0,40 $) et les jus de fruits frais ne sont qu'un échantillon des plaisirs auxquels vous goûterez entre les quatre murs lumineux de ce minuscule restaurant. Le midi, venez goûter aux protéines de substitution à base de soja 0,80 $. Ouvert tlj 8h-22h.

Peña Restaurant Palloteca, rue Luque, entre les rues Moncayo et 6 de Marzo. On y sert des plats de viande très copieux (1-1,20 $). Concerts Ve-Sa. Ouvert Lu-Me 8h-22h et Je-Sa 8h-13h.

Las 3 Canastas, à l'angle des rues Vélez et Chile, au sous-sol de l'immeuble de 9 étages portant l'enseigne DELI. Envie de *batidos* ? Vous ne pouviez rêver mieux, cet établissement de restauration rapide propose 38 parfums. Sandwichs mixtes 0,40-0,60 $. Salade de fruits 0,70 $. Ouvert tlj.

Cafetería El Malecón (☎565 555), à l'angle des rues Malecón et Orellana, à proximité de l'Hotel Ramada. Immenses fresques représentant la faune et la flore sous-marines et serveurs tirés à quatre épingles. *Comida típica* 1,65-3,55 $, sandwichs 2 $, salades 2,65 $. Ouvert tlj 6h-2h.

NORD DU CENTRO

Certes, les établissements qui bordent la rue Victor Emilio Estrada, dans le quartier d'Urdesa, ont tendance à être plus chers que les adresses du centre-ville, mais y savourer une cuisine excellente pour un prix raisonnable est chose possible. Le quartier Alborada compte de nombreux fast-foods, mais vous trouverez des restaurants plus dignes de ce nom du côté de la rue Guillermo Pareja Rolando.

❤ **Tsuji de Japon**, Victor Emilio Estrada 813 (☎881 183 ou 882 641), entre les rues Guayacanes et Higueras, à Urdesa. Traversez le pont à la rambarde rouge et vous découvrirez le meilleur restaurant japonais de la ville. Asseyez-vous et détendez-vous tout en observant le chef faire cuire des *parilladas* (grillades 5-13 $) sur votre table. Sushi bar 0,65-1,90 $. Karaoké. Ouvert tlj 12h-15h et 19h-23h.

Lo Nuestro, Estrada 903, à l'angle de la rue Higueras (☎386 398 ou 882 168), à Urdesa. Ambiance feutrée dans un cadre élégant. La cuisine, vraiment délicieuse, achève de faire du dîner un mini-événement. Plats 1,80-3,60 $. Ouvert tlj 12h-24h.

La Parrilla del Ñato, Estrada 1219 (☎387 098), à Urdesa. Vous ne pourrez échapper à l'enseigne gigantesque de ce restaurant, ni aux fumets de viande et de poulet grillé qui se dégagent de la cuisine. Cet immense restaurant est fréquenté par toute la banlieue de Guayaquil. Plats très copieux. Généreuses portions de pizza (0,60-0,75 $).

VISITES

Guayaquil n'est certes pas un *must* pour les touristes, mais les voyageurs qui prendront le temps de s'y arrêter trouveront un certain nombre de parcs, de musées et de bâtiments historiques dignes d'intérêt.

MALECÓN 2000. Cet ambitieux projet de rénovation urbaine qui s'étend sur 25 *cuadras* le long des rives du Río Guayas est devenu l'attraction principale de Guayaquil. Débutée en septembre 1998 et appelée à être achevée en 2001, cette promenade entièrement bordée de grilles chromées comprend un **parc écologique** et, au nord, un musée, le **Museo Banco Central**. Avec ses pelouses, ses arbres, ses bancs, ses ravissantes fontaines et ses statues, Malecón 2000 rappelle beaucoup les parcs des autres villes d'Equateur. L'un de ses aspects les plus intéressants est la **Rotonda**, un monument qui s'élève à la hauteur de la rue 9 de Octubre. Cette statue imposante immortalise la rencontre secrète entre Bolívar et San Martín qui eut lieu en 1822 à Guayaquil. Plus au sud, au niveau de la rue 10 de Agosto, une **tour** de trois étages de style mauresque, surmontée d'une horloge, était traditionnellement chargée d'inviter la population à aller prier. De l'autre côté de la rue, face à la tour, se dresse la façade grandiose du **Palacio Municipal** avec, juste à côté, le **Palacio de Gobernacion**. Les deux édifices sont séparés par le **Parque Sucre** qui abrite un monument dédié à **Mariscal Antonio José de Sucre**, héros de la guerre d'indépendance. Vous croiserez le long de la promenade des *miradores* (belvédères). Enfin, à l'extrémité sud de Malecón 2000, se tient un centre commercial dont la façade est parallèle à la place très commerçante de Bahía (voir **Shopping**, p. 595).

PARC DES IGUANES. Vous ne serez pas étonné d'apprendre que ce parc, également connu sous le nom de **Parque Bolívar** et de **Parque Seminario**, abrite une vaste colonie d'iguanes. Petits et grands, ils parcourent les allées, grimpent aux arbres, engloutissent la végétation environnante et posent pour les photographes. Si leurs mouvements lents et méthodiques sont plutôt agréables à observer, sachez toutefois que ces créatures ont pour regrettable habitude de lâcher sans prévenir des jets d'excréments liquides depuis les arbres qui leur servent de cachette. Il est assez rare que les touristes aient à pâtir de ces déjections volantes, mais il est tout de même conseillé de rester vigilant. Quand ils n'esquivent pas les projections des iguanes, les

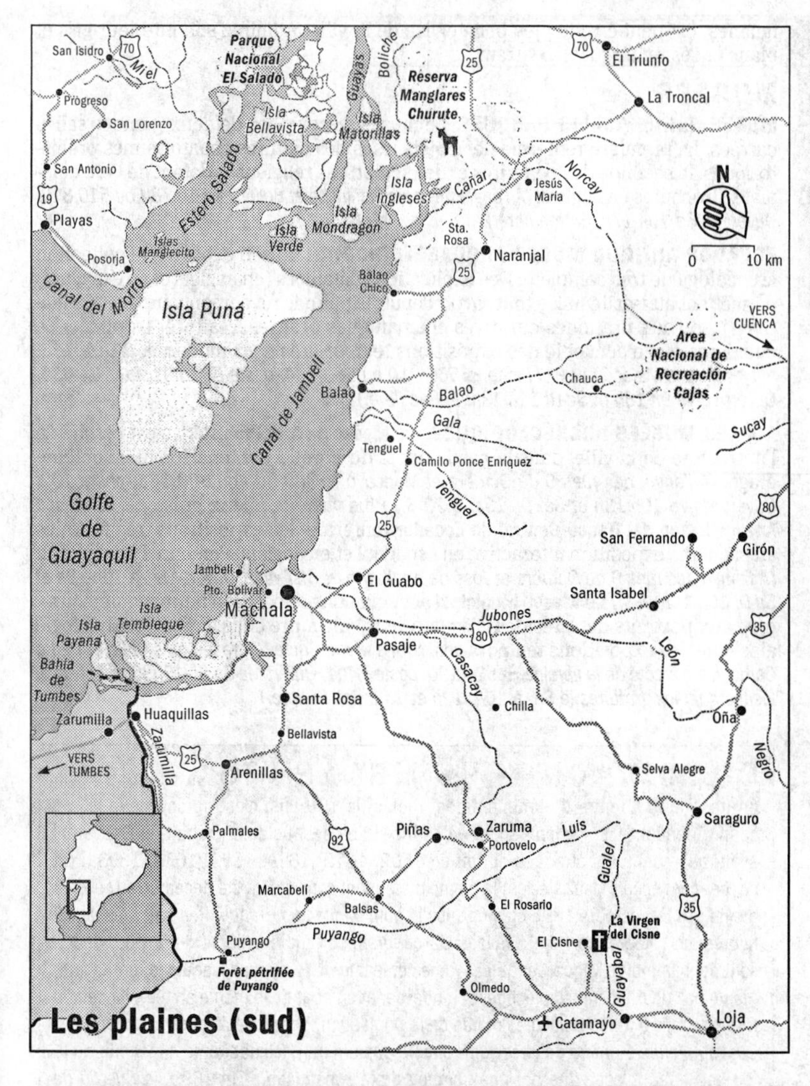

visiteurs peuvent librement apprécier les 43 espèces animales et végétales qui vivent dans l'enceinte du parc, sans oublier **la statue de Simón Bolívar** et l'imposante **cathédrale** qui se dresse de l'autre côté de la rue (voir ci-après **Eglises**).

ÉGLISES. Les églises catholiques de Guayaquil comptent parmi les plus beaux édifices de la ville. Outre la Iglesia de Santo Domingo (voir p. 584) située à l'extrémité nord de la rue Rocafuerte, le centre-ville abrite lui aussi plusieurs églises superbes. La dernière version de **La Merced**, au coin des rues Rocafuerte et Rendón, date de 1938, l'année de la dernière rénovation de Santo Domingo. A la limite des rues Rocafuerte et Pedro Carbo se tient une place dominée par la façade de l'**église de San Francisco**. A l'intérieur de cette impressionnante cathédrale, vous pourrez admirer un autel recouvert d'ornements dorés. Dans la rue Chimborazo, entre les rues Ballén et 10 de Agosto, la **cathédrale métropolitaine**, qui donne sur le parc aux iguanes, est peut-être la plus belle église de la ville. Admirez son intérieur gris et blanc et ses remarquables vitraux.

MUSÉES

MUSÉE NAHIM ASAÍAS BARQUET. Le musée se compose de deux grandes salles carrées. La première renferme des objets issus des cultures équatoriennes préhistoriques, la seconde des peintures et des sculptures religieuses datant de l'ère coloniale. Brochures en anglais. *(A l'angle des rues Pichincha et Ballén, ☎ 510 784 ou 510 818. Ouvert Lu-Sa 10h-17h. Entrée libre.)*

ECUADOR ANTIGUO MUSEO ARQUAEOLÓGICO. Le musée expose une collection archéologique très complète. Des explications détaillées (en anglais et en espagnol) permettent aux visiteurs de tout savoir depuis la période révolutionnaire dite "formative" jusqu'aux pratiques curatives chamaniques propres à la forêt tropicale. Le deuxième étage accueille des expositions temporaires d'art moderne. *(Ycaza 113, entre les rues Malecón et Pichincha. ☎ 566 010 ou 563 744, poste 5390 91, fax 564 636. Ouvert Lu-Ve 9h-18h et Sa-Di 11h-13h. Entrée libre.)*

AUTRES MUSÉES ARCHÉOLOGIQUES. Le **Museo de Arte Prehistórico** est perché de l'autre côté de la ville, dans la partie ouest du Parque Centenario, au cinquième étage. *(A l'angle des rues 9 de Octubre et Moncayo. ☎ 300 500 ou 300 586, poste 102. Ouvert Ma-Ve 10h-18h et Sa. 9h-15h. 0,20 $.)* Plus vaste et mieux présenté, le **Museo Antropológico del Banco Central de Ecuador** renferme des expositions très fournies ainsi qu'une exposition interactive en espagnol et en anglais. Personnel compétent. *(A l'angle des rues 9 de Octubre et José de Anteparra. ☎ 327 402. Ouvert Ma-Ve 10h-18h et Sa-Di 10h-14h. 1 $.)* Le **Museo Municipal** accueille une exposition permanente consacrée aux portraits des présidents équatoriens, une autre consacrée à l'archéologie ainsi que des expositions temporaires. *(Dans la rue Sucre, entre les rues Chile et Pedro Carbo, juste à côté de la librairie. ☎ 524 100, poste 7401. Ouvert Ma-Sa 9h-12h30 et 13h-17h. Visites guidées gratuites le Sa. à 10h, 12h et 14h. Entrée libre.)*

CE SOIR, ON VOUS MET LE FEU... Si à Guayaquil, un très grand nombre de bâtiments ont moins de 100 ans, c'est parce que la ville a connu, pendant les siècles derniers, des incendies destructeurs. De fait, si Guayaquil avait déjà connu les attaques du feu en 1592, 1620, 1624, 1632, 1678, 1693... (et ce, pendant encore deux siècles) la palme du feu tant convoitée a été décernée aux événements des 5-6 octobre 1896 connus sous le nom d'*Incendio Grande*. Pendant près de 30 heures, ce célèbre incendie a ravagé 92 *cuadras*, soit un cinquième de la ville, détruisant dans la foulée le quartier de Las Peñas et le sud de Guayaquil jusqu'à la rue Aguirre. Ajouté aux deux incendies précédents (en février et en août de la même année), l'*Incendio Grande* a mis à la rue plus de la moitié de la population. Mais la résistance et la fierté des *Guayaquileños* étant ce qu'elles sont (encore aujourd'hui), les habitants ont combattu le feu par le feu, c'est-à-dire par une flambée de la construction. Fin 1899, le *Cuerpo de Bomberos de Guayaquil* (la corporation des pompiers) voyait enfin le jour et depuis, à l'exception des incendies de 1901 et de 1902, le feu semble avoir épargné la ville.

NORD DU CENTRO

LAS PEÑAS. Le quartier de Las Peñas, niché à flanc de colline au-dessus de l'extrémité nord de la rue Malecón, abrite quelques-unes des plus anciennes demeures de Guayaquil. Produit de plus de 460 années de construction, le quartier a été détruit et reconstruit à plusieurs reprises tout au long de la période, si néfaste pour la ville, que furent les XVIIe, XVIIIe et XIXe siècles. La densité extrême de Las Peñas et l'absence de planification urbaine témoignent de son ancienneté. Des habitations au toit de zinc s'empilent les unes sur les autres, avec, pour certaines, une vue majestueuse sur les rives du fleuve. Plus on monte, plus le panorama sur la ville et le fleuve est impressionnant. C'est dans ce quartier que sont nés un grand nombre d'artistes équatoriens et de figures nationales, comme le compositeur de l'hymne équatorien. Certaines maisons ont été converties en galeries d'art et accueillent des expositions de qualité pendant les festivals. Le ministère local du Tourisme vous conseille de faire appel à un guide pour visiter Las Peñas. Si de jour, la visite du quartier est plutôt sûre, ne vous aventurez pas tout(e) seul(e) dans cette partie de la ville à la nuit tombée. Pour réserver un guide, adressez-vous à l'une des nombreuses agences de voyages de Guayaquil.

LE CIMETIÈRE. Lui aussi niché à flanc de colline, à l'ouest de Las Peñas, le cimetière de Guayaquil domine le nord de la ville. Ses mausolées et ses tombeaux très travaillés s'élèvent sur les versants de cette véritable ville mortuaire, tandis que les allées zigzaguent au milieu des concessions. Le cimetière est parfois surnommé **La Ciudad Blanca** (la Ville Blanche) en raison de sa superficie et de l'omniprésence du marbre blanc. *(A partir du centre-ville, prenez le bus indiquant "Cementerio", ou contentez-vous d'y jeter un rapide coup d'œil depuis le bus ou le taxi qui vous amène à l'intérieur ou à l'extérieur du centre.)*

DIVERTISSEMENTS

FÊTES

Le sérieux de Guayaquil est battu en brèche durant les fêtes. Le mois de juillet est particulièrement animé avec, le 24, l'anniversaire de Simón Bolívar et, le 25, l'anniversaire de la fondation de la ville, qui s'accompagnent tous deux de défilés et de concerts. Enfin, la date anniversaire de l'indépendance de Guayaquil se fête le 9 octobre.

SHOPPING

Comme toute grande ville qui se respecte, Guayaquil possède des centres commerciaux et des magasins spécialisés. Quoi que vous cherchiez, vous devriez donc y trouver votre bonheur. Le périmètre compris entre la rue **9 de Octubre** et le **Parque Bolívar** est particulièrement commerçant. Les amoureux du shopping à l'américaine prendront un taxi ou bien le bus jusqu'au **Mall del Sol**, au nord du centre-ville où la quasi-totalité des panneaux et des enseignes des magasins sont en anglais. Outre ses magasins, le centre commercial abrite un kiosque de restauration rapide proposant tout ce qui fait les délices des Américains, une salle de jeux ainsi qu'un restaurant ouvert 24h/24. Dans le même genre, vous pouvez également aller faire un tour du côté du **Policentro Shopping Center,** dans la Ciudadela Kennedy. Autour des rues Loja et Baquerizo Moreno, non loin de Las Peñas, se tient un **marché artisanal** proposant des objets indiens (ouvert Lu-Sa 9h30-18h30). Si des objets à très bas prix (pour la plupart des objets de contrebande) vous tentent, c'est dans les rues populeuses et labyrinthiques du marché de **Bahía** qu'il vous faut aller, à l'angle des rues Pedro Carbo et Villamil, entre les rues Olmedo et Colón.

CINÉMA

Le centre-ville de Guayaquil et les *ciudadelas* alentours comptent de nombreux cinémas. Vous en trouverez également dans les centres commerciaux. Les cinémas les plus connus sont le **Cinemark**, à l'intérieur du Mall del Sol (☎692 013, 0,80 $), l'**Albocines**, sur la Plaza Mayor à Alborada (☎244 986, 0,60 $) et le **Maya**, à l'angle des rues Las Lomas et Dátules à Urdesa (386 456, 0,60 $).

DISCOTHÈQUES

Comme le dit le proverbe, "passez vos journées à Quito et vos nuits à Guayaquil". Si la ville attire peu les touristes, la folie qui anime les bars et les clubs les plus branchés du moment draine une bonne partie de la population locale. Dans le *centro*, les néons des clubs et des *discotecas* éclairent le ciel jusqu'au petit matin. Sachez toutefois que la nuit, le quartier devient peu recommandable et risque de vous réserver de mauvaises surprises. Le plus sûr est de vous cantonner aux établissements situés à la périphérie du centre-ville. Les boîtes de nuit sont légions dans les rues Victor Emilio Estrada à Urdesa, Francisco de Orellano à Kennedy Norte et Guillermo Pureja Rolando à Alborada.

❤ **El Jardín de la Salsa**, Las Américas 140 (☎396 083), entre l'aéroport et le terminal. La boîte de nuit la plus animée de tout le pays. Avec sa capacité d'accueil de 6000 personnes, cette discothèque de la taille d'un stade attire une clientèle très variée. Pichet de bière 2 $.

Alto Nivel, à Urdesa Norte, à côté de l'énorme antenne de télévision. Vous ne regretterez pas d'avoir dû débourser 1,60 $ de taxi depuis le centre-ville. Au menu : *dance*, techno et salsa dans une ambiance délirante. Entrée 4 $, avec bière et cocktails à volonté. Ouvert tlj jusqu'à 4 heures du matin.

Chappu's Beer, dans la rue Estrada, à une *cuadra* de la rue Manantial dans le quartier d'Urdesa. Des patios donnent sur la rue. Dans un décor de rampes d'escalier en bambou et de murs en pierre, une petite piste de danse vient pimenter une atmosphère très décontractée. Bière 2 $. Entrée gratuite. Ouvert Ma-Je 18h-24h et Ve-Sa 18h-2h.

KENNEDY NORTE

Kennedy Mall, à deux pas de la rue Francisco de Orellana, possède toute une série de clubs et de bars. La bière tourne autour de 0,80 $ et il n'est pas rare que le prix de l'entrée vous autorise à en boire quelques-unes gratuitement. **Mr. Babilla Bar and Grill** vous accueille dans son bar émaillé de photos encadrées. Piste de danse très dense. (Entrée 3,20 $ avec quatre bières. Ouvert Je-Sa 20h-4h.) **Disco Bar Bananas** peut se vanter de posséder la piste de danse la plus spacieuse de toute la ville. (Entrée 2 $, avec une bière. Ouvert Me-Sa 20h-4h.)

❤ LES CHIVAS

La tradition un peu déjantée de Guayaquil en matière de divertissement prend toute son ampleur dans les *chivas*. Ces énormes camions peuvent contenir une centaine de fêtards, suspendus aux fenêtres, sur le capot ou à côté du toit qui sert de scène aux musiciens latinos. Les *Guayaquileños* louent ces "disco-mobiles" pour des anniversaires ou d'autres occasions. Vous ne verrez pas de *chiva* tous les soirs, mais si vous en croisez une, essayez donc de monter à bord (moyennant finance). Elles sont souvent près du Jardín de la Salsa.

MACHALA ☎07

Autoproclamée "capitale mondiale de la banane", Machala, une ville en plein essor (250 000 habitants), prend ce fruit très au sérieux. Deuxième exportateur de bananes du pays, la ville publie quotidiennement les cours de la banane aux côtés des cours du dollar et de l'or. Les visiteurs y sont accueillis par l'immense statue d'El Bananero, cultivateur de bananes plus vrai que nature, portant à la main un régime de 2,5 m. Un festival de la banane est d'ailleurs organisé chaque année, la troisième semaine de septembre. A cette occasion, la ville décerne le titre très convoité de Reine de la Banane à une heureuse élue. Son atmosphère vivante et la proximité de Puerto Bolívar et de Jambelí riches en fruits de mer et en plages propres, font de Machala une halte plaisante avant la traversée de la frontière péruvienne.

TRANSPORTS

Avion : L'**aéroport** se trouve à quelques *cuadras* de la place principale, rue Montalvo. **TAME** dessert **Guayaquil** (durée 30 mn, Lu-Ve dép. 9h10 et 15h50, 22 $) et **Quito** (durée 1h, 72 $). Pour les vols à destination de Cuenca ou des Galápagos au départ de Guayaquil, adressez-vous à TAME (☎930 139), dans la rue Juan Montalvo, entre les rues Bolívar et Pichincha. Ouvert Lu-Ve 7h30-16h30.

Bus : Ecuatoriano Pullman, au coin de la rue 9 de Octubre, entre les rues Tarquí et Colón, Rutas Orenses, 9 de Octubre 706 et CIFA desservent **Guayaquil** (durée 3h, 1 dép/30 mn).

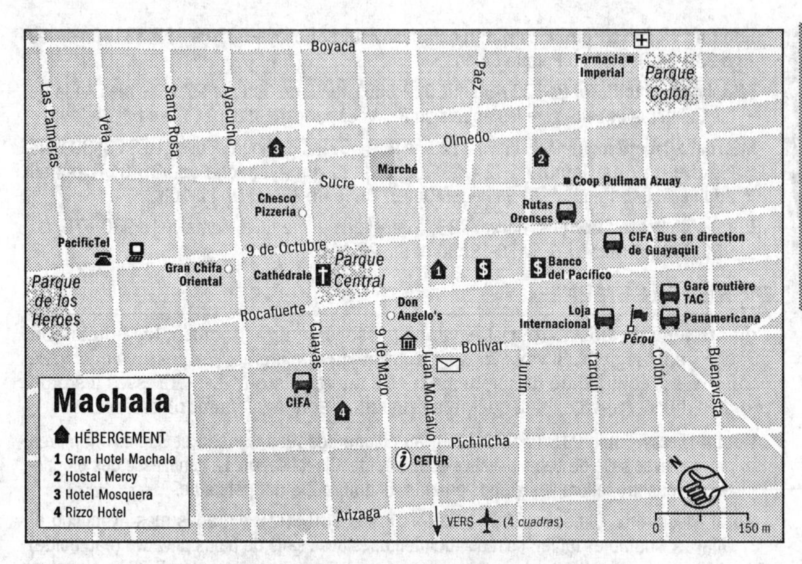

Départ des bus à l'angle des rues Bolívar et Guayas ou rue 9 de Octubre, entre les rues Tarquí et Colón. CIFA (☎933 735) dessert également **Huaquillas**, à la frontière péruvienne (bus direct durée 1h, omnibus durée 2h, 1 dép/10 mn de 4h30 à 19h45, direct 1 $, omnibus 0,90 $) via **Santa Rosa** (durée 40 mn, 0,30 $) et **Arenillas** (durée 1h, 0,60 $). Panamericana, au coin des rues Bolívar et Colón, dessert **Quito** (durée 12h, 7 dép/j de 7h45 à 22h30, 6,40 $), tout comme TAC (durée 12h, dép. 20h15 et 22h, 4 $), rue Colón, entre les rues Rocafuerte et Bolívar. TAC (☎930 119) dessert également **Zaruma** (durée 3h, 1 dép/h de 4h à 19h, 1,50 $) via **Piñas** (durée 2h) et **Portovelo** (durée 2h30). Coop Pullman Azuay, rue Sucre, entre les rues Junín et Tarquí, et Rutas Orenses, 9 de Octubre 706, desservent toutes deux **Cuenca** (durée 4h, Pullman dép. 1h, 2h, 3h et toutes les 30 mn de 4h à 22h45, Rutas Orenses 18 dép/j de 5h à 18h15, 2,20 $). Loja Internacional (☎932 030), rue Tarquí, entre les rues Rocafuerte et Bolívar, dessert : **Loja** (durée 6h, 8 dép/j, 3,40 $), **Zamora** (durée 8h, dép. 21h, 4,80 $) et **Ambato** (durée 8h, dép. 22h30, 4,40 $).

ORIENTATION ET INFORMATIONS PRATIQUES

Les rues de Machala sont divisées en noms et en nombres. **9 de Mayo** est l'artère principale qui traverse la ville du nord au sud, passe devant le **marché** et la **place principale** où elle coupe **9 de Octubre**. Repérez-vous par rapport à la flèche de l'**église**, à l'ouest de la place. Les bus partent du périmètre formé à l'est de la ville par les rues Junín, Bolívar, Colón et Sucre qui s'étend sur six *cuadras*.

Office de tourisme : **CETUR** (☎932 106), 9 de Mayo, à l'angle de la rue Pichincha, au deuxième étage. Le personnel, qui ne parle qu'espagnol, répondra à vos questions et vous remettra une brochure avec des cartes. Ouvert Lu-Ve 8h30-14h30.

Consulat péruvien : (☎930 680, fax 937 040), rue Bolívar, à proximité de la rue Colón, dans un bâtiment gris sans nom, au premier étage, bureau 102. Ouvert Lu-Ve 9h-18h.

Banque : **Banco del Pacífico** (☎930 700), au niveau des rues Rocafuerte et Junín. C'est le seul endroit où vous pourrez changer vos chèques de voyage et retirer de l'argent liquide. **Distributeur automatique Cirrus/MC** 24h/24. Ouvert Lu-Ve 8h45-17h.

Urgences : ☎101

Police : (☎930 449, fax 933 911), 9 de Mayo, à l'angle de la rue Manual Serrano. Ouvert 24h/24. **Pharmacie** : **Farmacia Imperial**, Bocaya 601 (☎938 120). Ouvert 24h/24.

Hôpital : **Hospital Teofilo Davila**, rues Buenavista et Bocaya 502 (☎937 581, urgences ☎939 099), face au Parque Colón.

Téléphone : **PacificTel** (☎920 050, fax 922 666), rue 9 de Octubre entre les rues Anda de las Palmeras et Vela, gère les appels en P.C.V. et par carte d'appel. Ouvert tlj 8h-22h.

Internet : **Cyber@yogur**, 9 de Mayo 2120 (☎939 962). 1 $ l'heure. Ouvert Lu-Sa 8h30-22h. **@qui.net**, 9 de Octubre 1324, à l'angle de la rue Ayacucho (☎935 017, e-mail aquinet@cue.satnet). 1,20 $ l'heure. Ouvert Lu-Sa 8h-22h et Di. 8h-16h.

Bureau de poste : **Correos**, Bolívar 733, à l'angle de la rue Juan Montalvo (☎930 675, fax 931 908). Ouvert Lu-Ve 7h30-19h30 et Sa. 9h-13h.

HÉBERGEMENT

Compte tenu du flot de touristes venus passer la nuit à Machala, les hôtels bon marché y sont légions. Si vous vous apprêtez à faire de même, vérifiez bien que votre chambre est équipée de moustiquaires et d'un ventilateur. Les adresses les plus proches du centre-ville, bien que plus bruyantes, sont également plus sûres.

Hostal Mercy, Junín 915 (☎920 116), au niveau des rues Olmedo et Sucre. Chambres propres avec salle de bains privative et eau froide. Climatisation. La gentillesse des propriétaires vous rappellera vos grands-parents. Chambre 2 $ par personne.

Hotel Mosquera, Olmedo 1208 (☎931 752, fax 930 392), entre les rues Ayacucho et Guayas. Chambres rutilantes mais rudimentaires avec salle de bains privative (eau froide) et télévision. Chambre simple avec ventilateur 4 $, avec climatisation 5,60 $, chambre double avec ventilateur 6 $, avec climatisation 7,20 $.

Grand Hotel Machala, Montalvo 2019 (☎930 530), au niveau de la rue Rocafuerte. La porte en métal devrait rassurer ceux qui passeront la nuit dans ces chambres ordinaires. Central et bon marché. Chambre avec ventilateur et salle de bains privative 2,40 $ par personne, chambre double avec climatisation, télévision et salle de bains 6,40 $.

Rizzo Hotel, Guayas 1923, à l'angle de la rue Bolívar (☎921 511, fax 933 651), à deux *cuadras* du parc. Faites-vous plaisir dans ces chambres équipées de la climatisation, d'une télévision et d'une salle de bains privative avec eau chaude. Piscine. Casino et discothèque. Chambre simple 13,42 $, double 18,30 $.

RESTAURANTS

Si vous voulez goûter aux saveurs locales, allez faire un tour du côté de l'immense **marché en plein air** de Machala situé à proximité de la rue 9 de Mayo, entre les rues 9 de Octubre et Pasaje. On y vend des fruits frais et de la viande de 6h à 18h. Ceux qui souhaitent manger une cuisine traditionnelle à bas prix se fieront aux pancartes *almuerzos* et *meriendas*. Elles sont répandues un peu partout dans la ville et proposent des menus composés de deux ou trois plats. Enfin, les amateurs de fruits de mer partiront à **Puerto Bolívar** (voir plus loin) se mêler à la population locale. A cinq minutes en taxi.

Chesco Pizzería, Guayas 1050 (☎936 418). Autre adresse : rues Pichincha et Ayacucho. Etablissement fréquenté par les habitants du coin avec en toile de fond une succession ininterrompue de clips vidéo. On y sert les meilleures pizzas de la ville. 1,20-6 $. Ouvert Lu-Sa 11h-24h et Di. 15h-24h.

Geco's, Rocafuerte 855, est le repaire des préadolescents de Machala. Pour satisfaire leurs jeunes papilles, cet établissement de restauration rapide sert des boissons (0,10 $) et des sandwichs (0,10 $).

Restaurant Gran Chifa Oriental, 9 de Octubre 1227. Le plus grand, le plus authentique et le meilleur *chifa* (restaurant chinois) de la ville. Nouilles et plats à base de riz, 1,60-4 $. Ouvert tlj 11h-23h.

Don Angelo's, 9 de Mayo 1907 (☎932 577). L'un des restaurants les plus populaires. Vaste choix d'alcools. Ouvert Lu-Sa 7h-16h et Di. 7h-21h.

DES VERTES ET DES PAS MÛRES Mûre (*maduro*) ou verte (*verde*), cuite ou crue, en plat ou en dessert, *el banano* (ou *el guineo*) et son cousin un tantinet moins sucré *el plátano* (la banane plantain) sont à l'origine d'une foule de préparations délicieuses, sorties tout droit des cuisines de Machala. Voici un petit assortiment de plats préparés avec le plus abondant et le plus savoureux des fruits :

Empanadas de verde : *Empanadas* servies sur un lit de bananes plantain vertes écrasées.

Chirriado : Boulette à base de fromage, d'œuf et de purée de banane plantain verte.

Chifles : Fines tranches de banane plantain verte frites dans l'huile.

Patacones : Epaisses tranches de banane plantain verte frites dans l'huile

Maduro con queso : Banane plantain mûre recouverte de fromage et grillée.

Maduro Lamplado : Tranches de banane plantain frites et enduites d'une couche à base d'œuf.

Colada de guineo : Jus de fruit fait à base de banane verte séchée et écrasée.

Guineo cocinado : Banane verte bouillie, en général servie comme accompagnement avec une viande.

Torta de guineo : Gâteau à la banane.

Choco banano : Bananes recouvertes de chocolat.

Banano verde con maní : Banane verte bouillie servie avec une sauce à base de cacahuètes ayant la consistance du miel (la *maní*).

EXCURSIONS DEPUIS MACHALA

PUERTO BOLÍVAR

Montez dans le bus n°1 près du Parque Central de Machala, à l'angle des rues Guayas et 9 de Octubre, ou bien n'importe où dans la rue 9 de Octubre. Descendez dès que vous apercevez la pancarte indiquant la rue Bolívar Madero Vargas (durée 20 mn, 0,10 $). Le bus du retour part du coin de la rue Córdova et de Municipalidad. Taxi 1 $.

A l'origine, ce port international situé à 6 km de Machala a été créé pour permettre l'expédition du second produit d'exportation du pays, la banane. Le front de mer de Puerto Bolívar attire aujourd'hui la population locale venue y déguster de **délicieux fruits de mer**. Le week-end, la ville s'anime tandis que des nuées de promeneurs viennent s'imprégner de ses lumières et de sa musique. Un peu à l'écart de la pollution du port et des rues de la ville, les restaurants de Puerto Bolívar offrent une halte rafraîchissante. Mais l'utilisation commerciale de superlatifs toujours plus impressionnants finit par dérouter le visiteur affamé : comment choisir entre plusieurs restaurants se vantant de servir "le meilleur *ceviche* au monde" ? **Pepe's**, au coin des rues Malecón et Rocafuerte, propose des fruits de mer parmi les meilleurs de la ville. (☎929 505. Ouvert tlj 8h-24h.)

ENVIRONS DE MACHALA : FORÊT PÉTRIFIÉE DE PUYANGO

Depuis Machala, prenez le bus Loja Internacional de 9h, à destination d'Ambato via le Bosque de Puyango (durée 3h, 1,60 $). Vous pouvez également prendre un bus CIFA en direction d'Arenillas (durée 1h, 1 dép/10 mn de 4h30 à 19h30, 0,60 $). De là, montez dans un colectivo, un taxi ou un bus local qui vous déposera au parc (durée 2h). Peu importe la façon dont vous rejoindrez l'entrée du parc, il vous faudra encore parcourir 5,5 km à partir du poste de sécurité jusqu'aux bureaux du parc, puis marcher un dernier quart d'heure jusqu'à l'entrée du parc. Pour rentrer à Machala ou à Loja, prenez le bus au niveau du poste de sécurité. Les horaires des bus étant parfois capricieux, renseignez-vous sur les horaires de retour le matin en achetant votre billet d'entrée. Il n'est pas évident de trouver des informations sur le parc, mais la Commission administrative de Puyango, à Machala, pourra vous être d'un grand secours. (☎930 012, fax 937 655. Entrée 10 $. Guide 40 $. Musée ouvert tlj 7h30-15h.)

Située aux abords de la frontière péruvienne, la forêt pétrifiée de Puyango rend hommage aux morts aussi bien qu'aux vivants. Les rares visiteurs y flânent sous des palmiers d'une hauteur imposante et se fraient un chemin à travers des fougères géantes poussant à proximité d'**arbres d'Arcadie** pétrifiés, vieux de 100 millions d'années. Ces souches froides comme la pierre comptent parmi les plus grands troncs fossilisés du monde. Le plus gros d'entre eux, surnommé "el gigante", mesure 125 m de haut pour un diamètre de 4,5 m. Bien qu'il leur soit impossible de faire leur nid à l'intérieur de ces arbres, plus de 130 espèces d'oiseaux vivent dans ce petit parc. Pour pouvoir pleinement les apprécier et les identifier, consultez le *Guide des Oiseaux* de Deirdre Platt, disponible en espagnol au bureau du parc. Le chemin qui se dessine parmi ces troncs gigantesques est plat la plupart du temps et bien entretenu. Néanmoins, certaines parties sont un peu plus difficiles et il vous faudra traverser plusieurs rivières. Pour être autorisé à entrer, la présence d'un guide est obligatoire. Il vous fera découvrir les sentiers qui serpentent à travers le parc et vous montrera les empreintes de feuilles et de racines, sans oublier l'immense **Petrino**. L'entrée du parc donne accès à un petit musée composé d'une seule salle, dans laquelle sont exposés des coquilles, des fruits et des animaux fossilisés. Caser l'excursion sur une seule journée est un peu difficile. Aussi, pourquoi ne pas profiter du petit *lodge* du gardien ? Son confort est rudimentaire mais amplement suffisant pour y passer une seule nuit. Vous avez également la possibilité de camper (1,20 $ par personne). Non loin de là, un magasin vend de l'eau, des sodas et des biscuits salés (0,20 $ chacun). Si vous souhaitez quelque chose de plus consistant, goûtez à la cuisine de la population locale (0,40 $).

ENVIRONS DE MACHALA : JAMBELÍ

Pour vous rendre à Jambelí, prenez le bateau à Puerto Bolívar (durée 30 mn, Lu-Ve dép. 7h30, 9h, 10h, 13h et 16h, 1,40 $ aller-retour). Un bateau repart de Jambelí plusieurs fois par jour (durée 30 mn, Lu-Ve dép. 8h15, 12h, 15h, 17h et 18h). Pendant la haute saison, des bateaux supplémentaires partent en plus des horaires indiqués, mais seulement s'ils sont pleins. Entrée 0,10 $.

Contrairement aux Galápagos, la petite île de Jambelí n'a pas grand-chose à offrir en terme de faune et de flore exotiques, à moins que vous ne classiez les touristes équatoriens et les quelques étrangers qui visitent l'île dans cette catégorie. Au centre de cette petite station balnéaire, une rue bétonnée parsemée d'étals de nourriture recouverts de toits de palme est animée par les clochettes des vendeurs de glaces. La musique, les bois de bambou, les toits de chaume, les oscillations des palmiers, l'eau chaude et les vagues timides confèrent à l'île un petit air de vacances. A quelques exceptions près : l'été, la chaleur attire en effet des hordes de moustiques tandis que les touristes qui affluent d'août à octobre et pendant les vacances scolaires engendrent une forte hausse des prix, alors multipliés par deux, voire par trois. Il est conseillé de réserver pendant ces périodes. Pour cela, il vous faudra laisser votre message à une standardiste (bureau ouvert tlj 11h-14h et 19h-21h), car le téléphone se fait rare sur l'île. Si personne ne répond, c'est simplement que l'électricité (tlj 11h-14h et 19h-2h) a été coupée.

Les touristes venus sur l'île de Jambelí ne repartant pas tous le soir même, certains ont besoin d'un endroit où accrocher leur chapeau de paille. Malgré une atmosphère insulaire très décontractée, les hôtels, bien qu'agréables, sont chers et assez rudimentaires. Les chambres les plus spacieuses et les mieux entretenues sont celles de l'**Hostería La Casa de la Luna,** à l'extrémité nord de l'île. Cette maison de bord de mer claire, spacieuse, en un mot paradisiaque, connaît d'ailleurs un grand succès. Son propriétaire hollandais met à votre disposition un service d'échange de livres et sert de petites choses à grignoter sur le patio. (☎954 116, e-mail jambeliluna@hotmail.com. Chambre simple avec salle de bains 5 $, chambre double avec salle de bains 8 $.) **Cabañas del Mar**, près du restaurant Costañita, propose des chambres confortables et bien équipées (avec un porche, un ventilateur, une salle de bains privative et de grandes fenêtres). Chacune accueille 5 personnes mais peut être divisée en deux doubles (4 $ par personne). A l'autre extrémité de l'île, **Las Cabañas del Pescador**, un hôtel populaire et bon marché, vous attend. Chambres doubles avec porche ombragé et salle de bains privative (☎964 113, 2,40 $ la chambre.) A Jambelí, la spécialité du jour se compose invariablement de délicieux fruits de mer. Le restaurant **El Niño Turista** (à l'angle de la rue principale devant la mer) et son voisin, **El Pingüino** servent tous les deux des repas de poisson succulents, quoique frugaux. (Tous les deux sont ouverts tlj 7h-20h.)

LA GUERRE DES BANANES Qui aurait pu penser que la banane, fruit innocent apprécié dans le monde entier, serait un jour source de controverse et d'intrigue, et qu'elle irait même jusqu'à provoquer une effusion de sang dans cette république "bananière" qu'est l'Equateur ? Il faut dire que dans les plaines fertiles du Sud, la banane est un commerce "juteux" qui rapporte au pays plus de 600 millions de dollars de revenus annuels rien qu'en exportation. De quoi, se dit-on naïvement, satisfaire tout le monde... Eh bien non ! Les économistes l'avaient compris depuis longtemps et les multinationales l'ont prouvé : l'avidité ne connaît pas de limite. D'où une source de conflit qui a récemment pris la forme d'une lutte entre les sociétés étrangères spécialisées dans la banane et leurs fournisseurs locaux. Pour quel motif ? L'incapacité à s'entendre sur le prix du cageot de bananes. Les cultivateurs, à qui les exportateurs reversent environ 2 $ par cageot, se rebellent en effet contre ce qu'ils considèrent comme une injustice, le prix "normal" étant de 4,20 $ par cageot. Des négociations ont alors été ouvertes afin de mettre un terme au conflit. Las ! En juin 1997, les pourparlers sont rompus et les ouvriers des bananeraies descendent dans la rue, bloquant les routes et faisant de nombreux dégâts. Le coût de cette grève a depuis été estimé à une moyenne de 12 à 16 millions de dollars par semaine. La médiation du gouvernement a temporairement rétabli l'ordre, mais tout le monde attend la prochaine guerre de la banane...

ZARUMA ☎07

Fondée en 1536 juste après l'arrivée des conquistadors espagnols, la ville minière de Zaruma (7000 habitants), perchée sur des montagnes aurifères, ne fait pas son âge. La plupart des mines ont été passées au peigne fin il y a bien longtemps et la dernière survivance du caractère international de ce géant minier réside dans la proportion étonnante de cheveux aux reflets dorés parmi la population locale... Néanmoins, les pancartes omniprésentes portant la mention "*Compro oro*" ("J'achète de l'or") ne sont pas qu'un vestige du passé. C'est de cette façon en effet que des mineurs de petite envergure injectent de l'argent liquide dans l'économie locale mais aussi hélas, du mercure et des débris d'or dans les ruisseaux alentours. Il existe encore plusieurs mines d'or en activité à l'extérieur de la ville et il vous sera possible de les visiter avec un peu d'obstination. Les mineurs se feront un plaisir de vous parler à n'en plus finir de leurs expériences et de la politique fascinante mais complexe qui régit l'industrie de l'or. En dépit de ce passé glorieux, Zaruma est loin d'être une ville prospère. Témoins, ses rues étroites bordées de très beaux immeubles en bois vieillissants, derniers vestiges du début du XXe siècle.

TRANSPORTS ET INFORMATIONS PRATIQUES. Zaruma est facilement accessible en bus depuis Machala ou Piñas. La plupart des services touristiques sont regroupés dans le centre-ville. **TAC** (☎972 156) et **Ciudad de Piñas** ont un bureau commun dans la rue Honorado Márquez. Leurs bus desservent : **Quito** (durée 12h, 2 dép/j, 4 $), **Guayaquil** (durée 6h, 3 dép/j, 3,60 $), **Cuenca** (durée 5h, 2 dép/j, 3,60 $), **Loja** (durée 6h, 3 dép/j, 2,60 $) et **Machala** (durée 2h, 1 dép/h de 3h à 19h, 1,50 $) via **Piñas** (0,50 $).

La **Banco de Pichincha**, dans la rue Pichincha, après PacificTel, changera vos dollars mais pas vos chèques de voyage (ouvert Lu-Ve 8h-14h). La **poste** est à droite quand vous êtes au centre du parc, face à l'église (ouvert Lu-Ve 8h-16h30). Vous trouverez de nombreuses **pharmacies** rue Bolívar, au pied de l'église. **PacificTel** (☎972 104), à l'angle des rues Pichincha et Luis Crespo après le marché, ne gère ni les appels en P.C.V. ni les appels par carte d'appel (ouvert tlj 8h-22h). La **police** (☎972 198) vous attend rue Colón. L'**hôpital** (☎972 025), rue Rocafuerte, assure un service d'urgence 24h/24.

HÉBERGEMENT. Les deux hôtels de Zaruma ont sacrifié une situation centrale au profit d'un panorama spectaculaire. Situé sur la route principale qui mène à la ville, l'**Hotel Roland** (☎972 800) ne vous fera pas regretter la dépense supplémentaire ni la montée jusqu'à l'hôtel. Toutes les chambres ont de la moquette et disposent d'une salle de bains avec l'eau chaude et d'un téléviseur. La plupart offrent une vue superbe sur la vallée montagneuse. Ceux qui arrivent un peu tard devront toutefois se contenter d'une vue plus “minière”. (Chambre 3 $ par personne.) La montée jusqu'à l'**Hotel Municipal** (☎972 179), qui se dresse sur Sesmo (juste au-dessus du terminal TAC) à proximité de la crête des montagnes, vous inspirera peut-être une certaine réticence : la vue se chargera de récompenser vos efforts. Les chambres sont toutes équipées d'une salle de bains privative avec eau chaude et la plupart offrent un paysage vraiment enchanteur. (3,20 $ par personne.)

VISITES. Munissez-vous d'une pioche et d'un casque, croisez les doigts et priez pour faire fortune. Situées à la périphérie de la ville, des **mines d'or** encore en activité continuent d'entretenir des rêves de champagne et de caviar. Ceux qui souhaitent visiter les mines ou étoffer leurs connaissances s'adresseront à l'**Asociación de Mineros Autonomos Muluncay** (☎972 855), juste au-dessus de l'Hotel Roland. Vous devriez pouvoir y trouver un guide qui vous conduira à l'intérieur d'une mine. En général, on visite les plus petites et les moins productives comme la **mine de Sesmo**. La **Compañia Bira** (☎972 227), avant-poste de l'extraction de l'or installé sur la route de la ville, est la plus grande société minière de la région. Elle emploie 120 mineurs répartis en quatre équipes qui travaillent 6 heures chacune pour une rentabilité maximum. Bira n'est pas en mesure de faire descendre des touristes à l'intérieur de la mine. Ceux qui ne se laissent pas émouvoir par les rêves de gros sous et l'avidité ambiante pourront vite trouver refuge dans l'église de Zaruma, au centre de la ville. Débutée en 1912, la construction de cette chapelle à l'architecture complexe a pris 18 ans et sa décoration n'a toujours pas été achevée. Deux séries de peintures étonnamment réalistes complètent depuis peu le plafond de l'église. Les deux fresques retraçant la création d'Adam et Eve et la vie du Christ s'achèvent au-dessus de l'autel. Installé sur deux niveaux, ce dernier est recouvert d'une fine couche étincelante du précieux matériau extrait des mines de Zaruma. Si vous avez le temps, allez admirer les parois des sarcophages installés dans le cimetière situé aux abords de la ville, dans la rue Honorado Márquez. Si vous êtes en ville durant la deuxième semaine de juillet, allez faire un tour du côté de l'**Expo-Zaruma**, l'un des principaux festivals de la ville.

PIÑAS ☎07

En 1825, le géologue espagnol **Juan José Luis** se voit offrir un vaste territoire en remerciement de son travail dans les mines d'or proches de l'actuelle Zaruma. Désireux d'honorer sa patrie, le mineur baptise son nouveau ranch **Piñas**, un nom qui lui est inspiré par son ancienne demeure espagnole, installée dans une région envahie par les ananas. Son vaste ranch donnera naissance à la petite ville de Piñas, qui compte aujourd'hui 10 000 habitants. La culture de l'ananas n'inspirant guère la population locale, c'est le café et la banane qui poussent sur les terres bordées de montagnes aux tons bleus-verts. Si vous avez l'occasion de parler de leur ville aux habitants de la région, leur mot favori, *tranquilo*, ne manquera pas de surgir au détour d'une phrase. Il règne en effet à Piñas une atmosphère décontractée, même s'il est un peu dommage que la ville ait conservé si peu de liens avec son passé. La **Virgén del Cisne** et son panthéon de saints exercent aujourd'hui une influence bien supérieure à celle de la famille d'un certain Juan… Depuis la croix qui se dresse au sommet de la colline jusqu'aux images de la Madone et de l'enfant éclairées par des bougies électriques sur le bas-côté de la route, la piété des habitants de Piñas est omniprésente. Si vous voulez faire un peu d'exercice et profiter de la vue splendide sur les montagnes, il vous suffira de parcourir les pentes pour le moins abruptes de la ville. De fait, les rues comme les allées ont une fâcheuse tendance à grimper, avec des pentes allant jusqu'à 45°. Mais les montagnes environnantes, les bâtiments aux couleurs gaies et la jolie petite église au clocher recouvert de tuiles sont un vrai régal pour les yeux. Installée sur le sommet de la colline, la croix vaut bien une visite, ne serait-ce que pour le panorama éblouissant qui s'étale à vos pieds. Vous avez la possibilité d'y aller en taxi ou à pied. Vous ne pourrez manquer la route qui y mène depuis Piñas. **Loja** et **Sucre** qui se rejoignent tout au bout de la ville au niveau de Machala, sont les rues les plus animées. Deux compagnies de **bus**, **Ciudad de Piñas** (☎976 167) et **TAC** (☎976 151) partagent des locaux à l'angle des rues Sucre et Montalvo. Les bus desservent : **Machala** (durée 2h, 1 dép/h de 4h30 à 19h30, 1 $), **Zaruma** (durée 30 mn, 1 dép/h de 4h à 19h, 0,50 $), **Loja** (durée 5h, 3 dép/j, 2 $) et **Cuenca** (durée 5h, 1 dép/j, 3 $). Le poste de **police** (☎976 134 ou 976 433) se trouve dans la rue Carrión, à l'angle de la rue 9 de Octubre, tout en bas de la ville (ouvert 24h/24). **Policlinico Reina del Cisne** (☎976 689), dans la rue Loja, non loin de la rue Almedo, assure les soins 24h/24. **PacificTel** (☎976 105, fax 976 990), à l'angle des rues Ruminahui et Suárez, à deux *cuadras* en remontant depuis l'église, ne gère ni les appels en P.C.V. ni ceux par carte d'appel (ouvert tlj 8h-22h). C'est dans l'hôtel **Residencial Dumari** (☎976 118), rue Loja, au niveau de la rue 8 de Noviembre, au sommet de la colline, que vous trouverez les lits les plus confortables et les draps les plus propres de Piñas. (Chambre 1,40 $ par personne, avec salle de bains et téléviseur couleur 2,40 $.) **Hotel las Orquideas** (☎976 355), à l'angle des rues Calderón et Montalvo, tout en bas de la ville, a des fenêtres mais pas grand-chose d'autre. Les chambres sont rudimentaires, mais propres et bien éclairées. Salle de bains et télévision couleur (1,50 $ par personne). Il ne vous sera pas difficile de trouver du poulet (vivant ou rôti) ou un plat de viande à Piñas. Pour le reste, vous aurez un peu plus de mal. Les végétariens devront se contenter des nombreuses *panaderías* (boulangeries). Dernière possibilité : les fruits et les légumes du marché, entre les rues Loayza et Juan Leon Mera. Aux alentours des rues Sucre, Loja et Bolívar, les restaurants proposent les habituels *meriendas* et *almuerzos*.

HUAQUILLAS ☎07

Située à la frontière séparant l'Equateur du Pérou, la petite ville de Huaquillas ne doit sa notoriété qu'à sa situation géographique. Les prix étant moins élevés en Equateur qu'au Pérou, la rue principale est devenue une sorte de marché à ciel ouvert, fréquenté par des hordes de Péruviens venus y faire leurs courses. Vous y croiserez également un grand nombre de bureaux de change et de… moustiques. La traversée de la frontière étant généralement assez simple, bien qu'un peu déroutante, la plupart des voyageurs optent pour cette solution plutôt que de traîner à Huaquillas. La compagnie d'autobus Cooperativo CIFA (☎907 370), à une *cuadra* à l'est de l'unique lampadaire de la rue República, à deux *cuadras* du bureau de l'immigration juste à côté de la rue República, dessert : **Machala** (direct durée 1h, omnibus durée 2h, 1 dép/20 mn de 6h30 à 19h, direct 1 $, omnibus 0,90 $) via **Arenillas** et **Santa Rosa**, et **Guayaquil** (durée 4h, 8 dép/j de 2h30 à 16h15, 2,80 $). Panamericana, au coin des rues Cordovez et Santa Rosa (☎907 016), dessert **Quito** (durée 12h, 5 dép/j de 6h30 à 21h, 7 $) via **Santo Domingo**, **Ambato** (durée 10h, dép. 20h) et **Tulcán**, à la frontière colombienne (durée 18h, dép. 16h30). Trans Santa, dans la rue Cordovez, dessert elle aussi **Ambato** (dép. 17h30, 5,60 $) via **Riobamba** (4,80 $). Pullman Azuay (☎907 575), dans la rue Cordovez, dessert **Cuenca** (durée 5h, 5 dép/j de 3h30 à 18h30, 2,80 $). Trans Caraimanga et Trans Nambija desservent **Loja** (dép. 11h30 et 12h30, 3 $) au départ de la rue Cordovez. Tout ce qui a un tant soit peu d'importance, qu'il s'agisse des gares routières, de la traversée de la frontière ou du bureau de l'immigration se trouve dans les rues **Machala**, **Teniente Cordovez** ou **Central**, les trois voies poussiéreuses qui font office de grandes artères. Sachez que la rue Central prend le nom de **República del Perú** au niveau du pont qui sépare les deux pays. C'est dans cette rue que l'on procède aux formalités relatives à la traversée de la frontière. La majeure partie des compagnies de bus se trouvent dans la rue Cordovez. En plus de répondre à vos questions, l'**office de tourisme**, situé à l'ouest du pont, côté équatorien, change les *soles* et permet de retirer des dollars en petites coupures. La plupart des banques n'acceptent de délivrer de l'argent liquide que sur présentation d'une pièce d'identité équatorienne. Le dollar étant désormais reconnu comme devise équatorienne, les touristes ont tout intérêt à se munir de petites coupures. Vous trouverez des **bureaux de change** des deux côtés de la frontière, mais méfiez-vous des faux billets et autres calculatrices trafiquées. La **police** vous attend au coin des rues República et Costa Rica, juste après le lampadaire. (☎907 341. Ouvert 24h/24.) La **poste** (ouvert Lu-Ve 9h-16h) et **PacificTel** (ouvert tlj 8h-22h) se trouvent à côté de la douane (*aduana*).

FRONTIÈRES ÉQUATORIENNE ET PÉRUVIENNE L'Equateur et le Pérou sont séparés par le fleuve Zarumilla, lui-même enjambé par un pont international. Pour passer la frontière, vous serez dans l'obligation de passer par les bureaux de l'immigration équatoriens **et** péruviens en l'espace de 24h au maximum. Avant de quitter l'Equateur, vous devrez faire une halte à l'**Office de l'immigration équatorien** (Ecuadorian Emigraciones ☎907 755), installé sur la gauche de la rue República, à trois kilomètres de Huaquillas. Allez-y tôt dans la matinée, car la file d'attente a tendance à s'allonger tout au long de la journée. Une fois votre passeport tamponné, montez dans l'un des taxis qui attendent à l'extérieur et allez à Huaquillas (1 $). Traversez à pied le pont jusqu'à Aguas Verdes, jusqu'à l'arrêt de mototaxi, à deux *cuadras* de la frontière dans la rue República del Peru. Vous pourrez vous rendre à l'**Office de l'immigration péruvien** (Peruvian Migraciones) à bord de l'un de ces véhicules (3 km, s/1). Il est probable que le conducteur cherche à abuser de votre argent en vous faisant payer un supplément pour les bagages. Une fois les formalités habituelles réglées, faites signe à un *combi* s'acheminant vers l'intersection des rues Tumbes et Abad Puell, à Tumbes (30 mn, s/1). Pour traverser la frontière dans un sens ou dans l'autre, vous devrez avoir une **carte de touriste T3** disponible auprès des bureaux de l'immigration équatoriens et péruviens, ainsi qu'un **passeport valide**. Vous aurez droit à un visa de **90 jours** en Equateur comme au Pérou. Si vous souhaitez séjourner au-delà de cette limite, demandez une prolongation de votre visa (voir **Formalités**, p. 54). Les visas peuvent être délivrés par le consulat péruvien de Machala (voir p. 597). Il arrive que les fonctionnaires de l'immigration demandent la présentation de votre billet de retour ou d'une preuve attestant de fonds suffisants pour toute la durée de votre séjour, mais c'est rare.

Huaquillas ne convient guère aux voyageurs à petit budget. Et bien qu'y passer la nuit ne soit pas spécialement recommandé, voire franchement déconseillé pour des raisons de sécurité, les touristes arrivés sur place assez tard n'auront peut-être pas le choix. L'**Hotel Vanessa**, 1 de Mayo 323, à l'angle de la rue Hualtaco, se trouve à une certaine distance de la grand-rue mais reste facile d'accès. Sa sûreté et sa propreté impeccable en font l'établissement le plus confortable et le plus fiable de la ville. Bref, vous pourrez y dormir sur vos deux oreilles. Les chambres sont équipées d'une salle de bains privative, d'un téléviseur, d'un téléphone, de la climatisation et d'un réfrigérateur. (☎907 263. Chambre simple 5 $, double 8 $.) Situé à l'angle

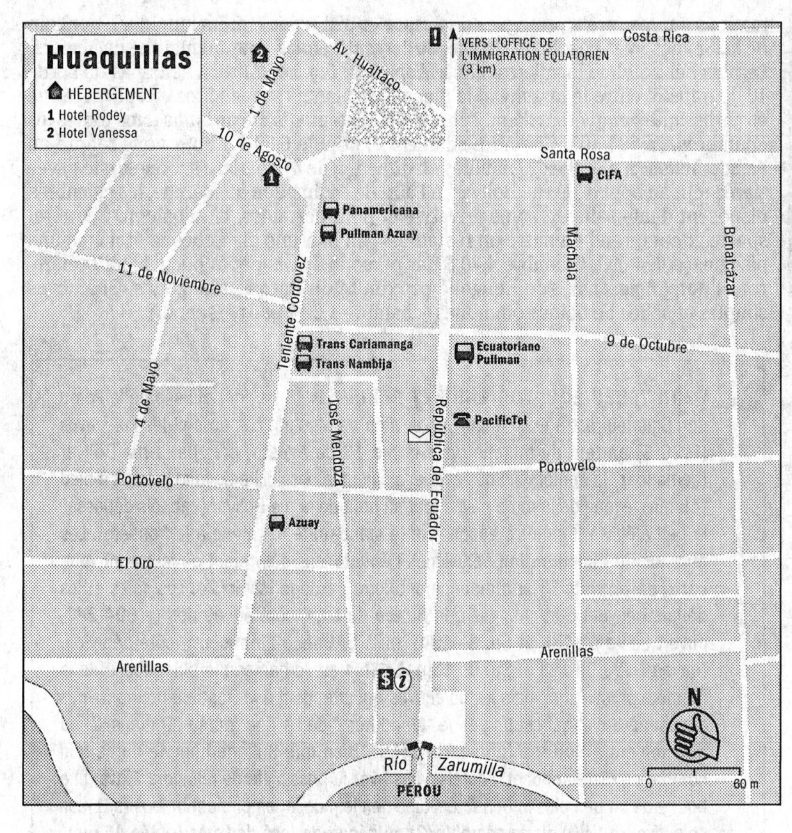

des rues Cordovez et de 10 de Agosto, l'**Hotel Rodey**, propose des chambres doubles confortables avec salle de bains privative, télévision et climatisation. On y trouve également des chambres plus simples et moins chères avec salle de bains commune. (☎907 736. Chambre simple 2 $, double avec tout le confort 8 $.)

MACARÁ ☎07

La traversée de la frontière à Macará constitue peut-être l'un des secrets les mieux gardés d'Equateur. Contrairement à l'expérience chaotique et plus ou moins risquée qui consiste à entrer ou sortir du Pérou par Huaquillas, passer la frontière via Macará s'avère plus simple, voire presque plaisant. Une fois en ville, admirez l'église blanche et bleue qui brille de mille feux et la fontaine qui orne la place centrale : vous ne pourrez manquer d'être séduit(e) par le splendide paysage de montagne qui leur sert de toile de fond. Le Río Macará, frontière naturelle entre les deux pays, est d'une propreté remarquable. La population locale qui se baigne sur la petite "plage" bordant le côté équatorien ne s'y trompe pas. Le **marché** et la **place centrale** sont reliés par la rue **10 de Agosto**. **Loja Internacional**, rue J. Jaramillo, derrière l'église, dessert **Loja** (durée 5h, dép. 1h30, 4h, 8h30, 9h45, 13h, 16h et 23h, 3 $) et **Piura** (durée 3h, dép. 4h, 13h et 16h, 3,40 $). **Trans Unión Carimanga** (☎694 047), rue Loja, entre les rues Rengel et 10 de Agosto, dessert également **Loja** (durée 6h, dép. 0h30, 4h30, 5h30, 7h30, 11h, 13h et 15h, 2,80 $). Le **bureau de l'immigration** et l'**office de tourisme**, qui se trouvent tous deux au premier étage de la **Municipalidad**, sur la place. **INEFAN** (☎694 280), disposent d'un petit bureau à l'intersection des rues C. Jamarillo, Rengel et Veintimilla, au niveau du Parque Amazonas. Vous pourrez y obtenir des informations sur les forêts protégées de **Susuco** et d'**El Tundo** (forêts humides), non loin de là. Si vous avez besoin de **changer de l'argent**, rendez-vous au marché de Macará. Le plus bel hôtel de la ville est l'**Hotel Espiga de Oro**, rue Ante, à deux pas de la rue 10 de Agosto, entre le marché et la place. Des plantes suspendues ça et là et la vue étourdissante complètent l'atmosphère. Ventilateur et salle de bains dans toutes les chambres. (☎694 405. Chambre simple 4 $, double 6,80 $.) Pour vous rendre au **Parador Turístico**, marchez 10 minutes en direction de la frontière sur une route pavée située tout au bout de la rue Bolívar. A l'abri de l'animation du marché, les chambres disposent d'une salle de bains privative et pour certaines, d'un balcon. Cet hôtel spacieux comprend en outre un restaurant, un bar, une discothèque et même une piscine. (☎694 099. Chambre 4,40 $ par personne.) Les petits budgets lui préféreront l'**Hotel Amazonas**, rue Rengel à proximité du Parque Amazonas. Chambres simples et salles de bains communes (chambre 1,20 $ par personne.)

FRONTIÈRES ÉQUATORIENNE ET PÉRUVIENNE Le pont qui sépare le Pérou de l'Equateur est à trois kilomètres environ de Macará. Les taxis et les *colectivos* (0,20 $) partent du marché dans la rue 10 de Agosto, près de la rue Bolívar (demandez "la frontera"). Vous avez également la possibilité de faire le trajet à pied (45 mn) le long de la route pavée tout au bout de la rue Bolívar (une fois dépassée la petite église, tournez à gauche sur la grand-route qui mène à la frontière). Les **bureaux de l'Immigration** péruviens et équatoriens délivreront ou recevront votre **carte de touriste T3** et tamponneront votre passeport **24h/24**. Les *soles* et les dollars peuvent être changés à la **Banco de Loja**, côté équatorien (☎694 247, ouvert Lu-Ve 9h-18h et Sa. 8h-13h), ou à la **Banco Financiero**, côté péruvien, (ouvert Lu-Ve 9h-18h et Sa. 9h-13h). **La Tina** est le hameau le plus proche de la frontière péruvienne, mais les *colectivos* qui attendent à la frontière pourront vous déposer à **Suyo**, qui est un peu le "grand frère" de La Tina (durée 20 mn, s/2) ou directement à **Sullana** (durée 2h, s/10). Bien que Sullana compte un certain nombre de restaurants et d'hôtels, vous avez la possibilité de rejoindre **Piura**, une bourgade un peu plus importante située non loin de là, en prenant un bus (s/1), un *colectivo* (s/1,50) ou un *combi* (s/2) au départ de José de Loma (durée 45 mn).

SIERRA CENTRALE

LES INCONTOURNABLES DE LA SIERRA CENTRALE

FAITES QUELQUES EMPLETTES le samedi au **marché artisanal d'Otavalo** (p. 611), le plus célèbre en son genre.
PROMENEZ-VOUS parmi les miroitantes **Lagunas de Mojanda** (p. 612).
OBSERVEZ le plus haut volcan en activité du monde dans le **Parque Nacional Cotopaxi** (p. 625).
BAIGNEZ-VOUS dans les eaux thermales de **Baños** (p. 631).
MONTEZ à bord du mythique et spectaculaire **Train de la Narine du Diable** (p. 644).
ADMIREZ deux cathédrales historiques dans le **Parque Calderón** (p. 651), le ravissant centre colonial restauré de Cuenca.
EMPRUNTEZ l'ancienne **route des Incas** qui relie encore les ruines Pumapungo de Cuenca au centre religieux d'Ingapirca (p. 652).
PARCOUREZ à cheval les alentours du paisible village de **Vilcabamba** (p. 662).

Plus on s'éloigne de la capitale et plus le rythme de vie semble ralentir. Dans les hautes terres septentrionales, au **nord de Quito** (p. 608), une mosaïque de communautés indiennes vit dans un décor de lacs étincelants et de forêts luxuriantes. Si à maints endroits en Amérique latine les populations indigènes n'ont d'autre alternative que de préserver leurs traditions dans la misère ou disparaître, la situation est différente dans la région. Dans des villes comme Otavalo, les *indígenas* concilient remarquablement leur mode de vie avec les contraintes de l'économie de marché, et même avec celles de la "mondialisation". Parlant le quechua dans la rue, arborant fièrement chapeau, queue de cheval et pantalons courts, ils excellent non seulement dans l'artisanat de leurs ancêtres, mais aussi dans l'art de le commercialiser. Une partie de leurs produits artisanaux sont vendus le samedi, sur le célèbre marché de la ville, qui abrite un nombre impressionnant de tapisseries, de cuirs, de sculptures en bois et de tableaux. Le reste est expédié dans d'autres régions du pays ou massivement exporté. Toutefois, la région a bien d'autres choses à offrir : ses forêts tropicales, notamment, constituent l'un des derniers refuges pour la faune et la flore, bien souvent menacées.

Le couloir central équatorien, que l'on peut considérer comme la plus belle région du pays, traverse une multitude de volcans et de crêtes acérées. Près de la moitié de la population du pays occupe cette région. Depuis bien avant les Incas, les paysans tirent profit de la richesse de son sol, rendu fertile par des millions d'années d'éruptions volcaniques. Bon nombre de ces cracheurs de feu bouillonnent encore au nord du corridor, aussi appelé "**avenue des volcans**" (p. 618), un surnom qui lui fut donné au XIXe siècle par l'explorateur allemand Alexander von Humboldt. Cette région explosive, qui s'étend de Quito à Riobamba, est bordée à l'est par les parcs nationaux du Cotopaxi et du Sangay, et à l'ouest par le volcan Chimborazo. A mesure qu'elle progresse vers le sud, la route voit les pics rocheux céder la place à des collines verdoyantes. Mais le paysage le plus spectaculaire environne les routes qui relient la montagne (Cuenca et Alausí) à la côte (El Triunfo et Guayaquil). Les routes et les voies ferrées font un plongeon de 3000 m, contournant des précipices et des ravins profonds, tandis qu'elles traversent des zones de végétation qui varient du *páramo* montagneux aux forêts tropicales côtières, qui semblent éternellement recouvertes d'une épaisse couche de nuages.

Si, à la pointe sud de la Sierra équatorienne, les volcans couronnés de neige ne sont plus au rendez-vous, les merveilles naturelles ou modelées par l'homme dans les **montagnes du sud** (p. 645) n'en sont pas moins extraordinaires. Moins touchés par le tourisme que les autres régions du pays, les villes, villages et hameaux du sud sont plus paisibles et plus "authentiques". Même Cuenca, la troisième ville d'Equateur, parvient à conjuguer allure coloniale et modernité cosmopolite. Cette région offre une occasion unique de voir l'Equateur profond sous son meilleur jour : serein, majestueux et plein de caractère.

AU NORD DE QUITO

OTAVALO ☎ 06

Le succès que connaît aujourd'hui la communauté indienne d'Otavalo, l'une des plus prospères et des plus respectées d'Amérique latine, s'est longtemps fait attendre. Depuis l'invasion inca de 1496, les habitants n'ont cessé d'être persécutés par les étrangers et de souffrir d'oppression et de racisme. Durant l'époque coloniale, les Espagnols se montrèrent implacables, forçant les *Otavaleños* à travailler, dans des conditions très dures, quinze heures par jour dans des ateliers de textiles appelés *obrajes*. C'est donc sous la contrainte qu'ils développèrent une grande maîtrise du tissage. Même si les *obrajes* disparurent avec l'accès du pays à l'indépendance, les Indiens demeurèrent l'objet d'une forte discrimination. Ce n'est qu'en 1964 que les paysans de la région purent récupérer leurs terres par le biais d'une réforme agraire.

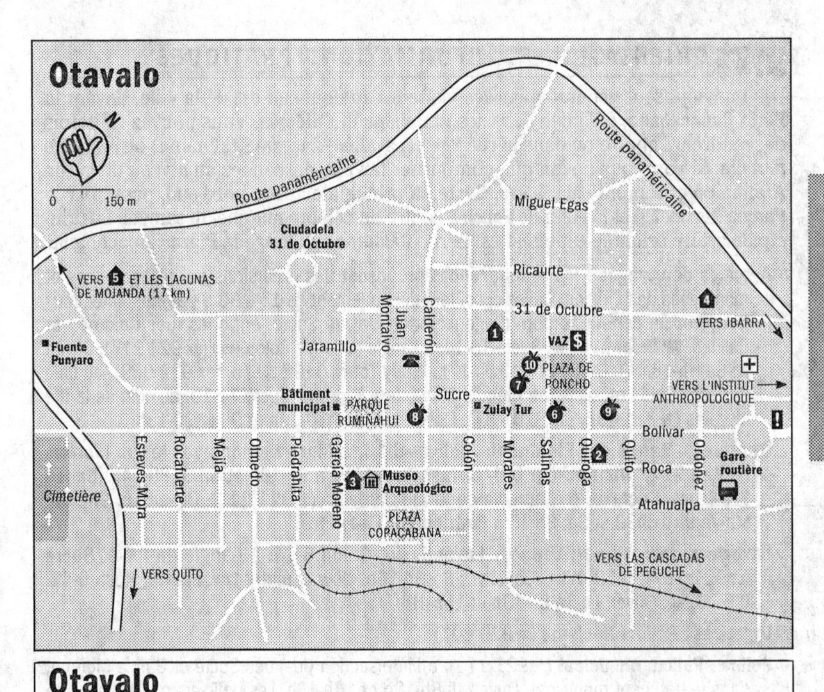

Cela n'empêcha pas la plupart des *mestizos* (métis) de continuer à traiter les *indígenas* comme des citoyens de seconde classe jusqu'au début des années 1980, époque à laquelle ceux-ci ont acquis une reconnaissance internationale pour la beauté de leurs tissages et de leur musique. A présent, les produits d'Otavalo se vendent dans le monde entier et les étrangers affluent chaque samedi sur le marché local pour acheter des objets artisanaux, comme des tapis, des pulls, des bijoux ou encore des panamas (qui ne sont nullement fabriqués dans le pays du même nom, contrairement à ce que l'on pourrait croire). Il faut cependant savoir que les *Otavaleños* que vous verrez tenir les étals font partie de la bourgeoisie de la ville et que l'ensemble du marché appartient à une quinzaine de familles seulement. L'Otavalo moderne est un témoignage vivant de la détermination et du talent de ses habitants, qui ne sont plus seulement des tisserands, mais aussi des exportateurs, des médecins, des avocats ou encore des politiciens qui ont su conserver de nombreuses traditions dans leur mode de vie.

TRANSPORTS

Bus : Plusieurs grandes lignes de bus partent de la **gare routière** au coin des rues Atahualpa et Ordoñez. Bus à destination de **Quito** (durée 2h30, 6 dép/h de 4h à 18h, 1,10 $), **Ibarra** (durée 1h, 12 dép/h de 5h40 à 18h30, 0,20 $), **Peguche** (durée 15 mn, 4 dép/h de 7h à 19h, 0,08 $) et **Agato** (durée 45 mn, 2 dép/h de 5h à 19h, 0,10 $).

Taxi : Vous trouverez des compagnies de taxis aux alentours des parcs et des places, notamment **Taxi 31 de Octubre Otavalo** (☎920 485) et **Cooperativo de Taxis El Jordán Otavalo** (☎920 298).

ORIENTATION ET INFORMATIONS PRATIQUES

Les bus déposent généralement les visiteurs au coin sud-est de la ville, devant la **Plaza Copacabana**, à l'angle des rues **Atahualpa** et **Calderón**. Vous pouvez toutefois descendre n'importe où dans la rue **Roca** (parallèle à la rue Atahualpa) ou à la **gare routière**. Si votre bus ne fait que contourner la ville, descendez au niveau de la rue Atahualpa et remontez-la. L'**Ave. Sucre**, la principale artère nord-sud, passe par le **Parque Rumiñahui** et la **Plaza de Poncho**, centre du célèbre marché du samedi. La principale artère orientée est-ouest est la rue **Calderón**, qui longe la Plaza Copacabana.

Agences de voyages : Plusieurs agences proposent des excursions aux villages, lacs et montagnes de la région. Celles-ci coûtent généralement de 15 à 30 $ par personne. Vous trouverez un certain nombre d'agences dans la rue Sucre, entre les rues Calderón et Salinas. ❤ **Diceny Viajes**, Sucre 10-14, à l'angle de la rue Colón (☎/fax 921 217). Ouvert Lu-Sa 8h-18h30, Di. 8h-9h et 16h-17h. **Zualy Tours** (☎921 176, fax 922 969), au coin des rues Colón et Sucre, au premier étage. **Inty Express**, Sucre 11-10, au coin de la rue Morales (☎921 436, fax 920 737). Ouvert Lu-Sa 8h30-19h et Di. 8h30-13h.

Banques : **Banco del Pichincha**, Bolívar 6-16, à l'intersection avec la rue Moreno (☎920 214). **Distributeur MC/Cirrus**. Ouvert Lu-Ve 8h-18h et Sa-Di 8h-14h. **Banco Previsora**, Sucre 10-07, au coin de la rue Calderón (☎921 213). Ouvert Lu. 9h-13h, Ma-Ve 9h-16h30 et Sa. 8h-15h. **Distributeur Visa/Plus**.

Laverie automatique : **Laundry Lavandería**, Colón 5-14, à l'angle de l'Ave. Sucre (☎921 267). 0,50 $/kg. Ouvert Lu-Sa 9h-19h. **New Laundry Lavandería**, Roca 9-42. 0,60 $/kg. Ouvert Lu-Sa 8h-13h et 15h-18h.

Urgences : **Policía Nacional** (☎920 101).

Police : **Policía Municipal** (☎921 179), à l'intersection des rues Sucre et García Moreno, dans le bâtiment municipal. Ouvert tlj 8h-12h et 14h-18h. Les policiers ne peuvent être joints par téléphone, mais on peut les voir en patrouille ou les contacter via la Comisera Municipal.

Services médicaux : **Hospital San Luis de Otavalo** (☎920 444, urgences ☎923 566), Ave. Sucre, au nord de la ville. Service d'ambulance et consultations gratuites. Soins médicaux d'urgence disponibles dans le bâtiment municipal du Parque Rumiñahui.

Téléphone : **EMETEL**, rue Calderón, entre les rues Sucre et Jaramillo. Ouvert tlj 8h-20h40.

Internet : Le **Caffé.Net** (☎922 969), à l'angle des rues Sucre et Colón, offre un accès Internet jusqu'à 19h (0,80 $ les 30 mn). Service Net2Phone. Ouvert Lu-Sa 8h-21h. **Micro Control**, Bolívar 14-22, au coin de la rue Ordoñez (☎/fax 921 587) 0,04 $ la minute. Ouvert Lu-Ve 9h-13h et 15h-19h, Sa. 9h-13h30. **MTC Handicraft for Export** (☎922 893), à l'angle des rues Jaramillo et Quito, près de la Plaza de Poncho (0,04 $ la minute). Ouvert tlj 8h-18h.

Bureau de poste : (☎/fax 923 520), à l'angle des rues Sucre et Salinas, au coin de la Plaza de Poncho, au premier étage. Ouvert Lu-Ve 8h-19h et Sa. 8h-13h.

HÉBERGEMENT

La plupart des adresses situées dans le triangle formé par la **Plaza de Poncho**, le **Parque Rumiñahui** et la **Plaza Copacabana** sont relativement conviviales, peu chères et centrales. Le prix indiqué pour la majorité des hôtels inclut les taxes.

❤ **Hostal Valle del Amanecer**, à l'angle des rues Roca et Quiroga (☎/fax 920 990). Avec ses murs en avocatier et ses plafonds de bambou, El Valle offre un agréable contraste par rapport aux édifices plus conventionnels de plâtre et de ciment. Idéal pour bavarder, il est en revanche un peu bruyant pour y dormir. Location de VTT 4 $ la journée. Chambre 2 $, avec salle de bains 3 $.

Jatún Pacha (HI), à l'angle de la rue 31 de Octubre et de la Panaméricaine (☎922 223). Légèrement excentrée, cette auberge de jeunesse est néanmoins l'une des plus agréables d'Otavalo. Les grandes chambres sont dotées de parquets cirés et de balcons. Consigne. Location de vélo 3 $ l'heure. Chambre simple 10 $, avec carte HI ou ISIC 8 $, chambre double 18 $, avec carte HI ou ISIC 16 $.

Hotel Riviera Sucre, García Moreno 380, au coin de la rue Roca (☎920 241). Hôtel accueillant et aéré, avec patio, table de ping-pong et grandes suites. Chambre 3 $ par personne, avec salle de bains 5 $.

Hostal Irina, Modesto Jaramillo 5-69, au coin de la rue Morales (☎920 684). L'entrée claire donne sur des chambres propres et simples. Laverie et services d'expédition maritime. Chambre 3 $ par personne.

La Luna Hostería, à 4,5 km sur la route de Laguna Mojanda (☎/fax 737 415). Un lieu de retraite paisible dans la campagne d'Otavalo. Restaurant, bar et salle commune avec TV câblée. Trajet jusqu'à la ville 1,50 $ par voiture. Menu du jour 3 $. Camping 1,50 $, dortoirs 3 $. Chambre double ou triple 6 $, chambre double avec salle de bains et cheminée 8 $.

RESTAURANTS

Les restaurants d'Otavalo offrent une grande variété de cuisine. Tous les goûts seront satisfaits. Si certains établissements sont spécialisés dans la cuisine équatorienne traditionnelle, la plupart sont destinés aux touristes. On trouve quelques bons restaurants autour de la Plaza de Poncho, mais il vous faudra y arriver tôt : ils se remplissent très vite.

❤ **Restaurant SISA**, Calderón 409, à l'angle de l'Ave. Sucre (☎920 154), au premier étage du centre commercial SISA. L'entrée immaculée, l'escalier en colimaçon, la cheminée, le bar bien approvisionné et les cartes reliées de cuir annoncent la couleur : dîner raffiné et délicieuse cuisine variée. Truite grillée 2,50 $. Salade 0,80 $. Ouvert tlj 12h-22h.

❤ **Sahara**, rue Quiroga, entre les rues Bolívar et Sucre (☎922 212). On y va pour son ambiance. Presque tous les soirs, les coussins et les nattes posés à même le sol accueillent des touristes venus fumer la *pipa de agua* (narguilé) à la pêche, à la menthe, à la pomme ou à la fraise (2 $). Le menu est limité mais savoureux. Plats principaux 0,60-2 $. Ouvert tlj 11h-24h.

❤ **Shanandoa, The PieShop/Cafeteria**, Salinas 515, au coin de la rue Jamarillo (☎921 465). Ce ne sont pas les tartes de votre grand-mère, mais elles les valent bien. Vous les trouverez toutes délicieuses, qu'elles soient à la pomme, à la fraise, au chocolat ou au citron. Pour une saveur plus équatorienne, essayez la mûre, l'ananas ou le *barbaro* (0,60 $ la part, avec glace 1,15 $). Ouvert tlj 7h-21h30.

Gemini's Restaurant, rue Salinas, entre les rues Sucre et Bolívar (☎920 431). Restaurant international lumineux. Les crêpes aux épinards (2,40 $) et les plats de viande (3,20 $) sont à la hauteur de l'enseigne "Nice Food" peinte sur la porte. Ouvert Me-Lu 10h-23h.

Mi Otavalito, à l'intersection des rues Sucre et Morales (☎917 132), est un restaurant local spécialisé dans la cuisine *criolla*. Il propose aussi quelques délicieuses assiettes internationales, servies dans une jolie cour. *Trucha Otavalito* 1,80 $. Menu du jour 2 $. Ouvert tlj 8h-19h30.

VISITES

Otavalo est essentiellement réputé pour son grand marché coloré, qui se tient toute la semaine mais s'anime particulièrement le samedi.

MARCHÉ PRINCIPAL. L'incontournable foire du samedi débute sur la Plaza de Poncho mais déborde vite dans les rues adjacentes, s'étalant sur plusieurs *cuadras*. Les étals de **tissages** se concentrent sur la place et dans l'Ave. Sucre. On trouve aussi une profusion de **sculptures sur bois** et d'**objets en cuir**, notamment dans la rue Sucre et à l'extrémité sud-est du marché. Les effluves d'œuf frit, de porc et de pomme de terre qui embaument tout le marché proviennent de la rue Quiroga, où des stands

d'oiseaux-mouches. Le séjour dans la réserve inclut l'hébergement, les repas (végétariens) et un guide bilingue. Tous les lits sont munis d'épaisses couvertures, et les rustiques douches de plein air sont chauffées au soleil (45 $ par personne et par nuit, 2 nuits minimum). Les Zorilla n'acceptent que les groupes de six ou plus ayant réservé : envoyez-leur une lettre ou un fax quelques mois à l'avance (Casilla 18, Otavalo, Imbabura, Equateur, ☎/fax 923 392 à Otavalo). Si vous cherchez à joindre un groupe, ils vous y aideront.

IBARRA ☎06

Ibarra a su conserver un étonnant équilibre entre le passé et le présent. Après le tremblement de terre qui ravagea une grande partie de la ville en 1868, les survivants durent s'atteler à une monumentale tâche de reconstruction. Intentionnellement ou non, ils construisirent la plupart des bâtiments publics et des commerces dans la partie sud de la ville, tandis que la majorité des demeures blanches à toit rouge, de style colonial, qui valurent à la Ibarra son surnom de "cité blanche", s'étalaient dans la moitié nord. Cette dualité existe toujours : cols blancs et élus locaux baignent dans la modernité des taxis, des bus et des Mercedes, tandis que la partie nord de la ville résonne encore du cliquetis des calèches sur les avenues pavées. Quoi qu'il en soit, Ibarra, capitale de la province d'Imbabura, est l'une des rares villes équatoriennes où les trois principales populations - métisse, indigène et noire - semblent se mélanger parfaitement. Bien que peu touristique, elle possède quelques parcs et places paisibles, constitue un bon point de départ pour explorer La Esperanza ou San Antonio et offre un agréable point de chute aux voyageurs à destination ou en provenance de Colombie, de Quito ou d'Otavalo.

TRANSPORTS

Bus : Capitale provinciale et grand carrefour routier, Ibarra possède plusieurs lignes de bus qui desservent la plupart des hauts plateaux du nord ainsi que la côte équatorienne. Les bus partent généralement du siège de leur compagnie respective, dont la majorité est située à l'ouest de l'obélisque. Bus à destination d'**Esmeraldas** (durée 9h, 4 dép/j de 6h45 à 19h40, 5,60 $), **Guayaquil** (durée 10h30, dép. à 19h30, 6,80 $), **Otavalo** (durée 35 mn, 4 dép/h de 5h à 20h, 2 $), **Quito** (durée 2h30, 1 dép/h de 13h à 22h, 1,40 $), **San Lorenzo** (durée 6h, 4 dép/j de 6h à 14h, 1,80 $), **Santo Domingo** (4 dép/h, 1,60 $ via Quito, 3 $ direct) et **Tulcán** (durée 2h, 1 dép/h de 5h30 à 13h30, 1,40 $). Les **bus locaux** 28 de Septiembre sillonnent la rue Mariano Acosta (0,08 $).

Taxi: Dans les parcs et près des gares routières. **Cooperativo Pasquel Monge** (☎915 415), à la gare ferroviaire. **Cooperativo Los Lagos** (☎955 150).

ORIENTATION ET INFORMATIONS PRATIQUES

Les bus en provenance de Quito et d'Otavalo déposent les visiteurs dans les rues **Borja** et **Vacas Galindo**, à la périphérie ouest de la ville, ou dans la rue **Mariano Acosta** près du marché de la rue **Guerrero**. S'ils ne vous laissent pas dans le centre, marchez en direction du mont Imbabura et prenez la rue Mariano Acosta à gauche. L'immense **obélisque**, visible de loin, est un bon point de repère. Au-delà, la rue prend le nom de **Velasco** et coupe les rues **Olmedo**, **Bolívar** et **Sucre**, où l'on trouve la plupart des hôtels et des restaurants. A trois *cuadras* de l'obélisque, se tient le **Parque La Merced** et à deux *cuadras* à l'est, le **Parque Pedro Moncayo**. Au nord de l'obélisque, la rue **Pedro Moncayo**, orientée est-ouest, sépare Ibarra en deux moitiés nord et sud.

Informations touristiques : **Ministère du Tourisme**, Olmedo 956 (☎958 759, fax 958 547), entre les rues Moncayo et Velasco. Ouvert Lu-Ve 8h30-13h et 14h-17h.

Banques : La **Banco La Previsora**, Sánchez y Cifuentes 10-98, à l'angle de la rue Velasco (☎955 900, fax 957 295), n'accepte pas les chèques de voyage. **Distributeur automatique Visa/Plus** et retrait d'argent sur carte Visa. Ouvert Lu-Ve 9h-19h et Sa. 9h-14h. **Banco del Pacífico** (☎957 728), à l'angle des rues Olmedo et Moncayo, dispose d'un **distributeur MC/Cirrus**, 24h/24. Ouvert Lu-Ve 8h45-16h.

Urgences : ☎101. **Police** : Villamar 148, à l'angle de la rue Olmedo (☎950 444).

Services médicaux : **Hospital San Vicente de Paul**, Luis Vargas Torres 1-156 (**urgences** ☎131, 950 666 ou 957 272). La **Clínica Mariano Acosta**, Mariano Acosta 1116 (**urgences** ☎043 136, standard ☎950 924), est une clinique de soins d'urgence ouverte 24h/24.

Téléphone : **EMETEL**, Sucre 4-48, à hauteur de la rue Moreno. Ouvert tlj 8h-22h.

Internet : **Nov@net Cybercafé**, Bolívar 969, à l'angle de la rue Colón, dans l'entrée de l'Hostal Ejecutivo (☎956 575 ou (09) 696 486). 2 $ l'heure. Ouvert Lu-Sa 7h30-21h30.

Bureau de poste : Salinas 664, au coin de la rue Oviedo (☎950 412, fax 958 038). Ouvert Lu-Ve 8h-19h et Sa. 8h-13h. **DHL** (☎957 766, fax 955 270), à l'intersection des rues Rocafuerte et Flores, dans l'Intipungo. Ouvert Lu-Ve 9h-13h et 15h-18h, Sa. 9h-13h.

HÉBERGEMENT

Si les chambres ne manquent pas à Ibarra, il peut néanmoins être difficile de trouver un hôtel de qualité à prix modéré. La plupart des établissements bon marché sont concentrés dans la rue Olmedo ou près de la gare ferroviaire.

❤ **Hotel Imbabura**, Oviedo 9-33, entre les rues Narváez et Cifuentes, non loin du Parque La Merced (☎950 155, fax 958 521). Chambres dépouillées avec parquet et lits de camp. Heureusement, il y a une jolie cour. Accès Internet. Chambre 2 $ par personne.

La Casona de los Lagos, Sucre 350, près de la rue Grijalva (☎957 844, fax 951 629). L'un des rares vieux hôtels de la ville. Cour et patio à ciel ouvert. Parmi les autres agréments, citons un salon de thé, une table de billard et un bar. Simples, les chambres ont toutes une salle de bains et le téléphone. Chambre 3 $ par personne.

Residencial San Andrecito, au coin des rues Cifuentes et Oviedo (☎958 644). Très peu cher, et pour cause : les chambres sont quasi vides. Au moins, vous aurez de la place pour entreposer votre sac à dos. Chambre 1 $ par personne.

Hotel Madrid, Olmedo 869, à l'angle de la rue Moncayo (☎643 903). Récemment rénové, il est flambant neuf. Salles de bains privées et TV câblée. Chambre 3,20 $ par personne.

RESTAURANTS

Demandez aux habitants de vous indiquer un bon restaurant : ils seront aussi désemparés que vous.

❤ **Helados de Paila Rosalía Suárez**, Oviedo 7-82, à l'angle de la rue Olmedo (☎958 778). Une silhouette de Mickey en bois vous accueille dans cette boutique de glaces maison traditionnelles. Deux boules 0,20 $. Ouvert tlj 7h30-19h.

❤ **Café Arte**, Salinas 5-43, au coin de la rue Flores (☎950 806). Fait office de café et de galerie d'art. La carte en bois propose une insolite combinaison de cafés, de spécialités mexicaines et de cocktails (0,30-2 $). Films d'art et d'essais et concerts Ve-Sa. Ouvert Lu-Je 16h-23h et Ve-Sa 16h-tard dans la nuit.

Café Coffee Kaffee, Moreno 404, à l'angle de la rue Rocafuerte (☎940 438 ou 951 848). Café à l'ambiance très romantique. Cappuccino 0,50 $, hamburgers 0,50 $. Ouvert Lu-Je 16h-22h, Ve. 16h-1h et Sa. 18h-1h.

VISITES ET SORTIES

Ibarra comporte un certain nombre d'édifices historiques et architecturaux intéressants. S'élevant à plus de 30 m, l'**obélisque** blanc, qui marque l'intersection des rues Narváez et Velasco, fait quelque peu figure d'intrus. Il évoque en effet davantage un monument dédié à Cléopâtre qu'à Miguel de Ibarra, qui fonda cette colonie espagnole en 1606. La ville possède en outre deux parcs paisibles cernés de beaux bâtiments. Le **Parque La Merced**, rue Flores, entre les rues Cifuentes et Olmedo, abrite une statue du Dr Victor Manuel Peñaherrera (1865-1930), qui fut juge de la Cour suprême équatorienne. A l'ouest du parc, la **Basílica La Merced** renferme un portrait de la Vierge Marie ornée d'une couronne d'argent (ouvert au public de façon sporadique). Quant à l'éclectique **Parque Pedro Moncayo**, il occupe la rue Flores, entre les rues Bolívar et Sucre. L'architecture environnante est exceptionnelle, notamment celle de la cathédrale et du bâtiment municipal. Si l'autel doré prédomine largement, la cathédrale n'en contient pas moins d'immenses portraits des douze apôtres, signés de l'artiste local Rafael Troya. Les résidents dotés d'une voiture s'échappent à la **Laguna Yahuarcocha** ("lac de sang" en quechua) pour profiter du bon air et des splendides vues sur la vallée environnante. Ceux à qui le nom du lac ne fait pas peur pourront louer des canoës (1 $ les 30 mn) ou faire le tour du lac au pas de course. Il se trouve à 9 km au nord d'Ibarra.

Le week-end, le **Cine Grand Columbia**, rue Moreno, entre les rues Sucre et Rocafuerte, passe parfois des films d'art et d'essais. Faites-y une halte pour vérifier les horaires. **El Encuentro**, Olmedo 959 (☎959 526), est un bar à l'ambiance détendue. **Tequila Rock**, Oviedo 636, au coin de la rue Sucre, est beaucoup plus petit. (Entrée 1 $, une boisson comprise). Le **Café Arte** propose des concerts le week-end et des films d'art et d'essais (Lu. et Je. à 20h, Sa. à 16h et Di. à 17h).

EXCURSIONS DEPUIS IBARRA

SAN ANTONIO DE IBARRA

Les bus Cooperativo 28 de Septiembre et San Miguel de Ibarra marqués "San Antonio" montent jusqu'au parc. Vous pouvez les prendre à l'obélisque, près de l'angle des rues Acosta et Chica Narvaz (durée 10 mn, 3 dép/h, 0,08 $). Un taxi au départ d'Ibarra vous coûtera 1 $.

Spécialisé dans la **sculpture sur bois**, San Antonio de Ibarra s'adresse aux amateurs d'échiquiers sculptés ou d'œuvres en bois finement sculpté. Ce tout petit village n'a pas grand-chose d'autre à offrir, mais son artisanat est d'une telle qualité qu'il s'est forgé une réputation fort honorable parmi les grands centres d'artisanat sud-américains. Le travail sur bois de San Antonio se distingue par son extraordinaire précision. Des habitants du continent tout entier viennent jusqu'à San Antonio pour observer les artisans au travail et acheter une pièce ou deux. La renommée internationale du village n'est que très récente, mais de nombreuses boutiques vendent déjà des œuvres outre-mer, et l'afflux de visiteurs ne cesse de croître. San Antonio se trouve à l'ouest d'Ibarra, sur la Panaméricaine. L'orientation est très simple : la plupart des galeries de sculpture se trouvent autour du parc ou dans la rue 27 de Noviembre, l'artère principale.

L'**Unión Artesanal de San Antonio de Ibarra**, au bout du Parque Calderón, est un ensemble de onze coopératives artisanales qui vendent des objets sur le lieu même de leur fabrication. De nombreuses boutiques proposent des sculptures similaires, mais l'on déniche toujours une ou deux pièces uniques. (Ouvert tlj 9h-19h. Cartes Visa acceptées.) A l'est du parc, la **Galería de Arte Luis Potosí** rassemble plusieurs salles et vend sur deux étages des œuvres un peu plus raffinées et détaillées qu'ailleurs. (☎ 932 056. Ouvert 8h-18h.) La plupart des boutiques jalonnent la rue 27 de Noviembre, en direction de la Panaméricaine. Certaines galeries produisent des œuvres plus imposantes, parfois de 2 m de haut, ainsi que des sculptures abstraites et modernistes.

ENVIRONS D'IBARRA : LA ESPERANZA

Les bus qui relient Ibarra à La Esperanza (durée 30 mn, 3 dép/h, 1,20 $) se prennent au Parque Grijalva, au coin des rues Sánchez y Cifuentes et Toro Moreno, ou à l'extrême sud d'Ibarra, à l'angle des rues De La Torre et Retorno. Taxi 2 $. Si vous êtes bien chaussé, vous pouvez vous y rendre à pied en longeant la grande rue Retorno (durée 2h, 7 km).

A mesure que l'on quitte Ibarra en direction de La Esperanza, la vie se fait plus tranquille. Le paysage idyllique, ponctué par le volcan Imbabura, entre autres majestueuses montagnes, libère l'esprit et donne envie de respirer. Cette paix n'est interrompue que par le vrombissement des bus qui gravissent la montagne et les camions militaires qui se rendent à la citadelle voisine. La Esperanza ne compte qu'une seule route, **Galo Plaza**, qui va jusqu'à Imbabura. Toutes les attractions de ce village, ou presque, jalonnent cette artère pavée. La ❤ **Casa Aida**, un bâtiment vert et jaune sur la droite, très en hauteur par rapport à Ibarra, abrite plusieurs dortoirs ainsi qu'une hutte pour cinq personnes avec deux lits, dans un loft auquel on accède par une échelle. Les épais murs de brique et les couvertures vous protégeront de la fraîcheur nocturne, et la cuisine comme la salle de bains sont impeccables. Les salles de bains communes ont de l'eau chaude 24h/24.(☎ 642 020. Chambre 1 $ par personne.) La Casa Aida est également dotée d'un fabuleux **restaurant**. Pour une **randonnée** d'une journée, tentez l'ascension du **Loma Cubilche** (3826 m, 3h à l'aller, 2h au retour). Les andinistes chevronnés font de La Esperanza leur base stratégique pour l'ascension du **Volcán Imbabura** (4621 m). Pour vous rendre à Imbabura, dirigez-vous vers

Cubilche, mais prenez la rue à droite avant le pont. Cette route monte presque jusqu'en haut, et plusieurs sentiers mènent au sommet. Vous trouverez à La Esperanza des guides locaux pour cette randonnée (8 $ par jour).

TULCÁN ☎06

Il n'y a que trois raisons pour que vous passiez à Tulcán : vous vous rendez en Colombie, vous en venez, ou vous connaissez quelqu'un en ville. Tulcán est en effet la porte de sortie nord de l'Equateur. L'activité se concentre autour des rues **Colón**, **Olmedo**, **Sucre**, **Bolívar** et **Arellano**, toutes parallèles. Au centre, on trouve le **Parque Principal** (parfois appelé **Plaza Central**). Le grand **Parque Isidro Ayora**, entre les rues Arellano et Bolívar, se trouve au sud-est de l'immense **cimetière**. La **gare routière** est située à 1,5 km du centre, dans les hauteurs, rue Bolívar. La **frontière colombienne** se trouve au nord-est de la ville, à 6 km dans la rue **Brazil**. Seuls les taxis et les minibus desservent la frontière. Les camionnettes du **Cooperativo Carchi** se prennent "côté Venezuela" du Parque Ayora et se rendent à la frontière quand elles sont pleines (0,40 $). Les bus **Transportes Popular** relient la gare routière au **Parque Principal** (durée 5 mn, 0,15 $). Les bus descendent les rues Sucre ou Colón et reviennent par la rue Bolívar. Ils partent de la gare routière à destination de **Quito** (durée 6h, 1 dép/h de 1h30 à 22h30, 2,60 $) via **Ibarra** (durée 3h, 1,35 $) et **Otavalo** (durée 4h, 1,60 $). Le **Ministerio de Turismo** occupe le bâtiment CENAF au niveau du pont Romicacha. (☎983 892. Ouvert Lu-Ve 8h30-13h et 13h30-17h.) La **Banco Pichincha** se trouve dans la rue Sucre, au coin de la rue 10 de Agosto. (☎980 529. Ouvert Lu-Ve 8h-18h, Sa. 8h-14h et Di. 9h-13h.) **Urgences** : ☎101 ou 980 101. **Police** : à l'angle des rues Manabí et Guatemala, au nord. (☎981 321, 980 345.) **Bureau de poste** : Bolívar 53027, au coin de la rue Junín. (☎980 552. Ouvert Lu-Ve 8h-12h et 14h-18h, Sa. 9h-12h.) A moins que vous n'envisagiez de dépenser plus de 4 $ par personne, ne vous attendez pas à un hébergement luxueux. La rue Sucre, à l'ouest du Parque Principal, est bordée d'hôtels. L'**Hotel Internacional Azteca**, au coin des rues Bolívar et Atahualpa, à une *cuadra* à l'ouest du Parque Ayora, au premier étage, a les chambres les plus propres de la ville, avec salle de bains (et eau chaude), téléphone et télévision (☎981 447, fax 980 481, chambre simple 1,90 $, double 2,60 $). L'**Hotel España**, à hauteur des rues Sucre et Pichincha, dispose de grandes fenêtres, d'eau chaude le matin, de salles de bains et de téléviseurs couleur (☎983 860, chambre 2,80 $ par personne). Le **Residencial Sucre**, Junín 396, au coin de la rue Bolívar, jouxte un grand nombre de restaurants. Les quelques chambres qui disposent de fenêtres donnent sur des murs et sont par conséquent aussi sombres que les autres ! Dans le hall, vous trouverez une télévision défaillante et des fauteuils confortables (chambre 1 $ par personne). Plusieurs restaurants colombiens se sont établis parmi les établissements équatoriens. Pour goûter aux diverses gastronomies, tentez votre chance dans les rues Sucre et Bolívar, derrière la rue 10 de Agosto.

L'AVENUE DES VOLCANS

LATACUNGA ☎03

Entre 1532 et 1904, le Cotopaxi, le plus haut volcan en activité du monde, n'a cessé d'entrer en éruption. A vingt-deux reprises, il a dévasté et parfois entièrement détruit la ville voisine de Latacunga. Et à chaque fois, les citoyens de Latacunga ont délibérément choisi de rentrer chez eux et de tout reconstruire. C'est l'un des grands mystères du peuple équatorien : pourquoi donc se sont-ils acharnés à retourner à Latacunga ? Etait-ce à cause des fruits, du café, du sucre, du cacao, du caoutchouc et du bétail qui croissaient sur une terre fertile, nourrie par des millénaires de cendre volcanique ? Ou était-ce l'incroyable panorama (une couronne de pics andins cernant la ville située à 2700 m d'altitude) et la proximité de merveilles naturelles qui en ont

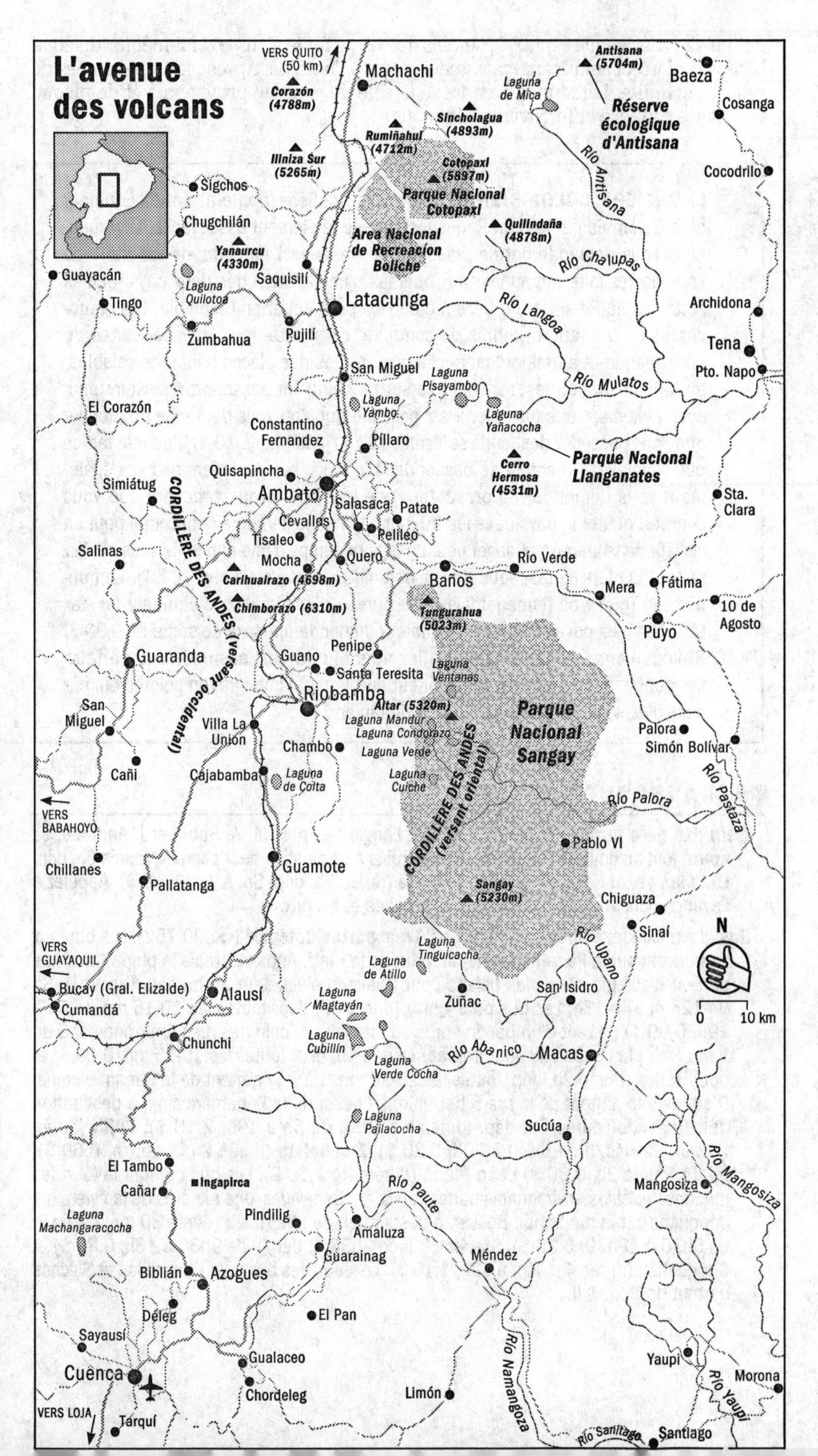
L'avenue des volcans
VERS QUITO (50 km)
Machachi
Corazón (4788m)
Antisana (5704m)
Laguna de Mica
Baeza
Cosanga
Sincholagua (4893m)
Rumiñahui (4712m)
Réserve écologique d'Antisana
Iliniza Sur (5265m)
Cotopaxi (5897m)
Parque Nacional Cotopaxi
Río Antisana
Cocodrilo
Sigchos
Chugchilán
Area Nacional de Recreacion Boliche
Quilindaña (4878m)
Yanaurcu (4330m)
Río Chalupas
Guayacán
Laguna Quilotoa
Saquisilí
Latacunga
Río Langoa
Archidona
Tingo
Zumbahua
Pujilí
Tena
San Miguel
Laguna Pisayambo
Río Mulatos
Pto. Napo
Laguna Yambo
Laguna Yañacocha
El Corazón
Constantino Fernandez
Píllaro
Parque Nacional Llanganates
Cerro Hermosa (4531m)
Quisapincha
Simiátug
Ambato
CORDILLÈRE DES ANDES (versant occidental)
Sta. Clara
Salasaca
Patate
Cevallos
Pelileo
Tisaleo
Salinas
Mocha
Quero
Río Verde
Baños
Carihuairazo (4698m)
Mera
Fátima
Chimborazo (6310m)
Tungurahua (5023m)
10 de Agosto
Puyo
Penipe
Guaranda
Guano
Santa Teresita
Laguna Ventanas
Riobamba
Parque Nacional Sangay
Altar (5320m)
Laguna Mandur
Laguna Condorazo
San Miguel
Villa La Unión
Palora
Chambo
Laguna Verde
Simón Bolívar
Cañi
Cajabamba
Laguna de Colta
Laguna Cuiche
CORDILLÈRE DES ANDES (versant oriental)
Río Pastaza
Río Palora
VERS BABAHOYO
Pablo VI
Chillanes
Guamote
Pallatanga
Sangay (5230m)
Chiguaza
Sinaí
VERS GUAYAQUIL
Laguna Tinguicacha
Río Upano
Laguna de Atillo
N
Bucay (Gral. Elizalde)
Alausí
Laguna Magtayán
Zuñac
San Isidro
0
10 km
Cumandá
Chunchi
Laguna Cubillín
Río Abanico
Macas
Laguna Verde Cocha
Laguna Pailacocha
Sucúa
Río Mangosiza
El Tambo
Ingapirca
Cañar
Río Paute
Mangosiza
Pindilig
Laguna Machangaracocha
Amaluza
Guarainag
Méndez
Biblián
Azogues
Déleg
El Pan
Río Namangoza
Sayausí
Gualaceo
Yaupi
Cuenca
Río Yaupi
Morona
Chordeleg
Limón
VERS LOJA
Tarquí
Río Santiago
Santiago

fait un site touristique réputé ? A moins que ce ne fût le Cotopaxi lui-même : un cône blanc quasi irréel culminant majestueusement à l'horizon. Après plusieurs années de relative stabilité, Latacunga a endossé le rôle de capitale provinciale et de plaque tournante routière et ferroviaire régionale.

FRONTIÈRE COLOMBIENNE Franchir la frontière (*frontera*) entre l'Equateur et la Colombie par le pont Rumichaca est généralement assez facile. Les douaniers vous demanderont de présenter un **passeport** en cours de validité, que vous devrez faire tamponner aux bureaux d'immigration des deux pays. Seules certaines nationalités ont besoin d'un visa pour entrer en Colombie. Les photocopies de passeport, permis de conduire, certificats de naissance, cartes de bibliothèque et autres ordonnances ne sont pas des pièces d'identité valables, et l'administration reste très stricte sur ce point. Un passeport provisoire peut éventuellement être accepté. Il est possible que l'on vous demande de prouver que vous possédez des fonds suffisants (20 $/j, étudiants 10 $/j) pour le temps que vous avez l'intention de passer dans le pays. Les douaniers peuvent également vous demander de présenter votre billet de retour, prouvant que vous comptez quitter le pays dans les 90 jours, temps réglementaire maximal pour un visiteur dans un pays étranger pour un laps de temps d'une année. Si vous désirez rester plus longtemps, vous devrez obtenir un visa (voir **Visas**, p. 54). La frontière de Tulcán ne ferme jamais, et le bureau d'immigration d'Equateur (☎/fax 980 704) est ouvert 24h/24. L'Equateur demande une taxe de sortie de 0,80 $. Si vous venez de Colombie et allez vers l'Equateur, assurez-vous de faire tamponner votre passeport à l'intérieur du bureau d'immigration colombien, car des voleurs prétendent souvent être douaniers.

TRANSPORTS

Train : La **gare ferroviaire** (☎960 115), à l'angle des rues M. A. Subia et J. Andrade, se trouve tout au bout de la Panaméricaine. Trains à destination de **Riobamba** (durée 6h, dép. Lu., Ma., Ve. et Sa. à 7h, 8 $) et de **Quito** (durée 7h, dép. Sa. à 11h30, 8 $). Appelez à l'avance pour vous faire confirmer les horaires et les prix.

Bus : La meilleure compagnie de bus est **Transportes Cotopaxi** (☎800 752). Les bureaux se trouvent sur la Panaméricaine, au bout de la rue J. Andrade, mais la plupart des bus partent d'ailleurs. Seuls les tickets pour Quevedo s'achètent au bureau. Ouvert Lu-Sa 9h-12h et 14h-18h. Les bus pour **Quito** (durée 2h, dép. toutes les 10-15 mn de 5h à 19h, 0,90 $) partent d'un parking près du marché, au coin des rues Amazonas et 5 de Junio (voir plan). Les bus pour **Ambato** (durée 1h, dép. toutes les 10-15 mn, 0,60 $) et pour **Baños** (durée 2h, dép. toutes les 20-30 mn, 1,10 $) partent de la Panaméricaine. D'autres bus partent de la rue 5 de Junio, à l'ouest de la Panaméricaine, à destination de : **Quevedo** (durée 5h, dép. toutes les 1h30 de 5h à 19h, 2,10 $), **Pujilí** (durée 20 mn, 12 dép/h de 6h30 à 20h, 0,20 $), **Zumbahua** (durée 2h, 1 dép/h, 0,60 $), **Pilaló** (durée 3h, 0,80 $) et **La Maná** (durée 4h, 1,60 $). Les bus qui font le tour des quelques *pueblos* environnants partent de la rue Benavidez, une rue près de la rivière qui débouche sur la rue Simón Bolívar, à destination de : **Saquisilí** (durée 30 mn, 6 dép/h de 5h30 à 18h30, 0,20 $), **Sigchos** (durée 2h30, 2 dép/h de 9h30 à 16h, 0,80 $) et **Chugchilán** (durée 4h, dép. à 12h, 1,10 $). Le jeudi, des bus pour Chugchilán et Sigchos partent de Saquisilí.

ORIENTATION ET INFORMATIONS PRATIQUES

Le secteur le plus passant de Latacunga est celui qui jouxte la **Panaméricaine**. Cette artère abrite plusieurs hôtels et des restaurants essentiellement destinés aux véhicules de passage. La partie principale de la ville, tout en hauteur, s'étend de l'autre côté du **Río Cutuchi** en un vaste quadrillage. Les commerces bordent la rue principale, **Amazonas**, tandis que les bâtiments municipaux et touristiques occupent les environs du **Parque Vicente León**, notamment les rues **Quito** et **Quevedo**. Des bus traversent la rivière pour se rendre au centre-ville, mais le trajet se fait rapidement à pied.

Office de tourisme : Latacunga n'a pas de véritable office de tourisme, mais les propriétaires des hôtels **Cotopaxi**, **Estambul** et **Tilipulo** vous fourniront toutes les informations nécessaires. De nombreuses agences de voyage pourront également vous renseigner.

Banques : La **Banco de Guayaquil** (☎ 813 902) se trouve au coin des rues Sánchez de Orellama et Maldonado. Toutefois, mieux vaut changer son argent à Ambato ou à Riobamba, plutôt qu'à Latacunga. Ouvert Lu-Ve 9h-18h et Sa. 9h-13h.

Marché : Expérience incontournable, le **mercado** de Latacunga se tient entre les rues 5 de Junio et Clavijo. On y trouve de tout et à des prix dérisoires, surtout le samedi. Ouvert tlj 7h-18h. Pour vos courses alimentaires, essayez le **supermarché** près du restaurant Rodelú.

Urgences : ☎ 101.

Police : (☎ 812 666), rue General Proaño, à 1 km environ du centre-ville, et à 20 mn à pied à l'est du cimetière.

Hôpital : **Hospital General** (☎ 800 331 ou 800 332), à l'angle des rues Hmas. Paez et 2 de Mayo. Service d'ambulances (prix proportionnels à la distance).

Internet : **ACCOMP** (☎ 810 710, e-mail accomp@uio.satnet.net), dans la galerie commerçante de la rue Salcedo, entre les rues Quito et Quevedo. 1,20 $ l'heure. Ouvert Lu-Sa 9h-13h et 15h-20h.

Téléphone : **EMETEL**, à l'angle des rues Maldonado et Quevedo, près de la poste. Ouvert tlj 8h-21h. **Andinate**, à l'intersection de la rue Torres et de la Panaméricaine.

Bureau de poste : (☎ 811 394), au niveau des rues Quevedo et Maldonado, non loin du Parque Vicente León et près du bureau EMETEL. Ouvert Lu-Ve 8h-12h et 14h-19h, Sa. 8h-12h.

HÉBERGEMENT

Bien que peu touristique, Latacunga dispose d'un vaste choix d'hôtels. Plusieurs d'entre eux jalonnent la route panaméricaine, et les autres se trouvent au centre, de l'autre côté de la rivière. La plupart se remplissent avant le marché du jeudi de Saquisilí et organisent des excursions au Cotopaxi (20-30 $).

Hotel Cotopaxi, rue Salcedo, près de la Banco del Austro du Parque León (☎ 801 310). Parmi les petits plus, citons les salles de bain privées, le personnel très sympathique (et documenté sur la région), l'eau chaude, un café, la télévision, une consigne, un coffre-fort et de superbes vues sur le parc. Hélas, sa situation centrale ne le met pas à l'abri du bruit des bus qui passent. Chambre 2,80 $ par personne.

Hotel Estambul, Quevedo 6-44, entre les rues Salcedo et Guayaquil (☎ 800 354). Situé en plein centre-ville, il dispose de chambres impeccables et confortables avec salle de bains privée ou commune et eau chaude. Prenez le frais dans la cour, ou admirez la vue sur la ville depuis le toit en terrasse. Baquet à lessive. Chambre 3-4 $ par personne.

Hotel Los Nevados, rue 5 de Junio, près de l'arrêt des bus pour Ambato et Baños (☎ 800 407). Etablissement calme, aux jolis couvre-lits et décorations d'oiseaux, qui invite à se détendre, à prendre une douche bien chaude et à rêvasser devant votre linge qui sèche en terrasse. Chambre simple 1,60 $, avec salle de bains 2 $, chambre double 2,80 $, avec salle de bains 3,60 $.

Residencial Santiago, rue 2 de Mayo, près de la rue Guayaquil (☎ 802 164). Grandes chambres confortables avec télévision, miroirs et salle de bains assortie et rutilante (avec eau chaude). La salle commune dispose de fauteuils où il fait bon lire ou somnoler. Chambre 2 $ par personne.

Hotel Tilipulo, au coin des rues Guayaquil et Quevedo, au nord-ouest du Parque León (☎ 802 130). Adresse très sympathique, avec des chambres baptisées "les illusions" ou "les tournesols". Chambre 3 $ par personne.

RESTAURANTS

Les ruelles de Latacunga abritent de nombreux restaurants typiques proposant des *almuerzos* standard (0,50 $). On peut se nourrir pour encore moins cher au marché, mais attention à l'hygiène !

Restaurant Rodelú, rue Quito, entre les rues Salcedo et Guayaquil, sous l'hôtel homonyme (☎ 800 956). On peut déguster une excellente pizza au poivron grillé ou au pesto de persil (1,20-1,40 $) au rythme du tango. Pâtes à partir de 1,40 $. Ouvert Lu-Sa 8h-15h et 17h-21h30, Di. 8h-15h.

La Casa de Chocolate, au coin des rues Amazonas et Guayaquil. Les murs vert pastel et turquoise, les nappes vichy et le réfrigérateur jaune vif offrent un cadre parfait aux amateurs de *telenovelas*. Délicieux chocolat chaud 0,40 $, *empanadas* 0,10 $. Ouvert Lu-Sa 8h-21h.

VISITES ET FÊTES

Inutile de le cacher : la plupart des touristes de passage à Latacunga ne sont pas là pour visiter la ville. Toutefois, si vous y passez la nuit, vous trouverez de quoi vous occuper. Le **Molino de Monserrat**, près de la cascade, à l'angle des rues Vela et Maldonado, est le siège de la **Casa de la Cultura** (maison de la culture). Il abrite une galerie d'art local, un musée d'ethnologie, une petite bibliothèque et un amphithéâtre au bord de l'eau. Edifié par les Jésuites en 1756 et utilisé à l'origine comme meunerie, ce bâtiment colonial rend aujourd'hui hommage à la culture et aux traditions locales. (Ouvert Ma-Sa 8h-12h et 14h-18h. 0,40 $, étudiants 0,10 $.) Impossible de manquer le **mercado** : il occupe plusieurs *cuadras* depuis la rivière jusqu'à la rue Amazonas. (Ouvert tlj 7h-18h, particulièrement animé le samedi.) Si vous êtes de passage les 23 et 24 septembre, vous pourrez assister à la fête traditionnelle de **La Virgen de Las Mercedes**, au cours de laquelle les hommes indigènes se déguisent en femmes noires et, au cours d'une cérémonie, arrosent l'assistance de lait parfumé. Puis, pendant la fête de la **Mama Negra** (11 novembre), les hommes blancs se travestissent et se peignent le visage en noir. Cette fête coïncide également avec la **Fête de l'Indépendance de Latacunga**, lors de laquelle ont lieu des défilés, des foires et des courses de taureaux ; elle commémore ce jour de 1820 où les patriotes de Latacunga vainquirent les royalistes espagnols.

CIRCUIT DE LATACUNGA ☎03

A l'ouest de Latacunga, les étroites ruelles cèdent le pas aux champs de *chilco* et de foin, et l'on a parfois l'impression que la région est plus peuplée de moutons que d'êtres humains. De petits villages ponctuent le patchwork des champs et les versants déchiquetés des sommets andins. La visite de ces villages est une excellente façon de sortir des sentiers battus et de s'immerger dans un monde étranger, dans lequel il vous sera parfois difficile de vous retrouver. Pour les excursions plus lointaines, la randonnée est la seule possibilité car les services de bus desservant ces contrées reculées sont peu pratiques, à l'exception peut-être de la ligne à destination de Saquisilí et de Pujilí (voir **Latacunga, Bus**, p. 620).

PUJILÍ

Des bus partent fréquemment du coin des rues 5 de Junio et M. A. Subia, à une cuadra de la route panaméricaine et près de la voie ferrée de Latacunga, à destination de Pujilí (durée 15 mn, 12 dép/h de 6h30 à 20h, 0,20 $). Ne manquez pas le dernier bus de retour : il n'y a pas de lieux d'hébergement dans ce petit village.

La première étape du circuit, Pujilí, est en fait la banlieue de Latacunga. Les principaux points d'intérêt du village sont le **marché** dominical, à l'angle des rues Rocafuerte et Pichincha, et les célèbres ateliers de poterie de **La Victoria** (montez à partir de l'arrêt de bus qui représente une statue de soudeur). Du 3 au 6 juin a lieu la fête du **Corpus Christi**.

ZUMBAHUA

Pour retourner à Latacunga, prenez le bus Quevedo-Latacunga sur la "grand-route" au-dessus de Zumbahua (durée 2h, 1 dép/h jusqu'à 20h, 0,30 $).

Tandis que Latacunga et Pujilí s'effacent peu à peu de l'horizon, le paysage poussiéreux s'enrichit de terre noire et fertile sur les hauteurs. Capitale des communautés amérindiennes locales, Zumbahua est réputée pour son **marché du samedi**. Plusieurs hôtels récents essaient d'ouvrir la petite ville aux touristes. L'**Hostal Richard** propose des chambres avec eau tiède et œuvres d'art locales (2 $ par personne). Un peu plus haut, l'**Hostal Cóndor Matzi**, également sur la place du marché, dispose de chambres claires avec lits propres, salle de bains commune (avec eau chaude) et poêle à bois au rez-de-chaussée. (☎814 610. Chambre 3 $ par personne, avec petit déjeuner 6 $.) Les hôtels peuvent organiser des excursions à Quilotoa et autres destinations proches.

LAGUNA QUILOTOA

Il y a plusieurs façons de se rendre aux villages voisins de Chugchilán (22 km) et de Zumbahua (14 km). Un bus part de Chugchilán vers 4h. Des camions au départ de Zumbahua ou de Chugchilán emmènent les touristes jusqu'à Quilotoa (à partir de 6 $). Pour un peu plus, vous pouvez demander au chauffeur de vous attendre pour le retour. Pour vous y rendre à pied depuis Zumbahua, traversez le ***canyon du Río Toachi****, puis suivez la route principale (durée 5-7h). Les propriétaires des Cabañas Quilotoa fournissent des cartes pour effectuer la randonnée de Quilotoa à Chugchilán (environ 5h). Munissez-vous de vêtements chauds : il fait assez froid à 3800 m d'altitude, et le temps a tendance à changer rapidement. Vous pouvez également aller de Chugchilán à Quilotoa à cheval (10 $).*

Le lac volcanique de Quilotoa (Laguna Quilotoa) repose tout là-haut là-haut (3854 m d'altitude), à l'endroit où la montagne perce le ciel, au fond de l'immense cratère qui constituait jadis le colossal volcan Quilotoa. Un seul coup d'œil sur ce lac émeraude vous fera oublier la difficulté du trajet. Ne comptez pas plus de 30 mn pour descendre au lac, mais la remontée, très abrupte, pourra demander deux fois plus de temps. Vous pouvez choisir de faire le chemin à dos de mule (2 $ dans l'un ou l'autre sens). Comptez environ cinq heures pour faire le tour du cratère à pied : quand vous aurez parcouru la moitié du sentier à partir de la route d'accès au sommet du cratère, vous serez déjà bien avancé sur le chemin de Chugchilán. Toutefois, en raison de récents glissements de terrain, la randonnée est très ardue à certains endroits. Non loin de la route d'accès, le village de Quilotoa abrite quelques "hôtels" familiaux, qui se battent pour accueillir les rares touristes nocturnes. Du fait de leur situation très reculée, ces établissements sont d'un confort excessivement sommaire. Le plus important est la chaleur, les températures chutant d'un coup dès le coucher du soleil. Cela dit, les **Cabañas Quilotoa** proposent des chambres communes avec couvertures en laine, poêle à bois et eau chaude. (Chambre 3 $, avec les repas 5 $.) L'**Hostal Quilotoa** est plus rudimentaire : il n'a que trois lits (ou un sol en terre battue) et pas d'eau courante. (Petit déjeuner 0,80 $, dîner 1 $. Chambre 1,20 $ par personne.)

CHUGCHILÁN

Un bus quotidien dessert Latacunga (durée 4h, dép. Lu-Sa à 3h et Di. à 6h, 1,10 $) ou Zumbahua via Quilotoa, ou d'autres destinations selon le jour (le Black Sheep Inn fournit des horaires).

Si, depuis quelques années, Chugchilán est littéralement envahi par les visiteurs, c'est peut-être à cause de son idyllique ❤ **Black Sheep Inn**, situé à 500 m environ avant le village sur la route de Sigchos. Ce complexe montagnard en totale symbiose avec l'environnement, conçu et construit au début des années 1990 par un jeune couple nord-américain, semble émerger de la terre plutôt que reposer dessus. Des canards, des lamas et même une *oveja negra* (brebis noire) se promènent sur le terrain, fort bien aménagé, avec un jardin biologique et des douches chaudes. Vous aurez là des vues époustouflantes sur le paysage andin. Le prix d'une chambre comprend deux repas végétariens maison, servis en commun dans une confortable salle à manger. Le thé, le café et l'eau sont offerts. (☎ (03) 814 587, e-mail blksheep@interactive.net.ec, Web : www.blacksheepinn.com. Accès Internet 1,25 $ les 15 mn. Chambre commune 15 $ par personne, chambre simple 30 $, double 36 $, triple 51 $.) Le charmant et propre **Mama Hilda's**, un peu plus proche du village, est tenu par une merveilleuse Equatorienne. (Chambre 7 $, 3 repas compris.) Pour un logement moins cher et plus spartiate, tentez votre chance auprès de l'**Hostal Bosque Nublado**. (Chambre 4 $, dîner inclus.) En raison du manque relatif des transports et de la beauté sauvage de la région, il peut être intéressant de passer plusieurs nuits à Chugchilán. Les propriétaires de la Black Sheep Inn pourront vous indiquer d'excellentes excursions à faire dans le coin, de difficulté variable. Par exemple, Quilotoa n'est pas très loin, et le **canyon du Río Toachi** encore plus près. Dans l'autre sens, vous trouverez une **fabrique de fromages européenne**, fondée il y a plusieurs décennies par

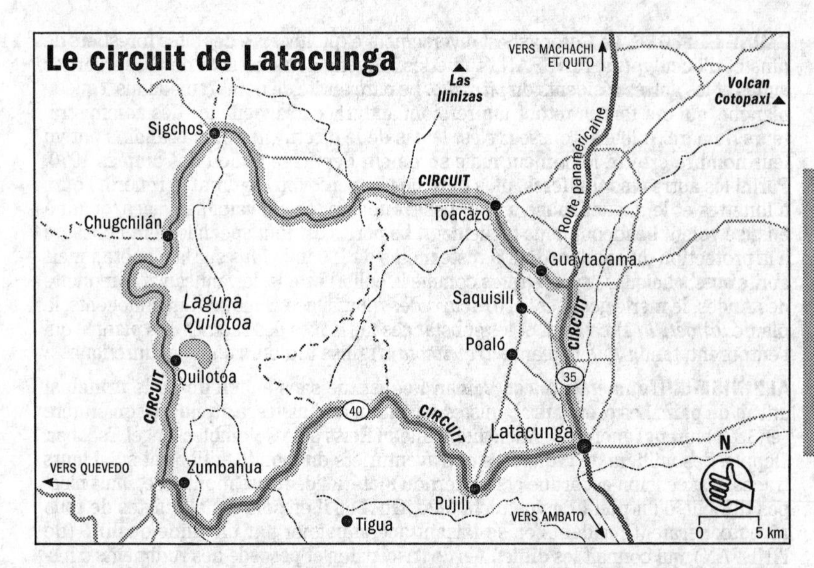

un entrepreneur suisse et aujourd'hui dirigée par des autochtones. Quelques mystérieuses **ruines incas** du type "traces de soucoupe volante" vous attendent à quelque trois heures de marche. Une randonnée d'un à deux jours vous fera descendre dans une impressionnante **forêt**, sur les versants occidentaux des Andes. Des cartes de randonnée vous seront fournies par la Black Sheep Inn. On peut également louer des **camions** et des **chevaux** (10 $).

SAQUISILÍ

Des bus fréquents pour Latacunga partent de l'intersection des rues Bolívar et Sucre (durée 20 mn, 6 dép/h de 5h30 à 18h30, 0,20 $) et se rendent une fois par semaine à Chugchilán (dép. Je. à 11h30).

Le célèbre marché de Saquisilí est un passage obligatoire quand on visite la région de Latacunga. Tous les jeudis, le petit village explose de couleurs et expose ses produits au détour de ses nombreuses places. Suivez la foule à 1 km au nord du marché principal pour visiter le marché au bétail. (Ouvert Je. jusqu'à 10h). Le flambant neuf **San Carlos Hotel**, au coin des rues Bolívar et Sucre, propose des salles de bains privées, des couvre-lits assortis, des sols carrelés impeccables, un café et un garage. (☎721 057. Chambre simple 2 $, double 3,90 $, triple 4 $.) En redescendant la rue Bolívar en direction de Latacunga, vous tomberez sur le très accueillant **Salón Pichincha**. (☎721 247. Chambre 1 $ par personne.) Les hôtels de Saquisilí et de Latacunga se remplissent vite le mercredi soir, aussi appelez à l'avance pour réserver.

PARQUE NACIONAL COTOPAXI

Cotopaxi, un terme dérivé de la langue cayapa, signifie "cou du soleil". En quechua, cela veut dire "frontière de la lune". Depuis des années, le volcan est unanimement vénéré par les *indígenas*, les alpinistes et autres esthètes. Dans un paysage paradoxal de fumerolles thermales et de glaciers, le **Cotopaxi** (5897 m) est le plus haut volcan en activité du monde. De nombreux visiteurs viennent escalader ce rocher de lave ou jouir des plaisirs plus subtils qu'offre le parc national. Le *páramo* (haut plateau) fleuri qui entoure le sommet abrite un grand nombre d'espèces. (Ouvert tlj 7h-18h. 10 $.)

FAUNE ET FLORE. Le Cotopaxi est diversement exploité. Près des sites forestiers de pins et d'eucalyptus, l'INEFAN étudie les moyens de nourrir et de préserver les lamas et les autres résidents du *páramo*. Le parc abrite de nombreux daims à queue blanche, qui ont fait un retour impressionnant grâce à la vigilance des administrateurs du parc. A leurs trousses (c'est le cas de le dire…), les pumas andins ont vu leur nombre croître lentement mais sûrement depuis le milieu des années 1970. Parmi les autres mammifères, plus difficiles à apercevoir, figurent le renard, l'ours à lunettes et le daguet rouge andin. Les troupeaux de chevaux sauvages, quant à eux, se voient beaucoup plus facilement. Le parc s'est tout spécialement consacré à la protection du condor (dont il reste moins de 100 individus sur la planète), mais abrite aussi quelques espèces rares comme le colibri estelle, le vanneau et la mouette des Andes, le merle géant et le *caracara* des montagnes. Sous ses airs innocents, la plante *lancetilla* suce l'eau et les substances nutritives des racines des plantes qui l'entourent, tandis que la plante *arquitecta* s'utilise toujours comme diurétique.

ALPINISME. L'immense **volcan Cotopaxi** constitue sans aucun doute le principal attrait du parc. Les premiers alpinistes, ou plutôt andinistes, à atteindre son cratère (en 1872) furent l'énergique Allemand Wilhelm Reiss et le Colombien Angel Escobar. Depuis, des milliers de grimpeurs et d'aventuriers du monde entier ont suivi leurs traces. L'ascension est ardue et requiert du matériel de haute montagne, mais n'est pas difficile d'un point de vue technique. Quoi qu'il en soit, les alpinistes de tous niveaux seraient prudents en se faisant accompagner par un guide qualifié (de l'INEFAN), qui connaît les difficultés de l'ascension et possède des rudiments d'histoire naturelle. Les expéditions jusqu'au sommet partent du refuge José Ribas (4800 m) vers minuit, quand la neige est bien dure et les conditions plus sûres. Comptez environ six à sept heures pour atteindre le sommet, mais seulement deux à trois heures pour retourner au refuge. En raison de ce départ matinal, il est impératif de passer la nuit précédente dans ce dernier. Il peut loger 45 personnes et dispose de lits de camp, d'eau propre et de l'électricité (10 $ par personne). Les visiteurs doivent se munir de vêtements chauds, de sacs de couchage épais, de vivres, et avoir des poumons acclimatés.

Pour plus d'informations sur l'escalade du Cotopaxi, consultez l'une des agences de voyages de Quito, notamment dans la rue Juan León Mera (voir p. 532). Assurez-vous que votre guide est agréé par l'**Association équatorienne des guides de montagne (ASEGUIM)**, la plus respectée de la région. **Compañía de Guías**, Jorge Washington 25, au coin de la rue 6 de Diciembre à Quito, propose une ascension de deux jours jusqu'au sommet (160 $ par personne) incluant les repas, l'hébergement, les transports, le matériel et un guide polyglotte agréé par l'ASEGUIM. (☎/fax 504 773, e-mail quismontania@accessinter.net, Web : www.ecuaworld.com/guides. Ouvert tlj 9h30-13h et 15h-18h30.) **Safari Tours**, Calama 380, à l'angle de la rue León Mera, fournit également des guides de montagne ASEGUIM chevronnés, parlant plusieurs langues. Leur excursion de deux jours (185 $ par personne) comprend les repas, l'hébergement, les transports et le matériel si vous n'en possédez pas. (☎ 552 505, fax 220 426, e-mail admin@safariec.ecuanex.net.ec. Ouvert tlj 9h-19h.) Si vous êtes déjà à Latacunga, **Expediciones Amazonicas** (☎ 03 800 375), Quito 16-67, propose des guides qualifiés du CETUR et les mêmes services que les agences de Quito. **The Biking Dutchman**, à Quito (voir p. 532), propose des excursions en VTT dans le parc.

RANDONNÉE ET CAMPING. Depuis la plaine au pied du volcan, les marcheurs équipés de chaussures de randonnée, de vêtements de pluie et d'un pull bien chaud peuvent s'aventurer dans presque toutes les directions. L'absence d'arbres et la présence du Cotopaxi facilitent l'orientation. Comptez une heure pour une marche facile autour du **lac Limpiopungo**. Les randonneurs un peu plus avertis pourront prolonger la marche en s'aventurant dans les contreforts du **volcan Rumañahui** (4712 m), de l'autre côté du lac à partir du Cotopaxi (2h d'ascension). Pour ceux qui souhaitent passer la nuit sur place, les campings du parc se trouvent à 30 mn en voiture sur la route principale qui part de l'entrée. La route traverse une petite rivière dépourvue de pont. Sur la gauche, un panneau indique un **terrain de camping** à proximité, qui offre tout le confort souhaitable. La plupart des gens dorment dans des tentes, mais l'on trouve aussi une cabane, moins fiable, qui a l'avantage d'avoir l'eau courante et de se trouver près des rives de l'immense lac Limpiopungo. A 15 mn de là sur la route, un deuxième panneau indique un **camping** à droite. Aussi grand que le premier, celui-ci s'enorgueillit d'une vue sur le Cotopaxi. On y trouve une cabane (0,10 $) mais pas d'eau courante. Un minuscule **musée** consacré au parc national, sur le chemin qui mène aux terrains de camping, possède des animaux empaillés, une représentation en trois dimensions du parc ainsi que des informations sur l'histoire du Cotopaxi. A l'extérieur du musée, une carte du parc indique les sentiers qui conduisent à la base du Rumañahui et à un jardin.

TRANSPORTS. Il est conseillé de circuler en 4x4 car les endroits les plus intéressants sont séparés de l'arrêt de bus (sur la Panaméricaine) par une marche peu attrayante (2h jusqu'à l'entrée du parc et 4h jusqu'au lac). N'importe quel bus reliant Quito à Latacunga peut vous déposer sur la route d'accès, au sud du parc, ou 10 mn plus loin au sud, dans le village de **Lasso** (depuis Latacunga durée 30 mn, 6 dép/h, 0,30 $, depuis Quito durée 1h30, 12 dép/h, 0,80 $). Ceux qui se risquent à l'auto-stop affirment qu'il est facile de se faire déposer au parc à partir de l'intersection de la route d'accès et de la route panaméricaine. Depuis Lasso, des taxis et des camions déposent également les passagers au parc. Si vous souhaitez aller jusqu'au refuge, il vous en coûtera 16 $ et il vous faudra encore marcher pendant 45 mn à partir du parking. A Latacunga, les hôtels Estambul, Cotopaxi et Tilipulo peuvent vous amener au parc et organiser des excursions (à partir de 25 $ par personne, entrée du parc non comprise).

AMBATO ☎03

Située à 128 km au sud de Quito, dans la province du Tungurahua, Ambato est une autre ville entourée de volcans et de pics enneigés. La ville en elle-même est assez chaude et, même en fin d'après-midi, la chaleur continue d'irradier les murs. Cette ville andine moderne fut construite sur une série de différents plateaux et montagnes, ce qui explique sa topographie mouvementée. Les *Ambateños* tirent une grande fierté de leur tradition agricole ancestrale. La renaissance culturelle d'Ambato est aussi prospère que son activité économique, notamment dans le domaine de la littérature sud-américaine. Surnommée "la contrée des trois Juans", Ambato a accueilli les romanciers **Juan Montalvo**, **Juan Benigno Vela** et **Juan León Mera**, ainsi que quelques autres personnalités intellectuelles dont les noms figurent aujourd'hui sur les plaques de rue et dans les musées.

TRANSPORTS

Bus longue distance : Les bus partent de la gare routière à destination de **Guayaquil** (durée 6h, 1 dép/h de 7h à 14h30, 2,80 $), **Quito** (durée 2h30, 4 dép/h de 6h à 18h, 1,40 $), **Santo Domingo** (durée 4h, 15 dép/j de 8h à 21h45, 1,90 $), **Babahoyo** (durée 5h, 2 dép/h de 6h à 18h, 2,50 $), **Riobamba** (durée 30 mn, dép. toutes les 45 mn de 5h30 à 19h, 0,70 $), **Baños** (durée 45 mn, 2 dép/h jusqu'à 20h, 0,40 $), **Tena** (durée 6h, dép. à 12h30, 2,80 $) et **Puyo** (durée 3h, dép. à 9h, à 11h et à 12h, 1,40 $). Quand la route Baños-Puyo est ouverte, un bus plus rapide relie Baños à l'Oriente (dép. Di-Lu).

Bus locaux : Les bus à destination des villages voisins partent de différents endroits du centre-ville. Depuis le **Parque Cevallos**, les bus desservent **Ficoa**, **Atocha**, **Ingahurro** (avec un arrêt devant le supermarché) et **Pinllo** (durée 15-30 mn, 6 dép/h de 6h15 à 19h30, 0,10 $). Depuis le coin des rues Los Andes et Tomás Sevilla, les bus relient **Picaigua** (durée 10 mn, 6 dép/h de 6h30 à 18h30, 0,10 $) et **Pelileo** (durée 35 mn, 6 dép/h de 6h10 à 18h10, 0,20 $) via **Salasaca** (durée 25 mn, 0,10 $). Les bus longue distance à destination de Baños s'arrêtent également ici.

Taxi : (☎821 190), ou faites-leur signe dans la rue. Une course en ville coûte 0,60 $.

ORIENTATION ET INFORMATIONS PRATIQUES

Les **gares routière et ferroviaire** se trouvent à l'extrémité nord de la ville, au bout de la rue **12 de Noviembre**, à 2 km environ du centre, que l'on rejoint facilement en taxi ou en bus. Tournez à droite dans la rue devant la gare routière et grimpez pendant 200 m. A la première grande intersection, prenez le bus à destination du *centro* (0,10 $). Un grand nombre d'hôtels bon marché bordent le **Parque 12 de Noviembre**. On trouve deux autres grands parcs au centre-ville : le **Parque Juan Montalvo** (siège des agences et des bureaux administratifs) et le **Parque Cevallos** (point de départ de nombreux bus locaux). Le centre couvre une superficie de cinq *cuadras* sur cinq.

Informations touristiques : **Ministerio de Turismo**, anciennement CETUR, au coin des rues Guayaquil et Rocafuerte (☎821 800). Procure des listes d'hôtels et de festivals. On y parle parfois anglais. Ouvert Lu-Ve 8h-16h30. Le **bureau de l'INEFAN**, rue Quis Quis Caspicara (☎848 542), fournit des renseignements sur le Parque Nacional Llanganates.

Agences de voyages : **Metropolitan Touring**, à l'angle des rues Rocafuerte et Montalvo (☎411 095). Ouvert Lu-Ve 9h-19h et Sa. 9h15-13h. **Casatours**, au coin des rues Cuenca et Latama (☎825 842).

Change : **Banco del Pacífico**, à l'intersection des rues Lalama et Cevallos (☎844 942). Ouvert Lu-Ve 8h45-16h. Un **distributeur automatique** Cirrus se trouve au coin des rues Sucre et Montalvo, en face de la cathédrale.

Marché : Particulièrement animé le lundi, il vend essentiellement des produits locaux et des ustensiles ménagers. Le marché est partiellement couvert dans la rue 12 de Noviembre, entre les rues Martínez et Egüez, et un peu plus haut dans la rue Vela, au Mercado Colombia.

Laverie automatique : **Química Automática**, Vela 432, à l'angle de la rue Quito (☎822 888). Ouvert Lu-Ve 8h-18h30 et Sa. 8h-12h.

Police : Atahualpa 568 (☎101).

Hôpital : **Hospital Regional Ambato**, au coin des rues Pasteur et Unidad Nacional (☎821 059, urgences ☎822 099).

Téléphone : Il y a deux bureaux **EMETEL** (☎820 034) : un près de la poste, et un autre un peu plus loin dans la rue Castillo, en direction de la rue Rocafuerte. Les deux sont ouverts Lu-Ve 8h-12h30 et 13h-22h, Sa. 8h-18h.

Internet : **Ciudadandina**, Castillo 5-28, au coin de la rue Cevallos (☎822 242). 0,80 $ l'heure. Ouvert Lu-Ve 9h-20h et Sa. 9h-19h.

Bureau de poste : A l'angle des rues Castillo et Bolívar (☎823 332). Ouvert Lu-Ve 7h30-19h et Sa. 8h-14h.

HÉBERGEMENT

❤ **Hotel San Francisco**, au coin des rues Egüez et Bolívar (☎840 148). Accueille beaucoup d'Equatoriens le week-end. Si vous supportez le bruit de vos voisins, les grandes chambres vous conviendront. Chambre 2 $ par personne.

Residencial América, rue Vela, près de la rue Mera. Tenu par une famille sympathique, il propose des chambres impeccables, hautes de plafond avec du parquet et de grands lits. Certaines chambres ont un balcon avec vue sur le parc. Les salles de bains communes sont propres et ont l'eau chaude. Chambre 1,60 $ par personne.

Hotel Pirámide Inn, au coin des rues Cevallos et Egüez, au dessus du Pollo a la Brasa (☎842 092). Vous apprécierez les chambres propres et moquettées, les salles de bains privées carrelées (avec savon et shampooing) et la TV câblée. Chambre à partir de 5 $ par personne.

Residencial Laurita, rue Mera, entre les rues Vela et 12 de Noviembre (☎821 377). Difficile de trouver plus simple. A l'exception de quelques plafonds et carrelages colorés, les

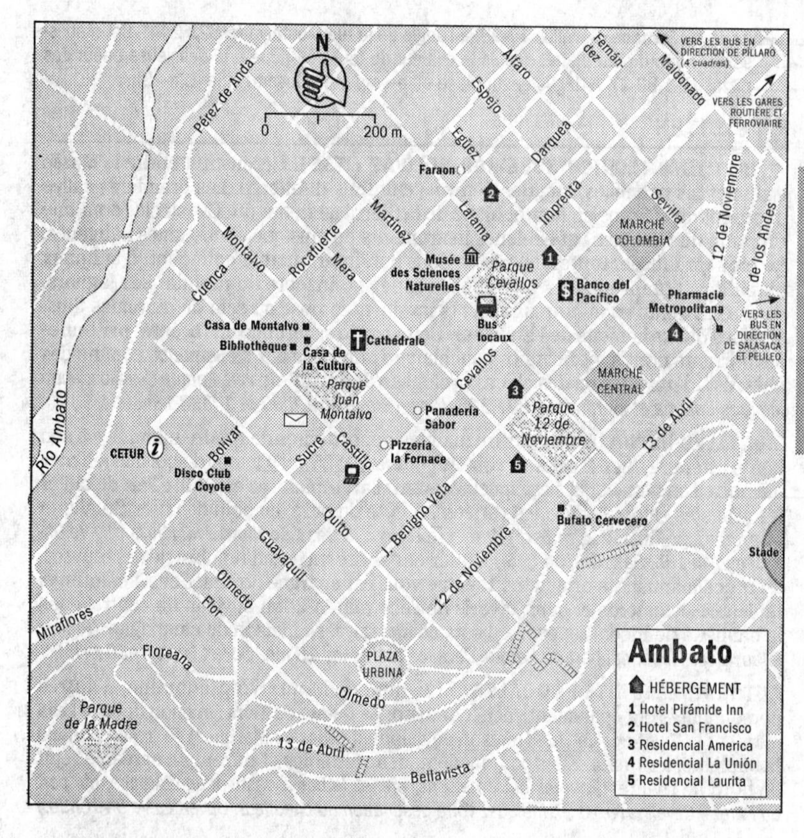

chambres dépouillées n'offrent rien d'autre que des murs et des lits. Eau chaude. Chambre 1,60 $ par personne.

Hostal La Unión, à l'angle des rues 12 de Noviembre et Espejo, dans le quartier du marché (☎822 375). Chambres sommaires et propres. Salles de bains communes avec eau chaude. Chambre 0,80 $ par personne.

RESTAURANTS

❤ **K'feteria Marcelo**, au coin des rues Castillo et Rocafuerte (☎828 208). Laissez-vous ouvrir les portes par le majordome tout de bordeaux vêtu et régalez-vous. Excellents café et cappuccino (0,24-0,36 $), sandwichs sophistiqués (0,44-0,96 $). Ouvert tlj 8h-22h.

Panadería Sabor, au coin des rues Cevallos et Montalvo (☎825 378). Les alléchantes pâtisseries et petits pains (0,10-0,30 $) satisferont les plus gourmands. A déguster sur place ou à emporter. Ouvert tlj 6h30-22h.

Chocobanana, Rocafuerte 15-77, à l'angle de la rue Quito (☎826 344). Les *Ambateños* de tout âge s'y retrouvent autour de sandwichs végétariens (0,50 $) et de bananes nappées de chocolat (0,25 $). Ouvert Lu-Sa 10h-13h30 et 16h-22h.

Restaurante Faraon, rue Bolívar, entre les rues Egüez et Lalama (☎821 252). Fréquenté depuis 25 ans par les *Ambateños* qui savent apprécier ses excellents plats équatoriens. *Desayuno* 1 $, *almuerzo* 2 $. Ouvert tlj 8h30-18h.

Pizzería La Fornace, Cevallos 17-28, à l'angle de la rue Montalvo (☎823 244). Cet établissement a tout pour plaire, depuis la chaleur du four de brique à la délicieuse odeur des pizzas (1-1,80 $). A déguster sur place ou à emporter. Ouvert Lu-Sa 12h-23h.

VISITES

INSTITUTO TÉCNICO SUPERIOR BOLÍVAR (ITSB). Cet institut abrite le **Musée des sciences naturelles**, l'un des fleurons culturels d'Ambato. Les premières salles exposent des photos en noir et blanc de la Sierra au début du XXe siècle (dont une éruption du Cotopaxi) et quelques instruments de musique et costumes indigènes. Le clou du musée, toutefois, réside dans son interminable collection d'animaux empaillés, comprenant la plus grosse espèce d'insecte du monde. Les jaguars, oiseaux, tarentules et autres serpents prennent la pose au sein de dioramas illustrant les divers habitats de l'Equateur. Cette partie se termine en "beauté" par toutes les horreurs dont sont faits nos cauchemars : des **animaux monstrueux**, comme des chèvres à deux têtes ou des chiens cyclopes. *(Sucre 839, dans le Parque Cevallos, entre les rues Calama et Martínez. ☎827 395. Ouvert Lu-Ve 8h-12h30 et 14h30-18h30. 1 $.)*

MONTALVO MANIA. Ambato offre maintes opportunités de rendre hommage à son héros littéraire, **Juan Montalvo** (voir **Littérature**, p. 525). Il y a tout d'abord le joli **parc** qui porte son nom et qui s'est spécialisé dans l'art topiaire (c'est-à-dire l'art de tailler les arbustes selon des formes variées). A côté du parc, au coin des rues Bolívar et Montalvo, se dresse la maison de notre héros, la **Casa de Montalvo**. *(Ouvert Lu-Ve 9h-12h et 14h-18h, Sa. 10h-13h. 1 $.)* L'intérieur abrite un grand nombre de ses œuvres, dont des manuscrits originaux. Rien ne vous est épargné : traductions, sculptures, tableaux, vêtements et lieux favoris de l'écrivain. A 2 km environ du centre, dans la banlieue de Ficoa, repose la **Quinta de Montalvo**, sa maison de campagne. *(Prenez le bus pour Ficoa, qui part du Parque Cevallos toutes les 15 mn. Ouvert Lu-Ve 7h30-17h.)*

AUTRES CÉLÉBRITÉS LOCALES. Si le nom de Montalvo prédomine, d'autres personnalités ont également vécu à Ambato. La **Quinta de Mera** (maison de **Juan León Mera**) et la **Quinta de La Liria** (maison de l'alpiniste **Nicolas Martínez**) se trouvent dans la banlieue, à Atocha. Elles sont facilement accessibles et offrent un agréable répit en bord de rivière. *(Pour les deux maisons, prenez le bus à destination d'Atocha, qui part du Parque Cevallos (0,10 $). Indiquez votre destination au chauffeur. Ouvert Lu-Ve 9h-16h30.)*

SORTIES

Ambato est assez pauvre en matière de divertissements nocturnes, mais s'anime néanmoins les soirs de week-end. La **Casa de la Cultura** présente parfois des films et des concerts. Sinon, le **Disco Club Coyote**, Bolívar 2057, au coin de la rue Guayaquil, est un endroit agréable pour prendre une *cerveza* à 0,40 $ (ouvert Ma-Sa 16h-2h). Les autres établissements jalonnent la rue Olmedo, juste au-dessus du Parque 12 de Noviembre. Le **Bufalo Cervecero**, Olmedo 681, à l'angle de la rue Mera, attire la jeunesse locale et passe essentiellement de la musique latino sous des néons éblouissants. (☎841 685. Ouvert Je-Lu 16h-3h.)

ENVIRONS D'AMBATO : SALASACA ET PELILEO

Les bus pour Pelileo (durée 30 mn, 6 dép/h de 6h10 à 18h10, 0,20 $) via ***Salasaca*** *(durée 20 mn, 0,10 $) partent près des rues Los Andes et Lliniza, dans le quartier Ferroviaria. Les* ***bus à destination de Baños****, qui partent de la gare routière d'Ambato, passent également par ces villages.*

La route de Baños procure de nombreuses occasions de faire du shopping, mais n'a pas grand-chose d'autre à offrir. A quelques kilomètres, **Salasaca** est réputée pour sa **foire artisanale**. Les Quechuas de la région sont spécialisés dans la fabrication de ponchos et de tapis. Le marché dominical est à ne pas manquer (le marché a lieu cependant tlj 8h-17h). Pour en savoir plus sur Salasaca et ses environs, contactez **Alonso Pilla** (☎(09) 840 125), qui organise des excursions (en espagnol) pour 2 $. Pour le trouver, reprenez la route vers Ambato : vous verrez des panneaux sur la gauche. **Pelileo**, une ville un peu plus grande à l'histoire plutôt mouvementée, se trouve à 10 mn à l'est de Salasaca. Détruite par des tremblements de terre en 1698, 1797, 1840, 1859 et 1949, elle repose actuellement à plusieurs kilomètres de son lieu d'origine. Après Ambato, se tient ici le plus grand **marché** de la province du Tungurahua. Il se déroule tous les samedis. Vous trouverez, dans le secteur le plus proche d'Ambato, des blue-jeans de toutes formes et de toutes tailles.

ENVIRONS D'AMBATO : PICAIGUA, PATATE ET PÍLLARO

Picaigua est à 15 mn de bus au sud-est d'Ambato. Les bus pour Patate partent du marché de Pelileo (durée 25 mn, 2 dép/h, 0,20 $). Des bus desservent Píllaro (durée 35 mn, dép. jusqu'à 18h, 16h le Di., 0,30 $) et se prennent en face de la caserne des pompiers d'Ambato.

Les petites bourgades au-delà de Baños sont moins visitées et plus traditionnelles. **Picaigua** est réputée pour les vestes que les autochtones confectionnent et vendent. Le village de **Patate** s'étend de l'autre côté de Pelileo, dans une vallée dorée. Ce petit paradis producteur de fruits abrite le **Complejo Turístico Valle Dorado**, qui renferme des salles de conférence, des saunas, un toboggan aquatique et d'autres divertissements. (☎870 253. Ouvert Sa-Di 9h-18h. 1 $.) Bien au-dessus de la décharge qui borde la route au nord d'Ambato, **Píllaro** est un village agricole débordant de pommes et de bétail. Un marché se tient le dimanche, mais à la différence des autres villages traditionnels, ce n'est pas ici l'attraction majeure. Píllaro, en effet, abrite le tout nouveau **Parque Nacional Llangantes**, où l'empereur Atahualpa aurait enterré son trésor. Personne ne l'a encore trouvé. Pour commencer à fouiller vous-même, louez une *camioneta* qui vous emmènera jusqu'à la **Laguna de Tarrubo** ou la **Laguna Pisayambo**, à 40 km environ (10 $). Pour plus de renseignements, enquérez-vous auprès du Municipio de Píllaro. Píllaro ne compte qu'un seul hôtel : l'**Hostal Pillareñita**, le plus haut bâtiment du village. (Chambre avec salle de bains et eau chaude 2 $ par personne.)

BAÑOS ☎03

Les légendaires *baños* sont des bassins naturels chauffés par géothermie, à l'instar du proche **volcan Tungurahua**. Un imposant rideau de montagnes vertes attend les flâneurs, promeneurs ou randonneurs plus avertis. Reposant sur le flanc est des Andes, cette station thermale doit sa popularité à sa situation idéale pour partir en excursion dans la jungle ou vers d'autres sites naturels. Après l'éruption du Tungurahua en 1999, Baños s'est néanmoins transformée en ville fantôme interdite aux touristes, et ce jusqu'en janvier 2000. Quelques établissements restent fermés, mais la ville commence à s'animer à nouveau.

TRANSPORTS

Bus : La **gare routière** occupe toute une *cuadra* entre la rue Maldonado et la route principale pour Ambato. Bus à destination de **Quito** (durée 3h, 2 dép/h de 4h30 à 18h20, 1,80 $), **Ambato** (durée 1h, 6 dép/h de 4h à 19h, 0,40 $), **Riobamba** (durée 2h, 1 dép/h de 6h à 18h, 1 $), **Puyo** (durée 2h, 1 dép/h de 5h30 à 20h30, 1 $), **Tena** (durée 7h, 2,80 $) et **Guayaquil** (durée 7h, dép. à 2h, 2,80 $).

Taxi : **16 de Diciembre** (☎740 416), autour des parcs.

ORIENTATION ET INFORMATIONS PRATIQUES

Le plan urbain de Baños est très simple. La grande route entre Ambato et Puyo traverse le nord de la ville d'est en ouest. Depuis la gare routière, située sur cette route, la rue **Maldonado** mène au **Parque Central**. La rue **Ambato**, orientée est-ouest, est l'artère principale : elle passe par le Parque Central, le **marché** municipal et le **Parque Basílica**. Une grande **chute d'eau** au coin sud-est de la ville marque l'emplacement des principales sources chaudes.

Change : La **Banco del Pacífico**, rue Montalvo, entre les rues 16 de Diciembre et Alfaro (☎ 740 336), dispose d'un **distributeur** MC/Cirrus. Ouvert Lu-Ve 8h45-16h30 et Sa. 9h30-14h.

Marché : Encadré par les rues Rocafuerte, Ambato, Alfaro et Halflants. Ouvert tlj 8h-18h. Particulièrement animé le **dimanche**. Un **marché découvert**, spécialisé dans les produits frais, se trouve au coin des rues Ambato et Mera, à l'ouest de la ville.

Urgences : ☎ 101.

Police : Rue Oriente, à 3 *cuadras* à l'ouest du Parque Central (☎ 740 367).

Hôpital : A l'angle des rues Pastaza et Montalvo (☎ 740 443). Ouvert tlj 8h-11h et 14h-16h.

Téléphone : **EMETEL**, au coin des rues Rocafuerte et Halflants, près du Parque Central (☎ 740 104). Ouvert tlj 8h-22h.

Internet : **Cafe.com** (voir **Restaurants**). 1,60 $ l'heure, 1,20 $ l'heure avec consommation.

Bureau de poste : **Correos Central**, rue Halflants, entre les rues Ambato et Rocafuerte, au bord du Parque Central près du bureau d'immigration (☎ 740 901). Ouvert Lu-Ve 9h-17h.

HÉBERGEMENT

Baños abrite de nombreux hôtels sympathiques et bon marché. La plupart se concentrent dans la rue Ambato, d'autres bordent la rue Montalvo en direction des bains.

❤ **Hostal Los Nevados**, juste à côté du Parque Basílica (☎ 740 673). En venant d'Ambato, prenez la première à gauche après la rue 12 de Noviembre. Les chambres, tout comme les salles de bains, sont grandes et impeccables, avec eau chaude garantie 24h/24. Les autres prestations incluent un service de laverie, un tableau à messages, une agence de voyages, un petit déjeuner continental, un bar en terrasse et un service de sécurité 24h/24. Réservations conseillées. Chambre 2 $ par personne.

❤ **Hostal Plantas y Blanco**, à l'angle des rues Martínez et 12 de Noviembre, au sud du Parque Basílica (☎ 740 044). Bonne situation. Laverie, téléphone, consigne, bar-restaurant en terrasse avec excellents petits déjeuners et superbe vue. Bains vapeur le matin, 3 $. Tout un stock de films (0,20 $ chacun). Chambre 4 $ par personne, avec salle de bains 6 $.

Residencial Tímara, au coin des rues Maldonado et Martínez, à 2 *cuadras* au sud du Parque Central, par la rue Maldonado (☎ 740 599). Le Tímara propose des chambres simples avec des couvre-lits psychédéliques, une salle de bains commune dotée d'eau chaude matin et soir, un lavabo pour la lessive et une cuisine. Chambre 1,20 $ par personne.

Hostal Santa Cruz, à la hauteur des rues 16 de Diciembre et Martínez, au sud du Parque Basílica (☎ 740 648). Grand jardin central et couloirs à ciel ouvert. Les grandes fenêtres laissent passer beaucoup de lumière dans les chambres bien propres. L'hôtel possède aussi des bains chauds privés, une cafétéria et un service de sécurité 24h/24. Chambre 6-7 $ par personne.

El Marqués Posada, au coin des rues Montalvo et Ibarra, à quelques *cuadras* du centre-ville (☎ 740 053, e-mail ivonsol@uio.satnet.net). Chambres propres et aérées avec bains chauds, patio et personnel très accueillant. Massages 10 $ l'heure. Chambre 6 $.

Hostal El Castillo, à l'angle des rues Martínez et Santa Clara (☎ 740 285). Propriétaire sympathique. Chambres simples, restaurant et cour intérieure agréable. Chambre 2 $ par personne.

RESTAURANTS

Les établissements bon marché rayonnent tout autour de la gare routière, tandis que les restaurants internationaux occupent le centre-ville. Sachez également que la "soupe populaire" **Quimicome**, à hauteur des rues Martínez et Pastaza, s'adresse aux personnes défavorisées et accueille volontiers les bénévoles et les dons.

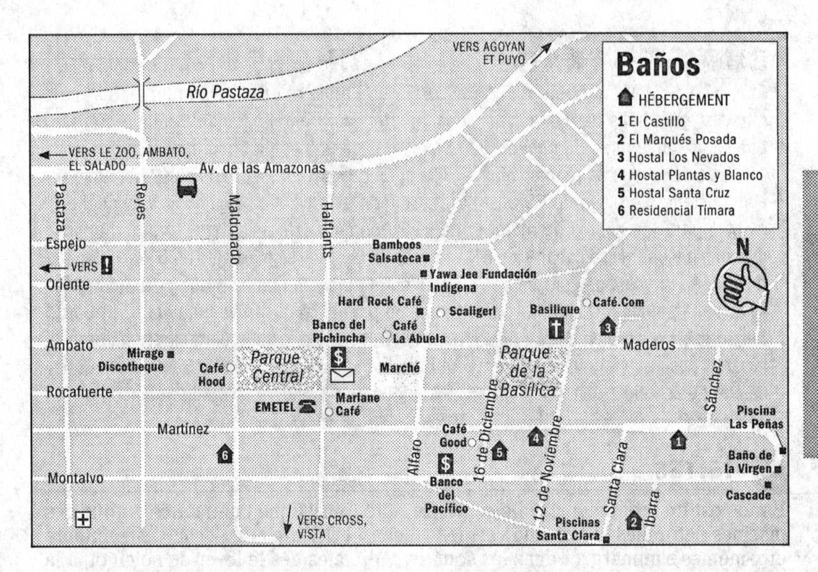

❤ **Ristorante Scaligeri**, rue Alfaro, près de la rue Ambato. Restaurant italien classique servant de fabuleuses pâtes (1,60 $) et de véritables salades italiennes (0,80-1 $). Ouvert Ma-Di 12h-15h et 17h-22h.

❤ **Mariane Café/Restaurant** (☎(09) 837 976), au coin des rues Halflants et Rocafuerte. Délicieuse truite accompagnée de monceaux de légumes 2,40 $. Filet mignon sauce au poivre avec légumes et gratin de pommes de terres 2,80 $. Une crêpe au chocolat (1,40 $) et un demi-litre de vin (3,50 $) complèteront agréablement votre repas. Ouvert tlj 18h30-23h.

❤ **La Abuela Café**, rue Ambato, en face du marché (☎740 635). Ce café sombre est souvent bondé, et l'on comprend pourquoi. Les tartes maison (0,50 $), l'impressionnante carte des boissons (1,45-2 $), les pâtes et les sandwichs ont de quoi satisfaire tous les palais. Ouvert Lu-Sa 7h30-22h30 et Di. 6h30-22h30.

❤ **Cafe.com**, au coin des rues 12 de Noviembre et Oriente (☎740 309, e-mail cafe_ec@yahoo.com). Ce cybercafé "avec une touche suédoise" offre un accueil chaleureux et une cuisine internationale. On trouve même des boulettes de viande suédoises (2 $) à côté des innombrables plats végétariens. Ouvert Lu-Sa 8h-2h.

Mercedes Cafeteria, au coin des rues Ambato et Halflants (☎740 410). Cet établissement ne sert que des petits déjeuners, mais le fait toute la journée. Les petits déjeuners (0,80-1,20 $) incluent des *pancakes* aux saveurs insolites. Jus de fruits 0,30 $. Ouvert 6h-22h.

Café Hood, à l'angle des rues Maldonado et Ambato, au niveau du Parque Central (☎740 573). La pratique de l'échange de livres y fonctionne très bien et la musique *soul* vous réchauffe le cœur. *Platos fuertes* des quatre coins du monde (0,80-1,52 $). Si c'est complet, optez pour le **Café Good**, au coin des rues Martínez et 16 de Diciembre, qui propose la même cuisine ainsi que des films tous les soirs à 20h. Les deux sont ouverts tlj 8h30-21h30.

Bamboo, au coin des rues Ambato et Alfaro, en face du *mercado*. Restaurant résolument végétarien et peu touristique. Plats principaux 1,60 $. Ouvert tlj 8h-22h.

SUR LES TRACES DE DON SERGIO Il semble que tous les voyageurs rentrent d'Equateur avec une foule d'histoires à raconter sur les miracles accomplis par les mécaniciens équatoriens. Dans la grande tradition de ces bricoleurs, un homme du nom de Don Sergio décida un beau jour de la fin des années 1970 de construire sa propre voiture. Celle-ci fut achevée dix-sept ans plus tard, et son constructeur, alors âgé de 68 ans, partit explorer les environs. Assemblée essentiellement à partir de chutes de métal et de vieux morceaux de bois, la voiture de Sergio ressemble à une vieille cabane rouillée et avance à une vitesse maximale de 5 km/h. Mais qu'importe : il n'est pas pressé et n'a pas d'autre ambition que de profiter de sa liberté et de voir le monde. Quand la voiture tombe en panne, ce qui arrive fréquemment, Don Sergio la gare simplement au bord de la route et y reste jusqu'à ce qu'il ait fini de la réparer. Avec son sourire édenté et sa barbe blanche broussailleuse, Sergio est aussi discret que sa création mécanique : il est aujourd'hui connu dans le monde entier.

VISITES

Baños est un monument à elle seule. Le pôle touristique commence autour des piscines naturelles et rayonne vers les volcans, l'Oriente et au-delà. Les habitants eux-mêmes s'immergent dans les sources thermales dès le lever du soleil et, à la différence des touristes, profitent d'une eau propre et d'une superbe vue sur les Andes. Les bassins sont particulièrement fréquentés les vendredi et samedi.

LES BAÑOS. Le bain le plus populaire est le **Baño de la Virgen**, à l'extrémité est de la rue Montalvo. Alimenté par une cascade qui tombe de la montagne, il est le seul bain à rester ouvert la nuit pour soulager les douleurs musculaires. Plusieurs piscines naturelles jaunâtres, censées être nettoyées tous les jours, forment ce légendaire *baño* thérapeutique. *(☎ 740 462. Ouvert tlj 4h30-17h et 18h-22h. 0,30 $ dans la journée, 0,40 $ le soir, enfants 0,20 $.)* Juste à côté, la **Piscina Las Peñas** dispose d'un toboggan et résonne de cris d'enfants. *(Ouvert Je-Di 8h-18h. 0,30 $, enfants 0,20 $.)* Les **Piscinas Santa Clara** se trouvent au bout de la rue du même nom. *(Ouvert le week-end. 0,20 $, enfants 0,15 $.)* Deux autres bassins, essentiellement fréquentés par les autochtones, se trouvent à l'extérieur de la ville. **El Salado** est à 20 mn de marche ou 5 mn de bus du centre. Dirigez-vous vers l'ouest sur la route d'Ambato, puis tournez à gauche au panneau El Salado. Suivez la route qui grimpe jusqu'au bout. Nettoyées tous les jours, les six piscines comptent un bassin froid, deux bassins chauds et un bassin brûlant. *(☎ 740 493. Ouvert tlj 6h-17h. 1 $.)* Les **Piscinas Santa Ana**, enfin, se trouvent à 20 mn à pied ou 5 mn en bus sur la route de Puyo. Un panneau indique la direction des trois bassins entourés d'arbres. *(Ouvert Ve-Di 8h-17h. 1 $.)*

LA BASÍLICA. Aussi propre et belle que les eaux thermales, l'étrange Basílica zébrée domine la ville. L'église fut construite en l'honneur de la grande **Virgen de Agua Santa**, exposée à l'intérieur dans toute sa lumineuse splendeur. On ne compte plus les légendes qui entourent cette miraculeuse sculpture de plâtre. La version officielle est représentée dans l'un des nombreux tableaux de l'église. Apparemment, lors d'une procession religieuse en 1773, le volcan Tungurahua aurait subitement menacé de faire éruption. Les habitants de Baños, dans un élan de ferveur religieuse, se seraient alors prosternés devant l'image de la Vierge qu'ils avaient portée lors d'une procession autour de la place. L'éruption cessa soudain et la suite, dit-on, fait partie de l'histoire. Les peintures murales de l'église illustrent les nombreux miracles accomplis par la Vierge depuis lors. Un **musée** abrite aussi divers objets de culte. *(Ouvert tlj 7h-16h. 0,20 $, enfants 0,15 $.)*

SORTIES

En dépit de la loi qui met un terme aux activités nocturnes à 2h du matin, Baños est l'une des villes d'Equateur où l'on fait le plus la fête. Après le dîner, les touristes arpentent la rue Alfaro, où vous trouverez de nombreux bars et discothèques. **Pipas**, qui essaie de s'établir, dispose d'une guitare électrique, de micros et de bongos. (Ouvert tlj 20h-2h.) En direction de la rivière, **Donde Marcelo Al Paso** (☎ 104 427, ouvert tlj 14h-2h), au coin des rues Alfaro et Ambato, déverse ses décibels sur les passants tandis que **Rodeo's**, à l'angle des rues Alfaro et Oriente (ouvert tlj 19h-2h), organise des concerts de musique folklorique pendant une heure à 21h les soirs de week-end. En face, **Bamboos Salsateca** accueille les amateurs de salsa dès minuit et dispose d'une table de billard. (Ouvert tlj 20h-2h.) Pour éviter les touristes, essayez la très équatorienne **Mirage Discoteca**, à la hauteur des rues Ambato et Maldonado (entrée 0,80 $). Véritable institution nocturne à Baños, le ❤ **Hard Rock Café**, rue Alfaro, entre les rues Ambato et Oriente, ne devrait pas tarder à être poursuivi pour usurpation de nom. (Ouvert tlj 18h-2h.) Dans les *peñas*, comme au **Volcán Peña Bar** en face du Bamboo, on joue de la musique folklorique du jeudi au samedi. (☎ 740 576. Entrée 0,60 $ pour les concerts. Ouvert tlj 20h-2h.)

EXCURSIONS DEPUIS BAÑOS

Situé sur la route principale entre la Sierra et l'Oriente, Baños est l'un des points de chute les plus pratiques et les plus populaires pour explorer les volcans, forêts et jungles environnants dans la journée et revenir à temps pour un bon dîner et un bain digestif dans une source chaude.

RANDONNÉE. Visibles de toutes parts, les montagnes abruptes et vertes qui entourent Baños semblent narguer les amateurs de randonnée. Pour vous dérouiller les jambes, prenez la rue Maldonado en direction de la montagne. Tout au bout, un sentier mène à la croix illuminée qui se trouve au sommet. Comptez 45 mn de marche jusqu'en haut. Le sentier se poursuit au-delà de la croix pour revenir sur Baños. Pour un meilleur aperçu des précipices, traversez la route principale au niveau de la gare routière et dirigez-vous vers le Río Pastaza, où le vacillant pont de San Francisco enjambe une gorge impressionnante. De l'autre côté, un chemin grimpe à travers la montagne escarpée jusqu'aux villages jumeaux d'**Illuchi Baja** et d'**Illuchi Alta**. Une autre escapade consiste à emprunter le chemin de terre à droite juste avant l'entrée d'El Salado (voir p. 634). Suivez le sentier en bordure de rivière et admirez les vues sur la forêt et le patchwork de champs qui tapisse la vallée. Le chemin part également de la route pour Ambato, un peu avant : un panneau vert sur votre droite indique Tungurahua et la route grimpe à gauche. Le sentier se trouve tout de suite à droite.

VÉLO. Le cyclotourisme n'est pas encore connu en Equateur, mais à Baños, on peut facilement louer des vélos (de mauvaise qualité) à petit prix (1 $ l'heure, 5 $ la journée). L'une des promenades les plus réputées est le trajet de 16 km jusqu'à Río Verde (voir p. 636), par la route de Puyo. Ce parcours essentiellement en descente passe par-dessus, par-dessous et à travers un nombre incroyable de chutes d'eau, ainsi que par un tunnel non éclairé (munissez-vous d'une lampe de poche). Depuis Río Verde, on peut prendre un bus à destination de Baños et mettre le vélo sur le toit (0,60 $).

EXCURSIONS ORGANISÉES. D'autres expéditions peuvent nécessiter la présence d'un guide. La plupart sont souples quant à la durée de l'excursion et au nombre de participants et essaieront de vous satisfaire au maximum. Baños étant idéalement située entre les montagnes et la forêt tropicale, les possibilités sont nombreuses : des dizaines d'agences de voyages encombrent les rues. Gardez simplement à l'esprit que peu d'entre elles sont légitimes, et que de graves problèmes ont été signalés pour certaines. Avant de dépenser votre argent, n'hésitez pas à demander un guide agréé par la CETUR ou l'INEFAN.

Rainforestur, à droite en sortant du Parque Central, au coin des rues Ambato et Maldonado, jouit d'une bonne réputation. Le directeur général Santiago Herrera organise des excursions dans les montagnes (Tungurahua, Cotopaxi ou Chimborazo) et dans l'Oriente. Les formules "tout compris" dans la jungle sont aussi nombreuses que diverses. (☎/fax 740 743, e-mail rainfor@interactive.net.ec. 25-40 $ par personne et par jour pour 3 ou 4 jours. Ouvert 8h-13h30 et 15h-18h30.) **Geotours**, au coin des rues Halflants et Ambato, que l'on peut aisément contacter via l'Hostal Los Nevados, propose aussi des excursions dans la montagne ainsi que des expéditions de "**rafting dans la jungle**" d'un ou deux jours. (☎741 344, Web : www.ecuadorexplorer.com/geotours. Excursions rafting 25-30 $ par jour, balade à cheval 15-20 $ par jour. Ouvert tlj 8h-12h30 et 14h30-21h.)

Une autre façon agréable d'explorer la jungle consiste à passer par **Tsantas Expediciones**, qui collabore avec la non lucrative **Yawa Jee Fundación Indígena** (☎740 957, e-mail marco.moya@gmx.net), au coin des rues Oriente et Alfaro. La fondation travaille avec plusieurs villages shuars, situés dans la forêt au sud de Puyo, pour promouvoir leur viabilité en matière d'agriculture et d'hygiène publique. Ils proposent des excursions au départ de Baños, particulièrement centrées sur l'échange éducatif et culturel. (45 $ par personne et par jour pour 3 ou 4 jours.)

ENVIRONS DE BAÑOS : RÍO VERDE

Pour vous rendre à Río Verde, prenez l'un des bus Baños-Puyo (durée 30 mn, 0,10 $) depuis Baños.

A mi-chemin entre Baños, dans les hauts plateaux, et Puyo, dans la jungle, la ville de **Río Verde** semble un parfait compromis entre les deux mondes. La combinaison du climat tropical et du terrain accidenté a fait de la ville et de ses environs un véritable nid à cascades. On compte plus de vingt chutes d'eau dans la région, du ruisselet à la véritable cataracte. En prime, un certain nombre de bungalows de qualité offrent un point de chute très agréable pour admirer le paysage idyllique. Près de Río Verde, un incroyable engin surnommé par euphémisme "le plus long téléphérique d'Equateur" franchit un abîme à l'aide d'un moteur de voiture. Río Verde en lui-même ne consiste qu'en quelques magasins éparpillés le long de la route : les principales attractions se trouvent à l'extérieur du village. Le **Río Verde** (version rivière) déferle sur la roche volcanique noire aux **Cascadas San Miguel**, à 250 m de la route. Sous un immense halo de gouttelettes d'eau se cache le **Pailón del Diablo** (**chaudron du Diable**), à l'endroit où la rivière tombe de la falaise pour rejoindre le Río Pastaza dans sa course vers l'Amazone. Sur le site, **El Pailón Café** sert des boissons et demande un droit d'entrée pour aider à l'entretien des chemins menant aux chutes. Autour des *cascadas*, les **Cabañas Restaurant Indillama** consistent en quelques charmants bungalows avec salle de bains, eau chaude et petit déjeuner inclus. (☎(09) 785 263, e-mail indillamaO@hotmail.com. Chambre 10 $ par personne.)

PARQUE NACIONAL SANGAY

Vous pourrez voir dans le Parque Nacional Sangay, qui couvre quatre provinces et 517 765 ha, trois des dix plus hauts sommets d'Equateur, dont deux volcans en activité. Les excursions sur les pics enneigés et dans les forêts vierges du parc sont moins commerciales que celles du Chimborazo ou du Cotopaxi et constituent de véritables aventures à travers une contrée encore peu connue. Avec des altitudes variant de 5319 m en haut du volcan Altar à 900 m dans le bassin amazonien, une grande partie de cette étonnante région est impraticable. Cette inaccessibilité, combinée à l'objectif principal du parc (protéger et préserver), empêche les visiteurs d'atteindre certains des secteurs les plus reculés du Sangay. Fondé en 1979 en tant que réserve, le parc abrite une faune et une flore aussi diverses que sa géographie et compte des spécimens aussi rares et insolites que le **tapir andin** (*Tapirus pinchaque*), également appelé *canta de monte*, en voie de disparition.

Si les zones encore vierges du Sangay fascinent, celles qui sont accessibles n'en sont pas moins intéressantes. Le parc est divisé en deux parties : la **zona alta** dans la Sierra (1500-5319 m) et la **zona baja** dans l'Oriente (900-1500 m). La *zona alta*, qui comprend les principaux attraits du parc, est facilement accessible depuis Baños ou Riobamba. L'entrée de la *zona baja* se fait surtout à partir de Macas, dans le Sud de l'Oriente. Les quatre principales attractions de la *zona alta* sont le paisible **El Placer**, les imposants **volcans Tungurahua** (5016 m) et **Altar** (5319 m), ainsi que le lointain volcan **Sangay** (5230 m).

INFORMATIONS PRATIQUES. Le siège administratif du Sangay, l'**INEFAN**, se révèle extrêmement utile pour tous ceux qui souhaitent explorer le parc. Outre son service d'informations, il offre des conseils pour trouver un guide. Pour plus de renseignements, contactez-le au bureau de Riobamba (voir **Riobamba, Informations pratiques**, p. 638). Pour toute information en anglais concernant les excursions, adressez-vous au South American Explorers de Quito (voir p. 532). L'entrée au parc coûte 10 $.

EL PLACER. El Placer est un secteur marécageux assez peu élevé, pourvu de sources thermales où l'on peut se baigner. La plupart des visiteurs s'y rendent dans la journée, en partant au lever du jour pour Alao (l'INEFAN part à 5h30) et en revenant à Riobamba au crépuscule. **Atillo**, un lac pittoresque, se trouve à deux heures de voiture (départ à 8h de l'INEFAN). Le parc compte quelques espèces animales singulières : le tapir andin, visible depuis Atillo et El Placer, n'existe nulle part ailleurs dans le monde. **Playa de Sangay** et **El Palmar** sont les principaux sites d'observation de la faune et de la flore. On peut aussi parcourir les régions sauvages de l'Oriente, vers **Culebrillas** et les **Lagunas de Sardmayacu** (*zona baja*), pour tenter d'apercevoir des jaguars et des ours. Ces deux endroits sont accessibles depuis Palora et Macas (voir **Excursions dans la jungle depuis Macas**, p. 673). El Placer, quant à lui, s'aborde par l'autre côté.

VOLCAN TUNGURAHUA. L'accès de ce volcan, dixième sommet parmi les plus hauts d'Equateur, est actuellement interdit en raison de sa récente éruption. Toutefois, il est très agréable de se promener aux alentours dans la journée et il devrait bientôt pouvoir être escaladé à nouveau. La route pour Pondoa, autrefois accessible en voiture, est aujourd'hui fermée : la randonnée commence donc au panneau vert "Tungurahua" sur la route qui retourne à Ambato depuis Baños. Certaines agences de voyages proposent des balades équestres vers le Tungurahua (20 $).

EL ALTAR (LOS ALTARES). El Altar, la plus haute montagne du parc, s'est effondré en 1460 et est aujourd'hui partiellement recouvert de glaciers. Accessible depuis l'entrée de **Candelaria** (à 1h de route depuis l'INEFAN de Riobamba), l'ascension jusqu'au cratère (qui vous prendra environ 8h) ressemble à celle du Tungurahua, à ceci près qu'il n'y a pas de *refugio* accessible en une journée. Les excursions coûtent 35 $ par jour, et les guides se trouvent facilement à Candelaria (le personnel de l'INEFAN pourra vous aider à en trouver un). Il est nécessaire d'avoir du matériel d'alpinisme. On peut camper dans une grotte près du cratère, ou bien passer la nuit à l'entrée du parc.

VOLCAN SANGAY. Le Sangay, l'un des volcans les plus actifs du monde, crache en permanence des cendres et de la fumée, pour bien signaler sa présence. Ce monstre de lave compte trois profonds cratères à son sommet et nécessite six jours d'escalade. Commencez l'ascension au niveau de l'entrée située à **Alao**, à l'ouest du parc. Il est indispensable de se faire accompagner par un guide, au moins pour le début de l'escalade. Vous pourrez en trouver un (40 $ par jour) à Alao, ainsi qu'un mulet pour vos bagages et votre matériel (10 $ par jour). En raison des incessants jets de lave et de cendres, il est dangereux de grimper jusqu'au cratère du Sangay. Il est en outre indispensable d'avoir une certaine expérience en alpinisme et de ne pas s'aventurer au-delà des limites indiquées par les guides. L'INEFAN part de Riobamba pour Alao très tôt le matin : appelez à l'avance pour connaître les horaires (☎963 779).

RIOBAMBA ☎03

Tranquille et relativement peu touristique, cette ville typiquement andine (130 000 habitants) permet de s'immerger dans l'ambiance équatorienne sans subir l'agitation et les dangers des grandes métropoles. Les rues pavées croisent des places et des parcs, dont beaucoup offrent des vues imprenables sur les sommets enneigés du Chimborazo. Cet impressionnant volcan semble monter la garde sur une ville qui porte encore les stigmates d'un passé mouvementé. Dévastée par un séisme et un glissement de terrain en 1797, toute la ville (alors capitale de l'Equateur et située à l'emplacement de l'actuelle Cajabamba) fut déplacée vers une plaine, sur les hautes terres, où elle se trouve encore aujourd'hui. C'est pourquoi l'architecture la plus ancienne de la ville est néoclassique, avec une seule exception : la cathédrale, au coin des rues Veloz et 5 de Junio, qui fut transportée pierre par pierre de l'ancien au nouveau site. La plupart des visiteurs, toutefois, ne viennent pas à Riobamba pour admirer ses parcs, ses places et ses édifices. Comme à Latacunga, au nord, les principales attractions de Riobamba se trouvent en dehors de la ville. Celle-ci constitue un bon point de départ pour des excursions comme le Chimborazo et le vertigineux trajet en train jusqu'à Alausí, sans oublier les villages indiens environnants et le Parque Nacional Sangay.

TRANSPORTS

Bus : La **gare routière** principale se trouve à l'angle des rues León Borja (la partie ouest de la rue 10 de Agosto) et Daniela, à 1 km environ au nord-ouest de la ville. Bus à destination de **Quito** (durée 3h30, 4 dép/h de 2h15 à 21h, 2,20 $), **Guayaquil** (durée 5h30, 2 dép/h de 2h30 à 21h30, 2,70 $), **Cuenca** (durée 6h30, 7 dép/j, 3,60 $), **Ambato** (durée 1h, 4 dép/h de 4h35 à 18h30, 0,80 $) et **Alausí** (durée 2h, 1 dép/h de 5h à 19h, 0,90 $). Le **Terminal Oriental** (☎960 766), à la hauteur des rues Espejo et León Borja, au nord de la ville, dessert **Baños** (durée 2h, 1 dép/h de 6h à 18h, 1 $), **Puyo** (durée 4h, 6 dép/j, 2 $) et **Tena** (durée 7h, 6 dép/j, 3,60 $). Le **Guano Terminal**, au coin des rues Rocafuerte et Nueva York (au nord de la ville), envoie des bus à destination de **Guano** (durée 25 mn, 2 dép/h, 0,20 $) et **Santa Teresita** (durée 35 mn, 2 dép/h, 0,20 $). Les bus qui desservent les villages environnants partent à 3 *cuadras* au sud de la gare routière (prenez le bus Control Sur aux arènes et descendez au carrefour à trois voies) et relient **Cajabamba** (durée 20 mn, 2 dép/h de 6h à 19h, 0,20 $) via **Laguna de Colta** (durée 25 mn, 0,20 $) et **Guamote** (durée 1h, 0,40 $). Des bus supplémentaires partent Je. pour le marché de Guamote. Les bus à destination de **San Juan**, la ville la plus proche du Chimborazo, partent au coin des rues Unidad Nacional et Prensa (durée 45 mn, 4 dép/h de 6h à 18h45, 0,30 $). De nombreux de bus assurant la liaison Quito-Loja s'arrêtent aussi à Riobamba : pour en prendre un, attendez *à l'extérieur* de la gare routière.

Train : La **gare** (☎961 909) se trouve à la hauteur des rues 10 de Agosto et Carabobo. Les bureaux ouvrent tlj 8h-19h. Après de longs travaux, le magnifique trajet **Riobamba-Guayaquil** a été rouvert en 1999, mais n'offre qu'un service limité de Riobamba à Alausí. La locomotive a été remplacée par un monobus reconverti, mais les wagons sont d'époque. On peut s'asseoir à l'intérieur ou sur le toit. Deux départs par semaine (durée 11h a/r, dép. Me. et Ve. à 7h, aller simple 15 $). Vérifiez les horaires car ils changent souvent. La ligne **Riobamba-Quito** (dép. Di. à 8h, 15 $) offre de superbes vues sur les volcans depuis le toit du (vrai) train. Faites en sorte d'arriver à la gare vers 18h la veille au soir pour être sûr d'avoir un billet. (Voir également encadré **La ligne ferroviaire Riobamba-Alausí-Bucay-Durán**).

Taxi : Les taxis prennent 0,60 $ pour une course en ville.

ORIENTATION ET INFORMATIONS PRATIQUES

L'activité se concentre autour du secteur délimité par les rues **Argentinos** et **Olmedo** à l'est et à l'ouest, et par les rues **5 de Junio** et **Angel León** au sud et au nord. Les rues **Primera Constituyente** et **10 de Agosto** sont les principales artères de la ville. Depuis

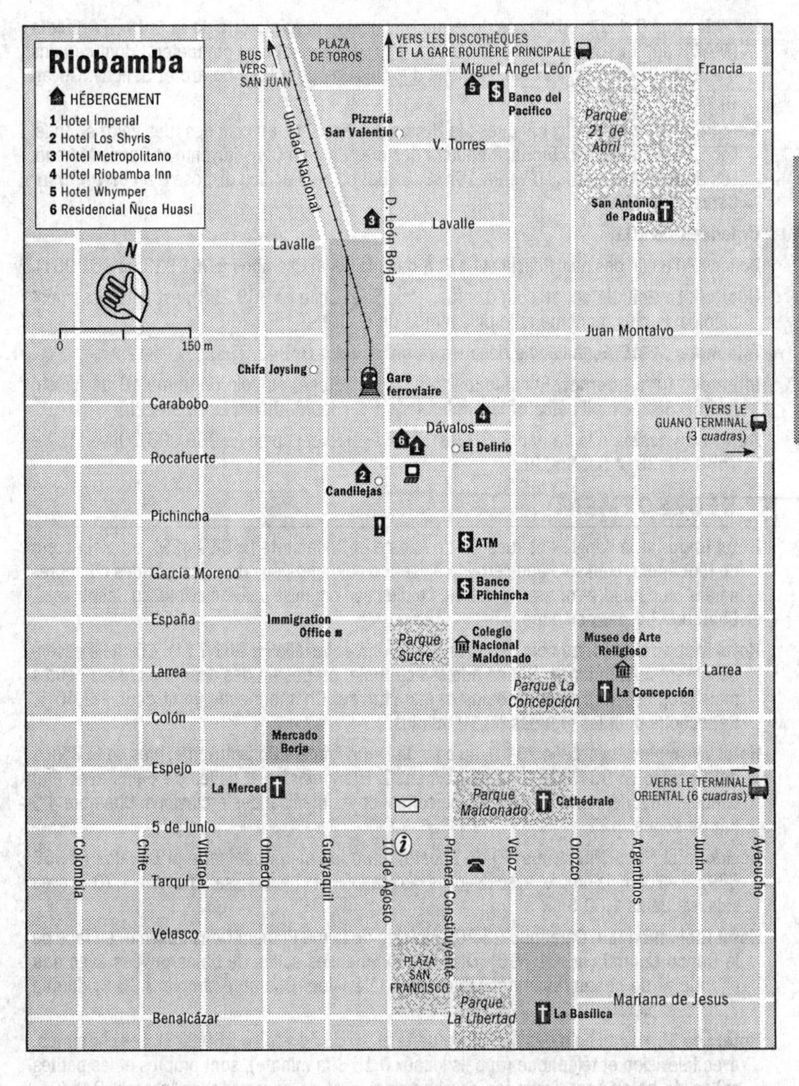

la **gare routière**, prenez la rue **León Borja** à droite (sud) sur 1 km, qui se transforme en rue 10 de Agosto au niveau de la rue **Carabobo**, ou prenez l'un des bus locaux de la ligne **Control Norte**. La **gare ferroviaire** est au centre-ville, à la hauteur des rues 10 de Agosto et Carabobo.

Informations touristiques : **CETUR**, au coin des rues 10 de Agosto et 5 de Junio (☎941 213), vous distribuera des plans de la ville et des brochures. Le personnel parle anglais. Ouvert Lu-Ve 8h30-17h.

Bureau d'immigration : España 10-50, au coin de la rue Guayaquil, près de la police (☎964 697). Pour tout ce qui concerne les visas et les cartes de séjour. Ouvert Lu-Ve 8h-12h30 et 15h-18h30.

INEFAN : Rue 9 de Octubre, près de la rue Duchicela, au **Ministerio de la Cultura Agrícola (MAC)**, au nord-ouest de la ville (☎963 779). Personnel ultra-compétent, dont certains membres parlent anglais. Suggestions d'excursions pour Chimborazo et Sangay. Ouvert Lu-Ve 8h-16h30.

Banques : On trouve deux banques : la **Banco del Pacífico**, au coin des rues Veloz et Angel León, et la **Banco Pichincha**, à hauteur des rues Primera Constituyente et García Moreno. Les deux sont ouvertes Lu-Ve 9h-16h30. La Banco del Pacífico dispose d'un **distributeur** Cirrus/Plus/MC.

Urgences : ☎101.

Police : A l'angle des rues Policia et La Paz, dans la Vía al Chembo (☎961 913 ou 961 951).

Hôpital : La **Policlínico**, au coin des rues Proaño et Chile (☎968 238), est l'établissement médical le plus moderne et le plus réputé de la ville.

Téléphone : **EMETEL**, à l'angle des rues Tarquí et Veloz (☎943 036).

Internet : **Café Internet**, Rocafuerte 22-30, au 2e étage, au coin de la rue 10 de Agosto (☎968 882, e-mail netcafe@laserinter.net). 1 $ l'heure. Ouvert Lu-Di 9h-22h.

Bureau de poste : A la hauteur des rues 10 de Agosto et Espejo (☎966 006). Ouvert Lu-Ve 7h30-19h30 et Sa. 8h-12h.

HÉBERGEMENT

Hotel Imperial, à l'angle des rues 10 de Agosto et Rocafuerte (☎960 429), en plein cœur de Riobamba, conserve une certaine élégance. Allongez-vous dans les grandes chambres aérées ou détendez-vous sur le balcon. La direction organise des excursions au Chimborazo. Chambre 2 $ par personne.

Hotel Metropolitano, au coin des rues León Borja et Lavalle (☎961 714). Clientèle essentiellement équatorienne. Bonne adresse centrale, proposant des chambres assez petites mais propres, avec salle de bains et eau chaude. Chambre avec un lit double 2,40 $. Réductions pour les groupes de 10 ou plus.

Hotel Whymper, Angel León 23-10, au coin de la rue Primera Constituyente, près de la Banco del Pacífico (☎964 575). Un peu excentré. Lits *king-size* et salles de bains avec eau chaude. Petit déjeuner compris. Le personnel peut organiser des excursions. Chambre 4 $ par personne.

Residencial Ñuca Huasi, rue 10 de Agosto, entre les rues Rocafuerte et Dávalos (☎966 669). Vieillot mais propre, avec de jolies décorations et une terrasse. Chambre 1,20 $, avec salle de bains 1,60 $.

Hotel Riobamba Inn, Carabobo 23-20, à l'angle de la rue Primera Constituyente, en face de la Banco Central (☎961 696). Dispose d'immenses salles de bains privées avec eau chaude et de chambres impeccables avec télévision. Chambre simple 3,90 $, double 7,20 $, triple 10,80 $.

Hotel Los Shyris, au coin des rues Rocafuerte et 10 de Agosto (☎960 323). Les chambres, avec télévision et téléphone (appels locaux 0,15 $ la minute), sont propres et les petites salles de bains sont équipées de shampooing et de savon. Accès Internet 24h/24. Chambre 2 $, avec salle de bains 3 $.

RESTAURANTS

A l'heure du dîner, les habitants se rassemblent autour des petits étals en plein air qui vendent toutes sortes de plats traditionnels sous de faibles projecteurs.

❤ **El Delirio**, au coin des rues Primera Constituyente et Rocafuerte (☎967 502). Le restaurant occupe l'ancienne maison de Simon Bolívar et propose des tables en terrasse dans un charmant patio planté d'arbres fleuris. Viandes 4-8 $. Boissons 1,50-3,50 $. Ouvert tlj 12h-21h30.

Restaurant Candilejas, 10 de Agosto 27-33, entre les rues Pichincha et Rocafuerte (☎960 220). Le menu est illustré de photos des plats. Essayez la *sopa de cebolla* (soupe aux oignons, 0,80 $). Ouvert Lu-Sa 8h-20h et Di. 8h-14h.

Ashoka, rue Carabobo, entre les rues Primera Constituyente et Borja. Café végétarien branché et convivial. Les bénéfices sont reversés aux enfants des rues. Accès Internet 0,80 $ l'heure. Plats principaux 0,80-1,20 $. Ouvert tlj 8h-21h30.

Chifa Joysing, Unidad Nacional 29-33, au coin de la rue Carabobo (☎961 285). Ce restaurant chinois typiquement équatorien sert d'énormes portions d'une délicieuse cuisine. Plats végétariens et classiques chinois. Ouvert tlj 10h-23h.

Pizzería San Valentín, à l'angle des rues Borja et Torres (☎963 137). Réputé auprès des Nord-Américains comme l'un des meilleurs restaurants de la ville. Les jeunes Equatoriens apprécient eux aussi les spécialités mexicaines (*burritos* 0,72 $), les glaces (1 $) et les photos de femmes plus ou moins vêtues. Ouvert Ma-Sa 17h-24h.

PRENEZ-EN DE LA GRAINE Grosse graine de la taille d'un œuf de poule, molle et malléable quand elle est fraîche, mais durcissant à l'air libre, la noix de tagua a donné naissance à une nouvelle industrie locale ainsi qu'à un mode d'expression artistique insolite. Les artisans de Riobamba l'on baptisée *marfil vegetal* (ivoire végétal) en raison de sa couleur blanche et de sa texture parfaitement lisse. Avant de servir le marché artistique, la noix de tagua avait une utilité beaucoup plus pragmatique. A l'époque où le plastique n'existait pas, on en faisait des tasses, des boutons et autres articles ménagers. Quand le plastique supplanta la bien-aimée noix de tagua, l'artisanat faillit disparaître. Mais aujourd'hui, après plusieurs décennies d'oubli, de jeunes artisans font revivre l'industrie en créant des statuettes, de petits animaux et même des échiquiers selon les méthodes de leurs aïeux. Il y a au moins deux boutiques de tagua à Riobamba, siège de cette étonnante industrie. **Tagua Shop**, Borja 35-17, au coin de la rue Ibarra (☎942 215), qui a la même entrée qu'Alta Montaña, et **Ricardo Tagua**, à l'angle des rues Borja et León (☎09 711 831), sont des ateliers entièrement fonctionnels vendant des pièces originales (à partir de 0,20 $). En outre, cet artisanat très prometteur constitue une nouvelle source de revenus pour la population locale et un moyen de préserver la forêt où poussent ces graines, ainsi qu'un substitut écologique à l'ivoire des éléphants. Fort bien, mais il reste néanmoins une question : comment se fait-il qu'une graine des plaines côtières se soit ainsi implantée dans l'économie d'une ville des hautes terres ? Même les habitants de Riobamba ne peuvent l'expliquer...

VISITES

PARCS. Les ravissants parcs de Riobamba n'attendent que votre visite. L'un des secteurs les plus colorés se trouve dans le **Parque 21 de Abril**, également appelé **La Loma de Quito**, perché sur les hauteurs. Situé au nord de Riobamba, ce parc est encadré par les rues Orozco, Argentinos, León et Lavalle. Du fait de sa situation privilégiée, vous pourrez y admirer les plus belles vues et les endroits les plus photogéniques de la ville. Il abrite également une église, **San Antonio de Padua** (ouvert Di-Ma 8h-12h et Je-Sa 14h-17h). Le **Parque Sucre**, au coin des rues España et Primera Constituyente, dans le centre-ville, comporte une superbe fontaine de bronze et une statue de Neptune. Les hommes se retrouvent à l'ombre des palmiers pour bavarder. L'agréable **Parque Maldonado**, à hauteur des rues Primera Constituyente et Espejo, possède un monument à la gloire de Pedro Vicente Maldonado, l'historien et cartographe *riobambeño* qui dessina la première carte politique de l'Equateur. Vaste et très fréquenté le week-end, le **Parque Guayaquil**, au coin des rues Unidad Nacional et León Borja, libérera l'enfant qui est en vous.

ÉGLISES. Les églises de Riobamba révèlent un certain penchant local pour l'architecture atypique. La **Basílica**, à l'angle des rues Veloz et Benalcázar, édifiée de 1883 à 1915, est connue pour être l'unique église ronde d'Equateur. La **cathédrale**, à l'intersection des rues Veloz et 5 de Junio, près du Parque Maldonado, est, en dépit des apparences, le plus ancien bâtiment de la ville. Seul vestige de la Riobamba d'avant le séisme, elle fut déplacée pierre par pierre en 1797.

MUSÉES. Riobamba renferme deux **musées** intéressants. **La Concepción**, ou **Museo de Arte Religioso**, au coin des rues Argentinos et Larrea, expose une collection d'objets de culte du XVIIe au XIXe siècles. *(☎965 212. Ouvert Ma-Sa 9h-12h et 15h-18h, Di. 9h-12h30. 1,60 $, étudiants 0,60 $.)* Le **Museo del Colegio Maldonado**, également appelé Museo de Ciencias Naturales, est un tout petit musée d'histoire et de sciences naturelles qui occupe l'école du Parque Sucre. *(☎970 275. Ouvert Lu-Ve 8h-13h. 0,12 $.)*

DIVERTISSEMENTS

Le **marché du samedi** est immanquable : tout le secteur délimité par les rues España, 5 de Junio, Guayaquil et Argentinos se remplit de marchands, de clients et d'une ébullition toute équatorienne. Le vendredi, le **marché aux légumes** au niveau des rues La Valle et Esmeraldas mérite un détour pour ses montagnes de fruits et légumes. Des **combats de coqs** ont lieu le samedi dans un bâtiment au coin des rues Almagro et Olmedo, surtout en avril. La plus grande *fiesta* de Riobamba, **La Loma de Quito**, commémore la fondation de la ville. Le jour férié tombe un 21 avril, mais les *Riobambeños* commencent à faire la fête dès le 20 avril et jusqu'au 22, avec force foires, courses de taureaux et défilés. Le *páramo* qui entoure Riobamba est émaillé de lacs, de villages et de vues extraordinaires. Les visiteurs bien acclimatés (et fortunés) pourront parcourir la région à **bicyclette**. **Pro-Bici**, Primera Constituyente 23-51, au coin de la rue Larrea, organise des expéditions à vélo dans la campagne environnante. Le prix pour une journée inclut un guide, un soutien moral et une bonne bicyclette, mais pas le logement ni les repas. (☎941 880 ou 941 734. A partir de 30 $ par jour.)

VIE NOCTURNE

Paisible en semaine, Riobamba semble se réveiller les soirs de week-end. La plupart des discothèques se concentrent très commodément dans la rue León Borja, entre la gare routière et l'hôtel Zeus, au coin de la rue Duchicela. Les boîtes les plus dansantes sont **Casablanca** et **Gens Chop**, à l'angle des rues Borja et Duchicela (☎964 325, toutes deux ouvertes Lu-Sa 15h-3h). Juste à côté, rue Duchicela, **La Che-V** est un bar populaire un peu plus guindé. (☎945 644. Ouvert tlj 14h-2h.)

EXCURSIONS DEPUIS RIOBAMBA

GUANO

Prenez le bus à l'angle des rues Rocafuerte et Nueva York (durée 30 mn, 2 dép/h de 5h à 19h, 0,20 $).

A une courte distance de Riobamba, cette minuscule bourgade offre un aperçu intime de la vie rurale andine, et fait apparaître la paisible Riobamba comme une ville bouillonnante d'activité. Guano est spécialisée dans la fabrication de tapis d'une part, et dans la douceur de vivre d'autre part. Vous verrez ainsi de nombreuses boutiques artisanales ornées de tapis ainsi que d'articles en cuir et en chanvre. La plupart les personnaliseront à votre goût, en se référant à vos dessins ou à votre espagnol. La place centrale abrite un joli **parc** au jardin géométrique, et une petite **église** se dresse au coin des rues Colón et García Moreno. **El Oasis**, l'un des rares restaurants du village, sert des spécialités locales à l'angle des rues Hidalgo et García Moreno, près de la place principale.

SAN FRANCISCO DE QUITO ET LAGUNA DE COLTA

Les bus à destination de Cajabamba et Laguna de Colta partent de Riobamba au niveau des rues Unidad Nacional et Bolívar (derrière les arènes). Les deux destinations sont *accessibles en bus (dép. toutes les 45 mn, 0,10-0,40 $). Les bus pour Guayaquil passent également par San Francisco. Les bus pour Riobamba ou Guamote peuvent être arrêtés d'un signe de la main n'importe où sur la route tant qu'il fait jour.*

San Francisco de Quito, qui fut la première capitale du pays, comprend deux grands sites : l'église de la Balbanera et la Laguna de Colta. Fondée en 1534 par les Espagnols, **La Balbanera** fut la première église d'Equateur. Ses plaques murales évoquent l'accomplissement de divers miracles. Un peu plus loin, de l'autre côté de la rue à gauche, repose la vaste **Laguna de Colta**. Visible depuis la route, l'arrière du lac est accessible par une petite route qui serpente à travers de ravissants villages ruraux, où des fermiers indigènes labourent leurs champs sur les versants de pittoresques montagnes couronnées de nuages. Comptez environ deux heures pour faire le tour du lac à pied.

LE VOLCAN CHIMBORAZO

Les personnes en partance pour une rude randonnée peuvent demander au chauffeur du bus Riobamba-Guaranda s'il a l'intention de prendre la route d'Arenal. Si c'est le cas, demandez-lui de vous déposer à l'embranchement pour les refugios. De là, comptez 7 km de marche à travers un sentier qui grimpe jusqu'au deuxième refuge. Le chemin est emprunté par les 4x4, et certains randonneurs font du stop. N'oubliez pas que la marche est beaucoup plus difficile en altitude et que les personnes peu acclimatées ne doivent pas randonner seules. Au retour, prenez un des bus de la ligne Guaranda-Riobamba. Entrée au parc 10 $.

Si Riobamba est l'impératrice des Andes, le Chimborazo (6310 m) est le roi des volcans. Les explorateurs croyaient autrefois que le Chimborazo était la plus haute montagne du monde. La réalité s'est révélée différente mais son sommet n'en reste pas moins le plus éloigné du centre de la Terre (en raison du renflement de la Terre au niveau de l'Equateur). Eternellement enneigé, ce volcan endormi perce les nuages pour se perdre dans le silence de l'espace. Whymper (5000 m), le deuxième refuge du Chimborazo, offre de splendides vues et s'atteint en une demi-journée sans expérience, dépenses ou matériel particuliers.

La randonnée à flanc de montagne traverse de somptueux paysages. Des *comunas* et *caseríos* (ces tout petits hameaux sans administration gouvernementale) émaillent les terres fertiles et les collines au pied du Chimborazo. Les touristes et les *indígenas* éprouvent les uns pour les autres la même curiosité. Gardez l'œil ouvert : un millier de ces animaux ressemblant à des biches que sont les *vicuñas* (vigognes) peuplent le parc, souvent sous la surveillance d'agiles fermiers dont la célérité vous surprendra.

L'INEFAN a récemment établi un droit d'entrée au parc, mais celui-ci est irrégulièrement demandé. Certains guides peu scrupuleux profitent de la situation pour ramasser l'argent des touristes et le garder pour eux. Gardez cela en tête, et passez par l'**Hotel Imperial** (☎960 429) de Riobamba pour vous rendre au deuxième refuge sans trop débourser. Si vous les prévenez la veille, il mettront un chauffeur à votre disposition pour vous emmener au premier refuge (4800 m). Ledit chauffeur vous attendra pendant que vous grimpez au deuxième refuge (durée 2h, a/r 15 $ par personne, départ à 7h30 et retour à 13h). Pour quelques dollars de plus, le chauffeur peut aussi vous conduire aux *aguas termales* situées au nord de la montagne (durée 1h). Le trajet jusqu'au Chimborazo peut également se faire par un taxi 4x4 depuis Riobamba, ou avec les guides des agences de voyages de la ville.

La plupart des randonneurs s'arrêtent au deuxième refuge, mais les alpinistes confirmés peuvent tenter l'ascension du **sommet du Chimborazo** (8h d'ascension, 4h de descente). Il est impératif d'avoir des crampons, des cordes et autre matériel de haute montagne. Les départs ont lieu à 23h depuis le deuxième refuge. La présence d'un guide est indispensable. **Alta Montaña** (☎963 694 ou 942 215), à Riobamba, peut vous fournir des guides qualifiés. (Pour plus d'informations sur les guides, voir **Alpinisme**, p. 626). Les deux refuges de montagne vendent des denrées de base, du café et des souvenirs touristiques. Ils peuvent aussi vous héberger (6 $), mais prévoyez d'emporter un sac de couchage, des vivres et beaucoup d'eau. Si vous passez la nuit dans un refuge, demandez à votre taxi 4x4 de vous reprendre le lendemain (a/r 17 $). A côté du volcan homonyme, le parc Chimborazo se dote d'autres attraits : deux **ruines incas** et le **canyon La Chorrera** sont accessibles à pied depuis la route, mais peuvent nécessiter un minimum d'exploration. Renseignez-vous auprès de l'INEFAN.

ALAUSÍ

Caractérisée par un environnement splendide et un rythme de vie pondéré, Alausí constitue une halte appréciable entre deux randonnées. La **Plaza Bolívar** et la **gare ferroviaire** forment le centre-ville, près des rues **Sucre** et **5 de Junio**, les principales artères. Il ne faut que 5 mn pour traverser le centre. Les **bus** partent du coin des rues 9 de Octubre et 5 de Julio et desservent **Riobamba** (durée 2h, 2 dép/h de 4h à 17h, 0,90 $), **Quito** (durée 5h30, dép. à 8h30, 9h30, 16h et 20h, 3 $), **Cuenca** (durée 4h30, 7 dép/j, 2,60 $), **Guayaquil** (durée 5h, dép. à 9h et 13h30, 2,80 $) et **Ambato** (durée 3h, dép. à 4h, 8h, 10h et 11h30, 1,60 $). Les bus qui font le trajet **Quito-Cuenca** passent sur la route panaméricaine à toute heure du jour et de la nuit. On peut aussi se rendre à **Achullapas** (durée 1h), d'où l'on peut faire une randonnée de trois jours aux ruines d'Ingapirca (voir p. 652). Il est possible de passer des appels téléphoniques locaux au bureau **EMETEL** en face de la gare. (☎930 104. Ouvert 8h-12h et 14h-19h.) Le **bureau de poste** se trouve à l'angle des rues 9 de Octubre et García Moreno. La **Banco de Guayaquil**, au coin des rues 5 de Junio et Ricaurte, propose un taux intéressant sur les dollars et les chèques de voyage. (☎930 160. Ouvert Lu-Ve 9h-18h.) L'**Hotel Americano**, García Moreno 51, au coin de la rue Ricaurte, situé au-dessus de la Farmacia Americano, est tenu par les mêmes personnes. Les chambres calmes et confortables sont dotées de parquets, de vues sur la rue et d'une salle de bains avec baignoire. (☎930 159. Chambre 2 $ par personne.) L'**Hotel Panamericano**, rue 5 de Junio, près de l'arrêt de bus, peut fournir des informations sur la randonnée de deux jours qui suit un sentier inca d'Achupallas à Ingapirca. (☎930 156. Chambre 2 $ par personne, avec salle de bains 2,40 $.)

LA LIGNE FERROVIAIRE RIOBAMBA-ALAUSÍ-BUCAY-DURÁN Avant les tempêtes provoquées par El Niño en 1997-98, cette exaltante voie ferrée faisait la fierté des Equatoriens et de tous les conducteurs de locomotives qui avaient eu la chance de l'emprunter. La ligne passait vaillamment par toutes les zones climatiques du pays, à commencer par les hauts plateaux de la province du Chimborazo, avant de plonger dans le *páramo* et la forêt des Andes occidentales, pour enfin s'achever dans la forêt tropicale côtière de Guayaquil. Une partie du trajet, juste après Alausí, surnommée La Nariz del Diablo (la narine du Diable), était particulièrement réputée. Le train enjambait une falaise à pic par le biais de deux routes accidentées - un véritable exploit acrobatique. En moins de 30 km, la ligne passait de 2347 m à 1255 m, avec moult virages et contorsions offrant de superbes vues sur le paysage environnant. Hélas, les tempêtes de 1997-98 endommagèrent les rails, qui restèrent longtemps complètement délabrés. Aujourd'hui, après de nombreux travaux, la voie ferrée a retrouvé son usage d'antan (ce que les touristes ont payé au prix fort). Les fermiers et les écoliers agitent la main dès que le train passe, et les blanchisseuses sortent de leur maison pour le voir. Il passe plusieurs fois par semaine le long des anciens rails, parallèles à la Panaméricaine jusqu'à la ville d'Alausí. Là, il adopte une allure d'escargot pour descendre non sans peine la célèbre Nariz del Diablo. Devenu un divertissement pour touristes, il n'emprunte plus qu'une portion de son trajet d'origine (15 $).

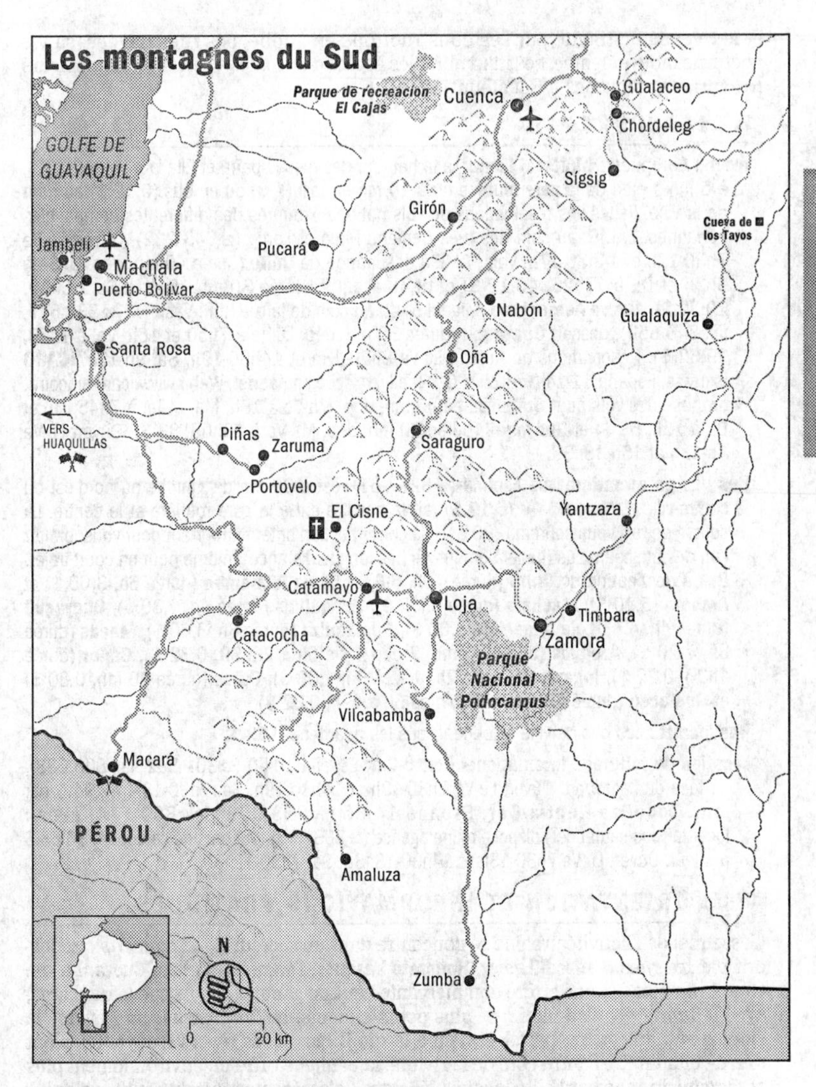

LES MONTAGNES DU SUD

CUENCA ☎07

Située dans la vallée du Guapondélig (2530 m), la ville coloniale de Cuenca (320 000 habitants) forme le cœur culturel des hauts plateaux du Sud. Elle fut construite sur les ruines de Tomebamba, une ville cañari détruite par les Incas lors de leurs conquêtes septentrionales. Avec l'arrivée des Espagnols, le conflit entre les Cañaris et les Incas reprit, et quand Gil Ramírez Dávalos rétablit Cuenca en 1557, Tomebamba, mystérieusement désertée, n'était plus qu'un amas de ruines. Bordant les berges du Río Tomebamba, la capitale de la province de l'Azuay, cosmopolite et active, se distingue par ses constructions en adobe, ses rues pavées, sa vie nocturne mouvementée, ses innombrables écoles de langue et certains des meilleurs restaurants et musées d'Equateur.

TRANSPORTS

Avion : **Aeropuerto Mariscal Lamar**, à la hauteur des rues España et Elia Liut (☎862 203), à 5 mn à pied de la gare routière ou à 10 mn en taxi (1 $) ou en bus (0,12 $) au nord de la ville. Faites vos réservations de vols nationaux auprès des différentes compagnies aériennes. **TAME**, au coin des rues Benigno Malo et Larga (☎843 222). Ouvert Lu-Ve 7h30-12h et 14h30-17h. Vols TAME à destination de **Quito** (durée 40 mn, dép. Lu-Sa à 8h25 et Di. à 17h25, 46,12 $) et de **Guayaquil** (durée 30 mn, dép. Lu-Sa à 6h30, 29,32 $). **Austro Aereo**, Hmo. Miguel 5-42, au coin de la rue Hon. Vásquez (☎832 677, fax 848 659), dessert **Guayaquil** (durée 30 mn, dép. Lu-Ve à 7h50 et 16h, Ve. à 7h50, 29,32 $). Réservations au bureau Lu-Ve 8h30-13h et 14h30-19h, Sa. 9h-12h. **ICARO Express**, España 11-14 (☎802 700, e-mail jerg@cue.satnet.net, Web : www.icaro-air.com), propose des vols pour **Quito** (durée 40 mn, dép. Ma-Ve à 18h, Ma. et Je. à 7h45, Lu. et Di. à 18h, 53 $) et **Guayaquil** (durée 30 mn, dép. Ma-Ve à 16h05, 33 $). Ouvert Lu-Ve 8h-13h et 15h-18h30.

Bus : La **gare routière**, rue España (☎827 061), est à 20 mn de marche au nord-est du centre-ville. Le **bus n° 40** (0,12 $) fait la navette entre la gare routière et le centre. La course en taxi vous coûtera 0,80 $. Si le confort est un critère important pour vous, prenez l'un des meilleurs bus (généralement les bus longue distance), même pour un court trajet. Bus à destination de **Quito** (durée 10h, 6-6,80 $) via **Riobamba** (durée 6h, 3,60 $) et **Ambato** (5,20 $), **Machala** (durée 3h, 2 $), **Huaquillas** (durée 4h, 2,80 $), **Guayaquil** (durée 4h, 4 $), **Loja** (durée 5h, 3,60 $), **Gualaquiza** (durée 8h, 3,60 $), **Macas** (durée 8h, 7,20 $), **Azogues** (durée 30 mn, 2 dép/h de 6h à 22h30, 0,32 $), **Cañar** (durée 1h30, 0,72 $), **Ingapirca** (durée 2h, dép. à 9h, 1,08 $), **Cajas** (durée 30 mn, 0,80 $) et **Gualaceo** (durée 40 mn, 4 dép/h de 5h à 19h, 0,32 $).

Bus locaux : Les bus de ville sillonnent tous les quartiers. 0,12 $.

Location de voitures : **International Rent-a-Car**, España 10-50 (☎801 892, fax 806 688), en face de l'aéroport. Ouvert Lu-Ve 7h30-13h et 14h30-19h, Sa. 7h30-13h. 42-94 $ par jour. **Localiza Rent-a-Car**, España 14-85 (☎863 902, fax 860 174, e-mail localiza@cue.satnet.net) dispose d'une agence (☎803 198) tout près de l'aéroport. 30 63 $ par jour. Ouvert Lu-Ve 7h30-13h et 14h30-18h30, Sa. 7h30-12h30.

ORIENTATION ET INFORMATIONS PRATIQUES

L'essentiel de l'activité urbaine se concentre dans un secteur de 42 *cuadras* circonscrit par les rues **Mariscal Lamar**, **Honorato Vásquez**, **Tarquí** et **Mariano Cueva**. La rue Gran Colombia est une artère commerçante haut-de-gamme, tandis que la rue Larga, avec le *mercado*, s'adresse aux plus petits budgets. Le **Río Tomebamba** traverse la ville au sud du *centro*, parallèlement à la rue **Larga**, et ses rives verdoyantes n'ont rien de citadin. De l'autre côté de la rivière, la banlieue offre un environnement plus aéré réquisitionné par l'élite locale. Le **Parque Calderón**, au cœur du centre colonial, est un autre moyen d'échapper à l'agitation de la ville.

SERVICES TOURISTIQUES ET FINANCIERS

Informations touristiques : **Cámara de Turismo** (☎868 482). Plans de la ville. Listes de guides agréés, d'auberges de jeunesse et d'agences. Ouvert tlj 8h-22h. Le bureau du **Ministerio de Turismo**, au coin des rues Córdova et B. Malo, à l'étage de l'*edificio* San Agustín (☎822 058), fournit des cartes et des brochures. Ouvert Lu-Ve 8h30-17h.

Agences de voyages et excursions organisées : Diverses agences et hôtels du centre proposent des excursions guidées (30-45 $ par personne, billets d'entrée, transport et repas compris) à **Girón**, **Gualaceo**, **Ingapirca** et **Cajas**. Les agences **MontaRuna**, Gran Colombia 10-29 (☎846 395), dans la *casa azul* en face de Santo Domingo (ouvert tlj 8h30-13h et 14h30-19h) et **Río Arriba**, Hmo. Miguel 7-15 (☎840 031, e-mail negro@az.pro.ec), au coin

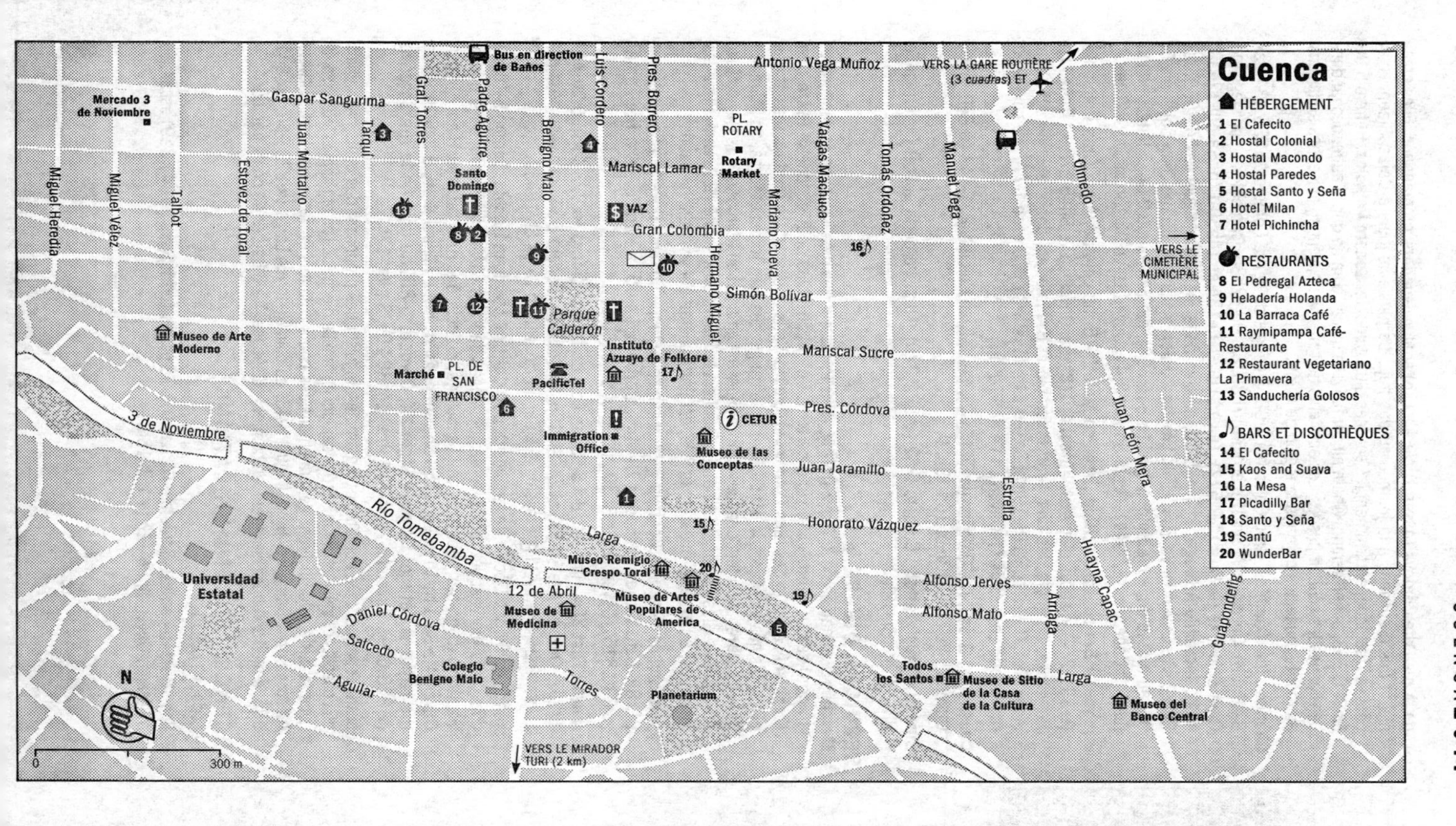
Cuenca
HÉBERGEMENT
1 El Cafecito
2 Hostal Colonial
3 Hostal Macondo
4 Hostal Paredes
5 Hostal Santo y Seña
6 Hotel Milan
7 Hotel Pichincha
RESTAURANTS
8 El Pedregal Azteca
9 Heladería Holanda
10 La Barraca Café
11 Raymipampa Café-Restaurante
12 Restaurant Vegetariano La Primavera
13 Sanduchería Golosos
BARS ET DISCOTHÈQUES
14 El Cafecito
15 Kaos and Suava
16 La Mesa
17 Picadilly Bar
18 Santo y Seña
19 Santú
20 WunderBar
Bus en direction de Baños
Antonio Vega Muñoz
VERS LA GARE ROUTIÈRE (3 cuadras) ET
Mercado 3 de Noviembre
Gaspar Sangurima
Miguel Heredia
Miguel Vélez
Talbot
Estevez de Toral
Juan Montalvo
Tarquí
Gral. Torres
Padre Aguirre
Benigno Malo
Luis Cordero
Pres. Borrero
PL. ROTARY
Rotary Market
Vargas Machuca
Tomás Ordoñez
Manuel Vega
Olmedo
VERS LE CIMETIÈRE MUNICIPAL
Mariscal Lamar
Santo Domingo
VAZ
Gran Colombia
Hermano Miguel
Mariano Cueva
Simón Bolívar
Parque Calderón
Museo de Arte Moderno
Instituto Azuayo de Folklore
Mariscal Sucre
Marché
PL. DE SAN FRANCISCO
PacificTel
Pres. Córdova
CETUR
3 de Noviembre
Immigration Office
Museo de las Conceptas
Juan Jaramillo
Juan León Mera
Estrella
Río Tomebamba
Honorato Vázquez
Larga
Museo Remigio Crespo Toral
Universidad Estatal
12 de Abril
Museo de Artes Populares de America
Alfonso Jerves
Alfonso Malo
Arriaga
Huayna Capac
Guapondelig
Daniel Córdova
Museo de Medicina
Salcedo
Colegio Benigno Malo
Aguilar
Torres
Planetarium
Todos los Santos
Museo de Sitio de la Casa de la Cultura
Museo del Banco Central
N
0
300 m
VERS LE MIRADOR TURI (2 km)

de la rue Pdte Córdova (ouvert Lu-Ve 9h-18h) sont vivement recommandées. Elles organisent des excursions à la journée ou des treks de plusieurs jours à Cajas. Sinon, vous pouvez louer indépendamment les services d'un guide, tel **Genaro Palacios**, Borrero 5-90 (☎880 963, e-mail gemapa@hotmail.com). Dans un cas comme dans l'autre, des randonnées équestres sont proposées. Les amateurs de **varappe** peuvent organiser des excursions au mont Arquitectos ou dans la région de Girón.

Change : **Vaz Cambios**, Gran Colombia 7-98, à l'angle de la rue Cordero (☎833 434, fax 822 558). Ouvert Lu-Ve 9h-13h et 15h-17h30, Sa. 9h-12h30. **Cambidex** a son siège rue Gran Colombia 9-75 (☎829 572). Ouvert Lu-Ve 9h-13h et 14h30-17h, Sa. 9h-12h30. **M.M. Jaramillo Arteaga**, Bolívar 5-80, au coin de la rue Hmo. Miguel (☎841 980, fax 846 916). Ouvert Lu-Ve 8h45-17h. **Western Union** a ses bureaux rue Gran Colombia 5-96, au niveau de la rue Hmo. Miguel (☎844 698), rue Sanguirma 2-64, à hauteur de la rue T. Ordóñez (☎827 941), et rue Borrero 8-44. Ouvert Lu-Ve 9h-18h et Sa. 9h-14h.

Banques : **Banco del Pacífico**, Benigno Malo 9-75, au coin de la rue Gran Colombia (☎831 144), dispose d'un **distributeur MC/Cirrus**. Ouvert Lu-Ve 8h45-17h. La **Banco La Previsora**, à l'angle des rues Gran Colombia et B. Malo, est dotée d'un **distributeur Visa/Plus**. Ouvert Lu-Ve 9h-19h et Sa. 9h-14h. **MasterCard**, Crespo 1-777, au coin de la rue Estado (☎883 577). Ouvert Lu-Ve 8h30-17h.

Consulats : **Brésil**, rue Ordoñez (☎844 932), **Chili**, Gran Colombia 21-143 (☎840 061). Ouvert Lu-Ve 8h30-13h et 15h-18h30.

Bureau d'Immigration : Cordero 6-62 (☎831 020), au siège de la police. Ouvert Lu-Ve 8h-12h et 15h-18h.

SERVICES DIVERS

Marchés : Le marché de la **Plaza Rotary**, dans le secteur des rues Machuca et Sangurima, au nord-est du centre-ville, vend de tout. Un marché plus petit occupe la **Plaza San Francisco**, au coin des rues Córdova et Aguirre. Vous trouverez des produits frais et des plats cuisinés au **Mercado 10 de Agosto**, à l'angle des rues Torres et Larga, au **Mercado 9 de Octubre**, à hauteur des rues Hmo. Miguel et Lamar, et au **Mercado 3 de Noviembre**, au coin des rues Talbot et Lamar. Le jeudi est le jour le plus animé. **El Arenal**, Plaza las Américas, à l'extrême ouest de la ville, est particulièrement vivant le mercredi.

Supermarchés : **Popular**, Córdova 7-23, à l'angle de la rue Cordero. Ouvert Lu-Sa 8h-20h et Di. 8h-13h. **Supermercados Unidos**, Cordero 11-05, à l'angle de la rue Lamar (☎830 815). Ouvert Lu-Sa 8h30-20h30 et Di. 8h30-13h.

Laveries : **Fast Klin**, Hmo. Miguel 6-68, au coin de la rue Córdova (☎823 473). 0,20 $ le 1/2 kg. Ouvert Lu-Ve 8h-19h et Sa. 8h-13h. **La Química**, Borrero 7-34, au niveau de la rue Sucre. 0,24 $ le 1/2 kg. Pressing 1 $ par article. Ouvert Lu-Sa 8h-18h30.

Echange de livres : L'école de langues **Centro Cultural Abraham Lincoln**, Borrero 5-18, au coin de la rue Vásquez, organise des échanges de livres Lu-Ve 15h-18h30, ainsi que le **Wunderbar**, un bar populaire de l'Escalinata, au coin des rues Larga et Hmo. Miguel. Ouvert Ma-Sa 11h-1h et Lu. 11h-18h. **Cuenc@net**, Hmo. Miguel 4-46, à hauteur de la rue Larga, à l'étage. **Librería Siglo XX**, Cordero 6-85, au coin de la rue Córdova (☎823 689). Ouvert Lu-Ve 8h30-13h et 14h30-20h, Sa. 8h-12h.

Cours d'espagnol : De nombreux programmes linguistiques proposent des cours particuliers ou collectifs et peuvent organiser des séjours en famille d'accueil. Les tarifs, plus intéressants avec la carte ISIC, incluent généralement des cours culturels et des excursions. **Estudio Internacional Sampere**, Hmo. Miguel 3-43, au coin de la rue Larga (☎823 960, fax 841 986, e-mail sampere@samperecen.com.ec), dispense 4 à 6 heures de cours par jour.

URGENCES ET COMMUNICATIONS

Urgences : ☎911.

Police : **Bureau central**, Cordero 6-62 (☎101). La **police touristique** (☎841 319) est située à l'étage. Ouvert tlj 8h-12h et 15h-18h.

Pharmacies : *El Mercurio*, le journal local, publie les horaires des pharmacies de garde.

Hôpitaux : **Clínica Santa Ines**, Córdova Toral 2-113, au coin de la rue Cueva (☎817 888), de l'autre côté de la rivière, juste au sud de la rue 12 de Abril. L'**Hospital Militar**, 12 de Abril 7-99 (☎827 606), et le **Centro de Salud del Azuay** (☎822 202) sont situés à l'ouest de la rue B. Malo.

Téléphone : **PacificTel**, B. Malo 7-35, au coin de la rue Pdte Córdova (☎842 122), près du Parque Calderón. Ouvert tlj 8h-22h. **Etapa**, B. Malo 7-35, juste en face. Accès Internet 0,64 $ l'heure. Ouvert tlj 8h-21h45.

Internet : **Cuenc@net**, Hmo. Miguel 4-46, au coin de la rue Larga, dispose aussi d'une succursale rue Larga 6-02, à l'angle de la rue Hmo. Miguel. Outre les cybernautes (accès Internet 0,72 $ l'heure), le Cuenc@net accueille les amateurs de billard et de babyfoot (1,20 $ l'heure). Ouvert Lu-Sa 9h-22h et Di. 10h-21h. **Compu Centro** (☎844 685), à l'angle des rues Bolívar et Hmo. Miguel, au 2e étage, est moins cher (0,60 $ l'heure). Ouvert tlj 8h-20h.

Bureau de poste : Au niveau des rue Borrero et Gran Colombia (☎838 311).

SIERRA CENTRALE

HÉBERGEMENT

La tarification hôtelière de Cuenca est assez énigmatique. Si les hôtels sont relativement chers pour l'Equateur, ne vous précipitez pas sur les options les plus économiques : pour quelques dollars de plus, la qualité des établissements augmente considérablement.

❤ **El Cafecito**, Vásquez 7-36, à l'angle de la rue Cordero (☎832 337, e-mail elcafec@cue.satnet.net). Un accueillant café à ciel ouvert pendant la journée, et éclairé aux chandelles le soir. Restaurant/bar (ouvert tlj 8h-24h) avec *happy hour* (tlj 17h-19h). Chambres propres et colorées. Dortoir 2 $, chambre 3 $ par personne, avec salle de bains 4 $.

❤ **Hostal Macondo**, Tarquí 11-64, au coin de la rue Lamar (☎840 697, e-mail macondo@cedei.org.ec). Certains affirment que c'est le meilleur *hostal* d'Equateur. Personnel compétent, pelouses et jardins superbes, cuisine. Chambre simple 8 $, double 12 $. Chambre simple 180 $ par mois, double 220 $. 10 % de taxe en sus. Réduction de 10 % pour les membres HIYA et ISIC.

Hostal Santo y Seña, 3 de Noviembre 4-71 (☎841 981), Río Tomebamba, entre l'Escalinata et Puente Roto. Très belle demeure en bord de rivière, avec un grand jardin, des intérieurs spacieux en bois, un restaurant/bar (ouvert tlj 7h-21h), une piste de danse et des concerts la plupart des Je. et Ve. soir. Chambre 6 $ par personne.

Hostal Colonial, Gran Colombia 10-13, au coin de la rue Padre Aguirre (☎841 644, e-mail hcolonia@cue.satnet.net), Plaza Santo Domingo. Les chambres sont munies d'un réfrigérateur, d'eau en bouteille et de moquette. Petit déjeuner compris. 8 $ par personne. 7 % de réduction avec la carte ISIC.

Hostal Milan, Pdte Córdova 9-89, à l'angle de la rue Padre Aguirre. La plupart des chambres ont un balcon donnant sur la Plaza San Francisco. Tables de billard sur le toit. Les chambres ont une salle de bains, la TV câblée et le téléphone. Location de vélos et excursions à El Cajas (35 $ par personne). Chambre 2 $ par personne, chambre simple avec salle de bains et télévision 4,50 $, chambre double avec salle de bains et télévision 7 $.

Hotel Pichincha, Torres 8-82, à l'angle de la rue Bolívar (☎823 868). Propre et bon marché, dans le centre-ville. La salle commune dispose d'une gigantesque télévision. Chambre 2 $ par personne, avec salle de bains 4 $.

Hostal Paredes, Cordero 11-29 (☎835 674). Belle demeure au mobilier ancien, qui évoque l'époque coloniale. Chambre 4 $ par personne, avec salle de bains 6 $.

RESTAURANTS

Dotée de toutes sortes de restaurants, Cuenca est une étape gastronomique appréciable. Des innombrables *típicos* avec leurs *almuerzos* traditionnels jusqu'à la cuisine haut-de-gamme du restaurant El Jardín, Cuenca est capable de satisfaire les palais les plus exigeants.

❤ **Raymipampa Café-Restaurante**, Benigno Malo 8-59 (☎834 159). Ce restaurant très animé attire les touristes comme l'élite locale, notamment à l'heure du dîner. La vue sur le parc Calderón ajoute à l'ambiance détendue. Délicieuses crêpes 1,20-1,80 $. Cappuccino 0,32 $. Ouvert Lu-Ve 8h30-23h et Sa-Di 8h30-21h.

❤ **Sanducheria Golosos**, Gran Colombia 11-20, à l'angle de la rue Torres (☎827 312), en face de l'Hostal Chordeleg. Vous trouverez ici des sandwichs aussi délectables qu'originaux. Sandwichs chauds à la dinde, au poulet ou végétariens (1-2 $) à déguster en en-cas ou en pique-nique dans le parc. Livraison possible. Ouvert Lu-Sa 8h30-21h.

Heladería Holanda, Benigno Malo 9-51, au coin de la rue Bolívar (☎831 449). Considéré comme le meilleur glacier de la ville. Délicieuses *copas* (1 $). Ouvert tlj 8h-20h.

Restaurant Vegetariano La Primavera, Hmo. Miguel 7-28, à hauteur de la rue Pdte Córdova. Les alléchants *almuerzos* végétariens (0,56 $) côtoient yaourts, crêpes et salades de fruits. Ouvert Lu-Ve 8h30-21h30 et Sa. 8h30-16h.

La Barraca Café, Borrero 9-68, au coin de la rue Gran Colombia (☎842 967, e-mail gzuniga@az.pro.ec). Outre une multitude de boissons alcoolisées et de snacks, ce café sert de savoureux repas (2 $) ainsi que des crêpes (0,80 $). Ouvert Lu-Sa 12h-24h.

El Pedregal Azteca, Gran Colombia 10-29, au niveau de la rue Padre Aguirre (☎823 652). L'un des meilleurs restaurants mexicains d'Equateur. Authentiques *tacos*, *burritos* et *enchiladas* (1,75-2,50 $). Fond musical *live* (Lu., Me. et Ve. à 20h). Ouvert Lu 18h-23h, Ma-Sa 12h30-15h et 18h-23h.

VISITES

Bien que les principaux attraits de la région se trouvent en dehors de la ville (à Turi, Ingapirca, Baños, Biblián, El Cajas et dans les marchés environnants), Cuenca renferme quelques trésors culturels. Grâce à sa communauté d'artisans (concentrée dans la rue Gran Colombia, entre les rues Hmo. Miguel et Pdte Borrero) et à presque plus de musées que l'on peut en compter sur les doigts des deux mains, Cuenca a beaucoup à offrir.

❤ **MUSEO DEL BANCO CENTRAL.** Ce musée abrite les plus importantes collections d'art et d'artisanat de Cuenca. La section ethnographique de l'étage vous fera découvrir les habitations, le mode de vie et l'artisanat de vingt-deux cultures amérindiennes. La salle archéologique du rez-de-chaussée explique l'occupation cañari et inca des ruines de Tomebamba (Pumapungo) et renseigne sur les récentes fouilles effectuées juste à côté. On trouve également plusieurs collections d'art équatorien du XIXe siècle et, conformément aux aspirations de la direction, une histoire de la monnaie équatorienne. Les visiteurs peuvent aussi se promener dans l'ancienne cité de Tomebamba, derrière la banque centrale. Après avoir conquis la région, Sapa Inca Yupanqui convertit cet important site cañari en avant-poste militaire avant d'en faire un centre administratif. Les caractéristiques architecturales incas se retrouvent sur les anciennes constructions cañari, et certains pensent que ce site aurait servi de palais au monarque Huayna Cápac. *(A l'angle des rues Larga et Huayna Cápac. ☎831 255. Ouvert Lu-Ve 8h-13h et 14h30-18h30, Sa. 8h-13h. 1 $.)*

MIRADOR TURI. Turi est un point de vue vertigineux situé à 4 km au sud du centre et surplombant toute la ville. Un parcours de 15 mn en bus, le long d'une route abrupte et criblée de nids-de-poule, sera récompensé par un panorama à couper le souffle sur Cuenca et les montagnes environnantes. Une carte de la ville vous aidera à vous repérer, à moins que vous ne préfériez utiliser des jumelles (0,40 $) pour avoir une vue plus rapprochée. *(Pour vous rendre à Turi, prenez un bus, un taxi ou vos chaussures de marche. Les bus partent à l'angle des rues 12 de Abril et Solano, au sud de la rivière (dép. toutes les 1h30 de 7h30 à 16h30, 0,08 $) et vous déposent au pied de la montagne sur laquelle le Mirador Turi est perché (30 mn d'ascension). Les taxis coûtent 2 $.)*

ÉGLISES ET PLACES. Cuenca compte beaucoup plus d'édifices religieux par habitant que la plupart des villes équatoriennes. Les deux plus belles églises se font face près du Parque Calderón, en plein centre-ville. Construite en 1557 avec des pierres du Palais inca de Pumapungo, la **Iglesia del Sagrario** (vieille cathédrale) était en cours de restauration lors de la rédaction de ce guide, mais vous pourrez certainement l'admirer lors de votre visite. En face, la massive et superbe ❤ **Catedral de la Inmaculada Concepción** (nouvelle cathédrale, ouverte tlj 7h-16h et 20h-21h) domine le Parque Calderón et s'illumine la nuit. Fondée par l'évêque Miguel León Garrido et l'Allemand Juan (Johannes) Bautista Stiehle en 1885, elle doit son apparence actuelle, qui date de 1908, à l'évêque Manuel Maria Polit. Officiellement, toutefois, elle est inachevée. Cette cathédrale est l'un des édifices religieux les plus réputés d'Equateur : ses coupoles décorées et sa façade de brique cachent un sombre intérieur de marbre, où les rayons du soleil viennent se réfléchir sur un dais à quatre colonnes décoré à la feuille d'or. **San Blas**, à l'angle des rues Vega et Bolívar, fut érigée en 1575 en forme de croix latine, à l'aide de pierres issues de Tomebamba. **San Sebastian**, à l'intersection des rue Talbot et Bolívar, avec son unique coupole, son clocher et son joli portail en bois sculpté, se dresse au bord d'un ravissant parc.

AUTRES VISITES. Cuenca offre diverses possibilités d'admirer l'art et l'artisanat locaux. Le **Museo de Arte Moderno**, qui occupe l'ancienne Maison de Tempérance et abrite des œuvres d'art moderne équatoriennes, est le siège d'un concours artistique international bisannuel. *(Sucre 15-27, au coin de la rue Talbot, Plaza San Sebastian. ☎831 027. Ouvert Lu-Ve 8h30-18h30 et Sa-Di 9h-15h, petit don demandé.)* L'**Instituto Azuayo de Folklore** expose une fascinante collection d'artisanat local et régional. *(Cordero 7-22, à la hauteur de la rue Córdova, au deuxième étage. ☎830 016, ouvert Lu-Ve 8h30-12h et 14h30-17h.)* Le **Museo de Artes Populares de América** accueille une collection tout aussi impressionnante d'objets folkloriques, ainsi que les outils et matériaux utilisés pour les fabriquer. *(Hmo. Miguel 3-23, au niveau d'Escalinata. ☎828 878. Ouvert Lu-Ve 9h30-13h et 14h30-18h, Sa. 10h-13h.)*

SORTIES

Le vaste contingent de touristes de passage à Cuenca incite les bars et les boîtes à rester ouverts toute la semaine. Il y a toujours du monde pour la *happy hour* d'**El Cafecito** et du **Santo y Seña** (voir **Hébergement**, p. 649). Le week-end, les possibilités se multiplient. La discothèque la plus branchée de la ville est **Santú**, au coin des rues Larga et Jerves, spécialisée dans la techno et la *house*. Pour danser la salsa, essayez ❤ **La Mesa**, un club très apprécié des résidents et des touristes, rue Gran Colombia, à l'angle de la rue Ordoñez. Pour ceux qui n'aiment pas danser, **Kaos** et **Suava**, tous deux au coin des rues Vásquez et Hmo. Miguel, offrent une ambiance plus décontractée. Parmi les autres bars qui ne font pas payer l'entrée figurent ❤ **Ego**, rue Unidad Nacional, **Picadilly Bar**, au coin des rues Córdova et Borrero, et **WunderBar**, à l'Escalinata, rue Hmo. Miguel 3-43, à la hauteur de la rue Larga (☎831 274, ouvert Lu. 11h-23h et Ma-Sa 11h-1h).

FÊTES

Cuenca s'anime particulièrement à deux occasions. La fête du **Septenario (Corpus Christi)**, qui dure une semaine et met en scène des danses et des feux d'artifice sur la place principale, commence le deuxième jeudi de juin. La fête de l'**Indépendance**, quant à elle, se déroule pendant quatre jours autour d'une foire culturelle aux alentours du 3 novembre.

ENVIRONS DE CUENCA : INGAPIRCA

Les randonneurs les plus téméraires peuvent effectuer le trajet entre Pumapungo et Ingapirca en empruntant la route Ingañan qui traverse le parc national El Cajas, mais les bus Cañari (durée 2h, dép. à 9h, retour à 13h et 16h, 1,12 $) se rendent directement aux ruines depuis la gare routière de Cuenca. D'autres bus desservent Tambo, d'où l'on peut prendre un camion ou une ranchera *jusqu'à Ingapirca. L'hôtel juste à côté des ruines est beaucoup plus cher que les petits hôtels (2-3 $) situées dans Ingapirca même (5 mn à pied). Les restaurants du site ou de la ville servent des* almuerzos *(1 $) et des en-cas. L'entrée aux ruines inclut une visite guidée en espagnol ou en anglais et l'accès libre au musée (5 $).*

Situé à 85 km au nord de Cuenca, Ingapirca s'étend le long de la route inca (Ingañan), aujourd'hui abîmée qui reliait Pumapungo à la côte. Ancien village cañari, ce site fut transformé par les Incas en un important centre religieux. Des édifices incas patiemment élaborés, aux portes trapézoïdales, surmontent les murs cañaris. Le Temple du Soleil, de forme circulaire, constitue le principal monument du site. On pense que les célébrations de la fête annuelle d'Inti Raymi se déroulaient tout en haut. Il est intéressant de constater que la structure rectangulaire qui surmonte l'édifice circulaire est moins sophistiquée. Le site renferme également les habitations des *acllawasi* (vierges du Soleil), des entrepôts (*collcas*) et des bains qui ne fonctionnent plus. En faisant attention, on peut distinguer la tête d'un Inca sculptée dans la roche. Le **Museo del Sitio** abrite les objets d'art les plus précieux, recueillis lors de fouilles récentes, ainsi que des répliques du site archéologique.

ENVIRONS DE CUENCA : GUALACEO

Les bus de Santa Barbara et Santiago de Gualaceo partent de la gare routière de Gualaceo (☎255 730), sur la route de Cuenca (durée 40 mn, 4 dép/h de 5h à 19h, 0,32 $). Vous pouvez aussi aller voir les bijoutiers de Chordeleg (durée 15 mn, 2 dép/h de 5h à 19h, 0,12 $). Les bus relient également Azogues (durée 45 mn, dép. Sa. à 7h15, 0,32 $), Machala (durée 5h, dép. Sa. à 5h et Di. à 9h, 2,60 $), Sígsig et Paute.

Tous les dimanches, un grand marché anime ce petit village à l'est de Cuenca, attirant des hordes de montagnards en quête de bonnes affaires. La fabrication des textiles cesse ce jour-là et la production de la semaine est apportée en ville. Des monceaux de pulls faits main sont achetés sur la place près de la gare routière, pour être revendus à Otavalo et ailleurs. A tout autre moment de la semaine, vous pouvez rendre visite aux artisans chez eux, assister à la fabrication et acheter des souvenirs sans qu'un intermédiaire prenne une commission. Un marché moins important a lieu également le mardi et le vendredi. Faisant face à la montagne depuis la gare routière, le **marché couvert**, le **marché découvert** et le **parc principal** se succèdent (dans cet ordre) en diagonale à droite. Depuis la gare routière, gagnez la rue Cordero et prenez la rue Cuenca à gauche, ou, mieux encore, suivez la foule. **Greentours**, 9 de Octubre 5-00, à hauteur de la rue Dávila Chica, sur la place, distribue des plans de Gualaceo et propose des excursions guidées dans la nature et les villages environnants. (Ouvert Lu-Ve 9h-12h et 14h-18h.) Pour passer la nuit à Gualaceo, essayez l'**Hostal Carlos Andres**, Gran Colombia 2-03, à deux *cuadras* de la place principale (en s'éloignant du marché). Un escalier de marbre mène à des chambres propres et confortables, avec salle de bains et télévision, sur quatre niveaux. (☎255 379. Chambre 2,40 $ par personne.)

ENVIRONS DE CUENCA : CHORDELEG

La plupart des bus qui retournent à Gualaceo (0,12 $) ou à Cuenca (0,44 $) partent légèrement au-dessus de la place (2 dép/h de 5h à 19h). Les bus quittent la gare routière de Gualaceo pour Chordeleg dès qu'ils sont pleins (durée 15 mn, 2 dép/h), et certains bus en provenance de Cuenca et à destination de Gualaceo continuent jusqu'à Chordeleg. Le superbe trajet à pied entre Gualaceo et Chordeleg vous fera traverser un paysage pittoresque et vallonné, parsemé de fermes. Le tronçon qui descend de Chordeleg à Gualaceo demande environ 1h de marche ; comptez 1h30 pour le retour. Dans les virages, faites attention aux voitures qui serrent à droite.

Si le marché de Gualaceo est spécialisé dans les denrées de base, celui de Chordeleg s'intéresse aux produits de luxe. La place principale est littéralement submergée de **bijouteries**, qui affichent des prix très intéressants en raison de la concurrence (méfiez-vous toutefois des affaires exceptionnelles). La plupart sont ouvertes Ma-Di 9h-18h, mais ferment Lu. pour acheter leurs marchandises. Certains objets artisanaux sont en vente sur la place, mais les meilleures boutiques de poterie, dont le vaste et chic **Centro de Artesanías**, se trouvent en dehors du village, sur la route de Gualaceo. (Boutiques ouvertes tlj 8h-13h et 14h-17h.) Si l'église moderne et la grand-place sont généralement paisibles, le marché, lui, est plus animé. Sur la place, le **Museo Comunidad**, petit mais très bien documenté, abrite des objets artisanaux et ethnographiques (ouvert tlj 8h-13h et 14h-17h). Il n'y a pas d'hôtel dans ce petit village.

ENVIRONS DE CUENCA : PARQUE DE RECREACIÓN EL CAJAS

Les bus directs pour le centre d'informations partent du parc San Sebastian de Cuenca, à l'angle des rues Talbot et Mariscal Sucre (durée 1h, dép. à 6h et à 6h30, retour à 14h et à 15h, 0,80 $). Le week-end, arrivez bien à l'avance pour être sûr d'avoir une place. Les bus San Luis à destination de Guayaquil (durée 1h, 12 dép/j de 5h05 à 21h20, 0,80 $) s'arrêtent au parc. Demandez à ce que l'on vous dépose au centre d'informations. Pour le retour, les bus qui traversent le parc par la route principale passent par le Bureau touristique pendant toute la journée. Les bus à destination de l'entrée plus reculée de Soldados partent de la place El Vado (durée 1h30, dép. à 6h). L'entrée au parc coûte 10 $.

Le parc national El Cajas est un amalgame d'eau, de roche et de broussailles. Leurs formes variées, ajoutées à la magnificence du paysage, font de ce parc de 29 000 ha un site incontournable. Les plus hauts sommets s'élèvent à 4450 m, et l'altitude ne descend jamais au-dessous de 3150 m. Des falaises abruptes, sculptées par les glaciers, sillonnent le paysage montagneux, et de leurs grottes souterraines, les rivières jaillissent en surface pour se réinfiltrer dans les fissures rocheuses. Aussi intéressante que les merveilles géologiques d'El Cajas, la végétation variée tapisse le parc d'herbe tendre et de taches de couleur. Les minuscules arbres quinua (*Polylepis*), qui poussent à des altitudes record, dressent leurs troncs noueux dans le *páramo* qui couvre presque tout le parc. Les forêts vierges humides de montagne couvrent les extrémités est et ouest du secteur. Le climat particulier d'El Cajas en fait un lieu de prédilection pour les rares plantes *cubilán*, *chuquiragua* et *tushig*. Les personnes dotées d'un peu de patience et de chance pourront peut-être apercevoir quelques animaux classiques, tels les daims, les renards et les lapins, ainsi que des espèces plus rares comme l'ours à lunettes, le lama, le puma et le *tigrillo* (petit tigre). Les ornithologues pourront observer des condors, des toucans et des colibris. Des ruines précolombiennes parsèment le parc, et l'ancienne route inca **Ingañan** relie la grotte de Lupsa au lac Mamamag au centre du parc. Les ruines les mieux conservées se trouvent à Paradones, près de Molleturo.

INFORMATIONS PRATIQUES. El Cajas possède deux entrées principales : à **Soldados** au sud, et au **lac Toreadora** au nord. Cette dernière, juste à côté de la route qui coupe le parc, est dotée d'un centre d'informations (3778 m). Cette petite structure donne des renseignements d'ordre général et propose un hébergement sommaire (*refugio*) avec l'électricité, mais sans l'eau courante (0,20 $ par personne). Quelques restaurants épars accueillent les groupes touristiques à quelques kilomètres du refuge, sur la route à destination de Cuenca. Avant d'entrer, de pêcher ou de camper à Cajas, informez-en les gardiens à l'une ou l'autre entrée. La meilleure période pour visiter le parc se situe entre août et janvier, mais les températures peuvent alors tomber à -5° C la nuit, ce qui oblige à se munir de matériel chaud et étanche. Un brouillard dense se forme souvent en début d'après-midi, et il arrive que des visiteurs sans cartes, boussole ni expérience se perdent.

Il est vraiment recommandé d'avoir un guide pour visiter le parc. **Río Arriba**, Hmo. Miguel 7-15, au coin de la rue Pdte Córdova, organise des treks ou des randonnées équestres en fonction de vos souhaits. (☎840 031, e-mail negro@az.pro.ec. Ouvert Lu-Ve 9h-18h.) **Santa Ana**, à l'angle des rues Borrero et Pdte Córdova, fournit le transport et les services d'un guide anglophone. (☎832 340. 40 $ par personne. Ouvert Lu-Ve 9h-13h et 14h-19h, Sa. 11h-13h.) **Apullacta Tours**, que l'on peut aisément contacter via l'Hostal Macondo, propose des excursions à la journée (35 $ par personne), tout comme **Aventuras Nomadas**, Hmo. Miguel 6-91, au niveau de la rue Pdte Córdova (☎820 158). Ces deux agences fournissent des guides naturalistes anglophones.

Le parcours le plus populaire est la boucle (3-4h) autour de la Laguna Toreadora, qui offre de somptueuses vues sur quelques-uns des 232 lacs d'El Cajas. C'est la seule randonnée que l'on peut entreprendre sans guide (après avoir pris des renseignements auprès du gardien). Des randonnées guidées de deux jours, qui incluent les 4 km préservés de la route inca entre la grotte de Lupsa et le lac Mamamag, partent de Tablón et se terminent au poste de contrôle près du lac Lanuco. Des vestiges d'édifices incas se dressent près du lac Mamamag, mais les ruines les plus impressionnantes se trouvent à 3h30 (ou 2h30 à cheval) au sud-est de Molleturo, à Paradones. Des excursions écologiques peuvent également être organisées dans les forêts de quinua, près du refuge.

LOJA ☎07

L'instable Loja (160 000 habitants) fut délocalisée de la région de Catamayo en 1548 pour être rebâtie à deux reprises, à la suite d'importants séismes. Loja, porte de l'Oriente, se trouve à deux pas des sites les plus séduisants et les plus reculés de la cordillère Sud : Vilcabamba, Zamora, Saraguro et le Parque Nacional Podocarpus. Cette petite ville, qui compte deux universités, une faculté de droit et un conservatoire, est davantage tournée vers la modernité que les autres villes de la région. En même temps, les traces de ses origines historiques et rurales restent omniprésentes. Les influences coloniales se font sentir dans la rue Lourdes, et, tout autour du Parque de la Independencia, aucun bâtiment ne dépasse trois étages. Les Saraguros, vêtus de leurs costumes noirs traditionnels, forment une présence bien marquée dans la ville.

TRANSPORTS

Avion : L'**aéroport La Tola**, à Catamayo, est à 35 km de Loja. Des bus effectuent le trajet jusqu'à **Catamayo** (durée 1h, 2 dép/h de 6h à 19h, 0,56 $), et les taxis (0,60 $) font le reste du chemin à partir de la place principale. Les vols de la TAME desservent **Quito** (dép. Lu-Sa à 6h, 38 $) et **Guayaquil** (dép. Lu. et Je-Sa à 5h45, 25 $). Les réservations se font à leurs bureaux, rue 24 de Mayo, près de la rue Eguiguren (☎573 030). Ouvert Lu-Ve 9h-16h15. ICARO, rue Eguiguren, près de la rue Olmedo (☎578 398), propose des vols à destination de **Quito** (dép. Me., Ve. et Di. à 18h, 60 $). Ouvert Lu-Ve 8h-13h et 15h-18h, Sa. 8h-13h.

Bus : La **gare routière** (☎579 592), à quelques minutes au nord du centre-ville, est équipée d'un bureau de poste, d'un centre téléphone/Internet et d'un guichet d'informations. Les horaires sont affichés sur un panneau. Bus à destination de : **Quito** (durée 12h, 8 $), **Cuenca** (durée 5h, 2,80 $) via **Saraguro** (durée 2h, 1 $), **El Cisne** (durée 2h, 1,12 $), **Catamayo** (durée 1h, 2 dép/h de 6h à 19h, 0,56 $), **Marcará** (durée 5h, 3 $), **Guayaquil** (durée 9h, 5,20 $) **Gualaquiza** (durée 8h, 2,80 $) via **Zamora** (durée 2h, 1,12 $), **Huaquillas** (durée 6h, 3 $), **Machala** (durée 6h, 3,40 $) et **Vilcabamba** (durée 1h, 2 dép/h de 4h30 à 19h, 0,60 $).

Taxi : Taxi Ruta, rue Iberoamérica, peut prendre 5 à 6 personnes à la fois pour **Vilcabamba** (durée 50 mn, départ quand ils sont pleins, 0,60 $).

ORIENTATION ET INFORMATIONS PRATIQUES

Loja est traversée par deux rivières. La principale, **Río Malacatos**, court entre (et sous) les rues **Universitaria** et **Iberoamérica**. Le **Río Zamora**, parallèle à la rue 24 de

Mayo, marque la limite est de la ville. Le **centre-ville** de Loja est circonscrit entre ces deux cours d'eau. Les frontières nord et sud sont formées par les rues **Quito** et **Lourdes**. La **gare routière**, rue Cuxibamba, se trouve à 15 mn de marche du centre (0,60 $ en taxi ou 0,08 $ en bus, au nord du *centro*, rue Universitaria).

Informations touristiques : Le **Ministerio de Turismo**, Valdivieso 8-22, au coin de la rue 10 de Agosto (☎572 964), et la **Cámara de Turismo**, 10 de Agosto 15-46 (☎571 500), fournissent des informations et des plans. Ouvert Lu-Ve 8h-12h et 15h-17h30. Le **Ministerio de Medio Ambiente (INEFAN)** (☎571 534), rue Sucre, entre les rues Imabura et Quito, gère le Parque Nacional Podocarpus. Ouvert Lu-Ve 8h-12h30 et 14h-17h.

Agences de voyages : Des excursions d'1 à 3 jours peuvent être organisées par **Biotours**, rue Eguiguren, à la hauteur de la rue Olmedo (☎578 398, e-mail biotours@cue.satnet.net, ouvert Lu-Ve 8h-13h et 15h-19h, Sa. 8h-13h), et par **Aratinga Aventuras**, Lourdes 14-80, au coin de la rue Sucre (☎582 434, e-mail jatavent@cue.satnet.net, ouvert Lun-Ve 10h-12h30 et 15h-18h30, Sa. 10h-12h30).

Bureau d'immigration : A l'angle des rues Argentina et Tebaida Alta, près du poste de police (☎573 600). Ouvert Lu-Ve 8h-12h et 14h-18h.

Consulat péruvien : Sucre 10-64, à l'étage (☎571 668). Ouvert Lu-Ve 8h30-13h30.

Banques : La **Filanbanco**, Valdivieso 7-56, au coin de la rue 10 de Agosto (☎578 647, fax 577 455), près du parc principal, abrite un **distributeur Visa/AmEx**. Ouvert Lu-Ve 8h30-15h. D'autres **distributeurs MC** bordent le Parque Central. **Banco de Loja**, au coin des rues Bolívar et Rocafuerte (☎571 682). Ouvert Lu-Ve 8h-16h, Sa. 8h-15h et Di. 8h-13h.

Echange de livres : **Biotours**, rue Eguiguren, près de la rue Olmedo, possède un grand choix de livres. Ouvert Lu-Ve 8h-13h et 15h-19h, Sa. 8h-13h.

Urgences : ☎ 115. **Police** : A l'intersection des rues Argentina et Tebaida Alta (☎ 560 500).

Hôpital : **Hospital Isidro Ayora**, rue Iberoamérica, à la hauteur de la rue Quito (urgences ☎ 570 540).

Téléphone : **PacificTel** (☎ 571 025) dispose de deux succursales : au coin des rues Eguiguren et Valdivieso, et rue Iberoamérica 13-71, près de la rue Lourdes. Ouvert tlj 8h-21h30.

Internet : **Triple C**, Rocafuerte 13-41, au deuxième étage (☎ 585 084, e-mail triplec@loja.telconet.net), demande 1,20 $ l'heure. Ouvert Lu-Ve 9h30-13h et 15h15-19h30, Sa. 9h30-13h. Un **accès moins cher** est disponible rue 18 de Noviembre 10-44 (☎ 570 037). 1 $ l'heure. Ouvert Lu-Sa 9h-20h et Di. 10h-19h.

Bureau de poste : Colón 15-09, au coin de la rue Sucre (☎ 571 600). Service de **courrier express**. Ouvert Lu-Ve 7h30-19h et Sa. 8h-12h.

SIERRA CENTRALE

HÉBERGEMENT

Loja possède un grand nombre d'hôtels, la plupart concentrés le long des rues 10 de Agosto et Sucre. Sauf en période de fête, vous devriez n'avoir aucun mal à vous loger.

❤ **Hotel Metropolitano**, 18 de Noviembre 6-31, au coin de la rue Colón (☎ 570 007). Cet établissement tout de bois décoré propose des chambres avec lit double et télévision dans un environnement calme. Chambre simple 4 $, double 6,40 $.

Hostal Carrión, Colón 16-36, à la hauteur de la rue 18 de Noviembre (☎ 584 548). Les chambre, sommaires, sont dotées d'un lit, d'une table et de draps propres. Les chambres un peu plus chic de l'étage ont une salle de bains et la télévision. Chambre simple 2 $ par personne, avec salle de bains 4 $.

Hostal Inca, rue Universitaria, au coin de la rue 10 de Agosto (☎ 582 928). Bonne adresse. Les chambres, propres, ont une salle de bains avec l'eau chaude et la télévision. Chambre 2 $ par personne, avec télévision 3 $.

Hotel Chandelier, Imbabura 14-82, à l'angle de la rue Sucre (☎ 563 061). Les colonnes sculptées et la cour carrelée contribuent à l'ambiance élégante quoique désuète. Les chambres donnant sur la rue sont claires mais bruyantes. Chambre 2 $ par personne, avec salle de bains et télévision 4 $.

Hotel Acapulco, Sucre 7-61, au coin de la rue 10 de Agosto (☎ 570 651). Chambres luxueuses avec télévision, articles de bureau et objets de toilette. Chambre simple 8 $, double 12 $, triple 15 $.

RESTAURANTS

Le pain est particulièrement bon à Loja, et les *panaderías* laissent échapper leurs délicieux effluves à chaque coin de rue. La **Panadería La Europa**, 18 de Noviembre 6-05, à l'angle de la rue Colón, vend des viennoiseries (0,32 $, ☎ 573 116, ouvert Lu-Sa 8h-13h et 14h30-19h).

❤ **Trattoria Verona**, Imbabura 15-46, au niveau de la rue Sucre. Les excellentes pizzas et pâtes (2 $) sont servies aux chandelles dans une salle minimaliste rouge et blanche qui rend hommage à Marilyn Monroe et à Shakira. Pizzas individuelles 1-3 $, grandes pizzas 5-8 $.

❤ **Cevichería Las Redes**, rue 18 de Noviembre, au coin des rues Mercadillo et Lourdes (☎ 578 697). Ce restaurant de fruits de mer propose, outre le *ceviche* (1,80 $), des spécialités équatoriennes (1,80 $) et des plats chinois. Ouvert Lu-Sa 8h-21h30 et Di. 8h-15h.

Mero Mero, Sucre 6-22, à l'angle de la rue Colón. On y sert de bonnes spécialités mexicaines : *tacos*, *burritos*, *enchiladas* et *fajitas* (0,64-1,64 $). Ouvert Lu-Sa 10h-23h.

Parillada Uruguaya, rue Salinas, près de la rue Universitaria (☎570 260), est le paradis des carnivores. Cet établissement propre et clair, très apprécié de la population locale, sert l'une des meilleures viandes du coin. Les *parilladas* sont énormes (8 $). Ouvert Lu-Sa 18h-2h.

VISITES

Les environs de Loja sont d'une telle beauté que l'on ne peut s'empêcher de partir en promenade, pour admirer une vue, visiter les parcs de la ville ou partir en randonnée dans les montagnes.

❤ **PARQUE DE JIPIRO.** A quelques *cuadras* au nord de la gare routière, ce vaste parc amuse les enfants avec ses reproductions miniatures du Kremlin et de la tour Eiffel. Le quai chinois loue des **pédalos** (1 $ les 30 mn), le château propose des connexions à **Internet** (0,20 $ l'heure) et la mosquée fait aussi office de **planétarium**. (Ouvert tlj 8h-12h et 14h-18h. Adultes 0,80 $, enfants 0,40 $.) Le parc abrite également une piscine (ouvert Ma-Di 9h-17h30, adultes 0,24 $, enfants 0,12 $). *(Prenez un bus (0,08 $) pour Jipiro dans la rue Universitaria, ou bien effectuez le trajet à pied depuis la gare routière, en direction du nord.)*

PARQUE UNIVERSITARIO LA ARGELIA. Administré par la Universidad Nacional de Loja, ce parc est une autre merveille. Sillonné de sentiers de randonnée parfaitement entretenus, il couvre les montagnes qui se dressent au-delà du Río Malacatos en face du campus. Un petit **musée** et un **centre d'informations** marquent le début du sentier, et un panneau en bois indique les différentes randonnées à faire. Le sentier qui part à gauche forme une boucle complète de deux heures à travers une forêt de pins fleurie, traversée de torrents paisibles et (selon la saison) d'une multitude de papillons. *(Prenez n'importe quel bus à destination de Vilcabamba, ou prenez un bus Argelia-Capuli dans la rue Iberoamérica. Les bus Argelia-Pitas vous déposeront au campus universitaire. De là, comptez 15 mn de marche vers l'est, de l'autre côté du Río Malacatos, en descendant la route. Ouvert tlj du lever au coucher du soleil. 0,32 $.)*

JARDÍN BOTÁNICO. De l'autre côté de la route en face du départ du sentier de La Argelia, un jardin botanique renferme 889 espèces de plantes tropicales ainsi que des plantes médicinales et des orchidées. *(Situé dans le Parque Universitario La Argelia. Ouvert Lu-Ve 9h-16h et Sa-Di 13h-18h. 0,32 $. Pour plus d'informations sur la flore, visitez la* ***Fundatierra****, RioFrío 14-09, à l'angle de la rue Bolívar. ☎582 764. Ouvert Lu-Ve 8h-12h et 14h15-18h15.)*

SORTIES

La vie nocturne de Loja est un peu morne en semaine, mais le décor du **Piano Bar Unicornio**, Bolívar 7-63, à l'intersection avec la rue 10 de Agosto, vous divertira un moment. (☎574 083. Ouvert Lu-Sa 15h-23h.) A l'angle des rues Prolongación 24 de Mayo et Segundo Cueva Celi, qui forment un grand carrefour, ❤ **Free Days** se distingue par son atmosphère nord-américaine. (Ouvert Lu-Je et Sa. 16h30-24h, Ve. 16h30-2h.) A côté, rue Celi, **Siembra** est un bar romantique qui sert des plats et des boissons sous un toit de chaume. (☎583 451. Ouvert Lu-Je et Sa. 16h-0h30, Ve. 16h-2h.)

ENVIRONS DE LOJA : SARAGURO

Les compagnies de bus Pullman Viajeros (☎200 164) et Sur Oriente (☎200 115), situées de l'autre côté du parc en face de l'église, desservent Cuenca (durée 3h, 2,40 $) au nord et Loja (durée 2h, 0,88 $) au sud. Ils passent par la place principale toutes les 30 mn environ.

Petite halte sur la Panaméricaine entre Cuenca et Loja, le village de Saraguro se visite pour son charme tranquille et son absence de touristes. Son principal attrait est l'**artisanat** indien. Les touristes amateurs de souvenirs pourront trouver leur bonheur le dimanche, lors du marché qui attire les fermiers de toute la région. Les autres jours, les voyageurs peuvent s'arrêter à **Maki Rural** (☎ 200 258), près de l'église. Le **costume noir traditionnel** typique de cette région d'Equateur représente le deuil consécutif à la fin de l'Empire inca : les hommes portent des ponchos et des pantalons courts noirs, tandis que les femmes sont vêtues de châles noirs fixés à l'aide d'une broche d'argent appelée **topo**. Ces broches imitent celles de l'époque précolombienne et s'utilisent pour distinguer le statut marital de leur propriétaire : celle des célibataires est verte, celle des femmes mariées est bleue et celle des veuves est rouge. Saraguro compte deux hôtels et quelques petits restaurants. Le **Residencial Saraguro**, au coin des rues Loja et Fernando Bravo, a des lits confortables, d'épais murs d'adobe et un jardin. La profusion de couvertures compensent les vitres en plastique. (☎ 200 286. Eau chaude 0,20 $. Chambre 1,20 $ par personne.) Un peu plus bas dans la rue Bravo, le **Residencial Armijos** a des chambres moins confortables avec douches chaudes communes (1 $ par personne). Le **Bar Restaurant Cristal**, derrière l'église rue Oro, sert des *almuerzos* et des *meriendas* parmi les meilleurs du village. (Ouvert tlj 7h-22h.)

ENVIRONS DE LOJA : CATAMAYO

Les bus de la Cooperativa Catamayo, Catamayo 3-32, au coin de la rue Isidro Ayora et du Parque Principal, desservent Loja (durée 1h, 2 dép/h de 6h à 19h, 0,56 $). Transportes Santa, rue 24 de Mayo, au niveau du parc, dessert Quito (durée 11h, dép. à 13h et à 19h, 7,80 $). Les camionetas à destination d'El Cisne partent du coin des rues Ayora et 24 de Mayo quand elles sont pleines (durée 1h, 0,60 $). Les taxis pour l'aéroport se prennent sur la place, rue 24 de Mayo (durée 5 mn, 0,40 $), ou depuis El Cisne (2 $).

Animé mais dépourvu d'intérêt, l'**aéroport de La Tola** (à 2,5 km du village) est un passage obligatoire pour tous ceux qui souhaitent prendre l'avion à destination ou en provenance de Loja. Site de l'ancienne cité de Loja, Catamayo a été épargné par les éléments depuis que la ville actuelle a été déplacée de 30 km à l'est en 1548, deux ans après sa fondation. Le village n'a rien de palpitant à offrir mais constitue une halte appréciable pour les voyageurs qui souhaiteraient y passer la nuit avant ou après leur vol. L'**Hotel Turis**, rue Ayora, au coin de la rue 24 de Mayo, offre le meilleur rapport qualité-prix. Une cour ensoleillée égayée par le pépiement d'oiseaux en cage fait oublier le manque de clarté des chambres. (☎ 677 126. Chambre 0,60 $ par personne, avec salle de bains 1,20 $.) Le même propriétaire dirige l'**Hotel Rossana** voisin, tapissé de linoléum. Les chambres avec salle de bains ont aussi la télévision couleur. (☎ 677 006. Chambres 1,40 $ par personne, avec salle de bains et eau froide 2,40 $.)

ENVIRONS DE LOJA : EL CISNE

Des bus partent de la gare routière de Loja pour El Cisne. Transportes Catamayo a un service direct (dép. Lu-Je et Sa. à 16h, Ve. à 9h et à 16h, Di. à 4h, à 7h30 et à 8h30). Une autre possibilité consiste à prendre un bus pour Catamayo (durée 1h, 2 dép/h de 6h à 19h, 0,52 $) puis de prendre l'une des camionetas à destination d'El Cisne (durée 1h, 0,60 $). Celles-ci, toutefois, n'ont pas d'horaires fixes.

Perché dans les hauteurs, le petit bourg d'El Cisne abrite une énorme **cathédrale** blanchie à la chaux, d'aspect quelque peu gothique. A l'intérieur, une statue de la Vierge, **La Virgen del Cisne**, observe ses fidèles derrière la vitre de sa châsse incrustée d'or. C'est cette statue, et non l'église, la ville ou le superbe paysage, qui attire des hordes de pèlerins tous les ans à El Cisne. Pendant quatre jours chaque été (du 17 au 20 août), à l'issue d'une semaine de fête, un déferlement de foi guidé par la Vierge descend sur Loja. L'image de la vierge locale déambule alors sur les épaules de ses fidèles qui parcourent les 80 km séparant El Cisne de Loja. Le 1er novembre, elle entame son retour pour El Cisne, faisant de courtes haltes dans les villages qu'elle traverse. Les pèlerins, dignes d'un conte de Chaucer, marchent pieds nus jusqu'à la basilique depuis San Pedro, Catamayo ou même Loja. En dehors de cette fascinante procession, l'attrait principal du village est le sanctuaire même, un édifice gargantuesque autant par son échelle que par sa réputation. Quand vous aurez fini d'admirer l'intérieur, prenez un billet dans la bibliothèque du clocher pour visiter le petit

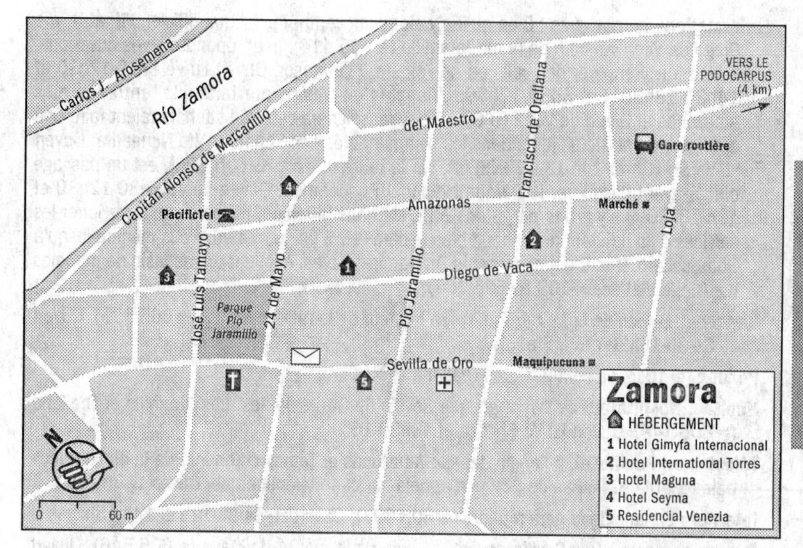

musée. Celui-ci expose les différents costumes de la Vierge, ainsi que les offrandes et les plaques qui lui ont été dédiées. (Ouvert Ma-Di 8h-12h et 13h-17h. Adultes 0,12 $, enfants 0,08 $.) Malgré la ferveur catholique régionale, seuls les véritables dévots entreprennent le long pèlerinage d'El Cisne à Loja. Les pèlerins peuvent passer la nuit à l'**Hostal Medina**, à droite avant de descendre les escaliers (chambre 2 $ par personne). Plusieurs restaurants bordent la place en face de la cathédrale, la plupart ne servant qu'un menu standard (1 $).

ZAMORA ☎ 07

Zamora (9000 habitants), la cité nationale de l'or, est un village rural au cœur de la forêt dense qui attira l'attention internationale lorsque l'on découvrit du métal doré dans le village voisin de Nambija, il y a une vingtaine d'années. Une culture minière émergea aussi rapidement que la végétation de l'Oriente, provoquant d'inévitables conflits entre les entrepreneurs et la population locale. Mais d'une certaine manière, Zamora s'est adaptée aux changements et parvient à concilier les deux mondes qui la forment : une route flambant neuve serpente le long des falaises, des cascades, des forêts tropicales et de la jungle, tandis que les équipements et les toits de tôle des baraques de mineurs parsèment la vallée autrefois jolie. Le village lui-même est devenu une ville "portail", offrant un accès facile au bassin amazonien via le Parque Nacional Podocarpus.

TRANSPORTS

Bus à destination de **Loja** (durée 2h, 2 dép/h, 1,12 $), **Gualaquiza** (durée 5h, 1,72 $) via **Yantzaza** (durée 2h, 0,60 $), **Machala** (durée 9h, 4,20 $), **Cuenca** (durée 7h, 4,40 $), **Zumba** (durée 9h, 4,80 $), **Guayaquil** (durée 8h, 6 $), **Quito** (durée 17h, 9,20 $) et maint autre petit village des environs.

ORIENTATION ET INFORMATIONS PRATIQUES

L'activité de Zamora se partage entre le parc principal, **Parque Pío Jaramillo**, et le **mercado**. Les rues animées **Amazonas** et **Diego de Vaca** traversent la zone qui sépare les deux centres. La **gare routière**, en face du marché, ajoute à l'ébullition qui règne dans la partie est du village.

Informations touristiques : Bien qu'il n'y ait aucun centre touristique officiel, **Vilcatur**, rue Diego de Vaca, au coin de la rue Jaramillo (☎605 414), peut répondre à vos questions. Il peut aussi envoyer des colis ou de l'argent à l'étranger. Ouvert Lu-Ve 8h30-12h30 et 14h30-18h30, Sa. 8h30-12h30. L'**Asociación Shuar**, rue Jaramillo, entre les rues Amazonas et Diego de Vaca (☎605 820), renseignera ceux qui souhaiteraient faire une excursion de plusieurs jours dans les communautés des Shuars d'Alto Nangarita. Ouvert Lu-Ve 8h-12h et 14h-18h. L'**INEFAN**, sur la route de Loja (☎605 606), est un passage obligé avant d'explorer le Parque Nacional Podocarpus. Ouvert Lu-Ve 8h30-12h30 et 13h-16h30. Il n'y a **pas de guides officiels** dans la région, mais vous pouvez louer les services d'un habitant qui connaît bien le parc (10 $ par jour) et qui vous mènera jusqu'à Bombuscaro. L'un d'entre eux est le Dr. Ramirez Reyes, qui tient un magasin de meubles rue Diego de Vaca 4-103 (☎606 067).

Banques : **Banco de Loja**, rue Tamayo, à hauteur de la rue Amazonas (☎605 335). Ouvert Lu-Sa 8h-15h30 et Di. 8h-13h.

Police : (☎101), au coin des rues Orellana et Maestro.

Hôpital : **Hospital Julius Deepfuer**, rue Sevilla de Oro, entre les rues Jaramillo et Orellana (☎605 149). Ouvert Lu-Ve 8h-12h et 13h30-16h.

Téléphone : **PacificTel**, à l'angle des rue Amazonas et Tamayo, non loin de la place principale (☎605 104). Pas de PCV ni d'appels par carte téléphonique. Ouvert tlj 8h-22h.

Internet : En face de la gare routière (☎605 697). Ouvert Lu-Sa 8h-12h et 14h-18h.

Bureau de poste : Rue Sevilla de Oro, au coin de la rue 24 de Mayo (☎605 546). Ouvert Lu-Ve 8h-12h et 14h-18h.

HÉBERGEMENT

Hotel Gimyfa Internacional, au coin des rues Diego de Vaca et Pío Jaramillo (☎605 024). Cet hôtel se singularise par son design moderne et ses prestations presque luxueuses : eau chaude, parquets, TV câblée et discothèque quasi vide au sous-sol. Chambre 6 $ par personne.

Hotel Maguna, rue Diego de Vaca, après le parc (☎605 113). Propose des chambres élégantes dotées d'un balcon. La TV câblée, les salles de bains privées et le bar ne sont pas en reste. Chambre 4 $ par personne.

Hotel Internacional Torres, rue Orellana, entre les rues Diego Vaca et Amazonas (☎605 195). Décor de miroirs modernes et de colonnes grecques, cour fermée semi-classique. Eau chaude, TV câblée et parquet. Chambre 4 $ par personne.

Hotel Seyma, à l'angle des rues 24 de Mayo et Amazonas, près de la place (☎605 583). Cet hôtel est un modèle de simplicité : sols en bois brut, éclairage à l'ampoule et salles de bains communes avec eau froide seulement. Chambre 2 $ par personne.

Residencial Venezia, rue Sevilla de Oro, au coin de la rue Jaramillo (☎605 554). Encore plus minimaliste ! Chambres sombres avec salle de bains commune dans le jardin d'une maison familiale. Chambre 1,20 $ par personne.

RESTAURANTS

Des restaurants et *picanterías* jalonnent les rues Diego de Vaca et Amazonas, notamment près de la gare routière. Ils servent principalement des *almuerzos* et des *meriendas* (0,80-1 $).

Las Gemelitas, rue Amazonas, est très fréquenté par la population locale pour ses *almuerzos*, ses *meriendas* et ses autres plats (1,20-1,40 $). Ouvert tlj 7h-20h.

King Burger, en face de l'église, au coin des rues Diego de Vaca et Tamayo. Ce restaurant aurait dû s'appeler Kim Burger : le Señor Kim en veut toujours à la société d'enseignes, mais continue à griller du bœuf pour 0,60-1,40 $. Ouvert tlj 8h-23h.

PARQUE NACIONAL PODOCARPUS

ZONA ALTA (ENTRÉE DE CAJANUMA)

Plusieurs épaisseurs de brume obscurcissent les points les plus élevés du Parque Nacional Podocarpus. Des kilomètres de sentiers vertigineux traversent cette *zona alta*, un écosystème fourmillant de vie qui est parvenu à surmonter les rudes conditions climatiques pour croître, fleurir et se multiplier à des altitudes aussi élevées que 3600 m. Très difficiles à apercevoir, les oiseaux comme le **toucan de altura**, le **quetzal** et le **coq de roche** des Andes jouent à cache-cache dans le brouillard qui occulte le ciel podocarpien. Le romerillo (ou *podocarpus)*, une espèce d'arbre menacée et le seul conifère que l'on trouve fréquemment en Equateur, s'accroche aux falaises. Il faut trois à quatre jours pour atteindre l'intérieur du parc, mais les randonneurs venus pour la journée trouveront toutefois de quoi satisfaire leur soif d'aventure : on peut voir des traces d'ours à lunettes et de puma près du *refugio*, et les sentiers environnants réjouiront les amateurs de faune et de flore sauvages, de belles vues et… de boue. Pour avoir la liste des plantes et des animaux qu'abrite le parc, allez faire un tour à la **Fondation Arco Iris**, Segundo Cueva Celi 3-15, à Loja (☎577 449). Le parc est **surveillé 24h/24** par des gardiens qui délivrent les billets d'entrée : pour 5 $, vous avez accès à tout le parc, y compris les cabanes de camping et le refuge bien approvisionné, pendant 5 jours.

LES SENTIERS. Quatre chemins principaux sillonnent le superbe paysage montagneux. Tous débutent au **refugio principal** (2750 m). Essentiellement destiné aux enfants et aux familles, le **Sendero Oso de Anteojos** (chemin de l'ours à lunettes) forme une courte boucle de 400 m près de l'entrée. Bien qu'il donne un aperçu des splendeurs naturelles du parc, ce sentier n'est pas aussi panoramique que les autres. Plus difficile, le **Sendero Bosque Nublados** (chemin de la "forêt nuageuse") grimpe davantage : il faut compter deux heures pour effectuer les 700 m. Le **Sendero al Mirador** (chemin du point de vue) saisit l'essence du Podocarpus et vous réserve quelques somptueuses vues brumeuses. Les ornithologues pourront observer un ensemble varié d'oiseaux, et les heureux randonneurs qui sentent la nourriture entreverront peut-être un ours à lunettes, un tapir, un renard ou un puma. La boucle de quatre à cinq heures, qui atteint 3000 m en son point le plus haut, est boueuse et brumeuse en été, mais dégagée et sèche l'hiver. Les marcheurs moins ambitieux peuvent opter pour la deuxième partie du sentier et ne faire que la randonnée d'une heure jusqu'au *mirador* avant de rebrousser chemin. Plus spectaculaire encore, le **Sendero Las Lagunas del Compadre** (chemin des lacs du compère) est un sentier de 15 km qui mène à des lacs scintillants enfouis dans la forêt alpine. L'excursion dure sept heures en tout, mais la plupart des randonneurs choisissent de la faire en deux ou trois jours, en campant à mi-chemin ou à la Laguna del Ocho.

TRANSPORTS. L'entrée du parc est située à **Cajanuma**, un tronçon de route dénudé à 15 km environ de Loja, sur la route de Vilcabamba. Malheureusement, les bus et les taxis collectifs à destination de Vilcabamba vous déposeront sur la route, ce qui vous laisse encore 8 km à gravir jusqu'au refuge. Les taxis ordinaires, toutefois, peuvent vous emmener jusqu'au bout.

ZONA BAJA (ENTRÉE DE ZAMORA)

Peuplée de papillons tropicaux, la *zona baja* du parc Podocarpus est une forêt tropicale humide qui longe le Río Bombuscaro et comporte des sentiers, des cascades et des cours d'eau. Les botanistes amateurs peuvent explorer l'Orquidiario, qui abrite une extraordinaire diversité de plantes. On y trouve notamment plus de **quarante variétés d'orchidées**, ainsi que le **cascarilla**, ou l'arbre à quinine, dont on fait le Schweppes et des antipaludéens. En raison de l'exploitation minière, la faune est aujourd'hui essentiellement confinée au cœur du parc.

LES SENTIERS. Plusieurs pistes de la *zona baja* commencent au poste de rangers de Bombuscaro. Le court sentier qui mène à l'**area de nadar** (150 m) suit un escalier de bois jusqu'à la rivière, où vous pourrez vous rafraîchir dans l'eau fraîche, sauf s'il a récemment plu, auquel cas la baignade est interdite en raison des courants. **Los Helechos** est un chemin si court que le faire en 30 mn est un véritable exploit… de lenteur. L'INEFAN distribue une brochure pédagogique, disponible à Zamora ou à Loja, qui recense les **onze points d'intérêt** de ce chemin. Parmi ceux-ci figurent les orchidées, le *guarumo*, les *helechos* (immenses arbres), les palmiers et les *cascarillas*. Au point numéro sept, une piste récente (1 km) conduit à une **cascade**. Une autre chute d'eau, la **Cascada La Chismosa**, est accessible par un court chemin (118 m) qui part du parking avant d'atteindre le refuge. Le sentier le plus long, **Sendero Higuerones** (6 km), constitue une randonnée de trois à quatre heures aller-retour en pleine forêt dense. Le **sentier Tarabita**, récemment créé, bifurque à partir du sentier Higuerones avant de traverser le Río Bombuscaro. Le camping sauvage est illégal sans la présence d'un guide.

TRANSPORTS. Les taxis qui effectuent le trajet entre la gare routière et le parking d'El Oso vous demanderont environ 3,20 $ aller-retour (convenez d'une heure de retour avec le chauffeur). Toutefois, les 4 km de marche à travers les cascades et la végétation luxuriante sont relativement faciles. Des camions de l'INEFAN, souvent pleins, passent périodiquement.

AUTRES ENTRÉES

D'autres entrées du parc, chacune dotée d'un poste de rangers, donnent accès à des secteurs moins fréquentés. Dans la *zona baja*, vous trouverez une autre entrée au sud de Zamora, dans le petit village de **Romerillos**. L'INEFAN y tient un refuge similaire à celui de Bombuscaro, mais beaucoup plus petit. Des *rancheras* relient Zamora à Romerillos (durée 2h, dép. à 6h et à 14h), et reviennent à 8h et à 16h. Depuis l'arrêt, comptez deux heures de marche jusqu'au poste de contrôle et aux deux sentiers broussailleux. On peut aussi accéder à la *zona alta* près de **Vilcabamba** (voir p. 662). Les groupes touristiques à destination de la Laguna Rabadilla de Vaca ou de la Laguna Banderillas accèdent au parc par le Río Yambala ou Capamaco. **San Francisco**, situé à 23 km de Loja en direction de Zamora, est essentiellement un centre scientifique.

EXCURSIONS GUIDÉES ET AGENCES

Tout le parc est intéressant, mais, bien entendu, ce sont les plus beaux secteurs qui sont les plus difficiles à atteindre. Les abords du parc, faciles d'accès et encombrés de touristes, de mineurs et de fermiers, sans oublier les vaches, satisferont les amateurs de plantes mais décevront les botanistes avertis et les observateurs d'animaux. Pour gagner la **Fondation Arco Iris**, Segundo Cueva Celi 3-15 à Loja, traversez le Río Zamora au niveau de la rue Imbabura et descendez la rue 24 de Mayo jusqu'au carrefour suivant. Cette fondation écologique à but non lucratif est une mine d'informations. (☎577 449, e-mail fai1@fai.org.ec, www.arcoiris.org.ec. Ouvert Lu-Ve 8h30-12h30 et 14h30-18h30.) **Biotours Ecuador**, rue Eguiguren, au coin de la rue Olmedo (☎/fax 578 398, e-mail biotours@cue.satnet.net), et **Aratinga Aventuras**, Lourdes 14-80, au coin de la rue Sucre (☎582 434, e-mail jatavent@cue.satnet.net) à Loja, proposent des excursions d'un à trois jours avec tout le matériel nécessaire, les repas et les billets d'entrée au parc compris (60 $ par personne et par jour).

VILCABAMBA ☎07

Si la plupart des villages équatoriens sont tranquilles, Vilcabamba est quant à lui carrément soporifique. Le climat chaud, les beaux paysages et la récente influence touristique ont fait de ce bourg endormi un endroit à nul autre pareil : les habitants se promènent en short et débardeur, toutes les maisons ont leur hamac et, de temps en temps, des *fiestas* animent la place sans raison apparente. Depuis toujours, Vilcabamba est considéré comme un lieu mystique : les Incas, les Espagnols et, plus récemment, les voyageurs du monde entier lui attribuent des vertus de longévité. On ne compte plus les légendes sur ses résidents qui atteignent des âges invraisemblables grâce à l'air pur, au climat enchanteur et à l'environnement non pollué

de la Valle de la Juventud Eterna (vallée de la jeunesse éternelle). Les vieux Incas y effectuaient des pèlerinages et exécutaient des cérémonies de longévité avec les graines de l'arbre local huilco. Plus récemment, bon nombre de touristes en mal de sensations ont effectué de semblables pèlerinages pour tester les vertus hallucinogènes du San Pedro, un cactus psychotrope répandu dans la vallée. Mais ne venez pas à Vilcabamba pour vous intoxiquer en toute impunité : l'opinion publique et les autorités judiciaires se sont unies pour mettre un frein à ce type de tourisme, qui a fait la notoriété du village. Ainsi, attendez-vous à un accueil plutôt froid et à une certaine difficulté pour vous procurer la fameuse substance, si vous êtes venu pour cela. Quoi qu'il en soit, le climat exceptionnel, l'ambiance détendue et les nombreux hôtels de charme continuent à faire de Vilcabamba l'une des destinations les plus appréciées du sud de l'Equateur.

TRANSPORTS

Bus : Des **camioneta** Vilcabamba Turis (☎673 166) partent au coin des rues Sucre et Fernando de la Vega, tout près de la place, pour **Loja** (durée 1h15, 2 dép/h de 5h45 à 20h15, 0,60 $). Les bus Sur Oriente (☎579 019) partent de la **gare routière**, au coin des rues C. Jaramillo et Eterna Juventud, à destination de : **Loja** (durée 1h30, 1 dép/h de 5h30 à 19h, 0,60 $), **Zumba** (durée 6h, 5 dép/j de 9h30 à 22h30) et **Yangara** (4 dép/j de 10h30 à 19h30).

Taxi : Taxi Ruta relie **Loja** en 45 mn, en entassant 6 personnes dans un petit véhicule (0,60 $). Les taxis partent de la gare routière.

Location de vélos : La plupart des hôtels louent des vélos. **Fanny's Salon**, au coin des rues Piscobamba et Vaca, loue des bicyclettes pour 1 $ l'heure. Ouvert tlj 8h-18h.

ORIENTATION ET INFORMATIONS PRATIQUES

Les bus et les taxis en provenance de Loja sillonnent la rue **Eterna Juventud**. L'activité de Vilcabamba se concentre autour de la **place principale**, à côté de l'église. Une pléthore de restaurants et d'agences de voyages bordent la place, et les hôtels s'éparpillent sur plusieurs kilomètres le long de la rue **Diego Vaca de la Vega**, à droite.

Informations touristiques : Le **centre d'informations** se trouve au coin des rues Diego Vaca de la Vega et Bolívar, dans le parc en face de l'église (☎ 580 890). Il fournit de précieux renseignements en espagnol sur les hôtels, les excursions et les restaurants. Ouvert tlj 8h-12h et 14h-18h.

Agences de voyages : **Aveturs**, à l'angle des rues Diego Vaca et Bolívar, garantit les guides de la ville. Au **Centro Ecuestre** (☎ 673 151, centro_ecuestre@hotmail.com), une succursale d'Aveturs, vous pourrez réserver une excursion et poser vos questions en anglais. Ouvert tlj 8h-21h. La plupart des hôtels et des agences proposent des excursions équestres allant de quelques heures (10 $) à trois jours (25 $ par personne et par jour). Le Néo-zélandais **Gavin Moore** (☎ 580 281, gavilanhorse@yahoo.com) propose un séjour dans son bungalow de montagne à 2500 m d'altitude, près de la forêt (repas gastronomiques, boissons et deux nuits inclus). Ouvert tlj 9h-20h. **Orlando Falco**, un zoologiste bilingue (espagnol-anglais), propose diverses randonnées d'une journée en forêt (25-30 $ par personne pour des groupes d'au moins 5 personnes).

Change : Il n'y a ni banques ni bureaux de change à Vilcabamba, mais la plupart des hôtels et des auberges de jeunesse changent les chèques de voyage et les espèces de leurs clients.

Laverie : **Shanta's Café-Bar**, à 5 mn à pied dans la rue Diego Vaca, lave et sèche vos vêtements en une heure (2 $ pour 5 kg). Ouvert tlj 8h-20h.

Librairie : **Craig's Book Exchange**, à 15 mn à pied dans la rue Diego Vaca, possède des livres dans un grand choix de langues. Ouvert Lu-Ve 7h30-18h et Sa-Di 8h30-18h.

Police : Rue Agua de Hierro, entre les rues Sucre et Bolívar (☎ 580 896). Ouvert jusqu'à 23h.

Pharmacie : **Farmacia Reina del Cisne**, en contrebas de la place, rue Bolívar (☎ 580 289). Ouvert 7h-22h, 24h/24 pour les urgences.

Hôpital : **Hospital Kokichi Otani**, à deux *cuadras* de la place, rue Eterna Juventud (☎ 673 128, fax 673 188). Ouvert Lu-Ve 8h-16h, 24h/24 pour les urgences.

Téléphone : **PacificTel**, près de l'office de tourisme, au coin des rues Bolívar et Diego Vaca (☎ 580 268). Ouvert tlj 8h-21h.

Internet : **AdventurNet**, rue Sucre, à l'angle de la rue Agua de Hierro, près de la place (☎ 580 281). 1,20 $ l'heure. Ouvert tlj 9h-21h. **Cyber Place**, rue Sucre, au coin de la rue Diego Vaca dans le parc, propose les mêmes tarifs. Ouvert tlj 8h-22h.

Bureau de poste : Rue Agua de Hierro (☎ 580 896). Ne vend pas de timbres. Ouvert Lu-Ve 8h-12h et 14h-18h.

HÉBERGEMENT

Du fait de l'incessant flux touristique, Vilcabamba se dote d'une incroyable sélection d'établissements de qualité, allant des hôtels-clubs aux lodges de montagne.

❤ **Hosteria Las Ruinas de Quinara**, rue Diego Vaca, à 10 mn à pied du parc (☎ 580 314). Evoque une colonie de vacances. Piscine (avec toboggan), jacuzzi, terrains de basket et de volley, baby-foot et jeux électroniques. Télévision et chaîne hi-fi dans toutes les chambres. On peut aussi prendre rendez-vous avec une esthéticienne, une masseuse, un professeur d'espagnol ou de danse. Locations de vélos et de chevaux. Blanchisserie, accès Internet et téléphone. Petit déjeuner et dîner inclus. Chambre 9 $ par personne, avec salle de bains 11 $.

❤ **Cabañas Río Yambala** (e-mail charlie@loja.telconet.net, Web : www.vilcabamba.org/charlie), plus connu sous le nom de "Charlie's". Un service gratuit de taxi relie la gare routière de Vilcabamba aux Cabañas. Sinon, la randonnée d'une heure le long de la rue Diego Vaca, puis sur le chemin de terre qui bifurque à gauche, est agréable. Les chambres de style bungalow sont situées dans la réserve de Las Palmas. Repas végétariens. Excursions pédestres ou équestres dans le Podocarpus. *Cabañas* 3-10 $.

The Pole House and Ecolodge, près du village mais caché dans la réserve Rumi-Huilco (e-mail ofalcoecolodge@yahoo.com). Prenez le sentier qui part de la rue Agua de Hierro de l'autre côté de la rivière, puis suivez le premier chemin à gauche. La boutique Primavera Artesanía Shop (dans le parc, au niveau des rues Sucre et Diego Vaca) saura vous orienter et vous dire s'il reste des chambres. Les propriétaires Orlando et Alicia Falco, tous deux biologistes et anciens guides aux Galápagos, sont experts en faune et flore locales. Chambre 4,50-7,50 $ par personne. Des bungalows d'adobe moins chers sont aussi disponibles.

Hosteria La Posada Real, rue Diego Vaca (☎580 904), juste avant le premier pont à la limite du village, à une courte distance à pied du centre. Un heureux compromis entre un hôtel-club tout compris et un lodge dans la jungle. Chambres confortables avec salle de bains et eau chaude. Chambre 5 $ par personne.

Hostal Madre Tierra, à 20 mn du village en direction de Loja (☎580 269). Une navette gratuite peut vous y emmener depuis la gare routière. Hôtel-club comprenant plus de vingt bâtiments, dont un restaurant et un centre de remise en forme. Essentiellement fréquenté par des touristes amateurs de *fiestas*. Petit déjeuner et dîner compris. Chambre 5,50 $ par personne, avec salle de bains 11 $.

RESTAURANTS

Pour un aussi petit village, Vilcabamba est riche en restaurants variés de qualité. La plupart des hôtels servent de délicieux repas maison à toute heure de la journée. La **Panadería Paraíso**, au coin des rues Bolívar et Fernando de la Vega, vend tout ce qu'il faut pour un bon pique-nique (ouvert tlj 6h30-22h).

❤ **Las Terrazas**, à l'angle des rues Diego Vaca et Bolívar, au coin de la place (☎580 295). Sert des spécialités mexicaines, thaïlandaises et italiennes (1-1,50 $), ainsi que des brownies et des tartes aux pommes maison (0,50 $). Au menu : sautés thaï et *fajitas* au poulet (1,50 $), *houmous* (1 $) ou soupe miso (0,90 $). Ouvert tlj 13h-21h.

Restaurante Huilcopamba, au coin des rues Diego Vaca et Sucre, dans le parc (☎580 888). Considéré par certains comme le meilleur *típico* du village, cet établissement convivial accueille aussi bien les résidents que les touristes. Dîner en terrasse sur le parc. *Almuerzo* 0,64-1,44 $. Ouvert tlj 7h-21h.

Manolo's Pizzería, à 5 mn à pied dans la rue Diego Vaca. Un peu à l'écart du centre, ce restaurant italien sert des pâtes (1,40 $) et des pizzas (1-1,80 $) dans un cadre paisible. Ouvert tlj 10h-22h.

VISITES

La nature alentour possède tout ce dont on peut rêver en matière de panoramas et d'activités. Les journées ensoleillées invitent à flâner, à randonner ou à galoper à travers la forêt. Pour ceux qui ne séjourneraient pas à Las Ruinas de Quinara, le **Centro Recreacional**, à 20 mn de marche le long de la partie pavée de la rue Diego Vaca, possède des équipements sportifs et une piscine. (Ouvert tlj 8h-18h. 0,40 $.)

RANDONNÉES. L'ascension jusqu'au **mirador** du **mont Mandango** est une balade fort appréciée. Le sentier part juste au-dessus de la gare routière, rue Eterna Juventud, et tourne à droite juste avant le cimetière. Le pittoresque circuit passe par deux crucifix et quelques discrètes ruines incas. Pour une découverte plus approfondie de la forêt, gagnez les **Cabañas Río Yambala** (voir **Hébergement**) à l'autre bout du village. Plusieurs sentiers balisés partent des *cabañas* et débouchent sur des bassins naturels et des points de vue élevés situés dans la réserve de Las Palmas et le Parque Nacional Podocarpus.

EXCURSIONS ÉQUESTRES. Les randonnées à cheval sont très populaires à Vilcabamba. Elles varient de quelques heures (10 $) à plusieurs jours (25 $ par personne et par jour). La plupart des agences de voyages proposent des visites panoramiques guidées de divers **lacs** du parc national Podocarpus. Les férus d'**archéologie** et d'**artisanat** pourront suivre les visites guidées des ruines d'Inka Taraza. Les **Centro Ecuestre**, rue Diego Vaca près de la place (☎673 151), et **Caballos Gavilan**, rue Sucre près du parc (☎580 281), offrent un service irréprochable.

SORTIES

Quand le soleil disparaît derrière les montagnes, la vie nocturne prend le relais. Sur le toit de l'Hostal Mandango, le **Mirador Bar** forme, comme son nom l'indique, un très beau point de vue. (*Happy hour* 20h-21h. Ouvert tlj jusqu'à 2h.) Le **Shanta's Café-Bar**, à 15 mn à pied dans la rue Diego Vaca, est également couvert d'un toit de chaume. **Sonic's**, au coin des rues Santo Domingo et Hatillo, est la seule boîte du village. On y sert des boissons fortement alcoolisées afin de faire danser la foule. (☎680 392. Entrée 0,40 $ pour les hommes. Ouvert Je-Sa 20h-2h.)

L'ORIENTE

LES INCONTOURNABLES DE L'ORIENTE

PARTEZ VOUS DÉTENDRE dans la jungle à **Gualaquiza** (voir p. 668), une ville paisible située à proximité de nombreux sites à visiter.

OFFREZ-VOUS UNE EXCURSION à travers les villages **shuars** au départ de Macas (voir p. 673).

DESCENDEZ les **rapides** classés II à IV des rivières proches de Tena (voir p. 681).

NAGEZ parmi les tatous, les dauphins d'eau douce et les piranhas qui peuplent la **réserve Cuyabeno** (voir p. 690).

MARINEZ dans les **sources chaudes** des environs de Papallacta (voir p. 693), tout en contemplant des montagnes à la végétation luxuriante.

Abrités par l'ombre vertigineuse du versant oriental des Andes et dissimulés par des feuilles de palmiers, les petits villages de l'Amazonie (également appelée Oriente, car elle recouvre toute la partie est de l'Equateur) offrent une architecture purement fonctionnelle, faite de paysages de béton et de cabanes en tôle. A environ 1000 m au-dessus du niveau de la mer, la "route" de l'Oriente traverse une nature vierge et relie de petites communautés perdues dans une jungle entamée par l'industrie du pétrole. Ce paysage sauvage, qui s'étend sur des milliers d'hectares de terres protégées par l'Etat, compte un nombre infini de plantes et d'insectes. On y croise également des espèces animales plus rares mais aussi plus visibles (paresseux, singes, crocodiles) ainsi qu'un grand nombre de communautés indigènes. Les plus importantes sont les Huaoranis, les Secoyas, les Sionas et les Shuars. Vous trouverez dans les plus grandes localités amazoniennes de nombreuses agences de voyages qui proposent des excursions à travers la forêt.

Malgré la colonisation espagnole, les communautés indiennes sont restées en Amazonie pendant des siècles, dans un isolement à peine troublé par la venue ponctuelle de missionnaires. Ce n'est qu'au début du XXe siècle que les colons descendus des régions montagneuses débarquent dans la jungle pour défricher des terres cultivables et chasser, s'introduisant parmi les communautés huaorani, secoya, siona, quichua, cofán et shuar réparties sur ce territoire. Mais c'est la croissance industrielle, conséquence de la découverte de gisements de pétrole dans les années 1970, qui constituera la principale menace. Aujourd'hui encore, les compagnies pétrolières construisent des routes qui pénètrent toujours plus loin dans la jungle, bouleversant l'écosystème et ouvrant la voie à la colonisation. Ironie du sort, ce sont ces mêmes compagnies qui, indirectement, contribuent à développer les zones reculées de la jungle, par leur travaux destinés à en faciliter l'exploitation. La création d'infrastructures destinées aux employés a en effet permis l'éclosion d'un écotourisme soucieux de l'environnement, désormais plus accessible, qui permet de protéger et de promouvoir les habitats naturels et la population de la région. De même, le tourisme a engendré des créations d'emplois et des sources de revenus appelées à demeurer dans la région sans disparaître dans les poches des compagnies pétrolières multinationales. Quelle que soit la pureté de ses intentions, l'industrie du tourisme n'est toutefois pas dénuée d'effets pervers. Elle s'est ainsi immiscée de manière très appuyée à l'intérieur des communautés, amenant certaines d'entre elles à se plaindre aujourd'hui d'avoir été exploitées par des agences de voyages peu scrupuleuses.

AMAZONIE DU SUD

GUALAQUIZA ☎07

C'est en plein cœur du sud de l'Amazonie que vous découvrirez Gualaquiza, une ville perdue au milieu de magnifiques zones montagneuses tropicales. Bien que Gualaquiza compte parmi les villes les plus importantes de la région, ses rues pavées sont peu fréquentées par les touristes. Le fait que des étrangers fassent tout ce chemin pour goûter à son calme et profiter des possibilités de visites qu'offrent ses alentours (grottes désertes, mission salésienne, ruines incas noyées dans le silence) fait d'ailleurs sourire les populations locales. De même, les quelques visiteurs qui s'aventurent sur l'Oriente, la "route" qui permet d'accéder à cette ville cachée, ne manquent pas d'attiser la curiosité des habitants, déroutés par une attitude aussi peu conformiste. La situation isolée de Gualaquiza attire les touristes désireux de sortir des sentiers battus à tout moment de l'année, mais c'est à la croisée des saisons, en mai-juin et en septembre-octobre, que vous saurez le mieux apprécier son cadre spectaculaire. Cette région étant située dans l'hémisphère sud, l'été s'y déroule d'octobre à avril. Durant ces mois, le taux d'humidité est très élevé et la chaleur étouffante. Le reste de l'année est plus supportable avec un air relativement frais et des pluies fréquentes.

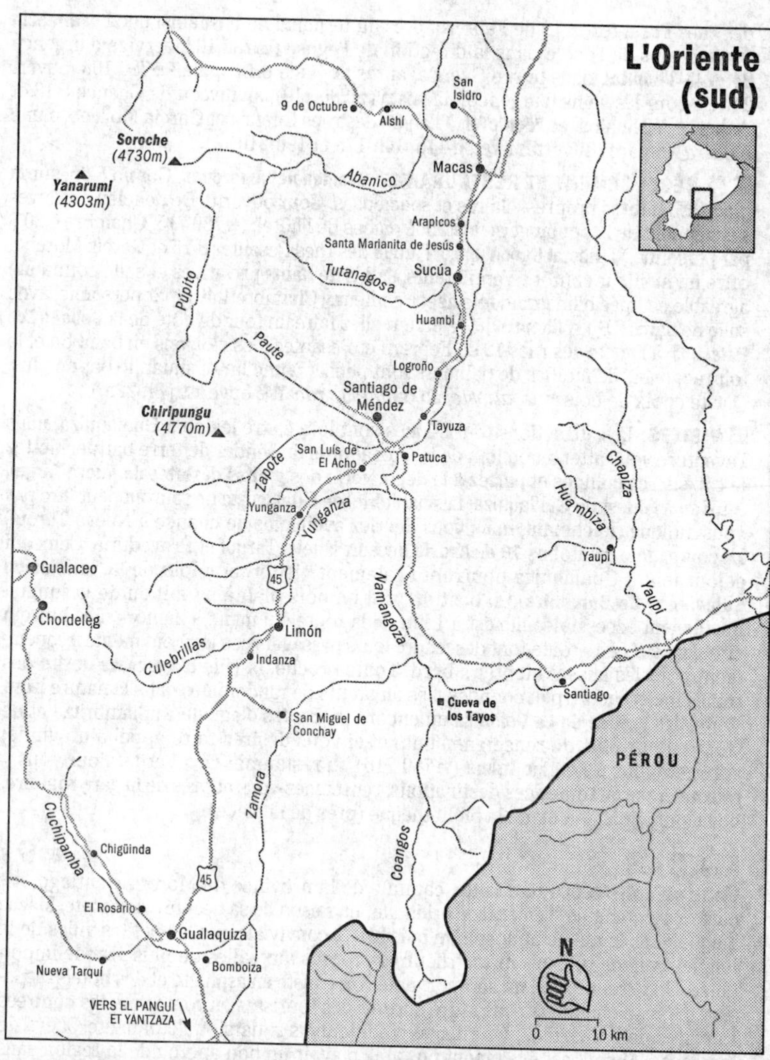

TRANSPORTS ET INFORMATIONS PRATIQUES. La **place principale** de Gualaquiza n'est pas le point névralgique de la ville mais elle est proche des hôtels et des restaurants. Les rues **24 de Mayo** et **Comín** longent le parc en deux endroits différents, tandis que les rues **Pesantez** et **Ciudad de Cuenca** s'étirent en amont de part et d'autre du parc. Les rues **García Moreno**, **Alfaro**, **12 de Febrero** et **Atahualpa** sont parallèles à la rue Comín et la rue **Orellana** est parallèle à la rue Pesantez. Les **bus** partent du **terminal** situé entre les rues Pesantez et Orellana, à trois *cuadras* de la place. Ils desservent : **Macas** (durée 8h, 3 dép/j, 3,80 $), **Cuenca** (durée 8h, 3 dép/j, 3 $) et **Loja** (durée 8h, 3 $) via **Zamora** (durée 5h, 1 $). Vous trouverez également à Gualaquiza : la **Banco La Previsora**, dans la rue Pesantez, de l'autre côté de la gare routière (☎ 780 001, ouvert Lu-Ve 9h-15h et Di. 9h-13h), la **police** (☎ 780 101), à l'angle des rues Pesantez et 12 de Febrero, près du terminal de bus, ainsi que la **Farmacia Central**, près de l'école dans la direction de l'église (☎780 106, service d'urgence 24h/24), l'**hôpital**, dans la rue Cuenca, après la place principale (☎780 106, ouvert 24h/24 pour les soins d'urgence), la **poste** (☎780 119), au niveau de Cuenca 5-18 et de la rue Atahualpa, et **PacificTel**, à l'angle des rues Cuenca et García Moreno, à une *cuadra* du parc (ouvert Lu-Ve 8h-11h, 14h-17h et 19h-21h).

HÉBERGEMENT ET RESTAURANTS. Residencial Amazonas, Comín 8-65, sur la place. Chambres propres, claires et spacieuses. Cour ouverte. De délicieux effluves s'échappent de la boulangerie installée en bas de l'hôtel. (☎780 715. Chambre 1,20 $ par personne.) L'**Hostal Guadalupe**, à l'angle des rues Pesantez 8-16 et García Moreno, offre un meilleur confort. Ventilateurs, salles de bains privatives et salle commune agréable équipée d'un grand téléviseur couleur. (Chambre 1,40 $ par personne, avec salle de bains 2 $.) A l'heure du déjeuner, allez faire un tour du côté de la **Cabaña Los Helechos**, à l'angle des rues 12 de Febrero et Pesantez. Les cloisons en bambou et le toit recouvert de feuilles de palmiers font penser à une hutte shuar, le bar en plus. (Vaste choix de boissons, *almuerzo* ou *merienda* 1 $, ouvert tlj 8h-22h.)

VISITES. Les attractions touristiques sont loin d'être légion à Gualaquiza, mais l'aventure vous attend non loin de là, aux abords du sentier de terre battue. Mettez le cap sur les collines et partez à la découverte des **grottes désertes de Nueva Tarquí**, à 15 km à l'ouest de Gualaquiza. Les habitants de Gualaquiza ne sauront peut-être pas vous indiquer le chemin, mais vous devriez avoir plus de chance à Nueva Tarquí. La compagnie d'autobus **16 de Agosto** dessert Nueva Tarquí et Proveduría. Ceux qui séjournent à Gualaquiza pourront également visiter, non loin de là, la **Mission Salésienne de Bomboiza**, un bastion tout en bois planté au milieu de la jungle. Facilement accessible, elle est à 1 km de la route qui mène à Zamora. Les bus qui circulent sur cette route font descendre leurs passagers et s'arrêtent même fréquemment pour les laisser monter à bord. Toute proche, la ville d'**Aguacate** abrite des ruines incas encore peu connues. Les amateurs de randonnées dans la nature iront visiter les **grottes de La Dolorosa** ou encore les **chutes d'eau** de Kupiambritza et de Guabi. Pour plus de renseignements et si vous désirez faire appel à un guide, adressez-vous à **Rodrigo Ituma** (☎780 716) au restaurant Oro Verde. Pour vous y retrouver parmi toutes ces destinations, renseignez-vous auprès de la gare routière, de la Municipalidad ou de la bibliothèque (près de la place).

MACAS ☎07

Cette ville de 33 000 habitants, capitale de la province de Morona-Santiago, est parfois surnommée "l'émeraude orientale" en raison de sa beauté saisissante. Macas baigne dans la même atmosphère paisible et conviviale que les petites villes de la jungle, avec en plus les infrastructures propres aux villes de plus grande importance. On y trouve ainsi un aéroport doté d'une piste en asphalte et des hôtels disposant de l'eau chaude. Macas attire surtout des touristes en route vers les contrées sauvages de l'Amazonie, les villages traditionnels shuars ou l'étonnante Cueva de los Tayos. Mais il est également possible d'avoir un bon aperçu de la région sans sortir de la ville. Partez à la rencontre de ses habitants, ils vous narreront avec fierté et passion des histoires fascinantes sur la jungle.

TRANSPORTS

Avion : TAME, à l'angle des rues Amazonas et Cuenca (☎701 162), à l'aéroport, propose des vols vers **Quito** (durée 30 mn, dép. Lu., Me., Ve. à 12h, 54 $). Ouvert Lu-Ve 8h-12h et 13h-17h.

Bus : **Cuenca** (durée 11h, 7 dép/j, 4,20 $), **Quito** (durée 11h, 6 dép/j, 4,20 $), **Morona** (durée 8h, dép. à 18h, 3,40 $), **Puyo** (durée 5h, 8 dép/j, 2,60 $), **Gualaquiza** (durée 9h, dép. à 12h30, 3,80 $) et **Sucúa** (durée 1h, 1 dép/h de 6h15 à 19h25, 0,50 $).

L'ORIENTE

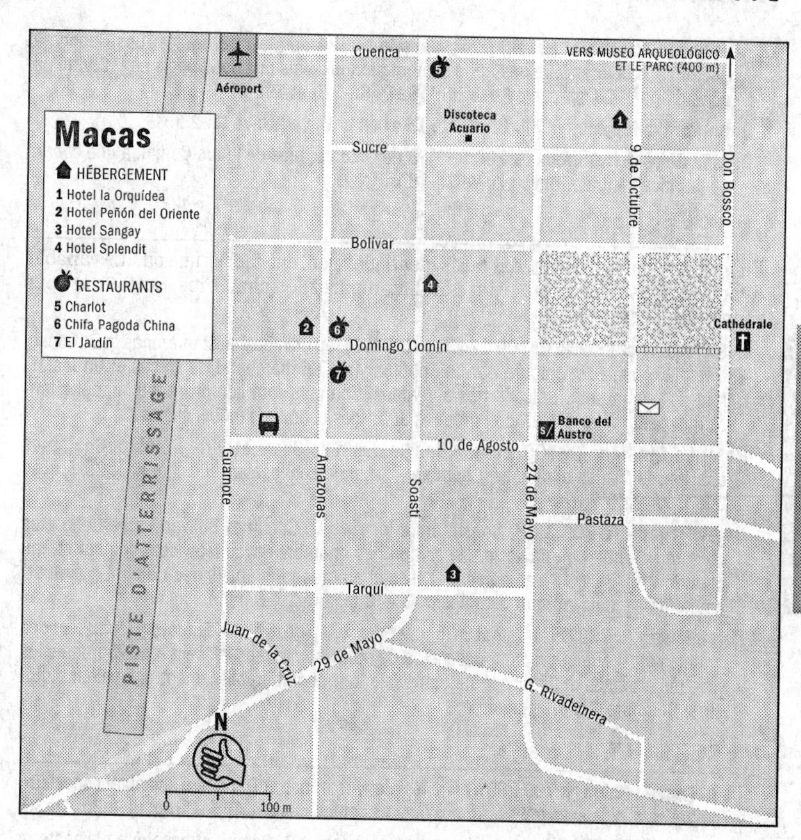

ORIENTATION ET INFORMATIONS PRATIQUES

La piste d'atterrissage forme la limite occidentale de la ville. Le fleuve Copueno en borde la partie orientale, derrière la cathédrale. Domingo Comín, la rue qui rejoint la cathédrale, est l'artère la plus animée de la ville, en particulier aux abords de l'intersection avec la rue **Amazonas**. Le **terminal** se trouve dans la rue 10 de Agosto, à l'ouest de la rue Amazonas.

Office de tourisme : Orientravel, à l'angle des rues 10 de Agosto et Soasti (☎700 380, fax 700 371, e-mail orotravel@cue.satnet.net), vous fournira des informations générales et vous conseillera dans le choix d'un guide. Ouvert Lu-Ve 8h30-18h et Di. 9h-13h30.

Change : Banco del Austro (☎700 216), à l'angle des rues 24 de Mayo et 10 de Agosto, vous accordera une avance de liquide sur votre Visa. Pour changer vos devises, la ville la plus proche est Puyo. Ouvert Lu-Ve 8h-18h.

Urgences : ☎101

Police : Vous trouverez un petit poste de police au niveau de la gare routière (☎701 958).

Hôpital : Urgences ☎701 898. **Clínica Jervés**, au croisement des rues 10 de Agosto 7-34 et Soasti (☎700 007).

Téléphone : PacificTel (☎ 700 104), dans la rue 24 de Mayo, entre les rues Cuenca et Sucre. Vous pourrez faire des appels internationaux mais pas des appels en P.C.V. ni par carte d'appel. Ouvert Lu-Ve 8h-21h30, Sa-Di 8h-12h et 19h-21h.

Internet : Worldcyber (☎ 700 606). 1,60 $ l'heure. Ouvert Lu-Ve 9h-23h.

Bureau de poste : Correos (☎ 700 060), 9 de Octubre, près de la rue Comín, à une *cuadra* de la place centrale. Ouvert Lu-Ve 7h-18h.

HÉBERGEMENT

En matière d'hébergement, des tarifs identiques peuvent cacher une qualité variable. Avant de vous décider pour un hôtel, comparez les chambres, surtout si vous souhaitez dépenser peu.

Hotel Peñón del Oriente (☎ 700 124, fax 700 450), au coin des rues Amazonas et D. Comín. L'établissement est entouré par une boulangerie, un marchand de glaces et un restaurant du même nom. Balcons très agréables. Chambre tout confort (eau chaude, télévision et petit tapis) 4 $. L'hôtel propose aussi des chambres moins chères.

Hotel La Orquídea (☎ 700 970), à l'angle des rues Sucre et 9 de Octubre. Chambres spacieuses, claires et propres. Chambre 2 $ par personne, avec eau chaude 2,20 $, avec téléviseur 2,40 $.

Hotel Splendit (☎ 700 120), Soasti, entre les rues D. Comín et Bolívar. La partie la plus récente de l'hôtel met à votre disposition des chambres avec téléviseur couleur et eau chaude 24h/24 (4 $ par personne). Les chambres plus anciennes ne sont pas aussi confortables mais leur prix est raisonnable. Chambre 2-4 $ par personne.

Hotel Sangay (☎ 700 457), Tarquí 6-05, entre les rues Soasti et 24 de Mayo. L'épaisseur des matelas ainsi que la propreté des salles de bains communes laissent à désirer, mais les prix très attractifs et l'atmosphère conviviale font de cet établissement une valeur plutôt sûre. Chambre 1 $ par personne.

RESTAURANTS

Chifa Pagoda China (☎ 700 280), entre les rues Amazonas et D. Comín. Restaurant spacieux, propre et cuisine savoureuse. Riz aux légumes et Inca Kola 1,40 $. Ouvert tlj 9h30-22h30.

El Jardín (☎ 700 573), à l'angle des rues Amazonas et D. Comín. Atmosphère plaisante et vaste choix de plats salés. Plats 0,32-2 $. Ouvert tlj 7h-22h.

Charlot (☎ 700 120), au coin des rues Cuenca et Soasti. Spécialités locales à petit prix. L'endroit est bondé à l'heure du déjeuner. Il paraît que l'on y boit le meilleur café de la ville. Ouvert tlj 7h-15h et 17h30-21h.

VISITES ET SORTIES

La **cathédrale** de Macas est une grande bâtisse moderne dont le principal attrait réside dans sa série de douze vitraux retraçant l'histoire de la Virgen Purísima de Macas, patronne de la ville. Des festivals lui sont d'ailleurs dédiés le 5 août et le 18 février. Vous pourrez admirer des céramiques, des outils, des instruments et d'autres vestiges laissés par les **Upanos**, les **Pré-upanos**, les **Shuars** et les **Sangays** dans le petit **Museo Arqueológico Municipal**, à cinq *cuadras* au nord de la cathédrale, dans la rue Don Bosco, juste après Riobamba. Derrière le musée, un parc bien entretenu à la végétation dense contemple le fleuve qui coule en aval. L'entrée du musée est gratuite mais les horaires sont souvent erratiques. Allez-y le matin. Le personnel de la bibliothèque située juste à côté l'ouvrira pour vous. La nuit, Macas a la fièvre. Si danser jusqu'à l'aurore vous tente, rendez-vous à la **Discoteca Acuario**, dans la rue Sucre, entre les rues 24 de Mayo et Soasti. Le **Ten's Shop**, au niveau des rues 24 de Mayo et Tarquí, est un bar tropical branché. Vous pourrez vous dépenser sur sa piste de danse éclairée par des spots, ou regarder la télévision sur grand écran en buvant une bière pression. (☎700 280. Ouvert Me-Lu 14h-18h et 20h-2h.) Ceux qui souhaitent s'en mettre plein les oreilles essaieront le bar cubain **La Randimpa**. (Ouvert tlj 10h-23h.)

EXCURSIONS DANS LA JUNGLE DEPUIS MACAS

Macas est la ville du sud de l'Amazonie qui offre l'accès le plus facile à la jungle. Contrairement au nord de l'Amazonie, plus touristique, la jungle qui s'étend à l'est de Macas offre des possibilités vraiment uniques. Mais comme dans le nord, des centaines de milliers d'hectares en friche et de vastes étendues de forêt primaire s'offriront à vous.

DANS LA JUNGLE. Cette région abrite la deuxième communauté indigène d'Equateur (par son importance), les **Shuars**. Si les Shuars des abords de Macas et de Sucúa ont pour la plupart abandonné leurs traditions ancestrales, les peuples plus isolés installés à l'est de Macas ont conservé le même mode de vie qu'au cours des siècles passés. Vous pouvez profiter d'une excursion plus longue (4-6 jours) pour rencontrer des villages shuars. Si leurs habitants n'ont pas manifesté de rejet à l'égard du tourisme, contrairement aux Huaoranis, qui ont officiellement refusé de recevoir la visite d'étrangers, comme d'autres communautés vivant plus au nord, leurs traditions en ont quelque peu souffert. Si vous envisagez de rendre visite à l'une de ces communautés, prenez contact avec un guide ayant passé un **contrat** avec l'une d'elles, afin d'être certain qu'elle accepte la venue de touristes. Demandez à voir le contrat si vous avez un doute. Une fois les formalités réglées, vous vous apercevrez par vous-même que les Shuars sont un peuple accueillant. Les modes d'hébergement varient. Certains guides organisent un séjour chez l'habitant, d'autres apportent avec eux de quoi camper. Il est possible de manger en compagnie des Shuars et avec un peu de chance, vous aurez peut-être même l'occasion de goûter à la **chicha de yucca**, une boisson alcoolisée faite à partir du yucca, une plante typique d'Amérique du sud, et fermentée grâce à la salive d'une vieille femme shuar. Il est bien vu d'apporter un petit présent ramené de votre pays (il peut s'agir d'une simple carte postale) pour indiquer que vous appréciez leur hospitalité.

PARQUE NACIONAL SANGAY. Macas et ses environs permettent d'accéder à la **zona baja** (partie basse) du **Parque Nacional Sangay**. Un bon moyen pour profiter des plages de San Luis et de quelques lagunes. Si vous continuez un peu plus loin, vous pourrez admirer des montagnes un peu moins connues. Cette excursion dans la jungle est l'une des plus complètes de la région. Les chemins grimpent à flanc de coteau et serpentent à travers des pistes noyées dans la forêt tropicale primaire. Des téléphériques permettent de traverser Sangay et Upano, deux fleuves impraticables. Vous profiterez mieux de cette randonnée en compagnie d'un guide, mais il est possible de s'y rendre seul en passant par les entrées situées au bout des rues Pamora, 9 de Octubre et San Isidro, accessibles en bus depuis Macas.

CUEVA DE LOS TAYOS. Cette grotte immense (85 m de profondeur) est un autre site très fréquenté proche de Macas. L'intérieur étant noir comme de la suie, vous ne pourrez la visiter qu'avec un guide. La grotte tire son nom d'une importante colonie de *tayos* qui niche à l'intérieur. Les *tayos* sont des oiseaux nocturnes fructivores qui repèrent leur nid dans le noir par écholocation. Ces oiseaux étaient autrefois capturés et bouillis afin d'extraire l'huile contenue dans leur chair riche et grasse. De nombreuses excursions partant de Macas incluent la visite de la Cueva de los Tayos et d'autres grottes à *tayos*. Les grottes peuvent cependant se visiter à partir de **Morona**, un village à cheval sur la frontière péruvienne. L'excursion comprend l'hébergement pour 10 personnes (durée 10-11h depuis Macas). Les spéléologues expérimentés peuvent contacter Marcelo Churuwia, directeur de la Sociedad Ecuatoriana de Espeleología (e-mail churuwias@hotmail.com).

AGENCES DE VOYAGES

Les agences qui organisent des excursions au départ de Macas proposent toute une série de forfaits. La plupart des guides préparent la visite avec le client, ce qui permet de la personnaliser. Les excursions durent entre une journée et une semaine et comprennent une ou plusieurs visites parmi celles mentionnées précédemment, ainsi que des activités de moindre importance comme des descentes en canoë, des randonnées pédestres, des promenades à cheval ou encore de la pêche. Tout est généralement compris dans les forfaits (nourriture, logement, transport, plantes médicinales, etc.), mais il est parfois possible de faire appel à un guide et d'opter pour une excursion à la carte. La question du transport ne devra pas être négligée. Certaines agences de voyages utilisent de petits avions pour transporter rapidement les voyageurs dans les zones reculées de la jungle. D'autres privilégient la marche, le bateau, l'équitation ou le bus. Les prix varient en fonction de la taille du groupe et de la durée de l'excursion. Plus le groupe est conséquent, moins le prix par personne est élevé (en général autour de 30-70 $). Avant de vous décider, contactez plusieurs guides afin de voir lequel vous convient le mieux. Il est possible de réduire votre facture en faisant appel à un guide indépendant.

Tsunki Touring CIA (☎ 700 371, fax 700 380). Renseignez-vous auprès d'Orientravel. Le propriétaire Tsunki Marcelo Cajecai, d'origine shuar, est polyglotte (il parle shuar, achuar, anglais et espagnol). Il est spécialisé dans les descentes en raft mais propose aussi d'autres formes de promenades. Les tarifs varient en fonction de la durée du périple, de la destination et de la taille du groupe (visite de 3 jours pour 4 personnes : 40 $ par personne et par jour, visite de 5 jours pour 2 personnes : 50 $ par personne et par jour).

Winia Sunka Expeditions Cia. Ltda. (☎ 7003 088, e-mail visunka@juvenilemedia.com), au niveau des rues Amazonas et Pasaje Turístico. Les guides de cette agence tenue par un certain Pablo Rivadeneira sont tous shuars. Les forêts visitées sont toutes primaires et les mots d'ordre sont écotourisme et flexibilité. Les clients de Pablo voyagent dans des canoës ou des rafts de fabrication shuar et peuvent visiter tous les sites mentionnés précédemment. Les excursions vous feront découvrir la médecine naturelle, les rites sacrés et bien d'autres choses encore. Bungalow pour 20 personnes, nourriture et transport compris. Excursions d'une journée ou de 4 à 6 jours, 25-50 $ par jour.

Tunkiak (☎ 700 185, e-mail tuntikexpediciones@hotmail.com), 10 de Agosto, à l'ouest de la rue Amazonas, dans le terminal des bus. Cette agence est dirigée par des Shuars. Le propriétaire, Carlos Arcos Tuitza, défend l'ethnotourisme dans le centre de l'Amazonie. Il propose des excursions de 3 à 5 jours, voire plus, qui vous permettront de partir en avion à la rencontre des "vrais" Shuars, c'est-à-dire des communautés les moins touchées par l'urbanisation. Tarif identique à celui des autres agences, variant en fonction du voyageur et/ou du groupe.

Iklaam (☎ 701 690, fax 700 380 ou 700 450), dans la rue Amazonas, à côté de l'Hotel Peñon. Tenue par des guides shuars sympathiques et cultivés. Interprète anglais-espagnol disponible sur demande. Vous aurez le choix entre un périple shuar, une expédition "buena esperanza" davantage tournée vers l'écotourisme, une visite du parc national Sangay ou une excursion d'une journée aux environs de Macas et de Sevilla don Bosco. 35-60 $ par personne. Les excursions durent généralement entre 4 et 8 jours.

ENVIRONS DE MACAS

SUCÚA

Des bus à destination de Macas circulent le long de la rue Comín (durée 1h, 1 dép/30 mn de 5h45 à 18h45, 0,50 $).

L'office central de la **Fédération shuar**, situé à trois *cuadras* du parc, est la fierté de Sucúa. Peuple aborigène du sud et du centre de l'Amazonie, les Shuars vécurent dans un isolement relatif jusqu'au début du XXe siècle. Longtemps considérés comme un peuple "sauvage" en raison de leur statut de chasseurs et de réducteurs de têtes, les Shuars ont depuis abandonné cette pratique religieuse. Ceux qui souhaiteraient en savoir plus sur la fédération seront malheureusement déçus, l'office central tenant davantage du centre administratif que du centre culturel. Curieusement, c'est dans les musées de Quito que vous apprendrez le plus de choses sur la culture shuar, en dehors bien entendu des villages shuars eux-mêmes. (Pour plus d'informations sur les Shuars et leur fédération, voir **La question indienne**, p. 29.)

AMAZONIE DU NORD

PUYO

☎03

Nichée dans les contreforts de la partie orientale des Andes, Puyo est accessible en voiture après deux heures d'un trajet plus que difficile depuis la vallée de Baños. Le Río Puyo traverse la ville avant de pénétrer dans la forêt tropicale amazonienne. Cette région peuplée dès 4000-3500 av. J.-C. abrite des tribus locales qui fusionnèrent en un groupe appelé les Záparos au moment de l'arrivée des Espagnols. Les Záparos seront malheureusement décimés à 85 % par une maladie quelques années plus tard. Contrairement aux peuples des villes du sud de l'Amazonie, la plupart des Indiens de Puyo sont des Quechuas. Par fierté ou plus prosaïquement pour des raisons touristiques, Puyo entretient son image de ville perdue dans la jungle même si elle se résume à une banale agglomération urbaine cachée au milieu de la nature. Une forêt tropicale humide encore inexploitée s'étend à l'est de la ville.

TRANSPORTS

Bus : Le **terminal** (☎885 480) est à 20 mn à pied ou à 5 mn environ en taxi (0,60 $), à l'ouest du centre-ville. Passez devant le marché puis descendez la rue 9 de Octubre en direction du rond-point sur lequel se dresse un buste en bronze, tournez à droite dans la rue Alberto Zambrano et continuez sur 1 km. Le terminal sert de point de départ et d'arrivée jusqu'à 23h. Passée cette heure, les bus font descendre leurs passagers dans le centre. Le soir et la nuit, les bus partent de Transportes Touris San Francisco, dans la rue Marín, à 10 m à l'ouest de l'intersection avec la rue Atahualpa. Les bus desservent : **Ambato** (durée 3h, 1 dép/h de 4h à 19h, 1,40 $) via **Baños** (durée 2h, 0,80 $), **Quito** (durée 5h, 20 dép/j de 7h30 à 17h45, 2,60 $), **Riobamba** (durée 4h, 9 dép/j de 3h45 à 17h15, 2,20 $), **Macas** (durée 5h, 12 dép/j de 6h à 17h, 2,60 $), **Tena** (durée 3h, 1 dép/30 mn de 5h45 à 23h, 1,40 $), **Coca** (durée 9h, dép. à 6h30 et 21h30, 5,20 $) et **Guayaquil** (durée 9h, dép. à 6h15 et 23h, 4,80 $).

ORIENTATION ET INFORMATIONS PRATIQUES

La route qui vient de Baños arrive par l'ouest en direction du **terminal**. De là, prenez un bus (0,10 $), un taxi (0,60 $) ou marchez pendant 1 km en direction du nord-est de la ville. Le **centre-ville** est traversé d'est en ouest par les rues **Ceslao Marín** et **Atahualpa**, qui croisent les rues **9 de Octubre** et **27 de Febrero**. La plupart des hôtels, des *comedores* et des magasins sont regroupés aux abords des rues 9 de Octubre et Atahualpa. Les eaux boueuses du **Río Puyo** bordent la partie orientale de la ville.

Office de tourisme : **CETUR** (☎884 655), dans la rue Marín, dans le *centro shopping carmelita*. Fournit des informations sur les infrastructures touristiques présentes dans toute l'Amazonie. Vous y trouverez également une carte assez bien faite de la ville. Ouvert Lu-Ve 8h30-12h30 et 14h-18h, Sa 8h-12h.

Change : **Casa de Cambios Puyo** (☎883 219), rue Atahualpa, entre les rues 9 de Octubre et 10 de Agosto. Ouvert Lu-Sa 8h-20h et Di. 8h-12h. **Banco del Austro** (☎883 924), un peu plus loin, toujours dans la rue Atahualpa, entre les rues 10 de Agosto et Dávila. Avances de liquide sur carte Visa. Ouvert Lu-Ve 8h-18h et Di. 9h-13h30.

Police : (☎885 101), rue 9 de Octubre, après le parc.

Pharmacie : **La Farmacia Ferr-ade**, Marín 187 (☎883 892), est ouverte 24h/24.

Hôpital : **Hospital de la Brigada 17** (☎883 131), au coin des rues Alfaro et Pindo.

Téléphone : **EMETEL** (☎883 104), à l'angle des rues Orellana et General Villamil, à une *cuadra* à l'ouest du marché. Ouvert tlj 8h-22h.

Bureau de poste : (☎885 332), au croisement des rues 27 de Febrero et Atahualpa. Ouvert Lu-Ve 8h-18h et Sa. 8h-15h.

HÉBERGEMENT

❤ **Hotel Araucano** (☎883 834), à l'intersection des rues Marín 576 et 27 de Febrero. Chambres propres et douches chaudes. Les propriétaires, très serviables, organisent des excursions à travers leur réserve privée située dans la jungle (15 $ par personne et par jour). Chambre 1,60-2,80 $ par personne.

Hostal El Colibri (☎883 054), au coin des rues Manabí (en direction de Tena) et Vacas Galindo. Petit hôtel récent et propre, avec salles de bains privatives. Service de blanchissage et cafétéria. Chambre 2 $ par personne.

Hotel Granada (☎885 578), au croisement des rues 27 de Febrero et Orellana, à deux *cuadras* de la rue Atahualpa, à côté du marché. Une adresse toute simple et à petit prix. Chambres rudimentaires mais propres. Pas d'eau chaude dans les salles de bains. Chambre 0,80 $ par personne, avec salle de bains 1,20 $.

L'ORIENTE

RESTAURANTS

❤ **Pizzería/Restaurant Cha-Cha-Cha**, Marín 249 (☎885 208), juste après l'hôtel Turingia. Des menus en bois peints à la main sont accrochés aux murs et des figurines de carton montrent du doigt le plat de votre choix. Pizza 2,40 $. Ouvert Lu-Sa 8h-22h.

La Carihuela (☎883 919), rue Zambrano, à l'est du terminal. Les serviettes en tissu et l'élégance du décor forment un curieux contraste avec la clientèle de motards venue de Baños. Filet mignon 2,40 $. Pâtes 1,20 $. Pizza 2-3,60 $. Ouvert Lu-Sa 11h-22h et Di. 11h-16h.

Yama Puma (☎883 787), à l'angle des rues 9 de Octubre et Atahualpa. *Comida típica* dans un cadre rappelant la jungle. *Mantos* (poisson cuit dans une grande feuille, 1,60 $). Soupe à la banane plantain ou à base de yucca et de poisson (1 $). Les amateurs de vers et de fourmis trouveront eux aussi leur bonheur. Ouvert Lu-Sa 7h-20h.

VISITES ET SORTIES

Puyo rend justice à la jungle qui l'entoure. En effet, la ville compte plusieurs institutions visant à informer les visiteurs sur les cultures indigènes ainsi que sur la faune et la flore locales.

PARQUE PEDAGÓGICO ETNO-BOTÁNICO OMAERE. Ce parc éducatif s'adresse à l'ethnobotaniste qui sommeille en vous. Il vous fournira ainsi une masse d'informations sur l'utilisation des plantes par les peuples indiens. Le parc s'étire sur les rives du fleuve Puyo, de l'autre côté d'une passerelle en corde. Vous croiserez un certain nombre d'habitations indigènes traditionnelles, éparpillées à travers la forêt. Visites en anglais et en espagnol. *(A l'extrémité sud de la rue 9 de Octubre. A partir de la place centrale, marchez 20 mn ou prenez le bus (0,10 $) à destination d'Obrero qui part de l'église. ☎883 001. Ouvert Je-Lu 8h-17h. Entrée 2 $, visite de 3h comprise.)*

HOLA VIDA. La réserve de Hola Vida vous fera découvrir la jungle en "libre-service". La réserve vous accueille dans ses bungalows rudimentaires *(1 $ par personne et par nuit)* et vous nourrit *(2 $ par repas)*, le tout sur un terrain de 115 ha, dont 40 sont envahis par la forêt tropicale humide. Si vous voulez découvrir la région avec un guide expérimenté, contactez l'AGSET ou Amazonia Touring. *(A 27 km au sud de la ville. ☎883 219. Taxis 6 $. Des excursions de 3 jours et 2 nuits avec Amazonia Touring passent par Hola Vida pour 15-20 $ par personne et par jour. Les bus à destination de Hola Vida quittent Puyo le Me. à 5h, et Sa-Di à 5h30 (durée 1h, 0,60 $). Retour de Hola Vida Me., Sa. et Di. à 14h.)*

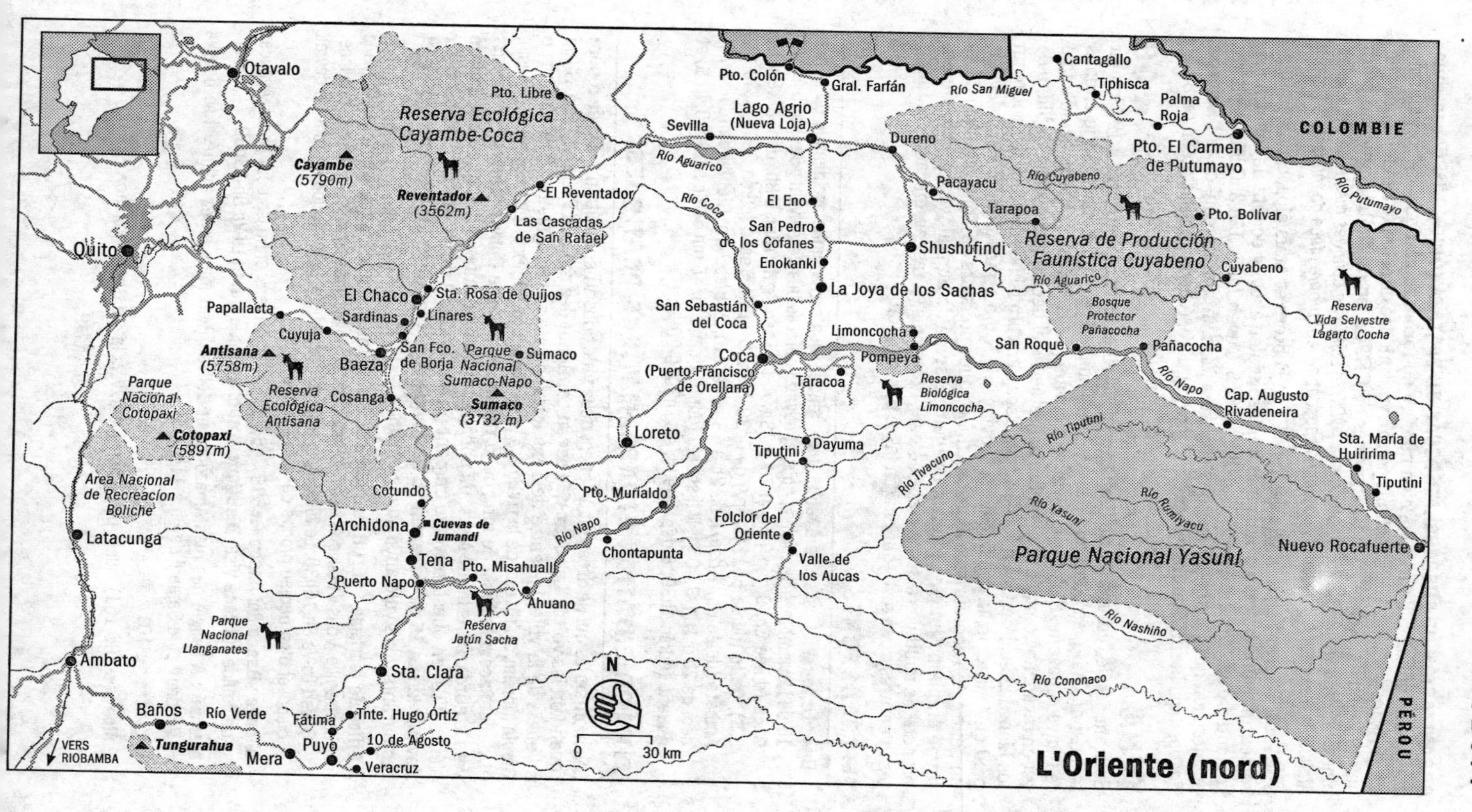
L'Oriente (nord)
COLOMBIE
PÉROU
Otavalo
Quito
Latacunga
Ambato
VERS RIOBAMBA
Baños
Río Verde
Tungurahua
Mera
Puyo
Fátima
Tnte. Hugo Ortíz
10 de Agosto
Veracruz
Sta. Clara
Parque Nacional Llanganates
Area Nacional de Recreacion Boliche
Parque Nacional Cotopaxi
Cotopaxi (5897m)
Antisana (5758m)
Reserva Ecológica Antisana
Papallacta
Cuyuja
Cosanga
Baeza
Sardinas
El Chaco
Linares
Sta. Rosa de Quijos
San Fco. de Borja
Parque Nacional Sumaco-Napo
Sumaco
Sumaco (3732 m)
Cayambe (5790m)
Reventador (3562m)
Reserva Ecológica Cayambe-Coca
Pto. Libre
El Reventador
Las Cascadas de San Rafael
Cotundo
Archidona
Cuevas de Jumandi
Tena
Puerto Napo
Pto. Misahualli
Ahuano
Reserva Jatún Sacha
Chontapunta
Río Napo
Pto. Murialdo
Loreto
Coca (Puerto Francisco de Orellana)
San Sebastián del Coca
Río Coca
Río Aguarico
Sevilla
Lago Agrio (Nueva Loja)
Pto. Colón
Gral. Farfán
El Eno
San Pedro de los Cofanes
Enokanki
La Joya de los Sachas
Shushufindi
Dureno
Pacayacu
Tarapoa
Río San Miguel
Cantagallo
Tiphisca
Palma Roja
Pto. El Carmen de Putumayo
Río Putumayo
Pto. Bolívar
Río Cuyabeno
Reserva de Producción Faunística Cuyabeno
Río Aguarico
Cuyabeno
Reserva Vida Selvestre Lagarto Cocha
Bosque Protector Pañacocha
San Roque
Pañacocha
Limoncocha
Pompeya
Taracoa
Reserva Biológica Limoncocha
Dayuma
Tiputini
Folclor del Oriente
Valle de los Aucas
Río Tivacuno
Río Tiputini
Río Yasuní
Río Rumiyacu
Parque Nacional Yasuní
Río Nashiño
Río Cononaco
Cap. Augusto Rivadeneira
Sta. María de Huiririma
Tiputini
Nuevo Rocafuerte
N
0
30 km

ORGANIZACIÓN DE PUEBLOS INDÍGENAS DE PASTAZA (OPIP). L'OPIP constitue une bonne solution de rechange en matière de forfait touristique. Cet organisme supervisant plusieurs organisations pourra vous mettre directement en relation avec un guide indien. Renseignez-vous auprès de CETUR ou de l'hôtel Araucano pour plus de détails. *(☎ 883 875. Le bureau de l'OPIP est situé au coin des rues 9 de Octubre et Atahualpa. Les peuples shuar et huaorani disposent de leur propre office de tourisme à Puyo.)*

SORTIES. Le **New Bar**, à l'angle des rues 27 de Febrero et Atahualpa, est un établissement paisible baignant dans une lumière violette. On y écoute de la musique romantique américaine. (☎ 885 579. Bière 0,60 $. Ouvert Lu-Sa 16h-3h.) Faites plaisir au mondain qui sommeille en vous et partez faire un tour du côté de la **Discoteca Rodeo**, dans la rue Zambrano, après la gare routière. (Ouvert Lu-Sa 20h-2h ou 3h.)

L'ORIENTE

TENA ☎ 06

Surnommée le "cœur vert de l'Amazonie", la ville de Tena se trouve à 197 km au sud-est de Quito, au confluent des rivières Tena et Pano qui viennent se jeter dans le fleuve Amazone. Si l'est de la ville est envahi par la jungle, sa partie occidentale est en revanche dominée par l'ombre majestueuse et déchiquetée de la Cordillera de los Llanganates. Fondée en 1560 par des Espagnols bravaches désireux de mettre un pied en Amazonie, la capitale de la province de Napo aspire aujourd'hui à devenir un centre de l'écotourisme amazonien. Les entrepreneurs de Tena ont ainsi développé en pleine jungle un terrain de jeu parsemé de bungalows en bambou qui propose de multiples activités : spéléologie, descentes en radeau, en canoë, et toutes les aventures dont rêve tout citadin lassé par le béton.

TRANSPORTS

Bus : Le **terminal** est facile à rater. Aussi, rendez-vous sur la partie occidentale de la rue 15 de Noviembre, à 1 km des ponts, et ouvrez l'œil. Les bus desservent : **Sacha** (5 $) via **Coca** (durée 6h, 9 dép/j de 4h30 à 23h, 4 $), **Lago Agrio** (durée 8h, dép. à 18h30, 5 $), **Quito** (durée 6h, 14 dép/j de 5h30 à 3h, 3 $) via **Baeza** (durée 2h30, 1,40 $), **Ambato** (durée 6h, 1 dép/h de 2h à 18h et à 21h, 23h et 24h), **Riobamba** (durée 7h, dép. de 2h à 18h, 3,40 $), **Misahuallí** (durée 1h, 1 dép/45 mn de 6h à 19h, 0,40 $) et **Ahuano** (durée 1h30, 8 dép/j de 6h à 17h30, 0,20 $).

ORIENTATION ET INFORMATIONS PRATIQUES

Les montagnes qui se dressent à l'ouest de la ville constituent un bon point de repère (quand on les voit !). Le **centre-ville** est au confluent des rivières Pano et Tena. Situé à l'ouest de la ville, le centre de Tena forme une grille irrégulière allant de la rue **García Moreno**, au niveau de la rivière, à la rue **Montalvo** (deux *cuadras* plus à l'ouest), et de la **place principale**, le long de la rue **Mera**, à la rue **Bolívar** (à quatre *cuadras* vers le nord). Dans la rue Mera, un pont piétonnier enjambe la rivière. La rue **Olmedo** s'étire d'est en ouest, traverse un pont puis continue à droite sur l'autre rive pour devenir la rue **15 de Noviembre**. C'est là que vous trouverez les meilleurs hôtels et restaurants de la ville ainsi que le **terminal**.

Office de tourisme : **CETUR** (☎ 886 536), Bolívar, au niveau de la rue Amazonas, dans le centre-ville. Vous y trouverez des informations sur les activités organisées dans la province. Ouvert Lu-Ve 8h-16h30. Le **Municipio** est également utile. La Dirección de Turismo devrait disposer d'un bureau proche de la rivière d'ici peu.

Change : **Banco del Austro** (☎ 886 446), 15 de Noviembre, entre les deux ponts. Avances de liquide sur carte Visa. **Distributeur automatique**. Ouvert Lu-Ve 8h-13h30.

Marché : A l'angle des rues Amazonas et Bolívar. Petit mais assez animé. Il se tient le Vendredi et le Samedi de 6h à 17h.

Urgences : ☎ 101

Police : (☎ 886 101), sur la place principale, vers la rue García Moreno.

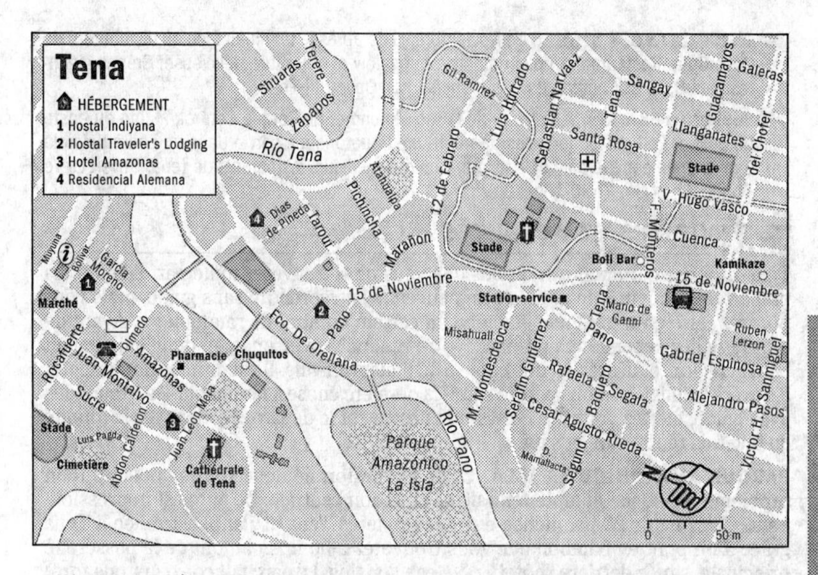

Hôpital : La **Clínica Amazonas**, établissement privé (☎886 515), se trouve au coin des rues Tena et Vasco. Suivez la rue 15 de Noviembre en direction de la gare routière puis tournez à gauche au niveau de la Banco del Pichincha.

Téléphone : **EMETEL** (☎886 105), au croisement des rues Olmedo et Montalvo. Ouvert tlj 8h-22h.

Bureau de poste : (☎886 418), à l'intersection des rues Olmedo et Amazonas. Ouvert Lu-Ve 8h-17h et Sa. 8h-15h.

HÉBERGEMENT

❤ **Hostal Traveler's Lodging**, 15 de Noviembre 438 (☎886 372), à proximité de la passerelle. Ne comptez pas y trouver autre chose que des Occidentaux. Restaurant et agence de voyages. Eau chaude, ventilateur et lits très fermes dans toutes les chambres. Chambre 2,50-4 $.

Hotel Amazonas (☎886 439), au niveau des rues Mera et Montalvo, à deux pas de la place principale. Si les sols sont balayés tous les jours, la propreté des salles de bains communes reste discutable. Chambre 1 $ par personne.

Hostal Indiyana (☎886 334), à l'angle des rues Bolívar et Amazonas, en face de l'agence CETUR. On y jouit du même confort que dans l'hôtel Traveler's Lodging, des *gringos* en moins et des plantes en plus. Cet hôtel flambant neuf est équipé de salles de bains disposant de l'eau chaude. TV câblée et ventilateur. Chambre 4 $ par personne.

Residencial Alemana (☎886 409), au coin des rues Díaz de Pineda et 15 de Noviembre, à côté du pont ouvert à la circulation. Salles de bains privatives avec eau chaude et froide. Bungalows et suites (l'intérieur est identique). Chambre 2,30-6,70 $ par personne.

RESTAURANTS

Vous croiserez un grand nombre d'étals de nourriture végétarienne et de boulangeries le long de la rue 15 de Noviembre, entre le terminal et la passerelle.

❤ **Pizzería Bella Selva**, dans la rue 15 de Noviembre, à proximité du pont ouvert à la circulation. Ses chaises à haut dossier contemplant la route et sa fenêtre ouverte sur la rivière font de cette pizzeria un établissement très agréable. Pizzas 0,80-3 $, garniture 0,20-0,40 $. Ouvert tlj 7h-22h.

♥ **Kamikaze** (☎887 616), 15 de Noviembre, juste après le terminal, face au distributeur de Coca-Cola. Restaurant en plein air style bungalow et nourriture délicieuse. Crêpes gigantesques 0,80 $. *Camarones a la plancha* 1 $. Ouvert tlj 7h-19h.

Chuquitos (☎887 630), au niveau de la rue Moreno et du Parque Central, à côté du poste de police. Portions généreuses de nourriture équatorienne servie dans un cadre paisible à mi-chemin entre le parc et la rivière. L'un des meilleurs restaurants de Tena. Ouvert Lu-Ve 7h30-21h et Sa. 7h30-16h.

VISITES ET ACTIVITÉS

Tena propose certaines attractions que vous ne retrouverez nulle part ailleurs. La plupart des activités de plein air ne peuvent s'entreprendre sans guide, mais vous pourrez faire en toute indépendance un certain nombre de randonnées. Avant de partir, veillez cependant à préparer votre itinéraire avec une personne qui connaît bien la région, et laissez-en une copie à quelqu'un en ville. Il est difficile de s'orienter à travers la jungle, et vous perdre serait la dernière chose à faire. Pour les excursions avec guide, mettez-vous d'accord sur le prix avant le départ et n'en payez la totalité qu'une fois rentré sain et sauf.

PARQUE AMAZÓNICO LA ISLA. Cette excursion ne devrait vous poser aucun problème logistique compte tenu de sa situation centrale. Le parc est impressionnant. Cette île de 22 ha, nichée entre les rivières Tena et Pano, est reliée à Tena grâce à un pont en bambou que vous trouverez à 50 m en amont de la passerelle principale, située derrière l'hôtel Traveler's Lodging. Le parc fait coexister une forêt très dense abritant des colonies de singes et d'oiseaux et des plages de sable fin. Les rives de la rivière sont bordées de *chozas* (huttes) et d'endroits propices à la baignade. Pour les amateurs de paysages, un observatoire offre une vue panoramique de Tena. *(Ouvert tlj 8h-17h30. 1 $.)*

CUEVAS DE JUMANDI. Ne manquez pas ces grottes nichées entre Archidona et Cotundo (au nord de Tena), elles sont uniques. Vous ne serez cependant pas le seul à les admirer, un centre de vacances ayant récemment été construit près de la grotte (le toboggan installé devant l'ouverture de la grotte est un vrai bonheur). Ce centre constitue d'ailleurs une halte bien pratique pour les touristes venus sur place pour la journée. Attendez-vous à être mouillé. *(Prenez le bus à destination d'Archidona qui part de l'angle des rues Amazonas et Olmedo. Durée 20 mn, 1 dép/15 mn de 6h à 19h, 0,15 $. Une fois à Archidona, montez dans le bus qui va à Cotundo et demandez au chauffeur de vous déposer à "las cuevas". Entrée 0,10 $. Ouvert tlj 9h-17h. 0,80 $.)*

CASCADAS GRÁN EDÉN. Lorsqu'il fait beau, il est facile de traverser le fleuve jusqu'aux cascades (en se faisant mouiller au passage). Par temps de pluie, les eaux du fleuve montent mais vous pourrez emprunter un sentier boueux qui vous mènera assez haut, non loin des rives du fleuve Lata. *(1 $. Montez dans le bus desservant Misahuallí. Durée 40 mn. Le chemin sera sur votre gauche. Le voyage jusqu'aux cascades prend un peu plus d'une heure. Vous pourrez louer des bottes en caoutchouc pour 0,40 $. Le choix des tailles est limité.)*

PÉTROGLYPHE DU SERPENT À PLUMES. Le *serpiente emplumado* n'est que l'une des dizaines de sculptures sur roche que vous pourrez découvrir au nord-ouest de Tena (vous trouverez une liste exhaustive auprès de l'agence CETUR, voir p. 678). La plupart se trouvent sur des propriétés privées. Pour les voir, vous devrez payer une somme symbolique. Personne ne connaît vraiment les auteurs de ces sculptures ni la raison de leur présence. *(Sur la route qui mène aux grottes de Jumandi, entre Archidona et Cotundo. 0,20 $.)*

LA CASCADA DEL GRAN CANYON. On rejoint la cascade en empruntant un sentier qui part sur la droite, après Cotundo. Pour effectuer cette randonnée d'un niveau difficile (6h aller-retour), faites-vous accompagner par quelqu'un qui connaît le chemin. Les chutes qui vous attendent au bout de votre périple ne vous feront pas regretter l'effort fourni. *(Les bus partent de Tena en direction du nord et passent devant le sentier. Durée 50 mn, 0,40 $.)*

SORTIES

Le week-end, Tena vibre au rythme de ses boîtes de nuit. La plus populaire est la **Discoteca Canambo**, dans la rue Orellana, près du fleuve. L'extérieur de la discothèque est orné de jolies peintures. A l'intérieur, vous pourrez jouer au billard sur les deux tables mises à votre disposition, boire un verre ou danser sur deux niveaux. Levez la tête et observez les étoiles phosphorescentes qui luisent dans le noir. (☎886 320. Bière 0,80 $. Ouvert Ve-Sa 21h-2h.) Juste à côté, **Las Camelias** dégage une atmosphère "technoïde" plus bruyante. (Bière 0,60 $, autres boissons 1,40 $. Ouvert Je-Di 20h-2h.) Si vous aspirez à un peu plus de calme, prenez le chemin du **Malecón Iluminado**, petit périmètre qui borde les rives du fleuve, coincé entre les deux ponts, et choisissez vous-même le rythme qui convient le mieux à votre humeur. Vous trouverez un certain nombre de boîtes de nuit et de bars dans la rue 15 de Noviembre, en direction du terminal. Avec son architecture rappelant un bungalow, le **Boli Bar**, juste avant le terminal, saura réveiller la bête tapie en vous. (☎887 966. Ouvert Di-Ve 18h-3h et Sa. 12h-4h. Discothèque le week-end.)

EXCURSIONS DANS LA JUNGLE DEPUIS TENA

RAFTING. Parmi les activités proposées en Equateur, la descente en raft à partir de Tena est probablement la plus riche en émotions fortes. Découverts depuis peu par les adeptes du rafting venus du monde entier, les fleuves de l'Amazonie occidentale sont l'occasion de vivre une expérience unique. Ces fleuves qui viennent se jeter dans l'Amazone dévalent la chaîne des Andes, traversant des canyons, alimentant des cascades et longeant des rives rocheuses. En raison de la topographie très particulière de la région et du volume des cours d'eau, la densité des rapides est bien supérieure à celle que l'on trouve dans la plupart des régions du monde. Et puis, ici, c'est toujours la haute saison : les rapides bouillonnent 365 jours sur 365. ❤ **Ríos Ecuador** (☎887 438, e-mail info@riosecuador.com), à Tena, en face de Cositas Ricas, organise des excursions sous l'œil vigilant de son propriétaire Gynner, un jeune spécialiste (à peine 30 ans) de la descente en kayak et en raft, fort d'une expérience de neuf ans comme guide. Cet entrepreneur sympathique né en Equateur parle anglais à la perfection. Sa société, qui emploie des guides professionnels polyglottes et utilise un matériel moderne, organise des périples à la fois grisants et parfaitement sûrs. Une excursion d'une journée en raft sur des cours d'eau classés II et II+ (débutants à moyens) revient à 50 $ par personne. En octobre, une excursion classée IV et IV+ est organisée pour 65 $. Des périples d'une journée en kayak sont également possibles (60 $ par personne). Les forfaits comprennent le transport depuis Tena, les guides, un délicieux déjeuner pris au bord de la mer et peut-être même une petite balade dans la jungle. Enfin, Ríos Ecuador propose périodiquement une descente en kayak de quatre jours pour 250 $. Pour réserver, adressez-vous à l'agence de Quito ou à celle de Tena. Les personnes qualifiées et expérimentées pourront louer des kayaks et du matériel sans faire appel à un guide (30 $ par jour).

LODGES ET EXCURSIONS DANS LA JUNGLE. Si vous souhaitez répondre à l'appel de la nature de façon moins aventureuse, pourquoi ne pas séjourner un moment dans l'un des ensembles de bungalows qui bordent les rives du fleuve ? Ces ensembles ouvrant et fermant de manière totalement imprévisible, il est plus sûr de consulter l'agence CETUR de Tena pour en savoir plus. CETUR vous conseille de **ne vous y rendre qu'avec un guide certifié**. Les excursions se font le plus souvent en bateau ou en voiture jusqu'au lodge qui sert de base pour des périples d'une journée à travers la jungle environnante. L'agence de voyages la plus connue est **Amarongachi Tours**, installée devant l'Hostal Traveler's Lodging (voir **Hébergement**, p. 679). Les agences **Expediciones Jarrín** (☎887 142) sont fiables elles aussi mais leurs excursions partent de Coca (voir p. 688). Pour plus de renseignements sur les guides locaux, rendez-vous au siège de **Recancie** (☎887 072), au niveau des rues 15 de Noviembre et Serafin Gutierrez. Le groupe est en fait une coopérative réunissant 10 communautés quechuas et huaoranis. **Sapo Rumi** (☎887 896), 15 de Noviembre, en face de la pizzeria, propose des périples *suave* (doux) ou *fuerte* (forts), pour 25-35 $. L'agence est tenue par des Quechuas et fait visiter des communautés quechuas. L'Hostal Iniyana a elle aussi été récemment certifiée.

MISAHUALLÍ ☎06

Les singes qui traînent aux abords de la place de Misahuallí devraient dissiper tous vos doutes, au cas où la "route", terme charitable désignant la voie qui traverse la ville, ne l'aurait pas déjà fait : vous êtes bien dans la jungle. Un mur d'arbres très denses borde les eaux boueuses de la rivière Napo, sur la rive opposée, qui forment comme une brume agitée de remous. Non loin de là, à la périphérie de la ville, des perruches vert émeraude et des papillons aux ailes irisées volettent parmi les orchidées. En dehors de l'intrusion occasionnelle d'un hors-bord promenant à grande vitesse des touristes rivés à leurs appareils photos, le seul bruit que vous entendrez à Misahuallí est le cri rauque des perroquets sauvages. La rive nord de la Napo n'est desservie en aval par aucune route, ce qui fait de la ville le principal point de départ des excursions dans la jungle. Ces dernières comprennent en général la découverte de la forêt tropicale humide et quelques-unes d'entre elles traversent des villages indiens.

TRANSPORTS ET INFORMATIONS PRATIQUES. La route arrive en ville par l'ouest. Un petit nombre d'hôtels, de restaurants et de boutiques sont concentrés autour de la place. Les **bus** partent de la place centrale en direction de **Tena** (durée 1h, 1 dép/h de 7h30 à 16h, 0,45 $). Bien qu'Ahuano ne soit qu'à 15 km de Misahuallí en aval, aucune route ne relie les deux villes. Le moyen le plus économique de vous rendre à **Ahuano** depuis Misahuallí est de traverser le fleuve sur un **canot à moteur** (0,20 $), puis de vous éloigner du fleuve en marchant une demi-heure sur un sentier de terre jusqu'à la route de Tena-Ahuano. De là, vous hélerez un bus à destination de **Ahuano Punta** (0,32 $). Une fois à La Punta, retraversez le fleuve (canoë 0,20 $) et marchez 20 mn sur la route qui part de l'endroit où sont stationnés les canoës jusqu'à Ahuano. Vous pouvez également prendre un canot à moteur reliant directement Misahuallí à **Ahuano** (durée 45 mn, 35 $ par bateau) ou à Coca (durée 6h, 160 $ par bateau). Officiellement, il est impossible de changer de l'argent en ville, mais l'Albergue Español permet parfois de retirer de l'argent liquide et de changer les chèques de voyage. Le bureau bleu et blanc de Registro Curl abrite les vestiges d'une force de **police** (ouvert Je-Ve). Les appels téléphoniques ne sont possibles que depuis **ANDINATEL**, situé près du fleuve, entre l'Hotel Marena et l'Albergue Español. (☎584 965. Ouvert tlj 8h-13h et 15h-20h.)

HÉBERGEMENT ET RESTAURANTS. La présence d'une clientèle étrangère a fait légèrement grimper les prix des infrastructures hôtelières, au confort tout relatif. L'**Hotel Albergue Español** est à droite juste avant d'entrer en ville. Chambres impeccables avec salle de bains privative et eau chaude, moustiquaire devant les fenêtres et service de blanchissage. (☎466 925. Chambre 5 $ par personne.) Le **restaurant** utilise exclusivement de l'eau bouillie et sert de la viande de premier choix (3-4 $). **Jaguar Lodge** est à 90 mn en aval. Les dix bungalows répartis parmi les 1000 ha de forêt primaire sont tous équipés d'une salle de bains privative. Un système basé sur l'énergie solaire leur apporte lumière et eau chaude. (Forfait tout compris 30-35 $.) L'**Hotel Marena** est à mi-chemin entre l'Albergue Español et la place principale. Les chambres, d'une propreté impeccable, sont équipées de meubles couleur bois, d'un ventilateur et d'un mini-bar. (☎887 584. Chambre 3 $ par personne.) En ville, l'**Hostal Sacha** offre le meilleur rapport qualité-prix. L'architecture, comme la qualité des chambres, est moyenne, mais il est possible d'y faire la cuisine. (☎886 679. 1-2 $ par personne.)

EXCURSIONS DANS LA JUNGLE DEPUIS MISAHUALLÍ. Misahuallí est bien souvent utilisée comme le point de départ d'excursions dans la jungle d'une durée comprise entre un et quinze jours. Ces périples le long du fleuve acceptent 2 à 20 personnes. Votre guide devra parler anglais (sauf si vous parlez espagnol, évidemment), avoir une bonne connaissance de la faune, de la flore et de la région et posséder la licence CETUR. La plupart des guides de Misahuallí parlent hélas assez mal anglais. **Ecoselva**, sur la place, est dirigée par Pepe Tapia, un biologiste parlant anglais. Le soir, Pepe organise des *charlas* (discussions informatives) consacrées aux communautés locales ainsi qu'à la faune propre à la jungle. Les itinéraires peuvent être adaptés en fonction de la taille du groupe et de ses centres d'intérêt. (Excursion 20 $ par jour, accueille jusqu'à 10 personnes, réduction pour les groupes plus importants.) **Clarke's Tours**, également tenu par des biologistes, se trouve devant l'hôtel Marena. L'agence est propriétaire de 30 hectares de forêt tropicale humide et d'un **Muestrario** clôturé qui accueille des animaux en concentration plus importante que dans la jungle. Certains guides ont des rudiments d'anglais. L'agence propose des excursions personnalisées de 3 à 6 jours à travers ses terres. (☎887 584. Forfait 25-35 $ par jour.) **Fluvial River**, dirigée par Hector Fiallos, est installé devant l'auberge de jeunesse Sacha. Comme cette dernière, l'agence offre le meilleur rapport qualité-prix de la ville. (20 $ par jour.) **Expediciones Sacha Amazónica**, une agence de voyages aujourd'hui indépendante, sort des sentiers battus. Après 20 ans d'exploitation, elle change ses itinéraires chaque année. Vous la trouverez au niveau du parc central à Napo ou dans la gare routière de Tena. (☎887 979, e-mail sachamazonica@yahoo.com. 25-50 $ par jour.)

ENVIRONS DE MISAHUALLÍ : JATÚN SACHA

Les bus reliant Tena à Ahuano peuvent déposer leurs passagers en face de Jatún Sacha (durée 1h15, 0,75 $).

Jatún Sacha, qui signifie "grande forêt" en quechua (elle est couverte à 80 % de forêt primaire), est à 8 km à l'est de Misahuallí. Cette réserve de forêt tropicale humide de 2000 hectares est entièrement dirigée par des Equatoriens, ce qui n'est pas pour nous déplaire. En 1993, Jatún Sacha a été déclarée seconde Forêt Tropicale des Enfants du Monde. Cette fondation, créée en 1986, vise à protéger l'étonnante biodiversité de la réserve et fournit un terrain de recherche aux scientifiques, équatoriens pour la plupart. La forêt étant avant tout mise à la disposition des chercheurs, les groupes importants n'y sont pas admis. Des visiteurs occasionnels peuvent cependant profiter des sentiers bien balisés qui traversent la forêt et abritent une flore extrêmement variée et répertoriée avec soin. Le bureau central met des cartes à votre disposition. Ce lieu paisible semble particulièrement apprécié par les oiseaux. Si vous souhaitez les observer avec davantage de précision, demandez l'autorisation de monter au sommet de la réserve où se dresse un observatoire haut de 30 m. Moyennant finance, vous pourrez également rendre visite aux oiseaux sur le pont tissé de plantes grimpantes qui leur sert d'abri. (6 $. Pochette informative permettant la visite du site 1 $.)

Les infrastructures peuvent accueillir jusqu'à 25 visiteurs et 13 résidents venus pour de plus longs séjours. (Lits superposés installés dans des **bungalows**, avec toilettes à l'extérieur, douches et réserve d'eau douce pour se laver les mains. Lit 25 $ avec 3 repas et l'entrée, 15 $ pour les étudiants en sciences.) Le complexe s'est équipé d'une partie plus récente comprenant une **salle à manger**. On y prend en communauté trois repas par jour ayant le mérite d'être relativement sains et savoureux. (1 $.) Les amateurs d'expériences inédites pourront se porter volontaires pour travailler au sein de la réserve pendant un mois ou plus. Les volontaires travaillent aux côtés de la communauté quechua à des projets de développement durable ou aident à entretenir la réserve. Il est cependant peu probable qu'ils participent à des travaux scientifiques de grande envergure, à moins d'avoir un projet bien précis en tête. (Les volontaires paient 225 $ par mois pour le logement et la nourriture.) Les non-scientifiques qui se seront vus éconduire et ceux qui ne peuvent se passer d'un certain confort mettront le cap vers **Cabañas Aliñahui**, un complexe alimenté par l'énergie solaire. Vous le trouverez sur la route, à 3 km à l'est de Jatún Sacha (suivez les pancartes, 1h de marche). Ce complexe qui dispose d'un bureau à Quito, Río Coca 1734 et Isla Fernandina, participe à la protection de la réserve. Ses huit bungalows sur pilotis sont spacieux et donnent sur un patio équipé de hamacs. Chaque bungalow se compose de deux chambres et d'une salle de bains avec l'eau froide. Les infrastructures comprennent une salle de conférence, un bar et une bibliothèque, dont l'accès est compris dans le prix. (☎253 267, fax 253 266. Janv-Mai 42 $ par personne, plus 20 % de taxe, 3 repas par jour compris dans le prix, Juin-Déc 30 $ par personne, TTC.) Pour contacter la réserve, vous renseigner sur les programmes de volontariat ou participer à des programmes de recherche, l'adresse à Quito est : **Fundación Jatún Sacha**, Casilla 17-12-867 (☎/fax 453 583, e-mail jatsacha@jsacha.ecuanex.net.ec, Web : www.jatunsacha.org). Adresse à Tena : Casilla 15-01-218.

COCA ☎06

Située à l'extrême est de la province d'Orellana, Coca (également appelée Puerto Francisco de Orellana) a subi le destin de toute ville exploitée pour son pétrole. Coca commença à se développer au début du XXe siècle, avec la construction par ses premiers résidents d'un hôpital, de plusieurs écoles et d'églises. La population atteignait alors 300 habitants. Bouleversement en 1969 : des étrangers venus du nord découvrirent un vaste gisement d'or noir dans le sous-sol de la ville. En quelques années, la population de Coca explosa et avec elle la forêt alentour, à jamais défigurée. En effet, pour permettre l'extraction du pétrole, des routes furent percées à travers la jungle et des pompes flambant neuves enfouies dans le sol, remplissant au passage les poches des compagnies pétrolières et transformant Coca en un immense puits graveleux et sale. Le nom de la ville reflète lui-même un aspect peu glorieux de son passé, à savoir l'expansion du commerce de la cocaïne qui s'est aujourd'hui retiré dans ses quartiers les plus pauvres. En dépit de son esthétique sans intérêt, Coca constitue une étape fréquentée par les visiteurs, puisqu'elle marque le point de départ et d'arrivée des excursions dans la jungle.

TRANSPORTS

Avion : L'unique piste de l'**aéroport** (☎880 188) entre pratiquement dans le centre-ville. Pour rejoindre le terminal, suivez la rue Labak sur 1 km dans la direction de Lago Agrio. Prenez un taxi depuis le centre-ville (1 $) ou un *bus urbano* reliant le centre au terminal (0,10 $). Aerogal (☎881 452) dessert **Quito** (durée 45 mn, dép. Lu-Me et Ve-Sa à 11h30, Je. à 9h, 54 $). Vous avez la possibilité d'acheter votre billet au terminal, juste avant le départ.

Bus : Le **terminal** est dans la rue Napo, à huit *cuadras* au nord du fleuve, mais les bus de nuit arrivent et repartent des rues Napo et Bolívar, au nord du centre-ville. Trans Esmeraldas dessert **Lago Agrio** (durée 2h, dép. à 20h30, 1,60 $) et **Quito** (dép. à 20h30, 6,80 $). Baños dessert **Ambato** (durée 11h, dép. à 18h30 et 20h15, 8 $) via **Baños** (durée 10h, 6 $) et **Puyo** (durée 7h, dép. à 0h45, 4h et 18h30, 5,20 $). Baños dessert aussi **Lago Agrio**.

Bateaux : Devant l'activité de la marina de Coca, on se rappelle le premier nom de la ville : **Puerto Francisco de Orellana** (port Francisco de Orellana). La plus grande partie du trafic de plaisance étant le fait de groupes de touristes, les voyageurs n'ont guère à se préoccuper des tarifs ou des horaires. Les bateaux qui quittent le port ou y arrivent doivent enregistrer les noms et numéros de passeport des passagers étrangers à la **Capitainerie**, installée sur l'eau, tout au bout d'Amazonas. Les bateaux desservent : **Hacienda Primavera** (1,20 $), **Pompeya** et **Limoncocha** (1,60 $), **Panacocha** (4,60 $), **Tiputini** (6,25 $) et **Nueva Rocafuerte** (7,45 $). Les horaires comme les tarifs varient en fonction de la demande et des conditions climatiques. Il est possible de louer un bateau mais cela vous reviendra cher, à moins d'être accompagné d'un groupe.

Taxi : On les trouve à l'extérieur du marché, à sept *cuadras* au nord du centre-ville. (1 $ pour rejoindre le centre.)

ORIENTATION ET INFORMATIONS PRATIQUES

Malgré la boue qui la recouvre, la rue **Napo** est la plus touristique de la ville. Elle part du nord de Coca, au niveau du **terminal** et s'étend sur 8 *cuadras* jusqu'au **fleuve Napo** qui marque la limite sud de la ville. La rue **Amazonas**, qui finit en cul-de-sac à la hauteur des quais, à une rue à l'est de Napo, est parallèle à la **route reliant Tena à Lago Agrio**. Cette dernière entre en ville par le nord avant de poursuivre son chemin à une *cuadra* à l'est d'Amazonas et de traverser la rivière jusqu'au camp militaire.

Office de tourisme : C'est chez **INEFAN** (☎881 171) que vous trouverez les informations les plus fiables sur la jungle et les agences de voyages qui organisent des excursions dans cette partie du pays. Il est situé à côté du terrain d'aviation, dans les rues Amazonas et Bolívar. Ouvert Lu-Ve 8h-17h30.

Change : Vous pourrez retirer du liquide à l'**Hotel El Auca**.

Marché : Il fera le bonheur des amateurs de fruits et légumes. A 500 m au nord du centre-ville, de l'autre côté de la rue Napo quand vous êtes au niveau du *municipio*. Ouvert tlj 6h-17h. Un **marché en plein air** vous attend dans le centre-ville.

Urgences : ☎880 101.

Police : **Policía Nacional** (☎880 525 ou 880 101), au coin des rues Napo et Rocafuerte.
Pharmacie : **Farmacía Clínica Sinai** (☎880 401), dans la rue Napo. Quand vous êtes devant l'hôtel El Auca, traversez la rue. Ouvert 24h/24.

Assistance médicale : **Clínica Sinai** (☎880 362), à l'angle des rues Napo et Moreno.

Téléphone : **EMETEL** (☎880 104), au croisement des rues Eloy Alfaro et 16 de Diciembre, sous la grande tour. Ouvert Lu-Ve 8h-16h et 17h-21h, Sa-Di 8h-11h et 17h-20h.

Bureau de poste : (☎881 411), à l'extrémité sud de la rue 9 de Octubre, près de la rivière, à trois *cuadras* de Napo. Ouvert Lu-Ve 8h-16h30.

HÉBERGEMENT

Vous trouverez plusieurs hôtels respectables dans la rue Napo, aux abords de l'hôtel Auca. Si les établissements humides et rudimentaires ne vous font pas peur, optez pour les adresses à petit prix proches de la rivière. Le seul autre endroit fréquenté par les touristes est la rue Malecón, à gauche avant le pont. C'est là que l'**Hostal Oasis** et la luxueuse **Hostería La Misión** ont établi leurs quartiers.

❤ **Hotel El Auca** (☎880 127, fax 880 600), au niveau des rues Napo et García Moreno, à six *cuadras* au sud du terminal. Les chambres sont gardées par une rangée de hamacs, des arbres *guayabas* (à goyaves) et des *guatusas* errants. La dimension des chambres est variable, mais toutes sont équipées d'un ventilateur et d'une salle de bains avec eau chaude. Chambre 5 $ par personne.

Hostal Oasis (☎880 164, fax 880 206), dans la rue Malecón, au bord du fleuve, à 50 m de l'embranchement étroit à gauche avant le pont. Lits molletonnés, sols immaculés, salle de bains propre avec eau froide et ventilateur dans toutes les chambres. Chambre 4 $ par personne.

RESTAURANTS

Si vous n'aimez pas le poulet, tant pis pour vous : il n'y a que ça ici. Ceux qui y sont allergiques se rabattront sur les fruits et les légumes frais du marché. La plupart des restaurants sont regroupés dans la rue **Napo**, ou juste à côté, dans une rue parallèle au fleuve.

Restaurant Dayuma (☎880 127), dans l'hôtel El Auca. C'est l'établissement qui offre la carte la plus variée. Bourré d'étrangers. Petit déjeuner américain 1,40 $. *Almuerzo* et *merienda* 1,80 $. Ouvert tlj 6h30-22h.

Restaurant Medianoche (☎880 026), au niveau des rues Napo et Rocafuerte. Impeccable et clair. C'est là qu'il faut aller pour acheter des plats à emporter ou manger un morceau tard le soir. *Caldo de gallina* 1 $. Poulet frit 1,20 $. Ouvert tlj 18h-2h.

EXCURSIONS DANS LA JUNGLE DEPUIS COCA

La situation de Coca, bien plus à l'est que Tena ou Misahuallí, en fait un point de départ idéal vers les parcs, les réserves et les communautés huaoranis situés plus avant dans la jungle. La région encore sauvage qui s'étire à l'est de Coca abrite certaines des populations indiennes les plus isolées et la biodiversité la plus dense du monde. C'est également là qu'on trouve la ressource naturelle la plus lucrative du pays, le pétrole et, avec lui, des zones exploitées très polluées.

RÉSERVES NATURELLES

L'INEFAN vous recommande de visiter la plupart des réserves avec un guide, à moins de savoir réellement ce que vous faites (à moins donc, que vous ne soyez vous-même un professionnel de l'ethnobotanique). Les excursions partant de Coca passent très souvent par des villages et des zones perdues dans la nature, à la lisière de la rivière Napo. A une courte distance de Coca, en aval, la **Reserva Biológica Limoncocha** et les missions de **Pompeya** et de **Limoncocha** figurent elles aussi souvent au programme des itinéraires de groupe. Ces excursions se font par route et non par voie d'eau. Vous devrez alors emprunter une route percée par l'industrie pétrolière après Limoncocha à travers un "territoire pétrolifère encore propre". Les dégâts causés par les compagnies pétrolières sont particulièrement importants dans la région. Pour visiter Limoncocha, les groupes doivent généralement payer 30 $ par jour, l'entrée étant comprise dans le prix. Les excursions durent le plus souvent entre 3 et 4 jours. Elles comprennent parfois des baignades et des sorties de nuit consacrées à l'observation des reptiles. Plus à l'ouest, le **Parque Nacional Sumaco-Galeras** est un territoire encore vierge (ou presque). Planté au milieu de cette réserve de 207 000 hectares à la végétation exubérante, le volcan Sumaco se dresse de façon presque incongrue dans ce paysage (plus de 3500 m de hauteur). On raconte que les marécages du parc national seraient infestés d'anacondas mangeurs d'hommes, tapis dans l'ombre. Prudence, donc... Si vous souhaitez vous atteler à l'ascension du sommet (comptez pour cela 4 à 6 jours), rendez-vous au village **huamaní** et demandez Don Chimbo. Au sud de Coca, le village de **Tiputini** accueille l'une des communautés huaoranis les plus proches et les plus touristiques. (Réserves naturelles 10 $.)

BOSQUE PROTECTOR PAÑACOCHA. "Cocha" signifie "lagon" en quechua et "pana", "piranha". Vous savez donc à quoi vous attendre en visitant cette zone de lacs et de marécages. Situé à la lisière du Río Napo, le *bosque* abrite suffisamment d'espèces animales ou végétales pour occuper un biologiste pendant 1000 ans. On y croise ainsi fréquemment des **singes**, des **dauphins d'eau douce**, des **crocodiles** et avec un peu de chance un **toucan** ou un **paresseux**. Pour apercevoir le gentil poisson qui a laissé son nom à la forêt, jetez un petit morceau de viande dans la rivière et observez les remous de l'eau. Malgré l'abondance des piranhas, les guides n'hésitent pas à se baigner dans la rivière et invitent même parfois les touristes à faire trempette. Avant de pousser de hauts cris, sachez que le risque de morsure est assez faible du moment que votre corps ne présente aucune trace de sang (les femmes sauront s'en souvenir). **Cabañas Pañacocha** accueille les visiteurs partis en excursion et met à leur disposition une tour permettant l'observation des oiseaux d'altitude et plus généralement l'observation de la faune et de la flore. Ceux qui projettent de faire ce genre d'excursion doivent savoir que le transport prend à lui seul près de deux jours entiers. (Entrée du parc 10 $.)

PARQUE NACIONAL YASUNÍ. Coca est la ville la plus proche du plus grand parc national d'Equateur, le Parque Nacional Yasuní (982 000 hectares). Autre particularité, le Tiputini, le Nashiño, le Cononaco, le Yasuní et les autres affluents qui traversent sa surface impressionnante font de ce parc le **bassin de l'Amazone**. Yasuní comporte trois principaux types de terrains : le terrain sec, le terrain inondé occasionnellement et le terrain inondé en permanence. Si la forêt tropicale reste humide à longueur d'année, la région connaît des variations saisonnières. La saison sèche a lieu de décembre à mars, la saison des pluies d'avril à juillet et la saison instable d'août à novembre. Fondé en 1979, le parc Yasuní abrite la biodiversité la plus riche au monde. La **tribu huaorani**, avec laquelle les premiers contacts pacifiques ont été établis en 1958, fait partie intégrante du parc, au même titre que la faune et la flore. Les Huaoranis cohabitent ainsi avec les boas constrictors, les alligators, les jaguars, les anguilles, les perroquets, les toucans, les piranhas, les capybaras, les singes, les paresseux et toute une myriade d'autres espèces animales. La majeure partie de cette réserve longtemps épargnée par l'homme est aujourd'hui traversée de pipe-lines et de routes destinées à faciliter l'extraction du pétrole. L'INEFAN devrait un jour mettre au point un système permettant de gérer le parc. Pour le moment, ce sont seulement 10 gardes forestiers qui sillonnent le parc afin de contrôler l'activité qui se déroule sur son territoire. Et comme si ce n'était pas déjà assez compliqué, le parc n'est pas encore vraiment ouvert au tourisme. Des routes construites lors de l'ouverture de nouveaux sites d'extraction permettent aux visiteurs de se rendre au parc par voie de terre, mais la majorité des entrées sont situées aux abords du fleuve Napo. C'est la frontière péruvienne qui marque la partie la plus éloignée du parc. La ville de **Nuevo Rocafuerte**, environ 10 heures en aval de Coca, bénéficie ainsi d'une entrée sur le Yasuní. Les excursions poussant au-delà de la zone nord-ouest du parc, ravagée par l'extraction du pétrole, durent au moins 10 jours. Au sud, Shell et Puyo disposent également d'entrées permettant d'accéder au parc. Les excursions sont en général facturées 60 $ par jour (l'entrée du parc est comprise dans le prix).

AGENCES DE VOYAGES

Le coût et la qualité des excursions proposées depuis Coca varient grandement. Il vous faudra d'abord inclure le billet d'entrée (en général 10 $) dans chacune des réserves naturelles prévues au programme. Si certains guides l'incluent dans leur forfait, d'autres précisent explicitement que le prix des entrées est en supplément. L'INEFAN de Coca (voir **Informations pratiques**, p. 685) vous recommande d'accompagner le guide à l'INEFAN afin de régler le montant exigé (dépêchez au moins un membre de votre groupe). Contactez plusieurs agences de voyages et sélectionnez celle qui semble la plus réputée. Dans l'idéal, votre guide devra avoir une très bonne connaissance de l'histoire naturelle ou de l'anthropologie locale. Plusieurs agences basées à Coca proposent des excursions dans la jungle de durée variable, sous forme de forfaits. Contrairement aux agences de Misahuallí, chaque agence vous propose quelque chose de différent. Avant de prendre votre décision, choisissez bien votre région. Demandez à voir une carte et de préférence une carte indiquant la présence des pipe-lines. De cette façon, vous êtes à peu près sûr de ne pas atterrir en pleine exploitation pétrolière au détour d'un périple censé vous emmener visiter la forêt tropicale humide. Les régions de Pañacocha et de Sumaco sont quasiment les dernières zones inexploitées. La plupart des excursions partent entre le vendredi et le lundi. Les guides recommandés par l'INEFAN recommandent entre autres : **Luis García**, qui travaille à l'extérieur de Coca mais peut être contacté par l'intermédiaire de l'**Emerald Forest Expeditions** (voir plus loin) et **Juan Medina**, qui peut être contacté par le biais de l'agence de voyages **Vasca Tour**, à Baños (☎ (03) 740 147). Le guide indien **Ernesto Juanka** et son fils **Patricio** sont eux aussi très bons. Vous les trouverez à l'hôtel Auca.

Witoto Tours, Espejo, en face d'El Gran Chaparal. Co-dirigée par trois membres d'une famille quechua, cette agence propose des excursions "éco-jungle" à travers la réserve Puconacocha (30 $), Limoncocha (30 $), Pañacocha (50 $), le territoire Huaotani Shiripungo (60 $) ou le Tiputini-Parque Nacional Yasuní-Añangu (60 $). Les tarifs comprennent les droits d'entrée et de camping. Réductions pour les étudiants. Les périples durent entre 3 et 12 jours et peuvent être adaptés en fonction de vos désirs.

Emerald Forest Expeditions (☎ 881 155, e-mail emerald@ecuanex.net.ec, Web : www.ecuadorexplorer.com/emerald), dans la rue Napo, près de la rivière. C'est l'agence de Quito, à l'angle des rues Amazonas N24-29 et Pinto (☎(02) 541 543), qui organise la plupart des excursions mais vous devriez facilement en planifier une depuis Coca. Le *jefe*, Luis García, propose des forfaits tout compris qui vous emmèneront à travers la jungle visiter entre autres le parc national Yasuní, pourtant difficile d'accès. Luis parle un bon anglais et il a des années d'expérience derrière lui. Excursions entre 30 et 40 $ par personne et par jour.

Expediciones Jarrín Alomia Hnos. (☎880 860, fax 880 251), en face de l'hôtel Oasis, près du pont. Adresse de Quito : Reina Victoria et Veintimilla (e-mail exjarrin@impsat.net.ec). Julio Jarrín et sa famille de guides emmènent les groupes de touristes jusqu'à leur lodge de la jungle, à la lisière de la réserve de Pañacocha. Julio est très sympathique et parle anglais. C'est en outre un spécialiste de l'histoire naturelle. Le forfait comprend le transport en bateau, les bungalows, la nourriture, le matériel de pêche, les droits d'entrée et les randonnées (100 $ par personne pour 4 jours ou 35 $ par jour pour deux personnes, réduction pour les étudiants).

Yuturi Jungle Adventure (☎880 164, e-mail yuturi1@yuturi.com.ec), se trouve devant l'hôtel Oasis (voir p. 685). Agence de Quito : Amazonas 13-24 et Colón (☎(02) 504 037). Organise des randonnées jusqu'à deux campements de bungalows situés en aval, Yuturi et Yarina. Le premier mettra à votre disposition un observatoire à oiseaux, des salles de bains privatives et des guides expérimentés. Dernier détail (d'importance !) : la nourriture est bonne. Les deux options proposent des itinéraires complets, avec au programme randonnées de nuit et/ou descentes en canoë. Les excursions partent le lundi ou le vendredi, sauf si votre groupe compte au moins trois personnes. Si vous le souhaitez, il est possible de prolonger votre périple d'un jour ou deux. Réductions pour les étudiants et les groupes. Une excursion de 5 jours vous sera facturée 200 $ pour le lodge de Yarina et 300 $ pour celui de Yuturi.

Paushi Tours (☎880 219). Le plus simple est de contacter l'agence via l'hôtel Auca. Adresse de Quito : à l'angle des rues Calama 354 et Juan León Mera. Darwin García et son frère Edwin sont les seuls à organiser des randonnées jusqu'à la région de Sumaco. La famille García a vécu trente ans au milieu d'une tribu quechua. Aujourd'hui, elle travaille avec eux et propose des démonstrations de chamanisme et des récits d'histoires locales. Les groupes se limitent à un petit nombre de personnes (8 au maximum) et le service est efficace. Le forfait comprend un guide parlant anglais, la visite d'un lieu où vous pourrez laver du sable aurifère et voir des pétroglyphes, ainsi qu'une excursion dans la jungle. Les bungalows sont équipés d'une salle de bains/d'eau. Nourriture, logement et matériel inclus. 2-10 jours 40 $ par jour.

LAGO AGRIO ☎06

Lago Agrio, ou Nueva Loja comme elle s'appelait alors, demeura jusqu'aux années 1940-1950 le berceau des **Cofáns**, un peuple qui n'entretenait pratiquement aucun contact avec les autres communautés indiennes (sans parler des Européens...). Vénérés par les tribus voisines pour leur connaissance de la guérison par les plantes, les Cofáns parlaient une langue dont les racines sont demeurées inconnues. Tout bascula dans les années 1960 lorsque la firme Texaco s'implanta dans la région, consciente d'avoir trouvé la poule aux œufs d'or. Les bulldozers se chargèrent alors d'exploiter le territoire des Cofáns, auquel les dirigeants de la compagnie pétrolière décidèrent de donner le nom de leur premier grand chantier, situé au Texas : Sour Lake. Exit Nueva Loja, remplacé par Lago Agrio. Ce nom ne sera hélas pas la seule trace laissée par l'industrie pétrolière. En effet les Cofáns, dont la population compta jusqu'à plus de 20 000 habitants, ont aujourd'hui pratiquement disparu et avec eux leur connaissance de la forêt. Cette communauté, dont il ne reste désormais que quelques centaines de représentants, a émigré plus à l'est, parmi les derniers vestiges de la forêt. La ville se résume aujourd'hui à des artères bordées de banques à deux étages, d'hôtels, de restaurants et d'épiceries. Les visiteurs se contentent d'y passer avant de s'enfoncer plus avant dans la jungle.

TRANSPORTS

Avion : L'**aéroport** se tient à 5 km à l'est du centre-ville (1 $ en taxi). TAME (☎830 113), au niveau des rues Orellana et 9 de Octubre, dessert **Quito** (durée 30 mn, dép. Lu-Sa à 11h30, Lu. et Ve. à 11h30 et 17h30, 54 $). Ouvert Lu-Ve 8h-11h et 14h30-17h.

Bus : Le **terminal** est à une courte distance en taxi (1 $), au nord-est du centre. Les bus de jour passent souvent à travers la ville à l'aller ou au retour du terminal. Entre 23h et 6h, les bus ne s'arrêtent que devant le bureau de leur compagnie, concentrés à une *cuadra* de l'hôtel D'Mario. Les bus desservent : **Quito** (durée 8h, 1 dép/h, 6 $) via **Baeza** (durée 6h, 3,60 $), **Coca** (durée 3h, 1 dép/20 mn, 1,60 $) et **Loja** (durée 24h, dép. à 13h, 12,60 $).

Taxi : Les trajets limités à l'intérieur de la ville coûtent 1 $.

ORIENTATION ET INFORMATIONS PRATIQUES

La ville de Lago Agrio est traversée d'est en ouest par la rue Quito, qui s'étire à 3 km à l'est de la piste d'atterrissage et bifurque au niveau du marché pour former la branche nord de la rue Río Amazonas. Le marché se tient sur un périmètre triangulaire formé par l'embranchement d'où partent les rues Quito et Amazonas et par la rue 12 de Febrero qui traverse la ville du nord au sud et se trouve à une *cuadra*, plus à l'ouest. Le centre-ville est plutôt sûr pendant la journée, mais **il serait peu raisonnable, en particulier pour les femmes, de s'aventurer dans les quartiers isolés seul(e), surtout de nuit**.

Office de tourisme : **INEFAN** (☎830 139), au niveau des rues 10 de Agosto et Manabí, à six *cuadras* de la rue Quito, dans la direction du nord. Ouvert Lu-Ve 8h-12h et 13h-17h. Renseignez-vous également auprès de la **Cámara de Turismo** (☎848 248), face à l'hôtel Guacamayo, pour plus de renseignements sur les agences de voyages.

Bureau de l'immigration : Au niveau des rues Quito et Manabí, dans le commissariat de police.

Consulat colombien : Quito 441 (☎830 084), à côté de l'hôtel Ecuador, en face de l'hôtel D'Mario. Vous y trouverez des informations sur la traversée de la frontière colombienne, une expérience qui n'est pas dénuée de danger, à 20 km au nord de Lago Agrio à Punto Colón. Ouvert Lu-Ve 8h-16h.

Change : **Banco del Pichincha** (☎831 612), au croisement des rues 12 de Febrero et Quito. L'unique caissier de la banque change les chèques de voyage le matin, du lundi au vendredi. Juste à côté, l'hôtel Cofán change les devises en prélevant au passage une commission exorbitante.

Police : (☎830 101) au niveau des rues Quito et Manabí, face au marché. La police de Lago Agrio est censée être l'une des plus compétentes (comprenez : l'une des mieux armées) de tout le pays.

Soins médicaux : **Clínica Gonzáles** (☎830 133), rue Quito, près de la rue 12 de Febrero.

Téléphone : **EMETEL** (☎830 104), au croisement des rues Orellana et 18 de Noviembre. Ouvert Lu-Sa 8h-22h et Di. 8h-12h.

Bureau de poste : (☎830 115), rue Rocafuerte, à deux pas de la rue 12 de Febrero. Ouvert Lu-Ve 8h-12h et 13h-17h. Plusieurs touristes se sont plaints de lettres envoyées de Quito qui auraient mis plusieurs semaines à arriver.

HÉBERGEMENT

❤ **Hotel D'Mario**, Quito 175 (☎830 172, fax 830 456), à 50 m à l'est de la bifurcation. Contrairement à la ville dans lequel il est situé, l'hôtel est propre, relativement sûr et accueillant. Au rez-de-chaussée, le restaurant en fait un repaire de touristes. Climatisation et télévision. Chambres 6-13 $.

Hotel Secoya, Quito 222, à l'angle avec la rue Amazonas (☎830 451). L'animation est au premier étage, la végétation au rez-de-chaussée. Détendez-vous sur le patio, dans le coin télévision ou dans l'une des chambres spacieuses équipées de ventilateurs. Chambre simple 1,60 $, avec salle de bains et télévision 2 $.

Hotel Guacamayo GranColombia (☎831 032), Quito, à 100 m à l'est de la bifurcation. Les chambres, récentes, sont impeccables et luxueuses. Les plus anciennes sentent un peu le renfermé mais elles sont moins chères (2,80 $). Les nouvelles chambres sont toutes équipées de la climatisation et d'un réfrigérateur. Chambre simple 8 $, avec un grand lit 10 $, avec deux lits 12 $, triple 16 $.

RESTAURANTS

Marisquería Delfín, au niveau des rues Añasco et Pasaje Gonzanama, juste à côté d'Oro Negro. La musique donne envie de sauter du banc en bois sur lequel vous êtes assis, et le *ceviche* vous ferait presque croire que vous êtes sur la côte. Ouvert tlj 9h-24h.

Restaurante Los Guacamayos (☎831 032), de l'autre côté de l'hôtel D'Mario. Terrasse donnant sur la rue et menu légèrement moins fourni que celui de son voisin (voir plus loin). Poulet 2-2,80 $. Petit déjeuner 1 $. Ouvert tlj 7h-22h30.

Pizzería Restaurant D'Mario (☎830 172), Quito, dans l'hôtel du même nom. Ce restaurant en terrasse nourrit la plupart des *gringos* de la ville. Pizza individuelle 2,60 $, grande 6 $. Ouvert tlj 7h-23h.

EXCURSIONS DANS LA JUNGLE DEPUIS LAGO AGRIO

Vous l'aurez deviné, le charme de Lago Agrio ne réside pas dans son pétrole poisseux mais dans la nature splendide qui l'entoure. A l'est de la ville, de vastes étendues de jungle résonnent des cris des singes, du chant des oiseaux et du bruit des insectes. La forêt tropicale humide est traversée par un fleuve silencieux qui absorbe les ondulations provoquées par les alligators et les anacondas mangeurs de singes. La plupart des excursions au départ de Lago Agrio visent à découvrir la nature environnante. Certaines permettent également de partir à la rencontre des populations locales. Ces communautés étant toutefois très isolées, les passionnés d'anthropologie auront tout intérêt à mettre le cap vers le sud, qui abrite des tribus mieux intégrées à l'industrie du tourisme. La majorité des excursions dans la jungle passent par le **Río Aguarico** qui coule non loin de la ville pour se diriger ensuite vers des zones plus isolées traversant des villages indiens. Les lagons de **Lagartacocha** (de l'alligator), **Limoncocha** et **Pañacocha** feront le bonheur des visiteurs avides d'observer la faune et la flore de près. Les deux derniers sont également accessibles depuis Coca.

RESERVA DE PRODUCCIÓN FAUNÍSTICA CUYABENO. Quand Dieu a créé les animaux terrestres, peut-être aurait-il dû pique-niquer à Cuyabeno afin de voir à quoi il venait de donner naissance. Il aurait ainsi pu prendre son après-midi et boire une bière en observant des capyrabas, des ocelots, plus de 515 espèces d'oiseaux, des tatous géants, des boas constrictors, des anguilles électriques, des alligators, des dauphins d'eau douce, des araignées, des singes, des tapirs, des tortues de terre et des piranhas. Située plus à l'est, une fois passés la mission de Limoncocha et le lagon de Pañacocha, cette réserve de 603 400 hectares occupe une grande partie de la province de Sucumbío. Outre sa faune, impressionnante de diversité, la réserve abrite une flore prospère donnant à voir des fruits de toutes les couleurs, des fleurs exubérantes, sans oublier des palmes et des feuilles aux dimensions déraisonnables. Tout un réseau d'affluents part des fleuves Aguarico et Cuyabeno, qui se déversent dans les 14 lagons de la réserve. A eux deux, ces fleuves abritent une nature extrêmement variée. Le parc accueille également plusieurs communautés indiennes comme les Sionas, les Secoyas et les Shuars. L'autre présence humaine dans le parc est la conséquence malheureuse de l'industrie du pétrole qui continue de ravager la région au mépris de son statut de site protégé, même si les dégâts y sont moins importants que dans le parc national Yasuní, plus au sud. (*De Lago Agrio, le voyage de 2h30 en camion ou en bus jusqu'à Puenta Cuyabeno via Tarapota, est chaotique et poussiéreux. C'est souvent le moyen choisi pour accéder aux lagons les plus fréquentés enfoncés dans la forêt. Certaines excursions se déroulent en partie sur le fleuve Aguarico d'où les visiteurs accèdent aux zones supérieures ou inférieures de la réserve. Entrée du parc 20 $.)*

AGENCES DE VOYAGES. Le moyen le plus fiable de plonger dans la jungle qui borde l'est de Lago Agrio consiste à engager un guide issu d'une agence ayant pignon sur rue, à Baños ou à Quito. Sachez cependant que les tarifs proposés risquent de décourager les voyageurs ne disposant que d'un budget limité. Les agences de Lago Agrio s'avèrent plus économiques, bien que certaines soient dépourvues de licence et de véritable qualification (quelques-unes sont même illégales). On a rapporté que le personnel de l'INEFAN vérifiait parfois l'identité des groupes pénétrant dans des zones protégées par l'Etat. Ceux qui participent à des excursions non agréées ont par conséquent de fortes chances de se voir refoulés. Enfin, sachez que même si vous parvenez à entrer dans le parc, un guide de seconde zone ne vous servira pas à grand-chose. Parmi les compagnies agréées, les préférées de Let's Go en matière d'excursions à Cuyabeno sont : ❤ **Native Life Tours**, à l'angle des rues Foch E4-167 et Amazonas, à Quito. **Fabián Romero**, le "guide en chef", a fait ses preuves et se montre vraiment passionné par son travail. Il parle anglais, aime beaucoup les oiseaux et adore voguer sur le fleuve pour aller les observer dans la forêt. (☎ (02) 550 836, e-mail natlife@natlife.com.ec. Groupes de 2 à 12 personnes pour des randonnées comprises entre 3 et 10 jours, généralement Lu-Ve ou Ve-Lu. Excursion 40 $ par personne et par jour, 10 % de réduction avec la carte SAE.) **Kapok Expeditions**, Pinto E4-225, à Quito, est une société récemment implantée qui met l'accent sur l'aspect éducatif des excursions. (☎ (02) 556 348. 50 $ par personne et par jour, plus 20 $ pour l'entrée dans la réserve de Cuyabeno.) Pour une expérience unique, réservez à l'avance au **Flotel Orellana** auprès de l'hôtel D'Mario, un hôtel flottant niché en plein cœur de la réserve d'Aguarico. Les voyageurs recommandent **Green Planet**, Juan León Mera N2384 y Wilson (☎ 520 570, e-mail greenpla@interactive.net.ec). Excursion de 5 jours 200 $. Si vous souhaitez des conseils sur les excursions, les membres de la SAE à Quito consulteront pour vous des comptes rendus d'excursions dans la jungle de la province de Sucumbíos. Pour obtenir des informations vraiment à jour, ou si vous avez des questions complémentaires à poser, adressez-vous aux bureaux de l'INEFAN à Lago Agrio (voir **Informations pratiques**, p. 689), à Trapoa sur la route de Cuyabeno ou au niveau du pont qui marque l'entrée de Cuyabeno.

BAEZA

Bien que cette ville fasse officiellement partie de l'Amazonie, son aspect rappellerait plutôt celui d'un hameau de la Sierra. Ce village paisible se tient à la jonction de trois routes, connues sous le nom de **Y de Baeza**. La première part au nord-ouest jusqu'à Quito, la seconde au sud jusqu'à Tena et la dernière en direction du nord-est jusqu'à Lago Agrio. Délicieusement fraîche le soir et raisonnablement chaude en cours de journée, la ville de Baeza jouit d'un climat propice à la randonnée comme au sommeil. Proche de Quito, Baeza constitue une halte à l'aller ou au retour de la jungle. La ville n'offre rien de spécial à faire mais vous pourrez au moins y bénéficier d'un peu de fraîcheur et admirer la vue splendide sur les montagnes. C'est également un bon point de départ vers les **chutes de San Rafael**.

TRANSPORTS ET INFORMATIONS PRATIQUES. Baeza est à 40 mn à pied de la jonction en forme de Y, le long de la route reliant Quito à Tena. Deux routes prennent à droite de la route principale et traversent de vieux immeubles jusqu'à la place et la petite église qui forment **Baeza Vieja** (la vieille ville). La route principale enjambe le fleuve Machángara puis continue jusqu'à **Baeza Nueva** (la nouvelle ville) pour devenir la rue **Quijos**, qui débouche sur la grande route de Tena. Les visiteurs qui arrivent à Baeza se font généralement déposer au niveau du Y, sauf si le bus dessert

Tena. Dans ce cas, demandez au chauffeur de vous laisser à l'arrêt d'autobus de Baeza Nueva. A partir du Y, à 25 mn environ en aval de Baeza Nueva, hélez l'une des *camionetas* qui remontent la route (0,20 $). Les bus passent par le Y toutes les 45 mn et desservent : **Quito** (durée 3h, 3,80 $), **Tena** (durée 2h30, 1,20 $) et **Lago Agrio** (durée 6h, 3,60 $). Vous ne trouverez en ville aucune banque faisant office de bureau de change. La **police** est installée dans un bâtiment blanc à la hauteur du Y. L'**Hospital Estatal Baeza** (☎ 320 117) est à 200 m en aval de la rue Quijos, près de l'hôtel Samay. **EMETEL** : Au niveau des rues Quijos et 17 de Enero, à Baeza Nueva. (☎/fax 580 651. Ouvert tlj 8h-13h et 14h-20h.)

HÉBERGEMENT. Hostal San Rafael, tout en bas de la ville nouvelle dans la rue Quijos, à droite quand vous venez de la jonction en Y. Etablissement propre et animé. Sols carrelés et bonnes prestations incluant une salle réservée à la musique et à la vidéo, ainsi qu'une cuisine-restaurant. (☎ 320 114. Chambre 2,20 $ par personne, avec salle de bains 2,60 $.) **Hotel Samay**, sur le côté droit de la route qui mène à Tena. Chambres claires, toutes en bois. Salles de bains communes. Douche chaude mise à disposition. (Chambre 1,60 $ par personne.)

L'ORIENTE

ENVIRONS DE BAEZA : CHUTES DE SAN RAFAEL

Las Cascadas de San Rafael, les **chutes d'eau les plus hautes d'Equateur**, sont un autre échantillon de la beauté naturelle qui caractérise la route Baeza-Lago Agrio. Elles plongent à environ 1 km à l'ouest du point de départ du Río Reventador, à deux heures de Baeza en direction de l'est ou à quatre heures à l'ouest de Lago Agrio. La plupart des chauffeurs de bus sauront où vous déposer si vous demandez à aller aux cascades. Le début de la route est marqué par une pancarte et par une petite hutte installées à droite de la route si vous venez de Baeza. Le sentier qui part de cet endroit enjambe un pont dominant une petite cascade. Vous vous acquitterez de votre droit d'entrée (0,60 $) auprès de la petite maison portant la mention "Guardia". Le sentier continue sa route jusqu'à un groupement de **casitas**. Les flèches noires à gauche des *casitas* indiquent l'endroit où le sentier pénètre dans la jungle.

PAPALLACTA

Vous traversez depuis des jours des zones chaotiques, vous êtes épuisé(e), sale, en un mot vidé : c'est le moment de faire une halte à Papallacta, le mini-Baños d'Equateur. Ce sanctuaire baigné dans les vapeurs des eaux thermales est caché au cœur de la vallée andine, parmi un paysage spectaculaire, à une heure à l'ouest de Baeza et à deux heures à l'est de Quito. Papallacta charme avant tout par ses couleurs : le vert qui domine la forêt tropicale et le bleu des bassins d'eau chaude. Si la ville offre en elle-même peu d'intérêt, ses bâtiments de tôle fatigués peinant en effet à rivaliser avec la chaîne des Andes qui entoure Papallacta, les visiteurs viennent d'un peu partout goûter à ses thermes d'une beauté un peu surréaliste.

Papallacta se résume à une poignée de petits bâtiments alignés le long de la route Quito-Baeza sur laquelle circulent à intervalles réguliers les bus à destination de **Quito**, de **Lago Agrio** et de **Tena**. Vous pourrez les héler depuis le commissariat, le bâtiment gris et bleu qui se trouve à votre droite quand vous entrez en ville avec Quito derrière vous, ou en vous postant à des endroits bien en vue. Le meilleur hôtel de Papallacta (et de loin) est l'**Hostal Posada de Montaña**, près de Las Termas. Les touristes trop paresseux pour marcher 45 secondes jusqu'aux thermes opteront pour les piscines d'eau chaude de l'établissement. L'hôtel met gracieusement à votre disposition une cheminée installée dans la salle commune, un patio, des serviettes soyeuses ainsi que l'entrée gratuite aux thermes. (A Quito : à l'angle des rues Foch E6-12 et Reina Victoria n°4A. ☎ (02) 557 850, e-mail papallc@ecnet.ec, Web : www.papallacta.com.ec. Chambre 16 $, avec salle de bains 33 $.) Un petit creux ? **La Choza de Don Wilson**, au pied de la route qui mène à Las Termas, est la meilleure adresse de la ville. Vous pourrez y savourer la spécialité du coin, la truite d'élevage (*trucha* 1,55 $), entre les murs de bambou de ce restaurant surplombé d'un toit de chaume. (☎ 657 094. Ouvert tlj 7h-21h.)

LA GRENOUILLE TUEUSE Emblèmes du combat pour la sauvegarde de la jungle sud-américaine, les rainettes amazoniennes sont appréciées dans le monde entier pour leurs couleurs psychédéliques. Pourtant, les animaux comme les hommes qui peuplent l'Amazonie ont appris à se méfier de ces adorables créatures. Une réaction toute naturelle quand on sait que leur peau contient un poison qui paralyse le métabolisme en ralentissant toutes les fonctions du corps de celui ou de celle qui aura eu l'inconscience de frayer avec elles. Au fil des années, les peuples indiens d'Amazonie ont appris à tirer parti de cette toxine puissante au cours de leurs parties de chasse. Ils utilisent ainsi de longues sarbacanes avec lesquelles ils propulsent des fléchettes sédatives enduites d'une décoction de "jus de grenouille", après une expiration savamment calculée. Ces sarbacanes qui font environ 2 mètres de long ont beau être extrêmement lourdes, les chasseurs les portent souvent pendant des heures, le temps de trouver la proie idéale. Les rainettes de la jungle ne contiennent pas toutes cette drogue puissante, mais il est tout de même préférable de les laisser en paix, pour votre sécurité comme pour la leur.

LES SOURCES CHAUDES. Les **Coturpas** (piscines bleues) d'eau (très) chaude, également appelées *piscinas modernas*, sont situées tout en bas de la ville. Des vestiaires, des douches d'eau chaude obligatoires et des paniers destinés à accueillir vos objets personnels sont mis à votre disposition. (Ouvert Lu-Ve 7h-17h et Sa-Di 6h-18h. 0,60 $, enfants 0,40 $.) Si vous pensez que vous n'avez jamais rien connu de meilleur, c'est que vous n'avez pas fait le trajet de 2 km qui conduit aux ❤ **Termas de Papallacta** et **Jambiyacu**, les véritables sources d'eau chaude. La route qui mène aux thermes bifurque vers la gauche sur la grand-route juste avant d'entrer en ville quand vous venez de Quito (il y a une grande pancarte). La première moitié du chemin est plutôt rude mais rassurez-vous, la route finit par devenir plus plate. D'ailleurs, vous oublierez ce désagrément dès l'instant où vous arriverez aux thermes, de l'autre côté d'un élevage de truites financé par des Japonais. L'eau des deux thermes provient de la même source (38-42° C) et vous aurez la même vue dans les deux établissements. En revanche, les sols d'ardoise des thermes de Papallacta ont un aspect naturel et élégant que n'ont pas ceux de Jambiyacu, qui ressemblent aux sols de simples piscines. (Thermes ouverts tlj 6h-22h. 2 $, enfants et personnes âgées 1 $. Jambiyacu ouvre Me-Di 8h30-15h. 1,50 $ pour les enfants et les personnes âgées.) La société qui dirige les sources d'eau chaude organise aussi des promenades à cheval (4 $ l'heure). Plusieurs sentiers partent des thermes et serpentent à travers les montagnes les plus proches et la forêt tropicale. (0,60 $ par personne, 5-10 $ par personne pour une visite guidée de 4 à 6 heures. Visite guidée Me-Di.)

ÎLES GALÁPAGOS

À PROPOS DE LA MARÉE NOIRE A l'heure où nous imprimons ce guide, il est difficile de savoir quel est l'impact de la marée noire qui a eu lieu aux Galápagos en janvier 2001 à la suite du naufrage d'un navire ravitailleur. D'après les autorités, 5 des 13 îles constituant l'archipel seraient touchées. Actuellement, la **Charles Darwin Research Station** de Puerto Ayora recense toutes les espèces menacées. Il faudra attendre certainement plusieurs mois pour savoir si l'on peut parler de catastrophe écologique. Si vous souhaitez participer aux opérations de nettoyage des plages, n'hésitez pas à contacter la fondation ou le service du parc national Galápagos (voir les coordonnées p. 711). Ils ont besoin d'aide. Pour obtenir plus d'informations sur les sites touchés par la marée, appelez l'**office de tourisme** de Puerto Ayora ou l'**ambassade de France** à Quito.

Rares sont les endroits au monde où l'homme ne tient que la seconde place. Sur les îles Galápagos, un parc national est plus qu'une simple parcelle de végétation perdue au milieu d'une intense activité humaine. Ici, 97 % du territoire est protégé, et l'homme ne peut visiter ce paradis que sur la pointe des pieds. Ces îles constituent un archipel digne des contes de fées : vous serez éblouis par la beauté et la sérénité du paysage et l'accueil chaleureux des animaux vous surprendra. Par une journée ordinaire, vous pouvez nager avec des otaries ou observer la danse amoureuse des frégates sur les plages de sable, avec pour cadre des falaises, des volcans et l'océan Pacifique à perte de vue.

Mais à mesure que le visiteur prend conscience de sa petitesse au milieu de cet environnement, il comprend également que la nature est fragile. Lorsque l'on évoque la géologie et la faune uniques des Galápagos, on ne peut s'empêcher de penser aux écosystèmes qui ont été perturbés par les humains. L'archipel est classé parc national depuis 1959, mais il existe encore aujourd'hui des espèces menacées par les rats, arrivés avec les premiers colons, et par les chèvres sauvages qui leur servaient de nourriture.

Si les intérêts de l'homme et ceux des animaux sont souvent contradictoires, leur interaction est unique sur les Galápagos. Terre de légendes peuplée par des iguanes, cet archipel semble détenir la clé de l'un des aspects les plus mystérieux de l'histoire naturelle, et c'est sans doute ce secret que les visiteurs cherchent à découvrir. C'est d'ailleurs ici que Charles Darwin fit les observations qui appuyèrent sa théorie de l'évolution. Aujourd'hui, 60 000 touristes foulent cette terre chaque année afin de se sentir un peu plus proches de la nature. Certains découvrent enfin tout ce qu'ils ont toujours voulu savoir sur l'accouplement des iguanes marins, d'autres sont hypnotisés par le coucher de soleil au-dessus d'un océan sans fin, et tous repartent avec des souvenirs inoubliables.

LES GALÁPAGOS : PRÉSENTATION

HISTOIRE

La faune et la flore de l'archipel ont dû mystérieusement traverser près de 1000 km d'océan pour s'installer sur ces îles. De même, les premiers humains sont probablement arrivés par des courants porteurs. Les tessons de poterie retrouvés sur les îles de Santa Cruz et de Floreana témoignent de la présence d'*indígenas* (indigènes) de la période préinca. Ils auraient dérivé sur leurs embarcations en bois de balsa. Cependant, la première expédition datée avec certitude remonte à 1485, lorsque les armées du prince inca **Tupac Inca Yupanqui** ont exploré l'archipel.

En 1535, le navire de l'archevêque de Panama **Fray Tomás Berlanga**, qui se rend au Pérou, est dévié au cours d'une tempête. Il va dériver pendant 6 jours, pour finalement parvenir sur les côtes des Galápagos. Ce voyage est considéré comme "la découverte" officielle de l'archipel. En 1546, quelques soldats espagnols désireux d'échapper au régime tyrannique de Francisco Pizarro décidèrent de s'enfuir par mer. Ils arrivèrent en face des îles mais ne réussirent pas à débarquer car elles étaient cachées par un épais brouillard. Convaincus qu'elles étaient enchantées, ils les baptisèrent "las islas encantadas". Il faudra encore attendre quelques dizaines d'années pour qu'elles soient répertoriées sur les cartes du monde sous le nom de Galápagos, "tortues" en espagnol, en raison des spécimens géants décrits par Berlanga.

Au cours des siècles suivants, les îles servent de refuge et de base de ravitaillement aux **pirates** (notamment la crique des boucaniers et la baie de James sur l'île de Santiago) qui attaquent les côtes péruviennes et équatoriennes. On dit que les tunnels de lave serpentant sous les îles auraient abrité le butin des boucaniers (lors de vos sorties spéléologiques, ouvrez grand les yeux à la recherche d'éventuels trésors ensevelis !). Mais la vie des pirates n'est pas toujours facile et pillage et attaques ne suffisent pas toujours pour manger à sa faim. Aussi, lorsqu'ils découvrent que les tortues des Galápagos peuvent survivre des mois en se nourrissant

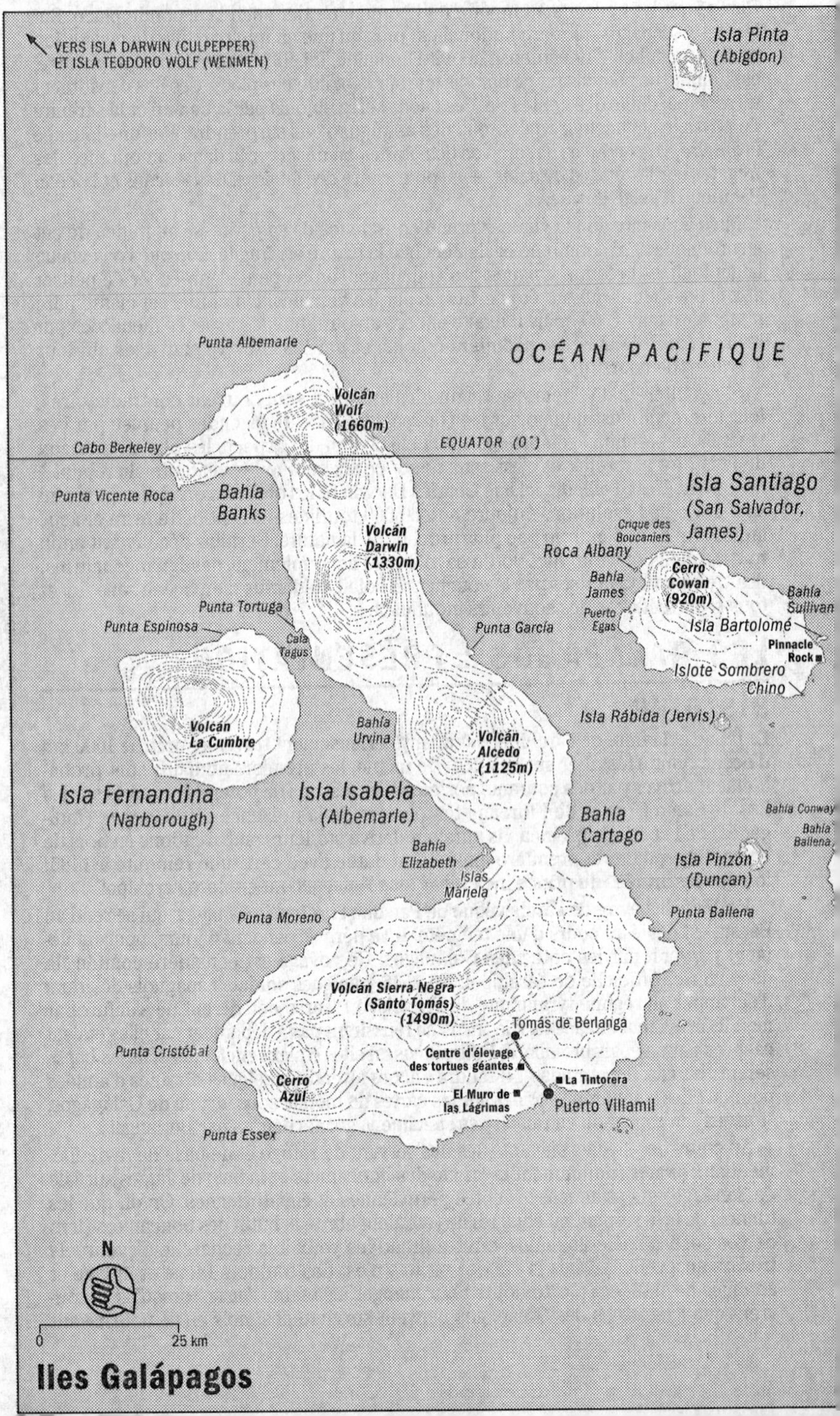

VERS ISLA DARWIN (CULPEPPER)
ET ISLA TEODORO WOLF (WENMEN)

Isla Pinta
(Abigdon)

Punta Albemarle

OCÉAN PACIFIQUE

Volcán
Wolf
(1660m)

Cabo Berkeley

EQUATOR (0°)

Punta Vicente Roca

Bahía
Banks

Isla Santiago
(San Salvador,
James)

Crique des
Boucaniers

Roca Albany

Volcán
Darwin
(1330m)

Bahía
James

Cerro
Cowan
(920m)

Bahía
Sullivan

Puerto
Egas

Punta Tortuga

Punta Espinosa

Cala
Tagus

Punta García

Isla Bartolomé

Pinnacle
Rock

Islote Sombrero
Chino

Isla Rábida (Jervis)

Volcán
La Cumbre

Bahía
Urvina

Volcán
Alcedo
(1125m)

Isla Fernandina
(Narborough)

Isla Isabela
(Albemarle)

Bahía
Cartago

Bahía Conway

Bahía
Ballena

Bahía
Elizabeth

Islas
Mariela

Isla Pinzón
(Duncan)

Punta Moreno

Punta Ballena

Volcán Sierra Negra
(Santo Tomás)
(1490m)

Tomás de Berlanga

Punta Cristóbal

Centre d'élevage
des tortues géantes

La Tintorera

Cerro
Azul

El Muro de
las Lágrimas

Puerto Villamil

Punta Essex

N

0
25 km

Iles Galápagos

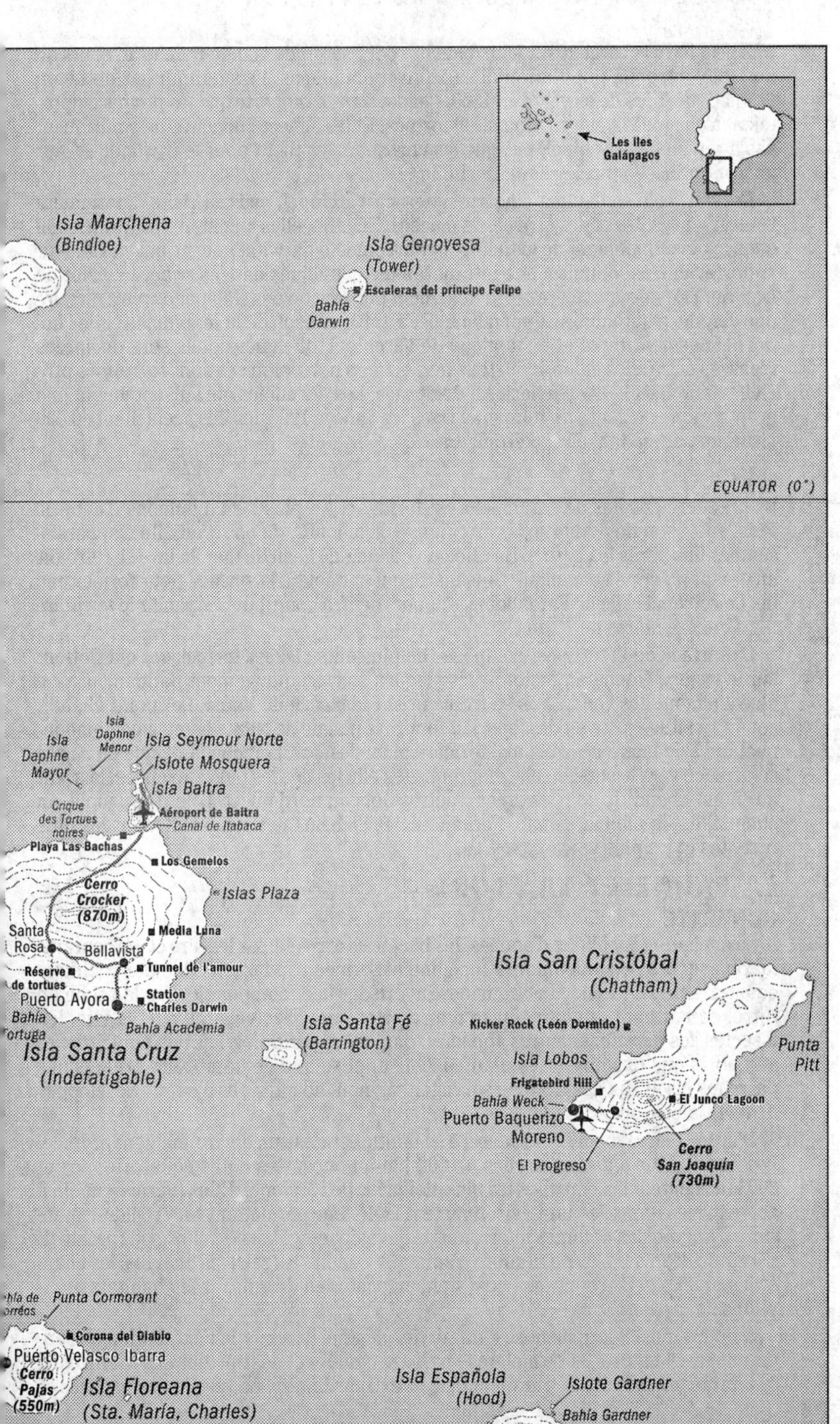
Les îles Galápagos
Isla Marchena
(Bindloe)
Isla Genovesa
(Tower)
Escaleras del principe Felipe
Bahía Darwin
EQUATOR (0°)
Isla Daphne Menor
Isla Daphne Mayor
Isla Seymour Norte
Islote Mosquera
Isla Baltra
Aéroport de Baltra
Canal de Itabaca
Crique des Tortues noires
Playa Las Bachas
Los Gemelos
Cerro Crocker (870m)
Islas Plaza
Santa Rosa
Media Luna
Bellavista
Réserve de tortues
Tunnel de l'amour
Station Charles Darwin
Puerto Ayora
Bahía Tortuga
Bahía Academia
Isla Santa Cruz
(Indefatigable)
Isla Santa Fé
(Barrington)
Isla San Cristóbal
(Chatham)
Kicker Rock (León Dormido)
Punta Pitt
Isla Lobos
Frigatebird Hill
Bahía Weck
El Junco Lagoon
Puerto Baquerizo Moreno
El Progreso
Cerro San Joaquín (730m)
Punta Cormorant
Corona del Diablo
Puerto Velasco Ibarra
Cerro Pajas (550m)
Isla Floreana
(Sta. María, Charles)
Isla Española
(Hood)
Islote Gardner
Bahía Gardner
Punta Suárez

très peu, ils les chargent sur leurs bateaux pour servir de viande fraîche au cours de leurs voyages. La population des tortues commence alors à diminuer de façon dramatique. Lors de sa visite en 1855, **Charles Darwin** rapporte que les pirates emportaient à chaque voyage au moins 700 tortues. Et les années suivantes ne contribuent pas à repeupler l'archipel, puisque les chasseurs les tuent pour leur viande et leur graisse (utilisée pour les lampes à huile).

Darwin reste seulement cinq semaines sur l'archipel, mais sa visite déterminera l'avenir de ces îles et des espèces menacées. En effet, elles jouent un rôle primordial dans le développement de la théorie évolutionniste darwinienne, ce qui va vite leur apporter une reconnaissance internationale. Quelques années avant la visite de Darwin, l'Equateur avait pris officiellement possession des Galápagos pour en faire une colonie pénitentiaire. Cependant, dès 1934, en raison de la renommée et de l'importance scientifique et écologique de l'archipel, quelques zones sont déclarées réserves naturelles et, en 1959, tous les secteurs non colonisés sont regroupés officiellement dans le **Parque Nacional Galápagos**. Les décennies qui suivent voient une progression constante du tourisme. Dans les années 1990, les îles accueillent 60 000 visiteurs par an dont 75 % d'étrangers.

GÉOLOGIE

La première des îles de l'archipel s'est formée il y a plus de 4,5 millions d'années. Puis, en raison de nombreuses éruptions volcaniques, de nouveaux îlots apparaissent les uns après les autres. En effet, au contact de l'eau de mer, la lave se refroidit en créant un cône volcanique sous-marin qui parvient à la surface pour former une île. Le volcan de l'île de Fernandina, toujours actif, a contribué à agrandir le territoire il y a encore moins de 10 ans.

La surface de la terre est composée de plusieurs **plaques tectoniques** qui flottent sur le **magma** (roche en fusion). Ces plaques sont en mouvement permanent et se chevauchent. Les Galápagos se trouvent sur la **plaque de Nazca**. Le "point chaud", zone fixe située juste en dessous, fait fondre la plaque de Nazca en magma bouillonnant qui s'échappe des volcans, formant ainsi des îles. Lorsque la plaque de Nazca se déplace vers le sud-est, elle emporte avec elle les îles les plus anciennes, laissant au "point chaud" le soin de créer d'autres îlots au nord-ouest. L'île d'Española, au sud-est, est la plus ancienne, Fernandina et Isabela, au nord-ouest, sont les plus récentes et les plus volcaniques.

LA FAUNE ET LA FLORE

CONTEXTE

Il y a quelque 4,5 millions d'années, les bactéries arrivent par les airs et les courants marins sur les îles volcaniques récemment formées au large de la côte pacifique équatorienne. Ces micro-organismes favorisent la décomposition de la roche en terre, constituant ainsi une base nourrissante pour les végétaux. Très vite, les insectes, les oiseaux et autres animaux font leur apparition grâce à la nourriture et aux abris que procurent les plantes. On suppose que de nombreux organismes parvenus jusqu'aux îles n'ont pu subsister car, non "adaptés", ils n'ont pu développer de méthode de survie.

D'autres, en revanche, ont réussi à se multiplier dans un environnement propice. Les îles Galápagos sont situées à 1000 km à l'ouest des côtes équatoriennes et 200 km séparent les deux îles les plus éloignées de l'archipel. Elles fournissent ainsi aux espèces animales un environnement isolé leur permettant une rapide expansion. L'arrivée des hommes interrompt le développement et l'équilibre de l'archipel. L'introduction d'un grand nombre d'animaux comme les rats, les chèvres, les chats et les chiens perturbent les écosystèmes locaux en détruisant les habitats et en réduisant la nourriture.

Aujourd'hui, le parc dispose d'un service destiné à freiner la dégradation de l'environnement naturel, et ce malgré le passage continu et destructeur des touristes. Il faut protéger ce lieu à la pureté unique et extraordinaire. La variété des espèces et l'harmonie remarquable entre les différents animaux et plantes suscitent la curiosité. De plus, l'absence d'agressivité des animaux envers les touristes ne cesse de surprendre. Il est de la responsabilité de chaque visiteur de préserver ce milieu.

DARWIN ET L'ÉVOLUTION En 1831, **Charles Darwin**, alors âgé de 22 ans, abandonne ses études de médecine et s'inscrit en théologie. Le jeune homme aspire à une vie simple comme pasteur de campagne car cela lui permettrait de se consacrer entièrement à sa passion : l'histoire naturelle. L'un de ses professeurs, **John Stevens Henslow**, s'apercevant que son élève est davantage intéressé par les asticots que par l'édit de Nantes, le fait alors recruter en tant que naturaliste sur le navire **H. M. S. Beagle**, où il sera le "compagnon de voyage" du capitaine **Robert Fitzroy**.
Le Beagle se met en route pour un périple de cinq ans autour du monde. Pendant ce voyage, Darwin se livre à des observations intéressantes et relève des échantillons de la faune et de la flore d'Amérique latine, des îles du Pacifique et d'Australie, ce qui lui confère une renommée scientifique à son retour en Angleterre. Mais le savant fait plus qu'observer et collecter. Après avoir analysé différents écosystèmes, il en vient à découvrir une certaine structure commune à tous. Fervent lecteur de l'ouvrage de **Charles Lyell**, *Principes de géologie*, Darwin considère que la nature est en perpétuelle évolution. Cette idée avait déjà été abordée au XVIIIe siècle par des géologues qui avaient admis, d'après l'étude des fossiles, l'hypothèse du changement. Mais Darwin en apporte la preuve et en démontre le mécanisme. Selon lui, dans "la lutte pour la vie", seules les espèces les mieux adaptées à leur milieu peuvent survivre et, lorsque ce milieu se modifie, la sélection naturelle effectue un tri entre les individus les plus aptes et les autres. Cette théorie a beau être très convaincante, elle n'en est pas moins en contradiction avec les idées de l'époque sur l'histoire naturelle et la place de l'homme dans l'univers. La parution en 1859 de son ouvrage **De l'origine des espèces au moyen de la sélection naturelle** engendre au sein du monde savant une véritable révolution, qui transformera irrémédiablement la biologie et la philosophie.

LES RÈGLES D'OR DE L'ÉCOTOURISME

Les écosystèmes de l'archipel sont fragiles. Le règlement du parc national vise à protéger cet environnement pour les futures générations et doit être impérativement respecté : ne quittez pas les sentiers, ne dérangez pas l'ordre naturel et suivez les consignes de votre guide. On ne répétera jamais assez qu'il est primordial de se plier à ces règles de conduite. Avant de vouloir prendre la photo parfaite, pensez aux dommages que votre pied maladroit causera à la flore, et à la gêne endurée par les animaux. Sachez que la simple présence de touristes sur les îles constitue déjà une contamination de l'environnement. Vous devez prendre conscience que les Galápagos représentent un trésor naturel unique et, en cela, vous permettent de vivre l'aventure de votre vie.

OISEAUX

Les Galápagos sont le paradis des ornithologues. Les oiseaux y sont en grand nombre et d'une extraordinaire diversité. De plus, ils se laissent facilement observer et ne redoutent pas d'être pris en photo. Ce qui est intéressant, c'est que la plupart des espèces sont endémiques, c'est-à-dire qu'elles ne se trouvent que sur ces îles. Nous avons choisi de présenter par habitat les différents types d'oiseaux que l'on rencontre aux Galápagos.

OISEAUX MARINS. Le **manchot des Galápagos**, de caractère endémique, est une variété rare de la famille des manchots d'eau froide. Ces oiseaux assez timides (à l'origine cousins des pingouins du sud du Chili et de l'Antarctique) sont concentrés autour du canal de Bolívar, entre les îles d'Isabela et de Fernandina. Ils peuvent également être repérés près de l'île de Santiago. Les oiseaux les plus célèbres des Galápagos sont les **fous**. Il en existe trois types : à pattes bleues, à pattes rouges et masqués. La plupart des fous à pattes rouges se trouvent sur l'île de Genovesa. Ce sont les seuls qui construisent leurs nids dans les arbres ou les buissons. Les fous à pattes bleues et masqués établissent leurs nids sur le sol.

Le **cormoran aptère** fait lui aussi partie des espèces endémiques. On le trouve uniquement sur les îles de Fernandina et d'Isabela, qui sont les plus à l'ouest de l'archipel. A l'origine, ces cormorans volaient, mais leurs ailes devinrent vite encombrantes sur un territoire sans prédateur et où la nourriture se trouvait au sol. Seuls les meilleurs plongeurs, dotés de pattes palmées et de petites ailes, survécurent aux siècles de sélection naturelle pour donner l'espèce que l'on connaît actuellement. Malgré leur évolution, les cormorans ont des os légers (adaptés pour voler mais non pour plonger profondément) et, pour atteindre les eaux profondes qui regorgent de poissons, ils s'alourdissent en avalant de petits cailloux. Ils vivent en petite colonie et installent leurs nids sur les rives abritées. Chaque fois qu'un oiseau retourne à son nid, il rapporte un nouvel élément à ajouter à tout un ensemble d'algues, de pierres et de coquillages qui constituent son repaire.

La **grande frégate** et la **frégate magnifique** sont parmi les espèces les plus grandes des îles. Le mâle arbore un goitre rouge sous son bec. Ces oiseaux peuvent atteindre une envergure de 2,3 m, ce qui en fait les volatiles les plus grands du monde par rapport à leur poids. La saison des amours a lieu en mars et en avril sur les îles de San Cristóbal et de Genovesa et toute l'année sur l'île de Seymour Norte. **L'albatros** fait partie des oiseaux les plus rares des Galápagos. On ne le trouve que sur l'île d'Española. D'un poids de 4 kg pour une envergure de 2,5 m, cet albatros est le plus grand volatile de l'archipel. Il n'est visible qu'entre avril et décembre. Le reste du temps, il survole le Pacifique sud. Parmi les autres espèces marines, on trouve le **pélican brun**, la **mouette à queue d'aronde**, la **mouette des laves** et cinq sortes de **pétrels**.

GALÁPAGOS

OISEAUX CÔTIERS. Parmi les oiseaux échassiers, le plus rare et le plus célèbre est sans doute le **flamand rose**. On n'en compte pas moins de 700 spécimens dans les lagunes autour des îles. Ils se nourrissent d'insectes marins et de larves de petites crevettes roses, ce qui explique la couleur de leur plumage. Ils se trouvent principalement sur l'île de Rábida, près de Puerto Villamil sur l'île d'Isabela, à la Punta Cormorant sur l'île de Floreana et à la plage d'Espumilla sur l'île de Santiago. Le **héron**, en revanche, est beaucoup plus répandu. Il en existe plusieurs espèces, notamment le **grand héron bleu**, le **héron des laves** ou le **héron de nuit**. Vous trouverez également sur les îles Galápagos des **huîtriers**, ainsi qu'un nombre non négligeable d'**aigrettes**, de **poules d'eau**, de **tourne-pierres**, de **courlis** et d'**échasses à cou noir**.

OISEAUX TERRESTRES. Du fait de leur isolement par rapport à leurs congénères, les oiseaux terrestres des Galápagos constituent la plus grande part des espèces endémiques (76 %). Le **pinson de Darwin** est le plus connu. Il en existe 13 sortes. Ces petits volatiles guère plus grands que des moineaux se ressemblent tous. Seules la morphologie de leur bec et leurs habitudes alimentaires permettent de les distinguer. Darwin n'a su différencier ces espèces qu'après avoir quitté l'archipel. Certaines se nourrissent exclusivement de fruits et de graines. Le **pinson carpentier** utilise une brindille pour déloger les insectes des arbres. Le **pinson "suceur de sang"** établi sur l'île de Wolf a recours à son bec tranchant pour sucer le sang des fous à pattes rouges et masqués. Les **moqueurs** des Galápagos, que l'on trouve sur les îles de Santa Fe et de Genovesa, les **moqueurs de Hood** sur l'île d'Española, les **buses** des Galápagos (le plus grand oiseau terrestre prédateur de l'archipel), les **colombes**, les **tourterelles** et les **râles** des Galápagos font eux aussi partie des espèces endémiques. En revanche, les oiseaux les plus spectaculaires ne sont pas toujours spécifiques à la région. C'est le cas par exemple de la **fauvette jaune** ou du **gobe-mouches vermillon**, très apprécié des touristes pour son plumage rouge et blanc. Il habite dans les forêts humides des îles centrales. Enfin, l'archipel compte également deux sous-espèces de **chat-huant** et de **hibou brachyote**.

REPTILES

TORTUES TERRESTRES ET TORTUES MARINES. Reine de l'archipel, la **tortue géante** est l'animal qui a fait des Galápagos un lieu unique (une seule autre île au monde est peuplée des ces tortues géantes). On ne sait toujours pas comment l'espèce est parvenue jusqu'ici. Leurs plus proches parentes se trouvent en Argentine. Selon certaines théories, ces mastodontes (jusqu'à 250 kg) auraient dérivé en mer sur un petit îlot pour finalement échouer sur les Galápagos.

A cause de l'intervention de l'homme, les tortues ne sont plus aussi nombreuses qu'autrefois. Trois des quatre sous-espèces d'origine ont maintenant disparu et l'introduction des rats, des chiens et des chèvres représentent toujours une menace pour les populations restantes. Elles peuvent vivre plus de 150 ans et, de ce fait, ne se reproduisent pas très souvent. De plus, leurs couvées sont très vulnérables et ont peu de chances d'atteindre l'âge adulte. Le **Parc national des Galápagos** et la **Charles Darwin Research Station** (voir p. 714) mettent tout en œuvre pour les protéger des prédateurs et augmenter le nombre de naissances en recueillant les œufs et en élevant en captivité les petits jusqu'à l'âge de quatre ans. Ils sont ensuite relâchés dans leur habitat naturel. Une autre technique consiste à favoriser la reproduction en captivité comme cela se passe pour la tortue Pinta à Puerto Ayora et la tortue Cerro Paloma du Centre de reproduction de Puerto Villamil. L'île d'Isabela compte le **plus grand nombre de tortues,** essentiellement concentrées autour du cratère du volcan Alcedo. Ailleurs, vous pouvez les observer en liberté dans les **réserves** des îles de Santa Cruz (voir p. 714) et d'Española (voir p. 732) et en captivité à la **Station de recherche Charles Darwin** de l'île de Santa Cruz (voir p. 714) et au **Centre de reproduction des tortues géantes** de l'île d'Isabela (voir p. 725).

Les **tortues marines** sont elles aussi bien représentées sur l'archipel. Quatre des huit espèces existant dans le monde ont été localisées autour des Galápagos, mais aucune d'entre elles n'est endémique (en raison de leur grande mobilité). La **tortue noire**, une sous-espèce de la tortue verte du Pacifique, est la plus rencontrée. Elle pond ses œufs dans un nid qu'elle creuse sur la plage puis les enterre afin qu'ils couvent à la chaleur du soleil. La ponte peut s'effectuer tout au long de l'année mais a lieu généralement entre janvier et juin. Un ou deux jours après, on peut voir dans le sable les traces des tortues venant de la mer jusqu'au nid et vice versa. Les noctambules auront peut-être même la chance d'observer une tortue en train de pondre. Dans ce cas, il est indispensable de ne faire aucun bruit et de ne pas perturber l'animal, notamment avec la lumière d'une lampe électrique.

IGUANES. Les **iguanes marins**, seuls iguanes aquatiques au monde, sont parmi les plus étranges reptiles de l'archipel. De même origine que les iguanes terrestres du continent américain, cette espèce marine a évolué pour se nourrir d'algues vertes. Ils peuvent nager jusqu'à 20 m de profondeur et rester sous l'eau pendant plus d'une heure sans remonter. L'iguane marin peut même boire de l'eau salée et en éliminer le sel par ses glandes nasales en éternuant. Sa queue plate est adaptée pour nager plus vite. On les rencontre surtout sur l'île d'Isabela. Les plus grands peuvent atteindre 1 m de long. A l'instar des autres reptiles, les iguanes marins sont des animaux à **sang froid**, c'est-à-dire que la température de leur corps varie en fonction de l'environnement. C'est pourquoi, parfois, ils sont les uns sur les autres ou réchauffent leur corps noir couvert d'écailles sur des rochers.

Les Galápagos comptent également deux espèces d'**iguanes terrestres**. Bien qu'ils soient endémiques, ces iguanes semblent présenter moins d'exotisme pour les touristes que leurs cousins aquatiques. Ils peuvent également atteindre 1 m de long, mais leur nez est pointu. Soyez notamment à l'affût des **iguanes de Barbarie** sur les îles de Santa Fe et de Plazas Sur, du très rare **iguane hybride** sur l'île de Plazas Sur et de l'**iguane à crête canolophus pallidus**, espèce endémique qui se trouve sur l'île de Santa Fe.

AUTRES REPTILES. Les **serpents** arrivèrent sur les îles avec les marins il y a bien longtemps. Les **serpents terrestres** des Galápagos ne sont pas venimeux, mais étouffent facilement de petites proies. Ils sont marron ou gris avec des rayures jaunes ou des points, vivent sur toutes les îles de l'archipel, excepté les plus au nord, et peuvent atteindre 1 m de long. Il existe également sept espèces endémiques de **lézards des laves** aux Galápagos. De couleur grise, les femelles se distinguent par leur gorge d'un vif rouge orangé. Chaque espèce possède son territoire et le défend. Mais les confrontations se résument le plus souvent à des sauts d'intimidation et, la plupart du temps, les conflits entre lézards sont plus amusants que sérieux.

MAMMIFÈRES

L'arrivée des **Homo sapiens** sur les Galápagos a eu d'importantes conséquences écologiques. Le nombre d'habitants sur l'archipel est irrégulier mais ne cesse d'augmenter. Il est difficile d'évaluer à combien ce nombre peut s'élever avant de causer des dommages irréparables. Les hommes ont déjà augmenté la population de mammifères sur les différentes îles en introduisant des chiens, des chats, des chèvres et des rats qui se sont multipliés plus rapidement que les animaux d'origine.

Les **otaries des Galápagos** sont sans doute tout aussi nombreuses mais beaucoup plus inoffensives que l'homme. Aussi appelées lions de mer en raison de leur crinière, elles appartiennent à la famille des otaries de Californie et du Pérou et vivent en colonie sur les plages de la plupart des îles de l'archipel. Les mâles, beaucoup plus imposants que les femelles, peuvent peser jusqu'à 250 kg. Pendant les périodes de reproduction, un mâle défend pendant presque un mois son territoire et les femelles qui s'y trouvent contre tout intrus (principalement d'autres mâles). L'accouplement se déroule dans l'eau, mais les femelles donnent naissance sur la terre ferme à leurs petits qui seront allaités pendant près de trois ans avant le sevrage. Ce sont des animaux très joueurs, qui s'exhibent et s'amusent dans les vagues pour le plus grand bonheur des touristes.

L'**otarie à fourrure** est plus petite que le lion de mer, avec des oreilles pointues et une couche de fourrure supplémentaire. Son tout petit museau et son cou épais lui a valu le surnom d'ours de mer des Galápagos. Elle tient ses caractéristiques de ses ancêtres originaires du sud de l'Amérique latine, dont la petite taille et la couche de poils isolante les protégeaient des eaux glacées. Très recherchée par les marchands de fourrures européens, la peau de ces animaux a failli causer leur perte. On rapporte qu'un bateau a exterminé 50 000 membres de cette espèce en l'espace de trois mois. Ces petits "ours" sont beaucoup plus timides que leurs cousins lions de mer, probablement en raison de leur lourd passé avec les hommes. De plus, ils sont la proie des requins. A la pleine lune et par temps clair, vous les verrez chercher refuge sur la terre ferme.

Les seuls autres mammifères de l'archipel non introduits par l'homme sont les **chauves-souris** et les **souris du Nouveau Monde**. Il existe deux espèces de chauves-souris qui se nourrissent d'insectes sur les îles de Santa Cruz, de Floreana, d'Isabela et de San Cristobál. La souris du Nouveau Monde, elle, mange des végétaux. Récemment, son nombre a diminué en raison de l'introduction du **rat noir**, qui recherche la même nourriture. Avant l'arrivée de celui-ci, l'archipel comptait sept espèces endémiques de souris du Nouveau Monde, alors qu'aujourd'hui il n'en reste que deux.

VIE AQUATIQUE

Les eaux tropicales qui entourent les Galápagos contiennent toutes les formes de vie aquatique possibles. Les îles sont baignées par trois **courants** : Humboldt, Cromwell et El Niño. Ils contribuent à donner à l'archipel une richesse et une variété d'espèces et de substances nutritives sous-marines uniques en provenance de l'ensemble du Pacifique. Parmi les seize espèces de baleines, on trouve les **cachalots**, les **baleines à bosse**, les **baleines bleues** et les **orques**. Il existe sept espèces de dauphins, les plus nombreux étant le **dauphin commun** et le **dauphin à bec**, qui sont surtout regroupés au large de la côte ouest de l'île d'Isabela.

L'archipel est également peuplé de douze espèces de requins. Le **requin à aileron blanc** est de loin le plus rencontré, mais il est également assez fréquent d'apercevoir le **requin à aileron noir**, le **requin marteau**, le **requin des Galápagos** et le **requin tigre**. Le **requin à cornes** et l'énorme **requin baleine**, autour des îles plus éloignées de Darwin et de Wolf, se font plus rares. Cinq espèces de raies se partagent les eaux des Galápagos, notamment la **raie à dard**, l'**aigle de mer** et la **raie cornue**. Avant le dernier passage d'El Niño, les **récifs coralliens** cernaient la plupart des îles des Galápagos. Mais les températures extrêmes et inhospitalières engendrées par ce phénomène climatique dévastateur en ont anéanti la majorité. Heureusement, de nombreuses espèces marines des Galápagos ont bien résisté et l'on trouve encore beaucoup de **homards**, **calamars**, **pieuvres**, **étoiles de mer** et **coquillages** de toutes sortes. L'archipel abrite plusieurs espèces de crabes, le plus original étant le **crabe rouge aux pieds légers**, de couleur orange vif et blanc avec quelques touches de bleu. Le **concombre de mer** ou *pepino*, considéré comme un mets raffiné au Japon, tente de survivre tant bien que mal.

Pour préserver la diversité des espèces qui peuplent les eaux des Galápagos, une surface de 70 000 km^2 est devenue réserve marine en 1986. Dans cette zone protégée, la pêche est réglementée. Seules certaines espèces peuvent être pêchées à des fins commerciales. Avant de lancer votre canne à pêche, renseignez-vous auprès des autorités locales ou de votre guide.

PLANTES

Les Galápagos comportent **sept zones de végétation** qui abritent plus de 600 variétés de plantes dont 170 endémiques. Ces zones varient entre basse altitude au climat aride et haute altitude au climat humide. La **zone littorale**, située sur la côte, est dominée par des plantes qui se sont adaptées à la présence du sel, par exemple les **palétuviers rouges**. La **zone aride**, délimitée par la zone littorale, s'étend jusqu'à 100 m d'altitude en moyenne. C'est aussi la zone la plus sèche. Située en règle générale sur le flanc de l'île opposé aux vents, elle est peuplée de cactus et autres plantes habituées aux climats arides. Le **cactus opuntia,** aux fleurs jaunes, est la seule variété de cactus endémique aux Galápagos mais aussi la plus répandue. Ce cactus, en règle générale pas plus haut qu'un arbuste, peut facilement atteindre 5 m de haut sur certaines îles où il est menacé par les herbivores. Parmi les autres sortes de cactus, on trouve le **figuier de Barbarie** sur l'île de Plazas Sur et le **cactus des laves** sur l'île de Bartolomé. Le **palo santo** pousse également en zone aride. Cet arbre gris est orné de petites feuilles uniquement pendant la saison humide. On brûle souvent ses branches car elles rappellent l'odeur de l'encens. Il tire son nom (qui signifie "bâton sacré") des petites fleurs blanches qui poussent à Noël. Le **palo verde** ressemble beaucoup au palo santo, à ceci près qu'il conserve des feuilles vertes tout au long de l'année. La zone suivante, plus haute que la précédente, est aussi plus humide. Il s'agit de la **zone de transition**. On y trouve beaucoup d'arbres palo santo, mais aussi des **pega pega** (dont le nom signifie littéralement : "Ça colle, ça colle") qui sont dotés de grandes branches et d'un petit tronc. La zone suivante, encore plus humide, est appelée **zone des scalesias** en raison de la présence des arbres du même nom. Ils sont endémiques et peuvent atteindre 10 m de haut. La zone est également le repaire de mousses, de fougères et de diverses herbes. Les trois zones restantes sont la zone **brune**, la zone des **miconias** et la zone de **pampa**. La zone brune doit son nom à **la couleur brune des mousses** qui pendent aux extrémités des lechosos. Le **miconia**, arbuste endémique semblable à un cacaoyer en fleur, pousse dans la zone du même nom. Enfin, la zone la plus élevée et la plus humide, la **pampa**, abrite principalement des mousses, des fougères et des herbes. Peu d'arbres ou d'arbustes se développent dans cette région.

L'ESSENTIEL

LES GALÁPAGOS BON MARCHÉ : MYTHE OU RÉALITÉ ?

Les îles Galápagos ne sont pas une destination bon marché. Même en partant des villes les plus proches telles que Quito ou Guayaquil, le vol plus l'entrée du parc vous reviennent à 400-500 $. Une fois sur place, un séjour de deux semaines peut facilement vous coûter 2000 $ en raison du prix exorbitant des logements et des guides. Cependant, les animaux et les paysages restent les mêmes, qu'on les observe depuis une petite barque ou au cours d'une croisière à 300 $ par jour. Si vous faites preuve d'un peu de bon sens et de patience et si vous savez marchander, une aventure inoubliable de deux semaines peut vous coûter environ 1000 $.

Le moyen le plus sûr de voyager à un prix raisonnable aux Galápagos est d'alterner visites individuelles et visites accompagnées. Un touriste seul peut accéder aux îles habitées de l'archipel en *avioneta* (petit avion) ou en *fibra* (bateau à moteur en fibre de verre), visiter certains sites en *camioneta* (camionnette) ou à cheval et se mêler aux habitants, appelés *Galapagueños*, à un coût bien inférieur à celui des croisières ou des voyages organisés de luxe. Il aura sans doute un aperçu plus authentique et plus complet de la faune des îles. Néanmoins, pour profiter de la splendeur des nombreuses îles inhabitées (comme l'île de Bartolomé) et des sites les plus difficiles d'accès (par exemple la baie d'Elizabeth, au large de l'île d'Isabela), la participation à une excursion conduite par un guide s'avère nécessaire. Les visites guidées sur la terre ferme sont organisées par des agences de voyages situées à Puerto Ayora ou par des hôtels de l'île d'Isabela. Quant aux visites en bateau, il en existe deux types : les *tours diarios* (d'une journée) et les *tours navegables* (de plusieurs jours).

Plusieurs excursions d'une journée, qu'elles soient individuelles ou organisées, coûtent souvent moins cher qu'une croisière de plusieurs jours en bateau. Cependant, elles ne comprennent que les repas et ne permettent la visite que d'un site par jour (tandis que les croisières fournissent le logement et les repas et autorisent la visite de deux sites). Un voyage aux Galápagos se résume souvent aux sites accessibles essentiellement en bateau. Mais il ne faut pas négliger les promenades à travers les villages et leurs alentours. Elles peuvent se révéler agréables, enrichissantes (et bon marché) et complètent de façon appréciable les circuits en bateau. Si vous recherchez les prix les moins élevés, profitez des tarifs préférentiels de basse saison qui s'appliquent sur les vols et les séjours organisés. Vous pourrez sûrement bénéficier d'une offre de dernière minute à Puerto Ayora.

QUAND PARTIR

Grâce à la relative stabilité du climat équatorial, vous êtes assuré de vivre une belle aventure aux Galápagos tout au long de l'année. Sachez cependant que la région connaît deux saisons distinctes. Les courants océaniques chauds apportent un climat lourd et pluvieux de janvier à avril. Le reste de l'année, les températures sont plus douces et l'atmosphère plus sèche. Aucune saison n'est parfaite pour entreprendre le voyage. Pendant la saison humide, vous pouvez vous baigner dans des eaux à 24°C, mais les pluies torrentielles perturbent souvent l'atmosphère tropicale. En revanche, pendant la saison sèche, il pleut rarement mais le ciel est souvent couvert. L'eau ne dépasse pas les 21°C et l'océan est agité par le vent. La **période idéale** se situe donc entre les saisons, de mars à mai lorsque les pluies diminuent et de novembre à décembre lorsque la température s'élève. Il faut savoir également que certains animaux ne sont visibles qu'à certaines époques de l'année. Pour ne pas être déçu, renseignez-vous sur les cycles de nidification.

Les **surfeurs** choisiront de s'y rendre entre décembre et février. Puerto Baquerizo Moreno, sur l'île de San Cristóbal, accueille les inconditionnels de ce sport tous les ans à cette époque, et il n'est pas rare que les hôtels louent des chambres à plusieurs pour un loyer mensuel raisonnable.

Pendant la haute saison, qui couvre les mois de juillet, août et décembre, il est difficile de trouver un bateau disponible et pratiquement impossible de marchander. Les prix augmentent considérablement et il est conseillé de réserver les vols et les excursions en bateau longtemps à l'avance. Le mois d'octobre est beaucoup plus calme, mais de nombreux propriétaires en profitent pour réparer leurs bateaux, qui sont alors hors service. Tout bien considéré, il est préférable de partir en mai : le tourisme est encore modéré, le climat tempéré et la mer calme. Juillet et août sont les pires mois de l'année pour voyager, en raison du flux touristique et de la mer froide et houleuse. De janvier à avril, les mois les plus chauds, prévoyez un budget pour embarquer sur des bateaux climatisés.

Les îles Galápagos ont un décalage horaire d'une heure en moins par rapport à l'Equateur et de six heures en moins par rapport à l'heure de Greenwich. Le passage à l'heure d'été n'existe pas.

ADRESSES UTILES

Charles Darwin Foundation, Inc. 100 N. Washington St., Suite 232, Falls Church, VA 22046, USA (☎(703) 538 6833, fax (703) 538 6835, Web : www.darwinfoundation.org). Adresse postale : Casilla 17-01-3891, Quito, Ecuador. Il s'agit d'une organisation à but non lucratif chargée de promouvoir la conservation, l'éducation et la recherche dans cette région. Elle publie trois fois par an un bulletin d'information intitulé *Galápagos Bulletin* et gère un site Web complet.

Corporación Ecuatoriana de Turismo (CETUR), Eloy Alfaro 1214 et Carlos Tobar, Quito (☎(02) 507 555, fax 507 564, Web : www.cetur.org). Cet office de tourisme, administré par le gouvernement, fournit des renseignements utiles sur les hôtels et les transports. Il propose des cartes détaillées et se révèle être une mine d'or si vous cherchez des informations sur la saison des amours de telle espèce animale ou les meilleurs endroits pour apercevoir les animaux. Les agences CETUR sont présentes dans les plus grandes villes d'Equateur ainsi qu'à Puerto Ayora (☎526 179), sur l'Ave. Charles Darwin.

South American Explorers Club (SAE), Jorge Washington 311 et Leonidas Plaza. Adresse postale : Apartado 17-21-431, Eloy Alfaro, Quito, Ecuador (☎/fax (02) 225 228, e-mail explore@saec.org.ec, Web : www.samexplo.org). Association à but non lucratif qui vous renseigne sur les modalités pour voyager, travailler, faire du bénévolat ou des recherches en Amérique latine. Le "kit Galápagos", regroupant des informations pratiques sur l'archipel, est mis à jour plusieurs fois par an. Le SAE publie la liste des différents bateaux qui proposent des excursions aux Galápagos. Il est conseillé de s'y reporter.

ALLER AUX GALÁPAGOS

A la date de la rédaction de ce guide, juillet 2000, la **TAME** est la seule compagnie aérienne qui dessert les Galápagos. La **SAN/SAETA** a interrompu ses vols à destination de San Cristóbal, et la compagnie **Ecuatoriana** pourrait prendre sa place. Tous les vols s'effectuent au départ de Quito, marquent une escale à Guayaquil une heure plus tard, puis terminent leur parcours sur l'archipel après 90 mn de vol. Les prix fluctuent selon la période. En haute saison (15 Juin-31 Août et 1er Déc-15 Janv), un billet aller-retour coûte 378 $ depuis Quito et 224 $ depuis Guayaquil. En basse saison, le prix du billet peut descendre à 324 $ depuis Quito et à 190 $ depuis Guayaquil. Pendant la haute saison, il est difficile de réserver des billets à la dernière minute à destination et au départ de Puerto Ayora. De plus, les vols sont souvent surréservés et l'achat d'un billet ne garantit pas toujours un départ à la date prévue. Essayez d'obtenir une réservation ou *cupo* pour le jour où vous souhaitez voyager, sinon vous risquez de vous retrouver sur la liste d'attente. Si vous êtes dans ce cas, arrivez tôt le matin à l'aéroport et, avec un peu de chance, vous pourrez peut-être embarquer. Vérifiez toujours quelques jours avant de partir que votre vol n'a pas été annulé ou modifié.

TAME (☎(02) 509 383, fax (02) 554 907), entre l'Ave. Colón et la rue Reina Victoria, dans le nouveau Quito, et entre les rues 9 de Octubre et P. Ycaza dans le bâtiment Gran Pasaje à Guayaquil. C'est la seule compagnie assurant la liaison avec les Galápagos. Dép. tlj depuis **Quito** à 8h et 10h30, depuis **Guayaquil** à 9h15 et 11h30. Les avions atterrissent sur l'île de Baltra, d'où vous pouvez facilement accéder à l'île de Santa Cruz et à Puerto Ayora. Pour quitter l'archipel, les vols partent d'**Isla Baltra** à 10h30 et 14h20. La TAME propose des réductions aux étudiants sur présentation d'une carte d'étudiant internationale et d'une carte d'étudiant valide (☎(02) 554 900 ou (04) 560 778 à Guayaquil). Même si la compagnie Ecuatoriana commence à affréter des vols à destination de Puerto Baquerizo Moreno, il est préférable de voyager avec la TAME car la plupart des services et agences se trouvent à Puerto Ayora.

SE DÉPLACER

Se déplacer d'une île à l'autre est le plus difficile. Vous pouvez accéder aux différentes îles uniquement sur de petits bateaux (*fibras*), de petits avions ou par l'intermédiaire de croisières organisées. Quelle que soit votre façon de voyager, le trajet d'une île à une autre prend du temps et les horaires des avions et *fibras* sont irréguliers. Ceux qui décident de voyager sans accompagnement ne doivent pas s'imposer un emploi du temps trop strict.

A son arrivée aux îles Galápagos (sur l'île de Baltra ou de San Cristóbal), chaque visiteur est tenu de payer un droit d'entrée au parc de 100 $, en liquide. Les cartes de crédit et les chèques de voyages ne sont PAS acceptés. Il est indispensable de conserver le reçu pour passer d'une île à l'autre. Le passeport est obligatoire pour entrer dans l'archipel.

VOYAGES ORGANISÉS ET CROISIÈRES

Voyager de façon indépendante entre les îles présente des avantages incontestables. Toutefois, pour que votre expérience des Galápagos soit complète, il est nécessaire de prendre part à une excursion organisée en bateau. Ces croisières peuvent durer d'une journée à trois semaines. Les plus courantes s'étalent de trois à huit jours. Le SAE recommande les agences de voyages suivantes :

Angermeyers Enchanted Excursions, Foch 726 et León Mera, dans le nouveau Quito (☎(02) 569 960 ou 504 444, fax 569 956).

Safari Tours (☎(02) 234 799, fax 220 426), Pasaje de Roca, dans le nouveau Quito, entre les rues Amazonas et León Mera.

Moonrise Travel Agency (☎(05) 526 589 ou 526 348, ☎/fax 526 403), Ave. Darwin, à Puerto Ayora, en face de la Banco del Pacífico.

EXCURSIONS EN BATEAU ET GUIDES. Il existe trois catégories de **croisières** : économique, tourisme et première classe. Les bateaux **économiques** sont souvent petits, mal équipés, la nourriture y est quelconque et les guides médiocres. Certaines embarcations sont très acceptables, mais d'autres sont franchement rudimentaires. Comme il vous sera certainement impossible de visiter le bateau avant, demandez au moins à en voir une photo (la plupart des bateaux figurent sur les brochures touristiques). Les bateaux de **tourisme** sont un peu plus importants (ils accueillent une moyenne de 16 passagers). Les cabines sont équipées d'une salle de bains privée, la nourriture est correcte et les guides satisfaisants. Certains bateaux de tourisme sont conçus pour de plus longs voyages, vers l'île de Genovesa par exemple. Les croisières de **première classe** sont d'un rang supérieur. Mais leur confort dépend du prix que vous êtes prêt à payer. Les cabines sont plus spacieuses, les bateaux bougent moins par mer agitée et permettent les longs trajets vers les îles les plus isolées, telles que l'île de Fernandina.

Les guides sont eux aussi classés en trois catégories. **Naturaliste I** correspond à un guide disposant d'une connaissance générale de la flore et de la faune, souvent hispanophone. Un guide de niveau **Naturaliste II** connaît en profondeur la région et parle anglais. Un **Naturaliste III** est un véritable biologiste qui peut parler jusqu'à 3 langues, dont l'anglais et l'espagnol. La réussite de votre périple dépend en grande partie du guide. Cependant, pour parer au risque d'un guide médiocre, il est recommandé de se familiariser avec la vie sauvage de l'archipel avant de partir. En règle générale, plus les croisières sont chères, meilleurs sont les guides. Néanmoins, il est possible qu'un Naturaliste III soit affecté à un bateau de tourisme. Les guides des bateaux économiques sont souvent les moins qualifiés. Avant de réserver votre croisière, essayez d'obtenir le plus d'informations possible sur le guide.

COMMENT CHOISIR SA CROISIÈRE. Avant de choisir votre voyage organisé, n'oubliez jamais que **plus vous vous rapprochez de la date à laquelle vous souhaitez partir, plus les prix diminuent**. Mais en contrepartie, si vous préférez attendre, vous courez le risque de ne plus trouver de place sur un bateau sérieux. C'est à Puerto Ayora que vous trouverez les meilleures affaires. Vous pouvez même parfois voir le bateau avant de prendre votre décision. Il est conseillé de comparer les différentes options proposées par les nombreuses agences qui longent l'avenue Darwin plutôt que de réserver dans le premier bureau venu. Les prix journaliers pratiqués à Puerto Ayora tournent autour de 65-70 $ en classe économique, de 70-80 $ en classe tourisme et de 100-400 $ en première classe. Les prix augmentent pendant la haute saison et sont plus facilement négociables en basse saison.

Vous pouvez également réserver directement dans une agence de Quito ou de Guayaquil. Parfois, celle-ci peut vous proposer d'embarquer à un très bon prix sur des bateaux en partance quelques jours plus tard mais qui ne sont pas pleins. On ne compte plus les agences de voyages à Quito : dans la rue Amazonas, on en trouve deux ou trois par *cuadras*. Il est possible de négocier le prix avec celles qui affrètent leurs propres bateaux. Les agences organisant des séjours sur les îles Galápagos sont moins nombreuses à Guayaquil qu'à Quito, mais avec de la patience, vous pouvez tomber sur une bonne affaire. Pour rendre les choses plus faciles, les compagnies maritimes peuvent réserver à leurs passagers une place dans un avion. Voilà une autre raison d'organiser son voyage à l'avance.

LA VIE SUR LES BATEAUX. La vie à bord d'un bateau de croisière est très détendue, mais pour éviter toute contrariété, il est utile de prendre quelques précautions. Si vous êtes sujet au mal de mer, n'oubliez pas d'emporter un stock de médicaments appropriés. De petits vols ayant été rapportés lors de croisières précédentes, pensez à mettre vos affaires de valeur dans une valise cadenassée, fermez votre cabine à clef si celle-ci dispose d'une serrure et gardez votre argent et vos chèques de voyages sur vous. La plupart des bateaux ont le même rythme d'activités. La journée commence tôt (petit déjeuner à 7h) et inclut la visite de deux sites (sur la même île ou sur deux îles rapprochées). Les bateaux ne pouvant pas accoster directement sur la rive, vous naviguerez sur une **panga** (petit canot) jusqu'à la côte et apprendrez très vite à différencier un **"débarquement dans l'eau"** (sur une plage avec de l'eau jusqu'aux genoux) d'un **"débarquement à sec"** (sur un quai naturel ou construit). La journée comprend souvent un moment pour nager, plonger en apnée ou faire du kayak.

Il est habituel de laisser un pourboire de 25 à 50 $ par semaine à l'équipage, selon le service fourni. Le personnel des bateaux travaille dur et il est peu rémunéré (surtout sur les bateaux économiques). Les croisières ne sont pas le moyen idéal d'économiser ! Bien que le guide soit payé deux fois plus que l'équipage, il est courant de lui donner aussi un pourboire. Si une "tirelire anonyme" ne circule pas à la fin du voyage, collectez l'argent auprès des autres passagers et remettez-le au capitaine (c'est sans doute la méthode la moins embarrassante).

VOYAGER D'ÎLE EN ÎLE

EN BATEAU. L'embarcation **Estrella del Mar 2**, appartenant à la municipalité, assure la navette entre les îles d'**Isabela** et de **Santa Cruz** (d'Isabela vers Puerto Ayora, sur l'île de Santa Cruz, dép. Ma. à 7h30, de Santa Cruz vers l'île d'Isabela dép. Me. à 11h, 15,20 $). Les capitaines Juan Mendoza et Humberto Gil se relaient. Pour réserver une place, adressez-vous à l'un d'entre eux sur le quai (*muelle*) à Puerto Ayora ou à la mairie sur l'île d'Isabela (voir p. 723). Réservez la veille de votre départ avant midi (que vous soyez sur l'île d'Isabela ou de Santa Cruz). Les pêcheurs et les marins qui naviguent entre les îles d'Isabela, de Santa Cruz et de San Cristóbal embarquent parfois des touristes sur leurs *fibras*, des bateaux en **fibre de verre** qui sont plus rapides. Dans ce cas, les prix et les horaires sont variables. Renseignez-vous sur le quai Wreck Bay sur l'île de San Cristóbal, sur le quai de Puerto Ayora ou à la *Capitania* (capitainerie) de Puerto Baquerizo Moreno. La compagnie nationale **INGALA** n'effectue plus de trajets entre les îles de Santa Cruz, de San Cristóbal et de Floreana car son bateau a coulé. Le service reprendra lorsqu'un nouveau navire aura été acheté.

EN AVION. La compagnie **EMETEBE** (☎526 177 sur l'île de Santa Cruz, ☎520 036 sur l'île de San Cristóbal, ☎529 155 sur l'île d'Isabela) dispose de petits avions qui circulent entre les îles de San Cristóbal, de Santa Cruz et d'Isabela. Le tarif officiel pour les touristes s'élève à 90 $ pour un vol aller simple d'une île à une autre, mais il est possible d'obtenir un prix entre 50 et 70 $. Les horaires peuvent varier en fonction du temps ou éventuellement parce qu'un pilote est "souffrant" (un seul pilote est prévu au départ de chaque île). Le trajet peut durer jusqu'à 45 mn et l'avion peut embarquer un maximum de 10 passagers. Voir les rubriques "informations pratiques" des principales villes pour plus de détails.

EXCURSIONS D'UNE JOURNÉE

Comptez environ 70 $ pour l'excursion d'une journée la moins chère. Le prix comprend le repas du midi et le guide (qui risque de ne pas avoir obtenu le niveau de Naturaliste II). Les visites partent de l'île de Santa Cruz vers l'île de Seymour Norte, mais aussi vers les îles de Plazas Sur, de Bartolomé, de Santa Fe, de Floreana et autres sites proches. Vous pouvez réserver votre place dans n'importe quelle agence de voyages. Le luxueux **Delfin 2** propose des voyages plus chers (entre 100 et 150 $) au départ de l'île de Santa Cruz. Ses destinations sont les suivantes : Bartolomé (Lu.), Santa Fe et Plazas Sur (Ma.), Rabida et Cerro Dragón (Je.), Seymour Norte et Bachas (Ve.) et Floreana (Sa.). Le prix onéreux est en partie justifié par la visite de deux sites dans la même journée. Pour réserver, adressez-vous à l'agence Moonrise à Puerto Ayora (☎526 348 ou 526 589, fax 526 403, e-mail sdivine@pa.ga.pro.ec) ou contactez Willy Timm à l'hôtel Delfin (☎520 297 ou 520 298) avant 18h, au moins un jour avant votre départ. Il existe des visites d'une journée vers les îles de San Cristóbal et de Santa Cruz, mais celles-ci sont limitées. Les excursions vers les autres sites, dont celui du León Dormido, se font au départ de Puerto Baquerizo Moreno et sont assez chères. Demandez des renseignements au restaurant Rosita.

INFORMATIONS PRATIQUES

ARGENT ET MARCHANDAGE

Le dollar américain est devenu la monnaie standard de l'Equateur et il est particulièrement utilisé dans les régions touristiques telles que les Galápagos. Il est conseillé d'avoir une importante somme d'argent en liquide et en chèques de voyages au moment de payer votre voyage organisé, car la plupart des agences de l'archipel s'octroient une commission de 10 à 20 % sur les transactions réalisées par carte bancaire. De toute façon, les **cartes de crédit** ne vous seront pas très utiles aux Galápagos et peu d'établissements acceptent les cartes Visa ou American Express. La carte **MasterCard** est plus facilement acceptée, mais vous devrez payer une commission de 10 % à chaque utilisation. Les *galapaqueñas* ont pour habitude de faire payer plus cher les touristes. Demandez toujours le prix avant d'acheter et **marchandez**, surtout en basse saison. Actuellement, la **Banco del Pacífico**, présente à Puerto Ayora et à Puerto Baquerizo Moreno, est le meilleur endroit pour changer votre argent. Les **distributeurs automatiques** peuvent vous approvisionner en liquide, cependant ils n'acceptent pas la carte Visa. Faites le plein en espèces, notamment avant de vous rendre sur l'île d'Isabela, car elle n'est pas pourvue d'un distributeur. Il est moins dangereux de posséder sur soi une grosse somme d'argent aux Galápagos que sur le continent.

FAIRE SES BAGAGES

La plupart des magasins des îles ne vendent que des souvenirs. Pensez donc à emporter tout ce dont vous avez besoin et portez une attention particulière aux vêtements. Prenez une paire de sandales robustes pour les débarquements dans l'eau et les balades faciles. En revanche, des chaussures de marche sont conseillées pour se lancer sur des sentiers plus difficiles et rocailleux. N'oubliez pas le spray antimoustiques et, quelle que soit la saison, armez-vous de crème solaire, de lunettes de soleil et d'un chapeau à large bord contre les rayons solaires brûlants. Prévoyez un pull et un pantalon pour les soirées, qui peuvent être fraîches, ainsi que quelques tee-shirts et un short. Il est nécessaire d'emporter un vêtement de pluie, indispensable pendant la saison humide (Janv-Avr), mais qui peut s'avérer utile toute l'année. Enfin, si vous possédez un masque, un tuba ou un équipement de plongée sous-marine, mettez-les dans vos bagages. Nombre de bateaux proposent des masques à bord, mais leur efficacité n'est pas garantie (ni leur quantité). Vous pouvez également louer masques, tubas et palmes à Puerto Ayora. Pour ceux qui comptent rester longtemps pendant la saison sèche, où l'eau est plus froide, il sera plus facile de s'immerger avec une combinaison de plongée à manches courtes. Dans la plupart des villes de l'archipel, l'électricité est coupée pendant la nuit, alors n'oubliez pas votre lampe électrique. Et pour conserver un souvenir de vos expériences sous-marines, pensez à un appareil photo aquatique jetable.

PLONGÉE SOUS-MARINE, BAIGNADE ET KAYAK

Les Galápagos offrent les plus beaux sites de **plongée sous-marine** au monde, parmi lesquels les îles de Darwin, de Wolf et les *Rocas Gordon* (rochers près de l'île de Plaza Sur). Mais, en raison des forts courants, ces endroits sont réservés aux plongeurs expérimentés. Pour les novices, il existe des eaux plus calmes qui permettent également de nager au milieu de bancs de poissons multicolores, de raies, de requins marteaux inoffensifs, de jouer avec des otaries, voire de rencontrer l'insaisissable requin blanc.

Galápagos Sub-Aqua (☎526 350 ou 526 633, à Quito ☎/fax (02) 565 294, e-mail sub_aqua@accessinter.net, Web : www.Galapagos_sub_aqua.com.ec) est sans doute le centre de plongée le plus fiable. Il se trouve à Puerto Ayora, sur le trottoir de gauche de l'Ave. Charles Darwin, juste après la rue Los Piqueros en venant du centre-ville. Le responsable, Fernando Zambrano, est un plongeur professionnel très sympathique, un guide de niveau Naturaliste et qui parle anglais. Il propose des excursions aussi bien aux débutants qu'aux plus expérimentés. (80-120 $. Le prix comprend le matériel, deux plongées, le déjeuner, l'eau minérale, des en-cas et un guide diplômé.) Les "kits plongée tout compris" incluent en plus l'hébergement et deux repas (150-190 $ par nuit). Les excursions de plusieurs jours aux îles de Darwin et de Wolf, définies par Zambrano comme des "superparadis", sont plus chères. Les nons-diplômés n'ont pas le choix et ne sont autorisés à plonger que dans la Bahia Académia (80 $). **Galapagos Scuba Iguana** (☎/fax 526 497, à Quito ☎(02) 260 608, e-mail mathiase@pa.ga.pro.ec, Web : www.scuba-iguana.com) se trouve à 20 mètres de la pancarte verte "Darwin Research Station" sur l'Ave. Charles Darwin, à côté de l'hôtel Galápagos. Mathias Espinosa, plongeur et instructeur diplômé ayant plus de 5000 plongées à son actif, est aussi un guide de niveau Naturaliste parlant couramment espagnol, anglais et allemand. Le centre propose des sorties d'une journée (de 3 à 7h, 78-110 $. Le prix comprend le matériel, deux plongées, un guide diplômé et un panier repas pour les excursions de 7h). Il loue également des appareils photo sous-marins (10 $ par jour, avec pellicule 20 $).

Contrairement à la plongée sous-marine, aucune qualification ni guide ne sont requis pour se baigner avec **un masque et un tuba**. Par définition, il suffit seulement d'un masque, d'un tuba, éventuellement d'une paire de palmes en caoutchouc et surtout d'avoir envie de découvrir le monde sous-marin. La baignade est autorisée sur la plupart des plages de l'archipel. De plus, les croisières prévoient toujours des haltes afin de permettre aux passagers d'observer la faune aquatique.

On peut aussi faire du **kayak**. Vous en trouverez sur certains bateaux qui permettent à leurs passagers de faire de petites balades. Vous pouvez également en louer à Puerto Ayora (15 $ par jour à **The Manglar Adventure**, sur l'Ave. Charles Darwin, juste avant l'embranchement qui mène au Centre de recherches).

ISLA SANTA CRUZ

Une faune et une flore exceptionnelles, une diversité écologique étonnante et une population touristique non négligeable sont les traits caractéristiques de l'île de Santa Cruz. Située au centre géographique de l'archipel, elle forme aussi l'épicentre du tourisme aux Galápagos. Tous les visiteurs ou presque y font une halte, soit pour observer les tortues, soit pour faire le plein de provisions. Puerto Ayora, en effet, est le village le plus grand et le plus développé de l'archipel, et Santa Cruz constitue un point de chute commode pour ceux qui débarquent à l'aéroport de Baltra.

Entre l'aéroport et Puerto Ayora, le paysage entier est couvert de roches volcaniques, de cactus et d'arbres balayés par les vents. Après une traversée en bateau sur des eaux turquoise scintillantes, les voyageurs pénètrent dans les hautes terres de l'île, où le bus serpente à travers la végétation pour redescendre jusqu'à la ville portuaire.

Les marins d'eau douce seront ici au paradis : Santa Cruz est l'une des rares îles des Galápagos où la plupart des sites sont accessibles sans bateau. Outre le centre Charles Darwin et les superbes plages proches de Puerto Ayora, les luxuriantes forêts de scalesias des hautes terres offrent de multiples possibilités de balade à cheval, de randonnée et d'exploration de la géologie et de la vie sauvage.

PUERTO AYORA ☎05

L'afflux constant de touristes est probablement à l'origine de l'ambiance quelque peu cosmopolite, du train de vie aisé et de l'attitude décontractée de cette petite ville portuaire. C'est aussi la raison pour laquelle Puerto Ayora est plus chère que les villes du continent. Elle regorge de bars et de boutiques de souvenirs. Toutefois, malgré le nombre de tee-shirts "Galápagos" et de figurines d'otaries en vente dans les rues principales, la ville conserve un cachet très authentique. Dans les rues animées où il est si agréable de se promener, dans les bars et les restaurants, autochtones et touristes se mélangent pour célébrer la convivialité et la beauté qui règnent à Puerta Ayora.

TRANSPORTS

Aéroport : Pour vous rendre à Puerto Ayora depuis l'aéroport d'Isla Baltra, prenez la navette gratuite jusqu'au bateau pour l'île de Santa Cruz (durée 10 mn, 0,16 $). Puis un bus traverse l'île jusqu'à Puerto Ayora (durée 50 mn, 1,50 $). Les billets s'achètent à l'aéroport. Le bus arrive et part du centre-ville. La **TAME** (☎526 165), à l'angle des rues Darwin et 12 de Febrero, s'occupe des billets et des réservations. Si vous voyagez en haute saison (Déc-Mai), essayez de réserver votre vol de retour à l'avance. Ouvert Lu-Ve 8h-12h et 13h-17h, Sa. 9h-12h.

Bateaux interîles : Depuis juillet 2000, il n'y a plus qu'une seule et unique destination : l'île d'**Isabela**. Le bateau, Estrella del Mar 2, part du quai (*muelle*) à Puerto Ayora (dép. Me. à 11h, retour le Ma. suivant à 7h30, aller simple 15,20 $). Faites enregistrer votre nom et votre passeport par Heriberto, près des quais. Vous ne paierez qu'en arrivant à l'île d'Isabela.

Vols interîles : La compagnie **EMETEBE** (☎526 177), dans le bâtiment de la poste (à l'étage), dessert les îles de **San Cristóbal** et d'**Isabela** (durée 30 mn, 80-90 $). Les horaires sont variables. L'avion est le moyen le moins cher d'accéder à l'île de San Cristóbal (les bateaux sont plus coûteux et moins pratiques).

ORIENTATION ET INFORMATIONS PRATIQUES

Le **centre-ville** occupe le triangle formé par l'Ave. **Charles Darwin**, l'Ave. **Padre Julio Herrera** et la courte rue menant aux quais (**muelles**). Vous y trouverez un parc et des terrains de volley-ball ainsi que le principal **arrêt de bus**. Des taxis bleus, des taxis

jaunes et des *camionetas* blanches sillonnent fréquemment les avenues Charles Darwin et Padre Julio Herrera.

Informations touristiques : Le **Ministerio de Turismo** (☎ 526 174), juste en face de l'hôtel Sol y Mar, sur l'Ave. Charles Darwin, entre les rues Berlanga et Binford, vous offrira gracieusement une carte ainsi que des informations en espagnol. Le **CAPTURGAL** (☎/fax 526 206, e-mail cptg@pa.ga.pro.ec), sur le côté gauche de l'Ave. Charles Darwin, juste avant le Bed & Breakfast Peregrina quand on s'éloigne du centre-ville, est plus compétent. Membre du réseau touristique *Socios*, il dispose de bonnes cartes (1 $), d'informations détaillées sur les trajets en bateau, les hôtels et les restaurants des Galápagos, et d'un ouvrage bien documenté sur l'île d'Isabela (texte anglais, 1 $). La très intéressante **Charles Darwin Research Station** (☎ 526 146 ou 526 147, fax 526 651, e-mail cdrs@fcdarwin.org.ec) se trouve à moins de 20 mn à pied de la ville, au bout d'un sentier qui part à droite de l'Ave. Charles Darwin. Ce centre de recherche mérite le détour : le personnel anglophone et les nombreux ouvrages répondront à toutes vos questions sur le *Parque Nacional de Galápagos*. Ouvert tlj 7h-12h et 13h-16h.

Agences de voyages : Plusieurs agences en ville organisent des circuits en bateau et des excursions dans l'île. La **Moonrise Travel Agency** (☎ 526 589, fax 526 403, e-mail sdivine@pa.ga.pro.ec), sur l'Ave. Charles Darwin en face de la Banco del Pacífico, est une agence anglophone et germanophone très compétente, recommandée par la SAE. Ouvert Lu-Ve 7h30-18h, Sa. 9h-17h. L'agence **Galapagos Discovery** (☎/fax 526 245), sur l'Ave. Padre Julio Herrera en face de l'hôpital, loue des vélos (1 $ l'heure), des planches de surf et du matériel de plongée. **Galapatour** (☎ 526 581, e-mail aagalap2@uio.satnet.net) se trouve sur l'Ave. Charles Darwin près du terrain de volley, dans le bâtiment DHL/Western Union. Le personnel de ces deux agences parle anglais.

Banque : La **Banco del Pacífico** (☎ 526 282, fax 526 364), sur le côté droit de l'Ave. Charles Darwin après l'hôtel Sol y Mar quand on s'éloigne du centre, dispose d'un **distributeur** Cirrus/MC. Ouvert Lu-Ve 8h-15h30, service guichet Sa. 9h30-12h.

Supermarché : **Proinsular Supermarket** (☎ 526 120), en face du *muelle*. Ouvert Lu-Sa 8h-20h, Di. 8h-12h.

Toilettes : Vous trouverez des **toilettes publiques** sur l'Ave. Charles Darwin, près du parc.

Laverie automatique : Le **Peregrina B&B**, sur l'Ave. Charles Darwin, tient une *lavandería* (laverie, 0,72 $/kg, séchage compris). Ouvert Lu-Sa 8h30-18h.

Police : (☎ 526 101). En bord de mer, dans la rue 12 de Febrero, près de l'hôtel Lobo del Mar. Ouvert 24h/24.

Pharmacies : La **Farmacia Edith** (☎ 526 487) est ouverte tlj 7h-23h. La **Farmacia Vanessa** (☎ 526 392) est ouverte tlj 7h-13h et 14h-24h.

Hôpital : **Hospital República del Ecuador** (urgences 24h/24 ☎ 526 103), sur l'Ave. Padre Julio Herrera, à moins d'une *cuadra* du centre-ville.

Téléphone : **PACIFICTEL** (☎ 526 104 ou 526 105), sur l'Ave. Padre Julio Herrera, à 5 mn du centre-ville, propose un service d'appels internationaux, de **fax** et de **télégrammes**. Fax tlj 8h-12h et 14h-16h, téléphone tlj 7h-23h. On peut aussi appeler en PCV ou avec une carte téléphonique à l'agence **Galapatour** (voir précédemment).

Internet : Plusieurs cybercafés bordent l'Ave. Charles Darwin. **Galapagos.com**, en face de la Banco del Pacífico, offre 15 mn gratuites pour 1h de connexion. 5 $ l'heure. **Pelik@n.net**, à l'angle de l'Ave. Charles Darwin et de la rue Indefatigable, demande également 5 $ l'heure.

Bureau de poste : **Correo Central** (☎ 526 575), au rez-de-chaussée du centre commercial Proinsular, sur l'Ave. Charles Darwin, près des quais. Ouvert Lu-Ve 8h-13h et 14h-18h, Sa. 9h-12h. **DHL/Western Union** (☎/fax 526 186, e-mail pelicanb@pa.ga.pro.ec), sur l'Ave. Charles Darwin en face du parc et près d'El Rincón del Alma.

GALAPAGOS

HÉBERGEMENT

Étant donné le nombre de touristes aisés qui viennent visiter les Galápagos, Puerto Ayora tend à se doter d'hôtels assez luxueux. Toutefois, les voyageurs à petit budget pourront trouver à se loger à un prix raisonnable, tout en profitant d'un beau panorama. Les hôtels sont généralement pourvus de serviettes, de papier toilette et de draps propres. Les moustiques ne sont pas trop envahissants, mais la plupart des établissements ont tout de même des moustiquaires aux fenêtres pour les tenir à distance. Une chambre donnant sur la mer peut vous coûter 5 $ de plus qu'une chambre standard, mais la dépense en vaut bien la peine.

❤ **Hotel Lobo del Mar** (☎ 526 188, fax 526 569), dans la rue 12 de Febrero, à l'angle de l'Ave. Charles Darwin, près du poste de police. Les chambres spacieuses des 1er et 2e étages ont des salles de bains propres et des balcons donnant sur la baie. Personnel sympathique, salon TV confortable. De loin le meilleur rapport qualité-prix de la ville. Chambre simple et double 8 $.

Estrella del Mar (☎ 526 427 ou 526 080), juste à côté de la mer. Tournez à gauche au bout de la rue 12 de Febrero, près du poste de police, et suivez le sentier de terre. Cet établissement propose des chambres aérées, des salles de bains irréprochables, un salon TV et une superbe vue sur la mer.

Peregrina Bed & Breakfast (☎ 526 323), sur l'Ave. Charles Darwin juste après le croisement de la rue Indefatigable en venant du centre-ville. Bien que dépourvues de vue sur la mer et d'eau chaude, les chambres pour 4 sont agréables. Salle de bains, papier toilette et serviettes compris. Petit déjeuner 1 $. Service de blanchisserie 0,72 $/kg. Chambre 5 $ par personne, avec climatisation 7 $ par personne.

Residencial Los Amigos (☎526 265), à l'angle de l'Ave. Charles Darwin et de la rue 12 de Febrero. Elle attire les voyageurs à petit budget qui recherche un bon rapport qualité-prix. Salles de bains communes et chambres quadruples. Chambre simple 4 $, double, triple et quadruple 3 $ par personne.

Hotel Darwin (☎526 193), sur l'Ave. Padre Julio Herrera, après l'hôpital, à une *cuadra* en venant du quai. Un patio vieillot et couvert de frondes de palmier sépare les clients de la rue. Les salles de bains sont propres mais les matelas anciens. Chambre 2 $ par personne.

Hotel Sol y Mar (☎526 281), sur le côté droit de l'Ave. Charles Darwin, juste avant la banque en venant du centre-ville. Le prix élevé ne garantit pas forcément une vue sur la mer, mais les chambres sont propres, les salles de bains ont l'eau chaude et vous verrez peut-être des iguanes venir s'y reposer. Réduction pour les groupes séjournant plus de 3 nuits. Chambre avec un grand lit ou deux lits jumeaux 20 $, avec vue 45 $, chambre pour 6 personnes 10 $ par personne, 5 $ par personne supplémentaire.

RESTAURANTS

L'Ave. Charles Darwin est littéralement truffée de restaurants. Ceux situés au début de l'avenue sont relativement bon marché. La plupart de ces restaurants et ceux de l'Ave. Padre Julio Herrera sont ouverts presque toute la journée et servent des *desayunos* (petits déjeuners), des *almuerzos* (déjeuners) et parfois des *meriendas* (goûters). Ces établissements attirent les touristes et sont l'endroit idéal pour rencontrer d'autres visiteurs afin d'organiser des excursions en bateau. Plus près de la Research Station, les restaurants sont un peu plus chers. Pour des plats typiques, arpentez l'Ave. Charles Binford, près de l'angle de l'Ave. Padre Julio Herrera. Vous trouverez des paillotes qui proposent de bons repas à des prix raisonnables. L'une d'elle, la **William's**, est vivement recommandée.

Capricho, juste après la rue Floreana en s'éloignant du centre-ville. Pas de *comida típica*, mais de délicieux plats végétariens (1,40-2,80 $), de délectables sandwichs (1,20-1,60 $) et des repas à emporter (3 $). Accompagnez votre part de gâteau au chocolat (0,60 $) d'un bon jus de fruit frais. Echange de livres et de magazines français. Ouvert tlj 7h-20h.

Servi-Sabrosán, dans la rue Berlanga, entre l'Ave. Padre Julio Herrera et la rue Naveda, à l'étage. Très beau cadre pour déguster un *almuerzo* ou une *merienda* (1,20 $), complétés par un savoureux dessert (1,60 $). Ouvert tlj 7h30-15h et 18h-21h30.

La Garrapata, sur l'Ave. Charles Darwin, entre les rues 12 de Febrero et Berlanga. Réputé localement pour son atmosphère romantique et décontractée. Prix assez élevés mais le personnel est aux petits soins et la cuisine est de qualité. C'est l'un des meilleurs restaurants pour déguster des pâtes ou de la viande à Puerto Ayora. Délicieuses pâtes aux champignons (3,80 $) et gigantesque steak T-bone (5 $). Bar bien approvisionné. Ouvert tlj 18h30-22h.

El Rincón del Alma (☎526 196), en face du parc sur le front de mer. Tables en terrasse ou à l'intérieur. Menus et plats fixes, allant de la soupe du jour aux viandes typiques en passant par les fruits de mer. Bon rapport qualité-prix (0,72-4,80 $). Ouvert tlj 8h-21h.

El Chocolate Galapagos, sur l'Ave. Charles Darwin, entre l'Ave. Charles Binford et la rue Berlanga, juste en face de la Banco del Pacífico. Il sert de copieux hamburgers (1,40 $). Grand choix de petits déjeuners pour les lève-tôt (1,40-1,80 $). Ouvert tlj.

Media Luna Pizza, sur l'Ave. Charles Darwin, entre les rues Piqueros et Floreana. Elle prépare de délicieuses pizzas et sandwiches (notamment celui à l'avocat). Les touristes tout comme les familles vivant à Puerto Ayora apprécient l'ambiance conviviale et le personnel extrêmement sympathique de cet établissement. Ouvert Me-Lu 12h-22h.

Panadería La Selecta, sur l'Ave. Padre Julio Herrera, entre les rues Indefatigable et Berlanga, en face de PacificTel. Une boulangerie où l'on peut aussi manger des yaourts crémeux. Ouvert tlj 6h-13h et 16h-23h.

VISITES

CHARLES DARWIN RESEARCH STATION. C'est un véritable complexe consacré à la protection des îles Galápagos. Elle est également le siège du **Parc national Galápagos** et on y trouve l'**office de tourisme** ainsi que le bureau du programme de conservation. C'est également là que l'on s'acquitte des 100 $ d'entrée au parc national quand on est venu par bateau. *(A 15 mn à pied sur un sentier qui part du côté droit de l'Ave. Charles Darwin, un peu après la rue Piqueros en venant du centre-ville. Parc national Galápagos, ☎526 189 ou 526 511, fax 526 190, e-mail png@ga.pro.ec. Guichet d'information ouvert tlj 7h-12h et 13h-16h.)* Pour plus de renseignements sur les Galápagos, ce centre de recherche et ses projets, faites un tour du côté de la **bibliothèque** de la Research Station. Bien que ses documents soient essentiellement consultés par des étudiants et des chercheurs, la bibliothèque est ouverte aux touristes. Si vous avez une question particulière, adressez-vous à Gail Davis, un bibliothécaire extrêmement serviable venu faire des recherches sur les îles. On trouve aussi une minuscule mais jolie **plage**, d'où l'on peut admirer les eaux turquoise du port. Si la baignade n'est pas très tentante, les coraux et coquillages de la plage agrémenteront votre promenade. *(Bibliothèque ouverte Lu-Ve 7h30-16h. Plage ouverte tlj 7h-18h.)* Un peu plus haut sur la route, vous trouverez le **bâtiment administratif**, qui distribue un plan du parc. *(☎526 146 ou 526 147, fax 526 651, e-mail cdrs@fcdarwin.org.ec. Ouvert tlj 7h-12h et 13h-16h.)*

GALÁPAGOS

GALERIE VAN STRAELEN. En suivant la route principale, puis en remontant un court sentier, on trouve la galerie Van Straelen, qui dispose d'informations sur l'histoire naturelle des îles, notamment sur les menaces qui pèsent sur le milieu et sur les efforts entrepris pour les faire disparaître. C'est l'endroit idéal où parfaire ses connaissances sur les îles Galápagos. Une vidéo de 12 mn traitant des programmes de préservation peut être visionnée sur demande. On trouve généralement l'équipe, très enthousiaste, dans l'office de tourisme de la galerie et Roslyn Cameron, coordinatrice de l'aide publique, peut répondre à la plupart de vos questions sur le parc. *(Ouvert tlj 7h30-12h et 14h-17h.)*

CENTRE D'ÉLEVAGE DES TORTUES. Un chemin ombragé mène à ce centre d'élevage, où des enclos abritent de jeunes tortues géantes, âgées de 0 à 2 ans. Pour mieux profiter de ces adorables *galapaguitos* (bébés tortues), tâchez de venir entre 7h et 16h en semaine car les enclos sont alors ouverts. Ces tortues étaient autrefois utilisées comme animaux domestiques par les insulaires, ce qui explique leur familiarité et leur nature peu sauvage. S'il est permis de s'approcher des tortues pour une photo souvenir, il est absolument interdit de les toucher. Veillez également à ne pas marcher sur la plate-forme qui sert à les nourrir (une dalle de ciment recouverte de végétation), car cela pourrait contaminer leur nourriture. Le centre est truffé de panneaux informatifs. Si ces dinosaures miniatures ne vous impressionnent pas, attendez de voir la tortue albinos. Le centre l'empêche de sortir en raison de sa sensibilité au soleil, mais si vous faites une demande au bâtiment administratif, on vous laissera peut-être la voir.

BAHÍA TORTUGA. Cette plage corallienne de sable blanc, avec ses cactus géants et ses fauvettes jaunes, est peut-être l'une des plus belles des Galápagos. Ce jardin d'Eden marin doit son nom au vaste contingent de tortues marines qui viennent y pondre leurs œufs. La baie abrite également des requins et des iguanes marins. Ne vous baignez que dans la zone réservée à cet effet, à 50 m environ à droite après avoir effectué les 2,5 km à pied jusqu'à la plage. Attention aux courants. Si vous envisagez d'y passer un moment, gardez votre appareil photo à portée de main, car il n'est pas rare de voir des iguanes, des pélicans, des mouettes à queue d'aronde et diverses espèces de crabes. *(Comptez 45 mn pour accéder à la plage. Dépassez l'hôpital de l'Ave. Padre Julio Herrera en direction de l'Ave. Charles Binford, tournez à gauche et suivez la route de terre sur 200 m jusqu'au panneau indiquant le parc national Galápagos et la tour d'observation perchée sur une falaise rocheuse. C'est le début d'une agréable marche de 2,5 km jusqu'à la plage. Passez voir le gardien : le nom et le numéro de passeport de chaque visiteur doivent être enregistrés. Plage ouverte 7h-18h.)*

GEORGES LE SOLITAIRE Georges est une tortue géante de 88 kg qui vit à la Charles Darwin Research Station. Mais Georges n'est pas comme les autres tortues. Il ne ressemble d'ailleurs à aucune autre tortue au monde : c'est le dernier survivant de sa race.

Découvert en 1971 par un groupe de scientifiques, Georges est la première **tortue Pinta** (*Geochelone elephantopus abingdoni*) que l'on ait vue en 65 ans. L'histoire de ces tortues géantes est malheureusement trop semblable à celle des autres espèces en voie d'extinction. D'abord quasiment décimée par l'homme, cette race a considérablement souffert de l'introduction des chèvres qui a complètement modifié son habitat naturel. Agé probablement de 70 ou 80 ans (soit la moitié de son espérance de vie), Georges devrait passer le restant de ses jours dans son île natale de Pinta, aujourd'hui débarrassée des chèvres. Actuellement, il est encore au centre de recherches, confortablement installé avec deux charmantes tortues femelles de l'île d'Isabela, génétiquement proches. Hélas ! Georges semble beaucoup trop déprimé pour se livrer à des ébats amoureux : ses compagnes ne l'intéressent absolument pas. Les chercheurs offrent une récompense de 10 000 $ à celui qui pourra leur procurer une femelle Pinta. Malheureusement, la tortue Pinta n'est pas la seule espèce en voie d'extinction : sur les quatorze espèces qui peuplaient jadis l'archipel des Galápagos, cinq autres sont menacées et pourraient bientôt rejoindre les espèces disparues.

Pour apercevoir Georges, mieux vaut arriver tôt le matin : plus il fait chaud dans la journée, plus il a tendance à se retirer sous les arbres, à l'abri des regards.

EXCURSIONS EN BATEAU. La compagnie Aqua Tours propose des tours complets de la Bahia Académia dans son **bateau à fond transparent**. Le bateau compte quatre fenêtres destinées à l'observation des fonds marins. On peut voir notamment des requins, les raies dorées de la baie de Franklin et les otaries de l'île de Lobería. De courtes excursions pédestres sur la plage de Dog's Beach vous permettront de voir des crabes. *(Pour plus d'informations sur les excursions, renseignez-vous auprès de Galapagos Discovery, sur l'Ave. Padre Julio Herrera, ou contactez directement Aqua Tours par téléphone (☎ 526 234) ou à leur agence près du débarcadère, à côté du restaurant Savavidas.)*

SORTIES

Centre touristique des Galápagos, Puerto Ayora affiche une vie nocturne particulièrement animée. Les boîtes et les bars passent tous les genres musicaux, de la salsa à la techno, et servent toute sorte de cocktails. Vous trouverez aussi des tables de billard. Même s'il y a toujours un peu de monde en semaine, les choses s'activent vraiment le week-end venu, quand habitants et touristes font la fête jusqu'au bout de la nuit. La bière Pilsner est en vente partout (1-1,20 $).

La Panga, à l'angle de l'Ave. Charles Darwin et de la rue Berlanga. On peut jouer au billard, siroter des *caipiriñas* (cocktails, 1,20 $) ou se déhancher sur la piste de danse. Entrée libre. Ouvert tlj 21h-3h.

Discoteque Five Fingers, sur l'Ave. Charles Darwin, en face de la capitainerie du port, à l'étage. Alcôves confortables. Faites un tour sur la piste de danse pour la voir s'éclairer. Entrée libre. Ouvert tlj 20h-3h.

Café Limón, à l'angle de l'Ave. Charles Darwin et de la rue 12 de Febrero. Georges, le propriétaire, salue ses clients en espagnol ou en anglais. Ouvert tlj 18h-24h.

Café Iguana, à l'angle de l'Ave. Charles Darwin et la rue Floreana. Ambiance détendue, murs ondoyants et vidéos de surf. Essayez l'onctueux Blue-Footed Booby. Ouvert tlj 20h-24h.

EXCURSIONS DEPUIS PUERTO AYORA

RÉSERVE DE TORTUES. Rencontrer les tortues de la station Darwin est fort sympathique, mais sans commune mesure avec leur observation dans leur milieu naturel. Là, les fameux reptiles (qui peuvent atteindre 250 kg) sont beaucoup plus sauvages. En dépit de leur lenteur, les tortues se révèlent de véritables bulldozers, laissant derrière elles une végétation aplatie et des barrières défoncées. La présence d'un guide est devenue obligatoire pour visiter la réserve, et l'on ne saurait trop vous conseiller de dépenser un peu plus pour en avoir un qui soit compétent. Ces reptiles sont difficiles à voir, mais un bon guide saura où vous emmener. La promenade à travers la dense végétation peut s'avérer ardue. Les tortues géantes sont dotées de grosses carapaces bombées qui leur permettent de se frayer un chemin à travers la végétation, et comme tel n'est pas votre cas, munissez-vous de bonnes chaussures et de pantalons longs.

LOS GEMELOS. Ces "jumeaux" doivent leur nom à la formation de lave solidifiée de deux cratères d'environ 30 m de profondeur, situés tout près de la route de Baltra. Ils renferment une végétation luxuriante, essentiellement composée de scalesias. Les environs de Los Gemelos sont peuplés de pinsons de Darwin, de gobe-mouches et de rares hiboux brachyotes. *(L'administration du parc national interdit la visite de Los Gemelos sans guide. Renseignez-vous au bureau du parc national (voir p. 714) ou passez à l'une des agences de voyages de la ville pour organiser une excursion.)*

TUNNELS DE LAVE. L'île de Santa Cruz est striée de tunnels de lave (*los túneles*), vestiges des anciennes éruptions volcaniques qui formèrent les Galápagos. La croûte extérieure de ces torrents de magma s'est solidifiée en refroidissant, mais la lave en fusion a continué de couler en dessous. Quand le flux s'est interrompu, ces énormes tubes sont restés. L'île compte plusieurs tunnels, mais le plus visité est le **Tunnel de l'amour éternel**, de 800 m de long, à Bellavista, qui ne doit pas son nom aux pratiques qui pourraient avoir lieu dans ses profondeurs, mais au trou en forme de cœur qui orne sa paroi supérieure. Une rambarde bancale est là pour vous aider, mais prenez garde aux rochers branlants quand vous descendez. L'énormité même de ce tunnel, ajoutée aux étranges motifs de lave sculptés à l'intérieur, est un témoignage de la créativité de la nature. Le nombre de tubes et de grottes ouverts au public est variable. Un autre ensemble d'orgues de lave, les **Tunnels de Furio**, se trouve à proximité de la route de Baltra, entre Bellavista et Santa Rosa. Les tunnels sont éclairés, mais une torche électrique peut s'avérer utile. Divisés en différents niveaux, ils sont reliés par des échelles glissantes. Munissez-vous de chaussures solides et n'ayez pas peur de vous salir. L'élégant mais coûteux **Restaurante de Furio** vous attend à l'embouchure des tunnels (déjeuner 14-18 $). *(Les tunnels de Bellavista sont situés à 7 km de Puerto Ayora. Prenez la navette pour Bellavista puis demandez votre chemin, ou bien prenez une camionnette qui vous y emmènera directement. 4 $, torche électrique 0,50 $. Les tunnels de Furio sont accessibles par la navette de Baltra. 4 $. Contactez le Restaurante de Furio la veille : les hôtels et agences de voyages de Puerto Ayora peuvent le faire par radio.)*

LES HAUTES TERRES

L'intérieur verdoyant de Santa Cruz permet une multitude d'excursions. Nombre de sites peuvent se visiter indépendamment, sans groupe ni guide, bien que les expéditions organisées forment un moyen plus commode, mais plus cher, d'explorer la région. Les petits villages de **Bellavista** (à 6 km au nord de Puerto Ayora) et de **Santa Rosa** (à 8 km au nord-ouest de Bellavista) constituent des points de départ idéaux pour effectuer des randonnées. Deux pics culminent aux alentours : la **Media Luna**, un cône de cendre volcanique en forme de croissant à 5 km de Bellavista, et le **Cerro Crocker**, à 3 km de la Media Luna. **El Mirador** est un point de vue situé près de Santa Rosa, d'où l'on jouit d'une vue impressionnante sur la région côtière méridionale. Les sites de la Media Luna, du Cerro Crocker et d'El Mirador sont accessibles par camionnette (a/r 12 $).

GALÁPAGOS

Les **visites guidées** des hautes terres incluent généralement des excursions à **Los Gemelos**, aux **Tunnels de lave** et à la **Réserve de tortues**. Elles coûtent aux alentours de 30 $ par personne. Certaines agences ne demandent qu'un prix fixe pour le véhicule et le guide, ce qui est nettement avantageux si vous êtes dans un groupe. Faites le tour des agences et n'hésitez pas à marchander : les agences sont généralement souples, notamment juste avant le départ. Les **camionetas**, autre moyen de se déplacer dans les hautes terres, se trouvent dans toute la ville, notamment près du parc et du bureau CITTEG. Elles sont chères mais font payer un prix fixe, avantageux pour les groupes importants.

La façon la plus chic de visiter cette région reste toutefois la randonnée équestre. La **Amaica Horse Trekking** propose des balades à cheval à travers une **finca** (ferme des hautes terres, 3 $). On peut **camper** au **Butterfly Ranch**, juste à côté. Contactez l'agence **Moonrise Travel Agency** (voir **Agences de voyages**, p. 711) de Puerto Ayora pour organiser une excursion. (Balades de 2 à 4 personnes dans une *finca* 15 $ par personne, *camioneta* jusqu'au ranch 6 $.)

Pour atteindre les hautes terre en bus, il vous faudra prendre la navette pour l'embarcadère du ferry à destination de l'aéroport de Baltra, au nord de Santa Cruz. Vous pouvez acheter votre billet au bureau CITTEG, sur l'Ave. Charles Darwin, dans le centre-ville (dép. à 7h30 et à 10h30, 1,50 $). Comme il n'existe pas de tarifs moins chers pour Bellavista et Santa Rosa, il peut être plus avantageux de vous y rendre par camionnette si vous êtes nombreux. Les passagers du bus peuvent descendre n'importe où en chemin : il suffit de demander au chauffeur. Par contre, une fois au cœur des hautes terres, ne comptez pas sur ce bus pour rentrer à Puerto Ayora, car il est souvent bondé et ne s'arrête pas toujours. Bien que Let's Go déconseille l'auto-stop, sachez qu'il est courant que des camions s'arrêtent pour prendre des passagers moyennant une contribution (6 $ environ). Prenez-vous-y bien à l'avance pour pouvoir rentrer en ville avant la nuit.

LE NORD-OUEST DE SANTA CRUZ

L'extrême nord-ouest de Santa Cruz compte plusieurs superbes baies et plages que l'on peut atteindre par bateau. Quelques agences proposent des excursions pour une journée au départ de Puerto Ayora, mais cette région est le plus souvent intégrée dans des croisières de plusieurs jours.

PLAYA LAS BACHAS. Non loin de l'aéroport de Baltra, cette plage est idéale pour une baignade rafraîchissante. Munissez-vous toutefois d'insecticide contre les mouches piquantes. La plupart des visiteurs s'allongent sur le sable entre les formations volcaniques, mais vous pouvez aussi aller observer les flamants roses dans le lac salé voisin. On y voit aussi d'autres échassiers, comme par exemple l'échasse américaine. Les plages sont peuplées d'iguanes marins et de crabes rouges. Sur la route du lac, vous pourrez voir les vestiges de deux péniches abandonnées par l'armée américaine lors de sa vaine tentative d'occupation de Baltra dans les années 1940.

CONWAY BAY ET BALLENA BAY (WHALE BAY). Ces deux plages de la côte occidentale de l'île restent peu fréquentées en raison de leur faible population animale. Le **Cerro Dragón**, sur la côte nord-ouest entre Las Bachas et Conway Bay, vient d'être ouvert à la visite et doit son nom à une imposante colline en forme de dragon vert. Les bateaux touristiques trop gros pour accoster dans les petites îles comme Plaza Sur s'y arrêtent fréquemment. Le sommet s'atteint par un chemin de 2 km, et un autre sentier serpente à travers la végétation broussailleuse, où foisonnent des dragons d'un autre genre : de monstrueux iguanes terrestres mangeurs de cactus. Les visites au Cerro Dragón sont souvent incluses dans les excursions à Rábida, une île située au nord-ouest de Santa Cruz. L'excursion quotidienne à bord du Delfin 2 se rend à Las Bachas le Ve. et à Cerro Dragón le Je. (115 $ environ). Contactez la Moonrise Travel Agency (voir **Agences de voyages**, p. 711) pour organiser une visite.

LES ÎLES CENTRALES

ISLAS PLAZAS

Des deux toutes petites îles jumelles au large de la côte est de l'île de Santa Cruz, seule l'île de Plaza Sur (à peine 1,3 km^2) est ouverte aux visiteurs. L'île de Plaza Norte est interdite d'accès en raison du centre de recherche scientifique qui l'occupe (et des hautes falaises rocheuses qui l'entourent). L'intérieur désertique de Plaza Sur s'aperçoit depuis le chemin rocailleux qui fait le tour de l'île. Les **figuiers de Barbarie** forment la principale végétation de cet îlot aride.

COLONIE D'OTARIES. Les visiteurs de l'île de Plaza Sur sont accueillis par de bruyants lions de mer femelles et leurs petits, qui paressent au soleil ou jouent avec les vagues. La population d'otaries de l'île, comme celle de la plupart des plages, est très territoriale. Pendant la **saison des amours**, qui commence en mai, les mâles rejoignent les femelles sur la côte nord. Chaque mâle contrôle un **harem** de femelles et rivalise avec les autres. Après l'éreintante période d'accouplement, pendant laquelle ils ne prennent généralement pas le temps de se nourrir, les mâles se retirent dans leur **colonie de célibataires** au sud-ouest de l'île. La colonie de célibataires de Plaza Sur est l'une des plus grandes de toutes les Galápagos.

Les otaries mâles, ou *machos*, mordent plusieurs touristes chaque année, ce qui les rend statistiquement plus dangereuses que les requins. Gardez bien vos distances !

OISEAUX ET IGUANES. L'île de Plaza Sur est aussi appréciée des oiseaux. Les **fous à pattes bleues**, les **fous masqués**, les **frégates** et les **mouettes des laves** tapissent les falaises de la colonie de célibataires. Tâchez de repérer la **mouette à queue d'aronde**, au magnifique corps blanc et gris et aux yeux cerclés de rouge. De gargantuesques **iguanes terrestres** reposent sous les figuiers de Barbarie. Les iguanes mâles et les figuiers arborent la même coloration jaune et font les uns comme les autres l'objet d'une légende évolutionniste. Il y a très longtemps de cela, les reptiliens dévorèrent toutes les fleurs situées au ras du sol, ne laissant que ces plantes arboricoles à gros troncs sur lesquelles ils ne pouvaient pas grimper. Aujourd'hui, les immenses figuiers de Barbarie dominent et les petits dragons doivent attendre que leurs fruits tombent à terre. La configuration physique de Plaza Sur en a fait l'une des îles les plus susceptibles de receler des **iguanes hybrides**, qui résultent d'un croisement entre des iguanes marins mâles (plus petits et à peau noire) et des iguanes terrestres femelles. La géographie de l'île se prête tout particulièrement à ce phénomène : le littoral rocheux en pente douce, planté de cactus jusqu'à la rive, attire les iguanes terrestres près de l'eau. Quand les mâles marins décident d'aborder la terre ferme, ils utilisent leur grande queue pour lutter contre les iguanes terrestres qui défendent leur territoire. Les iguanes hybrides sont difficiles à dénicher : gardez les yeux grand ouverts.

ISLA SANTA FÉ

L'île de Santa Fé garde jalousement ses trésors : la faune locale ne se trouve pas forcément le long de la plage. C'est en explorant l'île que vous parviendrez à observer quelques discrets animaux. L'une des créatures insulaires les plus difficiles à observer est l'**iguane terrestre** à crête (*Conolophus pallidus*), qui n'existe nulle part ailleurs. Seuls les amateurs de cache-cache les plus patients parviendront peut-être à observer l'un de ces animaux. Les **iguanes terrestres mangeurs de cactus** qui peuplent Plaza Sur habitent également l'île de Santa Fé, mais leur couleur est ici plus dorée. Ils font en général 1 m de long, parfois plus.

Pour une exploration complète de l'île, suivez l'un des deux **sentiers de randonnée.** Le premier est un court chemin de 300 m, le second une piste d'1,5 km qui va jusque dans les hautes terres. Les deux sont extrêmement rocailleux mais ne sont pas difficiles : le sentier le plus long présente une pente assez raide qui peut décourager les randonneurs inexpérimentés mais qui offre de meilleures chances d'apercevoir des iguanes. Outre une superbe vue sur l'île et l'océan, il vous permettra également d'admirer de nombreux oiseaux ainsi que le **serpent des Galápagos** et le **rat des rizières**. Des **buses des Galápagos**, diverses espèces de pinsons et d'étranges **moqueurs des Galápagos** hantent les environs.

L'île de Santa Fé abrite sur sa côte nord-est une ravissante **crique**. Évitez de faire de la **plongée** seul. Les otaries rejoignent souvent les plongeurs ou les bateaux ancrés, mais même si vous n'avez pas la chance de plonger en compagnie de ces sympathiques créatures, le spectacle des poissons multicolores dans la baie vous laissera un souvenir inoubliable.

ISLA SEYMOUR NORTE

L'île de Seymour Norte, juste au nord de l'île de Baltra, est fréquemment incluse dans les excursions en bateau en raison de sa faune peu commune. Cette île est un bijou pour tous les passionnés d'ornithologie. C'est ici que niche la plus vaste colonie de **frégates magnifiques** des Galápagos. On y trouve aussi la **grande frégate**, aux proportions plus modestes. Il est difficile de distinguer les deux espèces au premier coup d'œil, mais en y regardant de plus près, quelques indices permettent de les différencier. Les frégates magnifiques femelles ont les yeux cerclés de bleu, tandis que les grandes frégates femelles les ont cerclés de rouge. Côté mâles, les frégates magnifiques arborent des reflets violets sur les plumes du dos, tandis que les grandes frégates tirent sur le vert. En outre, les frégates magnifiques émettent seulement des cliquètements et des grognements, alors que les grandes frégates ont un cri plus aigu. Certaines excursions proposent la traversée d'une **mangrove**, où l'on voit des **tortues marines**, des **raies** et des **requins** nager à la surface. Tâchez de venir par beau temps, quand les rayons du soleil se reflètent sur les poissons fluorescents et que les **fous à pattes bleues** plongent sur ces alléchantes proies. L'île de Seymour Norte est l'endroit idéal où observer ces *piqueros patas azules*. La **plongée** est ici magique : les eaux sont peuplées de colonies de poissons aux couleurs vives, de pastenagues (raies à longue queue) et, bien sûr, d'otaries.

ISLOTE MOSQUERA

Si petite qu'elle est parfois qualifiée d'îlot, Mosquera se cache entre les îles de Baltra et de Seymour Norte. Sa proximité avec l'aéroport de Baltra en fait une halte commode en début ou en fin de croisière. Accessible par la plage (pieds dans l'eau), l'île n'offre aucune possibilité de randonnée, de baignade ou de plongée, mais abrite une énorme colonie d'otaries.

ISLA SAN CRISTÓBAL

Malgré son aéroport, sa proximité avec le continent et son statut de capitale administrative de l'archipel, l'île de San Cristóbal, d'un point de vue touristique, reste éternellement en deuxième position après l'île de Santa Cruz. Si elle offre moins d'attraits que d'autres endroits des Galápagos, elle présente l'avantage d'être accessible à ceux qui ne font pas partie d'une croisière organisée. Probablement la plus ancienne des îles, elle fut formée par l'impressionnant volcan Cerro San Joaquín (730 m) et par les flots de lave solidifiée qui recouvrent sa partie sud. Le secteur nord de l'île est sec et relativement dénudé, tandis que les basses terres restent humides grâce aux vents du sud, et c'est là que les premiers habitants fondèrent les villes de Puerto Baquerizo Moreno et d'El Progreso afin de tirer profit de la fertilité du sol et de la douceur du climat. Aujourd'hui, l'île abrite une base navale et la première station de radio des Galápagos. Puerto Baquerizo Moreno abrite de nombreux hôtels confortables. On peut faire des excursions en bateau à la **Isla Lobos**, au rocher du **León Dormido** et à la **Punta Pitt** (le point le plus à l'est des Galápagos). N'oubliez pas toutefois que ces excursions d'une journée vous coûteront cher si vous ne faites pas partie d'un groupe important.

PUERTO BAQUERIZO MORENO ☎05

Puerto Baquerizo Moreno est autant apprécié des pêcheurs que des surfeurs. Débarquant par meutes entre décembre et mars, les amateurs de glisse envahissent les points réputés de Carola, Canyon, Lobería et le récif de Tonga. Malgré l'activité saisonnière, la petite ville portuaire est plus tranquille que sa voisine, Puerto Ayora. La présence en nombre de *pangas* (petits canots) et de pélicans trahit vite son statut de port de pêche. L'électricité est coupée à minuit.

TRANSPORTS

Avion : Dans l'**aéroport** au bout de la rue Alsacio Northia, la compagnie **EMETEBE** (☎/fax 520 036) dessert **Puerto Villamil** (durée 35 mn, 90 $) et l'île de **Baltra** (durée 20 mn, 90 $). Les prix sont négociables et les horaires changent souvent. (Ouvert Lu-Sa 8h-13h30 et 15h-17h30.) Juste à côté, le bureau SAN/SAETA (☎520 156) ne propose pas encore de vols en provenance ou à destination de l'île de San Cristóbal mais envisage de le faire. La compagnie **Ecuatoriana** pourrait aussi proposer des vols réguliers.

Taxi : Les **camionetas** de l'Ave. Darwin, entre la poste et la rue Española, se rendent à l'**aéroport**, à **El Progreso** et à la **Laguna El Junco** (a/r 8 $).

Transport interîles : Depuis le naufrage du bateau d'INGALA (☎520 172), la seule option consiste à prendre une *fibra*. Les horaires et les prix sont variables. Sinon, prenez l'avion (voir précédemment).

INFORMATIONS PRATIQUES

Informations touristiques : Le **CETUR**, Ave. Darwin, près du quai en face de la discothèque Blue Bay, est rarement ouvert. Pour un service compétent et de bonnes informations, essayez le **CAPTURGAL** (☎/fax 520 592), Ave. Darwin, entre la banque et le CETUR, près de la Farmacia Jane. Ouvert Lu-Ve 8h-17h et Sa. 9h-12h.

Banque : La **Banco del Pacífico** (☎520 365, fax 520 368) se trouve dans l'Ave. Darwin, près de la rue José de Villamil, en bord de mer. **Distributeur** Cirrus/MC. Ouvert Lu-Ve 8h-15h30, Sa. 9h-12h30.

Laverie automatique : Vous trouverez une *lavandería* (☎520 333) dans la rue Alsacio Northia, près de la cathédrale. 2 $ par panier (lavage et séchage compris). Ouvert tlj 9h-21h.

Police : La **Policía Nacional** (urgences 24h/24 ☎520 101 ou 520 129) se trouve au coin de l'Ave. Darwin et de la rue Española, dans un bâtiment bleu et gris.

Pharmacie : **Farmacia San Cristóbal**, dans la rue José de Villamil, à moins de 2 *cuadras* de la banque. Ouvert Lu-Ve 7h15-13h et 15h-22h. Les horaires varient le week-end.

Hôpital : **Hospital Oskar Jandl** (☎520 118), à l'angle des rues Quito et Alsacio Northia, près de la cathédrale et du musée.

Bureau de poste : (☎/fax 520 373), au bout de l'Ave. Darwin, juste après le bâtiment municipal. Service de fax. Ouvert Lu-Ve 8h-12h et 14h-17h30, Sa. 8h-14h.

Téléphone : **Central Telefónica San Cristóbal** (**PacificTel**, ☎/fax 520 104), dans la rue Quito, à 4 *cuadras* de l'Ave. Charles Darwin. Repérez la peinture murale représentant des fous (oiseaux) et une fille avec un téléphone mobile. Pas de surtaxe pour les PCV. Appels avec carte, mais la connexion risque d'être coupée. Ouvert tlj 8h-22h.

HÉBERGEMENT

Bien que les touristes en profitent rarement, les hôtels de Puerto Baquerizo Moreno sont plus agréables que les couchettes des bateaux de croisière. Le camping est autorisé, mais seulement sur les plages de la Galapaguera. Renseignez-vous auprès du **Site d'information du parc national**, juste à la sortie de la ville dans la rue Alsacio Northia, en direction des Cabañas de Don Jorge.

Hotel Chatham (☎/fax 520 137), dans la rue Alsacio Northia, aux confins de la ville en allant vers l'aéroport. Chambres spacieuses, eau chaude et cour. On peut s'y restaurer à peu de frais (*desayuno* 1 $, *merienda* 2 $) et appeler en PCV ou avec une carte depuis le bureau. Tarifs mensuels spéciaux. Chambre simple 7 $, chambre double 10 $, chambre triple 15 $, 1 $ supplémentaire pour la TV.

Cabañas de Don Jorge (☎/fax 520 208, e-mail cterena@ga.pro.ec), dans la rue Alsacio Northia, à l'est de la ville. Suivez la rue jusqu'à ce qu'elle quitte la ville, puis tournez à gauche. Ces bungalows écologiques sont très fréquentés par les surfers de l'île d'Isabela (Déc-Fév), mais conviennent également aux familles ou aux groupes de touristes. Les salles de bains privées ont l'eau chaude. Petit déjeuner 2 $, déjeuner 4 $. Chambre simple 12 $ la nuit, 120 $ le mois.

Hotel Mar Azul (☎/fax 520 384), dans la rue Alsacio Northia, après l'hôtel Chatham en venant de l'aéroport. Les chambres sont pourvues de ventilateurs et les salles de bains communes ont l'eau chaude. Chambre simple 4 $, double 6 $.

Residencial San Francisco (☎520 304), dans l'Ave. Darwin, en face de la banque. L'un des établissements les moins chers de la ville. Cour intérieure encombrée. Les chambres ont toutes une salle de bains, un ventilateur et la TV. Chambre 2 $ par personne.

RESTAURANTS

Vous trouverez des *almuerzos* bon marché à tous les coins de rue, des fruits juteux sur tous les étals de la ville et de délicieuses pâtisseries à la *panadería*. Pour un repas plus classique, arpentez la rue José de Villamil à partir de l'Ave. Darwin. Vous y trouverez un chapelet de *cevicherías* (restaurants dont la spécialité est le *ceviche*, un plat de fruits de mer macérés dans le jus de citron, avec oignons et coriandre, 2,80 $) et la Cabaña El Grande, qui sert une copieuse salade de fruits (1 $), ainsi qu'un bon *desayuno* incluant le *batido* (milk-shake) de votre choix (1,20 $). Essayez la salade maison (1 $) et les plats végétariens (sur commande, 1-2 $) du familial **Casablanca Snack-Bar**, le grand bâtiment blanc orné de parasols dans l'Ave. Darwin, en face du *muelle turístico* (☎520 392, ouvert tlj 8h-22h). En remontant la rue Vallejo, qui part de la rue Alsacio Northia, les hamburgers (0,80 $, avec œuf et fromage 1,20 $) du charmant **Soda Bar Nathaly's**, ont beaucoup de succès (☎520 018. *Batido* 0,60 $, ouvert tlj 8h-23h). Au **Restaurante Rosita**, à l'angle des rues José de Villamil et Ignacio de Hernandez, vous trouverez des tonnes de *comidas típicas* à la carte, mais, comme d'habitude, les repas les plus économiques sont les *desayunos*, *almuerzos* et *meriendas* à prix fixe (2 $, ☎520 106, ouvert Lu-Sa 8h-22h).

VISITES ET SORTIES

CENTRE D'INTERPRÉTATION. Relativement récent, cet impressionnant complexe, l'une des principales attractions de San Cristóbal, dépasse de loin les loisirs pédagogiques de Puerto Ayora. L'architecture et l'environnement du centre méritent à eux seuls un détour : des passerelles en bois traversent des bâtiments modernes entourés de plantes luxuriantes et avec une très belle vue sur la mer. Les expositions retracent l'histoire géologique et humaine des îles et tentent de concilier l'activité de l'homme avec le souci de préservation de la nature. Les histoires relatives aux anciens habitants des Galápagos sont fascinantes. *(En descendant la rue Alsacio Northia, après les Cabañas de Don Jorge. ☎520 358. Ouvert Lu-Ve 7h-12h et 13h-16h, Sa-Di 8h-12h et 13h-17h.)*

MUSÉE D'HISTOIRE NATURELLE. Ce petit musée abrite une énorme mâchoire de baleine, des reconstitutions d'oiseaux des Galápagos et des créatures marines baignant dans du formol (dans la salle scientifique un rien morbide). Vous pourrez voir une affiche sur les plaques tectoniques et les "points chauds", et rendre visite à Pepe, une tortue géante de 88 ans. *(Rue Alsacio Northia, près de la cathédrale. Ouvert Lu-Ve 8h30-11h30 et 15h30-17h30, Sa. 8h30-12h. 1 $.)*

LAS TIJERETAS. Pour bénéficier d'une vue exceptionnelle sur le paysage environnant, gravissez la montagne où se nichent les deux espèces de frégates des Galápagos. Vous pourrez voir, d'un côté, les toits rouges de Puerto Baquerizo

Moreno et, de l'autre, le sable blanc et les plages de lave. On peut aussi apercevoir le rocher du León Dormido dans le lointain. *(Partez des Cabañas de Don Jorge et continuez sur le chemin de terre pendant 5 à 7 mn. Deux sentiers partent d'une ouverture dans la roche à droite, tout au bout de la route. Ils mènent tous deux au sommet. Le premier traverse la forêt au pied de la montagne, tandis que le second traverse une forêt puis une plage. Munissez-vous de chaussures de randonnée. Comptez 30 mn jusqu'au sommet.)*

AUTRES VISITES. La plage rocheuse et peu fréquentée de **La Lobería** offre le calme et le chant des vagues. Vous pourrez aussi y voir des otaries. *(Quittez la ville par la rue Alsacio Northia, en direction de l'aéroport. Prenez à gauche au niveau de l'aéroport puis toujours à droite. Comptez 30 mn de marche. Taxis durée 10 mn, 1,60 $.)* Dirigez-vous vers El Progreso pour voir **La Casa del Ceibo**, une grande cabane de bambou construite à 12 m de hauteur dans un gigantesque *ceibo* bicentenaire. Les visiteurs y accèdent par un pont suspendu fait de bambou et de vigne vierge. La maison à deux niveaux, entièrement meublée, propose des matelas deux places, une salle de bains avec eau chaude, un réfrigérateur et un bar avec des sodas et bières. *(☎ 520 248, la maison se trouve sur la route d'El Progreso et s'atteint par camioneta (a/r 2 $). Chambre 1 $. Visite guidée 1 $.)*

SORTIES. Ne comptez pas sur Puerto Baquerizo Moreno pour faire des *fiestas* d'enfer. Cependant quelques boîtes parsèment la ville. Les *discotecas* **Blue Bay** et **Neptunus**, dans l'Ave. Darwin en face du *muelle turístico*, servent de la Pilsner (2 $) et passent entre autres des tubes latinos. (Ouvert Je-Sa 20h-3h.). Bien que située dans le lointain village d'El Progreso, **Quita d'Cristhi** est une destination très prisée le week-end. Allez-y en *camioneta* (aller simple 1 $).

GALÁPAGOS

EXCURSIONS DEPUIS PUERTO BAQUERIZO MORENO

LAGUNA EL JUNCO. La terre, le vent, le feu et l'eau s'unirent il y a des millions d'années pour former la Laguna el Junco, le plus grand lac d'eau douce des Galápagos. Une route gravit les versants verdoyants d'un volcan éteint et débouche au sommet, sur une superbe étendue d'eau couronnée de brume. C'est la seule réserve d'eau douce de l'île, alimentée par les pluies. Si le brouillard vous paraît très épais, n'ayez crainte : un doux zéphyr ne devrait pas tarder à le dissiper et à révéler l'ancestrale lagune. Des frégates viennent s'y baigner, traversant gracieusement la brume avant de plonger dans l'eau fraîche. Un étroit sentier riche en faune fait le tour de la *caldera* (cratère) et domine presque toute l'île de San Cristóbal. La vue d'une petite partie du littoral est toutefois obstruée par l'imposant **Cerro San Joaquín** (avec plus de 700 m, c'est le plus haut sommet de San Cristóbal). Les visiteurs ne sont pas obligés de faire partie d'une visite guidée pour explorer les hautes terres, mais des excursions peuvent être néanmoins organisées en ville (demandez au restaurant Rosita ou à l'agence d'informations touristiques CAPTURGAL). *(Les hautes terres sont accessibles à pied ou par une camionnette louée en ville (a/r 8 $ maximum). Pour atteindre le lagon à pied, quittez la ville par la rue Quito ou la rue 12 de Febrero et suivez les panneaux indiquant El Progreso. De là, comptez encore 10 km jusqu'à El Junco. Suivez la route jusqu'à ce que vous rencontriez un chemin de terre qui grimpe sur la droite.)*

VISITES GUIDÉES DE SAN CRISTÓBAL. Tous les sites qui suivent ne peuvent être visités qu'avec un guide. Si vous ne faites pas partie d'un groupe, contactez l'agence CAPTURGAL (voir p. 720) ou le restaurant Rosita (voir p. 721), à Puerto Baquerizo Moreno, qui organisent des excursions à la journée. Avec un groupe de 6 à 10 personnes, comptez à peu près 500 $ en tout pour l'excursion (à diviser par le nombre de participants). Une excursion de plusieurs jours depuis Puerto Ayora est plus conseillée et certainement moins chère.

Isla Lobos se trouve à une heure environ au nord-est de Puerto Baquerizo Moreno. Séparée de San Cristóbal par un étroit bras de mer, la petite île rocheuse se distingue par sa plage de sable blanc. Vous pourrez y voir des fous à pattes bleues et des otaries. Le rocher **León Dormido**, à une heure au nord-est de Lobos, doit son nom à son aspect de lion endormi. La **plongée** est ici à l'honneur, mais prenez garde aux requins des Galápagos qui hantent le large, ainsi qu'aux dangereux courants. Au nord, le **Cerro Brujo** est une superbe plage de corail blanc.

A l'extrême est de l'archipel se trouve la **Punta Pitt**. Elle abrite toute une colonie de fous à pattes rouges, à pattes bleues et masqués. Au-delà du débarcadère, un chemin gravit la montagne et offre un point de vue magnifique sur la côte rocheuse en contrebas (20 mn dans chaque sens). **La Galapaguera**, peuplée de tortues géantes, se trouve sur le rivage juste en dessous de la Punta Pitt (2h dans chaque sens).

LES ÎLES OCCIDENTALES

Quand le *Beagle* traversa le détroit de Bolívar entre les îles d'Isabela et de Fernandina, Charles Darwin s'émerveilla de la richesse de ces îles volcaniques actives. Ce détroit demeure fascinant, et les passagers des bateaux qui le traversent voient souvent des dauphins et des baleines ondoyer dans ses eaux.

Les îles occidentales d'Isabela et de Fernandina sont le plus souvent accostées par des embarcations rapides ou de grande taille, ou par les bateaux de croisière, car les sites dignes d'intérêt sont éloignés les uns des autres ainsi que du reste de l'archipel. Toutefois, ces îles lointaines vous réservent un fabuleux échantillon de faune et de flore sauvages et un paysage de toute beauté.

ISLA ISABELA

L'intérêt de cette île réside essentiellement dans sa tumultueuse géologie : en forme d'hippocampe, elle est née de la fusion de six volcans et représente 58 % de la masse terrestre de tout l'archipel. Les volcans Wolf, Sierra Negra et Alcedo sont rentrés en éruption au cours des dernières décennies et, en septembre 1998, le **Cerro Azul** s'est réveillé dans une explosion de lave et de feu rouge orangé. Le chapelet de volcans géants se dresse fièrement entre ciel et mer. Outre la côte occidentale, difficile à atteindre, vous pouvez aussi explorer les alentours de **Puerto Villamil**.

PUERTO VILLAMIL

Puerto Villamil (1500 habitants) est un petit village charmant mais qui ne s'est pas modernisé. Vous n'y trouverez ni office de tourisme ni supermarché, et vous serez surpris de voir que le journal n'a pas encore remplacé les annonces faites au haut-parleur par les résidents. Les figuiers de Barbarie servent de piquets de clôture et seules la lune et les étoiles éclairent la ville après minuit. Les étrangers étant rares dans cette bourgade reculée, attendez-vous à être le point de mire où que vous alliez. Cependant, les habitants sont très accueillants et ne vous étonnez pas s'ils vous invitent à bavarder : ils ont tous quelque chose à raconter.

TRANSPORTS ET INFORMATIONS PRATIQUES. L'**aéroport-piste d'atterrissage** se trouve à 3 km de la ville. Bien que *Let's Go* ne recommande pas l'auto-stop, vous trouverez facilement une camionnette pour le village si la marche ne vous tente pas (1,20 $). Le capitaine Juan Mendoza prend les passagers à bord de son **bateau**, l'*Estrella del Mar*, jusqu'à Puerto Ayora (dép. Ma. à 7h30, 15 $). Les billets s'achètent aux **bureaux municipaux** en face du centre médical, le lundi avant 13h. La **Fletas**, une compagnie de location de bateaux, propose également ses services au port. La **Capitanía** (☎ 529 113), dans le centre-ville près du *muelle embarcadero*, en face d'EMETEBE, connaît les horaires des bateaux. Le bureau **EMETEBE**, à l'angle des rues Las Fragatas et Conocarpus, en face de la Capitanía, propose des vols pour l'île de **Baltra** (durée 20 mn, dép. Ma., Je. et Sa., 80 $) et **Puerto Baquerizo Moreno** (durée 35 mn, dép. Lu., Me. et Ve., 90 $), mais les horaires varient. Si les téléphones ne fonctionnent pas, le bureau peut contacter la TAME ou la SAN par radio (☎ 529 155, ouvert Lu-Ve 7h-12h et 14h-18h, Sa. 7h-15h). Les propriétaires d'hôtels, notamment Dora de l'**Hotel Ballena Azul**, peuvent répondre à vos questions. En cas d'**urgence**, appelez le ☎ 101. La **police** est située en face du bureau EMETEBE. Un **centre médical** se trouve au croisement des rues 16 de Marzo et Antonio Gil, à une *cuadra* du poste de police (urgences ☎ 529 181, ouvert Lu-Ve 8h-12h et 14h-18h). Les appels téléphoniques se font au bureau **PACIFICTEL**, dans la rue Las Escalecias, à 3 *cuadras* de la plage.

HÉBERGEMENT. Les établissements de Puerto Villamil sont en général excellents. L'**Hotel Ballena Azul** et les adjacentes **Cabañas Isabela del Mar**, dans la rue Conocarpus, au bout de la ville, figurent parmi les meilleurs hôtels des Galápagos. Les grandes chambres rustiques ont l'eau chaude et vue sur la mer. Dora, la propriétaire suisse, résiste difficilement au bavardage, que ce soit en anglais, en espagnol, en français ou en allemand. (☎/fax 529 125 pour les deux hôtels, e-mail isabela@ga.pro.ec. Web : www.pub.ecua.net.ec/isabela. Blanchisserie environ 0,25 $ par article. Chambre au Ballena Azul 2 $, avec salle de bains 10 $. Chambre double ou triple aux Cabañas 10 $ par personne.) A proximité, **La Casa de Marita Bed & Breakfast** se repère de loin grâce à son extérieur jaune et rouge. Cet établissement convivial offre l'accès à une cuisine et une belle vue sur la mer. Dehors, des hamacs vous attendent sur la terrasse. Les voyageurs sac au dos peuvent bénéficier de réductions. Renseignez-vous. (Chambre simple 10 $, double 20-30 $, triple 25-35 $, quadruple 40-50 $.) L'**Hotel San Vicente**, à l'angle des rues Cormorantes et Pinzón Artesano, propose des chambres simples mais propres avec salle de bains (☎529 140 ou 529 180, chambre simple 3 $, double 6 $, **camping** gratuit).

RESTAURANTS. Le restaurant de l'hôtel **Ballena Azul** prépare une cuisine régionale et internationale de qualité. La carte inclut un petit déjeuner de fruits frais, de pain, d'œufs, de confiture maison et de café (1 $). Les déjeuners et dîners comprennent du riz, de la viande, de la salade et des légumes (2 $). Tâchez de prévenir si vous souhaitez déjeuner ou dîner. **La Casa de Marita B&B** propose de délicieux plats internationaux ou végétariens (4 $ au maximum). Si vous ne voulez rien d'autre que de la *comida típica*, allez dans l'un des restaurants qui jouxtent le *municipio* (la mairie). La **Ruta**, la **Costa Azul** et la **Rosita** servent tous des *desayunos*, des *almuerzos* et des *meriendas* (1,20 $ chacun).

GALÁPAGOS

EXCURSIONS DEPUIS PUERTO VILLAMIL

VOLCÁN SIERRA NEGRA. Si vous souhaitez vous y rendre à cheval, comptez une heure de balade pour voir l'impressionnante et sombre *caldera*. Elle s'étend dans toutes les directions, refusant de tenir dans la limite de votre champ de vision. Vous serez certainement ébahi devant le volcan Sierra Negra, le plus ancien et le plus gros des six volcans d'Isabela. Avec un diamètre de 10 km, il est en outre le **deuxième plus grand cratère volcanique du monde**. Les randonneurs intrépides pourront suivre le sentier ouest qui longe le cratère et mène aux mines de soufre. A l'intérieur du cratère, trois niveaux de formations sulfureuses laissent échapper leurs bulles et jets de vapeur. Le trajet jusqu'aux mines de soufre est plus long et plus difficile que l'excursion à la Sierra Negra, et ceux qui ont l'intention de faire les deux doivent envisager de **camper** au bord du cratère. Si vous choisissez cette formule, vous ne manquerez rien du paysage. Avant de camper, informez-en les autorités du parc à Puerto Villamil (☎529 178), dans la rue Antonio Gil. Les feux sont interdits et les détritus devront être emportés. Vous pouvez louer des tentes à l'hôtel Ballena Azul. N'oubliez pas de vous munir d'un pantalon long, d'un haut à manches longues et d'un imperméable. Il est dangereux de visiter le volcan sans guide, et d'ailleurs les gens qui louent les chevaux se font toujours accompagner par une personne compétente. La plupart des groupes terminent leur parcours au **Volcán Chico**. Après avoir traversé ces paysages lunaires, les randonneurs salués par des fumerolles verront leur efforts récompensés par une étonnante vue sur l'île de Fernandina au loin. *(Les excursions sont organisées par l'hôtel Ballena Azul et incluent généralement une visite au volcan voisin Chico (camioneta, cheval, guide 35 $ par excursion). Cette excursion est plus rentable pour les grands groupes.)*

LA GRIETA DE LOS TIBURONES. Après une courte marche, le sentier de lave noire atteint un vaste chenal près d'un lagon. Quelques petits poissons frétillent à l'entrée du chenal, suivis, plus loin, par des **requins à pointe blanche**. Loin d'être agressifs, ces dociles créatures vont et viennent par groupes. On aperçoit aussi de temps à autre des **tortues marines** et des **raies léopards**. Le chemin continue jusqu'à une petite plage où des otaries se reposent à l'ombre de la mangrove. Des **manchots** hantent également le secteur. *(Vous trouverez peut-être une panga pour vous y emmener, mais cela risque d'être difficile. Il est préférable d'organiser la balade auprès de l'hôtel Ballena Azul (durée 10 mn). Une excursion guidée coûte environ 20 $, avec une halte de 2h et un retour en bateau jusqu'à la ville.)*

CENTRE D'ÉLEVAGE DES TORTUES GÉANTES. Géré conjointement avec le Service du parc national, le centre permet d'observer des milliers de tortues géantes de toute taille. Il se consacre surtout à l'élevage de deux races de tortues de l'île d'Isabela. Tandis que vous déambulez entre les carapaces, faites attention aux nombreuses **guêpes** qui prolifèrent dans le coin. *(Suivez la rue Antonio Gil, en passant devant le centre médical, jusqu'à ce qu'un panneau indique le centre d'élevage, à 1 km. Bureau du parc national ☎529 178. Ouvert tlj 7h-18h.)*

EL MURO DE LAS LÁGRIMAS (LE MUR DES LARMES). Comme son nom l'indique, ce mur commémore l'ancien statut de colonie pénitentiaire de l'île. En juin 1946, le président en place, José María Velasco Ibarra, décida de déplacer trois cents prisonniers et trente gardiens de Guayaquil au pied de la montagne Orchilla, à 5 km de Puerto Villamil. Déterminé à utiliser ses prisonniers pour les travaux, le chef de la colonie pénitentiaire leur fit construire une nouvelle prison avec les matériaux qu'il avait à sa disposition : de lourds blocs de lave, empilés les uns sur les autres sans ciment. En raison de l'extrême diversité des pierres, il en résulta une pile de 9 m de haut tout sauf rectiligne. Les longues heures passées au soleil, ajoutées au travail harassant, épuisèrent le moral des hommes et leur ôtèrent toute envie de vivre. Avec le temps, cette prison fut surnommée l'endroit "où les lâches mouraient et où les braves pleuraient". La construction de ce "mur des larmes" cessa quand le chef sadique fut muté et la colonie envoyée dans une zone agricole des hautes terres. Elle fut abolie en 1959, à la suite d'une rébellion au cours de laquelle les prisonniers prirent possession des camps et s'enfuirent sur le continent à l'aide d'un voilier volé. *(Pour vous rendre au Mur des larmes, dirigez-vous vers l'extrémité de la ville par la rue Antonio Gil. Au niveau de la grande maison rose, à l'endroit où un panneau indique le centre d'élevage des tortues, continuez tout droit sur le sentier sableux. Dépassez toutes les plages et les lagons jusqu'à ce que vous débouchiez sur le champ orné d'un mur. Comptez de 2 à 3h de marche.)*

CALA TAGUS ET PUNTA TORTUGA

La crique de **Tagus**, l'un des sites les plus fréquentés de l'île d'Isabela, offre un aperçu de toutes les richesses qu'elle recèle. C'est aussi l'un des lieux les plus mythiques des Galápagos. Une superbe promenade en *panga*, dès la sortie du bateau, emmène les visiteurs le long des falaises de l'île, peuplées de **manchots**, d'**iguanes**, de **pélicans** et de **cormorans** aptères. En haut de plusieurs marches en bois part un sentier qui domine le **lac Darwin**, plus haut et plus salé que la mer. La vue est de plus en plus spectaculaire à mesure que le chemin progresse. Au sommet, si la visibilité est bonne, on peut voir les volcans Darwin et Wolf au nord (les deux étant situés sur l'équateur) et la Sierra Negra au sud. L'île de Fernandina se profile également à l'horizon. Près de la crique de Tagus, la **Punta Tortuga**, rarement visitée, est le seul endroit au monde qui abrite des **pinsons charpentiers**. Endémiques sur les îles d'Isabela et de Fernandina, ces talentueux oiseaux fouillent l'écorce des arbres à l'aide de bâtons ou d'épines de cactus qu'ils tiennent dans leur bec. Quand ils trouvent un outil particulièrement adapté, ils le cachent pour un usage ultérieur. Malheureusement, il est difficile de voir ces oiseaux en pleine action.

BAHÍA URVINA

Les attractions de la baie d'Urvina sont essentiellement concentrées autour d'animaux impressionnants : de monstrueux iguanes terrestres fréquentent cet endroit, tout comme les tortues géantes qui, à la saison humide, descendent du **volcan Alcedo** pour venir pondre leurs œufs. La baie d'Urvina abrite également quelques imposantes formations coralliennes, qui ont émergé lors du soulèvement tectonique, ou *levantamiento*, de 1954. Jusqu'alors, toute la région était sous les eaux. Le chemin commence dans l'eau sur une plage sombre et se poursuit par une courte marche jusqu'à une deuxième plage, qui constituait le rivage de l'île avant le soulèvement.

BAHÍA ELIZABETH

Sur la côte occidentale de l'île d'Isabela, la baie d'Elizabeth est un secteur où la faune sous-marine est riche et abondante. Comme il n'y a pas de débarcadère, préparez vos jumelles et espérez que le temps sera dégagé. Au nord de la baie se dressent les **rochers Mariela**, un paysage fait de falaises déchiquetées et d'arbres palo santo. Certaines excursions proposent une **plongée** autour des îlots rocheux, où l'on peut voir d'énormes **étoiles de mer** ainsi que des **manchots** qui pêchent dans les eaux fortement refroidies par le courant de Cromwell. Les bateaux se dirigent ensuite vers une **mangrove**, qui crée un labyrinthe de bras de mer ondoyant entre le feuillage vert et les racines rouges des palétuviers. Ces denses mangroves servent de lieu de reproduction aux **tortues marines**, ainsi qu'aux **raies** et aux **requins à pointe blanche** qui hantent souvent les environs en quête d'un repas. La baie abrite également quelques rares **cormorans aptères**.

PUNTA MORENO

Punta Moreno constitue peut-être l'une des haltes les plus mémorables. Ces cuvettes naturelles creusées dans la lave abritent toutes sortes d'oiseaux, notamment des **hérons bleus** et des **flamants roses**. Si vous êtes là pendant la période de reproduction, vous remarquerez que la coloration des flamants est particulièrement vive, certains arborant même quelques plumes rouge foncé. Les couleurs de Punta Moreno sont quasi irréelles : les coulées de lave noire sont percées de fentes d'eau bleue, elles-mêmes cerclées de végétation verte et émaillées de flamants roses. Près de Punta Moreno, certains groupes visitent un ensemble de bassins côtiers, dont l'un s'appelle le bassin de **Derek**. Il est interdit d'y descendre, mais l'on pourra y observer les **otaries** et les **tortues marines** depuis un bateau (bien que l'excursion en elle-même n'en vaille guère la peine, ces animaux étant relativement courants aux Galápagos).

ISLA FERNANDINA

Maillon le plus à l'ouest de la chaîne des Galápagos, l'île de Fernandina est l'une des plus jeunes îles de l'archipel et celle qui possède les volcans les plus actifs. La dernière éruption, qui date de janvier 1995, a jailli de **La Cumbre**, un petit volcan situé à l'extrême sud-ouest de l'île. Les cônes parasites, petits volcans qui se forment sur les flancs des plus gros, peuvent entrer en activité à tout moment. Le plus remarquable, c'est l'absence de plantes et d'animaux introduits par l'homme. C'est pour cette raison qu'on la surnomme parfois "l'île la plus intacte du monde".

PUNTA ESPINOSA

L'île de Fernandina ne recèle qu'un seul site visitable : Punta Espinosa. Formée par un soulèvement tectonique en 1975, elle est accessible par une plage plus ou moins immergée, selon la marée. Des **manchots** et autres animaux sympathiques viennent souvent y prendre le soleil. L'endroit est également connu pour être la **plus grande concentration de cactus des laves** des Galápagos.

Plusieurs sentiers relativement courts partent du monument du parc national, près du débarcadère. A gauche, un chemin serpente à travers des champs de lave *pahoehoe* et *aa*, qui tirent leur nom de coulées similaires dans les îles Hawaii. Sur le sentier à droite du monument, des hordes de gros **iguanes marins** viennent souvent se chauffer au soleil. Étrangement, ils sont beaucoup plus imposants que leurs cousins des autres îles. Leurs nids sont situés de part et d'autre d'un étroit chemin sablonneux fréquenté par des **hérons bleus**, des **buses des Galápagos** et d'autres rapaces désireux de nourrir leurs petits. Regardez où vous mettez les pieds, ou vous risqueriez de tuer un de ces petits iguanes. Les lieux de nidification sont très fragiles : le poids d'un humain suffit à écraser un nid entier. Ce chemin mène également au meilleur point d'observation du **cormoran aptère**. Le courant froid de Cromwell, qui alimente cette partie de l'archipel en substances nutritives, rend la mer particulièrement poissonneuse à cet endroit. La **plongée** est exceptionnelle : de nombreuses **tortues marines**, tout comme de petits **requins à cornes**, slaloment entre les formations rocheuses sous-marines.

ISLA SANTIAGO

L'histoire de l'île de Santiago est assez mouvementée. Le mercantilisme humain, conjugué à l'activité volcanique, a fait de l'île un des endroits les plus intéressants et les plus visités de tout l'archipel. Ses cônes volcaniques, ses colonnes de lave en bord de mer, ses douces coulées *pahoehoe* et ses plages de sable noir rappellent sans cesse le passé explosif de l'île. Les premiers occupants humains de l'île furent des pirates qui, au XVIe siècle, trouvèrent refuge dans les criques abritées. Mais ce n'est que dans les années 1880, lorsque quelques chèvres furent abandonnées dans l'île, que les vrais problèmes commencèrent. Rapidement, leur nombre s'éleva à plus de 100 000, et elles se mirent à dévorer tout ce qui leur tombait sous la dent. Depuis, les écologistes s'efforcent de contrôler leur population. L'île fut en outre souillée dans les années 1920 et 1960 par l'ouverture de deux mines de sel lorsqu'on on essaya sans succès d'exploiter son cratère salin. En dépit de ce passé mouvementé, elle recèle de nombreux sites intéressants. Sa situation centrale la rend facilement accessible et la plupart des touristes prennent le temps de la visiter.

PUERTO EGAS

Situé sur la rive occidentale de l'île de Santiago, Puerto Egas est un site très complet. Une plage de sable noire, des vestiges d'occupation humaine, une étonnante géologie et une faune unique se concentrent autour de la **baie de James**. Le tuf brun stratifié et le basalte volcanique noir qui composent la plus grande partie du paysage forment un chef-d'œuvre de crevasses, de gouffres et de ponts naturels.

Le sentier touristique longe le littoral et débouche sur des bassins marins qui comptent parmi les plus réputés des Galápagos. Les colonnes de lave noire, les bassins et les cratères sont remplis d'eau de mer. Mais dépendant de la marée, les trésors marins de Puerto Egas ne se voient qu'à marée basse. Les oiseaux de mer, comme les **grands hérons bleus**, les **hérons des laves**, les **tourne-pierre**, les **huîtriers** et les **sternes** se délectent souvent de coquillages, de crustacés et de petits poissons emprisonnés dans les mares. La roche volcanique de la côte est très glissante : faites attention en marchant.

Au-delà des bassins, des **grottes**, qui constituent pour beaucoup le clou de l'île, se laissent bercer par la marée. Ces trous profonds, tous reliés par un système de tubes de lave, sont constamment renouvelés en eau de mer. L'un d'eux, qui porte le surnom approprié de **Toilettes de Darwin**, se remplit avec un bruit caractéristique de chasse d'eau. Les grottes sont un des rares endroits où l'on peut observer des **otaries à fourrure**. Jadis chassées pour leur épaisse fourrure isolante, ces petites otaries ont failli disparaître mais reviennent peu à peu. Elles cohabitent en larges groupes mais sont beaucoup plus timides que leurs cousines. Elles sont également d'excellentes grimpeuses et gravissent les corniches des grottes pour protéger leur fourrure du soleil. L'impact de l'activité humaine sur l'île est particulièrement manifeste dans les usages passés et actuels de Puerto Egas. Les vestiges des bâtiments et des équipements des anciennes mines de sel restent à l'abandon sur le rivage, au milieu de la lave et de la végétation.

PLAYA ESPUMILLA

La plage d'Espumilla, que l'on atteint après s'être mouillé les pieds au nord de la baie de James, formait un bon site d'observation des flamants roses jusqu'au passage d'El Niño en 1982 et 1983 et aux modifications du climat qui s'ensuivirent. Depuis, les flamants roses ont déserté la lagune d'eau salée derrière la plage, mais le chemin qui traverse les terres sur 2 km vous permettra d'observer d'autres espèces d'oiseaux, tels les **pinsons de Darwin**, les **buses des Galápagos** et les **gobe-mouches**. La longue plage de sable est idéale pour la baignade, mais prenez garde où vous mettez les pieds : des tortues marines viennent souvent y pondre leurs œufs.

BAHÍA SULLIVAN

La plage de Bahía Sullivan est très différente des étendues de sable qui ourlent les îles des Galápagos. En effet, le littoral est de l'île de Santiago est formé d'une coulée de lave *pahoehoe* fraîche (100 ans) qui a créé ce terrain noir et rocailleux. Des poches de gaz emprisonnées sous la surface, appelées *hornitos* (petits fours), ont explosé à la manière de "minivolcans" et produit ces rides qui strient l'étendue lisse et noire. Remarquez également les *kipukas*, ces cônes de tuf qui formaient des îlots à part entière jusqu'à ce qu'ils aient soudainement été assaillis par les coulées de lave. Un chemin fait le tour de la baie en une heure et demie.

CRIQUE DES BOUCANIERS

Située à l'extrémité nord-ouest de l'île de Santiago, cette crique fut un refuge de pirates au XVIIe siècle et au début du XVIIIe siècle. On trouvait de l'eau douce dans les dépressions des rochers de lave, et la crique offrait un mouillage idéal aux bateaux. Plus tard, ce sont des baleines qui s'y reposèrent. Aujourd'hui, bien qu'ils ne s'y arrêtent plus, beaucoup de bateaux flânent un moment devant la crique, laissant aux visiteurs le loisir d'admirer les impressionnantes falaises et les formations rocheuses. Le littoral est aujourd'hui peuplé de chèvres redevenues sauvages, qui causent autant de dommages au paysage que les pirates en commettaient en haute mer.

GALÁPAGOS

ISLA BARTOLOMÉ

Malgré sa petite superficie de 1,2 km², l'île de Bartolomé est réputée pour son extraordinaire géologie colorée où les rouges, les bleus et les noirs se mêlent pour créer un paysage kaléidoscopique. Dominé par un ancien volcan d'une impressionnante beauté, cette île stérile est constituée de roche volcanique poreuse sur laquelle la végétation commence tout juste à pousser. L'île s'enorgueillit de deux sites touristiques : le **sommet** du cône volcanique et les **plages jumelles** qui abritent le célèbre Pinnacle Rock et l'unique colonie de manchots de ce côté-ci de l'île d'Isabela.

LE SOMMET

Le sentier qui mène au sommet de l'île commence à sec par quelques marches souvent occupées par des otaries. Plus loin, des lézards des laves partent dans toutes les directions, ne laissant guère le temps aux visiteurs de les observer de près. La partie principale du chemin est constituée par un escalier en bois (plus de 370 marches) construit par le parc national dans le but d'éviter l'érosion de l'île. Si la montée est fatigante, la vue depuis le sommet par temps dégagé est éblouissante et domine l'immensité de l'archipel. Un demi-tour de 180° vous fera comprendre pourquoi l'on compare souvent l'île de Bartolomé à la surface de la lune : d'étranges cratères couverts de cendre noire entourent le volcan. Non loin, les couleurs variées des **cactus des laves** en forme de banane renseignent sur l'âge relatif des différentes parties de la plante : les plus anciennes sont grises, les intermédiaires vertes, et les plus jeunes sont jaunes. La **tiquilla** est une autre plante qui s'est adaptée au rude climat de Bartolomé.

LES PLAGES JUMELLES

Les rivages jumeaux de Bartolomé sont situés de part et d'autre de l'île. La plupart des groupes ne se rendent qu'à la plage nord, où la **baignade** est autorisée, car les puissants courants et marées, les requins et les pastenagues rendent la plage sud dangereuse pour la baignade. Elle est par contre idéale pour l'observation de la nature. Des **tortues marines y nichent** de fin décembre à début mars, et vous pourrez y voir des **grands hérons bleus** toute l'année. Le **Pinnacle Rock**, rocher le plus photographié des Galápagos, se dresse majestueusement vers le ciel. Il est composé de sable tassé sculpté par la mer et les vents. Comme tous les autres sites naturels des Galápagos, il change constamment : les failles formées par l'érosion auront bientôt raison du rocher. Mais avant qu'il ne sombre, prenez le temps, pendant que vous nagez, de vous arrêter sous le rocher et de le contempler. La **plongée** est superbe sur l'île de Bartolomé : des poissons tropicaux aux couleurs vives, parfois accompagnés d'un requin à pointe blanche, louvoient parmi les formations rocheuses sous-marines. Le bord de mer est également un endroit propice pour observer le **manchot des Galápagos**.

ISLA RÁBIDA

Bien que l'île de Rábida, juste au sud de l'île de Santiago, soit de très petite taille, sa couleur étonnante, sa situation centrale et sa faune très diversifiée attirent nombre de visiteurs. Après un débarquement "les pieds dans l'eau", la plage nord resplendit de tous ses feux brun rouge foncé, et l'on y rencontre généralement des otaries et des iguanes marins. Les buissons salés qui poussent derrière la plage servent de lieu de nidification au pélican brun, l'un des plus grands oiseaux des Galápagos. Au-delà de cette végétation s'étend un petit lagon parfois peuplé de **flamants roses des Galápagos**. La visite ne serait pas complète sans un aperçu de l'île depuis les hauteurs. Un court sentier part de la plage pour rejoindre un point de vue donnant sur l'océan, le lagon et de superbes falaises écarlates. Cette partie de l'île est idéale pour observer les **fous à pattes bleues**. On peut aussi faire de **la plongée** de qualité au large de la plage de Rábida : les eaux sont claires, les poissons exceptionnels et l'on croise parfois des **requins** et des **raies manta**.

ISLA SOMBRERO CHINO

La petite île de Sombrero Chino, au large de la côte sud-est de l'île de Santiago, doit son nom à sa troublante ressemblance avec un chapeau chinois. Bien qu'elle ne soit pas aussi fréquentée que les autres îles centrales et ne constitue pas un but d'excursion d'une journée, sa proximité avec d'autres îles permet aux visiteurs qui ne s'y arrêtent pas d'admirer son extraordinaire paysage de loin. Le débarquement se fait les pieds dans l'eau sur une superbe plage blanche où des otaries accueillent les visiteurs. En raison de la fragilité de la roche volcanique qui compose la majorité de l'île, le sentier touristique ne monte pas jusqu'au sommet mais permet néanmoins de s'émerveiller devant un beau panorama marin. La **plongée** entre l'île de Chino et de celle de Santiago permet de voir beaucoup de **manchots** et de **requins à pointe blanche**.

LES ÎLES DU SUD

Les îles d'Española et de Floreana, à l'extrême sud de l'archipel, possèdent chacune plusieurs sites touristiques qui rempliront agréablement une journée de croisière. Elles sont faciles d'accès et la plupart des agences les incluent toutes deux dans leurs excursions au sud.

ISLA FLOREANA (CHARLES)

Si les visiteurs peuvent aujourd'hui différencier les îles essentiellement par leur faune et leur paysage, les nombreuses légendes qui se sont tissées depuis la découverte de l'archipel confèrent à la plupart d'entre elles une personnalité unique dans laquelle n'interviennent ni les formations volcaniques ni les fous à pattes colorées. Isla Floreana, première île à avoir été habitée, a du mal à oublier son passé. Les vestiges d'une conserverie norvégienne, à Bahía de Corréos, et la célèbre et sordide saga de ses excentriques colons allemands (voir encadré **Sexe, mensonges et dentiers**) hantent encore l'île.

PUERTO VELASCO IBARRA

Aussi peuplé qu'un hôtel de taille moyenne, le village de Puerto Velasco Ibarra (70 habitants) est calme et discret, même aux heures d'affluence touristique. Les personnes qui voudraient y débarquer pour la nuit n'auraient pas un choix infini en matière d'hôtels et de restaurants, mais y trouveraient néanmoins le gîte et le couvert. La petite **Pensión Wittmer** (☎ 520 150, à Guayaquil ☎ (04) 294 506) est le seul hôtel de l'île. Les chambres avec salle de bains privée, eau chaude et vue sur la mer sont beaucoup moins chères que leur équivalent sur les autres îles (chambre 1,60 $). Inutile d'aller très loin pour se restaurer : les propriétaires servent le petit déjeuner (0,60 $), le déjeuner et le dîner (0,80 $). Quatre générations de Wittmer, l'une des premières familles à avoir colonisé l'île de Floreana, résident sous le toit de ce sympathique hôtel. La pension vend également des exemplaires dédicacés de

Floreana, le livre d'une des premières habitantes, Margaret Wittmer, et tamponne les lettres destinées au tonneau de la poste (voir plus loin **Bahía de Corréos**).

Juste à la sortie de Puerto Velasco Ibarra, on découvre l'**Asilo de Paz**, où s'établirent les premiers habitants. Plusieurs grottes sculptées à la main avaient été taillées dans la roche par les colons allemands nouvellement arrivés, mais on ignore toujours pourquoi. Peut-être s'agissait-il d'habitations troglodytes destinées à renforcer la symbiose idéaliste des colons avec la nature.

BAHÍA DE CORRÉOS

En 1793, le capitaine d'un baleinier britannique installa sur la baie de l'île encore inhabitée un tonneau en bois dans lequel on pouvait déposer des lettres. Pendant des années, cela constitua le seul système postal existant à des centaines de kilomètres à la ronde. Les baleiniers du monde entier y déposaient leurs lettres et prenaient celles qu'ils pouvaient livrer au cours de leurs voyages. Bien que l'authentique tonneau ait disparu depuis longtemps, la tradition perdure grâce aux visiteurs qui débarquent sur la plage brune de la côte nord de Floreana. Le baril actuel est très différent de l'ancien : il accueille non seulement les lettres, mais également toute sorte de graffitis, images et autres messages plus ou moins artistiques. Déposez une carte postale, une lettre ou un mot écrit à la hâte et voyez si vous en trouvez une adressée à une personne de votre ville ou de votre région. De retour chez vous, essayez de la porter en main propre à son destinataire.

SEXE, MENSONGES ET DENTIERS Le 19 septembre 1929, un navire débarqua deux passagers et tout un lot de caisses sur l'île de Floreana. **Friedrich Ritter**, médecin allemand et fervent disciple de Nietzsche, se retirait du monde en compagnie de **Dora Strauch**, sa patiente et maîtresse. Leur but ? Prouver que l'homme pouvait vivre longtemps s'il vivait en harmonie avec la nature. Avant d'arriver sur l'île, Ritter et Dora s'étaient fait arracher toutes leurs dents dans le but d'éviter toute carie. Ils se firent poser un **dentier en acier inoxydable** (ayant perdu l'un des deux, le couple dut partager l'autre). Pendant les cinq années qui suivirent, de plus en plus d'Allemands vinrent s'établir sur cette terre lointaine. C'est alors que la caractérielle **baronne von Wagner de Bosquet** débarqua sur l'île tel un ouragan, vêtue de bottes en cuir, un revolver dans une main et un fouet dans l'autre (sans doute pour maitriser ses amants). Déjà sérieusement contrarié dans ses rêves d'isolement intellectuel, Ritter ne put supporter qu'elle se proclamât "**Impératrice de Floreana**". Ceci explique peut-être pourquoi, en 1934, la baronne et l'un de ses amants disparurent, alors que le corps d'un autre fut retrouvé sur la plage d'Isla Marchena. Cependant, peu de temps après, le Dr Ritter, qui était végétarien, mourut mystérieusement après avoir mangé un poulet empoisonné. D'après les témoins, il aurait jeté un sort à Dora dans son dernier souffle. Celle-ci serait retournée en Allemagne pour écrire un ouvrage intitulé *Satan au paradis* avant de mourir, sûrement victime de la malédiction du terrible docteur. A l'heure actuelle, **Margaret Wittmer** est la seule résidente encore vivante ayant connu cette époque pour le moins loufoque.

PUNTA CORMORANT

Si la plupart des touristes visitent l'île de Floreana pour son histoire, le site de Punta Cormorant est tout aussi remarquable : ses roches vertes, ses mangroves rouges, ses versants montagneux gris, ses flamants roses, son sable blanc et ses eaux bleues en font un paradis multicolore. Les visiteurs y accèdent les pieds dans l'eau par une plage située au nord de l'île et jonchée de milliers de petites perles vertes. Cet étrange minéral du nom d'**olivine** provient d'une éruption volcanique vieille de plusieurs siècles. L'olivine donne au sable une teinte verdâtre : il suffit d'en prendre une poignée pour voir les cristaux verts se mêler au sable. Une courte marche dans les terres vous mènera à l'**une des plus grandes lagunes de flamants roses des Galápagos**. La rare *Leococarpus pimatificles* (sorte de marguerite aux feuilles coupées) s'y observe également. Cette fleur insolite ne pousse nulle part ailleurs au monde.

Autre site de Punta Cormorant, la **plage de la Farine** doit son nom à son sable extraordinairement doux et blanc. Des **crabes fantômes** gris, des **crabes coureurs** rouge vif et des **tortues marines** vertes fréquentent cette plage. A cause de la présence de **pastenagues, qui peuvent être dangereuses**, elle ne se prête ni à la baignade ni à la plongée, mais la plage de **Corona del Diablo** permet toutes les fantaisies aquatiques.

CORONA DEL DIABLO

Jadis, cette formation sous-marine au large de Punta Cormorant n'était autre qu'un volcan immergé. Des éruptions consécutives, conjuguées à la force de l'océan, en ont érodé le cône, qui ne consiste plus qu'en une couronne de colonnes de lave noire émergeant du fond marin. Grâce aux courants qui apportent des tonnes de poissons, la "Couronne du Diable" est l'un des **meilleurs sites de plongée** de l'archipel. Mais ces mêmes courants peuvent être dangereux et nécessitent une grande vigilance. Les **requins à pointe blanche** et les **requins marteaux** forment peut-être la principale attraction du lieu, qu'ils fréquentent régulièrement. Si les requins marteaux s'attaquent aux hommes dans d'autres endroits du monde, l'abondance de nourriture les rend ici indifférents, voire méfiants, vis-à-vis des nageurs. Pour augmenter vos chances d'apercevoir un requin, restez calme et silencieux.

ISLA ESPAÑOLA

Sise à l'extrême sud de l'archipel, l'île d'Española a peut-être pour principal atout sa distance d'avec le reste des îles. Sa situation isolée n'ayant pas favorisé la circulation génétique interinsulaire, nombre de ses animaux ne se rencontrent nulle part ailleurs dans les Galápagos (ni dans le reste du monde). L'île est particulièrement réputée pour sa faune ailée : l'**albatros des Galápagos** mérite à lui seul le détour. Ne vous laissez pas décourager par son éloignement, car la plupart des visiteurs la considèrent comme la plus intéressante de toutes les îles.

PUNTA SUÁREZ

Les bateaux atteignent l'île d'Española "à sec" par Punta Suárez, un secteur qui couvre la pointe occidentale de l'île. Une vaste colonie d'**otaries** flâne sur les plages de sable, tantôt posant pour les photos, tantôt pestant contre ces maudits humains qui viennent troubler leur quiétude. Vous rencontrerez certainement des **iguanes marins** en train de se chauffer au soleil sur les rochers noirs qui séparent les différentes parties de la plage. Les iguanes endémiques de l'île sont les seuls à **changer de couleur** pendant la saison des amours. Si tous les jeunes iguanes sont noirs, les adultes, eux, arborent une teinte rougeâtre qui se mêle de vert pendant la période de reproduction.

L'endémique **moqueur d'Española** semble accueillir les visiteurs avec une franche reconnaissance. Ces manifestations d'amitié sont en fait déclenchées par les bouteilles transparentes suspendues à leurs sacs à dos. En effet, l'île ne possède pas de source naturelle d'eau potable et les oiseaux font tout ce qu'ils peuvent pour se désaltérer : ils vont même jusqu'à essayer de voler une gorgée aux humains qui viennent visiter leur territoire. Légèrement plus grande que les moqueurs des autres îles, cette espèce a également un bec incurvé plus long et un régime carnivore. Ils se nourrissent de placenta d'otarie, de bébés tortues et d'insectes. On dit même qu'ils boivent le sang des jeunes fous.

En poursuivant le chemin rénové, les visiteurs pourront apercevoir d'autres espèces d'oiseaux rares. Les **fous à pattes bleues** et la **mouette à queue d'aronde** fréquentent également les lieux : cette mouette anthracite et rouge est l'une des cinq espèces d'oiseaux marins endémiques des Galápagos.

Mais c'est surtout l'**albatros des Galápagos** que les visiteurs cherchent à observer. Également endémique dans l'archipel, il se reproduit sur l'île entre la mi-avril et la mi-décembre. Avec un peu de chance, vous pourrez en voir exécuter leur comique

parade nuptiale, spectacle fascinant qui peut durer cinq jours et comporte une multitude de salutations gracieuses, de mouvements oscillatoires, de sifflements et de cris.

Une partie du sentier qui part de Punta Suárez longe des falaises où un trou naturel dans les rochers reçoit la puissance des vagues. Ce phénomène, appelé **trou souffleur**, provoque la projection de l'eau de mer à environ 25 m de hauteur. La falaise en bord de mer offre un point de vue idéal sur ce jet d'eau mais aussi sur l'archipel. La brume arc-en-ciel produite par ce spectaculaire geyser semble systématiquement déclencher une frénésie photographique.

ENCORE UNE HISTOIRE DE TORTUES Les tortues géantes d'Isla Española ont failli subir le même sort que Georges le solitaire (voir p. 715). Toutefois la chance, combinée à l'action des hormones, a donné un tour meilleur à cette nouvelle histoire de tortues. Selon leur habitude, les chèvres sauvages avaient presque entièrement décimé la population chélonienne de l'île d'Española. Il y a un peu plus de vingt ans, il ne restait plus que deux mâles et douze femelles, qui furent aussitôt placés dans la Station Darwin de Puerto Ayora. Hélas ! aucune de ces tortues ne semblait vouloir se reproduire. Ce n'est que lorsque les scientifiques commencèrent à craindre l'extinction de l'espèce qu'un mâle d'Española fut miraculeusement identifié dans le zoo de San Diego. Ce Californien eut un effet inexpliqué mais très efficace sur le reste de la troupe, car peu de temps après son arrivée, les tortues commencèrent à se reproduire. A présent que les chèvres ont été éradiquées, certaines de ces tortues sont retournées sur leur île et laissent présager un avenir heureux pour cette race qui a failli disparaître. Española est ainsi la première île sur laquelle des tortues rapatriées ont commencé à se reproduire dans la nature, et tous les espoirs sont aujourd'hui permis.

BAHÍA GARDNER

Les bateaux touristiques s'arrêtent souvent à la baie de Gardner, plage située au nord-ouest de l'île. Bien qu'elle soit essentiellement réputée pour son sable blanc, elle n'en est pas moins dépourvue de vagues impressionnantes et accueille des **otaries**. Divisé en deux parties par une coulée de lave, le long littoral est l'un des rares endroits des Galápagos que l'on peut explorer sans l'aide d'un guide. On peut y faire de **la plongée**, mais l'îlot voisin de **Tortuga**, qui doit son nom à sa forme caractéristique, s'y prête davantage. On y observe des **tortues marines**, des **pastenagues** et de jolis **poissons perroquets**.

LES ÎLES DU NORD

Les lointaines îles septentrionales des Galápagos sont plus rarement visitées, car il faut compter pour les atteindre au moins six heures de traversée depuis les îles centrales, sur une mer souvent agitée. **Isla Genovesa** (également appelée **Tower**) est la seule île sur laquelle les visiteurs peuvent débarquer. Les îles de **Pinta** et de **Marchena**, ainsi que celles de **Darwin** et de **Wolf** à l'extrême nord-ouest, ne sont fréquentées que par les groupes de plongée. Toutefois, la visite d'Isla Genovesa vaut le déplacement.

ISLA GENOVESA

L'île de Genovesa comporte deux principaux sites touristiques, tous deux accessibles par la **Bahía Darwin** à l'est de l'île. Cette gigantesque baie, qui donne parfois aux visiteurs l'impression d'être entièrement entourés de terre ferme, est une **caldera**, ou cratère volcanique effondré, partiellement immergée. La plupart des bateaux préfèrent accoster et repartir tant qu'il fait jour, car seul un étroit segment de mer est assez profond pour les laisser passer. Pour aider les bateaux dans leurs difficiles manœuvres, deux panneaux solaires illuminés ont été installés. Les bateaux ne peuvent entrer dans la baie que lorsque l'angle selon lequel ils l'abordent fait parfaitement s'aligner les deux panneaux.

BAHÍA DARWIN

La plus grande partie de la baie est bordée de falaises de 20 à 30 m de haut qui confinent la petite plage de corail blanc **Darwin** en son centre. Après avoir débarqué les pieds dans l'eau, les visiteurs sont accueillis par un nombre considérable d'oiseaux, qui survolent le littoral ou se reposent sur la roche et la végétation de la plage. Bien qu'ils ne soient guère effrayés par la présence humaine, il convient de rester à au moins 2 m d'eux, afin de ne pas déranger leurs nids. La situation recluse de l'île l'a totalement dépourvue d'iguanes terrestres, de lézards ou de serpents, ce qui en fait un véritable paradis pour ornithologues. Les **fous masqués** sifflent, les **grandes frégates** exhibent leurs vastes poches rouges près du débarcadère et les **moqueurs** vont et viennent sur la plage. Les fous et les frégates entretiennent ici des relations peu cordiales. Se battant pour les lieux de nidification, les fous détruisent les nids des frégates qui, en retour, volent les œufs des fous. Après avoir quitté le débarcadère et longé un bassin d'eau de mer, le chemin traverse une zone plantée de buissons salés et de palétuviers, qui abrite une colonie de **fous à pattes rouges**. Parmi les oiseaux, on peut aussi observer des **pinsons à bec aiguisé**, des **grands pinsons terrestres** et des **grands pinsons des cactus**, sans oublier les **tourterelles des Galápagos** et les **mouettes à queue d'aronde**.

ESCALERAS DEL PRÍNCIPE FELIPE

Cet autre site de l'île de Genovesa se prête également bien à l'observation des oiseaux. Le débarquement "à sec" se fait par un escalier naturel qui forme le seul accès aux falaises de la baie de Darwin. Le sentier rocailleux traverse plusieurs colonies d'oiseaux qui nichent et débouche sur une zone plantée de **fleurs de lave**, de **palo santo** et de **cactus des laves** vert et jaune. Parmi la végétation intérieure, vous pourrez voir des fous à pattes rouges, des nids et quelques espèces de **pinson**. Enfin, le sentier aboutit à une zone rocheuse plate faite de coulées de lave. Là foisonnent de petits **pétrels des tempêtes**, qui nichent dans les fissures de la lave durcie. Cependant ces oiseaux sont très difficiles à apercevoir. L'île de Genovesa est également réputée pour ses sites de **plongée sous-marine**. Comme presque partout dans les Galápagos, le courant est ici très fort : seuls les plongeurs expérimentés pourront sonder les profondeurs.

LEXIQUE

LANGUES

Les langues les plus répandues aujourd'hui au Pérou, en Bolivie et en Equateur sont l'espagnol (castillan), le quechua et l'aymara. Le quechua, ou quichua en Equateur, était la langue officielle du Tawantinsuyu, l'Empire inca. Aujourd'hui, on estime qu'entre 12 et 16 millions de personnes le parlent, principalement au Pérou et en Bolivie mais aussi en Equateur, en Colombie et en Argentine. Sur l'Altiplano, l'aymara est la première langue indigène. Celle-ci est parlée par 1,5 million de personnes au Pérou, au Chili et surtout en Bolivie. Les langues quechua et aymara n'ont que trois voyelles et, comme en espagnol, l'accentuation se fait généralement sur l'avant-dernière syllabe, sauf dans quelques exceptions où l'accentuation est portée sur la dernière syllabe. (Vous remarquerez que le lien entre les langues quechua et aymara est plutôt mince. Les 190 mots qu'elles ont en commun dans leur vocabulaire semblent plus être le résultat des interactions géographiques que celui d'une origine commune.)

Parmi ces langues, la plus facile à apprendre pour nous autres francophones est bien sûr l'espagnol, car elle nous est très proche. Si vous n'en connaissez pas un mot, vous trouverez toujours quelqu'un qui ait des notions d'anglais, notamment dans les grandes villes ou dans le secteur touristique. Toutefois, il est plus confortable de connaître quelques expressions élémentaires pour pouvoir se débrouiller. Quant au français, sachez que les Sud-Américains apprécient beaucoup notre langue, qu'ils étudient au cours de leur scolarité. Mais ils l'oublient très vite car elle ne leur est en général d'aucune utilité. Autant de raisons de faire quelques efforts dans la langue de Cervantès.

PRONONCIATION ET ACCENTUATION DE L'ESPAGNOL

La prononciation des mots est simple en espagnol car elle correspond invariablement à leur forme écrite.

Les voyelles se prononcent toujours de la même façon, à peu près comme en français bien que légèrement nasalisées en Amérique latine :

a "a" comme dans banane
e "é" comme dans hébété
i "i" comme dans rikiki
o "o" comme dans dodo
u "ou" comme dans nounours
y comme le i.

La plupart des consonnes se prononcent de la même manière qu'en français. Voici les exceptions :

h le h est toujours muet
j comme la *jota* espagnole en moins guttural
ll généralement comme dans vanille
ñ comme dans araignée
r r marqué par un double r roulé
x soit comme la *jota* soit comme le x français
v généralement comme le b
s et z ss comme dans réglisse

Accentuation : généralement sur l'avant-dernière syllabe, sauf pour les mots qui terminent en "r", "l" ou "z", où l'accentuation est portée sur la dernière syllabe. Les exceptions à cette règle sont marquées par un accent aigu indiquant la syllabe à accentuer.

GUIDE DE CONVERSATION EN ESPAGNOL

FRANÇAIS	ESPAGNOL
LE B.A.-BA	**LO BÁSICO**
Salut, bonjour	Hola
Bonjour (le matin)	Buenos días
Bonjour (l'après-midi)	Buenas tardes
Bonsoir/Bonne nuit	Buenas noches
Oui/Non	Sí/No
Je ne sais pas	No sé
Je suis désolé	Lo siento
S'il vous plaît	Por favor
Excusez-moi	Disculpe
Pardon	Perdón/Con permiso
Où ?	¿ Dónde ?
Quand ?	¿ Cuándo ?
Comment ?	¿ Cómo ?
Qui ?	¿ Quién ?
Pourquoi ?	¿ Por qué ?
Parce que	Porque
Au revoir	Adiós/Hasta luego/Chao
Merci beaucoup	Muchas gracias
De rien/Il n'y a pas de quoi	De nada/No hay porque
Comment allez-vous ? (politesse)	¿ Cómo está Usted ?
Comment vas-tu ?	¿ Cómo estás ? ¿ Qué tal ?
Ça va, merci	Estoy bien, gracias
Je ne parle pas espagnol	No hablo español
Je ne comprends pas	No entiendo
Qu'est-ce que c'est ?	¿ Qué es ?
plus/moins	más/menos
M./Mme/Mlle	Señor/Señora/Señorita
femme	mujer
homme	hombre
PHRASES	**ORACIONES**
J'aimerais...	Quisiera.../Me gustaría...
Comment dit-on... (en espagnol) ?	¿ Cómo se dice... (en español) ?
Pourriez-vous répéter ?	¿ Podría repetir, por favor ?
Pourriez-vous me dire ?	¿ Podría decirme...?
Parlez-vous français/anglais ?	¿ Habla francés/inglés ?
Qu'est-ce que ça veut dire ?	¿ Qué quiere decir esto ?
Pourriez-vous m'aider ?	¿ Puede ayudarme, por favor ?
Qu'avez-vous dit ?	¿ Perdón ?/¿ Qué dijo ?
Comment vous appelez-vous ?	¿ Cómo se llama ?
Comment t'appelles-tu ?	¿ Cómo te llamas ?
Je m'appelle	Me llamo
Combien ça coûte ?	¿ Cuánto cuesta?
Vous me faites un prix ?	¿ Me lo rebaja por favor ?
Qu'est-ce qui se passe ?	¿ Qué pasa ?
Laissez-moi tranquille !	¡ Déjeme en paz !
Je viens de	Soy de..
C'est un plaisir de vous rencontrer	Mucho gusto conocerle
Allons-y !	¡ Vámonos !
Pourriez-vous parler plus lentement, s'il vous plaît ?	¿ Podriá hablar más despacio, por favor ?
J'ai chaud/froid	Tengo calor/frío
Avez-vous des chambres ?	¿ Tiene habitaciones ?
J'ai...	Tengo...
A l'aide !/Aidez-moi !	¡ Socorro !/¡ Ayúdeme !
Où habites-tu ?	¿ Dónde vives ?
Y a-t-il des réductions pour les étudiants ?	¿ Hay descuentos para estudiantes ?
Je cherche...	Estoy buscando...
À LA FRONTIÈRE	**EN LA FRONTERA**
frontière	frontera
douane	aduana
âge	edad
passeport	pasaporte
bagages	equipaje
sac à dos	mochila
ORIENTATION	**ORIENTACIÓN**
à droite	a la derecha
à gauche	a la izquierda
à côté de	al lado de
en face	en frente de
tout droit	todo derecho
au fond	al fondo
près de	cerca de
en haut	arriba
en bas	abajo
rue	calle
avenue	avenida

chemin	camino
Comment puis-je aller à... ?	¿ Cómo voy a... ?
Où est la rue... ?	¿ Dónde está la calle... ?
feu de circulation	semáforo
à l'angle de	a la esquina
tourner	doblar
loin	lejos
pâté de maisons	cuadra
Je dois y aller maintenant	Tengo que irme ahora
Je suis perdu(e)	Estoy perdido(a)
Est	Este ou Oriente
Ouest	Oeste ou Poniente
Sud	Sur
Nord	Norte

TRANSPORTS — TRANSPORTES

voiture	carro/auto
bateau	barco
avion	avión
aéroport	aeropuerto
arrivées et départs	llegadas y salidas
bus	bus/autobús
arrêt de bus	parada
gare routière	estación de buses/terminal de buses
train	ferrocarril/tren
gare ferroviaire	estación de ferrocarril/de trenes
passager	pasajero
chauffeur	chófer
aller simple	ida
aller-retour	ida y vuelta
1re classe	primera clase
2e classe	segunda clase
ticket	boleto
demi-tarif	media tarifa
guichet	taquilla
réservation	reservación
siège réservé	asiento reservado
monter	subir
descendre	bajar
route	carretera
faire du stop	pedir aventón/ hacer dedo
plan	mapa
Stop !	¡ Alto !
danger	peligro
Attention !	¡ Atención !/ ¡ Cuidado !
(J'y vais) à pied	(Me voy) a pie
Est-ce que ce bus va à...	¿ Se va este bus a...?
Combien de temps ça dure ?	¿ Cuánto tarda ?
Combien coûte un billet pour...?	¿ Cuánto cuesta un boleto a...?
J'ai perdu mes bagages	Se perdió mi equipaje
Je veux un billet pour...	Quiero un boleto a...
Quelle ligne de bus va à...?	¿ Qué línea tiene servicio a...?
A quelle heure part le bus pour...?	¿ A qué hora sale el bus a...?
A quelle heure arrivons-nous ?	¿ A qué hora llegaremos ?
Vous pouvez m'emmener à...?	¿ Me da un aventón a...?
Je descends à ...	Bajo en...

À L'HÔTEL — EN EL HOTEL

hébergement	alojamiento
chambres d'hôtes	casa de huéspedes
chambre	cuarto/habitación
climatisation	aire acondicionado
toilettes/salle de bains	baño
salle de bains privée	baño privado
lit/lit double	cama/ cama matrimonial
couverture	frasada
eau chaude/froide	agua caliente/fría
salle à manger	comedor
ventilateur	ventilador
clé	llave
gérant	gerente
oreiller	almohada
draps	sábanas
douche	ducha
piscine	piscina
Avez-vous une chambre pour 2 personnes ?	¿ Tiene un cuarto para dos personas ?
Avez-vous une chambre libre ?	¿ Tiene cuartos libres ?
Connaissez-vous un hôtel pas cher ?	¿ Sabe de algún hotel barato ?
Où est la salle de bains ?	¿ Dónde está el baño ?
Quel est le prix pour une nuit ?	¿ Cuánto cuesta por una noche ?

AU RESTAURANT — EN EL RESTAURANTE

repas	comida
déjeuner	almuerzo/comida
petit déjeuner	desayuno
dîner	cena
menu du jour	menú del dia
carte	menú/carta
fourchette	tenedor
couteau	cuchillo
cuillère	cuchara
serviette (de table)	servilleta

coupe/tasse	copa/taza
assiette	plato
verre	vaso
viande	carne
poulet	pollo
poisson	pescado
légumes	verdura/legumbres
végétarien	vegetariano
pain/pain sucré	pan/pan dulce
lait	leche
œufs	huevos
frites	papas fritas
riz	arroz
steak	bistec
soupe/bouillon	sopa/caldo
sel	sal
poivre	pimienta
fromage	queso
dessert	postre
glace	helado
fruit	fruta
fraise	fresa
orange	naranja
pomme	manzana
citron	limón
boisson	bebida
bouteille	botella
eau potable	agua potable
eau minérale (gazeuse)	agua sin gas (con gas)
soda	refresco
jus	jugo
vin	vino
bière	cerveza
café	café
thé	té
liqueur	licor
J'ai faim	Tengo hambre
Bon appétit	Buen provecho
L'addition, s'il vous plaît	La cuenta, por favor

À LA BANQUE	**EN EL BANCO**
argent	dinero
changer	cambiar
change	cambio
chèque	cheque
chèque de voyages	cheque de viajero
franc	franco
dollar	dólar

À LA POSTE	**EN EL CORREO**
bureau de poste	correo/oficina de correos
adresse	dirección
par avion	correo aéreo/por avión
lettre	carta
carte postale	postal/tarjeta postal
enveloppe	sobre
timbre	estampilla
recommandé	certificado
colis	paquete
poids	peso

TÉLÉPHONE	**TELÉFONO**
appeler	llamar
un appel	una llamada
longue distance	larga distancia
numéro	número
opérateur	operador
PCV	por cobrar/cobro revertido
signature	firma
Acceptez-vous les chèques de voyages ?	¿ Acepta cheques de viajero ?
Je veux appeler la France	Quiero llamar a Francia
Le numéro est...	El número es...

SANTÉ	**SALUD**
hôpital	hospital
pharmacie	farmacia
médecin	doctor/médico
dentiste	dentista
malade	enfermo(a)
sang	sangre
douleur	dolor
mal de tête	dolor de cabeza
mal d'estomac	dolor de estómago
mal de dents	dolor de muelas
allergie	alergia
brûlure	quemadura
coup de soleil	quemadura de sol
médicament	medicina
comprimé	pastilla
ordonnance	receta/prescripción
aspirine	aspirina
antibiotique	antibiótico
bande	venda
contraceptif	anticonceptivo
préservatif	condón/preservativo
piqûre	inyección
Je suis malade	Estoy enfermo(a)
Où y a-t-il un médecin ?	¿ Dónde hay un médico ?
J'ai mal à l'estomac/à la tête	Me duele el estómago/la cabeza
Je tousse	Tengo tos
toux	tos
grippe	gripe
fièvre	fiebre
J'ai un rhume	Estoy resfriado(a)
Ça me gratte	Me pica

J'ai besoin d'aspirine, s'il vous plaît	Necesito aspirina, por favor

JOURS	DÍAS
lundi	lunes
mardi	martes
mercredi	miércoles
jeudi	jueves
vendredi	viernes
samedi	sábado
dimanche	domingo

LE TEMPS	EL TIEMPO
Quelle heure est-il ?	¿ Qué hora es ?
Il est 16h30	Son las cuatro y media de la tarde
midi	mediodía
minuit	medianoche
tous les jours	diario/diariamente
chaque heure	cada hora
chaque demi-heure	cada media hora
bientôt	pronto
tout de suite	ahora mismo/ ahorita
tôt/tard	temprano/tarde
jour férié	día festivo
jour ouvrable	día laborable
aujourd'hui	hoy
demain	mañana
le matin	la mañana
soir	tarde, noche
après-demain	pasado mañana
après-midi	tarde
hier	ayer
avant-hier	antes de ayer/anteayer
semaine	semana
mois	mes
an	año
week-end	fin de semana
Quels sont les horaires d'ouverture ?	¿ A qué horas está abierto ?
ouvert	abierto
fermé	cerrado

CHIFFRES	NÚMEROS
1	uno
2	dos
3	tres
4	cuatro
5	cinco
6	seis
7	siete
8	ocho
9	nueve
10	diez
11	once
12	doce
13	trece
14	catorce
15	quince
16	dieciseis
17	diecisiete
18	dieciocho
19	diecinueve
20	veinte
21	veintiuno
22	veintidos
30	treinta
40	cuarenta
50	cincuenta
60	sesenta
70	setenta
80	ochenta
90	noventa
100	cien
101	ciento uno
200	doscientos
300	trescientos
400	cuatrocientos
500	quinientos
600	seiscientos
700	setecientos
800	ochocientos
900	novecientos
1000	mil
1 million	un millón
1 milliard	mil millones

LIEUX	LUGARES
église	iglesia
boulangerie	panadería
supermarché	supermercado
ambassade	embajada
consulat	consulado
mairie	alcaldía

AUTRES MOTS	OTRAS PALABRAS
seul(e)	solo(a)
bon(ne)	bueno(a)
heureux	feliz, contento(a)
mauvais(e)	malo(a)
triste	triste
chaud	caliente
froid	frío
cher	caro
bon marché	barato

LEXIQUE

LEXIQUE ALPHABÉTIQUE ESPAGNOL-FRANÇAIS

a la plancha	grillé
aduana	douane
agencia de viajes	agence de voyages
agua potable	eau potable
aguardiente	alcool de sucre de canne
aguas termales	sources chaudes
ahora	maintenant
aire condicionado	climatisation
ají	piment
ajo	ail
al gusto	à votre gré
albergue (juvenil)	auberge (de jeunesse)
almacen	magasin
almuerzo	déjeuner
alpaca	alpaga
amigo/a	ami(e)
anticuchos de corazón	brochettes de cœur de bœuf
antiguo	vieux
api	épaisse boisson au maïs
arroz	riz
arroz chaufa	riz cantonais
artesanía	artisanat
avenida	avenue
ayllu	communauté de familles sous le règne inca
bahía	baie
balneario	station balnéaire
banana boat	bouée en forme de banane tirée par un bateau à moteur
baño	salle de bains
barato	bon marché
barra libre	boissons à volonté
barrio	quartier
barro	boue
basílica	basilique
batido	milk-shake
biblioteca	bibliothèque
bistec/bistek	steak
bocaditos	apéritifs
bodega	cave
boletería	guichet
bonito/a	joli(e)
borracho/a	ivrogne
botica	pharmacie
buen provecho	bon appétit
buena suerte	bonne chance
bueno/a	bon, bonne
buñuelo	sorte de beignet (Bolivie)
caballero	gentleman
caballo	cheval
cabañas	cabanes, lodges
cabeza	tête / tête de mouton bouillie (Bolivie)
cabildo	conseil municipal
cajero	caissier
cajero automático	distributeur automatique
caldera	bouilloire
caldo	soupe, bouillon ou ragoût
caldo de balgre	soupe de poisson-chat
caldo de patas	ragoût de pied de vache ou de cochon
caldo de res	ragoût de bœuf
calle	rue
callejón	ruelle
cama	lit
camarones	crevettes
cambio	change
camino	chemin
camioneta	petit camion
campamento	campement
campesino	paysan
campo	campagne
caneliza	boisson composée d'eau bouillante, d'aguardiente, de cannelle et de jus de citron
canotaje	rafting
cantina	bar à dominante masculine
capilla	chapelle
carne asada	viande rôtie
caro/a	cher/chère
carretera	route
carro	voiture
casa	maison
casa de cambio	bureau de change
casado/a	marié(e)
cascada	cascade
caserío	hameau
casona	grande demeure
castillo	château
catarata	chute d'eau
catedral	cathédrale
cena	dîner
centro	centre-ville
cerca	près/proche
cerro	colline
cerveza	bière
ceviche/cebiche	plat de fruits de mer macérés dans le jus de citron, avec oignons et coriandre
charqui	porc séché

chica/o fille/garçon
chicha alcool issu du yucca (la plante) et fermenté avec la salive des femmes qui le préparent
chicharrón poulet ou porc frit
chifa restaurant chinois
chirriado plat accompagné de banane-plantain
choclo épi de maïs
cholo/chola Indien/Indienne de la ville (peut être péjoratif)
chompa pull-over
chuleta de chancho côtelette de porc
chupe de pescado soupe aux poissons et aux légumes
churrasco grillade
churriguerresco style rococo (style espagnol du XVIIIe siècle lancé par l'architecte Churriguera)
ciudad ville
ciudadela quartier dans les grandes villes/citadelle
coche voiture
colectivo taxi collectif ou petit autobus
coliseo colisée/stade
colonia quartier dans les grandes villes/colonie
colpa bassin argileux
combi minibus
comedor petit restaurant/ salle à manger
comida repas
comida criolla/típica cuisine traditionnelle/typique
con avec
consulado consulat
cordillera cordillère
correo bureau de poste
corvina corbeau de mer (poisson)
costa côte
criollos créoles
Cruz Roja Croix-Rouge
cuadra pâté de maisons
cuarto pièce, chambre
cucaracha blatte, cafard
cuenta l'addition, la note/ compte en banque
cuento conte, histoire
cueva caverne, grotte
curandero guérisseur
cuy cochon d'Inde (Equateur)
de paso (bus) de passage
desayuno petit déjeuner
descompuesto cassé, hors d'usage, ou abîmé/nourriture avariée
despacio lentement
diablo diable
dinero argent
Dios Dieu
discoteca discothèque
dulce bonbon
dulce de leche confiture de lait
embajada ambassade
embarcadero embarcadère
emergencia urgence
encebollado ragoût cuisiné avec des oignons
encocados fruits de mer dans du lait de coco
encomiendas institution de l'Amérique latine selon laquelle la couronne espagnole déléguait des droits et des devoirs à un conquistador sur un groupe d'Indiens
estrella étoile
extranjero étranger
farmacia pharmacie
faro phare
ferrocarril chemin de fer
fiesta fête
finca grande propriété agricole
frontera frontière
frutas fruits
fumar fumer
fumarolas fumerolles
fútbol football
ganga bonne affaire
gobierno gouvernement
gordo/a gros(se)
gringo étranger
gruta grotte
guineo bananier
habitación chambre
hacienda ferme, propriété rurale
helado de lúcuma glace parfumée à un fruit bien particulier
hervido/a bouilli(e)
huaquero pilleur de tombes
humita sorte de *tamal* sucré
iglesia église
impuestos impôts, taxes
Indígena Indien
isla île
jarra pichet, carafe/pichet d'un litre de bière
jirón rue
jugo jus
kuraka chef de clan sous le règne inca
ladrón voleur
lago/laguna lac

lancha	canot, barque
langosta	langouste
langostino	grosse crevette
larga distancia	longue distance
lavandería	laverie
lejos	loin
licuado	jus de fruits
limosna	aumône
lista de correos	poste restante
llapingachos	pommes de terre accompagnées de crêpes au fromage
loma	colline
lomo	entrecôte
mal(o)	mauvais
malecón	promenade, remblai
maneje despacio	ralentissez (sur la route)
mar	mer
mariscos	fruits de mer
marraqueta	petit pain (Bolivie)
mate de coca	infusion à base de coca
mazamorra	gâteau de couleur pourpre
menestra (de verdura)	jardinière de légumes
menú del día	menu du jour
mercado	marché
merienda	goûter
mestizo/a	métis/métisse
microbús ou micro	bus/minibus
mirador	point de vue
mita	système de travail forcé qui était imposé aux communautés indiennes par les Espagnols
monte	montagne
moto/mototaxi	petit taxi à 3 roues qui ressemble au side-car
mucho/muy	beaucoup
muelle	quai
muerte	mort
museo	musée
nada	rien
nevería	marchand de glaces
norte (Nte.)	nord
nuevo	nouveau
obra	œuvre
obraje	ateliers de textile
oficina de turismo	office de tourisme
oriente (Ote.)	est
paiche	sorte de poisson en Amazonie
palacio	palais
palta	avocat (Pérou-Bolivie)
palta rellena	avocat fourré au poulet et aux légumes
pan	pain
pan de sal	petit pain salé
pan dulce	petit pain sucré
panadería	boulangerie
panga	bateau à moteur
papas a la huancaína	pommes de terre recouvertes d'une sauce toute crémeuse
parada	arrêt (bus ou train)
paro	chômage
parque	parc
parrillada	barbecue
parroquia	paroisse
paseo	promenade
paseo turístico	promenade touristique
payaso	clown
pelea de gallos	combat de coqs
peligroso/a	dangereux/dangereuse
peña	club de musique folklorique
peninsulares	descendants des colons espagnols
pes	poisson (vivant)
pescado	poisson (cuisiné)
picante	épicé
picarones	pains frits baignant dans du sirop de sucre roux
pico	pic/bec
pisa de uvas	presse-agrumes
pisco	eau-de-vie de raisin blanc péruvienne
pisco sour	pisco, sucre et jus de citron
plátano	banane
playa	plage
policía	police
pollo a la brasa	poulet rôti
poniente (Pte.)	ouest
postre	dessert
pozas	bain thermal
primera clase	1re classe
pueblito	petit village
pueblo	village, communauté
puerta	porte
quebrada	torrent
queso	fromage
quipu	cordelettes de couleurs nouées
rana	grenouille
refresco	rafraîchissement
reloj	montre
río	fleuve, rivière
rodicio	restaurant de viande
ropa	vêtements
ruina	ruine
sacerdote	prêtre
sala	salle
salchipapa	saucisses-frites
salida	sortie
salsa	sauce

salsa/merengue danses caraïbes
salteña pain en croûte oblong garni de viande de bœuf épicée, de poulet ou bien d'œufs, de pommes de terre et d'oignons
salud santé/à vos souhaits
seco de cordero morceaux d'agneau accompagnés d'une sauce goûteuse
seco de gallina morceaux de poulet accompagnés d'une sauce goûteuse
segunda clase 2e classe
seguro sûr, en sécurité/assurance
selva forêt, jungle
Semana Santa semaine sainte
semana semaine
servicio de lujo service de luxe
shaman/chaman chaman
Sida Sida
sillar roche volcanique blanche utilisée pour la construction
sol soleil/monnaie péruvienne
solo carril rétrécissement de voie/pont
soltero/a célibataire
sopa soupe
stela stèle
sucre ancienne monnaie équatorienne
supermercado supermarché
sur sud
suspiro limeño sorte de confiture de lait très concentrée
tacu-tacu mélange très copieux de riz et de purée de haricots
tamal pâte de maïs enveloppée dans la feuille
tarifa tarif
tasa de cambio taux de change
telenovela feuilleton télévisé
templo temple
terminal terrestre gare routière
tienda boutique
típico typique, traditionnel
torta gâteau
trole trolleybus (Quito)
tronquito pénis de taureau (Equateur)
trucha truite
trufi taxi collectif à trajet fixe
turismo tourisme
turista touriste
valle vallée
vicuña vigogne
yaguarlocro potage couvert d'une couche d'hémoglobine (Equateur)
yatiri chaman
zona zone, région

QUELQUES NOTIONS DE QUECHUA ET D'AYMARA

FRANÇAIS	QUECHUA	AYMARA
Bonjour	Napaykullayki	Kamisaraki
Au revoir	Ratukama	Jakisiñkama
Comment allez-vous ?	Allillanchu ?	Kunjamaskatasa ?
S'il vous plaît	Allichu	Mirá
oui	arí	jisa
non	mana	janiw
Où ?	may ?	kawki ?
loin/proche	karu/sirka	jaya/jak'a
en bas/en haut	uray/wichay	aynacha/alacha
Combien ?	Maik'ata'g ?	K'gauka ?
Quoi ?	Iman ?	Kuna ?
Pourquoi ?	Imanaqtin ?	Kunata ?
eau	unu	uma
nourriture	milhuna	manq'a
hébergement	alohamiento	qurpa

CHIFFRES

FRANÇAIS	QUECHUA	AYMARA
1	hoq	maya
2	iskay	paya
3	kinsa	kimsa
4	tawa	pusi
5	pisqa	phisca
6	soqta	suxta
7	qanchis	paqalqu
8	pusaq	kimsaqalqu
9	isqon	llatunka
10	chunka	tunka
20	iskay chunka	patunka
30	kinsa chunka	kimsa-tunka
40	tawa chunka	pusi-tunka
50	pisqa chunka	phisca-tunka
60	soqta chunka	suxta-tunka
70	qanchis chunka	paqalqu-tunka
80	pasaq chunka	kimsaqalqu-tunka
90	isqon chunka	llatunka-tunka
100	pachak	pataka

INDEX

Chapitres, lieux, sites, attractions, *thèmes* ou *personnages* traités dans ce guide.

Note : Les lettres (P), (B) et (E) signifient respectivement Pérou, Bolivie et Equateur.

A

B

M

N

P

T

U

V

W

Z

L'HISTOIRE DE LET'S GO

UNE EXPÉRIENCE DE PLUS DE 40 ANS

Harvard, 1960. Une association étudiante, Harvard Student Agencies, se lance avec succès dans la commercialisation de vols charter pour l'Europe. Chaque acheteur de billet reçoit un petit fascicule de 20 pages ronéotypées, *1960 European Guide*, qui rassemble quelques conseils de voyage. L'année suivante paraît en format de poche la première édition du *Let's Go : Europe*, rédigée à partir des enquêtes de terrain d'étudiants. Impertinent et précis, le Let's Go regroupe conseils pratiques et adresses bon marché pour sortir des sentiers battus. Le premier "Budget Guide" est né.

Le guide évoluera tout au long des années 60. En 1969, une section entière est intitulée "Comment voyager sans un sou en Europe en chantant dans la rue". Dans les années 70, Let's Go se répand hors des campus et passe à la vitesse supérieure. Dans les années 80 et 90, la collection Let's Go, qui couvre déjà les Etats-Unis et l'Europe, s'étend aux autres continents. En 2001, Let's Go enrichit ses *city guides* de photos et de nouvelles cartes, et adopte une nouvelle présentation.

Avec 33 titres, une soixantaine de pays couverts et de nouvelles publications chaque année, les Let's Go sont traduits et adaptés en sept langues. Reconnus sur les cinq continents comme la référence par tous ceux qui souhaitent voyager intelligemment et sans se ruiner, ils ne s'adressent plus uniquement au public des campus. Loin s'en faut. Chaque année, un million de Let's Go sont vendus à travers la planète.

UNE DÉMARCHE ORIGINALE

Chaque année, en février, au terme d'une sélection féroce, Let's Go recrute, au sein du formidable vivier du campus d'Harvard, près de 300 auteurs, enquêteurs, éditeurs et correcteurs de toutes les nationalités. Après plusieurs mois de préparation, les enquêteurs partent deux mois sur le terrain pour vérifier l'ensemble des informations et découvrir de nouvelles adresses. Sac au dos, carnet à la main, voyageant avec un budget limité, ils ont pour mission de visiter systématiquement les adresses d'une région bien délimitée. Pour cette édition, ces troupes de choc cosmopolites et polyglottes (13 nationalités, 21 langues parlées) ont recensé plus de 80 000 adresses à travers le monde, voyagé au total plus de 4050 jours (l'équivalent de 12 ans) et reçu sept demandes en mariage en un seul été. En septembre, à leur retour, les informations amassées sont traitées, disséquées, vérifiées, compilées ; les textes lus, relus, corrigés, édités, mis en page par des équipes qui partagent le même enthousiasme et le même sérieux. Pour l'édition française, les textes sont non seulement traduits mais adaptés pour tenir compte des attentes spécifiques des lecteurs francophones.

UNE CERTAINE CONCEPTION DU VOYAGE

Pour les équipes de Let's Go, le voyage individuel ne constitue pas le dernier recours de ceux qui n'ont plus un sou en poche mais la seule véritable manière de découvrir un pays. Emprunter les transports locaux, voyager de façon simple et économique, éviter les pièges à touristes et les adresses surfaites est pour nous le meilleur moyen d'aller à la rencontre des habitants et de leur culture. Ce guide a pour ambition de vous donner les clés qui faciliteront votre voyage. A vous ensuite de le refermer et de découvrir par vous même ce qui n'est pas dans ses pages.

LA PAROLE EST AUX LECTEURS

1 Quel guide Let's Go avez-vous utilisé ?

2 Quel âge avez-vous ?

❐ moins de 18 ans ❐ 18-25 ans ❐ 26-35 ans
❐ 36-45 ans ❐ 46-55 ans ❐ 56 ans et plus

3 Quelle est votre situation actuelle ?

❐ lycéen ❐ étudiant ❐ travailleur ❐ sans emploi ❐ retraité

4 Comment avez-vous connu Let's Go pour la première fois ?

❐ par l'édition américaine
❐ par le bouche à oreille
❐ en cherchant dans une librairie
❐ par la publicité
❐ par un article dans la presse
❐ autre : ....

5 Quel est le principal critère qui vous a poussé à acheter ce guide ?

❐ le rapport qualité-prix
❐ la réputation de la collection
❐ la fiabilité des informations
❐ les cartes
❐ le positionnement "voyage pas cher"
❐ autre : ....

6 Globalement, par rapport à ce guide, vous êtes :

❐ très satisfait
❐ plutôt satisfait
❐ plutôt mécontent
❐ très mécontent

pourquoi ? (en quelques mots) :

7 Seriez-vous prêt à racheter un guide Let's Go pour un prochain voyage ?

8 Quel(s) autre(s) guide(s) de voyage avez-vous déjà utilisé ?

9 Combien de voyages à l'étranger effectuez-vous par an ?

❐ un ❐ deux ❐ trois ❐ plus

10 Dans combien de pays étrangers vous êtes-vous déjà rendu ?

11 Quelle est votre prochaine destination de voyage ?

Nom : ....
Prénom : ....
Adresse : ....

Merci de renvoyer ce questionnaire à :
Let's Go – Dakota Editions, 45, rue Saint-Sébastien, 75011 Paris.

PBE01